部首表

（右為索引頁碼 左為本文頁碼）

一 一	八二 二	一二五 三	一六七 三	一九六 四	二〇五 四	二三六 四	二三八 五	二四三 五	二八二 六	三三八 七	三八〇 九	三八一 九	三六九 九	三九三 九
三九六 九	三九八 九	四一八 九	四二五 九	四三三 一〇	四四三 一〇	四五〇 一〇	四五九 一〇	四六〇 一〇	四六五 一〇	四七九 一〇	四八四 二	五〇〇 二	五二六 三	五三三 三
五四〇 三	五四四 三	五七三 三	五七九 三	五八七 三	六〇五 三	六一二 三	六二四 三	六二八 三	六三一 三	六三二 三	六三五 三	六四〇 一四	六六九 一四	六七三 一四
六七七 一四	六八二 一四	六九二 一四	六九二 一四	六九二 一四	六九六 一四	六九七 一四	六九六 一五	七〇〇 一五	七〇七 一五	七一八 一五	七三三 一五	七六六 一五	七五四 一五	七七三 一六
七七四 一六	七八二 一六	七八六 一六	七九三 一六	八〇二 一七	八一三 一七	八一四 一七	八二六 一七	八二七 一七	八四二 一七	八四五 一七	八五〇 一八	八五二 一八	八八二 一八	九三六 一八
九五七 一九	九六六 一九	九七〇 一九	九七〇 一九	九七三 一九	九七五 一九	一〇〇〇 二〇	一〇〇八 二〇	一〇〇五 二〇	一〇〇三 二〇	一〇一三 二〇	一〇一七 二〇	一〇二二 二〇	一〇五五 二二	一〇六六 二二
一〇七二 二二	一〇八〇 二二	一〇八九 二二	一一〇一 二二	一一七三 二二	一一九三 二二	一一九四 二二	一一九五 二二	一二〇八 二二	一二一三 二二	一二一三 二二	一二二三 二三	一二三〇 二三	一二三八 二三	一二四五 二三
一一四九 二三	一一五九 二三	一一六七 二三	一一七三 二三	一一六六 二三	一一八九 二三	一一九二 二三	一二二三 二三	一二三三 二三	一二三三 二三	一二五三 二三	一二五三 二三	一二五五 二四	一二六六 二四	一二六六 二四
一三三九 二四	一三三九 二四	一三四三 二四	一三四五 二四	一三六一 二四	一三六三 二四	一三六三 二四	一三六四 二四	一三六六 二四	一三七〇 二四	一三六六 二四	一三七八 二四	一三七八 二四	一三七九 二四	一三八一 二五
一二八二 二五	一二八五 二五	一二九七 二五	一二九九 二五	一三〇四 二五	一三〇七 二五	一三一四 二五	一三一四 二五	一三一九 二五	一三三三 二五	一三三三 二五	一三四〇 二五	一三四一 二五	一四三三 二五	其它 一三四三 二五

吉林大學古籍研究所叢刊之六

殷墟甲骨刻辭類纂

主編 姚孝遂
副主編 肖丁

上册

中華書局影印

主編 姚孝遂

副主編 肖丁

編輯（以姓氏筆劃為序）

何琳儀 歷史學碩士

吳振武 歷史學博士

黃錫全 歷史學博士

曹錦炎 歷史學碩士

湯餘惠 歷史學博士

劉釗 歷史學碩士

鈔錄 王少華

圖書在版編目（CIP）數據

殷墟甲骨刻辭類纂/姚孝遂主編.—北京：中華書局，1989.1（2011.8 重印）

ISBN 978－7－101－00477－9

Ⅰ.殷… Ⅱ.姚… Ⅲ.甲骨文－手册 Ⅳ.K877.13

中國版本圖書館 CIP 數據核字（98）第 06903 號

殷墟甲骨刻辭類纂

（全三册）

主編 姚孝遂 副主編 肖丁

*

中華書局出版發行

（北京市豐臺區太平橋西里 38 號 100073）

http://www.zhbc.com.cn

E－mail:zhbc@zhbc.com.cn

北京市白帆印務有限公司印刷

*

787×1092 毫米 1/8 · 200 印張

1989 年 1 月第 1 版 2011 年 8 月北京第 4 次印刷

印數:2301－2800 册 定價:2800.00 元

ISBN 978－7－101－00477－9

殷墟甲骨刻辭類纂目録

序

我國有當時文字記載可考的歷史，截至目前為止，可以上溯到殷商時代。這個文字記載就是出土於河南安陽小屯殷墟的甲骨刻辭。自十九世紀末葉甲骨刻辭被發現以來，迄今已將近九十年了。通過長時期廣大學者的不斷努力，人們對於這些文字的形體結構，以及這些文字所記載的社會歷史內容的認識，正在不斷深入，逐漸掌握其中所蘊藏的奧秘。

有關甲骨刻辭的全部原始資料，基本上已見之於著錄。尤其是《甲骨文合集》的出版，將過去極為分散的公私收藏彙集成冊，為有關研究工作的進一步開展，提供了便利條件。

任何學科研究工作的開展，資料的完備是其先決條件。而有了完備的資料之後，如何使這些資料得到充分的利用，這一問題就自然而然地提到日程上來了，而且日益顯得突出和迫切。

任何學科的研究手段，從其總的方面來說，不外乎綜合與分析。綜合與分析二者是矛盾的統一體，是相輔相成的，是相互依賴而存在的。離開了分析的綜合，以及離開了綜合的分析，那都是不可思議的。祇不過是在實際的運用過程中，表現為有不同的側重點而已。

甲骨刻辭的資料非常零散，要想全面加以掌握，是非常困難的。過去也曾有一些學者對甲骨刻辭資料進行過一定程度的綜合與分析工作，編寫了一些有關工具書以資利用。像早期的《殷虛文字類編》（商承祚編），《甲骨文編》（孫海波編），是將不同的文字形體彙集起來，與《說文解字》相對照。這對於掌握甲骨文字的形體結構規律，以及通過這些單個的文字以檢索有關的辭條，是有一定用處的。

《簠室殷契類纂》（王襄編）則是以甲骨刻辭所反映的社會歷史內容進行分類排比。《卜辭通纂》、《殷契粹編》（郭沫若編著）也屬於此類性質。將分散的資料，按其不同內容，相對加以綜合和集中，以便作出比較的觀察和分析，這無疑是會節省很多的時間和精力，避免許多不必要的重複勞動的。

由於資料和體例的局限，上述這些著作，作為工具書來說，很難認為是合乎理想的。何況像《卜辭通纂》和《殷契粹編》根本不是作為工具書而編寫的。

及至本世紀的六十年代，島邦男的《殷虛卜辭綜類》（以下簡稱《綜類》）始將甲骨刻辭的文字形體與刻辭所記載的歷史內容二者緊密地結合起來，彙編成冊，為甲骨刻辭資料的檢索提供了極大的便利，是一部在深入研究基礎之上的、具有創新精神和獨到見解的、有很大實用價值的工具書。我曾經在《殷虛卜辭綜類簡評》一文中（刊於《古文字研究》第三輯），對這部書的成就和價值作了充分的肯定。儘管我也曾指出這部書的一些缺點、不足以至於錯誤，但並不影響我對這部書的由衷推崇。這是一部將綜合與分析巧妙地結合在一起的有着廣泛用途的工具書。

所有的文化遺産，都是全人類共同的寶貴財富。所有有關的科學研究，在當今社會，都具有國際性質。殷墟甲骨刻辭，很早以來，就已經成為全世界學者共同研究的對象。對此我是有充分認識的，並不懷有任何偏見。但是，我過去在研究工作過程中，每當使用《殷墟卜辭綜類》這部書的時候，總有那麼一絲莫名其妙的難受滋味。這是一種由於自己感到沒有盡到自己的職責而深深内疚的心情。我們祖先遺留下來的光輝燦爛的文化，首先我們自己有責任加以整理、總結和發揚光大。如果這個工作沒有做好，作為一名有關的專業工作者，就是沒有盡到自己應盡的職責，也可以説是一種失職行為。當然，我們也熱忱地歡迎世界各國的同行們共同地作出努力，並為他們所取得的一切成就感到由衷的高興。

從事甲骨刻辭研究，自六十年代以來，《殷虚卜辭綜類》一直是最主要的常用工具書之一。二十多年過去了，由於陸續出土和著録了一些新的原始資料，同時也積累了大量的有關研究成果，很顯然，《殷虚卜辭綜類》已難以適應目前研究工作的需要了。尤其是《甲骨文合集》出版之後，原始資料相對地比較集中，而《殷虚卜辭綜類》祇有舊的著録號，無法與之相配合，根本沒有用武之地。

《綜類》還有一個最大的缺陷，就是祇有原篆而沒有隸釋。如果不認識甲骨文字，就無法利用這部工具書。

甲骨刻辭所記載的内容非常廣泛，涉及到殷商文化的所有各個方面。而隨着現代各個學科的發展，需要利用甲骨刻辭的各學科學者越來越多。尤其是歷史學、考古學、語言文字學、人類學、地理學、天文曆法學等等，需要更為迫切。然而能彀辨識甲骨文字形體並能理解其内容的，僅僅限於少數的古文字專業工作者。《綜類》這部書是無法解決這個需求矛盾的。《綜類》也曾在字頭下注明相對應的《説文》所見之字，但完全是依據李孝定《甲骨文字集釋》，現在看起來，其見解很多是過時了，判斷失當，不足為據。

很多年來，從見到《綜類》這部書的那天起，我在欽佩島邦男氏卓越才能、堅强意志和嚴謹學風的同時，就下定決心要重新編寫一部書來代替它。最主要的設想是：使各個有關學科，不論是認識甲骨文與否，凡是需要利用甲骨刻辭資料的學者，都能彀加以利用。這是作為一名古文字專業工作者義不容辭的職責。

現在，當這部《殷墟甲骨刻辭類纂》終於完稿的時候，我不禁有一種如釋重負的感覺。

我缺乏島邦男氏那種在學術上另闢蹊徑的開拓和創新精神。這部《類纂》祇不過是在《綜類》的基礎上補充了一些新的資料；在文字形體的分類方面重新考慮其分合；增加了隸釋與原篆相對照，僅此而已。體例上基本一仍其舊，祇是個別地方稍作調整。

《殷墟甲骨刻辭類纂》，冠以「殷墟」，是因為這部書並不包括周原的甲骨資料。稱「甲骨刻辭」而不稱「卜辭」，是因為這部書所包涵的內容更為廣泛一些，更切合本書的實際情況一些。本書所收錄的資料，既有「卜辭」，也有「記事刻辭」，還有「表譜刻辭」。

自許慎編寫《說文解字》，即「以類相從」，將九千餘文用五百四十部來「分別部居」。這種形式沿用了近二千年。

任何資料的綜合，都必須經過分類的處理，否則這種綜合就沒有多大的實際意義。「以類相從」就是一種最基本的分析手段。

本書是屬於綜合性質的工具書，同時也對所收錄的資料進行了一定程度的分析。由於本書是以文字形體為綫索，將散見的有關辭條繫聯起來的，那麼，對文字形體的辨識與判斷就顯得特別重要。在這裏有必要對其中的若干問題申述我們的見解和主張，以及我們對問題處理的原則。

資料的範圍及其取捨

《殷墟甲骨刻辭類纂》（簡稱《類纂》），所收錄的資料包括《甲骨文合集》四一九五六片、《小屯南地甲骨》四六二六片、《英國所藏甲骨集》二六七四片、《懷特氏等所藏甲骨文集》一九一五片。其中，《甲骨文合集》的第十三册摹本全部不錄，偽刻、習刻不錄，重出者删去。常見辭例節錄，常見字之殘辭不錄。所以實際所收錄之總數當遠遠低於五萬片。

由於是以文字為綫索，以辭條為單位而反複出現的，故以辭條計，則將近有二十萬。

《殷墟甲骨刻辭摹釋總集》中所收錄的《東京大學東洋文化研究所藏甲骨文字》一三一五片，基本上《合集》均已著錄，故摒而不錄。

對於這些資料的取捨，是頗費斟酌的。

較早的偽刻，一目瞭然，容易辨別。稍晚的偽刻，一般皆有所本，幾可亂真，不易辨別。然而既是作偽，就必然有蛛絲馬迹可尋。仔細加以觀察，還是可以抓住其破綻的。對於偽刻之所以要除莠務盡，其原因就在於：錯誤的形體結構和辭例，會造成不必要的混亂。其嚴重性當超過莠之亂苗，鄭聲之亂雅樂。

從不足為據這一點來說，習刻和偽刻的性質是相同的。同樣沒有收錄的必要。

前辭不專門收錄。

常見的套語如「往來無災」、「旬無田」、「其雨」、「不雨」之類，祇能舉例節錄，全錄是毫無意義的。常見辭，尤其是常見之虛辭，如：「于」、「惟」、「在」、「其」、「勿」、「弗」、「不」、「弜」……等等，祇能節錄和參見。

作為工具書，理想的要求是：資料務求齊全，解說務求其準確，使用務求其便利。這些要求，彼此之間有時也會產生矛盾。比如，資料的齊全與使用的方便二者有時就難以兼顧。我們祇好根據實際的需要作出恰當的抉擇。

上面我們所提到的對一些常見虛辭節錄，這對研究古代語言，尤其是研究古代語法的人來說，無疑會感到遺憾。但是，我們沒有其它好的辦法，祇能作出這樣痛苦的選擇。

即使是「××卜×貞」之類的「前辭」，搜羅完備也是有其作用的。但是求全責備的結果，篇幅就會增加許多倍。作為編寫者來說，不過是一舉手之勞。而作為使用者來說，過大的篇幅會帶來使用的不便利。

賈誼在其著名的《陳政事疏》中，曾經形象地以斧斤和芒刃來比喻不同事物的不同效用。賈誼談的是政治，而斧斤與芒刃的比喻是來源於人們的生活實踐，可適用於一切事物。我們的設想是：使《類纂》這部書能彀起到芒刃的作用。寧可精簡一些，以便更為鋒利一些，而不願使它龐大而造成笨重和臃腫。

當然，很難說被暫時捨棄的東西都不是那麼重要的。羅振玉在編纂《殷虛書契前編》的時候，將拓本都曾加以剪裁。其中有一片子組字體的干支表，其上部有一段貞人「爭」署名的殘辭，或許是一時的疏忽，也或許是誤以為這段殘辭無關緊要，於是被裁剪掉了。這樣，就使得子組卜辭與𠂤組卜辭之間的唯一直接聯繫被割斷了，從而造成了子組卜辭斷代問題的爭論延續了幾達三十年之久（參見拙著《吉林大學所藏甲骨選釋》。刊於《吉林大學學報》一九六三年第四期。該片現著錄於《合集》二一七六四）。不過，像這樣的情況終究是極為特殊的例子。我們在資料的取捨上，是採取極為嚴肅而慎重的態度的。

部首與字頭

《類纂》是以文字形體為主要綫索，以辭條為基本單位，結合辭條的內容進行分類，編纂成書的。

《說文解字》的五百四十部，就稱之為部首。這種部首的劃分，延續使用了將近兩千年。《說文解字》的研究對象主要是小篆，同時也包括一部分古文、籀文，這些文字形體的時代屬於戰國秦漢。五百四十部的使用，無疑是一個偉大的創舉。但同時也不容否認，五百四十部有其很大的局限性。

任何偉大的創舉都不可避免地具有不完備性和不成熟性。適用於小篆的分部，不一定能適用於早期的殷商甲骨文、西周青銅器銘文，或者是晚期的隸楷書體。何況即使就五百四十部本身來說，有許多也是不盡合理的。

後世有的以「部首」與「偏旁」並稱，而實際上這是兩個不同的槩念。許慎所說的「獨體為文，合體為字」，是很有道理的。文字最初祇是一些最基本的符號形體。

隨着人類社會的不斷進步與發展，為了適應日益增長的交流思想、記錄語言的需要，孳乳分化成很多新的文字形體，而這些新的文字形體主要是由原有基本形體組合而成的。為了研究這些文字形體，將之綜合在一起，就存在一個分類排列的問題。人們注意到有許多不同的文字形體，在分析其結構時，發現其具有某一個共同的組成部份。將這個共同的部份標舉出來，用以部勒所有的具有這個基本形體的文字，這就稱之為部首。部首必須是能夠獨立存在的最基本形體。

「偏旁」是指一個複合的文字形體的各個組成部份。「部首」可以是一個「偏旁」：但並不是每個「偏旁」都可以成為「部首」。《說文解字》在分析形體結構的時候，所謂「某从某」的偏旁，就有很多並不是部首。我們在擬定甲骨文字的部首時，情況更是如此。比如：[glyph]、[glyph]兩個字，一個从屮从又，一個从[glyph]从又。屮、[glyph]、又都可以說是「偏旁」。但我們祇把屮和[glyph]列為部首，又則不列為部首，這和《說文》的分部並不完全相同。又在甲骨文中並不是一個獨立的文字形體，祇是在偏旁中存在，不單獨使用。而且又這個形體也並不是嚴格的基本形體，它仍可進一步加以分解。在甲骨文中，又（支）、又（父）、[glyph]（尹）這三個形體非常相近。孤立的又（支）與又（父）字是很難區分的。

「部首」有的學者稱之為「字源」，這是從探索文字形體的來源以及這些形體的原始涵義的角度而言的，這屬於另一個問題。

本書的部首，不採用《說文》的五百四十部，而是基本上按照島邦男《綜類》的分部而有所調整。我們認為這種分部更符合於甲骨文形體結構的實際。

《綜類》有部首一百六十四。其部首表的部首排列次序與書中實際編排的次序是有出入的。很顯然，島邦男原有的編排次序在一定程度上受到原《說文》部首表的影響。在另一方面，又單純以形體的表面形式為準，標準比較混亂。在整理部首表的時候，島邦男氏纔認真考慮了形體的來源問題。大體上是按照人體的圖像和自然的圖像來加以排列的。

任何文字符號，其形體最初都是來源於客觀事物的圖像。所謂「近取諸身，遠取諸物」。[glyph]、[glyph]、[glyph]、[glyph]、[glyph]、[glyph]、[glyph]、[glyph]、[glyph]、口、又、[glyph]諸形，都是「近取諸身」。「[glyph]」和「[glyph]」皆與人首有關，亦「近取諸身」之屬，應列在「[glyph]」之後。

「物」有自然物如日、月、山、川，植物如木、禾；動物如牛、羊、犬、豕、虎、鹿、龍、蛇等等。《綜類》的部首表即是如此分類排列的。

《綜類》有的部首是可以刪去或合併的。如：「𠂤」可併入「四」部；「米」可併入「米」部；「𦥑」亦不妨併入「𠂤」部；「A」可併入「人」部；「⋈」可併入「⊠」部；「日」可併入「日」部；「丰」可併入「王」部等等。「乙」當係「𠃌」之簡體，且「乙」形無所統屬，不能成為部首，當刪去。「𠃌」廼「𠃌」形之孳乳分化，當以「𠃌」為部首；「𢆶」廼「𢆶」字之孳乳，當以「𢆶」為部首。

至於「字頭」，則必須是獨立之文字形體。甲骨文有些非常特殊的現象，值得我們認真的對待。

《合集》二七三一〇有辭為：「惟祖丁𣪘奏王永」。此片原著錄於《甲》六四一。屈萬里《考釋》以「𣪘」為「父庚」是錯誤的。島邦男《綜類》四一六葉列「𣪘」為字頭，尤為錯誤。根據同版有「惟祖丁庸奏」的記載可以判定，「𣪘」廼「父庚庸」的合文。「庚」字一形兩用。這種現象為甲骨文所特有。裘錫圭先生始發其覆（《甲骨文字考釋》見《古文字研究》第四輯）。金文中以「夫=」「孫=」為「大夫」、「子孫」合文，大體上與此相類似。「𣪘」既然是「父庚庸」的合文，它就不是一個獨立的文字形體，是不應該列為字頭的。

《合集》一七八七〇反有一個奇異的現象：在已經刻過字的甲骨上，又刻上了一段文字。其中有一個「𡩧」字與「高」字正好重疊在一起。原著錄於《南南》二·一五九，是摹本。摹本是無法分辨其層次的。島邦男《綜類》二二八葉即根據《南南》之摹本，將兩個重疊在一起之字形列為字頭，由於當時沒有拓本，這種錯誤也未可厚非。至於將兩段相重疊的、不同內容的刻辭混成一個辭條，則更是莫知所云了。現在有了《合集》之拓本，我們可以清晰地分辨出前後兩次不同層次的文字形體及其刻辭，取消了《綜類》原有的字頭。

一定的文字符號，必然是表達一定的概念，是與一定的語言緊密相連的。對於每一個具有記錄語言功能，能獨立使用的文字符號形體，我們都一一列舉出來，按照一定的類別和次序加以排列，并給予一個編號。這種獨立的文字符號形體，我們習慣地稱之為「字頭」。通過這些字頭為綫索，將一些有關的辭條以類相從，這就是我們這部書的基本編纂方式。

在通常的情況下，不同的形體應該是屬於不同的文字符號。然而事實上並非完全如此。總的說來，甲骨文的符號化程度已經發展得很高。不同符號形體之間的區別，是極其細微的。也就是說，即使是極其細微的形體上的差異，就意味着是屬於不同的文字符號。例如：

田（一囲）——田（一田）；三（一乞）——三（一三）；二（一上）——二（一二）；十（一甲）——

十（七）——十（七十）；□（十五）——□（五十）；□（九）——□（九十）；□（反）——□（印）……等等，不勝枚舉。

但與此同時，在甲骨文中，也有很多看起來是完全不同的形體，卻是屬於同一個文字符號。甚至在個別的情況下，完全相同的形體，竟然是屬於兩個絕然不同的文字符號。這種情況的存在，就給我們分析、判斷、辯識甲骨文帶來很大的麻煩。

這種情況的產生，原因是很複雜的，也有其不同的表現形式。我們下面將對這些情況進行分析和說明。

文字形體的同異和分合

一字多形的現象在古漢字中較為突出，尤其是甲骨文更是如此。同一文字而形體不同，我們稱之為異體字。

文字形體的不統一和不固定，是文字早期的、尚未完全成熟的表現。文字在其發展過程中，由於孳乳分化的需要，在原有的形體上添加上形符或聲符；或者是為了書寫使用的便利，將原有形體某些部份加以省略，這就是文字的繁化和簡化現象。在我們今天看起來，其原有的形體和其變化了的形體之間就存在着差異，因而名之曰異體字。

時代的差異，地區的差異，書寫習慣的差異，都有可能造成文字形體的差異。我們的任務之一，就是將某些同一文字的不同形體歸併在統一的字頭之下。同時，將形體相近似，但肯定不是同一的文字，分離開來。這些都有可能與傳統觀念發生衝突。要想分合得準確而恰當，難度是相當大的，我們必須慎重將事。

甲骨文「三」和「三」不是一個字。「三」字的中間一橫較短，迺「乞」字，亦用作「迄」。「三」迺數字之「三」，三橫畫等長。形體是有區別的。島邦男《綜類》四九二葉加以混同，不予區分是錯誤的。但是，這兩個形體有的時候確實存在相混的情況。這經常發生在骨面刻辭中。

骨面刻辭經常可以見到這樣的記載：「奚乞寅骨三」。有的時候「乞」字的三橫畫即等長，與數字的「三」在形體上毫無區別。可是，由於數字的「三」絕對不會中間一橫畫較短而誤為「乞」字的。我們根據其常見的辭例，是可以判定是「奚乞……」，而不是「奚三……」。

另外還有一個非常特殊的例子，就是「月」和「夕」的區分。「月」和「夕」在最初有可能同源。因為「月」是「夕」的最突出象徵；「夕」則是「月」之出現的前題。

在甲骨文中，「月」和「夕」肯定已發生了分化。但是，「□」和「□」這兩個形體究竟哪個是「夕」，哪個是「月」，却是無法簡單地加以肯定的。D和D在形體上明顯地存在着差異，但是很容易加以區分的。但由於時間的差異，主要是由於書寫者習慣的差異，D和D所表示的槩念却是游移不定的。但是，兩者相對比較而言，都又是固定不移的。實際的情況是，不管是誰，當以「D」為「月」的時候，肯定是以「D」為「夕」；當以「D」為「月」的時候，肯定是以「D」為「夕」。通過辭例的比較，「D」和「D」所代表的槩念是可以區分的。田（囲）和田（田）的區別在於，「田」中間的「十」與其四周邊框不相連；「田」則「十」與四周的邊框緊緊相連。但是有的時候，竟然不存在此種差別，形體完全相同，我們祇能根據辭例來區分這在形體上完全相同的兩個不同的字。

簡化字也會造成形體上的混淆。「知」字通常作□或□，但有時也簡化作□或□，省去了偏旁「□」。其結果則是與「午」字形體完全混同無別。當然像這類的情況，我們也可以用假借現象來理解。

「史」字通常作□，偶爾也簡化作中，省去偏旁「□」，其結果則是與「中」字形體完全混同無別。像這類情況，不可能屬於假借的問題。

「□」字省去「□」，就和「□」（黑）字形體完全沒有區別。「黑牛」、「黑羊」、「黑豕」的「黑」均作「□」不作「□」，足證這是完全不同的兩個字。

還有一種情況就是文字形體在其孳乳分化過程中的交叉現象，在甲骨文表現得非常突出。由於甲骨文還處於急驟的孳乳分化過程中，不同的文字符號，在形體上出現了混同的現象。最典型的例子是：「矢」、「寅」、「黃」的形體。

矢　□　□

寅　□　□　□

黃　□　□

「寅」字祇有「□」這個形體與「矢」和「黃」不相混。而「□」則和「矢」相混，「□」和「黃」相混。這就是形體的交叉現象。

從這些形體的同異及其演變過程中，我們可以看出，文字由最初的：某些不同的槩念可通用一個共同的形體，逐漸孳生出新的形體，各有專指，形成了分化。如果我們不能掌握這個分化過程，就會造成錯覺，導致錯誤的結論。

文字形體由原來的通用走向分化，在這個過程中出現了交叉現象。我們對於這種交叉現象祇能視之為不同文字的形體交叉，而不能因為形體的部份交叉而得出二者同字的錯誤結論。「矢」和「寅」在「□」這個形體上是交叉的，也可以說是形體相混的。但由於「□」和「□」這兩個形體不能表示「矢」的槩念，有不相混的因素存在，所以不能僅僅根據「□」這個形體說「矢」、「寅」同字。

「寅」和「黃」在「□」這個形體上交叉，造成形體的混同現象。但是，「寅」和「黃」在「□」、「□」、「□」這些形體上有着嚴格的區分，因而不能說「寅」、「黃」同字。

文字的孳乳分化，是不允許逆推的，我在《古文字的符號化問題》及《再論古漢字的性質》這些文章中，曾列舉大量的例證申述了這個問題。

「□」是由「□」形分化而來的。「□」可以用作「母」，但是，「□」卻不能用作「女」。因此，不能認為「女」、「母」同字。

「□」是由「□」分化而來。但「□」可用作「少」，而「□」卻不用作「小」，因此，也不能說「小」、「少」同字。

「魯」（魯）是由「魚」分化而來的。「魚」可用作「魯」，但「魯」卻不能用作「魚」。因此，也不能說「魚」、「魯」同字。

文字在其使用的時候，祇要存在着一定形式的差異，不同的形體，就不能目之為異體字而加以混同。

同時，我們也不能簡單地根據後世的文字形體或後世的槩念以推論早期的文字。

「牢」和「宰」是兩個完全不同的形體，也是兩個完全不同的槩念。大量的對貞辭例已充分地證明了這一點。我在《牢宰考辯》（《古文字研究》第八輯）一文中，曾論證「牢」是專門飼養以用於祭祀的牛，宰是專門飼養以用於祭祀的羊。西周文字即祇有「牢」而無「宰」。島邦男《綜類》將「牢」和「宰」列入同一字頭下（三一三葉），是不恰當的。

甲骨文从豕的豭和从犬的猳，是完全不同的兩個字，《綜類》也錯誤地將兩者混同起來，不予區分，甚至和「豕」字混在一起，尤為錯誤（二一八葉）。

「□」和「□」是兩個完全不同的形體，代表着完全不同的槩念，沒有任何共同之處。《綜類》也錯誤地加以混同（第二四三葉）。

不同的形體，我們首先要考慮的，是這些不是同一個字。在大多數的情況下，《綜類》是這樣處理的，這種方向是正確的。但如果過度，則未免失當。我們必須通過大量的辭例的比較，來考察每個字的實際使用情況，以決定不同形體的分合。脫離了文字的實際運用情況，脫離了文字之間的相互聯繫，孤立地就形體本身來論證文字，很容易誤入歧途。

由於大量異體字的存在，將許多不同的形體歸附於同一的字頭之下，這將是一個非常繁重的任務。而同時又由於通假字的存在，亦即不同文字之間的可以通用現象的存在，更進一步加重了文字形體分合工作的困難。

□、□、□、□、□、□這些形體相差比較大，但確實是一個字；□、□、□、□這些形體之間相差很遠，但也是同一個字；[illegible]、[illegible]、[illegible]都是「尊」字的不同形體；[illegible]、[illegible]、[illegible]、[illegible]、[illegible]都是「莫」，也就是「暮」字的不同形體；[illegible]、[illegible]、[illegible]、[illegible]、[illegible]這些都是「蒸」字的不同形體。這些不同的形體，是應該合併在同一的字頭之下的。像這樣形體相差很遠而實際同字的情況，在甲骨文中的數量是很大的。

有些簡化字和繁化字，形體不同，也應該同字。簡化字如[illegible]——[illegible]，[illegible]——[illegible]；繁化字如[illegible]——[illegible]、[illegible]——[illegible]，[illegible]——[illegible]都是同字異形的典型例子。

至於有些看來是簡化字，而實際是通假字者，則不能視為同字。如：[illegible]——[illegible]是通假字，不是簡化字。與此相同，王亥之亥或作王[illegible]，「[illegible]」也不能認為是「亥」的繁化字。

某些不同的文字形體，但有時用法可能相同，而不是同字。如：[illegible]、[illegible]、[illegible]三者都可以用作「西」，但不是同字，這也屬於通假字之列。更嚴格一點來說，是假借字而不是通用字。

我們這部書進行了一些文字形體的分合工作，目的在於別同異，以加深我們對甲骨文的認識。同時，也是為了弄清楚甲骨文究竟有多少獨立的文字形體。

限於我們的認識水平，分合得不一定恰當，更不可能做得那麼徹底，這還有待於長期的不斷的努力。

特殊情況的處理

上文曾經論及，甲骨文中有的文字形體完全相同，但不是一個字。這種情況非常特殊，這不符合於文字形體的基本規律。「囲」與「田」，「乞」與「三」，有時候形體完全相同，這是因為書寫時的疏忽，這不是正常現象。在通常情況下，這些字的形體還是嚴格區分的。「D」和「D」相對來說，形體是嚴格區分的，祇是不能肯定究竟哪個是代表「月」，哪個代表「夕」。所有這一些，通過辭例分析，都是可以確定的。

至於文字形體之間的交叉現象，則是早期文字形體在其孳乳分化過程中的現象，是文字形體定型化尚未完成，也就是早期文字形體不成熟的體現。

由於文字形體簡化以致發生混同現象，比較少見，也是可以區分的。

上述的形體混同，由於有隸釋對照，這個問題容易解決，不另作特殊處理。至於我們的抉擇和分辨是否符合原來的實際情況，是否準確，讀者可以分析判斷。有原篆在，有相同的辭例可以比勘，不會帶來誤解。

有些形體完全不同，我們認定是一個字，列在同一字頭下。凡遇到這種情況，我們特別慎重，都是經過反覆慎重考慮的。

甲骨文的偏旁有很多是游移不定的。這是造成異體字的主要原因之一。試舉一個先王名為例，因為先王名的異體字是比較容易確定的。

《史記·殷本紀》的「陽甲」，甲骨文最常見的形體是「𠈌甲」，字从「兔」、从「口」。但或又从「兔」作「𠈌」，或又从「象」作「𠐱」，形體相差很大，而同是一個字的異體則是沒有疑義的。

我們在這裏需要特別加以指出的是，甲骨文本來是一個字，但我們有的時候可能作出不同的隸定。而甲骨文本來不是一個字，而我們有的時候却可能作出相同的隸定。

甲骨文的「毕」、「𠦪」、「𠦬」、「隼」等不同的形體，實際上是一個字的不同異體，即「禽」的本字。當這些不同的形體用作動詞的時候，是用作擒獲的「擒」。在古代，「禽獸」和「禽獲」都作「禽」，「擒」是後起的區別字。在今天，既然加以隸釋，不如做得徹底一些，隸作「擒」而不作「禽」。可是，甲骨文這些字又用作人名，我們就隸作「毕」、「隼」、「𠦪」而不能隸作「擒」了。

𡧊、𡧊是「冥」的本字。當用作動詞的時候，隸定作「娩」，這屬假借字的範疇。而用作人名、地名的時候就隸作「冥」，而不能隸作「娩」了。

「𡧊」在用作人名時隸作「㝃」，其它則隸作「摧」。

像這樣的情況，大家在本書中是可以經常見到的。

「㞢」、「ㄡ」在甲骨文中不同字，但在一定的情況下，却可以通用。

「㞢」和「ㄡ」都可以用作「又」、「有」和「侑」。但是，「㞢」有時用作地名或族名，「ㄡ」却不能。而「ㄡ」可用作左右之「右」，「㞢」却不能。

「ㄡ」用作「右」；「𠂇」用作「左」，在這種情況下，「ㄡ」和「𠂇」絕對不能通用。「𠂇」可用作「佐」，「ㄡ」不能用作「佐」。「祐」通常是寫作「ㄡ」，但有的時候，常用詞「受有祐」也有寫作「𠂇」的例子。

甲骨文有大量的專用字，區分是非常嚴格，絕對不能相通的。牝、牡；𦍩、𦍌；𧱿、𧱳，都各有專指，不能通用。兩周以後，始統一作牝牡。這和「牢」、「宰」之辯是一樣的。

「臽」、「𪊨」、「𪋵」、「𦋐」、「𢍰」各有專指，隨所施而異。我們在隸定時統一作「陷」。因此，隸定相同的字，在甲骨文不一定就必然是同字。

我們之所以要對相同的情況作出不同的處理，是為了遵循這樣一條原則：給讀者帶來方便，而不是增加負擔。

「陷」字如果採用不同的隸定形式，是會增加閱讀時的麻煩的。「牢」、「宰」、「牡」、

「⿰羊土」之類的區分比較簡單，不會增加太多的麻煩。而槩念的明確區分，是會有好處的。權衡利弊，祇能根據不同的情況作出不同的處理了。

有些隸定的字，和現代的漢字完全相同，但我們並不認為甲骨文與其所隸定的現代漢字就完全相等。從偏旁結構來分析，「[illegible]」可隸定作「淮」，但若以為二者完全相等就錯了。實際上「[illegible]」廼「[illegible]」之省去聲符者。許多从「女」的字如「姪」、「姓」、「好」、「婁」等等，從偏旁分析的角度，可以如此隸定。但甲骨文與這些字之間，根本不能劃等號。

合文的處理，並不如想像中的那麼簡單。甲骨文的合文數量很大，主要是先王先妣名。甲骨文的合文符號。祇有一個例外，即「[illegible]」可以認為是有重文符號。而「[illegible]」是否就是「有祐」的合文，在認識上不是沒有分歧的。

我們對於合文，原則上是分書。如「義京」、「享京」、「勿牛」之類，皆分書。「牝」、「牡」，「⿰羊匕」、「⿰羊土」，「⿰豕匕」、「⿰豕土」等等都是合文，但我們不分書。這是因為西周以後統一作「牝」、「牡」，其餘的專用字均已消亡。而且分書起來有困難。「牝」可以寫成「匕牛」，但「牡」如寫成「丄牛」則反而造成不必要的困擾。「牡」如寫成「牡牛」，那麼「⿰豕土」、「⿰羊土」是否可以寫成「牡豕」、「牡羊」呢？這其中不是沒有問題的。「⋮京」、「⋮泉」，有許多祇能存原篆，是無法隸定的。像這類的合文，我們還是列為字頭，祇是在其下加以注明是合文。

有些合文，學者的意見不是完全一致的。如「[illegible]」、「[illegible]」、「[illegible]」我們認為是「二牛」、「三牛」、「四牛」的合文，由於考慮到大家在認識上存在着分歧，我們也將之列為字頭，而在其下注明為合文。

特殊的合文如上文談到過的「父庚庸」，其中還有一形兩用的問題。《懷》一三七八「其[illegible]妣庚」，「[illegible]」廼「卯及」的合文，其中也存在一形兩用的問題。凡此之類，皆於其右旁加△號以引起大家的注意。

有些明顯屬於誤刻的字，如《合集》九六〇八的「庚丑」，二一九〇九的「壬戌」，四〇三八八的「甲丑」，毫無疑問都是誤刻。我們在釋文中加以訂正，而於其旁加△號予以標明。《懷》一四八六的「大甲」作「[illegible]卜」，《懷》一五六六的「父丁」之「父」作「[illegible]」，凡此均屬於誤刻之類。

甲骨文「[illegible]」和「[illegible]」在偏旁中有時可以通用。如[illegible]——[illegible]——[illegible]當同字。而我們於[illegible]和

□隸作「印」，□則隸作「妥」，這裏沿用習慣的隸定。我們承認，有時是未能免俗的。□和□也當是同字，都是「賓」字的異體。我們也分別隸作「宁」和「安」，這是隸古定的辦法。

這樣就造成「賓」字的異體「□」和「安」字在形體上的混同，我們是分別列於兩個字頭的。

隸釋中需要論證和說明的問題很多，限於體例，本書不能解決這個問題。我們準備在《甲骨文考釋類編》一書中詳細加以申述。

斷代與分期

本書的分期斷代完全依據原著錄的分期斷代，於隸釋下用阿拉伯數字註明。我們不作任何變動。即使其中明顯分期有誤，也是如此處理。好在《合集》、《屯南》、《英國》、《懷特》這幾部書在分期斷代問題上，所持的觀點及採用的標準基本上是一致的。這樣處理，並不表明我們同意其所有的對分期斷代的劃分標準。

甲骨斷代學發展到八十年代，遠較過去更為周密和細緻。簡單的五期分法有時是行不通的。在缺乏「父…」或「母…」稱謂的情況下，武丁卜辭與祖庚卜辭就無法區分。然則一期與二期的界綫就難以區分了。

同樣地，無名組卜辭所跨越的時代就很長，很難明確某一個具體的甲骨片究竟屬於哪一期。關於所謂「𠂤組卜辭」究竟屬於哪一期，學術界意見有很大的分歧。上述這幾本書的編者均歸於第四期。我過去未曾直接參加過有關這個問題的爭論。但我曾明確表示過，我同意「𠂤組卜辭」基本上屬於武丁卜辭的觀點，其中有一部分可以晚到祖庚時期。

《屯南》有少量刻辭未加分期，我們也祇能一仍其舊。

卜辭分期斷代的絕對標準是直接稱謂，即「父…」和「母…」。但有這種「父」、「母」稱謂的卜辭，相對地說來祇是極少數。我們經常所採用的主要手段是在稱謂基礎上整理出來的貞人組以及字體特徵。相比較而言，有貞人名的卜辭是少數。因此，最常用的分期手段實際上是字體特徵。貞人的繫聯是有限度的，而字體特徵繫聯的標準和限度則很難完全統一。這就有待於作進一步深入和細緻的工作。同時還應該結合其它各方面的因素綜合加以考察。

前辭的貞人名在正文中一律不收。仿《綜類》例，祇記載其著錄的片號作為附錄。但骨臼刻辭、骨面刻辭、甲橋刻辭、甲尾刻辭、背甲刻辭中出現的卜人名則一律收錄於正文。

殘泐文辭的處理

由於時代的久遠，甲骨質地又易脆損，故文辭多殘泐。甲骨刻辭多與占卜有關，而占卜的內容是經常重複的，卜辭同文者很多。因此，大多數的殘辭是可以根據其它辭例予以復原的，闕文是可以補足的。我們處理的原則是：凡屬闕文，一律不予補足。但是，祇要有一點點殘畫，即予以復原。例如：

《合集》二二九五三「弜巛」，甲骨文没有「巛」這個字。根據同版對貞有「王比」，我們就可以肯定「巛」就是「巛」字的缺刻，我們就予以補足。

又：二○九四八的「88雨」，「88」字未刻全，亦予以補足。

二四七二一有「八」字，當為「𠂇」字之缺刻。

缺刻的情況在卜辭中是很常見的。

至於像二七一四七的「88」字，根據同版辭例，廼「88」字之缺刻。當然，也存在着88是簡化字的可能性。儘管這種可能性實在太小了。為了避免引起爭議，我們未作為缺刻處理。

有些闕文如不予補足，就有可能造成誤解。例如：

《摭續》一二一：「王其藝沇廼麓，王于東立，虎出，擒。」

李旦丘《考釋》以「虎出」為「逐」，就是既由於不識「虎」字，誤認為「豕」，又以「出」字下部缺損，所以導致誤解。

《粹》一二：「庚午貞，秋大𩁹，于帝五玉臣𠕁，在祖乙宗卜。」

郭沫若《考釋》由於「𠕁」字適闕其下部，誤解作「血」，不可通。實則「𠕁秋」卜辭多見，「𠕁」字是可以據以補足的。

《粹》八一六：「……不雨，茲雨少。」

由於「茲」字缺刻，郭沫若《考釋》誤以為「幺」字，並進而以為「幺雨」即「霢霂」，「今俗稱毛毛雨。」

由此可以看出，補足缺畫是一項很重要的工作，不能忽視。

如果沒有殘存的筆畫，即使很清楚地知道其所闕的辭句，我們也一律不予補足。體例祇能如此。

關於拼音檢字

任何文字符號，都有其一定的音讀。過去考釋甲骨文，主要是指明其相當於後世的什麼字，這就自然而然地解決了其音讀問題。至於對殷商的古音體系，則未見有專門的論述。目前研究古音體繫，一般祇是以戰國為上限。間或有研究西周古音者，但還不能說形成體系。

我對古音韻缺乏最起碼的研究，不敢妄論殷商古音。本書於甲骨文注音，純粹是為了檢索的方便，並不意味着正甲骨文的音讀。

拼音檢索較之於筆畫檢索和部首偏旁檢索似乎要方便快速得多。我們在這方面進行了大膽的嘗試。

有些甲骨文並沒有與之相對應的現行漢字，祇是根據其形聲結構以聲符的讀音為音。

有些注音祇是簡單地以現代漢字的讀音為音。事實上甲骨文並不讀這個音。如「[illegible]」字，祇是根據其偏旁結構隸作「安」，實際上「[illegible]」有的時候是「[illegible]」字的簡化，是「賓」的異體字，造成形體的交叉。

「[illegible]」根據偏旁分析隸作「婪」，實際上可能這兩者之間並沒有什麼關係。

「屮」本是「才」字，我們均讀作「在」；「匕」本是「亡」字，我們均讀作「無」。

我們必須再次强調，注音僅僅是為了檢索的需要，不能反過來根據這些讀音來確定這個甲骨文相當於什麼字。

本書由我和肖丁分任正副主編，做一些組織領導和審訂的工作。參加編輯的（按姓氏筆畫為序）有：

何琳儀、吳振武、黃錫全、曹錦炎、湯餘惠、劉釗，由王少華擔任鈔録。

本書在編寫過程中，得到全國高等院校古籍整理研究工作委員會以及全國高等院校哲學社會科學博士點重點項目基金辦公室的資助，同時也得到中華書局、浙江省博物館、武漢大學、九江市博物館的協助和支持，謹此一併致以深切的謝意。

一九八七年二月　姚孝遂識於杭州西子湖畔之文瀾閣

凡例

一、僞刻及習刻一律删除不録。

一、重出者一律删除。

一、《合集》第十三册摹本不予收録。

一、一律按原著所標定之分期，不作任何更改，未作分期者一律不補。

一、前辭及辭中之干支不作專條收録。

一、虛詞如于、在、弜、不、勿、弗……等等一律節録。

一、常見辭例節録。

一、十以上數字（不含十）專條收録。

一、異體字皆合併。

一、拼音索引中之注音僅供參考。

一、凡闕文一律不予補足，但殘存之文字形體則盡可能恢復其原貌。

一、凡字形結構不清晰，疑而不能定者，於其右旁加上「？」號。

一、凡原篆刻明顯有誤，或一形兩用者，均加「△」號表示之。

一、凡有爭議之合文，亦列爲字頭，於其下加以注明。

一、每一順序號表明一獨立之文字，異體字不另列順序號。

一、以文字形體爲主，通假字衹在隸釋中加以反映。

一、每一字頭下之順序爲：第一順序爲分期斷代；第二順序爲以《合集》、《屯南》、《英》、《懷》爲序；第三順序爲原著録號。

一、《甲骨文合集》之辭條均不冠以書名簡稱。其餘著録則均冠以書名簡稱。《小屯南地甲骨》簡稱爲《屯》。《英國所藏甲骨集》簡稱爲《英》。《懷特氏等所藏甲骨集》簡稱爲《懷》。

字形總表

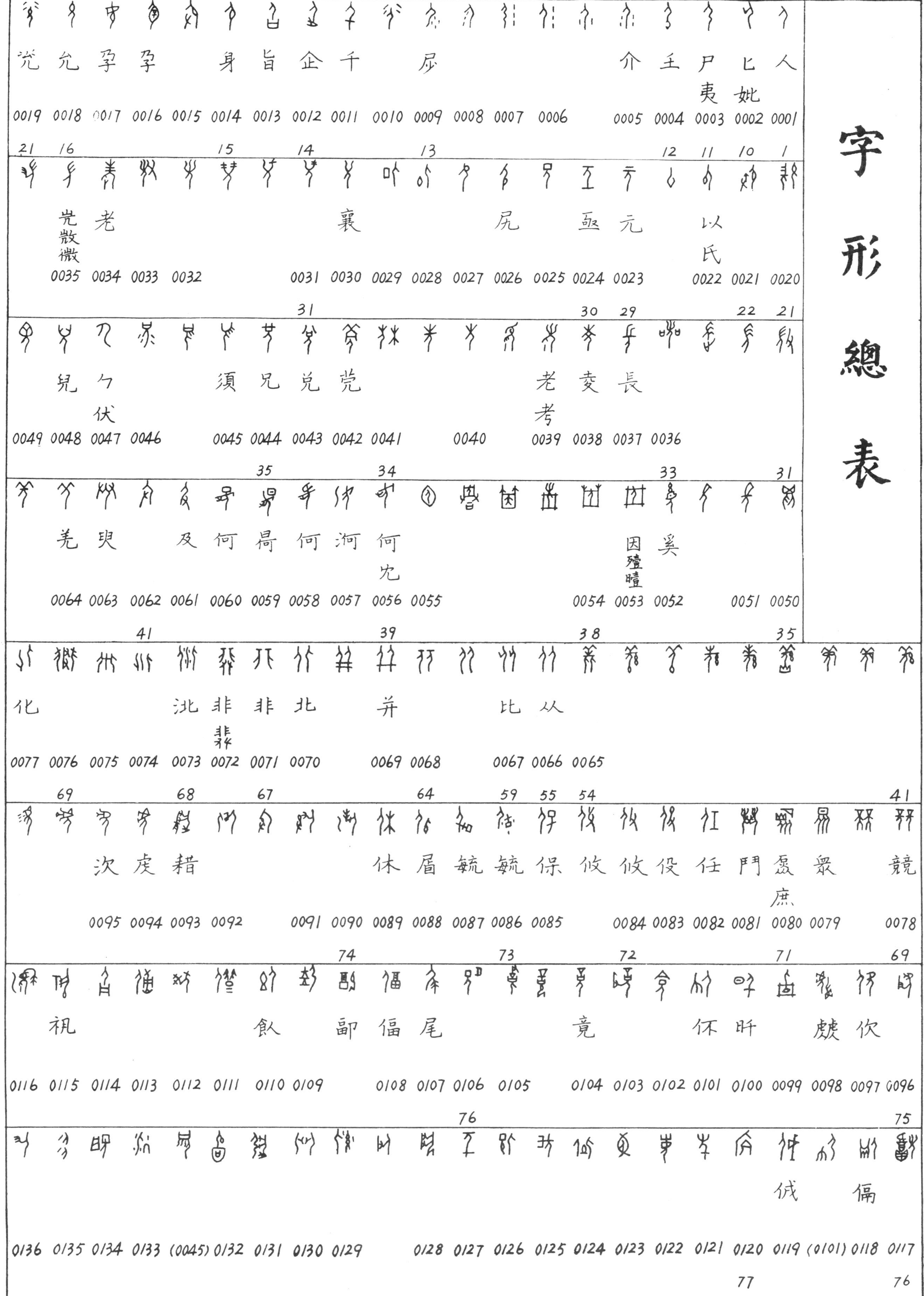

0001 人 · 0002 匕 妣 · 0003 尸 夷 · 0004 壬 · 0005 介 · 0006 · 0007 · 0008 · 0009 [illegible] · 0010 · 0011 千 · 0012 企 · 0013 旨 · 0014 身 · 0015 · 0016 孕 · 0017 孕 · 0018 允 · 0019 [illegible]

0020 · 0021 · 0022 以 氏 · 0023 元 · 0024 亟 · 0025 · 0026 尻 · 0027 · 0028 · 0029 · 0030 襄 · 0031 · 0032 · 0033 · 0034 老 · 0035 [illegible] 散 微

0036 · 0037 長 · 0038 夌 · 0039 老 考 · 0040 · 0041 · 0042 [illegible] · 0043 兑 · 0044 兄 · 0045 須 · 0046 · 0047 勹 伏 · 0048 兒 · 0049

0050 · 0051 · 0052 奚 · 0053 因 殪 噎 · 0054 · 0055 · 0056 何 宂 · 0057 河 · 0058 何 · 0059 咼 · 0060 何 · 0061 及 · 0062 · 0063 臾 · 0064 羌

0065 · 0066 从 · 0067 比 · 0068 · 0069 并 · 0070 北 · 0071 非 · 0072 非 [illegible] · 0073 [illegible] · 0074 · 0075 · 0076 · 0077 化

0078 競 · 0079 眾 · 0080 [illegible] 庶 · 0081 鬥 · 0082 任 · 0083 役 · 0084 攸 · 攸 · 0085 保 · 0086 毓 · 0087 毓 · 0088 眉 · 0089 休 · 0090 · 0091 · 0092 · 0093 耤 · 0094 虔 · 0095 次

0096 · 0097 佽 · 0098 虩 · 0099 · 0100 旰 · 0101 伓 · 0102 · 0103 · 0104 竟 · 0105 · 0106 · 0107 尾 · 0108 偪 · 鄙 · 0109 · 0110 飤 · 0111 · 0112 · 0113 · 0114 · 0115 [illegible] · 0116

0117 · 0118 偏 · (0101) · 0119 伐 · 0120 · 0121 · 0122 · 0123 · 0124 · 0125 · 0126 · 0127 · 0128 · 0129 · 0130 · 0131 · 0132 · (0045) · 0133 · 0134 · 0135 · 0136

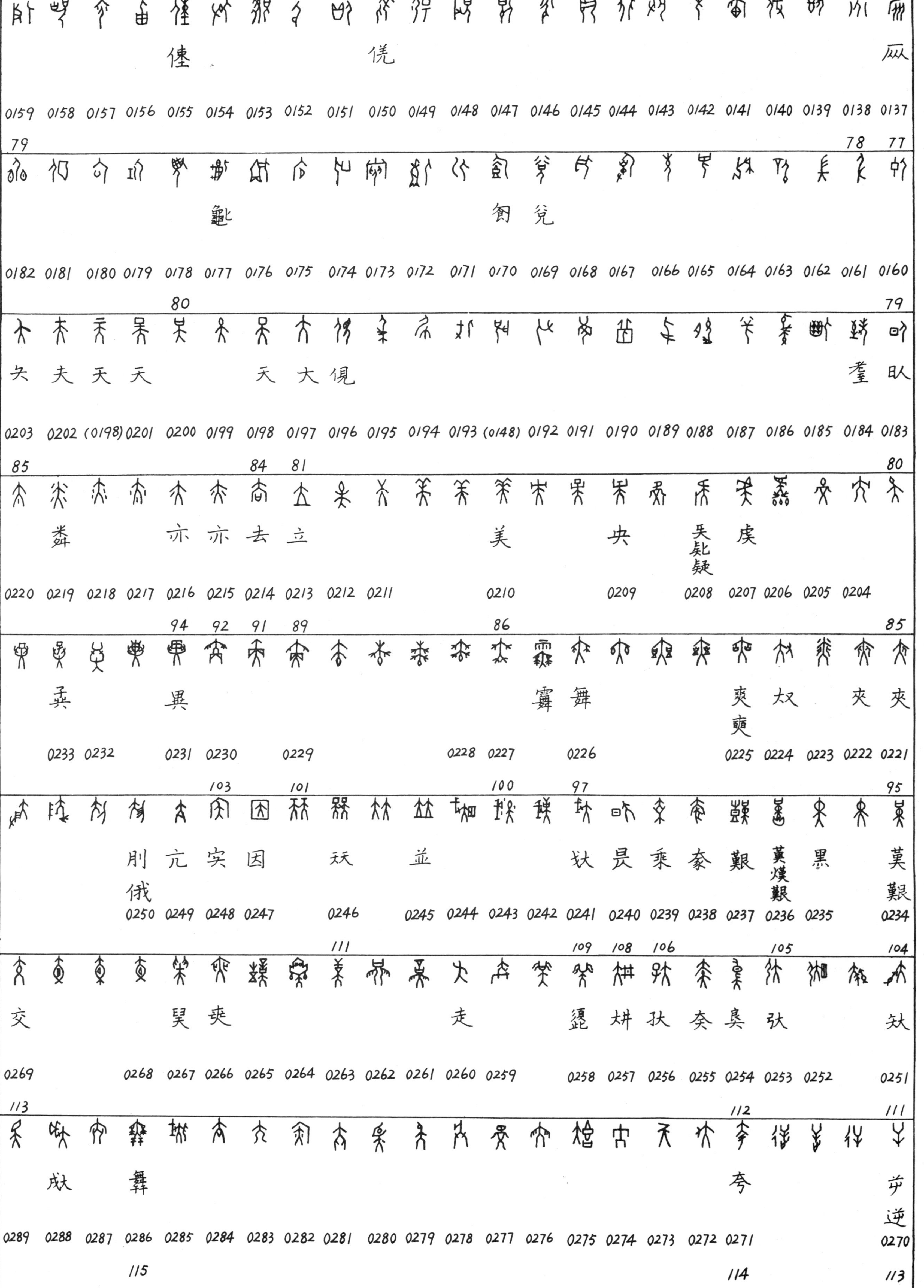

0159 0158 0157 0156 0155 0154 0153 0152 0151 0150 0149 0148 0147 0146 0145 0144 0143 0142 0141 0140 0139 0138 0137
0182 0181 0180 0179 0178 0177 0176 0175 0174 0173 0172 0171 0170 0169 0168 0167 0166 0165 0164 0163 0162 0161 0160
0203 0202 (0198) 0201 0200 0199 0198 0197 0196 0195 0194 0193 (0148) 0192 0191 0190 0189 0188 0187 0186 0185 0184 0183
0220 0219 0218 0217 0216 0215 0214 0213 0212 0211 0210 0209 0208 0207 0206 0205 0204
0233 0232 0231 0230 0229 0228 0227 0226 0225 0224 0223 0222 0221
0250 0249 0248 0247 0246 0245 0244 0243 0242 0241 0240 0239 0238 0237 0236 0235 0234
0269 0268 0267 0266 0265 0264 0263 0262 0261 0260 0259 0258 0257 0256 0255 0254 0253 0252 0251
0289 0288 0287 0286 0285 0284 0283 0282 0281 0280 0279 0278 0277 0276 0275 0274 0273 0272 0271 0270

二

字號	釋文	頁碼
0290		115
0291		
0292	⿰隶大	
0293		
0294		
0295	⿰大干	
0296		
0297		
0298		
0299		
0300		
0301	卩	
0302		116
0303		
0304	巴	
0305	邑	
0306	祝	120
0307		124
0308	祝	

字號	釋文	頁碼
0309		124
0310		
0311		
0312		
0313	瀼	
0314	蠰	
0315	光	125
0316	鬼	
0317		126
0318	⿰礻鬼	
0319		
0320	醜	
0321	⿱鬼女	
0322	鬼	
0323	畏	
0324	⿰日鬼	
0325		
0326	異	

字號	釋文	頁碼
0327		126
0328	⿱艹丂	127
0329		
0330		
0331		
0332	令	
0333	若	130
0334		137
0335		
0336	即	
0337	鄉 饗 嚮	139
0338	既	141
0339	鄉 饗 嚮	142
0340	欠	
0341	次	
0342	次	
0343	吹	
0344	⿰攵欠	143
0345	⿰鬳欠	

字號	釋文	頁碼
0346		143
0347	鄉	
0348		
0349	旡	
0350		
0351	卸 御 禦	
0352	⿰糸攴	156
0353	紷	
0354	及	
0355	⿰𧾷及	158
0356	服	
0357	⿱巳卩	
0358	𠨍	159
0359	印	
0360	⿰戈卩	160
0361	⿰阝殳	
	⿰阝攵	
0362		

字號	釋文	頁碼
0363		160
0364		
0365	叩	
0366		
0367	⿰目卩	
0368	承	
0369		
0370		161
0371		
0372		
0373		
0374		
0375		
0376		
0377		
0378		
	堯	
0379	丮	
0380	⿰口丮	
0381	⿸𠂆丮	
0382	⿰丰丮	162
0383	⿰丰丮	

字號	釋文	頁碼
0384		162
0385		
0386	蓺	
0387	[illegible]	165
0388		166
0389		
0390		
0391		
0392	乳	
0393	⿰至丮	
0394	⿰刀卩	
0395		
0396		
0397	[illegible]	
0398	⿰車卩	
0399		
0400		
0401		
0402		

字號	釋文	頁碼
0403		166
0404		
0405		
0406		167
0407		
0408		
0409		
0410		
0411		
0412		
0413	⿱炏儿	
0414	⿱⺌儿	
0415	⿰阝欠	
0416		
0417	呪	
0418		
0419		
0420	免	
0421		
0422	女 母 毋	
0423	母 毋	172
0424		
0425		173

字號	釋文	頁碼
0426	妸	173
0427		
0428	妄	
0429	奴	174
0430	⿰女卩	
0431	倿	
0432	每 悔	
0433		175
0434		
0435		
0436		
0437	妹	
0438		
0439	妻	
0440	妻	176
0441	敏	
0442	妟	
	姦	
0443		
0444		
0445		

编号	释文	页
0446	婞	176
0447		
0448	姿	
0449		
0450		
0451		177
0452	妥	
0453	婦	
0454	⿰女自	
	嬰	
0455		
0456	妃	
0457	妥	
0458	⿰女力 嘉	178
0459	姘	180
0460	好	182
0461	毓 育 后	185
0462	妹	187
0463	婐	188
0464	⿰女来	
0465	⿰女桼	
0466		
0467	⿰女禾	189
0468	婪	
0469	訊	
0470	如	
0471	⿰女夕	
0472	姼	
0473	⿰女自	
0474	⿰女寸	190
0475	⿰女宰	
0476	⿰女羊	
0477	⿰女牛	
0478	⿰女豕	
0479	⿰女韋	
0480	⿰女龜	
0481	⿰女黽	
0482	⿰女龍 ⿰女龔	
0483	⿰女虎	190
0484	⿰女虒	
0485		191
0486	⿱汝女	
0487	奴	
0488	⿰女各	
0489	⿰女正	
0490	⿰女悆	
0491	⿰女心	
0492	⿰女哭	
(2983)	婦	
0493	妓	
0494 (0564)	⿰女卩	
0495	媚	
0496	似	
0497	⿰女臣	
0498	姬	
0499	⿱龏女	192
0500	⿰女亩	
0501	⿰女豊	
0502		192
0503	娃	
0504	⿰女束	
0505	奸 禦	
0506	[illegible]	
0507		
0508	姦	
0509	⿰女叔	
0510	姓	
0511		
0512	姪	193
0513		
0514	⿰女食	
0515		
0516	汝	
0517	⿰女川	
0518	⿰女彡	
0519		
0520		
0521	娘	
0522	⿰女戈	193
0523	⿰女戉	
0524	⿰女戠	
0525	⿰女逢	194
0526	⿰女皿	
0527	嫀	
(0448)	姿	
0528		
0529	⿰女凡	
0530	嫫	
0531		
0532	⿰女奏	
0533	⿰女高	
0534		
0535	妗	
0536	⿰女酉	
0537	婭	
0538		
0539	媓	
0540		
0541		
0542	妭	
0543	⿰氵发	
0544		195
0545	娣	
0546		
0547	奴	
0548		
0549		
0550	姈	
0551		
0552		
0553		
0554	⿰女魚	
0555		
0556		
0557		
0558		
0559	妞	
0560	⿰女雈	
0561	娘	
0562	妦	
0563		
0564 (0494)	⿰女卩	196
0565	婤	
0566		
0567		196
0568		
0569	⿰女咸	
0570	⿰女夕	
0571	⿰女香	
0572	妊	
0573	⿰女王	
0574	⿰女卜	
0575	⿰女羊	
0576	⿱龏女	
0577		
0578	嬙	
0579	⿸广子	
0580	子 巳	
0581	⿰子矢	203
0582	⿰子丙	
0583	⿰子力 嘉	
0584	孚	204
	俘	
0585	孴	
0586	孫	
0587	保	204
0588		
0589		
0590	子	
0591		
0592		
0593		
0594	弃 棄	
0595	⿰子亏	
0596		
0597		
0598		
0599	⿰孑刂	
0600	⿰孖孖	205
0601	目	
0602	直	206
0603	昌	
0604	⿱羽目	
0605	⿱目夂	207
0606	眉	

0607	0608	0609	0610	0611	0612	0613	0614	0615	0616			0617	0618	0619	0620		0621		0622	0623	0624
旻			面	罘 暨		省		庙	唐	磨	磨	歔	眉	眉	湄 彌		蓢		晉		眉
207				208	211			214							215		217		219		220

0625	0626	0627		0628		0629	0630			0631	0632	0633	0634	0635	0636	0637	0638	0639	0640	0641	0642
見	見	罗 蜀		罟	罟	寛	兜	要		莌				要	要	覞		監	老		冒
220	221	222		223						224								225			

		0643	0644	0645	0646		0647	0648	0649	0650	0651	0652	0653		0654	0655	0656	0657	0658		0659	0660
		罢	罴	蠡	歔		杲	相			臣	臣	壬 望		舒		戕 臧	相	聘			
225			226									229			230		231					

0661	0662	0663	0664	0665	0666 (0961)	0667	0668	0669	0670	0671	0672	0673	0674	0675	0676	0677	0678	0679	0680	0681	0682	
嚚	曩				取	司													耳	取	聯	
231										232											236	

0683	0684	0685	0686	0687	0688		0689	0690	0691	0692	0693	0694	0695		0696	0697	0698	0699	0700	0701	0702
眬	斧	聿	聂	聴	叟 驟		耵 聽	聑 聽	聯	聞	聘	聽	取	聖 聖		聞	洱			自	臭	臬
236							237						238							242	

0703	0704	0705	0706	0707	0708	0709	0710	0711	0712	0713	0714		0715	0716	0717	0718	0719	0720	0721			0722
澡	鼻	濞	劓	温	畠	鼽	舄	畺	敀	帛					口	甘	曰	告	舌			言
242													243					247	255			

	0723	0724	0725	0726	0727	0728	0729		0730	0731	0732	0733	0734	0735		0736		0737	0738	0739		
		酤	譸	焅			甾 載		缶	吉	由		冑	咎	劦	舌	祜	去	舌	克		
255	256								259	261	262	263				266		269		277		

0740	0741		0742		0743		0744	0745	0746	0747	0748	0749			0750	0751	0752	0753		0754	0755	0756
合	合		會												召	龠		龠	侖	叉		品
278																	279					

五

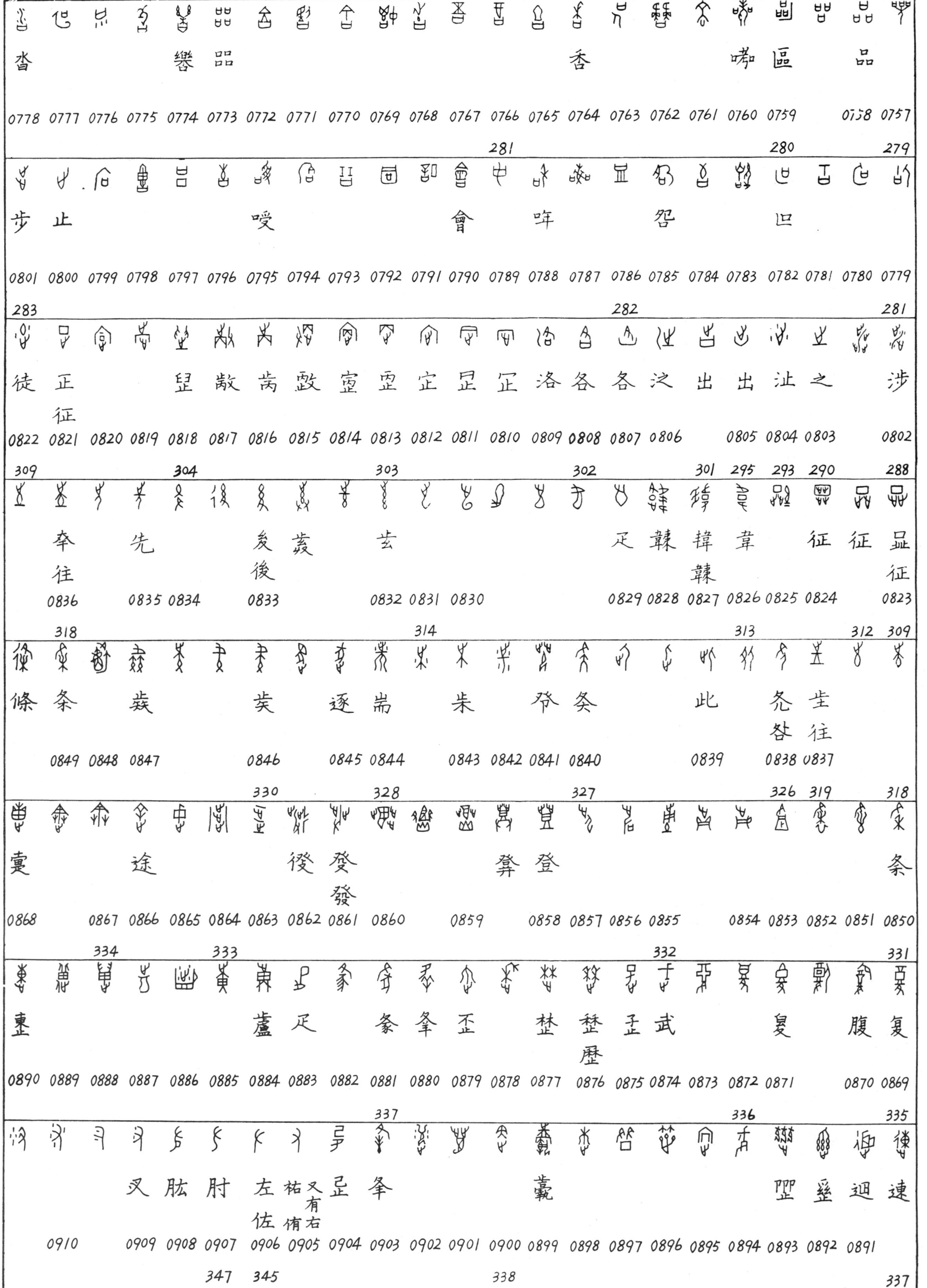

沓 罍 品 香 唏 區 品
0778 0777 0776 0775 0774 0773 0772 0771 0770 0769 0768 0767 0766 0765 0764 0763 0762 0761 0760 0759 0758 0757
281 280 279
步 止 嗖 會 咋 咎
0801 0800 0799 0798 0797 0796 0795 0794 0793 0792 0791 0790 0789 0788 0787 0786 0785 0784 0783 0782 0781 0780 0779
283 282 281
徒 正 征 散 洛 各 各 出 出 之 涉
0822 0821 0820 0819 0818 0817 0816 0815 0814 0813 0812 0811 0810 0809 0808 0807 0806 0805 0804 0803 0802
309 304 303 302 301 295 293 290 288
往 先 後 足 韓 韓 征 征 征
0836 0835 0834 0833 0832 0831 0830 0829 0828 0827 0826 0825 0824 0823
318 314 313 312 309
條 朱 此 往
0849 0848 0847 0846 0845 0844 0843 0842 0841 0840 0839 0838 0837
330 328 327 326 319 318
途 發 發 登
0868 0867 0866 0865 0864 0863 0862 0861 0860 0859 0858 0857 0856 0855 0854 0853 0852 0851 0850
334 333 332 331
足 武 腹
0890 0889 0888 0887 0886 0885 0884 0883 0882 0881 0880 0879 0878 0877 0876 0875 0874 0873 0872 0871 0870 0869
337 336 335
肘 左 佐 又 有 右 速
0910 0909 0908 0907 0906 0905 0904 0903 0902 0901 0900 0899 0898 0897 0896 0895 0894 0893 0892 0891
347 345 338 337

七

347			348		350	352				353			354			355					
0911	0912	0913	0914 刍		0915 祭	0916 权 祭				0917	0918 务	0919 尹	0920 君	0921 敵 徹	0922	0923	0924	0925	0926	0927	0928

355		356																357			358
0929	0930 玟	0931 對	0932 朮	0933	0934	0935	0936		0937	0938	0939	0940	0941	0942	0943	0944	0945	0946	0947	0948	0949 鑿	0950 㲉

358									359												
0951 毈	0952	0953 肘	0954	0955	0956 爪	0957	0958	0959	0960	0961 (0666) 臤	0962	0963	0964	0965	0966	0967	0968 启	0969	0970	0971	0972	0973

359								360														
0974	0975	0976	0977	0978	0979 奴	0980	0981	0982 叔	0983	0984	0985	0986	0987	0988	0989	0990	0991	0992 攴	0993 殳	0994	0995	0996

360						361																
0997 殺	0998	0999	1000	1001	1002 妏	1003 敓	1004	1005 敎	1006 戰	1007	1008	1009	1010	1011 數	1012 敵	1013 牧	1014	1015	1016	1017	1018	1019

361			363	364		365								366					369			
1020	1021	1022 奴 共	1023	1024 友	1025 友	1026 受		1027		1028	1029		1030 㬎	1031 㬎	1032 蒸 㬎	㯱	襮	㬎	襮	1033 爰	1034 㞋	冒

369			370		371				376			365					366		377				
1035 启	1036 尋		1037 將		1038 [illegible]				1039		1040 叙	1041 奉	1042		1043 獸			1044 彝		1045 争	1046	1047	

377						378								379									
1048	1049	1050	1051	1052	1053	1054 櫜				1055	1056		1057	1058	1059	1060	1061	1062	1063	1064	1065	1066

編號	釋文	頁碼
1067		379
1068	[illegible]	
1069	[illegible]	
1070	[illegible]	
1071		
1072		
1073		
1074		
1075		
1076		
1077		
1078		
1079		380
1080		
1081		
1082		
1083		
1084		
1085		
1086	首	
1087		
1088		
1089	[illegible]	380
1090		
1091		
1092	頁	
1093		
1094	猱	381
1095	白 伯	
1096	帛	385
1097	百	
1098	昔	389
1099	西	
1100	由 西	393
1101	西	
1102	栖	
1103		
1104	迺	
1105		395
1106		
1107		
1108	猷	396
1109	[illegible]	
1110	甹	
1111		
1112		
1113		
1114		
1115		
1116	上	
1117	下	397
1118	示	398
1119	示	408
1120	祐	
1121	[illegible]	409
1122	[illegible]	
		409
1123	禉 禫 酉 尊 [illegible]	411
1124	禨	418
1125		
1126	[illegible]	
1127		
1128		
1129		
1130		
1131	[illegible]	
1132	帝 禘	
1133	[illegible]	425
1134	[illegible]	
1135	[illegible]	425
1136	日	
1137	暈	431
1138	[illegible]	432
1139	昜	
1140	旦	
1141	昔	
1142 (1382)	晶 星	433
1143	督	
1144	晝	
1145	[illegible]	
1146		
1147		
1148		
1149		
1150		
1151		
1152	月	
		433
1153	夕	437
1154	明	440
1155	名	441
1156	[illegible]	
1157	名	
1158		
1159		
1160		
1161		
1162	霸	
1163		
1164		
1165	辰	
1166	蜃 震	442
1167	[illegible] 振	
1168	[illegible] 晨	
1169	蓐	443
1170	[illegible]	
1171	莀	443
1172	晨	
1173	[illegible]	
1174	励	
1175	云	
1176	[illegible]	444
1177	[illegible]	
1178	旬	
1179		450
1180	雨	
1181	雹	456
1182	霝	457
1183	[illegible]	
1184		
1185		
1186	[illegible] 雪	
1187	霋	
1188	雩	458
1189	雩	
1190	[illegible]	
1191	[illegible]	
1192		458
1193	零	459
1194	[illegible]	
1195	霖	
1196	[illegible]	
1197		
1198		
1199	[illegible]	
1200		
1201		
1202		
1203		
1204		
1205		
1206		
1207	申	
1208	雷	
1209	[illegible]	460
1210	乙	
1211	土	

				焚	岳	丘		火	山			甫	垷						圣 量 墾			
	1223			1222	1221	1220		1219	1218	1217	1216	1215	1214	1213					1212			
	474			473	467			466											465			460

烔	杏		宀	炘		岴		嵤	堡		小山	二山			烄	麦		赤	岔		罒	
1242	1241	1240	1239	1238	1237	1236	1235	1234	1233	1232	1231	1230	1229		1228	1227		1226	1225		1224	
			477										476									474

		虞						燮	炈		燮					斷			焱		𡸁	炎
1263	1262	1261		1260	1259	1258	1257	1256		1255	1254	1253	1252	1251	1250	1249	1248	1247	1246	1245	1244	1243
							478															477

	卬	阞	阪	墜	陞		降	陡	陟		阜			呈	炎							𡘨
1281	1280	1279	1278	1277	1276		1275		1274		1273			1272	1271	1270	1269	1268	1267	1266	1265	1264
	482				481		480				479											

陪	䧙	陽		陵	队		隥		隭 隭			阝心	隮	𨻮	陮	阦	陵	隫	险			墜
1300	1299	1298	1297	1296	1295	1294	1293		1292	1291		1290		1289	1288		1287	1286 (2719)	1285	1284	1283	1282
										484					483							482

洹	杈	酒	酒			災	冲				州	川	川	川	林	水		水				
1320	1319	1318	1317			1316	1315	1314	1313	1312	1311	1310	1309	1308	1307		1306	1305	1304	1303	1302	1301
487												486					485					484

	灖	泷			災	河	河	洗				濼	潦							潢		
1334	1333	1332	1331		1330	1329	1328	1327	1326			1325	1324				1323		1322	1321		
			497		496	495			488													487

涅	涽	涑	澅		滈	汁		闭	淵	湡		洱	沈	潾		洦	泊	滄	澅	溢	洫	
1356	1355	1354	1353	1352	1351	1350	1349		1348	1347	1346	1345	1344	1343	1342	1341	1340	1339	1338	1337	1336	1335
			499																			498

499
1357 洋
1358 沒
1359 泊
1360 瀟
1361 淮
1362 澑
1363
1364 汩
1365
1366 洛
1367 洞
1368
1369
1370
1371
1372
1373
1374
500
1375
1376
1377
1378
1379

500
1380 屮
1381 生
1382 (1142) 星
502
1383 橐
503
1384 丰 封
1385
1386
1387
1388 菩
504
1389 芳
1390
1391
1392 習
1393 莫 暮 暮

504
1394 朝
505
1395
1396
1397
1398 烊
1399 犇
1400 [illegible]
1401 棼
506
1402 木
1403 朩 丁
1404 故
507
1405
1406
509
1407

510
1408
1409 采
1410 杈
511
1411 枚
1412
1413 析
1414 相
1415 埶 蓺 邇
1416 困
1417 杕
1418 杞
1419 柳
512
1420
1421 杞
1422
1423 梌
1424 林
513
1425 [illegible]
1426 [illegible]
514

514
1427 楚
1428 橅
1429 椒
1430 林
1431
1432 埜 野
1433 藿
1434 [illegible]
1435 芑
1436 春
1437 埜
515

515
1438 鬱
1439 鬱
1440
1441 果
1442 [illegible]
516
1443 [illegible]
1444 桑
1445
1446
1447 喪
1448
521
1449 朱
1450 櫶
1451 杲
1452
1453

521
1454
1455 亲
1456
1457
1458
1459 杏
1460 李
1461 [illegible]
1462 杉
522
1463 槁
1464 栢
1465
1466
1467 校
1468 權
1469 椎
1470
1471
1472
1473 腜
1474
1475

522
1476 [illegible]
1477 [illegible]
1478
1479
1480 森
1481
1482 禾
523
1483 苿
526
1484 秉
1485 医
527
1486 秎 利
1487 剢
528
1488 秷
1489 龢
1490
1491 秝
1492 秝
1493

東	東	剌				瑨	瑾	秜	季		年	黍		穧		來			來			
1494	1495	1496	1497		1498	1499		1500	1501		1502	1503		1504		1505		1506	1507		1508	
528	529										530	536		538		539		540			552	

香	杏	敕	數		麥			師	𠩺				穋						杢			
1509		1510		1511	1512			(3006)	1513				1514		1515	1516	1517	1518	1519	1520	1521	1522
552		553											554									

			燎					寮	濼	東					桒				奏			
1523	1524	1525	1526					1527	1528	1529	1530	1531		1532	1533				1534		1535	
555								564											570		572	

		鶇		希 祟				要	魊	牛					牢	牡	牝	牝 牡	羊 騂	沈	埋 薶	
1536	1537	1538	1539	1540	1541	1542		1543	1544	1545		1546	1547		1548	1549	1550	1551	1552	1553	1554	
572					577				578	579		581				582	583	584		585	586	

牧	𢼸	微	微	徵	一 牛	三 牛	三 牡	四 牡	六 牡	羊			宰		羴	羴	羶	𢿌			𦍒	𦍋
1555	(1573)		(2334)	(2329)	1556	1557	1558	1559	1560	1561	1562	1563	1564	1565		1566	1567	1568			1569	1570
586					587						590			602		603						604

沈	沈 小 宰	𢼸	絴	羞	𦃇	縍				恙	羘	羍		犬	猋	𤞑	埋	犾 犾 通			奚	猷
1571	1572	1573 (1555)	1574	1575	1576	1577	1578	1579	1580	1581	1582	1583	1584	1585	1586	1587	1588	1589	1590	1591	1592	1593
604					605										610		611					

莽			狭		匛	豕		豕	豭		豚		彘				𧰲		豝	狐	䝅	
1594		1595	1596	1597	1598	1599	1600	1601	1602		1603		1604			1605	1606	1607	1608	1609	1610	1611
611							616				617		618			620				621	623	

	冢	圂	彖	彘	豙	涿		豝										𧰨	馬	寫	騂	馰
1612	1613	1614	1615	1616	1617	1618	1619	1620		1621	1622	1623	1624	1625	1626	1627	1628	1629	1630	1631	1632	1633
623													624							627		

編號	釋文	頁
1634	⿰馬戈	627
1635	⿰馬利	
1636		
1637	駁	
1638		
1639	馰	
1640		
1641	騽	
1642		
1643	⿰馬豕	
1644	⿰馬沓	628
1645	駛	
1646	⿰馬匕	
1647		
1648		
1649		
1650		
1651	兕	
1652	兕	631
1653	象	
1654	為	632
1655	莧	632
1656	廌	
1657	麀	633
1658		
1659	㲋	
1660	⿱⺈⿱田一	
1661	⿱⺈⿱田丂	634
1662		
1663		
1664		
1665	鼠	
1666		
1667		635
1668	虎	
1669	豹	637
1670	⿰弋虎	
1671		
1672	⿸虍兄	637
1673	⿸虍比 虐	
1674	⿸虍田	
1675	⿸虍皿	
1676	⿰氵虎	638
1677	⿵冂虎	
1678	⿸虍青	
1679	虘	
1680		
1681		
(1135)	虞	
1682		
1683	⿸虍戚	
1684	⿸虍七	
1685		
1686		
1687	⿸虍冎	
1688	唬	
1689		
1690		
1691		
1692	⿰虘攵	
1693	盾	
1694	⿸虍古 ⿸虍月	639
1695	⿸虍⿱吉日	
1696	虔	
1697	⿸虍⿱吉夂	
1698	盧	
1699	⿰虘又	640
1700	⿱艹⿰虘攵	
1701	⿰氵虘	
1702	⿸广米	
1703	兔	
1704	⿸鹿毛	
1705	毆	641
1706	⿰鹿攴	
1707	麋	
1708		
1709	麋	
1710	⿸鹿夂	643
1711	陷	
1712	⿰氵麀	644
1713	⿱昍廾 陷	
	⿱亞日	
1714	⿰氵⿱彐革	644
1715	鹿	
1716	陷	648
1717	⿰氵⿸鹿夂	
1718	⿸鹿土	
1719	⿸鹿夊	
1720	⿲彳鹿亍	
1721	塵	
1722	⿰鹿鹿	
1723	麓	
1724		
1725		
1726	射 鹿	
1727	隹 惟	649
1728		
1729	⿰隹又	650
1730	隻 獲	
1731	⿱隹夊	653
1732	⿰隹攵 推	
1733		654
1734		
1735		654
1736		
1737		
1738		
1739		
1740		
1741		
1742		
1743	⿴囗隹	
1744	萑	
1745		655
1746		
1747		
1748		
1749		
1750		
1751		
1752	寉	
1753	⿱隹夊	
1754	翟	
1755		
1756	雋	655
1757	雝 雍	
1758	售	656
1759	舊	
1760	雚 觀	657
1761	萑	
1762	⿱罒隹 霧	659
1763	⿱今隹 陰	
1764	鳶	660
1765		
1766		
1767	萑	
1768		
1769	鳳 風	
1770	⿱雨雔	663
1771	靃 霍	
1772	⿱隹⿱冂冂	
1773		
1774	⿸广隹	
1775	⿰集又	664
1776		665
1777		
1778		
1779	⿱隹冉	666
	⿱雔廾	
1780	雉	
	離	
	琟	
1781	⿰工隹 鴻	667

编号	字	页码
1782	⿰隹匕	
1783	⿱隹儿	
1784	雥	
1785	⿱隹日	
1786	曣	
1787		
1788		
1789		
1790	雀	
1791	⿱𠆢隹	
1792	鳥	
1793		
1794	鳴	
1795	唯	
1796		
1797		
1798	⿰月鳥	
1799		
1800		
1801		
1802	⿰馬殳	
1803	鳴	
1804	島	

编号	字	页码
1805	燕	667
1806		
1807		
1808	⿱冃燕	
1809		
(1786)	曣	
1810		
1811	集	
1812	魚	
1813	魯	671
1814	⿱亼魚	
1815	⿱𦍌魚	
1816	鮻	
1817	漁	672
1818	漁	
1819	⿰魚叟	
1820	⿱艹魚	
1821	⿱魚大	
1822	⿸虍魚	
1823	⿱艹魚	
1824		
1825	⿱𠆢魚	
1826		

编号	字	页码
1827	龍	672
		673
1828	龏 龔	
1829	龐	
1830	⿸广龏	
1831		
1832	⿸广龖	
(482)	⿰女龏	
1833	⿰龍又	674
1834	瀧	675
		676
1835	⿱龍禸	
1836	⿱幵龍	677
1837	嚨	
1838	羸	
1839		
1840	龖	
1841	它	

编号	字	页码
		677
1842	⿱止它	
1843	它	679
1844		
1845	蚰	
1846	巳 祀	
1847		
1848		680
1849	⿰卩巳	
1850	拕	
1851	⿱蚰土	
1852	⿱罒虫	
1853	⿱𠂉蚰	
1854	汜	
1855	⿱林巳	682
1856	祀	
1857		

编号	字	页码
		682
1858	攺	683
1859	改	686
1860	⿱宀改	
1861	萬	
1862		
1863	澫	
1864		
1865	蠆	687
1866	黽 ⿱朱黽	
1867	鼂	
1868		
(480)	⿰女鼀	
1869		
1870	⿱田黽	
1871		
1872		688
1873		
1874		
1875	龜	
		689

编号	字	页码
		689
1876	⿱亠龜	
1877	⿰龜又	
1878	⿰龜攵	
1879	⿰氵龜	692
1880	⿰彳龜	
1881	⿱艹龜 秋	
1882	⿱竹龜	
1883		
1884		
1885		
1886	熊	693
1887		
1888	米	
1889	采	
1890	卣	
1891	⿰卣卣	
1892	⿱卣⿰卣卣	
1893		
1894		
1895	⿱⺊卣	

编号	字	页码
1896	⿰豸白	693
1897	卣	694
1898	栗	
1899		
1900	⿰日白	
1901		
1902		
1903	羽	
		696
1904	習	
1905	翌	
1906	⿱羽冐	
1907	⿸疒羽	
1908	翌	
1909		697
1910	角	
1911	觳 ⿰角殳	
1912	⿱角大	
1913	解	
1914	慶	

编号	字	页码
		697 / 708
1915	貝	
1916	⿰貝鬼	698 / 709
1917	𣅀	
1918	得	
1919	⿱𦥑殳	711
1920	⿱冃貝	699
1921	敗	
1922	⿹勹貝	700
1923	貯 貯	712
1924	寶	713
1925	⿱宀貝 寶	
1926	⿱宀頁	707
1927		708
1928		
1929		
1930	賤	
1931		

1932 狽 713
1933 買
1934 心
1935 㕣 714
1936 忌
1937 杰
1938 沁
1939
1940
1941
1942
1943 懋
1944
1945
1946
1947 入 716
1948 衣 720
1949 724

1950 裹 724
1951
(1948) 衣
1952 初
1953 依
1954
1955 裘
1956 袁 遠
1957
1958 ⿰衤聿 725
1959 褮
1960 ⿰衤交 726
1961
1962
1963
1964
1965 衷
1966
1967 ⿱癹衣
1968 今

1969 ⿱亼凶 729
1970
1971
1972
1973 貪 730
1974
1975
1976
1977
1978 余
1979 余
1980 734
1981 涂
1982 亯
1983 ⿱亯亯
1984 ⿱亯丙
1985 亯京
1986 𦎫 敦
1987 ⿱亯干 郭 740
1988 ⿰亯卑 埤 741
1989 [illegible]
1990 ⿱艹亯

1991 ⿱𣏟亯 741
1992
1993 ⿱亯隹
1994
1995 京
1996 742
1997
1998
1999 子京
2000 743
2001 ⿱山京
2002
2003 膏
2004 ⿱亠冋
2005 亳 744
2006 高
2007 746

2008 746
2009
2010
2011
2012
2013
2014
2015 褘 747
2016 㐭 廩
2017 亶
2018 啚 鄙 748
2019 ⿱罒啚
2020 嗇
2021 ⿺辶啚 749
2022 ⿱秝啚
2023
2024 ⿱艹啚

2025 ⿱亠森 749
2026
2027 ⿱艹京
2028 750
2029
2030
2031
2032
2033
2034
2035 ⿰木向
2036 宀
2037 向
2038 宮 751
2039 宮 753
2040
2041 宗
2042 寑 寢 757
2043 室 758
2044 家 759

2045 ⿱宀豩 760
2046 [illegible]
2047 宰
2048 宋 761
2049 ⿱宀乎
2050 ⿱宀取
2051 廳 762
2052 ⿱宀耳
2053
2054 764
2055
2056
2057 冗 765
2058 宅
2059 ⿱宀戈
2060

2061 ⿱宀以 765
2062 宅
2063 ⿱宀卩
2064 安 766
2065 ⿱宀方 賓
2066 ⿱宀豆 賓 768
2067 ⿱宀如 770
- ⿱宀卬
2068
2069 ⿱宀朿
2070 ⿱宀⿰木女

		⿱宀酉	⿱宀嫂	室		⿱宀艮	宪		⿱宀成		賓			⿱宀𡈼 賓					嬣	⿱宀卯	⿱宀⿰女皿	⿱宀卻
2088	2087	2086	2085	(2043)	2084	2083	2082	2081	2080	2079	(2066)	2078	2077	(2066)	2076		2075	2074	2073		2072	2071
														771								770

		褱						宇	⿱宀朿		宕	⿱宀多				⿱宀鑿	蓺	⿱宀米	⿱宀殳			
2109	2108	2107	2106	2105	2104	2103	2102	2101	2100	2099	(2255)	2098	2097	2096	2095	2094	2093	2092	(1860)	2091	2090	2089
																			772			771

丙					櫅		齊				⿱宀夭	⿱宀大		宰	塞	⿱宀冊		⿱宀我			宛	
2131	2130	2129	2128	2127	2126	2125	2124	2123	2122	2121	2120	2119		2118	2117	2116	2115	2114	2113	2112	2111	2110
				774													773					772

		滴					商		叓 更							禹						内
		2147					2146	2145	2144	2143	2142		2141	2140	2139	2138	2137	2136	2135	2134	2133	2132
		782									776				775							774

⿰阝啇	陳	启	户	鳥 泉	隹 泉			⿱象泉	桒 泉	⿰泉刂	⿰泉又				泉			冥 娩				亶
2163	2162	(2166)	2161	2160	2159	2158		2157	2156	2155	2154				2153			2152	2151	2150	2149	2148
		787									786				785							782

丁		⿵門殳		閒			闌	⿵門燮	⿵門女	⿵門火	問		門					啓		啟		廣
2179	2178	2177	2176	2175	2174	2173	2172	2171	2170	2169	2168		2167							2166	2165	2164
									793		792		791									787

⿱甫殳		甫	邦	⿱亦田		⿱秝田	⿱宀畏	⿱日畏	畏		田		⿴囗乂	⿷匚止					吕			雍
2199	2198	2197	2196	2195	2194	2193	2192	2191	2190		2189	2188	2187	2186	2185	2184	2183	2182	2181			2180
819	818								817											801		800

	卑		畋		男	⿰田允 畯				盧		⿱宀甾			周					曾	圃	
2215	2214	2213	2212		2211	2210	2209			2208	2207	2206	2205		2204		2203			2202	2201	2200
						822				821			820									819

編號	釋文	頁
2216		822
2217		
2218	畕	
2219	畐	
2220	[畐+甫]	
2221		
2222	曲	
2223		
2224		
2225	[甾+田]	823
2226		
2227		
2228		
2229		
2230	西	
2231	宿	
2232	[酉+攴]	
2233	尋	
2234	[酉+刂]	824
2235	[酉+力]	

編號	釋文	頁
2236		824
2237	齒	
2238	富	826
2239	囯	
2240	囯	827
2241	骨	833
2242		836
2243	固	
2244	囯	
2245	[昌+犬]	842
2246	呂	843
2247	匚 報	

編號	釋文	頁
		843
2248	[匚+示]	845
2249	匩	
2250		
2251	石	
2252	祏	
2253	石	
2254	司	846
2255	宕	847
2256	庶	
2257	宸	
2258	硪	
2259	妬	
2260	姛	
2261	砅	
2262	厝	848
2263	硊	
2264	厚	
2265	石甲	
2266	厍	
2267	碑	
2268	硈	
2269		

編號	釋文	頁
2270		848
2271		
2272	砓	
(2255)	宕	
2273		
2274	喜	
2275	磗	
2276		
2277	磬	
2278	甗	849
2279	磬	
2280	磬	
2281	磬	
2282	磬	850
2283	斨	
2284	庚	
2285	亘	
2286	宣	851
2287	逗	
2288	凿	

編號	釋文	頁
2289	行	851
2290	延 征	852
2291	徙	860
2292	後	
2293	徣	861
2294	洛	
2295	征	
2296	迻	
2297	征 延	
2298	衎	
2299	衔	862
2300	衛	
2301	衛	863
2302	衛	

編號	釋文	頁
2303	褱	863
2304	衛	
2305	衛	864
2306	循	
2307	迖	866
2308	遈	872
2309	永	
2310	永	
	杳	
2311		874
2312	彸	
2313	从	

編號	釋文	頁
2314	徠	874
2315	徚	
2316	伲	
2317		875
2318	徲	
2319	衛	
2320		
2321	伏	
2322	後	
2323	衛	876
2324	疑	
2325	衛	
2326	衛	
2327	衛	
2328	逆	
2329 (1555)	牧	
2330	衛	
2331	衛	

編號	釋文	頁
2332	徫	876
2333	達	
2334 (1555)	徹 牧	
2335	還 馹	
2336	僕	
2337	徫	
2338	徜	877
2339	週	
	[彳+用]	
(778)	徣	
	沓	
(1918)	得	
2340	迨	
2341	㣔	878
2342	邀	
2343		
2344	街	
2345		
2346	徠	
2347	佗	

編號	釋文	頁
2348	彶	878
2349		
(2311)		
2350	迭	
2351	徐	
2352		
2353	律	
	建	
2354	辷	
2355	油	879
2356	緇	
2357		
2358	織	
2359	旋	
(1956)	袁 遠	
2360		
2361		
2362	[illegible]	
2363	侁	

編號	釋文	頁
2364	衎	879
2365	[illegible]	
2366		
2367		
2368	[illegible]	
2369		880
2370	徎	
2371		
2372	化	
2373		
2374	彶	
2375	径	
2376		
2377	[illegible]	
2378	[illegible]	
2379		
2380		
2381	役	
2382	[illegible]	
2383		
2384		
2385		
2386	达	

編號	釋文	頁
2387	迴	880
2388	征	
2389	遴	
2390	衛	881
2391	街	
2392	衛	
2393	[illegible]	
2394		
2395	戈	
2396	或	882
2397	肇	
2398		883
2399		
2400		
2401	叀 捍	885
2402		
2403	[illegible]	
2404		886
2405	叀 捍	

編號	釋文	頁
2406	冊	887
2407	冊	
2408	[illegible]	
2409		
2410	伐	
		894
2411	戍	897
2412	戒	899
2413		
2414	戔	
2415	戠	
2416		903
2417	𢦏 災	
2418	戎	905
2419	𢦏 災	
2420	𢦏	911
2421	[illegible]	

編號	釋文	頁
2422	[illegible]	911
2423	戋	916
2424	戊	917
2425	歲	
2426	[illegible] 歲	
2427		
2428	戊	
2429	歲	
2430	[illegible]	937
2431	戒	
2432	[illegible]	
2433	[illegible]	
2434	[illegible]	
2435	[illegible]	
(2418)	戎	
2436		
2437		
2438	賊	938
2439	戊	
2440	成	

編號	釋文	頁
2441	[illegible]	938
2442	[illegible]	
2443	咸	
2444	[illegible]	939
2445		940
2446	戚	
2447		
2448	戊	
2449	我	943
2450	娥	955
2451	[illegible]	
2452	[illegible]	
2453		
2454		
2455		956
2456	義	
2457	[illegible]	
2458	義 京	

編號	釋文	頁
2459	蔑	956
	[illegible]	
2460		957
2461		
2462		
2463		
2464		
2465		
2466		
2467	[illegible]	
2468		
2469		
2470		
2471	[illegible]	
2472	聝 馘	
2473	截	
2474		
2475		
2476	刀	
2477	召	958
2478	刃	

編號	釋文	頁
		958
2479	分	959
2480	刃	
2481	匀	
2482		960
2483		
2484	制	
2485	[illegible]	961
2486		
2487	昏	
2488	勿	
2489	[illegible] 召	964
	[illegible]	
	[illegible]	
2490	初	965
2491	剥	
2492	[illegible]	
2493	刺	966
2494	[illegible]	
2495		

2496 辛 辥 孽 966
2497 ⿰月亏 孽
2498 辥 孽 967
2499 啇 孽
2500 畜 968
2501 ⿰齒亏
2502 ⿰舟亏
2503 ⿰虫亏
2504 薛
2505 辟
2506 辟
2507 ⿰禾亏 969
2508 ⿰亏刂
2509
2510

969
2511 辛 970
2512
2513 童
2514 犀
2515 ⿰足亏
2516 不
2517 秅 971
2518 ⿰禾又 972
2519 利
2520 ⿰火不
2521 ⿰禾卩
2522 帀
2523
2524 烴
2525 ⿱夾火
2526 兵
2527 ⿰犭斤
2528 新
2529 ⿱宀新 974
2530 ⿰亲殳

2531 ⿰糹斤 974
2532 ⿰目斤
2533 折
2534 折
2535 斧
2536 ⿰忄斿 975
2537 尋
2538 肵
2539
2540 訢
2541 折
2542 矢
2543
2544 矢 寅
2545 ⿰矢矢
2546 ⿰矢矢
2547 ⿱八矢
2548 ⿰氵矢

975
2549 臾 976
2550 黃 977
2551 寅 979
2552 橐
2553 黃 尹
2554 寅 尹 980
2555 伊
2556 效 981
2557 ⿰矢又 982
2558 侯
2559 族 986
2560 至 987
2561 葡 箙 995
2562 ⿱艹⿱田矢 996
2563 函

996
2564 涌
2565 ⿱矢心
2566 ⿱⿰木木木
2567
2568 晋
2569 壴
2570
2571 束 997
2572 責 998
2573
2574 999
2575 畀
2576
2577 1000

1000
2578
2579
2580 吏
2581 胶
2582
2583 ⿱林矢
2584 医
2585 戴
2586
2587 ⿰矢百
2588
2589
2590
2591 ⿰⿱子矢戈
2592
2593 㚔 執
2594 㚔 執 1003
2595 ⿱㚔冖 執

2596 衛 1003
2597 圉
2598 圉 圉 1004
2599 教
2600 ⿰㚔攴 執
2601 ⿰女𡙁 1005
2602 執
2603 ⿰氵執 1006
2604 執
2605 ⿴囗執 1007
2606 ⿵鬥執
2607 ⿱⿱宀執土
2608 執
2609 ⿱宀執

2610 執 1007
2611 執
2612 執 1008
2613 弓
2614 彈
2615 彈 1009
2616 吕
2617 ⿰弓口
2618 ⿰弓亘 恒
2619 ⿰弓攴
2620 彈 1010
2621 彈
2622 彈
(2613) 弓
2623 射
2624 弘 1015
2625 勿
2626 弘 1016
2627 弢

盟 血 皿 旨 𤼷 弴 㕚 扔 可 乃 弜 斫 斫
2644 2643 2642 2641 2640 2639 2638 2637 2636 2635 2634 2633 2632 2631 2630 2629 2628
1023 1022 1021 1020 1017

盖 盖 奐 盄 盅 蠱 蠱 盦 益 益 寍
2657 2656 2655 2654 2653 2652 2651 2650 2649 2648 2647 2646 2645
1027 1026 1025 1024 1023

盜 嗾 濘 寧 鼉 鼉 盛 盂 盂 盡 益 益
2673 2672 2671 2670 2669 2668 2667 2666 2665 2664 2663 2662 2661 2660 2659 2658
1034 1032 1031 1028 1027

鑄 鑄 飲 毀 罍 盐 卹 盥 盅 盧
2695 2694 2693 2692 2691 2690 2689 2688 2687 2686 2685 2684 2683 2682 2681 2680 2679 2678 2677 2676 2675 2674
1035 1034

尊 奠 酉 卤 丞 畬 春 盫
2718 2717 2716 2715 2714 2713 2712 2711 2710 2709 2708 2707 2706 2705 2704 2703 2702 2701 2700 2699 2698 2697 2696
1040 1037 1036 1035

歓 飲 尊 彭 壺 歓 歓 酸 鄉 饗 配 醽 歓 畬 醬 隣
(2724) 2736 2735 2734 2733 2732 2731 2730 2729 2728 2727 2726 2725 2724 2723 2722 2721 2720 2719
(1286)
1061 1060 1042 1041 1040

員 鬻 鬻 鼎 鼎 甗 酉 畬 酥 氳
2750 2749 2748 2747 2746 2745 2744 2743 2742 2741 2740 2739 2738 2737
1064 1063 1062 1061

斝 爵 爵 潧 爵 鬲 鬻 鬻 鬻 敗 鼎 獻 膚
2767 2766 2765 2764 2763 2762 2761 2760 2759 2758 2757 2756 2755 2754 2753 2752 2751
1066 1065 1064

一九

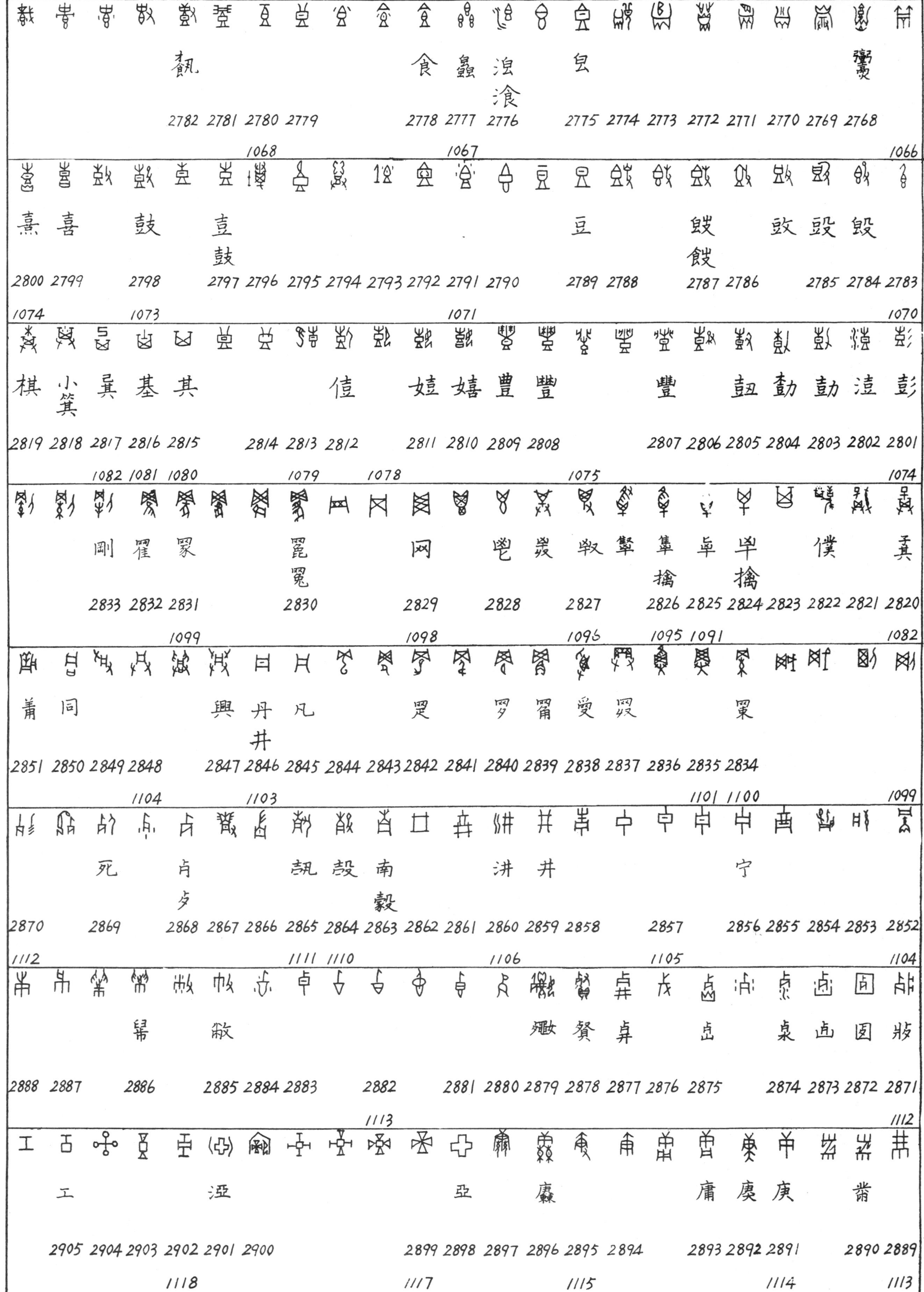

編號	釋文	頁碼
2906		1119
2907		
2908	亘 恒	
2909	巫	
2910	亟	1120
2911		1121
2912		
2913		
2914		
2915		
2916		
2917	彔 禁 麓	
2918	睩	1122
2919		
2920		
2921	帀	
2922		
2923	橐	1122
2924	中 仲	1123
2925	中	
2926		1125
2927	⿰中又	
2928		
2929		
2930		
2931		
2932	古	
2933	事 史 使	
2934		1130
2935	册	
2936	栅	1132
2937	⿱冊曰	
2938	⿰氵⿱冊曰	1136
	⿰氵冊	
2939	典	1136
2940	⿰示典	1137
2941	⿱𣏟冊	
	⿱𣏟凵	
	⿰孑冊	
2942	⿱𣏟卅	
2943	⿰⿱丰止冊	
2944	⿱⿰丰丰冊	
2945		
2946	⿰益冊	
2947	⿰冊束	
2948		
2949	⿱𣏟火	
2950	⿰舟冊	
2951		
2952		
2953	叀	1138
2954	專	1140
2955		
2956	傳	
2957	⿱叀韋	1141
2958	⿱吅萬	1144
2959	䜌	
2960		
2961		1145
2962		
2963		
2964		
2965	畜	
2966		
2967		
2968	東	1145
2969	⿱宀東	1148
2970	⿰東東	
2971	⿱⿰東東殳	
	⿰女⿰東又	
2972	⿰東又	1149
2973	量	
2974		
2975		
2976		
2977		
2978	毅	
2979		
2980	⿰車亐	
2981		
2982	纆	
2983	帚 婦	
2984	⿰帚又	1154
2985	⿰帚又	1155
2986	⿸厂⿰帚又	1156
2987		
2988		
2989		
2990	⿰帚帚	
2991		
2992	⿰口帚	
2993	⿰日帚	
2994	⿰牛帚 侵	
	⿰⿰牜帚又	
2995	歸	
2996		1159
2997	⿰帚阝	
2998	⿸尸帚	
2999		
3000	⿰⿰𠂤帚又	
3001	𠂤 師	
3002	次	1164
3003	追	
3004	追	1164
3005	⿱屮𠂤	1165
3006	師	
3007	遣	1167
3008	官	
3009	⿱宀⿰𠂤又	
3010	⿰目𠂤	
3011		
3012	⿰𠂤攴	
3013	⿰木𠂤	
3014		
3015	鄙	
3016	㫃	
3017	旋	1168
3018	⿸㫃正	
3019	⿸㫃⿰𠂤又	
3020	旋	
3021	旃	1168
3022	⿸㫃龔	
3023	斿	
3024	旅	1169
3025	旋	1170
3026	㫃	
3027		
3028	⿸㫃攴	
3029		
3030	旄	
3031	族	
3032	⿸㫃立	
3033		
3034		
3035		
3036		
3037		
3038	⿸㫃高	
3039		
3040	旟	
3041	⿸㫃户	
3042	⿸㫃皇	1171
3043	⿸㫃吏	

三

1230
3177
3178
3179 舌
1231
3180 舌
3181 絅
3182 剸
3183 ⿰糸聿
3184 ⿰糸柔
3185
3186
1232
3187 橐 櫜
3188
3189 東
3190
3191 糸 東
3192 東

1232
3193 絲
3194 ⿰東尹 ⿰糸尹
1233
3195 ⿰東殳
3196
3197 ⿰東叉
⿱東叉
3198 ⿱東人
3199 ⿰東叉
3200
1234
3201 ⿴囗東
3202 ⿰東卩
3203 紷
⿰東令

1232
3204
3205 ⿰女東
3206 ⿰東生
3207 ⿱⿰東夊
3208 ⿰酉東
⿰酉⿱東夊
1233
3209 餗
1235
3210 ⿰東賣
3211
3212 倲
3213 係
3214 弔 係
1234
3215 弟
1236
3216
3217 升
3218

1234
3219
3220 必 升
1238
3221 敘
(1124) 禨
衶
3222
3223
1239
3224
3225
3226
3227 乍 作
1242
3228 飲
3229 ⿰糸癹
3230 乂
3231 爻
3232 學

1236
1242
1243
3233 数
3234
3235
3236 文
3237
3238
3239 吝
3240
3241
3242
3243
3244 ⿱吾酉
1244
3245 ⿱魯酉
1245
3246 王
1261
3247 麦
3248 印

1242
1261
3249 玖
1243
3250 ⿰王殳
3251 ⿱玨日
3252 玖
3253 玉
1262
3254 珏
3255 朋
3256 倗
3257
3258
3259 丰
1263
3260 東
3261 ⿰龠丰
3262 玉
3263 玖
3264
3265
3266
3267 力

1263
3268 耤
1264
3269 棘
3270
3271 乇
3272 危
1266
3273 彖
3274
3275 屯
1270
3276 [illegible]
3277 肉
3278 多
1273
3279 ⿴囗且 俎 宜
1276
3280 ⿰⿴囗且刂
刞
3281 ⿰且攵
3282 束
3283

1276
3284 鎣
1278
3285
3286
3287
3288
3289
3290
3291
3292
3293
3294
3295
1279
3296
3297 㞢
3298 良
3299 良

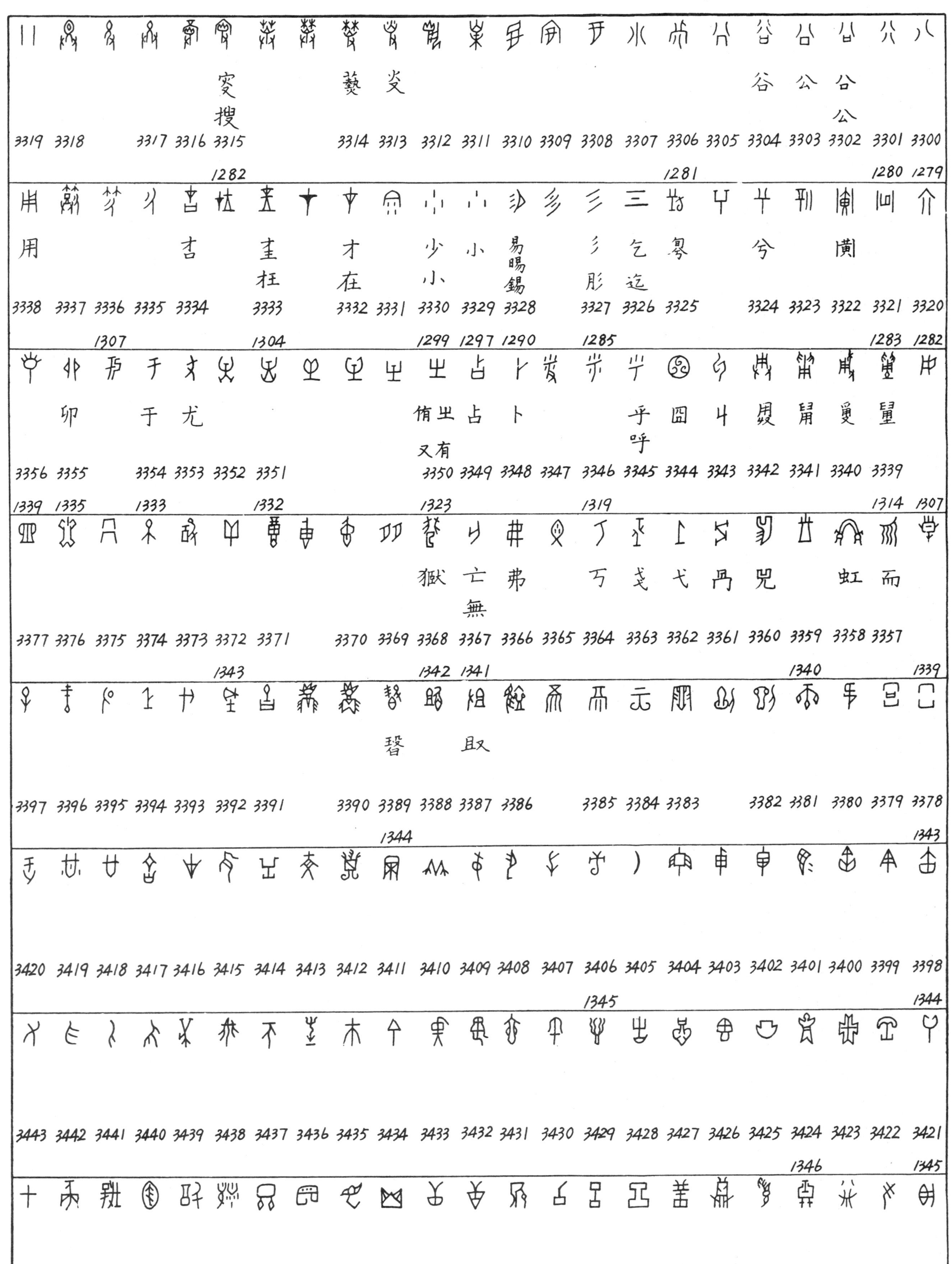

3467 (1347) 3468 (1348) 3469 3470 3471 3472 3473 3474 3475 3476 3477 3478 3479 3480 3481 3482 3483 3484 3485 3486 3487 3488 3489

3490 (1348) 3491 (1349) 3492 3493 3494 3495 3496 3497 3498 3499 3500 3501 3502 3503 3504 3505 3506 3507 3508 3509 3510 3511

3512 (1350) 3513 3514 3515 3516 3517 3518 3519 3520 3521 3522 3523 3524 3525 3526 3527 3528 3529 3530 3531 3532 (1351) 3533

3534 (1351) 3535 3536 3537 3538 3539 3540 3541 3542 3543 3544 3545 3546 3547 3548 十 3549 二十 (1353) 3550 三十 (1355) 3551 四十 (1358) 3552 五十 3553 六十 (1359) 3554 七十 3555 八十 (1360) 3556 九十

先王先妣稱謂

3557 囲 (1361) 上甲 3558 報乙 (1371) 3559 報丙 3560 報丁 (1372) 3561 示壬 3562 示癸 (1373) 3563 大乙 (1374) 3564 成 (1378) 3565 唐 (1379) 3566 大丁 (1382) 3567 大甲 (1383) 3568 卜丙 (1387) 3569 南壬 (1388) 3570 大庚 3571 小甲 (1389) 3572 大戊 (1390) 3573 雍己 (1391) 3574 仲丁 (1392) 3575 卜壬 (1393) 3576 戔甲

3577 祖乙 (1394) 3578 高祖乙 (1404) 3579 下乙 3580 入乙 (1405) 3581 内乙 (1406) 3582 祖辛 3583 二祖辛 (1410) 3584 三祖辛 3585 羌甲 3586 嬴甲 (1412) 3587 祖丁 3588 小丁 (1418) 3589 二祖丁 3590 三祖丁 3591 四祖丁 3592 毓祖丁 3593 南庚 (1419) 3594 魯甲 (1420) 3595 般庚 (1421) 3596 小辛 (1422) 3597 小乙 3598 三祖乙 (1424) 3599 小祖乙

3600 毓祖乙 (1424) 3601 武丁 (1425) 3602 祖己 (1426) 3603 祖庚 3604 小庚 (1427) 3605 三祖庚 3606 祖甲 3607 丩甲 (1428) 3608 康祖丁 (1429) 康丁 3609 武乙 (1430) 武祖乙 3610 文武丁 (1431) 文武帝 3611 祖丙 (1432) 3612 祖戊 3613 祖壬 3614 祖癸 3615 帝甲 3616 帝丁 3617 仲己 3618 𠤎甲 (1433) 3619 工乙

父母兄子稱謂

3620 卜戊 (1433) 3621 入戊 3622 入己 3623 𢀛庚 3624 辛壬 3625 宎壬 3626 𣪊壬 3627 祖 3628 妣甲 (1434) 3629 妣乙 (1435) 3630 妣丙 3631 妣丁 3632 妣日 (1436) 3633 妣戊 3634 妣己 3635 妣庚 (1439) 3636 妣辛 (1444) 3637 毓妣辛 (1445) 3638 妣壬 3639 妣癸 (1446) (0002) 妣 (1447)

3640	父甲	1448
3641	父乙	1450
3642	父丙	1455
3643	父丁	
3644	父戊	1460
3645	父己	1461
3646	父庚	
3647	父辛	1463
3648	父壬	1464
3649	父癸	
3650	父	
3651	母甲	1465
3652	母乙	
3653	母丙	
3654	母戊	
3655	母己	
3656	母庚	1466
3657	母辛	1467
3658	母壬	1468
3659	母癸	
3660	兄甲	1469
3661	兄乙	
3662	兄丙	
3663	兄丁	1469
3664	兄戊	1470
3665	兄己	
3666	兄庚	1471
3667	兄辛	1472
3668	兄壬	
3669	兄癸	
3670	兄	
3671	子丁	1473
3672	子庚	
3673	子癸	

五期稱謂表

（據島邦男《殷墟卜辭綜類》五五六頁）

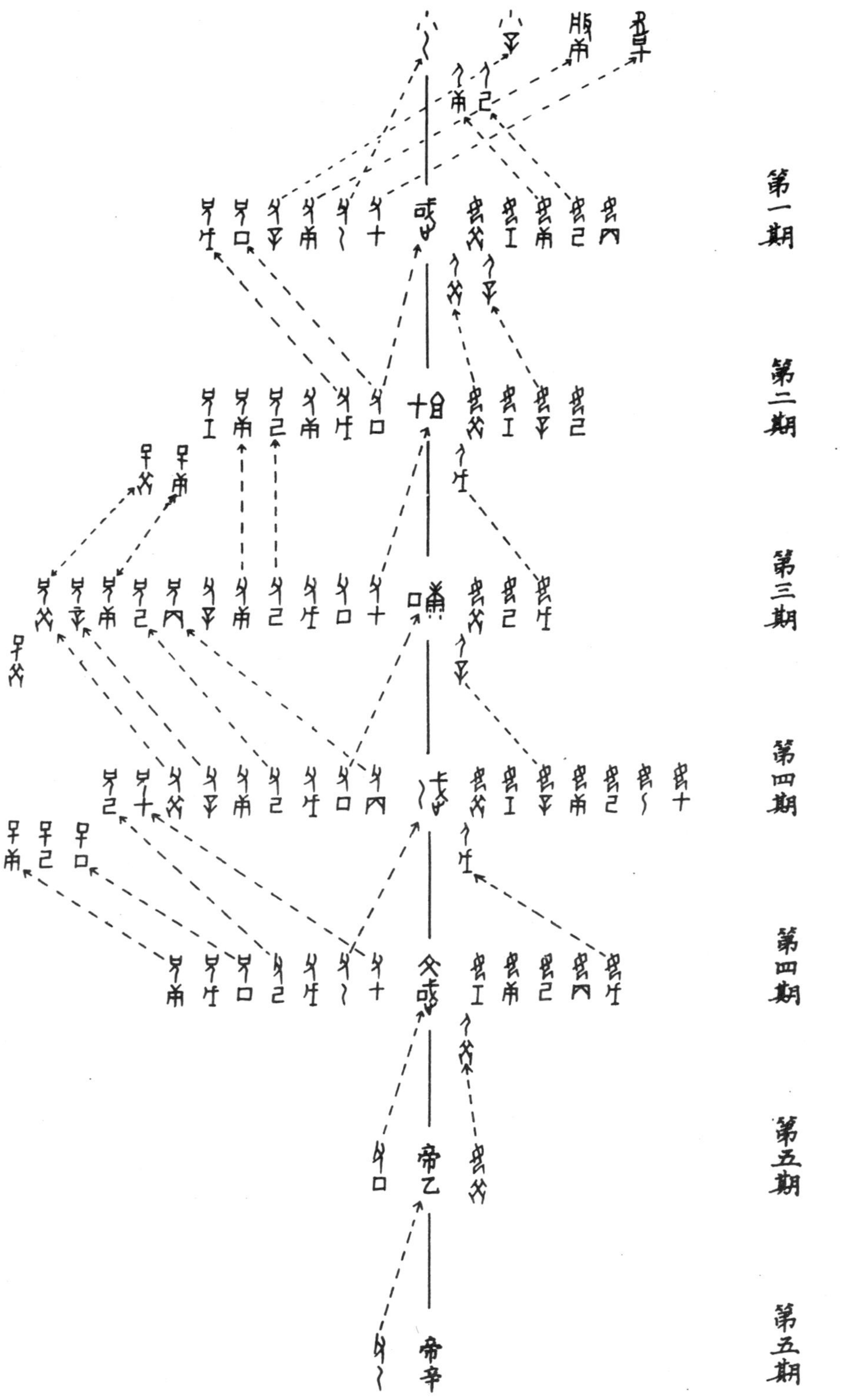

第一期

第二期

第三期

第四期

第四期

第五期

帝乙

第五期

帝辛

殷墟甲骨刻辭類纂

人

參69頁　參22頁

二四八正　貞奴人呼伐𢀛 二告
七九五正　辛未卜殼貞我奴人乞在黍不冊受…
五七四二　…多射奴人于皿
六〇八八　奴人
六一七二　癸巳卜殼貞奴人…𢀛方受有祐
六一七四　癸巳卜殼貞奴人呼伐𢀛…受有…
六一七五　…貞奴人呼覘𢀛…
六一八四　壬申卜殼貞奴人呼…𢀛…
六四〇九　丁酉卜殼貞今𡆥王奴人五千征土方受有祐三月
六四一二　辛巳卜爭貞今𡆥王奴人呼婦好伐土方受有祐五月
六四一四　貞勿奴人伐土…
六四六七　貞我又奴人伐𢀛方
六八五八　…寅卜殼…奴人…蜀
六八五九　…寅卜殼…王奴人…蜀
七二七七　丙子卜韋貞王奴人
七二七八　貞王奴人十?一月
七二七九　王奴人十一月
七二七九　貞王勿奴人
七二八〇正　貞今𡆥王勿奴人征…
七二八二　貞王勿奴人
七二八三　甲申卜殼貞呼婦好先奴人于龐
七二八四　乙酉卜殼貞勿呼婦好先于龐奴人
七二八五　乙酉卜殼貞勿呼婦先于龐奴人
七二八六　乙酉…貞勿呼婦先于龐奴人
七二八七　丙戌卜殼貞勿呼婦好先奴人于龐
七二九一　…呼婦好先奴人于…
七二九三　…好先奴人…

七二九四正　貞令在北工奴人
七二九五正　貞勿令在北工奴人
七二九六反　…盟癸巳…令奴人
七二九七反　貞盟癸巳令奴人
七二九八　貞奴人
七二九九　貞奴人
七三〇〇　貞勿奴人
七三〇〇　貞奴人
七三〇二　辛亥卜爭貞奴人
七三〇三　…奴人…
七三〇五　貞勿奴人
七三〇六　貞勿奴人
七三〇八　…令奴東土人
七三〇四　…今𡆥勿奴人
八〇七〇　貞呼奴在𢀛人
九八一一正　貞我勿奴人 二告
九八一二正　甲辰卜宕貞我奴人 二告
三六五一八　乙巳王貞啓呼祝曰盂方奴人…其出伐 𠂤高其令東會于…高弗悔不𢦔𢦏 王𡆥曰…

登人

六一六七　貞勿徵人五千
六一六七　貞徵人五千呼視𢀛方
六一六八　貞徵人三千呼伐𢀛方受有祐
六一七〇正　壬辰卜殼貞勿𠂤徵人…𢀛方
六一七〇正　…卯卜殼貞徵人三千呼…
六一七一　戊寅卜殼貞徵人三千呼伐𢀛方弗…
六一七七正　戊辰卜宕貞徵人呼往伐𢀛方
六一七八　貞𢀛方弗徵人敦沚呼伐… 二告
六一七八　貞勿徵人呼伐𢀛方弗其受有祐 二告
六一七九正　…徵人…𢀛弗…
六一八〇　徵人呼伐
六一八一正　…貞徵人呼…𢀛方…
六一八二　貞勿徵人呼望𢀛方
六四〇七　…徵人三千呼伐土方…
六六一九　…勿登人呼伐羌
六六三九　己未卜殼貞王徵三千人呼伐𢦏方𢦏
六六四〇　己未卜殼貞王徵三千人呼伐𢦏方𢦏
六六四一　己未卜殼貞王徵三千人呼伐𢦏方𢦏
六六四二　己未…貞王徵三千人呼伐𢦏方𢦏

六六四三 己未卜殼：王徵三千人呼伐：𢦏

六七四六 貞方戈征徵人

六九九〇甲正 丙子卜永貞王徵人三千呼：𢦏戬

七二一八 貞徵人惟王自望捍

七三一二 貞徵人五千惟王自：

七三一五 貞勿徵人五千

七三一八 貞徵人三千：

七三一九 貞徵人三千呼：來今：吾

七三二〇 貞徵人三千 二告

七三二一 ：徵人三千呼𢦏：

七三二三 丁酉卜殼貞勿徵人三千

七三二六正 ：殼貞今：徵人三千呼：

七三二九正 庚寅卜韋貞徵人三千： 二告

七三三〇 徵人

七三三一 ：徵人：

七三三三正 ：貞徵人：

七三三四 ：酉卜殼貞徵人

七三三五 貞徵人

七三三六 ：貞：徵人：伐：弗：

七三三九 ：小羌：其徵人：數：

七三四〇 ：徵人呼：

七三四二 辛酉卜貞今䒤徵人呼伐：

七三四三 ：卜穷貞牧稱冊：徵人敦：

英五五八 貞勿登人三千

英五五九 丙午卜殼貞勿登人三千呼伐吾 方弗其受有：

英六五七 ：貞王徵三千人

英六五九 貞勿徵人

三七六正 庚申卜古貞王使人于陵若王固曰吉若

三七六正 貞勿使人于陵不若 二告

八二二正 貞婁使人

八二二正 貞婁不其使人

八二二正 己未卜古貞我三史使人

八二二正 貞我三史不其使人

一〇二二甲 庚申卜王侯其立朕使人

一〇二二乙 庚申卜王侯其立朕使人

一三〇五反 貞使人于：

五五二〇 使人于岳

五五二〇 貞使人于岳

五五二〇 貞勿使人于岳

五五二一 貞勿使人于岳

五五二一 貞使人于岳

五五二四 貞使人于□

五五二五 丁丑卜韋貞使人于我

五五二六 乙：卜亘貞使人于我

五五二七正 丁丑卜𠬝貞使人于我

五五二七反 貞勿使人于我

五五二八 貞使人于新

五五二九 ：卜：使人于□

五五三〇甲 王勿使人于沚：

五五三〇乙 王使人于沚若

五五三一甲正 ：使人于戠

五五三二正 貞使人于婁

五五三三 貞使人于卒

五五三四 貞使人于卒

五五三五 ：使人于望

五五三七 癸巳卜殼貞使人于□其有曰三：

五五三八 ：巳卜殼：使人：□其有曰：

五五四〇 貞勿使人于□

五五四一 貞勿使人于□

五五四二 貞勿使人：□

五五四四 貞使人往于唐

五五四五正 乙巳卜亘貞使人于：

五五四六 甲子卜穷貞使人：

五五四七 ：使人于：

五五四八 貞使人：沈三：冊：惟：

五五五〇反 ：勿使人于：

五五五一正 丁丑卜穷貞勿使人：

五五五三反 貞勿使人：

五五五四 ：勿使人于：

五五五五 ：貞勿使人：

五五五七 ：使人：

六三五七 貞使人于沚

六三五七 貞使人于沚

六五六八正 ：殼貞婦好使人于眉：

七三三七 己：穷貞使人于□

七六九三 使人于眉

一二五〇〇 ：寅卜古：使人：娀：

一四四七四正 貞使人于□

二〇〇一七 乙丑卜𠂤：使人

二〇三四二 癸未卜王余使人于… 1
二〇三四六正 辛丑卜亞戠弜使人沚 1
二〇四六三反二 己…卜史人婦伯𦣞 1
二一五八六 …午子卜貞使人惟若 1
二二三四六 使人 1
二二三四七 使人 1
二八〇八九正 王于禦使人于美于之及伐望王 1
受有祐 3
屯五七九 …史人丩吉啓…虁在廳卜 3
屯三〇六二 壬戌貞其使人于…受禾 4
懷九九〇 …使人… 1

六一八五 庚寅卜㱿貞勿留人三千呼望𢀛… 1
七三四四 貞勿留人三千 1
七三四五 …寅卜𢀛貞留三千人伐… 1
七三四八反 貞留人三百…歸 1

一〇八〇正 貞我有喪人在… 1
一〇八一 丙…不喪人 1
一〇八二 …于滴喪人三月 1
一〇八三 貞戌其喪人 1
一〇八四 …吉…其喪人 1
一〇八五 …其喪人 1

二六八九五 …戌辟立于𠂤𠂇之𢦏羌方不雉人 3
二六八九六 貞弜用𢦏惟祀行用𢦏羌人于之不雉人 3
二六八九七 癸巳旦廼伐𢦏不雉人 3

二六八九八 弜祀衆戍𢧀受人無災 3
二六八九八 王其衆戍𢧀受人惟亩土人有災 3
二六八九八 王其呼衆戍𢧀受人惟亩土人暨𣎴人 3
有災
屯八一〇 王其呼衆春戍受人…亩土人暨𣎴人 3
有災 大吉
屯八八〇 …衆春…受人…亩土人有災 3
屯一〇一〇 …受人無災 3

一〇七四正 貞𢦏人于𠦪旦 1
一〇七五反 …固曰有…之日有來媗乃𢦏禦 小告 1
一〇七六正 事…𢀛亦𢦏人… 1
一〇七七 貞呼…𢦏人…暨夫以 1
一〇七八 …羌𢦏人 1
…𢦏人 1

一九〇反 呼人入于雀 1
一九〇反 呼人不入于雀 1
二一〇九九 乙未卜呼人先今夕𢦏 1
二一〇九九 乙未卜呼人先𢦏人暘日 1
三一八九二 弜呼人 3
屯三三一一 惟𦎫呼人㞢祖若 吉 3

二二〇九二 乙巳卜貞告人于亞雀 1
二二〇九二 乙巳卜貞于翌丙告人于亞雀 1
屯二一九八 …暨𢀛祖乙告人 4

五五一五 丙辰卜…㚔延…立人三百… 1
五五一六 辛巳…方貞立人 二告 1
五五一六 …惟翌甲申立人 1
五五一六 辛…方貞勿立人 1
五五一六 …卜方貞勿惟翌甲申立人 二告 1
五五一七 …辰…王貞…立人…其… 1

七〇四九 …歸人征菁任 1
一九五〇九正 貞庚…歸人… 1
二〇五〇二 庚子卜呼征歸人于衛𢦏 1
二〇五〇三 …征歸人于衛𢦏弗… 1
二一六四二 癸未子卜人歸 1
二一六四三 戊申子卜貞人歸 1
二一六四四 戊申子卜人歸 1
二一六四五 戊辰子…人歸 1
二一六四六 丁丑余卜貞人歸 1
二一六四七 癸酉卜㚔貞今十月人歸 1
二一六四八 …子卜貞…耳人歸 1
二一六四八 …亥子卜貞人歸 1
二一六五〇 …子卜…人歸 1
二一六五五 己亥子卜貞人不歸 1

二一六五七 …亥子卜貞…在川人歸 1
二一六五七 …亥子卜貞人歸 1
二一六六一 戊寅子卜丁歸在師人 1
二一六六一 戊寅子卜丁歸在川人 1
二一六六二 …卯余卜貞…歸人 1
二一七四一 乙卯貞在師…歸人 1

一九九二九 …弜…用人 1
三二三七四 丁酉卜自上甲盤用人 4
三二三七四 其一用人牛十又五 4
三二三七五 己酉卜用人牛自上甲 4
三四四〇一 弜用人牛 4

四九三正 戊戌卜穷貞牧匄人令遘以受 1
八二四一正 己亥卜穷貞牧匄人肇 1

乇四三六〇 庚午貞其[illegible]人自大乙 4
乇四三六〇 弜[illegible]人 4

七七五正 貞王[illegible]戈人 二告 1
七七五正 貞王弗[illegible]戈人 1
八三九八正 己丑卜穷貞翌庚寅令入戈人 1
八三九九 庚寅…令入戈人步 1
八四〇〇 貞呼戈人[illegible] 1
八四〇一 貞呼戈人[illegible] 1
八四〇二 貞將戈人 1
八四〇三 …戈人 1
八四〇四 辛亥卜貞呼戈人[illegible]敦 1
三三〇〇二 惟戈人射 4
英五六四正 辛丑卜穷貞惟羽令以戈人伐
𢀛方𢦏十三月 1
英五六四正 己亥卜穷貞翌庚子步戈人不𣪕
十三月 1
英二四一六 惟戈人射 4

三三二〇三 辛亥𠭯令束人先涉… 4
三四二四〇 𠭯惟束人以[illegible] 4
英二四一五正 …令束人先涉 4

二二 癸卯卜貞…田令𠭯取黃丁人七月 1
一三七正 癸丑卜爭貞旬無𡆥三日乙卯…有𡧊單
丁人豐[illegible]于彔…丁巳[illegible]子豐[illegible]…鬼
亦得疾 1
五二五 …丁人 1
三〇九六 丙午卜貞效丁人嫭不𦎫在丁家有子 1
三〇九七 丙戌卜爭貞取效丁人嫭 1
三〇九八 …入效丁人 1
一三七二〇 貞𣂔丁人嘉有疾 1
三二二二二 丙子…有夢丁人于河其用 4
三二八〇三正 …卜貞今日其取伊丁人… 4

四五二 …竹[illegible]羌暨…白人歸于… 1
一〇三九 己丑卜…貞燎白人 1
一〇三九 …燎白人 1

六九四五 呼我人先于[illegible] 1
六九四五 勿呼我人先于[illegible] 1
八〇八五 貞戠羞我人[illegible] 1
二一五九五 …我人… 1
英一九〇一 丁卯子貞我人歸 1

二〇二四九 …寅卜…令人方 1
二八〇一二 弜益襄人方不出于之 3
二八〇一二 弜益涂人方不出于之 3
三三一九四 癸卯卜人方 4
三六四八四 癸巳卜黃貞王旬無畎在十月又二惟征人
方在[illegible] 5
三六四八五 癸亥王卜貞…畎在九月王征人方在雇 5
三六四八六 …未王卜貞旬…畎在十又二…征人方
在舊 5
三六四八七 癸亥卜黃貞王旬無畎在九月征人方在
雍𢍰 5
三六四八八 …王卜貞旬無畎王…師惟王來征人方 5
三六四九一 癸巳王卜貞旬無畎在十月又二惟征人方在
[illegible] 5

數字 人

著錄號	釋文	期
三六四九二	丙午卜在攸貞王其呼…延執胄人方𢦏 焚…弗悔在正月惟來征…	5
三六四九三	癸巳卜貞王旬無畎在二月在齊師惟王來征人方	5
三六四九四	…王旬…王來…人方	5
三六四九四	癸酉卜在攸泳貞王旬無畎王來征人方	5
三六四九六	癸巳卜黃貞王旬無畎王來征人方	5
三六四九六	癸未卜黃貞王旬無畎王來征人方	5
三六四九七	癸酉王卜貞旬無畎王來征人方	5
三六四九七	癸未王貞旬無畎王來征人方	5
三六四九八	丁巳王卜…征人方余受祐不…畎曰…	5
三六四九九	癸丑王卜貞旬無畎王來征人方	5
三六五〇三	…今囚巫九…人方	5
三六五〇四	癸酉王卜貞…無畎在十…征人方…	5
三六五〇六	…五…于商無…征人方	5
三六五〇七	…貞今囚巫九备惟余彭…𡆥…𢦏人方 上下于𣏟示受余祐…于大邑商無𢦏在畎	5
三六五〇八	…卜貞今囚巫…人方…𡆥刿…紟… 印余…比侯…	5
屯二〇三八	…王其正人方	4
屯二〇六四	王族其敦尸方邑舊右左其𢦏	3
屯二三二〇	癸酉卜戍伐有牧卑啓人方戍有災 弘吉	3
屯二三七〇	乙卯卜貞王其正人方無災	3-4
屯四五三〇	庚午貞翌甲…彰人方…人方于上甲…	4
英二五二四	癸卯王卜貞旬無畎在十月又一王征人方 在商	5
英二五二四	…旬無…十月…人方…	5
英二五二四	癸亥王卜貞旬無畎在十月又一王征人方 在□	5
英二五二四	癸酉王卜在…貞旬無畎在十月又二王征人方	5
英二五二四	癸丑王卜貞旬無畎在十月又一王征人方 在亳	5
英二五二五	癸巳卜在□昆□商□泳貞王旬無畎 惟來征人方	5
英二五二五	癸酉卜在巳奠河邑泳貞王旬無畎惟來征人方	5
英二五二六	丙戌伐人方于𥂕吉	5

著錄號	釋文	期
一三七正	癸丑卜爭貞旬無囚王固曰有祟有夢甲寅允有來艱左告曰有往芻自益十人又二	1
一三七正	癸卯卜爭貞旬無囚甲辰…大驟風之夕𡆥 乙巳…𢦏…五人五月在敦	1
一三七反	…四日庚申亦有來艱自北子𦢊告曰昔甲辰方征于𢀛俘人十又五人五日戊申方亦征俘人十又六人六月在…	1
一三九正	…秋芻奉自文□六人八月	1
二二八	丁酉卜爭貞在丂妥來…二人延…丁用	1
三二四	甲午卜貞翌乙未侑于…羌十人卯宰一又一牛	1
三三六	…卜穷貞翌丁丑其𠚤有羌十人	1
三三七	…羌十人九月	1
三三八	…固曰…既…羌十人又…	1
三三九	乙卯卜古貞令𡦦取啓暨十人于𢀛	1
三三九	癸丑卜貞令見取啓暨十人于𢀛	1
三三九	乙卯卜貞𠚤十牛羌十人用八月	1
三三九	甲寅卜貞翌乙卯𠚤十牛羌十人用	1
三八〇	丁卯卜爭貞有𢀛于祖乙宰羌三人	1
三八三	乙酉卜爭貞…小乙于𢀛…羌三人	1
三九〇正	癸卯圉于義京羌三人卯十牛右	1
三九四	癸酉圉于義京羌三人卯十牛右	1
三九七	…義京羌三人…牛…	1
三九九	…羌三人三…三𢀛	1
四〇〇	貞羌三人卯宰又一牛	1
四九六	…執羌十人…	1
五〇一	丁卯卜貞侑于祖乙宰羌三人	1
五五七	…一人	1
五五七	貞其于一人囚	1
五八四甲反	王固曰有祟八日庚子戈奉羌…人 㪅有𡆥二人	1
五九五正	壬申卜亘貞祟囚不于鼓由八人甫 五人	1
六八九	…令𢀛…𡆥十人	1
一〇二一	…曰方征…𢀛獲五人	1
一〇四七	丁卯卜㱿貞王囚…十人	1
一〇四八	…亥卜…羞王…十人…于大…	1
一〇四九	…㞢…于…十人	1
一〇五〇正	…有祟…婦…十人	1
一〇五一正	貞侑于昌十人 二告	1
一〇五二正	十人卯十牛	1
一〇五二正	丁…卜…貞于二朋又五人卯十牛	1
一〇五二正	五人卯五牛于二朋	1
一〇五三	貞…其…十人…宰𦎫…	1

一〇五四 惟…未…十人 1
一〇五五 …四日乙酉…九人在… 1
一〇五六 貞六人不… 1
一〇五七 …六人… 1
一〇五八 …六人… 1
一〇五九 …五人不… 1
一〇六〇 …王獲印…五人一牛 1
一〇六一 貞勿示来四人 1
一〇六二 …子卜…貞…丁…三人 1
一〇六三 …不三人于毌… 1
一〇六四 …伐不三人于毌圉宰 1
一〇六五 …自…歲…二人 1
一〇六六反 …戋改圖一人 1
二七九二 …女一人…曰汝 1
四九七五 貞其于一人四月 1
四九七七 貞其…一人十一月 1
四九八一 …卜貞…鳴不…一人囚 1
四九八一 …一人六月 1
四九八二 貞不于一人 1
四九八三 …亥卜…貞旬…祟無…于一人… 1
四九八四 …卜爭…一人…来… 1
四九八五 …貞…一人… 1
四九九〇 癸巳…王余…二人… 1
五九三二 …執…延…八人 1
六〇五七反 王固曰有祟其有來艱迄至九日辛卯允
有來艱自北蚁妻笶告曰土方侵我田
十人 1
六四一〇 丁酉卜殼貞今𠂤…人五…征… 1
一〇三四四正 侑宰又一人 1
一七一六六正 壬申卜爭貞…一人…𦃡 1
一七八七七 …乞…五人若 1
一七九一八 貞十人 1
一九七九九 …未卜王…延二人…示𢀛… 1
一九七九九 丁未卜王…延二人…示…二月 1
二〇三二八 …余一人… 1
二二五五六 …卜旅…翌乙酉祖乙其遘又歲一宰羌十人 2
二二五五七 貞五人 2
二二五六五 貞其…㞢…三人 2
二二五六六 貞三宰羌五人 2
二二五六七 …王…未其有又伐于祖辛羌三人卯…十二月 2
二二五六九 甲午卜行貞王賓𠂤甲又伐羌三人卯宰無尤 2
二二五九八 庚申卜王貞翌辛酉十人其𨸏 2
二二五九八 庚申卜王貞其五人 2

二二五九九 壬午卜大貞槃六人 2
二二六〇〇 …卜…貞槃六人 2
二二六〇六 丙申卜行貞王賓伐十人無尤在師逭卜 2
二六一八二 癸巳卜王曰…一人無老在… 2
二六九一〇 其有羌十人王受祐 3
二六九一一 羌其十人 吉 3
二六九一一 其十人又五 大吉 3
二六九一三 羌十人又五王受祐 3
二六九一五 十人又五王受祐 3
二六九一五 十人王受祐 大吉 3
二六九一五 五人王受祐 吉 3
二六九一六 其有羌十人王受祐 3
二六九一六 十人又五王受祐 3
二六九一七 羌十人又五王受祐 3
二六九一八 其有羌十人 3
二六九一九 其有羌十人王受祐 3
二六九二〇 十人王受祐 3
二六九二〇 五人王受祐 3
二六九二一 其有羌五人 3
二六九二二 王其侑于小乙羌五人王受祐 3
二六九二二 十人王受祐 3
二六九二三 …以上甲羌三人王… 吉 3
二六九二四 …卜其有羌妣庚三人 吉 3
二六九二五 …亥卜…羌三人白…其用于…祖丁父甲… 3
二六九二六 …羌…二人 3
二六九四六 …十人…受… 3
二六九九四 辛丑卜王其有以伐大乙惟舊𢍰用 3
十人五 吉 3
二六九九六 …莫伐五人王受有祐 3
二六九九七 …上甲伐三人王受有祐 3
二七〇一八 十人又五王受祐 3
二七〇一八 五人王受… 3
二七〇一八 十人王受有祐 3
二七〇一九 貞其十人又五 3
二七〇二〇 莫舌十人又五王受祐 大吉 3
二七〇二一 十人又五… 3
二七〇二二 𠛱十人又五… 3
二七〇二三 …惟茲𠛱用十人又五王受祐 3
二七〇二四 …牢十人… 3
二七〇二五 十人王受有祐 3
二七〇二六 十人王受祐 3
二七〇二八 十人又…王受… 3
二七〇二九 十人五 3

著錄號	釋文	期
二七〇三〇	：人五	3
二七〇三一	五人	3
二七〇三二	：莫：五人：受有祐	3
二七〇三三	惟五人用	3
二七〇三四	三人　吉	3
二七〇三五	二人	3
二七〇三六	：用一人惟：𢦏有大：	3
二七〇三七	三人王受祐	3
二七〇三七	祝二人王受祐	3
二七〇三七	辛亥卜祝于二父一人王受祐	3
二七〇三八	二人大雨	3
二七七四九	：㞢令二人	3
三〇四八九	十人五	3
三二一七二	冊及一人	4
三二一七二	冊及二人	4
三二一七二	三人	4
三二一九四	：寅十人伐百：	4
三二二〇五	：伐祖辛三人卯牝	4
三二八三二	癸未貞王其𢦏十人	4
三三六一一	王十人惟羊	4
三四〇八五	：未貞：祟：一人囚	4
三五三五五	丁酉卜貞王賓文武丁伐十人卯六牢鬯六卣無尤	5
三五三五五	丁丑卜貞王賓武丁伐十人卯二牢鬯：	5
三五三五六	乙丑卜貞王其有父于文武帝必其以羌五人正王受有祐	5
三五三五八	癸：王賓：五人：宗卯：	5
三五三六一	甲申卜貞王賓祖辛奭妣甲姬𨋏二人𣪘二人卯二牢無尤	5
三五三六一	己卯卜貞王賓祖乙奭妣己姬𨋏二人𣪘二人卯二牢無尤	5
三五三六三	：貞王賓：𨋏二人：人卯：無尤　在八月	5
乇七六六	壬寅貞月有戠王不于一人囚	4
乇八六五	一人	
乇八六五	二人	
乇八六五	三人	
乇一〇〇三	十人王受祐	3
乇一〇〇三	：十人王受祐	3
乇一〇〇五	丙子卜祖丁莫𢓊羌五人　吉	3
乇二三四三	伐十人	3

著錄號	釋文	期
乇二三四三	十人又五	3
乇二五二〇	：父甲必𢓊伐五人王受有祐	3
乇二九〇七	：上甲：十人有雨	4
英六八五	：五卜㱿貞今𡆥王：伐三人：	1
英一二三六	：陟二人	1
英一五五七	：卯卜：有祟：于一人	1
英二一七九	戊子卜出貞羞𡆥十人八月	2
懷三三	癸亥卜貞有伐于丁十人	1
懷五〇	甲午卜貞翌乙未侑于祖乙羌十人	
懷八四九	卯：牛	1
	𢦏于：二人：	1
懷一三八〇	：侑五人	3
懷一五九八	一人	4
懷一五九八	二人	4
懷一五九八	三人	4
一〇四六	：巳卜爭貞𠂤：衣有𠂤伐：河二十人：	1
二〇五七八	二十人	1
二六九一〇	二十人王受祐	3
二六九一一	其二十人	3
二七〇一三	二十人王受祐	3
二七〇一五	二十人　茲用	3
二七〇一六	二十人王：	3
二七〇一七	其彈二十人	3
三六三五四	其二十人正王受祐	5
乇三三四三	二十人　大吉　茲用	2
乇二六四三	二十人　十人　二十人	3-4
懷一三五四	：二十人：受有祐　吉	3
一〇四五	：三十人：戌犬：無我	1
一〇五一一正	侑于昌三十人	1
二六九〇七正	乙巳卜彭貞禦于河羌三十人在十月又 二卜	3
二六九一〇	三十人王受祐	3
二七〇一三	三十人王受祐　吉	3
二七〇一四	三十人　大吉	3
二七〇一五	三十人	3
二七〇一六	三十人王受祐	3
二七〇一七	三十人　大吉	3
乇二三四三	三十人	2

五十人

二六九〇七正　貞五十人　3

二六九〇八　其有□大乙羌五十人　3

懷一四〇六　五十人王受…　3

七十人

六〇五七正　王固曰有祟其有來嬉迄至七日己巳允有來嬉自西𢦏友角告曰舌方出侵我示𣡗田七十人五　1

八十人

五八〇正　貞刞□八十人不𦳯　1

百人

一〇四〇　貞𢦏伐百人　1

一〇四一　…貞…𢀛…羌…百人…用　1

一〇四二　…其虫…百人…　1

一〇四三　…卜…貞其…百人𦳯　1

五八二五　丙申卜貞肇馬左右中人三百　六月　1

五八二六　…穷…勿肇多人三百…　1

六七九七　…二百人…之日晛方夲…　1

二七〇一二　…多方…二百人王…吉　3

三六四八一正　…小臣牆比伐擒危美人二十人四…人五百七十𦳒百…車二丙盾百八十三函五十矢…白𪊨于大…用𢀛伯印…于祖乙用美于祖丁僼曰京暘…　5

千人

一〇二七正　不其降冊千牛千人　1

六一七四　…人三千呼伐舌方受有…　1

六一七五　…人四千呼以…　1

六五四〇　…人五千呼㫃…　1

七三一四　丁酉卜爭貞今𡆥王…人五千…方　1

七三一七　…人五千呼…　1

七三二五　呼㫃…人三千…益𠂤…其　1

七七七一　…八日辛亥允戈伐二千六百五十人在𨙸…　1

一七九一一　…千人　1

三三一八三　…王…人千　4

萬人

八七一五　…萬人…般…　1

二一六五一　…子卜貞…萬人歸　1

其它

三　…人曰𡆥田…　1

二五　…延人　1

六八　…王…途…人　1

三七六正　貞呼𦔻饗入人　1

三八六　己未圍…義京羌…人卯十牛左　1

三八七正　丁卯圍于義京…人卯十牛中　1

三九六　丁未圍于義京…人卯十牛…　1

七九九　癸酉卜王貞自今癸酉至于乙酉邑人其晛方印不其晛方執一月　1

一〇三〇正　…會我四…以西人…𣎆…　1

一〇三六　貞師般其來人…　1

一〇三七　…取…人　1

一〇六二　戊子…貞…人　1

一〇六七　乙亥…貞…有祟…人　1

一〇六八　丙…丁亥…人…允…　1

一〇六九　…壱三𠂤…人十月　1

一〇七〇　癸未卜…貞…人…寧　1

一〇七一正　…人…有𢀛　1

一〇七二　…貞…卯叉…𦔻…人　1

一〇七三　貞人歲竘于丁九月　1

一〇七五正　…入…羌…人…寧…　1

一〇七九　甲辰…至戊…𠂤人　1

三〇一九　…卜…貞子央…畋惟人…　1

三三三六正　貞令中人十月　1

五七九一　…令…射…人…寧…　1

五八二七　…肇惟…人…百…　1

五八六二　丁丑卜…中人…　1

五九〇六　戊…貞…女…人…　1

五九三〇　…勿…人…岳　1

六二五二　貞勿人在　1

六三五二　貞呼伐舌人在…　1

六四一一　…人…征土…有…　1

六四七五反　王勿惟人　1

六四七五反　貞王惟人正　1

六六四八反　勿𢀛人　1

七〇二〇　己卯卜王咸𢦏𢦔余曰雀𢀛人伐𡆥…　1

七二五一　貞人不其循　1

七三〇一　𤔲人　1

七五二一　…殺…王人…比沚…　1

人

七七四三　…丑卜王…人來…捍弗…　1
七八五一　己丑卜穷貞惟冥人　1
七八五一　惟之人　1
七八五一　貞不惟冥人　1
七八五一正　不惟之人　1
七八九一　叀人　1
七八九二　叀人　1
七八九三　庚申卜𢀛貞兒人…　1
七九一三　…析人…　1
八〇〇〇　…酉卜王…人于沚　1
八二一二　貞自麓…人于河　1
一一五九九　…申㞢…人…𦔻…九月　1
一三〇一七　貞止人于子　1
一三〇四二　…戊…見雨…人吉…　1
一三三六二正　…大驟風：㞢乙巳疾執…人五月在敎　1
一五〇五八　己丑殸貞…三𦎫侑…人王…　1
一五二九七　…人先…勿呼…　1
一六二三九　…卜𡆥…尃人…𢆶盂　1
一六三三六　貞王人于𠂤若　1
二〇〇八六　…亥卜大𠬝面人十一月　1
二〇一九〇　甲申卜自王令匽人日明𡥆于高　1
二〇三四三　𠦪貞…人于…龍　1
二〇三四四　…人于曾…若　1
二〇三八一　庚子…執…人于…弗及　1
二〇四九三　乙巳卜王…方有人…　1
二〇五八二反　辛亥…人入商…　1
二〇七四八　丙寅…鹿…人　1
二〇八九五　…人…弜…壬子雨　1
二〇九〇八　乙卯…丙辰…余…人雨…𢼄…　1
二〇九六四　癸丑卜貞旬五月庚申𤕌人雨自西夕既　1
二〇九六六　癸丑卜王貞旬八庚申𤕌人雨自西少夕既五月　1
二一〇二一　癸未卜貞旬甲申卩人雨…雨…十二月　1
二一〇九九　辛丑卜亞𢆶方人　1
二一一〇九　…午…令…人…不　1
二一一一八　辛巳卜彫人…　1
二一二七八　…酉卜…貞…𢦏人…　1
二一四〇二　…卜王…茲二卜…呼勿…人四月　1
二一四八五　甲子…貞…入人…不　1
二一五二七　…亥卜丁來人惟𡆥我　1
二一五三二　癸亥子卜多臣人呼田羌　1
二一五八六　庚子卜𢀛貞翌又惟𢀛人以　1
二一六二三　丁未卜…束人…事　1

二一六四九　丁丑余…貞人…　1
二一六九二　…卯余…人飤有事　1
二一六九三　…卜綠貞𣫭魚人　1
二一八五〇　…𢀛卜…人…　1
二一九四八　有…人…死…　1
二一九九三　…卯貞人…　1
二二〇〇九　…巳…王…人…令　1
二二〇九二　丁未卜有歲于𡧊人牛　1
二二二九一　…人　1
二二三七四　不乂妣庚侑人　1
二二三七四　弜祐…妣人丁用　1
二二四七四　庚無…刀人…　1
二二四七五　…戠人　1
二二六〇三　…卜大…其放…人　2
二二六〇四　…大…用于…人十二月　2
二二九四五　…卜即…翌乙亥…人于…祖乙又卯牝…　2
二二九五三　旅…巳…祖乙其…惟人…　2
二三二六八　…行…王…人…　2
二三四四一　…出貞翌…于母辛…牛…人　2
二四八九二　乙巳卜中貞于方非人皿雨　2
二五九〇八　辛酉卜…貞人牛其用于…　2
二六〇九〇　…惟王帝人不若　2
二六八九八　惟死人有災　3
二六九〇八　…人　3
二七九七三　其禦羌方其下盟人羌方…　大吉　3
二七九七五　…戍往…羌方不…人有𢦏　3
二八〇一八　…𠬝人入方…　3
二八〇六二　衛逆人　3
二八〇六四　戊寅卜在𦎧師自人無𢦏異其𡚸　3
二八一四二　…令人…　吉　3
三一八三一　戊子卜其阜之人…　3
三二二七七　人于潕次　4
三二二七八　人于潕次　4
三三〇四〇　丙申卜𠦪出人…在𢆶若　4
三三二〇一　貞弜沃人…珏　4
三三二〇一　丁亥卜…沃人…珏呼𢼄召夲在四月卜　4
三三二〇二　戊子卜執人…止…　4
三三二一一　甲子貞于下人刖戍田　4
三三二四一　庚辰卜有𠬝人南　4
三三二四一　庚辰卜有𠬝人其南　4
三三二四一　庚辰卜有人允其東寮　4
三三三七四反　辛巳卜在小箕今日王逐兕阜人阜七兕　4
三三三八四　丙辰卜王狩寉擒伐人不擒…　4
三三三八四　甲寅…擒…人…　4

著录	释文	分期
三三七〇九	弜戠夕其彫人牛	4
三三九七五	…人…	4
三四〇三八	…人…	4
三四三七九	自亞人奉	4
三四四〇一	己酉卜人牛彡	4
三四四五〇	貞辛亥人燎大牢　茲用	4
三四五六二	…寅貞…人彫…牛	4
三五一四〇	辛丑卜貞御人…	4
三五一五〇	…人	4
三六四二〇	癸…卜…小臣其人有正…不…其…辛…	5
三六五〇一	乙巳卜…王田…無…兕二十又…來征人	5
屯 一九	…	4
屯 三〇七	庚寅…令馬𠂤人北	4
屯 四二七	癸亥貞王令秋人宄袁	4
屯 七五一	癸未…兔以…人允來	4
屯 七七六	乙未卜令𠂤以望人蠖于棘	4
屯 二四三六	…于貞王令𠦝…人出旋方	4
屯 二三九八	庚辰…有邑人于南	4
屯 三三九八	畜封人	3
屯 三三九八	畜封人	3
屯 三七九八	乙巳貞王其以…人田邑有…	4
屯 四一七二	…仲人…	
屯 四三六〇	壬申貞人自大乙彫	4
英 七六五	…王人…允以…	1
英 一二九三	…人𢀛十㞢卯三十牛九月	1
英 一四〇〇	貞…人…	1
英 一四〇七	…人…	1
英 一六八六	…人	1
英 一六八七	…人	1
英 一八一六	…人	1
英 一九〇三	庚寅余卜貞人…	1
英 一九二五	乙酉卜貞翌丁亥木來人其𠬝自 上甲又其人其…	2
英 一九六六	乙…貞人…其壯	2
英 二一二一	…人…	2
懷 三八三	…辰卜王…至以…人…十二月	1
懷 七〇九b	…午…妃…人…	1
懷 九五九	丙午卜殻貞呼師往見有師王…曰惟 老惟人途遘若…卜惟其𠣞二旬又 八日彖壬…師夕𩰫	1
懷 一三五三	…人受…郭…斲…	3
懷 一五九五	癸亥貞其羽人	4
懷 一五九五	弜人	4
懷 一五九七	…戊卜…侑…牛一…人…	4

匕　妣

動物

著录	释文	分期
二七九〇九	癸卯卜戊王其匕虎𢀛…	3
二七九一五	王其田惟成虎匕擒無災	3
二七九一七	…其匕虎辰無災	3
二八四一一	惟匕兕	3
二八五九八	己丑卜王惟壬匕虎	3
屯 八〇八	其匕犬	3-4
屯 三六九六	…其匕犬…	3
二七九一五	王其田于…惟虎師匕擒無災　茲用	3
二九三五四	于辛田擒王匕擒	3
三三三九七	惟𢀛匕擒	4
屯 一〇七〇	…犬…王其匕擒	3-4
屯 二二九〇	庚申卜犬…曰有鹿…匕擒	3-4
屯 二二九八	戊午卜在𠂤剌𢦔告麋其匕擒	3-4

其它

著录	释文	分期
一六二三正	貞妣丹壱王　二告	1
一六二三正	貞妣丹弗壱王	1
一六三〇	癸巳卜祐妣	1
二三五九	…于…妣…禦	1
二三八五	貞來庚戌侑于示壬妾妣牝羊𠂤	1
二五一二	…卜王貞禦于妣	1
二五一三	丁丑…貞告妣	1
二五一四	丙辰卜𠾂貞于妣禦正	1
二五一五	貞勿于妣…	1
二五一六	毋弗其妣眉	1
二六〇七	貞婦好有𠃊于𠁁妣彫	1
一〇四〇七正	貞禦于有妣　二告	1
一一〇一八正	勿宗于侑妣	1
一一〇一八正	禦宗…侑妣　二告	1
一六一三一正	王…若乙丑允伐右卯暨左卯惟牝牛	1
一九八一二正	甲戌卜王祖甲侑十…侑丁…妣…	1

著錄號	釋文	分期
一九八八一	…尸…妣…祟…臣…	1
一九九四一	甲辰卜祐妣…豕	1
二〇〇六九	…戌…令匕侯…有匕…	1
二〇一七三	癸丑卜令雀匕亘	1
二〇一七三	…丑卜令…匕目	1
二〇二三一	貞…妣追于唐邑…克冀王…十月	1
二〇二四八	…惟令匕有祐十月	1
二〇四六三正	丙子王卜妣	1
二〇四七一	丁卯卜…妣于…禦小方七月	1
二〇六三六	…卯卜…有…妣…	1
二〇七一二	…王貞…師匕…允…	1
二一〇五〇	癸未…令絴妣石祟有扔友	1
二一二三七	…妣…	1
二一二四三	辛巳…貞余戠勿…妣	1
二一二九五	…辰卜王貞妣惟作余囚	1
二一三六四	…丑妣…缶炙	1
二一四九七	丁亥卜…子妣…	1
二一六四一	乙巳卜宁告妣呼咋…	1
二一六五一	…貞其…十牢又二如妣用牛一	1
二七七八一	甲午卜王其省杈于楙匕…往來無災	3
二八〇三〇	弜益戌…受匕…	3
二八〇六八	惟伐匕于凾	3
二八五三六	戌弜匕其有災	3
三〇四〇〇	…卯至…孁妣…	3
三〇七二三	…午卜…于妣…䝙用	3
三〇九七一	己酉卜王惟辛未匕…	3
三一〇八五	己酉卜貞禘…妣有正	3
三一一八四	母…妣膚…	3
三二四五三	壬寅卜妣桒䝙	4
三二四五三	壬寅卜妣桒惟羊…	4
三二八七二	…䍃暨妣茲…	4
三二八七六	戊子貞妣無囚	4
三二八九一	…酉卜…邑並彭妣用	4
三二九〇六	乙巳卜惟西惟妣	4
三二九〇六	乙巳卜惟北惟妣	4
三三三六一	…其匕从湶	4
三三四四八	勿匕…	4
屯四〇四七	…毓妣…	3·4
屯六〇八	丁未貞彭高祖匚其牛高妣	4
屯六五二	…有歲于妣…	3
屯一一二〇	甲戌卜燎于妣宰雨	4
屯一四六三	惟妣作延戈	4
屯二〇六七	…告有豕王其匕从…	3·4
屯二一二一	其祝妣母至母戊　大吉	3
屯二三三八	…妣乙盧豕	1
屯二三九二	辛未卜其彭品豊其桒于多妣	3
屯二四一二	于多妣舌	3
屯二四一二	弜于妣	3
屯三四〇六	…歲于妣…	3

尸　夷

著錄號	釋文	分期
六四五七正	…侯告征尸	1
六四五八	…寅卜王今來…辰出征尸…月	1
六四五九	壬午卜卜穷貞王惟婦好令征尸	1
六四六〇正	貞王惟侯告比征尸　六月	1
六四七六	貞王惟尸叶征	1
六四七六	貞王勿惟尸征　二告	1
六五八三	王惟尸征	1
六五八三	勿惟尸征	1
三三一一二	癸亥卜王惟尸征	4
二五	戊寅卜貞彈延尸七月	1
八三〇	貞于大…竇延尸	1
八三一	戊寅卜貞于丁竇延尸七月	1
八三三	貞于丁亥延尸	1
八三五	…延尸	1
六四六一正	庚寅卜穷貞今𠭯王其步伐尸	1
六四六一正	庚寅卜穷貞今𠭯王勿步伐尸	1
六四六二	丙子卜…其伐尸…于…	1
六四八〇	貞王令婦好比侯告伐尸…	1
六四五五	見尸	1
二一一七二	庚辰卜王尸見亞禦妌生…十月	1
六四五六	…尸方不出	1
二〇六一二	惟尸方受祐	1
三三〇三八	辛巳卜惟生月伐尸方八月	4

三三〇三九 侯告伐尸方

其它

八二八正 貞翌丁未用十尸于丁卯一牛

八二九正 貞翌乙未率敚尸 小告

八三二 戊寅卜…于丁賓…尸七月

八三四 辛…爭貞…尸于丁十一月

八三六 貞尸卯惟勿牛

八三七 丙寅…𢀛…尸…

六四六三 勿呼敦尸

六四六四 …卯卜惟…寅征…尸𢦏

六四六五 今𢀛王勿旋尸

六四六六 …子卜方…𢦏尸

八四一〇反 …東尸有曰屯…余…

一一〇〇〇 惟尸犬呼田

一四二九五 辛亥卜内貞帝于南方曰微風夷𡴈年一月

二〇六四三 …午卜王貞取…尸自…來…日…

壬

二七七 …師…壬

二六四六 乙卯卜㱿貞壬父乙婦好生保

四三〇四 貞勿令壬惟黃

四三〇四 甲午卜爭貞令壬惟黃一月

一九一〇六 甲午卜㱿貞勿令壬…

一九一〇七 甲午卜㱿貞勿令壬…

屯六二五 惟在褱犬壬比無災擒 吉

英四〇九 貞令壬

英四一〇 …令壬惟寅

英四三六 貞令壬

介

八一六正 于父乙多介子祐 二告

八一六正 有犬于父辛多介子

一八〇〇 侑于多介父犬

二〇九六 …于多介祖戊

二一六四 不惟多介𡆥王

二三三九 貞不惟多介父

二三四〇 貞勿侑犬于多介父

二三四一 貞勿嘉侑犬于多介父

二三四一 貞勿侑犬于多介父

二三四二 不惟多介父…

二三四三 戊午…不于多介…

二三四四 貞不惟多介𡆥

二三四五 多介父𡆥

二三四六 庚午卜亘貞不惟多介父𡆥

二三四七 于多介…犬

六〇〇二正 勿侑于多介父犬

一〇六一三正 貞多介𪓐

一〇六一三正 貞生五月陟至介𪓐 二告

一二六四二 貞侑于多介

其它

七二一正 戠于西南帝介卯

一六二三反 侑于介子

二三四八 侑犬于三介…卯羊

二六一九 貞于甲介禦婦好

八七八四 貞𡆥介

一三八六〇 …介疾

一四三九三反 …于…燎土不其介

一七七〇六 王固曰邑七介

一九〇二八 貞生…七介…

懷六四 …介父…

二一五三〇 …卜…丁介…𠬝

二二二八二 乙卯卜貞子啓無疾

二二二八四 乙卯卜貞子啓…疾

二〇二三八 丙戌卜𠨘令𣃔

懷二八八 …卜…今夕…囚

一三七正 癸丑卜爭貞旬無囚三日乙卯…有嬉單 丁人豐介于彔…丁巳𡆥子豐介…鬼 亦得疾

五五七 癸未卜貞勿惟介令一月

四三〇五 壬戌卜介不其…

一三八八七 貞介弗其骨凡有疾

一七九五九 ……勿……𠬝……
二一四一八 乙亥卜……今……
二三三四〇 庚辰卜大貞來丁亥其𢼸丁于大室……丁西 既

𡰥

五六三四 龔𡰥有尹工
九四八〇 ……卜……貞翌𡰥有正乃𡨦田
九五七〇 甲子卜㱿貞于翌乙丑𡰥𦘔乙丑允𡰥
九五七一 ……翌乙……𡰥𦘔……𡰥𦘔不𨔧……
九五七二 庚辰貞翌癸未𡰥西單田受有年十三月
九五七三 ……翌乙……𡰥……乙丑……𦘔……
九五七四 丙戌……爭貞……方𡰥……𢍏……
九五七五 丙申卜爭貞令𢦏𡰥有田受……
九五七六 貞令𢦏𡰥有田
九五七七 ……丁𡰥有正二月
九五七八 ……𡰥有田
九五七九 貞勿令𡰥……
九五八〇 乙丑㱿貞勿𡰥……
九五八一 庚寅卜𦎫……𡰥……
九五八二正 ……丑卜……𡰥……
九五八三 辛未……𡰥……單……
九五八四 壬……古……令……𡰥……𢍏……
九五八五 戊……爭……令……𡰥……
九五八六 ……𡰥……田……有……
九五八七反 ……𡰥……雨
九五八八 貞……𡰥……
九五八九 ……𡰥……
一三六二五正 乙丑卜𠫑貞𡰥我𢦔
一三六二五正 貞勿𡰥我𢦔 二告
三一二二八 若以𣞤……呼𡰥
英八三〇 ……王𡰥有田……
英一九九五 己亥卜大貞呼般𡰥有衛

二四四六六 ……卜……王其田……無災
二九一八五 惟……弗悔無災𢼸王
二九二四六 惟……田無災
二九二四七 惟犬……从田……湄日無災
三一二三九 王惟……無災
懷七〇〇b ……莫……

千

一一六反 我以千
一〇二七正 丁巳卜爭貞降𠭰千牛 二告
一〇二七正 不其降𠭰千牛千人
二五三〇反 毋以千
四九九二 ……余……亥出入……千賜……尤
五八二二 ……三千登旅……受……
五八六〇 戊申……千翌……東𨑨……自西从……于之

辛

六一六七 貞𢼸人五千呼𡆥舌方
六一六七 貞勿𢼸人五千
六一六八 貞𢼸人三千呼伐舌方受有祐
六一六九 庚子卜㱿貞勿𢼸人三千呼舌方弗受有祐
六一七〇正 ……卯卜㱿貞𢼸人三千呼……
六一七一 戊寅卜㱿貞𢼸人三千呼伐舌方弗……
六一七二 丙午卜㱿貞𢼸人三千呼……
六一七三 ……三千呼伐舌方受……
六一七五 ……人四千呼以……
六一七六 ……三千……伐舌……
六一八五 庚寅卜㱿貞勿𦣻人三千呼望舌……
六四〇七 ……𢼸人三千呼伐土方……
六四〇九 丁酉卜㱿貞今𡆥王収人五千征土方受有祐三月
六五三九 ……五千呼……
六六三九 己未卜㱿貞王𢼸三千人呼伐𢀛方𢦏
六六四〇 己未卜㱿貞王𢼸三千人呼伐𢀛方𢦏
六五四〇 ……人五千呼𢦔……
六五四一 貞勿𢼸人五千
六六四一 己未卜㱿貞王𢼸三千人呼伐𢀛方𢦏
六六四二 己未……貞王𢼸三千人呼伐𢀛方𢦏
六六四三 己未卜㱿……王𢼸三千人呼伐……𢦏
六九九〇甲正 丙子卜永貞王𢼸人三千呼……𢦏
七〇五五 戊申……千𨑨……捍𡆥一月
七三一二 貞𢼸人五千惟王自……
七三一三 ……五千惟……
七三一四 丁酉卜爭貞今𡆥王……人五千……方
七三一五 貞勿𢼸人五千
七三一六 ……午卜爭貞𢼸……五千五月
七三一七 ……人五千呼……
七三一八 貞𢼸人三千……

著錄號	釋文	
七三一九	貞𢽍人三千呼…來今…吾…	1
七三二〇	貞𢽍人三千　二告	1
七三二一	…𢽍人三千呼戋…	1
七三二二正	己巳卜…貞𢽍…三千…	1
七三二四	貞勿𢽍人三千…	1
七三二五	呼㫃…人三千…益𤔌…其	1
七三二六正	…殻貞今…𢽍人三千呼…	1
七三二七	…日庚戌…九旬又…惟丙不…三千呼…	1
七三二八	…人三千呼伐…	1
七三三〇	…寅卜宾貞𢽍千	1
七三三七	己巳卜殻貞𢽍千呼見…	1
七三四四	貞勿冒人三千	1
七三四五	…寅卜𠭯貞冒三千人伐…	1
七七七一	…八日辛亥允戈伐二千六百五十人在𨙨…	1
八四二四	貞千弗其作𦥑方囚	1
九〇一二反	我以千	1
九〇一三反	我以千	1
九〇一六	…千…囚	1
一〇九三五反	我以千	1
一一四七三	戊申…王𡔜…千𦤎…行于…千坙行…	1
	…𣏟	1
一四一九九正	貞旨…千不…若于帝佐	1
一四二〇七反	千用	1
一五八五二	…千…褔…	1
一七九〇九	…千…七…白…	1
一七九一〇	…卜無…千…其…	1
一七九一一	…千人	1
一七九一二	…𤆍…三千…	1
一七九一三	…六千	1
一九九四六正	…弜…千…	1
二〇三〇〇	…辰卜王…千作	1
二一二六九	…寅卜…侑千?	1
二一九六〇	丙寅不千降	1
二一九六〇	丙寅降千	1
二二〇五〇	戊戌卜𪓐在甲…咎千不𠤎	1
二二三四九	壬寅卜暘牛五𠂤十牛示十千…𠂤今…	1
二二四〇五	有作𡆥口千	1
二二五〇五	…千受…	1
二八〇九八	…其多茲…十邑…而入執…禹千…	3
三一九九七	…八千人	4
三二〇〇八	庚午卜𡆥𦉫示千	4
三二〇〇九	庚午卜𡆥𦉫示千	4
三二二七六	辛丑貞…人三千…	4
三三〇三四	己酉卜刀三千…	4
三三一八二	…召方二千惟…	4
三三一八三	…王…人千	4
三四五二五	乙卯惟千…王	4
英一	不其惟千	1
英一五〇正	辛子卜…貞𢽍婦好三千𢽍旅萬呼	
	伐…	1
英五五八	貞勿登人三千	1
英五五八	貞登人三千	1
英五五九	丙午卜殻貞勿登人三千呼伐吾	1
	方弗其受有…	1
英六五七	…貞王𢽍三千人	1
英六五八	戊戌卜亘貞勿𢀛𢽍…三千	1
英一二八八	…有曰千森王戠于之八豕八豕…	1
	四羊𣪊四卯于東方析三牛三羊	
	𣪊三	
懷三七一	…射…三千…伐…	1

企

著錄號	釋文	
一〇〇四八	戊子卜貞翌庚寅延聽企束	1
一一六五一	貞今日夕企	1
一五二四一正	貞告聽企束于高…	1
一八九八二	辛丑…貞今…企…	1
一八九八三	…企…	1
一八九八四反	…企寅…	1
一九六六一	甲申…企享…呼祟…	1
一九七三三正	貞今日…勿企…	1
二四九六〇	貞惟企壱	2
二九七六五	…企束翌日…告	3
屯一七九	甲午出在企…	3

旨

著錄號	釋文	
二四八正	壬戌卜爭貞旨伐𢀛𢦏	1
八八〇正	乙卯卜爭貞旨𢦏羅	1
八八〇正	貞旨弗其𢦏羅	1
九四〇正	辛未卜宾貞旨𢦏𢀛　二告	1
九四〇正	貞旨弗其𢦏𢀛　二告	1
九四七正	壬戌卜翌乙酉爭貞旨伐𡱝𢦏	1
五四一二正	…旨…行	1

五四七八正　丙午卜穷貞旨弗其𢦏王事
五四七八正　貞旨𢦏王事
五四七九　丙午卜穷貞旨弗其𢦏王事
五五〇一　…旨…𢦏朕…
五五三七正　旨無𡆥
五六三七正　貞旨無𡆥　不告
五六三七正　貞旨無𡆥　二告
五六三七正　旨其有𡆥
五六三七正　貞西使旨無𡆥𢦏
五六三七正　西使旨其有𡆥
五六三七正　庚子卜爭貞西使旨無𡆥𢦏
五六三七正　庚子卜爭貞西使旨其有𡆥　二告
五七七五正　癸丑卜殻貞旨𢦔有盂
五七七五正　旨弗其𢦔有盂　二告
六〇一六正　庚申卜爭貞旨其伐有蠱羅
六〇一六正　旨弗其伐有蠱羅　二告
六四五三　…貞…旨…余今𢦔…
六四八正　乙丑卜古貞旨弗其𢦔　二告
六八二七正　辛酉卜古貞旨𢦔羅
六八二七正　貞旨弗其…白…
六八二七正　貞旨弗其伐䢅白…
六八二八正　庚寅卜爭貞旨征𢦏
六八二八正　貞旨征不其𢦏
七三〇九　貞勿叔旨…
七三〇九　…呼旨…
七六〇四　…曰旨其有…
七六〇四　…殻貞曰旨其有伐
七六五五甲　…貞旨弗其伐
七六〇五乙　辛酉卜內貞旨其伐…
八四三四　…旨…方
八四三五　旨戈
八四三六　旨
八四三六　旨
八四三六　旨
八四三七正　勿衣…曰旨…來尋…
八四三七乙正　…曰旨…來尋…若
八四三八　…卜殻…旨受…
八四三九　己卯卜爭貞今日旨…
八四四〇　…古貞易旨…
八四四二正　丙午卜殻貞翌丁…旨
一〇三〇七　丁卯…狩正…擒獲鹿百六十二…百十
四豕…十旨一…
一四一九九正　己未…貞旨…千若于帝祐

一五六二九　…旨…
一六二四〇　旨
一九一八四正　…王曰旨…古雨…五…
一九一八五　戊寅…貞旨…惟…
三四四一〇　…旨…
英五九四正　貞旨獲羌
英六八六　貞惟旨呼伐

身

三七六正　乙巳卜殻貞有…身贏　二告
三七六正　乙巳卜殻貞有疾身不其贏　二告
八二二正　貞王疾身惟妣己壱
六四七五反　疾身不禦妣己贏
六四七七正　丙辰卜亘貞禦身…南庚　二告
一三六六六正　疾身惟有壱
一三六六六正　疾身惟有壱
一三六六七　疾身不惟有壱
一三六六八正　…辛禦疾身
一三六六九　貞禦疾身于父乙
一三六六九　…酉卜…身于南庚
一三七一三正　貞有疾身禦于祖丁
一七一四〇　己…殻…身…𢦏
一七九七八　貞身
一七九八〇　貞身…其…
懷五〇四　…身…

一〇九四八正　勿疾身
一三六七三　貞疾亦贏

孕

二一〇七一　…亥卜自貞王曰有孕嘉…曰嘉
二一七三一　…孕
英四九四反　…固曰其…孕…

孕

二六八二正　貞婦好孕…以婦…
九九四八　…孕…
一〇一三六正　丙申卜殻貞婦好孕弗以婦𢦏
一〇一三六正　貞婦孕其以婦𢦏

允

二四九正　：日丁亥允雨

八九二正　貞今癸亥不其雨允不雨

九〇二正　己卯卜殻貞雨王固其雨惟壬午允
雨　二告

一〇八六反　王固曰惟甲茲鬼惟介四日甲子允雨
雷

一二〇六正　貞今乙卯允其雨

六九四七正　辛亥卜爭貞翌乙卯雨乙卯允雨

七七〇九反　甲午卜：之夕允雨

七七六八　癸巳卜殻貞今日不雨允不雨

一二八五一正　：午卜殻貞我：固曰辛其雨：日辛丑允
雨：

一二三二一反　：夕允雨

一二三〇九　壬戌：雨允：

一二四三八反　庚寅允雨

一三四四八　：日允雨乙巳霧

一二五一四　：戌允雨二月

一二五三三　：今夕：之夕允雨三月

一二五四六正　丙寅允雨四月

一二五四六反　：允雨

一二五四七　癸酉卜雨甲雨允雨四月

一二五六二　：雨之夕允不雨四月

一二九〇五　戊戌雨允雨

一二九〇六　乙丑卜殻：卯其雨丁卯允雨

一二九〇七　己巳卜庚午雨允雨

一二九〇八　庚午卜壬申雨壬申允雨

一二九〇八　：酉雨之夕丁酉允雨

一二九〇九正　庚申卜辛酉雨允雨

一二九〇九正　癸亥雨允雨

一二九一〇　己酉雨允雨

一二九一一　：戊寅其雨戊寅允：

一二九一二　：乙未其：未允雨

一二九一三　貞丁雨丁允雨

一二九一四　：巳卜韋貞其亦多雨王固曰：丙午允雨

一二九一五　：雨之：翌辛：允雨

一二九一六　貞：曰其雨允雨

一二九一七　：丙子允雨

一二九一八　壬寅：辛亥：允雨

一二九一九　辛酉不其雨

一二九一九　庚不其雨允不：

一二九二〇　癸卯卜不雨允不

一二九二一反　壬辰允不雨風

一二九二二　辛亥卜今日雨允雨

一二九二三　壬子卜貞今日雨：日允：至于：雨

一二九二四　壬：貞今：延雨允雨

一二九二五　：日丁巳允雨不延

一二九二六　：日允雨乙巳：

一二九二七反　：日允雨小

一二九三〇　：日允雨

一二九三二　壬戌卜今夕雨允雨

一二九三三　貞今夕其：夕允雨

一二九三四　：今夕允延雨

一二九三五　乙亥卜殻貞：之日允雨

一二九三六　貞惟雨之日允雨

一二九三七　：之日允雨：明其酌于祖：

一二九三八　：遘雨：日允雨

一二九三九正　貞今日壬申其雨之日允雨

一二九四一正　：之日允：

一二九四二　：之日允雨

一二九四四　貞今夕雨之夕允雨

一二九四五　：之夕允雨多

一二九四六　：雨之夕允雨

一二九四七　：雨：夕允延雨

一二九四八反　丁王亦固曰其亦雨之夕允雨

一二九四九　：王固曰：之夕允雨

一二九五〇　：王固曰吉翌辛其雨之：允雨

一二九五一　：今日不雨于丁之夕允雨

一二九五四反　：之夕允雨

一二九五五　之：允雨

一二九五七反　：日允不雨

一二九五八　：之夕允不雨

一二九五九　：夕允不：

一二九六二　：卜爭：丁其惟庚：至于丁亥雨允：

一二九六三正　貞自今五日雨五乙巳允雨　二告

一二九六四　甲辰卜王自今至己酉雨允雨

一二九六五　：翌丁亥：允雨

一二九六六　壬子卜蔔翌癸丑雨允雨

一二九六六　辛亥卜蔔翌壬雨允雨

一二九六六　癸丑卜蔔翌甲雨甲允雨

一二九六六　辛：卜蔔貞翌壬子雨允雨

一二九六七　貞翌丁：雨惟丁辛：允雨丁：亦雨

著錄號	釋文	期
一二九六八	翌癸亥其雨癸亥允雨	1
一二九六九	乙未：翌丙：步：不暘日丙：允雨	1
一二九七〇	翌甲辰雨允雨	1
一二九七一	壬辰卜内翌癸巳雨癸巳𩂣允雨	1
一二九七二反	王固曰：其雨癸丑允：雨	1
一二九七三	：翌：雨：允不雨	1
一二九七五	翌己未不其雨允不	1
一二九七六	：固曰：雨四日甲午允雨	1
一二九七七	：其惟辛見七日甲允雨八日辛丑亦…	1
一三〇三九七	：壬：有雨今日小采：允大雨延伐… 𦣻日惟啓	1 1
二〇三九八	乙未卜翌丁不其雨允不	1
二〇四七〇	丙午卜丘生月雨癸丑允雨	1
二〇七六〇	庚子卜狩辛丑步不雨允不：九…	1
二〇八九八	：卜𢆶曰乙丑其雨允其雨	1
二〇九〇〇	：丑貞允雨不	1
二〇九〇五	：卜今日不其雨允不	1
二〇九一二	庚辰卜𠂤今夕其雨允雨少	1
二〇九五六	壬午食允雨	1
二〇九五七	己亥卜寅有雨其𠂢允雨…	1
二〇九六〇	：北雨允雨	1
二〇九六〇	：雨：䨥夕雨允雨	1
二〇九六五	丁酉卜今日雨余曰戊雨昃允雨自西	1
二〇九六九	：于三日：雨：己：允雨自北	1
二〇九七二	：弜舞今日不其雨允不	1
二〇九七五	己丑卜舞羊于庚雨今夕允雨	1
二〇九七五	己丑卜舞庚从雨允雨	1
二〇九七九	：王舞：允雨	1
二一〇〇七正	癸卯卜延雨允雨	1
二一〇五二	自今至丁丑不其雨允不	1
二四六七一	：申卜王：丁酉不：酉允不雨	2
二四六七二	：允不雨	2
二四六八四	：夕不：之夕允不雨	2
二四七三五	己丑卜出貞今日雨之日允雨	2
二四七六九	丁酉卜王貞今夕雨至于戊戌雨戊戌允 夕雨四月	2
二四七七〇	丁卯卜貞今夕雨之夕允雨	2
二四七七一	：貞今夕雨之夕允不雨	2
二四七七三	丁未卜王貞今夕雨吉告之夕允雨之于 戊申雨在二月	2
二四八一一	貞今夕雨之夕允雨	2
二四八五三	：夕其雨：允雨	2
二四八五四	：雨之夕允不雨四月	2
二四八六一	貞今夕允不延雨	2
二四八七〇	：允雨小：	2
二四八七六	貞雨允雨	2
二四八七七	：己丑允雨	2
二四九〇三	丙：出：丁亥：雨允雨：	2
二七八六三	己巳卜何貞王往于日不遘雨𠦪惟吉 允雨不遘四月	3
二九九五五	：戊卜貞今夕雨允雨	3
三三八五八	戊有雨允	4
三三八八〇	癸巳卜今日雨允：	4
三三八八八	癸丑今日雨允	4
三三九四三	乙卯卜其雨丁允雨	4
三四一五〇	庚午卜壬申雨允雨亦	4
三八一五八	：相日今：允雨	5
屯二三八八	戊戌卜今日雨允	4
英七二五反	乙巳卜：之日允雨	1
英一八四三	：允雨	1
英二四二九	癸未卜甲申雨允雨	4

著錄號	釋文	期
九四正	甲辰卜亘貞今三月光呼來 迄至惟乙旬又二日乙卯允有來自光以 羌芻五十　小告	1
一三七正	癸丑卜爭貞旬無囚王固曰有祟有夢甲寅 允有來嬉左告曰有往芻自溫十人又二	1
一三七反	：甲子允有來自東：無于薛	1
一三七反	王固曰有祟有夢其有來嬉七日己丑允有 來嬉自：戈化呼：方征于我：	1
五八三正	癸酉卜爭：囚旬壬午允有來：亥 征𢀛甲子奉	1
五八三反	王固曰有祟敝光其有來嬉迄至六 日戊戌允有：有𠬝在𡆥𠬝在： 𤎼亦焚廩三十一月	1
五八四甲正	癸未卜𣪊貞旬無：祟其有來嬉迄 至七日：允有來嬉自西𢦏戈：告 曰吾方征于我𡋲：	1
一〇七五正	甲午卜亘貞翌乙未暘日王固曰有祟 丙其有來嬉三日丙申允有來嬉自東 婁告曰兒：不吉黽	1
五五八二	貞小臣允有　二告	1

六〇五七正　王固曰有祟其有來嬉迄至七日己巳允有來嬉自西𢦔友角告曰吾方出侵我示𣶒田七十人五　1

六〇五七正　癸巳卜殻貞旬無囚王固曰有祟其有來嬉迄至五日丁酉允有來嬉自西沚𢦔告曰土方征于我東鄙𢦏二邑吾方亦侵我西鄙田　1

六〇五七正　癸卯卜殻貞旬無囚王固曰有祟其有來嬉五日丁未允有來嬉歛御自𠂤圉六月　1

六〇五七反　王固曰有祟其有來嬉迄至九日辛卯允有來嬉自北𡚤妻笶告曰土方侵我田十人　1

六〇五八正　癸巳卜永貞旬無囚…惟丁五日丁酉允有…于我東鄙…　1

六〇六三正　…允有來嬉自西𡆥告曰…夾方𡐨二邑十三月　1

六〇六五　…旬無囚…有祟𨒅𢆶其有…允有來嬉…唐吾方征?…　1

六〇六六反　…五日丁未允有來…告曰吾方征于我…三邑　1

六〇六九　…辰允有…吾方征…邑以…　1

七一三二　…旬…丁卯允有來自…　1

七一四七正　癸丑卜…貞旬無囚王固曰有…其有來嬉迄至三日乙卯允…來嬉…　1

七一四九正　…永貞旬…囚…固曰其有來嬉…丙戌允有來嬉…偁…己…　1

七一五〇反　…乃茲有祟其…允有來嬉…有鑿…　1

七二〇三　…允有來…　1

二一三〇五　…戊子…王見不允有专囚　1

英八八六正　癸未卜爭貞旬無囚王固曰有祟三日乙酉夕㞢丙戌允有來入齒十三月　1

五〇〇正　…貞𢀛以三十馬允其執羌　1

五八四〇正　壬午卜殻貞尹卒罝王固曰其卒七日戊…尹允卒　1

五八五六　…允卒　1

五八五七　乙酉卜南允卒沚　1

五八五八　…盧…允卒　1

五八七三　其卒允弗及　1

五九四四　己巳卜王貞中其執盧妣壬六月允執　1

二〇三六六　…冊允執　1

一七九九　貞不允出　1

六〇七八　乙巳卜穷貞𡆥呼告吾方其出允…　1

六〇七九　乙巳卜穷貞𡆥呼告吾方出允其…　1

六〇八六　貞不允出　1

六〇八六　允出　1

六一二三　…吾…允出　1

六六八七　貞方不允出…　1

六六八八　貞方不允出从…　1

六七一七　壬午卜殻貞曰方出于匽允其出十一月　1

七二〇六　…允出…　1

二一六四七　甲戌卜𢦔貞我允出南　1

二八〇二九　丁卯卜戌允出弗伐𢦔　1

英五四四　貞吾方不允出　3

懷三八八　…酉卜爭貞…允其出　1

六六七五　癸未卜貞方允其啓二月　1

七〇七六正　貞允其啓妹　1

二〇四一六　丙子卜𢼸丁丑啓允啓　1

二〇九七七　…不其允啓　1

二〇九九〇　戊申卜己啓允啓　1

二〇九九一　己丑卜翌庚啓允夕…　1

二〇九九二　…允啓　1

二〇九九三　…允丁啓大采…　1

二一〇二二　各雲不其雨允不啓　1

二八六六三　…亥卜翌日戊王兌田大啓　大吉　茲用　允大啓　3

三三九六六　甲辰卜乙巳允啓　4

三三九六八　丙辰卜丁啓允　4

三四〇〇三　允啓　4

英六六正　貞延啓允延啓　1

懷二五七　…相…允…啓　1

二〇七三六　…王入擒豕允擒　1

二八三一六　其从犬口擒有狐允擒　茲用　3

二八三三二　以𤰇擒有鹿翌旦允擒　3

三三三七一　丙戌卜丁亥王陷擒允擒三百又四十八　4

一八八二〇　…鱼益…日之…允鱼
二六七六五　貞翌丁卯不其鱼之日允不鱼
二六七七〇　…卜出…今日鱼…武唐…允鱼
二六七七三　…出…唐…鱼益…之日允…鱼六月
二六七七五　…卜出貞…鱼䰾之日允鱼
二六七七九　…今日…僳鱼…日允鱼
二六七九〇　…卯卜出…鱼益𤉲之日允鱼
懷一二六八　貞翌丁卯不其鱼之日允不鱼

一六〇反　允獲豕
二一四　…曰吉…惟己…允獲羌
二五八　乙未卜貞㲋獲薫十二月允獲十六以羌六
一〇七六甲正　貞遘暨永獲鹿　小告　允獲
二〇四五一　丁巳卜王貞四卜呼比征方允獲
二〇七二六　丁亥卜…日…兔…獲允獲終…
二〇七二七　戊…卜…于…獲…允獲
二〇七三六　…犬…豕…獲…允獲
英八五三　允獲鹿四月

一四〇〇二正　甲申卜㱿貞婦好娩不其嘉三旬又一日甲寅娩允不嘉惟女
二二一〇二　魯嘉允嘉延㞢
二二一〇二　壬午卜舌子不其嘉允不

九二六正　己巳卜㱿貞龜得毋壬王固曰得庚午夕㞢辛未允得
七一三四　…卜…貞…允貞
英四一四正　丁丑卜㱿貞東得王固曰其得惟庚其惟丙其𠧟四日庚辰東允得十三月

六三〇八　允𢦔
六三〇九　允𢦔
六三一〇　允𢦔
六三六九　舌允𢦔戎
六三七一　己巳卜㱿貞舌方弗允𢦔戎十月　不舌黽
六三七二　…允𢦔戎十月
六三七三　…卜㱿貞舌方允𢦔戎
六五六四　癸未…令㲋伐𢀛入無不若允𢦔
六六四八正　王固曰惟既三日戊子允既𢦔𢦔方
六六四九甲正　王固曰吉𢦔之日允𢦔𢦔方十三月　二告
六八三〇　壬子卜㱿…𢦔𡆥王固曰吉𢦔旬又三日
甲子允𢦔十二月
六八三四正　癸丑卜爭貞自今至于丁巳我𢦔𡆥王固曰丁巳我毋其𢦔于來甲子𢦔旬又一日癸亥車弗𢦔之夕皿甲子允𢦔
六九四五　壬午卜㱿貞亘允其𢦔鼓
六九四五　壬午卜㱿貞亘允其𢦔鼓八月
二二四七六　允𢦔一月
英一八一五　丁亥…惟…敦…允…𢦔

七〇七反　允惟要
九〇二正　貞王允惟𡆥　二告
一一一四反　允惟鬼暨周𢼄
一一八四　貞允惟
七一九五　貞允惟𡢁
七三三六反　…允惟我…闖
一九二四四　貞允惟逆
三三七〇〇　乙丑貞日有戠允惟戠

四五四正　貞于翌甲辰用羌　允用
八一二反　癸巳卜爭允用

一七〇八五正　貞允其𠀠
一七一〇六　辛卯卜爭貞𡆥允𠀠
一七一〇七　貞疋允𡆥

七三七〇　…酉卜㱿貞翌丙子其…立中允無風
二一〇一七　丙申卜令多伐雨𥃫不風允不六月
五四七七正　卒無其𠂤來自南允無𠂤
一六〇四七正　…交無…允無…饗

一六五六四 己亥卜爭貞今夕無囚允無…
一七一九八 …王允無災
一九七四三 丙子…𡆥…允無在…
二〇四九一 允無…不見…方
二一九〇〇甲 戊子貞井?允無若
英一〇三七 …爭血…允無血…雨一?月

允其數

五七八五 辛丑卜爭貞曰吾方凡𡆥于土…其敦
六三五四正 允其數四月
六七八八 …辰卜曰方其敦見何允其敦
七六六七正 …丑卜穷貞…允其數

其它

九七正 …允出𡆥以骨芻
九八正 貞侯以骨芻 允以
二四八正 貞戚允佐王
二四八反 我允其來
二六八正 癸酉卜葡貞翌甲戌用…以羌暘日甲…用
自上甲允暘…
四一九正 乙巳卜韋貞呼…允…
五四二 乙酉酌𣪘允…
五九二 …不允…
五九三 公彈允…
五九三 貞公彈不允…
七二一正 乙卯允酌明霧
八五八正 …亘貞王須允…往自敦𡆥
一〇三四 …王𡆥…以人…允以…网三百
一〇七五反 乙未圍允暘…
一二四八正 癸未卜殻貞翌甲申王賓上甲日王固曰吉
賓允賓
一二四八反 乙未允賓…穷
一三四六 庚戌卜殻…于成允若
三九七九正 貞或允其來
三九七九正 貞或允其來
五四二一 …余其有…王允…有三…饗…
五五三二正 貞允舌王
五五七九反 …允十屯小臣从示
五八六七 壬午卜爭…王固曰其𡆥惟…乙酉永允
……
五九六四 …其婞…允…

六三五六 …貞曰吾方…允其…
七〇〇六 …卜王𢀛…婦允其捍
七〇二七 庚申卜…無其…允捍
七〇三九 …𢦏…伐叟…允…
七〇四六 癸酉…三…妥允…伐獲?…矢
七〇四九 丁卯卜曰𦬃任有征歸允征
七二一四 己亥卜穷貞有聞允其…
七二二七 庚戌…允其…循于…𤆍及五月
七二五八 庚子卜王貞…循朕允于…
七三二〇 辛未圍允…
七六〇六 貞戌允其伐
七七五七反 …王…其亞…允… 岳
一一八三七 允其征
一二三一一正 貞令𡆥允子何
一二三一一正 勿令𡆥允子何 二告
一二九四〇 …雨之日允明…
一三九五六 辛…其雨之夕允…
一四七五五反 不其魯允不
一五一六二 …貞…日…允…
一五三五一 …貞𦎫允往于四其…
一五七一五 …寅卜亘貞翌己卯…允酌…
一六一三三正 王其侑丁允羸
一六二四二 …卯卜爭貞王气正河新𩵦允正十一?月
一六二四三 庚戌卜爭貞王气正可新𩵦允正十?月
一六三九三反 …丙…允若
一六八二五反 …五日丁未允…示有田?
一六九八〇 …祟…王固曰…辛丑允…
一七三一一正 貞王有𦎫允之
一八三二四 …三…丙戌…允𡆥…
一九三七八 …允其來五月
一九三七九 …未卜王…允來…其
一九七八〇 丙辰卜丁巳其陰印允陰
一九七八一 丙辰卜丁巳其陰印允陰
一九一五七 貞允見無…其酌…
一九二四五 …丑卜允不…逆
一九八二九 …申卜王𡆥允大甲降
一九八五一正 祖乙允饗
一九八五一反 祖乙允饗
一九九〇七 乙亥𡆥用巫今興母庚允使
二〇〇六七 戊寅允來
二〇〇七二 …南日告先…來告…允先

二〇四四〇　允紐祝降　1
二〇四九五　允田　1
二〇五三二　庚戌卜王貞伯𦥑允其及角　1
二〇五三三　庚戌卜王貞伯允其及角　1
二〇五七二　丙子卜弗其克允不　1
二〇七一二　…王貞…師匕…允…　1
二一〇三五　…丑卜…其骨凡有疾允不　告　1
二一〇四一　貞丁勿…呼…允大…　1
二一〇六八　己酉卜王占鐵娩允其于壬不十一月　1
二一一六八　甲…翌日…允…征　1
二一一八六　…𠂤貞…允典　1
二一二五二　…允捍　1
二一二六六　…伐…𤉲允…　1
二一三八七　丁酉卜𠂤自丁酉至于辛丑虎不其𡆥允不　1
二一三八七　丁巳卜𠂤自丁至于辛酉虎不其𡆥允…　1
二一三八七　…乙未虎不其𡆥允不　1
二一三八九　…卜…虎…𡆥…允…　1
二一三九三　…𡆥今夕允𡆥于勿…十月　1
二一四〇三　…辰卜…貞三卜…丙允王…　1
二一七〇三正　不允　1
二一八八六　癸亥貞…子允…　1
二二〇六五　甲子卜用盟入乙　允　1
二二〇九七　惟𣪘禦量于天庚允𠕋　1
二二一八四　丁巳卜允見六月　1
二二二一九　癸巳卜夸循允　1
二二二六五　不允　1
二二二七四　乙酉紐丁無至辛巳允于無　1
二二五三九　貞惟工令允…　2
二二五九〇　庚子卜出貞令印…允…　2
二三五五八　…逐貞…𠛱…惟屮…工侯…允…　2
二三六三六　…卜𠭯…言允…十月　2
二三六五二　…卜中…日午…王囚…𡇈允…十三月　2
二三八〇五　丁巳卜兵貞囚其入王曰入允入　2
二四一二九　…酉卜出…王其允…不于…　2
二四一四六　…卜出…翌辛卯…喜餗…用允…用　2
二四二五三　乙丑卜王在師允卜　2
二四六五七　…貞于…自今至…見癸…惟…寅允…　2
二四八八七　乙…貞王…不遘…之一允…　2
二四八九二　…巳卜中…雨允…我亻衛　2
二五〇二〇　庚…卜…令…允于衛…　2
二五九〇七　…中貞…貞允惟羊十三月　2
二六一〇〇　貞王用允惟羊十三月　2
二六七六四　…貞不其𩵦…日允…　2
二六七八七　…出貞…日𩵦…𩵦…允…　2
二六七八八　丁酉…今日…益𩵦…允…　2
二六七八八　…卜出…辛…益…日允…𩵦　2
二六八〇一　丁巳卜出…今日益𦟝…之日允…衣　2
二七八六二　丁卯卜何貞王往于夕禘不遘雨允　衣不遘…　3
二七八六三　…允不遘雨四月　3
二七八六四　…不遘雨往于夕禘允不遘雨四月　3
二七八八一　王其呼允受有祐　3
二七八八一　惟戌馬冒呼允王受有祐　3
三三三七五　壬辰卜癸巳在…王狩擒允兕十又…　4
三三三七五　甲…擒兕允在雲　4
三三七〇四　允戠　4
三三九七一　己巳卜惟…允庚圃…　4
三四一四六　庚…貞…降盟允惟帝令　4
三四七一二　允延卒　4
英一八二三　己酉卜竹有冊允　1
懷一六一二　甲戌卜立中暘日乙亥允暘日　4

光

二七八九八　惟光犬陟从無…　3
二八一二五　惟光…𢀛戌…　3
二八三五三　惟光麇射弗悔　3
二八七九九　王其藝光廼麇王于東立虎出擒　大吉　3
二九二四〇　王惟南省廷…于光弗悔　3
二九二四一　翌日辛王其田惟光…　3
二九二四二　惟光田無災擒　3
二九二四三　翌日戊王惟光田無災擒　3
二九二四四　王惟光…無…　3
二九二四五　戊王其田惟光無災　吉　用　3
二九二四八　王弜光其雨　3
屯二一九一　惟光牧　3
屯二三八六　惟光田無災　吉　3
屯四四五一　王惟光田無災　3
屯四四九〇　惟光藝無災擒　3
英二三二一　惟光田無災　3

(耳攴)

一四九二六　…耳曰(耳攴)…　1

（上接甲骨字形）

- 一五七三三　惟麋彝般用　1
- 一七九七九　…般…　1
- 一七九七九　…其般…　1

以　氏

- 二一五八六　庚子卜㱿貞盟又惟衛人以　1
- 二一九一三　癸酉貞𣎵以人　1
- 二一九一四　癸酉貞…以人　1
- 二六九九二　其曰得人以　3
- 二八九〇四　其以人徵　3
- 三二二七二　惟亞卒以人　4
- 三二二七三　惟師般以人　4
- 三二二七四　壬戌貞惟亞卒以人　4
- 三二三二七　師般以人于北奠次　4
- 屯二四〇〇　丙寅…惟亞卒以人𠙵　4
- 屯二四〇〇　惟師般以人　4
- 屯九六一　戊戌貞惟亞卒以人狩　4
- 屯九六一　乙丑貞惟亞卒以人狩　4

- 八三八反　我以人　1
- 一〇二二二甲　丁卯卜勿令執以人田于𢀛　1
- 一〇二二二乙　丁卯卜令執以人田于𢀛十一月　1
- 一〇二二三　戊辰卜王乞以人狩若于敫示…　1
- 一〇二二四　以人步　1
- 一〇二二五　遘以人　1
- 一〇二二六　戊申卜侯僃以人　1
- 一〇二二八　…卜𠦪不其以人二月　1
- 一〇二二九　辛卯卜𠦪不其以人　1
- 一〇二三二正　…以人二月　1
- 一〇二三四　…王𤰇…以人…允以…𢆶三百　1

- 二二五三七　甲子…貞𢀛涉以衆不喪衆　2
- 二六九〇〇　以衆　3
- 二六九〇一　以衆王弗悔　3
- 二六九〇二　…日壬王其…以衆　3
- 二六九〇五　…田省以衆　3
- 二六九〇四　卒以衆　3
- 屯一八〇　…衆以省亩　4
- 屯五七〇　…未卜卒以衆𠙵…召　4
- 英二四〇二　惟子𠦪以衆　4
- 懷一六五三　乙亥貞王令…以衆𠙵受…　4

- 一〇　戊寅卜穷貞王往以衆黍于冏　1
- 二六　丁未卜爭貞勿令卓以衆伐舌　1
- 二七　丁未卜爭貞勿令卓以衆伐舌　1
- 二八　貞王勿令卓以衆伐舌方　1
- 二九　貞王乞以衆伐舌　1
- 三一　…卓于…以衆…宗　1
- 三四正　貞勿惟王往以衆人　1
- 三五　丁未卜貞惟亞以衆人步二月　1
- 三六　…實卜…貞惟師令以衆…　1
- 四三　戊辰…貞盟辛…亞乞以衆人𠙵丁彔呼保我　1
- 二七七　己卯卜穷貞盟甲申用射𢀛以羌自上甲二月　1
- 三〇六　戊申卜爭貞…以衆　1

- 一九七六五　…𦎫以羌𢆶　1
- 一九七六五　…祖乙以羌…　1
- 二六九五三　乙巳卜何貞亞旁以羌其禦用　3
- 三三九七二　庚午…以羌…　4
- 三五三五六　乙丑卜貞王其有𠬝于文武帝必其以羌五人正王受有祐　5
- 屯九　甲辰貞射𢀛以羌其用自上甲𥁍至于…　4
- 屯一八八　…𠙵以羌父丁　4
- 英二四一五　…丁以羌…　4
- 懷一五七一　辛酉貞王尋𠙵以羌南門　4

- 二五七　丁亥卜貞用𪊨以羌十…丁…　1
- 二五八　乙未卜貞豢獲巤十二月允獲十六以羌六　1
- 二五九　貞勿用盧以羌　1
- 二六一　辛丑卜貞卓以羌王于門尋　1
- 二六四正　壬子卜貞𡆥以羌𠙵于丁用六月　1
- 二六七正　辛丑卜穷貞𢀛暨殺以羌　若　1
- 二六七正　貞𢀛暨殺不其以羌　若　1
- 二六八正　癸酉卜𤰇貞盟甲戌用…以羌暘日甲…用　自上甲允暘…　1

著錄號	釋文	期
二六九	貞來辛亥子弖其以羌暨歲…于妣…	1
二七〇正	壬寅卜殼貞興方以羌用自上甲至下乙	1
二七一反	貞…方以羌自上甲用至…下乙	1
二七二反	貞呼龍以羌	1
二七二反	勿呼龍以羌	1
二七三正	貞何不其以羌	1
二七三正	癸未卜殼貞疚以羌	1
二七四正	癸未卜殼貞疚以羌	1
二七四正	貞疚不其以羌	1
二七四正	貞何以羌	1
二七五正	…未卜殼貞疚以羌	1
二七五正	貞疚不其以羌	1
二七五正	貞何以羌	1
二七六正	…不其以羌	1
二七八	…𠂤以羌	1
二七九	貞卯以羌…自高妣己妣庚于毓…	1
二八〇	乙亥卜宾貞告以羌眢…自…	1
二八一	庚子卜貞牧以羌延于丁…用	1
二八二	祏其以羌	1
二八三	…以羌卯…	1
二八四	…以羌…月	1
二八五	…以羌…	1
二八六	…令禽…以羌…而二十…	1
二八七正	其以羌	1
二八八	…以羌	1
二八九	…以羌…用	1
二九〇	…卜爭…以羌用	1
八九一正	歸呼取羌以	1
二九一	…爭…以羌	1
二九二	…未…以羌	1
一〇九六	丁亥卜宾貞皇以𥝌…用于丁	1
二二五四二	丙午卜即貞循以羌盟丁未其用	2
英七五六正	…貞…祝至告田𡆥來以羌	1
英七五六反	之日祝至告…𡆥來以羌…	1
懷二四	…貞望甲寅…卤侯㚔以羌自上甲至于丁	1
三二九九七	辛未貞遣以新射于新	4
三二九九八	…以新射于…	4
三三九九九	己酉貞令从以多射…	4
英二四二一	…于卜令𢀛以多射若	4

著錄號	釋文	期
五七三七	貞今甲申…以多射…	1
五七三八	乙酉卜爭貞今夕令㲋以多射先陟…	1
五七四六	…令郭以多射衛示呼[illegible]六月	1
五七六一	癸丑卜爭貞𡗜以射	1
五七六二	貞𡗜以射	1
五七六三正	…殼貞𡗜以射	1
五七六四	貞𡗜不其以射	1
五七六五	癸巳卜[illegible]…王大…以射	1
五七六六	辛未卜貞令盉以射以[illegible]…方我	1
五七六七	…㲋以射先…月	1
五七六八	貞…不其以射八月	1
五七六九正	貞勿令𢀛以三百射　二告	1
五七六九正	…以三百射	1
五七八五	貞呼子䓰以㲋新射	1
懷九六二	貞令宁以射何弋衣四月	1
三三一九一	癸亥貞危方以牛其蒸于來甲申	4
屯九	乙酉貞𢀛以牛其用自上甲三牢盤	4
屯九	乙酉貞𢀛以牛其用自上甲盤大示惟牛	4
屯九	乙酉貞𢀛以牛其…自上甲五牢盤大示五牢	4
四四五四	貞追弗其以牛	1
四四五五	貞追以牛	1
一四五四二正	…河…以一牛示	1
二三四〇三	乙未卜旅貞循以牛其用于妣惟今日	2
懷一五八	…王…以牛	1
六七五三	…取劦以有示…𢓊征方	1
二〇四五九	…取劦以有示	1
三五九四五	乙卯卜我以示延乙丑不	4
三四一〇二	庚辰貞𢀛以大示	4
懷一六三三	惟鬼以示步	4
一四八五一	庚子卜爭貞其祀于河以大示至于多毓	1
一四九〇八	貞勿以丁示	1
二一二八四	戊寅卜𠂤貞陕弗其以有示𢿋二月	1
二一一八四	戊寅卜𠂤貞陕其以有示𢿋	1
二七八九三	以多田伐有封𢓊…	3

三二九九二　……以多田亞任……　4
三二九九二　……以多田亞任……　4
三二九九四　丙申卜王令遘以多馬　4

五九〇二　……以多……㳄　1
六三一三　……卜爭貞……以多冒……　1
六八一四　癸未卜爭貞令旅以多子族𦥑周戴　1
英五一八　王事 貞令鳴以多方牟　1

五〇〇正　……貞㲋以三十馬允其執羌　1
五六四正　甲辰卜貞乞令㚔以多馬亞省在南　1
九四五正　貞㞢呼取白馬以　1
五七一二　……卜穷貞……遘以多馬衛𦰩　1
八九六二　……其以馬　1
八九六三正　貞以馬　1

二七三一〇　弜以方　3
二八三八三　其以万不悔　3
二八六八六　王惟万以無災　3
二九三九七　……王其田以万湄日無災　吉　茲用　3
屯二四九　弜以万　3
英二三〇九　王其田以亥不雨　吉　3

二一五八六　……戌卜㭉貞來惟若以　1
二一六二六　甲辰卜㚔貞我弗以若　1
二一八三二　己卯子卜貞盧以若　1
二一八三三　……來以若　1
二一八三四　貞㞢以若惟……　1

二八〇〇八　丁酉卜其呼以多方𠬝小臣　3
二八〇一一　壬戌卜狄貞有出方其以來奠　3
二八〇一六　……㚇……方以……王擒　3
二八八三六　……㚇……方以……王擒　3
三三一八九　癸未卜龍來以衔方……茲用乙酉遘……　4
三三二〇八　辛酉貞王令㚔以子方奠于并　4

九三正　己丑卜㱿貞㐭以芻其五百惟六　1
九三正　貞㐭以芻不其五百惟六　1
九五　貞𡚬率以𦠫芻　1
九六　庚午卜穷貞𢦏以𤞞芻　1
九六　貞𢦏弗其以𤞞芻　二告　1
九六　貞𢦏以𤞞芻　1
九六　𢦏弗其以𤞞芻　1
九七正　……允出率以骨芻　1
九八正　貞㑓以骨芻　允以　1
一〇一　貞……奠㳄……以芻……于丂　1
一〇四　𤔲以芻于敦　1
一〇五　勿𤔲以芻于敦　1
四五六正　乙未卜穷貞以武芻　二告　1
四五六正　以武芻　二告　1
英七五七　庚子卜亘貞呼取工芻以　1

九四六正　貞𢦏以巫　1
九四六正　貞𢦏弗其以巫　1
九四六正　𢦏以巫　1
五六五四　貞周以巫　二告　1
五六五五　……以巫　1
五六五六　貞伐……巫以　1
五六五八正　貞妥以巫　1
五六五八正　甲子卜㱿貞妥以巫　二告　1
五六五八正　貞妥不其以巫　1
五六六九正　貞𢦏以巫　1
五六七九正　貞弗其以巫　1

五六五八正　王固曰不吉其以齒　1
一七三〇二　貞𢀛其以齒　1
一七三〇三反　……曰𢀛來其以齒　1
一七三〇四　……以齒　1
一七三〇五反　……吉其以齒　1
一七三〇六正　……其以齒　1
一七三〇七正　貞曰戈以齒王　1
一七三〇八　己亥卜㱿貞曰戈以齒王　1
一七三〇八　曰戈以齒王　1
一七三〇八　曰戈以齒王　1

八〇三 癸卯卜貞望乘王尋乘以執
八〇四 …王尋乘以執
八三八正 甲寅卜爭貞𢼄以往于𡆥
八三八正 貞𢼄以往于𡆥
一九七八九 丙午卜王…其以執印

五四六 …貞呼以多𠂤伐…
五四七 辛酉卜爭貞勿呼以多𠂤伐𢀛方弗
其受有祐
五四八 辛酉卜爭勿呼以𠂤伐𢀛方弗
其受有祐
六三五七 貞勿呼以𠂤

六四八二正 貞祝以之疾齒鼎贏
六四八三正 祝以之疾齒鼎贏 小告
六四八四正 祝以之疾齒鼎贏
六四八五正 祝以之疾齒鼎贏
六四八六正 祝以之疾齒鼎贏
七四二六反 貞王以之

六九四七正 貞雀以成
六九四七正 雀不其以成
一四一四九正 貞以成

四一一三 己卯卜爭貞雀以启
一四六四七正 …未卜韋貞呼…河以啓王固…其來之…
往見于…無來
一七六六五正 貞勿呼以啓

一〇八六六正 丁巳卜古貞周以𡚬
一〇八六六正 周以𡚬
一〇八六六正 貞周弗以𡚬

六〇四二正 貞我…在㳄事…不以嬉
七二〇一 …以嬉
一二八九八正 貞祀亦不以嬉 二告

一二八九八反 王固曰以嬉

四九三正 戊戌卜𡧊貞牧匄人令遘以𤕌
一〇三一 貞勿呼以𤕌人

八八〇正 貞往西多𦕢其以王…
一一〇〇正 辛亥卜𡧊貞𠤳正化以王係 二告
一一〇〇正 辛亥卜𡧊貞𠤳正化弗其以王係

八八〇正 貞往西多𦕢不其以伐
八八〇正 辛酉卜內貞往西…𦕢其以王伐 二告
八八〇正 貞往西多𦕢不其以伐
八八一 …以伐百

六七二正 酌河三十牛以我女
六七三 戊午卜而弗其以我中女
六〇七二正 …告曰…𢀛方亦…征以我…牛五十

六 辛卯卜𡧊貞以子𤕌往不𢍃六月
六三七 丁丑卜爭貞令望以子商臣于蓋
六三八 …以子商臣于蓋
五八七四 以子𡩜巫

四四九九甲正 貞卯弗其以有正
四四九九乙正 丁亥卜㱿貞卯以有正 二告

三四五 …何以有取
三四八一 貞𣪍以有取
三四八一 貞𣪍弗其以有取
一三五一四甲正 其以有取

八三八正 貞𢼄弗其以
二三四〇 貞𢼄弗其以由
二三四一 貞𢼄弗其以由
二三四一 貞𢼄以𦎫伯由 三月

著錄號	釋文	
一二八九六	…茲雨以㩻	1
五七一三反	…㑴以…	1
英七八九	貞㑴以	1
英一二七七正	㑴以	1
一六〇四〇	…于戔以老	1
一六〇四一	…其以老	1
一六〇四二	…以老一月	1
英一三二〇	…不其以老	1
六七一正	庚寅卜殼貞來以角女　二告	1
六七一正	庚寅卜殼貞來弗其以角女	1
五五六七	貞來弗其以王臣	1
懷　四五	庚子卜貞國來以黽于…丁…	1
三三九七正	戊戌卜殼貞王曰侯豹往余不束其合以乃使歸	1
英一二五六	…貞王曰…其合以乃…	1
六九四七正	貞妥以羊	1
六九四七正	妥以鷐	1
一三八六八	…寅卜…阜以新邑惟今夕	1
一三八六八	…于丁	1
一四四一一	阜以	1
一四四一二	阜以	1
九〇五五	甲申卜爭貞𢀛弗其以	1
九〇五五	甲申卜爭貞𢀛弗其以	1
四九〇二	貞勿…行以	1
四九〇七正	行以㪅　二告	1

著錄號	釋文	
六三四四	甲申卜殼貞勿呼婦姘以𦎫先于䌛　二告	1
六三四五	甲申卜殼貞勿呼婦姘以𦎫先于…	1
英　一六三	貞呼婦井以𦎫	1

其它

著錄號	釋文	
一九七七九	…貞…牛在…弗克以印其克以執三月	1
英　一九九正	癸亥卜永貞阜克以多伯二月	1
二〇三三八	…耳…以…冊…	1
二〇三三八	…卜𠂤…𠂤以…	1
二〇五七三	丙子卜其克今以不	1
二〇五七四	乙亥卜今日克以	1
二〇六三一	…弗其取𢆶馬…以在昜	1
二〇九四四	…九月…以在…	1
二一〇〇九	…貞翌己巳…以…暘	1
二一〇一〇	…壬申…雨大…寠…寅大啓…卯大風	1
	…自北以…	1
二一〇一三	…丙…惟大…雨自北以風…雨戊寅不雨	1
二一〇五五	…己巳以	1
二一一五三	丁亥卜…以…	1
二一五六二	庚辰令𠬝惟來犬以龜二若令	1
二一六二六	…𢆶不以…	1
二一七三七	庚申子卜貞惟以𠂤若直	1
二一七二七	弗以	1
二一九一四	癸酉貞弜以…	1
二一九八二	…以𠂤告…	1
二一九八八	庚申卜取旋…母以	1
二二〇四八	壬寅卜余步直于父辛丁反以戈	1
二二〇九〇	…有…𢆶…以…	1
二二二四六	𢦏以往于…月	1
二二二四七	𢦏以往于	1
二二二九四	惟午𠂤以	1
二二二九四	惟酉以	1
二二三八〇	…申以于…	1
二二四七五	甲子…以𠂤…田	1
二二五二〇	以丂	3
二六九〇〇	弜以	3
二六九九二	…戊隻…執以	3
二六九九二	其曰毋𠂤以	3
二六九九三	其呼…以𠂤…于之…	3

著錄號	釋文	期
二七三一〇	王其尋各徝以…	3
二七三六四	…以兄辛	3
二七七〇一	…午卜彭…王其以…	3
二七八八四	丁巳卜惟小臣口以𠬝于中室 茲用	3
二七八八四	丁巳卜惟小臣剌以𠬝于中室	3
二七九一二	以[illegible]	3
二七九六八	惟王以戍罝擒	3
二八〇一一	壬戌卜狄貞叙勿以來	3
二八〇三一	弜以	3
二八〇三一	其以虎罝戍	3
二八〇五二	…戍…以…戈	3
二八〇九六	…書…旅…瀼…以…	3
二八一二四	弜以	3
二八三三二	以𦉪擒有鹿翌旦允擒	3
二八三八三	…以…	3
二九六六八	弜以小宰	3
三〇三四六	其呼以于㝐	3
三〇三四六	弜以在茲	3
三二九九七	庚…貞…以…	4
三二九九七	辛未貞王令[illegible]以𢦏于𢽾	4
三三〇三四	丙午貞令[illegible][illegible]以惟啓	4
三三〇七四	己丑卜貞書以祉戓伐猷受祐	4
三三一九二	辛酉…貞方…以…來甲申	4
三三三四四	…卜王自…禾于…以上甲大乙…	4
三三六一三	弜以	4
三四〇四一	己亥貞𠂤以伐于濘之…	4
三四一八二	癸巳卜往戠以雨	4
三四二三六	…其以…[illegible]	4
三四二四〇	𠂤…多射以[illegible]	4
三四二四〇	𠂤惟束人以[illegible]	4
三四二四〇	辛丑貞𠂤惟疾以[illegible]	4
三四二六三	丁酉卜…河以岳	4
三四二八七	…亥貞陟大欒于高…以[illegible]	4
三四四〇〇	…亥貞陟…以[illegible]	4
三四六五六	乙…㚔…以丙…	4
三六四一六	…貞翌日乙酉小臣…其…有老㠱侯	
	王其…以商庚卯王弗悔	5
三六五二四	…我以㠱…[illegible]以受…	5
屯四二七	癸未…兔以…人允來	4
英二三〇九	…以…其雨 吉	3
英二三〇九	…以…	3
英二四一二	惟…以…	4
英二四一三	辛巳貞𠂤以𡟰于蜀乃奠	4

著錄號	釋文	期
英二四四六	…妾…以[illegible]	4
英二四六一	其以罝用[illegible]	4
懷一一四七	貞王…以…[illegible]…	2
懷一三五二	…貞王其呼…以戍…郭…凡…	3
三〇	貞…以…射…斲	1
七七	…卩丙…以…邑	1
九三反	丙午卜㝐貞呼取牛百以王固…吉以其	
	至…	1
一〇三	…以多…蜀…大…	1
一一六反	我以千	1
一九〇正	貞以…	1
二〇一反	…以自我…	1
二三四正	…午卜爭貞𡕒以三十	1
二六〇	貞…以…庚羌…	1
二七四反	王固曰其以	1
二七四反	王固曰其以	1
二七五反	王固曰…以	1
二七六正	貞疾不其以…	1
四〇九	…爭貞羽以牧…蜀	1
四一一	己…爭…以…	1
四三一	…翌以…丁	1
四九〇	己未卜㱿貞𠷎以	1
五五三	癸丑卜㝐貞令羽郭以黃執[illegible]七月	1
五九〇正	…其以	1
五九〇正	貞沚以 二告	1
六三五反	貞以…師…有[illegible]于…	1
六三六	丙申卜爭貞令出以商臣于蓋	1
六六九	…以…女	1
六七三	戊午卜眉以及不	1
六七三	眉弗其以及不	1
六七四	行弗其以[illegible]女	1
六七四	…以…	1
八六二	…羽以㞢…往惟帝…惟权…	1
八九一正	鼓以狭 二告	1
九〇九	貞以…勿牛…四千用	1
九一四正	亞以來	1
九二六正	貞王有[illegible]子陕其以	1
九四六正	丁未卜㱿貞[illegible]比次戠…文截王事以	1
九四六正	弗其以	1
一〇三三	…卜…以人	1
一〇七六甲正	貞呼…𢼄人…暨夫以 小告	1
一〇八六正	丁巳卜古貞𢦏以	1
一〇八七	…王執…其以𡟰	1
一〇八八正	丁酉…執弗其以𡟰	1

著錄號	釋文
一〇八九	……卜……弗其以蝶
一〇九〇	……王貯以交一月
一〇九一	……王貯……以交
一〇九二	己巳卜交不其以
一〇九四正	貞……弗其以夋
三〇三二反	癸卯卜㱿貞曰以㞢……
三一〇〇	……子美見以歲于丁
三一二八	……以子往于[illegible]
三三三一	壬……令……取侯以十一月
四〇一二	貞𡗗弗其率以……
四二〇七正	旨以
四五〇四	癸亥……王眉……以……
四五七三反	丁亥卜㝔貞以
四六〇〇	甲申……貞令……以麋……于……
五〇八二	貞王……往以……
五〇九四反	……以……
五一〇〇	貞……以……
五三九六反	……爯以……
五四五二	乙丑卜允貞令𣶒暨鳳以束聿比𠚣𢀛 載事七月
五五六九正	……㱿……王以……臣正……
五五六二	丁未卜爭貞令郭以有族尹𠂤有友五月
五六二四	……令……以……
五六四七正	壬辰卜亘貞有冊巫呼取以
五六八九	……巳卜……令……以……亞……南
五六九七	……卜㝔……亞以……子……
五七七五正	貞有來自南以……二告
五七八五	貞師般以疫又
五八五六	……以侑元臣
六〇六九	……辰允有……𢀛方征……邑以……
六一七五	……人四千呼以……
六四五三	……余其征土方……以……侖……
六五九五	……貞呼行取龔友于𠂤庶以
六九五二正	貞雀以石伐 二告
六九五二正	雀不其以石
七〇七五正	……以……
七〇七六正	有來自南以龜
七〇七六正	不其以 二告
七一〇三反	見入九以
七二四一	貞弗其以
七二四一	貞以
七二四一	貞竝以
七四二六反	王固曰其勿以
七四二六反	貞呼及以
七四四九	貞……㞢……以……
七六四一正	貞以
七六四一正	貞……以
七六六〇	……一史以……
七八五四正	己酉卜㱿貞勿呼𡗗取囚任伐弗其以
八八〇五	貞勿……取牛弗其以 二告
八八九〇正	弗其以
九一一八	貞呼以
九一一八	貞呼以
一一〇一八正	令允取大以 二告
一一〇一八正	弗其以
一一五九三	……辰卜……侑……以……
一一七九一	貞呼婦……以……
一一九〇九	乙卯卜㱿貞己以
一二三二四反	以五十
一二四八八乙	壬寅卜㝔貞以
一二五四〇	貞叀不以雨三月
一三五一四甲正	弗以 二告
一三六七九	貞有疾肱以小斗禦于……
一三六九〇	……貞以……趾于……
一四一九八正	辛……以
一四一九八正	辛丑卜㱿呼比來取侑兄以
一四三九〇	貞呼剛目……玄河以……戠洹
一四八二九	貞以大庚
一五一三七	……古貞……遘以……禦于……
一五四八三正	貞复先以歲
一五五四一	貞戌以……
一六〇二八	……延以……上甲奏……
一六〇三九	辛未卜以父京旬……
一九〇四二	貞勿以……暨王十月
一九〇四三正	……卜亘……于以……王……
一九四九七	……以……
一九七七七	己巳卜王有及司以囚
二〇二一四	丁卯卜王……𡧊以師……
二〇二二四	辛丑卜曰缶無以……
二〇六三八	丁……貞……以……魚……
二〇六三九	己卯卜𠂤惟𢦔以
二〇六三九	己卯卜𠂤𢦔以十月
二〇六四一正	……貞……𠂤……以𢀛
二〇六四二	丁巳……貞……以……𠦝……鳴

二一〇一九 …亥卜旨以…疋其喪 1

二一〇二〇 …亥卜旨以…疋不喪…月 1

二一四五五 …冒以 1

二一七七七 …宁延馬二丙辛巳雨以雹 1

二二〇六三 …介以戎 1

二二〇六三 …弗以戎 1

二二九三九 旅…丑其舌于祖乙其以毓祖乙 2

二二九四〇 旅…丑其舌于祖乙其以毓祖乙 2

二三〇五七 …其以…小丁… 2

二三七〇五 甲子卜出貞𩁹侑以𠬝于師歸 2

二三七〇八 丁酉卜祝貞惟𠂤老…以小𢀛其八月 2

二四一九〇 弜以 2

二四六〇七 …其于…以𧾷… 2

二四九五一 …貞母辛歲于𢀛家以束十月 2

二五九五六 庚午卜吳貞翌辛未其彡祭于…其以有… 2

二八二六九 弜以 3

三三〇八二 …亩…先以…侯步…十三月 4

三四〇二四 …戊以暘日 4

三四一二一 壬寅卜桒其伐歸惟北𢆶用二十示一牛二 示羊以四戈彘 4

三四一二二 壬寅卜桒其伐歸惟北𢆶用二十示一牛二 示羊以四戈彘 4

英一八一 貞弗其以 1

英一八一 婦弗其以 1

英三三四 …卜㱿貞…惟呼以…先章… 1

英三八一 乙卯卜…雀以…弗… 1

英五六四正 辛丑卜㝊貞惟羽令以戈人伐 𢀛方𢦏十三月 1

英七八九 …不以 1

英九五三 …𠂤卜…以 1

英一六八八 …以 1

英一七三三 …以出… 1

英一八九八 …雀…以… 1

英一九九四 庚午卜出貞王𣎆曰以𢀛宁齊以 2

英一九九六 甲子卜出貞𩁹有以𠬝于寢歸 2

懷五三b 𢀛以三百 小𣪊 1

懷三五六 …卜…日王…以少… 1

懷三八三 …辰卜王…至以…人…十二月 1

懷三九九 …犬延不其以… 1

懷四一〇b …𠣪以二十… 1

懷四二一b 𢀛以… 1

懷四三六 …𠂤卜雀…其以… 1

懷四四〇 …以…逌… 1

懷四四一 …卜王…以… 1

懷四四二 壬辰…雀…以…允獲… 1

懷七八四 …以有…用… 1

懷八〇五 …邑…以… 1

懷九五四 …于田西以 1

懷九五八 貞…令羽以𢦏 1

懷一四四四 甲寅卜乙王其田于豐以戎擒 3

懷一五〇二 …卜…以…宁… 4

懷一六五六 壬午卜貞以𢦏立于河 4

懷一六三六 …河𤰈以丙衣丿… 4

元

一四八二二 貞元示三牛二示三牛 1

一四八二三 貞勿肇…元示𢦏… 1

一四八二四 辛巳卜…元示…十一月 1

一四八二五 辛巳…元示三… 1

一四八二六 …元示三… 1

一四八二九 甲子卜爭貞來乙亥告𢀛其西于六元示 1

一四八三〇 …于六元示五… 1

一五三一九 丙寅…王貞…示元…于及 1

三五〇二五 辛巳卜大貞侑自上甲元示三牛二示二牛十三月 2

三四〇八八 己未貞惟元示有𠦪歲 4

懷一九八 貞元示五牛宅示三牛 1

四八五五 貞□骨元祉 1

四八五五 貞□弗其骨元祉 1

四八五五 貞□骨元祉 二告 1

四八五五 貞□骨元祉 1

四八五五 □弗其骨元祉 1

四八五五 貞□骨元祉 1

二七八九四 元毁惟多尹饗 大吉 3

二三三九〇 庚申卜㫃貞惟元卜用在二月 2

五八五六 …以侑元臣 1

其它

著錄號	釋文	數
三三九	丁丑卜爭貞來乙酉暫用永來羌自元…五月	1
七三二正	…元于東	1
五八七一	…兀…	1
七三四二	戊寅卜貞令甫比二侯及暨元王循于之若	1
七二四三	…子卜元…王循	1
八七六四反	貞侑元…西	1
一三八三七	貞…兀…疾	1
一四八二八	王侑元…	1
一六四三五	丁卯卜王因元…	1
一七三九九	癸…穷…戌…元…	1
一七九七〇	…亥卜…貞元…有祟	1
一九〇二九	…王元	1
一九〇三〇	…王勿元	1
一九〇三一	…元…十月	1
一九〇三二	壬辰…貞元…	1
一九六四二正	…呼元…	1
一九七九〇	甲辰卜王用二掃兀…臯…年	1
二〇三三三	丁丑卜王貞令竹祟兀于㞢戴朕事	1
二一一六二	…元禦	1
三二一九三	奠元侑妣壬…	4
屯一三〇	癸酉貞鄧元在茲	4
屯一三〇	…鄧元	4
屯一〇九二	辛巳卜王其奠元暨永磬在盂奠	
	王弗…羊 大吉	3
屯三一〇〇	…元…高…王受祐	3
屯三七三六	丙寅貞惟𠬝啓元舌王…	4
英四四九	庚寅…呼…元…束…三…	1
英五三八正	…執…元…	1
英二五六二正	己未王卜在貞田元往來無災	5

亟

著錄號	釋文	數
一三六三七反	…亟	1
一六九三六反	…曰有祟亟其㞢…	1

著錄號	釋文	數
六	丁酉卜穷貞令甫取ㄗ伯及及	1
五七〇	丁酉卜古貞ㄗ執𠬝戠	1
一〇八六四	癸卯…殻燎…ㄗ三月	1

尻

著錄號	釋文	數
英二一〇七	…貞盟ㄗ丁?…其賓…	2
三七六六正	貞今般取于尻王用若	1
七〇七五正	庚戌卜亘貞王呼取我夾在尻啚若于…	1
	王固曰…若	
七〇七五正	庚戌卜亘貞王呼取我夾…尻啚不若	1
	……	1
九九四七	貞祖丁…	1
九九四七	貞祖丁… 二告	1
一三七五〇正	…寅卜古貞尻其有疾 二告	1
一三七五〇正	貞尻無疾	1
一三八〇九反	…入…	1
一七九七六正	…卜爭…	1
一七九七七	…曰惟…	1
三一八〇三	癸卯子卜至宰用豕尻	1
屯四六五	…卯卜戊…徹禦… 大吉	3
英九七正	疾…禦于妣己暨妣庚 小告	1

著錄號	釋文	數
二一〇三五	…丑卜…其骨凡有疾允不 告	1

著錄號	釋文	數
六四七六	貞王惟尸…征	1

襄

著錄號	釋文	數
三四三	…宰又羌二十在襄	1
四四九	貞翌丁巳有十羌在襄	1
三四五八反	…奠…在襄	1
七〇四一	貞惟…衍伐…	1
八一九五	貞商至于奏十月在…	1
八一九六	…出…奏…	1
一〇九九〇	…獲麋二百…在…	1
一〇九九一	貞于乙酉陷麋在…	1
一〇九九二	罝在…	1
一二二四四	……	1
二〇四六四	甲午卜犬令去…方	1

著錄	釋文	
二三七八七	：卜：…：射：	2
二七九八八	其將…于襄	3
二九三五二	：田襄湄日無災不遘雨 大吉	3
二九三五三	戊弜田襄其悔	3
二九三五四	癸丑卜王其田于襄惟乙擒	3
三〇四三九	貞其祝惟擒乙王其…兕 吉	3
三〇四三九	貞王其田于…劉于河 吉	3
三〇七二二	其…：于北…	3
屯 三一六	：…兕惟辛無：	3
屯 六三五	惟在襄犬壬比無災擒 吉	3
英 二二九六	：卜戍王其射…：	3

著錄	釋文	
二四二三三	戊戌卜行貞王賓禫無囚在…	2
二四二三四	癸巳卜行貞今夕無囚在十二月在…卜	2
二四二三四	：酉卜：今：無：十二月：…：	2
二四二三五	戊戌卜王在十二月在…	2
二四二三六	：申卜行：賓禫無囚在十月在…：	2
二四二三八	庚寅卜行貞王其步自：于…無災	2
二四二五五	王在師…	2
二八〇一二	弜益襄人方不出于之	3
二八四〇三	惟戌：襄：無災	3
二九三五六	王惟襄：往射延：麗：	3
三〇四三一	王其田…剛于河	3
三七六〇〇	丁丑卜貞王田…往來無災	5
三七七八九	辛：…：	5

著錄	釋文	
二一一五正	丙子卜亘貞王有匚于庚百… 二告	1
二一一五正	貞王有匚于庚百…勿用	1
二一一六	：酚：…：…：無囚	1
一七八〇正	辛亥：𣪊貞侑…伯于父乙	1
八三八二	：丘不：…：	1
一七六八三正	：…：	1
一九九六〇	：…母己呼：	1
二一九七五	癸丑貞：…：	1
懷 一三六一	貞：…：…： 大吉	3
六六七正	辛亥卜亘貞樂婦于有…	1

著錄	釋文	
六六七正	勿…婦于有…	1
六八九	：令…：…十人	1
六九二	執…：	1
六九四	不其…	1
七二七正	：咸…有及 二告	1
八三五〇	：未卜古：…：濩	1
一八〇一六	：妻：	1
二二〇九八	：亥卜有歲于妣戊盧豕乙妻	1
三四〇八五	癸未貞：…生于：…妣庚	4
三四〇八六	癸：…：…：	4

老

著錄	釋文	
二三七〇八	丁酉卜祝貞惟…老：以小…八月	2
二三七一五	丁酉卜大貞小…老惟丁…	2
二三七一六	丁酉卜大貞小…老惟丁…八月	2
二三七一七	丁酉卜：小…老八月	2
三六四一六	：貞翌日乙酉小臣：其：有老…侯 王其：以商庚卯王弗悔	5

𡵂 𢼸 微

著錄	釋文	
四九五	丙午卜爭貞…其係羌	1
五八四甲正	癸未卜𣪊貞旬無：祟其有來嬉迄 至七日：允有來嬉自西…戈：告 曰吾方征于我奠：	1
七六六正	甲申卜亘貞有…	1
七六七反	在…	1
九二六正	貞王有…子陕其以	1
三二八六正	貞微無囚	1
三六九七正	：午卜爭：…于：	1
三八三三	：令：比：微	1
四二四二	：師令弋微	1
四五五五	貞呼比微告取事	1
四五五六	貞：微：	1
四五五七	：出微：惟出：	1
四五五八	貞微：不：	1
四五五九反	：王微：日	1
四五六〇	微：不：延	1
四五六一	：微：…：	1
四五六二	乙未卜王令微	1

四五六三　…貞令徵
四五六四正　貞徵其喪
四五六五　貞徵不喪
四五六五反　徵無囚
四五六六　貞徵無囚
四五六七　…卜爭貞徵無囚
四五六八　徵…有囚
四五六九正　…未卜爭貞徵其有囚四月
四五七〇　徵其有囚
四五七一　徵其有囚
四五七三　曰徵不…
四五九三　貞惟虎从徵奴俏示三
四八三三　令弗徵
五四四八　戊辰卜爭貞□無囚載王事　二告
五四四八　貞□其有…其載王事
五四五五　貞乘及寢□
五四五六　貞惟韓呼往于□
五四七八正　貞惟隸令往于□
五四七九　貞多…其及…□
五六六三　貞多犬弗其及𥄳□
五六六三　貞多犬及𥄳□
五六六三　貞多…
六〇五七正　王固曰有祟其有來艱迄至七日己巳允有來艱自西□友角告曰吾方出侵我示𣪊田七十人五
六〇六三反　…自□友唐吾方征…𢦏𣶒示易戊　申亦有來…自西告牛家…
六〇六七　…□□…吾征于我…辰亦有來…曰吾　…四…
六〇六八正　癸未卜永貞旬無囚七日己丑□友化呼告曰吾方征于我奠豐七月　二告
六三六五　…𤕊貞吾方其…□
六三六六　𢦏□
六三六六　吾方其𢦏□
六三六七　𢦏□
六三六八　𢦏□
六八五五正　貞惟隸令旋𥄳徵
六八五六　貞惟隸令旋𥄳徵
六九八五　…徵…大出…
六九八六　貞雀弗其獲征徵
六九八七正　貞勿取徵白　二告
六九八七正　貞呼取徵白
七〇七五正　貞敓無囚

七〇七五反　王固曰吉敓無囚
七五七一正　甲申卜亘貞侑徵王衛　二告
七五七一正　…徵…
七五七一正　侑徵王勿衛
七七〇九正　敓弗其𢦏
七九八二　戊申卜殻貞惟師呼往于□
七九八二　戊申卜殻貞惟黄呼往于□
七九八三正　貞…□…弗及
七九八四正　…□
七九八六反　戊…𢦏□
九七九一正　貞□不其受年　二告
九七九一反　貞□受年
一一四四六　…囚王固曰有…徵…
一三〇一七　…光…囚
一四二九四　南方曰□風曰光
一四二九五　辛亥卜内貞帝于南方曰徵風夷𠦪年一月
一七九四二　…夕…敓…
一七九四五　…徵…㞢…
一八二六四　…亥…□…
一九〇七四　丁巳…令…□…
二一九五四　庚辰卜貞□□無若
二二一七二　…□囚槃…
二七七八九　…徵御事來…
二七九九六　惟徵用刖汎于之若𢦏廠方不雉　象
二八〇二九　丁卯卜戍允出弗伐徵
二八〇六三　□徵先利
三二二九〇　壬辰卜焌□雨
三六三四六　己亥卜在徵貞王…亞其比𢧅伯伐…方不邑𢦏在十月又…
三六七七五　癸巳卜在徵貞王迖于射往來無災𢦔　十終
三六七七六　…卯卜在徵…延于…災
三六七七七　癸丑…徵…步
三六七七八　…卜在…貞王…于徵…災
屯四六五　…卯卜戊□徵槃…　大吉
屯七五一　乙未卜令□以望人𦣞于槃
屯二〇二四　…未貞徵…
英二〇〇　丁酉卜永貞徵…
英三四一　貞乘及寢徵
英五二八　貞令射□于徵
英五四七正　貞徵人于□奠

英六三三　……閵微來……　1
英六三七正　……鄭□……　1
英七〇九正　……微……　1
英七〇九正　……于……微……不𠯑黽　1
英一九六九　貞禱告微于母辛　2
懷三九六　……微……陕……　1
懷六〇二　……貞微……　1
懷八九五　貞有……微……惟……　1
懷九五六　丁巳卜殻貞呼師般往于微　1

二三七〇五　貞衣□若無尤　2
三九四五七　……□……尤　5
英一九九六　貞衣□若無左　2

長

二七六四一　其侑長子惟□至王受祐　3
二八一九五　乙未……長……不……　3

夌

一〇九四正　貞……弗其以夌　1
一〇九五　貞昨……其及夌不……　1
一〇九五　……令……歸……及夌不……　1
八二四三　……在夌　1
一〇〇四八　貞……夫……夌……　1
一六〇四七正　貞夌……　1
一六〇四七正　……夌無……允無……□　1
一八六八四　……曰告……夌……　1

老　考

一〇八八一　丙……惟……考　1
一三七五八反　……耳有老椓于……　1
一四〇五九　……婦娘……嘉……保惟……戊……老　1
一六〇一三　癸卯卜㕣貞呼多老……　1
一六〇一三　貞勿呼多老舞　1
一六〇一四　……申卜宕……令老山……古……十二月　1
一六〇一五　丙……惟……老……　1
一六〇一六　……載既……用于……老……疾……　1
一六〇四〇　……于戋以老　1
一六〇四一　……其以老　1
一六〇四二　……以老一月　1
一七〇五五正　丙午卜殻貞呼師往見有師王……曰惟老
惟人途遘若……卜惟其匃二旬又八日□
壬……師夕死黽　1
一七〇五五反　王固曰惟老惟人途遘……兹卜惟其匃　1
一七一三六　……老……不犬其……丁不𢀛……曰有𡆥……不……　1
一九四一二　……老……來……　1
二〇二八〇　……子卜……王于……老……　1
二〇二九三　乙巳卜王貞冂……因止老無……　1
二〇六一三　乙酉卜王貞余𠬝朕老工延……□貞允　1
惟余受馬方祐……其……弗執方祐二月　1
二一〇五四　……凡𢦏四月……未夕啓老　1
二一五一七　……貞旬……老九月　1
二一三二一　乙未卑……尸老……𢼀　1
二一四九五　……𤆍辰……呼……老　1
二二二四六　癸丑卜婦姼在老　1
二二三二三　歸老　1
三七六四九　戊辰王卜貞田考往來無災　5
屯一〇六六　丁亥貞王令保老因侯商　4
屯一〇八二　……令保考因……　4
懷九五九b　王固曰惟老惟人途遘……兹卜惟其
匃　1
懷一五一七　……日己……鄙……子……延老　4

□

五三　壬申卜貞雀弗其……戕□　1
一八八正　貞□不其獲羌　1
一八九正　貞□不……獲羌　1
二二七　□羌　1
四二一　貞□羌用上甲　1
九七六　……□　1
一七七九反　□以五十　1
三一六五反　□不……　1
三一七一乙反　□以……　1
三一九一　壬辰……□其……𢦏……四……　1
三七三七反　……□……　1
四三三八　……□……　1
四三四一正　丙辰卜爭貞□……　1
四三四二　王……□　1
五七三四正　貞翌己未勿令多射暨□……　1
五七三五　……卯卜宕貞翌己未令多射暨□……于……　1

（字頭為甲骨字形，以□代替）

五七三八　乙酉卜爭貞令夕令□以多射先陟…　1
五七八五　貞呼子妻以□新射　1
五八一〇　丙戌卜貞弜師在□不水　1
六八三四正　丙寅卜爭呼龍□侯專祟戉　1
五八六二　…夅□　1
七〇一四　己卯卜王貞余呼□敦□余弗□□　1
七〇一五　…戠□　1
七〇一六　…貞□戠□　1
七〇一七　丙子卜□戠□　1
七〇一八　貞余勿呼…敦□□…既　1
七〇一九　…巳卜…余…□戠…其…　1
七〇二〇　己卯卜王咸戠□余曰雀□人伐□…　1
七〇二四　癸丑卜□其克□□　1
七〇七六正　其□□　1
七〇七六正　其□雀戠　1
七〇七六正　其□延　1
七六八一　戊戌卜…今一月□…戠　1
七九〇〇　…往□…　1
一〇九二三　壬戌卜爭貞乞令□田于□侯十月　1
一三六〇四反　丁卯□…　1
一七九七一　丙申…貞…□…　1
一八五〇五　貞…□…量…　1
一九五〇五　…亥卜…□…食　1
一九七七三　庚戌卜令比□伐□　1
一九九四六正　…戠□宁　1
二〇〇七二　丁…貞…□囚告　1
二〇三八一　甲寅…□惟…今日延…□允延…　1
二一八八三　己□其女　1
二七九〇六　…□…　3
三二九〇六　乙巳卜惟□令　4
三三〇一〇　乙亥卜執□　4
三三〇一〇　乙亥卜弗執□　4
三六五三六　其伐□利　5
英三二六　…弗…克□…弜□…　1
英三二七　…□…□…　1
英六九六　戠□…　1
英一九九四　庚午卜出貞王□曰以□宁齊　2
懷三六つ　…□…□侯…十月　1

林

三四二三九　辛…王…□田…林…　4
懷一五九二　…林侯…丁用　4

□

三二正　丁巳卜㱿貞王學衆伐于□方受有祐　1
三二正　丁巳卜㱿貞王勿學衆□方弗其受有祐　1
六五四二　…伐□方帝受我…　1
六五四三　…午卜㱿貞王伐□帝受我祐一月　1
六五四四　…旋□…　1
六五四五　…□…循伐□…　1
六五四六正　…循…□…七月　1
六五四七　貞王勿伐□　1
六五四八　…貞…伐□　1
六五四九　…王伐□帝…　1
六五五〇　己丑卜㱿貞今𡆥王伐□方受有祐十三月　1
六五五一　…貞來□方伐　1
六五五二正　辛巳卜㱿貞王惟𠱠…伐□…受…　1
六五五三　貞今…比𠱠侯虎伐□方受有祐　1
六五五四　貞今𡆥…比𠱠侯虎伐□方受有祐　1
六五五五　貞勿伐□方　1
六五五六　呼馘□　1
八四一六　…庚辰…貞王…□方…　1
八四一七正　貞𠣬…□…方…于…大甲　1
八四一八　貞勿…□方…　1
八四一九　…貞…□方受祐　1
八四二〇正　…□…使…　1
八四二一　…往…□…　1
八四二二　…□…　1
九〇一二反　…□于大甲…于大…　1
一七三五七　貞王惟□𦥑　二告　1
英七四〇　…□方于…　1

兑

二七九四五　戊申卜馬其先王兑比…　大吉　3
二七九六五　不兑　3
二八〇六七　惟辛…兑伐…　3
二八六六三　…亥卜翌日戊王兑田大啓　大吉　兹用　允大啓　3
二八六六四　貞王兑…無災不…　3
二八八〇一　不兑藝…　兹用　3
屯八　馬惟翌日丁先戊王兑比不雨　3
屯五二八　弗其兑比其遘雨　吉　3
屯六三七　庚寅卜翌日辛王兑省魚不遘雨　吉　3
屯一一二七　馬其先王兑比不遘大雨　3

屯四三八 戊子卜兌辛彫 4
英二三二〇 翌日戊王兌 3
英二三三〇 …田…兌… 3

兄

二 …兄… 2
一五九九 …申虫…人…兄…九月 1
三五〇二九 壬辰卜大貞翌己亥侑于兄十二月 2

須

六七五正 令□叙多女 1
八一六反 立須承史其奠 1
八五八正 亘貞王須允…往自敦啚 1
一七九三一 丙…須… 1
三五三〇二 …惟…須… 4

三三六八四 丁酉卜出貞令系虫鳴友… 2

勹 伏

一四二九四 …伏風曰役 1
一四二九五 辛亥卜內貞帝于北方曰伏風曰□桼… 1

兒

一〇七五正 甲午卜亘貞翌乙未易日王固曰有祟丙其有來媸三日丙申允有來媸自東妻告曰兒… 不吉罶 1
三三九七 東妻告曰兒伯… 1
三三九八 …子兒…王六月 1
六三九九 貞令兒來 1
三四〇〇 …勿呼兒… 1
七八九三 庚申卜𠷎貞兒人… 1
九〇六一 貞兒以有…人… 1
一四六八一 …固曰…兒□來… 1
二〇五三四 丙寅卜戠王吿取兒 𡧊固曰若往 1
二〇五九二 丙午卜王令□臣于兒六月 1
英五二二 …象…兒… 1

一一〇八正 辛卯卜殻貞惟罷呼竹𢼄□ 1
一一〇九正 辛卯卜殻貞惟罷呼竹𢼄□ 1
一一一〇正 貞不惟罷呼竹𢼄□ 1
一一一一正 …惟罷呼竹𢼄□ 1

一〇八一二甲 庚寅卜貞𨸏弗其肇無□四… 1
一〇八一二乙 庚寅卜…𨸏肇無□四月 1

一三五四五正 辛丑卜穷貞□宗 1
一三五四六 …丑卜穷貞□宗 1
一七九二一 …□… 1
二二二四七 □受禾 1
懷七五三 …取□… 1

奚

六四七 …告…途…奚… 1
六四八 …奚… 1
六四九 有…告…奚…其… 1
六五〇 …奚…歸… 1

因 殪 曀

六 辛卯卜穷貞以子徠往不𡆥六月 1
七八 …夕豊…𡆥 1
一一〇正 己巳卜殻貞雀其𡆥 1
一一〇正 貞雀不𡆥二月 1
二六六 己亥…貞…𡆥 1
三三九 壬子卜穷貞敦沘不𡆥 1
三三九 貞其𡆥六月 1
四八七 …其𡆥 1
五二五 庚辰卜王朕□羌不□𡆥… 1
五二五 …𡆥十二月 1
五二六 貞有疾羌其𡆥 1
五二八 貞羌無其𡆥十一月 1
五五六正 貞陟其𡆥 1

冓

五五六正　貞陝…冓
五七四　馬不冓
五八〇正　貞刖𡆥八十人不冓
五八一　貞刖𡆥不冓
五九五反　…𡆥冓
六三八　…爭貞…冓有…
七三四正　己巳卜殼貞𠂤不冓王固曰吉勿冓
七三四正　貞凡不冓
七三四正　貞凡其冓　二告
八二二正　貞不冓　二告
八二二正　貞其冓
九三八正　貞𤞷其冓
九三八正　…𤞷不冓十月
一〇四三　…卜…貞其…百人冓
一一一一反　…昔冓卜
一三九七　貞𣲙不冓
二〇〇二反　雍其冓
二〇〇二反　雍不冓
二三四一　戊戌卜㝊貞𡿧不冓
二七三八　…亩曰弗…冓
二八〇五　壬子…鼠其冓
二八一二　…午卜…婦婡子不冓
三〇二〇　貞…冓
三〇九六　丙午卜貞效丁人嬂不冓在丁家有子
三一三二　丙辰貞子雍不作𡆥不冓
三九四二　庚子卜𠃬貞疒不冓
四一一九　貞婦鼠子不冓
四一二五　貞子母其毓不冓
四三六六　丙…貞…冓
四五〇三甲　癸卯卜…眉勿…祟冓…
六〇〇四　…其…刖…𡆥
六〇〇五　…卜亘貞…刖其𡆥
六〇六三正　乙丑𡆥𡆥
六一一〇正　不冓
六一九七　辛丑卜殼貞𩇕妃不冓　小告
六一九八　辛丑卜殼貞𩇕妃不冓
六一九九　辛丑卜殼貞𩇕妃不冓
六二〇〇　辛丑卜殼貞𩇕妃不冓
六九四七反　有保𡆥
六九四七反　無保其𡆥
七一五三正　…婡子冓一月
七三六三正　癸丑卜永貞旬…五日丁巳子𪊨冓
七九六八正　貞辛…于敦…冓

九六二七　貞今…般…冓
九六六三　庚子卜𣪊貞疾冓惟我正㞢…
一〇〇四七　…爭貞…冓有子
一〇一三六正　丙申卜殼貞婦好𢦔弗以婦冓
一〇一三六正　貞婦𢦔其以婦冓
一〇四〇五正　癸未卜殼貞旬無𡆥王固曰往乃茲有祟
六日戊子子彈冓一月
一〇四〇五反　癸亥卜殼貞旬無𡆥王固曰…其亦有來艱
五日丁卯子𡆥𡆥不冓
一〇四〇六反　丁卯子𡆥𡆥不冓
一一〇二三　…馬其冓
一一〇二四　貞馬不冓
一一〇二五　…馬不冓
一一〇二六　…卜㝊…馬其冓
一一一八九　…允冓
一一四二六　戊申卜殼貞…有其冓貝…
一二六一二　…冓…𡆥十一月
一二六七〇　貞…冓
一三三六二正　…固曰有祟七日己…𡆥冓…
一三七一七　子疾不冓
一三七九四　有疾不冓
一三七九五　…未卜…冓
一四〇〇六正　…𠂤冓
一六一三一反　王固曰其夕雨凡明…允雨
一七〇六一　…婦姘…冓
一七〇六二　…婦姘其冓
一七〇六三　…好…冓
一七〇六四　…好其冓
一七〇六五反　…其…不冓
一七〇六六　…貞旬無𡆥旬[illegible]壬申…奉火婦姓子冓
七…
一七〇六八正　貞婦婡子其冓
一七〇六九　壬申…𪂹…子冓
一七〇七〇　貞子華不冓
一七〇七一　貞子𦬁不冓
一七〇七二　貞子𦬁不冓
一七〇七三　…卜㝊貞子𦬁不冓　二告
一七〇七四正　乙卯卜爭貞子𪊨不冓
一七〇七五正　乙卯卜爭貞子𪊨不冓
一七〇七六　癸丑卜殼貞旬無𡆥王固曰有祟五丁巳
𪊨冓
一七〇七七正　癸丑卜殼貞旬無𡆥王固曰有…日丁巳
子𪊨冓
一七〇七九正　貞子姝不冓

一七〇七九正　子𦢸其𡆥
一七〇八〇正　癸亥：貞旬：有祟：子𦢸：𡆥
一七〇八〇反　六日戊寅子𡆥一月
一七〇八一　雀不𡆥
一七〇八一　雀其𡆥
一七〇八一　貞雀不𡆥
一七〇八一　貞雀其𡆥
一七〇八二　：辰卜穷：夫不𡆥
一七〇八三正　：穷貞量不𡆥
一七〇八四　貞凡不𡆥
一七〇八四　貞凡其𡆥
一七〇八五正　貞：王固曰：𡆥　二告
一七〇八五正　貞允其𡆥
一七〇八五正　王固曰吉：𡆥
一七〇八五正　丁卯卜穷貞凡不𡆥　二告
一七〇八五正　貞凡其𡆥
一七〇八五　貞允其𡆥
一七〇八六　乙酉卜亘貞作禦斲庚不𡆥
一七〇八八　貞賓不𡆥
一七〇八九正　貞凷不𡆥
一七〇九一　：葡：不𡆥
一七〇九二　：葡：不𡆥
一七〇九三　：宁：不𡆥
一七〇九四　：邑不𡆥
一七〇九五　：黄𡆥
一七〇九六正　：亥卜貞不𡆥印不：
一七〇九七　：暨：古小弜𡆥：
一七〇九八　貞其：遣二日：小弜𡆥：八月
一七〇九九　貞逆其𡆥
一七一〇〇　甲辰卜爭貞缶其𡆥
一七一〇一　貞𠬝其𡆥
一七一〇二　：𡿧其𡆥
一七一〇三　貞㱿其𡆥
一七一〇四　：子卜：先：不𡆥
一七一〇五乙正　王固：勿𡆥
一七一〇五乙正　：不𡆥
一七一〇六　辛卯卜爭貞啚允𡆥
一七一〇七　貞疋允𡆥
一七一〇八　癸亥卜：呼凶吼：旅母：吼延𡆥
一七一〇九　貞其𡆥
一七一一〇正　丁酉卜爭貞其𡆥巳月　不舌黽
一七一一一　貞：其𡆥
一七一一二　貞其𡆥
一七一一三　：其𡆥

一七一一四　貞惟翌甲其𡆥
一七一一五　：骨：其𡆥十一月
一七一一六　：其𡆥　二告
一七一一七　：其𡆥
一七一一八　貞其𡆥十二月
一七一一九　貞其𡆥
一七一二一　貞有𡆥
一七一二二　：有𡆥
一七一二三　：允：有𡆥
一七一二四　：旅：延𡆥
一七一二五　：母弗𡆥
一七一二六　：弗𡆥
一七一二七　乙酉卜貞不𡆥
一七一二七　貞其𡆥
一七一二八　貞不𡆥
一七一二九　貞不𡆥
一七一三〇　貞不𡆥
一七一三一　不𡆥
一七一三二正　：不𡆥　二告
一七一三三　貞不𡆥
一七一三五　：不𡆥
一七一三六　：老：不犬其：丁不𡆥：曰有芒：不？：
一七一三七　己亥卜貞不其𡆥
一七一三七　己亥卜貞其𡆥
一七一三八　：不其𡆥
一七一三九　：亥卜貞：𡆥印：
一七一四〇　己：㱿：身：𡆥
一七一四一　：㱿：𡆥丁：我：
一七一四二　：𡆥
一七一四三　：𡆥
一七一四五　：𡆥
一七一四五　：止：𡆥
一七一四五　：卜㱿貞：有聞曰：𡆥
一七一四六　：疋：𡆥　二告
一七一四七　貞𡆥
一七一四八正　：王：惟今乙：𡆥惟：
一七一四九正　：旧：蚩：𡆥
一七一五〇　：不𡆥四月
一七一五一　：立：𡆥　二告
一七一五二　：旬有六日：𡆥
一七一五三　：𡆥
一七一五四　：勿步：今日：𡆥
一七一五五　貞：𡆥
一七一五六　：𡆥

著錄號	釋文	次數
一七一五七	……小……㞢	1
一七一五八	丙……𢀛……㞢	1
一七一六〇	癸酉……𡆥	1
一七一六一	其𡆥	1
一七一六二	……不𡆥	1
一七一六三	……降……㞢	1
一七一六四	……止……㞢	1
一七一六六正	……卜爭貞……𡆥多……	1
一七一六七	……卜爭……旬……人……𡆥	1
一七一六八	丙子卜㱿貞令𢀛𡆥我于有師骨告不㞢	1
一七一六九	丙子……貞令……我于有師骨告不㞢	1
一七一七〇	貞𢀛不其骨告其㞢十一月	1
一七三九二正	……丑卜貞王夢有㞢大虎惟……	1
一九九九一	庚戌卜王貞𦣞……㞢八月	1
二〇一八三	……貞……㞢	1
二一三六七	乙巳卜𢀛榮㞢	1
二一三六八	……寅卜王……婦……子不㞢一月	1
二一三六九	乙……告出……祝……㞢	1
二一三七〇	丁酉卜王貞勿㞢𡆥不其……	1
二一三七一	……王……吏……㞢	1
二一三七二	……卜……𣪘……不𡆥	1
二一三七三	……亥卜𡆥貞婦不𡆥	1
二一三八六	……唐……少風臣……十㞢……	1
二一九〇三	丙午卜不㞢	1
二一九〇五	貞……㞢	1
二二一〇二	魯嘉允嘉延㞢	1
二二四三五	庚寅卜貞𢀛……㞢弓	1
二三六九一	……申卜喜……鳥……㞢	2
二三七〇八	丁酉卜祝貞惟𢀛老……以小𢀛㞢八月	2
二四一一六	乙未卜出貞𢀛載王事不㞢十二月	2
三四二八一	……㞢……易……	4
二四四五二	戊戌卜行貞王其田于囚無災	2
二六八〇四	癸未卜祝貞……無𡆥……日𢀛……㞢	2
三二九一〇	惟𢀛令囚	4
英一二六	……卜亘貞子商子𢀛……𢀛其㞢	1
英四一七	……丑卜亘貞……㲋霝……不㞢	1
英五三三	……乇㞢	1
英七二二正	……𢀛……𢀛㞢	1
英八五九	戊……貞……其㞢	1
英九二三	……㞢之日……三月	1
英一五七三	……壬……其㞢	1
英一五七四	……其㞢	1
英一五七五	……其㞢	1
英一五八六	戊辰卜王……㞢……延……	1
英一五九二反	……㞢	1
英一八七三	壬寅卜……囚	1
懷六二b	……其……㞢……	1
懷四一六	……不㞢	1
懷四八六	……其……㞢	1
懷四九六	……九㞢	1

著錄號	釋文	次數
七三七二反	……自𡧊……㞢……辰……來五……立中	1
一七一五九反	……婦𠱫延𡆥	1
一七一六五正	……𡆥不……	1
一七三九一	貞婦好田大疾延鼓𡆥	1
二二六九三	其呼𡆥𡆥有正	3
三一八一	令𢀛𡆥……戒	4
屯二四一八	丁未卜令宁鼓𡆥……戒	4
屯二四三八	令𢀛𡆥	4
英二一二九	庚午卜祝貞其𡆥伊史無左九月	2

著錄號	釋文	次數
一〇八七四反	……在◇	1
二八九〇五	翌日辛王其这于◇無災	3
二八九〇六	丁丑卜翌日戊王其这于◇無災	3
二八九〇八	翌日辛王其这于◇無災	3
二八九〇九	翌日壬王其这于◇無災	3
二八九一〇	……卜今日王其这于◇無災	3
二八九一三	于◇無災	3
二八九三四	乙卯卜貞王其……◇無災	3
二八九六七	……甲◇無……	3
三三五二九	辛卯卜貞王其田◇無災	4
三三五三一	辛……貞……◇……	4
三三五三一	壬子卜貞王其田◇無災	4
三三五六一	戊午卜貞王其田◇無災	4
三三五六二	戊辰卜貞王……◇無災	4
三三五六三	……酉……貞王其……◇無災	4
三六四二四	……卜貞◇犬雍告……惟戊申利無……	5
三六九七〇	……于◇其……	5

何

著錄	釋文	期
三七三八七	癸未…㞢…告…王…	5
屯四九	…卜翌日乙王…逆于㞢無災	3
屯七四五	辛巳卜翌日壬王其逆于㞢	3
屯二四三〇	丁巳卜翌日戊王其逆于㞢無災	3
屯二六三六	庚申卜翌日辛王其宛㞢偿無尤	3

何

著錄	釋文	期
一一三甲正	丁巳卜爭貞呼取何芻	1
一一三乙正	勿呼取何芻	1
一四四九臼	…何…	1
三四四九	…子…何…㞢…白…	1
四九五四	貞令良取何	1
六六八六	庚申…方…敦見何十一月	1
六六八七	…辰卜方…敦見何	1
六六八八	…辰卜曰方其敦見何允其敦	1
六六八九	貞方其敦見何	1
六六八九	壬辰卜方其敦見何	1
七〇〇一	見何方	1
一三三一一正	貞令單允子何	1
一三三一一正	勿令單允子何　二告	1
一七〇二七反	…夷何…	1
一七三七八	辛未卜㱿貞王夢兄戊何比不惟𡆥四月	1
一九〇三七	丁丑卜㝢貞匄于何㞢…	1
二〇二三九	…失令何…	1
二〇三七八	何	1
二〇五七七	丁未卜貞何骨告…	1
二二二四六	先日何	1
二二二四六	匄何㪿	1
二二二四六	匄何㪿	1
二二二四七	匄何㪿	1
二三六七六	…卜旅…令何…衛…	2
二七七四四	見何	3
英八二四	貞㲋何弔	1
英八二四	貞勿㲋何弔	1
懷三一七	…酉卜…射何…	1
懷三四四	…何以有取	1
懷一四六五	其台令何	3

河

著錄	釋文	期
二六九〇七正	己巳卜彭貞禦于河羌三十人在十月又二卜	3
二七一七四	貞其延禦于又河饗	3
二七〇三三	…年河…上甲	3
二八二四四	其桒禾…河…	3
二八二五八	其桒年于河惟牛用	3
二八二五八	其桒年于河此有雨	3
二八二五九	桒于河年有雨	3
二八二六〇	辛亥卜其桒年于河王受…　大吉	3
二八二六一	其桒年于河新受年	3
二八二六一	河桒惟丁	3
二八二六二	丁未卜其桒年于河惟辛亥彭	3
二八二六三	其桒年于河惟今來辛未彭　大吉	3
二八二六七	…河先彭有雨　吉	3

何

著錄	釋文	期
二七三正	貞何不其以羌	1
二七四〇正	貞何以羌	1
二七五〇正	貞何以羌	1
二六八七九	戍何弗雉王眾	3
懷九六一	癸亥卜㝢貞令何曳呼轅小臣弋衣	1
懷九六二	貞令宁以射何弋衣四月	1
懷九六三	貞令何曳呼轅小臣弋衣	1

咼

著錄	釋文	期
一五〇六正	貞王咼今六月入	1
九八一七	貞㱿咼弔…于教祀若…桒年	1
一四九二一	…卜㝢貞咼克般工示彔取侑…	1
二七七四六	辛酉卜貞其呼𢀛任咼鳴…母若弗 悔在三月	3
三二一八四	…來執王其尋…咼　茲用	4
三三九六三	在齒咼𨑩王米	4
三三二二五	庚辰貞在囧咼來告芳	4
三三二二五	己卯貞在囧咼來告芳王	4
英八二四	貞…咼…	1

何

及

著錄	釋文	期
一八九七〇	癸亥…子𠬝…日亦…	1

著錄號	釋文	期
二五六正	庚寅卜爭貞徙及今三月至	1
八七七	：貞：往追：及：月	1
七二七	庚戌：允其：循于：㸚及五月	1
九六〇八正	貞及今四月雨　二告	1
九六〇八正	弗其及今四月雨　二告	1
一一五五八正	：穷貞及今二月	1
一一五五九	：卜殻貞及今二月	1
一一五六三	：及今三月至	1
一二一六〇	貞弗其及今夕雨	1
一二五〇八	丁未卜𠱐貞及今二月：王固曰吉其：	1
一二五一〇	貞弗其及今二月雨	1
一二五三一	貞弗其及今三月雨	1
一二六一七正	庚戌卜弗其及今九月雨	1
一三六二七	貞弗其及今十月雨	1
一三六四二	貞及：十三月雨	1
一三九四八	戌：殻貞：及：十三月娩	1
一三九八〇	及今一月娩	1
一三九八〇	及今一月娩	1
一四一二七正	貞帝其及今十三月令雷	1
一四一二九正	貞及今二月雷	1
一四一三八	貞帝弗其及今四月令雨	1
一四一三八	戊子卜殻貞帝及四月令雨	1
一八九七六	戊子卜：其及：十一月：	1
二〇三四八	弗及今三月有事	1
二四八六八	乙酉卜大貞及茲二月有大雨	2
三三二七三	戊辰卜及今夕雨	4
三三二九一	丁未卜及夕雨	4
三三八三八	及今夕雨	4
屯三四五	及茲月出㪤受年　大吉	3
屯一〇六二	戊辰卜及今夕雨	4
屯一〇六三	弗及今夕雨	4
屯三〇〇	及茲夕大啓	3
屯三五九八	丁丑卜及今夕雨	
屯四三三四	及茲夕有大：吉	3
屯四三三四	弗及茲夕有大雨　吉	3
英六四一	貞及今二月有來自：　二告	1
六三三九	貞我及舌方	1
六三四〇正	己酉卜古貞我及舌方	1
六三四一	癸丑卜爭貞𢦏及舌方	1
六五九二	貞及龍方	1
一四三三四	：及：方	1
二〇四五六	戊申：臣弗：及方：三月	1
二〇四五七	癸丑卜王貞叀其及方	1
二〇四五八	：卜王：追：叀弗其：獲征：弗及方	1
二〇四五九	：辰卜𠂤：追方：及	1
二〇四九三	：及方𢀛	1
二六八八六	：及：方無𡿧	3
二八〇一一	壬戌卜犾貞及方　大吉	3
二八〇一三	戌弗及方	3
二八〇一三	其呼戌禦方及	3
二八〇一五	及方	3
三二八一五	己亥歷貞三族王其令追召方及于𠂤	4
三三〇一七	己亥貞令王替追召方及于：	4
三三〇三七	乙巳卜及刀方	4
三三〇六二	己丑：師及方	4
三三〇六三	弗及方允及	4
屯三三四〇	戊午：及召方：	4
英五六六	癸丑卜殻貞𢦏及舌方四月	1
懷三八二	乙卯卜𦣞貞𢦏及征方于寇	1
懷一四六六	惟大：用及方	3
懷一四六六	：及方	3
懷一六三一	：方及于示：	4
懷一九〇三	弗及	5

其它

著錄號	釋文	期
六	丁酉卜穷貞令甫取𠬝伯𠬝及	1
一八三	弗其及	1
四七八正	戊子卜内：大豕及　二告	1
五六六	貞呼追𠂤及	1
六七三	戊午卜眉以及不	1
六七三	眉弗其以及不	1
九四〇正	庚寅卜穷貞益及	1
九四〇正	貞益及	1
九四〇反	王固曰酉其及	1
四二二八	：師般：其及	1
四七四一	令甫比及余不𦍒	1
五四五五	貞𢦔及寢𢀛	1
五四五六	貞𢦔及寢𢀛	1
五六六三	貞多：其及：𢀛	1
五六六三	貞多犬弗其及𢀛𢀛	1

著錄	釋文	分期
五八七三	其夲允弗及	1
六三四二	癸丑卜殼貞奚及吿	1
六五七三	甲戌卜殼貞雀及子商徒基方克	1
六五九三	癸丑卜貞□往追龍从朿西及	1
六五九四	癸丑卜貞□往追龍从朿西及	1
六九四三	甲戌卜殼貞我馬及戋	1
六九四六正	貞犬追亘有及	1
六九四六正	犬追亘無其及	1
七〇七六正	戊午卜殼貞弗其及□	1
七〇七六正	戊午卜殼貞戋及□	1
七二四二	戊寅卜貞令甫比二侯及暨元王循于之若	1
七四二六反	貞呼及以	1
七七三四	…殼貞及…	1
七七三五	…及勿…	1
七七三七	…勿…比及…	1
七七三八	庚寅…及以…	1
七七三九	貞弗其及	1
八三七六	…卜…來有于及…西□	1
八六六七	己亥…令…及…婦…方…	1
一一六五七	…貞…及今…至…	1
一二六三七	及今…雨	1
一二七二九正	…卜□貞其及…雨	1
一二七三一	…及…雨	1
一四一二六	…好…及…毓…	1
一四一三九正	…子卜㝢…帝其及…	1
一四三三四	…□貞…及□…賓…	1
一八六一二	貞弗其及	1
一八九七六	戊子卜…其及…十一月…	1
一八九七七	…及…永先…	1
一八九七八正	…午卜…衷…及…	1
二〇三八一	庚子…執…人于…弗及	1
二〇五四九	弗…捍…及…	1
二〇五五〇	壬申卜王貞…及叀	1
二一一五三	丙戌卜祐及畵追比…	1
二一四一四	及…	1
二一四七六	甲子卜及日尸死	1
二一五一四	…示刀…及	1
二六八八八	弗及	3
二七九八七	…及羌…戊□弗戋	3
二八〇一一	壬戌卜狄貞弗及　吉	3
二八〇一五	弗及	3
二八〇八九正	得取美御事于之及伐望王受有祐惟用　大吉	3

著錄	釋文	分期
二八〇八九正	王于得使人于美于之及伐望王受有祐	3
二八〇九〇	…取美御事于之及伐望王受有祐惟用　吉	3
二八一九四	…北…呼…及…	3
三一七九八	弗及	3
三三〇二七	庚午貞辛…敦召方受…茲弗及召	4
屯九六六	弗及	3
屯二一七五	及	3-4
屯二一七五	弗及	3-4
英七〇九正	弗其及　二告	1
英九九〇	乙亥…及…	1
英一二五七	…韋貞及今…	1
懷一五一二	癸巳…勿…及…今…	4

著錄	釋文	分期
五二	貞王其啟□…	1
七〇六六	貞勿取臭暨□	1
八三九五	…申卜㝢…在谷…□…婦…	1
九七九〇正	甲申卜殼貞尹以□子	1
九七九〇正	貞尹弗其□子　二告　不𠀠鼄	1
二四四〇三	…卜即貞□…于□四月	2
懷七六〇	…于…□…	1

臾

著錄	釋文	分期
二一〇七	乙巳卜殼貞我其有令戠臾用王　二告	1
二一〇七	乙巳卜殼貞我勿有令戠弗其臾用王　不𠀠	1
一七九五五	貞臾□…	1

羌

著錄	釋文	分期
一六三	…殼貞射□…曰惟□己卯…獲羌十…	1
一六四	其獲羌	1
一六五	乙酉卜□貞射□獲羌	1
一六六	己酉卜殼貞□獲羌	1
一六七	□獲羌	1

一七〇 不其獲羌
一七一 …卜殼貞戉獲羌
一七二 戉獲羌
一七三 戉獲羌
一七四 貞戉不其獲羌
一七五 其獲羌
一七六 不其獲羌
一七六 貞戉獲羌
一七六 貞戉不其獲羌
一七七 貞戉不其獲羌
一七七 戉獲羌
一七八 丁巳卜殼貞師獲羌十二月
一七九正 貞師不獲羌
一八〇 貞師不其獲羌
一八一 貞師不其獲羌
一八二 貞光獲羌
一八三 光不其獲羌
一八四 光不其獲羌
一八五 光不其獲羌
一八六 庚申卜王[?]獲羌
一八七 乙丑卜[?]獲征羌…月
一八八正 貞[?]不其獲羌
一八九正 貞[?]不…獲羌
一九〇正 丁丑卜㝊貞疋獲羌九月
一九〇正 貞[?]不其獲羌 二告
一九一 …辰卜疋獲羌
一九二 …戌卜㝊貞疋獲羌
一九三 …疋獲羌
一九四 …寅卜…效…田…其獲羌
一九五甲 丙寅卜子效臣田不其獲羌
一九五乙 丙寅卜子效臣田獲羌
一九六 …獲羌
一九八 …阜有獲羌
一九九 己卯卜爭貞今[?]令[?]田从戠至于瀧獲羌
二〇〇 庚子卜㝊貞[?]獲羌
二〇一正 丙申卜㝊貞[?]獲羌其至于鬲
二〇二 貞[?]不其多獲羌
二〇三正 貞畀獲羌
二〇三正 貞畀不其獲羌
二〇三正 乙巳卜㝊貞畀獲羌一月
二〇三正 乙巳卜㝊貞畀不其獲羌
二〇四 …酉…貞潭獲羌
二〇五 …登獲羌
二〇六 …獲羌
二〇七 貞先…獲羌
二〇八 獲羌十二月
二〇九 …獲羌
二一〇正 …獲羌
二一七 不其獲羌
二一八 不其獲羌…月
二二〇 不其獲羌
二二一 貞…不其獲羌
二二二 …不…獲羌
九一四正 貞在北史有獲羌
九一四正 貞在北史無其獲羌
一九七五四 己未卜[?]貞[?]獲羌
二二〇四三 丁未卜貞令戉光有獲羌[?]五十
英五九四正 貞旨獲羌
英五九七正 庚午卜殼…其有獲羌…[?]…
英五九八 牧獲羌
英六三四反 …[?]得方我獲羌
英八四五 …羌獲

二二九 辛巳…㝊貞…甲申用自來羌自…
二三〇 …亥工來羌
二三一 貞疋來羌用自成大丁…甲大庚下乙
二三二正 貞惟疋來羌用
二三三 貞勿惟[?]來羌
二三五正 貞甲用[?]來羌
二三五正 勿[?]用[?]來羌 二告
二三六 庚子卜㝊貞翌甲辰用望乘來羌
二三七 癸酉卜貞望乘來羌
二三八 貞卯…來羌一牛
二三九 丁丑卜爭貞來乙酉[?]用永來羌自元…五月
二四〇 辛亥卜貞…來羌用于…甲
二四一 乙丑卜㝊貞小來羌[?]用
二四二 丙寅卜㝊貞小來羌來甲戌[?]用
二四三正 貞牧來羌用于…
二四四 貞用來羌
二四五正 …光來羌
二四六 己亥卜㝊貞[?]用來羌
二四七 …來羌用
二四八正 丙子卜殼貞今來羌率用
二四八正 丙子卜殼貞今來羌勿用 二告
二四八正 貞今來羌率用
二四八正 今來羌率用
二四九正 貞惟…來羌用

著錄	釋文	期
二五〇	：丑卜殼貞今來羌用于：	1
二五一	：來羌	1
二五二	其有來羌	1
二五三	：卜穷：來羌	1
二五四正	：來羌	1
二五五	戊午卜古貞今來羌于：	1
四五七反	羌其來	1
五五七	貞勿用𡆥來羌	1
六五九六	貞有來羌自西	1
六五九七	貞有來羌自西	1
六五九七正	貞其有來羌自西	1
六六二一	：又一日戊：羌有來：	1
六六二二	戊寅：羌有來：	1
二二五三八	：子卜兲貞無來羌曰用學：	2
二二五三九	辛亥卜旅貞有來羌其用在四月	2
二二五四〇	貞其來羌	2
二二五四一	貞有來羌六月	2
三二〇一四	于祖乙乂微來羌	4
三二〇一五	乙卯：來羌：于父丁	4
三二〇一六	：來羌自上甲	4
三二〇一七	癸卯卜𡆥來羌其：	4
三二〇一八	丁亥貞：來羌：	4
屯七二五	：貞徲來羌其用于父丁	4
英二四二一	己卯貞徲來羌其用于父：	4
懷二九八	：翌：來羌：	1
九四正	甲辰卜亘貞今三月光呼來王固曰其呼來迄至惟乙旬又二日乙卯允有來自光以羌芻五十　小告	1
二七一反	貞：方以羌自上甲用至：下乙	1
八九一正	𡆥呼取羌以	1
一〇九六	丁亥卜穷貞𡆥以𡆥：用于丁	1
一九七六五	：祖乙以羌：	1
一九七六五	：豢以羌芒	1
二二五四二	丙午卜即貞𡆥以羌翌丁未其用	2
二六九五三	乙巳卜何貞亞旁以羌其𩰫用	3
三二〇一九	：望乘以羌：自上甲	4
三二〇二〇	辛酉卜其用師以羌于父丁父丁	4
三二〇二一	丁亥貞用望乘以羌自上甲	4
三二〇二二	癸酉貞射㞢以羌用自上甲于：	4
三二〇二二	癸酉貞射㞢以羌用自上甲	4
三二〇二三	癸酉貞射㞢以羌自上甲乙亥	4

著錄	釋文	期
三二〇二三	癸酉貞射㞢以羌用自上甲于甲申	4
三二〇二三	于乙亥用射㞢以羌	4
三二〇二三	庚午貞射㞢以羌用自上甲惟甲戌	4
三二〇二四	丙申貞射㞢以羌𢀛用自上甲	4
三二〇二五	甲辰貞射㞢以羌一于父丁：	4
三二〇二六	癸卯貞射㞢以羌其用：父丁	4
三二〇二七	癸卯貞射㞢以羌	4
三二〇二八	丁卯貞㞢以羌于父丁	4
三二〇二八	丁卯貞㞢以羌其用自上甲𢀛至于父丁	4
三二〇二九	丙寅貞乂㞢以羌	4
三二〇三〇	辛亥卜犬延以羌一用于大甲	4
三二〇三一	：卜牧用以羌于父丁	4
三二〇三三	丙寅貞惟示以羌暨𡆥于𪓐示用	4
三二〇三五	壬戌貞王逆𡆥以羌	4
三二〇三五	于滴王逆以羌	4
三五三五六	乙丑卜貞王其有乂于文武帝必其以羌五人正王受有祐	5
屯九	癸卯貞射㞢以羌其用惟乙	4
屯九	甲辰貞射㞢以羌其用自上甲𢀛至于：	4
屯一八八	：㞢以羌父丁	4
屯五三九	辛酉卜犬延以羌用自上甲	
屯六〇六	庚辰卜其烝方以羌在必王受有祐	3
屯六三六	：貞射㞢以羌其用自上甲𢀛至于父丁 惟甲辰用	4
屯六三六	甲辰貞射㞢以羌其用自上甲𢀛至于父丁 惟乙巳用伐四十	4
屯二二九三	辛巳貞犬侯以羌其用自	4
英七五六正	：貞：䢅至告曰㞢來以羌	1
英七五六反	之日䢅至告：㞢來以羌：	1
英二四五三	：丁以羌：	4
懷二四	：貞翌甲寅：𡆥侯𦎫以羌自上甲至于丁	1
懷一五七一	辛酉貞王尋凸以羌南門	4
四二三	乙未卜勿用羌于成	1
四二四正	貞用羌于祖乙正	1
四三三	：用：羌：丁：	1
四五三	丁酉：翌：用：羌	1
四五四正	貞于翌甲辰用羌　允用	1
四五四正	勿于翌甲辰用羌三月　二告	1
四五五	：未：貞𡆥：羌用：用二月	1
四五六正	甲午卜爭貞翌乙未用羌用之日霧	1
四五六正	甲午卜爭貞翌乙未勿𢀛用羌	1

四五六正	貞翌乙未用羌	1
四五七正	用羌	1
四五七正	貞用羌	1
四五八正	翌乙巳用羌	1
四六〇	己亥卜貞惟羌用饗	1
四六一	貞翌辛亥勿用羌	1
四六二反	勿惟羌用	1
一九七六二	：羌：用：	1
一九七六三	：王：羌于母乙用	1
一九七六四	庚申：用羌：父：用丁：	1
一九八六三	癸卯卜今日侑司羌用七月	1
二一二七〇	：用羌	1
二二〇四五	戊子卜于來戊用羌	1
二二一三〇	妣庚用焱羌	1
二二一三一	妣庚惟焱用羌	1
二二一三二	妣庚惟焱用羌	1
二二一三三	妣庚：焱羌用	1
二二五八一	丁未：貞惟：出于：用羌	2
二六九五四	乙卯卜狄貞獻羌其用妣辛𢦏	3
二六九五五	：王其用羌于大乙卯惟牛王受祐	3
二六九六九	：用羌	3
三二〇五六	庚子：用羌三十十牢人：	4
三二一二一	：于宗用羌	4
三二一二二	于祖乙用羌	4
三二一五一	辛酉貞用羌	4
三三六九三	辛丑貞：羌其丩：用羌十又：	4
屯五六七	：王其用羌方：王受：	3
屯八八七	于祖乙用羌	4
屯二二五三	癸酉卜貞羌盤用自上甲	4
屯二三二二	壬申貞惟自：羌用	4
屯三八二四	其延用羌	4
屯四三三五	弜祀用羌	3
屯四三二五	乙卯卜其：于𣑦：羌用剛	3
英一	自上甲用羌	1
懷一五五三	：用羌三：	4
一五六	貞有羌十	1
三三九	貞勿有羌惟牛八月	1
四二八	貞侑羌于丁	1
四三七	有羌父乙卯小宰	1
四四〇正	貞侑羌于妣庚	1
四四二	：有羌：	1
四四三	貞有羌	1
四四四	甲子卜爭貞有羌	1
四四五	貞翌甲寅有羌于□	1
四四六	：殻貞有羌	1
四四七	甲午貞勿有羌	1
四四八	乙卯有羌	1
四四九	貞翌丁巳有十羌在襄	1
四五〇	：辰：有羌：月	1
五五七	貞勿有羌二月	1
五五七	癸丑卜貞小示有羌	1
一九七六八	丁巳卜侑羌：	1
二二五四三	：其帶嚳于丁侑百羌卯十：	2
二二五五八	癸亥卜旅貞翌甲子有丩歲上甲其有羌九：	2
二二五七一	：亥卜：翌甲子其有丩歲上甲其有羌：二月	2
二二五七二	甲申卜：貞翌乙：祖乙歲其有羌：	2
二二五七三	：未卜旅貞祖乙歲其有羌在六月	2
二二五七四	：丩歲毓祖乙有羌	2
二二五七五	丁卯：貞般：有羌：白牡：	2
二二五七六	：戌：丩歲于：有羌：	2
二二五七七	：兵：雨其：我妣：有羌	2
二二五八〇	丙午卜出貞翌丁未其侑于丁勿有羌	2
二六九一五	弜有羌	3
二六九一八	其有羌十人	3
二六九一九	其有羌十人王受祐	3
二六九二〇	弜有羌	3
二六九二一	其有羌五人	3
二六九二二	弜有羌	3
二六九二四	：卜其有羌妣庚三人　吉	3
二六九二八	其有丩：有羌	3
二六九三〇	：卜其舌祖丁有羌王受：　大吉	3
二六九三一	其有羌	3
二六九三二	祖丁舌有羌王受：	3
二六九三三	其侑中宗祖乙有羌	3
二六九三四	莫舌有羌王受：	3
二六九三五	翌日大乙王其舌祖乙有羌	3
二六九三六	二十牢又羌	3
二六九三六	其𦉢十牢又羌	3
二六九三六	三十牢又羌	3
二六九三七	其有羌	3
二六九三八	：有羌又：　吉	3
二六九三九	：日舌有羌王受：	3
二六九四一	貞有羌	3
二六九四二	：卜有羌王受：	3

著錄	釋文	分期
二六九四三	…有羌	3
二六九四四	弜有羌	3
二六九四五	弜有羌	3
二六九四六	弜有羌	3
二六九四七	弜有羌	3
二六九四八	弜有羌	3
二六九四九	弜有羌	3
三二〇六四	其侑羌十又五	4
三二〇六五	其侑羌十又五	4
三二〇九六	弜侑羌	4
三二一一七	壬辰卜其𡧊年于㜸燎侑羌　兹用	4
三二一二五	乙卯貞其尊甗侑羌	4
三二一五〇	弜侑羌	4
三二一二八	侑羌	4
三二一二八	弜侑羌	4
三二一二九	侑羌	4
三二一二九	弜侑羌	4
三二九九四	乙亥卜侑羌䢅	4
屯一六六	…有羌…	
屯三二〇	癸巳卜侑羌一牛　兹用	4
屯四八八	癸巳貞其有羌	4
屯五五五	庚辰卜𠚤大甲師有羌…	4
屯六一一	弜有羌惟歲于祖乙	4
屯六二八	弜有羌	3
屯六二八	莫吿有羌王受有祐	3
屯六一九	有羌	4
屯六一九	弜有羌	4
屯八一二	侑羌	3
屯九三三	…酉貞四方有羌…衆	4
屯一〇〇三	其侑羌五	3
屯二三七四	戊午卜其吿父己有羌　吉	3
屯二八一二	…侑羌	4
屯二八一二	弜侑羌	4
屯二八四三	有羌	4
屯三五四四	惟有羌冊用	3
屯三五九四	…申貞…于…有羌燎牢…羌燎牢	4
屯三九四一	弜有九	3
英一二七〇正	貞有羌自成	1
英一九四六	…伐𢦏祖乙…有羌	2
英一九七三	癸丑卜貞母癸…其有羌…	2
英二三五一	其有羌王受祐	3

著錄	釋文	分期
英二四五四	有羌	4
英二四五四	弜有羌	4
英二四五五	有羌	4
英二四五五	弜有羌	4
懷一三七四	其侑于父庚羌	3
懷一三七四	弜侑羌	3
懷一三八〇	弜侑羌	3
懷一三八〇	其卯侑羌	3
四六六	貞于庚申伐羌	1
四六六	貞庚申伐羌	1
四六六	貞庚申伐羌　二吿	1
四六九	…翌丁巳伐羌	1
四七〇	…伐羌…十牢…	1
五一九	乙亥卜貞伐羌	1
六六一八正	貞射伐羌	1
六六一九	貞…人呼𢦏伐羌	1
六六一九	…勿登人呼伐羌	1
六六二〇	壬辰卜爭貞我伐羌	1
六六二八	…北羌伐	1
二〇三九九	乙巳卜…𢀛暨雀伐羌囚	1
二〇四〇二	辛丑卜王貞…𢀛…伐羌	1
二〇四〇三	惟雀伐羌	1
二二五四九	丁巳卜□貞王賓父丁夂伐羌三十卯五牢…尤…	2
二二五五〇	…卜行…王賓父丁…伐羌十又八…	2
二二五五一	乙卯卜行貞王賓祖乙夂伐羌十又五卯牢無尤在十二月	2
二二五六〇	丁卯卜旅貞王賓小丁歲暨父丁夂伐羌五	2
二二五六七	…王…未其有夂伐于祖辛羌三人卯…十一月	2
二二五六九	甲午卜行貞王賓□甲夂伐羌三人卯牢無尤	2
二二五八二	…即貞王…夂伐羌…牢無…	2
二二五八四	辛巳卜行貞王賓小辛夂伐羌二卯二牢無尤	2
二三一〇六	…伐羌…卯二牢…尤	2
三二〇六八	甲辰貞侑祖乙伐羌十	4
三二〇七二	己巳卜有伐羌于祖乙	4
三二一四九	…司禼伐羌	4
懷三四一	…卜中…伐羌…	1

著錄號	釋文	
一三九反	癸亥卜爭貞旬無𡆥王固曰有祟五日丁未 在敦圉羌	1
二二三	壬午卜宾貞令𠤕執羌	1
四九六	…執羌十人…	1
四九七	…岦丁丑…執羌…	1
四九八正	…卜㱿貞戠執羌王固曰有	1
四九九	…𠤕…執羌…獲二十又五而二	1
五〇〇正	…貞𠤕以三十馬允其執羌	1
五〇〇正	貞𠤕三十馬弗其執羌　二告	1
五〇一	貞弗其執羌　二月	1
五〇二	…奉羌…𢼄又圉…	1
五〇三	…奉羌…得	1
五〇四正	貞戈奉羌得	1
五〇五正	貞奉羌得	1
五〇五正	貞奉羌不其得	1
五〇六正	貞般無不若不奉羌	1
五〇六正	貞龍無不若不奉羌	1
五〇六正	貞龍無不若不奉羌	1
五〇六正	貞龍無不若不奉羌	1
五〇六正	…賓卜㱿貞般無不若不奉羌	1
五〇六正	…般其奉羌	1
五〇七	貞往羌得	1
五〇八	貞往羌不其得	1
五〇九正	…午卜貞往羌得	1
五一〇	貞往羌得	1
五一一	乙未卜葡貞往羌	1
五一二	…往羌…	1
五一三	…往羌	1
五一四	…往羌	1
五一五	甲午卜韋貞往羌不…	1
五一六	貞往羌　小告	1
五二三正	…執羌…	1
五八四甲反	王固曰有祟八日庚子戈奉羌…人 𢼄有圉二人	1
六二六	貞多臣…往羌…其得	1
六二七	壬午卜宾貞𡆥不䏌執多臣往羌	1
六二八正	壬午卜㱿…臣往羌執	1
六二八正	壬午卜㱿貞𡆥追多臣…羌弗執	1
二六九五〇	…卜王呼執羌其…	3
二六九七一	…執羌其…用在四月	3
乇二一七九	丁丑卜在義田來執羌王其𠂤于…大乙 祖乙有正　吉	
六五九九	甲辰卜王…羌弗戠…朕事二月	1
六六二九	吴在羌…	1
六六三〇正	…戌卜㱿貞吴戠羌龍	1
六六三一	貞吴戠羌龍十三月	1
六六三二	…戠羌龍	1
六六三三	貞吴弗其戠羌龍	1
六六三四	貞吴弗其戠羌龍	1
二〇四〇四	甲午卜𠙴羌戠弜戠	1
二六八九四	…象…𡆥受…有戠羌…	3
二六八九六	貞弜用𢦏惟祕行用戠羌人于之不 雉人	3
二七九七二	戊其𢦏毋歸于之若戠羌方	3
二七九七八	惟画行用戠羌…　大吉	3
二七九八一	…戍…令…戠羌	3
二七九八三	于…奉戠羌方	3
一一三甲正	貞我…司𢼄羌若	1
三〇三+三品	癸亥卜㱿貞𢼄羌百旋三旃㸒…	1
三〇三+三品	癸亥卜㱿貞勿𠦪𢼄羌百旋三…	1
三〇五	甲子卜㱿貞勿𢼄羌百十三月	1
三〇六	…卜宾…百羌𢼄	1
四八八反	…岦羌	1
乇五三六	…羌𢼄	4
英一二九六	…𢼄羌百…	1
三二〇	丙午卜貞𦎫尊歲羌三十卯三宰葡一牛于宗用 八月	1
四〇一	貞翌丁巳用侯告歲羌三卯宰	1
二二五四八	庚辰卜大貞來丁亥寢寢侑𦎫歲羌三十卯 十牛十二月	2
三二一四七	…有歲羌	4
三二〇三五	王于宗門逆羌	4
三二〇三六	王于南門逆羌	4
三二〇三七	弜逆羌	4
三二〇三八	…亥弜逆羌	4
二二一三正	禦于羌…	1

六六一二　戊辰…貞翌庚…甾子…禦羌于…十三月　1

六六一三　…殼貞呼禦羌…　1

六六一四正　戊午卜殼貞勿呼禦羌于九𠕋弗其　1

六六一五　戊午卜殼貞勿呼禦羌于九𠕋弗其獲　1

六六一六正　丙辰卜殼貞禦羌于河　1

二七九七二　于濘帝呼禦羌方于之𢦏　3

二七九七三　其禦羌方其下盟人羌方…　大吉　3

四九〇　貞呼追羌　二告　1

四九一　…午卜…追羌…獲…　1

四九二　…今日阜…往追羌　1

四九三正　癸未卜穷貞惟阜往追羌　1

四九四　…阜…追羌　1

六六二三　癸卯卜穷貞惟圍呼令沚𢀛羌方七月　1

二六八九五　…惟入戍辟立于…之𢇛羌方不…　3

二六八九五　…戍辟立于𠁩𡚩之𢇛羌方不雉人　3

二六九二七　䦗羌方克䦗擒　3

二七九七二　其呼戍禦羌方于義則𢦏羌方不喪眾　3

二七九七三　其禦羌方其下盟人羌方…　大吉　3

二七九七四　…其令戍…羌方于敦于…　吉　3

二七九七五　…戍往…羌方不…人有𢦏　3

二七九七七　…丑卜戍𢇛羌方…　3

二七九七九　戍惟義行用遘羌方有𢦏　3

二七九八二　惟商方步立于大乙𢦏羌方　3

二七九八四　…王其奉羌方擒王…　3

二七九八五　…𡆥典𠔿羌方王…　3

二八〇五三　王惟次令五族戍羌方　3

二八〇九三　其用羌方…于宗王受有祐　3

二八〇九三　羌方甶其用王受有祐　3

三六五二八反　乙丑王卜貞今囚巫九备余無𢓊𢀛告　侯田册𡙇方羌方羞方庚方余其比侯田　甾𢦔四封方　5

屯五六七　…王其用羌方…王受…　3

屯一三一八　…羌方…𢦏…　3

屯二九〇七　癸卯貞叀在…羌方弗𢦏　4

屯二九〇七　…貞利在井羌方弗𢦏　4

屯三〇三八　𢓊伐羌方于之擒𢦏不雉眾　3

一五三　…多羌不獲鹿　1

一五四　辛卯卜𡆥貞呼多羌逐兔獲　1

一五五　貞呼多羌…獲　1

一五六　貞多羌獲　1

一五六　貞多羌不其獲　1

一五七　貞多羌獲　1

一五八　貞多羌獲　1

一五九　…午…多羌…　1

一六一　…馬…比…呼多羌…　1

一三九三六正　貞𦙃𡆥多羌　1

一八九九八　…多羌…惟王終八月　1

二二〇四四　庚戌卜貞多羌自洄　1

三三二一三　貞王令多羌𢦏田　4

英八四四　…多羌…鹿…　1

六六〇二　己丑卜貞今出羌無囚　二告　1

六六〇四　己丑卜貞…出羌無囚　1

六六〇五　己丑卜今出羌有獲征七月　1

六六〇六　己丑卜今出羌有獲征七月　1

六六〇七　…卜今出羌有…　1

英一八〇八　…今出羌有獲征…　1

一八七　乙丑卜𠂤獲征羌…月　1

一九一　…辰卜疋獲征羌　二告　1

六六〇八　…曰其獲征羌…　1

英五九五　…征羌　七月　1

英五九六　…征羌　1

三二〇三六　癸亥示先羌入　4

三二〇三九　示…先羌入　4

三二〇四〇　…先羌入　4

五七一七正　丁亥卜穷貞惟𦒱呼小多馬羌臣十月　1

五七一八　…多馬羌臣…　1

六七六一　…寅卜穷貞令多馬羌禦方　二告　1

六七六二　勿令多馬羌　1

六七六三　貞令多馬羌　1

六七六三 貞勿令多馬羌 1

六六二五 貞北羌有告曰捍 1

六六二六 乙酉卜殸王惟北羌伐 1

六六二七 乙酉卜殸貞王惟北羌伐 1

田

二九三一〇 …卯卜王其田羌… 3

三七四〇〇 …午卜貞…田羌往來無災王囙曰吉茲御獲鹿十五 5

三七四〇五 戊戌王卜貞田羌往來無災王囙曰吉茲禦獲鹿八 5

三七四〇八 戊戌王卜貞田羌往來無災王囙曰吉茲御獲鹿四 5

三七四〇九 戊申王卜貞田羌往來無災王囙曰吉茲御獲鹿六 5

三七四一六 戊申王卜貞田羌往來無災茲御 5

三七四二一 壬申王卜貞田羌往來無災王囙曰吉茲御獲鹿十又一 5

三七四四一 戊戌卜貞王田羌往來無災 5

三七四四三 己亥王田于羌…在九月惟王… 5

三七七四四 …卜貞…田羌不遘大雨 5

屯二〇一 辛王惟𡸁田無災擒 3

屯二一八三 于壬王迺田羌無災 吉 3

英二三八九 …巳卜…貞王其田羌無災擒鹿十又五 3

三七四三四 戊午王卜在羌貞田舊往來無災茲御獲鹿狐 5

三七四三四 己未王卜在羌貞今日步于𣥂無災 5

數字

一六三 …殸貞射𡴬…曰惟既己卯…獲羌十… 1

二二六正 㚔不其來五十羌 1

二二六反 貞王惟庚勿惟庚五十羌 1

二二六正 壬辰…其…五十羌 二告 1

二九四 …丑卜穷貞…三百羌于丁 1

二九五 三百羌用于丁 1

二九五 乙巳卜貞餗于大甲亦于丁羌三十卯十牢用 1

二九五 乙巳…餗…甲亦…羌三十十牢… 1

二九七 …卜貞…羌三百…于祖… 1

二九八 戊午…貞五…百羌 1

二九九 癸亥卜穷貞勿歸用百羌 1

三〇〇 貞禦自唐大甲大丁祖乙百羌百牢 二告 1

三〇一 丁亥卜殸貞昔乙酉葡旋禦…丁大甲祖乙百鬯百羌卯三百… 1

三〇二 …貞昔乙酉葡旋禦…乙百鬯百羌卯三百牢 1

三〇七 貞則羌百… 1

三〇八 貞則百羌 1

三〇九甲正 癸丑卜丙貞五十羌 1

三一〇 …工甲五十羌八月 1

三一一 …五十羌 1

三一二 貞…羌…五十… 1

三一三 貞翌乙亥有彳歲于唐三十羌卯三十牛六月 1

三一四 丁…乙…祖乙三十羌卯…牢 1

三一五 丙…丁亥其…丁侑三十羌… 1

三一六 …三十羌卯十牢八月 1

三一九 庚辰卜…來丁亥…寢有萑歲羌三十卯十…十二月 1

三二一 貞三十羌卯十牢又五 1

三二二 …卜穷…禦于…三十羌…十… 1

三二三 …三十羌册…牛 1

三二四 甲午卜貞翌乙未侑于…羌十人卯牢一又一牛 1

三二四 甲午卜貞翌乙未侑于祖乙羌十又五卯牢又一牛五月 1

三二五 …十羌又五 二告 1

三二七 …祏大…又十羌 1

三二八 …卜貞禦…于丁三牢…羌十 1

三二九 …丁十羌…牛 1

三三〇 …貞…亥…丁牢…羌十 1

三三一 丁丑卜穷貞子雍其禦王于丁妻二妣己皀羊三…羌十… 1

三三三 庚辰…于庚宗十羌卯二十牛 1

三三四 …于庚宗十羌卯二十牛 1

三三五 貞翌…子𢀛其束子十羌十牢 1

三三六 …卜穷貞翌丁丑其觳有羌十人 1

三三七 …羌十人九月 1

三三八 …固曰…既…羌十人又… 1

三三九 乙卯卜貞觳十牛羌十人用八月 1

三三九 甲寅卜貞翌乙卯觳十牛羌十人用 1

三四〇 丙午卜貞𢀛尊歲羌十卯十牢于亯用八月 1

三四一 貞有牢三羌十 1

三四二 …牢又…羌十 1

三四三 …牢又羌二十在襄 1

三四四　三四五　三四六　三四七　三四八　三四九　三五〇　三五一　三五二　三五三　三五四　三五五　三五六　三五七　三五八　三五九　三六〇　三六一　三六二　三六三　三六四　三六五　三六六　三六七正　三六八　三六八　三六九　三七〇　三七一正　三七一正　三七二　三七三　三七四　三七五　三七六正　三七六正　三七七　三七八正　三七九　三八〇　三八一　三八二

……庚……侑于……羌十……宰
庚午卜貞惟十羌卯宰
……毓十羌卯三宰
貞十羌……五……三宰
……十羌……二十牛
貞十羌卯十牛
……十羌卯十……
貞十羌……五牛
癸酉……侑于……羌十卯三牛
庚戌……貞翌……蜀……羌十……
……子卜……羌十
……十羌……
……酌匚于上甲九羌卯一牛
……翌辛亥酌……王亥九羌……
貞九羌卯九牛
貞九羌卯九牛
貞九羌卯九牛新毁
……七羌……
用六羌卯宰
……六羌
……祖……五羌……
壬辰卜出貞翌癸巳侑于母癸三宰羌五
……丁丑一牛十宰又九羌五九月
癸卯卜殻貞……王固曰有祟……驟風之夕
……羌五
三羌
五羌
戊申卜殻貞五羌卯五牛
……申卜殻貞五羌卯五牛
三羌　二告
五羌
……申……貞六……五羌……宰七月
貞五羌
……五羌
……三羌……
貞王佐三羌于囗不佐若
貞王佐三羌于囗不佐若
庚辰卜貞侑于岳三羌三小宰卯三牛
貞……年于王亥囗犬一羊一豕一燎三小宰卯
九牛三毁三羌
乙巳卜賓貞三羌用于祖乙
丁卯卜爭貞有乍于祖乙宰羌三人
貞翌丁未于呂具侑于丁三羌……宰……
……于父辛三羌十一月

三八三　三八四　三八五　三八五　三八八　三八九　三九〇正　三九四　三九七　三九八　三九九　四〇〇　四〇二　四〇三　四〇四　四〇五　四〇六　四〇七　四〇八　四〇九　四一〇正　四一一　四一二正　四一三　四一四　四一五　四一六反　四一七　四一八正　五〇一　五一九　五六三　一〇二七正　一〇二七正　一〇三八正　一〇四〇五正　一九七五五　一九七五六　一九七五六　一九七六一　二二一五二　二二五四四

乙酉卜爭貞……小乙于廳……羌三人
己卯……翌辛……酌有禦于婦……宰三羌……三
邑五……
貞一羌卯一宰
貞翌丁未侑于丁三羌卯三宰
己未囗于義京羌三卯十牛中
己酉囗……義京羌三卯十牛中
癸卯囗于義京羌三人卯十牛右
癸酉囗于義京羌三人卯十牛右
……義京羌三人……牛……
……義京羌……十……
……羌三人三……三邑
貞羌三人卯宰又一牛
……丑卜貞卯三羌一牛
……卯三羌……不……
貞三羌
……帝三羌
……歲三羌三小宰……牛
……三羌
甲辰卜爭貞翌乙巳侑……祖乙二羌……示?　小告
丙寅卜爭貞侑于黃奭二羌
……卜殻貞燎昌一羌……
……一羌于黃尹
……而于祖丁……羌甲一羌……祖……　二告
甲申卜禦雀父乙一羌一宰
……卜……酌父……一羌
……于兄……一羌
……一羌
……丑……有自……至于……牛一羌卯宰九月
貞方帝一羌二犬卯一牛
丁卯卜貞侑于祖乙宰羌三人
……得四羌在秋十二月
貞侑于黃尹二羌
癸卯卜殻侑于河三羌卯三牛燎三?牛
癸卯卜殻燎河一牛又三羌卯三牛
……示九百羌?
己卯要子寅入囲羌十
……印既獲涉三羌
丙寅卜有涉三羌其留至師印
丙寅卜有涉三羌其𢅨……印
癸丑卜王𠆢二羌祖乙
……有伐五羌……王亥?
……旅……上甲歲……于唐歲五……羌五十無尤

2

二二五四五　丙……出……禦王……五牛……羌五十……卯五十……　2
二二五四六　……出貞侑于唐三十羌卯三十牛　2
二二五四七　……于唐三十羌卯三十牛　2
二二五五二　甲寅卜……上甲㞢伐……羌十五……無尤　2
二二五五三　丁……貞……㞢……羌十……五卯……宰　2
二二五五四　……丑卜即貞翌乙……𠭯于祖乙其遘侑……羌十
卯五宰　2
二二五五五　……父丁歲……五宰羌十……無尤在……　2
二二五五六　……卜旅……翌乙𠭯祖乙其遘㞢歲一宰羌十人　2
二二五五七　貞十羌　2
二二五五九　癸丑卜大貞子侑于𢎪羌五　2
二二五六一　……卜旅……甲戌……㞢歲五……羌五　2
二二五六二　貞五羌卯一牛十月　2
二二五六三　……旅貞五羌　2
二二五六四　貞五羌　2
二二五六五　貞五羌卯三宰　2
二二五六六　貞三宰羌五人　2
二二五六八　丙戌卜……貞翌……凷于丁……羌三……　2
二二五七〇　……辰卜……貞王……父戊……羌三……　2
二二六〇五　己巳卜行貞翌庚午其有㞢伐于妣庚羌三十其
卯三宰　2
二六九〇七正　己巳卜彭貞禦于河羌三十人在十月又
二卜　3
二六九〇八　其有以大乙羌五十人　3
二六九一〇　其有羌十人王受祐　3
二六九一一　羌其十人　吉　3
二六九一二　羌三……　3
二六九一三　羌十人又五王受祐　3
二六九一四　貞羌十又五卯五宰　3
二六九一六　其有羌十人王受祐　3
二六九一七　羌十人又五王受祐　3
二六九二二　王其侑于小乙羌五人王受祐　3
二六九二五　……亥卜……羌三人白……其用于……祖丁父甲……　3
二六九四〇　……宰又一羌……牛用王受祐　3
二六九五四　辛亥卜貞其祝一羌王受有祐　3
三〇四四八　……隻……四羊四豕五羌　3
三二〇一二　癸巳卜侑于亞豕𠭯一羌三牛　4
三二〇四二　丙卜翌甲寅酌于大甲羌百羌　4
三二〇四五　丁丑貞其五十羌……卯三宰　4
三二〇四七　五十羌　4
三二〇四七　舌三十羌　4
三二〇四八　……司絧伐三十羌卯三十豕　4

三二〇四九　于司丙寅有絧伐三十羌卯三十豕　4
三二〇五〇　丙寅卜有伐于司絧三十羌卯三十豕　4
三二〇五一　己亥貞庚子酌凰于享京羌三十十宰　4
三二〇五二　癸亥卜宗成侑羌三十歲十宰　4
三二〇五三　乙巳貞丁未有伐于父丁羌三十卯三……　4
三二〇五四　丙子貞丁丑侑父丁伐三十羌歲三宰　茲用　4
三二〇五五　庚寅卜辛卯有伐于父丁羌三十卯五宰　4
三二〇五七　癸卯貞其三十羌　4
三二〇五七　癸卯貞王有以歲三宰羌十又五　4
三二〇五八　……有歲羌三十牛十……　4
三二〇六〇　三十羌　4
三二〇六一　三十羌　4
三二〇六三　丁酉卜五示十羌又五　4
三二〇六四　己巳貞王有以伐于祖乙其十羌又五……　4
三二〇六六　……丑貞王其……十羌又五……子酌𧰼　4
三二〇六七　十又五羌　4
三二〇七一　庚子有伐于父丁其十羌　4
三二〇七二　辛未卜有伐十羌十宰　4
三二〇七六　于父丁卯三宰羌十　4
三二〇七九　……十羌……　4
三二〇八〇　癸丑卜……十羌……　4
三二〇八二　貞伐侑羌三牛……宰　4
三二〇八三　甲辰貞來甲寅有伐上甲羌五卯牛一　4
三二〇八三　甲辰貞有伐于上甲九羌卯牛……　4
三二〇八五　卯一牛羌其三羌六　4
三二〇八七　甲午貞乙未酌高祖亥……大乙羌五牛
三祖乙羌……小乙羌三牛二父丁羌五牛
三無壱　茲用　4
三二〇八九　庚午貞王有以伐于祖乙其五羌　4
三二〇九〇　其三羌二宰　4
三二〇九〇　其二羌一宰　4
三二〇九一　乙亥……其五羌　4
三二〇九二　三羌卯宰　4
三二〇九二　五羌卯宰　4
三二〇九三　卯三羌二牛　4
三二〇九三　卯五羌三牛　4
三二〇九五　五羌　4
三二〇九六　卯五羌　4
三二〇九七　庚辰卜有以伐于上甲三羌九小宰　4
三二〇九八　……酉貞王……日三羌……　4
三二〇九九　庚寅貞酌以伐自上甲六示三羌三牛六
示二羌二牛小示一羌一牛　4

編號	釋文	期
三二一〇〇	……□三示三羌	4
三二一〇一	丁巳卜三羌三宰于大乙	4
三二一〇二	其三羌卯三宰	4
三二一〇三	其三羌卯宰	4
三二一〇四	三羌二宰二……	4
三二一〇七	其一羌一牛	4
三二一〇七	其三羌三牛	4
三二一〇八	癸巳貞卯二羌一牛	4
三二一一〇	其一羌三牛	4
三二一一一	其一羌三牛	4
三二一一二	甲寅卜其帝方一羌一牛九犬	4
三二一一三	甲子貞有伐于上甲羌一大乙羌一大甲	
	羌一　茲用	4
三二一一四	甲子貞有伐于上甲羌一大乙羌一大甲羌	
	自	4
三二一一六	……于魯甲伐一羌　茲……	4
三二一一九	……申貞有伐于土羌一……	4
三二一二〇	癸亥卜有土燎羌一小宰囲	4
三二一六〇	……寢于小乙三羌	4
三二一七一	甲子夕卜侑祖乙一羌歲三宰	4
三二一九三	……三羌……	4
三三三一四	……羌九盤自……	4
三四〇四七	……亥卜在大宗有ㄓ伐三羌十小宰自上甲	4
屯五一	癸酉貞有歲于大乙羌二十	4
屯三一三	丁巳卜三羌三宰于大乙	4
屯三一三	丁巳卜五羌五宰于大乙	4
屯三一三	庚申卜惟乙丑酌三羌三宰	4
屯三一三	庚申卜于來乙亥酌三羌三宰	4
屯三四三	……貞……王有……伐于……十羌	4
屯三四三	其五羌	4
屯三四三	癸酉貞乙亥王有ㄓ于……祖乙十羌卯三牛	4
屯五八六	甲午貞尞侯……茲用大乙羌三祖乙羌三卯	
	三牛乙未酌	4
屯五九五	甲申貞有ㄓ伐于小乙羌五卯宰　茲用	4
屯六一一	己巳貞王有ㄓ伐于祖乙其十羌又五	4
屯六一一	己巳貞王來乙亥有ㄓ伐于祖乙其十羌又	
	五	4
屯六一一	其三十羌	4
屯六三九	丙申貞酌ㄓ伐大丁羌五歲五……	4
屯七八一	甲午貞尞侯……茲用大乙羌三……	4
屯八七四	十羌	4
屯一〇〇五	丙子卜祖丁莫袥羌五人　吉	3
屯一〇五九	壬辰卜其寧疾于四方三羌侑九犬	4
屯一〇九一	甲午貞有ㄓ伐自祖乙三羌……宰……牛	
	茲用	4
屯一〇九一	甲午貞有ㄓ伐自祖乙羌五歲三宰	4
屯一一一一	己未貞皋其槱于……用牡一父丁羌百	
	又……	4
屯一一一三	……伐自上甲大示……五十羌小示二十……	4
屯一一一五	伐其……七十羌……	4
屯一三一〇	……貞今日其寧疾……三羌九犬	4
屯一四八六	……羌十又五……	4
屯二一〇四	辛未卜侑十五羌十宰	4
屯二一四二	……于祖乙……羌三十歲五宰	4
屯二三九三	大乙伐十羌	4
屯二三九三	大乙伐十羌又五	4
屯二三九三	大乙伐三十羌	4
屯二三一〇	……大宰三羌	4
屯二七九二	伐其七十羌	4
屯二七九二	己亥……示五十……二十羌……	4
屯二八六九	……其剛……寢三羌	4
屯三五五二	癸巳貞卯二羌一牛	4
屯三五六二	甲午貞皋來……其用自上甲十示又……羌	
	十又八乙未……	4
屯三六一二	辛卯卜侑于伊尹一羌一宰	4
屯三六五三	三羌卯宰	4
屯三七三九	羌十又五	4
屯三七八二	庚申卜五羌五宰于大乙	4
屯三九四七	乙亥……在大……有ㄓ……三羌……	4
屯四四六〇	甲子貞有伐上甲羌一	4
屯四五三八	壬辰貞甲午有伐于祖乙羌三	4
屯四五四一	……子卜……史犬三羌　茲用	4
英二三反	大甲九羌	1
英三八	……祖……三羌……二宰	1
英一二九〇	……于韋一羌卯宰	1
英一三一六	癸亥卜……三羌……	1
英一九七二	……卯侑于母辛三宰箙一牛羌十	2
英一九七七	乙巳卜出貞其禦王盟五牛酉羌五	
	……五	2
英二四〇六	甲午卜𢦏祖乙伐十羌又五　茲用	4
英二四〇六	五十羌	4
英二四六六	丁未卜彭囲伐百羌……官……	4
英二四七三	……伐十羌……五	4
英二四七八	癸巳貞……二羌一牛	4

懷五〇　甲午卜貞翌乙未侑于祖乙羌十人卯一牛

懷一六七　……乙……用一羌……

懷一五五八　大乙伐十羌

懷一五五八　大乙伐十羌又五

懷一五八四　十羌

其它

三〇　……穷……禦……丁……羌……

一六〇正　丙……貞羌……其獲……

一六二　貞……羌……獲……

一六八　……□……羌

一六九　貞……羌……

一六九　……□……其……羌

一九七　……羌

二二四　……卜亘貞……羌　二告

二二五　……吉四日戊……羌

二二七　羌羌

二五六正　取羌

二六〇　貞……以……庚羌……

二六二　貞翌丁亥卓……羌

二六三正　乙亥……貞卓……羌

二六五　……午卜……羌

二六六　……惟……未……羌……羌

三一七　……于磬京羌三十卯……牛

三一八　丁亥囗于磬京羌……卯

三五八　貞□王亥羌

三八六　乙未囗……義京羌……人卯十牛左

三九二　癸巳囗……義京羌……卯牛……

四一九正　貞翌甲辰勿酌羌自上甲

四二〇　……戊卜……歲……羌……月

四二一　……羌……

四二一　貞羌用上甲

四二二　……自唐……大丁……乙……羌

四二五　……羌于祖乙

四二九　……巳卜……侑于丁……羌卯……宰

四三四　……卓……丁羌……用

四三五　……用……羌……父……

四三六　甲……侑父……羌

四三九　……卜穷貞……丁羌……用

四四一　貞翌丁亥酌于妣己羌

四五一　貞其用竹䇂羌惟酌彡用

四五二　……竹䇂羌暨……白人歸于……

四六八　貞……羌……伐……

四七一　貞戊……其圓羌……卯三牢

四七三　丁亥卜……辛卯侑……三宰葡……羌

四七四　甲午……戊……匿……羌

四七五　貞□王亥羌

四七六正　貞冒我羌……圍

四七七　……戠兔……酌……羌

四七八正　方帝羌卯牛

四八〇　……卜于……乙……羌

四八一　丁……𠂇……羌……五……五……

四八二正　……羌……三宰

四八三　……穷貞……五宰……十……圉宰……羌

四八四　……沈十……羌……一月

四八五　……十宰……羌

四八六　……卯……羌

四八七　辛……羌曾……

四八八反　……羌

四八九　貞……午延……羌曾……大……

四九八反　癸未羌有……

四七二　貞……𪓐……羌

四九五　丙午卜爭貞𠬝其係羌

五一六　……婦……羌

五一七正　侯告羌得

五一八　……羌得

五二〇　戊辰卜貞弗其得羌

五二一反　……奉自……冎曰其有來……圉羌捍

五二二反　……卯有……𡧊庚申亦有設有鳴鳥……

疾圈羌捍

五二四　……圂……羌……

五二五　庚辰卜王朕𠂤羌不𡆥……

五二六　貞有疾羌其𡆥

五二七正　辛丑卜穷貞羌㪅

五二八　貞羌無其𡆥十一月

五二九　貞在𡵨羌其凡

五三〇正　……在𡵨羌

五三一　貞在𡵨羌

五三三　己亥……豕……羌

五三二　……婦……羌……敏

五三四　……未卜……豢……羌

五三五　己未……豢……羌

五三六　庚子卜殻貞令子商先涉羌于河

五三六　庚子卜殻貞勿令子商先涉羌于河

六四三丙正 貞…王…于羌…克巖…
七四七 …戌卜王…及于…子羌…
九八六 惟羌…
九八六 不惟羌…
一〇四一 …貞…卓…羌…百人…用
一〇九七 …羌王固…又二日癸酉…十羌係…十
丙又…
一四八一 …羌…不
四〇五七 …禦燎于河…羌
四四五六正 …羌…
四七四八 貞…羌…
四八三四 貞鑊比次䛳羌…有…
五一七七臼 戊寅羌目示三屯 㪉
六三八五臼 己丑羌立示四屯 岳
六五九八 乙丑…羌其…𤆍…
六六〇〇 …弗其遘羌
六六〇一 …遘羌
六六〇三 …卜貞…羌…囚
六六〇九 貞…戕…羌…
六六一〇正 戌有蔑羌
六六一一 貞戌無其蔑羌
六六一二 …羌…十三月
六六一七甲 王往…𢓊羌…
六六二六 貞惟[illegible]
六六三五 貞[illegible]弗羌龍 二告
六六三六正 丙辰卜㱿貞[illegible]弗羌龍
六六三七正 貞[illegible]弗其弗羌龍
六六三八 …羌龍
七〇一二 貞羌其…
七〇七六正 戊午卜内貞呼射井羌
七三三九 …小羌…其𡟭人…數…
七三四五 …卜㱿貞羌舟啓王[illegible]
七三八〇臼 癸巳羌宮示二屯 㪉
七三八三臼 戊戌羌後示七屯 㪉
七四二一 …稱…册…羌…比…
七五六五臼 …羌[illegible]示三屯
七九六六正 …羌六月
八五九四正 貞羌于東[illegible]
八五九五 …羌于西
八六〇一 …多…令…羌…㞢…
一〇〇八四 …爭…羌奠…
一〇六四三臼 戊戌羌[illegible]示十屯 小㪉
一二四九八正 丙午卜㱿貞…羌多[illegible]

一三五六三 貞…羌…三牛
一三五六三 癸酉卜爭貞…羌…三牛
一三六三四臼 …戌羌後…甲午㪉
一四一五一 貞…羌…
一四八〇七臼 丙寅羌後示一屯 𡴀
一七四八五 …羌入…
一七六二六 …羌[illegible]…屯 岳
一八四六二 …弗羌…
一八九八七 …巳卜…𠃨羌…曰其…
一八九八八 …呼比羌
一八九八九 …勿惟羌
一八九九〇 …王其羌
一八九九一正 …寅卜爭…乙…其…羌
一八九九二 癸卯卜古貞無羌口
一八九九三反 貞羌…祟
一八九九四 丙午…貞…羌…自…
一八九九五 …于百…羌
一八九九五 …于百…羌…
一八九九六 …曰…庚…固曰羌…其…
一八九九七 …令多…羌…多…
一九〇〇〇 …羌十牢
一九〇〇一 …兹…羌
一九〇〇二 …[illegible]…允…[illegible]羌
一九〇〇四 …其[illegible]…羌…
一九〇〇六 …危…羌惟…大甲?…
一九〇〇七 惟羌
一九〇〇八 …亞…羌…
一九〇一〇 …易…羌…
一九〇一二 …亥卜…羌于…甲…
一九〇一三 貞…羌不…入…
一九〇一四 貞…㞢…羌
一九〇一五 …我…中…羌…
一九〇一六 …巳卜㱿貞勿…羌
一九〇一七 戊寅…貞勿…羌…大…
一九七五七 …寅卜…羌其留涉…印…不留
一九七五八 壬子卜王…羌其…于…
一九七五八 壬子卜王…羌…于…
一九七五九 …申…王貞…豢魚羌
一九七六〇 …申卜羌…㞢父乙
一九七六九 …羌…壬寅啓…
二〇四〇五 …羌…至商…征二月
二〇四四九 癸卯卜王缶…蔑征[illegible]執弗其羌印三日丙…
二〇九六六 癸…王…九…羌六月
二一六一一 壬子卜…羌母…

著錄號	釋文	期
二一九三九	…羌…	1
二二〇四三	庚戌卜貞比羌西于田㽜	1
二二〇四六	庚戌卜貞羌于美	1
二二一三四	戊子卜王于禦兄庚羌牢	1
二二一三五	甲辰貞羌𨟍不㞢	1
二二一四〇	…犬多矢…羌大示…	1
二二四二〇	乙卯…毓祖乙…羌	1
二二五八三	己未王貞攸羌豎牛…	2
二二五八五	…弜…羌	2
二二五八六	庚…羌	2
二二五八七	辛…祝…羌…卯三牢	2
二二五八八	…卜…兄己…羌…	2
二三四七四	…王曰…取祖乙…羌…田?	2
二三七二一	戊戌卜王在一月在師羌…	2
二四二八一	…羌…牛	2
二四五二五	貞羌…二用二月	2
二五九一四	丙辰卜在䧅貞…王步𨗈無災	5
二六七七二	…竹…羌…	2
二六八四〇	羌彈五十	3
二六九〇九	弜…羌	3
二六九一六	弜…羌	3
二六九二一	…羌…二人	3
二六九二六	…有𠬝…羌…受有祐	3
二六九二七	祝羌 吉	3
二六九五一	貞惟羌	3
二六九五四	貞其卯羌伊賓	3
二六九五五	有𠛱羌王受祐	3
二六九五六	…王其酌…羌 吉	3
二六九五七	…羌酌	3
二六九五八	貞雚羌…	3
二六九五九	卯惟羌有大雨	3
二六九六一	…羌…元示…用王…	3
二六九六二	…蒸羌…王…	3
二六九六三	…羌呼…十犬又…	3
二六九六四	…羌…	3
二六九六五	…卜狄…𣪘…羌…	3
二六九六六	弜…羌 吉	3
二六九六七	貞其…大庚三…羌王… 吉	3
二六九六八	…羌…牛…受祐	3
二六九七〇	…卜劦日祖甲祐羌…	3
二七三三八		3
二七四六三	貞日于父甲羌王受祐	3
二七九八〇	…義行…羌…有戕	3
二七九八七	…及羌…戌𦉢𢦏	3
二九三〇九	于羌禽	3
三〇二一四	惟…步…羌…	3
三〇三一七	于宗…羌	3
三一七六二	…貞惟…遘𢀛…十入省…	3
三二〇一〇	…酉卜…羌其陟用	4
三二〇二二	乙未卜其寧方羌一牛	4
三二〇二四	丙申貞…其父丁…射𠭯…羌	4
三二〇三六	…入羌	4
三二〇三八	示…𠂤羌	4
三二〇三九	示其𠂤羌	4
三二一一八	乙丑卜有燎于土羌圂小宰	4
三二一二四	辛酉貞酌圂羌	4
三二一三四	癸酉貞酌圂羌乙亥	4
三二一四八	…辰卜翌丁巳先用三牢羌于西用	4
三二一五九	…貞𠭯…羌于…用	4
三二一八二	庚子貞夕福冊羌卯牛一窴	4
三二八三六	…卯卜𠭯入羌侑𢼸…	4
三三一五六	…步…自羌于…	4
三三三一六	…丁𠂤…壬…羌	4
三三五二〇	癸酉貞…伐…羌…	4
三三六九三	辛丑貞…羌其𠂤…用羌十又…	4
三四二九五	…貞…羌…亥	4
三五三五〇	…𤔲羌…人𢦏一𠂤卯牢又一牛	5
三六九五四	…巳卜…羌貞今夕無𡆥	5
屯四二八	…羌	
屯五三三	…申貞于丁𠂤…乘…西用于享京…羌卯	4
壯		4
屯五六〇	…羌…卯宰	4
屯六六五	…高祖亥卯于上甲羌…祖乙羌五…牛無𡆥	4
屯九六一	庚申卜有土燎羌圂小宰	4
屯九六一	癸亥卜有…燎羌圂一小宰	4
屯九八四	惟田…羌束不遘雨	3
屯一一一一	戊午貞其…羌…牛	4
屯一一一七	…王羌	4
屯一二六二	…寅卜羌…	4
屯一四八〇	…有…羌…	
屯一四二九	…羌…	
屯一五四〇	…大甲羌于…	4
屯一六八八	…羌…	

著錄	釋文	分期
屯一九八九	羌…	4
屯二〇四四	于南户尋王羌	
屯二二五九	惟殸羌	3
屯二三三三	丙寅貞𢓊…羌…上甲…至父丁用羌 三十又九…用卯羊二十又一丁卯茲用	4
屯二五三八	其用茲…祖丁𠕋羌甶其豎	3
屯二五八五	乙亥貞𢦔來呼告其令入羌	4
屯三〇二五	…王其田惟羌弗悔	3
屯三一八五	于宗户尋王羌	4
屯三七六四	丁卯卜王令取勿羌茲𡉚在祖丁宗…	4
屯三八五三	己巳卜王其ㄓ羌卯…	3
屯四三八七	大甲…羌…	4
屯四四八七	癸…羌…一牢…	4
屯四五五二	…羌卯三牢王受祐	3
英二三反	母甲羌	1
英四一四正	…貞…羌…	1
英四四二	貞…令…羌…	1
英五七四反	貞…羌…	1
英八四三正	貞呼…羌豕…	1
英八七四	貞…十牢…乙…羌	1
英一六九一	…羌	1
英一九一八	…子卜于…己羌	1
英二四五八	…匚于…羌…	4
英二四六六	癸丑夕卜𢦚日𣪊彡㞢羌	4
英二四六六	癸丑卜弜𢦚彡㞢羌	4
懷四	…岳羌	1
懷三一	貞其有ㄓ伐自上甲…羌大示十牢…五牢…	1
懷四〇	…羌…五…八月	1
懷六〇	侑…羌…父…	1
懷九二	貞侑…羌	1
懷九四	侑于…羌卯…用十一月	1
懷一五五	…羌…弗…	1
懷一六一	貞彭…𢦚…羌…	1
懷一六二	…羌…	1
懷三三〇b	…羌…	1
懷四四七	…𠂤羌…貝…	1
懷一三九五	…卯卜…卯羌…茲…	3
懷一六四四	于弜先卯羌	4
懷一六四四	癸亥示先羌入	4

从

著錄	釋文	分期
三〇七六九	甲辰卜乙其𢦚侑𢦚在風印小風延陰	1
五七五	庚申卜㱿貞取河有从雨	1
一一三一正	貞…材姣有从雨	1
一一三六	貞姣闌有从雨	1
一一三六	貞…有从雨	1
一一三七	貞姣闌有从雨	1
一一三八	甲子卜…姣…𡆥京…从雨	1
七三八七	…有从雨	1
九一七七正	貞今丙戌姣妌有从雨	1
一二五二二正	貞無其从雨二月	1
一二六七五	…有从雨	1
一二六七六	貞無其从…	1
一二六七六	有从雨	1
一二六七六	有从雨	1
一二六七七	有从…	1
一二六七七	有从雨	1
一二六七八正	…㱿…我…有从雨	1
一二六七九	有从雨	1
一二六八〇	有从雨	1
一二六八一	…午卜貞…辛未…其彭…有从雨	1
一二六八二正	…从雨	1
一二六八三	…卜貞…岳…从雨	1
一二六八四	…用茲酓…我𢦚方…从雨	1
一二六八五	…从雨	1
一二六八六	…卜今…从雨	1
一二六八八	…無其从雨	1
一二六八九	貞無从雨	1
一二六九〇	…其从雨	1
一二六九一	…弗从雨	1
一二八一八	丙辰卜貞今日奏舞有从雨	1
一二八二〇	乙未卜今夕奏舞有从雨 二告	1
一二八二八	戊申卜今日奏舞有从雨	1
一二八二九	戊申…舞今…有从雨	1
一二八三〇反	乙未卜…舞今夕有从雨不	1
一二八三一正	辛巳卜㝉貞呼舞有从雨	1
一二八三一正	貞呼舞有从雨	1
一二八三二	…申卜…貞舞有从雨	1
一二八三三	茲舞有从雨	1
一二八四一甲正	貞勿舞無其从雨	1

从

著录号	释文	期
一二八四一乙正	…無有从雨	1
一二九七九	…有从雨戊…允雨	1
一二九八〇	貞舞允从雨	1
一四一一六	壬申卜多冒舞不其从雨	1
一四三七五	貞往于夒有从雨	1
一四四七九	有从雨	1
一四七五五正	貞有从雨 二告	1
一五六七四	貞姣有从雨	1
一五六七四	貞勿姣無其从雨	1
二〇九七一	庚午卜貞呼征舞从雨	1
二〇九七五	己丑卜舞庚从雨允雨	1
二五九五五	癸未卜出貞酌…上甲有从雨之日…	2
三三二七三	燎于岳無从在雨	4
三三二七三	庚午燎于岳有从在雨	4
三三九二一	有从雨	4
三四二九五	…卜今日…舞河暨岳…从雨	4
三四四八五	乙卯卜今日姣从雨	4
屯三五八六	丁未卜姣…毋庚有从雨三月	1
英一〇七三	…从雨 二告	1
英一八四六	…石有从雨	1
英二四四五	…岳…从雨	4
懷二一九	…今日…从雨	1
懷二四四	貞無其从雨	1

从升

著录号	释文	期
二一三四〇	己巳从升	1
二一三四一	翌…从升	1
二一三四一	辛未从升	1
二一三四二	庚从升	1
二一三四三	翌丁…从升	1
二一三四四	丁从升	1
二一三四七	…从升	1
二一三四八	翌丁从升	1
二一三四九	庚从升	1
二一三五〇	庚从升延雨	1
二一三五〇	辛从升	1
二一三五三	辛从升	1
二一三五五	甲从升	1
二一三五六	翌庚从升	1
二一三五七	己未…徃…从升	1
二八三一六	弜从	3
英八三四	貞勿呼延复有行从遄	1

从東

著录号	释文	期
一二〇五一正	呼祟先从東得	1
二八三九九	王其比吠弗擒習…从東兕	3
二八五九六	辛巳卜王往田从白東	3
二八七六五	…卜王其逘从東 吉	3
三三二〇八	甲子卜王从東戈宋侯𠧋	4
三三三九二	…从東…狩無災	4
三七八五六	甲午卜在冒貞…从東惟今日弗悔在十月 兹御王正…惟十祀	5
屯一〇九四	乙丑卜王往田从東擒	3-4
屯一一二四	乙酉卜王往田从東擒	3-4
屯二三九八	戊午卜王往田从東擒	3-4
屯二七四五	戊午卜王往田从東擒	3-4
英二五六二正	乙丑王卜在攸貞今日逘从攸東無災	5

从南

著录号	释文	期
五一一五	…王往省从南…	1
二八一一六	…入从南單	3
二八一九三	从南	3
二九四一四	王其田从南 吉	3
三〇二八九	貞从南門	3
三三二〇八	乙丑卜王从南戈宋侯𠧋	4
屯六二九	…王往田从南擒	4
屯八〇五	从南…	
屯一一二四	从南擒	3-4
屯一三一八	…从南…	
屯一五五九	…从南擒	
屯二三九八	田从南擒	3-4
屯三三三二	…从南擒	3
英一七七八	…从南…	1

从西

著录号	释文	期
一四三四	…王省从西告于大甲	1
五一一三反	貞王其往出省从西告于祖丁	1
五一一四	貞王往…从西…	1
五一一六	丁酉卜古貞王往省从西大… 小告	1
五八六〇	戊申…千翌…戈東廼…自西从…于之 李	1
六五九三	癸丑卜貞往追龍从朿西及	1
六五九四	癸丑卜貞往追龍从朿西及	1
七四四〇正	丙辰卜爭貞王往省从西若 二告	1

从西

著錄號	釋文	期
二八一一六	⋯从西	3
三三二〇八	丙寅卜王从西戈㞢侯虎	4
三六四七五	辛巳王卜在敎貞今日其从師西無災	5
三六七四三	丁卯王卜在朱貞其迖从師西往來無災	5

从北

著錄號	釋文	期
五一一七	王往省从北	1
六〇一六正	貞其呼麥豕从北	1
七五六五正	貞呼衛从冎北	1
七五六六	貞呼衛从冎北	1
七五六六	貞呼衛从冎北	1
七五六七正	貞呼⋯从冎北	1
三三〇五〇	⋯方出从北土𢦏北土	4
三三〇五〇	⋯貞有來告⋯从北土其燎告⋯乙父丁⋯	4
三三二〇八	丁卯卜王从北戈㞢侯虎	4

从止

著錄號	釋文	期
七二六七正	⋯循从之若　二告	1
一四二〇〇正	丁卯卜爭貞王作邑帝若我从之唐	1
一九三三二	貞有祟其从之出	1
一九三四九	乙酉卜爭貞从之贏	1
一九三五〇	癸丑⋯爭貞从之贏	1
一九三五一正	貞从之⋯	1
一九三五二	⋯从之⋯	1

从宮

著錄號	釋文	期
二七七六八	⋯王入从宮	3
二八三四〇	⋯田从宮从⋯盂湄日不⋯	3
二八九三五	王其省田先从宮田	3
二八九四六	从宮	3
二八九七五	⋯盂田先省迺从宮入湄日無災	3
二九一五六	翌日壬王其省田从宮	3
二九一八八	⋯乙王⋯从宮無災	3
二九一八九	乙王其⋯宮从⋯湄日⋯	3
二九一九〇	从宮	3
二九一九一	从宮無災	3
屯三三五七	王其省盂田延从宮無災	3
屯三三五七	弜延从宮其悔	3

从喪

著錄號	釋文	期
二八九四六	从喪	3
二九〇〇六	从喪無災	3
二九〇〇七	从喪無災	3
二九〇〇八	从喪無災	3
二九〇一〇	从喪	3
二九一五六	从喪	3
屯三五七三	从喪	3

从盂

著錄號	釋文	期
二八九四六	从盂⋯吉　兹用	3
二九〇三四	从盂⋯	3
二九一五六	从盂	3
屯三九二	从盂	3
屯三五七三	从盂	3

从梌

著錄號	釋文	期
二八九四五	从梌無災	3
二八九四六	从梌	3
二九一五六	从梌	3

从出

著錄號	釋文	期
五〇五六正	癸酉卜㝬貞王⋯出从⋯	1
六六八六正	貞方允其出从⋯	1
六六八八	貞方不允出从⋯	1
一九三二九正	⋯出从⋯	1
二〇二五九	己丑卜⋯王从出	1

从名

著錄號	釋文	期
五一一二正	貞翌癸丑王勿往省从⋯	1
五一一八	⋯王⋯省从名	1

其它

著錄號	釋文	期
一九九	己卯卜爭貞今𡆥令𠂤田从我至于㴱獲羌	1
三〇〇	从妥	1
三五七	⋯漁有从⋯	1
八九二正	王从俞	1
九〇二正	王从魯	1
九〇二正	王从龍東魯	1
九三九正	貞王从⋯魯	1
四五九三	貞惟虎从微奴侑示三	1
五〇四九	己未卜貞王呼从河	1
五〇八五	戊子卜貞王往从⋯	1
五〇八六	壬午卜貞王往从⋯	1
五〇八七	⋯㝬貞⋯往从⋯之日王⋯	1
五一一九	王往省从羲	1

編號	釋文	期
五一二四正	…省从… 不告黽	1
五一九八甲	貞王勿从歸	1
五一九八乙	…卜殻貞王从歸	1
五四一八	王从…非…王…从…	1
五四二〇	…王…羊…从…	1
五五〇四	乙未…貞立事…南又…中从…蠶佐…从	1
	曾	1
五五一二	乙未卜…宰立事…有从我从蠶左从 …十二月	1
五五七九反	…允十屯小臣从示	1
五七一六	丁亥卜貞多馬从戋	1
五七六六	辛未卜貞令亞以射从𢼸…方我	1
五八一九	貞从…歸…	1
六〇一一	子…有从	1
六〇一一	子漁有从	1
六〇一六正	王从龟	1
六三三三	乙酉卜爭貞往复从臬𡆥舌方二月	1
六五八二	癸卯…貞有咎龍王从受有祐	1
六五八二	貞有咎龍王勿从 二告	1
七三六九正	貞…循之…省从名	1
七四〇七正	…王比从	1
一二八二七	丙辰卜今日奏舞有从…、	1
一三四二六	己酉卜貞亞從有羽三月	1
一四四九三	貞無其从	1
一五六七五	…八卣从…	1
一七一九四	…戊王往从	1
一八九五二	貞無其从	1
一八九五三	貞無其从	1
一八九五三	…卜貞…有从	1
一八九五四	…𡆥…从十三月	1
一八九五六	弗其从	1
一八九五八	有从	1
一九六二五	辛…貞…山…从…	1
二〇九七〇	戊申卜方…舞蚰从…	1
二一三四五	丁从	1
二一三五〇	望庚…从…	1
二一三五四	辛从…	1
二一三五五	乙从…	1
二一四七三	…舞今日从	1
二一四七三	己巳卜舞今日从	1
二一四七三	舞今日从舞	1
二一六九六	己亥卜𢦏貞…來…惟从…事	1

編號	釋文	期
二二四八九	…从	1
二二五四二	貞从…二月	2
二二七五六	癸丑…貞唐…从又…歲…	2
二三一〇九	庚午卜大貞其从侑于祖庚十二月	2
二三二五六	貞从…七月	2
二六八一四	貞从日…	2
二七八一八	王各…从小𡧊	3
二七八一八	弜从	3
二七八一九	惟乙…从…無…	3
二七八一九	…王其从…	3
二七八九八	惟涗犬陮从無…	3
二七九六九	乙丑…王其…戊从…乃…在之…弗…	3
二七九九六	戊从猁獻方戊	3
二八〇一一	壬戌卜貞亞擭从受于方	3
二八〇一六	惟…行…从…	3
二八〇六九	…伐丁廼从…	3
二八〇九四	…令从…伯有戋 吉	3
二八一二一	…卜今日…从𡧊…用	3
二八一四七	…卜狄…其从苜	3
二八一四八正	戊寅卜王貞从𢦏	3
二八一八七	…从瀼	3
二八一九四	弜…从…其…	3
二八三〇八	…从…	3
二八三一五	乙未卜王往𢦏狐从…邁	3
二八三八一	…言从…麋	3
二八三八七	…从𢦏…夕馬今…	3
二八五七六	王其田从	3
二八八二〇	戊辰…呼…从…射…	3
二八八三六	惟…行…从…	3
二八八三七	惟王从…無災擒	3
二八八九二	甲辰卜狄貞惟麟豕…从無災	3
二八九四五	从凡無災	3
二九〇三一	惟束西麋从	3
二九〇三九	…翌日戊王其从無災擒	3
二九一一七	先于盂歸廼从向 吉	3
二九二〇七	惟𣶒犬戋从無災擒	3
二九二四七	惟犬𢦏从田涗湄日無災	3
三〇二八七	丁酉卜戊王其田从𢦏無災	3
三一八九五	…口从兹祐	3
三一九九六正	庚…貞…衆从…北至于…	4
三一九九六正	其从𡆥冓衆	4
三二九〇三	辛卯貞从斳涉	4

三三一七五　弜从于呜　4
三三二四九　…卯貞兕…小臣…从又…它旬受禾　4
三三三六一　…其匕从　…卜王往田从來祟豕擒　4
三三四一九三　貞令从　4
三三五二〇　…寅卜在血从…　4
三三五三〇　示其从上涉　4
三四四三〇　叙弜从　5
三六四三五　庚申王卜在𩰫貞…其从…北洮…　5
三六七五八　三六九六五　…卜在𥂝貞…𣪊方余从…王𡆥曰大吉　5
屯一〇〇九　辛卯貞从𨙸涉　4
屯一〇〇九　辛卯貞从狩盧涉　4
屯二〇六七　…告有豕王其匕从…　3-4
屯二〇八〇　…卜…于父甲其𢀛从…　3
屯二一二九　壬申卜王往田从利擒　3-4
屯二三九九　从斿擒　3-4
屯二七〇一　癸酉卜旅从𢀛方于…大吉　3
屯四三三六　辛丑卜𡆥册从甲辰卩小雨四月　1
屯四三三六　乙酉卜于丙𡆥岳从用不雨　1
屯四三五六　辛巳卜取岳从不从　1
英六七五　…往从面　1
英六七八　…从𢀛…　1
英六七九　…省从𢀛…　1
英八四一　貞王勿往狩从…　1
英二〇三三　…卜王貞从…　1
懷二九六　…日無…日王…从…　2

比

六九七正　貞呼比𧇾侯　1
七六六正　呼比侯　1
八九一正　…王…侯告比　1
三〇一〇正　貞惟侯比　二告　1
三二九一　貞𠤎比𡧊侯歸不　1
三二九一　貞惟象令比𡧊侯　二告　1
三二九一　貞惟象令比𡧊侯歸　二告　1
三三一〇　貞惟…令比𡆥侯　1
三三三二　貞呼比𡆥侯　1
三三三九　…巳卜㱿貞王比侯告　1

三三四六　癸亥卜王貞余比侯專八月　1
三三五三　惟𢦏呼比侯叙　1
三三六五　貞勿比侯…　1
三三七九　貞比侯…　1
六四五七反　王固曰…比侯告　1
六四六〇正　貞王惟侯告比征尸　六月　1
六四八〇　貞王令婦好比侯告伐尸…　1
六四八〇　貞王勿令婦好比侯…　1
六五五三　貞令…比𡧊侯虎伐𢀛方受有祐　1
六五五三　貞令𢀛…比𡧊侯虎伐𢀛方受有祐　1
六五五四　貞勿比𡧊侯　1
六八一二正　己卯卜𠂤貞令多子族比犬侯𡨚周　1
六八一六　𢦏王事五月　1
七〇二二　…貞令𢀛比𡧊侯𡨚周　1
　　戊寅卜貞令甫比二侯及暨元王循于之若　1
一〇〇八〇　貞惟侯豹比　1
一〇〇八〇　貞勿惟侯豹比　1
一三八九〇　貞王惟侯告比　1
二〇〇六〇　令𢀛比侯告　1
二〇〇六五　其比侯專　1
二〇一六四　…申卜𣪊令𠬝比…侯…　1
三二二九九　壬午卜令般比侯告　1
三六四八二　甲午王卜貞作余彭朕𢀛彭余步比侯喜征人方二𢀛示受有祐不𢀛𢦏𡆥告于大邑商無…在𡧊王𡆥曰吉在九月遘上甲𣪊惟十祀　5
三六四八三　甲午王卜貞作余彭…余步比侯喜征人方　5
懷三六二　貞惟…比𡆥侯…月　1

三三八〇　辛巳卜㱿貞王比易伯兹　1
三三八一　辛巳卜㱿貞惟易伯兹比　1
三三八二　貞王比易伯兹　1
三三八四　壬午…㱿貞王惟易伯兹比　1
三三八八　貞王比易…戊　1
六四六〇正　辛亥卜㱿貞王惟易白兹比　1
六四六〇正　辛亥卜㱿貞王勿惟易白兹比　1
二七九四五　戊申卜馬其先王兑比…大吉　3

屯八　馬惟翌日丁先戊王兌比不雨　3
屯五二八　弗其兌比其遘雨　吉　3
屯一一二七　馬其先王兌比不遘大雨　3

二二　己酉卜爭貞奴衆人呼比受戴王事五月　1
二三　己酉卜爭貞奴衆人呼比受戴…　1
六六七反　貞勿呼比　1
六六七反　貞呼比卯　1
七六六正　勿呼比　1
七六六正　勿呼比　1
八九一反　勿呼比希于不　1
八九一反　壬寅卜奴…侑往王于不呼比希弘…　1
二九三三　呼比…　1
四五五五　貞呼比微告取事　1
四八七六　癸巳卜…貞呼比…暨…　1
四九二三　壬申呼比　1
六五六八正　…卜㱿貞呼比…𠂤般…　1
七〇〇四　貞呼比奠取炋奠啚三邑　1
七四二二　壬申卜㱿貞…田稱册呼比　不舌黽　1
七六九三　勿呼比弘𠂤般　1
一四九一三　呼比　1
一八九八八　…呼比羌　1
一九六四〇正　…辰卜爭貞勿呼比　1
一九六四四　呼比　1
二七八八八　惟小臣牆令呼比王受祐　3

六一九　王比　1
八一二正　癸丑卜亘貞王比奚伐巴方　1
九四五正　癸巳卜爭貞王比…　二告　1
四四四七反　…呼𢀛王比…　1
六一六六　…册䎖舌…王比我受…　1
七四二九　…稱册王比…　1
七四四四　王比　1
七四四五　王比…　1
七五〇五　王比　1
七五二一　王比　1
七五五五正　王比　1
七五五六　…王比　1
七五五七正　王比　二告　1
三三一〇七　王比　4

英五二一　王比　1
英五八三　己酉卜㱿貞令𢀛王比…　1
英六七三　王比　1
英六七四正　貞王其比　1

六八一三　貞令多子族比犬暨亩𢦏王事　1
二七七五一　…𢀛犬口比屯日…　茲用　3
二七八九九　…寅卜王其比䖒犬…壬湄日無災
永…　3
二七九〇三　惟宕犬𢀛比無災　3
二七九〇三　…犬…比無災　3
二七九〇五　惟𢀛犬𢀛比田毀無災擒　3
二七九〇七　…戊王其比盂犬留田𢦏無…　3
二七九〇八　…王惟…犬留比無災　3
二七九一〇　惟在宰犬𢀛比無災擒　3
二七九一一　惟盂犬豕比無災　3
二七九一四　惟成犬𢀛比湄日無災永王　3
二七九二〇　𢀛犬告王其比無災擒　3
二七九二一　盂犬…告鹿…其比擒　3
二七九二三　惟宰犬舌比弗悔　3
二七九二五　辛亥卜翌日壬王其比在成犬𢀛弗
悔無災　弘吉　3
二七九二六　王惟犬比無災　3
二七九二六　其比犬擒　3
二八三一六　其从犬口擒有狐允擒　茲用　3
二八三九九　王其比吠弗擒習…从東兕　3
二八六五六　王惟犬比…日無災　3
二九三九四　惟成犬𢀛比湄日無災永王　3
三二九八三　其比虎師無災王徠　4
三三三七八　辛酉卜王其田惟省虎　比丁十豕…　4
屯一〇六　惟𢀛犬比無災　3
屯六二五　惟在襄犬壬比無災擒　吉　3
屯二三三九　惟成犬𢀛比無災擒　弘吉　3
屯二三二九　丁未卜翌日戊王其田…惟犬言比無
災擒　吉　3
屯二六一八　丁酉卜翌日王惟犬師比弗悔無災
不遘雨　大吉　3
屯四五八四　王惟𢀛犬比無災　3
屯四五八四　惟盂犬比無災　3
懷一五四四　貞犬比田　3

六〇

四二八正　貞呼□比亩

四二八正　…呼□比亩　二告

五四五〇　貞惟…聿令比亩□戴王事

五四五〇　貞惟多子族令比亩□戴王事　二告

五四五一　…令多子…比…亩□…王…

五四五二　乙丑卜允貞令羽暨鳳以束聿比亩□戴事七月

一四一二八正　貞呼□比亩　二告

懷七一　…巳卜爭貞令王族比亩□戴王事

六…

六一六四　…貞沚…爯冊…比伐𢀛方…

六四〇四正　…𢀛王比伐受…

六四八〇　貞王惟而白□比伐…方…

七五八八　乙酉卜㱿…王比伐

一八九二六　己巳卜爭貞比伐土方

三六四八一正　…小臣牆比伐擒危美人二十人四…人五百七十□百…車二丙盾百八十三函五十矢…白麐于大…用□伯印…于祖乙用美于祖丁僼曰京暘…

懷三五一　…貞…比…伐…

懷三五五　壬午卜…雀比…伐□…

懷四一四　…比…伐…

其它

六　丁酉卜㱿貞惟戌□令比疐王

六　貞惟戌延令比疐王六月

一六一　…馬…比…呼多羌…

一六九　子漁有比

二九四　乙…貞…大…比…受…雈□…七月

三六九　貞子漁無其比

三七一反　呼般比□佐

三七一反　勿呼般比□佐

四九〇　令□比□

四九〇　勿令□比□

五八六　壬子卜㱿貞令戌比□

五八七正　…安比□

六三四正　丁亥卜㱿貞呼卯比韋取□臣

六三四正　…卯比韋取□臣

六六七正　癸卯卜㱿貞呼弜往于□比□

六六七正　癸卯卜㱿貞呼弜往比□于□

七〇七正　呼比臣沚有冊三十邑

七一六正　呼比丹伯

七一六正　勿呼比丹伯

七三八正　呼比役…　二告

九〇二正　辛亥卜㱿貞令比□

九〇二正　貞令□弗其比□

九〇二正　辛亥卜㱿貞令比□

九〇二正　貞令弗其比□

九四〇反　呼取惟比

九四六正　丁未卜㱿貞□比次□…文戴王事以

一一一〇正　丙子卜㱿貞勿呼鳴比戌使□三月

三三五一正　貞勿令旨比□　二告

三四四五　…比…伯

三五九九　丁卯卜㱿貞比…

三六六四　貞…比…

三九四二　…午…令□比□

一九四三　癸未卜令…比□

四〇二五　乙卯卜貞惟□令比殺受□

四〇二五　乙卯卜貞惟阜令比殺…

四〇三三正　…□比…

四二〇九　惟子□令比□

四二一三　貞令師般比東

四二七七　…卜㱿貞戌比…

四二七八　…卜貞令…比戌

四三〇一　貞呼商比□

四三〇一　乙亥卜㱿貞呼商比□

四三〇七正　…比爯

四三一三　癸丑卜□比目…

四四八九　丙寅卜令□比元…

四四九九乙反　貞王令沚有□比…

四五〇九　貞勿令□比…弗其受…

四五一一　貞…令…比□弗其

四六五九　…阜比龍前…

四六六二　己卯…呼…祟…比

四七二二　呼鳴比戌事□

四七二二　貞勿呼鳴比戌事□

四七二三　貞呼鳴比戌

四七二三　呼鳴比戌事□

四七二三　貞勿呼鳴比戌

四七三六　…其比□

四七四一　令甫比及余不橐

四七四二　：比析
四七九五　戊申：叀比：
四八一五　貞刜暨二：弗其比
四八三四　貞鑊比次戠羌：有：
四八五六　貞令比㞢
四八七七　：令：比：菑
四八九〇　：勿令：比㧕
四八九九　：爭貞：呼行比：戠前肘
四九〇〇　貞：行勿比：四月
四九〇一　貞令：行：比：
四九一四　癸丑卜貞勿黹令逆比盡于夾
四九一五　丙寅卜貞令逆比盡于夾　六月
四九一六　丙寅卜貞令逆比盡于夾：月
四九一七　丙寅卜貞勿黹令逆比盡于夾
四九一八　丙寅卜貞勿黹令逆比盡于夾　六月
四九二四　貞勿令舟比母𣪊
四九二七　貞于：貞比：舟：
四九四四　甲申卜勿令壴比𦎫
五〇六一　：子卜王：出自：比：
五四五三　：貞：族比：戠王事
五四七七正　貞惟邑令比𣎆
五四七七正　令邑比𣎆戠王事
五四八三正　：比克田弗其戠王事　二告
五六一八　辛卯卜貞令周比永止八月
五六三八正　貞惟𢎗令比史：克
六一八五　戊寅卜𣪊貞勿呼師般比冤
六三三五　貞呼師般比冤
六四六一正　呼比𢀛妖　二告
六四七四　王勿比鬼
六四七四　：歸𠭯女來余其比
六四七七正　貞呼逐比萬獲王固曰其呼逐獲
六五三〇正　：王比興方：下危
六五三〇正　貞：比興方伐下危　二告
六五三一　：貞王比興方伐：
六八一八　：比𢀛：周戠
六八二三　貞惟𢓊令比𢀛周
六九四六正　庚申卜𣪊貞呼王族延比𣎆
六九四六正　庚申卜𣪊貞勿呼王族比𣎆
七三八三正　貞勿比
七三八七　：無比
七三八七　呼往比
七四〇七正　：王比从

七四二三　：令師般比：
七四二八　：稱冊王比下上若受我祐
七四三〇正　：冊王比：
七四四〇正　貞𢓊戠啓王勿比帝弗若不我其受祐
七五五八正　貞王勿比
七五五九正　貞王勿比：
七五六〇　貞王勿比
七五六一　：王勿呼比：
七五六二正　：勿比：
七六九九正　貞：比：
七七三七　：勿：比及：
一〇九七六正　壬寅卜爭貞惟：令比　二告
一二〇〇四　辛亥：出比：
一二四八六　：令：比：
一三四九〇　丙辰卜爭貞惟𠂤令比𣎆𣎆
一三四九〇　貞勿惟𠂤令比𣎆𣎆
一三四九〇　貞王惟囚比
一三四九〇　勿惟囚比
一三五三六正　貞王勿衣比
一三六七五正　貞我比
一三六七五正　癸亥卜內貞呼般比戠
一三六七五正　呼般比戠
一四〇三三正　勿取無比
一四一二九正　：卜韋貞王往比之
一四一九八正　辛丑卜𣪊呼比來取侑兄以
一四二〇六反　王：比西
一四三七六　：豹：𤔲：比：
一四五八一　：貞：比：取：白：
一四五八二　：貞：比：取：
一四七五五反　其比：于河
一四七五五反　侑比于河
一四九一二　：令𢓊以王族比𢀛戠王事　六月
一四九二三　：𢓊以：子族：比
一五四九六　癸酉卜勿曰比：
一五九三四　甲戌卜𢀛：貞令：比：
一七一七七正　貞呼：比延：囚：
一七三七八　辛未卜𣪊貞王夢兄戊何比不惟囚四月
一八二八二　：勿黹比八月
一八二八三　：黹比五月
一八八五一　庚午卜爭貞令𢀛比遘
一九一五四　：比：見：用

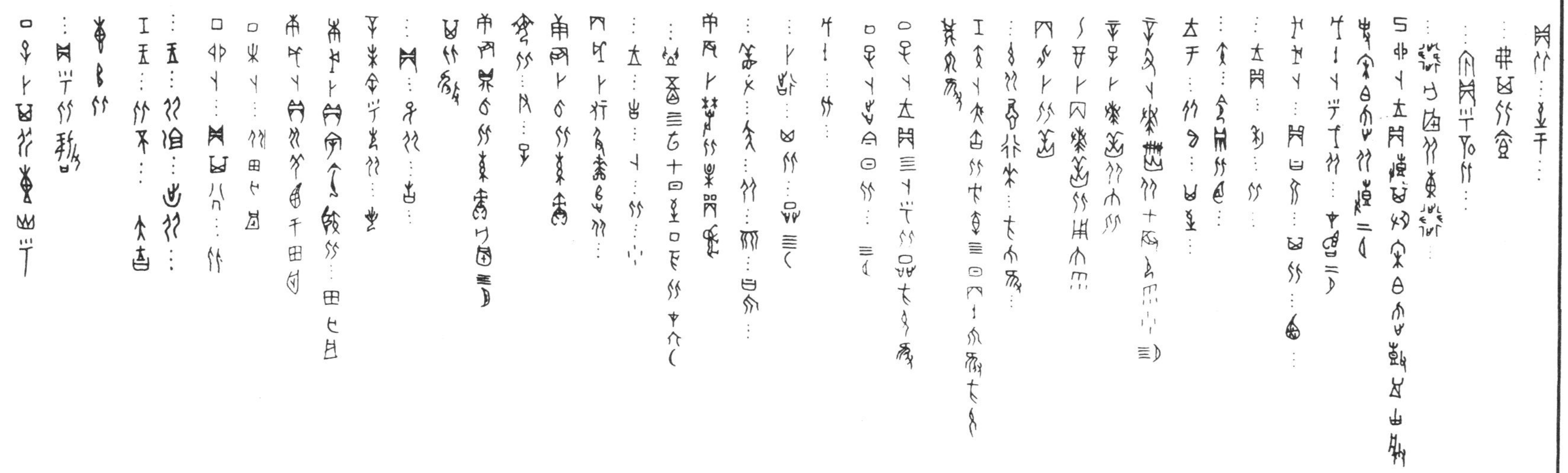

編號	釋文	期
一九四七一	貞比…至于…	1
一九五〇四	…弗其比食	1
一九六八一正	…㫃貞呼石比…	1
二〇〇七四	…衛無囚比東衛…	1
二〇〇七五	己卯卜王貞鼓其取宋伯歪鼓囚戴朕 事宋伯歪比鼓二月	1
二〇一七一	戊午卜呼戈比…在𠂤二月	1
二〇一七七	戊戌卜…貞曰…其比…	1
二〇二〇六	…王貞…医…比…	1
二〇二五一	…寅…令貞比百…	1
二〇二七〇	王于…比師…其至…	1
二〇三九八	辛丑卜奏冊比甲辰卩雨少四月	1
二〇三九八	辛巳卜奏岳比不比	1
二〇三九八	乙酉卜丙奏岳比用不雨	1
二〇三九八	丙申卜比岳	1
二〇四四七	…午比酉行來…方不獲…	1
二〇四四九	壬寅卜…岳比方執四日丙午不獲方允 遘不獲	1
二〇四五一	丁巳卜王貞四卜呼比征方允獲	1
二〇四九四	丁巳卜步今日比…三月	1
二〇四九四	戊午…比…	1
二〇五五六	…卜㱿…其比…征四月	1
二〇六四九	…𠂤左…祟…比…而…曰不…	1
二〇七〇九	庚辰卜藝比…虎	1
二〇八四三	…望五百四旬七日至丁亥比在六月	1
二〇九六六	…王…告…卜…比…少	1
二一一五三	丙戌卜祐及畓追比…	1
二一三〇六甲	庚辰卜𠂤比糸賚	1
二一三〇六乙	妥比…尹…子	1
二一三〇六乙	庚辰貞𠂤比糸賚無囚四月	1
二一三七九	其比推	1
二一四九八	…貞…子比…告…	1
二一五九五	辛未余呼…比…若	1
二二〇四三	庚戌卜貞余令陕比…田無囚	1
二二〇四三	庚戌卜貞比羌西于田囚	1
二二三七四	丁未卜…比田無囚	1
二六八七七	丁卯卜…貞其㕣…比	2
二七一九九正	…王…比祖乙…出比…	3
二七六八七	壬王…比不…大吉	3
二七七五〇	惟師比	3
二七七五二	…貞呼比𢦚	3
二七七五三	丁巳卜其比惟山呼	3
二七八八五正	庚午卜王貞其呼小臣𠈉比在曾?	3
二七八九〇	弜比其…	3
二七九四三	甲辰…多馬…衛比…惟?…	3
二八〇〇一	丁未卜𩈨貞危方𠕋崔新家今秋王 其比	3
二八四〇八	王其比言壺兕	3
二八八九九	王其比…䖵麓…豚…在盂犬	3
二九二九七	惟𡿧比湄日無…	3
二九七三一	于生月比　吉	3
三二五五五	弜比糀舟	4
三二九七三	弜比	4
三三〇〇三	…寅貞…射比赤…	4
三三〇六〇	…令卒比…出方	4
三三〇六一	癸未卜方比尋	4
三三〇六一	弜比	4
三三一一二	癸亥…王惟…比	4
三三三八九	…比臣衛…無囚	4
三三九一五	弜比	4
三五一六五	弜比　二告	4
三五二四四	…勿比…戈	4
三六三四四	丁丑王卜貞今囚巫九备…典春兔儀 彈…尤暨二娃余其比…兹無左自上下…𢦏 有祐不曾𢦏無?…商無𢦔在…	5
三六五一一	丁卯王卜貞今囚巫九备余其比多田…多 伯征盂方伯炎惟衣翌日步…左自上下 于𢼸示余受有祐不曾𢦏…于兹大邑商 無𢦔在猷…弘吉在十月遘大丁翌	5
三六五三二	乙丑王…伐西戎…余其比…示余受…	5
三六七四五	庚辰…貞王…比粟…	5
三六九八八	辛未卜貞豕…翌日壬王其比用…暨 𢀛用無災在…	5
三七四三九	戊戌卜貞在𪊨𢷢告麑鹿王其比射往來 無災王…咨	5
三七六四三	…令十…余其比…多𡆥?…	5
屯六〇一	…𢀛令比出	4
屯六〇一	弜𢀛令比出	4
屯六二五	惟在濩中比無災擒　吉	3
屯八六六	辛巳貞王…卒比…	4
屯八六六	…貞…令比…舟爯…奠	4
屯九四二	王惟戎𢎐令比…	3
屯一四四五	…比阪…	4
屯二六五九	…佣…比不𢍰	1
屯二八六六	…貞令𢀛比雀	4

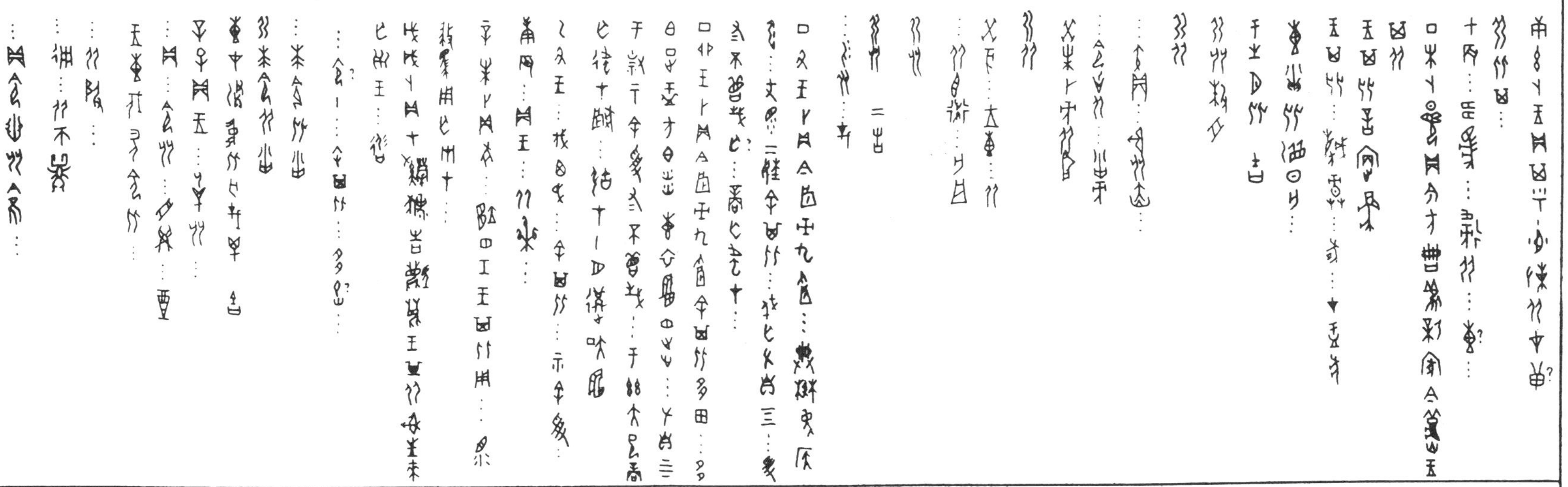

出處	釋文	期
英四一一	貞：尹：比人：今𡆥：王	1
英四六三	壬申卜㱿貞：勿往比：	1
英六七六	辛未卜惟𠂤呼比羽	1
英六七七	戊午：㱿貞呼以：比：河	1
英一二五〇反	貞翌辛亥勿呼往于有𢦔于比	1
英一七一一	：惟：比	1
英一八三四	己酉：比：	1
英一八三九	：卜翌丁：比：	1
英二三三六	庚戌卜王其比虎師惟辛無災	3
英二三三六	王其比虎師惟辛	3
英二四二三	辛：比：	4
懷三二七	乙酉卜：貞王往：比：	1
懷三四九	貞：比：	1
懷三八四	：來卜：𢓊比：	1
懷四〇四	：犬：比：	1
懷四五六	：呼：比：	1
懷四六〇	：令：比：	1
懷一四六四	惟𠂤比上行左旟王受祐	3
懷一四七九	：宰：比無災	3
懷一六三七	甲：王：比	4

幵

參106頁

參911頁

出處	釋文	期
一四八七	甲戌：幵	1
二七九三八	：卜亞般歲幵𠂤：	3
三四五八五	弜幵	4
三五二八八	：弜幵	4
屯八一〇	弜幵	4
屯一〇四八	弜幵𠦪	3
屯三〇三	：幵于高：	4
屯三六二九	丙寅卜大庚歲幵于毓祖乙：	3-4

并

出處	釋文	期
四五五一	：莫望人并	1
六〇五五	貞惟𠂤令途啓于并	1
六〇五六	戊寅卜㱿貞令𠰡途啓于并八月	1
八一三七反	：申在并：	1
一〇九五八	惟般令田于并	1
一〇九五九	惟般呼田于并	1
三七五一九	：卜在攸貞：比在并：擒	5
一八二五五	：并：昔：今夕：	1
二一九六八	辛巳：并宁𡧊不：	1
二八一七一	于并	3
三二一〇七	辛丑貞王令𡚬以子方奠于并	4
三二八三二	辛酉貞王令𡚬以子方奠于并	4
三二八三三	：亥貞王令𡚬以子方乃奠于并	4
三三一七四	：𢀛：告：在并	4
三三五七〇	己亥卜貞王其田并無災	4
三七五一四	惟并騂無災	5
屯一二四七	：其奠以并	4
屯三七二三	：亥貞：以子方奠于并在父丁宗𠂤	4
屯四三六六	辛亥貞王令𡚬以子方奠并在父丁宗𠂤	4

北

出處	釋文	期
八七八三	貞呼牛于北土	1
九七四五	甲午卜宁貞北土受年	1
九七四五	甲午卜宁貞北土不其受年　二告	1
九七四七	：北土受年　二告	1
九七四八	丙寅：北土：年	1
九七四九	北土不其受年	1
一〇一八五	：北土：莫	1
三三〇四九	癸酉貞方大出立中于北土	4
三三〇五〇	：貞有來告：从北土其燎告：乙父丁：	4
三三〇五〇	：方出从北土弗𢦔北土	4
三三二〇五	：邦于北土歸：	4
三六九七五	北土受年吉	5
屯一〇六六	：貞𢀛以伐：于北土	4
屯一〇六六	癸酉貞𢀛以羌：北土	4
一四二九五	辛亥卜內貞帝于北方曰伏風曰𠭯𠦪：	1
三〇三〇	辛亥卜北方其出	4
三三二四四	北方受禾	4
屯一〇六六	庚寅貞王其正北方	4
屯一〇六六	：寅貞王：北方惟：伐令途：方	4

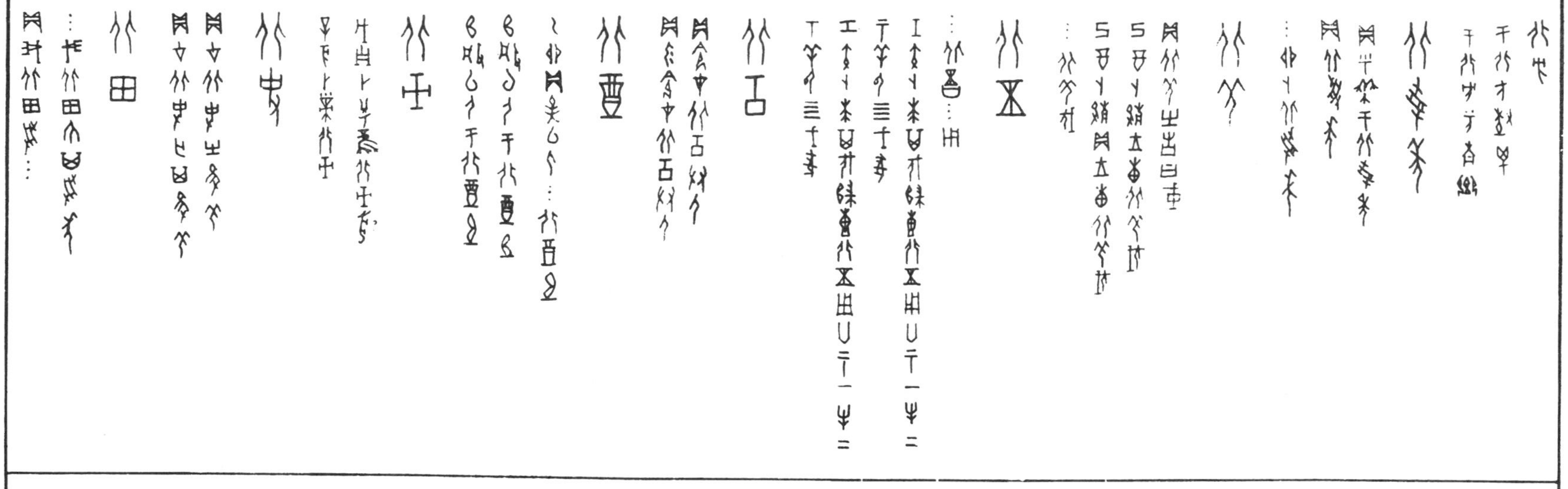

著錄號	釋文	期
乇一二六	北方	4
乇二一七〇	于北方蓺擒	3
懷一三七九	于北方亍南饗	3
九五三五	貞呼黍于北受年	1
九七三四	貞北受年	1
九七四六	……卯卜北受年	1
六六二五	貞北羌有告曰捍	1
六六二六	己酉卜殻王惟北羌伐	1
六六二七	己酉卜殻貞王惟北羌伐	1
六六二八	……北羌伐	1
八七八八	……北吾……用	1
三四一二一	壬寅卜桒其伐歸惟北五用二十示一牛二　示羊以四戈彘	4
三四一二二	壬寅卜桒其伐歸惟北五用二十示一牛二　示羊以四戈彘	4
七二九四正	貞令在北工収人	1
七二九五正	貞勿令在北工収人	1
三三二七五	乙卯貞𢦏以人……北奠次	4
三三二七七	師般以人于北奠次	4
三三二七八	師般以人于北奠次	4
三四一四〇	戊子卜寧風北巫犬	4
三四一五七	辛亥卜小帝北巫	4
九一四正	貞在北史有獲羌	1
九一四正	貞在北史無其獲羌	1
九七五〇甲	……我北田不其受年	1
九七五〇乙	貞我北田受……	1

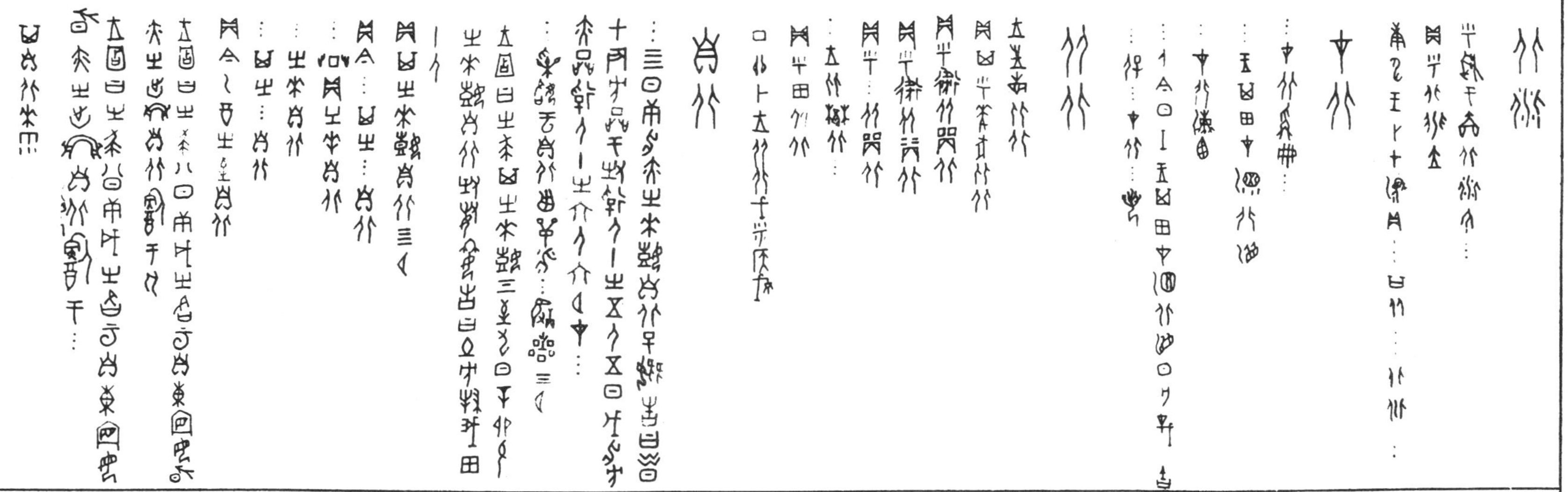

著錄號	釋文	期
九五〇九	呼耤于亩北沘不……	1
二九〇八四	貞呼北[illegible]立	3
三六七五八	庚申王卜在[illegible]貞……其从……北沘……	5
七四二三	……在北稱册……	1
二九四〇一	……王其田在濕北湄……	3
三三二〇七	……在北濼西	4
乇七一二	……卜今日壬王其田在淵北湄日無災　吉	3
懷六七二	……保……在北……若	1
五一一七	王往省从北	1
六〇一六正	貞其呼麥豖从北	1
七五六五正	貞呼衛从㒳北	1
七五六六	貞呼衛从㒳北	1
七五六七正	貞呼……从㒳北	1
八七八五	……王从㯥北	1
一〇九〇三	貞呼田从北	1
三三二〇八	丁卯卜王从北戈𢍰侯𠂤	4
一三七反	……四日庚申亦有來嬉自北子𡆥告曰昔甲辰方征于𡚬俘人十又五人五日戊申方亦征俘人十又六人六月在……	1
一五〇一	……采格雲自北西單雷[illegible]星三月	1
六〇五七反	王固曰有祟其有來嬉迄至九日辛卯允有來嬉自北𡚬妻妾告曰土方侵我田十人	1
七一一八	貞其有來嬉自北四月	1
七一二〇	貞今……其有……自北	1
七一二一正	……𦎫貞有來自北	1
七一二二	……有來自北	1
七一二三	……其有　自北	1
八七八〇	貞今乙酉有至自北	1
一〇四〇五反	王固曰有祟八日庚戌有各雲自東面母昃亦有出虹自北歓于河	1
一〇四〇六反	王固曰有祟八日庚戌有各雲自東面母昃亦有出虹自北歓于……	1
一二八七〇甲	其自北來雨	1

一二八七五 ：丑卜王：呼追：雨自北西： 1

二〇四二一 壬申卜今日方征不晨雨自北 1

二〇五三九 ：自北來嬉 1

二〇九五七 ：日大啓晨亦雨自北：晨： 1

二〇九六〇 丙午：今日其雨大采雨自北延𣪊少雨 1

二〇九六二 癸亥貞旬甲子：方有曰卩：在邑南：乙丑雨：晨雨自北：丙寅大：一月 1

二〇九六六 癸酉卜王：四日丙子夕雨自北丁：雨：日陰 庚辰： 1

二〇九六七 甲子卜乙丑雨晨雨自北少 1

二〇九六七 甲子卜翌丙雨乙丑晨雨自北少丙寅： 1

二〇九六九 ：于三日：雨：己：允雨自北 1

二一〇一〇 ：壬申：雨大：霎：寅大啓：卯大風 ：自北以： 1

二一〇一〇 ：風：自北：入日 1

二一〇一三 ：丙：惟大：雨自北以風：雨戊寅不雨 1

二一〇一六 ：大：惟自北 1

二一〇二一 ：大采日各雲自北雷惟𩀌雨不延惟毋： 1

二一〇二一 癸亥卜貞旬一月晨雨自東九日辛未大采各雲自北雷延大風自西刜雲率雨毋𣌭日： 1

乇二〇五八 有來囚自北 4

乇三三〇四 癸酉貞旬有祟自北：有囚 4

一四三三二 帝于北二犬卯： 1

三四一五三 癸亥帝北 4

三四一五四 癸亥卜帝北 4

三四一五六 貞于北帝 4

懷一五六五 丙申卜于北帝 4

懷一五七四 癸亥卜帝北 4

一三五〇五正 己亥卜內貞王有石在麓北東作邑于之 1

一三五〇五正 王有石在麓北東作邑于之 1

二〇七七九 壬午卜有甫在斲東北獲 1

四三九五正 貞戠于西北 1

四三九五正 勿戠于西北 1

一〇九〇二 田从北西 1

一九七六九 ：風：化惟：北西：大雍己： 1

二一〇二一 今日方其征不征延雨自西北少 1

二八七八九 自東西北逐沓麋無災 3

三三二四一 其北饗 4

三三二四一 其北饗 4

乇一七三 其豊在下丫北嚮 茲用 3

乇二二九四 甲子卜其豊：下丫北饗 3

乇二三二六 其北嚮 4

乇四五三九 于舊北對 3

其它

七九五反 ：北：惟： 1

五六九四 ：子卜：子：其：亞：北： 1

五七二一 貞令多馬衛于北 1

七一一九 ：王不其：北有：𡧊 1

八七八六 ：北：受一月 1

八七八九 ：延：北 1

九七五一甲正 ：北不其： 二告 1

九八一一正 貞于㞢北 二告 1

一〇九一五 ：呼田：來：北 1

一〇九一六正 ：馬：狩：北 1

一〇九二四 ：于夒：北獲 1

一〇九六〇 ：北雨允雨 1

一四〇二三 貞田：北 1

一四三三三 ：茲于北 1

一四三三四 貞燎于北 1

一五七八四 ：滴：北： 1

一七〇〇二 ：北：其：若 1

一九五三四 ：壬寅卜王凡：北示：宅： 1

二〇二四五 ：北： 1

二〇三二〇 ：巳卜：貞余：𣪘：北 1

二〇四二九 ：貞：婦：方其征：北： 1

二〇六五二 ：卜王：比西暨南比：年北暨東不 1

受年 1

二〇九六八 ：雨：雨之夕：北往一月 1

二一〇二一 癸丑卜貞旬甲寅大食雨：北乙卯小食大啓丙辰：日大雨自南 1

二一七一七 辛未𢓊卜我入商北我卩事 1

二一九二三 ：卯卜惟北： 1

著錄	釋文	期
二二〇七二	受于宗北	1
二七八九七	癸巳卜其呼北御事衛	3
二八一二六	…北莫	3
二八一九四	…北…呼…及…	3
二八三五一	其北牧擒　吉	3
二八七九〇	其北逐擒	3
二八七九二	北逐擒	3
二九二八九	…其北檝擒	3
二九四〇九	…北麓擒	3
三〇七二二	其萑…于北…	3
三二九〇六	乙巳卜惟北惟枇	4
三三一七七	…滴北…九豕	4
三三一七八	…北…	4
三三二〇六	…于北…犬	4
三三四二二	…北擒	4
三三六九四	于正京北	4
三四〇九七	戌…貞…北…	4
三四一三九	…亥卜…北寧…	4
三四一四九	…北…	4
三四三四一	…卜翌庚戌…北禦	4
三六七五一	癸巳卜在𠂤貞王送𪒶往來無災于師北	5
三八二三一	…饗吏于㯖北宗不…大雨	5
屯　一九	庚寅…令馬市人北	4
屯　四二三	…北…受禾	4
屯一〇七七	庚戌…辛亥…眾…甶北…	4
屯二二六〇	丁卯卜貞王其令卓奴眾于北	4
屯二四〇八	…亥卜翌日壬王惟在…𠂤舁北王利擒 無災	3
英九九五	壬辰…北…南…王…	1
英二四〇二	己…北…其弓…大乙?…	4
懷　一八四	…酉…北…莫…	1
懷　四〇三	…循北…	1
懷　八〇一	貞無…北…	1
懷一四六〇	于新邑北𣎆南弟侮	3
懷一六〇三	于北…	4
懷一六五四	戊戌貞令眾涉龍甶北無囚	4

非

著錄	釋文	期
一六九二七	貞非囚	1
一六九二八	…非囚	1
一七九六三正	貞非…不令…	1
二四二六六	辛酉卜尹貞王賓歲無尤在四月在師非卜	2
二四三四二	王在師非㚔	2
二四八九二	乙巳卜中貞于方非人皿雨	2
二七三五一	非唯	3
二八二九九	非水	3
三一九三四	非惟	3
三二一二六	祖辛𡨦祊	4
三四四七九	非惟㚔	4
屯　七七三	犾惟	3
屯二五九七	非若	

非　蜚

著錄	釋文	期
四九二四	貞勿令舟比母蜚	1
八一三五	翌癸…不步于非	1
一〇九七七	己丑卜㱿在蜚虎獲…	1
一五八三六	…王𢦏…非左…十叉…	1
一六九二九	…非囚	1
一七三五六	…非𠂤…	1
二一六二〇	…卜㣈蜚…東	1
二一八六四	…酉邑析…蜚𢀛…	1
二一九八七	戊午蜚惟𢀛	1
二六八八七	貞蜚行用𢦏不雉眾	3
二六八九六	貞弜用蜚惟祀行用𢦏羌人于之不 雉人	3
三二七二二	蜚若	4
三三一四七	乙丑貞今日王步自𦎫于蜚	4
三三二七五	己巳貞蜚囚	4
三三六九四	癸酉貞日月有食蜚若	4
三三六九八	庚辰貞日有戠蜚囚惟若	4
三四七〇七	己巳貞非囚	4
三四七〇八	丁丑貞卜有祟非囚	4
三四七〇九	丁卯貞非囚	4
三四七〇九	非作	4
屯　八二	…午貞王步自蜚于𦎫	4
屯　五〇三	其𢦏蜚	4
屯　五〇三	壬…蜚…災	4
屯一三五〇	…貞…𢀛…	4

出處	釋文	期
乇二六五五	……步自𢦏……㞢	1
英五九五	貞勿執𢦏𢦏	4

沘

出處	釋文	期
八三四五	貞我勿涉于東沘	1
八三四六	庚子……宊貞……涉于東沘	1
八四〇九	……虎……方其涉河東沘其……	1
八五九四正	貞羌于東沘	1
一四九一八正	……貞亞以王族暨黃……王族出……沘亞庚…… 東沘在……	1
三四二五五	弜于河東……沘奠即祐……	4
三四七〇	……東沘若	4
乇二一六	王其涉東沘田三麓……	3
懷一六四八	在狌東沘奠叟	4

(another form)

出處	釋文	期
乇一一一	甲子貞其涉師于西沘	
乇四四九	丁未貞王令卓奴衆伐在何西沘	4

(another form)

出處	釋文	期
九五一八	今春王奉于𣪘……于南沘	1
九五一九	……春王……南……人……南沘	1
二九〇八四	丁丑卜貞王其田于盂䆕南沘立	3
三三一七八	于𣶃南沘	4

(another form)

出處	釋文	期
二九〇八四	貞呼北沘立	3

(another form)

出處	釋文	期
一三三〇	……卜亘貞……在沘牛	1
八三三四	……在沘	1
八三三五	貞無……在沘	1
八三三六正	……有祐在沘	1
八三三七	……有祐在沘	1
八三三八	……祐在沘	1
八三三九	貞有不若在沘	1
八三四〇	……不若在沘	1
八三四一	……若在沘	1
八三四二	……在沘	1

出處	釋文	期
一三六五一	己丑卜爭貞有疾齒父乙惟有聞在沘	1
一四一七三正	……在沘	1

其它

出處	釋文	期
三三九	壬子卜宊貞數沘不㞢	1
五九〇正	貞沘以　二告	1
六四七	……沘	1
四四九九反	貞王令沘有芒比……	1
六〇三五	……射……沘……逸……	1
一〇六七五	貞令𢾭……沘……陷……	1
一〇九三七正	呼狄卜沘　二告	1
一〇九三七正	勿呼狄卜不沘	1
一〇九六三正	貞……狩……沘	1
一四三三〇	……勿……于……沘	1
一四五五六	……戊卜……王……河……沘	1
一七九六二	貞……沘……六	1
一八九六二	貞……沘……六……	1
一九三五七	貞翌庚子步于沘?	1
二一四一五	……自……其……沘?……	1
二八〇〇二	癸酉卜晭貞其歸𡆥方于沘?沘不……	3
二八三九九	北于之擒兕	3
三〇二八七	丁酉卜戌王其田从沘無災	3
三〇四三九	貞其涉兕𢀛沘	3
三三〇五六正	……沘次……	4
三三一六二	……阜……沘……擒	4
三三五九二	……沘……災	4
三三四〇〇	乙丑卜犬伐……沘㳄擒	4
三三四〇一	……沘㓞擒	4

(another form)

出處	釋文	期
一三五一七	勿作𠆢于𣶃四月	1
一三五一七	丁卯卜作𠆢于沘	1
一三五一七	勿呼婦奏于沘宅	1
一三五一七	呼婦奏于沘宅	1
三六九五二	……卜在𣶃……步于……無災	5

卅

出處	釋文	期
三四一〇〇	……卯貞王大禦……大示卅……三十牛惟茲 五用	4

衟

三〇三八六 …于衟小乙宎 3

三〇三八六 癸亥卜翌日辛帝降其入于衟大宎在宑 3

化

一三七反 王固曰有祟有夢其有來嬉七日己丑允有來嬉自…戈化呼…方征于我… 1

六〇六八正 癸未卜永貞旬無囚七日己丑𠂤友化呼告曰舌方征于我奠豐七月 二告 1

七六四七 王…不化…征 1

一〇二七五正 貞呼化… 1

一九七六九 …風…化惟…北西…大雍己… 1

懷六五〇 …化…余… 1

競

一〇六正 戊子卜王貞來競𠳋十一月 二告 1

一〇六反 戊子…來競𠳋十一月 1

一四八七 甲戌卜㱿貞其競父乙日于大庚告于… 牢 1

四三三七 貞惟競令八月 1

四三三八 貞競弗𠳋 1

四三三九 貞…競… 1

二一二三五 乙…往…競… 1

二二五九六 壬…貞…競… 2

二五一九四 …王歲其競在十一月 2

二七三〇〇 競祖丁… 3

二七三三七 競祖甲…牢 3

二七四一四 貞競父己…牢 3

二七五三一 …妣甲競妣庚 3

三〇四七九 弜競其有册 3

三一七〇六 弜競 茲用 3

三一七六三 弜競 3

三一七八七 辛亥卜貞敎競 3

屯五九四 …午卜翌日父甲𥙊競祖丁𠕋王受祐 大吉 茲用 3

眾

參眾 516頁

以眾

參以 361頁

一五 貞呼眾人出麇克 1

三四正 貞勿惟王往以眾人 1

三七〇六 戊申卜爭貞…以眾 1

二二五三七 甲子…貞𢀛涉以眾不喪眾 2

二六九〇〇 以眾 3

二六九〇一 以眾王弗悔 3

二六九〇二 …日壬王其…以眾 3

二六九〇三 …田省以眾 3

二六九〇四 𠦪以眾 3

三一九七二 己卯貞令𡆥以眾伐龍𢦏 4

三一九八〇 庚寅貞王令…以眾…受… 4

三一九八三 丁酉卜亞𠦪以眾涉于𠂤若 4

三一九八四 …令戔以眾入山祟?… 4

三一九八五 …以眾以省… 4

三一九八六 辛亥卜以眾 4

三一九八七 惟般以眾…受… 4

三一九八八 惟𠦪以眾人 4

三一九八九 …以眾人 4

三三〇三一 壬辰卜王令𠦪以眾 4

屯八〇六 …戔以眾𢦏… 4

屯一〇一五 …貞…令…以眾…于右 4

屯一〇九九 …貞𠦪以眾… 4

屯二一九五 …以眾擒 3

屯二三五〇 …王其以眾合右旅…旅𠂤于… 3

英二四一二 惟子㚔以眾 4

令眾

五 …㱿貞王大令眾人曰…受… 1

六 癸巳卜㱿貞令眾人肆入羋方…墾田 1

六 貞勿令眾人六月 1

七 辛卯…令眾…羋…十月 1

七 辛卯…令眾…羋…十月 1

二五 辛巳卜貞令眾御事 1

三三 癸酉卜㱿貞翌戊令眾人… 1

三八正 …令眾…步 1

三一九七八 丙子貞令眾𩱧召方𠦪 4

屯三八 丙子貞令眾御召方執 4

著錄	釋文	期
屯四三三〇	丁亥貞今秋王令衆䢅作[glyph]	4
懷一六五四	戊戌貞令衆涉龍□北無囚	4
六七正	貞王勿往逵衆人	1
六八	貞王逵衆人	1
三一九九四	己丑卜其䢅衆告…父丁	4
三一九九五	己丑卜其䢅衆告于父丁一牛	4
三一九九六正	其从𠂤冓衆	4
三二〇三〇	弜冓衆不出	4
屯一一三二	戊申貞其䢅衆人	4
四三	戊辰…貞翌辛…亞乞以衆人出丁彔呼保我	1
三一九七三	丁丑貞王令𨸏以衆出伐召受祐	4
三一九七四	丁亥貞王令𨸏衆出伐召方受祐	4
三一九七五	丁亥貞王令𨸏以衆出…	4
三一九七六	甲辰貞𨸏以衆出伐召方受祐	4
三一九七八	辛卯貞𨸏以衆出伐召方受祐	4
三一九七九	庚寅貞王令𨸏以衆出受祐	4
三一九八一	乙亥貞𨸏令郭以衆出受祐	4
三一九八二	…令以衆出…	4
屯五七〇	…未卜𨸏以衆出…召	4
屯九三五	辛未卜𨸏以衆出	4
屯一〇九九	壬戌貞𨸏以衆出伐召方受祐	4
屯三九一三	…衆出伐…	4
懷一六五三	乙亥貞王令…以衆出受…	4
一	…大令衆人曰劦田其受年十一月	1
三一九六九	丁亥卜令衆□田受禾	4
三一九七〇	貞郭以衆田有災	4
屯三九五	甲子卜令衆田若	4
一一	丙午卜古貞…衆黍于…	1
一二	貞惟小臣令衆黍一月	1
一四正	丙戌卜穷貞令衆來其受祐五…	1
三五	丁未卜貞惟亞以衆人步二月	1
三七	…今五月呼衆人步	1
英六〇七	貞勿呼衆人步于□	1
四〇	貞勿呼衆人先于□	1
四一	己巳卜爭貞呼衆先于□	1
四一	貞勿呼衆人先于□	1

其它

著錄	釋文	期
八	戊寅卜爭貞今春衆有工十月	1
九	辛未卜爭貞曰衆人…尊田…	1
一六	貞衆人無其擒十月	1
一七	辛亥卜貞衆…往□有擒	1
三〇	…令𢀛…衆…方	1
三一正	丁巳卜㱿貞王學衆伐于𦎫方受有祐	1
三二正	丁巳卜㱿貞王勿學衆𦎫方弗其受有祐	1
四〇	己巳卜爭貞呼衆…	1
四二	…𨸏立…衆	1
四四	…令…衣…衆…無不若	1
四五	…㱿貞王疾…衆不潛	1
四六正	乙亥卜古貞有衆之十二月	1
四七	不有衆	1
四八	貞衆有災九月…殺	1
四九	…衆…災一月	1
六六	貞虎中衆人得	1
七一	貞令…茲教…衆	1
七二反	…告余不教衆	1
七三	…衆	1
七四	貞其…衆	1
七五	貞王…衆于黍…	1
七六	…衆人	1
七七	貞…衆…	1
七八	貞勿…衆人…	1
七九	戊戌…爭貞…衆…無…	1
八〇	貞…勿…衆…	1
八一	…衆不舌黽	1
八二	…戌卜…衆…方	1
八三正	癸酉…穷…衆…	1
八四反	…衆	1
八五	…衆…五月	1
八六	貞…衆…其…	1
八六	…衆…	1

著録號	釋文	期
八七	：衆：	1
八八	：卜穷：衆：	1
八九	癸卯：貞：巳：衆：	1
九〇	：不：衆：方	1
九一	貞：衆：	1
九二正	：衆：	1
五五九七	貞惟𠬝呼衆人臣	1
二六八九四	：衆：𠬝受：有戋羌：	3
二六八九八	王其衆戍𢦏受人惟亩土人有災	3
二六八九八	王其呼衆戍𢦏受人惟亩土人暨㐱人有災	3
二六八九八	弜祀衆戍𢦏受人無災	3
二六八九九	貞其有衆	3
二六九〇五	弜永衆受令戋	3
二六九〇六	受惟衆百王弗悔	3
二七九六六	：衆	3
三〇四三九	貞惟衆涉兕　大吉	3
三一九九〇	：巳貞𢀛惟：食衆人于泣	4
三一九九三	禦衆于祖丁牝癸盧豕	4
屯一八〇	：衆以省亩	4
屯五三〇	：衆：	
屯五六八	：衆	3
屯五九九	：衆有工	4
屯八八〇	王其呼衆舂戍受人：亩土人暨㐱人有災　大吉	3
屯八八〇	：衆舂：受人：亩土人有𢦏	3
屯九三三	：酉貞四方有羌：衆	4
屯一〇一〇	乙亥卜王其衆：	3
屯一〇七七	庚戌：辛亥：衆：由北：	4
英一九一	：卜貞：其𠂢：衆	1
英六〇七	己巳卜爭貞呼衆人于𦏧	1
英二四一二	：並：衆	4
懷一六五四	有囚衆	4

[illegible] 庶

著録號	釋文	期
一四一五七	庚戌卜貞有𦚇秋惟帝令㐱	1
一四一五八	庚戌卜貞有𦚇秋告：丁四月	1

門

著録號	釋文	期
一五二正	庚辰卜穷貞朕𦉪于門	1
一五二正	貞朕𦉪于門	1
四七二六	癸丑卜王萑不𣴎暨：	1
八一三二	：己卯門：	1
一四三七〇乙	甲：貞：門：	1
一四三七〇丁	：酌河燎：旬在門	1
一四五五三	乙巳卜爭貞燎于河五牛沈十牛十月在門	1
一四五五四	乙巳：貞燎于河五牛沈十牛十月在門	1
一四五六二	：燎于河：五：十月：門	1
一四五八三	：巳卜爭貞：丁未酌河：在門	1
一四五八四	乙巳卜貞惟辛亥酌河十月在門	1
二〇二三一	令：門凡：方其：王亶十月	1
二一五二四	：省：門：	1

任

著録號	釋文	期
四八八九	貞令遘以文取大任亞	1
六七九九	：王：獲：任：方：	1
七〇四九	丁卯卜曰𦯬任有征歸允征	1
七〇四九	：歸人征𦯬任	1
七八五四正	：𣪘貞呼𠬝取囚任伐以	1
七八五四正	己酉卜𣪘貞勿呼𠬝取囚任伐弗其以	1
一〇九一七	丁巳卜史貞呼任目虎亞十月	1
一七九二〇	戊寅卜内貞呼：𠂤任：	1
一八四〇九	：貞：楙：任：于	1
一九〇三三	：雀任：受：	1
一九〇三四	：丑：多任：	1
一九〇三五	：任：	1
二〇〇二〇	乙卯卜祀畀：子任	1
二七七四六	辛酉卜貞其呼𢦏任𠳋鳴：母若弗悔在三月	3
三二九九二	：以多田亞任：	4
三二九九二	：以多田亞任：	4
屯六六八	：奠名任	4
懷四三四	甲辰：王雀弗其獲侯任在方	1

役

著録號	釋文	期
七三八正	呼比役：　二告	1
三九〇九	庚卜葡貞役：	1
五三六三	甲戌卜𣪘貞王不役在：	1
七七〇八反	貞役惟：	1
八一三八正	貞其役行：	1
八一三九	貞王不役在行	1
一〇一三一	貞役惟有不正	1

著録號	釋文	期
一三六五八正	甲子卜殻貞疾役不延	1
一三六五八正	貞疾役其延 二告	1
一七九三九	丙子卜古貞禦役	1
一七九四〇	貞王…役	1
一八二七二	…王役…罕…口…	1
二〇二八三	…王取曁役…勿余王…	1
英八〇九正	…役…其羸	1

攸

著録號	釋文	期
四三四〇正	辛未卜㞢貞令攸令…儥	1
五七六〇正	甲戌卜穷貞攸侯令其㞢舌曰若之 五月	1
七八九九正	貞…取…于攸	1
九五一一	告攸侯稭	1
一七五六九正	癸卯卜亘貞呼賓攸令 不舌黽	1
一九〇九二	…往…攸…十二月	1
一九八三五	癸未卜…㚔…仲丁…廼步…㠯七…在攸	1
二〇五九三	…巳卜…在攸	1
二三六四四	…卜旅…攸芦…工其…	2
二四二六〇	己巳卜尹貞今夕無田在十一月在師攸	2
二四二六〇	辛未卜尹貞今夕無田在師攸	2
三二九八二	戊戌貞侑敉于𢦏攸侯戴畐	4
三二九八二	中敉于義攸侯戴畐	4
三四一七六	不攸雨	4
三四一七六	攸雨	4
三六八二四	𩵦其驛至于攸若王田曰大吉	5
三七五一八	辛亥卜在攸貞大左族…擒	5
屯三一二	乙酉卜攸亢告啓商	4
英一八八	貞舌攸侯	1
英六〇九	乙酉卜穷貞攸牛于上甲	1
英二四九三	癸酉卜貞旬無田在攸	4
英二四九三	癸酉卜貞旬無田在?攸	4

攸

著録號	釋文	期
三六四八四	…𢦏…正月王來人方在攸	5
三六四八四	癸卯卜黃貞旬無𢦏在正月王來征人方	5
三六四九二	丙午卜在攸貞王其呼…延執胄人方𢦏	5
三六四九二	在攸侯喜畐永	5
三六四九二	焚…弗悔在正月惟來征…	5
三六四九四	癸酉卜在攸泳貞王旬無𢦏王來征人方	5
三六六〇六	丙子…攸…今…𢦏	5
三六七六八	…卜在𦔻…王步…攸無災	5
三六八二二	丁巳…攸…	5
三六八二二	己酉…攸…今𢦏	5
三六八二二	…卯卜在攸貞王今夕無𢦏	5
三六八二二	己未卜𢦏在攸貞王今夕無𢦏	5
三六八二五	癸酉卜在攸黃貞王旬無𢦏	5
三六八二五	己巳王卜在𢀛貞今日步于攸無災在十月又二	5
三六八二六	…申卜在攸…王今夕無…	5
三六九二九	…卜在攸貞…比在𢀛…擒	5
三七五一九	乙巳王卜在𣶃貞今日步于攸無災	5
英二五六三正	乙丑王卜在攸貞今日送从攸東無災	5
懷一九〇一	辛亥卜在攸貞大左族有擒	5

保

著録號	釋文	期
六	貞令祝保甫六月	1
四三	戊辰…貞盟辛…亞乞以衆人𢦏丁彔呼保我	1
一三七〇	…卜穷貞大甲保	1
一三七〇	貞咸…大…保	1
一四七三	…不㞢保我	1
二六四六	己卯卜殻貞壬父乙婦好生保	1
三三五七	乙卯…貞保…其𣂔…	1
三四三三	…子…𢀛…保	1
三四八一	癸未卜古貞黃尹保我史	1
三四八一	貞黃尹弗保我史	1
三六八三	乙…穷…亥…保	1
四一二六	貞雀有保	1
四一四九	…雀…弗保	1
四五五一	…三𦅫…事…王…保	1
五四九四	…保…戠…	1
六一五一反	王固曰無保	1
六三三〇正	乙丑卜殻貞子保舌方𢦏	1
六五七二	癸未卜内貞子商有保	1
六五七二	癸未卜内貞子商無其保	1
六九四七反	有保田	1
六九四七反	無保其田	1
八三八九	…貞…我保…丘	1
八六三〇	…保𢦏	1
八六九二正	貞…方…保…	1
一〇一三三正	乙保黍年	1
一〇一三三正	乙弗保黍年	1
一一三八三	…于保…小宰…	1
一四〇五九	…婦媳…嘉…保惟…戌…老	1

一四一八九　：帝弗保：　1
一六四〇九　：貞：保：若　1
一六四二三　癸亥卜穷貞：雍保王：囚　1
一六四二四　：卯卜爭貞：戊無保：　1
一六四二五　戊申卜穷貞有保：啓、二告　1
一六四二六　：有保：　1
一六四二七　：有保：　1
一六四二八　：貞：有十保：　1
一六四二八　：貞：有十保：　1
一六四二九　：酉卜貞：保：　1
一六四三〇　：弗保：　1
一六四三一　：大：保：　1
一七六三三正　戊申卜穷貞㞢保：啓　二告　1
一七六三四　丙子保𠂤示三屯　㲋　1
一七九二五　戊：保：　1
一八二七一　：翼：鍼：白：　1
一八七二二　甲申卜穷貞令家卣保：　1
一八九六三　：午卜：保：　1
一八九六四　丁巳：令：保：　1
一八九六六　乙亥：惟：保：　1
一八九六八　：保：　1
一八九六九　戊辰：保：　1
一八九六九　：呼：保：　1
一八九六七　：保于：八月　1
一八九七〇　：亥卜：保：　1
二〇三〇五　：保葊王：　1
二一二九二　無保　1
二一三九二　無保　1
二一四九四　：取保石：　1
二三六八三　丙寅卜大貞惟𠭯有保自右尹十二月　2
二四七三九　：丑：保：　2
二四九四五　戊戌卜出貞其有匚于保于䍙室酌　2
二五〇三八　癸未卜出貞侑于保惟辛卯酌　2
二五〇三九　庚戌卜出貞侑：保三牛　2
二五〇四〇　丙午卜出貞今夕侑：保三小窜　2
二六〇九四　丙寅：出貞：夕有：保用九月　2
二六八二六　：有保：　2
二六八二六　：保：　2
二六八二六　：保：　2
屯一〇六六　丁亥貞王令保老因侯商　4
屯一〇八二　：令保考因：　4
英三三九　貞燎于西弗保　1
英一〇七六　癸：保：　1
英一五五五　戊申卜永貞望乘有保在啓　1
懷六七二　：保：在北：若　1
懷七九一　：弗：保：　1
懷八二二　：保：　1

毓

一二四九　庚子卜王上甲妣甲毓妣癸：　1
二〇九七　甲：貞翌酌彡于毓祖無壱　1
二三六一正　：毓其惟甲：　1
三四一〇　丁亥卜：子伯癸：毓不伯　1
二〇六八九　：毓有友：惟白𤉲　1
三三三五九　：毓妣歲大：　4
英一九四八　庚子卜貞其侑于五毓窜　2

毓

三七八反　：毓：　1
八四三反　：毓　1
三二〇一正　貞子目亦毓惟臣　1
三三〇一正　貞子目亦毓不其惟臣　1

屆

一〇二六　戊申卜侯𠬝以人　1
一七六一五臼　辛酉屆示六屯　㲋　1
一七六一六　壬戌屆示三屯　岳　1
一七九五一　：不屆　1
一九〇二六　：于易𨸏屆以戠：惟：山：　1
二六八二七　：屆：有：來：三：　2
三五二二三　弜屆　4
英五二一　貞惟屆令目卯：　1

休

三三六〇　：侯：惟：休：　1
八一五四　：午卜爭貞：王往休　1
八一五五　庚子卜穷貞王往休無：　1
八一五六　壬：穷貞王往休　1
八一五七　辛丑卜貞王往休　1
八一五八　庚子卜貞王往休　1
八一五九　庚辰卜：貞王往：之日王：休从：　1

八一六〇　貞王往休無災
八一六一　…王往…延休
八一六二　壬寅卜古貞往休
八一六三　…申卜…王…休
八一六四　…貞勿往休二月
八一六六　…貞…往休
八一六七　…以休
八一七〇　…勿于休
一三〇二二　…卜…王…休…雨
二一七二二　丁丑卜呼貯于喜休
二四三九七　壬寅卜祝貞王往休十月在…
三二九六一　…貞王休…
英三三四　…貞休…
英三五三　不其休

三六五二二　庚寅王卜在䕌貞余其次在茲上𫓧今秋其敦其呼𢓊示于商正余受有祐王占曰吉

一八九七九　…庚𢓊…用
英二六七四正　御弟曰𪉉

六一　己亥卜貞𢓊不喪衆
六二　…亥卜貞𢓊不喪衆
五九〇八　貞執𢓊
五九〇八　貞勿執𢓊
六六四八反　勿𢓊人

耤

八　…卜貞衆作耤不喪…
一四正　貞呼雷耤于明
九〇〇正　丁酉卜㱿貞我受甫耤在始年三月
九〇〇正　丁酉卜㱿貞我弗其受甫耤在始年　二告
九〇〇反　王固曰我其受甫耤在始年
九〇四正　甲申卜穷貞呼耤生　二告

五六〇三　己亥卜…觀耤…
五六〇三　己亥卜貞令𡗜小耤臣
五六〇四　己亥卜…令𡗜…耤臣
九五〇〇　庚子卜貞王其觀耤惟往十二月
九五〇一　己亥卜貞王往觀耤延往?
九五〇二甲　…耤…
九五〇二乙　…耤于…
九五〇三正　…[illegible]耤在名受有年
九五〇四正　丙辰卜爭貞呼耤于陮受有年
九五〇五　己卯卜㱿貞雷耤于名享不潛
九五〇六　丙子卜呼…耤受年
九五〇七正　貞今我耤受　二告
九五〇八正　壬午卜㱿貞呼䰟耤
九五〇九　呼耤于亩北沘不…
九五一〇正　貞呼耤…
九五一一　告攸侯耤
九五一二　…不…耤
九五一三　…耤
九五一四　…耤…
九五一五　…耤
一三五〇五正　甫耤于始受年　二告
一七四〇七正　王勿耤…
二一五九五　…丑卜我貞…永耤于…
二八二〇〇　弜耤𠦪雈其受有年
懷三二二　…貞耤…

虎

四五九三　貞惟虎从微奴侑示三
八二〇七　貞惟王自虎凶皿
八四〇九　…虎…方其涉河東洮其…
九四七九　戊子卜穷貞令犬延族墾田于虎
一〇九四九　…涉狩于虎
一〇九七七　己丑卜㱿在𪊠虎獲…
一四三六七　…虎…
二六〇〇七　…出…翌丁…𢽾…虎
屯一一〇〇　…虎…
屯四三三〇　丁亥貞今秋王令衆䏎作𢓊

次

六三五三　己巳…貞𢓊…尋舌…其征…
七〇〇四　…未卜彝其捍𢓊

七〇〇五 …辰卜尋…捍𢦏 1
七〇〇七 辛巳卜…婦不捍于𢦏 1
七〇〇八 …卜王貞𢦏…捍于𣅈 1
七〇〇九 …𢦏其𢦔蚰…𠯑 1
一〇一五六 乙卯卜貞今𣅈泉來水次五月 1
一九五三三 …寅卜王貞…𢦏丙…宅㞢… 1
二〇二二六 …惟𢦏不… 1
二〇二二七 丙申𢦏光 1
二〇二二八 戊子令史𢦏 1
二〇三八五反 己未卜𢦏缶二月允𢦏 1
二〇三八五反 己未卜弗𢦏缶 1

英二六六四正 御子曰𡛷 5
英二六六四正 𡛷子曰商 5

佽

一四一五七 庚戌卜貞有𠬝秋惟帝令佽 1

虣

四四八五 己…王…𢦔呼… 1
八二〇五 貞…虣… 1
八二〇六 …于虣 二告 1
二〇七六二 …午卜𠂤…令𠂤狩𡨦 1
三三一三〇 貞旬無囚在虣 4
三三一三一 …貞…弜…賓…在虣 4
英一七〇五 …𠂤…虣 1
英一七〇三 …虣 1

一七九六五 [illegible] 1

吁

一七九六六 …寅卜王…[illegible]…子…取… 1

盱

一八七一二 勿盱 1
一八七一七 …茲盱… 1
三三四〇五 弗盱 1

伓

二〇九四七 …辛亥…無[illegible]… 1

令

六九四七正 己未卜設令𠬝往沚 二告 1
六九四七正 己未卜設勿令𠬝往沚 1
一〇九七六正 貞惟令令𠬝疾 1
一〇九七六正 勿惟令令 1

[illegible]

八九一正 𢓊呼取羌以 1
二一五六九 己卯卜丁𢓊𡧊 1
二一五七〇 癸卯子卜…𢓊往豕… 1
二二三九九 …𢓊食… 1
二二四五一 丙寅卜貞余無𢓊 1
二二四五一 丁卯卜𢓊…來… 1

竟

一八一八六 …辰卜𥁕…呼竟…奴… 1
三五二二四 弜竟 4

一三七二四 己酉卜王子𡰪囚田有疾 1

卲

一〇九七六正　貞惟令令卲疾　1
一七九二七　…未卜…翌丁亥惟卲　1
一七九二八　…王…卲…若　1
一七九二九　…卲…　1

尾

一三六正　己卯卜古貞：執往匄自穷王固曰其惟丙戌執有尾其惟辛家　1

偪　鄙

二〇六五二　丁丑卜王貞鄙…　1
二七九九一　自可至于寧偪[ ]　2

[ ]

一七九五二　丁酉…[ ]畣…不其…　1

飲

三三一七〇正　…飲[ ]…　4

[ ]

三七四三四　己未王卜在羌貞今日步于[ ]無災　5
三七四三三　庚申王卜在[ ]貞今日步于勭無災　5

[ ]

三七四六一　…王田于[ ]麓往…茲御獲麑六鹿…　5

[ ]

二八〇五八　戍循往于來取通[ ][ ]衛有戋　3

[ ]

一一〇〇六正　貞…[ ]…自疾　1
一一〇〇六正　丙午卜貞[ ]疾蔑自[ ]　1

視

七八五四反　…作洹惟有[ ]勿惟洹惟有[ ]災　1
一四四七八　貞視岳　1
一四四七八　貞視河　1
一四四七八　…視岳　1

[ ]

三五七五八　壬戌王卜在[ ]貞今日其…弗有數無災　5
三六七五八　庚申王卜在[ ]貞…其从…北沚…　5

[ ]

三六四一九　辛卯王…小臣[ ]…其無[ ]…于東對王固曰吉　5
三六八二四　[ ]其驛至于攸若王固曰大吉　5

偏

二一二三九　辛亥卜王朕[ ]不余…　1
二一二三九　辛亥卜王朕執[ ]…于曰…之…　1

[ ]

三二八四　貞[ ]令…　1

伐

一二四一二　…雨有伐　1
一三三八九　貞茲雲其伐　1
一三三八九　貞茲雲…伐　1
一六二〇二　…貞茲…其[ ]　1

編號	釋文	期
二〇三九七	：壬：有雨今日小采：允大雨延伐：翦日惟啓	1
二五〇二六	貞侑有大示五：九月	2
一五五五一	：𡆥：	1
乇二九〇七	庚寅貞惟叀令伐：	4
乇二九〇七	庚寅貞惟叀令伐商	4
懷一六二九	乙亥卜角不叀	4
懷一六二九	：叀：	4
一八七三二	：爭：侑：	1
二一八二三	：𢀛：𠨘因	1
八三一一	：未卜：不惟滴令𠨘方	
二〇四〇七	王貞馬方：𡆥陕口喪印　五月	1
二七〇八	：好：𠂤：于：	1
二〇九四六	：弗：屮：	1
二〇九四六	：屮：夕：其雨	1
二一六七七	丁卯卜𢀛貞我史𠨘丁自庚	1
二一七二二	丁丑卜呼𠨘于喜休	
英一七八二	庚辰：王貞：𢓊：其：	1
四三三五	辛卯卜王貞𢓊：	1
一七九七〇	丁丑卜：𢓊于：	1
懷四八五	壬辰卜亘貞婦𠂤娩嘉王固：	1
懷八一九	戊戌卜：穗示：	1
懷一五三八	：癸夕：𢓊	4
三六七七五	癸巳卜在徹貞王迖于射往來無災𢓊十終	5
二八八二四	：冒禱：𢓊：	3
三四四八三	于丸𢓊雨	4
三三二九四	乙未：于：𢓊雨	4
乇一四八	辛卯卜：日壬辰𢓊雨	4

著錄	釋文	數
乙一四八	辛卯卜烄𩁹雨	4
一九六三二	…有蒸…師𠂤…	1
一八五五五	…䣈…	1
二一八九二	…女…𠈇	1
八八〇九	貞…𡧊…于偁…其…	1
懷九八六	…殻貞…𡧊…于…	1
三三九三五	乙亥貞𩙡弜𡧊方…	4
英五三一	…射㹊…	1
一七三三〇	…𡧊不大…	1
乙四五五三	己卯卜有𢓊	
三二九六〇	…于卜…㹊𤉲于田	4
三二九五八	癸未…王㹊𤉲于田	4
三二九五九	…王㹊𤉲于田	4

著錄	釋文	數
二一五七一	丙辰卜…丁	1
六八〇一	…𠈉…	1
九八一九	…卯卜…侁有…受有年	1
一四七七四	…卜貞燎…𤎩	1
一三六七〇	貞勿于父乙告疾… 小告	1
二八〇八七	貞王其尋𢦏方伯智于之若	3
七二二七	庚戌…允其…循于…𤎩及五月	1
一七九六四	…𠊜…	1
一七九八二	戊…𡆥…	1
乙七七一	癸未卜其…	4
乙七七一	弜…	4

著錄號	釋文	分期
懷一五五九	戊戌貞其𢦏翌日	4
懷一五五九	庚子貞其𢦏翌日	4
懷一五五九	壬寅弜𢦏于來戊迺𢦏	4
懷一五五九	乙巳其𢦏翌日大乙宗	4
懷一五五九	丁未其𢦏翌日在大丁宗	4
懷一五五九	丁未其𢦏翌日在祖丁宗	4
懷一五五九	丁未其𢦏翌日在父丁宗	4
三五二五九	…𠂤…	4
二二〇九九	戊午卜石陰疾𠂤不旬	1
一七九八一	…勿…𠄌…	1
一六二三四	…于…品𠂤…	1
一五六七三	…未卜貞…春[illegible]…	1
一八〇二〇	…執…	1
二〇六四五	[illegible]入	1
九八正	己未卜爭貞[illegible]𪓑無囚 癸亥貞王惟今日伐…王夕步自果三雖	1
三三一四九	…乙丑王[illegible]歸[illegible]…	4

著錄號	釋文	分期
乇二二九	丙子卜…陟[illegible]不夕	3
英一二四九	…岳取𢀛…	1
一八九七五	兊 …兊…二月	1
九一〇〇	𩚁 …傳以血…𩚁聞曰𩛥…子	1
乇一〇〇	于𠄌妏	4
四一九正	乙巳卜韋貞呼[illegible]允…	1
四〇七	丙午…𢆶…呼…	1
三四二五六	庚寅卜告…𦀚尹𠨘册于河迺…	4
一八七八三	…亼…	1
二〇五六三	…逆…𢓜…	1
八八一一正	𪚥 貞呼宪取羊不于𪚥	1

片號	釋文	次數
英二五三六	弜弘吉	5
六九六三	甲辰卜王雀獲⋯侯□⋯	1
英一九八七	⋯卜出⋯鼓□⋯小乙無⋯	2
三四〇五	辛丑卜王⋯□伯弗　徒	1
一六九九七	⋯賓□惟⋯有壱	1
二〇二二三	臥 丁亥卜□貞王□	1
一七九三八	臺 貞⋯戊　臺	1
五六五	貞惟備犬□	1
一〇四一〇正	⋯午卜王⋯兕九⋯在大⋯□二月	1
屯一〇六	癸酉貞□以□⋯北土	4

片號	釋文	次數
二八〇六四	戊寅卜在□師□人無戋異其□	3
二八七一	弗□	1
屯二二六〇	己卯卜貞□⋯	4
二二〇九二	丙午卜惟若于□丁	1
一七九七二	呼□	1
一七九三〇	⋯比⋯□⋯	1
一五四三五	⋯卜⋯代⋯	1
三九四二	⋯午⋯令□比□	1
一四四四六	⋯無𡆥王固曰有祟⋯𢼄𩡧車⋯車□	1
一四四四九	馬⋯亦有□⋯ ⋯𩡧車⋯有□⋯	1
二一七七四	倪 壬寅貞□倪	

大

大干 参干 398 408頁

大宁 753頁

大室 758 771頁

大邑 116頁

大田 450頁

大蔑 660頁

大甲 581頁

大史 1125頁

大采 510頁

236頁

143頁

大出 295 301頁

大合 261頁

大启·大启

五八四三 既伐大启

二四九九正 …酢明雨伐…雨咸伐亦…𢼄卯鳥大启

二〇九五七 易… 日大启昃亦雨自北…昃…

二一〇二二 戊申卜貞翌己酉大启

二〇二二六 …五卜今日…大启

二八六六三 …亥卜翌日戊王兑田大启 大吉 兹

用 九大启

懷一四九六 …其启三日庚寅…大启

二四四三九 …貞…有大水

三三三四八 大水不各

三三三四九 …戊無大水

三三三五〇 …商水大…

三三三五一 貞今秋禾不遘大水

英二五九三 癸丑卜貞今歲無大水

英二五九三 其有大水

大食

二〇九六一 丙戌…三日雨丁亥隹大食雨

二一〇二一 癸丑卜貞旬甲寅大食雨…北乙卯小食大启丙辰 日大雨自南

二八六一八 大食不…

二九七八六 貞惟大食

英一一〇一 丙申卜翌丁酉酢伐启日明霧大食日启 一月

大再

一三五三八 乙酉卜穷貞…秋大再…

一九五三六 乙酉卜穷貞…秋大再惟…

二六六三一 癸亥卜兄貞旬無…夕遘大再

三四一四八 庚午貞秋大集…于帝五玉臣血…在 祖乙宗卜 兹用

大方

六七九八 …大方伐…啚二十邑庚寅雨自南二…

二〇四六八 …辰卜王…大方…羊印不執

二〇四七六 辛酉卜七月大方不其來征

二六八八二 …來告大方出伐我師惟馬小臣…

二八〇〇四 …大方…年

屯一二〇九 惟大方伐

大豈

六八四三 …戈其大敦豈

七六六五 戊申…其大敦

七六六六 戊子…其大敦 戊申卜不大敦

大延

二二八九二 乙卯王…大延

二三六六七 丙午王卜大延

二五九二八 癸酉卜…王大延

二五九二九 甲辰王卜大延

大

著録號	釋文	期
二五九二九	辛巳王卜大延	2
二五九三〇	丙午王卜大延	2
二五九三一	…戊王卜大延	2
二五九三二	…卯王…大延	2
四七八正	戊子卜内…大豕及　二告	1
二八三〇七正	王其射麇大豕	3
二八三〇八	…射…大豕	3
二八三〇九	…有大豕	3
二八三一〇	…日乙王其…惟…湄日無災擒有大豕	3
二八三一一	…麥田…無災…有大豕　吉	3
二九四二五	…豕…有大豕	3
一	…大令衆人曰劦田其受年十一月	1
五	…殺貞王大令衆人曰…受…	1
五〇三三	貞王大令	1
五〇三四	貞王大令	1
五〇三五	…王大令	1
五〇三六	貞王勿大令	1
二七三六三	…祖丁大乂王其延父甲　大吉	3
屯三七六	己未卜祖丁大乂王其延大甲	3
屯三三四	丁…卜王其有大乂毓祖丁惟乙…大吉	3
一五〇三反	七日己巳夕…有新大星並火	1
一五〇四	…大星出…南	1
二九六九六	庚午卜…大星…	3
三七八四八	辛酉王田雞麓獲大𩇟虎在十月 惟王三祀劦日	5
一五一正	貞方其大即捍	1
二〇五五一	辛丑卜王貞余曰大蚩不	1
二三六一〇	庚寅卜出貞于翌乙未大醫	2
二六七九九	庚寅出貞于翌乙未大醫	2
四八八九	貞令遘以文取大任亞	1
一一〇一八正	呼取大	1
一一〇一八正	令𠂤取大以　二告	1
一一〇一八正	貞𢀛以大	
一一〇一八正	𢀛弗其以大　二告	
一二五〇六反	王固曰之…勿雨…卯…明霧三𠂤食日大星	1
懷一五八一	辛酉卜惟大行用	4
二八一〇三	于…大商	3
一四八五九正	癸酉卜爭貞來甲申彭大𠃊自上甲五月	1
九四七二正	令尹作大田	1
九四七二正	勿令尹作大田	1
二八三一九	戊王其田于𡚬擒大狐	3
二二四一八	…酉卜卩于大…	1
二二七七一	己…貞…曰商…大于大…若受之	2
二四二三八	乙酉卜行貞王步自遘于大無災在十二月	2
二八一八八	自瀼至于大無災　吉	3
三〇七七五	…酉卜何貞其遘于大𡨄	3
三三六九三	弜𤔲于大…祝	4
三四四二一	己未卜歲至于大…	4

大

著錄號	釋文	期
屯一一一五	己亥貞卯于大其十牢下示五牢小示三牢	4
英一一九七	丁卯有歲于大…	1

其它

著錄號	釋文	期
二七五八二	…申卜貞…大麓…來無災	5
二八三四五	惟彪麓獲有大鹿無災	3
屯 六〇	于大學尋	3
英 二三五〇	乙亥卜王其侑大于王受祐　吉	3
二五	丁卯卜貞望𠂤多方示…作大…七月	1
一〇三	…以多…𦎫…大…	1
三三七	…祏大…又十羌	1
三四〇	丁酉卜宊貞大…大…百…	1
三七六反	令匚禦大𡆥	1
六五一	乙巳卜爭貞吿方出于祖乙于大…	1
九一四反	大入一	1
五三三〇	…未卜王貞三卜大…𢀛	1
五六五八正	大敵敕次	1
六〇九三正	癸巳卜殻貞有犬	1
六六〇一	甲寅…不大…	1
六七〇一	壬戌卜方其大…	1
七六三一	貞翌甲…子大…征𠀠	1
七七六四	…多大…	1
八六八三	大告方	1
一〇四一〇正	…午卜王…兕九…在大…𩰫　二月	1
一二四二五	貞翌庚辰不…庚辰…大…	1
一二五二八	貞大今三月雨	1
一二五二九正	大今三月不其雨	1
一三四六三	甲子卜…燎…步…大…翟	1
一三五〇四反	…寅卜永貞…王固曰…作大…	1
一三五一二	丁未　貞勿作大…	1
一四二〇六正	癸丑卜爭貞我宅茲邑大賓帝若三月	1
一四六八二	…勿…大…于…河	1
一五四〇一	丙申卜戠弜用…大社	1
一八七七二	貞傲其大泉	1
一九五九七正	…之日…大值…延若	1
一九七六九	…風…化惟…北西…大雍己…	1
一九七九二	…貞印…大夕屯	1
一九八三四	丙午卜酚大…卯三牛正	1
一九八七五	丙午卜大	1
一九九七一	甲申卜王大衛于多母	1
一九九八〇	…庚…母…大…用三十…	1
二〇〇二六	…卜王己…大子…橐	1
二〇〇八六	…亥卜大𠱠面人十一月	1
二〇一三二	…卜𠆢大…	1
二〇二四三	王令大谷…	1
二〇四六七正	己　弗執大…方	1
二〇八五六	壬午卜大酉北	1
二一〇一三	…丙…惟大…雨自北以風…雨戊寅不雨	1
二一〇一六	…大…惟自北	1
二一〇二九	…大…在宊	1
二一〇四一	貞丁勿…呼𡰥…允大…	1
二一一九五	…丑歲牛大…	1
二一一二二	…大中…若	1
二一四九〇	貞余…問大…	1
二一四九一	癸巳卜大亦見…	1
二一五一三	…戊…大…方…	1
二一五八六	惟大…丁巳	1
二二〇六七	壬子卜貞有其歸婦無大吉	1
二二四五五	…大…巫…	1
二二七五八	甲子卜王斿卜大斿	2
二三七〇九	…午卜出貞…孽小𠬝有𢼄示呼見…大	
	…左…	2
二四三九四	壬申今夕在西大…	2
二六九七三	…其从執…習大…	3
二七〇〇二	…牢其即大…	3
二七〇三六	…用一人惟…𦍌有大…	3
二七〇三九	弜丁酚有大…	3
二七一四二	庚辰卜貞于大乙…大…	3
二七一五六	…于大丁大…	3
二七七九〇	惟大…御事王弗悔	3
二七九〇〇	…猶犬告曰有大…	3
二八〇四一	貞戊…北大…	3
二八八八八	翌日壬王其田䖵擒有大逐	3
二九七〇六	辛卯卜何貞王無災大即日…	3
三三三五九	…毓妣歲大…	4
三三三八六	…王狩大…	4
三三六〇一	…大牛骨	4
三三六九二	弜侑于大歲衩	4
三三九三〇	…無…大…	4
三四〇四六	…令大…	4

三四三二七　丁亥…大…侑…　4
三四三六〇　…大吻告　4
屯六七五　辛丑貞彭大凰于宰　4
屯一〇四六　…雨大于…　4
屯三九四七　乙亥…在大…有ㄨ…三羌…　4
英六一三　乙未卜殼貞大呼王敦衛十月　1
英九二五　丁未…來…大…　1
英一二九一　貞…王戋祖…玉燎三小宰卯三大…　1
懷一四六六　惟大…用及方　3
懷一五〇五　…申卜叔…大材…　4
懷一九〇一　辛亥卜在攸貞大左族有擒　5

天

其它　參見

一九〇五〇　…天…　1

四四〇六　壬…卜…四月天不其至　1
四四〇七　…弗…來…天…　1
三三二八九　辛未卜皮天于凡享壬申　4
英一一七六　…王…天…　1

三〇二八　貞惟袞天令十三月　1
一三七二八正　…亥吴…無疾　1
二〇一六四　…申卜㫗令吴比…侯…　1
屯四五五六　辛丑卜翌日壬王其戍田于吴…無災擒吉　3

天

一七九八五　貞于…朕天　1
二〇九七五　庚辰…王弗疾朕天　1

天

二二〇五四　辛…天…宰　1

二二〇五五　…天…于囗　1
二二〇九三　天槃量十一月　1
二二〇九四　乙巳于天癸…　1
二二一〇三　癸巳卜…天…直…巫…　1
二二一〇三　…今夕…帀…直…天…于…　1
二二三三一　于天…槃　1
二二四五三　戊…天…　1
二二四五三　辛酉卜天　1
二二四五四　惟凸犬于天　1
屯六四三　貞天Ⅱ牧扁？不用　1
屯二三四一　惟槃斫牛于天　1

夫

九四〇正　貞王肇牛于夫　1
九四〇正　貞勿肇牛于夫　1
九四〇反　夫入二在庙　1
一〇七六甲正　貞呼…妝人…暨夫以　小告　1
四四一三　…令夫…　1
四四一四　…卯卜王勿令夫…受　1
七八九八　己卯卜…令…于夫…于宋…　1
八八三六　戊辰卜穷貞呼師般取于夫　不舌黽　1
九六八一正　戊申卜夫受年　1
一〇一九四　貞督…夔…夫　1
一〇三〇二甲正　勿呼良往夫　1
一三三〇八　戊…貞…毋…夫…　1
一三七五六　…未卜…夫…疾　二告　1
一四一九七正　…夫弗…凡　1
一五五三四　甲戌卜…貞夫…燎　1
一九六一三　…夕坐…惟其…夫…　1
二〇一六五　戊戌卜㫗延令夫…爰　1
二〇一六六　…卯卜王…令夫…龜…　1
二一五四六　己丑子卜小王亩田夫　1
二二三〇九　乙酉卜貞夫無囚　1
三〇一六七　于夫姣雨　3
三〇一六八　姣夫有大雨　3
三〇六〇〇　于夫西對　大吉　3
三六六九六　丁丑卜貞王送于夫…來無…　5
三六七四〇　…卜貞王…夫往來無災　5
三六七四二　丁未…于夫…　5
三七七五〇　丁卯卜貞王田夫往來無災　5
英三一九　…夫…　1

参大 1245頁

其它

矢

英六一九 壬寅卜夫不其啓少十月
英七三四 …夫…來自…
英三五五八 丁亥卜貞王迻于夫往來無災
懷四六五 …二卜令…夫…

一〇五一一 侑王矢伐五卯宰
一〇五一二正 侑王矢伐三卯宰
一〇五一二正 侑王矢伐一卯宰
一〇五一一正 壬辰卜㱿貞于王矢
一〇五一一正 貞于王矢 二告
一八二五 貞勿束王矢三宰
一八二五 貞戠于王矢宰
一一〇一六 …酉卜𡆥貞于矢先冒一月
一四一二八正 貞…丙…酢王矢允酢
一四七〇八 …王矢
一四〇九 …侑于王矢…二豕
一九六八二 貞惟…矢呼…
一九六八二 貞惟…大矢…
二一一〇 丙燎岳矢山
二二四二〇 …犬多矢…羌大示…
三一二四一 …矢…辛日無災…翌辛日…
三九四六一 貞矢…
二二四二三 乙未卜王…禦
三六四二九 甲戌卜在…貞今夕師不…
三六四三九 甲戌卜在…貞有邑今夕弗震在十月又一

其它

一〇九〇 …王貯以…一月
一〇九一 …王貯…以…
一〇九二 己巳卜…不其以
一〇九三 己酉卜王勿…于…

虞

三一九五甲 …虞…
一八三一九 …虞…

矢 𠤕 疑

二三六六九 辛丑王…矢延
二三六七二 乙卯王卜矢延
二四三一七 …辰卜旅貞翌丁巳…矢至…在師褭…
二四三一七 …來…自矢師…
三二九〇八 …亥貞矢以…

央

三〇〇六 貞禦子央豕于娥
三〇〇七 貞禦子央于贏甲
三〇〇八 貞禦子央于…己
三〇〇九 …戌卜…禦子央于母己三小宰
三〇一〇 貞禦子央于母庚
三〇一三 貞酢子央禦于父乙
三〇一三 勿酢子央禦
三〇一三 貞酢子央禦
三〇一五 貞來乙巳酢子央
三〇一八 丙申卜貞翌丁酉用子央歲于丁
三〇一九 …卜…貞子央…眈惟人…
三〇二〇 癸未卜爭貞子央惟其有…
三〇二一 貞今癸巳…子央…于妣 小告
三〇二二 …子央…
三〇二七 貞子央…
六〇五一 乙未卜㱿貞令永途子央于南
二一一七一臼 壬戌子央示二屯岳
一三七二六 戊申卜𡆥貞呼子央有…
一七五五五正 乙丑卜…子央…

其它

二五八〇 …央于母癸

三〇一四　貞彫…央樂于父…　1

三〇二三反　…央…　1

三〇二四　…央…畀…　1

三〇二五　…央…心…　1

三〇二六　…央…　1

一〇四〇四　…央…馬…　1

一一四三〇　…卯…央…心…　1

一三七二九　…央疾　1

一七五九三反　…央示…　1

英八三一　…有…央耳…年　1

懷七四八　…貞央…豕使…　1

美

三一〇〇　…子美見以歲于丁　1

三一〇一　丙寅卜貞…丁亥子美…見以歲于…　1

三一〇三　壬子卜貞盟庚子美其見　1

三一〇四　…子美　1

一二九三九反　貞戚…子美…　1

一二九三九反　…子美…　1

其它

三一〇五　…卜…呼…美…毓…于…　1

三一〇六　…美…兇…　1

三一〇七反　…美…　1

一三六〇七　…南門即美　1

一四三八一　…穷…美…囚…有…　1

二二〇四四　庚戌卜貞于美　1

二六八三六　辛酉…貞惟其…美…　2

二七三五二　惟小乙作美庸用　3

二七四五九　貞弜美　3

二八〇八八　…卜狀…危方美…酉于…若　3

二八〇八九正　王于𢓜使人于美于之及伐望王受有祐　3

二八〇八九正　𢓜取美御事于之及伐望王受有祐惟用　大吉　3

二八〇八九正　𢀛其呼取美御　吉　3

二八〇九〇　…取美御事于之及伐望王受有祐惟用　吉　3

二八〇九一　…危伯美于之及…望…　3

三〇六九五　惟祖丁用　大吉　3

三一〇二二　万惟美奏有正　3

三一〇二三　其奏庸闕美有正

三三〇〇八　…其執美…　4

三三一二八　惟美奏　4

三五三四六　丙辰卜在𠂤貞惟大有先…𢦏美剛利不雉衆　5

三六四八一正　…小臣牆比伐擒危美人二十人四…人五百七十…車二丙盾百八十三函五十矢…白麐于大…用𢀛伯印…于祖乙用美于祖丁僼曰京暘　5

三六九七一　…貞今日王…𢦏美剛方　5

二四二四六　貞無尤在十二月在□卜　2

九五　貞□率以冕羁　1

二六四正　壬子卜貞□以羌𠂤于丁用六月　1

五六四正　甲辰卜貞乞令□以多馬亞省在南　1

六七一正　庚寅卜𣪊貞□以角女　二告　1

六七一正　庚寅卜𣪊貞□弗其以角女　1

五七六一　癸丑卜爭貞□以射　1

五七六二　貞□以射　1

五七六三正　…𣪊貞□以射　1

五七六四　貞□不其以射　1

九〇二七正　貞王其有曰□以　1

九〇二八　…𣪊貞…□以…　1

九〇三〇　…亘貞…□以　1

九〇三一　貞□弗其以　1

三二一〇七　辛丑貞王令□以子方奠于并　4

三二二七五　乙卯貞□以人…北奠次　4

三二四三〇　…□以二𣪘…于大乙　4

三二四三〇　…貞□以二𣪘于父…大乙　4

三二七〇〇　乙巳貞□以𣪘于父丁　4

三二七〇〇　辛亥貞□以二𣪘于父丁宗尸　4

三二八三三　…亥貞王令□以子方乃奠于并　4

屯四三六六　辛亥貞王令□以子方奠并在父丁宗□

懷四七五　庚子卜貞圍□以黽于…丁…　1

一一八 戊申卜宕令𡆥…析𠭯 二告

六五五甲正 貞勿令𡆥𠭯𡆥由取舟不若

六五五甲正十六五五乙 戊…殼貞令𡆥𠭯𡆥由取舟不若

六六七反 …令𡆥𠭯…

四〇〇三正 丁巳卜…令𡆥…朕示…㞢邑…㞢

四〇〇三正 丁巳卜…令𡆥…朕示示…有祝…㞢

…

四〇〇四 …宕貞翌丁亥令𡆥

四〇〇五 …戠于…令𡆥

四〇〇六 …卜𦎫貞令𡆥𠂤…

四〇〇七 貞勿令𡆥

四〇三二 …未卜殼…令𡆥…奴…于…

五六〇三 己亥卜貞令𡆥小耤臣

五六〇四 己亥卜…令𡆥…耤臣

五六二二 …貞翌…令𡆥…子方…友載王事

九六三八 乙酉卜貞令𡆥省在南𠣛十月

一七一六八 丙子卜宕貞令𡆥圂我于有師骨告不𡆥

一七一六八 …十二月

三二〇四八 癸亥卜令𡆥呼比沚戈曾𡆥因土…𡆥

叩𠂤

三二〇五〇 丁卯卜令日令𡆥

三二八三三 辛酉貞王令𡆥以子方奠于并

三二八三五 庚午卜王令𡆥

三二八三八 …令𡆥𠂤…

三三〇三八 庚子卜令𡆥省𠣛

三三〇五八 辛酉貞王令𡆥以子方奠于并

屯二〇四 己丑卜令𡆥省𠣛

屯二二七三 己卯貞令日王令𡆥因我𠂤

八四〇 呼𡆥取

八四〇 呼𡆥取往見

二六五八 貞呼𡆥取

六一四四 呼𡆥取

七八五四正 …殼貞呼𡆥取因任伐以

七八五四正 己酉卜殼貞勿呼𡆥取因任伐弗其以

八八四三 呼𡆥取

八八四四 …卜宕貞呼𡆥取陟

八八四五 …勿呼𡆥取

九八二七 貞呼𡆥取弓

九八二七 貞呼𡆥取弓

九八二七 貞呼𡆥取

一三五八六 𡆥取家

六六三九 𡆥在羌…

六六三〇正 …戊卜殼貞𡆥𢦏羌龍

六六三一 貞𡆥𢦏羌龍十三月

六六三三 貞𡆥弗其𢦏羌龍

六六三四 貞𡆥弗其𢦏羌龍

七六八二正 庚戌卜殼貞𡆥弗其𢦏

七六八三 …𡆥弗…𢦏

一〇七六乙反 𡆥入一

二五六八反 …𡆥入…

三九七九反 𡆥入五

九二一〇反 …𡆥入二十

九二二一反 𡆥入十

九二二二 𡆥入…

一三三三八反 𡆥入五十

一四七二一反 𡆥入五

三二八三六 …卯卜𡆥入羌𢦏𠭯…

六六三五 貞𡆥弗羌龍 二告

六六三六正 丙辰卜殼貞𡆥弗羌龍

六六三七正 貞𡆥弗其弗羌龍

六六一三 …殼貞呼𡆥𦎫…

一三七四〇 貞于翌丁巳至𡆥𦎫

一三七四〇 戊午卜貞今日至𡆥𦎫于丁

八四六 貞𡆥執往

八四七 貞𡆥執往

一二四八正 貞𡆥執

四二〇 丙午…𡆥來…自…

五五七　貞勿用□來羌

一七七　己丑卜爭貞□𢦏王事
一七七　貞□弗其𢦏
五四五八　甲戌卜穷貞益□啟𢦏王事
五四五九　庚申卜殻貞□𢦏王事
五四六〇正　……貞□……𢦏王事
五四六一　貞□𢦏王事王固曰吉惟茲曰□
五四六二　貞□弗其𢦏……
五四六三　貞□𢦏王事
五四六四　貞□𢦏王事
五四六五　……□……王事
二四一一六　乙未卜出貞□𢦏王事不𢦏十二月

其它

二六五　……午卜……□……羌
二六六　……惟……未……□……羌
三〇〇　丙午卜貞□尊歲羌十卯十牢于□用八月
四八三　丙辰卜……□……五……五……
五七八　癸丑卜穷貞惟□令執□
六七〇　貞□……角女
一〇六一　貞勿示□四人
一〇六九　……□……
二六八三　□
三三三五反　□
四〇〇八　……翌……未……□……令
四〇〇九　庚戌卜爭貞……呼見……□
四〇一〇　庚寅卜……□省在……十一月
四〇一一　……□……得
四〇一二　貞□弗其率以
四〇一三　……辰卜貞……□于……二牢
四〇一四　……□……歸……乃……示
四〇一六　……人□……無災
四〇一五　貞□無𢦔
四〇一七　貞□不其……
四〇一八正　……□弗……
四〇一九　貞□弗其
四〇二〇　……□……疋……自東
四〇二一正　丁卯卜□貞□……
四〇二二　……午卜……□……

四〇二三　貞……□……
四〇二四正　……巳卜殻……□
四〇二五　乙卯卜貞惟□令比殻受□
四〇二六　……巳……爭……□
四〇二七　……□……來……
四〇二八　貞□……旅……
四〇二九　……□……十月
四〇三〇　……未卜……□……延……四月
四〇三一　貞王……□……
四〇三三正　……□比……
四〇三四正　甲戌卜穷貞□……
四〇三五　……由□……龍允……
四三四五　貞勿呼疾人□十三月
四七七五　庚寅卜爭貞惟陕卣□八月
五一三一反　……□……不……
五五六六　……□于……奴王臣四月
五五九七　貞惟□呼衆人臣
五六三四　貞……呼……□……
五八一一　……午卜穷貞呼涉□師
六〇五三　貞惟□令逄子□
六〇七八　□
六〇七九　……□……
六五六九　乙未卜殻貞□克□
七二四六正　貞□……□
七三五九　曰□次于□
八一〇九正　……有至自□
八一一一　……徦往于□
八八〇六　……呼……牛……□……
八九八一　貞呼□曰毋以豕
一〇〇四八　乙酉卜貞惟□令□□十一月
一〇〇四八　己卯卜穷貞今日□□令圍我于有師乃
奴有……
一〇〇四八　貞……□……□……
一一一一六　貞……□……于……一牛
一一一九九　戊午卜爭貞留羊于□
一三七三九　……告□……疾……丁
一三七四〇　丙辰卜貞禍告□疾于丁……
一三七四〇　……卜……□□于婦三牢五月
一三八七六　……卯卜爭貞□骨凡有疾五月
一三八七七　乙卯……貞□其骨凡有疾
一四四三六　□
一四四七四正　貞使人于□

著錄	釋文	期
一四五二六正	乙丑卜爭貞來…王…	1
一五五三三	…來其…	1
一五八五五	丙辰…禘…來…于…	1
一五八七四	…丙…來…壱	1
一五九三五正	己卯卜永貞界…來…	1
一七〇八二	…辰卜穷…來不其	1
一七一七〇	貞來不其骨告其其十一月	1
一八五〇四	貞惟量…來…月	1
三三八二九	丙子貞王惟來令囡我	4
三三八三〇	丙子貞來王惟令囡…	4
三三八三一	…子貞…惟來…囡我	4
三三〇六〇	…丑貞來令…苦方	4
三三二三八	庚子…來…	4
屯二三七三	丁丑貞王…來囡我	4
英三四五	…丑…邑…來…	1
英三九四正	貞…來…	1
英六〇九	…來令執高七月	1
英七六九反	…日吉…來…	1
英七七六正	…往舄…牽得…來…	1
英一九九四	庚午卜出貞王來曰以方宁齊以	2
懷三六五	丁未…貞來…弗其戕…	1
懷三七三	…貞來…	1
懷八一七	…貞來…弗壱…	1
懷一六四九	…令師般暨來	4

立

著錄	釋文	期
八一二正	壬申卜殼貞我立中	1
八一二正	壬申卜殼貞勿立中卜	1
八一二反	立中	1
八一二反	勿立中	1
六四四九	貞立中	1
六四四九	貞勿立中	1
七三六三正	辛卯卜永貞王惟中立若	1
七三六三反	庚寅卜永貞王惟中立若	1
七三六四	庚寅卜永貞王惟中立若十一月	1
七三六五	…卜爭貞王立中	1
七三六六	…爭貞王立中	1
七三六七	乙亥卜爭貞王勿立中　不吉黽	1
七三六八	乙亥卜爭貞王勿立中　不吉黽	1
七三六九	丙子其立中無風八月	1
七三七〇	…酉卜穷貞翌丙子其…立中允無風	1
七三七一	…子其立中無風	1
七三七三	丙子立中	1
七三七四	貞勿立中	1
七三七六	…立中	1
七三七七正	貞來乙…其立中	1
七六九二	貞來甲辰立中	1
二〇三八六	己…立中	1
三二二一四	甲寅立中	4
三二二二六	甲寅卜弜立中	4
三二二二七	辛亥貞生月乙亥耏用立中	4
三三〇九六	…亥…立中	4
屯一〇八〇	甲寅卜立中	
英五八四	貞立中	1
英六八〇	…丙子立中…無風暘日	1
英六八一	…來甲辰立中…	1
懷一六一一	甲戌卜立中暘日乙亥允暘日	4

著錄	釋文	期
二四	辛亥卜爭貞収衆人立大事于西奠玟…月	1
一〇二二甲	庚申卜王侯其立朕使人	1
一〇二二乙	庚申卜王侯其立朕使人	1
五五〇四	乙未…貞立事…南又…中从…㲋佐…从	
	曾	1
五五〇五	貞𠂤事史于𠷎侯六月	1
五五〇六	壬辰卜穷貞立三大史六月	1
五五一〇正	甲子卜亘貞立事　二告	1
五五一一反	…𠯑貞立事于𡆥	1
五五一二	乙未卜…宰立事…有从我从㲋左从	
	…十二月	1
五五一二正	貞勿立事于南	1
五五一三	丙辰卜殼立𡆥事	1
五五一四	貞立𡆥事	1
五六八三	…㲋亞立事	1
七〇七五正	貞立明事　二告	1
三二八四九	弜立事惟𠂤	4
三三〇四九	癸酉貞方大出立中?于北土	4
九五二〇	乙卯卜殼貞立黍	1
九五二〇	貞王勿立黍	1

立

著錄號	釋文	期
九五二一	乙卯卜殻貞王立黍若	1
九五二一	貞王勿立黍	1
九五二二	貞王立黍若	1
九五二二	貞王勿立黍	1
立稊		
九五五七正	丁丑卜殻貞王往立稊延比沚𢦏	1
九五五八	貞王往立稊黍于…	1
一五七七一	…巳卜…立𠂤…	1
二八二〇七	弜其立㫃	3
懷一六三六	壬午卜貞以㫃立于河	4
立人		
五五一五	丙辰卜…𠦪延…立人三百…	1
五五一六	辛…㝬貞勿立人	1
五五一六	辛巳…㝬貞立人　二告	1
五五一六	…卜㝬貞勿惟翌甲申立人　二告	1
五五一六	…惟翌甲申立人	1
五五一七	…辰…王貞…立人…其…	1
立衛		
屯一〇三五	丁酉…其立衛	4
屯一〇三五	弜立衛	4
其它		
四二	…𨸏立…衆	1
二四九正	貞王立	1
三七六反	貞王夢示並立十示	1
六三六	…貞…立…	1
八二一反	呼子立…	1
八一六反	立須豕史其奠	1
二七三一正	貞勿呼婦姘立…	1
六三八五臼	己丑羌立示四屯　岳	1
六四八〇	…婦好其…𢦏伐𢀛方王勿自東受伐𢦔 陷于婦好位	1
六四八〇	辛未卜爭貞婦好其比沚𢦏伐𢀛方王自 東𢀛伐捍陷于婦好位	1
六七四二	丁未卜貞令立覡方一月	1
七六八八	貞…來…立…	1
一〇六四六	…卜翌…立逐…𦓼	1
一四二五四	…立…帝…	1
一五七七八	乙未貞…立…于…	1
一五七八〇	…冊立…	1
一七一五一	…立…圉　二告	1
一九〇五七反	…立齒…	1
一九〇五八	乙巳卜…貞立…	1
一九〇五九	…勿立…其…	1
一九〇六〇正	戊申卜爭貞…往立眉若	1
一九〇六一	今日…立…圉	1
一九〇六二反	…立多…	1
一九四五一	貞翌戊寅立至	1
二〇一九六	甲午卜𢓊令匿𢧵有立呼衣田十二月	1
二〇三三二	…于立典紷丙…	1
二一四七〇	紷其𦞚…立	1
二二四六九	…貞無立	1
二三六六八	貞惟立令	2
二六八九五	…惟入戍辟立于…之𣎆羌方不…	3
二六八九五	…戍辟立于𥸤之𣎆羌方不雉人	3
二七八一五	王立于上	3
二七八八五	癸亥卜彭貞其侑于丁妣己在十月又二小臣𠂤立	3
二七八八四	辛酉卜左从弜將在右立	3
二七八七六	…𢀛小臣𠂤立	3
二七九二九	…立…亞…田其于…	3
二七九八二	惟商方步立于大乙𢦏羌方	3
二八〇〇八	亞立其于右利	3
二八〇四六	…戍于…𢾰…立	3
二八七九九	王其𦎫沈𨒡麓王于東立虎出擒 大吉	3
二八八三一	丁酉卜狄貞王田于𨒡立擒　吉	3
二九〇八四	丁丑卜貞王其田于盂㿝南𣳦立	3
二九〇八四	貞呼北𣳦立	3
三二七八六	丁巳卜侑于十立伊又九	4
三二七八七	丁巳卜侑…十立伊又九	4
三三一一二	乙丑卜王惟…立比…乘	4
三四一三三	丁酉卜王族𡧊多子族立于𠮷	4
三六四四二	壬午卜舊立貞王今夕不震	5
屯三四一	…未卜王令以子尹立帛	4
屯三四一	壬申卜王令介以疾立于䟒	4
屯三四一	壬申卜王令鑊以子尹立于帛	4
屯三四一	壬申卜王令𢾰以束尹立于敦	4
屯一〇四九	…召方立惟捍…	4

屯一〇四九 癸丑貞召…立惟𢦏于西 4
屯三八二 己卯卜于𡧊立岳雨 4
屯二三八二 …立岳 不 4
屯二七九六 …立…㞢… 4
屯四一九七 戊泳…于義…立有… 3
屯四三六二 己卯卜于南單立岳雨 3
英六八〇 …爭貞翌丙子其立… 4
英六八〇 …貞翌丙子其立… 1
英一七八四 戊戌卜王貞余𢦏立員宁史暨見 1
奠終夕印
英一八〇七 …立執 1
英一八七四 …至己亥出立 1
英二五六四 乙酉卜在洮立貞王步于淮無災 1
懷 八二六 …立… 5
懷 一五三二 乙巳…余勿…立自… 1
懷 一六四二 …多子族立于舌 4

去

一六九 貞王勿去束 1
五一二七 丁未卜爭貞王往去束于敦 1
五一二八 貞王去束于甘 1
五一二九 甲午卜爭貞王往去束若 1
五一三〇正 貞王往去束… 1
五一三一正 王…去束 1
五一三二 …往去束 1
五一三三 …貞王往去束不… 1
五一三四 乙未卜𣪊貞王其去束告… 1
五一三五 貞王去束 1
五一三六 貞王去束 1
五一三七 貞王去束 1
五一三八 …王去束…弗左… 1
五一三九 …王去束示弗… 1
五一四〇 …去束 1
五一四三反 …貞…去束…于祖… 1
五一四四 貞王夕去束 1
五一四五 貞王勿去束 1
五一四六 貞王勿去束 1
五一三九 貞王勿去束 1
七四七三 貞王勿去束 1

七八六一 貞王去束于敦 1
二一八一 王去束 1
二一一八一 去束 1
英三〇正 貞王其去束弗告于祖乙其有𡆥 1

一二三五六 貞翌乙巳…有去雨 1
三四三九八 甲寅卜王曰貞王其步自丙有去自雨在三月在… 2
三〇一七七 …無去自雨 3
三〇一七八 …申卜其去雨于古 中 利 3
屯六七九 甲申卜去雨于河 吉 3
屯二八三八 翌日乙大史祖丁有去自雨啓 3
屯三七六〇 無去其雨 3·4

五一五〇 貞有去 1
五一五一 貞有去 1
五一五二 貞…丁酉…有去 1
五一五三 …其去 1
七三一二 …𣪊貞有去 1
八〇七〇 貞其有去受 1
一七四一〇正 …戊卜穷…㞢去五月 1
一七四一〇反 王固曰其㞢去 1

其它

五一一五 丙申卜𣪊貞翌丁酉無其去 1
六三五五正 貞呼去伯于冥 1
六三五五正 貞呼去伯于冥 1
一七二四正 王其去告于祖辛 1
四八五三 庚辰卜穷貞令去門暨𠂤暨商采… 1
四八五四 貞…去門…𠂤 1
五一〇五 …往出去 1
五一〇五 …貞王往去 1
五一三四 甲午卜穷貞王往出去… 1
五一三七 貞王勿去… 1
五一四一 …王去… 1
五一四八反 …翌癸…王…去… 1
五一四九 貞…去… 1
五一四九 貞去 1
五一五四 …其去 1
五一五五 貞…去 1

五一五五　貞無其去　1
五一五六　…翌癸卯王勿去　1
七一四八　王固曰吉其去　1
七二一七　貞無其去　1
七三一三　…去　1
七三八五反　王固曰吉其去　1
七九六六正　貞于敦去火六月　1
一一八二正　…卜㱿貞王往去…　1
一三五六八　…巳卜穷貞王去作寢　1
二〇四六四　甲午卜亦令去歺祟方　1
二四三九八　貞不其去　1
三〇三二六　弜去舌于之㪿宗王若受祐　2
三一〇七九　弜去舌于之若　3
三六七四四　辛未…去貞…于東　3
三七三九五　丁卯卜在去貞㳄告曰兕來羞王惟　5
今日𢦏無災擒　5
英　三〇反　…其去…告…祖乙　1
懷一八五八　…卯卜在去…王田㝵往來…災　5

亦

六五八九正　貞其亦烈雨　1
六五八九正　貞不亦烈雨　1
一二四九七正　丙申卜㱿貞來乙巳酢下乙王固曰酢惟有祟其有𩏂乙巳明雨伐既雨咸伐亦雨𢦔
卯鳥星　1
一二四九八正　丙申卜㱿貞來乙巳酢下乙王固曰酢惟有祟其有𩏂乙巳明雨伐既雨咸伐亦雨𢦔鳥
星　1
一二四三九反　旬壬寅雨甲辰亦雨　1
一二四八七正　己酉雨辛亥亦雨　1
一二六五五　…亦蠱雨　1
一二六五六　…亦蠱雨　1
一二六五七正　貞亦蠱雨　1
一二六五八　貞亦蠱雨　1
一二六五八　貞不亦蠱雨　1
一二六五八　貞亦蠱雨　1
一二六五九正　今夕不亦蠱雨　1
一二六五九正　貞今夕其亦蠱雨　1
一二七一三　貞其亦雨　1
一二七一四　…亦雨　二告　1
一二七一五　癸巳卜㱿貞旬無囚丁酉雨丁雨庚亦雨　1
一二七一六　貞今夕其亦雨　1
一二七一七　庚辰亦雨　1
一二七一八　…其亦雨　1
一二七一九正　…其亦雨　1
一二七二〇　…寅亦雨　1
一二七二一　…亦雨　1
一二七二二　…亦雨　1
一二七二三　…寅亦雨　1
一二七二四　貞不亦雨　1
一二七二四　貞其亦雨　1
一二七二五正　…寅…爭貞其亦…雨　1
一二七二六　…雨丙子…日亦雨　1
一二七二七　貞今夕不其亦雨　1
一二七三〇　庚辰…貞今…不其亦雨　1
一二八〇一正　不其亦延雨　1
一二九一四　…巳卜韋貞其亦多雨王固曰…丙午允雨　1
一二九四八反　丁王亦固曰其亦雨之夕允雨　1
一二九六七　貞翌丁…雨惟丁辛…允雨丁…亦雨　1
一四四六八正　不其亦雨　二告　1
一六〇一三　王固曰其有雨甲辰…丙午亦雨多…　1
二〇〇二反　亦雨　1
二〇九四三　壬辰卜五月癸巳雨乙巳亦雨　1
二〇九五七　…日大啓昃亦雨自北…昃…　1
二八二二八　其亦有雨　3
英　三六二正　貞不其亦雨　1
英七三五正　癸丑卜亘貞亦蠱雨　1
英一〇七一　…咸…雨…巳亦雨多…一月　1

亦口

六〇七三　乙未卜穷貞舌方其亦征十一月　1
六〇七四　貞舌方不亦征　1
六六八三　貞方不亦征　1
六八〇九　…卜貞…方…亦…征　1
七六二九正　壬戌卜亘貞㳄其亦有征　1
二〇四二四　丁巳卜方其亦征　1

亦㞢

一三七反　…四日庚申亦有來艱自北子㚔告曰昔
甲辰方征于蚁俘人十又五人五日戊申方
亦征俘人十又六人六月在…　1
五二二反　…卯有…𠦪庚申亦有𩏂有鳴鳥…
疾圖羌捍　1

五八四甲反 ：壬辰亦有來自西𡆥呼：征我奠
戠四
一〇四〇五正 癸巳卜殻貞旬無𡆥王固曰乃茲亦：崇
若偁甲午王往逐兕小臣𠭯車馬
硪𡆥王車子央亦墜
一五〇三二 貞來乙丑亦侑于：乙
一六八九〇反 ：四日壬辰亦有來
二〇一五三 戊子卜𠭯：亦有聞：𠭯固曰聞

二五八九二 辛亥卜澾貞嬴不既弜其亦𡘋惟丁巳酒
二五八九二 辛亥卜澾貞嬴不既弜其亦𡘋其斫穷：
英一九九七 ：亥卜：嬴不既：亦𡘋：酒：

六〇九三反 王固曰其有來嬉迄至：卜其惟甲有至吉
其：其惟戊亦不吉
六四八五反 王固曰丁丑其有鼄不吉其惟甲有鼄吉
其惟辛有鼄亦不吉

二〇七三三 ：亦𡆥：𡆥
二一三九八 ：有亦其𡆥
二一三九九 戊午：亦𡆥：之夕𡆥
英一七八〇 ：未卜王：亦𡆥：𡆥

五五二〇 其亦出
五五二〇 貞吾方不亦出
七二〇九 其亦出

五八三反 王固曰有崇𣪠光其有來嬉迄至六
日戊戌允有：有𠂤在𡆥𠂤在：
五八四甲反 𦏲亦焚亩三十一月
：亦焚亩三

其它

一三七正 癸丑卜爭貞旬無𡆥三日乙卯：有嬉單
丁人豐𠦪于彔：丁巳𡆥子豐𠦪：鬼
亦得疾
二九五 乙巳卜貞餗于𡆥甲亦于丁羌三十卯十宰用
二九五 乙巳：餗：甲亦：羌三十十宰：

四九九正 癸卯卜爭貞下乙其有鼎王固曰有鼎惟大
示王亥亦：𡆥
五八四甲正 ：亥卜殻貞旬無𡆥王固：丁卯王狩
敝𨐊車：在車𡆥馬亦：
六三四正 丁亥卜殻貞呼𠂢比韋取𡆥臣
六三四正 ：𠂢比韋取𡆥臣
九五二正 貞翌乙丑亦𣪠于唐
一〇五一正 己丑卜爭貞亦呼雀𤊽于云犬
一〇七五反 ：固曰有：之日有來嬉乃𡆥𡆥
事：𡆥亦𡆥人：
一一九七 丁卯卜：弗亦：朕：
一四九九正 ：酒明雨伐：雨咸伐亦：𡆥卯鳥大啓
易：
五八三七 甲申卜：亦𡘋：水：
五八三八 ：亦𡘋：
六〇七二正 ：告曰：𢀛方亦：征以我 牛五十
六一二〇正 ：方：亦：
六六七三 庚寅卜今生一月方其亦有告
六六七四 方其亦有告
六七〇七 ：子方亦：
七〇二八 ：酉卜𡆥其亦𣪠𡆥
七一五一反 ：告曰：辰亦：
一二五〇二 ：終夕：嬴亦大星
一二六二一 辛巳卜今十月亦𥁕：
一三一三五 ：今夕：之夕：亦啓
一四九三二 貞𡆥入王有匚于之亦鼓
一五八四九反 ：亦槱：亦：
一六〇七〇 ：亦：尋𡆥：
一六九八二 ：亦：崇：
一七二六九 ：子亦：有鼄：
一七三四一 ：其亦：作我孽
一七三七五 辛亥𡆥壬子王亦夢父勿有若：于父乙
示余見𡆥在之：
一八七二七 ：亦：𡆥：
一八七七三 ：亦：泉
一八八八四 戊戌卜其亦：
一八九八六正 ：弗：亦：羌：
一九〇五五正 貞不亦：
一九一九八 ：日：亦喪：
一九四八一 ：戌卜貞：弗亦：
一九五四三 ：亦啚：又：
一九六四三 ：小：呼亦：
一九八七三 己丑卜王祖庚用：夕卯亦：

亦

一九八七八　癸丑…給亦…侑祖…𥀸祖…
二〇九八七　…亦…𠀠…
二一四九一　癸巳卜大亦見…
二一七六七　…卜己亥…余夢亦…𢁉…占…
二一八四四　…亦…𢁉…
二一九九六　戊申貞…不亦…今…在…
二二二五六　…亦…大…
二二三五八　辛丑卜貞疾役無亦疾
二二三七一　壬戌…亦…允…
二二六八〇　己巳…貞𠭯不既乍其亦奏自上甲其告于丁十一月
二三一六六　…酉卜旅…亦乍…于毓祖乙…其㞢…
二四九二八　…申王…亦…
英一八一三　戊午卜王𢦏不亦醬
英一八一三　…午卜王𢦏…亦醬
英一九九八　庚辰卜旅貞𠭯不既𢓊其亦尋…其
衎賓于上甲
懷　一八　…侑…示…戊申…亦…
懷　一四一　…巳卜穷貞其…亦…勿𢆶用
懷　四三五b　…亦…

二四二四七　己未卜行貞王賓歲二牛無尤在十二月在亦卜
二四二四七　己未卜行貞王賓𠬝無尤在亦卜
三四一五〇　庚午卜壬申雨允雨亦

𡘋

六五七　…爭貞取𡘋妾
六七二正　貞呼子𡘋祝一牛侑父甲
六七二正　翌乙卯子𡘋酚
八一四　呼…𡘋酚…多屯
三〇六一正　壬申卜㱿翌乙亥子𡘋其來
三〇六一正　甲寅卜㱿勿呼子𡘋酚缶于娩　二告
三〇六一正　甲寅卜㱿呼子𡘋酚缶于娩
子𡘋其惟甲戌來
三〇六二　…子𡘋
三〇六三正　貞子𡘋惟田
三〇六四　貞子𡘋來
三〇六五　己丑卜子𡘋
三〇六六　貞子𡘋…𠁥
三〇六七　𡘋來
三〇六八　…𡘋玉于祖丁大乙
三〇六九　…𡘋…祟
三〇七〇　…𡘋
三〇七一　…𡘋
四七三六　…令子…豕𡘋…𡘋
五五一〇正　貞呼取丘𡘋…不告黽
五七五八　…令取射子𡘋
六〇七五反　癸酉貞子𡘋…逐鹿
八七二〇正　貞𡘋𢀛
八七五八　惟𡘋令西
一〇三一四　呼子汰逐鹿獲
一〇六六〇　己卯卜…貞令…汰陷
一一六八六　…來翌…酉卯…汰…
一三七一六正　貞婦妹其汰疾　小告
一三七一六正　丁巳卜穷貞婦妹不汰疾
一九八六六　…賓卜王汰𢀛祖丁
二〇〇二八　癸卯卜𠭯禦子汰…父…
二〇〇二八　癸卯卜𠭯禦子汰于…乙…月
二〇〇二九　…戌卜侑𩵦司禦子汰
二〇〇三〇　癸卯卜…妣己禦子汰
二〇〇三一　…于…戊禦子汰八月
二二二五八　己亥卜汰由今丁卩
二二二五八　其無汰
屯一〇五九　丁亥貞王其汰方𠬝呼禦史
英　一四四　…呼…汰…于…
英一一〇五正　丙子…穷貞…汰…

汰

四二五八　…往莫…呼般在汰
四三五〇　…惟疚…汰
四七六五　…汰𢦏…暨多…
九九三五　勿汰
三三二〇一　貞弜汰人…珏
三三二〇一　丁亥卜…汰人…珏呼𨚵召夲在四月卜

粦

二六一　…卜穷貞…粦竹…一牛…
三三〇四〇　丙申卜粦㞢人…在𦌾若

18792 癸…旬無囚…㞢…己卯…日大…雨 1

夾

4665 丁卯卜角其夾 1
4665 庚午卜角其夾 1
4666 壬申卜角不其夾 1
5634 貞惟大史夾令七月 1
6063正 …允有來嬉自西𢀛告曰…夾方杲 二邑十三月 1
6064正 癸巳卜爭…無囚四日丙…有來嬉…𢀛告 曰…方戋…夾… 1
7075正 庚戌卜亘貞王呼取我夾在𠂤啚若于𡆥 王固曰…若 1
7075正 庚戌卜亘貞王呼取我夾…𠂤啚不若 …𡆥… 1
20187 …𢀛夾伐 1
37387 丁酉…貞翌日壬寅王其𡍲兇其唯𩁹𠬝 𥃩…王弗悔 5

夾

24239 丙子卜王在夾卜 2
24239 丁丑卜王在夾卜 2
24240 丁丑卜王在夾卜 2
24241 戊寅卜王在夾… 2
24242 辛巳…在夾… 2
24243 戊寅卜王在夾卜 2
24244 甲申卜王在夾卜 2
24245 …王在夾卜 2

14294 南方曰𡿨風曰光 1

奴

7139 癸亥卜爭貞旬無囚…嬉五日丁卯王狩 …亦奴在… 1
9498正 …五日…亦奴… 1
10726 …𣏟… 1
英597正 庚午卜殻…其有獲羌…希𣏟… 1

奭

409 丙寅卜爭貞侑于黃奭二羌 1
418正 貞于黃奭燎 二告 1
575 …申卜爭翌戊戌耏于黃奭 1
575 翌戊戌勿耏于黃奭 1
1051正 耏于黃奭 1
9774正 侑犬于黃奭卯三牛 1
13936正 貞侑奭多羌 1
17991 …帝…奭… 1
20106 …卯卜自… 1
23025 …貞…奭妣甲𠭁…羌甲𠭁無尤 2
23197 壬午…貞…奭… 2
23303 庚戌卜旅貞王賓示壬奭妣庚…無… 2
23303 己亥卜旅貞王賓…奭妣己…尤…月 2
23304 …旅…示壬奭妣庚…尤 2
23305 庚辰卜…貞王…示壬奭妣庚日… 2
23306 …貞王…示壬奭…𠭁無… 2
23307 …王賓…𠭁…示壬奭…無尤 2
23308 …卜即…王賓示癸奭妣甲𠭁無尤 2
23309 …卜尹…王賓大丁奭…歲小宰無尤在三月 2
23312 壬午卜尹貞王賓大庚奭妣壬翌…尤 2
23313 壬子卜…貞王賓大庚奭妣壬叙無囚 2
23314 壬子卜行貞王賓大戊奭妣壬𠭁無尤 2
23314 己巳卜行貞王賓祖乙奭妣己𠭁… 2
23314 辛未卜行貞王賓大甲奭妣辛𠭁無尤在八月 2
23314 壬寅卜行貞王賓大庚奭妣壬𠭁無尤 2
23315 壬子卜㳄貞王賓大戊奭妣壬𠭁無尤 2
23316 壬午…貞王…大庚奭…翌…尤 2
23317 壬寅…貞王…大戊奭妣壬歲無尤 2
23320 己未卜…貞王賓祖乙奭妣己歲… 2
23321 己酉…貞王賓祖乙奭…彡… 2
23322 己巳卜王曰貞其侑于祖乙奭… 2
23323 …申卜尹貞王賓祖辛奭妣壬… 2
23324 庚申卜即貞翌辛酉…侑于祖辛…又奭… 2
23325 庚辰卜…貞王賓羌甲奭妣庚𠭁無尤 2
23326 己巳卜行貞翌庚午歲其延于羌甲奭妣庚… 2
23327 庚戌卜行貞王賓羌甲奭妣庚歲小宰叙無尤 2
23328 …卯卜尹貞王賓祖丁奭妣己𠭁無尤 2
23330 庚戌卜尹貞王賓小乙奭妣庚翌無尤 2
23330 己丑卜尹貞王賓祖丁奭妣己翌無尤 2
23330 癸酉卜尹貞王賓仲丁奭妣癸翌無尤 2
23331 …貞王賓祖乙奭妣庚歲伐于勹牛暨兄庚歲二宰無尤 2

二三三三二 …卜…貞王賓祖乙奭妣庚翌無尤 2
二三三三三 …卜尹…王賓…奭妣甲翌無尤 2
二三三三四 …其延…其亦…奭… 2
二三三三五 …卜旅貞…奭… 2
二五三一七 辛…貞王…奭…無… 2
二五七九六 壬子卜尹貞王賓…奭… 2
二七五〇五 于妣甲祖辛奭 3
二七五〇五 于妣己妣庚祖乙奭 3
二七五〇七 妣庚羌甲奭翌日王弗… 3
二七一七七 …宁…賓…奭…咎… 3
二七四四一 …庚奭…其暨酌… 3
二七四五六正 丁未卜何貞禦于小乙奭妣庚其賓饗 3
二七五〇二 …卜…妣丙大乙奭惟今日酌 3
二七五〇三 其舌妣甲祖辛奭有正 3
二七五〇三 甲午卜舌其至妣己祖乙奭有正 吉 3
二七五〇四 其侑妣己祖乙奭 3
二七五〇六 于妣庚羌甲奭 3
二七五一三 …翌大丁奭妣戊 3
二七五一九 祖乙奭暨酌 3
二八二六九 壬寅卜其𠦪禾于示壬奭暨酌 茲用 3
三〇三〇三 己未卜其登又庚奭 酉于宗茲用 3
三〇九〇八 …奭暨酌王受祐 3
三二一六二 其侑妣辛…奭惟歲… 4
三二四二六 …奭妣戊 4
三二七四四 于妣己祖乙奭告 4
三二七四五 …奭妣己祖乙 4
三三二七三 壬申剛于伊奭 4
三三六五四 奭二羊 4
三三六五四 奭二羊 4
三四一〇六 一牛奭 4
三四一〇六 弜暨奭 4
三四一〇六 暨奭 4
三四一〇六 三牢奭羊 4
三四一〇六 二牢奭羊 4
三四一〇六 一牢奭羊 4
三四一五一 乙丑貞寧風于伊奭 4
三四二一四 甲戌卜其𠦪雨于伊奭 4
三四三二二 …牢有奭歲… 4
三四六五六 乙…奭…以丙… 4
三五三二六 …奭… 4
三六一三七 …貞…奭… 5
三六一八三 庚辰卜貞王賓示壬奭妣庚翌日無… 5

三六一八四 庚申卜貞王賓示壬奭妣庚…觀無尤 5
三六一八四 甲子卜貞王賓示癸奭…觀無尤 5
三六一八五 庚戌卜貞王賓示壬奭妣庚… 茲用 5
三六一八六 …卜貞…示壬奭妣庚… 5
三六一八七 甲子翌日妣甲示癸奭… 5
三六一八八 甲辰卜貞王賓…奭妣甲… 5
三六一八九 …辰卜貞王賓示癸奭…日無尤 5
三六一九〇 …戊卜貞王賓示癸奭妣甲咎日無尤 5
三六一九四 丙寅卜貞王賓大乙奭妣丙翌日無尤 5
三六一九五 …戊卜貞王賓大乙奭…日無尤 5
三六一九六丙 丙申卜貞王賓大乙奭…戊無尤 5
三六一九六丙 戊戌卜卜王賓大丁奭妣戊翌日無尤 5
三六一九七 …申卜貞…賓大乙奭…翌… 5
三六一九八 戊辰卜…賓大丁奭妣戊觀無尤 5
三六一九八 丙申卜貞王賓大乙奭妣丙觀無尤 5
三六一九九 …卜貞王…大乙奭妣甲無尤 5
三六二〇〇 …卜貞王…大乙奭…無尤 5
三六二〇一 …申卜貞王…大乙奭妣丙 5
三六二〇三 …王卜貞田𦎫…無災王𠂤曰吉…夕邁 5
大丁奭妣戊翌日… 5
三六二〇五 …卜貞王賓大丁奭妣戊觀無尤 5
三六二〇六 戊辰卜貞王賓大丁奭妣戊… 5
三六二〇七 …卜貞…大丁奭 5
三六二〇八 辛巳卜貞王賓大甲奭妣辛翌日無尤 5
三六二〇九 辛卯卜貞王賓大甲奭妣辛觀無尤 5
三六二一〇 辛卯卜貞王賓大甲奭妣辛彡日… 5
三六二一一 辛…卜貞王賓大甲奭妣辛彡日無尤 5
三六二一七 壬午卜貞王賓大庚奭妣…翌日無尤 5
三六二一八 壬子卜貞王賓大庚奭妣壬觀無尤 5
三六二一九 …卜貞…大庚奭 5
三六二二〇 壬戌卜貞王賓大庚奭妣壬無尤 5
三六二二二 壬寅卜貞王賓大庚奭妣庚彡日無尤 5
三六二二三 …午卜貞王…大庚奭妣壬…尤 5
三六二二四 …戊卜貞王賓大戊奭…翌日… 5
三六二二五 癸卯卜貞王賓…奭妣癸觀無尤 5
三六二二五 壬辰卜貞王…大戊奭妣壬…無尤 5
三六二二六甲 辛亥卜貞王賓…甲奭妣辛咎日無尤 5
三六二二六甲 …丑卜貞王賓祖乙奭…咎日無… 5
三六二二六甲 庚申卜貞王賓…奭…咎日… 5
三六二二六甲 戊…卜貞王賓祖甲奭. 5
三六二二六乙 癸未卜貞王賓仲丁奭妣癸咎日無 5
三六二二六乙 壬申卜貞…賓大戊奭妣壬咎日無尤 5
三六二二八 …卜貞王…大戊奭…彡日…尤 5

出處	釋文	期
三六二二九	：卜貞：大戊爽：丁：	5
三六二三〇	壬寅卜貞：賓大戊爽：尤	5
三六二三一	：貞：大戊爽：無尤	5
三六二三二	己卯卜貞王賓仲丁爽妣己觀無尤	5
三六二三三	癸酉卜貞王賓仲丁爽妣癸彡日無尤	5
三六二三四	癸丑卜貞王賓仲丁爽妣癸彡日無尤	5
三六二三五	癸未卜貞王賓仲丁：爽妣：	5
三六二三六	癸卯卜貞王賓仲：爽妣：	5
三六二三七	己卯卜貞王賓祖乙爽妣己翌日無尤	5
三六二三八	己酉卜貞王賓祖乙爽妣己觀：尤	5
三六二三九	：爽妣庚：	5
三六二三九	己卯卜貞王賓祖乙爽妣己𠭯日無尤	5
三六二四〇	己未卜貞王賓祖乙爽妣己彡日無尤	5
三六二四一	己：卜貞王賓祖乙爽妣己彡日無尤	5
三六二四二	己卯卜貞王：祖乙爽彡：	5
三六二四四	庚午卜貞王賓祖乙爽妣庚𠭯日無尤	5
三六二四五	庚申卜貞王賓祖乙爽妣庚彡日無尤	5
三六二四六	：申卜貞王：祖乙爽妣庚：	5
三六二四七	庚午：祖乙爽：	5
三六二四八	：卜貞：祖乙爽：翌日：	5
三六二四九	：卜貞王：祖乙爽：彡日：尤	5
三六二五〇	：卜貞王：祖乙爽：	5
三六二五一	甲申卜貞王賓祖辛爽妣甲翌日無尤	5
三六二五二	庚子卜貞王賓小乙爽妣庚：日無尤	5
三六二五二	庚辰卜貞王賓四祖丁爽：彡：	5
三六二五二	：卜王賓祖辛爽妣甲𠭯日無：	5
三六二五三	甲寅卜貞王賓祖辛爽：無尤	5
三六二五五	庚寅卜貞王賓祖乙爽妣庚𠭯日：	5
三六二五五	辛：卜貞王賓武丁爽妣辛𠭯：	5
三六二六二	己丑卜貞王賓四祖丁爽無尤	5
三六二六二	庚戌卜貞王賓小乙爽妣庚彡無尤	5
三六二六三	庚子卜貞王賓小乙爽妣庚翌：	5
三六二六四	庚午卜貞王賓小乙爽妣庚𠭯日無尤	5
三六二六七	辛卯卜貞王賓武丁爽妣辛翌日無尤	5
三六二六八	辛巳卜貞王賓武丁爽妣辛觀無尤	5
三六二六八	癸未卜貞王賓武丁爽妣癸觀無尤	5
三六二六八	戊子卜貞王賓武丁爽：無尤	5
三六二六九	癸亥卜貞王賓武丁爽妣辛觀無尤	5
三六二六九	癸丑卜貞王賓武丁爽妣癸觀無尤	5
三六二七〇	辛酉卜貞王賓祖丁爽妣辛觀無尤	5
三六二七一	癸亥卜貞王賓武丁爽妣癸𠭯日無尤	5
三六二七二	癸卯卜貞王賓武丁爽妣癸𠭯日無：	5
三六二七六	：貞：武丁爽：無：	5
三六二七七	：寅卜貞王賓祖丁爽妣：觀：	5

出處	釋文	期
三六二七八	：卜貞王：武丁爽：𠭯日：	5
三六二七九	：卜貞：武丁爽：日無尤	5
三六二八〇	：賓武丁爽：	5
三六二八一	戊午卜貞王賓祖甲爽妣戊觀無：	5
三六二八一	辛酉卜貞王賓康爽妣辛觀無尤	5
三六二八三	：貞王：祖甲爽：觀：	5
三六二八四	戊寅卜貞王賓祖甲爽妣戊彡日無尤	5
三六二八五	：卜貞王：祖甲爽：彡日無尤	5
三六二八六	：卜貞：祖甲爽：無尤	5
三六二八七	戊辰卜貞王賓祖甲爽：	5
三六二八八	：卜貞：祖甲爽：	5
三六二八九	辛酉卜貞王賓康祖丁爽妣辛觀無尤	5
三六二九〇	辛巳卜貞王賓康丁爽妣辛：無：	5
三六二九一	辛亥卜貞王賓康祖丁爽妣辛：	5
三六二九五	己卯：王賓：爽妣己：	5
三六二九六	：貞王：爽妣己：無尤	5
三六二九八	庚：王賓：爽妣庚：	5
三六三〇五	辛亥：王賓：爽妣辛無：	5
三六三一〇	：卜貞王：爽妣壬：	5
三六三一三	：卜貞王：爽妣癸：無尤	5
屯一八三	弜以爽	4
屯一八三	爽二羊	4
屯一八三	以有爽	4
屯一八三	：歲：毓：爽王受祐	3
屯四六九	甲辰卜爽惟戚三牛　茲用	4
屯七八三	：風于伊爽	4
屯一〇〇七	：伊爽犬：	4
屯一〇〇七	：有歲于祖乙爽：	3
屯二三五八	戊戌卜其侑于妣己祖乙爽王受祐　吉	3
屯二三九六	乙巳卜五小牢爽	4
屯二八四二	：辰卜爽惟戚	4
屯二八四二	：爽	1
英一三一一 / 英一九三七	癸酉卜行貞王賓仲丁爽妣癸翌無尤　在三月	2
英二五二〇	：卜貞：爽妣庚：無：	5
懷一三二二	：爽：風：大雨	3
懷一六三六	：河爽以丙衣丿：	4
懷一七〇三	：卜貞王：祖丁爽：觀：	5

舞 ⿱雨舞

出處	釋文	期
四一四一	我舞	1

著錄號	釋文	期
一四二〇九正	貞我舞雨	1
一四二一〇正	貞我舞雨	1
一五九九六	己未卜殻貞我舞	1
一五九九七	己未卜殻貞我舞	1

万舞

著錄號	釋文	期
二八一八〇	惟万霝盂田有雨　吉	3
二八四六一	万舞	3
三一〇三二	王其呼万霝于…　吉	3
三一〇三三	惟万舞　大吉	3
屯八二五	万舞其…	3

出舞

著錄號	釋文	期
二〇三九八	乙未卜于丁出舞	1
屯四五三六	乙未卜丙出舞	1
屯四五三六	乙未卜于丁出舞	1

奏舞

著錄號	釋文	期
一六〇三三	壬子卜…奏舞…	1
一六〇三六	勿奏舞	1
一六〇三七	勿奏舞今夕	1
一二八一八	丙辰卜貞今日奏舞有从雨	1
一二八一九	庚寅卜甲午奏舞雨	1
一二八一九	庚寅卜癸巳奏舞雨	1
一二八一九	庚寅卜辛卯奏舞雨	1
一二八二〇	乙未卜今夕奏舞有从雨　二告	1
一二八二一	乙酉卜奏舞…	1
一二八二二	…卜奏舞雨	1
一二八二三	…奏舞雨	1
一二八二七	丙辰卜今日奏舞有从…	1
一二八二八	戊申卜今日奏舞有从雨	1
一四七五五正	貞翌丁卯奏舞有雨	1
一六〇二九	庚戌…奏舞今	1
一六〇二九	勿奏舞今	1
一六〇三〇	己未…奏舞…	1
一六〇三一	乙亥…奏舞…	1
三一〇二四	己未卜貞…奏舞至甲子…	3
三三九五四	壬戌卜癸亥奏舞雨	4
英一二八二	甲辰卜翌乙巳我奏舞至于丙午…　二告	1
英一二八五	…亥卜…奏舞…	1

著錄號	釋文	期
九一七七正	舞岳侑	1
一二八四二正	勿舞岳	1
一二八四二正	勿舞岳	1
一二八五二	…舞岳	1
一四一九七正	貞勿舞河無其雨	1
一四二〇七正	貞舞岳有雨	1
一四四七二	甲辰卜爭貞我舞岳	1
一四四七三	勿舞岳	1
一四六〇三	乙巳卜㱿貞舞河	1
一四六〇四	貞勿舞河	1
三四二二四	…舞岳雨	4
三四二九五	…卜今日…舞河暨岳…从雨	4
懷三	…舞岳…	1

其它

著錄號	釋文	期
三五九三	…舞…	1
三七一〇	…曹…舞…	1
四九九一	…王余舞…	1
五四五五	貞舞有雨	1
五四五六	貞舞有雨	1
五六二三	丁亥卜㱿貞令𦎫高有尹工于舞…	1
七五三一	…舞…雨	1
七六九〇	貞舞有雨	1
七六九〇	貞舞無其…	1
九一七七正	勿舞	1
三〇〇二八	惟戌呼舞有大雨	3
三〇〇二八	惟万呼舞有大雨	3
三〇〇二九	弜呼霝無大雨	3
三〇〇三〇	…霝大雨	3
三一〇三一	…王其呼霝　大吉	3
三〇〇三一	今日乙霝無雨	3
三〇〇三一	其霝于𣌧有大雨	3
三〇〇四一	于翌日丙霝有大雨　吉	3
三〇〇四四	…霝…大…	3
三〇〇四四	膚霝二田喪盂有大雨	3
三一〇三三	惟林舞有正　吉	3
三一〇三五	于翌日迺霝　吉	3
三一〇三八	…霝弜…大…	3
三一〇三九	…霝…大雨	3
三一一九九	來庚剢柬乃霝無大雨	3
三一一九九	翌日庚其柬乃霝𢀛至來庚無大雨	3
三一一九九	翌日庚其柬乃霝𢀛至來庚有大雨	3
三三九五六	…辛舞雨	4

著錄號	釋文	期
三三九五七	……舞雨	4
三四二二九	乙酉卜⿱雨舞	4
三四二二九	乙酉卜弜⿱雨舞	4
一一〇〇六正	貞王勿舞	1
一一〇〇六正	貞王其舞若	1
一一九六〇	……舞雨	1
一二五一八	貞惟……雨亦二月	1
一二八二六	……舞……雨允……	1
一二八二七	……舞	1
一二八二七	不舞	1
一二八二九	戊申……舞今……有从雨	1
一二八三〇反	乙未卜……舞今夕有从雨不	1
一二八三一正	辛巳卜穷貞呼舞有从雨	1
一二八三一正	貞呼舞有从雨	1
一二八三二	……申卜……貞舞有从雨	1
一二八三三	茲舞有从雨	1
一二八三四	……舞……雨	1
一二八三五	其舞有雨	1
一二八三六反	貞舞有雨	1
一二八三七	舞有雨	1
一二八三八	貞舞雨	1
一二八三九	……雨庸舞	1
一二八四〇	甲子……曰……舞	1
一二八四〇	甲子……曰……舞	1
一二八四一甲正	貞勿舞無其从雨	1
一二八五二	……申卜殻貞舞……	1
一二九八〇	貞舞允从雨	1
一三六二四正	勿呼舞于敦	1
一三六二四正	呼舞于敦	1
一三六二四正	于車舞	1
一四一一六	壬申卜多冒舞不其从雨	1
一五九九五	……卜殻……舞……	1
一五九九九	……殻貞我其舞有……	1
一六〇〇〇	己未卜今日舞有……	1
一六〇〇〇	己未卜今日舞無有……	1
一六〇〇一	……卜今日舞有……	1
一六〇〇二	今日舞有……	1
一六〇〇三	癸……舞……亥……其正……	1
一六〇〇四正	……舞……	1
一六〇〇四反	庚申卜古貞呼舞	1
一六〇〇五	……舞……	1
一六〇〇六	貞舞……	1
一六〇〇六	……舞……	1
一六〇〇七	貞舞……	1

著錄號	釋文	期
一六〇〇八	……今……舞……	1
一六〇〇九反	勿舞	1
一六〇一〇	……子卜……舞……至丙……	1
一六〇一一	惟亥舞	1
一六〇一一	勿舞	1
一六〇一二正	甲……勿……舞	1
一九〇五六	……舞于丙……	1
二〇三九八	乙未卜丙舞	1
二〇三九八	戊寅卜于癸舞雨不	1
二〇九七〇	戊申卜亦……舞蚰从……	1
二〇九七一	庚午卜貞呼征舞从雨	1
二〇九七二	……弜舞今日不其雨允不	1
二〇九七三	丙子卜今日雨舞	1
二〇九七四	丙戌卜……□舞雨不雨	1
二〇九七四	丁亥卜舞□……今夕……雨	1
二〇九七五	己丑卜舞庚从雨允雨	1
二〇九七五	己丑卜舞羊于庚雨今夕允雨	1
二〇九七七	壬子……舞……	1
二〇九七八	丙……王……羊……舞……雨	1
二〇九七九	……王舞……允雨	1
二一一〇九	乙卯卜燎岳今……舞……	1
二一四七三	己巳卜舞今日从	1
二一四七三	舞今日从舞	1
二一四七三	……舞今日从	1
二七〇六二	……⿱雨舞……上甲又……	3
二七八九一	……日暨……舞	3
二七八九一	惟田暨戌舞	3
二八一八〇	王其呼戌⿱雨舞盂有雨　吉	3
二九二一四	弜……⿱雨舞……	3
二九二一四	……田⿱雨舞……大雨	3
二九九八四	其⿱雨舞于□	3
三一〇三四	其舞在□毛	3
屯一〇八	其⿱雨舞于芑京有雨	3-4
屯一〇八	丙寅卜其呼⿱雨舞……	3-4
屯一〇八	其⿱雨舞于□有雨	3-4
屯一九七	庚子……舞……	4
屯二九〇六	乙亥貞其取岳舞有……	4
屯三七七〇	癸亥卜弜舞雨	4
屯四二六二	……⿱雨舞有……	
屯四五三四五六	戊寅卜于癸舞雨不三月	1
英一二九	戊申卜翌……酉舞允……	1
英九九六	呼舞無雨	1

燎

英九九六　呼舞無雨
英九九六　呼舞有雨
英九九六　呼舞有雨
英九九八　…申…勿…舞…
英一二四九　…舞…河…𤉲雨
英一二八三　…𠂤…舞征…㞢…
懷一四七　…舞無…
懷五七一　…子卜…貞…舞
懷五七一　…子…舞

燎侯

六九四三　乙酉卜殼貞呼囯燎侯
六九四三　貞勿呼囯燎侯
屯五八六　三牛乙未彭
　甲午貞燎侯…茲用大乙羌三祖乙羌三卯
屯七八一　甲午貞燎侯…茲用大乙羌三…

于燎

八三八正　甲寅卜爭貞𢽿以往于燎
八三八正　貞𢽿以往于燎
四九一四　癸丑卜貞勿𢀛令逆比盡于燎
四九一五　丙寅卜貞令逆比盡于燎六月
四九一六　丙寅卜貞令逆比盡于燎…月
四九一七　丙寅卜貞勿𢀛令逆比盡于燎
四九一八　丙寅卜貞勿𢀛令逆比盡于燎六月
八一二五　…周取巫于燎
八一一六　乙丑卜貞王…于燎
三二一八六　壬申卜斫于燎午
二八一七一　于燎

其它

七七六正　貞侑于妣甲燎及卯宰
七八七　…午…殼…及三燎
七八九　燎
七九一　…燎…
七九三正　…卜爭…𡧊…燎
七九四　…燎…豕…
九三八正　貞呼取燎臣二
一三七八　…燎六月

二六八二反　…燎…
八一一七　…允往…燎
八一一八　…燎　二告
一四三九〇　貞…燎…曰…

𠕋·燎

七〇九正　貞呼子宰卯父乙𠕋及燎卯宰
七一〇　貞燎于高妣己有𣪊冊三及燎卯宰
七一六正　𠕋妣己及燎
七一六正　㞢羊𠕋及燎　二告
七二一正　有及妣庚燎
七四〇　…𠕋及燎又宰
七六七反　…𠕋及燎五…
七六九　貞勿𠕋妣庚及十燎三十小宰
七七二正　三燎
七七二正　…卯卜殼…𠕋妣庚燎
七七二正　貞𠕋妣庚五燎
七七三甲　貞尋禦妣庚𠕋五燎
七八三　𠕋及一燎
七八四　禦于高妣己㞢二牡𠕋及燎
七八五　…𠕋五宰…及燎
九〇四正　貞侑于妣己及燎
九二四反　…婦…癸及燎卯宰
九二四正　翌乙未呼子宜祝父㞢小宰𠕋及三燎
　五宰𡧊𣌭正
九二四正　壬辰卜殼貞呼子宾禦侑母于父乙㞢
九二四正　宰𠕋及三燎五宰
　貞呼子宾禦侑母于父乙㞢小宰𠕋
　…三燎五宰

其它

五〇五正　一燎
五〇五正　二燎
五〇五正　三燎
五〇五正　燎
七五九　…禦…己及燎
七六八正　貞侑于妣庚十燎
七六八正　勿侑于妣庚十燎
七六八正　勿𢀛有十燎　二告
七七〇　…于…庚…十…燎…

著錄號	釋文	期
七七一	…貞…燎…五𠦪…牛酚…	1
七七二反	…固…不余𠦪…	1
七七四	…五𠦪于高妣己	1
七七五正	四𠦪	1
七七五正	侑妣庚𠦪	1
七七五正	勿𠦪	1
七七五正	二𠦪	1
七七五正	勿二𠦪	1
七七五正	三𠦪	1
七七七正	侑于妣庚一𠦪	1
七七七正	三𠦪	1
七七七正	三𠦪	1
七七七正	𠦪	1
七七七正	𠦪 二告	1
七七八正	勿𠦪于妣庚	1
七七八正	三𠦪	1
七七八正	四𠦪	1
七七九正	貞𠦪	1
七八〇	貞𠦪	1
七八一	𠦪	1
七八二	…𠦪…	1
七八六反	…𠦪	1
七八八	…庚…𠦪	1
七九〇	…𠦪于…	1
七九二正	乙亥卜貞禦…妌…母庚…𠦪卯…	1
八〇八正	貞勿𠦪酚妣癸𠦪正	1
八〇八正	今…𠦪…	1
九四〇正	…于妣庚𠦪	1
九四〇正	勿𠦪	1
六四七五反	侑母己十𠦪侑卯宰	1
一三八七四乙反	…三𠦪…	1
一八四四三	…又…𠦪…	1
一八四四四	…𠦪…牛…	1
懷八五六	…𠦪…	1
五二五〇	貞王宊惟吉不遘雨	1
五二五〇	…王宊…遘…	1
五二五一	戊寅卜史貞王宊惟吉.	1
五二五二	辛巳卜貞王宊惟吉	1

著錄號	釋文	期
五二五三	貞王宊惟吉	1
五二五四	甲寅卜史貞王宊惟吉	1
五二五五	乙酉卜史貞王宊惟吉	1
五二五六	丙戌卜史貞王宊惟吉	1
五二五七	庚戌卜…貞王宊惟吉燕	1
五二五八	貞王宊惟吉	1
五二五九	貞王宊惟吉	1
五二六〇	戊子卜史貞王宊…	1
五二六一	壬申卜…王宊…	1
五二六二	…卯卜史貞王宊惟吉十月	1
五二六七	戊子…貞王宊…吉	1
五二八〇	壬子卜史貞王宊惟吉燕八月	1
五二八一	…卜史貞王宊惟吉燕之日…	1
一二六二四	壬戌卜史貞王宊惟雨十月	1
一二七四三	貞王宊惟雨	1
一二七四四	貞王宊…雨	1
一二七五七	己未…貞王宊…	1
二七一七六	丁未卜𣪊貞王其賓大戊𩰫宊惟…（摹文據《甲圖》〇六三補）	3
二七八三〇	貞王宊惟吉不遘雨	3
二七八三〇	壬辰卜何貞王宊惟吉	3
二七八三一	戊辰…王宊…	3
二七八三一	…卜何…王宊惟…	3
二七八三三	…寅卜何貞王宊惟吉	3
二七八三四	癸未卜貞王宊惟吉	3
二七八三五	壬申卜…王宊…不…	3
二七八三七	壬戌卜貞王宊…吉	3
二七八三八	辛巳…貞王宊…吉	3
二七八三九	貞王宊惟吉	3
二七八四〇	貞王宊惟吉不遘雨	3
二七八四一	己酉卜卯貞王宊雨…	3
二七八四二	丁卯卜貞王宊	3
二七八四三	壬子卜何貞王宊惟雨	3
二七八四四	…寅卜何貞王宊…吉	3
二七八四五	…卜何貞王宊…吉	3
二七八四七	…子卜何…王宊	3
二七八四八	己卯卜何貞王宊…	3
二七八五〇	甲子卜何貞王宊惟吉	3
二七八五八	…巳卜…王宊…不遘…	3
二七八六〇	乙卯…貞王宊…吉不…	3
二七八六六	丁卯卜何貞王宊惟吉不遘雨	3
三〇五二八	乙丑卜何貞王宊惟吉不遘雨	3

□

□·祭祀

著録	釋文	期
三〇七三二	甲戌卜何貞□惟吉七月	3
懷二八九	己巳卜史貞王□惟吉燕	1
懷一三五六	：酉卜：貞王□：	3
五二七一	：王賓：□：□：	1
五二九一	庚午卜史貞禱□惟：	1
一五八二九	庚午卜史貞禱□□	1
二二八二六	甲午卜喜貞翌乙：彡卯王：□六月	2
二五一二八	：卜出：辛丑：賓歲：□用	2
二五六三二	：出永貞惟禱□用	2
二七三八二	壬戌卜鼓貞王賓辛壬丁□惟吉	3
二七五八二	辛酉卜鼓貞王賓藝□惟吉	3
二七八六一	：□惟吉：往于夕禱允不遘雨四月	3
二七八六二	貞王往于夕禱不遘雨□惟吉	3
二七八六三	己巳卜何貞王往于日不遘雨□惟吉 允雨不遘四月	3
二七八六七	戊午卜何貞王往于日不遘雨□惟吉	3
二七八七〇	甲：王其：□：□：	3
三〇五二八	癸亥卜：貞王：日□：不：雨	3
三〇五二八	乙丑卜何貞王賓藝不遘雨□惟吉	3
三〇五二八	乙丑卜何貞王賓藝□惟吉不遘：	3
三〇五二八	丙寅卜何貞王賓藝不遘：□惟：	3
三〇七四九	：卜：藝：□：	3
三〇九二一	丙午卜何貞夕禱□：	3

□

著録	釋文	期
六三四四	甲申卜殻貞勿呼婦姘以□先于□ 二告	1
六三四五	甲申卜殻貞勿呼婦姘以□先于：	1
八九九一正	貞勿呼婦姘以□先于□	1
八九九二	貞呼婦井以□	1
八九九三	婦姘以□先：	1
八九九三	壬申卜殻貞：婦姘以□先：	1
英一六二二正	：貞呼婦姘以□先于□	1
英一六二二正	壬申卜殻貞呼婦：以□先	1
英一六二二正	：殻貞勿呼婦姘以□：	1
英一六三	貞呼婦井以□	1

其它

著録	釋文	期
七九三正	：卜爭：□：□	1
五二六三	：卜史：□：吉	1
五二六五	：亥卜史：□惟吉	1
五二六六	：辰卜史貞□惟吉	1
五二六八	：貞：□惟吉□用	1
五二六九	：□惟吉□用	1
五二七二	：月：□：	1
五二七三	：貞奏：□：吉	1
五二七四	：史：□：吉一月	1
五二七七	乙：貞：□：	1
五二七八	：丑卜：□：吉	1
五二七九	：卜史：□惟：	1
五二九二	：勿：□：	1
五二九三	：貞今□：	1
五二九四	乙卯：□用十月	1
五二九六	：往：□：	1
五七四五	貞翌乙亥錫多射□	1
八九九一正	己巳卜殻貞勿呼婦姘：□：	1
一二七四五	貞□惟雨	1
一二七四六	：辰卜：□：雨 用	1
一五八三〇	戊：貞：□：	1
一五八三一	：卜：貞：□：吉	1
一八二二二	：□：止：	1
一八九二四	：子：□：合：	1
一九〇〇二	：□：允：□羌	1
二〇二九〇	辛巳：王貞：羊：□：	1
二二一三〇	：□：	1
二四六三八	貞弜□八月	2
二五三五一	：卯卜大：□燎卯：其□：	2
二六八〇七	貞弜□八月	2
二六九〇七正	戊辰卜彭貞水 惟□	3
二七八三二	己亥卜何貞□惟吉不遘雨	3
二七八三五	：□：	3
二七八三六	：卜：貞□：吉	3
二七八五一	：卜何：□：吉	3
二七八五二	貞：□：惟：	3
二七八五三	：卜何：□惟：	3
二七八五五	癸亥：何：□：	3
二七八五七	：卜何貞□：雨	3
二七八五九	：卜何：□惟：	3
二七八六八	：卜何：往于：□惟：	3
二七八六九	丙辰卜：□惟：遘：	3
二七八七一	甲寅卜：□：羊：吉	3
三二九九〇	：亞其□：	4

屯二一　既□　大吉　3
英一三三九　…戌卜…□　1
懷三八九　…何…□…吉…十一月　1
懷一三五五　…貞□…惟…　3

一三五〇五　貞□雨二月　1

異

一〇九六　貞異惟其雨　1
二二七四正　丙子卜㝉貞父乙異惟敗王　1
二二七四正　父乙不異敗王　1
四四〇八　…令…異　1
四四〇九　…貞…異…帝　1
四四〇九　…韋貞異…　1
四四一一　㗊…異…　1
四四一二　…異…
四六一一正　貞王𡆥異其疾不嬴　1
一九二二一正　庚戌…爭貞不其雨帝異…　1
一三〇〇六　…申卜…異…其…雨　1
一七九九二　…異…　1
二四九〇〇　庚申…貞日…□…雨帝…循不…　2
二七一四八　貞其左…異　3
二七三四九　𠂤異酌　3
二七八八〇　貞王異…盧…于…　3
二八〇六四　戊寅卜在韋師𠂤人無戋異其𢀛　3
二八三六〇　…麋…異…湄日…　3
二八四〇〇　王異戌其射在穆兕…　3
二八七一七　…王異…田無大雨　3
二九〇九〇　壬王異…盂田弗…　3
二九三九五　辛丑卜彭貞翌日壬王異其田𡨦湄日無災　3
二九八一八　貞…異…　3
三〇一五二　貞異其田雨…遘　3
三〇四三九　丁丑卜狄貞其用茲卜異其涉兕同　吉　3
三〇七五七　甲子卜狄貞王異其田無災　3
三一〇〇〇　…卜新異鼎祝…　3
三一二二五　…卜犬…異…吉　3
三一九〇二　丁丑貞王異　3
三一九〇三　王異　3
三一九〇四　…異　3
三二九一五　戊戌貞羽異惟其無𢀛咎　4
三三九一八　甲子…貞弜…異酉…十月　4
屯二五六　丁丑卜翌日戊王異其田弗悔無災不雨　3
屯六一〇　弜異酌惟餗惟吉　3
屯一四三六　…異
屯二三四一　…異其往田不雨　3
英二一一四　貞異弗其…凡㞢…　1
英三一五　…異…若　1

三〇三四七　癸亥卜彭貞□其佐于㝣
三〇五〇二　…彭貞□其佐于…

乖

四四四三　…壺…□
四四四四　貞乖不其呼來　1
四四四五　貞乖…　1
四四四六　貞乖…　1
四四四七反　…呼乖王比…　1
五四五五　貞乖及寅□　1
五四五六　貞乖及冓□　1
五六二四　…未卜…貞盧乖…　1
五七六九正　貞乖以巫　1
五七七〇甲　貞惟乖令盖射　1
五七七〇乙　癸巳卜殼貞惟乖令盖射　1
五七七〇丁　…勿惟乖令盖…　1
五七七一丁　貞…乖…　1
五七七一甲　貞惟乖令盖三百射　1
五七七一乙　癸巳卜殼貞令乖盖三百射　1
五七七二　癸巳卜殼貞惟乖盖射　1
五七七二　貞惟乖令盖射　1
五七七二　貞勿…乖令　1
五九三六　…來…乖不…執　1
五九三七　貞乖…執　1
六三四一　癸丑卜爭貞乖及𢀛方　1
一三七五八反　…甲乖𢦚雀　1
一八六〇四　弜□　1
英三一六　貞乖…其執　1
英三四一　貞乖及寬微　1
英五六六　癸丑卜殼貞乖及𢀛方四月　1

𦰩 艱

降𦰩

一〇一六六　⋯卜爭⋯上帝⋯降⋯𦰩
一〇一六八　庚戌卜貞帝其降𦰩
一〇一八八　不惟降𦰩

𦰩我

一〇一六四　⋯丑卜貞不雨帝惟𦰩我
一〇一六九　⋯曰帝⋯𦰩我
一〇一七二　辛卯卜㱿貞帝其𦰩我　三月
一〇一七三正　貞帝不我𦰩
一〇一七四正　乙酉卜亘貞帝不我𦰩
一〇一七四正　貞帝其𦰩我　小告　不𢓊黽
一〇一七五正　⋯帝不我𦰩
一〇一七六　丁巳⋯方貞我其𦰩
一〇一七七　貞我𦰩
一〇一七八　貞我不𦰩　一月　不𢓊黽
一〇一七九　辛卯卜內貞𦰩我
一〇一八〇　⋯寅卜我不𦰩
英一一〇三　⋯我𦰩⋯

其它

五七六〇正　丙午卜永貞㪣射百令𦰩⋯
一〇一六五反　⋯王固曰亞不𦰩
一〇一七八　⋯其𦰩
一〇一八一　貞其𦰩　三月
一〇一八三正　貞不𦰩
一〇一八三正　貞不𦰩　二月
一〇一八五　⋯北土⋯𦰩
一〇一八九　丙戌卜爭貞不𦰩
一〇一九〇　⋯不𦰩
一〇一九一　⋯𦰩
一〇一九三正　⋯𦰩⋯
一〇一九四　貞𠰻⋯𦰩⋯夫
一一一六六　⋯有Ⅱ⋯𦰩⋯牛⋯
二二〇九一甲　乙酉卜𣪕家艱于下乙五牢𤔲用
三三〇一七　無來𦰩
三五二五三　⋯有祟自⋯𦰩
英一〇一三　⋯叀𡆥喜⋯李于宮無災
英一一〇四　⋯𦰩⋯

懷一八四　⋯酉⋯北⋯𦰩⋯
懷九二一　⋯其𦰩

黑

黑牛

二九五〇八　惟黑牛
三一七〇六　⋯黑牛
屯二三六三　丁丑卜𣏟庚史惟黑牛其用佳
懷一四〇七　惟黑牛　吉

黑羊

三〇〇二二　𠦪雨惟黑羊用有大雨
三〇五五二　弜用黑羊無雨
三〇七二〇　⋯黑羊用⋯大雨
屯二六二三　弜用黑羊無雨

黑犬

二九五四四　惟黑犬王受有祐
英八三四　庚寅卜貞其黑豕

降𦰩

一〇一七〇　⋯降我𦰩十二月
一〇一七一正　戊申卜爭貞帝其降我𦰩一月　二告
一〇一七一正　戊申卜爭貞帝不我降𦰩
一〇一八七　丁未卜⋯龍方⋯降𦰩

其它

二四九正　貞商黑
一〇一八二　⋯其𦰩
一〇一八四　辛卯卜㱿貞其𦰩三月
一〇一八四　辛卯卜㱿貞不𦰩
一〇一九二　⋯𦰩
二〇三〇五　⋯保𦰩王⋯
二二〇六七　貞子耆不無黑
二二四二五　貞今夕無黑
二五八一一　⋯申⋯黑⋯𣎵⋯
二九五一六　惟黑
二九五四六　⋯黑⋯
屯一五八　惟黑⋯
懷一八五　⋯黑

莫 ⿰火莫

九八一五 ……敹……莫丁十一月 1
一〇一八六 ……西土無莫 1
二五三七〇 ……大貞來丁亥⿰火莫…… 2
二五九七一 乙亥卜大貞來丁亥彡其⿰火莫丁巳十一月 2
二八〇一一 乙酉小臣□莫 3
二八二九七 ……方莫 3

艱

二三五七七 庚寅……矢貞今日無來艱一月 2
二三八〇五 貞今日無來艱 2
二四一五〇 ……其在茲有艱二月 2
二四一五一 ……來艱自方 2
二四一五三 辛亥卜祝貞……日無來艱自…… 2
二四一五三 ……日……艱……方 2
二四一五八 ……有來艱 2
二四一五九 ……艱 2
二四一五九 ……有來艱 2
二四一六〇 丁……出……日無……艱…… 2
二四一六一 甲子卜旅貞今日無來艱 2
二四一六一 ……寅卜旅……今日無來艱 2
二四一六二 甲子卜矢貞今日無來艱十月 2
二四一六三 丁卯卜……貞今……無……艱 2
二四一六五 戊寅卜貞今日無來艱 2
二四一六六 己卯卜𢓊貞今日無來艱 2
二四一六七 辛巳卜……貞今日無來艱 2
二四一六八 辛巳……貞今日……艱九月 2
二四一七〇 庚寅卜由貞今日無來艱 2
二四一七一 庚寅卜出貞今日無……艱 2
二四一七二 壬寅卜尹貞今日無來艱 2
二四一七三 癸卯卜旅貞今日無來艱 2
二四一七四 癸卯卜呂貞今日……來艱 2
二四一七五 丙午卜貞今日無來艱 2
二四一七六 丙午卜……貞今日無來艱 2
二四一七七 丁未卜即貞今日無來艱 2
二四一七九 乙卯卜即貞今日無來艱 2
二四一八〇 乙卯卜大貞今日無來艱 2
二四一八一 乙卯卜……貞今日無來艱 2
二四一八二 己未卜……貞……無……艱 2
二四一八三 ……酉卜出貞今日無來艱 2
二四一八四 ……酉卜即貞今日無來艱 2
二四一八五 貞今日無來艱十月 2
二四一八六 ……卜……貞今日無來艱 2
二四一八七 ……貞今日無來艱 2
二四一八八 ……貞今日無來艱 2
二四一八九 ……卜即……無來艱 2
二四一九〇 ……卜即……日無……艱 2
二四一九一 ……今日無來艱 2
二四一九二 乙……旅……日無……艱 2
二四一九三 ……卜旅……日無……艱 2
二四一九四 ……旅……今日無……艱 2
二四一九五 ……卜出……日無……艱 2
二四一九六 ……卜尹……日無……艱 2
二四一九七 ……卜……日無……艱 2
二四一九八 ……今日無……艱 2
二四一九九 ……大……日無……艱 2
二四二〇〇 ……日無來艱 2
二四二〇一 ……辰……貞今……來艱 2
二四二〇二 庚子卜……貞今日……艱 2
二四二〇三 ……今日……來艱 2
二四二〇四 ……貞……來艱 2
二四二〇六 己巳卜……貞今夕無來艱 2
二四二〇八 ……卜貞……夕無艱 2
二四二〇九 貞今夕無來艱 2
二四二一〇 ……無來艱 2
二四二一一 ……來艱 2
二四二一二 甲戌卜……貞……艱 2
二四二一三 ……來艱 2
二四二一四 ……旅……來艱 2
二四二一五 ……來艱 2
二四五五六 庚……貞勿……若……艱…… 2
二五三四五 ……艱 2
英二〇三四 癸巳卜日貞今日無來艱 2
英二〇三五 戊寅卜即貞今日無來艱 2
英二〇三七 ……卜旅……日無……艱 2
英二〇三八 壬子……中貞……無來艱 2
懷一一四四 ……卜骨……今……艱…… 2

⿱大豕

七二正 乙丑卜翌丙⿱大豕有至 1
七二正 庚午⿱大豕有至二月 1
二五八 乙未卜貞⿱大豕獲薦十二月允獲十六以羌六 1
五三四 ……未卜……⿱大豕……羌 1

豢

五三五　己未…豢…羌
六八九　…令豢…𢦏十人
四二四　庚午…豢…至
四二六　…乙豢至
四二七　…豢延…
四二八　…豢…
四二九　子…王于…豢…
四三〇　…巳卜貞豢
四三〇　…巳卜…豢
四三一　辛巳…豢…
四三二　…午…豢…其…
四三三　…豢其…
四三四　庚午…豢…
四三五　貞今…豢…
四三六　貞豢…
四三七　…余…豢…其…
四三八　…王…豢
四三九　…豢
四四〇　辛丑…王豢…
四四一　…豢允亦…伐…
四四二　…丙子…豢…
六五六一　丁酉卜令豢征𢀛𢦏
六五六二　…豢伐𢀛𢦏
六五六三　乙亥卜惟四月令豢步…𢀛
六五六四　癸未…令豢伐𢀛入無不若允𢦏
七六三〇　戊午卜…豢弗其…邑征…
七六三〇　戊午…王豢…邑征…
八〇〇七　癸卯…于雀　廼令…豢…
八四二八　…巳卜王…豢…𢀛至…囚
八四二九　…豢…三月…𢀛
一〇四七一　癸卯卜豢獲魚其三萬不…
一〇四七二　…卜貞豢…魚…
一〇四七三　…卜貞豢執…魚
一〇四七四　…卜…豢…隼…酒魚
一〇四九四　乙未…豢不…𦊔
一〇七六四　…卜豢擒…
一〇七六五　…豢擒
一〇八五七　…豢罷不其獲
一〇八五八　…酉卜…豢…獲
一〇八五九正　貞豢弗其獲
一〇八六〇　豢不獲
一二五〇九　乙卯卜貞豢…　二告
一九七五九　…申…王貞…豢魚羌
一九七六五　…豢以羌𢀛
二〇二一三　丙子…豢…先…
二〇二一四　丁卯卜王…豢以師…
二〇二一五　…巳…豢…在…甫
二〇二一六　…豢…𢀛…
二〇四〇〇　辛丑卜步豢伐𢀛　五月
二〇五四〇　…貞豢…不其…
二〇七三八　乙卯卜內豢出魚不沁　九月
二〇七三九　丁亥卜王…豢獲魚…獲
二〇七五一　乙未…呼豢…狩而…
二一七六八　甲戌卜豢圍印
屯[illegible]　己未卜…豢…執
英三一八　…寅卜…豢…惟…
懷三四七　…翌…豢…薦呂…水…

乘

三二正　乙卯卜殻貞王比望乘伐下危受有祐
三二正　乙卯卜殻貞王勿比望乘伐下危弗其受祐
三二正　貞王比望乘
三二正　貞王勿比望乘
一七一　…卜殻貞令望乘…
一七一　…殻貞王鼎比望乘…
一七二　比望乘
一七二　令望乘
一七三　比望乘
二三六　庚子卜穷貞翌甲辰用望乘來羌
二三七　癸酉卜貞望乘來羌
八一一正　癸丑卜亘貞王惟望乘比伐下危
八一一反　王比望乘伐
二三〇四　…令…乘
三九九四　令望乘
三九九四　…乘
三九九五　辛巳卜穷貞今𢀛勿望乘
三九九六　…勿望乘
三九九七　…望乘
三九九八　甲午…貞望乘…暨…
三九九九　望乘
四〇〇〇　望乘
四〇〇一正　…殻…及…乘…歸
四〇〇二　…殻…令…乘…先歸九月
六一四八　令望乘
六一四八　比望乘

六四一三 辛巳卜宕貞今𠱠王比…乘伐下危受有
祐十一月
六四七六 王惟望乘比
六四七六 王勿惟望乘比
六四七六 辛酉卜爭貞王比望乘伐下危
六四七六 辛酉卜爭貞王勿惟望乘比
六四七六 惟乘比
六四七六 勿惟乘比
六四七七正 癸丑卜亘貞王惟望乘比伐下危　小告
六四八〇 貞王勿…乘比…下危
六四八二正 辛酉卜殼貞今𠱠王比望乘伐下危受
有祐
六四八二正 辛酉卜殼貞今𠱠王勿比望乘伐下危
弗其受有祐
六四八三正 辛酉卜殼貞今𠱠王比望乘伐下危受
有祐
六四八三正 辛酉卜殼貞今𠱠王勿比望乘伐下危
弗其受有祐
六四八四正 辛酉卜殼貞今𠱠王比望乘伐下危受
有祐
六四八四正 辛酉卜殼貞今𠱠…勿比望乘…下危弗
受有祐
六四八五正 辛酉卜殼貞今𠱠王比望乘伐下危受
有祐
六四八五正 辛酉卜殼貞今𠱠…勿比望乘伐下危
弗其受有祐
六四八六正 辛酉卜殼貞今𠱠王比望乘伐下危受
有祐
六四八六正 辛酉卜殼貞今𠱠王勿比望乘伐下危
弗其受有祐
六四八七 …巳卜爭貞今𠱠王比望乘伐下危受
有祐十一月
六四八七 辛巳卜爭貞今𠱠王勿比望乘伐下危
弗其受有祐
六四八八 辛巳卜殼貞今𠱠王比望乘伐下危受
有…
六四八九 庚申卜爭貞今𠱠王比望乘伐下危受
有祐
六四九〇 庚申卜爭貞今𠱠王比望乘伐下危受
有祐　二告不告黽
六四九一 庚申卜宕貞今𠱠王比望乘伐下危受…
六四九四 …申卜殼貞今𠱠王比望乘伐下危…
若…我…
六四九五 …𠱠王比望乘伐下危…若不我…
六四九六 丙戌卜爭貞今𠱠王比望乘伐下危我
受有祐　二告

六四九七 …王比望乘伐下危受有…
六四九七 …勿比望乘伐下危弗…
六四九八 …卜殼貞王比望乘伐下危受祐
六四九八 …貞王勿比望乘伐下危不受祐
六四九九 …𠱠惟…王比望乘伐下…受有祐
六五〇〇 …貞今𠱠王勿比望乘伐下危弗其受
祐
六五〇二 貞今𠱠王勿比望乘伐下危
六五〇四 …𠱠王…望乘伐下危
六五〇五正 …作比望乘伐下危下上弗若不我其
受祐
六五〇六 貞今𠱠王勿作比望乘伐下危下上弗若
不我其受祐
六五〇七 貞王比望乘伐下危　二告
六五〇七 貞王勿比望乘
六五〇八 …比…乘…危受有祐
六五〇九 貞王勿比望乘伐下…
六五一一 …望乘伐下危…
六五一六 乙卯卜殼…比望乘伐下危弗其受…
六五一八 辛丑卜殼貞今𠱠勿呼比望乘伐下危
弗其受有祐
六五一九 辛丑卜殼貞今𠱠呼比望乘伐下危受
有祐
六五二四正 辛丑卜宕貞令多𦃃比望乘伐下危
受有祐
六五二五正 辛丑卜宕貞令多𦃃比望乘伐下危受
有祐二月
六五二七正 丁巳卜宕貞燎于王亥十𠂤卯十牛三㲎
告其比望乘征下危
六五二九 …十𠂤卯十牛…望乘征下危
六五八三 貞王比望乘伐
六五八三 王勿比望乘伐
七〇七一 …𢦏望乘邑
七四八六 比望乘
七四八六 貞勿比望乘
七四八八 辛卯卜爭貞勿令望乘先歸九月
七四九〇正 辛卯卜殼貞勿令望乘先…　二告
七四九二 辛卯卜殼貞勿令望乘…
七四九三 辛卯卜殼貞勿…望乘先…
七五一〇 …比望乘
七五二七 貞今𠱠王比望乘…
七五二八 己未卜爭貞勿惟王自比望乘…往…
七五二八 丁巳卜爭貞勿惟王自比望乘呼…
七五二九 …勿惟王自比望乘…

七五二九 …王自比望乘呼… 1
七五三〇 …勿惟王自…𡲾呼往 1
七五三〇 …比望乘呼往八月 1
七五三一 貞惟王比望乘 1
七五三一 貞勿惟王比望乘 1
七五三三 …貞…王比望乘… 1
七五三六正 貞今𢀛王勿比望乘 1
七五三六正 貞今𢀛王勿比望乘 1
七五三七 貞燎于王亥告其比望乘 1
七五三八 貞今𢀛呼比望乘伐…弗… 1
七五三九 …𢀛…比…乘…弗…其祐 1
七五四〇 …比望乘… 1
七五四〇 …貞…乘?… 1
七五四一 呼比望乘 1
七五四二 呼比望乘 1
七五四四 惟望乘比 1
七五四五 辛酉卜…貞惟望乘比九月 1
七五四六 王勿比望乘 1
七五四六 …貞…乘?… 1
一一四二三正 …𢀛王勿望乘比　二告 1
一一四二三正 …𢀛…望乘…　二告 1
一五三八九 貞…來…用…乘… 1
一八九一七 貞王勿比望乘 1
三二〇一九 …望乘以羌…自上甲 4
三二〇二一 丁亥貞用望乘以羌自上甲 4
三二八九五 令比望乘 4
三二八九六 丁未貞王其令望乘婦其告于祖乙一 4
三二八九六 …貞王其令望乘婦其告于祖乙一牛 4
三二八九七 丁未貞王其令望乘婦其告于祖乙 4
三三一一二 乙丑卜王惟…立比…乘 4
三三一一二 王惟望乘比 4
屯一三五 辛巳貞其告令望乘 4
屯一三五 于祖乙告望乘 4
屯一三五 于大甲告望乘 4
屯五二三 …申貞于丁以…乘…酉用于享京…羌卯
牡 4
屯二三三四 丁卯貞彡衩王其奉…望乘 4
英五八三 貞勿比望乘… 1
英五八六 辛丑卜㱿貞今𢀛王比望乘 1
英五八八正 貞今𢀛王勿作比望乘伐下危 1
英五八九正 …卜…其王勿比望乘伐下危…
其… 1
英五九〇 …乘伐…危…其受祐 1
英六六五 貞王勿比望乘 1
英六六五 王比望乘 1
英六六五 令望乘先歸田 1
英六七一 勿比望乘 1
英六七二 貞今𢀛王比望乘　二告 1
英六七二 貞今𢀛王勿比望乘　二告 1
英七一五 …乘…先…歸… 1
英九二六 …乘… 1
英一五五五 戊申卜永貞望乘有保在啓 1
懷三八一 …望乘… 1
懷一六三七 丁卯卜王弜比望乘 4

昃

一七二八反 …其…于昃日 1
一七二九 丁卯卜貞昃… 1
四四一五正 辛巳卜貞今昃𠂤𢀛甫𦣞亦旋五月 1
一〇四〇五反 王固曰有祟八日庚戌有各雲自東面母昃
亦有出虹自北飲于河 1
一二八〇八 …酉昃雨 1
一二八〇九 昃雨 1
一三三一二 …爭貞翌乙卯其𡆥暘日乙卯𡆥允暘日
一三四四二正 昃霧于酉六月 1
允有鑿明有…雲…昃亦有鑿有出虹自
北…于河在十二月 1
一四九三三 貞昃入王有匚于之亦鼓 1
二〇四二一 壬申卜今日方征不昃雨自北 1
二〇四七〇 …畄…其…昃…雨…雨 1
二〇九五七 …日大啓昃亦雨自北…昃… 1
二〇九六二 癸亥貞旬甲子…方有日卩…在邑南…乙
丑雨…昃雨自北…丙寅大…一月 1
二〇九六五 丁酉卜今日雨余曰戊雨昃允雨自西 1
二〇九六六 …王旬二月三日丙申昃雨自東小采既
丁酉至東…夕… 1
二〇九六七 甲子卜翌丙雨乙丑昃雨自北少丙寅… 1
二〇九六七 甲子卜乙丑雨昃雨自北少 1
二〇九六八 丙戌卜…日彡奉…牛…昃用 1
二一〇一三 昃卜 1
二一〇二一 癸亥卜貞旬一月昃雨自東九日辛未大采
各雲自北雷延大風自西刜雲率雨毋
𠧟日… 1
二九七九二 昃不…大吉 3

二九七九三　中…昃其雨　3
二九七九三　昃至郭不雨　3
二九八〇一　昃至…兮其雨　3
二九九一〇　王其省田昃不雨　3
二九九一〇　昃不雨　吉　3
三〇二二二　昃不啓　3
三〇八三五　惟昃酌　吉　3
三三九一八　…卜…貞昃有豆雨　4
屯　四二　中日至昃不雨　3

妀

七三八　八二九正　九二八正　一八四〇　三一八五　三一八六　三一八七　三一八八　三一九〇　三一九一　三一九二　六六一七甲　六六一七乙　一三八七四正　一三八七四正　一九八〇三　英　一四一

…卜爭子妀于母中…小宰又𠬝女一
貞禦妀于父曹…
貞妀其𢀛
…妀不𢀛十月
…妀侑于…
貞禦子妀于乙…大…
丁巳卜穷禦子妀于父乙
丁卜殼貞勿禦子妀…王固曰吉
妀無…
貞勿禦子妀于…
壬戌卜貞呼子妀侑于𠂤犬
…殼…呼子妀侑于𠂤惟犬有羊
壬辰…其…妀…四…
…卜爭…子妀…
王往…妀羌…
…往南…妀…
貞子妀骨凡有疾
己卯卜穷貞子妀骨凡
戊申卜于庚戌…于妀用
…丁…子妀

四四一九　…示𢓊…　1
四四二〇　丁酉卜𢓊由　1
四四二一　惟虫妣𡧊𢓊　1
四四二一　貞惟虫祖𡧊𢓊　1
四四二二正　…穷貞…𢓊　1
一〇〇九　…往…𢓊兕無災之日王往逐𢓊兕　1
一三八八二　…𢓊骨凡…　1
一六二一二　貞𢦔于𢓊豕又…　1

英七三五　在𢓊　1
英二六七四正　吹子曰𢓊　5
英二六七四正　𢓊子曰𢓊　5
七七六八　癸酉卜殼貞雀惟今日𢓊　1
七七六八　癸酉卜殼貞雀于翌甲戌𢓊　1
七七六九　…捍余呼𢓊　1

並

四三八七　…祟王遣並十月　1
二四四一二　…祝貞二示祟王遣並十月　2
英　三一二　…王遣並…　1
英一九四八　癸巳卜祝貞二示祟王遣並　二告　2
三七六正　呼並𢓊　1
三七六正　勿呼並𢓊　1
三三〇四二　己巳貞並𢓊伐𢀛方受祐　4
三三〇四三　丁巳貞並𢓊伐𢀛受祐　4
二三三二六　貞弜並酌　2
二三三二六　貞妣庚歲並酌　2
二三三六〇　貞弜並酌　2
二三六七五　庚申卜出貞今日並酌河　2
三二四九八　丙午卜中丁歲並酌　4
三二八九一　…酉卜…邑並酌妣用　4
三四五五七　弜並酌　4
三四五五八　弜並酌　4
屯　六八　丙申卜蒸並酌祖丁暨父丁　4
三二八八六　辛未貞其令射𢀛即並　4

竝

著錄	釋文	期
三二八六	辛未貞惟戔令即並	4
三二八六	癸酉貞其令射𠦪即並	4
三二八六	癸酉貞惟戔令即並	4
三二八七	即並	4
三二八八	即並	4
三二八八	弜令即並	4
三二八九	辛未貞王令即並	4
三二九〇	弜令即並	4

並才

著錄	釋文	期
三三〇六五	丁巳卜貞王令並伐商	4
三三一一三	乙卯卜貞王令並伐	4
三三一一九	並伐	4
三三一一九	伐並	4
屯二九〇七	庚寅貞王令並伐商	4
屯四〇八九	丁巳卜貞王惟丁巳令𠦪並伐	4

丁並

著錄	釋文	期
三七六反	貞王夢示並立十示	1
三三四三九	…永示並…惟有示十月	2

並入

著錄	釋文	期
九三四七	並入十	1
九三四八	並入…	1
一七〇八五反	並入十	1

邑並

著錄	釋文	期
一四一五七	丙寅卜貞翌丁卯邑並其侑于丁宰又牛五月	1
一七一七一	乙亥卜爭貞惟邑並令𡆥我于有師十一月	1
英六〇八正	癸丑卜㱿貞令邑並執𠂤七月	1

並宀·並宀

著錄	釋文	期
九一〇五反	貞並弗其以有取	1
三三二七〇	惟並以人狩	4
屯一〇四七	辛未貞王令並以戔于𠭯	4

其它

著錄	釋文	期
五一	貞並其喪衆人三月	1
五二	…古貞並無災不喪衆	1
二八二七反	…並…犬二十	1
四三八六	…卜令並…今夕用	1
四三八七	…吉王永于並	1
四三八八	甲戌卜㱿貞翌乙亥並告王其出于…	1
四三八九	丁…𠟭…並…	1
四三九〇	…並于丁七月	1
四三九一	乙巳…翌丙…並侑…丁	1
四三九二	庚寅卜…貞並左惟辛卯用	1
四三九三反	丙子並示…	1
四三九四	…並來歸惟侑…	1
四三九五	貞並來…	1
四三九六	貞惟並往	1
四三九七	…卜貞…惟並白…往	1
四三九八	貞並	1
四三九九正	貞並…今…	1
四四〇〇	…並…卯…	1
四四〇一	辛…貞…並…無…	1
四四〇二反	…並…受…	1
四四〇三	癸亥卜貞並…	1
四四〇四	貞勿…並	1
九六三九	己亥卜貞惟並令省在南亩	1
一一五〇三反	七日己巳夕㞢有新大星並火	1
一二五二二反	…並示五十	1
一三五五二反	己丑並…	1
一三七九四	…並令	1
一四三七〇丁	貞…並…	1
一四五六二	貞並涉	1
一五七九〇	…今日…竝新𠬝	1
一六四五〇	庚戌卜貞並	1
二〇一四九正	辛巳卜㽙入令並葡	1
二〇二四九正	並由	1
二〇三一七	…並十月	1
二三三六〇	貞…並…	2
二五六三三	…卜…貞並…𢀛…于…	2
三二八〇八	…並其比𡆥…	4
三二八九二	丁丑貞其並𪓐自雚	4
三二八九四	…王令…其並	4
三三〇四二	並弗受祐	4
三三〇四三	並弗受祐	4
三三〇六五	…𠦪…並…	4
三三二三七	惟並令自亩	4
屯三二	…並無囚	4
屯六八	…並…蒸…	4
屯一〇五〇	戊子貞並無囚	4
屯一〇五六	癸卯貞並不至	4

㚘 因 实 亢 [亢攵] 𢓊 [弓大]

乇一一一　甲子貞並不延　4

乇二〇九三　並受…　4

乇二三七三　丙子貞王…並…囧　4

乇二九四三　…蒸禘並…　3-4

乇四四八　庚申卜貞王惟乙令阜暨並　4

乇四四八　庚申卜貞王惟丁令阜暨並　4

乇四五四　丁巳卜貞王令並甲商伐　4

英三一一　甲子卜…貞並…　1

英三一三　…于…尊…並　1

英三一三　貞…並…　1

英一九四八　癸巳卜祝貞丁辛吉永于並　2

英一九四八　癸巳卜祝貞並來歸惟侑示　2

英二四一三　…並…衆　4

英二四九六　己未貞並無囚　4

懷四〇一　貞…並…有…　1

㚘

一五四三　貞勿用㚘　1

一五八二一　戊子其𢦏惟㚘用十月　1

一五八二二　…子其𢦏惟㚘用…　1

英一七八四　戊戌卜王貞余㚘立貞宁史暨見蔑終夕卬　1

因

二一三七四　貞尋不因辛囧壬午王…　1

二一五七九　戊子卜子貞今翌啓因　1

二一六〇九　…申卜𦀚貞…子不因　1

二一七八二　癸未卜貞戠不因　1

三三〇〇七　壬子卜其大…𠂤…因　4

乇一〇八二　…令保考因…　4

乇一〇八二　…令陵彭因…　4

乇一八六四　…因…

乇二三七三　己卯貞今日王令𠭯因我𠂆　4

实

二七一六四　卜丙歲王实　3

二七二五八　…于实惟今羌甲日鼎　3

亢

四六一一正　貞令象亢目若　二告　1

一〇三〇二甲正　令亢往于夔　1

一八〇七〇　…亢…𢆶…女…　1

一八五六二　…亢弗…𡆥…　1

二〇三一八　…申卜…貞余…妣亢…　1

乇三一二　己酉卜攸亢告啓商　4

懷一五〇二　貞日…𡆥其…亢…　4

刖　俄

五八〇正　貞刖𡆥八十人不死　1

五八一　貞刖𡆥不死　1

五八二　…刖…𡆥　1

八六一　…卜爭…刖往…不…　1

六〇〇〇反　貞其刖…　1

六〇〇一正　丁巳卜亘貞刖若　1

六〇〇二正　乙酉卜㱿貞刖…　1

六〇〇三　…寅卜㱿貞其有刖…　1

六〇〇四　…其…刖…囚　1

六〇〇五　…卜亘貞…刖其囚　1

六〇〇六　…刖…　1

六〇〇七　辛卯卜㱿貞刖　1

六〇〇八　…午…刖…　1

六〇〇九　…刖…　1

六〇一〇　…刖…　1

八三五〇正　…亦刖在𢿊允…　1

乇八五七　其刖多安　4

乇二五一〇　…巳卜其刖四封舌盧…惟邑子示　4

[矢大]

二〇五二　癸酉卜貞万㕯骨凡有[矢大]十二月　1

二〇五四　…凡[矢大]四月…未夕啓老　1

二二二六五　…寅貞…周[矢大]延　1

三六七六六　…[戠阝]歸于宰　5

𢓊

英六九〇　…禘余呼𢓊…　1

[弓大]

六八三四正　貞[弓大]弗其戠王事　二告　1

八二六 ……于犾 1
一七九九〇 ……犾……惟……牛…… 1
三〇九〇九 ……辰卜王其遘雚有犾弜…… 3
三一五四 庚申……有犬……犾伐…… 4
懷 三八四 ……未卜……犾比…… 1

臬

二四二四八 癸丑卜行貞王其步自良于□無災 2
二四三七七 壬子卜……貞今夕……七月在臬 2

奍

二二四一〇 乙酉卜貞……奍不囚 1

犾

三二三九〇 癸未……犾…… 4
三三五六三 弜犾用其敚 4

妌

四四一六 貞呼見妌 1
四四一七 甲子卜貞呼妌 1
四四一八 貞暨妌來歸十月 1
五六三九正 卓使□咊 1
英 三三一 貞呼見妌 1

𩒨

二七七四〇 惟□𩒨令監凡 3
二七七四二 惟□𩒨令監凡 3

夻

二二二八三 乙卯卜貞夻 1
二二二八四 乙卯卜貞子夻 1
二二二八八 乙卯卜貞子夻 1
二二二八九 乙卯卜貞子夻 1
二二二九〇 ……貞子夻 1

走

一七二三〇正 貞王往走戠至于方剮 1
一七九九三 ……走…… 1
二七九三九 貞其令□亞走馬□乚□ 3

□

二〇八二二 辛未卜于乙亥□ 1
二〇八二二 ……未……□今十二月…… 1
英二六四正 □子曰□ 5
英二六四正 □子曰□ 5

□

二〇五八二正 甲申王至于……三戊□四…… 1

□

一〇七七 ……□敚人 1

□

六〇六三正 ……允有來嬉自西□告曰……□夾方□二邑十三月 1

□

三六五三〇 己酉王卜貞余征三□方惟□令邑弗悔不無……在大邑商王囚曰大吉在九月遘上甲……五牛 5

□

二一四一七 ……□…… 1

昊

三七四七四 壬申卜貞王……田□往來無災王囚曰吉獲狐十 5

□

七七八一 乙亥卜㱿貞生七月□ 二告 1
七七八一 ……卜㱿貞王于生七月□ 1
七七八二 乙亥卜㱿貞生七月□ 1
一三六七五正 壬戌卜古貞□疾□妣癸 1

著錄號	釋文	分期
一三六七五正	禦疾𠭯于妣癸	1
二一四二一	貞夕𠭯	1

交

著錄號	釋文	分期
二〇七九九	…卜不交…	1
三二五〇九	甲戌貞令步崇交得	4
三二五〇九	庚午貞令靁以在𦎫崇交得	4
三二五〇九	…午貞令步以𢀛崇交得	4
三二五〇九	甲戌貞令鳴崇交得	4
三二五〇九	甲戌貞令靁以在𦎫崇交得	4
三二九〇五	乙丑貞惟𢀛令崇交	4
三二九〇五	乙丑貞崇交	4
三四四三〇	…交日…	4
三五三二四	惟…交…	4

屰 逆

著錄號	釋文	分期
六六	貞虎𠂤眾人得	1
二二	甲戌卜𫹳角取逆𢦏	1
一八五	呼逆執	1
二七〇反	逆入十	1
五六七	貞惟逆𠓝	1
二三二〇	…逆…	1
二九六〇正	貞呼取屰	1
四九一四	癸丑卜貞勿𢦏令逆比盡于𢀛	1
四九一五	丙寅卜貞令逆比盡于𢀛 六月	1
四九一五	貞…逆…	1
四九一六	丙寅卜貞令逆比盡于𢀛…月	1
四九一七	丙寅卜貞勿𢦏令逆比盡于𢀛	1
四九一八	丙寅卜貞勿𢦏令逆比盡于𢀛 六月	1
四九一九	貞呼逆	1
四九二〇	貞呼逆	1
四九二一	…逆…𡆥…	1
四九二二	貞逆不其…	1
五三二七	…卜王貞…逆… 七月	1
五九五一正	貞勿呼逆執𦣞 不𠴲黽 二告 小告	1
六一九七	辛丑卜𣪘貞𢀛方其來王勿逆伐	1
六一九八	辛丑卜𣪘貞𢀛方其來逆伐	1
六一九九	辛丑卜𣪘貞𢀛方其來王勿逆伐	1
六二〇一	癸酉卜爭貞王勿逆𢀛方下上弗若不我其受…	1
六二〇二	癸酉卜爭貞王勿逆伐𢀛方下上弗若不我…	1
六二〇三	辛未卜𣪘貞王勿逆伐𢀛方下上弗…	1
六二〇四正	辛未卜𣪘貞王勿逆伐𢀛方下上弗若不我其受祐 六月	1
六二〇五	…戌卜亘貞𢀛方…逆伐受有祐	1
七〇五四	壬寅卜…貞令…逆𢦏…征𡆥…	1
七〇五八	貞勿呼商取逆	1
七五七六	王逆伐	1
八八五一	呼逆取	1
一〇九六一	乙卯卜𡧊貞呼田于屰	1
一四六二六	…貞令…逆河	1
一五〇〇六反	…逆…	1
一八二三五	…逆…	1
一八二三六	…逆…	1
一九二四四	貞允惟逆	1
一九二四五	…丑卜允不…逆	1
二〇〇六四	…寅卜王逆入使 五月	1
二〇四五四	…卜王貞…逆…方	1
二〇四七二	戊辰卜祒呼屰崇小方我 七月𠂤	1
二〇五六三	…逆…𠂤…	1
二〇八七一	其有屰	1
二一六二六	甲辰卜𣪘貞我屰以若	1
二一六二六	癸卯…𣪘貞呼𢦏屰入商	1
二一六二六	癸卯卜𣪘貞呼…屰彫有…	1
二一六二七	辛卯…貞屰…若	1
二一七七四	壬寅貞屰侃	1
二二二四六	屰以往子…月	1
二二二四六	匃屰娍	1
二二二四六	匃屰𡛩	1
二二二四六	匃屰𡚸	1
二二二四六	先曰屰娍	1
二二二四六	癸亥卜匃逆女	1
二二二四七	匃屰娍	1
二二二四七	屰以往子	1
二二五一〇	…匃逆	1
二二五一一	…子丁屰	1
三三五三一	弜屰來帝秋𣶃	4
二三六四四	…卜旅…攸屰… 工其…	2
二三七〇二	…屰…	2
二六八七九	戊屰弗雉王眾	3
二六八七九	戊屰其雉王眾	3
二六九〇七正	逆	3
二七〇七五	貞其屰	3
三二〇三五	壬戌貞王逆𡆥以羌	4

三二〇三五 王于宗門逆羌 4

三二〇三五 辛…貞王其逆… 4

三二〇三六 王于南門逆羌 4

三二〇三七 弜逆羌 4

三二一五五 己卯今日王逆惟用 4

三二一八五 弜逆執無若 4

三二一八五 己巳卜王其逆執侑 4

三二一八五 己巳貞王逆執有若 4

三二一八五 貞王弜逆執 4

三二一八五 己巳貞王來逆有若 4

三三二三〇 壬子貞㞢米帝秋 4

三三二三〇 弜㞢米帝秋 4

三三九一七 丁巳卜㞢夕雨戊… 4

三六四七五 庚辰王卜在𦎫貞今日其逆旅以…于東
單無災 5

屯一〇四六 …雨大㞢… 4

屯三五五七 㞢自父甲酌 3

屯三二一〇 …歲惟高祖乙歲逆三牢 3-4

屯四三八 …申貞其㞢… 4

英五五五 王勿逆伐 1

英五五五 貞吾方其來王逆伐 1

英五五五 吾方其來王逆伐 1

英六二四正 …卜逆…十 1

懷三三四 …術…逆… 1

夸

四八一三 丁巳卜㱿貞呼弘宅自夸弗㞢 1

一九一一七 勿令…宗夸… 1

夶

一一〇正 庚辰卜㱿貞呼取夶芻于… 1

一一二 甲戌卜夶四角取逆𦌸 1

二一〇七一 …亥卜㱿貞王曰有孕嘉夶曰嘉 1

二一三七〇 丁酉卜王貞勿苟夶不其… 1

一三〇六 庚辰…令…夭…㞢… 1

懷一五〇三 …卜㱿貞王勿…盧内祟…戠… 4

英二五三三 癸未卜在…貞王旬無畎 5

五二九七 庚戌…貞王心若夾其惟孽三… 1

七〇七五反 王固曰茲… 1

二七九一二 以… 3

一六八四六 癸酉卜永貞旬無囚王固…率夵于卜 1

二一九七二 令…若 1

一八八〇 貞祖丁夵九月 1

二七五五九 辛酉卜㝬今日辛㲋弗悔 3

一六一五 甲戌卜用夵牛于祖乙 1

九三三二 夵入 1

七七七〇 …午卜…勿𣏟 1

𩰚

二八二〇九 惟祖丁秝𩰚用有正 3

二一一九六 …内…叉… 1

𢦏

三一九六〇 丙午…今日其雨大采雨自北延𣁋少雨 1

三一一七三 …卜狱…毓呆田…叀弗悔 3

一七九八九 …𣎾… 1

英一七五九 甲寅卜有𤉲祖乙 1

𤞷

屯一〇九八 王其田…延射𤞷兕無災吝王 吉 3

屯一四一 既𤉲其在盂𣪊𣴎 吉 3

杆

二一一三八 …辰卜王…𦎫…鼎有… 1

二一七四五 庚午子卜貞杆延在我 1

四四八 乙酉卜…貞𣏟往來無囚允無… 1

二一四一九 癸酉卜𣏟 1

一三三五九 …𣎾 1

二一四一九 …𣁋…貝無 𡆥六 1

𠬝

九〇八九反 癸卯允…𠬝以 1

卪

七七 …卪丙…以 邑 1

三三五乙正 壬寅卜㱿貞王卪子父… 1

七七六七 甲申卜旁貞卪戈… 1

一三三二〇正 貞卪有𧊒出 1

一三五三三 …卪…商…舟…在丁宗 1

一四五二四 …卪槊于河 1

一九八八一 …卪妣…祟…臣… 1

二〇一九六 甲戌卜𣏟𦎫其𢦏卜卪 1

二〇二七五 王作…卪于…牛 1

二〇三九八 辛丑卜奏𣪊比甲辰卪雨少四月 1

二〇四七〇 丁卯卜今日卪𠂤 1

二〇五六一 …卪…豕 1

二〇九六二 癸亥貞旬甲子…方有曰卪 在邑南…乙 1

丑雨…晨雨自北…丙寅大…一月 1

二一〇二一 癸未卜貞甲申卪人雨…雨…十二月 1

二一三一二 癸亥…旬庚午…卪方…十月 1

二一三二一 乙未𤉲…卪老…㪉 1

二一三九七 …王…卪…取… 1

二一四二二 …辰…卪無… 1

二一四七六 甲子卜及日卪允 1

二一八九二 …今…卪 1

二一九五六 …子丁…卪羊 1

二二〇一五 𣎾母庚惟卪 1

二二〇四　父旦惟卩
二二二五八　己亥卜朮由今丁卩
二二四一八　…酉卜卩于大…
二二四二五　丁卯卜卩盟癸
二六九〇七正　辛亥卜彭貞其易卩
二七六七三反　卩商…
二七六七三反　卩商
三二七〇〇　辛亥貞□以二𣪊于父丁宗卩
屯四三四六　辛丑卜桼册从甲辰卩小雨四月
英九三五反　…卩…
懷一六二　…卩…

一〇七九　甲辰…至戊…□人
三三八九　貞□弗其以易□
三三九〇　…酉卜…貞…以易□
四〇〇六　…卜韋貞令□桼□觳…
一八〇二二　…有不□…
三三一九〇　己丑卜其□衍方惟今來丁…
三四五二五　惟生王□王
懷一三八六　惟□…各日彭…

六四一正　癸酉卜亘貞臣得王固曰其得惟甲乙甲戌臣涉舟延□弗告旬又五日丁亥執十二月
一八〇〇五　…□…
二二三七四　□□□
三三一八九　己丑其□衍方惟今來丁

巴

九三反　貞王比沚戠伐□方
八二正　癸丑卜亘貞王比奚伐□方
一八二四正　貞在□茲用
二四三一正　貞□不惟妣己害
四四七七正　貞有疾□弗…
四四七八　貞禦□于妣…
六四六一正　辛卯卜㝎貞沚戠啓□王惟之比五月
六四六一正　辛卯卜㝎貞沚戠啓□王勿惟之比
六四六七　貞我收人伐□方

六四六八　丙申卜㱿貞戠再…□　二告
六四六八　丙申卜㱿貞戠再册…呼比伐□
六四六九正　…沚戠伐□
六四七〇正　…子卜爭…今□王…伐□
六四七一正　甲午卜㝎貞沚戠啓…王比伐□方受有祐
六四七二正　…啓□方王旬于…
六四七三正　貞王惟沚戠比伐□方帝受我祐
六四七三正　王勿惟沚戠比伐□方帝不我其受祐　二告
六四七四　貞王比戠伐□帝受祐
六四七四　貞王勿比戠伐□
六四七五正　王勿比沚戠伐□
六四七五正　貞王比沚戠伐□
六四七六　貞王惟沚戠比伐□方　二告
六四七六　王…沚戠比伐□
六四七七正　癸丑卜亘貞王比奚伐□
六四七八正　…令比沚戠伐□方受有祐　二告
六四七九正　壬申卜爭貞令婦好比沚戠伐□方受有祐
六四八〇　辛未卜爭貞婦好其比沚戠伐□方王自東□伐㚔陷于婦好位
六四八〇　…婦好其…戠伐□方王勿自東受伐𢦔陷于婦好立
六四八一　…□惟婦…伐□方…祐
八四一一　貞□方不其𢀛　二告
八四一一　乙巳卜爭貞□其𢀛
八四一二　…㝎貞…□方
八四一三　…□方…
八四一四　…□方…
八四一五　…□方…
一三四九〇　貞沚戠啓□王比
一五一一三　…禦□于…庚
一五一一四正　貞禦□于妣
二八一四八正　戊寅卜王貞从□

邑

九四正　壬寅卜㝎貞若茲不雨帝惟茲邑寵不若二月
九四反　王固曰帝惟茲邑寵不若
六六七八　…其征茲邑

七八五二正　貞茲邑其有降囚　二告
七八五二正　貞茲邑其有降囚　二告
七八五二正　戊戌卜宕貞茲邑無降囚　二告
七八五三反　……卜爭貞洹其作茲邑……
七八五四正　……貞洹弗作茲邑……
七八五八　……殻貞茲邑
七八五九正　洹弗作茲邑囚
七八五九正　其作茲邑囚四……
七八六〇　弗作茲邑囚
七八六〇　其作茲邑囚四月
七八六一　惟茲邑寵不若
七八六二　惟茲邑寵不若
一〇一六〇　……茲邑……水……
一三五二五　甲戌卜爭貞我勿將自茲邑䚷宕祀作若
一三五二六　甲戌卜殻貞我勿將自茲邑䚷宕祀作
一三五二七　甲戌卜殻貞我勿將……茲邑䚷……祀作
一三五二八　……卜殻……將……茲邑……
一三五三〇　勿將自茲邑
一三五三〇　貞我將自茲邑若
一三五三一　貞我將自茲邑若　二告
一三五八四甲正　戊……爭貞……甹茲邑
一三五八四乙正　戊午卜爭貞……其甹茲邑
一四二〇六正　癸丑卜爭貞我宅茲邑大賓帝若三月
一四二〇九正　貞帝惟其終茲邑
一四二〇九正　貞帝弗終茲邑
一四二〇九正　丙辰卜殻貞帝惟其終茲邑
一四二〇九正　貞帝弗終茲邑
一四二一〇正　貞帝惟其終茲邑
一四二一〇正　貞帝弗終茲邑
一四二一〇正　丙辰卜殻貞帝惟其終茲邑
一四二一〇正　貞帝弗終茲邑
一四二一一正　貞帝弗孜茲邑
一四二一一正　戊戌卜爭貞帝孜茲邑　二告
一四二一二　辛卯卜殻……帝孜茲邑
一四二一三　……孜茲邑
一四二一四　……孜茲邑
一七三六〇正　乙丑卜殻貞茲邑無震
一七三六一　貞茲邑其有震
一七三六二　貞茲邑其有震
一七三六三　……寅卜爭貞茲邑……震……月
二〇五八八　……卜王……暨……茲邑……殺
英一四一一　……降茲邑……囚

懷八三　……帝……茲邑……
懷一四九五　……寅卜……有夅在茲邑
一三四九〇　癸……爭貞我作邑
一三四九〇　勿作邑
一三四九一　壬子卜殻貞我作邑
一三四九二　乙酉卜……作邑
一三四九二　癸卯卜……我作邑
一三四九三　……未卜殻貞我作邑
一三四九四　丁未卜殻貞我作邑若
一三四九五　甲寅卜殻貞我作邑
一三四九六　甲寅卜爭貞我作邑
一三四九六　丙辰卜爭……我作邑
一三四九七　……子卜宕貞我作邑
一三四九八　……作邑
一三四九八　……貞作邑
一三四九八　……我作邑
一三四九八　……作邑
一三四九九　……貞我作邑
一三四九九　……我作邑
一三四九九　……我作邑
一三四九九　……作邑
一三五〇一　……我作邑
一三五〇二　貞我勿作邑
一三五〇三　……余其作邑
一三五〇五正　王有石在麓北東作邑于之
一三五〇五正　作邑于麓
一三五〇五正　己亥卜內貞王有石在麓北東作邑于之
一三五〇六正　貞王勿作邑　二告
一三五〇七　貞作邑
一三五〇八　……卜……作邑
一三五〇九　……作邑
一三五一〇　……作邑
一四二〇〇正　丁卯卜爭貞王作邑帝若我从之唐
一四二〇一　貞王作邑帝若八月
一四二〇一　貞勿作邑帝若
一四二〇一　庚午卜內貞王勿作邑吉茲帝若
一四二〇一　庚午卜內貞王作邑帝若八月　二告
一四二〇二　……戊卜殻貞我作邑帝……
一四二〇三　貞王作邑帝若
一四二〇四　……王作邑帝若
一四二〇五　……卜爭貞王作邑帝……
一四二〇六正　壬子卜爭貞我其作邑帝弗佐若三月

一四二〇六正　癸丑卜爭貞勿作邑帝若　1
一四二〇七正　癸丑卜…貞我作邑帝弗佐若　二告　1
一四二〇七正　癸丑卜…貞勿作邑…若　二告　1
英一一〇八　貞我…作邑…帝…　1
英一一〇九　貞…作邑…　1
懷九〇〇　甲寅卜爭貞我作邑　1

九〇五六反　邑以　1
九〇五七正　辛丑卜古貞邑以　1
九〇五九反　…邑以　1
九〇六〇反　…邑以　1
六〇六九　…辰允有…舌方征…邑以…　1

三二八〇　貞惟邑子呼饗酒　1
屯二五一〇　…巳卜其刖四封舌盧…惟邑子示　4

一四一五七　丙寅卜貞翌丁卯邑竝其侑于丁宰又一牛　五月　1
一七一七一　乙亥卜爭貞惟邑竝令囲我于有師十一月　1
三二八九一　…酉卜…邑竝酌妣用　4
英六〇八正　癸丑卜宕貞令邑竝執𢍰　七月　1

一五三四臼　丙寅邑示十屯　㱿　1
一六六一臼　丙寅邑示七屯　小㱿　1
二二二五臼　丙寅邑示十屯㱿　1
三三八七臼　癸卯邑示二屯小㱿　1
四三四〇臼　壬午邑示八屯小㱿　1
四六三二臼　壬午邑示八屯　岳　1
六一〇三反　庚寅邑示…　1
六四〇二臼　壬子邑示一屯　小㱿　1
七四〇七臼　壬…邑示八屯　小㱿　1
七三三三臼　壬辰邑示一屯　岳　1
一〇〇九一臼　…巳邑示四屯小㱿　1
一四四七四臼　丁巳邑示五屯　古㱿　1
一六九一〇臼　癸巳邑示三屯　㱿　1
一七四二四臼　壬午邑示八屯　亘　1
一七五五六反　…邑示十屯　㱿　1
一七五五五反　癸巳邑示八屯…　1
一七五五八臼　壬午邑示八屯　亘　1
一七五六〇臼　壬…邑示八屯　1
一七五六一　己未邑示四屯　岳内　1
一七五六二　己未邑示四屯　岳内　1
一七五六三臼　丁丑邑示四屯　耳　1
一七五六四臼　乙未邑示四屯　㱿　1
一七五六五　癸巳邑示…屯　㱿　1
一七五六七　壬申邑示三屯　岳　1
一七五六八　壬申邑示三屯　㱿　1
一七五六九臼　辛丑邑示二屯　小㱿　1
一七五七〇臼　癸亥邑示二屯　㱿　1
一七五七一　乙亥邑示二屯　小㱿　1
一七五七二　辛丑邑示二屯　㱿　1
一七五七三　壬戌邑示二屯　小㱿　1
一七五七四　戊寅小邑示二屯　岳　1
一七五七五臼　…邑示…　小㱿　1
一七五七六反　…邑示…　1
英四二六　壬申邑示三屯　小㱿　1
英四二七　戊申邑示一屯　葡　1
英四三二　…邑示四…王固曰…　1

七〇七六正　雀克入𨛜邑　1
七〇七七　翌癸…雀弗其𢦏𨛜邑　1
七〇七八　…雀…𢦏𨛜邑　1

一四二〇八正　貞帝㹅唐邑　1
一四二〇八正　貞帝弗㹅唐邑　1
二〇二三一　貞甲妣盧于唐邑甲克輿王…十月　1

六七八三　癸亥卜王方其敦大邑　1
一三五一三反　貞作大邑　1
一三五一三反　…作大邑　1
三二一七六　甲子貞大邑受禾　4
三二一七六　甲子貞大邑有入在𨛜　4
三三一二九　甲子貞大邑有入在𨛜　4
三三二四〇　丁未卜大邑受禾　4
三三二四一　戊寅貞來歲大邑受禾在六月卜　4
三三二四二　…酉卜…大邑受禾　4
三六四八二　甲午王卜貞作余酌朕𠦪酌余步比侯喜征人方上下示受余有祐不𢆶𢦏𡆥告于大邑商無…在畎王固曰吉在九月遘上甲𢦏惟十祀　5

乇三九四 ……未貞……大邑受禾 4

英一〇五正 貞作大邑于唐土 1

一八九一五 壬申卜川邑羊

乇二六一 壬申卜川邑羊 4

乇二六一 壬申卜川弗邑羊 4

六三五反 貞啟自出邑

七〇七二 ……勿呼……取有邑

七八六九 ……歸……于有邑

八九八七 貞行以有師暨有邑

四〇〇三正 丁巳卜……令央……朕示示……有邑……肯

……

數字邑

七〇七正 呼比臣沚有冊三十邑

六〇五七正 癸巳卜㱿貞旬無囚王固曰有祟其有來艱迄至五日丁酉允有來艱自西沚戠告曰土方征于我東鄙戔二邑舌方亦侵我西鄙

六〇五七反 ……東鄙戔二邑王步自𤰇于𠂤司……夕

六〇六三正 㞢壬寅王亦終夕囚 ……允有來艱自西𡕭告曰……夾方𣐋 二邑十三月

六〇六六反 ……五日丁未允有來……告曰舌方征于我

六六七九八 ……三邑

七〇七三正 ……大方伐……鬯二十邑庚寅雨自南二……

七〇〇四 ……取三十邑……彭龍 小告

七八六六正 貞呼比𡨧取㚸𥂴三邑 四邑

六一五六正 貞𡚸于西邑

七八六三 貞于西邑

七八六五 貞侑于西邑

三六五三五 辛卯王……方于……余其𠀠𢦏……余有不𠭯 戩……天邑商無……

三六五四四 ……天邑……衣茲……

英二五二九 癸巳卜……天邑商……

英二五二九 壬戌卜貞在𤞷天邑商公宮衣茲夕無畎寧

七〇七〇 貞其𢽙邑七月

三三七一七 辛卯卜大貞洹弘弗𢽙邑七月

二八九九五 貞邑不其來告

二八九九五 貞邑其來告五月

其它

七七 ……卩丙……以……邑

五七一反 壬戌邑……

七〇七正 ……沚……𠭯……邑

七九九 癸酉卜王貞自今癸酉至于乙酉邑人其硯方印不其硯方執一月

九一三 ……邑……

一八一一反 庚子邑……來……亥……

二九三七 邑弗其……

二九四七反 ……邑……

三六〇一 乙未卜爭貞邑……

四四六六 貞惟邑令……我

四四六七 貞邑來告

四四六八反 貞邑不其來

四四六九反 丁巳卜……貞……邑……

四四七〇反 乙酉邑……

四四七一反 辛丑邑……

四四七二 丁巳邑……

四四七三 丁亥邑……

四四七四 ……侯及邑

四四七五 邑弗其 ……呼……內邑

四四七六 ……卜韋貞……三月邑……

四四七七 ……邑

五四七七正 貞惟邑令比𡧊

五五九六 𠂤小臣其有邑

五五九六 ……呼?……邑

六一二〇反 邑……

七〇七一 ……戩望乘邑

七六三〇 戊午卜……𡨧弗其……邑征……

七八六七 ……貞邑𡨧

七八七〇 ……令……邑

七八七一 ……卜王余……邑

八九八五正 貞行弗其以……𡨧邑 二告

著錄號	釋文	期
八九八五正	癸巳卜韋貞行以有師暨邑　告	1
八九八六反	乙卯卜穷貞曰以乃邑	1
九〇五八	…邑…其以…	1
九二〇六反	…邑來	1
九四〇〇	乙…邑乞自㠯五屯十二月	1
九七三三正	癸巳卜穷帝…其既入邑摧　二告	1
九八一三	…邑受年	1
九九七六正	癸亥卜古貞翌甲子邑至　二告　不啎黽	1
一〇四三七	邑執兕七	1
一三四九〇	…邑	1
一三四九九	…邑	1
一三五二九	…爭…勿將…邑𡿪…作若	1
一四一七〇	貞帝…降邑…	1
一四二〇〇正	…邑帝弗若	1
一七〇九四	…邑不𡆥	1
一七四二五臼	…午邑…三屯	1
一七五五九	壬午邑…八屯　岳	1
一七五六六臼	丁卯邑…三屯　小𣪊	1
一七五七七反	…子邑…	1
一七七〇六	王固曰邑乇介	1
一九八五一正	邑征	1
二〇二九四	…邑	1
二〇四九五	甲寅卜方弗㞢邑	1
二〇五五一	…其邑	1
二〇五八九	由邑	1
二〇五九〇	…邑	1
二〇五九一	其邑	1
二〇九六二	癸亥貞旬甲子…方有曰𢀛…在邑南…乙丑雨…㫑雨自北…丙寅大…一月	1
二一二二九	辛…午…邑…辛…	1
二一八六四	…酉邑析…𡿨𢆶ㄓ…	1
二一九七四	…邑弗…	1
二一九八二	辛亥貞邑	1
二二〇六五	壬戌卜子夢見邑𡍮父戊	1
二二四二五	邑無缶	1
二二四三五	邑有缶	1
二八〇〇九	丁亥卜在𠂤衛彡邑[illegible]典冊有奏方豚今秋王其使…	3
三〇一七四	于有邑[illegible]有雨　吉	3
三三三四四	惟邑王𠂤	4
三三三四五	惟邑王𠂤	4
三三二六一	乙酉…好邑…	4
三三九一七	…卜…邑…	4
三三二四二	…卜…邑受禾	4
三三二四三	癸酉卜貞大邑…禾	4
三五二九〇	…申卜…弗邑…羊	4
三六四二九	甲戌卜在𡿧貞有邑今夕弗震在十月又一	5
三六五二六	己巳王卜…佐其敦…𡿨邑…	5
三六五四〇	癸巳卜貞羊獄…邑商公宮衣…茲…無敃寧	5
屯二〇六四	王族其敦尸方邑舊右左其[illegible]	3
屯二三二〇	甲辰卜在𠂤牧延𦥑有…邑…在瀘弘吉	3
英三四三	乙亥…爭貞…邑…	1
英三四四	戊午…王邑…	1
英三四五	…丑…邑…𡆥…	1
英五〇五	…邑	1
英五二三臼	…邑…乇𣪊	1
英七五三	…邑…酉…	1
英一一一〇	貞…邑	1
英一一四三	…帝…邑…土…	1
英一六〇九	…弗作…邑囚四月	1
英二三二五	癸酉卜在巳𣪠河邑泳貞王旬無𡆥惟來征人方	5
懷五五〇b	…戊邑…	1
懷八〇五	…邑…以…	1
懷一八七一	…田…征盂…上下于𢦔…余又…𢦏田…邑商…	5

祝

祝·先王先妣

著錄號	釋文	期
七八七	貞祝于祖辛	1
七八七	祝于祖辛	1
九二四正	翌乙未呼子宜祝父宊小宰冊及三𡿧五宰𢦔羸正	1
一六六六	貞王其入勿祝于下乙	1
一八六九正	丁巳卜爭貞王其有曰祖丁祝　二告	1
二三三一	…王勿祝于四父　三月	1
二四二一	祝于妣己	1
二五七〇	甲辰卜𥛱于母庚	1
八〇九三	…翌丁亥惟上甲祝用	1
一〇五六七	…祝于祖乙十一月	1

著錄號	釋文	期
一三九二六	辛丑卜殻貞祝于母庚	1
一九八二〇	甲子王自大乙祝至祖…	1
一九八三三	…祝大戊侑牢	1
一九八五二	癸亥卜往衛祝于祖辛	1
一九八九〇	辛酉卜王勿祝于妣己	1
一九八九〇	辛酉卜王祝于妣己迺取祖丁	1
一九九二一	庚辰卜王祝父辛羊豕迺酌父…	1
二六八九九	癸亥卜口貞其祝于妣惟禱用	3
二六八九九	貞其祝妣惟	3
二七〇三七	辛亥卜祝于二父一人王受祐	3
二七〇六〇	祝上甲羊	3
二七〇八〇	…口貞…祖祝…上甲大乙祖乙…丁之乙酉	
	桼…乙十示又二	3
二七〇八二	…祝三匚惟羊	3
二七二三〇	辛未卜祝祖乙…惟其遘…大吉	3
二七二三九	其至中宗祖乙祝	3
二七二八三	癸巳卜大貞其至祖丁祝王受有祐	3
二七二九五	祝祖丁祖乙	3
二七二九六	惟祖丁祝用 吉	3
二七三六一	…卯卜其祝祖丁父甲…	3
二七四六一	戊午卜其祝于父甲惟己	3
二七四六二	其祝工父甲三牛	3
二七四六四	祝夒于父甲	3
二七五五三	其祝在妣辛有正	3
二七五五四	弜祝妣辛	3
二七五五四	弜祝母戊	3
二七五五五	己巳卜其啓宜西户祝于妣辛 吉	3
二七五五六	弜祝妣辛	3
二七五七九	妣祝惟羊 吉	3
二七五九八	…卜其祝母惟彘王受祐	3
二七五九九	其祝在母	3
二七六〇〇	…祝于母	3
二七六二九	…祝至兄辛	3
三〇三五八	…卜其祝父甲必惟舊冊…吉	3
三〇三九八	惟高祖夒祝用王受祐	3
三〇三九八	舌祖乙祝惟祖丁用王受祐	3
三〇四三九	貞惟父甲祝用	3
三〇四三九	貞惟祖丁祝用王受祐	3
三〇四三九	丁丑卜狄貞其桼禾于河惟祖丁祝用 吉	3
三〇九三三	祝至于祖	3
三一七〇〇	惟妣辛祝	3

著錄號	釋文	期
三二三四六	丙子貞其祝于上甲乙…	4
三二三四七	夕祝上甲歲	4
三二三九〇	上甲史其祝父丁必	4
三二五二七	祝至于祖乙	4
三二五二八	祝至于祖乙	4
三二六五四	其桼于上甲其祝	4
三二六五四	祝于父丁必	4
三二六八九	…卜祝于父丁…	4
三二七二三	癸亥卜祝于父乙	4
三三三四七	辛巳卜其告水入于上甲祝大乙牛	4
屯一五二	…祝上甲祝…	3-4
屯二六一	弜祝于妣辛	3
屯二六一	其祝妣辛惟翌日辛酌	3
屯六〇三	…祝小乙父丁	4
屯六一〇	于父己祝至	3
屯一〇六〇	壬寅卜祝于妣庚暨小妾…	4
屯二一二一	其祝妣母至母戊 大吉	3
屯二一二二	惟丩上甲祝	4
屯二三八一	…辰卜翌日其酌其祝自中宗祖丁祖	
	甲…于父辛	4
屯二七四二	丁亥卜其祝父己父庚一牛丁宗	3
屯二九六二	…作方其祝上甲	3
屯三〇〇一	…其萛作方其祝…至于大乙于之若	3
懷九〇二	貞王其入勿祝于下乙	1
懷一四六一	于丁丑祝夒使	3
六四八二正	貞祝以之疾齒鼎贏	1
六四八三正	祝以之疾齒鼎贏 小告	1
六四八四正	祝以之疾齒鼎贏	1
六四八五正	祝以之疾齒鼎贏	1
六四八六正	祝以之疾齒鼎贏	1
三〇四一八	惟茲祝用	3
三〇六三四	惟茲祝王受祐	3
三〇六三六	惟茲祝	3
屯三二四	弜茲祝…	3
屯七七一	癸未貞惟茲祝用	4
屯二六六六	桼年上甲示壬惟茲祝用	3
屯三〇〇六	甲戌貞惟茲祝用	4

著錄號	釋文	分期
二七五五三	弜祀祝于之若	3
三〇七五七	癸卯卜狄貞弜祀祝	3
三〇七五八	弜祀祝	3
三〇七六三	弜祀祝于之若	3
一八三六一	：：龘祝：：	1
二七六三三	：卜其有歲于伊尹惟□祝　茲：	3
三〇六三二	癸丑卜狄貞龜至惟祝	3
三〇六五三	：龜祝茲用	3
三二四一八	庚子貞其告鼓于大乙六牛惟龜祝	4
三三四二五	惟龜祝	4
屯一六	惟龜祝	
屯二三四〇	惟龜祝	3
三〇六四八	冊祝	3
三〇六四九	冊祝	3
三二二八五	丙午貞酌人冊祝	4
三三二二七	祝其冊	4
屯二四五九	：卜來祝冊：毓祖乙惟牡	4
一〇七六反	貞王祝于南庚曰：	1
一五二七八	貞惟王祝	1
二二九一九	乙巳卜喜貞祖乙歲惟王祝：	2
二二九二〇	：卯卜大：祖乙歲惟：祝：	2
二二九八四	辛巳：貞祖辛：王祝：	2
二三三七五	庚辰卜：貞父丁：王祝：	2
二三三六七	庚子卜喜貞歲惟王祝	2
二四一三二	辛巳卜吳貞惟王祝無壱	2
二五九一六	：卜喜：歲惟：祝	2
二五九一七	：卜喜：歲惟王祝	2
二五九一八	甲子：貞歲惟王祝	2
二五九一九	：旅：王祝	2
二五九二〇	：卜大：歲惟：祝	2
二五九二一	庚申卜大貞歲：祝	2
三〇七二六	：歲惟王祝	3
三二六七一	惟王祝	4
三四四四四	惟王祝	4
屯七七四	甲子卜惟王祝	4

其它

著錄號	釋文	分期
六七二正	貞呼子□祝一牛侑父甲	1
二六五〇	貞呼婦好祝：母：禦	1
二八〇四	乙亥卜王余曰婦鼠母祝	1
三四一四	伯□其有祝	1
三九〇五	癸卯卜葡貞其侑：王：祝	1
六五七五	：卜王：基：祝：	1
一〇二〇六	：祝：用	1
一二七四〇	：日：不：祝：邁雨	1
一三三九九正	乙亥卜永貞翌庚子酌：王固曰茲惟 庚雨卜之：雨庚子酌三嗇雲蠱其既 祝啓	1
一五二七九	：危：祝	1
一五二八〇	辛酉卜：貞惟：祝：正	1
一五二八一	：示祝	1
一五二八二	丁卯卜：勿祝：示	1
一五二八三	翌乙巳勿祝于：	1
一五二八四	：申卜王：羊祝：	1
一五二八五	：申卜今：祝：	1
一五三五九	：辰卜穷：丁祝：十三月	1
一五三六〇	：□：祝：	1
一五三六一	：穷貞：祝惟：	1
一五三九八	：祝：用	1
一七七二八	：王固曰其：惟?己：祝?丁：	1
一九二九一	：子卜：于：祝往：	1
一九五一八	：祝：歸：	1
一九八四九	：惟：祝用戌：歲祖乙一宰勿牛白豕：示 鼎三小宰卯子祝歲	1
二〇三〇七	：戠不祝王：	1
二〇四四〇	允絜祝降	1
二〇九五二	丙申：祝：曰在白：	1
二〇九六六	：旬甲子祝：方：月	1
二〇九六六	癸亥卜王貞旬八日庚午有祝方曰在：	1
二一〇三七	丙申卜母：大祝史：	1
二一一九〇	丁卯：于：祝	1
二一三六九	乙：告出：祝：□	1
二一五二二	：□祝戌	1
二二一三〇	祝亞束□	1
二二一三七	祝亞束：	1
二二一三七	祝亞束□	1
二二一三八	羊祝	1

著錄號	釋文	期
二二一三八	祝亞東兔	1
二二一三九	祝亞束兔	1
二二三五一	：牛一子祝	1
二四一三二	辛巳卜兵貞多君弗言余其侑于庚匄祝	2
二四四〇二	：曰貞祝于廘兹不用	2
二五〇五四	：旅：祝	2
二五三五三	貞惟叙祝五月	2
二五九二二	：卜旅：歲：祝	2
二五九二三	：貞歲：祝	2
二六九五一	祝羌 吉	3
二六九五四	辛亥卜貞其祝一羌王受有祐	3
二七〇三七	祝二人王受祐	3
二七一二七	：卜大乙史：祝	3
二七二三九	祝惟癸酉酒	3
二七四四五	祝一牛	3
二七四五六正	壬子卜何 其祝之	3
二七四五六正	戊寅卜貞其祝	3
二七四五六正	：戊卜何：其牢：饗：祝	3
二七四九八	己酉卜：封鷹：祝王受祐	3
二七五五三	：祝：	3
二七七九六	弜呼祝	3
二七九九九	弜祝	3
二七九九九	于台亩其祝于危方奠 兹用	3
二七九九九	弜祝	3
二八二九六	其祝桒年有大雨	3
二八七三三	：其田祝王受祐 吉	3
二九四四一	祝一牛	3
三〇二九四	己巳卜其啓廳西户祝于：	3
三〇二九四	弜祝	3
三〇二九六	丁丑卜其祝王：	3
三〇二九六	丁丑卜其祝王入于多亞	3
三〇二九六	丁丑卜其祝王入：于帝：	3
三〇三六四	：子卜祝在必 大吉	3
三〇四〇八	：土惟步祝	3
三〇四一八	其桒年：岳惟：用祝	3
三〇四三九	貞弜祝	3
三〇四三九	貞其祝惟擒乙王其[illegible]兕 吉	3
三〇四六二	己亥卜其祝[illegible]庚：	3
三〇四六四	：卜其祝贏 兹用	3
三〇六一四	：其祝沒惟王今日侑	3
三〇六一五	：未卜何貞祝惟舊冟用	3

著錄號	釋文	期
三〇六一六	祝自：歲延：王受：	3
三〇六一七	祝自莫：	3
三〇六一八	丁卯卜貞祝今日酒	
三〇六一九	貞祝惟華示王吉王受祐	3
三〇六二〇	其祝惟辛	3
三〇六二一	其高祝	3
三〇六二三	：酉：祝：今：于止若	3
三〇六二四	丙申卜祝：	3
三〇六二五	丁酉卜祝：	3
三〇六二六	：新祝：正	
三〇六二九	祝其十牛又五：受： 大吉 兹雨	
三〇六三〇	祝惟羊	3
三〇六三〇	祝惟牛	3
三〇六三七	弜祝	
三〇七五七	癸卯卜狄貞其祝	3
三〇七五八	祝一牛	3
三〇七九九	：新祝用	3
三〇九五八	惟人歲祝用 大吉	3
三一〇〇九	惟𢼄祝用有正	
三一〇八五	：卜其祝	3
三一六六七	戊申祝王其[illegible]	3
三二五二七	祝牛	4
三二五六三	弜其祝	4
三二六七一	丙申貞有匚于父丁惟奚祝	4
三二七九〇	：祝用	4
三四三九一	壬：貞其祝	4
三四三九二	：其祝	4
三四三九三	：其至：祝[illegible]：	4
三四三九四	弜祝	4
三四五〇四	癸酉其酒祝惟乙亥	4
三六五一八	乙巳王貞啓呼祝曰盂方奴人：其出伐	
三六五一八	[illegible]師高其令東會于：高弗悔不晉戦	
三七四一六	王囚曰：	5
三七四一六	甲戌王卜貞：祝往來無災獲鹿九狐	
三七四一六	一：曰吉	5
三七四六八	癸酉卜貞牢逐辟祝侯麓[illegible]犬翌日戊	
三七四六八	寅：其：召：	5
三七四六八	丁丑卜貞牢逐辟祝侯麓[illegible]犬翌日戊	
三七四六八	寅王其剌：召王弗悔擒	5
三七四六九	丁巳卜：祝[illegible]：惟：	5
屯七〇	壬辰卜祝至：	3
屯一八七	弜祝	4

出處	釋文	期
屯一八七	庚祝	4
屯二四六	甲午卜其祝歲于禰	3-4
屯六〇三	癸亥貞乞酌…祝在…不用	4
屯六〇三	…翌乙丑其酌祝…兹用	4
屯一〇六五	丁卯卜祝贏在…兹用	3-4
屯一〇六五	祝祖…	3-4
屯一二五四	惟昪祝	4
屯二〇三九	…勿祝用…	4
屯二〇六九	祝至…	3
屯二九〇〇	…祝惟羊…	3
屯二一二一	至有日戊祝　吉	3
屯二二四六	其祝一牛	3
屯二三四五	弜贏用祝	3
屯二三四五	惟贏用祝有正王受祐	3
屯三三四九	…卯卜祝二必惟今日辛酌大吉兹用　一牛	3
屯二八四四	癸巳卜酓日祝…吉　兹用	3
屯三〇六二	癸酉卜宗其鯀其祝…	3
屯三六七七	弜祝　吉	3
英一八五九	…于司…祝…出…	1
英一九八三	癸…祝…日…	2
英二三四九	岳祝惟河用	3
懷二四六	甲申卜貞…乙酉魚酌桒之日酌桒…　往祝…小入…雨	1
懷一〇二六	貞惟…穀祝…三月	2
懷一三〇二	…卜狄…祝至中宗…	3
懷一三八一	…昪祝于酒…	3
懷一五六八	…祝…子丁羊…	4
懷一七〇八	…[ ]…王其祝…帝至…今日壬…　王翌…	5

出處	釋文	期
二二〇一〇	…酉貞無[ ]	1

祝

出處	釋文	期
三七四〇九	…王卜…[ ]…來…王占…兹…	5
三七四九五	戊午卜貞王田于[ ]往來無災兹御獲狐二	5
屯二七三九	于壬廼田祝無災	3

出處	釋文	期
二九二三九甲	惟[ ]田湄日無災擒永王　大吉　兹用	3
二九二七九	惟[ ]田無災	3
二九二八〇	惟[ ]田無災	3
二九二八一	王其田[ ]湄…	3
二九二八二	…其田[ ]不風	3
屯一〇六	惟[ ]犬比無災	
屯六六〇	壬戌卜貞王其田[ ]無災	
屯二四四〇	壬辰卜貞王其田[ ]無災	

出處	釋文	期
三〇六五九	惟冊[ ]	3

出處	釋文	期
三四六八	…貞祉戠不[ ]	1
二七九九五	…襄	3
二七九九五	戍及校于有襄	3
三七四八三	戊寅…田[ ]…無災…狐七	5
三七七七七	辛酉卜貞今日王其田[ ]不遘大…	5
三七七七八	辛酉…貞翌日…王其田[ ]往…無…	5
三八一六四	辛亥…[ ]乙…	5
英一八一七	…殻貞祉戠不[ ]再冊	1

灢

出處	釋文	期
八三六〇	…于[ ]	1
二八一八七	…从灢	3
二八一八八	自灢至于膏無災　大吉	3
二八一八八	自灢至于大無災　吉	3
二八四九七	翌日壬王其田灢無災擒　弘吉	3
屯一〇九八	王其田[ ]延射兕無災吝王　吉	3
屯一〇九八	丙寅卜王其田[ ]惟丁往戍征…大吉	3
懷一一四七	貞王…以…[ ]…	2

壤

出處	釋文	期
一〇五七九	貞勿呼[ ]途于娸來	1
一〇五七九	貞呼[ ]途于娸來	1

一八二三七　…光…

光

九四正　甲辰卜亘貞今三月光呼來王固曰其呼來迄至惟乙旬又二日乙卯允有來自光以羌芻五十　小告

九四反　王尋固光卜曰不吉有祟茲…呼來

一四〇正　王固曰吉茲曰追光…

一八二　貞光獲羌

一八三　光不其獲羌

一八四　光不其獲羌

一八五　光不其獲羌

二四五正　…光來羌

五八三反　王固曰有祟馘光其有來嬉迄至六日戊戌允有…有𠬪在𡧊𠬪在…饗亦焚亩三十一月

一三八〇　…呼𢀛光芻

二八一二　…品婦光

四四八一　貞光不其來

四四八一　…卜宕貞光來

四四八二　貞光…

四四八三正　乙未卜殻貞光有…

四四八四　貞光其貢

四四八五　…未…光甲…

四六一四　…勿象光…無曰𦀚…于…

五九三五　…貞執…光…執…得…

六五六六正　甲午卜宕貞光其有囚

六五六六正　…午卜宕貞光無囚

六五六六反　王固曰有希茲𢦏執光

六五六八正　…貞光其𢦏…

一〇一九七　乙未卜今日王狩光擒允獲𧆨二兕一鹿二十一豕二麑百二十七虎二兔二十三雉二十…七十一月

一〇八四九　貞𢀛…

一二〇二二　…漁光𠃨今癸雨

一三七九九　貞光不其𢦏

一三七九九　…光…

一四八四五　…光…四大示

一五三九六反　二光無屮

一五三九六反　二光屮

二〇〇五七　丙寅卜王貞侯光若…往𣎆嘉…侯光…

二〇二二七　丙申𢀛光

二〇六三二　…呼…往…光…

二二〇四三　丁未卜貞令戉光有獲羌芻五十

二二一七四　丁未卜光…六月

二二一七四　光匄𩠹

二八〇八九正　王其比望再冊光及伐望王弗悔　有𢦏　大吉

鬼

一三七正　癸丑卜爭貞旬無囚三日乙卯…有嬉單丁人豐𠂎于彔…丁巳𢀛子豐𠂎…鬼亦得疾

一〇八六反　王固曰惟甲茲鬼惟介四日甲子允雨　雷

一一一四正　壬辰卜爭貞惟鬼𢼸

一一一四反　允惟鬼暨周𢼸

五五七七　…逐自…小臣鬼…于…

七一五三正　…固曰途若茲鬼𨸏在廳

一〇六一三反　王固曰茲鬼…惟…

一二四一四反　…鬼㞢…

一三七五一正　王固曰茲鬼𩴟

一四二七一　…未卜王…𡉚今日…示…鬼…

一四二七二　丁丑…作㑡…延…鬼…𢦏…衣…

一四二七三　丁…鬼…

一四二七四　…其…出不…鬼…　小告

一四二七五　貞…鬼…其有…

一四二七六　…固曰鬼…

一四二七七　…鬼…蠱

一四二七八　…鬼…不…

一四二七九　…鬼…

一四二八〇　…鬼…

一四二八一　…鬼…

一四二八二　貞…鬼…

一四二八三反　…鬼…

一四二八四　…鬼…

一四二八五　…鬼…

一四二八六　…多鬼…

一四二八六　…多鬼…

一六八八二　王固曰茲鬼…祖…

一七四四三　…卜爭…亞多鬼…

一七四四八　貞亞多鬼夢無疾四月

一七四四九　…酉卜爭…亞多鬼…

一七四五〇　貞多鬼夢惟…見

一七四五〇　貞多鬼夢惟言見

一七四五〇　庚辰卜貞多鬼夢惟見

一七四五一 庚辰卜貞多鬼夢不至囚 1
二〇八八四 辛未…𫳅令…暈凡…鬼 1
二一〇八二 …申…鬼…來 1
二四九八四 …亥王卜…不大…鬼…九月 2
二四九八五 …貞…鬼… 2
二四九八六 貞…鬼… 2
二四九八七 …今夕鬼寧 2
二四九八八 貞…鬼… 2
二四九八九 貞惟鬼 2
二四九九〇 貞惟鬼 2
二四九九一 貞惟鬼 2
二四九九二 貞惟鬼 2
三五〇〇一 …惟鬼 2
三四一四六 庚辰卜其𢍏鬼 4
屯四三三八 …貞祟鬼于𡆥告 4
屯四三四一 弜…鬼…上甲…
英二一九九 貞惟鬼 2
懷一〇七三 貞惟鬼 2
懷一六五〇 丁卯貞王令鬼𡆥刚于京 4

一四二八七 庚…鬼…暘… 1
一四二八八 …卜…𡆥… 1

䰠

三二一〇 …未卜侑母…惟王䰠萑…禦衛…贏 1

五八六 …申卜㱿貞惟𡆥呼… 1

醜

四六五四 …龍…𡆥醜… 1
一二八七八正 …貞若茲不雨惟…有醜于… 1
一二八七八反 …𡆥有醜 1

㚖

一四二九三正 貞…往不𡆥㚖日 1

鬼

六四七四 王勿比鬼 1
八五九一 己酉卜宕貞鬼方昜無囚五月 二告 1
八五九二 己酉卜內…鬼方昜…囚五月 二告 1
八五九三 …卜㱿貞鬼方昜… 1
一四二八九 …卜貞…𢆶不…囚 1
一四二九〇 貞鬼 1
二〇七五七 庚子卜不…步鬼 1
二二〇一二 …巳…鬼…不… 1

畏

二八三二甲反 王固曰…畏… 1
一四一七三正 貞畏其有囚 1
一七四四二 癸未卜王貞畏夢余勿禦 1
一九四八四 辛卯…畏至不 1

魄

二〇七七二 丁丑卜今日令医𩲡不𡆥魄允不兔十… 1

懷一五一六 庚…鬼… 4

畀

二〇三正 貞畀獲羌 1
二〇三正 貞畀不其獲羌 1
二〇三正 乙巳卜宕貞畀獲羌一月 1
二〇三正 乙巳卜宕貞畀不其獲羌 1
一四二九一 …辰卜其…來畀…聽… 1
一四二九二 …畀… 1

三四三〇 乙卯卜王…𡆥及𡆥… 1
三四三一 …王…𡆥…𩵋…𡆥… 1
四五二一 …言…𡆥 三月 1
一〇八六四 …𡆥獲三月 二告 1
一八〇一七 …子卜…𡆥… 1

一九〇七二　辛……𡆥……兹　1
二一五九五　辛未余呼𡆥比……若　1
二一九一二　……六𡆥……壬申……　1
二二九五九　庚……𡆥……其……　2
二二九五九　……𡆥……于……高祖乙……　2
二三四六六　……𡆥……其……自……　2
二三五九五　甲寅卜𡆥……　2
二三五九五　……𡆥……　2
二三五九六　……卜𡆥……　2
二三五九七　……卜𡆥……今日……　2
二三五九八　癸未卜祝貞𡆥……　2
二七七四七　惟𡆥……侑祖……　3
二七九〇三　惟宕犬𡆥比無災　3
二七九〇四　惟宕犬𡆥比無災　3
二七九〇五　惟𡆥犬𡆥比田毀無災擒　3
二七九七五　惟戌𡆥往有戩　3
二八一四七　……卜狄……其从𡆥　3
三六八二　……卜在……貞王……𡆥……王來……𡆥……　5
屯三三二一　惟𡆥呼人侑祖若　吉　3
英一九八二　……卜𡆥　2
懷　三四四　……來……𡆥……　1

芍

五五九〇正　……卜……貞……雨……芍　1
二〇九一　壬申卜奏四土于芍……　1
二九五四　庚辰卜貞男芍無……　1
二五九八三　貞我……其圍羌……卯二牢　2
三二二九四　丙申卜燎于芍羊雨　4
三四二八三　戊子卜婦芍雨　4
三四二八四　乙巳卜燎五豕羊十芍　4

二八一四六　甲辰……貞惟……𡆥無災　3

一八〇一八　……𡆥……　1
一八〇一九　王……曰……𡆥……　1
二〇三九〇　……令𡆥僕師　1

二三五五六　……七家𡆥四月　1

選録

令

五六五八正　丙寅卜爭貞今十一月帝令雨　二告　1
五六五八正　貞今十一月帝不其令雨　二告　1
六七四六　貞不惟帝令作我囚　1
六七四六　……帝令……
六九二八正　帝令惟𡆥
一四一二七正　……帝其于生一月令雷　二告
一四一二七正　貞帝其及今十三月令雷
一四一二八正　癸未卜爭貞生一月帝其弘令雷
一四一二八正　貞生一月帝不其弘令雷
一四二九五　辛亥內貞今一月帝令雨四日甲寅夕……　1
三四一四六　庚……貞……降……惟帝令　4
英一二三九　貞帝于令　1
英一二三九　貞帝于令　1

大令

二四七八　庚申卜古貞王令丙　1
三四一三　……亥卜王余令……出㞢朕惟……　1
四三〇七正　……殼貞自王令……　1
四四一四　……卯卜王勿令夫……受……　1
四四九九反　貞王令沚有芒比……　1
四八六九　……辰卜王令𤉲……　1
五〇三四　貞王大令　1
五〇三四　貞王大令　1
五〇三五　……王大令　1
五〇三六　貞王勿大令　1
五〇三八　丙辰卜王令　1
五〇三九　辛酉卜王令……之……　1
五〇四〇正　貞王令……　1
五〇四一　……卜王令　1
五〇四二　貞惟王令　1
五〇四三　貞……王令惟黃　1
五〇四四　甲午卜殼貞令王惟黃　1
五〇四四　甲午卜殼貞惟王令惟黃　1
五〇四五　貞勿惟王令　1
五七七五正　癸卯卜爭貞王令三百射弗告示王囚惟之　1
六四八〇　貞王令婦好比侯告伐尸……　1
六九六〇　壬子卜王令雀𡧊伐畀十月　1

令

著錄號	釋文	期
一〇〇七八	…王令有伯	1
一〇四五〇	壬午卜𠂤貞王令多冒禦方于…	1
一四五八〇	…貞…王乞令…酻河燎…	1
一九七九九	丁未卜𠂤王令亞呼□黹曰來二月	1
一九九五七正	壬寅卜王令征伐…于衛…	1
二〇一九〇	甲申卜𠂤王令匿人日明□于高	1
二〇二四二	庚寅王令…	1
二〇二四四	丁亥卜王令…	1
二〇二四五	丙申卜王令火戈□	1
二〇三九七	…亥卜王令…𢀛方□…	1
二〇四五一	己卯卜王令禦方	1
二〇四六二	丁未卜王令…風…日	1
二〇四六九	丁酉卜王令□祟方	1
二〇五〇五	庚戌王令伐旅婦五月	1
二〇五七一	…未卜□…王令…取郭	1
二〇七四三	庚子卜王令□田□九月	1
二八〇五三	王弜令次其悔	3
三二九九四	丙申卜王令遘以多馬	4
三二九九六	癸未貞王令𢦏	4
三三二〇九	癸亥貞王令多尹□田于西受禾	4
三三二一三	貞王令多羌□田	4
三三五二六	癸丑貞王令利出田告于父丁牛茲用	4
三四一六八反	…子貞王令	4
屯二三二	癸丑卜王令介田于京	4
屯二四三	癸未貞王令于婁𡳿	4
屯二四三	癸未貞王令…	4
屯二四三	癸未貞王令㚔𡳿方　茲用	4
屯三四一	…未卜王令以子尹立帛	4
屯四九九	甲戌貞王令剛□田于□	4
屯五〇八	戊寅貞王令□…翌己卯步	4
屯七七六	…于貞王令㚔…人𡳿旛方	4
屯九一二	癸丑貞王令骨剛	4
屯九一八	貞王令旁方執	4
屯九二〇	癸丑貞王令剛□□侯	4
屯九二〇	王弜令剛	4
屯一〇四一	丙午貞王令𢦏…	4
屯四〇四八	庚申卜貞王惟乙令㚔暨並	4
屯四〇四八	庚申卜貞王惟丁令㚔暨並	4
英二四三七	…子貞王令…𠬝方…	4

門令

著錄號	釋文	期
一二八一四正	辛亥卜㱿貞于乙門令	1
一二八一四正	辛亥卜㱿貞勿于乙門令	1
一三六〇〇	貞于乙門令	1
一三六〇三	貞于甲門令	1
英七二四	…于乙門令	1

其它

著錄號	釋文	期
三四六	貞勿令韋丰八月	1
三〇四九	貞令婁若	1
三〇五〇	貞…令…婁	1
三一九五甲	庚寅卜爭貞子奠惟令	1
三二九二	丁酉…𠐨侯惟令	1
三二九四	貞令𠐨侯歸	1
三三一〇	貞惟…令比□侯	1
三三九九	貞令兒來	1
四一八三	甲午卜貞惟翌令□…	1
四四一三	…令夫…	1
四四一五正	辛巳卜貞令□旃甫韋疛族五月	1
四四一六	貞勿令…	1
四四五〇	…令徙	1
四四七九	壬辰卜惟□令	1
四四八九	丙寅卜令缷比元…	1
四四九一	貞惟□令伐	1
四四九九乙正	…王作令□不𩫖　二告	1
四五二五	貞惟□令取…宁三…	1
四五四二	貞令□	1
四五四八	貞王勿令□…	1
四五六三	…貞令微	1
四五七四	壬午卜穷…令先…聞王十三月	1
四五七五正	貞在…令先十一月	1
四五八四	庚辰卜令□于成	1
四五八七	令祝往于□	1
四五九四	貞勿令□	1
四六〇二	…申卜…令…麋…	1
四六一一正	貞令象亢目若　二告	1
四六二一	貞惟□令	1
四六三〇	丙戌卜貞令犬延于京	1
四六五二	貞翌辛巳…令□	1
四六七〇	…爭…令𣪘…	1
四六七一	庚子卜穷貞其令𣪘祐商	1
四六七二	…春令𣪘…商十三月	1
四六七七	貞惟匃令	1
四七三六	…令子…豕□…□	1

四七五九 …酉卜史貞…令戔…𢀛乃衛…
四七七〇 …酉卜史貞…令戔…𢀛
四八一八 貞惟陵令
四九〇七反 庚申卜穷貞令川𤔲多宁𠂇…
五〇三六 …令侑南庚盟…勿子…令
五〇三七正 戊午卜穷貞令…
五三八二 戊寅卜㱿貞王…令…
五四四四 丁巳卜㱿貞有令于弘
五四五〇 …辰卜令雀?往𢦏王事 一告
五四九五 貞惟…聿令比面𢦏王事
五五三三反 甲戌卜王余令角婦𢦏朕事
五五六六 呼婦好令…
五五七一正 癸巳卜古貞令師般涉于河東
五五八一 貞勿惟𠈌令
五六一三 貞惟在茲小臣令𠭯?
五六一八 …令多尹敝
五六二五 辛卯卜貞令周比永止八月
五六二八正 丁卯卜貞令追啇有尹工
五六三四 壬辰卜貞惟呂令司工…
五六三八正 貞惟大史夾令七月
五六三九 貞惟弜令比史…克?
五六五八反 庚辰卜令多亞𢦏犬
五六六七 王固曰令
五七一一 貞令多馬衛于北
五七一一 貞令畏崇莫十二月
五七一五 庚戌卜古貞令多馬衛無蓋?
五七二〇 癸亥卜穷貞令𠦪…京
五七二二 己丑卜穷…令多馬…
五七二三 貞惟多射令一月
五七三三 貞勿令歸十二月
五七三四正 貞盟己未勿令多射暨𡿧…
五七三五 …卯卜穷貞盟己未令多射暨𡿧…于…
五七三六 壬子卜穷貞令戔暨多射
五七三八 乙酉卜爭貞令夕令𡿧以多射先陟…
五七四六 令郭以多射衛示呼𠂤六月
五七四七 …未卜先…令多射衛一月
五七四九 勿令射𡿧歸
五七五四 貞令射𡿧歸
五七五八 …惟皀令取射
五七五八 …令取射于𣎴
五七六〇正 丙午卜永貞𢼸射百令𡥈…
五七六六 辛未卜貞令𢀛以射以𢀛…方我
五七六九正 貞勿令𠦪以三百射 二告

五七七〇甲 貞惟𢀛令蓋射
五七七〇甲 癸巳卜㱿貞令𠦪蓋射
五七七〇乙 癸巳卜㱿貞惟𢀛令蓋射
五七七〇丁 …勿惟𢀛令蓋…
五七七〇戊 貞勿令𠦪蓋三百射
五七七一甲 貞惟𢀛令蓋三百射
五七七一乙 癸巳卜㱿貞令𢀛蓋三百射
五七七二 貞勿令𠦪蓋三百射
五七七二 貞惟𢀛令蓋射
五七七七 …亘貞令侯叔…
五七七七 …惟𢀛令
五七七九 …令射…
五七八〇 …丑卜㱿…令射…
五七八一 …令射
六九五二正 己亥卜爭貞令弗其獲執亘
六九七八 …令…𢀛…途𢀛
七〇二二 壬戌…令𢀛…取𢀛二月
七〇六一反 王固曰其令…
七〇六二 …卜王令…取…宁
七〇六二 …其令…十一月
七〇八四 貞令𠦪伐東土告于祖乙于丁八月
七二三〇 …惟…令…
七二三九正 令彈崇莫目 二告
七二三九正 勿令…
七二四二 戊寅卜貞令甫比二侯及暨元王循于
之若
一三三二五 貞令…
一三五六三 …子卜…貞…令三月
一三五七五 …未卜穷貞…令…寢往…𢀛
一三六〇〇 …勿…乙…令
一三六四四 貞令𠩺侯歸
一三六四四 貞令𠩺侯歸
一三六六三正 貞令象
一三七九四 …並令
一三九四三 …貞令鼓婦…
一四〇四五反 貞令歸…
一四二九五 辛亥卜內貞今一月…不其令雨
一四三三〇 貞帝于令
一四三六五 …畲令…𦓾…示
一四三七〇丁 丙辰卜穷貞惟𠦪令燎于夒
一四六二六 …貞令…逆河
一四六三八正 貞盟甲戌河其令…
一四六三八正 貞盟…河不…令雨

著錄號	釋文	期
一四六四三	庚…貞…令…	1
一九七五五	妣戊令…	1
二〇七七二	丁丑卜今日令瓜冕不畢魄亢不兔十…	1
二〇八一九	戊申卜貞翌己酉令…十一月	1
二〇八七九	丁巳卜令龠…	1
二〇八九八	戊午卜翌己未令盧即…	1
二〇九八二	令…	1
二〇九八四	辛未…令…暈凡…鬼	1
二〇九八八	戊戌卜令盧…	1
二〇九九六	乙卯卜翌丁巳令…	1
二〇九九六	…啓…令…	1
二一三六一	壬辰卜…令…莫祟…我…毋陟…	1
二一五九七	庚戌…師…令若	1
二一六〇一	…令…肇	1
二一六二八	甲辰卜緑貞惟令寅	1
二一六二九	弜令	1
二一六二九	庚戌卜惟癸令寅	1
二一六二九	惟甲令寅	1
二一六二九	丁未卜…貞令…今丁	1
二一六二九	丁未卜惟今丁令…	1
二一六三一	己卯卜我貞令寅翌庚于惟	1
二一六三二	…令夏…若	1
二一六三五	惟己令寅	1
二一六三五	惟辛令寅	1
二一六三五	丁未卜御貞令…	1
二一六三七	甲辰卜…貞令寅惟若	1
二一七一一	…于卜緑…令卯執…	1
二二五三九	貞惟工令允…	2
二三一七九	貞勿令三…	2
二三二六五	貞于聽丁令九月	2
二三五三四	…大貞令賓比自…	2
二三五三四	…大貞令擒子冀…	2
二三五三六	丙寅卜祝貞令子觀尊八月	2
二三五六〇	戊子卜吳貞王曰余其曰多尹其令二侯上	
	絲豐冒侯其…周	2
二三六六八	貞惟立令	2
二三六七四	己亥卜中貞惟執丁令方衛	2
二三六七五	庚申卜出貞令冒並彭河	2
二三六七六	…卜旅…令何…衛…	2
二三六八四	丁酉卜出貞令糸史鳴友…	2
二三六九三	…貞惟告贏令…	2
二三六九九	貞勿令弘	2
二三六九九	貞勿令	2
二三七〇〇	…其令…田來…	2
二三七二二	丙戌…卜…室…翌丁亥…其令多…王令	2
	…苦	
二四一三八	…卜王曰貞…小臣令…	2
二四四三一	貞于弗令…歸若九月	2
二四六〇五	貞…令…示…三…	2
二六八五八	丙寅…貞惟…令	2
懷一四六七	其徲令	3

若

先王先妣

著錄號	釋文	期
一五一一正	貞祖丁若小子𠂤 二告	1
一五一一正	貞祖丁弗若小子𠂤 二告	1
一四五八	大甲若	1
一六三七	辛巳卜殼貞祖乙若	1
二二七六	…父乙不若	1
三二一六正	乙酉卜穷貞大甲若王	1
三二五一正	㳄侑妣壬醬暨唐若	1
五三七四	貞王…言妣庚若	1
六六五三正	貞祖丁若小子𠂤	1
六六五三正	祖丁弗若小子	1
一三六〇四正	貞祖乙若王不𡆥 二告	1
一三六〇四正	貞祖乙若王不𡆥	1
一三六〇四正	貞祖乙若王不𡆥	1
一三六〇四反	王…祖乙弗若…	1
二一五四一	甲子卜我惟禦賊祖若	1
二一五四一	甲子卜我侑祖若	1
二一五八六	己亥卜御禦小己若	1

著錄號	釋文	期
二二三一	戊申卜殼貞祀弗若	1
六〇三七正	貞祀有若	1
一五一八九	癸未卜殼貞王爲祀若	1
一五一九二	辛卯卜殼貞祀賓若	1
一五一九三正	辛卯…貞我祀賓若	1
一五一九四正	辛卯卜殼貞我祀賓若	1
一五一九五	…我勿祀賓不若	1
一五一九六	辛卯卜殼貞我勿祀賓不若	1
一五四九二	…祀若	1
一五四九四正	貞祀若	1

一五〇正　貞其入偁匚示若　二告　1
六四六一正　貞戠在茲示若　1
六四六一反　甲子卜穷戠在茲示若　1
一三二六〇甲　…殼貞示若王　1
一四二六九　貞下上馭示弗其若十三月　二告　1
一四八八九正　貞示弗若　二告　1
一四八九〇　示若　1
一六四一七　…弗往…示…若　1
一八九〇五正　示若　4
三四一二六　…門示若…　1
英一二四一　𠭯出示弗其若　1
英一二四一　勿𠭯出示若　1
英一二八六　貞帝示若今我奏祀四月　1

六　辛未卜…吉王奏…之若　1
八一二正　貞有𡆥左…循于之𡆥若　1
七二四二　戊寅卜貞令甫比二侯及暨元王循于之若　1
七二六七反　…吉于之若　1
一六三九七　…于之若五月　1
二一五八二　庚午卜貞弜酌于之若　1
二三七二一　己酉卜王曰貞惟…左自取祖乙𣪘于之若　2
二七〇八三　三匚二示卯王祭于之若有正　3
二七一二四　弜𩛥于之若　3
二七一四四　癸…貞王…牛于大乙…于之若　3
二七二〇二　貞弜祖乙𠕋用于之若　3
二七三七〇　弜祀𢦏于之若　3
二七五五三　弜祀祝于之若　3
二七七六九　其奠入于之若亥不雨　3
二七九七二　戊其𢓊毋歸于之若𢦔羌方　3
二七九八七　𣪊于之若王弗悔　3
二八〇八七　貞王其𡧊𡗚方伯𢀛于之若　3
二八一五七　至于二𩜆于之若王受有祐　3
二八二六〇　…于之若　3
三〇五七四　弜賓于之若　3
三〇五七五　弜賓于之若　3
三〇六二三　…酉…祝…个…于止若　3
三一〇八〇　舌于之若　3
三六八二四　其𨒡于之若　5

九七五反　王固曰不宿若茲卜其往于甲酌咸…　惟甲追　1
一六一一反　王卜其若茲永　1
七一五三正　…固曰途若茲鬼陰在廳　1
一二八七八正　…貞若茲不雨惟…有𨒡于…　1
一三六五八反　王固曰余毋遘若茲卜不其惟…有祟…　1
二三六五一　乙巳卜中貞卜若茲不𡆥其大不若　2
二四九八〇　…王卜曰茲下…若茲惟王帝…見　2
英四八四正　…卜争貞…王固…遘若茲…申　有𩰫…　1
懷一五六三　乙巳貞…于父丁…又五若茲卜雨　4

一二八五反　祖辛惟之不若王多匚于唐　1
一二八五反　祖辛不惟之不若王多匚于唐　1
一八五四　翌日戊循若于王　1
一八五四　…卜…貞祖丁惟循若于王　1
五〇五七甲　…殼貞示若王其出五月　1
五〇五七乙　弗若王…出　二告　1
五〇九六正　弗若王　1
五〇九六正　貞若王　1
二九八八七　𣪊于之若王弗悔　3
三〇三三五　…去舌于之新宗若王受祐　3
三二九九七　…父若王受祐　4
三六八二四　𩰫其𩜆至于攸若王囚曰大吉　5
英七〇　貞祖…若王　1

八二三正　貞屯率𡧊若王　1
二〇〇二正　貞王不若　1
二〇〇二正　貞王若　1
二三七三正　戊寅卜亘貞王若　1
五四五〇　貞弗作王若　1
一〇一一一　…貞來乙亥𡆥其𨒪王若九月　1
一四八八八　丙…卜殼貞王若　1
一六三三五正　庚子卜古貞王若　小告　1
一六三三八　…貞王不若　1
一六三三八　…王若　1
一六三四一　貞王不若　1
一六三四三　貞王不若　1

一七七〇五正　貞王若　1
三〇三三六　弜去舌于之新宗王若受祐　3
英一七九三　辛酉…剢…王若　1
八〇八正　丙寅卜亘貞王戠多屯若于下上　1
八〇八正　貞王戠多屯若于下乙　1
八〇九正　貞王戠…屯不若佐于下上　1
八〇九正　貞王戠多屯不佐若于下上　1
一〇二三　戊辰卜王乞以人狩若于敏示…　1
一三八五反　不若于𠬝㲋　1
三三五五正　貞有不若于父乙　1
七〇七五正　庚戌卜亘貞王呼取我夾在𠂤畐若于𠄞　王固曰…若　1
七〇七五正　庚戌卜亘貞王呼取我夾…𠂤畐不若　…𠄞…　1
一四一九九正　己未…貞旨…千若于帝祐　1
一四一九九正　貞旨…千不…若于帝佐　1
一六三三九正　甲子卜穷貞王有若于…　1
二二〇九二　丙午卜惟若于𡆥丁　1
五二九〇　…無延…燕…惟若…　1
一二七六二　己酉卜亘貞不惟…王固曰勿惟若　1
一二八九八正　癸亥卜永貞茲雨惟若　1
一二八九九正　貞茲雨不惟若　1
一二八九九正　戊申卜古貞茲雨惟若　1
一七三九七正　貞王夢不惟若　小告　1
一七三九七正　貞王夢惟若　二告　1
二一五六六　癸亥卜中子有往來惟若　1
二一五八六　…午子卜貞使人惟若　1
二一五八六　…戌卜𢦏貞來惟若以　1
二一五八六　己亥卜𢦏貞來惟若　1
二一六三七　甲辰卜…貞今𡧊惟若　1
二一七一三　乙亥子卜我有直自來惟若　1
二一八二九　辛巳卜子貞我自茲惟若　1
二一八三一　庚申子…貞我自…惟若　1
三二七〇五　丁未卜𤰔惟若　4
三三一二三　…巳貞…敎…惟若　4
三三六九八　庚辰貞日有戠裴囚惟若　4
英五五六　貞…雨不惟若　1

四四　…令…衣…衆…無不若　1
三七六正　王惟有不若　1
三七六正　王不惟有不若　1
五〇六正　貞般無不若不𢦔羌　1
五〇六正　貞龍無不若不𢦔羌　1
五〇六正　貞龍無不若不𢦔羌　1
五〇六正　貞般無不若不…　1
五〇六正　貞龍無不若不𢦔羌　1
五〇六正　…寅卜㱿貞般無不若不𢦔羌　1
八九一正　甲申卜爭貞王有不若　1
八九一正　貞王無不若　二告　1
二八六九正　庚寅卜穷貞靈妃無不若　1
二九四七反　王無不若唐　1
四六四一　貞犬登其有不若　1
五三四一　…卜…王…中…雩有若　1
五五一二　丙戌…勿…惟我三有不若十二月　1
六五六四　癸未…令𡆥伐𢀛入無不若允𢦏　1
一三五三八　乙酉卜穷貞丁宗無不若六月　1
一三五三九　乙酉卜穷…丁宗無不若六…　1
一四二九五　豕其有不若一月　1
一四二九五　貞豕其有不若　1
一六三四四　…卯卜㱿…王無不若　1
一六三四五正　…王…無不若　1
一六三四六　…酉卜爭…今夕…子無不若　1
一六三四七　丙子卜貞毋無不若六月　1
一六三四八　…無不若在二月　1
一六三五六　貞其有不若九月　1
一七三九八　貞王夢不惟有不若　1
一七六七九反　王固曰吉惟若　1
一七七〇五正　…𢦏…有若　1
二一八二八　目無不若　1
二二五九二　壬午卜吴貞卜有祟在兹入有不若　2
二六〇九一　貞惟我三有不若十一月　2
二六〇九二　丁亥卜吴貞今日惟循有不若　2
二六〇九三　貞其有不若…月　2
英一六一七　…卜㱿…王夢不惟有不若　1
英二一七九　貞其侑不若　2
三七六正　貞今般取于𡰪王用若　1

著錄號	釋文	期
五六四八	丙戌卜…貞巫曰㱿貝于婦用若 五?月	1
一六三八七	壬午卜㱿貞翌乙未用若	1
一六三八八	…翌其用若八月	1
二五九〇三	…弜用若在十一月	2
三二九三四	丙寅貞行惟舂[illegible]用若	4
三三〇五六正	惟祉戎啓我用若	4
三三〇五六正	庚寅卜惟𢓊…我用若	4
三三〇九八	辛卯卜惟出啓用若	4
屯一九	惟祉戎啓用若	4
三七六正	庚申卜古貞王使人于陵若王固曰吉若	1
三七六反	王固曰吉若	1
一六三三五反	…曰吉若…	1
一七六七八	…固曰吉若	1
二七一一〇	若酉祖乙舌王受祐	3
二七一一〇	若酉祖乙舌王受祐	3
二七二〇〇	其若酉祐祖乙有正	3
屯三三九三	若𠂤于必受有祐	3
屯四〇六六	…若𠂤于…毋歐…𢦏興于之受祐	3
懷一三六八	其舌若𠂤𩰫祖丁王…	3
懷一三九九	丁酉卜王其𤰈…𢀛若𠂤在…	3
五六一一反	王固曰若	1
六七七八反	王固曰若	1
一五五六三正	癸巳卜爭貞燎王其有曰若 二告	1
二六八四六	…勿黨友曰若	2
七四二七正	貞王勿往不若	1
七四二七正	己巳卜爭貞王往若 二告	1
一七五二三正	貞呼往若	1
九四正	壬寅卜𡧊貞若茲不雨帝惟茲邑寵不若 二月	1
九四反	王固曰帝惟茲邑寵不若	1
七八六一	惟茲邑寵不若	1

著錄號	釋文	期
五一九四	…丑卜…貞王歸若	1
一六三八六	丙寅卜㱿貞其歸若	1
二四四三一	貞于弗令…歸若九月	2
三三〇六九	己亥…侯…啓王…伐歸若	4
屯四五一六	己亥…侯…㳄王伐歸若	1
一三六反	己卯卜古…王固曰其惟…戌執有若…	1
	其惟辛家	
七九五正	貞王有𡆥若	1
七九五正	貞王有𡆥若	1
七九五正	貞王有𡆥不若	1
五九八五	…𡆥不若 小告	1

其它

著錄號	釋文	期
四四	…酉𡚬…師般斫若	1
一一三甲正	貞我…司𢽾羌若	1
一一三甲正	庚申卜永貞若 二告	1
一四〇反	貞…延…若	1
二四八正	翌乙酉有伐自戌 若 二告	1
二六七正	辛丑卜𡧊貞𤰈暨㱿以羌 若	1
二六七正	貞𤰈暨㱿不其以羌 若	1
二七一反	…王…若	1
三七六正	貞勿使人于陵不若 二告	1
三七六正	貞王佐三羌于圂不佐若	1
三七六正	貞王佐三羌于圂不佐若	1
三七六反	王固曰吉余無不若不于𣃔	1
四六四正	貞率𢽾羌若	1
五五七	貞令…取𠕋于若	1
五五九正	甲子卜㱿貞告若	1
五九〇正	王…若…父…	1
六四九	乙亥卜爭貞令舂王往田若	1
六五五甲正	貞勿令𠂤𢀛由取舟不若	1
七一六正	惟若	1
七六六正	癸未卜亘貞王有服若	1
七六六正	王有服不若	1
七六六反	貞弗若	1
八一五	…多屯若	1
八一六反	…王…若	1
八一八	…若十屯	1

八二二正　貞于舊…若　二告
八六一　…未卜殼…王往…朿若四月
九一六正　己丑卜古貞畀若
九四五正　若　二告
九四五正　不若
九四七正　戊午卜内貞畾若
九四七正　貞畾不若
一一三一正　…河五…五牛…牛若
一三一二　…王…唐…若
一三一三　…唐若
二七五三　…未…貞…鹵若…姘…丬…
三〇四九　貞令妻若
三三六二　…侯…若…王…
三八八七　庚辰卜永貞若
三九五七　貞王告祉戠若
三九五七　貞不若
四七〇五　貞貯步若
四八一四　…辰卜爭…剌無不若
四八一九　丁巳卜㝐貞呼凿若
四八二〇　丁巳…貞凶若
四九二六　癸酉卜貞舟若
五〇九六正　貞王往出示若　二告
五一三〇正　甲午卜爭貞王往去朿若
五一五八乙　貞王其往觀河不若
五一五九　貞王觀河若　二告　不舌黽　小告
五一七九　丙午卜㝐貞王入若
五一八〇正　…貞王入邲…出若三月
五二九七　庚戌…貞王心若□其惟孽三…
五三一五　…亘貞王遣若
五三一六　…貞王遣若
五四一〇　癸未卜殼貞王象…若
五五一八　入若
五五一九　入若
五五三〇乙　王使人于祉若
五五三三　貞王循若
五五八三　王疾夕告…小臣若
五六一一正　貞王其有曰多尹若
五六七八　戊…貞其…多亞若
五六九〇　甲申卜…貞亞無不若十二月
五六九一　貞其亞無若
五七二五正　…启若
五七六〇正　甲戌卜㝐貞攸侯令其昌舌曰□若之五月

五七七五正　貞至于庚寅攺迺既若
五七七五正　勿至于庚攺不若
五九三〇　貞王入若
六〇〇一正　丁巳卜亘貞刖若
六〇一七正　古貞戠若
六〇三八正　…日丁卯…曰途若…無囚
六四二四　丙戌卜呂貞若　不舌黽
六四七七正　貞王有取不若
六四七七正　貞王有取若
六四七七反　貞翌乙酉往途若
六四九四　…申卜殼貞今呂王比望乘伐下危…
　若…我…
六四九五　…呂王比望乘伐下危…若不我…
六九〇四　壬子卜殼貞王呼雀复若
六九五二正　貞望𦳢若启雀
六九五二正　望𦳢弗其若启雀　二告
七〇六七正　貞…取…陕若
七一八六　貞𠂤若
七二〇四　甲子卜…貞出兵若
七二二四　庚申卜循若
七二二五　…王循若
七二二六　王循若　二告
七二二六　不若
七二四六反　…無若
七二五六　貞…有循…若王
七二六七正　…循从之若　二告
七三六三正　辛卯卜永貞王惟中立若
七三六三反　庚寅卜永貞王惟中立若
七三六四　庚寅卜永貞王惟中立若十一月
七四一五正　…卯卜㝐貞舟稱冊商若十一月
七四一六　貞商…舟若
七四二六反　不若
七四二六反　貞王侑戠不若
七四四〇正　貞王勿往省不若　二告
七四四〇正　丙辰卜爭貞王往省从西若　二告
七五〇一　…惟婦好令比沚戠若
七五八四正　乙未卜㝐貞翌庚…王其伐若
七七七三　勿省南不若　二告
八一〇四　貞不若五月在明
一〇四〇五反　王固曰乃若偁
一一〇〇六正　貞王其舞若
一二五〇六反　王臣固…途首若

一一七九四反　貞丙辰…若
一二三八六正　貞其有𡆥不若
一二三九六正　甲申卜㱿貞若
一二八〇二反　貞不若
一二九二一正　辛卯卜㱿貞王往延魚若
一二九二一正　辛卯卜㱿貞王勿延魚不若
一三一一七　貞若
一三一一七　貞若
一三一一七　貞若
一三五〇七　貞…王循㱿若
一三五二二正　貞𡧊若
一三五二九　…爭…勿將…邑𩰫…作若
一三五三〇　貞我將自兹邑若
一三五三一　貞我將自兹邑若　二告
一四二〇七正　癸丑卜…貞勿作邑…若　二告
一四三一七　若五月
一四六四七反　若
一四七四七　貞若
一四八二九　丁卯卜貞…行若
一五四一一　王用竹若
一五五四三正　貞若
一五七一三　…貞𢒉彡無𡆥若
一五八〇一　…王…醫若
一六一五二正　貞勿𢼎不若　二告
一六三二三　…宁…𠂤若
一六三五三　貞毋…往不若
一六三五四　…京…不若
一六三五五正　…有取…不若
一六三七五正　辛未卜㝉貞有若𡆥
一六三九二　…雚若
一六三九三反　…丙…允若
一六三九五　…勿延…若
一六三九六　戊申…之若
一六四一一　…𢆶…若
一六四一二　…宦…若
一六四二二　…戠若
一七四四七　甲寅卜…亞多…夢不若
一七六七七正　貞若
一七六八〇正　…固曰…今夕…惟若
一七六八一正　丙午卜…王固曰…邁若
一七六八六正　貞不惟兹無若
一七八七八反　貞𢼎若

一八六六二　…廣若
一八六六三正　…戌卜韋…廣若
一九五六二　貞其有將若
一九八三八　甲申…多尹若田
二〇〇〇七　…于大丁…若一月
二〇〇五七　丙寅卜王貞侯光若…往𡆥嘉…侯光…
二〇〇六八　…卜王侯弗若循
二〇二六一　…亥若出
二〇三四四　…人于曾…若
二〇三六六　…妣若
二〇六一一　庚午卜自貞弜衣𡆥河無若十月
二〇六七六　丁未卜王貞用不惟喪羊𠚰若
二一一二五　…于卜今日步若
二一一二五　辛亥卜步今日若
二一一二六　…皿…若
二一一二七　…𢀛若
二一一二七　…若
二一一二八　…若
二一一二九　若
二一一八八　甲戌卜王弜令凡戠于若
二一二二二　…大中…若
二一二三六　…正…丁若
二一五六二　庚辰令𠂤惟來犬以龜二若令
二一五六六　甲子卜丁呼大𩰫五往若
二一五九五　辛未余呼𢀛比…若
二一五九七　庚戌…師…令若
二一六〇三　甲…卜我若
二一六二三　辛巳卜貞夢亞雀眂余刀若
二一六二六　甲辰卜𢀛貞我𢀛以若
二一六二七　辛卯…貞𢀛…若
二一六三二　…令𢀛…若
二一六四二　…未子…戊自…來若
二一六九八　…啓入午事若十月
二一七一七　庚申子卜貞惟以𢀛若直
二一七九三　乙卯子卜貞其𢀛若
二一七九三　乙巳卜貞婦妥子無若
二一七九三　辛亥子卜貞婦妥子曰𣪊若
二一八二六　癸酉子卜高作不若
二一八二七　…戊子卜…作不若
二一八三〇　丁卯卜𢀛令𢀛惟翌庚若
二一八三二　己卯子卜貞盧以若
二一八三三　…來以若

編號	釋文	期
二一八三四	貞𠂤以若惟…	1
二一八九六	…辰卜貞𠂤…宁無若十三月	1
二一九〇〇甲	戊子貞井?允無若	1
二一九一五	…妣…來…若	1
二一九四七	…桒河若	1
二一九五四	庚辰卜貞𠂤…無若	1
二一九七二	令𠂤…若	1
二一九八〇	…貞無…若	1
二一九八五	丙辰…無若	1
二一九九一	…寅…若	1
二一九九二	…出…若	1
二二〇〇一	己未無各若	1
二二〇五〇	甲午卜燎于𠂤…若	1
二二〇七二	丙戌卜弜若	1
二二〇八八	丙戌卜貞𠂤至師無若	1
二二〇九九	丁巳卜若翌告子	1
二二一一四	…循…若	1
二二一二〇	戊戌卜…無若	1
二二二九四	貞若	1
二二二九四	不若	1
二二三九四	…若	1
二二四一一	…若	1
二二四一二	乙…貞鼓…無若	1
二二四一三	…于卜余直若 吉	1
二二四一四	…若𡆥	1
二二五九二	…其自…有來…若	2
二二七二〇	…貞…示癸…出…若	2
二二七三反	弗若	1
二二七七一	己…貞…曰商?…大?于大…若受之…	2
二三五五八	…令?…其若	2
二三五五九	癸未卜朿貞王正不若𢓊	2
二三六一三	丁未卜出貞…巳…若	2
二三六八六	…巳卜…貞其…呼𢦔…若	2
二三七〇五	貞衣𠮛若無尤	2
二三八〇五	丙寅卜…貞于祖乙禦其𢦏?若八月	2
二三八〇五	丙寅卜朿貞卜竹曰其侑于丁宰王曰弜	
	𣪘翌丁卯㞢若八月	2
二四一三二	壬午卜朿貞于丁禱…之若	2
二四一五六正	貞不其若	2
二四四〇八	…貞其…不…若在…	2
二四五五一	丁卯卜…貞入亥凡于妣?亥若	2

編號	釋文	期
二四五五六	庚…貞勿…若…艱…	2
二四九七八	貞惟王帝𡆥?祟不若	2
二五〇三一	丙辰卜吴貞示惟王…若	2
二五九六五	甲子卜…貞翌辛未…彡…若	2
二五九九六	…𥁕…犭…惟…若	2
二六〇〇九	丁亥卜…貞王其𢦏若?	2
二六〇一〇	…出…丁未其奏𡨦盧子母?于有宗?若	2
二六〇八九	…𠮛南…𢦏若	2
二六〇九〇	…惟王帝人不若	2
二六七〇〇	…不若	2
二六八〇三	…𤖵…若十月	2
二七二三四	若…于祖乙…王受…	3
二七三一三	于祖丁𣶃酉𩑨弜若即于宗?	3
二七七四六	辛酉卜貞其呼𢦏任屌鳴…母若弗	
	悔在三月	3
二七八一六	丁卯卜犾貞王其𢦏目若…	3
二七九三五	…戌卜…亞若	3
二八〇八八	…卜犾…危方美…𢦏于…若	3
二八一五七	至…𢦏…若…	3
二八一八八	弜宿若	3
二八四〇七	弜𩰫兕先射其若	3
二八四〇七	兕先射其若	3
二八八五八	…有若	3
三〇一八七	乙亥卜寧雨若	3
三一〇八一	𠯑于…若	3
三二〇三五	辛酉其若亦𥁕伐	4
三二七三五	于乙王步若	4
三二九二二	…惟若令	4
三二九五一	于庚于王涉若	4
三三〇四〇	丙申卜𦍒出人…在䜌若	4
三三〇九九	辛卯惟𡆥啓若	4
三三一四七	丁巳貞王步自𢦏?于𤰈若	4
三三一六二	貞…王其…自𩵦于…多若	4
三三二一七	戊戌貞令犬延田若	4
三三六九四	癸酉貞日月有食裴若	4
三三六九四	癸酉貞日月有食惟若	4
三四〇三四	…未卜若鳳…	4
三四一三九	甲辰…弜…在茲作宗若	4
三四一五三	庚辰卜王入若…囚	4
三四三五三	其不若	4
三四六八七	己亥卜其𡆥若	4

三四六八八　己亥卜其㞢若　4
三四七一〇　：東抲若　4
三四八五八　：若：　4
三五一二二　：若　4
三五一九七　不若令　4
三五三三〇　：𡆥其若　4
三五九一三　：在𡘲師貞祖甲升：戊升若我受：
三六一七六　：司母其：文武帝呼：司母于癸宗若　5
三六九七四　王弗悔　丁卯王卜貞：呼伐若　5
乇二〇三　：丑卜𤔲尊其若　吉　5
乇二五九七　非若
乇三五六六　𢦏若　3
乇四五一七　甲申：多尹：若上甲　3
乇四五一八　丁亥卜王其𠂇鑄于：王其賓若受有祐　大吉　1
英二四六　：卜𡆥貞：之若　3
英三三九　貞令行若　1
英五〇八　貞曰之若　1
英六七一　：酉卜𠭯貞若　1
英七二三正　貞廣若　1
英八六四　貞：若　1
英一二〇一　：若　1
英一二〇一　其：若　1
英一二四九　：其訊若：囚　1
英一三五〇　：若　1
英一三五一　：若　1
英一三五三　：若　1
英一三五四　：不惟𡆥：食不若　1
英一三五六　：不若　1
英一七七五　：卜𠂤：若：有曰：　1
英一七七七　辛巳卜弜𠂤余丞止中循果若　1
英一九九六　貞衣𡆥若無左　2
英一九九九　丙：多万：入文若　2
懷四〇八　：𡆥：若：　1
懷五三七　不若　1
懷五六七　：娥：若　1
懷五六一b　：保：在北：若　1
懷六六二　：若：　1
懷八二三　丙午卜𡆥貞呼師往見有師王：曰惟老惟人途遘若：卜惟其旬二旬又
懷九五九　八日𡆥壬：師夕𩳁　1

懷一二六八　甲子卜大貞作𡆥子母𡆥暨多母若　2
懷一四七三　：無若　3
二六〇〇八　：申卜大貞我：𡆥曰：𡆥：𡆥：年：九月　2
二〇八〇五　壬申卜大弜𠂤其𡆥卬十月

即

·祖先

二七四六〇　：父木丁歲即祖：　3
三〇三五六　其即父庚必　3
三〇六七五　即于岳：　3
三〇九六〇　即大乙祈歲王：　3
三二二一八　癸巳貞其有𠂇伐于伊其即　4
三二二五六　丁未卜其即上甲　4
三四一六九　：𡆥暨上甲其即　4
三四二九四　辛巳卜貞王亥上甲即于河　4
乇一七三　弜即祖丁歲冊　3
乇九一二　：貞弜：即于上甲　4
乇二三二四　：亥卜父甲：歲即祖丁歲冊　3
乇二三九四　弜即祖丁歲冊　3
乇二三二三　即岳于上甲　4
乇二三三三　癸酉貞弜得岳其取即于上甲　4
乇四四一二　即于岳有大雨　3
一九九〇六　：六妣即日用　1
二七四五六正　貞其即日　3
二八二六九　：即日　3
二九〇二三　即日　3
二九七〇四　即日酚有正　3
二九七〇五　即日甲酚王受祐　3
二九七〇六　辛卯卜何貞王無災大即日：　3
二九七〇七　貞即日　3
二九七〇七　貞即日　3
二九七〇八　貞即日　吉　3

著錄	釋文	期
三二二七八	：即日于丁卯	4
三四一六一	：即日	4
三四一六二	：即日	4
屯 七五	即日	3
屯 七五	即日	3
屯 二三五九	丁亥卜其奉年于大示即日此有雨 吉	3
屯 二三五九	弜即日	3
英二三六〇	：即日：用	3
懷一五七六	丁未其即日	4
三八二八九	其即𠕋于：彡日丁廼酌有：王受有祐 王囗曰吉	5
英二五一八	乙未卜貞自武乙彡日衣必祼其即𠕋五 𡧊正王受有祐	5
三二八八六	辛未貞其令射𢀛即並	4
三二八八六	辛未貞惟戔令即並	4
三二八八六	癸酉貞其令射𢀛即並	4
三二八八六	癸酉貞惟戔令即並	4
三二八八七	即並	4
三二八八九	弜令即並	4
三二八九〇	辛未貞王令即並	4
三二八九〇	弜令即並	4
三二九〇四	庚辰貞方來即使于犬延	4
屯一〇〇九	㱿辰貞方來即事于犬延	4

其它

著錄	釋文	期
一五一正	貞方其大即捍	1
一二〇〇	即燎上甲于唐	1
一二〇一	即燎上甲于：六牛	1
一九六三	：奉：既：丁	1
四三一八	癸未卜王替允來即𡆥	1
九七三三正	癸巳卜?方帝：其既入邑摧 二告	1
一〇〇〇〇	王：即：	1
一二五九〇	勿即賓丁雨六月	1
一二五九〇	乙丑卜王即賓丁	1
一三六〇七	：南門即美	1
一八五三四	：勿盅即：	1
一九八五五	祖辛：即：	1
二〇一四二	：卜王：即甫：	1
二〇一四七	：卜勿：即	1
二〇一五五	：卜即：卯于：	1
二〇一七一	丁巳卜令雀即雀在𠖥二月	1
二〇一七四	甲寅卜王即雀	1
二〇一九三	：辰卜：作：即：令	1
二〇二三五	辛巳卜王勿呼甫即𥂕令戠十月	1
二〇八九八	戊午卜翌己未令盧即：	1
二一一二九	癸酉卜惟麑即鼓令取宋：乙二旬： 又：卯	1
二一五八六	：余卜：事：即	1
二一九四二	癸雨即	
二一九七二	癸未：夕：湡：即：	1
二三六〇五	：卯卜即：允于：	2
二三六九四	：巳卜旅貞嬴不即𢎎其亦尋奉 惟丁亥 酌十一月	2
二四一一五	丙戌日有：即王卜：	2
二四四一七	乙丑卜：貞于岳即	2
二六九五六	即于𦎫仲𢓊 吉	3
二七〇〇九	：卜：辟即伐：方…：祐	3
二七〇〇二	：宰其即大：	3
二七一六九	庚寅：貞于之?即右	3
二七四四九	辛酉卜父甲舌即：	3
二八〇七四	：即征：廼：𢦏	3
二八一七二	貞即：	3
二八一八〇	既川燎有雨	3
三〇三七五	即有宮：祐	3
三一〇五二	：歲其即：	3
三二二七七	癸亥：伐即：于 卯	4
三二四四〇	丁丑貞奉其即丁	4
三二七一四	于即酌父丁翌日劦日彡日王廼賓：	4
三二八九五	癸亥貞三尹即于西	4
三二九二四	庚寅卜即丁卯不用	4
三二九九五	弜即	4
三三〇〇四	：王：侯?即：	4
三三〇〇四	：射：即疾：	4
三三三四八	燎即	4
三四三七二	奉即丁于：	4
三四三七二	奉即宗	4
三四一〇二	丁丑貞奉其即丁	4
三四二五五	弜于河東：𣝗莫即祐：	4
三六八四四	己卯：即告：𡿺：其：	5

著錄	釋文	期
三六八八九	己卯…即燎…	5
屯 五七七	象…其即…	3
屯 六五八	…即𢓊燎 吉 兹用	3
屯 九一七	于即品	4
屯 九一七	辛巳卜于即𢀛𢓊乇	4
屯 九七四	己亥貞餗弜歷酚即	4
屯 四一八	…圍即…	4
英 一七八三	戊申卜王惟麑即于員…	1
懷 一四六八	即令	3

鄉 饗 嚮

著錄	釋文	期
五二三六	惟王饗	1
五二三七	庚午卜爭貞惟王饗𢦏	1
五二三九	王自饗	1
五二四〇	…其來王自饗	1
五二四一	…勿惟王…饗	1
五二四二	貞王勿饗	1
五二四二	王饗	1
五二四四	貞勿惟王自饗	1
五二四五	…饗	1
五二四五	惟王饗	1
五二四五	貞勿惟王自饗	1
五二四六	貞勿惟王自饗	1
六〇九五	…王饗	1
六〇九五	貞吉…出王勿饗十一月	1
六二三四反	…王自饗	1
六三九四	王自饗	1
六三九四	王自饗	1
一〇一〇五	貞王饗	1
一二三三七	王饗	1
一二七九七	王饗	1
二三〇〇三	庚子王饗于祖辛	2
二七一二四	大乙史王饗于𠆸	3
二七一二五	大乙史王其饗	3
二七六四四	惟王饗受祐	3
三一〇四二	甲午王饗其…	3
三一〇四九	貞王勿饗	3
三三八九四	…王饗 兹用	4
屯 二二七六	王其饗于廳…	3
屯 二四七〇	甲午卜王其侑祖乙王饗于庭	3
英 五四三	…貞吉方出王自饗受有祐五月	1
英 七九八	惟王自饗	1

先王 先妣

著錄	釋文	期
一九八五一正	祖乙允	1
一九八五一反	祖乙允饗	1
二七一四七	貞大乙祖丁暨饗	3
二七一四七	癸亥卜彭貞大乙祖乙祖丁暨饗	3
二七一七四	貞其延于大戊饗	3
二七二二一	甲申卜何貞翌乙酉其蒸祖乙饗	3
二七四三〇	…卜何貞翌…父庚饗	3
二七四五六正	壬子卜何貞翌癸丑其侑妣癸饗	3
二七四五六正	庚戌卜何貞翌辛亥其侑毓妣辛饗	3
二七四五六正	癸巳卜何貞翌甲午蒸于父甲饗	3
二七四五六正	癸酉卜何貞翌甲午蒸于父甲饗	3
二七四五六正	丁未卜何貞禦于小乙奭妣庚其賓饗	3
二七五六五	…妣辛饗	3

著錄	釋文	期
一八八〇六	…寅卜𡧊…翌丁卯…饗多…	1
二三五四三	…卜即…饗多子…	2
二七六四四	…多子饗	3
二七六四七	貞惟多子饗于廳	3
二七六四八	惟多子饗	3
二七六四九	甲寅卜彭貞其饗多子	3
二七六五〇	惟多生饗	3
二七八九四	弜不饗惟多尹饗	3
二七八九四	无斁惟多尹饗 大吉	3

著錄	釋文	期
三一〇四五	弜饗廳𦎫障必	3
三一六七二	王其饗在廳	3
屯 三四一	于宭饗	4
屯 二三七六	弜饗于廳𦎫障必有正	3

著錄	釋文	期
二八一九〇	戊其敢遘于西方東饗	3
三三二四一	其東饗	4
屯 二三四六	其東嚮	4

著錄	釋文	期
懷一三七九	于北方亍南饗	3
二八一九〇	…東方西饗	3
三三二四一	其北饗	4
三三二四一	其北饗	4
屯一七三	其豐在下丫北嚮　茲用	3
屯二三六	其北嚮	4

其它

著錄	釋文	期
一四〇三	饗　二告	1
三二八〇	甲…惟…饗…	1
三二八〇	貞惟邑子呼饗酒	1
四七二六	…卜…靃辛巳…夕饗	1
五二三八	…惟…自饗	1
五二四三	勿自饗	1
五二四七正	己…貞…刹…饗不…亞…	1
五二四八	…其饗…不…	1
五二四九	癸酉卜…其饗…巫?	1
六三九四	勿自饗	1
六五六八反	…固曰茲饗不惟既惟其不…無惟克…	1
七四六四	…自饗	1
七六〇三反	…饗…	1
一〇三六五	…戊卜貞饗…麇歸	1
一六〇四四	…饗…	1
一六〇四五	丁酉…饗…	1
一六〇四六	…饗十月	1
一六〇四七正	…交無…允無…饗	1
一六〇四八正	丁酉…貞饗于…六月	1
一六〇四八反	丁酉…貞饗…六月	1
一六〇四九反	…勿…饗于祖…	1
一八〇二四	…饗…	1
一八〇二四	…饗…	1
二二三三一	丁丑卜饗	1
二二五九八	庚申卜王貞翌辛酉其隥饗	2
二五九六七	乙酉…旅…其饗…在…	2

著錄	釋文	期
二六〇一七	乙未…貞惟其…饗	2
二七一〇二	大乙歲…其饗…遘雨　吉	3
二七一二四	弜饗于之若	3
二七一三八	己酉卜何貞貞其宰又一牛饗	3
二七一四七	…饗	3
二七一四七	…亥卜…祖丁其…甘饗	3
二七二二一	癸未…貞其…饗	3
二七三二一	饗	3
二七三二一	饗	3
二七三二一	饗	3
二七三二一	饗	3
二七三二一	貞先止饗	3
二七三二一	癸卯卜何貞翌甲辰其有丁于父甲宰饗	3
二七四五六正	…戊卜何…其宰…饗…祝	3
二七六四八	弜饗	3
二七六九六	弜執呼歸克饗王事　弘吉	3
二八一〇七	…亳土饗	3
二八三三三	王先狩廼饗擒有鹿無災	3
三〇三四五	…卜彭貞其延烝禱…饗父庚父甲家	3
	止	
三〇九一〇	貞巹三畫…饗	3
三〇九三八	弜饗	3
三一〇四〇	甲戌貞惟饗　吉	3
三一〇四一	癸未卜甲申其饗	3
三一〇四三	…暨饗王受…	3
三一六七二	弜饗	3
三二五五四	祖乙…其饗	4
三二五五四	…饗	4
三二六八一	己丑卜告于父丁其饗宗	4
三四四四五	甲午貞王惟𢦏饗	4
三四四四七	…惟斤饗	4
三四六一八	弜饗	4
三七四六八	辛未王卜在召廳惟執其令饗史	5
三八二三一	…饗史于燎北宗不…大雨	5
屯三四一	甲戌卜于宗饗	4
屯一〇〇九	庚辰貞至河𡆥其捍饗方	4
屯二五四一	…𠛱惟𢦏饗	4
屯二五四一	乙丑卜王惟𢦏饗	4
英四三五	…惟…自饗	1
懷一三八八	…惟…其饗…	3
懷一四八三	饗魯甲豕	4

既

一五一反　王固曰惟既
一六三　…殷貞射㞢…曰惟既己卯…獲羌十…
三三八　…固曰…既…羌十人又…
六四三臼　癸巳卜㱿貞臣執王固曰吉其執惟乙
丁七日丁亥既執
七九五正　既䝴嬴甲及　二告
八〇八反　既酌妣癸…
一二〇二　戊辰卜既…暨河我…衍
一二〇五　貞告既侑于夒于上甲
一七八四　丁亥卜貞既雨
五七七五正　貞至于庚寅㪅廼既若
五八五九　…固曰…既之…夲
五九五五　癸酉卜貞來自西曰既執…亦…
六一九一反　…既不…
六五六六反　王固曰惟既
六五六八正　…固不惟既…
六五六八反　…固曰茲雹不惟既惟其不…無惟克…
六六四八正　王固曰惟既三日戊子允既𢦔戈方
六六四八反　王固曰惟既
六六四八反　王固曰惟既
六六四九版　王固曰惟既惟乙見丁丁亥
六六五三反　王固曰惟既
七〇一八　貞余勿呼…敦…䀠…既
七六三三　…卜王勿…既征…
七六三四正　乙亥…㱿貞…𠂤惟既征
七六三四反　王固…𠂤惟既征
七六八六　貞戌既𢦔
七七一三　…卜王…既𢦔
一二四九七正　丙申卜㱿貞來乙巳酌下乙王固曰酌惟有
祟其有蝕乙巳酌明雨伐既雨咸伐亦雨改
卯鳥星
一二四九八正　丙申卜㱿貞來乙巳酌下乙王固曰酌惟有
祟其有蝕乙巳明雨伐既雨咸伐亦雨改鳥
星
一三四二九反　…告曰既…
一二九七三　丁丑…暨戊寅既雨
一三三一六反　…未…雨中日啓酌既
一四三九六　壬戌卜爭貞既出新燎于土宰
一四五三四　辛巳卜貞告既燎于河

一四七五三　既侑王亥告…
一五九六七　…酉卜𠂤既于…豕三羊
一六〇一六　…㦰既…用于…老…疾…
一六〇五四　…貞…其既…
一六〇五五　貞不其既
一六〇五六反　…固…惟既…工
一六〇五七　…明霧既围
一六〇五八　壬寅卜…曰惟既…
一六一三九　…既侑…于二…中卯…三牛
一七七〇三　王固曰惟既
一七七〇四　王固曰惟既
一七七九四反　…固曰惟既惟丙
一八〇一二　既雨
一八〇一三　…既…
一九七五五　…卯既獲涉三羌
二〇〇〇一　…貞…毋癸亥囚今八月既九月
二〇〇七一　…既…侯…𡆥…十二月
二〇六五〇　…卜王…不既…于侯侯…有祐
二〇九六四　癸丑卜王貞旬五月庚申寐人雨自西夕既
二〇九六六　癸丑卜王貞旬八庚申寐人雨自西少夕
既五月
二〇九六六　…王旬二月三日丙申昃雨自東小采既
丁酉至東…夕
二一二三三　…戌既
二一二三五　既…
二一三〇二　庚寅雨中日既
二一三八四　…巳…既夢…作…耳鳴終…大…
二二三六四　甲申卜既祊此
二二六八〇　己巳…貞龍不既祚其亦奏自上甲其告于丁十一月
二二八五九　貞于既日二月
二三五八八　…卜大…不既…
二三六九六　辛未卜旅貞龍不既…
二五八九二　辛亥卜濘貞龍不既祚其亦奉惟丁巳酌
二五八九二　辛亥卜濘貞龍不既祚其亦奉其祊穷…
二六〇六三　…既廼…妣王盤…其…
二七二四五　…貞王既…自中宗…王受…大吉
二七二七三　…祖丁莫歲于既祭…吉
二七二七六　…既…
二七二九九　…卜大…既奏祖丁…奉十牛
二七三三三　于既…廼延…史又…大吉
二七四一六　于父己父庚既祭廼酌
二七五九〇　于既…毋戊東…帚…有…

著錄	釋文	期
二八〇〇〇	…于方既食戍迺伐𢦏	3
二九三八二	既桒王其田沓	3
二九七〇九	…于日既	3
三〇三二二	于既…𣪊…西𣪊…大吉	3
三〇六九三	其𦉭鬳壴于既卯	3
三一〇五〇	…卯卜惟王既酉…迺有悔	3
三一〇五三	乙巳既雚…	3
三二七〇一	于既…	3
三二九〇四	…捍既	4
三三四四〇	…亥貞咸既祭	4
三四二二五	癸巳貞既燎于河…于岳…	4
三四三八九	…亥貞不既…𠦪…	4
三四六四〇	…既燎于…兹…	4
三四六四二	戊寅卜貞既	4
三六七六五	乙未王卜在𡴫師貞翌其…其敏來伐受祐其敏來伐受祐王…既伐…	5
三八一五二	…貞今日既𠭰日玉其蔦…雨不雨	5
三八二九〇	…彡…于既…采于丁卯…	5
三九四四五	…于既…戍𢦏…悔	5
屯二一一	既𡆥大吉	3
屯六六五	辛巳貞雨不既其燎于𡆥	4
屯六六五	辛巳貞雨不既其燎于亳土	4
屯一一〇五	辛巳貞雨不既其燎于𡆥 不用	4
屯一一〇五	辛巳貞雨不既其燎于亳土	4
屯一一四一	既𡆥其在孟𣪊漳 吉	3
屯二四四四	有不既𣪘	4
屯二五三九	己未卜象𦎫既其呼…吉	3
屯二六四六	惟既祭父…小𠦪延…王受…	3
屯四三三三	有…既…弜…	4
英七七六反	…固曰…惟既…	1
英八四九正	貞王勿…狩乂既陷麋歸九月	1
英一九九七	…亥卜…𣪘不既…亦𠦪…酌…	2
英一九九八	庚辰卜旅貞𣪘不既𢓊其亦尋…其祈賓于上甲	2
英二四七六	辛卯卜貞王既沈	4
懷一四三〇	壬王其田…于既𡧊…延迺…不…	3

鄉 饗 嚮

著錄	釋文	期
二九六	貞勿奴出示饗𤔲駟來歸	1
五四二一	…余其有…王允…有三…饗…	1
一六〇五〇	…甲…勿丁…饗…	1
一六〇五一	庚寅卜爭貞饗	1
一六〇五二	…爭…饗七月	1
一六〇五三	…饗…酌…燎…	1
一八〇二三	…饗雨	1

欠

著錄	釋文	期
九一四反	欠來	1
七三三五	丁巳卜貞欠于…王循入	1
一八〇〇七	…欠…𢦏…	1
一八〇〇八	…丑卜…欠…	1
二一四七五反	甲午卜令欠	1

次

著錄	釋文	期
五五五九	呼次…御事	1
八三一七	洹不盜	1
一七九三四	…其…以…次…	1
一七九三五	…次…	1
二一一八一	己亥卜王貞𠭯不次…	1
二一七二四	癸酉卜貞至㽙無囚余次	1
二八〇五三	王弜令次其悔	3
二八〇五三	王惟次令五族戍羌方	3

著錄	釋文	期
四五七四	壬午卜㝉…令先…聞王十三月	1
九三七五	次王入	1
九五五七反	…次…步于庙…允…	1
一九九四五	…丁…惟翌父乙次	1
一九九四六正	甲戌…㞢于來丁酉父乙次	1
三〇七一五	惟七牛次用王受祐	3
屯七五一	乙酉卜有伐自上甲次示惟乙未	4
屯七五一	乙酉卜有伐自上甲次示	4
屯七五一	乙酉卜有伐自上甲次示惟乙巳	4

吹

著錄	釋文	期
九三五九	吹入	1
九三六〇	吹入	1
九三六一	吹入	1

吹入

九三六三 吹入
一八〇一〇 …吹…
一八〇一一 貞吹…
英二六七四正 吹于曰𢦏
英二六七四正 兄先祖曰吹

㰶

一八〇〇九 …㰶…
三〇七九四 于㰶校

歔

三三〇五七 己亥卜辛丑𩰫婦好祀

七〇〇二 …𢦏弗戕𦎫一月
二七〇七五 貞自上甲來𢦏

鄉

三一〇六九 癸巳卜令敎鄉

三三六四六正 貞兄戊無𢀛于王　二告

先

一三五八七 甲戌卜貞其有作先茲家
一八〇〇六 貞無作先
二一四七六 甲子卜及日卩先
三〇二八六 癸丑卜𢅏在廳在𣪘門先

一八七七八正 …𣪘…十月

知 御 禦

𢀛·先王先妣

二七二正 丙寅卜㱿貞于祖辛禦
二七二正 勿…禦
二七二正 貞于祖辛禦
三〇〇 貞禦自唐大甲大丁祖乙百羌百宰　二告
三六二 貞勿禦自上甲
三七一正 禦于祖丁
三七六反 禦于祖辛
四五七正 禦于祖辛
五〇〇正 勿父乙禦
六四一正 貞于羌甲禦克往疾
七〇九正 貞于羌甲禦
七〇九正 勿于羌甲禦
七一二 丁巳卜㱿貞酌婦好禦于父乙
七一七正 貞禦于妣己有𠬝
七二一正 于羌甲禦田
七二一正 勿于羌甲禦
七二三正 乙…卜古貞禦于妣庚𠕋𠬝又十牛
七七三甲 貞𢦏禦妣庚𠕋五𢀛
七七五反 疾疋勿𢦏禦于父辛
七七五反 勿禦于父辛
七八四 禦于高妣己𢀛二牡𠕋𠬝𢀛
八八六 貞禦于父乙𢀛三牛𠕋三十伐三十宰
九〇三正 禦父乙
九〇五正 貞于妣己禦子宥
九〇五正 貞勿于妣己禦子宥
九一〇 貞禦于祖辛𠕋十伐…
九二四正 癸亥卜㱿貞禦于祖丁
九二四正 壬辰卜㱿貞呼子室禦侑母于父乙𢀛 宰𠕋𠬝三𢀛五宰
九二四正 貞呼子室禦侑母于父乙𢀛小宰𠕋 …三𢀛五宰
九三〇 貞禦于三父三伐
一〇六六甲正 乙亥卜㱿貞合邑大禦于祖乙
一一九五 貞翌甲辰酌禦自上甲
一三七二 勿禦于祖辛
一五七六 貞禦于祖乙
一五七七 …卯卜㱿…禦于祖乙
一五七八 貞禦于祖乙

一六五六反 禦父…
一七一六 …貞禦于祖辛
一七一七 貞于祖辛禦
一七一八 …午卜穷貞禦于祖辛
一七一九正 貞勿祖辛禦
一七二一 貞勿于祖辛禦
一七九三正 貞于羌甲禦禰冊…十
一七九四 于羌甲禦
一七九六 貞禦于羌…
一七九七 禦羌甲
一七九八 貞勿于羌甲禦
一八二一正 壬子卜古貞禦于祖丁
一八二一正 貞勿于祖丁禦
一八二一正 貞于羌甲禦
一八二一正 貞勿于羌甲禦
一八五二正 …祖丁禦…十窜
一八五三正 乙丑卜亘貞禦于祖丁
一八五四 乙丑卜爭貞勿于祖丁禦
一八五四 乙丑卜爭貞于祖丁禦
一八五四 于祖丁禦
一八五四 勿于祖丁禦
一八五六 于祖丁禦
一八五七 于祖丁母禦
一八五八 貞禦于祖丁
一八八二 戊午卜殻貞于祖丁禦
一九〇〇反 于母庚禦
二〇一四 …卜穷貞禦于南庚
二〇一五 …卜穷貞禦于南庚
二〇一七 貞勿禦于南庚
二〇一八 …申卜殻貞于南庚禦肇
二一一七反 禦于父甲父庚
二一四三 貞勿于父庚禦
二一九三 …禦父乙
二一九五反 禦父乙三窜
二一九七 禦于父乙正五月
二一九八 于父乙禦
二一九九正 …卜…禦于父乙 二告
二二〇〇 勿于父乙禦
二三五三正 貞禦于高己
二三五四正 戊午卜…貞禦于高妣己
二三五五 于妣庚禦
二三五五 貞于高妣己禦 不舌
二三五五 貞勿于高妣己禦

二三五六乙 貞于高…己禦
二三五七正 戊寅卜殻貞于妣己禦
二三五七正 貞于高妣己禦
二三五七正 勿于高妣己禦
二三五八正 勿于高妣己禦
二三五八正 勿于妣甲禦
二三六一反 貞禦于高妣
二三八〇 禦于高妣庚
二三八一 勿禦于高妣庚
二三八四 壬寅卜古貞禦于高妣
二三八九正 貞禦于妣甲
二三九二 于祖丁母妣甲禦有𢾊
二三九二 于妣庚禦有𢾊
二三九三 于妣甲禦
二三九四 勿于妣甲禦
二四一五正 貞禦于妣己
二四一五正 勿禦于妣己
二四一六 …妣己禦
二四一七 貞禦妣己
二四一八正 貞勿于妣己禦
二四九三 貞勿于妣壬禦
二四九四正 貞勿于妣癸禦
二四九五正 貞勿于妣癸禦…
二五一二 …卜王貞禦于妣
二五二五反 貞其有告于母丙禦
二五二六 …禦于母丙
二五二六 …午卜…貞禦于四兄…
二五二七 乙未卜…貞其禦于多兄
二五二七 貞禦于母丙豕
二五二八 貞勿于母丙禦
二五三七 貞于母己禦
二五三七 貞勿于母己禦
二五三七 貞于母己禦
二五三七 貞于兄丁禦
二五五七 貞勿于母庚禦
二五五九 貞勿禦于母庚
二五五九 禦于母庚
二五五九 貞禦于母庚
二五六〇正 禦于母庚
二五九一 貞禦于母…
二五九一 勿禦于母…
二六一七 貞于妣庚禦
二六一八正 …母庚禦婦好囚
二六一八正 勿于母庚禦 小告

二七七四正　丁丑卜爭貞禦于祖辛十宰
二八六九反　于父甲禦
二八六九反　…父庚禦
二八八三　…禦于兄丁
二八八四　…亥卜…兄丁禦
二九一五反　惟禦兄戊
三〇一三　貞耏子央禦于父乙
三〇一四　貞耏…央禦于父…
三二〇八　…于妣癸禦衛
四一一二　貞禦于祖辛
四一一四　禦雀于父乙
四一一五　戊子卜禦雀父乙
四一一六　丙午卜勿禦雀于兄丁
四四二一　貞禦于㞢妣
四五一七　貞禦唐于母己
五六五四　禦于妣己
六〇一六正　貞禦于妣庚
六四七五反　疾身不禦妣己贏
七三五二反　于妣己禦
八三三三　貞禦于羌甲
八九六八正　貞于祖丁禦
九二一七正　…祖辛禦
一〇二七五正　勿禦南庚
一〇二七五反　禦于父辛
一〇二七五反　勿禦于父辛
一〇四〇七正　貞禦于有妣　二告
一〇五九四　戊寅卜穷貞禦于父乙
一〇九六八　于祖辛禦
一一四二四反　于母庚禦婦…
一一四二四反　勿禦于母庚
一二四五九　貞于父乙禦
一三〇五三　貞禦于母十宰
一三七六四正　貞禦于祖辛　不吿黽
一三六五二　貞疾齒禦于父乙
一三六七五正　貞勿禦于妣癸
一三六八八正　貞勿禦于父乙
一三六八八正　禦疾趾于父乙孽
一三六八九　貞疾趾于妣庚禦
一三七一三正　貞有疾身禦于祖丁
一三八九二　庚寅卜勿雀于母庚禦
一三八九二　勿禦雀于母庚
一四八六七　…亥卜貞二示禦大乙大甲祖乙五宰
一五一三六　…禦于父乙　二告

一五一四二　貞勿禦于庚　二告
一五七四三　貞耏丁…禦于父…
一九八〇九　庚辰卜王余耏禦于上甲八月
一九八一二正　辛巳卜王上甲燎十豕侑丁禦兄丁令…
惟止用
一九八三八　甲子耏大戊禦
一九八三八　甲子卜耏丁仲禦
一九八三八　癸未𤉲耏禦父甲
一九八八五　壬辰己妣禦
一九八八六　甲申卜王于妣己禦占娩十月
一九八九三　…妣庚禦…
一九八九四　…酉卜…其禦…妣庚…家
一九九一四　辛亥卜王貞…父甲禦…冊二百…
二一五三八乙　…禦父庚三宰又𢦏二彭雀至…庚
二一五三八乙　禦小辛三宰又𢦏二彭雀至…
二一五四九　戊申卜禦妣己
二一五五一　庚申子…禦妣庚
二一五五五　癸巳卜禦母庚宰
二一五八六　丁酉卜御禦兄丁
二一五八六　己亥卜御禦小己若
二一五八六　己亥卜御禦妣己
二一八〇五　辛丑卜其禦母甲母己
二一八〇五　壬寅子卜禦母小宰
二一八〇五　癸卯子禦贏甲
二一八七五　己巳…禦妣
二一八七五　己巳卜禦妣
二二〇四六　至…禦父丁…
二二〇四六　戊子卜至子禦父丁白豕
二二〇四八　壬寅卜祈石禦于妣癸盧豕
二二〇四九　戊午卜禦卜戊辰
二二〇四九　戊午卜至妻禦父戊良有㞢
二二〇五九　…巳卜禦于祖…
二二〇六一　于入乙禦
二二〇六三　癸酉卜午入乙宰
二二〇六三　…卜聿午…入乙
二二〇六六　乙未卜禦卜丙牛一
二二〇六六　乙未卜禦于妣乙羊
二二〇六九　丁巳卜禦司庚豕
二二〇七一　禦妣辛…又一宰
二二〇七四　癸巳卜禦妣辛豕五
二二〇七四　甲午卜亢禦于入乙至父戊牛
二二〇七四　甲午卜禦于入乙

二二〇七四　甲午卜禦父己　1
二二〇七四　甲午卜𠘧禦于妣至妣辛　1
二二〇七四　乙未卜禦于妣乙　1
二二〇七七　乙未卜禦于妣辛妣癸　1
二二〇七七　壬辰卜禦母辛于妣乙𢀛　1
二二〇九一甲　乙酉卜禦家艱于下乙五牢鼎用　1
二二〇九二　戊申卜禦于妣己　1
二二〇九四　惟祖禦
二二〇九九　庚戌卜朕耳鳴有禦于祖庚羊百有用　五十八侑母…𠨘今日　1
二二〇九九　庚戌卜有…禦于妣辛暨父丁惟之有𢀛　1
二二一〇一　…自祖庚禦　1
二二一一六　甲寅卜禦石甲牢用五月　1
二二一四六　…反…午…母庚　1
二二一九一　…卜…禦祖辛祖戊口祖羊…牢　1
二二二三六　己未卜午婦妣庚　1
二二二三六　午婦妣庚　1
二二二二六　庚申卜至婦禦母庚牢束小牢　1
二二二二七　乙丑酌禦于庚妣伐二十鬯三十　1
二二二四〇　母庚禦𢀛　1
二二二五八　丁亥卜酌禦妣庚寅牢　1
二二二五八　丁亥卜酌禦妣庚寅牢　1
二二四二八　…午子…禦妣…牢　1
二三一七八　貞于父丁禦　2
二三一七九　貞于父丁禦　2
二三八〇五　丙寅卜…貞于祖乙禦其𣪕若八月　2
二六〇〇一　貞于母禦　2
二七一一四　丁巳卜頊貞其…禦大乙　吉　3
二七四五六正　丁未卜何貞禦于小乙奭妣庚其賓饗　3
二七五五九　于多母禦　3
二七五五九　其禦妣辛　3
三〇二九七　甲午卜王馬尋駁其禦于父甲亞　吉　3
三一九九三　禦祖癸豕祖乙豕祖戊豕豕　4
三二五二四　辛丑卜奚禦祖乙　4
三二五二五　禦祖乙　4
三二五九七　壬申貞王有禦于祖丁惟先　4
三二六七五　癸巳貞禦于父丁其五十小牢　4
三二六七五　于小丁禦　4
三二六七五　…貞禦于父丁其百小牢　4
三二七二九　禦父乙羊禦母壬五豚兄乙犬　4
三二七二九　有禦父庚羊　4

三二八四四　…卜𢀛禦于父丁…百牛受我祐　4
屯二九〇　庚申貞其禦于上甲大乙大丁大…祖乙　4
屯七三五　癸亥貞其禦于父丁　4
屯九六三　于小丁禦　4
屯一〇二四　丙…貞…酌…𡧊…禦于父丁𦍩十　4
屯一一〇四　庚午貞今來…禦自上甲至于大示惟父丁　𠄞用　4
屯二六七一　癸亥卜貞酌禦石甲至般庚正　1
屯二六七三　禦母庚牢　1
屯三一三二　…禦伊尹五十…　3
屯四五一七　甲子卜酌大戊禦　1
屯四五一七　癸未卜𤉲酌禦父甲　1
屯四五八三　壬申貞王又禦于祖乙惟先　4
屯四五八三　壬申貞王又禦祖丁惟先　4
英三二　貞勿禦于祖乙　1
英五一　…禦于祖丁　1
英六一　…卜方貞禦于南…　1
英六一　…禦于南庚三𠬝　1
英六三　…南庚禦　1
英九一　于父辛禦　1
英九七正　庚𠬝禦于妣己暨妣庚　小告　1
英一〇三　貞禦…妣庚　1
英一〇四　貞于妣庚禦　1
英一一〇五反　于妣己禦　1
英一八九一　丙子卜洋禦于二妣己于妣丁子丁　1
英一八九五　己丑卜𠨘禦司妣甲　1
懷四三　貞禦于羌甲𢀛冊　1
懷五二　…卯貞…于祖丁…禦…　1
懷一〇九　…禦…母庚…　1
懷一一〇　…午卜禦于母己　1
懷一五七八　其禦𠬝妣庚惟…　3
二七一正　己卯卜㱿貞禦婦好于父乙𢀛羊又豕𠕋十宰　1
二七一正　…㱿貞禦婦好于父…𢀛羊又豕𠕋五宰　1
三八四　己卯…翌辛…酌有禦于婦…宰三羌…三　1
𢀛五…　1
六五六正　…卜㱿貞禦婦好于嬴甲小…又妾　小告　1
六五六反　禦婦于嬴甲　1
六六七正　辛亥卜亘貞禦婦于有𢀛　1
六六七正　勿禦婦于有𢀛　1

著錄	釋文	期
七〇二正	貞禦婦好于父乙豈宰又𣪘冊十宰十𠬝𣪘十 二告	1
七三一	：午卜殸：禦婦于：𠬝：女	1
七九五正	于𠤕甲禦婦 二告	1
八〇二	貞禦婦印勿執	1
一七七三正	貞禦婦婐	1
二六一二	貞禦婦好于高	1
二六一三	禦婦好于父乙	1
二六一三	于妣癸禦婦	1
二六一五正	甲戌卜穷貞禦婦好…	1
二六一六	貞禦婦好于妣甲	1
二六一七	貞于妣庚禦婦好	1
二六一九	貞于甲介禦婦好	1
二六二〇	庚戌卜爭貞禦婦好…	1
二六二一	己卯卜爭貞禦婦好于妣…	1
二六二一	貞禦婦好	1
二六二一	：禦婦好	1
二六二四	：丑卜：禦：好：子…	1
二六二五正	貞勿禦婦好	1
二六二六	貞勿禦婦好于丙	1
二六二七	甲戌卜殸貞勿[illegible]禦婦好趾于父乙	1
二六三〇	己卯卜殸貞勿[illegible]婦好禦	1
二七二五正	戊寅卜穷貞禦婦姘于母庚	1
二七二六正	甲寅卜殸貞禦婦姘于母庚	1
二七二七反	勿禦婦姘	1
二七五六	貞禦婦井于母庚	1
二七七三	：卜爭貞禦婦婐于母：	1
二七七四正	甲寅卜爭貞勿禦婦婐于唐	1
二七七七	貞勿禦婦婐于母庚	1
二七八七	：禦婦㛲于祖丁七月	1
二八三三	貞勿禦婦子于…	1
二八三四	貞于母丙禦婦	1
五九〇八	丙子卜殸貞勿禦婦婐于庚…	1
五九〇八	丙子殸：禦婦婐：庚：冊…	1
一三三一一正	：禦婦好	1
一三六六三正	貞勿于甲禦婦嘉[illegible]	1
一四一一八	禦婦鼠子于妣己允有𠤕	1
一四七七九	侑于母：娥禦婦…	1
一四八一六正	：卜殸：禦婦：于𠤕甲	1
一五一二六	：午卜殸：禦婦于：	1
一五一二六	：午卜殸：禦婦于：	1
一五一二七	癸巳卜惟戊禦婦子七月	1

著錄	釋文	期
一九九八七	一牛一羊禦婦鼠妣己	1
一九九八七	甲申卜禦婦鼠妣己二牝牡十二月	1
一九九八七	一牛禦婦鼠妣己	1
一九九八八	甲申卜禦婦鼠于妣己二…	1
一九九八九	：惟：禦婦鼠	1
二一七二五	：在：禦婦妊妣壬	1
二二二三六	于亞束午婦	1
英四二	勿禦婦于娥	1
英一四九正	甲戌卜亘貞禦婦好于父乙冊𠬝	1
英一七七	：于司：禦婦：惟羊…	1
英一七八	：午卜：翌己：禦婦：不…	1
英一七七〇	禦婦[illegible]于子鳶	1
懷一一三	貞禦婦姘于母庚	1
懷一一四	禦于婦于…	1
懷一一五	：卜：禦婦：母…	1
二五	辛巳卜貞令眔御事	1
一五一正	呼入御事	1
九九四	：禦史	4
一〇七五反	：固曰有：之日有來媗乃𢦏禦事：[illegible]亦𢼸人：	1
五五五八	貞呼彈 八御事	1
五五五九	呼次：御事	1
五五六〇	貞呼匄[illegible]入御事	1
五五六一	貞勿：山入御事	1
五五六三	：[illegible]御事	1
五五六四	丙寅：御事	1
五六五八反	呼惟禦事	1
八七九六正	取呼御史	1
一〇九三六反	勿禦史：羊令：祖…	1
二〇三五二	：禦事受…	1
二〇三五三	乙卯卜𠂤禦事	1
二〇三五三	乙卯卜𠂤禦事	1
二一六九八	：啓入御事若十月	1
二二二四六	夕𠜱禦史受	1
二二二四七	夕𠜱禦史受	1
二三七〇六	貞惟有小獲：呼入禦事	2
二七七八九	：微御事來…	3
二七七九〇	惟大：御事王弗悔	3
二七八九七	癸巳卜其呼北御事衛	3

著錄號	釋文	期
二八〇八九正	得取美御事于之及伐望王受有祐	3
	惟用 大吉	
	…取美御事于之及伐望王受有祐惟	
二八〇九〇	用 吉	3
三〇三九〇	弜呼炎帝子禦史王其悔	3
三〇五二四	其禦有事王受祐	3
三二九六九	其呼盧禦史需射有正	4
屯一〇五九	丁亥貞王其炎方及呼禦史	4
英一二五二反	貞呼…御事…永…	1

著錄號	釋文	期
三七六正	貞…夢呼余禦囚	1
三七六正	貞王有夢不惟呼余禦囚	1
七二一正	禦囚南庚	1
九一五正	禦囚于妣己	1
九一五正	勿禦囚于妣己	1
九四六正	禦囚于斲	1
九四六正	禦囚勿于斲	1
九四六正	于妣甲禦囚	1
一五八〇甲	貞禦囚于祖乙	1
一五八〇乙	貞于祖乙禦王囚	1
一五八〇乙	貞勿禦囚于祖乙	1
一七九五正	…貞禦王囚于羌甲	1
二一一五	貞于父甲禦囚	1
二一九四	貞禦囚于父乙	1
二八七三	勿禦囚	1
一四三三八	貞禦囚于父乙	1
一七八二二反	貞禦囚…	1

著錄號	釋文	期
五八六	…寅卜韋貞禦子不	1
五八六	…禦子不	1
七一三	貞禦子漁于父乙宜羊冊及	1
七一九	貞禦子漁于父乙有一伐卯宰	1
七三〇正	貞禦子畓于…及…	1
二九一六	…父乙…禦子	1
二九四一	貞禦子商小宰用	1
二九八五	乙丑卜亘貞禦子漁于…	1
二九八六	貞禦子漁于…	1
二九八七	乙巳…酌子漁禦	1
三〇〇六	貞禦子央豕于娥	1
三〇〇七	貞禦子央于羸甲	1

著錄號	釋文	期
三〇〇八	貞禦子央于…己	1
三〇〇九	…戌卜…禦子央于母己三小宰	1
三〇一〇	貞禦子央于母庚	1
三〇一三	勿酌子央禦	1
三〇一三	貞酌子央禦	1
三〇一四	貞勿酌子央禦	1
三一〇八	貞禦子畓于尋	1
三一〇九	貞禦子畓于母…今一…	1
三一一〇	…勿禦…畓…	1
三一六七正	…禦子賓于㞢妣宰	1
三一七〇	辛卯卜穷貞禦子賓于…	1
三一八五	貞禦子𢦏于乙…大…	1
三一八六	丁巳卜穷禦子𢦏于父乙	1
三一八七	丁卜殼貞勿禦子𢦏…王固曰吉	1
	𢦏無…	
三一八八	貞勿禦子𢦏于…	1
三一九九反	禦子昌	1
三二〇二	丁巳卜于兄丁禦子衛	1
三二〇五	…禦衛于司	1
三二〇六	…卜禦子衛于…惟豕…	1
三二〇七	…禦子衛于父乙	1
三二一〇	…禦子䢅…	1
三二一七	己未卜禦子俾于女雈	1
三二三三	貞于妣己禦子…	1
三二三四	…禦子…尋…	1
六〇三二正	貞禦子渫于父乙　二告	1
一二〇九四	…禦子…日于…乙	1
一二八一三正	庚戌卜殼貞于母己禦子…	1
一五一一八	…乙卯卜…貞禦子…	1
一五一四三	…禦子…宰	1
一九九八六	戊寅卜禦子…于婦鼠𧈫六月	1
二〇〇二三	禦…辟…月	1
二〇〇二三	己未卜禦子辟小王不	1
二〇〇二三	禦子辟中子不	1
二〇〇二四	戊午卜王勿禦子辟	1
二〇〇三〇	癸卯卜…戊禦子𢆶	1
二〇〇三一	…于…戊禦子𢆶八月	1
二〇〇三八	辛丑…禦子安多妣	1
二二〇四六	戊子卜至…禦子庚…	1
二二〇四六	戊子卜至子禦兄庚羌宰	1
二二〇八〇	…卜禦…于子庚犬一	1
二二〇八一	于子庚禦	1

著錄號	釋文	期
二二〇九二	戊申卜禦子于父戊	1
二二一〇一	：未禦子：于父戊	1
二三六一九	：未卜出：禦子：家盧：	2
三〇五二六	禦于[illegible]無災	3
屯一一〇四	乙亥貞其酌王禦于父丁告	4
屯一一〇四	乙：王禦于大乙告	4
屯二六七三	：母庚至小子禦	1
英一二三	：甲禦于漁齒：	1
英一二四正	貞禦于：于酘	1
英一七六七	戊午卜王貞勿禦子辟余弗其子	1
英一七六八	于司禦子辟	1

著錄號	釋文	期
一四八六〇	乙亥卜穷貞作大禦自上甲	1
三三二二九正	：貞甲子酌王大禦于大甲燎六小牢卯九牛	4
三三二二九正	庚申貞今來甲子酌王大禦于大甲燎六小宰卯九牛不遘雨	4
三三二二九正	癸丑貞甲寅酌大禦自上甲燎六小牢卯：	4
三三三三〇	癸丑貞其大禦惟甲子酌	4
三三三三〇	甲辰貞其大禦王父丁：盟用白猳九：	4
三三三三〇	丁未貞其大禦王自上甲盟用白猳九三示鹽牛在父丁宗卜	4
三三三三一	庚午貞大禦自上甲弜惟：	4
三三三三一	庚午：大禦：六大：其燎：	4
三三三三一	庚午貞大禦于上甲	4
三三五二三	：大禦于祖乙其：	4
三三六七一	乙未貞大禦其遘翌日酌	4
三三九一六	乙巳貞大禦其陟于高祖王亥	4
三四〇八三	乙未貞大禦弜遘翌日其興	4
三四〇八三	乙未貞大禦其遘翌日	4
三四一〇三	癸丑貞其大禦惟甲子酌	4
三四一〇三	甲辰貞其大禦王自上甲盟用白猳九下示鹽十：	4
三四二八六	：貞陟大禦于高祖王：屮	4
三四二八七	：亥貞陟大禦于高：以屮	4
三四三四二	辛未貞大禦	4
三四五三三	庚申貞酌大禦燎其遘	4
屯一一〇四	癸酉貞甲申其酌大禦自上甲	4
屯二三八	甲午貞大禦自上甲六大示燎六小宰卯九牛	4
屯二三六一	甲午貞大禦六大示燎六小宰卯三十牛	4

著錄號	釋文	期
屯二七〇七	：貞：其大禦王自上甲盟用白猳九下示鹽牛在大乙宗卜	4
屯二七〇七	丙辰貞其酌大禦自上甲其告于父丁	4
屯二七〇七	：酌大禦自上甲其告于大乙在父丁宗卜	4
屯二七〇七	：卯貞其大禦王自上甲盟用白猳九下示鹽牛在祖乙宗卜	4
屯二七〇七	：大禦自上甲其告于祖乙在父丁宗卜	4

著錄號	釋文	期
六六一二	戊辰：貞翌庚：甾子：禦羌于：十三月	1
六六一三	：殻貞呼禦羌：	1
六六一四正	戊午卜殻貞勿呼禦羌于九𡆥弗其：	1
六六一五	戊午卜殻貞勿呼禦羌于九𡆥弗其獲	1
六六一六正	丙辰卜殻貞禦羌于河	1
二七九七二	于濘帝呼禦羌方于之𢦏	3
二七九七二	其呼戍禦羌方于義刞𢦏羌方不喪衆	3
二七九七三	其禦羌方其下盟人羌方：大吉	3
三三七二九	禦父乙羊禦母壬五豚兄乙犬	4
英二三正	：卜：貞呼禦羌：示[illegible]	1

著錄號	釋文	期
三三一	丁丑卜穷貞子雍其禦王于丁妻二妣己[illegible]羊三：羌十：	1
一五八〇甲	勿葡于祖乙：禦王	1
一〇九三六反	禦于王[illegible]：乙惟：囚	1
一三六二四正	禦王目于妣：宰于妣己：	1
一四八四七	貞禦王自上甲𦒻大示十二月	1
一四八四八	貞禦王自上甲𦒻大示	1
一五一四九	禦王	1
一五一四九	禦王	1
一七二二五	貞禦王囚：	1
二〇〇〇九	：王禦戍：	1
二二五四五	丙：出：禦王：五牛：羌五十：卯五十：	2
二二六二〇	丁巳卜出貞禦王于上甲十二月	2
三三二九九	辛未貞今翌禦王	4
三四四一六	貞彡叔其禦王：	4
屯二五〇	己卯卜于五示禦王	4
英一九七七	乙巳卜出貞其禦王盟五牛册羌五：五	2

三七三九一 …擒兹御獲兕一豕七
三七四〇〇 …午卜貞…田羌往來無災王占曰吉兹御獲鹿十五
三七四〇五 戊戌王卜貞田羌往來無災王占曰吉兹禦獲鹿八
三七四〇八 戊戌王卜貞田羌往來無災王占曰吉兹御獲鹿四
三七四〇八 壬辰王卜貞田𢀛往來無災王占曰吉在十月兹御獲鹿六
三七四一八 擒兹御獲鹿…
三七四二一 壬午王卜貞田𢦏往來無災王占曰吉兹御獲鹿三
三七四六〇 壬子卜貞王田于斿往來無災兹御獲鹿十
三七四六七 丁卯王卜貞田𡆥往來無災王占曰吉兹御
英二五四二 英 …王卜貞田…往…災王占曰吉兹御…獲隹二百五十象一雉二
英二五四二 英 …王卜貞田…往來無災…曰吉兹御…隹百二十二…六
英二五四三 英 壬申卜貞王田盂往來無災王占曰吉兹御獲狐十一
英二五四四 戊子卜貞王田𡆥往來無災兹御獲狐十
英二五四五 壬戌卜貞王田于𢀛…來無災兹御獲…
英二五四六 英 戊寅王卜貞田𦎫往來無災王占曰吉兹御
英二五四六 壬戌王卜貞田𦎫往來無災王占曰吉在七月兹御
英二五六二反 兹御獲兕一狐二
英二五六七 其雨 兹御
英二五八九 辛酉卜貞其雨今日不雨兹御
英二五九〇 乙酉卜…今日不…兹御
懷一八八五 不雨兹禦不雨

六八六 禦方于河妻
四八八八 辛亥卜古貞令遘以…禦方于陟…鑿
六一五八 貞惟舌方呼禦
六一五九 …春徵馬…以禦方
六七六〇 …禦方
六七六一 …寅卜穷貞令多馬羌禦方 二告
六八〇〇 貞遘于禦方

六八〇一 …卜貞…工禦方五月
二〇四七一 丁卯卜…妣于…禦小方七月
二〇四五〇 壬午卜…呼禦方于商
二〇四五〇 壬午卜自貞王令多冒禦方于…
二〇四五一 己卯卜王令禦方
二〇四五二 乙丑…禦方
二八〇一三 其呼戍禦方及
三一九七八 丁丑卜…禦方
三三二六〇 丙子貞令衆禦召方㚔
屯三八 丙子貞令衆御召方執
懷一五〇一 己亥卜㚔…禦方十月

三二一三七 丁酉卜來庚用禦𠬝宰
二一一三九 丁酉卜來庚用禦𠬝…

二八六四 貞于妣癸禦靈妃
二八六五 貞禦靈妃于嬴…
二八六六 己丑卜穷貞禦靈妃于…
英四一七 …丑卜亘貞…禦靁…不冓

一三六五三 癸丑卜亘貞疾齒禦于示…
一三六五四 …齒禦于…
一三六五五 …齒…勿禦…
一三六六二 …禦…齒
一七三八六 貞女禦齒
一七三八六 勿女禦齒

一〇〇九七 勿于河禦年
一五七一六 …禦年…
英七八八 戊子卜貞禦年于上甲五月
英七九四 勿禦年…河
英七九四 貞勿禦年…河
懷九一七b …巳…𠃧…禦年…

一七二〇 …于祖辛禦疾
一〇四〇七正 貞勿禦無疾
一三六六七 …辛禦疾身
一三六六八正 貞禦疾身于父乙

編號	釋文	期
一三六七五正	壬戌卜古貞禦疾𠂤于妣癸	1
一三六七五正	禦疾𠂤于妣癸	1
一三七〇六正	……王疾勿禦……	1
一三八五七	……宮貞……禦疾……父……	1
一三八五八	……勿禦疾……	1
七四二七正	貞毋䋣冊禦……	1
二五〇三二	辛酉卜……貞惟示其𠕋禦 十二月	2
三〇〇三三	其冊禦有大雨	3
三〇六四七	王冊禦……吉	3
三〇六六六	……冊禦于……有大……	3
屯三二四	岳其冊禦	3
屯四九二	癸卯卜其冊禦𩰫卯……吉	3
一九八九三	……禦用宰……惟在万	1
二二二四二	……其禦用小毋彘	1
二二〇九三	天禦量十一月	1
二二〇九四	壬寅卜禦于量	1
二二〇九四	壬寅卜禦量于父戊	1
二二〇九七	惟豭禦量于天庚允曲	1
一四五二四	……卩禦于河	1
一四五二五	戊戌卜禦于河	1
二六九〇七正	己巳卜彭貞禦于河羌三十人在十月又二卜	3
二二〇九九	戊午卜禦石	1
二二一〇五	……禦石……聞……	1

其它

編號	釋文	期
三〇	……宮……禦……丁……羌……	1
九四正	辛丑卜殻貞婦好有子三月王固曰好其有子禦	1
一七七	甲午卜殻貞呼𠬝先禦燎于河	1
一七七	貞勿呼𠬝先禦燎	1
一八〇	貞禦……	1
二四〇	貞……未……彭……禦……婦……	1
二七二反	貞王疾祖……余禦豕惟十	1
二九七	貞禦……百……	1
三〇〇	貞禦惟牛三百	1
三〇一	丁亥卜殻貞昔乙酉箙旋禦……丁大甲祖乙百鬯百羌卯三百……	1
三〇二	……貞昔乙酉箙旋禦……乙百鬯百羌卯三百宰	1
三二二	……卜宮……禦于……三十羌……十……	1
三二八	……卜貞禦……于丁三宰……羌十	1
三六二	……禦……上甲	1
三七六反	令匚禦大夒	1
四一三	甲申卜禦雀父乙一羌一宰	1
四三八反	勿禦	1
四三八反	禦……	1
六二九	……翌……禦……	1
六三五正	禦……	1
六三五正	勿禦	1
六八七正	癸丑……宮貞……丁禦于……妻	1
七〇三反	……禦……	1
七〇九反	屯禦于……	1
七〇九反	……禦	1
七一六反	禦宁	1
七四六	禦……丁……	1
七五九	……禦……己及柰	1
七七二正	貞侑妣庚羊告其禦	1
七九二正	乙亥卜貞禦……妍……母庚……柰卯……	1
七九五正	貞其禦㛸	1
七九五正	貞㛸不其禦	1
七九五反	……不其禦	1
七九五反	貞禦勿萈于嬴甲	1
八二九正	貞禦𤞷于父冊……	1
九四〇正	貞宁循禦	1
九四〇正	……宁不……禦	1
九七四反	禦于……	1
一七七二正	勿禦肱	1
一八二七	己巳卜……有禦……甲于祖丁十牛	1
二一四二	癸卯……禦大……父……宰	1
二三〇九	貞于父……禦	1
二三一一正	……戊……師禦于……	1
二三八四	壬寅卜古貞勿萈于示禦	1
二五一〇	丙寅……禦……兄丁……宰	1

二五三七　貞于⿰火幸禦
二五三七　…于…癸禦
二五三七　貞…⿰火幸禦
二五五九　勿禦
二六〇九　貞于妣…禦…
二六二九正　…永…勿䶂禦…好…妣…小宰
二六五〇　貞呼婦好視…毋…禦
二七二四　…姘有禦…
二八三二甲正　勿禦于四囗婦羸　小告
二八七三　貞內禦
二九一〇　…禦衛…兄戊
二九一一　戊子卜禦衛兄戊
二九三一　…禦兄…
二九三二　…禦…之兄
二九四二　…卜王貞…勿䶂戠酌…商禦于…
二九四三　壬寅卜勿䶂酌子商禦二宰
二九六三　…卯卜子商禦于…
三〇三二正　貞酌婦…禦于…乙
三二一〇　…未卜侑母…惟王禍雀…禦衛…羸
三二七一正　乙酉…穷貞禦于…乙
三二七一正　貞禦⿱丫早于母庚
三二七一正　貞于…己禦⿱丫早
三三七一正　禦于…己
四〇〇七　勿禦
四〇五五正　甲午卜殻貞呼𠦪先禦燎于河
四〇五六　…卜殻貞呼𠦪先禦燎…
四〇五七　…𠦪先禦燎…
四〇五七　…𠦪往禦燎
四〇五七　…禦燎于河…羌
四一一六　…于父乙冊宰禦…
四一一七　…禦雀于…
四二四三　…未卜王勿令師…朕涂出四月
四三〇六　貞禦弔于兄丁
四三二四　…亥卜禦§大甲宰
四三二四　丁亥卜禦§大乙宰
四三二六　壬申卜王禦§于…乙
四三四三　貞勿令疾…禦
四四七八　貞禦弓于妣…
四五三〇正　貞出畄
四五三〇　…畄不…辛弓
四五七〇　貞不其出
四六四九　貞禦臭于母庚

四六八〇　貞勿禦寅于母庚七月
四六八一　…禦寅…毋…
五一八二　…卜貞王入禦
五五六二　…山入御…十一月
五五六五　辛丑卜爭貞呼取禦…
五六一一正　貞禦　二告
五六一一反　王固曰禦
五六四九　丙戌卜…巫曰禦…百…于師…六月
五六五一　丙申卜巫禦不禦
五六五二　貞巫妝不禦
五六八三　…禦亞立事
六〇三二反　甲戌卜王固吉其禦
六〇三五　翌甲辰酌禦𠦪十牡
六〇五二　…于…禦…丙逐?
六〇五七正　癸卯卜殻貞旬無囚王固曰有祟其有來媗五日丁未允有來媗飲禦自㠯圉六月
六四七七正　丙辰卜亘貞禦身…南庚　二告
六五二九　…勿禦通
六六一三　…殻貞呼來禦…
六七九九　…余…幺弓…
七二三九正　貞𠦪不其禦
七二五八　…禦…
八〇〇七　其禦羊豕
八一八九　壬申卜貞呼禦在鼻…在𦫳
八三三三　勿禦
九二九六正　貞延不禦
九四七八　壬申卜貞禦師般婦
九五六〇　貞于婦禦𠦪三月
九五六〇　壬午卜穷貞禦𠦪于日
九九三四反　…曰吉其有禦
一〇〇六七　…爭貞禦于…祖丁…十牛十…酌…
一〇二八四　…貞…乙未…禦…
一〇四五九　…其…不禦兔三十二
一〇九三六反　啓不其禦
一〇九四八正　勿禦…
一〇九八九正　貞王固…禦
一一〇一八正　禦宙…侑妣　二告
一一八四九　癸亥卜…貞…禦…
一一九八七反　丙…禦…不…
一二四三九正　𠦪禦
一二四三九正　奠禦
一三一九一反　…勿禦…𦫳

一三二一五 …禦…燎…
一三五九一 …亥卜貞…禦…家
一三六三二正 貞疾耳禦于…
一三六三八 …巳卜有疾言禦…
一三六四六反 勿…禦于…
一三六四六反 貞…禦勿…于…
一三六五二 勿禦
一三六七九 貞有疾肱以小𠬝禦于…
一三七四〇 貞今生夕至…禦于丁
一三七四〇 戊午卜貞今日至𢀛禦于丁
一三七四〇 …卜…禦𢀛于婦三宰五月
一三七四〇 貞于翌丁巳至𢀛禦
一四一二八正 貞其禦 二告
一四一二八正 貞勿禦
一四三二一 貞禦于南
一四三二二 …禦…南
一四三二四 壬戌…于西…禦…
一四三三九 貞勿禦
一四四〇七 辛酉…禦…于…土宰
一四五二六正 甲午卜殻貞呼𠂤先禦…于河
一四五二七正 勿令禦燎 二告
一四五二七反 …禦燎于河
一四七八二 …未卜殻貞漁侑禦…娥
一四七八九 禦犬于娥
一五〇八六 勿禦…
一五〇九八反 丙辰卜穷貞禦王固曰吉其禦
一五〇九八反 貞禦于…
一五〇九九 …母歸禦
一五一〇〇 貞禦賓
一五一二一 …糸禦…
一五一二二 …禦…
一五一二三 …卜于…己禦…[illegible]
一五一二六 貞勿禦九月
一五一三八 戊寅…先…禦于…
一五一四二 貞勿禦于庚 二告
一五一四四 甲寅卜禦…宰…
一五一四六 惟…弗禦
一五一五〇 禦…
一五一五一 貞不其禦
一五一五二 貞不其禦
一五六九六 于甲寅酢禦
一五七三二 甲戌卜貞翌乙…酢子…禦…

一六〇七一 …尋禦
一六〇七二 …尋禦
一六一六四 …牛…禦…丁惟…
一六三二七正 貞…禦…
一七〇八六 乙酉卜亘貞作禦斲庚不𠧢
一七一四九反 貞勿禦
一七一八四 …卜爭貞禦…
一七四四二 癸未卜王貞畏夢余勿禦
一七五五五正 乙亥卜穷貞禦…
一七九三九 丙子卜古貞禦役
一九二八四 乙…禦…
一九六六五 貞勿禦
一九八一四 辛巳卜王貞余…酢…我禦…三匚…十二月
一九八三八 甲子卜𤈦酢…丙禦
一九八四三 …曰自今…乙禦
一九八四四 …酢祖乙禦十牛五月
一九八五八 …寅…曰禦示祖辛
一九八六四 庚…王…曰禦
一九八七一 …亥卜王酢禦…
一九八八八 …妣己…其禦…
一九九一〇 己卯卜王…余禦魯…
一九九三三 戊申卜王禦奴父乙庚戌㞢奴八月
一九九七五 …卜禦…癸母…王…
一九九七六 …禦母…母…
一九九九〇 …卜自…婦鼠…辟禦…
二〇〇三九 辛丑卜禦妥
二〇〇九一 …王勿禦伯絴史…
二〇一八八 …卜禦𠂤…
二〇三三六 庚子卜朕禦缶…王…
二〇四一八 …王貞…䀠令匕…丙午至于戊戌曰方
其征…朕禦
二〇九八〇正 …禦十宰
二一〇二一 …大采日各雲自北雷惟𢀛雨不延惟毋…
二一〇五七 …子卜禦…母…
二一一三八 …辰卜王…𠬝禦…鼎有…
二一一四五 甲申卜有禦…
二一一五八 戊…禦…
二一一五九 …𦍌…禦…母…
二一一六〇 …卜…丁禦…商逐…
二一一六一 己巳卜…貞于丁禦王十二月
二一一六二 …元禦
二一一六三 乙未…禦

二一一六四	壬申：其禦：穀：
二一一六五	：其禦：
二一一六六	己巳：禦：
二一一六七	丙戌：禦高?：
二一一六八	：未卜：禦：京
二一一六九	戊申：禦
二一一七〇	：卜禦：小宰
二一一七一	乙：禦：王□：
二一一七二	庚辰卜王尸見亞禦𡚱生：十月
二一一七二	：卜卩：生月：禦𡚱
二一一七三	乙卯卜王禦：
二一二一四	：戊：于：酌禦：
二一二四七	：酌禦百宰盟三宰
二一二六九	：禦：牝：
二一二八五正	己卯貞禦□于二示
二一三六七	乙巳卜□禦□
二一五四一	甲子卜我惟禦畋祖若
二一六五九	禦舟婦
二一八〇五	庚子子卜惟小宰禦龍母
二一八〇五	辛丑子卜其禦母司
二一八三一	辛酉子卜禦：惟一羊
二一八四五	禦：
二一八四五	禦：
二一八四六	癸巳禦
二一八四七	：巳卜禦：壬
二一八四八	甲寅禦
二一八七七	妣癸禦
二一八七七	：禦
二一八八五	戊申其用禦
二一八七五	禦
二一八九一	戊戌禦□子步
二一九〇六	：申：妣：禦：事無囚
二二〇〇八	：子：茲：禦：終夕
二二〇四三	丁未：禦
二二〇四三	丁未卜其禦
二二〇四七	于祖戊禦余羊豕𠬝
二二〇四七	于子庚禦余母宰又𠬝
二二〇四八	石禦于庚
二二〇四九	：午卜禦：
二二〇六五	戊午禦虎于妣乙惟盧豕
二二〇六七	：禦：
二二〇七三	乙酉卜禦新于父戊白豕
二二〇七三	己丑卜禦于帝三十小宰己丑余至𤙭羊

二二〇七三	乙酉卜禦新于妣辛白𤉲豕
二二〇七七	庚子卜貞母辛□禦無囚
二二〇八一	：卜禦于：
二二〇九九	辛：于：禦：
二二〇九九	庚戌卜余自禦
二二〇九九	庚戌卜惟舊禦往
二二〇九九	辛酉卜其禦要
二二〇九九	辛酉卜禦于有亘要
二二一〇六	庚：禦：弜：
二二一〇七	戊子：禦：
二二一〇八	禦凡：惟牢
二二一〇九	弜禦：吉：
二二一二五	：余禦：入三十：
二二一二六	：于：于：余其禦
二二一二八	甲：卜：禦：□：
二二一三五	禦束：
二二一三五	無禦
二二一四五	夢禦：亳于妣乙：及鼎：
二二一七〇	：禦：大：疌：大：
二二一七二	：□囚禦：
二二一八六	壬申卜弜于□午
二二一九二	于祖：禦：其：
二二二一一	己丑卜夕禦馬妣己
二二二一二	：酉卜禦：妣己八：
二二二二六	弜午庚宰中妣小宰子小宰
二二二二六	庚申卜禦束
二二二四五	用禦母：
二二二四六	甶禦三宰周妣庚
二二二四七	：午三宰用妣庚
二二二五八	辛丑卜中母禦小宰
二二二六三	：巳卜用庚申禦：牢
二二二九四	惟午伐周
二二二九四	惟午□以
二二二九四	丁巳卜禦三牢妣庚
二二二九四	乙卯卜甶午用
二二二九四	甶先午用
二二三〇五	己卯卜午亞于多
二二三一一	午亞
二二三一二	午亞侑兄己自豕
二二三六五	：㝉午
二二三八四	戊申其雨禦
二二四〇七	：子卜貞：禦無囚

著錄號	釋文	期
二二四二三	乙未卜王䧹禦	1
二二四二四	……余貞曰我禦其……	1
二二四二六	癸巳卜用庚申禦牢	1
二二四二七正	……禦……一月甘……	1
二二四二九	丙辰卜……禦……	1
二二四三〇	……令暘𢓊……妣禦取……	1
二二四三一	于天……禦	1
二二四三二	癸丑卜丁禦作	1
二二四四一	己亥卜來戊申……石禦爵	1
二二五一四	……禦……妣……	1
二二五一五	……用禦……	1
二二六一五	庚申卜……貞翌辛……禦伐穀……	2
二二七五八	甲子卜王曰貞叔母史茲不用禦于雨	2
二三六〇二	丙辰卜即貞惟[illegible]出于夕禦馬	2
二四一二二	己丑……王曰茲卜……禦	2
二四一五六正	貞射𢆶戋方	2
二六〇〇二	……母禦……月	2
二六〇五四	貞其作豊……伊禦	2
二六九一四	貞其作豊呼伊禦	3
二六九五三	乙巳卜何貞亞旁以羌其禦用	3
二七一一四	丁巳卜……貞……禦……	3
二七一七四	貞其延禦于又河饗	3
二七三一三	惟今日庚禦　茲用	3
二八〇二二	惟丁午鼎弜新	3
二八〇八九正	𠂤貯其呼取美御　吉	3
二八二〇三	弜禦吉䅗	3
二八二〇三	孟田禾𥝩其禦吉䅗	3
二九〇八四	丁丑卜狄貞王往𤣩禦	3
二九〇八四	丁丑卜貞王其射獲禦	3
三〇五二五	今辛未土禦……吉	3
三〇五二七	……于禦……至于……	3
三〇七五九	弜祀禦	3
三一七五七	吉　不禦	3
三一七五八	吉　不禦	3
三一九九三	禦衆于祖丁妣癸盧豕	4
三一九九三	禦牧于妣乙盧豕妣癸彘妣丁豕妣乙豕豕	4
三二〇一二	壬辰卜禦于土	4
三二〇一二	癸巳卜禦于土	4
三二〇四二	卯十宰𠬝禦	4
三二〇四三	卯十宰𠬝禦	4
三二三三〇	丁未貞惟今夕彡禦在父丁宗卜	4
三二六七一	……未貞……禦弜……翌日	4
三二六七五	于𢀛禦	4
三二六七五	于亳土禦	4
三二八〇八	……貞其禦于……無囚	4
三二八九二	丁丑貞其弘禦	4
三二八九二	丁丑貞其並禦自雈	4
三二九二三	……未貞其禦雍于……	4
三三〇二九	戊午卜暨至禦翌己未	4
三三〇八九	癸亥卜……日禦……	4
三三四四六	貞王其禦	4
三三五九七	……禦于……牛	4
三四一七六	弜禦𠬝	4
三四三三六	……亥貞……禦其四牛	4
三四三四〇	庚戌禦于西	4
三四三四一	……卜翌庚戌……北禦	4
三四三四三	……禦惟翌日[illegible]	4
三四三四四	……歲于禦……	4
三四三四五	茲小御	4
三四四四六	甲寅卜弜[illegible]惟禦	4
三六三二一	壬辰卜……母癸丁……禦……	5
三八一七七	辛丑卜貞……日壬王田宰弗御無災[illegible]	5
屯二五〇	其盡禦	4
屯三二四	弜禦	3
屯三四七	庚辰卜禦于……	4
屯四六三	……卯卜戌[illegible]微禦……大吉	3
屯九一七	乙酉卜禦葡旋于婦好……犬	4
屯九六三	于𢀛禦	4
屯九六三	……禦	4
屯九六六	……征……禦伐……災	3
屯一一一	己未貞𠬝其禦于……用牡一父丁羌百　又……	4
屯一二六五	……王禦……	4
屯一四四八	……其禦于土大牢	4
屯一八一一	……禦弗邁……	
屯二〇五五	……巳貞其禦……	4
屯二二四一	惟禦斫牛于天	1
屯二三五四	……今往王呼悔禦惟之有用有雨	3
屯二三五四	……禦有雨	3
屯二四六二	……[illegible]……禦……六月	1
屯二七一三	禦雨小	
屯四四〇四	甲午貞其禦雍于父丁百小宰	4
屯四四〇四	甲午貞其禦……父丁百小宰	4

禦

著錄	釋文	次數
屯四五一七	甲子卜𢦏彫卜丙禦	1
英一〇八	……戌……禦……妣……	1
英一六六	丙申……殻……禦婦……	1
英四二〇	貞勿禦小……	1
英七二五正	貞往有禦	1
英八四〇反	乙……于……勿禦	1
英一一七七正	王恆易禦	1
英一一七七正	貞王恆易禦	1
英一一七七正	貞王恆易禦	1
英一二一〇正	貞……禦……	1
英一二一二	貞禦……母……	1
英一二一三	……呼……禦……于……	1
英一二一四	……庚禦……	1
英一二一五正	貞禦……彈……	1
英一二一六	……殻貞禦于……	1
英一二一七	……禦于……	1
英一二一八正	貞勿禦	1
英一二一九	……殻貞……禦……南……	1
英一五八九	……禦	1
英一六六四	……禦……	1
英一七六八	……禦……	1
英一八九三	己丑……禦……	1
英一九一七	乙卯……至禦……	1
英二三五二	于我禦……	3
英二四四二	……貞……禦……其往	4
英二六七四正	戊子曰御	5
英二六七四正	御弟曰䚤	5
英二六七四正	御子曰𢦔	5
懷四三	壬戌卜爭貞勿禦	1
懷五九	……禦于……父……	1
懷一〇七	……丁……𤉲禦……	1
懷一〇八	……爭……禦……	1
懷一一一	……辛禦……	1
懷一一二	貞禦……良……燎……	1
懷三三四	……丑……貞……不……禦……	1
懷八三二	……禦……各……	1
懷八三六	乙亥……禦兄……羊二……	1
懷一一三三	乙卯……貞王……田其……禦……	2
懷一五一八	辛卯卜……禦𠂤……	4
懷一五二四	庚子卜……茲不……禦終月	4
懷一五八一	其禦	4
懷一五八一	弜禦	4
懷一八六五	辛丑卜貞……往來無……禦獲……	5

敝

著錄	釋文	次數
二六三一正	貞惟婦好呼敝伐	1

紟

著錄	釋文	次數
二〇三三二	……于立典紟丙……	1

𠬝

著錄	釋文	次數
七〇二正	貞禦婦好于父乙𠂤宰又𣪕𠕋十宰十𠬝 𣪕十 二告	1
七〇二正	……𠕋父乙十𠬝十宰𣪕十	1
七〇四	……午……匚𠕋十𠬝卯小宰	1
七〇五	……𠕋十𠬝	1
七〇九正	貞呼子𠂤卯父乙𠕋𠬝𡚽卯宰	1
七一〇	貞燎于高妣己有𣪕𠕋三𠬝𡚽卯宰	1
七一三	貞禦子漁于父乙𠂤羊𠕋𠬝	1
七一六正	𠕋妣己𠬝𡚽	1
七一六正	𠂤羊𠕋𠬝𡚽 二告	1
七一八正	貞禧于妣己𠕋𠬝卯宰𢦔	1
七一九正	貞禱于妣己𠕋𠬝卯宰	1
七二〇正	妣庚𠕋𠬝	1
七二三正	乙……卜古貞禦于妣庚𠕋𠬝又十牛	1
七二四正	貞𠕋妣庚𠬝新𣪕	1
七二四正	勿𠕋妣庚𠬝 小告	1
七二四反	𠕋妣庚𠬝又二宰	1
七三二	……娥𠕋𠬝	1
七三三	……今甲……娥……𠕋𠬝……	1
七四二	𠕋……𠬝……于……	1
七六七反	……𠕋𠬝𡚽五……	1
七七九正	壬寅卜爭貞𠕋妣庚𠬝	1
七八三	𠕋𠬝一𡚽	1
七八四	禦于高妣己𠂤二𤉲𠕋𠬝𡚽	1
七八五	……𠕋五宰……𠬝𡚽	1
七九五正	既𠕋嬴甲𠬝 二告	1
八九三正	庚寅𠂤一牛妣庚𠕋十𠬝十宰十𣪕	1
九二四正	壬辰卜殻貞呼子宐禦㞢母于父乙𠂤宰𠕋𠬝三𡚽五宰	1

九四〇正　翌乙未呼子宜祝父㞢小宰冊𠬝三㚔
二七〇三九　五宰𠬝羸正
三二一七二　冊𠬝
三二一七二　冊𠬝一人
三二一七二　冊𠬝二人
屯三〇五八　冊妣己惟𠬝
英一四九〇正　甲戌卜亘貞禦婦好于父乙冊𠬝

㞢𠬝

九四〇正　乙卯卜穷貞呼婦好有𠬝于妣癸
六九七正　侑于妣甲十𠬝
七〇〇　貞勿有十𠬝
七〇三正　侑于妣庚十𠬝
七一五反　……好侑𠬝于父乙
七一七正　貞禦于妣己有𠬝
七二一正　有𠬝于妣庚
七二一正　勿有𠬝于妣庚
七二一正　有𠬝妣庚㚔
七二六　……有𠬝于妣……
七二七正　……咸𢦏有𠬝　二告
七二八　……卜爭于𩛥子母戊廌小宰又𠬝女一
七二九　貞勿𩰫用中廌冊小宰又𠬝女一于母丙
七三四反　貞于母庚有𠬝
七三五　貞有𠬝王……宰
七三六　有𠬝
七三七正　……有𠬝㞢
七三八正　有𠬝
七六七　貞侑于妣甲㚔𠬝卯宰
九四〇正　貞侑于妣己𠬝㚔
九四〇正　勿有𠬝于妣己
九四〇正　貞呼婦㞢于父乙宰冊三宰有𠬝
九四〇正　侑于亞妣𠬝𣪊　二告
二四八四正　侑𠬝妣己𣪊
一九七七七　己巳卜王有𠬝司以丙
二二〇四七　于子庚禦余母宰又𠬝
二二〇四七　惟宰又𠬝
二二〇四八　來癸于妣癸侑𠬝……歲
三二一七三　庚……有𠬝……
三二一七四　丙辰卜有𠬝十高妣丙
三二一七四　庚午卜有𠬝
三二一七四　丙辰卜有𠬝高妣丙
三二一七五　乙巳卜有𠬝妣丙
三二一七六　戊辰卜有𠬝妣己一女妣庚一女
懷　三七　丙戌卜侑𠬝……甲……

𠬝·先王先妣

七〇九正　勿十𠬝于祖辛
七〇九正　貞四𠬝于祖辛
七〇九正　勿四𠬝于祖辛
一九七六〇　……申卜羌……𠬝父乙
一九七七六　丁卯卜用今𠬝于兄己
二二五四八　甲寅子卜其至大宰……𠬝妣己用𣪊一
三二一三〇　乙巳貞酌𠬝妣庚
三二一四三　……卜𠬝于高己妣
三二一四四　乙巳貞酌𠬝妣庚

用𠬝

七二五正　貞勿𩰫用𠬝妣癸又五宰
七四三　……酉卜侑祖甲用𠬝
七九五正　貞……𩰫用𠬝……于父乙
一九七七四　乙丑卜甾祖丁甾……用二𠬝卯一……
一九七七五　丁卯卜用𠬝今丁于兄己
三二一三〇　癸卯貞用𠬝宰妣庚

數字𠬝

六九七正　六𠬝
六九七正　五𠬝
六九八正　貞冊妣庚十𠬝卯十宰
六九八正　冊妣庚十𠬝卯十宰
六九九　貞……己暨妣庚十𠬝
七〇六　……五𠬝
七〇七正　貞……妣……五𠬝
一三七五一正　三𠬝有三牛
二二二二九　……來庚寅酌盟三羊于妣庚……冊伐二十其三十
二二二三一　宰三十𠬝三卯
　　　　　　甲寅卜貞三卜用盟三羊冊伐二十……三十宰
二二五八九　三十𠬝三卯于妣庚
　　　　　　……三𠬝母
英　六一　……禦于南庚三𠬝

……𠬝

二二一三七　丁酉卜來庚用禦𠬝宰
二二一三九　丁酉卜來庚用禦𠬝……

其它

七五九　…御…己𠬝𠦪
七七六正　…午…殻…𠬝三𡧔
九二四反　…婦…癸𠬝𠦪卯宰
七〇一　…𠬝…
七〇八　…𠬝
七一一　…𠬝…
七一二　貞勿龠先酌于父乙𠬝卯三宰
七一四　…卜…父乙…𠬝卯…
七一七正　酌𠬝卯宰卯一牛
七三二正　歸伐呼𠬝于庚𡧊
七三〇正　貞禦于𠭯于…𠬝…
七三一　…午卜殻…禦婦于…𠬝…女
七三九　乙卯卜貞𠂤勿衣𠬝十三月
七四四　…𠬝取…牛
七四五　…𠬝…伐有宰
七四六　己亥卜今…𠬝于…不其…
七四七　…戌卜王…𠬝于…子羌…
七四八　貞𠬝于黄
七四九　…𠬝于…
七五〇　壬戌…𠬝…
七五一　…巳卜…𠬝…
七五二　…夕…龠…𠬝…
七五三　…弗其𠬝
七五四　…申卜宊…令…𠬝…
七五五　…𢦏…𠬝
七五六　…𠬝
七五七　…卜…貞…𠬝
七五八　…卜王余…𡆥𠬝
七六〇正　…庚𠬝
七六一　…己…𠬝
七六二　…惟…㕣𠬝…𠀠…
一〇九五　貞𠂤…其𠬝𡧊不…
一〇九五　…令…歸…𠬝𡧊不…
三四三〇　乙卯卜王…𡆥𠬝𡉈…
四〇〇一正　…殻…𠬝…乘…歸
一〇〇九五　…貞勿…𠬝甫
一一四八四正　癸酉…殻…妣…𠬝
一六四六八　辛未卜貞其𠬝…十月
一九〇六八　…酉…𠬝𠕁及不
一九〇六九　…卜…𠬝…不…
一九〇七〇　…𠬝…及…不…

二〇五三二　庚戌卜王貞伯𡆥允其𠬝角
二〇五三三　庚戌卜王貞伯允其𠬝角
二二〇四七　癸未卜卩余于祖庚羊豕𠬝
二二〇四七　于祖戊禦余羊豕𠬝
二二〇四八　壬寅卜余𡿨直于父辛丁𠬝以戈
二二〇四八　于妣癸盧豕石𠬝
二二〇四九　戊午卜禦卜戊𠬝
二二一三〇　丁巳卜𠬝宰妣庚
二二一三六　癸未卜禦庚妣伐二十其𠬝兹
二二一四四　己巳卜𠬝𡆥
二二一四五　夢禦…亳于妣乙…𠬝鼎…
二二一四六　…𠬝…午…母庚
二二二三二　…𠬝三𡖊于妣庚
三二一七七　丁亥卜惟今庚寅酌𠬝
三二一七八　庚子貞夕禧…𠬝卯牛一羸…
三二一七九　己巳𡆥𠬝
三二一八〇　…卯卜惟…𠬝𦬇
屯一〇五九　丁亥貞王其𡗕方𠬝呼禦史
屯二三四〇　丁丑卜余𠂇省𠬝
英七五六正　貞酌…𠬝于…

𦨶

七六六正　癸未卜亘貞王有𦨶若
七六六正　王有𦨶不若
一三六一九　貞王𦨶循曰之

服

三六九二四　…卜在服…

卪

六三四正　丁亥卜殻貞呼卬比韋取𡗕臣
六三四正　…卬比韋取𡗕臣
一八二三正　貞呼斨卪
一八二三正　勿呼斨卪
一八二三正　乙酉卜宊貞呼斨卪若
一八二三正　貞勿…斨卪
四五〇二反　貞卪
一七一九二正　貞卪…

卯

八〇九正　貞將卯　1
八〇九正　貞勿將卯　1
一〇一〇　貞卯…伐…　1
一三八一　貞勿呼取卯　1
二四六一　戊午卜㱿貞勿尋卯于妣庚　1
四三三五　己亥卜于大乙大甲卯𡆥五宰　1
四四〇〇　…並…卯…　1
四四九九正　貞卯弗其以有正　1
四四九九乙正　丁亥卜㱿貞卯以有正　二告　1
四五〇〇　貞卯其有冊　1
四五〇一　貞卯不…　1
五四七一甲　貞卯弗其戴王事　1
五四七一乙　…卯…戴王…　1
五四七二正　…卯…王事　1
六七七一正　卯其有囚　1
六七七一正　貞卯無囚　1
三三三五九反　…卯…　2
二七七一四　癸未…卯…旬…囚　3
屯三三六　壬寅卜妣癸歲卯彡翌日癸　3

印

七九七　…侯印執　1
七九九　癸酉卜王貞自今癸酉至于乙酉邑人
其見方印不其見方執一月　1
八〇〇　壬午…爭貞其來印不其來執四月　1
八〇二　貞燊婦印加執　1
四七六一　壬申卜令…眔印六旬…　1
八三二九　貞吉印　1
一三四〇四　…𠂤既𢼸牛…印大雋…二冂鼎刿…
雲大…啓　1
一七〇九六正　…亥卜貞不冓印不…　1
一七一三九　…亥卜貞…冓印…　1
一九〇七一　…令…印…　1
一九七五五　…印既獲涉三羌　1
一九七五六　丙寅卜有涉三羌其畄至師印　1
一九七五六　丙寅卜有涉三羌其得…印　1
一九七五七　…寅卜…羌其畄涉…印…不畄　1
一九七七八　…卜𠬝不其…雨□印延雨執　1
一九七七九　…貞…牛在…弗克以印其克以執三月　1
一九七八〇　丙辰卜丁巳其陰印允陰　1
一九七八一　丙辰卜丁巳其陰印允陰　1
一九七八二　戊辰卜王…犬允惟…印　1
一九七八三　戊戌卜弜…追…印　1
一九七八五　…惟…尧…執不印九月　1
一九七八六　己卯…不見雲　1
一九七八七　己巳…缶…豚…印十月　1
一九七八八　…王令印…　1
一九七八九　丙午卜王…其以執印　1
一九七九二　…貞印…大夕屯　1
二〇四〇七　…王貞馬方…𢀛阹口喪印…五月　1
二〇四一一　癸酉卜貞方其征今夕印不執余曰方其
征允不…　1
二〇四一五　戊申卜方𢦏自南其征印　1
二〇四一五　戊申卜方𢦏自南不其征印　1
二〇四二七　…敹印弗征方…　1
二〇四四九　癸卯卜王缶…蔑征𢦏執弗其羌印三日丙…　1
二〇四六八　…辰卜王…大方…羊印不執　1
二〇四七六　…小方不…征今…印…　1
二〇七一七　…其不明陰印　1
二〇七五七　己亥卜不雨狩𢦏印　1
二〇七五七　庚戌卜今日狩不其印　1
二〇七六九　甲辰卜乙其𤇾侑𢀛在風印小風延陰　1
二〇八〇五　壬申卜𢀛弜侑其𢀛印十月　1
二〇九八八　戊戌卜其陰印翌啓不見雲　1
二一〇二二　己酉卜𢀛…其雨印不雨田啓　1
二一〇三六　辛丑卜𠂤貞子辟霰…𠂤不其骨凡目印
骨凡目三月　1
二一〇四七　…敗…疾印無…　1
二一〇五三　辛亥卜貞犬田凡　印一月　1
二一五三四　甲戌子卜我獲印直…　1
二一五三五　甲戌子卜我不印直…　1
二一五八六　丙寅卜我貞呼印取射麋　1
二一七〇八　丙申余卜印執𤜶　1
二一七〇八　癸巳余卜印執　1
二一七〇八　辛丑余卜印執𤜶　1
二一七一〇　壬辰余卜印執𤜶　1
二一七六八　甲戌卜𢀛𡨄印　1
二二〇六五　壬戌卜𢀛侯…余𠂤呼見聿𢀛侯印　1
二二一四八　…戌曰…印　1
二二二四九　…卜貞…子…子…印　1
二二二五〇　庚寅卜…印　1

二二五九〇 庚子卜出貞令印…允…

二二五九一 …戋文…印…

三六五〇八 …卜貞今囚巫…人方…率糾…紟…

乇四三一〇 印余…比侯…

乇四三一〇 甲午卜延無𠕋印

英二〇七三反 甲午卜偕甾𠕋印 十月

懷一五一八 貞印五牛

英一七八四 辛卯…𠂤其䖵印十二月、

戊戌卜王貞余𠬝立員宁史暨見

英一九〇三 奠終夕印

印弗執

懷一五〇七 壬子卜…其至五日…印

印

五三六 辛丑卜爭貞取子印

辛丑卜爭貞勿取子印

一五九一六 …卜宗…印…王

一七一七六 己卯卜貞…祈比…印…其…彝…

二七二八一 執惟印各于酉用王受祐

二七四一五 叀父己父庚惟印各于日效

二七六三五 兄辛歲惟印往于

二八〇〇〇 戊興伐印方食…

二九八〇二 …印各日王受祐

二九九二六 貞印至庚申無…

三〇二八二 己丑卜彭貞其爲祖丁酋衣印

三〇三九四 辛卯卜印彡彫其侑于四方

三〇四〇〇 …印至…㚤妣…

三〇六九三 惟印卯

三一一九九 翌日庚其東乃霽印至來庚無大雨

三一一九九 翌日庚其東乃霽印至來庚有大雨

三三〇九七 …乙印再冊

三四三三〇 庚…印…帰…有歲…

乇六一八 王其烝穧二必惟印各䵼穧彫

乇六九一 …妣辛印往

乇一〇九〇 癸酉卜印戠至于父丁尊其鬲

乇二一四〇 惟印…穧

英二三六四 庚子…貞其…印日…

殷 敀

一四二九四 …伏風曰役

一六九三五正 癸未卜殻貞旬無囚王固曰有祟三日乙酉莫有攸

一七〇五正 …殷…有若

英一四五反 …𢀛子…

英一八七 甲午…王𠬝…㚔侯…𠬝允以

二一五八六 宁不獲𠬝

二一五八六 甲子卜我貞呼㑹獲𠬝

二一〇五二 癸酉卜貞万𠬝骨凡有疒十二月

二八二八 甲…貞…𠬝…

三三八四 壬子卜貞惟𠬝子今酉…豕

叩

一〇六〇 …王獲叩…五人一牛

乇一二三九 …其呼叩…

一八七七六 …于𠬝…

一八七七七 貞…𠬝…

即

五九九五正 貞…舌于即迺复循 二告

承

四〇九四 …惟阜…承

九一七五 …𠬝來馬承

二一四二六 …𠬝…母…

二二五二七 …𠬝

一八〇〇三	壬辰卜貞惟㞢敏…	1
三四二	貞己亥…留己…叓	1
二〇九六〇	…雨…夕雨允雨	1
一八〇〇四	…惟㞢……	1
三六七五四	己未…貞…于…災	5
一八〇一七	…子卜……	1
三三二八一	庚申卜貞…	1
八九八七	壬辰卜亘貞弗其以冒… 二告	1
乙八七九	其有……	3
二七三正	貞令…歸	1
一五九五四反	………	1
四四七九	壬辰卜惟…令	1
四四八〇	庚寅卜…令…	1
九三七九	…入	1

丮

七三四正	貞丮不…	1
七三四正	貞丮其… 二告	1
一八二四反	王訊曰…曰吉丮	1
七一六八	…其有來艱丮…	1
一一〇〇六反	丮入五	1
一一〇〇七反	丮入五	1
一二〇二二	…漁光丮今癸雨	1
一三九二四	貞執丮生	1
一四〇〇一正	壬寅卜殻貞婦好娩不其嘉王固曰丮 不嘉其嘉不吉于…丮茲廼…	1
一五四七〇	…辰卜…歲…丮…	1
一八九八七	…巳卜…丮羌…曰其…	1
二〇二三一	令…鬥丮…方其…王𨸏十月	1
二一一八八	甲戌卜王弜令丮戠于若	1
二一五八一	…丮…山日	1
二五七〇二	辛未…貞王…丮…	2
三三四一三	弜丮	4
三四三九九	辛酉貞…弜丮戠禾	4
三四三九九	辛酉貞在犬六…其丮	4
三四六二一	丙午卜丮禰…茲用	4
英二六七	甲…出貞…告勿…丮…	2
英二一七六	…翌辛…酢告…丮	2
懷一二一	丁…酢…丮…	1

吼

三四二六	……吼…	1
九八〇二	乙酉卜…不其受…	1
九八〇三	乙酉卜…受…	1
一七一〇八	癸亥卜…呼…吼…旅母…吼延…	1
一七一五九反	…婦吼延…	1
一八〇九五	…內吼……	1
一八〇九六	…吼…	1
一九七九〇	…妣丁…吼…	1
二〇二四一	…吼…羊…喪…	1

夙

五二九	貞在…羌其夙	1
九八〇四	…夙受年	1
九八〇五	…夙受年	1
一五三五五	…夙…	1
一五三五六	…夙…	1

一五三五七　…其風…　1
一五三五八　辛酉…方其…風…　1
二〇三四六反　…風复止　1
二〇四六二　丁未卜王令…風…日　1
二一一八九　…酉卜𠬝…風…廼…宋…　1
二一三八六　…唐…少風臣…十冉…　1
二六八九七　癸戌風伐𢦏不雉…　3
二七九一五　弜風　3
二八七三七　戊…𢑚…王…風　3
三〇九五四　惟風　3
屯三七一　…田風…
屯一一一五　癸卯貞丁未延出示其風　4

⿰戈凡

一五〇反　王固曰惟其…惟其…往…⿰戈凡　1
七〇一五　…乙酉…⿰戈凡　1
七〇一八　貞余勿呼…敦[illegible]⿰戈凡…既　1
八四四五　貞基方⿰戈凡　1
八四四五　貞基方不其⿰戈凡　1
八六三一　貞𡚤其⿰戈凡　1
八六六〇　丙戌卜方其⿰戈凡　1
八六六一　丙子卜殻…方⿰戈凡　1
一七七三〇　…固曰其⿰戈凡　1
一八〇三一　…亥卜王貞…乙酉⿰戈凡…　1
一八〇三二　…⿰戈凡…　1
二九七八三　其⿰戈凡戈一斧九　3
三〇九六七　…⿰戈凡乂…受有祐　3
三三〇七九　…⿰戈凡猷　4
三三〇七九　…⿰戈凡猷　4
三三一六四　…在…⿰戈凡…　4

⿰戈凡

三四八一　貞⿰戈凡以有取　1
三四八一　貞⿰戈凡弗其以有取　1
二一五三正　母𢀛弗巷王　二告　1

二〇〇七〇　癸卯卜王曰𢆶其[illegible]　1
二一一三九　辛巳…𣎳…𢑚…　1
二一三八六　癸卯…王曰…其…余呼延不九月　1
懷一四九三　…母…　4

一四五三五　貞其盟河…王賓…惟王…八月　1
一五三六二　…宊…王…告　1

蓺

二二七二　甲戌卜尹貞王賓蓺禱無囚　2
二二七六一　…巳卜行貞王賓大丁蓺禱無囚　2
二三〇〇二　己巳卜行貞王賓蓺禱無囚　2
二三〇〇二　庚午卜行貞王賓蓺禱無囚　2
二三二四一正　庚戌卜…貞王賓蓺禱…　2
二三二四一正　庚戌卜旅貞王賓蓺禱無囚　2
二三二四一正　庚戌卜旅貞王賓蓺禱無囚　2
二三二四一正　庚戌卜旅貞王賓蓺禱無囚　2
二三二四一正　庚戌卜旅貞王賓蓺無囚　2
二三二四一反　甲子卜旅貞王賓蓺禱無囚　2
二三二四一反　乙丑卜…貞王賓蓺禱無囚　2
二三二四一反　乙丑卜旅貞王賓蓺禱無囚　2
二三七二七　貞…無囚蓺…　2
二三七三二　乙酉卜行貞王賓蓺禱無囚　2
二五三七三　甲子卜即貞王賓蓺禱無囚　2
二五三七四　乙丑卜即貞王賓蓺禱無囚　2
二五三七五　戊寅卜即貞王賓蓺禱無囚五月　2
二五三七六　辛丑卜即貞王賓蓺禱無囚　2
二五三七七　甲辰卜即貞王賓蓺禱無囚　2
二五三七八　乙卯…貞王賓蓺禱無囚　2
二五三七九　丁卯卜尹貞王賓蓺禱無囚　2
二五三八〇　乙亥卜尹貞王賓蓺禱無…　2
二五三八一　辛巳卜尹貞王賓蓺禱無囚　2
二五三八二　甲申卜尹貞王賓蓺禱無囚　2
二五三八三　乙酉卜尹貞王賓蓺禱無囚　2
二五三八四　丁酉卜尹貞王賓蓺禱無囚　2
二五三八五　乙巳卜尹貞王賓蓺禱無囚在九月　2
二五三八六　庚戌卜尹貞王賓蓺禱無囚　2
二五三八七　庚戌卜尹貞王賓蓺禱…　2
二五三八八　辛巳卜尹貞王賓蓺禱無囚　2

編號	釋文	期
二五三八九	：卜尹：王賓埶禣無𡆥	2
二五三九〇	：尹：賓埶：無：	2
二五三九一	丁卯：貞王：埶：無：	2
二五三九二	甲子卜行貞王賓埶禣無𡆥	2
二五三九三	辛未卜貞王賓埶禣無𡆥	2
二五三九四	丁丑卜行貞王賓埶禣無𡆥	2
二五三九五	甲戌卜行貞王賓埶禣無𡆥	2
二五三九六	乙亥卜行貞王賓埶禣無𡆥	2
二五三九七	辛巳卜行貞王賓埶禣無𡆥	2
二五三九八	甲申卜行貞王賓埶禣無𡆥	2
二五三九八	：卜行：賓埶？：	2
二五三九九	甲辰卜行貞王賓埶禣無𡆥	2
二五四〇〇	乙巳卜行貞王賓埶禣無：	2
二五四〇一	辛亥卜行貞王賓埶禣：	2
二五四〇二	辛亥：貞王賓埶禣無：	2
二五四〇三	辛酉卜行貞王賓埶禣無𡆥	2
二五四〇四	甲戌卜行貞王賓埶禣無𡆥	2
二五四〇五	丁：卜行貞王賓埶禣無𡆥	2
二五四〇六	：申卜行貞王賓埶禣無𡆥	2
二五四〇七	：卜行：賓埶：無𡆥	2
二五四〇八	庚寅卜旅貞王賓埶禣：	2
二五四〇九	庚子卜旅貞王賓埶禣無：	2
二五四一〇	：丑卜旅：賓埶禣：𡆥	2
二五四一一	：旅：王賓埶禣：無：	2
二五四一二	戊子卜出貞王賓埶禣：	2
二五四一三	：出貞：埶禣無𡆥	2
二五四一四	庚寅卜喜貞王賓埶禣無𡆥	2
二五四一五	：喜：王賓埶禣無𡆥	2
二五四一六	丁卯卜㠯貞王賓埶禣無𡆥	2
二五四一七	庚子卜㠯：賓埶：無𡆥	2
二五四一八	丁丑卜𣲡貞王賓埶禣無𡆥	2
二五四一九	庚寅卜逐貞王賓埶：	2
二五四二〇	甲子：貞王賓埶禣：	2
二五四二一	己巳卜：貞王賓埶無：	2
二五四二二	辛未：貞王：埶禣：	2
二五四二三	丁丑卜：貞王賓埶禣：𡆥	2
二五四二四	丁丑卜：貞王賓埶禣：	2
二五四二五	辛巳卜：貞王賓埶禣無𡆥	2
二五四二六	辛巳：貞王：埶禣無𡆥	2
二五四二七	甲申：貞王：埶：𡆥三月	2
二五四二八	乙酉：貞王賓埶禣無𡆥	2
二五四二九	乙酉卜：貞王賓埶禣無：	2
二五四三〇	乙酉：貞王：埶禣：𡆥	2
二五四三一	乙酉卜：王賓埶禣：	2
二五四三二	丁酉卜：貞王賓埶禣：尤	2
二五四三三	乙巳：貞王賓埶禣無𡆥	2
二五四三五	庚戌卜：貞王：埶禣：𡆥	2
二五四三六	：貞王：埶禣無𡆥	2
二五四三七	乙卯卜：貞王賓埶禣：	2
二五四三八	庚申卜：貞王賓埶禣無𡆥	2
二五四三九	：卜：貞王賓埶禣無𡆥	2
二五四四〇	：巳：王賓埶禣無𡆥	2
二五四四一	：賓埶禣無尤一月	2
二五四四三	：行：埶：無𡆥	2
二五四四四	：賓埶禣無𡆥	2
二五四四五	辛：貞：埶：𡆥	2
二五四四六	：貞：埶：𡆥	2
二五四四七	：貞：埶：無𡆥	2
二五四四八	甲戌：貞：埶：無：	2
二五四四九	：埶禣：𡆥五月	2
二五四五〇	：貞王賓埶禣無𡆥	2
二五四五一	：埶禣無𡆥	2
二五四五二	貞埶禣無尤	2
二五四五三	貞埶禣無：	2
二五四六四	甲午：貞王：埶：	2
二五四八八	甲寅：貞王賓埶禣無𡆥在九月	2
二五五一六	庚申：貞王賓埶禣無𡆥	2
二五五二一	甲申：貞王：埶禣無𡆥	2
二五五三九	甲寅卜即貞王賓埶禣無𡆥	2
二五六七二	丁：貞：埶：無：	2
二五六八〇	丙午卜尹：王賓埶禣無𡆥	2
二五六八〇	丁未卜尹貞王賓埶禣：𡆥	2
二五六八一	庚辰：貞王：埶：	2
二六一一六	：埶禣無尤四月	2
二六一三六	甲：貞：埶：𡆥	2
二六一四七	庚：貞：埶：𡆥	2
二七〇四二正	庚申卜宁貞王賓埶禣無尤	3
二七〇四二反	辛亥卜宁貞王賓埶禣無尤	3
二七〇六四	癸巳卜何貞王：上甲埶禣：遘雨	3
二七五二二	惟入自埶酒	3
二七五四三	甲子卜彭貞王埶禣其宾于祖	3
三〇五二九	癸巳卜何貞王賓埶禣不遘雨	3
三〇七四五	丙子卜埶酉歲	3
三〇九二五	惟各于埶禣叙王受祐	3

藝

著錄	釋文	期
屯 六一八	王其烝禱二必惟卯各藝禱酌	3
英 二〇九七	丙子：出貞：賓藝：…	2
英 二〇九三	庚午卜尹貞王賓藝禱…	2
懷 一〇二九	丙申卜：貞王賓藝禱：尤	2

田藝

著錄	釋文	期
三四四三七	：其萬省田藝入無：	2
三四四九五	戊申卜王往田藝	2
二八五一四	王其田藝無災	3
二八五四四	：其田藝無災	3
二八五五四	王其田藝無災	3
二八五五六	丙午卜戊王其田藝無災　吉	3
二八五六四	王其田藝湄日無災	3
二八五六六	王其田藝：不用　大吉	3
二八五六七	王其田藝無災　吉	3
二八五六八	王其田藝湄日不：　吉	3
二八五六九	：王其田藝不遘：	3
二八五七〇	：王其田藝入不雨	3
二八五七一	王其田藝入不雨	3
二八五七二	：于卜王其田藝：　吉	3
二八五七三	：其田藝不遘雨	3
二八六二八	翌日辛王其省田藝入不雨　吉 茲用	3
二八六二九	：其省田藝：	3
二八六三〇	：萬省田藝入無災	3
二八六九五	壬王其田藝無災	3
二九〇〇三	王其省田藝入不雨	3
二九三一二	壬王其田藝無災	3
二九三九四	王其田藝無災	3
屯 二一九〇	王其田藝無災	3

藝入

著錄	釋文	期
二七七七一	王藝入　大吉	3
二七七七二	藝入不雨	3
二七七七三	藝入不雨	3
二八九八四	王藝入無災	3
三〇一一三	王其藝入不遘雨	3
屯 二三八三	王其省盂田萬往藝入不雨	3
屯 四四一九	惟入自：延往：藝入無：不：	3

藝來

著錄	釋文	期
二七三八二	辛酉卜鼓貞王賓藝□惟吉	3
三〇五二八	乙丑卜何貞王賓藝不遘雨□惟吉	3
三〇五二八	乙丑卜何貞王賓藝□惟吉不遘…	3
三〇五二八	丙寅卜何貞王賓藝不遘：□惟…	3
三〇七四九	：卜：藝：□…	3

藝田

著錄	釋文	期
屯 二三五八	弜藝田其遘雨	3
屯 二三五八	丁酉卜王其藝田不遘雨大吉茲允 不雨	3

用藝

著錄	釋文	期
英 二四六一	其以冒用出	4

其它

著錄	釋文	期
二六九	貞來辛亥子呂其以羌暨歲藝：于妣：	1
三一九	庚辰卜：來丁亥：寢有藝歲羌三十卯十… 十二月	1
五五七	甲子卜旁貞藝祟雨蛾于河	1
一九六五	翌丁未藝改于丁一牛	1
二五四三	甲辰卜貞翌乙巳藝侑于母庚宰	1
二五四三	：卜貞：藝：	1
三一三一	丙寅卜：貞藝用：雍歲…	1
六九二八正	帝令惟藝	1
六九四六正	丁卯卜爭貞呼雀□捍藝　二告	1
六九九二	癸卯卜貞藝其捍祉	1
七〇七六正	弗其𢦏藝　二告	1
七〇七六正	貞我𢦏藝	1
七〇七六正	貞我弗其𢦏婦其藝　二告	1
九五〇七正	癸卯卜旁貞侑婦藝我粤𢦏	1
一一五〇〇正	：霁庚子藝鳥星七月	1
一一九〇三	丙戌：今日藝：有雨	1
一二五七九	貞藝	1
一五三五〇	貞：藝惟：	1
一五三五一	：貞藝允往于四其：	1
一五三五二	：卜：王：藝：	1
一五三五三	：貞翌丁：藝：于：牛	1
一五三五四正	：貞藝：	1
一五四六九	癸未卜貞歲藝九月	1
一六一六八	：藝改：	1
一八〇二八	庚子：貞藝：□：	1
一八〇二九	：卜：藝：	1

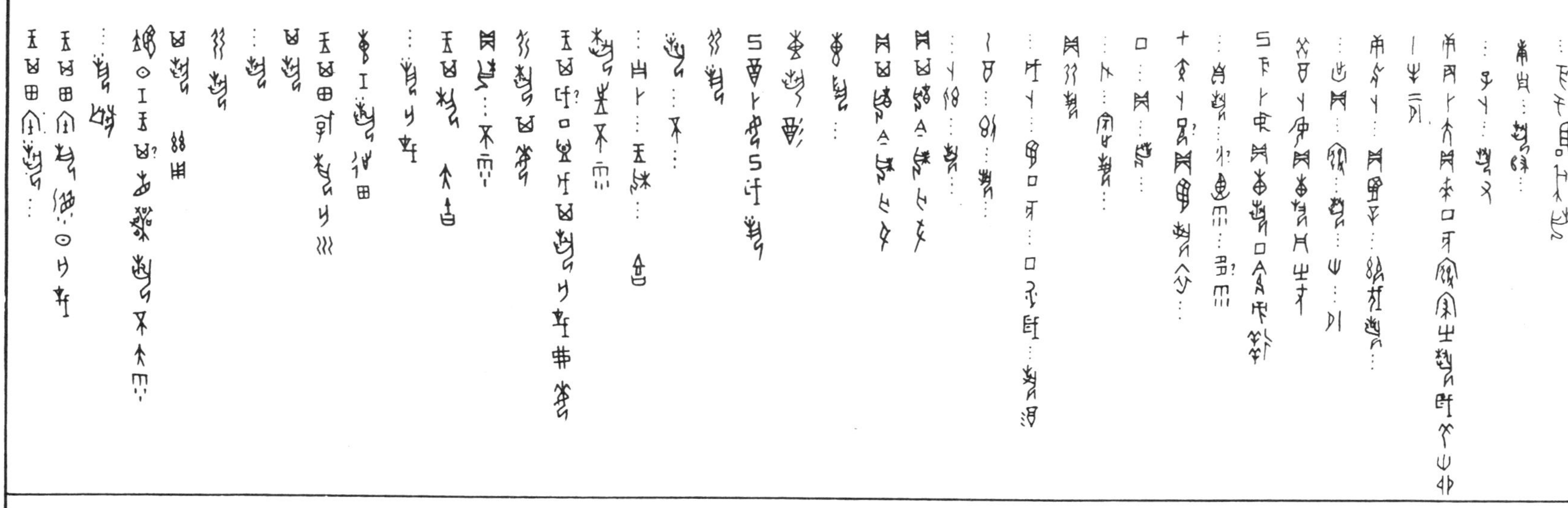

編號	釋文	期
二一五二三	…亥于翌戊蓺	1
二一八五〇	庚子…蓺歸…	1
二一八五一	…巳卜…蓺又	1
二二五四八	庚辰卜大貞來丁亥寇寢侑蓺歲羌三十卯十牛十二月	2
二二六一五	庚申卜…貞翌辛…禦伐蓺…	2
二三六二四	…出貞…寇…蓺…三十…十月	2
二三六五〇	癸酉卜中貞惟蓺凡有尤	2
二三六七四	己亥卜中貞惟蓺丁令方律	2
二四八六九	…自蓺…小延雨…多雨	2
二五四五四	甲寅卜祝貞翌蓺衣…	2
二五八九六	丁…貞…蓺…	2
二五八九八	…尹…賓蓺…	2
二五八九九	貞弜蓺	2
二五九八五	…戌卜…翌丁亥…丁必歲…蓺酌	2
二六一一一	乙酉…即…蓺…	2
二六一四八	…卜即…蓺…	2
二六八九九	貞其觀今蓺無尤	3
二六八九九	貞其觀今蓺無尤	3
二七〇五一	惟蓺…	3
二七〇五二	惟蓺酌	3
二七三四〇	己酉卜毋己歲蓺	3
二七三四〇	弜蓺	3
二七七六六	蓺…不…	3
二七七七九	…子卜…王蓺…吉	3
二七七八〇	蓺往不雨	3
二七九四六	王其歲丁盟戊其蓺無災弗悔	3
二七九四六	弜蓺其悔	3
二七九五〇	貞蓺…不雨	3
二八三四八	王其蓺 大吉	3
二八五六五	…蓺無災	3
二八五七五	惟壬蓺延田	3
二八八〇九	王其田斿蓺無災	3
二八九二四	其蓺	3
二八九二四	…蓺	3
二八九三九	弜蓺	3
二八九三九	其蓺 茲用	3
二八九七三	翌日壬王其省喪蓺不大雨	3
二九一六四	…蓺畎	3
二九二五〇	王其田牢蓺湄日無災	3
二九二五一	王其田牢蓺…	3
二九三七三	戊王其田虞蓺無災	3
二九八〇五	王…蓺…災	3
二九八二九	蓺…	3
三〇七三五	惟蓺王受祐	3
三〇七四六	其蓺酌	3
三〇七四七	惟蓺王受祐	3
三〇七四八	…卜狄…惟蓺…受有祐	3
三〇七五〇	丙申卜…蓺…	3
三〇七五一	貞王其蓺…	3
三〇七五二	其蓺	3
三〇七五三	弜蓺	3
三〇七五四	弜蓺	3
三〇九三三	癸未卜禧歲蓺	3
三一二七三	…卜狄…蓺吴田…災弗悔	3
三二四五三	丙申卜酉木丁蓺	4
三二四五三	弜藝茲用	4
三二四八五	癸卯貞…未延出示其惟蓺	4
三二九九二	…牢其蓺	4
三三一七四	…蓺…	4
三四六〇六	弜豐	4
三五二三〇	…蓺…	4
屯六八	弜蓺	4
屯二〇三	…丑卜蓺尊其若 吉	3
屯七〇四	…蓺	3
屯二三九一	其蓺…	4
屯三二七〇	…蓺步…不邁雨	3
屯四〇五八	癸未卜弜蓺	3-4
屯四三五一	祖丁舌惟蓺	3
英一九四三	…蓺…無…	2
英二〇九五	辛丑卜出貞王賓蓺…	2
英二〇九六	辛…大…王…蓺…無囚	2
英二〇九八	…卜出…翌己亥…蓺…	2
英二〇九九	…卜貞…蓺…	2
英二三三一	…蓺…	3
懷一〇二八	乙巳…貞王…蓺…	2
懷一〇三一	…蓺…無…四月	2
懷一五六七	妣庚歲从蓺	4

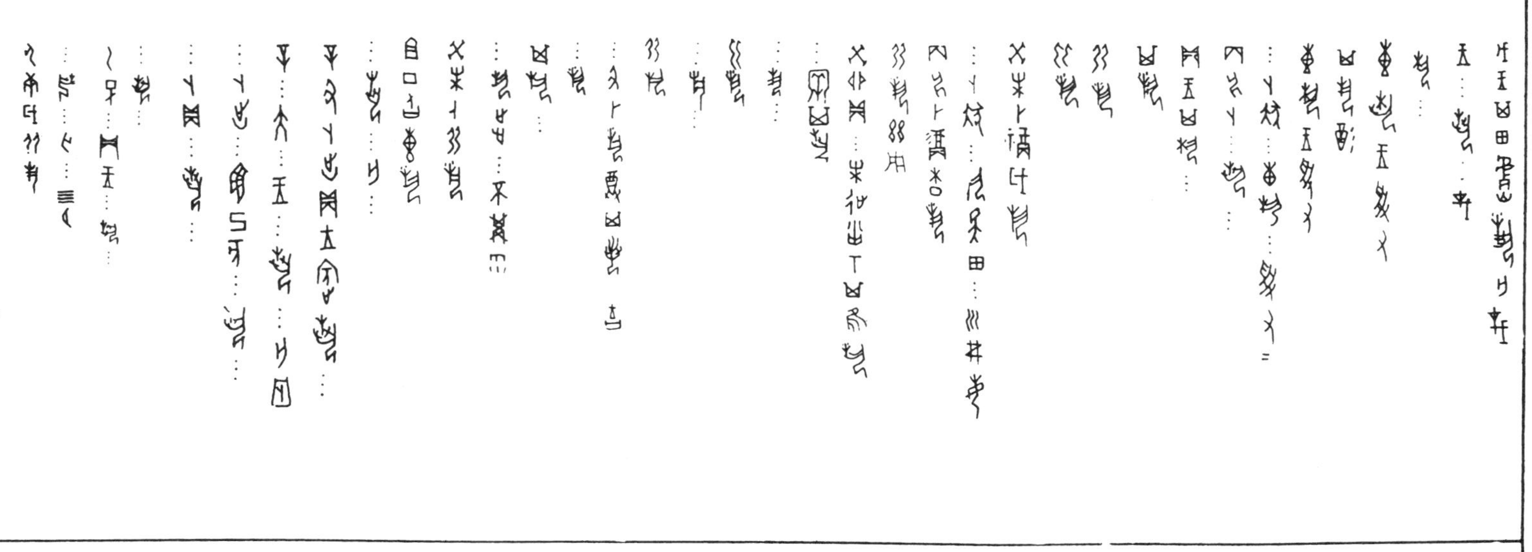

觀

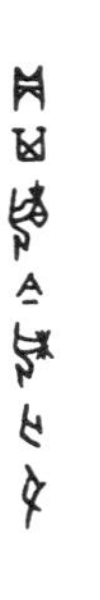

編號	釋文	期
二六八九九	貞其觀今蓺無尤	3

二六八九九　貞其叡今龜無尤　3

三四一二九　示…先…　4

懷一六四四　于弜先…光　4

一八〇三三　…勿…　1

一五八一九　貞勿酥執　1

六五六六反　王固曰有希兹…執光　1

一七七〇三　王固曰有祟兹…　1

乳

三二二四六　辛丑卜呼奚妫乳　1

三二二四七　辛…卜呼奚婦妫乳　1

執

二七八九〇　惟小臣安執不作自魚　兹用　3

卯

七〇九正　呼子宗卯父乙　1

七〇九正　貞勿呼子宗卯父乙　1

七〇九正　貞呼子宗卯父乙冊及…卯牢　1

一五四七九　丙子…呼…庚于…卯…　1

二一四三九　…卯…　1

三二六五三　惟御酌　3

三三五六一　…羊二十于卯若　4

三五一七四　甲戌卜燎羊二十于卯　4

三七四五一　…卜貞王…麓…來無災…鹿四狐　5

三七四九二　…卜貞王田于…無災在十月…御獲狐二　5

屯三七六三　戊戌卜…翌祀在大戊　4

屯三七六三　庚子…翌祀在大庚宗卜　4

屯三七六三　丁酉…翌…祀在…丁宗卜　4

四一〇四　…于翌癸卯…　1

一〇八〇四　…翌癸卯…　1

懷九〇〇　貞…　1

三六五三八　…　5

三九四三四　…其鳴…用…梅　5

二一四二三　丙子卜貞…　1

懷一六一　貞酌…光…　1

二二四三八　癸酉卜延宗…　1

二二〇〇三　庚……六月　1

一六三三六 貞王人于…若 1

二三六七五 庚申卜出貞今日並酌河 2

一四二九五 辛亥卜內貞帝于北方曰伏風曰… 1

英一八五四 …延…疾…羊 1

一四二三八 癸卯…爭貞帝弗…卸 1

一〇一六一 …丑卜… 1

七六三 …追…… 1

懷一三六一 貞…… …大吉 3

笎

英二五三六 丙戌伐人方于笎吉 5

兇

二七二七九 祖丁𠂤有兇王受祐 3

敀

一八〇一五 …歆…于… 1

呪

三一二一九 …綏…綏…克王其受… 3

屯三〇三五 癸亥卜呪于祖丁 4

九三正 己丑卜殻貞…以芻其五百惟六 1

九三正 貞…以芻不其五百惟六 1

免

二二四六一 …免… 1

三三〇六九 …免 4

二一五八三 己亥子卜貞我有呼出… 1

女 母 毋

六七八 戊子卜王侑母丙女 1

六七九正 丙寅卜殻貞妣庚有女往二牛翌庚…用 1

六八〇正 丁巳卜爭貞有女往于南庚來庚辰… 1

六八一正 己巳卜…貞有女…于南庚來庚辰… 1

六八二正 丁巳卜爭貞有女往于南庚來庚辰… 1

一四〇七九 …侑于母…妣槃婦… 1

一九八〇六 辛丑卜王三月侑示壬母妣庚豕不用 1

一九九七二 …侑大母妣用 1

一九九七八 …寅卜呼…侑母 1

一九九七八 …寅卜呼…甲申侑母…父隹 1

一九九七九 壬申卜侑母 1

二〇五七六正　癸亥卜侑母…盧　1

二〇九九　庚戌卜朕耳鳴有禦于祖庚羊百有用
五十八侑母…祈今日　1

一〇五一正　貞王聽惟母告　二告　1

一一一七　辛丑…勿惟母𡆥用　1

六九四八正　壬寅卜殻貞婦好娩嘉壬辰𠂤癸巳娩
惟女　1

九九三四反　王固曰惟母　1

一四〇〇一正　壬寅卜殻貞婦…娩嘉王固曰其惟…
申娩吉嘉其惟甲寅娩不吉𡆥惟女　1

一四〇〇二正　甲申卜殻貞婦好娩不其嘉三旬又一日甲
寅娩允不嘉惟女　1

一四〇〇二正　甲申卜殻貞婦好娩嘉王固曰其惟丁
娩嘉其惟庚娩弘吉三旬又一日甲寅娩
不嘉惟女　1

一四〇〇二正　寅娩允不嘉惟女　1

二一〇二一　…大采日各雲自北雷惟𢆶雨不延惟母…　1

二一八〇五　辛丑卜中母己鼎　1

二一八七九　丁卯中母己兊　1

二二一三三　用豕中母　1

二二一九七　…中母𢘅　1

二二二一五　乙丑中母餕五子知頁　1

二二二四三　…中母…　1

二二二四四　…中母　1

二二二四八　中母　1

二二二四九　中母　1

二二二五八　癸丑卜酉邑中母…有友　1

二二二五八　辛丑卜中母禦小牢　1

二二二六八　酉至婦力中母豕　1

二二二六九　…辰卜…婦…口中母　1

二二二六九　酉至中母力　1

二二二七七　中母…　1

二二二八四　祐中母𢘅　1

二二三九四　…貞翌豕中母　1

六七五正　令[illegible]叙多女　1

一一四三八　庚戌…貞賜多女有貝朋　1

二七六〇四　惟多母…弁　3

懷一二六八　甲子卜大貞作𡧊子母寤暨多母若　2

懷一三七七　其賓豕多母　3

祖先母

六七二正　侑于王亥母　1

六八五正　貞燎于王亥母豚　二告　1

六八五正　勿燎于王亥母　1

六八五正　貞勿燎于王亥母　1

一八五七　于祖丁母禦　1

一八七六　…韋貞惟祖丁母𡆥　1

二三九二　于祖丁母妣甲禦有散　1

一四一六一正　貞侑母庚毋𡆥王　1

二一五四〇　…子卜…侑大甲母妣辛　1

三二三九三　…巳貞其侑三匚母豕　4

三二七五二　…卜…酌…示壬母　4

三四〇八三　…辰貞其桒生于祖丁母妣己　4

六八三　丁酉卜貞于河女　二告　1

三四一七一　…㚻母…　4

六七二正　酌河三十牛以我女　1

六八三四正　癸丑卜爭貞自今至于丁巳我戋𡆥王固
曰丁巳我毋其戋于來甲子戋旬又一日
癸亥車弗戋之夕𡆥甲子允戋　1

二一八九〇　…卯貞子母不佐　1

二二〇六七　貞子𡆥不無黑　1

懷一二六八　甲子卜大貞作𡧊子母寤暨多母若　2

二七六〇七　…卜晭貞…侑司母　3

三〇三七〇　司母大室　3

三〇三七〇　其𢓊司母惟…　3

三五三六二　…克㚸二人…又司母我王永…比
用…毋其…　5

六七三　戊午卜而弗其以我中女　1

三三九七正　貞王曰侯豹𢦏女事㞢　1
六八三四正　癸亥卜殻貞我使毋其𢦏缶　二告　1

六三〇　癸酉卜貞多妣𤕌小臣三十小母三十婦　1
六五一　貞小母畀奚　1
三二四二　…其禦用小母毓　1

一一〇一八正　己巳卜爭貞方母于敖　1
一一〇一八正　貞方母勿于敖　1

五三六　辛卯卜爭勿呼取奠女子　二告　1
五三六　辛卯卜爭呼取奠女子　1
五三六　…呼取奠女子　1
九七四一正　呼取女　1
九七四一正　呼取女于林　二告　1

七二八　…卜爭于女奴于母中毓小窐又𠬝女一　1
七二八　貞勿𠂤用中毓𠬝小窐又𠬝女一于母丙　1
七三一　…午卜殻…禦婦于…𠬝…女　1
三二一七六　戊辰卜有𠬝妣己一女妣庚一女　4

五五七　貞呼王女興于…　1

二二九六四　辛巳卜王曰貞毋侑　2
二三五〇一　貞毋侑六月　2
二三五〇六　庚申卜王貞毋侑七月　2
二三五六六　貞毋侑八月　2
二三五六八　貞毋侑在…月　2
二三五〇七　貞毋侑在十二月　2
英二〇三三　甲申…貞…奚女有得吉　2

一三九九二　…女娩　1
一三九九四　…亥卜女娩　1

一四〇八四　…女嘉　1

一四一一〇　貞女不其嘉　1

其它

六三三正　貞其…女
三三五　…祝…女
四三九　癸卯卜貞不毋得
五八五五正　戊午卜小臣不其嘉癸酉中甲戌女…
五八五七反　…于…禦…女
六六六八　貞其來女
六六六九　…以…女
六六七〇　貞來…角女
六六七一正　庚寅卜殻貞來以角女　二告
六六七一正　庚寅卜殻貞來弗其以角女
六六七四　行弗其以𠂤女
六六七七反　…取㲋…女
六六九七　…易多子…女
六六九六　…女…妻
六三八正　…女婐王不叢
六八七　于女子
六八七　于女子
九六六正　貞毋…終
九六六正　…毋…終
九四四正　女其…惟衣八月
一二五一　癸卯卜史貞來辛…𡋲于河…毋王十月
二七九二　…女一人…曰汝
二八〇五　貞勿多妹毋
三三二七　己未卜禦子俾于女雈
三三〇一　己亥卜殻貞王曰侯虎余其得女…受
五八三八　甲戌卜内…丁丑雀女其卒
五九〇六　戊…貞…女…人…
六二七〇臼　庚戌婦女示…
七〇三三反　女由五…
七一六八　…貞…造母…
七二〇八　貞曰卑…女令
七三七七反　…呼女…
七六〇一　貞方…女…
七八五二正　貞分女呼于敖　二告
八九七八　…女以羊
九二一四　貞百牛女其至十月
一〇〇四八　…于聿田母…將束二月
一〇〇八四　丁未卜爭貞將束于缶母敢二月
一〇九三六正　止母專
一〇九六四反　王固曰今夕其有至獲女其于生一月

一一四一四 ……亘貞禘曰母㱿……
一一四四三 ……肈多……十朋母
一二四九六正 貞翌戊申毋其星
一二五〇三正 癸丑卜……女……
一二九〇六反 其惟……女……
一三三九〇臼 己未女示
一三三〇八 戊……貞……母……夫……
一三五五一 ……宗……女……祏
一三六二三正 王目毋其贏
一三六五八反 王固曰余毋遘若兹卜不其惟……有祟……
一三八六七 己未卜貞𡚸女……凡……疾
一三九二七 婦好毋其有子
一三九三一 貞婦姘毋其有子
一三九七三 ……爭貞子不女……
一四〇三三正 甲辰……爭貞……㛃娩不……嘉女……五月
一四一一四 ……不……嘉……女
一四一六一正 于𡈼女 二告
一四一六一正 勿于𡈼女 二告
一四七五五正 貞田允其耳女 不告
一五五二八臼 毋劣婦女
一七一〇五反 婦女……
一七三八六 貞女樂齒
一七三八六 勿女樂齒
一九八〇一 ……卜貞……母……力四月
一九八九七 ……母……牝
一九九〇七 丙戌卜𠬝令伐祟𨋮母
一九九五一 ……東……父……母……
一九九五八 丙寅卜侑妣母……盧……
一九九六三 ……未卜惟侑母庚呼母
一九九七三 ……辛丑見母
一九九七四 王……母……牝
一九九七六 樂母……母……
一九九七七 侑母……河……
一九九八〇 ……庚……母……大……用三十……
一九九八一 酉……王貞……豕母
一九九八二 ……㠯取㠯母
一九九八三 丙申卜余旬母畀……二月
一九九八四 ……丁……母
一九九八五 ……子……母
一九九九八 甲申卜貞婦好母……八月
二〇〇二〇 乙……母其……辛
二〇一〇九 辛……自……母

二〇六八五 母豕
二〇七四二 𡆥母田于田
二〇七九六 辛未卜……自今三歲……毋執……
二〇八〇〇 ……畄貞……小采……母……二月
二〇八〇一 丙午卜今二月毋至
二〇八二九 癸卯……自今……母……
二〇八八五 壬戌……母……
二一〇一一 ……采各雲自……延大風……自西……㓝……女……
二一〇二一 癸亥卜貞旬一月㫐雨自東九日辛未大采
各雲自北雷延大風自西㓝雲率雨毋
𤰔日……
二一〇三七 丙申卜母……大祝史……
二一〇三八 貞母𠮛疾
二一〇四九 ……母……奏……豕……疾
二一〇五七 ……羊……母……
二一〇五七 ……子卜樂……母……
二一〇九三 ……子卜……母……來四月
二一〇九四 庚申卜取不㓝母……
二一〇九五 丁未卜今𠦝火來母
二一〇九五 丁未……今𠦝火來母
二一一五九 ……蔷……樂……母……
二一二九〇 惟母
二一二九六 壬……卜王……娘……其……母……
二一四二六 ……㠯……母……
二一四三七 丙午卜𠬝翌戊申祖莽入不女
二一四五七 取單行女
二一五三四 乙亥子卜貞覜𠬝獲女
二一五八六 毋
二一五八六 毋
二一五八六 母
二一六一一 壬子卜……羌母……
二一七一九 丙子……女入……在生月
二一七八六 庚辰卜𦂔貞克女嘉……毓……嘉
二一八〇五 壬寅子卜樂母小宰
二一八八〇 于母宙
二一八八二 癸丑貞庚入㲋無女
二一八八三 己𠂤其女
二一八八三 ……女
二一八八四 己……女……
二一八九二 ……女……膏……
二一八九二 ……女……㝃
二一九五一 ……母……
二一九八八 庚申卜取旋……母以

著錄號	釋文	分期
二二〇三三	母：	1
二二〇四五	己亥卜至雍𠧩母	1
二二〇四七	于子庚禦余母宰又（反）	1
二二〇五〇	癸巳卜石無𢦏重于母	1
二二〇九一甲	乙酉卜翌：狩女：	1
二二一四三	乙亥巫：母：	1
二二二三五	圉妣母牛	1
二二二四六	癸亥卜𠣌逆女	1
二二二五九	祐侑母豕	1
二二二六二	：母：	1
二二二六四	母𠂤延	1
二二二六九	奚母	1
二二二六九	：母祟	1
二二二七〇	癸巳卜母囚出	1
二二二八三	母	1
二二三四〇	：無：在母有：	1
二二四五三	甲子卜克女十一月	1
二二四六二	：奴十四：	1
二二七五八	甲子卜王曰貞叡母㞢茲不用禦于雨	2
二三〇二一	：母：九月	2
二三一七三	：母：三月	2
二三四六四	貞母歲惟牡	2
二三四六五	丁酉：貞其改𢀛于母	2
二三四七四	貞母古在十月	2
二三八七八	己卯：茲母：	2
二三八七八	己卯卜王茲母：	2
二四一二〇	乙丑卜王曰貞叡母上甲在：	2
二四二二二	貞母射	2
二四二六二	貞母往在正月在師朸	2
二四五〇二	庚午卜王曰貞母田	2
二四五〇四	己亥卜王：貞母田：	2
二四五五九	貞母：牡	2
二四六一九	貞母二月	2
二五〇五三	貞母	2
二六〇〇一	貞于母禦	2
二六〇〇二	：母禦：月	2
二六九九二	其曰母□以	3
二七一四八	貞叡母	3
二七一四八	貞叡母	3
二七五九八	：卜其祝母惟□王受祐	3
二七六〇〇	：祝于母	3
二七六〇一	乙：貞：三母	3

著錄號	釋文	分期
二七七四六	辛酉卜貞其呼𠦪任咼鳴：母若弗悔在三月	3
二七九七二	戊其徲母歸于之若戋羌方	3
二八〇二一	甲子卜亞戋耳龍母啓其啓弗悔有雨	3
二八一七〇	：貞占：女無：在祀：月	3
二八二四〇	：母三小宰	3
二八五八九	貞母往	3
二九八七〇	：母其雨	3
三〇一七二	：卜其烄杏母有大雨 大吉	3
三〇五〇一	辛卯卜：貞其侑：母出：受：	3
三〇五〇七	丁惟小宰母其侑	3
三〇六四二	貞惟母先彡	3
三一〇八八	其𥙊于母：	3
三一一九二	豚其至于：母有正	3
三二二九七	戊申卜其烄永母雨	4
三二二九七	：烄永母	4
三二二九八	戊申卜其烄永母	4
三二三〇一	丙戌卜烄母	4
三二七五三	癸亥貞侑于二母母戊𩑠甲母庚 茲用	4
三二九八三	弜正其母	4
三三一四九	：□母無囚	4
三四六四三	：其舌母：	4
三六五七〇	：宮王：母□：	5
屯一六〇	：母奴：	
屯二一二一	其況妣母至母戊 大吉	3
屯二一五九	：王其：母無災	3
屯二三五九	惟□母	3
屯二四一二	弜于母	3
屯三七〇〇	：辜母	
屯四〇六六	：若啇于：母𢼸：□興于之受祐	3
屯四三八八	：二母惟甲申彡 吉	3
英三四七	：弔母：	1
英一二六五	貞：母：	1
英一七五六	：申：女：	1
懷二六	：貞翌：于丁：母：	1
懷七七	：魚于母：羊于：	1
懷一四三	：庚：其舌母	1
懷一四八九	乙酉卜㠯貞用牛今日母	4
懷一四九三	：□：母□：	4
懷一五九一	弜女人女	4

母 毋

一九九七一 甲申卜王大御于多母 1

二七五五九 于多母御 3

二七六〇三 其…多母 3

英一一三 貞惟多母巷 1

英二三六四 庚子卜多母弟暨酉東 3

一四一二五 貞子母其毓不殆 1

三三四三〇 …卜祝貞子母子… 2

二七六〇二 㴛小母 3

其它

二四六 𡆥妣辛母用 1

五三一 己未卜出貞子邑母有疾不… 2

五八八正 貞㝬母㝬 1

五八九 …母㝬 1

六六四 …婦好母 1

九二三正 壬辰卜㱿貞呼子室御侑母于父乙豈
宰冊及三𤉲五宰 1

九二四正 貞呼子室御侑母于父乙豈小宰冊
…三𤉲五宰 1

二五八五 貞侑于母囚犬三羊三豕…卯… 1

二五八八 …勿侑于母 二告 1

二五九六 惟母歲先 1

二五九七 …不惟母巷 1

二八〇四 己亥卜王余曰婦鼠母𥙊 1

四九二四 貞勿令舟比母𣪘 1

五八〇八 貞曰師無在茲延 1

七〇〇二 …劦母己于𦎫 1

八九八一 貞呼来曰母以豕 1

一〇四〇五反 王固曰有祟八日庚戌有各雲自東面母昃
亦有出虹自北飲于河 1

一〇四〇六反 王固曰有祟八日庚戌有各雲自東面母
昃亦有出虹自北飲于… 1

一〇五六五 …今日母田 1

一一三八九正 …于母…小宰 1

一一五七六 …𡆥母五月 1

一一七二二正 …貞…好不…侑母…固曰有祟百日… 1

一四九七六正 貞禦于母十宰 1

二〇五三 戊子…貞…侑母 1

一五〇三二 貞于母… 1

一五三〇八正 …母…由… 1

一九三一二 …追…祖母… 1

一九八九〇 戊子卜自侑母呼 1

一九九四一 甲辰貞𣪘母…不疾十月 1

一九九五四 己卯卜用豕二母二戊 1

一九九五六 庚午卜侑妣母甲盧豕 1

二〇一〇七 …自王…母 1

二〇五七六正 …亥卜侑雈…母盧 1

二〇六九三 …王…母…豕 1

二二五八九 …三叒母 2

二二七七五 癸酉卜行貞翌甲戌卜丙母妣甲歲惟牛 2

二二九七一 庚申卜王貞母侑于祖辛于母辛 2

二三二七四 貞母… 2

二三四六二 …午卜…貞其侑豕于三母今其夕…不羊 2

二三四六三 …三月 2

二四二二一 …于母無巷在𤰔在七月 2

二五〇六五 貞母射二月 2

二六〇一〇 貞母侑在七月 2

二七二八六 …出…丁未其奏家盧子母于有宗若 2

二七四八九 惟母溝用祖丁升 3

二七五九九 惟母先彭 3

二七六三七 其祝在母 3

二七六三八 弜于…母 3

二九九〇一 弜于…母 3

二九九〇一 壬母其雨 3

英七一九 戊母其雨 3

英七八一正 …夏母…于商… 1

懷一五八八 貞…母… 1

懷一六三〇 丁卯卜侑雈牡母豕 4

己亥卜母尋來今𡆥七月 4

㞢

一九九八三 丙申貞㞢二月 1

三二二九〇 壬辰卜㚔小母雨 4

屯四〇四九 己巳貞商于㞢冀 4

六八〇臼 示四屯 宾
六八一臼 示…屯又… 争
九四五正 貞 呼取白馬以
一〇七五反 其來
一五八一臼 來
二六六四反 …
三七八三反 庚申 示四屯 宾
三八四八反 示…
四四五二反 癸未 …
四四五四反 來
四四五五反 癸未 …
四四五六反 …
四四五七 …二…
四四五八 己未 …
四四五九
四四六〇
四四六一 …
四四六三 庚子卜…貞 呼…
四五六四反 示… 争
五五六〇反 丁巳婦 示四…
五八四〇臼 …婦妥…屯
六一三〇臼 …子妥示…屯 宾
六一七七臼 丙寅婦妥示五屯 㱿
六五九七反 甲戌卜宾 …
七一六一臼 己巳 示一屯 㱿
七一八六反 辛丑 …
七六三二反 …婦 …
八四五三反 …乞…
八九九一臼 己卯 示二屯自古乞小㱿
九一七八甲 貞今 安來牛五月
九一七八乙 貞今 安不其來牛
九五九九 丁丑 乞于 示十屯
一三三三反 …
二二七六四臼 丙子 示一屯 宾
二七三四臼 示四屯又一骨 亘
一五九〇九 …田 示十…
一七五四一臼 丙寅婦 示二屯 㱿
一七五四一 戊戌婦 示二屯 㱿
一七五四二臼 …婦 示…屯自𠂤…

一七五四三臼 …婦 示一屯争自𠂤
一七六二七臼 …五屯 凸
一七六二八 乙酉 示四屯又一骨 …
一七六二九 …示二屯 古自𠂤三
一七六三〇臼 己巳 示一屯 㱿
一七六三一 …示…
一七六三二 丙申 示…屯 宾
一七六四三臼 癸卯 …五屯 箙
一七六四九臼 甲子 …三屯
一七六六二 …
一七八〇八反 …子…人 …
一八〇五六 辛卯卜侑 …
二二二五八 辛丑 …
英六四六反 …五 …屯 宾
英八一一反 …
英一二九〇反 …申 …
懷五三b …
懷五四八b …子 …

妸

一三三六臼 …戊婦妸示…屯 韋
七〇八一臼 丁亥婦妸示三屯 亘
一七三六〇臼 …戊婦 示三屯 昌
一七五三三臼 戊戌婦妸示二屯 韋
一七三三三臼 壬戌婦妸示三屯

一九八〇二 甲辰卜…炇 …

妾

六二九 貞今庚辰夕用𢦏小臣三十小妾三十于婦九月
六三一 …臣…七十…妾…
六五五甲正 貞有伐妾
六五五乙正 三十妾
六五六正 …卜㱿貞㞢婦好子龍甲小…又妾 小古
六五七 …争貞取㚔妾
六五八 辛丑卜于河妾
六五九 貞訊州妾循
六六〇 …于王亥妾

六六一 癸…㞢…于…惟…妾 1
六六二 貞…惟…妾…于… 1
六六三 貞…妾…不…嘉 1
九〇四正 侑妾于妣己 1
九七四正 入雀…妾 1
二三八五 貞來庚戌侑于示壬妾妣牝羊[illegible] 1
二三八六 癸丑卜王中…宰示癸妾妣甲 1
一三九三七 …卑至于…允𢦏惟…妾㚔…有子 1
一三九三八 …日…子允…有妾㚔… 1
一四〇三六 丁亥卜己貞子…妾娩不其嘉 1
一九七九九 癸卯卜𠂤貞克妾一宰…羊…日… 1
一九八九二 …豕…妾…己一月 1
二〇〇七二 …卜𣎴…妾…子庚 1
三二一六四 …辰貞有妾伐卯… 4
三二一六五 …巳自祖乙…侑妾侑戌大 4
屯一〇六〇 壬寅卜祝于妣庚暨小妾… 4
英一二五正 …寅卜㱿…子商妾…盃…娩… 1
英四〇八 戊辰有伐于陟卯宰…庚示妾 1
英一六二六正 …㱿貞王夢妾有玟有册惟囚 1
英二四四六 …妾…以㞢 4

奴

六五五臼正 貞有伐妾嬰 1

⿰妾卩

六六四 …五⿰妾卩 1
六六五 …己三⿰妾卩 1
六六六 貞⿰妾卩 1
二七〇四〇 王其侑母戊一⿰妾卩…此受祐 3
二七〇四〇 二⿰妾卩 3
三二一六一 丁巳卜其燎于河牢沈⿰妾卩 4
三二一六二 其冊⿰妾卩 4
三二一六三 …五⿰妾卩… 4
懷一三八三 …冊⿰妾卩… 3

倿

三二一六六 弜乳 4
三四〇九五 甲申貞其倿 4

每 悔

田·

二八四六〇 …翌日戊王其田無災弗悔 3
二八五六二 …王其田弗悔 3
二八六七九 戊王弜田其悔 3
二八六八〇 壬王弜田其悔其遘大雨 3
二八六八四 弜田其悔 3
二八七一二 惟壬田弗悔湄日無災永王 吉 3
二八八二二 貞王其悔弜田 3
二九二七三 惟盂田弗悔無災杏王擒 3
三三三六九 辛亥卜翌日壬王其田獻弗悔無災 4
屯二五六 丁丑卜翌日戊王異其田弗悔無災不雨 3
英二三〇八 弜田其悔 3
懷一四二九 弜田獻其悔 3
懷一四三二 惟盂田弗悔無災 3
懷一四三二 弜田宰其悔 3

其它

八〇〇五正 …每于甘 1
一八四二八 …己卜旁…其悔 1
二〇二〇九 戊午卜妾力 1
二二四五七 …每呶… 1
二六九〇一 惟馬呼取王弗悔 3
二六九〇七正 辛亥卜貞叙每 3
二七一一五 [illegible]大乙酚擢王悔 3
二七七四六 辛酉卜貞其呼[illegible]任局鳴…母若弗悔在三月 3
二七八〇〇 徲步弗悔 3
二七八〇五 弜宿其悔 吉 3
二七九二五 辛亥卜翌日壬王其比在戍犬阜弗悔無災 弘吉 3
二七九五一 先馬其悔雨 3
二七九八七 叙于之若王弗悔 3
二八二六七 其悔桒年上甲無雨 大吉 3
二八三八三 其以万不悔 3
二八四一〇 惟乙王擒在…兕不悔 3
二八六八五 弜田其悔 3
二八七五〇 弜丁卯尋其悔無災 3
二九一八五 惟宮[illegible]省弗悔無災杏王 大吉 3

著錄	釋文	分期
二九二三四	王其悔　吉	3
三三三九四	弜狩其悔	4
三三五一四	弜至戲其悔	4
三四五四三	…宜彰…東	4
三五三五六	…子卜貞王其有㞢于文武帝必其☐月	
	有省于來丁丑貞☐彰王弗悔	5
三六四一六	…貞翌日乙酉小臣…其…有老異侯	
	王其…以商庚卯王弗悔	5
三六四二一	癸巳卜貞王其…小臣…惟無…商…王弗悔	5
三六四九二	丙午卜在攸貞王其呼…延執胄人方☐	
	焚…弗悔在正月惟來征…	5
三六三八七	惟西暨南不悔	5
三六四二二	…王弗悔…	5
三六九〇九	丁亥卜在☐師貞韋師寮妹…有官	
	王其令官不悔克甾王令	5
三六三八五	…貞翌日庚王其…用弗悔	5
三六三八八	壬子…各…弗悔	5
三六一七六	…司母其…文武帝呼…司母于癸宗若	
	王弗悔	5
三七八五六	甲午卜在☐貞…从東惟今日弗悔在十月	
	茲御王正…惟十祀	5
三八二一二	…惟庚辰…悔無省	5
三八七二七	…貞王其各…惟辛王弗悔	5
三八二一二	丙子卜貞王其…翌日戊寅不悔無…	5
三九四二〇	…孖其悔	5
三九四三〇	…其唯…學余…悔	5
乇　八	馬弜先王其悔雨	3
乇　二七二	弜省其悔	3
乇　二三五四	…今往王呼悔禦惟之有用有雨	3
英　二三九八	王其悔	3
英　二三九九	其悔弜射	3
英　二三三七	弜于☐王其悔	3
懷　一四五九	…省師…王其悔	3
懷　一四六〇	于新邑北☐南弗悔	3
懷　一八七〇	…戲…于壬…弗悔	5
懷　一九〇七	…祖丁王其…王弗悔	5
一四九九二	…侑大…☐…☐…	1
三〇七二三	其☐…于北☐	3

著錄	釋文	分期
二七二五〇	☐侑祖乙	3
二八二七三	于大乙祖乙☐☐年王受…	3
三〇四五八	…酉卜其☐在大乙…	3
三〇四五九	…卜其☐☐雨于南暨…　大吉　用	3
三〇四六〇	☐若…祐	3
三一一六八	…☐…上甲	4
三一一六九	…☐告…	4
三一一七〇	…☐	4
乇　一三三二	…卯☐…	
三二七八	貞☐子…壱	1
三二七三正	貞☐子壱我	1
六六三九	己未卜殻貞王☐三千人呼伐☐方𢦏	1
六六四〇	己未卜殻貞王☐三千人呼伐☐方𢦏	1
六六四一	己未卜殻貞王☐三千人呼伐☐方𢦏	1
六六四二	己未…貞王☐三千人呼伐☐方𢦏	1
六六四四	…呼伐☐	1
六六四五	…伐☐	1
六六四六	…☐方𢦏	1
一八〇七一	…☐…	1

妹

著錄	釋文	分期
二三六七三	貞妹其至在二月	2
懷　一三八	貞…小…妹…	1
六八八	…示☐…又七	1
二六四四	貞婦好弗其賓☐	1

妻

著錄	釋文	分期
三三一	丁丑卜穷貞子雍其禦王于丁妻二妣己☐ 羊三…羌十…	1

六八七正 癸五：㐁貞：丁御于：妻

六九〇 ：惟：妻：

六九一正 ：中卜殻：往妻：

六九三 ：妻執：

六九五 ：卜㕛：囚妻：

六九六 ：女：妻

六〇五七反 王固曰有祟其有來艱迄至九日辛卯允有來艱自北蚁妻娞告曰土方侵我田十人

二〇三八〇 有吿五冊：其妻

二〇二四九 戊午卜貞妻有㠯今夕

二二〇四九 戊午卜至妻禦父戊良有㠯

妻

六八六 御方于河妻

九三八正 貞侑于示壬妻妣庚宰惟勿牛七十 二告

四五四七 ：卜殻貞蚁妻：

一七三八二 丙子卜殻貞王夢敏不惟：

懷 八〇八 ：曰：妻：

敏

五三二 ：婦：羌：敏

三六七六五 乙未王卜在淮師貞翌其：其敏來伐受祐其敏來伐受祐王：既伐：

三九四五九 敏

㛗 婑

一九八三〇 ：㛗大甲侑

一九八三五 癸未卜：㛗：仲丁：𫠣步：十：在攸

一九八九一 丙午卜王余禘𫳵妣己食勿飴𫳵食

一八〇〇三 壬辰卜貞惟㠭敏：

二六六八 貞𡚱：好：于敦

一一三三 丙：姣：㝵：雨

英 五九五 貞在𡗜王其先遘捍五月

婞

二二二一五 貞婦婞

二二二五六 婞：

二二二五七 ：婞：冉：

二二二五九 己巳貞婦婞𡿨無囚

二二二六〇 壬戌貞婦婞：

二二二六一 己巳貞婦婞𡿨無囚

二二二六二 ：婦婞

二二二六三 壬寅卜貞婞：

二二二七八 貞婦婞

八〇八反 ：固曰：妥

五六五〇 丁亥卜殻貞巫妥：

一八八〇〇 貞雍其魚妥

一八八〇〇 貞雍不魚妥

一八八〇〇 貞雍其魚妥

妥

三一五七 丁卯𢼄光

三一五八 ：𢼄：虎：光

三一六八四 在㝵卜：

二二二四八 癸巳卜貞婦㚣無至口

二二二四九 癸巳卜貞婦㚣無疾

二二二四九 癸巳卜貞婦㚣無至口

二二二五〇 ：巳卜：婦㚣：疾

二三三五一 癸巳卜貞婦[glyph]無至口

三八二四四 ：辰王卜在兮：[glyph]嘉：囚曰吉在三月

⿱竹女

三〇〇 从⿱竹女

六〇五七反 王固曰有祟其有來嬉迄至九日辛卯允有來嬉自北奴妻⿱竹女告曰土方侵我田十人

七一四二反 ：迄至九日：⿱竹女：

七三八四臼 癸巳婦⿱竹女示五屯 小𣪊

一七五〇七 ：巳婦⿱竹女示五屯 小𣪊

一七五〇八臼 乙丑婦⿱竹女示一屯 小𣪊中

一七五〇九 ：婦⿱竹女：屯 𣪊

三一三〇六乙 ⿱竹女比：尹：子

二二〇九九 戊午卜力⿱竹女

⿱𥫗婦

一七五一〇 甲子婦⿱竹女示四屯 小𣪊中

娟 嬰

三一三〇六乙 娟往其有囚

二二四二五 癸未貞自惟娟

三三〇九二 ：敎嬰受：

一八〇六五 ：[glyph]：

妃

二八六四 貞于妣癸禦靈妃

二八六六 己丑卜㝅貞禦靈妃于：

二八六七 小妃

二八六八 ：卜㝅貞：妃：

二八六九正 庚寅卜㝅貞靈妃無不若

六一九七 辛丑卜殻貞靈妃不𡆥 小告

六一九八 辛丑卜殻貞靈妃不𡆥

六一九九 辛丑卜殻貞靈妃不𡆥

六二〇〇 辛丑卜殻貞靈妃不𡆥

二二四六〇 ：午貞妃力

懷七〇九b ：午：妃：人：

懷八八二 ：妃：

妥

二二八 丁酉卜爭貞在丂妥來 二人延：丁用

五八七正 ：妥比[glyph]

九四五正 勿令妥南

九四五正 妥以 二告

三一七六 貞令：永：妥：

三一七七 己未：貞：妥：

三一七八 ：殻：妥：

三一七九 ：妥其：

三一八〇 貞勿：妥：

三一八〇 貞勿妥

三一八一正 ：妥：

四〇〇三正 妥以

四九一二 貞令永：妥：

五三九九反 乙巳妥：屯 亘

五五七八 小臣妥

五六五八正 貞妥以巫

五六五八正 甲子卜殻貞妥以巫 二告

五六五八正 貞妥不其以巫

六九四七正 貞妥以羊

六九四七正 妥以鸗

七〇四六 癸酉：三：妥允：伐獲：矢

八六二一 ：曰肖妥：

九〇七五 ：卜殻貞妥以有取 不告

九〇七五 貞妥弗其以有取

一四〇六九 貞：姘：妥：

三〇〇三八 辛丑：禦子妥多妣

三〇〇三九 辛丑卜禦妥

二二一三五 癸巳卜獲印

二二一四七 癸巳卜妣妥

二二四五九 貞妥

二七八九〇 惟小臣妥茲不作自魚 茲用

三六一八一 甲戌王卜貞：↓盂方：典西田：妥余一人：田畓正：自上下于𢦏：

三六五四八　…邑商…于敦…妥余…暨…

三六九六六　乙亥王卜…暨蔵方敎…妥余一人…
自上下示叙…告于…

妫、嘉

一八一　乙巳卜穷貞婦姘娩嘉婦姘…

三七六正　庚子卜殻婦娱娩嘉

三七六正　貞婦娱娩不其嘉

四五四正　辛未卜殻貞婦妌娩嘉王固曰其惟庚
娩嘉三月庚戌娩嘉

四五四正　辛…卜殻貞…妌娩嘉…其嘉

七一七正　庚申娩不嘉

九七四正　貞婦㛗娩嘉

九九一正　貞婦娱娩不其嘉

九九一正　貞婦娱娩嘉

六九〇五　婦婞娩不其嘉

六九四八正　貞婦好娩不其嘉

六九四八正　壬寅卜殻貞婦好娩嘉壬辰𢀛癸巳娩
惟女

七八五四正　甲子卜殻貞婦娱娩嘉四月

七八六〇　貞婦娱娩不其嘉

一〇九三六正　貞婦好娩嘉

一三九九六　丁酉卜穷貞婦好娩嘉王固曰其惟甲娩
有祟有…

一三九九七　壬戌卜穷貞婦好娩嘉

一三九九八　…殻貞…好娩…其嘉…五旬有…

一三九九九　…辰卜殻貞婦好娩嘉…𠧞

一四〇〇〇　貞婦好娩嘉

一四〇〇一正　壬寅卜殻貞婦…娩嘉王固曰其惟…
申娩吉嘉其惟甲寅娩不吉亞惟女

一四〇〇一正　壬寅卜殻貞婦好娩不其嘉王固曰凡
不嘉其嘉不吉于𣎆凡茲廼𢍴

一四〇〇一反　…反

一四〇〇二正　甲申卜殻貞婦好娩嘉王固曰其惟丁
娩嘉其惟庚娩弘吉三旬又一日甲寅娩
不嘉惟女

一四〇〇二正　甲申卜殻貞婦好娩不其嘉三旬又一日甲
寅娩允不嘉惟女

一四〇〇二反　王固曰其惟丁娩嘉其庚…吉

一四〇〇三正　戊辰卜殻貞婦好娩嘉丙子夕𡆥丁丑娩
嘉

一四〇〇三正　戊辰卜殻貞婦好娩…嘉…月

一四〇〇四　丁酉卜爭婦好娩其…

一四〇〇五　丁巳卜爭貞婦好娩不其嘉十月

一四〇〇六正　癸亥卜殻貞婦好娩其嘉

一四〇〇七　婦姘娩嘉

一四〇〇八正　丁未卜韋貞婦姘娩嘉

一四〇〇九正　…卜爭貞婦姘娩嘉王固曰其惟庚娩
嘉旬辛…婦姘娩允嘉二月

一四〇〇九反　…惟庚娩嘉

一四〇一〇正　貞姘婦娩嘉

一四〇一〇反　…丑允不嘉

一四〇一一正　癸…貞婦姘娩嘉

一四〇一二　…姘娩嘉

一四〇一四　貞婦姘娩嘉

一四〇一六　…[illegible]娩不其嘉

一四〇一七正　…旬有二日辛未婦婡允娩嘉在𡆥

一四〇一八　丙午卜亘貞婦果娩嘉四月

一四〇一九正　丙戌卜爭貞婦娱娩嘉七月

一四〇一九正　貞婦娱娩…其嘉

一四〇一九正　貞婦娱娩嘉惟衣　二告

一四〇二〇　…婦鼠娩嘉五月

一四〇二一正　戊午卜爭…𡚸娩嘉王…曰毓三…婦
𡚸娩嘉

一四〇二二正　貞婦𡛷娩嘉

一四〇二二正　婦𡛷娩不其嘉

一四〇二二反　王固曰其惟甲娩嘉其惟…有祟

一四〇二三　癸亥卜爭貞婦寍娩嘉十二月

一四〇二四　丁丑卜爭貞婦妶娩嘉惟…二月

一四〇二五　…婦娩…嘉

一四〇二六　貞汝娩不其嘉

一四〇二七　…姓娩其嘉

一四〇二八　…婦娩嘉

一四〇二九　…殻婦娩嘉

一四〇三〇　婦娩不嘉

一四〇三一　乙亥卜婦…娩…嘉

一四〇三二甲正　…卜殻貞子昌娩不其嘉

一四〇三二乙正　…卜殻貞子昌娩嘉

一四〇三三正　甲辰卜貞子昌娩嘉惟衣

一四〇三三正　甲辰…爭貞…昌娩不…嘉女…五月

一四〇三四正　庚午卜穷貞子目娩嘉

一四〇三四正　貞子目娩不其嘉王固曰惟茲…嘉

一四〇三五丙正　貞子要娩不其嘉　二告

一四〇三五丙正　…要娩嘉

一四〇三五丙反 ……甲娩……嘉

一四〇三六 丁亥卜己貞子……妥娩不其嘉

一四〇三七 辛丑卜爭貞小臣娩嘉

一四〇三八 ……小臣……娩嘉

一四〇三九反 ……娩嘉

一四〇四〇 ……娩嘉

一四〇四一 ……娩嘉

一四〇四三 ……惟庚娩嘉

一四〇四四 ……穷貞……娩嘉

一四〇四五正 ……娩嘉 小告

一四〇四六正 ……娩嘉

一四〇四七 ……固曰……娩嘉……百日有八……

一四〇四八 ……固曰其……娩嘉……有祟……

一四〇四九 ……娩……嘉

一四〇五〇 ……娩不其嘉

一四〇五一 ……娩不……嘉

一四〇五二 ……娩不嘉

一四〇五三 貞娩不其嘉

一四一一一 ……娩不其嘉

一四一一二 ……娩不其嘉

一四三一四 壬午卜㱿貞婦姘娩嘉

一四三一四 壬午卜爭貞婦姘娩嘉二月

毛附二二 貞小臣娩嘉

懷四八五 壬辰卜亘貞婦𡚱娩嘉王固……

懷四九二 ……娩……嘉……

懷一三六二 己卯卜大貞婦寢娩嘉

其它

五八五正 戊午卜小臣不其嘉癸酉𢦏甲戌女……

五八五正 戊午卜小臣嘉十月

五八五正 戊午卜小臣嘉

七一七正 貞婦令嘉二月

一七七三正 婦嫘不其嘉

二三四一 貞勿嘉侑犬于多介父

六一五九正 嘉

七〇八一反 貞不其妨

一〇九八二反 子目嘉

一三六六三甲正 貞勿于甲禦婦嘉𡣍

一三七二〇 貞靳丁人嘉有疾

一四〇〇七 貞子不其有嘉

一四〇一五甲 貞婦姘……不其嘉

一四〇二一反 ……固曰毓……嘉

一四〇三二乙反 ……不嘉其……

一四〇三三甲正 ……子娶娩不其嘉

一四〇五四 ……穷……好……不其嘉

一四〇五五 ……婦好……不其嘉

一四〇五六反 ……婦井……嘉

一四〇五七正 ……卜……婦姘……嘉

一四〇五九 ……婦娘……嘉……保惟……戌……老

一四〇六〇正 ……亥卜……嫘……其嘉

一四〇六一 ……嫘……不……嘉

一四〇六三 ……貞……鼠……嘉

一四〇六四 貞婦婡嘉

一四〇六五正 ……婦共其嘉

一四〇六七 丁卯……婦㛪……嘉壬……

一四〇六八 丙子卜㱿婦姕嘉

一四〇七〇 ……娠……其嘉

一四〇七一 貞婦……嘉無……

一四〇七二 ……婦……嘉

一四〇七三 ……婦……嘉……

一四〇七四 ……子益其嘉

一四〇七五 丙戌卜王不其嘉

一四〇七六正 ……午卜爭貞……嘉……亞惟丁不吉

一四〇七七 ……嘉十二月

一四〇七八 貞其嘉

一四〇七九 其嘉

一四〇八〇 戊……卜……甾曰……乙……㲋……嘉

一四〇八一 ……嘉

一四〇八二 貞嘉

一四〇八三 辛亥卜永貞嘉 不𠀠黽

一四〇八四 ……女嘉

一四〇八五 貞嘉

一四〇八六 ……嘉戌寅……

一四〇八七 ……婦……嘉……其……辛……

一四〇八八正 ……嘉三月

一四〇八九 ……嘉四月

一四〇九〇 ……巳卜……貞嘉……自八月

一四〇九一 ……嘉十二月

一四〇九二 ……旬有八……甲午允嘉

一四〇九三 ……固……嘉

一四〇九四 嘉

一四〇九四 嘉

一四〇九五 嘉

一四〇九六 ……卜嘉

一四〇九七 嘉

一四〇九八 嘉

一四〇九九　…嘉　1
一四一〇〇　…嘉　1
一四一〇一　…其嘉　1
一四一〇二　…嘉　1
一四一〇三　…惟…中祿…亞…嘉二月　1
一四一〇四　…不其嘉　1
一四一〇五　不其嘉　1
一四一〇七正　不其嘉　1
一四一〇七反　…巳…嘉…不其…　1
一四一〇八　…不其嘉　1
一四一〇九正　不其嘉　二告　1
一四一一〇　貞女不其嘉　1
一四一一三　貞不其嘉三月　1
一四一一四　…不…嘉…女　1
一四一二三　貞今五月…好𪊲…其嘉　1
一四一二八正　丙戌卜爭貞婦𡠜嘉　1
一五六七四　嘉　1
一九五一一　…午卜呼…歸歲…于嘉…歲…　1
二〇〇五七　丙寅卜王貞侯光若…往𠂤嘉…侯光　1
二〇四七二　…婦其嘉　1
二〇五〇二　…𦎫…嘉　1
二一〇六六　…旬壬…婦姪…嘉七月　1
二一〇六九　戊戌卜𡧊占嘉　1
二一〇七〇　癸巳卜自惟…今日嘉　1
二一〇七一　…亥卜自貞王曰有孕嘉𡧊曰嘉　1
二一〇七二　…王曰嘉　1
二二一〇二　壬午卜𠤎不其嘉五月　1
二二一〇二　壬午卜𠤎嘉　1
二二一〇二　𠤎不其嘉　1
二二一〇二　𠤎嘉允嘉延𢦏　1
二二一〇二　壬午卜舌子嘉　1
二二一〇二　壬午卜舌子不其嘉九不　1
二二一〇二　舌子嘉　1
二二一〇二　舌子不其嘉　1
二二二四六　貞婦多嘉　1
二二二四七　貞婦多嘉　1
二二五九七　嘉　1
三〇〇三二　惟嘉奏有大雨　吉　3
三三三五七　…嘉　4
三七八五五　不嘉在正月遘小甲彡夕惟九祀　5
三八二四三　辛酉王卜貞…𢦏嘉王占曰大吉…九月遘祖辛𢦏…　5
三八二四四　…辰王卜在𠂤…𢦏嘉…占曰吉在三月　5
英一六四　婦姘…嘉　1
英一一二〇　不嘉　1
英一一二一　…嘉　1
英一八五六　…嘉…　1
懷四九四　…寅…嘉　1
懷四九五　癸未卜王𡧊嘉　1

姘

一八一　乙巳卜𡧊貞婦姘娩嘉婦姘…卯卜𡧊貞婦姘娩王固曰惟戊娩不　1
一三九四九　…惟…　1
一三九五〇　貞婦姘娩　1
一三九五一　…婦姘娩　1
一三九五二　…娩…丑婦姘不…壬…　1
一三九五三正　貞婦姘娩　1
一四〇〇七　婦姘娩嘉　1
一四〇〇八正　丁未卜韋貞婦姘娩嘉　1
一四〇〇九正　…卜爭貞婦姘娩嘉王固曰其惟庚娩嘉旬辛…婦姘娩允嘉二月　1
一四〇一〇正　貞姘婦娩嘉　1
一四〇一一正　癸…貞婦姘娩嘉　1
一四〇一二　…姘娩嘉　1
一四〇一三　乙卯卜㱿貞婦姘娩不其…　1
一四〇一四　貞婦姘娩嘉　1
一四三一四　壬午卜㱿貞婦姘娩嘉　1
一四三一四　壬午卜爭貞婦姘娩嘉二月　1

二七三二　貞勿呼婦姘先　1
二七三三　貞盟…呼…姘先　1
二七四一　…婦姘先…　1
五九七七　貞勿呼婦姘先　1
六三四四　甲申卜㱿貞勿呼婦姘以𣎆先于𦎫　二告　1
六三四五　甲申卜㱿貞呼婦姘以𣎆先于𦎫　1
六三四七　…㱿貞呼婦姘以𣎆先于…　1
八九九一正　貞勿呼婦姘以𣎆先于𦎫　1
八九九三　婦姘以𣎆先…　1
八九九三　壬申卜㱿貞…婦姘以𣎆先…　1

英一六二正 …殻貞勿呼婦姘以𠦪…
英一六二正 …貞呼婦姘以𠦪先于𡆥
二七二四 …姘有禦…
二七二五正 戊寅卜穷貞禦婦姘于母庚
二七二六正 甲寅卜殻貞禦婦姘于母庚
二七二七反 勿禦婦姘
二七五六 貞禦婦井于母庚
英一六二 …禦婦姘于母…
懷一一三 貞禦婦姘于母庚

六一一八 …姘受黍年
八九六七 貞婦姘黍惟…
九五二九 …貞婦姘呼黍于丘商受…
九五三〇 辛丑卜殻貞婦姘呼黍丘商受…
九五三一正 …于乙酉…婦姘往黍
九五三二 …勿令…婦姘黍
九五三三 貞呼婦姘往黍
九七五五 辛酉卜穷貞婦姘受…
九七五六 貞婦姘不受年
九七五七 貞婦姘不其受年
九九六五 貞婦姘黍受年
九九六六 丁巳卜穷貞婦姘受黍…
九九六七 …婦姘受黍…
九九六八正 甲寅卜古貞婦姘受黍年
九九六九 甲…𦎫貞婦姘受黍年
九九七〇 貞婦姘黍受年
九九七一 貞婦姘黍受年
九九七二 貞婦姘受黍年
九九七二 …姘受黍年
九九七三 婦姘受黍年
九九七四 貞婦姘黍受年
九九七五正 …婦姘黍不…
九九七六正 癸酉卜殻貞婦姘不其受黍年二月
一〇〇一九 …午卜𦎫貞婦姘…黍… 小告
英八一〇反 貞呼婦姘黍受年

九五九六 …先貞婦姘年萑
九六〇七正 …丑…貞婦姘田萑

九六一〇 …卯卜古貞婦姘田…其萑

其它

二七二八 呼婦姘出
一七二九 貞勿姘呼
一七三〇 丙寅卜穷貞惟婦姘呼
二七三五 …姘…二月
二七三八 …母丙壱婦姘
二七四二反 婦姘侑…
二七四三 …殻貞婦姘…
二七四四 …婦姘不…
二七四五 …婦姘…庚
二七四六 …婦姘…
二七四七 …姘…正
二七四八正 貞姘
二七四九正 貞…子…姘…
二七五〇 …子卜…姘…受…
二七五一正 …姘…其受…
二七五三 …未…貞…㐭若…姘…𠃢…
二七五四 貞婦姘…
二七五五 貞姘
二七五七 …婦井𣹁…
二七五八 …婦井𣹁…
二七五九正 …未卜…婦井…
二七五九反 …婦井…賓…
二七六〇正 癸亥卜𠬝貞勿令婦井
二七六一反 …婦井受…
二七六二 …申卜…貞婦井…
二七六四臼 …婦井…
二七六五 戊…貞惟…婦井…
二七六六 貞畀婦井
二七六八反 婦井…
二七六九 …貞我不…婦井… 二告
二七七一反 婦姘…
二七七二 婦姘𠂤
二七三一正 貞勿呼婦姘立…
二七三四正 貞呼婦姘𢦏…
二七三七正 己丑卜亘貞婦姘…不龏
二七三九 …婦姘…母…
二七四〇 …王固…婦姘…
二七五二 …姘之…橐

二七六三反 …婦井來
六二三三臼 己丑婦姘示二屯自𠭰…
六三四六 …姘…
六五八四 甲辰…惟婦姘伐龍𢦏…
六五八五正 貞勿呼婦姘伐龍方
七八一六 …至于商婦姘…大不…
八九九一正 己巳卜㱿貞勿呼婦姘…木…
九六〇七正 貞婦姘田不其雈
一〇九六八 貞呼婦姘田于𠔁
一二三三六反 婦姘示 㱿
一三七一九正 貞…姘無疾
一三九三一 癸未卜㱿貞婦姘有子
一三九三一 貞婦姘毋其有子
一三九三二 …㝑…姘有子
一四〇一五甲 貞婦姘…不其嘉
一四〇一五乙 …卜㱿貞…姘…
一四〇八八反 婦姘…允…
一四三一三反 婦井示…
一七〇六一 …婦姘…冄
一七〇六二 …婦姘其冄
一八〇四〇 …姘無…
屯四〇二三 王其侑妣戊姘𥁕羊王受祐
屯四〇二三 惟妣戊姘小宰王受祐
英一六四 婦姘…嘉
英一六五 貞勿呼婦姘往于…
英一六六 …婦姘不其…
英一一二八 辛…姘…

好

一五四 己丑卜㱿貞翌庚寅婦好娩
一五四 貞翌庚寅婦好不其娩一月
六九四八正 壬寅卜㱿貞婦好娩嘉壬辰𦉪癸巳娩 惟女
六九四八正 貞婦好娩不其嘉
一〇九三六正 貞婦好娩嘉
一三九四三 …王貞好娩…惟甲娩…
一三九四四 …巳貞今好娩 小告
一三九四五 貞婦好娩 二告
一三九四六正 …好娩
一三九九六 丁酉卜㝑貞婦好娩嘉王固曰其惟甲娩 有祟有…
一三九九七 壬戌卜㝑貞婦好娩嘉
一三九九八 …㱿貞…好娩…其嘉…五旬有…
一三九九九 …辰卜㱿貞婦好娩嘉…𡧊
一四〇〇〇 貞婦好娩嘉
一四〇〇一正 壬寅卜㱿貞婦好娩不其嘉王固曰凡 不嘉其嘉不吉于𡆥凡茲廼冄
一四〇〇二正 甲申卜㱿貞婦好娩不其嘉三旬又一日甲
一四〇〇二正 甲申卜㱿貞婦好娩嘉王固曰其惟丁 娩嘉其惟庚娩弘吉三旬又一日甲寅娩 不嘉惟女
七〇二反 貞婦好…疾
七〇九正 貞婦好骨凡有疾
七七三甲 婦好弗疾齒
一三七一一 貞婦好不延疾
一三七一二正 丙辰卜㱿貞婦好疒延羸
一三七一三正 貞婦好其延有疾
一三七一四正 貞婦好有疾惟有它
一三八六五 己…貞好骨凡有疾
一三九三一 貞婦好不延有疾
一三九三一 婦好其延有疾
一三九三一 …申卜爭貞婦好不延有疾
一三九三一 …婦好其延有疾
九四正 辛丑卜㱿貞婦好有子三月王固曰好其有子禦
一三九二六 庚子卜㱿貞婦好有子
一三九二七 婦好毋其有子
一三九二七 婦好有子四月
一三九二八 …卜㱿…婦好有子
一三九二九正 …好有子
一三九三〇正 …辰…㱿貞婦好有子
七二八三 甲申卜㱿貞呼婦好先奴人于龐
七二八四 乙酉卜㱿貞勿呼婦好先于龐奴人

一八二

七二八七 丙戌卜殸貞勿呼婦好先収人于龐
七二八八 乙酉卜爭貞呼婦好先収人于龐
七二八九 乙酉卜爭貞勿呼婦好先…人于龐
七二九〇 …好先于龐収… 二告
七二九一 …呼婦好先収人于…
七二九三 …好先収人…
英 一五一 乙酉卜爭貞勿呼婦好先収人于龐

六八三正 …爭貞婦好嬴
七〇九反 貞好嬴于祖辛
七九五正 貞婦好嬴
二六五三正 貞婦好…嬴
二七一六 …酉…貞呼…婦好…嬴
七二五二 貞婦好嬴
一三六四六正 貞作禦婦好嬴 二告
三三七六二乙正 …婦好嬴

六四一二 辛巳卜爭貞今𡆥王収人呼婦好伐土方受有祐 五月
六四七八正 貞王勿唯…婦好比沚馘伐巴方弗其受
六四八〇 辛未卜爭貞婦好其比沚馘伐巴方王自東𣎆伐捍陷于婦好位
六四八〇 …婦好其…馘伐巴方王勿自東𣎆伐戎陷于婦好立
六四八〇 貞王令婦好比侯告伐尸…
六四八〇 貞王勿令婦好比侯…
英 一五二 貞…王勿…婦好伐土方 二告

二七一一正 …殸貞禦婦好于父…叀羊又豕𠕋五宰
二七一一正 乙卯卜殸貞禦婦好于父乙叀羊又豕𠕋十宰
六五六正 …卜殸貞禦婦好于嬴甲小…又妾 小告
七〇二正 貞禦婦好于父乙𡨦宰又𣪊𠕋十宰十𠬝𣪊十 二告
二六一二 貞禦婦好于父乙
二六一三 貞禦婦好于高
二六一五正 甲戌卜穷貞禦婦好…
二六一六 貞禦婦好于妣甲
二六一七 貞于妣庚禦婦好

二六一八正 …母庚禦婦好囚
二六一九 貞于甲介禦婦好
二六二〇 庚戌卜爭貞禦婦好…
二六二一 己卯卜爭貞禦婦好于妣…
二六二一 …禦婦好
二六二一 貞禦婦好
二六二五正 貞勿禦婦好
二六二六 貞勿禦婦好于丙
二六二七 甲戌卜殸貞勿𢀛禦婦好趾于父乙
二六二八 甲戌卜殸貞勿𢀛禦婦好趾于…
一三二一一正 …禦婦好
一三六四六正 貞作禦婦好嬴 二告
英 一四九正 甲戌卜亘貞禦婦好于父乙𠕋𠬝

二六四四 貞婦好弗其賓𦬖
三六三八 …寅卜韋貞賓婦好
三六三八 貞弗其賓婦好
二六三九 貞有來𡨦婦好
三二七六〇 戊辰貞婦好無囚

一七三九一 貞婦好囚大疾延鼓𡆥
三二七五六 …辰貞婦好無囚
三二七六二甲正 丙戌貞婦好無囚
三二七六二乙反 丙戌貞婦好無囚

其它

九四正 乙卯卜穷貞呼婦好有𠬝于妣癸
一七六 貞呼婦好執
二〇一正 貞婦好夢不唯父乙
六八四 …婦好毋
七〇二反 …好…凡㞢…
七一二 丁巳卜㗊貞彭婦好禦于父乙
七一五反 …好侑𠬝于父乙
七九五反 貞唯龔司害婦好
七九五反 不唯龔司害婦好
九三八反 …好示五 穷
二六〇七 貞婦好有匚于㗊妣彭
二六〇八正 貞婦好侑
二六〇九 呼婦好有𠂤于父…

二六一〇 貞盟…卯勿呼婦好有…

二六一一 …婦好…惟有衆…

二六一四正 …爭貞…婦好于父乙

二六三〇 己卯卜㱿貞勿□婦好禦

二六三一正 貞惟婦好呼□伐

二六三一臼 婦好示十屯 穷

二六三二 …貞□婦好

二六三四正 貞□婦好于父乙

二六三五 貞婦好弗其用

二六三六正 貞婦好有取不

二六三六正 貞婦好有取

二六三六正 貞惟唐取婦好

二六四〇 …婦好燎一牛

二六四一 貞勿呼婦好往燎 告

二六四二 貞盟丁巳呼婦好往于…

二六四三 甲戌卜貞婦好不往于妣庚

二六四八 貞呼婦好曰…

二六四九正 甲申卜爭貞勿呼婦好

二六五〇 貞呼婦好祝…母…禦

二六五一 惟婦好呼…尹余受…

二六五三 貞生十三月婦好不其來

二六五三 癸酉卜亘貞生十三月婦好來

二六五四 婦好其來

二六五五 貞婦好不…

二六五六正 …午…貞婦好允見有□

二六五七正 …戌卜爭…婦好見…

二六五八 貞呼婦好見多婦于□

二六五九正 …貞婦好無□

二六五九正 …亘貞婦好有□

二六六〇反 貞婦好…惟庚…受…

二六六一反 婦好…

二六六二 貞今五月婦好不…

二六六三正 貞盟己亥婦好…

二六六四正 …子卜爭貞今日其疫…婦好…雨

二六六六正 …婦好不…無□

二六六七正 婦好不祐

二六六七正 婦好惟□

二六六八 貞□…好…于敦

二六六九 …婦好

二六七二 …司婦好

二六七三 …好弗爵

二六七四 …我□…婦好…□…

二六七七 貞婦好…惟有…

二六七八 …好惟己…

二六七九 …婦好惟…

二六八一正 …丑卜㱿貞婦好…

二六八二正 壬子卜爭…婦好不其嘉

二六八二正 貞婦好身…以婦…

二六八四 貞惟婦好

二六八五 …婦好…

二六八六 …酉卜穷…婦好…

二六八七 …申卜…婦好…多…

二六八八 …婦好…女…

二六八九反 …婦好…

二六九〇正 …卜庚子…婦好不…

二六九一正 辛酉婦好…

二六九二反 婦妏…

二六九三 …丑卜…婦好…□

二六九四 貞婦…婦好…

二六九五 …卜穷貞婦好…

二六九六 …于婦好…

二六九七 …婦好

二六九八 …丑…婦好…

二六九九 …酉卜…婦好…于祖

二七〇〇 …酉卜…婦好…其…

二七〇一 王…婦好…女…

二七〇二 …貞…婦好…

二七〇三 貞今一月婦好…

二七〇四正 貞…好…于…三月

二七〇六 …好六月

二七〇六 …好…

二七〇七 貞…好…其…

二七〇八 …好…□…于…

二七〇九 …貞…好…

二七一〇 …好…□

二七一一 庚寅卜…好

二七一二正 貞盟…耒…酚…好

二七一三 …酉…婦好…王…

二七一四 貞…好不…暨□…

二七一五正 貞弜…于婦好

二七一七反 …好呼…

二七一八正 …好弗其…

二七一九 …曰…婦好…

二七二〇 …好…在…

二七二一 貞…好…

三一六三反 貞祟…好 1
三六三七 己卯卜㝊貞惟帝取婦好 1
四二九六 貞…好…于… 1
四七一〇 …告…宁…好… 1
五一一 貞翌…申呼…好往…[?] 1
五五三二反 呼婦好令… 1
六〇三二正 貞惟父乙咎婦好 二告 小告 1
六〇三二正 貞不父乙咎婦好 二告 1
六一五三 庚子卜殻貞匄舌方于好飤 1
六四五九 癸未卜㝊貞王惟婦好 1
六四五九 壬午卜㝊貞王惟婦好令征尸 1
六五二四正 貞婦好不惟庚… 1
六五六八正 …殻貞婦好使人于眉… 1
六六五三正 乙未卜殻貞其有繼婦好[illegible] 1
六七七〇正 …貞于好… 1
七五〇一 …惟婦好令比沚䤋若 1
七五〇二 己巳卜殻貞勿…好呼比沚䤋…下上若受 1
七八六一 …婦好…惟…受… 1
八〇四三 …見婦好在[?]一月 1
八〇四四正 …呼婦好往于[?] 1
九六九三 貞呼婦好往若 1
九六九五 貞呼婦好往若 1
九六九三 貞呼婦好往若 1
九八四八 婦好…受年 1
一〇七九四反 …婦好子…五十在鹿? 1
一一〇三五 貞好…馬 1
一一五〇五 …貞王…曰先…大星…好… 1
一三六三三 貞婦好㳄惟出疾 1
一三九二五正 丁酉卜㝊貞婦好有受生 1
一三九四七正 …婦好不…生四月娩 二告 1
一四〇三二版 …婦好… 1
一四一二三 貞今五月…好毓…其嘉 1
一四一二六 …好…及…毓… 1
一五九八一 貞婦好… 1
一七〇六三 …好…㚔 1
一七〇六四 …好其㚔 1
一七三八〇 貞王夢婦好不惟孽 1
一七四二〇反 婦好不…其以…災 1
一八〇三六 …好… 1
一九一三四 婦好有訊循 1
一九九九八 甲申卜貞婦好母…八月 1

三三七五七 己亥卜辛丑毓婦好祀 4
三三七五九 …婦好… 4
三四二〇五 癸未㷉好火雨 4
屯九一七 乙酉卜㷉葡旋于婦好…犬 4
屯四一九一 …戊卜…好戊姣 4
英一五〇正 辛子卜…貞𢼸婦好三千𢼸旅萬呼伐… 1
英一五三正 …申…勿呼婦好往于𦕈 1
英一五四正 戊辰卜㝊貞惟婦好… 1
英一五五 貞婦好…來… 1
英一五六 辛…貞婦好… 1
英一五七 貞弜…婦好… 1
英一五八 …卜㝊貞婦好… 1
英一五八 …戊卜㝊貞婦好… 1
英一六三四 …好… 1
懷三六九 …其…好… 1
懷三七八 婦好…固… 1
懷四一七 …卜[?]…好…二旬… 1
懷四八八 …貞…婦好娩… 1

毓 育 后

參 1394 頁

參 1412 頁

一九五二 …至…毓… 1
一〇二一一 癸亥卜古貞𥜁年自上甲至于多毓九月 1
一四八五一 庚子卜爭貞其祀于河以大示至于多毓 1
一四八五二 癸亥卜貞翌甲子自上甲至于多毓 1
一四八五三 自上甲至于多毓十三月 1
一四八五四 丁卯卜爭貞翌辛巳皀…自上甲至于多… 1
一四八五五 癸丑卜爭貞有𠬝伐自上甲至于多… 1
一四八五六 …卜㝊…甲申…𠬝歲…至于多毓…丁酚 1
十三月 1
一四八五七 …多毓二月 1
一四八五七 …于多毓…月 1
一四八五八 …至于…毓… 1
二二六二一 辛亥卜㞢貞王賓翌祀自上甲衣至于毓無尤 2
二二六二二 癸卯卜…貞王賓祀自上甲至于多毓衣無尤 2

二二六二三　丁丑卜旅貞王賓…自上甲衣至于多毓無尤在正月　2

二二六四六　庚戌卜王貞翌辛亥乞彡彡秅自上甲衣至于多毓無壱在十一月　2

二二六四八　庚戌卜即貞翌辛亥乞彡彡秅自上甲衣至于多毓無壱十月　2

二二六五〇　癸酉卜漳貞翌甲戌乞彡魯自上甲衣…于多毓…七月　2

二二六五二　…卜貞…子乞彡魯自上甲衣至于毓…　2

二二六五四　…亥卜…翌…劦于…至…毓…　2

二二六五五　癸亥…甲子乞彡翌自上甲衣至于多毓無囚三月　2

二二六五六　…尹…子乞彡…自上甲衣至…毓無壱…十二月　2

二二六六二　庚戌…貞…乞彡…上甲至…多毓…壱　2

二二六六三　…乞彡翌自上甲衣至于毓無壱…　2

二二六六六　…毓無壱十月　2

二二六六七　…毓無壱二月　2

二二六六八　…至于…毓無壱在囚　2

二二七二二　癸亥卜行貞王賓…自大乙至于毓無尤　2

二二七三六　…旅貞…幼…大乙至…毓無尤　2

三〇二八六　乙卯卜彡品𠂤自祖乙至毓　3

三〇八一〇　…午卜彭…彡巳鼎…矢于毓　3

三二一一三　甲寅貞自祖乙至毓　4

三二一一四　甲寅貞自祖乙…毓　4

三二一一五　甲寅…自祖乙…毓　4

三二五一七　甲寅貞自祖乙至毓　4

三二五四八　乙亥其餗自祖乙至多毓　4

三四〇八六　…至于多毓　4

三五四〇四　…王卜貞彡翌日自上甲…多毓衣無壱　5

三五四二六　…王卜貞今囚…自上甲至于多毓…畎　王囚大吉在四月　5

三五四三〇　…未王…先…上甲至毓…　5

三五四三一　…于多毓…衣無尤　5

三五四三六　辛巳卜貞王賓上甲权至于多毓衣無尤　5

三五四三七　…亥卜貞王賓权自上甲至于多毓衣無尤　5

三五四三七　癸丑卜貞王賓劦自上甲至于多毓衣無尤　5

三五四三八　辛亥卜貞王賓权自上甲至于多毓衣無尤　5

三七八三五　…王卜貞今囚巫九备其彡彡日…至于多毓衣無壱在畎在…又二王囚日大吉惟王二祀　5

三七八三六　癸未王卜貞酒彡日自上甲至于多毓衣無壱自畎在四月惟王二祀　5

三七八四一　…巳王卜貞…于多毓…月獲王四祀　5

三七八四三　…貞彡翌日自上甲至多毓…自畎在八月惟王五祀　5

三七八四四　癸卯王卜貞彡翌日自上甲至多毓衣無壱自畎在九月惟王五…　5

三七八五〇　…卜貞彡彡日…毓衣無…月惟王　5

…　5

三七八六四　…亥王卜貞彡彡日自…多毓衣無壱　…吉在三月惟王二十…　5

三七八六五　…王卜貞彡彡日自上甲…多毓衣無壱　自…吉在三月惟王二十…　5

屯一〇八九　甲戌貞…彡餗自…盞至于多毓用牛…羊九犬十又一…　4

屯一〇九一　癸巳貞…歲于…至于多毓其遘翌　4

…　4

屯一一〇四　丁丑貞其…自…毓…　4

英一九二三　癸丑卜王曰貞翌甲寅乞彡魯自上甲衣至于毓余一人無囚茲一品祀在九月遘示癸𠦪彘　2

英二五〇二　…卜貞王賓…秅自上甲至于…毓無壱…在六月惟…　5

英二五六八　癸巳王…于多毓…王四祀　5

懷三二　癸巳卜爭貞翌甲午彡彡自上甲至于多毓衣　1

懷一五六九　自示壬至毓有大雨　3

懷一五六九　自大乙至毓有大雨　3

二七三六九　在毓　3

二八二七四　其𢓊年在毓王受年　3

三一二〇二　…在毓王受有祐　3

屯六〇六　其烝在毓　3

屯三三九〇　在毓…　3

屯三三九〇　在毓𣪘　3

二三三二六　貞于毓妣　2

屯四四七　…毓妣…　3-4

英二三六九　…自毓妣彡有正　3

其它

著錄號	釋文	期
二七九	貞𢆶以羌：自高妣己妣庚于毓…	1
三四六	…毓十羌卯三牢	1
八二五一正	…固曰吉奴…曰往㐃…毓…子入	1
一二二五	…毓有友…惟白麃	1
一四〇二一正	戊午卜爭…𣪊娩嘉王…曰毓三…婦 𣪊娩嘉	1
一四〇二一反	…固曰毓…嘉	1
一四〇二三	貞今五月…好毓…其嘉	1
一四〇二四	貞…好…毓…卜…	1
一四〇二五	貞子母其毓不丼	1
一四〇二六	…好…及…毓…	1
一七〇五三	…毓𢀛	1
一八六八九	…夕畬毓…	1
一八九三七	己亥卜爭貞毓龍…	1
一九〇六六	…其…毓…	1
二一七八六	庚辰卜斜貞克女嘉…毓…嘉	1
二二三二二	妙師毓	1
二二三二三	𡠄師毓	1
二二三二三	妙師毓	1
二二三二三	𡠄師毓	1
二二三二四	妙師毓	1
二二三九六	…自毓…	1
二二五七四	…𠂤歲毓祖乙有羌	2
二二六二五	乙未卜行貞王賓奏自上甲入乙多毓無尤 在十二月	2
二二六三四	癸丑…貞翌甲…彡于上甲…毓余…	2
二二六五九	…毓無…	2
二二六五九	…戊乞彡…上甲…毓…	2
二二七三三	…乙…貞…毓…無…	2
二三〇六一	貞…毓…丁…	2
二三一四五	…王…毓…三月	2
二三一五三	庚申…貞毓…歲惟𦲼彡	2
二三一五八	…卜旅…賓毓…	2
二三二四三	甲辰…貞…巳…毓…𢀛	2
二三五一八	…毓…在五月	2
二四九五一	…丑侑于五毓至于𦎫𢏚	2
二五二三三	乙卯卜濞貞毓…歲…伐…	2
二五七六四	丙…貞…毓…龠敹…	2
二六〇四四	…彡…毓…衣…無𢀛	2
二六八二八	…貞…毓茲?…	2
二六八二九	…貞翌…毓𠂇…曰…	2
二七一四五	彡…先…毓…	3
二七二四三	…中宗祖乙毓…吉	3
二七三三七	其有[illegible]毓…	3
二七三七八	…亥卜其有[illegible]毓…	3
二七三八一	貞于毓用王受祐	3
二七七〇三	丁亥卜𤉲貞…宄毓…甲惟…	3
三一九一二	…毓…祖無𢀛	3
三一九一三	…毓…	3
三二三一五	于毓祖祟有匄	4
三二三一六	甲午卜其有歲于毓祖一牢	4
三二三一七	癸卯貞有毓…	4
三二七六三	…亥婦井毓…	4
三四〇八七	癸未貞有毓	4
三五四二七	癸卯王…日自上甲…毓…在五月惟…	5
三五四二八	…彡…毓衣無…在六月…	5
屯 三七	庚寅卜步自毓𠦪年	3
屯 二七五	甲寅卜其𠦪于毓	4
屯 四六九	…歲…毓…爽王受祐	3
屯 六四七	壬午卜其剮毓父丁㱿	4
屯 二〇三〇	…自毓…受祐	3
屯 三二四九	…歲于毓…	3-4
懷 一〇四五	…未…旅…王…毓…	2
懷 一〇五七	…㫚…毓…衣…	2

妹

著錄號	釋文	期
二六〇五	貞勿多妹母	1
六五二四臼	庚子婦妹…	1
六五五二臼	乙未婦妹示屯 爭	1
一九一三七	貞妹惟使弗其子六…	1
一九一三八	…妹…𠂢…	1
一九一三九甲	甲辰卜殻貞肇我妹	1
一九一三九乙	貞肇我妹	1
一九一四〇	…丑…妹	1
二〇三四八	乙亥卜生四月妹有事	1
三〇四九七	惟有[illegible]品	3
三五九八二	癸亥卜在師貞王在𩫖妹其餗往正王	5
三六四八九	…亥王卜貞旬無𡆥…一月甲子彡妹工典 其…𩫖師王征人方	5

著录号	释文	期
三六九〇九	丁亥卜在𠷎師貞韋師寮妹…有宜 王其令宜不悔克𠦪王令	5
三七八四〇	癸酉王卜貞旬無畎王𠛬曰吉在十月又一甲 戌妹工典其𦔻惟王三祀	5
三八一三七	妹雨	5
三八一九一	妹延雨	5
三八一九二	妹霎	5
三八一九四	妹霎	5
三八一九七	妹霎	5
三八二〇二	…妹霎	5
三八二〇二	…妹其霎	5
三八二〇三	…妹其霎	5
三八二〇四	妹霎	5
三八二〇五	…妹其霎	5
三八二〇六	妹霎	5
三八二一三	貞妹其…	5
三八二一四	…妹其…	5
三八二一六	妹…	5
三八二一七	妹…	5
三八二一八	妹…	5
三八二二〇	妹其…	5
三八三〇五	癸亥卜𠘩貞王旬…在十月甲子工 典其妹	5
英一七九〇	…王…雀…令…妹…	1
英二五九二	妹霎	5

婐

著录号	释文	期
三七六正	庚子卜㱿貞婦婐娩嘉	1
三七六正	貞婦婐娩不其嘉	1
六四一正	乙亥卜古貞婦婐娩嘉	1
七一七正	婦婐	1
七三八正	…女婐王不𡆥	1
九九一正	貞婦婐娩不其嘉	1
九九一正	貞婦婐娩嘉	1
一七七三正	貞禦婦婐	1
一七七三正	婦婐不其嘉	1
二七七三	…卜爭貞禦婦婐于母…	1
二七七四正	甲寅卜爭貞勿禦婦婐于唐	1
二七七五	貞婦婐	1
二七七七	貞勿禦婦婐于母庚	1
二七七八	…婦婐…任…	1
二七七九甲	貞婐正王	1
二七七九乙	婐弗正王	1
二七八〇正	…婐…	1
二七九三	貞婦婐其…	1
七八五四正	甲子卜㱿貞婦婐娩嘉四月	1
七八六〇	貞婦婐娩不其嘉	1
五九〇八	丙子卜㱿貞勿禦婦婐于庚…	1
五九〇八	丙子㱿…禦婦婐…庚…𠕋…	1
五九〇八	丙子卜㱿貞勿禦婦婐于庚…	1
五九〇八	丙子㱿…禦婦婐…庚…𠕋…	1
一三九三三正	貞婦婐有子	1
一三九五五	…婦婐娩允…	1
一三九五六	…婐娩	1
一三九五七	貞婦婐娩不其…	1
一三九五八	貞婦婐娩惟衣	1
一三九五八	婦婐娩	1
一三九五九	貞婦婐娩不惟衣	1
一四〇一八	丙午卜亘貞婦果娩嘉四月	1
一四〇一九正	丙戌卜爭貞婦婐娩嘉七月	1
一四〇一九正	貞婦婐娩…其嘉	1
一四〇一九正	貞婦婐娩嘉惟衣　二告	1
一四一二八正	丙戌卜爭貞婦婐嘉	1
英一七〇	…婦婐娩…	1
懷一〇〇	…卜勿侑…婐…	1

姝

著录号	释文	期
三〇四三	…[illegible]…	1
一三七一六正	丁巳卜宕貞婦姝[illegible]疾	1
一三七一六正	貞婦姝其汏疾　小告	1
一四〇一七正	…旬有二日辛未婦姝允娩嘉在𪊨	1

嫀

著录号	释文	期
二七八一	癸丑卜宕貞…嫀…	1
二七八二正	…令嫀…	1
三六八三〇	己…嫀…今…	5
三六九四七	癸未…𠱠貞…	5
三六九四八	…在𠱠…夕無畎	5
三六九五三	戊…𠱠…月	5
三六九六一	辛酉王卜在𠱠貞今日步于…無災	5
一〇八七	…王執…其以𦍡	1
一〇八八正	丁酉…執弗其以𦍡	1

妹

著錄號	釋文
一〇八九	……卜……弗其以㜌
一四〇六八	丙子卜鼓婦娄嘉
七〇七六正	貞允其啓妹
七〇七六正	貞不其啓妹
一八〇五一	……我……妹……

婪

著錄號	釋文
一〇二九八	……婪獲鹿

訊

著錄號	釋文
六五九	貞訊州妾循
一八二四反	王訊曰曰夕曰吉凡
三七一六	……巳卜爭貞王訊……
五三七七	戊申……貞王其……訊
六七四六	訊
六七四六	訊
一九一二六	貞勿訊
一九一二七正	庚戌卜穷貞其訊
一九一二八	……訊……勿……
一九一二九	……訊惟……
一九一三〇	貞勿訊
一九一三一	……訊曰……
一九一三二	……訊循
一九一三三	……用訊
一九一三四	婦好有訊循
一九一三五	……有訊
一九一三六	辛……訊
二二八五三	……貞訊……
二三四七三	貞訊……
三六三八九	……乙丑王訊……乙在𡆥
英一五四九	……其訊若……囚

如

著錄號	釋文
二一七八五	……如……有娩……門二月
三三二二七	壬申卜如有以伐享妣己 茲用
屯二六七二	吺鼓
懷一五三七	……王……父……如……

妁

著錄號	釋文
二二三二二	癸巳卜妁乇
二二三二二	辛酉卜妁囚出
二二三二二	妁力
二二三二二	癸巳卜妁囚出
二二三二二	妁師毓
二二三二三	妁師毓
二二三二三	辛酉卜妁囚出
二二三二三	妁力
二二三二四	妁師毓
二二三二四	癸巳卜妁乇
二二三二四	辛酉卜妁囚出
二二三二四	妁乇
二二三二四	癸巳卜妁囚出

姼

著錄號	釋文
一三九五正	惟姼
二二二四六	婦姼子疾不延
二二二四六	癸亥卜婦姼無囚
二二二四六	癸丑卜婦姼在老
二二二四六	辛丑卜呼爰姼乳
二二二四七	辛……卜呼爰婦姼乳
二二二四七	癸亥卜婦姼無囚
二二二四七	癸……卜婦姼……
二二二五四	……婦姼……
二二二五五	……姼……
二二二五九	貞姼無囚
二二二六一	貞姼無囚

姰

著錄號	釋文
四一八正	貞其延于姰
四一八正	庚子卜丙勿于姰 二告
九〇〇正	丁酉卜㱿貞我受甫耤在姰年三月
九〇〇正	丁酉卜㱿貞我弗其受甫耤在姰年 二告
九〇〇正	……酉……穷貞姰受年
九〇〇正	……姰……其受年
九〇〇反	王固曰我其受甫耤在姰年
二七三七臼	……子……𢆶示 爭

九五一七　庚戌卜…貞王呼桼在姷受有…
九六〇八正　…在姷…
九六〇八正　甲戌…穷…在姷田萑　二告
九七四一正　姷受年　二告
九七四一正　姷不其受年　二告
一〇一三六正　己亥卜爭貞在姷田有正雨
一〇三一五正　丁卯卜殻貞米姷侑子
一三五〇五正　甫耤于姷受年　二告
一三五〇五正　丁酉卜爭貞呼甫秜于姷受有年
英八〇八　貞姷受…

⿰女才

一一二一正　勿烄⿰女才無其雨
一一二五　…申卜爭貞烄⿰女才…
一一三〇乙　惟⿰女才烄有雨
一一三〇甲　勿烄⿰女才無其雨
一一三一正　貞…⿰女才烄有从雨
一一三二　惟⿰女才烄有…
五六八二　亞⿰女才夢有𡆥
九一七七正　貞今丙戌烄⿰女才有从雨
九一七七正　貞⿰女才無其从雨　二告

⿰女⿱宀羊

一一二一正　貞烄⿰女⿱宀羊有雨
一一二二　勿惟⿰女⿱宀羊無其雨
一一二三正　甲申卜穷貞烄⿰女⿱宀羊…
一一二三正　貞勿烄⿰女⿱宀羊無…
一一二六　…惟⿰女⿱宀羊…
一一二七　…⿰女⿱宀羊…
一一二八　…⿰女⿱宀羊
一一二九　…⿰女⿱宀羊

⿰女羊

九七四正　貞婦⿰女羊娩嘉
一四六三反　…⿰女羊示…
二四八八臼　⿰女羊示十屯　穷
四二六一　…卜穷…㹅…⿰女羊
六八二六反　婦⿰女羊來
七二八七臼　婦好示十屯　爭
一七三九〇甲正　⿰女羊不其降
一七三九〇乙正　⿰女羊降
一七四〇七反　婦⿰女羊…

⿰女牛

二〇六七二　…⿰女牛

⿰女豕

一三七五八反　…其有老⿰女豕于…

⿰女⿱羊羊

二三三〇一　妣辛⿰女⿱羊羊

⿰女⿱朱黽

五八〇七　…亥卜爭貞旬無𡆥王固曰有祟旬壬申中師⿰女⿱朱黽四月
一四一六一正　貞帝弗令隹⿰女⿱朱黽　二告
一四一六一正　丙子卜古貞帝令隹⿰女⿱朱黽
二〇〇〇四　…宀不⿰女⿱朱黽
二二〇一四　⿰女⿱朱黽至

⿰女黽

二三三〇一　妣癸⿰女黽

⿰女龍　⿰女龔

四一五六　己卯卜王貞雀受⿰女龍…
一八〇四八　壬辰卜…惟⿰女龍…
一八〇四九　…⿰女龍…
英二三七一　其桒妣癸⿰女哭妣甲⿰女龔惟…

⿰女虎

一一四〇五　…子卜殻貞⿰女虎娩

⿰女⿱未虎

二八二六四　其桒年于⿰女⿱未虎鼎…　吉

字	著錄	釋文	次數
	二八二六五	其桒年于嬈惟今日酌有雨	3
	五八〇反	嬈 示六	1
妛	二〇〇〇五	甲寅…貞…妛…	1
妏	一八〇四一	貞于…妏…	1
	一八〇四二	…旁…子出…丁用日妏…	1
姳	八六四	…卜…姳…往…	1
	二五二〇一	…采姳雲自北西單雷…𡆥星三月	1
	一八〇四三	…午卜…姳…犬	1
	一八〇四四	壬…姳…	1
姃	二八〇三	…婦姃…㱿…	1
	七二四五	祉曰…姃迄至…有來姃卒…子妞…有…	1
嬐	英三四六	…卜爭…嬐…	1
	英三四六	…卜爭…嬐…	1
妼	二七六〇臼	妼…	1
㛤	英三二七一	其桒妣癸㛤妣甲𣆪惟…	3
婦			
	一四〇二五	…婦嬈…嘉	1
妓	四五四正	辛未卜㱿貞婦妓娩嘉王固曰其惟庚娩嘉三月庚戌娩嘉	1
	四五四正	辛…卜㱿貞…妓娩嘉…其嘉	1
	二六九二反	婦妓…	1
	五七七五反	婦妓	1
	六六四八反	我妓來	1
	六六五五反	婦妓來	1
	六八二八反	…妓…	1
	九二〇〇反	婦妓來…	1
如	三三一七一	戊寅卜侑妣庚五如十牢 不用	4
媚	二二一七四	光匄㛗	1
㑃	一四五八八	丙子卜旁貞㑃珏酌河	1
姫	一八〇三四	丁…卜…姫…	1
	二〇八一五	…㱿敗九月	1
姬	二七五四七	其侑𡡗于妣辛	3
	三三二九一	辛酉卜惟姬㞢雨	4
	三四二一七	辛酉卜惟姬㞢雨	4
	三五三六四	庚午卜…姬妣庚…㱿二…二牢…	5
	三五九六五	丁酉卜貞…日…亥王其…姬蘢…其以…	5
	三六三一九	癸酉卜貞王賓母癸姬無尤	5
	三六七二五	辛丑卜貞王賓…姬無…	5
	屯三二六七	…有姬…	3

𡝲

二六九五六 惟𡝲王受祐 3

三五三六一 己卯卜貞王賓祖乙奭妣己姬𡝲二人𣪘二人卯二牢無尤 5

三五三六一 甲申卜貞王賓祖辛奭妣甲姬𡝲二人𣪘二人卯二牢無尤 5

三五三六三 ……貞王賓……𡝲二人……人卯……無尤 5

三六三七六 在心月 壬寅卜貞王賓武丁……妣癸姬𡝲……𣪘卯……無…… 5

𡛙

一〇五七九 貞呼𡧍途于𡛙來 1

一三八六八 己酉卜㱿貞𡛙骨凡有疾 1

英三〇一正 ……㗊貞……𡛙？…… 1

嬗

一二〇三〇反 婦嬗…… 1

二四六一〇 ……戊卜出貞自今十年又五王嬗…… 2

𡠄

二五六二 ……卜爭……𡠄 1

一四〇二一正 戊午卜爭……𡜵娩嘉王……曰𢀛三……婦 𡜵娩嘉 1

一四〇二二正 貞婦𡛸娩嘉 1

一四〇二三正 婦𡛸娩不其嘉 1

娃

三六三四四 丁五王卜貞今囚巫九备……典春𥄎侯 5

三六三四四 彈……尤暨二娃余其比……戔無左自上下……𤔲 有祐不曾𢦏無？……商無𢓊在 5

三六三五五 ……乙巳王……暨二娃……受有祐不…… 5

娕

二八一二 ……午卜……婦娕子不𢆶 1

一三九六一正 ……申……貞婦娕娩 1

奸

一七〇六八正 貞婦娕子其𢆶 1

英一一一九 ……娕……其……𠬝？…… ……告 1

禦

六五六反 勿禦 1

一〇七六臼正 乙亥卜㱿貞禦于祖乙三牛 1

娥

二八〇二 ……婦……娥……弗…… 1

二八〇二 ……婦……娥……弗…… 1

姦

五八五正 丁巳卜𡧊多𠂤于𡦹 1

五八五正 丁巳卜勿𡧊多𠂤于𡦹 1

二一五二〇 丙子……𡧊于……示于…… 1

二五八二 ……㞢……𡧊甲……𡧊辛…… 1

一四〇二四 丁丑卜爭貞婦姦娩嘉惟……二月 1

二一七九一 ……不彝 其得 1

二三四〇五 姦

㛥

二三三四六 勻何㛥 1

二三三四六 勻何㛥 1

二三三四七 勻何㛥 1

姓

二八六一 婦姓……彝 1

一四〇二七 ……姓娩其嘉 1

一五三二〇 貞𨙶姓 1

一八〇五二 ……王……姓…… 1

一九一四一 貞𨙶姓 1

一九一四二 貞𨙶姓 1

一九一四三 ……㝵……姓 1

二六九五六 即于𠬝仲姪 吉

姪

一四〇六七 丁卯：婦姪：嘉壬：
一八〇五五 己亥：姪：
二一〇六五 乙亥卜王：余弗其子婦姪子
二一〇六六 ：旬壬：婦姪：嘉七月

四四六四正 丁酉卜爭貞呼𡚤疾克
四四六四正 貞呼𡚤疾克
四四六四正 呼𡚤疾克
四四六五正 ：令召𡚤無囚
一七四三七反 ：𡚤：

娘

二六八三 戊辰卜爭貞勿𧧍婦娘子子
二六八四 戊辰卜爭貞勿𧧍婦娘子子
二六八五 ：巳卜爭：婦娘子：屮：
二六八七 ：禦婦娘于祖丁七月
二六八八 ：禦婦娘于祖丁七月
一三九五四 丁卯卜王：娘娩
一四〇一六 ：娘娩不其嘉
一四〇二二 貞于𡚤：婦娘子
一九八八六 甲申卜王于妣己禦古娘十月
二〇〇〇〇 戊子：貞余子婦娘：
二一二九六 壬：卜王：娘：其：母：

二四三一 惟𡛷

汝

二七九一反 婦汝：
二七九二 ：女一人：曰汝
六一五六臼 戊寅婦汝示二屯 㱿
一四〇二六 貞汝娩不其嘉

㚼

一五九三五臼 戊寅婦㚼示二屯
二二二五八 辛卯卜今日侑汝：

㚤

一〇八一六反 ：婦㚤：
一八〇六七 ：㚤：

二二〇九八 丁亥卜貞𡚤有疾其水
二二〇九八 丁亥卜𡚤有疾于今三月弗水
英三〇反 ：𡚤示八

一一〇一五 ：令：狩：𡚤

娘

一〇九三五正 己丑卜㝎貞𡚤有子
一〇九三五正 貞𡚤無其子 不𠮠鼄

一一四二三反 婦娘示三
懷九六C 婦娘示十屯 亘

㚶

二六八八 婦㚶：
二六八八 婦㚶：
英一二九一 貞：王㚶祖：玉𤑔三小宰卯三大：

娍

二二二四六 匄𢦏娍
二二二四七 匄𢦏娍

孅

二〇〇〇三 戊：惟：孅：妾：
二二二四六 匄𢦏孅

字	著錄	辭例	次數
[女夆]	二五三七	貞于[女夆]禦	1
	二五三七	貞…[女夆]禦	1
[女皿]	二二二四六	勻[illegible][女皿]	1
嫀	一〇八六正	丁巳卜古貞周以嫀	1
	一〇八六正	周以嫀	1
	一〇八六正	貞周弗以嫀	1
[火女]	一〇〇四八	壬午卜穷貞翌丁亥呼[illegible]	1
	一五九四三	戊寅卜貞[illegible]畀[illegible]	1
[女凡]	一一三九	己酉卜穷貞翌庚戌烄[女凡]…	1
	一八〇六六	…貞翌…戌…[女凡]于…㞢…	1
[女奠]	一三八六六	…[女奠]骨凡有疾	1
	八八二〇反	…省[illegible]…	1
[女桼]	一八〇三七	…禦…[illegible]…于…	1
	一八〇三八	…丑卜…[illegible]丁…	1
	懷四三二	…婦[女桼]…	1

字	著錄	辭例	次數
嬌	二七六〇五	其至司嬌有正	3
	一五五六二臼	戊寅…[illegible]示一…	1
[女冬]	二八二三五	丁亥卜…禦[illegible]曾…	3
[女凷]	二二二四七	勻[illegible]	1
婭	二二三〇一	妣乙[illegible]	1
	二二三〇一	妣戊婭	1
	二二三〇一	妣戊[illegible]	1
嫤	二二三〇一	妣戊嫤	1
	二四〇四三	甲申卜…弜[illegible]作宗	4
	二八一二七	高[illegible]…暨卯弜…	3
[女芰]	一二五〇〇	…寅卜古…使人…[女芰]…	1
	三六八三一	癸未卜在[illegible]貞王旬無畎	5
[氵女芰]			

三六七五六 癸未王卜在𠂤貞旬無畎王囗曰吉在十月…王这酉雨 5

三六七五七 癸未卜…𠂤貞王…無畎 5

三八二四三 𡛷 辛酉王卜貞…䜌嘉王囗曰大吉…九月遣祖辛䜌… 5

三八二四四 …辰王卜在𢀛…𡿬䜌嘉…囗曰吉在三月 5

二四三一 𡚸 …𡚸… 1

一九九八六 奴 戊寅卜𣏾子…于𡚸[illegible]六月 1

英六四六正 …奴… 1

一三七反 …四日庚申亦有來𡆥自北子𡚸告曰昔甲辰方征于𡚸俘人十又五人五日戊申方亦征俘人十又六人六月在… 1

一九〇正 貞…于冥 1

一九〇正 …勿于冥 1

一四六三甲反 妗 …妗甲… 1

一八〇四七 …𡛷… 1

二四三一 貞惟𡛷 1

懷一五〇五 …申卜𡛷…大材… 4

三〇九六 嫐 丙午卜貞效丁人嫐不𡿬在丁家有子 1

一八〇五三 …卯卜…𡚸… 1

一八一二七 …姞… 1

三八六八反 [illegible] 1

一八〇五四反 …𡛷… 1

三七四八五 妞 五 …卜貞王田于妞麓…獲兹御獲狐 5

二二一七一 雉 …雉牢在𡆥用 1

二〇九九 娘 戊午卜娘力 1

二一五六八 妦 …巫妦… 1

二一二〇七 …孕六月 1

如
二六五一 …貞其…十牢又二 如妣用牛一 1

婤
乇三一〇 …于妣丁…婤祟 3

懷一五一五 …婤…不其嘉 4

三八七六一 …𡚤妹… 5

三六八二七 …卜在…貞王步𡟰無災 5

娍
三二六一二 …娍小辛 4

妫
乇一〇〇 甲申卜㚔于𡛍妫 4

婄
三六七五一 庚寅卜在婄貞王步于杞無災 5

妊
二七九九 乙酉卜穷貞翌丁亥𤕫婦妊 1

二一五五九 …妊… 1

妊
一八〇四五 …妊… 1
二〇七〇六正 王貞勿疋在妊虎獲 1

姊
三一一七二 …卜尸…生月…𡛡姊 1
三一一七二 庚辰卜王尸見亞𡛡姊生…十月 1

嫜
三三二八九 癸酉卜㚔嫜… 4
三三二八九 戊辰卜㚔嫜于𡜎 4

𡢀
九七三正 …唐子𡢀父乙 1
九七三正 …唐子…𡢀父乙 1

𡛡
三六四七五 庚辰王卜在𡛡貞今日其逆旅以…于東單無災 5

𡡒
三二二九九 甲申貞㚔𡡒雨 4
三二二九九 在𡜎㚔𡡒 4

𡜜
懷一五〇九 …甲子惟…𡜜… 4

子巳

早 參 776頁
早 參 776頁
早 參 676 677頁

子

676 677頁

85頁

109頁

981頁

1009頁

86頁

970頁

205頁

206頁

94頁

644頁

641頁

516頁

1344頁

509頁

800頁

1101頁

1183頁

1189 1242頁

766頁

766 768頁

766 768頁

766 768頁

765頁

770頁

766 768頁

602頁

192頁

1238頁

734頁

734頁

968頁

761頁

899頁

112頁

子某

九四正 辛丑卜㱿貞婦好有子三月王固曰好其有子禦

一三七正 癸丑卜爭貞旬無𡆥三日乙卯…有𡧊單丁人豐𠬝于彔…丁巳𡧊子豐𠬝…鬼亦得疾

一三七反 …四日庚申亦有來𡆥自北子𡿧告曰昔甲辰方征于蚁俘人十又五人五日戊申方亦征俘人十又六人六月在…

三三五 貞𡆥…子𡿧其束子十羌十牢

六七三正 翌乙卯酌子束𢌳

二四七 …戊卜王…及子…子羌…

九二六正 貞王有𠦪子陕其以

三〇八六 丙寅卜㝊貞…子𤓿𡍮

三〇八八 …卜爭…子𤓿…

三〇八九 乙丑卜㝊貞惟…子𤓿…

三一八三正 丙戌卜亘貞子𠬝其有…

子

著錄	釋文	期
三一八三乙正	子𠂤…	1
三一八四	…卜殻…子[illegible]…	1
三一九三	乙丑卜…貞出…子異…	1
三一九四正	…子妌…自	1
三一九五甲	庚寅卜爭貞子莫惟令	1
三一九五乙	辛卯卜爭貞子[illegible]不惟令　二告	1
三一九六正	…卯卜爭貞子[illegible]…	1
三一九七	…貞子眉…	1
三一九八	…子卜殻…子眉…	1
三二二四	貞子[illegible]無疾	1
三二三二反	…殻貞…子[illegible]	1
三三九八	…子兒…王六月	1
三三九八	…卜王令…子兒…月	1
五八七四	以子寢巫	1
六四七七反	勿令子衛涉其…	1
七一四五	…嬉迄至…有來嬉卑…子娖…有… 祉曰…	1
七一五三正	…娕子尌一月	1
七六三一	貞翌甲…子大…征[illegible]	1
九五二六正	…子甫立	1
一〇四〇五正	己卯要子實入囲羌十	1
一〇四〇五正	癸未卜殻貞旬無囚王固曰往乃兹有祟 六日戊子子彈犅一月	1
一〇九三六正	子妥骨凡	1
一一六八九	惟令…子眉…	1
一七〇六九	壬申…龔…子丼	1
二〇〇二〇	乙卯卜祀畀…子任	1
二〇〇四五	子权出	1
二〇〇五一	…不…子[illegible]…曰弜…列	1
二〇〇五三	…戊卜[illegible]…子成…[illegible]	1
二〇五四三	子兄無循	1
二〇五四四	子骨無循	1
二〇五七八	子妥不物	1
二〇六九二	子豕	1
二一五六七	…卜子…子[illegible]	1
二一五九三	子宀	1
二一八八一	壬子子鼓	1
二一八九〇	…卯貞子母不佞	1
二二〇四七	惟用子戊不惟父丁父戊	1
二二〇六七	貞子耆不無黑	1
二二〇八六	壬午卜貞惟亞涉子[illegible]	1
二二二七七	丁丑卜子啓[illegible]無囚	1
二二二七八	丁丑卜子啓[illegible]無囚	1
二二二八二	乙卯卜貞子啓無疾	1
二二二八三	乙卯卜貞子啓無疾	1
二二二八四	乙卯卜貞子啓…疾	1
二二二九六	癸酉卜侑子[illegible]	1
二二三五一	…牛一子祝	1
二三五三六	丙寅卜祝貞令子麃尊八月	2
二三五三七	…卜出…子麃…	2
二三五三九	…卜…貞子利牡	2
二七七四七	…子遡令…王弗悔	3
二七七九〇	惟…子牧…王弗…	3
三二七七七	己卯貞子卬無囚	4
三二七七八	辛亥貞子卬無囚	4
三二七七八	辛亥貞子卬無囚	4
三二七七九	壬子貞子戈無囚	4
三二七八三	癸亥貞子黃[illegible]無囚	4
屯四五一四	子妥不妝	4
英一三六	…殻貞…子麃…	1
英一三七	貞子麃不延有…	1
英一七七〇	禦婦[illegible]子于子膚	1
懷一五八八	癸酉卜侑…子虎…	4
懷一六〇七	癸卯…子叟…	4

多子

著錄	釋文	期
六七七	…易多子…女	1
七八七	貞惟多子呼往	1
八一〇正	壬午卜貞多子獲鹿　二告	1
一七〇七反	貞…呼…多子…	1
一八二二正	貞多子魯…	1
一八二二正	貞多子逐…魯	1
二九四〇	丙戌卜爭貞父乙术多子	1
二九四〇	丙戌卜爭貞父乙术多子	1
三二三八正	貞父乙弗弗术多子　二告	1
三二三八正	丁丑卜㝊貞父乙允术多子	1
三二三九	禦[illegible]于多子	1
三二四〇	甲午卜惟周…三牛…多子	1
三二四一正	…卜…多子…	1
三二四二	多子獲	1
三二四二	貞多子不其獲	1
三二四三	…多子逐鹿	1
三二四四	貞呼多子…	1

著錄號	釋文	數
三二四五	壬申卜…率甲…多子	1
三二四六	…卜貞…今二月多子步…𡜀	1
三二四七	…多子[illegible]	1
三二四八	壬寅卜穷貞多子其…	1
三二四九	…亥卜…多子…[illegible]	1
三二五〇	丙子卜貞多子其延學疫不遘大雨	1
三二五一	…爭貞…多子…	1
三二五二	…多子…至…無佐	1
三二五三	…羽…多子…獲…	1
三二五四	…作…[illegible]…多子八月	1
三二五五正	貞呼黄多子出牛侑于黄尹	1
三七五二	…呼多子…	1
八九八八	癸丑卜貞不其于多子囚	1
一〇二七五正	貞多子獲鹿　二告	1
一〇三〇二甲正	貞多子逐鹿	1
一〇三〇六正	勿呼多子逐鹿	1
一〇三八六正	…多子逐麑獲　不舌黽　二告	1
一〇五〇一正	癸未卜殻貞多子獲[illegible]	1
一〇五〇五	癸巳多子…[illegible]	1
一〇五五四	…多子…孫…田	1
一一〇〇六正	呼𢆶多子	1
一七三八三	貞王夢多子囚	1
二〇〇五五	…辰卜王貞旬于多子	1
二〇四一二	…方…多子	1
二二二九七	…[illegible]多子…其叙	1
二二三二三	乙丑卜貞婦爵肉子無疾	1
二二三二四	乙丑卜貞婦爵肉子無疾	1
二三五四二	…旅…多子…[illegible]…	2
二三五四三	…卜即…饗多子…	2
二七六四四	…多子饗	3
二七六四六	…多子…	3
二七六四七	貞惟多子饗于廳	3
二七六四八	惟多子饗	3
二七六四九	甲寅卜彭貞其饗多子	3
二七六五〇	惟多子	3
三四一三三	丁酉卜王族爰多子族立于啚	4
英一四八正	己亥卜殻貞惟多子	1
英一四八正	貞不惟多子	1
英一四八正	貞惟多子	1
英一四八正	貞不惟多子	1
英一五三反	…[illegible]夕子…	1
英六〇一	貞惟多子呼伐獾…	1

㞢子

著錄號	釋文	數
九四正	辛丑卜殻貞婦好有子三月王固曰好其有子禦	1
三〇九六	丙午卜貞效丁人嬄不冓在丁家侑子	1
一〇〇四七	…爭貞…冓有子	1
一〇三一五正	丁卯卜殻貞米娟侑子	1
一〇九三五正	乙丑卜穷貞[illegible]有子	1
一〇九三五正	貞[illegible]無其子　不舌黽	1
一二二八五	貞有子	1
一三五一七	侑子…戠	1
一三九二六	庚子卜殻貞婦好有子	1
一三九二七	婦好毋其有子	1
一三九二七	婦好有子四月	1
一三九二八	…卜殻…婦好有子	1
一三九二九正	…好有子	1
一三九三〇正	…辰…殻貞婦好有子	1
一三九三一	癸未卜殻貞婦姘有子	1
一三九三一	貞婦姘毋其有子	1
一三九三二	…穷…姘有子	1
一三九三三正	貞婦㜂有子	1
一三九三四正	貞婦敚有子	1
一三九三五	…卯卜婦[illegible]有子	1
一三九三六正	壬辰卜殻貞婦良有子	1
一三九三九	…午卜…有子	1
一三九四〇	…卜王…丁…有子	1
一三九四一	…有子	1
一九九二一	乙巳卜[illegible]侑子宋	1
二〇〇四六	辛卯卜王侑子…	1
二一〇六一	…卜貞婦…有子	1
二一〇六二	…有子…今日…	1
二一一五一	丁巳…有…子…	1

二）㞢子

著錄號	釋文	數
一四二五七	貞上子受我祐	1
一四二五七	貞上子受我祐	1
一四二五八	貞上子不我其受…	1
一四二五八	貞上子不…其…	1
一四二五九	貞上子不我其受祐	1
一四二六〇	貞上子不我其受…	1
一四二六〇	貞上子不我其受…	1
一四二六〇	…上子受我祐	1

長子

二七六四一　其侑長子惟𤉲至王受祐　3

大子

三〇六一正　癸丑卜爭貞復缶于大子　1
三〇六一正　癸丑卜爭勿復缶于大子　1
三三三六　貞㯉子…大子小𡨦十月　1

中子

三二五八　…申…侑仲子　1
三二五九　仲子不祟　1
三二六〇　…其仲子…　1
三二六一　…未卜…仲子…　1
二〇〇二四　子仲子祉子辟　1
二一五六五　乙亥卜𠂤子中子…牛不　1
二一五六六　…貞中子肱疾呼田于凡　1
二一五六六　癸亥卜中子有往來惟若　1
二一八二四　…㞢不…中子壱囚　1
二三五四四　己巳…旅…仲子…王其賓…　2
二三五四五　辛丑卜大貞仲子歲其延酢　2
二三五四六　乙丑…貞歲…仲子…　2
二三五四七　己酉卜…貞王…仲子歲…無尤　2
二三五四八　乙卯…貞仲子…其㞢　2
二三五四九　…貞惟仲子…　2
二三五五〇　己酉…貞歲…仲子…尤　2
二三五五一　丁酉…貞仲子…其…　2
二三五五一　…旅…仲子…王…賓…　2
二三五五二　貞…仲子…盟…　2
二三五五三　…酉卜…貞仲子…其…　2
二三五五四　…仲子…其…　2
二三五五五　…圉于仲子惟羊　2
二三五五六　戊申…貞其…仲子惟襲　2
二三五五七　…卜…貞仲子…　2
二七六四二　…仲子告…受有祐　3

小子

一五一正　貞小子有𡆥　1
一五一正　貞小子無𡆥　二告　1
一五一正　貞祖丁若小子𡆥　1
一五一正　貞祖丁弗若小子𡆥　二告　1
三二六一　…丙壱小子　1
三二六二　…內宅小子　1
三二六三　…惟…旬有五…八𢦏戊…小子…月　1
三二六四　…卜…貞…小子　1
三二六五　…小子　1
三二六六　己卯卜貞今夕小子有𢦏五月　1
三二六六　貞翌庚…小子有𢦏　1
三二六六　…小子有𢦏　1
三二六七正　壬…穷貞弗…多小子　1
六六五三正　貞祖丁若小子𡆥　1
六六五三正　祖丁弗若小子　1
一八七九〇　…有五…𢦏戊…小子…一月　1
二〇五三七　…少子…征…南　1
屯二六七三　…母庚至小子㯉　1

子方

五六二二　…貞翌…令𡆥…子方…友戩王事　1
三二一〇七　辛丑貞王令𡆥以子方奠于并　4
三二八三三　辛酉貞王令𡆥以子方乃奠于并　4
三二八三三　…亥貞王令𡆥以子方乃奠于并　4
屯三七二三　…亥貞…以子方奠于并在父丁宗彝　4
屯四三六六　辛亥貞王令𡆥以子方奠并在父丁　4
宗彝　4

盟子

二二八五七　丙寅卜即貞其𡩜羊盟子　2
二二九八八　己卯卜大貞盟子…牡…　2
二三五五六　戊申卜即貞翌己酉…盟子…　2
二五一六七　…丑卜旅貞盟子歲王其賓…　2
二五一六八　…巳卜即貞盟子歲牡　2

數字子

三二六八　乙巳貞其于二子小𡨦　1
三二六九　貞二子克延　1
二二二一五　壬寅卜貞四子𢦏貞　1
二二二一五　子子餕五子　1
二二二一五　乙丑中母餕五子知貞　1
二二二一六　…四子知貞　1
二二二一七　…四子知貞　1
二三五四〇　丙子卜大貞其𣪊四子　1
二三五四一　丙子卜大貞其𣪊四子惟今日四月　1
二四九八三　貞惟今日酢其侑于二子　2
屯三〇八八　其侑二子惟小𡨦　2
屯三七三六　丙寅貞惟𡆥二子…人　2
英一七六二　丁巳卜𠂤方三子　1

二六〇一〇　……出……丁未其奏家盧子母于有宗若

二六七六五　甲子卜大貞……家盧子……𢀛暨……己酉

懷一三六八　癸酉卜貞旬有祟不于𡩜子四月

懷一二六八　甲子卜大貞作𡩜子母𡩜暨多母若

一四九二一　一二八七　二一二八八　二一二八九正　二一二九〇　二一二九〇　三四一三三　乇四〇二六　懷一六三五　懷一六四二

惟束令暨多子族

己卯卜徃侑子族豕用

戊寅卜侑子族示不

……卜侑子族犬……十𢦏……

戊午卜自侑子族　二告

勿侑子族

丁酉卜王族爰多子族立于召

庚寅卜多子族于召

……多子族立于召

五三六　辛卯卜爭勿呼取奠女子　二告

五三六　辛卯卜爭呼取奠女子　二告

五三六　……呼取奠女子

七八七　子女子

七八七　子女子

八一六正　子父乙多介子祐　二告

八一六正　有犬于父辛多介子

一六二三反　侑子介子

四七三五正　貞告子其有𡆥

四七三五正　貞告子無𡆥

二二〇九九　丁巳卜若𡧊告子

四五六正　侑子唐子伐

九七二　貞于唐子伐

九七三正　貞唐子伐

九七三正　……唐子𡘋父乙

九七三正　……唐子……𡘋父乙

三三八一　貞唐子……祟

三三八二　……唐子……

三〇〇五四　……唐子……郭……

乇三四一　……未卜王令以子尹立帛

乇三四一　壬申卜王令𫏐以子尹立于帛

一四一一五　戊辰卜王貞婦鼠娩余子

一四一二六　貞婦鼠娩余弗其子四月

三〇〇〇〇　戊子……貞余子婦娘……

三一〇六三　乙丑貞余子……

二一〇六七　乙丑卜貞占𢦏子余子

一三六一四　貞子疾首……

一四〇〇七　貞子不其有嘉

一七三八四　……王夢子無疾

二二二六七　子無疾

英一一〇五正　丙子卜㝉貞子𡆥無疾

英一一二五　貞子……疾首

英一九四八　丁酉卜貞子弗疾有疾

懷九六五　貞子利無疾　小告

二八三三　貞勿㠱婦子于……

三二〇二　丁巳卜于兄丁㠱子衛

一二〇九四　……㠱子……曰于……乙

一二八一三正　庚戌卜㱿貞于母己㠱子……

一五一一七　癸巳卜惟戊㠱婦子七月

一五一一八　……乙卯卜……貞㠱子……

一五一四三　……㠱子……罕

一九九八六　戊寅卜㠱子……于婦鼠𧉞六月

二二〇九二　戊申卜㠱子于父戊

二二三七四　甲寅卜臣子來𢀛

二二三九四　貞臣子

某子

二七八三　戊辰卜爭貞勿蔑婦娘子子

二七八四　戊辰卜爭貞勿蠢婦娘子子
一四一一八　禦婦鼠子于妣己允有寵
一四一一九　貞婦鼠子不𠭯
一四一二〇　庚申卜王余祐母庚…庚弗以婦鼠子用
八月
一四一二一　…婦鼠子
一四一二二　貞子𡿧…婦娘子
一七〇六六　…貞旬無𡆥旬[illegible]壬申…𡏳火婦姓子𠭯
七…
一七〇六八正　貞婦㜏子其𠭯
二一〇六五　己亥卜王…余弗其子婦姪子
二一六二八　貞…婦妥…子…
二一七二七　壬辰子卜貞婦[illegible]子曰戠
二一七二七　婦妥子曰害
二一七九三　乙巳卜貞婦妥子無若
二一七九三　辛亥子卜貞婦妥子曰𣪊若
二二二四六　婦姼子疾不延
二二三九五　丁卯貞婦凡子犬?疾

其它

六七二正　貞子㞢
八一一反　呼子立…
八九二正　秉子㞢不
九四七正　乙酉卜內貞子其及?　二告
二九七〇　…戊卜令…子…
三二二五　…子八于…
三二二六正　戊辰卜韋貞爵子卓…
三二二九　貞勿畀子秜一月
三二三六　庚…貞…冎剛…辰其…于子…無…
三二七〇　癸丑卜…𠱠子韋…
三二七四　…貞其𢆶
三二七五　…暨…𢆶…
三二七六　貞霝子𢦏
三二七七　貞霝…
三二七七　貞霝子…𢦏
三二七九　乙未…㱿…牛…邑子暨婦子
三二八三　貞惟古子妥?呼
三二八四　壬子卜貞惟鳥子令酉?…豕
三六六〇　癸卯卜穷貞子…
四一三五　子
四六八七正　…卜貞…來…子十三月

五八三四　乙卯卜永貞卒弗其𡍵子二月
五九〇六　癸丑卜貞執古子
六〇四九　…穷貞令𢦏酉子貯八月
七三五二正　勿惟子不呼
七五五九反　…今卒子鑿?…
九七九〇正　貞尹弗其𡧊子　二告　不舌黽
九七九〇正　甲申卜㱿貞尹以𡧊子
一〇八四八　…子𡧊其獲　二告
一〇八四八　…子𡧊不其獲　二告
一〇九三六　…子鄉…侑…祖…
一一四〇〇　貞王勿𠬝邑葡牧子在𣏟
一一七一一　…固…六日戊辰…子𡧊…
一三〇一七　貞止人于子
一三九三六正　貞婦良…其子
一四〇六六　癸未卜…貞婦…口…子
一四一二五　貞子毋其毓不𠭯
一四三七五　貞翌丁卯呼子侑于丁三宰
一九八四九　…惟…祝用成…歲祖乙二宰勿牛白豕…示
鼎三小宰卯子祝歲
一九九八五　…子…𡚽
一九九九七　弜…𡥜…𣎵婦子
二〇〇〇二　…侑…子…人…
二〇〇三五　…祐子…
二〇〇四〇　…子其彈
二〇〇四一　…子𢻱…固
二〇〇四三　子𡨦…
二〇〇四四　…癸巳曰子寢無…
二〇〇八五　甲申卜惟伯子
二〇一三八　己卯卜𡧊取子
二〇三四七　…亞子父乙
二〇五四三　子…無循
二〇五四三　子…無循
二〇五四四　子…無…
二〇五四四　子…無循
二〇六八二　…子…犬
二〇七二八　…子卜…子…龜…
二一〇六四　己巳卜王…子
二一〇五六　癸巳卜子…骨凡
二一一二三　乙亥卜有曰子𡧊…
二一一五四　…卯卜祐…于子…母鼎
二一二九〇　惟子
二一二九〇　丙辰卜𠂤惟羊子…

二一二九三　弗子　1
二一三〇六乙　妟比…尹…子　1
二一三六八　…寅卜王…婦…子不𡆥一月　1
二一四四三　…貞…子無呂　1
二一四九七　丁亥卜…子妣…　1
二一四九八　…貞…子比…告…　1
二一五七二　…令子雀…子　1
二一五九二　子…甾…　1
二一七三四　乙巳𢓊卜丁來自正川子　1
二一七三五　…巳𢓊卜…來自正…子　1
二一七五六　…王子…羊　1
二一七六五　…午子…獲　1
二一八八六　癸亥貞…子允…　1
二一八八八　…子…冥　1
二一八八九　…子…冥　1
二一八九一　戊戌禦□子步　1
二一九一一　庚有事子…　1
二一九二三　辛卯卜…子…歺　1
二八一九五　乙未卜晅貞今日子入駛土一乙𥡴　3
二八八七六　…子獲　3
三一六七六　二月貞卜子無若　3
三七五一四　惟騂暨駛子無災　5
屯一五九六　…子奐…　4
屯二四三九　…于小乙子谷于之若　3
屯二六五〇　…卜…崩子白…
屯三七五二　辛其興子…　3-4
屯附一　祖庚豚父乙豚子豚　3-4
屯附一　禦臣父乙豚子豚母壬豚　3-4
英一八三六　…四旬八日…子凡…　1
英一八六四　丙…王…子…　1
英二六七四正　御子曰□　5
英二六七四正　□子曰商　5
英二六七四正　□子曰喪　5
英二六七四正　喪子曰𣪊　5
英二六七四正　𣪊子曰□　5
英二六七四正　□子曰御　5
英二六七四正　吹子曰戠　5
英二六七四正　戠子曰□　5
英二六七四正　□子曰□　5
英二六七四正　□子曰□　5
懷七七　…魚子母…羊子…　1
懷一三〇四　…乘子子…惟羊…弘吉　3
英一八〇三　…辰卜王旬…丁兮…辛…子　1

⿰子矢

八九一正　鼓以⿰子矢　二告　1
六六四七反　貞日用好　1
八三三〇正　惟𥛱岳⿰子矢　1
九三三九　壬子卜沚以⿰子矢君獲入盟　1
一一〇一八正　惟⿰子矢人　1
一四二〇八正　貞帝⿰子矢唐邑　1
一四二〇八正　貞帝弗⿰子矢唐邑　1
一四二一一正　貞帝弗⿰子矢茲邑　1
一四二一一正　戊戌卜爭貞帝⿰子矢茲邑　二告　1
一四二一二　辛卯卜㱿…帝⿰子矢茲邑　1
一四二一三　…⿰子矢茲邑　1
一四二一四　…⿰子矢茲邑　1
一四二一五　貞不其⿰子矢…　1
一四二一六　貞帝弗⿰子矢茲…　1
一四二一七正　…其…帝弗⿰子矢　1
一四二一八　…帝…⿰子矢　1
三一七六七　…⿰子矢…　3
三一八〇四　⿰子矢　3
三一八〇五　…⿰子矢　3

⿰子肉

二七九　貞⿰子肉以羌…自高妣己妣庚于毓…　1
五六二四　乙未卜爭貞□王□曰□　1
一三九七四　…酉卜㱿…⿰口子…娩　1
一七九九五正　…酉卜㱿…⿰子肉子…　1
一七九九六　…申卜㱿貞告王⿰子肉于祖乙…妣　1
一七九九七正　貞⿰子肉不𠕋　1
一七九九八　…爭貞來…王⿰口子于父…　1
一七九九九　貞子…⿰子肉…　1
一八〇〇一　庚辰…侑于…⿰口子…　1
一八六一四　…⿰子肉…十二月　1

⿰子力　嘉

二一七八六　庚辰卜□貞克女嘉…毓…嘉　1
二一七八七　庚戌卜我貞婦鼓嘉　1
二一七八八　…亥子…貞婦…嘉一月　1

二一七八九　辛丑…貞婦…豕嘉
二一七九〇　…卜貞…喜嘉

孚　俘

一三七反　…四日庚申亦有來媿自北子𡚖告曰昔甲辰方征于𢼸俘人十又五人五日戊申方亦征俘人十又六人六月在…
七六四　貞令…暨…示…俘
七六五　…俘…
九〇三正　貞我用㚔俘
一三三六二反　貞呼…俘于…
一一四九九反　…𢦏…亦征俘…六月
三二四三五　甲辰卜𢽾俘馬自大乙
三五三六二　…克俘二人…又司毋我王永…比
用…毋其…
屯一〇七八　甲辰卜𢽾俘馬自大乙
屯四一七八　乙巳𢽾俘羊自大乙
屯四二八七　…卯卜惟…𢽾俘…

㪉　羲

二二三二三　㪉
二二三二三　㪉師𩡏
三三〇一四　甲辰卜召方來惟其羲

孫

一〇五五四　…多子…孫…田
三一二一七　…卜…孫…受祐
懷四三四　壬午卜…余勿在孫𣏟

保

八六七〇　…方無…保…十月
英二五二五　癸巳卜在𦎫䇂商商泳貞王旬無𡆥　惟來征人方

一七九三二　…未卜…𢦏…
英一八一三　戊午卜王𢦏不亦𢀛
英一八一三　…午卜王𢦏…亦𢀛

子

英一九一五正　貞子有𡆥
六六二一　…㐭十二月
英二三二七　于㐭東伊田有正
英二三三七　弜于㐭王其悔
八二六四　…在昌十二月
八二六五　…庚申貞…不其得十二月在昌

弃　棄

二一四三〇　辛…棄…
三〇八二四　…㝪十二月
三二七〇　癸丑卜…子章…
二八一〇六　于章
二〇〇五二　…子…㐭…帝…歸…

刊

八九五乙　刊其

𦉶四

𦉶

懷八四五 戊…𦉶無…

目

四五六正 貞王其疾目
四五六正 貞王弗疾目 二告
一三六一九 癸巳卜㱿貞子漁疾目福告于父乙
一三六二〇正 有疾目不延
一三六二〇正 有疾目其延
一三六二一 貞…無疾目
一三六二五正 貞有疾目羸 二告
一三六二五正 貞有疾目不其羸
一三六二七 …疾目
一三六二八 貞疾目不㽞

一七四八 惟…辛𡆥王目
一一〇一八正 貞王目羸
一三六二三正 貞王目羸
一三六二三正 王目毋其羸
一三六二四正 禦王目于妣…宰于妣己…
一三六二六 …未卜爭貞告王目于祖丁

三二〇〇 …貞子目…
三二〇一正 貞子目亦毓惟臣
一〇九八二反 子目嘉
一四〇三四正 庚午卜㱿貞子目娩嘉
一四〇三四正 貞子目娩不其嘉王固曰惟茲…嘉

六一九四 貞呼目𢀛方
六一九四 貞呼目𢀛方
六一九五 貞呼目𢀛方
六一九五 貞呼目𢀛方
二八〇一〇 目方…至… 吉
英五五六 貞勿呼目𢀛方

其它

二二九 辛巳…㱿貞…甲申用目來羌自…
九九二反 目
四〇九〇 癸丑卜㱿貞惟旬令目卓孽
四〇九〇 癸丑卜…貞呼…目卓孽
四三一三 癸丑卜彡比目…
四六一一正 貞令象亢目若 二告
五一七七臼 戊寅羌目示三屯 㱿
六〇一六反 貞目其祟疾
六〇一六反 貞目不祟疾
六四五〇 貞叉目卓乎
六九四六正 貞呼雀征目
七二三九正 令彈祟眞目 二告
八三二六 呼目于河有來
八六四八正 貞𠏋惟目呼比
一〇九一七 丁巳卜史貞呼任目虎亞十月
一〇九三六正 呼出目
一一六五四 …勿…之夕…目于…
一三四二二 壬子卜貞雍目有羽
一三六二二 貞不惟目囚
一四〇九七 貞呼目
一四三九〇 貞呼剛目…𢆶河以…酨洹
一四七八七正 呼目于河有來
一六九七九 …貞…目…
一九〇三六 …卜…貞…目其㽞…惟…戋…
二〇一七三 癸丑卜令雀匕目
二〇一七三 …丑卜令…匕目
二〇三三二 乙卯卜于目它
二〇五五五 …目燎曰庚其叀
二一〇三六 辛丑卜𠂤貞子辟霰…臣不其骨凡目印
骨凡目三月
二一〇三七 戊戌卜貞丁目不喪明…六月
二一二六八 …牛…戊…目…牛…用
二一七四〇 …子卜…在師目…
二一八二八 目無不若
二一九三二 惟目…𢀛…目…
二一九九五 …目
二二〇一七 …目…
二二三九一 乙丑卜有𠬝目今日
二八三七四 …惟目麋逐
二九二八五 王其田㲋至于目北無災
二九二八六 惟目田無災
三二九二九 惟王令目歸

三三二三七　惟並今目面　4
三三三六七　…其田目擒有鹿　4
三三三六七　甲子卜翌日乙王其田目無災　吉　4
三三七四七正　甲申卜炎苎目祟羊　4
三三七四七正　丁巳卜炎苎目祟　4
三四二七二正　己丑卜炎苎目羊羊　4
屯四四〇〇　乙卯其炎目雨　4
英六五二反　…目…　1
英七八五　…目…　1
英一七八一　乙卯卜王貞勿惟西取晦呼西出目　1
懷八八九　目入　1

直

五八二八　甲戌卜內翌正有直䫞陟…　1
二一五三四　甲戌子卜我獲印直…　1
二一五三五　乙亥子卜我不印直…　1
二一七一三　乙亥子卜我有直自來惟若　1
二一七一四　己未卜緑貞有疒我直今五月　1
二一七三七　庚申子卜貞惟以𡆥若直　1
二二〇四八　壬寅卜余𦍩直于父辛丁反以戈　1
二二〇五〇　戊…直于妣癸　1
二二一〇三　癸巳卜…天…直…巫…　1
二二一〇三　…今夕…𢍭…直…天…于…　1
二二四一三　…子卜余直若　吉　1
三三八七七　辛未…王𢓊令或不省　4
三五二九五　…子卜…直…　4

三一九九反　禦子昌　1
一四〇三二甲正　…卜設貞子昌娩不其嘉　1
一四〇三二乙正　…卜設貞子昌娩嘉　1
一四〇三三正　甲辰卜貞子昌娩嘉惟衣　1
英一四三　…貞…子昌…　1

九三八反　勿于昌　1
九三八反　勿𩙷侑于昌豕　1
一〇五一正　貞侑于昌十人　二告　1
一〇五一正　侑于昌三十人　1

一〇一〇〇　𣎆年于昌　1
一〇一〇二　𣎆年于昌　1
一三二四四　壬午卜設貞于昌　1
一三五〇七　貞…于昌　1
一四六八九　巳昌　1
一四六九〇　貞亦燎于昌三牛　1
一四六九一　貞于昌燎八月　1
一四六九二　貞于昌燎　1
一四六九三　…燎于昌　1
一四六九四　貞于昌燎　1
一四六九五正　…酌燎于昌　1
一四六九六　貞于昌　1
一四七四九正　燎于昌　1
一四七四九正　燎于昌　1
一四七四九正　貞燎于昌　1
懷一四　…貞翌…寅酌燎于昌囧犬燎豕…　1

其它

四一〇正　…卜設貞燎昌一羌…　1
六五五甲正　…昌燎　1
一二四八正　辛酉卜…貞…昌…　1
五三八三　…辛王…其…昌…　1
五七八八　…昌…　1
一〇一〇一正　𣎆年…昌　1
二八四六正　…昌雨　1
一四〇三三正　甲辰…爭貞…昌娩不…嘉女…五月　1
一四六八四　…戌卜…貞侑…昌　1
一四六八五　…勿祏昌　1
一四六八六反　勿燎帝于有昌　1
一四六八七　…昌　1
一四六八八　…卜惟魚冊昌　1
一四六八九　巳昌　1
屯六三　…昌　4
屯三七九八　乙巳貞王其以…人田昌有…　4
懷五〇二　…昌　1

智

二四二　甲申卜㝵貞王智大示　1
一四八四七　貞禦王自上甲智大示十二月　1
二八〇四一　貞戌…𠂤大…　3

習田

三〇三七九　：用習大示：來　3
三〇七六四　：習大示有正　3
乇二四四　習大示𢍰嬴　4
乇四三三　習大示𢍰嬴　4
二九一五五　惟習田湄日無災　3
二九三四七　惟習田湄日無：永：吉　3
二九三四八　王惟習田無災擒　3
三三五六〇　戊寅：貞王：田習：　4
乇二五五一　：王其田于習其遘：吉　3
乇二七〇二　惟習田無災　吉　3

習用

二三九　丁丑卜爭貞來乙酉習用永來羌自元：五月　1
二八二三三　習用禾延[illegible]　3

其它

二八〇　乙亥卜穷貞告以羌習：自：　1
一八二四反　王訊曰曰勿曰吉凡　1
五三一九　乙丑卜王貞習有：　1
一〇一九四　貞習：莫：夫　1
一四八四九　：午卜：自上甲：習惟：示：　1
一一五六二　戊：余卜貞習婦妥　1
二七〇七七　其舌：習：　3
二七一二一　其習大乙王受祐　3
二七七五一　：習犬口比乇日：　茲用　3
二八〇八七　貞王其尋[illegible]方伯習于之若　3
二八三九九　王其比吠弗擒習：以東兕　3
二八五四四　惟習：無災　3
二八八〇三　：習蓺無災　3
二八八〇四　弜：習其：　3
二八八七二　：擒習：　3
二八九六二　惟在習卜　3
三〇三八一　卯習牛　3
三〇六七七　弜：習：　3
三〇六七七　弜盤習惟冊用　3
三一一二七　弜：習：　3
三一一二七　弜盤習惟舊冊用　3
乇八六　：寅卜王其射習白狐湄日無災　3
乇四四九〇　惟習蓺無災擒　3

夏

二三四正　：午卜爭貞夏以三十　1
四三一八　：卜王來呼西夏　1
七〇三九　：戕：伐夏?：允：　1
七〇四八　：其敦夏　1
一一六六五　癸：不[illegible]：寅各：　1
一三七四一　貞夏其有疾　1
一四三七〇丁　壬申卜貞夏：　1
一八三二一　貞夏：　1
二〇三三二　戊辰卜王貞夏田圉有事　1
二〇三三三　：令夏復止宋：　1
二〇三三四　丁未卜甫令夏　1
二〇三三五　辛巳卜王勿呼甫即夏令戠十月　1
二〇三三六　庚子卜[illegible]令夏興𢀛　1
英一四六　：夏子：于：　1

𥃩

二〇二四〇　令𥃩往宋　1

旻

一六九八一　：旻：祟：　1
三三七九四　乙：𢍰：旻：　4

一三六二九　：疾罕　1
一八二七二　：王役：罕：口：　1
二〇二三一　：卯罕其蓦王亶執循卯罕蓦王亶　1

一〇四〇五反　王固曰有祟八日庚戌有各雲自東面母昃
亦有出虹自北飲于河　1
一〇四〇六反　王固曰有祟八日庚戌有各雲自東面母
昃亦有出虹自北飲于：　1

面

二一四二七　：面：　1

二一四二八　……面𦉢……　1

屯二四六三　……𦉢……禦……六月　1

眔·祖先

眔　暨

五六五　丁丑卜穷貞翌己卯酢高妣己暨妣……　1

一二〇二　戊辰卜上甲暨河……敦淅　1

六五八三　告于上甲暨成　1

一〇五一五　王弗以祖丁暨父乙惟之　1

一〇五一五　王弗以祖丁暨父乙不惟之　1

一〇五一五　王往于田弗以祖丁暨父乙惟之　1

二二〇九九　庚戌卜有……禦于妣辛暨父丁惟之有　1

二二五六〇　庚午卜旅貞王賓妣庚歲暨兄庚無尤　2

二二五六〇　丁卯卜旅貞王賓小丁歲暨父丁𠂇伐羌
五　2

二二六二四　壬申卜尹貞王賓父己奏暨兄庚奏叙無尤　2

二二七〇一　丁酉卜即貞王賓父丁歲二牢暨匚丁歲……　2

二二七六九　……卜尹貞……賓父丁歲……暨大丁𠂇……牢無尤　2

二二九〇八　……卜行……賓祖乙……暨小乙……牢無尤　2

二三四七七　癸亥……貞兄庚歲……暨兄己惟……　2

二三四七七　貞兄庚歲暨兄己其牛　2

二三四八八　庚午卜即貞王賓妣庚歲暨兄庚無尤　2

二四三〇五　丁卯卜行貞王賓祖丁歲暨父丁歲二牢無尤在
二月　2

二七一八一　丙午卜貞三祖丁暨䖵祖丁酢王受祐　3

二七二〇五　貞祖乙其暨祖丁　3

二七四一九　父己暨父庚酢　吉　3

二七五〇一　其侑妣丙暨大乙酢王受祐　3

二七六三三　惟母己暨子癸酢　3

二七六三三　惟兄辛暨子癸先　吉　3

三〇四一二　岳暨河酢王受有祐　3

三〇四五一　其侑蔑暨伊尹　3

三二三八八　庚寅貞甲……自上甲其暨大甲酢　4

三四二九五　……卜今日……舞河暨岳……从雨　4

屯六八　丙申卜蒸並酢祖丁暨父丁　4

屯六五七　甲寅卜其蒸鬯于祖乙小乙暨　大吉　3

屯九一六　辛未貞𠦪禾于高暨河　4

屯九三六　甲申貞王其米以祖乙暨父丁　4

屯一〇六〇　壬寅卜祝于妣庚暨小妾……　4

屯一一二八　己巳貞其歉祖乙暨父丁　4

屯二一九八　……暨䖵祖乙告人　4

屯二二六五　甲辰卜大乙暨上甲酢王受有祐　3

屯二二六五　弜暨　3

屯二二六五　三匚二示暨上甲酢王受祐　吉　3

屯二二六五　弜暨　吉　3

屯二三九六　己未卜仲己歲暨兄己歲酢……　4

屯四三九七　……于貞岳燎暨河……　4

某眔某

二六七正　辛丑卜穷貞旃暨殸以羌　若　1

二六七正　貞旃暨殸不其以羌　若　1

六九九　貞……己暨妣庚十及　1

一〇七六甲正　貞遘暨永獲鹿　小告　允獲　1

一〇七六乙正　貞遘暨永不其獲鹿　1

一一一四反　允惟鬼暨周敂　1

五四四七甲　貞旃暨殸其有囚　1

五四四七乙　貞旃暨殸弗……戴王事　二告　1

五四五二　乙丑卜乞貞令汈暨鳳以朿韋比𠚔
戴事七月　1

五五六〇　貞呼匃暨𡧊入御事　1

五七三四正　貞翌己未勿令多射暨……　1

五七三五　……卯卜穷貞翌己未令多射暨……于……　1

五七三六　壬子卜穷貞令戔暨多射　1

六六四九甲正　……疋化𢦏𩁹暨雝　二告　1

六七六八正　癸未卜穷貞令鳴暨方八月　1

六七六九正　癸未卜穷貞令鳴暨方　1

六八一三　貞令多子族比犬暨𠚔　戴王事　1

六八一三　貞令多子族暨犬侯𩁹周戴王事　1

七〇五六　己未卜徙𩁹暨一月　1

八二三五　貞羽暨郭弗其以有取　1

九五七五　庚寅卜爭貞令登暨彘𣂔吾衛有𢆉　1

一三五〇五正　戊戌卜殸貞旃暨殸無囚……　1

一三五〇五正　旃暨殸　1

一三五〇五正　旃暨殸無囚　𠱓告　1

一五七九二　庚申……貞……一牛暨𣎆　1

二二五八五　己未王貞攸羌暨牛……　2

二三五六〇　戊子卜吴貞王曰余其曰多尹其令二侯上
絲暨侯其……周　2

二六八九八　王其呼衆戍𡆥受人惟𠚔土人暨秂人
有災　3

二七一四七　癸亥卜貞惟大乙暨祖乙饗　3

二七八九一　惟田暨戍舞　3

二八三六七	……犬暨麇擒	3
二八六〇五	辛暨壬王弜往于田其悔	3
三〇三九三	[illegible]暨[illegible]惟小宰有大雨	3
三〇三九六	其侑方暨河	3
三〇四一一	……酉卜王其冊岳燎惟犬暨豚十有	
	大雨 大吉	3
三〇四七八	有冊暨弘	3
三〇四七八	……暨弘	3
三〇六七八	惟牛暨犬王受祐	3
三〇七七七	……燎暨沈……	3
三〇九〇八	……奭暨彡王受祐	3
三一〇一七	庸鼓其暨熹鼓𩁹	3
三一一八二	豚暨羊暂用	3
三二〇三三	丙寅貞惟示以羌暨[illegible]于[illegible]示用	4
三二九一二	……令骨暨兔示卜……	4
三三〇一九	癸巳……于一月伐鮮暨召方受祐	4
三四〇五七	……令囚暨𠷎示卜……	4
三四一六九	……夒暨上甲其即	4
三六九八五	惟𩣡暨[illegible]用	5
三六九八五	惟騂暨大騂無災弘吉	5
三六三八七	惟西暨南不悔	5
三七五一四	惟騂暨駥于無災	5
三七五一四	惟左馬暨[illegible]無災	5
屯三六六	……丁鼎暨彡	3
屯八八〇	王其呼衆舂戍受人……啇土人暨𢦏人	
	有災 大吉	3
屯一〇九二	辛巳卜王其奠元暨永𩰫在盂奠	
	王弗……羊 大吉	3
屯二三二八	翌日王其令右旅暨左旅[illegible]見方	
	𢦏不雉衆	3
屯二六九一	丁未卜[illegible]由……由暨古……	1
屯四四四八	庚申卜貞王惟乙令𠦪暨並	4
屯四〇四八	庚申卜貞王惟丁令𠦪暨並	4
英一九二	……[illegible]暨沚	1
英三九五	貞[illegible]勿冊伐束暨桑	1
英一七八四	戊戌卜王貞余𢦏立員宁史暨見	
	奠終夕印	1
英二三六六	雪暨門[illegible]彡有雨	3
懷一六四九	……令師般暨[illegible]	4

其它

二六九	貞來辛亥子[illegible]其以羌暨歲[illegible]……于妣……	1

三三九	乙卯卜古貞令棁取啓暨十人于[illegible]	1
三三九	癸丑卜貞令見取啓暨十人于[illegible]	1
七六四	貞令……暨……示……孚	1
五六一四	……暨侑……尹[illegible]……	1
六一五七	……呼暨……	1
六六五一	……疋化𢦏[illegible]暨……	1
六六六七	……貞令望乘暨輿途虎方十一月	1
六八一三	丙寅卜爭貞吕凡肱暨余……	1
六八二〇正	貞令……族暨……侯……周載……	1
六八四八	乙丑卜[illegible]其𢦏暨[illegible]	1
六八四九	壬辰卜[illegible]……𢦏暨[illegible]	1
六八五〇	……[illegible]其……暨徒?……	1
六八五五正	壬子卜爭貞惟戌……暨[illegible]	1
六八五六	壬子卜爭貞惟戌呼暨……	1
六八五七正	貞惟師呼暨[illegible]	1
六九九四	……[illegible]其捍……暨沚	1
七〇二四	……未……[illegible]暨……不……	1
七二四二	戊寅卜貞令甫比二侯及暨元王循于之若	1
七三五九	呼……暨……	1
七七五四	……其捍暨……	1
八四六三	……曾于……暨周……	1
八九八八	……亥……王貞[illegible]其以雍暨奠四月	1
九五七五	……卜爭……河婦暨……[illegible]……衛有[illegible]	1
一〇二〇五	……射……暨……	1
一〇四二五	戊……𢀛狩……三日庚辰……[illegible]既雈……獲兕	
	……一豕……	1
一二五九七	……亥卜宕……勿暨……[illegible]九月	1
一三一四三	……寅卜……暨沚	1
一四九一三	貞呼王族暨疾……	1
一四九二一	惟束令暨多子族	1
一四九二二	……暨雷……	1
一五〇八〇	貞勿……[illegible]暨……	1
一六二二三正	丙午卜宕貞[illegible]八羊暨彡三十牛八月	1
一五二六三反	貞[illegible]……暨……下……	1
一五三九二	貞惟……用暨……	1
一五四八八	……戌卜……貞乙……歲暨……	1
一七五三三正	貞暨雈	1
一七六六六	貞惟用暨	1
一八〇八一	……小暨……	1
一八六二二	……暨[illegible]……災	1
一九〇二六	……子[illegible]暨[illegible]以載……惟……山……	1

一九〇四二	貞勿以…暨王十月	1
一九〇七六	己卯…令…暨…	1
一九〇七七	己酉…令…暨…	1
一九一四四	丙寅…呼見…暨…	1
二〇〇七四	…河暨…	1
二〇二八三	…王取暨役…劦𠂤王…	1
二〇五九九	乙巳卜…巜暨雀伐羌田	1
二〇五八八	…卜王…暨…茲邑…𢦏	1
二一一九六	癸丑卜王貞…暨祀…茲…	1
二一四三四	…酉卜寵…暨𩛥	1
二一五一七	…暨捍…	1
二一六二四	己巳貞惟暨…	1
二二三二二	有暨豚無口	1
二二七〇二	…父丁歲暨…匚丁歲無…	2
二二七三八	…尹貞王…宰暨大乙…	2
二二七七〇	…父丁歲宰…暨大丁…歲五宰…無尤	2
二二九五五	庚…貞…祖乙…暨…	2
二三〇三〇	丁卯卜行貞王賓父丁歲宰暨祖丁歲宰無尤	2
二三〇四九	丁巳卜行貞王賓歲暨小丁歲無尤	2
二三〇五三	丁巳卜行貞小丁歲暨矢歲酚	2
二三一〇四	…貞…蒸暨般庚彳…尤在十月	2
二三一八七	癸酉卜行貞王父丁歲三牛暨兄己一牛妣庚…無尤	2
二三二〇四	…卯卜…貞王賓父丁歲暨…歲無…二?月	2
二三二六六	…尹貞…父丁…暨…五宰	2
二三三三一	…貞王賓祖乙奭妣庚歲伐于勿牛暨兄庚歲二宰無尤	2
二三三六九	…蒸暨妣庚歲宰無尤	2
二三三九二	…貞…妣庚…暨…	2
二三四五六	…卜旅…其𢼄于…其暨母壬	2
二三四八五	庚辰卜即貞王賓兄庚蒸暨歲無尤	2
二三五五二	貞弜暨	2
二四一四四	…子王卜…多生?曰…暨…	2
二四四一七	乙丑卜…其暨…	2
二四五七一	…五宰暨…	2
二五一一二	…卜尹…王賓…歲宰暨…彳歲…	2
二五一四九	…卜旅…王賓…歲暨…歲無尤在二月	2
二五一九六	…戊卜…貞勿…歲暨…	2
二五三〇一	庚辰…貞王…歲宰…暨…	2
二五九四九	…翌…東于大…暨丁酚…用	2
二五九五三	…酉卜大貞勿…暨酚十月	2
二六七六五	甲子卜大貞𠂤?家盧子…𢊁暨…己?酉	2
二六八一八	丙午…貞翌…其暨…	2

二七一〇五	…暨大乙酚有正	3
二七一四二	…暨	3
二七一四七	貞大乙祖丁暨饗	3
二七一四七	癸亥卜彭貞大乙祖乙祖丁暨饗	3
二七二〇四	弜先酚暨祖乙	3
二七二〇四	…暨…	3
二七二〇六	二𣄰翌…乙暨祖乙	3
二七二〇八	癸卯卜何貞其暨祖乙	3
二七二一一	乙酉卜宁貞王其賓祖乙蒸暨…蒸…	3
二七二二一	甲申卜何貞翌乙酉小乙蒸其暨	3
二七二六〇	暨羌甲	3
二七二六〇	弜暨	3
二七三〇五	暨	3
二七四一六	…暨二父酚	3
二七四三三	…暨二…酚	3
二七四三九	己卯卜㫃貞…帝甲𤚩…其暨祖丁…至?…	3
二七四四一	…庚奭…其暨酚…	3
二七四九三	…多父暨…	3
二七五一〇	弜暨	3
二七五一九	弜暨酚	3
二七五一九	祖乙奭暨酚	3
二七五三九	妣庚暨…茲用	3
二七五五二	貞弜…妣辛在…暨祖…	3
二七六八六	…狄…弜…暨	3
二七六九一	…日暨…舞	3
二七九六六	惟戍馬呼暨往	3
二八〇五二	戍?…戍𢦔?…𠬝暨	3
二八〇七七	…往…𢦏…暨…	3
二八〇九九正	…貞…示…暨…入	3
二八一二七	高𩛥…暨卯弜…	3
二八一五九	二𣲆暨王受有祐	3
二八一五九	弜暨	3
二八二六九	壬寅卜其桒禾于示壬奭暨酚 茲用	3
三〇七〇〇	…暨用	3
三〇八九九	…暨酚有大雨	3
三〇九〇七	暨酚	3
三〇九五五	甲…貞其餗…暨…王受…	3
三一〇四三	…暨饗王受…	3
三一〇五四	弜暨即…	3
三一七二九	…卜丁暨戍王… 大吉	3
三一九五六	弜暨小庚	3

著錄	釋文	期
三二八七九	庚寅卜父乙歲暨宅毖	4
三三〇二九	戊午卜暨至禦翌己未	4
三三三〇三	庚午卜其奉禾于[illegible]其暨雨	4
三四一〇六	弜暨爽	4
三四一〇六	暨爽	4
三四一三五	暨令三族	4
三四一三六	暨令三族	4
三四一九四	弜暨	4
三四二一〇	暨岳燎	4
三四二八四	…暨…十豕	4
三五二九二	弜暨	4
三五二九三	弜暨	4
三五二九四	弜暨	4
三五二九四	…暨…于…	4
三四五五九	…暨	4
三四五五九	弜暨彡	4
三四五八六	其烝稽暨	4
屯四九一	…敦[illegible]暨…	4
屯六三九	弜暨	4
屯六五七	弜暨	3
屯六五七	小乙其暨一牛	3
屯七九四	…卜兄…暨…祐	4
屯九六四	…巳卜暨[illegible]麑惟壬…	4
屯一一一二	亏伊尹暨酌十宰	4
屯二五三八	其用茲…祖丁冊羌由其暨	3
屯二六四八	卯暨大乙	4
屯四四二四	弜暨	4
英六一八	丁巳卜彝…捍暨祉	1
英七三二	貞…暨之	1
英七三二	貞允暨之	1
英一九四五	…烝其…暨小乙	2
英一九四七	…卜行…賓羌甲…宰暨魯甲…	2
英一九七八	甲申卜出貞令多…暨方	2
英二二七四	庚子卜多母弟暨酉[illegible]	3
英二三七四	弜暨酉…	3
英二四三四	…賓貞有來告羊暨…	4
懷一三七五	暨二父己庚	3
九三三九	壬子卜汜以狀启獲入[illegible]	1

省

著錄	釋文	期
九六一二	丙辰卜永貞呼省我田	1
二八三一七	弜省盂田其悔	3
二八六〇九	惟田省無災	3
二八六二三	甲午卜翌日乙王其省田湄日…吉	3
二八六二八	…日入省田湄日不雨	3
二八六二八	翌日辛王其省田藝入不雨 吉 茲用	3
二八九三五	惟宮田省	3
二八九三五	王惟徐田省	3
二八九三六	惟徐田省無災	3
二八九三七	惟徐田省無災	3
二八九七一	王其省喪田湄日無災	3
二八九七三	翌日壬王其省喪藝不大雨	3
二八九八〇	惟盂田省無災	3
二八九八〇	惟宮田省無災	3
二八九八二	戊申王惟宮田省無災 吉	3
二八九八二	惟喪田省無災 吉	3
二八九八三	惟宮田省無災	3
二八九八三	…喪田省無災	3
二八九八四	惟盂田省無災	3
二八九八四	惟喪田省無災 吉	3
二八九八五	惟盂田省無災	3
二八九八五	惟喪田省無災	3
二八九九〇	惟喪田省不…大雨 大吉	3
二八九九一	王惟宮田省無災 吉	3
二八九九二	惟喪田省遘雨 吉	3
二八九九四	惟喪田省	3
二八九九六	惟喪田省湄日無…	3
二九〇〇一	…省喪田	3
二九〇〇二	弜省喪田其雨 吉	3
二九〇〇二	惟宮省不…	3
二九〇〇二	弜省宮其雨 吉	3
二九〇〇三	王其省田藝入不雨	3
二九〇九三	貞王其省盂田湄日不雨	3
二九〇九三	…田省…災不…	3
二九〇九四	…省盂田…	3
二九〇九七	惟盂田省無災	3
二九〇九七	惟宮田省無災	3

二九一〇〇 惟盂田省無災 3
二九一〇〇 惟宮田省無災 3
二九一〇〇 …盂田省無災 3
二九一〇一 惟盂田省無災 3
二九一〇六 惟盂田省湄日無災 3
二九一五六 翌日壬王其省田从宮 3
二九一五七 辛亥卜王其省田惟宮不遘雨 3
二九一五七 惟宮田省湄無災不遘大雨 3
二九一六〇 今日王惟宮田省無災 3
二九一六〇 …田省無災 3
二九一六七 惟宮田省無災 吉 3
二九一七五 惟宮田省 3
二九一七五 …盂田省 大吉 3
二九一七六 弜省宮田其悔 3
二九一七六 王其省田不雨 3
二九三〇八 惟戍省贊田無災不雨 3
二九三七九 …寅卜壬王惟戈田省無災 3
屯八八 惟亞田省 3
屯八八 惟向田省 3
屯一〇三 庚申卜王其省戈田于辛屯日無災 3
屯二二五六 惟宮田省無災 吉 3
屯二二五六 惟盂田省無災 吉 3
屯二二五七 惟喪田省無災 3

五七〇八正 貞勿省在南啚 1
九六三六 庚寅卜貞惟束人令省在南亩十二月 1
九六三七 …寅…惟束…令省在南亩十二月 1
九六三八 己酉卜貞令夨省在南亩十月 1
九六三九 己亥卜貞惟竝令省在南亩 1
九六四一 貞先省在南亩…月 1
九六四二 …南亩省十月 1
三三二三六 癸巳卜令𠦪省亩 4
三三二三七 惟𠦪令省亩 4
三三二三七 庚子卜令夨省亩 4
三三二三九 …子卜令…省亩 4
屯一八〇 …衆以省亩 4
屯一八八 …省亩 4
屯二〇四 己丑卜令夨省亩 4
屯五三九 惟𠦪令省亩 4
屯五三九 惟竝令省亩 4
屯五三九 惟宁鼓令省亩 4
屯五三九 惟馬令省亩 4

一四三四 …王省从西告于大甲 1
二八六二七 …申卜…王其省…災 3
三六三六一 己亥卜貞王省往來無災 5
三六三六一 辛丑卜貞王省往來無災 5
三六三六二 壬午卜貞王省往來無災 5
三六三六四 己卯…王省…無… 5
三六三六五 己卯…王省…無… 5
三六三六六 丁未卜貞王省往來無災 5
三六八一五 …卜在𣂔…王省往來… 5
三七八一一 乙酉卜…王省往來無災 5

二一七〇正 貞王勿往省牛十三月 1
二一七〇正 丙寅卜㱿貞王往省牛… 1
二一七一正 貞王勿往省牛十三月 1
二一七二 丙…貞…省牛… 1
二一七三 丁…貞王…省牛… 1
二一七四正 …往省牛 1
二一七五 貞王往省牛 1
二一七六 貞王往省牛 1
二一七六 貞勿往省牛 1
二一七七 丙午卜宾貞呼省牛于多奠 …告 1
二一七七 貞勿呼省牛于多奠 不𠮯 1
二一七八 貞…省牛 1
二一七九 …卯卜宾…省牛不橐 1
二一八〇 貞勿往省牛 1
英四五九 貞王勿往省牛…月 1

屯六五八 乙巳王其省鼓 吉 3
屯六五八 其先燎迺省鼓 3
屯六五八 甲辰卜王其省鼓弗悔 吉 茲 3
屯六五八 乙巳王其省鼓 吉 3

九六一二 貞王勿往省黍 1
九六一三乙正 …往省黍祀若 1
九六一三甲正 …王勿往省黍祀弗若 1

二八九七一 今日乙王弜省師有工其雨 3

懷一四五九　…省師…王其悔　3

其它

五六四正　甲辰卜貞乞令𢀛以多馬亞省在南　1

五一一二正　貞翌癸丑王勿往省从…　1

五一一三反　貞王其往出省从西告于祖丁　1

五一一六　丁酉卜古貞王往省从西大…　小告　1

五一一七　王往省从北　1

五二一八　…王…省从名　1

五七〇八正　乙亥卜貞令多馬亞𢓊遘䄠省陵亩　1

五七〇九正　乙亥卜…多馬亞…䄠省陵…至于𡧊…　1

五九八〇　…呼省圃　1

七二六九正　貞…循之…省从名　1

七七七三　勿省南不若　二告　1

九六一〇　貞王勿往省于敦　1

一〇九七六正　貞…呼犬𢀛省从南　1

一一一七一正　丙寅卜殼貞王往省牛于敦　1

一一一八一　王往省从西　1

一一二八一　王往省　1

二七七八一　甲午卜王其省杈于𣏟匕…往來無災　3

二七七八三　…狄…王其省涉滴無災不雨　3

二八九七五　…盂田先省廼从宮入湄日無災　3

二九一八五　惟宮𢀛省弗悔無災吝王　大吉　3

二九六八五　翌日戊王其省牢有工湄日不雨　吉　3

三二九五四　于癸亥省象暘日　4

三三七一三　弜省不𢀛　4

三五三五六　…子卜貞王其有𠂊于文武帝必其𢀛月
有省于來丁丑𠂤彡王弗悔　5

三六九九〇　…馬𢀛…無省　5

屯二七二　弜省其悔　3

屯四一二　戊辰卜己巳步省

屯六三七　庚寅卜翌日辛王𢀛省魚不遘雨　吉　3

屯一〇九五　癸卯貞惟…令省王受…　茲用　4

屯二二四〇　丁丑卜余𢀛省𡆥　1

屯三五七八　惟…省延至𢀛　3

英四五九　貞王往省于敦　1

英一七九一　…余一人省…八月　1

懷一四五六　…王其省舟　3

四七六正　貞冒我羌…圍　1

一一〇正　丙子卜殼貞勿呼鳴比戉使𢀛三月　1

二七七一正　…舟…冒父…　1

四七二三　呼鳴比戉事𢀛　1

四七二二　貞勿呼鳴比戉事𢀛　1

五七七七　…貞冒三百射呼…　1

五七七八反　貞冒…射　1

六〇〇〇反　貞冒牛五十　1

六一八五　庚寅卜殼貞勿冒人三千呼望𢀛…　1

六三一三　…卜爭貞…以多冒…　1

七〇六四　貞呼取冒冊　1

七〇六五甲　貞勿呼…冒…　1

七〇六五乙　…未卜旁貞呼取冒…　1

七三四五　…寅卜𢀛貞冒三千人伐…　1

七三四六正　…冒…百…　1

七三四七　…冒…五…　1

七三四八反　貞冒人三百…歸　1

七三四九　…貞冒…　1

七四九〇反　貞冒…　1

九〇四一正　貞冒牛百　不𢀛鼅　1

九二九四反　冒入…　1

一一二七六　貞冒牛百　1

一一二八一　貞冒勿牛　1

一一二八二正　…貞冒勿牛…　1

一一二九八　戊午卜爭貞冒羊于𡚽　1

一二六七五　…多冒　1

一四二一六　壬申卜多冒舞不其从雨　1

一九六九三　…貞冒…　1

一九九四六正　庚午貞王冒無网在…　1

三〇四五〇　壬午卜𠂤貞王令多冒禦方于…　1

二七八八一　惟戍馬冒呼允王受有祐　3

二八〇二六　王其冒戍𢀛…　3

三六五四九　丙申…冒貞…夕無…　5

三六五五三　辛卯卜在冒貞王今夕無畎　5

三六五五三　癸巳卜在冒貞王今夕無畎　5

三六五五三　乙未卜在冒貞王今夕無畎　5

三六五九二　…王正…在冒…　5

三六九五五　甲午…冒…今…　5

三七八五六　甲午卜在冒貞…从東惟今日弗悔在十月
茲御王正…惟十祀　5

英七五〇　…戉史冒…　1

著錄	釋文	期
英一六七七反	…冒…	1
英一七八三	…寅…令…冒…	1
懷 五二b	…固曰惟…冒…	1
懷 五四九	冒入	1

庙

著錄	釋文	期
九八反	壬戌卜殻貞王庙	1
二四九正	貞乜𠂤于茲庙	1
九四〇反	夫入二在庙	1
一一一〇正	貞王往出于庙　小告	1
一一一〇反	于庙	1
七八一四反	己卯圉牝在庙	1
八二一九甲	…殻貞王往于庙師	1
八二二〇正	貞…出于庙…	1
八二二一	貞王于庙	1
八二二二	…于庙	1
八二二三	貞王于庙	1
八二二四	…貞燎…茲庙	1
八二二五	…二在庙	1
八二二六反	…在庙	1
八二二七	…庙	1
八二二八	…庙	1
八二三一	…惟王往𡿺在庙	1
八二三二	往庙	1
八三一〇正	丁亥卜古貞庙𢦔于滴	1
八三一〇正	庙不𢦔于滴	1
九五五七反	…次…步于庙…允…	1
九六五八反	在庙	1
一三五〇五正	作邑于麓	1
一三五〇五正	王有石在麓北東作邑于之	1
一三五〇五正	己亥卜内貞王有石在麓北東作邑于之	1
一四一二九反	…入二在麓	1
一八九八六反	…庙…	1
二〇六〇五	…𢀛庙	1
英 六六正	…呼…𢀛…庙	1
英一二九三反	…父…勿…庙…	1
懷 六九三	…庙…	1

唐　廝　廬

著錄	釋文	期
五一二九	貞于廝	1
八二二九	…盖宅唐	1
八二三〇	…唐	1
一一八九七	…惟…唐…雨	1
一八〇九七	…唐…	1
三二九七九	多尹在廝	4
三三〇五三	…廝…	4
三三一〇三	…于貞令…師在廝	4
三五三〇三	…廬…	4
英一一七五	貞于廬	1
英二三八九	戊寅卜王其廬祀…	3

𢿨

著錄	釋文	期
一八〇九八	…𢿨…	1
英二二九〇	…王其𢿨祀無災	3

眉

著錄	釋文	期
六五六八正	…殻貞婦好使人于眉…	1
七六九三	使人于眉	1
一一六八九	惟令…于眉…	1
一七二二一	貞王𠀠惟眉…	1
一九〇四四	…允…曰…眉…	1
一九〇六〇正	戊申卜爭貞…往立眉若	1
一九一六五	…眉…百無…	1
二一七五八	…亥卜…眉至四…豕十	1
二七九三一	茲雨眉日	3
二八三六一	…王其射…麋眉日…	3
二八六四六	辛王惟…省眉日無災	3
二八七七四	王其田狩眉日無災	3
二九一五一	于盂眉日無災	3
二九三八八	辛卯卜壬王其田至于犬使東眉日無災永王	3
三〇一五五	今日眉日不雨	3
三三五一一	貞王其田乙眉此	4
屯 一四二	…眉喭其陟用	4
英一六九三	…眉…	1

眉

著錄	釋文	期
三四二〇	丁酉卜曰伯𢊁凡乙…眉	1
三四二一	丁酉卜曰伯𢊁凡乙其眉	1
二一一五三	丁…不…史眉于…祐…	1

二九二三四　王往田湄日不遘大風　大吉　3
二九二三六　王往田湄日不遘大風　3

湄 彌

二八三四六　乙王其田湄日不雨　3
二八五二〇　今日王其田湄日不雨　3
二八五二三　王于壬廼田湄日不雨　吉　3
二八六一五　…田湄日不雨　3
二八六一六　…廼田湄日不雨　3
二八六二八　…日入省田湄日不雨　3
二八六八〇　于壬王…田湄日不雨　3
二九一七二　翌日戊王其…湄日不雨　3
二九二六三　貞翌日…其田宰湄日不雨　3
二九三二七　翌日戊王其田湄日不雨　3
二九六八五　翌日戊王其省宰有工湄日不雨　吉　3
三三五一四　王其田湄日不雨　4
三八一三五　戊午卜貞翌日戊湄日不雨　5
屯一一七　王其田盂湄日不雨　3
懷一四二七　…日辛王其田湄日不雨　3

二八五一三　王其田湄日不遘雨　3
二八五一四　戊王其田湄日不遘大雨　3
二八六四五　王惟田…湄日無災不遘大雨　3
二九一五七　惟宮田省湄無災不遘大雨　3
二九三五二　…田襄湄日無災不遘雨　大吉　3
三七七三八　辛亥卜貞今日王田豊湄日不遘雨　5
屯二七二　翌日乙王其省田湄日不遘雨　3

二七七九九　湄日雨　3
三八一六一　壬子卜貞湄日多雨　5

二八三一〇　…日乙王其…惟…湄日無災擒有大豕　3
二八四九一　乙丑卜狄貞今日乙王其田湄日無災不遘大雨　大吉　3

二八四九二　…卜狄…壬王其…湄日無災　3
二八四九三　貞翌日…王其田湄日無災　3
二八五一一　甲辰…王其…湄日無災　3
二八六一三　辛未卜貞于乙王廼田湄日無災　3
二八七七三　貞翌日戊王其田湄日無災　3
二九〇九三　今日辛王其田湄日無災不雨　3
二九一七二　惟宮田省湄日無災不雨　3
二九二二二　丙寅卜貞惟斿…湄日無災　3
二九三二四　貞翌日戊王其田盂湄日無災　3
二九三二四　貞…湄…　3
二九三二四　丁亥卜狄貞其田贊惟辛湄日無災不雨　3
二九三九五　辛丑卜彭貞翌日壬王異其田盖湄日無災　3

二七八九九　…寅卜王其比𢦏犬…壬湄日無災永…　3
二八三〇五　王其射有豕湄日無災擒　大吉　3
二八三一八　戊王其射閃狐湄日無災擒　吉　3
二八四一九　…鹰湄日無災　3
二八四九四　王其田湄日無災不雨　大吉　3
二八四九五　…王其田湄日無災　3
二八四九六　王其田惟乙湄日無災永王擒　3
二八四九六　于戊田湄日無災永王…　3
二八五〇〇　丁丑卜翌日戊王其田湄日無災　3
二八五〇一　丁亥卜翌日戊王其田湄日無災　3
二八五〇二　…翌日戊王其田湄日無災　吉　3
二八五〇七　庚戌卜翌日辛王其田湄日無災　3
二八五〇八　庚申卜翌日辛王其田湄日無災　吉　3
二八五〇九　…王其田湄日無災　3
二八五一〇　…王其田湄日無災　3
二八五一二　…王其田湄日無災不遘雨　吉　茲用　3
二八五一五　…卜今日戊王其田湄日無災不…　大吉　3
二八五一九　…日乙王其田湄日無災不雨　3
二八五六六　王其田藏湄日無災　3
二八六〇七　于壬王廼田湄日無災　吉　3
二八六〇七　王惟翌日辛田湄日無災　3
二八六〇八　于壬王廼田湄日無災不雨　3
二八六一四　王于壬廼田湄日無災　3
二八六三二　…省田惟今日辛湄日無災　吉　3

二八六四四　辛巳卜翌日壬王惟田省湄日無災　3
二八六四六　狩湄日無災　3
二八六五六　惟田省湄日無災　3
二八六七〇　惟壬田湄日無災　3
二八六七二　于壬田湄日無災　3
二八七〇〇　…惟辛…𩦎湄日無災　3
二八七一二　惟壬田弗悔湄日無災永王　吉　3
二八七一三　…田湄日無災沓王　3
二八七二四　…省湄日無災　3
二八七三七　…田湄日無災　3
二八七二九　…狩湄日無災　3
二八九七一　王其省䖒田湄日無災　3
二八九七五　…盂田先省廼从宮入湄日無災　3
二九一〇六　惟盂田省湄日無災　3
二九一五五　惟䖒田湄日無災　3
二九一五五　惟習田湄日無災　3
二九一五五　王其田于宮湄日無災永王　3
二九一九二　…王其送于宮湄日無災　3
二九二一一　惟斿田湄無災　3
二九二二一　惟𣶃田湄日無災　3
二九二二八　翌日…其田惟…湄日無災擒　3
二九二三二　王惟𩰲田湄日無災　3
二九二三二　惟斿…湄日…𢦔　3
二九二三四　王惟𩰲田湄日無災擒　3
二九二三七　惟𤟥田湄日無災　3
二九二三九甲　翌日…惟𩰲…湄日無災擒　3
二九二三九甲　惟𤔲田湄日無災擒永王　大吉　玆　用　3
二九二四七　惟犬𢀛从田𫝀湄日無災　3
二九二五〇　王其田宰𦹇湄日無災　3
二九二五九　…宰湄日無災　3
二九三〇二　…湄日無災擒　3
二九三一二　…田湄日無災擒　3
二九三一三　惟𡧊田湄日無災　3
二九三二一　翌日戊王惟𩙡田湄日無災　3
二九三三三　壬王惟𤟥田湄日無災擒　3
二九三四四　…王田涵湄日無災擒　3
二九三四五　惟涵湄日無災　3
二九三八三　王至于凡田湄日無災　3
二九三九四　惟戍犬𢀛…比湄日無災永王　3
二九三九七　…王其田以万湄日無災　吉　玆用　3

三三五一五　…辰卜翌日乙王其田惟田省湄日無災　4
屯一三六　王惟翌日乙田湄日無災　3
屯二四〇　…翌日戊王其田湄日無災　3
屯三九四　于壬田湄日無災　3
屯七三二　王其田至于𡚬湄日無災　大吉　3
屯七八九　…卜翌日戊王其田湄日無災　吉　3
英二三〇五　…湄日無災　3
懷一四三三　于壬王廼田湄日無災沐　3

其它

二七七八五　貞惟…省湄…不雨　3
二七九一四　惟…湄…　3
二七九四四　于壬王廼…往田湄日…　3
二七九五三　于乙…廼田湄…無災　3
二八二五九　湄日…　3
二八三四〇　…田从宮从…盂湄日不…　3
二八三六〇　…麋…異…湄日…　3
二八三八二　辛…貞…麋…湄日…沓…　3
二八四九六　于戊田湄…無災永…擒　3
二八四九八　壬申卜王其田惟乙湄日…　吉　3
二八四九九　…寅卜翌日乙王其田湄日…　3
二八五一七　壬辰…貞今…湄日…不…　大吉　3
二八五一八　…日戊王其田湄日不遘…　3
二八五二二　翌日乙王其田湄日不…　3
二八五二四　…卜今日王其田湄…　3
二八五二五　…酉卜翌日壬王其田湄日…　3
二八五二八　…王其田湄日…　3
二八五二九　…王其田湄日…　3
二八五三〇　…翌日…王其…湄日不…　3
二八五五三　王惟…田湄…　3
二八五六九　王其田𦹇湄日不…　吉　3
二八六一二　…湄…　3
二八六二三　甲午卜翌日乙王其省田湄日…　吉　3
二八六二六　…其省田湄日不遘…　3
二八六四三　貞今日乙…田湄日…　3
二八六四七　貞王惟田省湄…不雨　3
二八六七三　于壬王…田湄…　3
二八六九二　…湄日…　3
二八七〇七　…盂…湄日…大…　3
二八七一四　…悔湄日…災永王　3
二八七二二　…田湄日…雨　3
二八七二三　…𡚬田湄日…　3

二八七二五　惟壬湄日無…
二八七二八　戌…貞…乙…湄日…𢦏
二八七七九　其狩湄日…
二八七八四　王狩湄…
二八八〇五　…寅卜翌乙王其湄？…
二八八九八　…其田涉…𩁹湄…𢦏
二九一八九　乙王其…宮从…湄日…
二九二二一　辛…湄日無…
二九二二三　翌日…王其田湄日…
二九二四六　惟𣗥…田湄日…
二九二四八　王其狩湄日無…
二九二四九　癸丑卜乙王其田𥂴湄日無…　大吉
二九二八一　王其田𩁹湄…
二九二九六　壬午卜王其田虞湄…
二九二九七　惟𩁹比湄日無…
二九三〇六　…惟虞湄…
二九三四二　…卜翌日戊王惟門田湄日不遘…
二九三四七　惟𣪘田湄日無…永…　吉
二九三七一　…先…辛王廼比湄日…
二九四〇一　…王其田在𢀛北湄…
二九六八五　今日乙…其田湄…不雨　大吉
二九八〇三　…日戊今日湄至昏不雨
英二三〇四　…其田𪊨湄日…
英二三〇八　…夕入湄日…雨
懷一三一一　…翌日乙卯湄…不風
懷一三四六　…翌…其田…湄日…𢦏
懷一三三一　…王惟田…湄日…
懷一四四〇　翌日辛…其田湄…

葡

勿葡

一九〇正　今日勿葡侑祖丁宰
七六六正　勿葡有十𤉲　二告
九三八反　勿葡侑于昌豕
九五二正　貞翌乙丑勿葡有伐于唐　二告
二三〇二　貞翌…亥勿葡侑于父…小宰
二四五七　貞來庚勿葡侑于妣庚
一三三六正　乙丑卜㱿貞勿葡侑于唐　十月
一四八一〇　勿葡侑于蔑

一五〇五一正　辛巳卜㱿貞勿葡侑于…
一五〇五二　貞勿葡侑于…
一五〇五三　貞葡侑于癸
一五七八一正　辛酉勿葡侑
一九八八〇　丙子…貞王勿葡侑祖…
三〇〇三七　乙丑卜王勿葡侑子戠
二二九六二　…戌卜出貞葡侑于祖辛二月

勿葡令

七三四反　貞勿葡令…王…
四九一四　癸丑卜貞勿葡令逆比盡于衣
四九一七　丙寅卜貞勿葡令逆比盡于衣　六月
四九一八　癸亥卜貞今日勿葡令𤔲
一四三六　貞勿葡令…
一八二八四　貞勿葡令
一八二八五　…午卜貞勿葡令…于…
一八二八六　…王貞…葡令匕…丙午至于戊戌日方
二〇四一八　其征…朕樂

勿葡用

二三五正　勿葡用𠂤來羌　二告
二九九　癸亥卜㱿貞勿葡用百羌
四五六正　甲午卜爭貞翌乙未勿葡用羌
五六〇　癸丑卜㱿貞勿葡用五百𠂤
五六一　貞勿葡用五百…
七二五正　貞勿葡用艮妣癸又五宰
七二八　貞勿葡用中彘冊小宰又艮女一于母丙
七六七　貞勿葡用
七九五正　貞…葡用艮𡆥于父乙
八一二正　勿葡用　二告
九六五正　勿葡用一伐于南庚卯宰
一〇〇四乙　貞勿葡用于…
一〇一一八反　貞燎羊葡用
一五四二七　辛亥卜…葡用百…宰用
一五四二八　辛亥卜葡用百…
一五四四〇　…葡用一牛𣪘…

勿葡耏

八〇八正　貞勿葡耏妣癸𤉲正
二九四三　壬寅卜勿葡耏子商樂二宰
一四五八五正　丙子卜㱿貞勿葡耏河

著錄號	釋文	期
一四五八六正	丙子卜殼貞勿𩰫彫河二月	1
一五七五一	：翌己：𩰫彫：于：己𡆥：	1
三三三五一	丁亥貞弜𩰫彫𡿧伐	4
一四〇正	貞𩰫于：	1
一四〇正	貞𠳿：𩰫于丘 二告	1
七九五反	貞禦勿𩰫于𣪘甲	1
九六五正	貞勿𩰫于南庚	1
一二八四	貞翌乙卯勿𩰫于唐	1
一五八〇甲	勿𩰫于祖乙：禦王	1
一六七三	勿𩰫于下乙	1
一七七三反	貞勿𩰫于眉?	1
一九〇五	貞勿𩰫于父丁：	1
二三三反	：勿𩰫于父庚	1
二三八四	壬寅卜古貞勿𩰫于示禦	1
一四七五五正	勿𩰫于父乙	1
一八二八七	貞勿𩰫于：八月	1
一八二九四	：亥卜殼：勿𩰫于：	1
五七一九	貞王勿𩰫比沚戓	1
六四〇一	：殼貞沚戓爯册王勿𩰫比五月	1
一八三八二	：勿𩰫比八月	1
一八三八三	：𩰫比五月	1
一五〇六正	貞勿𩰫燎𠱾	1
一五五三〇	：𩰫：燎	1
一五五七六	貞勿𩰫燎	1
一五五七七正	貞勿𩰫燎	1
一五六四二	：辰卜殼貞：𩰫燎十豕：𠂤卯：	1
六五七一正	壬寅卜殼貞子商不𩰫𢦏基方	1
六九三八	貞𠷎不𩰫𢦏	1
三四一二〇	壬戌卜貞王生月敦𩰫𢦏不：	4
一九六〇	戊子卜勿𩰫正：	1
六三三七反	：𩰫征𢀛方	1
一四八九〇	勿𩰫出 不𢀛	1
英一二四一	𩰫出示弗其若	1
英一二四一	勿𩰫出示若	1
一四正	庚申卜古貞勿𩰫𢼸于南庚宰用	1
三〇三三+三三四	癸亥卜殼貞勿𩰫𢼸羌百旋三：	1
一六一五二反	貞勿𩰫𢼸	1
九四七正	貞勿𩰫告于祖辛	1
一一六九	壬戌卜殼貞勿𩰫告于上甲三月	1
七七五反	疾疋勿𩰫禦于父辛	1
二六二九正	：永：勿𩰫禦：好：妣：小宰	1

其它

著錄號	釋文	期
六	丁丑卜𡧊貞侑于丁勿𩰫宰用	1
四一九正	貞勿𩰫自上甲至下乙	1
五五〇正	甲寅：殼貞：𩰫執多𠬝呼：𢀛：	1
六二七	壬午卜𡧊貞𡰥不𩰫執多臣往羌	1
七二三	貞勿𩰫先彫于父乙及卯三宰	1
七五二	：夕：𩰫：𠬝：	1
七七六正	貞勿𩰫𢦏于丘商	1
八六七	貞勿𩰫𥠖受有年弗其受有年	1
八八〇反	：𩰫	1
八九三正	勿𩰫：于東	1
九〇三正	勿𩰫惟乙亥彫下乙十伐又五卯十宰四：	1
九〇三反	勿𩰫乙亥彫	1
九一八正	：卜𡧊貞勿𩰫十伐	1
一六六七	：勿𩰫𢓊用于下乙丁未允用一月	1
一七七八正	丁酉卜殼貞王勿𩰫曰父乙	1
二〇五〇	貞：𩰫：于：庚	1
二二三七正	己丑卜亘貞婦姘：不𩰫	1
二九三四	勿𩰫：	1
二九四二	：卜王貞：勿𩰫𢓊彫：商禦于：	1
三一二四	丙寅卜：勿𩰫：子雍	1
四三七〇	：王：：戓	1
四七五三	：巳卜王：𩰫：竹	1
五一〇九反	：𩰫骨：	1
五八三一	：𩰫：	1
五八三一	貞卓不𩰫𠂤	1

六一四〇　貞勿⿱丷䀠告舌…于唐　1

六一七〇正　壬辰卜殼貞勿⿱丷䀠㲋人…舌方…　1

六三三六　…⿱丷䀠惟王征舌…　1

六四八一　…⿱丷䀠惟婦…伐𢀛方…祐　1

六五六五　…王…⿱丷䀠…呼凡𢆶𢦏　1

六七四八　…⿱丷䀠…　1

六八七三　…⿱丷䀠追…缶𢦏　1

九七九七　貞⿱丷䀠受年　1

一〇一二五　勿⿱丷䀠十牛　1

一〇一七一正　貞勿⿱丷䀠呼尋冊　1

一〇三〇二甲正　貞不⿱丷䀠之　二告　1

一〇三七七　…亥卜王貞…狩麋不⿱丷䀠擒七月　1

一三〇二一　…巳卜王壬申不⿱丷䀠雨二月　1

一四四〇六　…貞我…不⿱丷䀠…土…　1

一四五八七正　丙子卜殼貞勿⿱丷䀠…河　1

一四七三五正　貞勿⿱丷䀠三牛　1

一四八九六　貞…⿱丷䀠示…　1

一四九五一正　勿⿱丷䀠之舌若　1

一五四三二　貞弜⿱丷䀠惟吉用　1

一五四三三反　…勿⿱丷䀠…用　1

一八二八一　丁酉卜殼貞王勿⿱丷䀠曰…　1

一八二八八　…勿⿱丷䀠…　1

一八二八九　…卜…勿⿱丷䀠…　1

一八二九〇　…勿⿱丷䀠…　1

一八二九一　丁亥…勿⿱丷䀠…妣…　1

一八二九二　貞勿⿱丷䀠…　1

一八二九三　庚寅卜勿⿱丷䀠…　1

一八二九六　…勿⿱丷䀠…　1

一八二九七　…弗⿱丷䀠…　1

一八五五八　乙丑卜…⿱丷䀠酉…　1

一九八〇〇　丙申卜王貞勿⿱丷䀠陷于門辛丑用十二月　1

一九八九一　丙午卜王余禍𡆥妣己食勿⿱丷䀠𡆥食　1

二〇二八〇　壬子卜自貞王勿⿱丷䀠…酌…癸允…　1

二〇三二〇　乙亥卜王貞勿⿱丷䀠　1

二〇三九七　…壬…有雨今日小采…允大雨延戌…　1

⿱丷䀠日惟啓　1

二〇五四六　…巳卜王壬…不⿱丷䀠雨二月　1

二〇六四九　…⿱丷䀠左…崇…比…雨…曰不…　1

二〇九五三　庚午…大曰…⿱丷䀠雨多　1

二一〇二一　癸亥卜貞旬一月昃雨自東九日辛未大采各雲自北雷延大風自西刜雲率雨毋⿱丷䀠日…　1

二一二八二　戊寅卜王貞…勿⿱丷䀠衛[illegible]…　1

二一四〇〇　丙寅卜貞…⿱丷䀠[illegible]…　1

二一四〇一　壬申卜…用一卜勿雉辛卯𡚤…口至十月　1

二一五一二　…⿱丷䀠…告　1

二三六二六　…亥卜出…勿⿱丷䀠…大…　2

三一九二八　…無⿱丷䀠…擒　3

屯九九四　己酉貞王無⿱丷䀠擒土方　4

英二〇七九　…⿱丷䀠…　1

英六五八　戊戌卜亘貞勿⿱丷䀠㲋…三千　1

英二一八三　…⿱丷䀠…酌…　2

懷一四九　辛巳…勿⿱丷䀠…　1

晋

三六三四四　丁丑王卜貞今𡆥巫九备…典舂皀侯　5

彈…尤暨二姓余其比…𢦏無左自上下…受

有祐不晋𢦏無…商無𡆥在…　5

三六三四六　己亥卜在微貞王…亞其比𢦔伯伐…方不

晋𢦏在十月又…　5

三六三四七　…卜貞典舂皀侯…于其比彈𡿧𢦏無佐

…晋𢦏王𡆥曰吉在…　5

三六三四九　…卜貞…侯𡿧…不晋…　5

三六四八二　甲午王卜貞作余酌朕𢍜酌余步比侯喜

征人方二𠭰示受有祐不晋𢦏𡆥告于大邑

商無…在猷王𡆥曰吉在九月遘上甲𠦪惟

十祀　5

三六五一一　丁卯王卜貞今𡆥巫九备余其比多田…多

伯征盂方伯炎惟衣翌日步…左自上下

于𠭰示余受有祐不晋𢦏…于茲大邑商

無𡆥在猷…弘吉在十月遘大丁翌　5

三六五一五　…貞今𡆥巫九备…𠭰示余其𡿧征…余

受有祐不晋…　5

三六五一七　…𡆥曰吉在十月王…受祐不晋𢦏…其

征盂方惟…　5

三六五二九　…戊王卜…𢦏三封…不晋𢦏…無𡆥

在猷　5

三六五三五　辛卯王…方于…余其𡿧𢦏…余有不晋

𢦏…天邑商無…　5

三七八五七　…曰吉…不晋𢦏…廼丁…十祀　5

屯二六一三　…玟啓䜌方其呼伐其悔不晋

災　弘吉　3

二四四九一 辛酉卜尹貞王其往于…無災在八月王田于[?]

眉

六七三 戊午卜眉以及不

六七三 眉弗其以及不

一八六八正 勿眉于祖丁

三五一六 毋弗其妣眉

四五〇三甲 癸卯卜…眉勿…祟弄…

四五〇三乙 癸卯…王眉…

四五〇四 癸亥…王眉…以…

一九〇六八 …酉…及眉及不

一九〇六八 …其…眉…

見

六六八六 庚申…方…敦見何十一月

六六八七 …辰卜方…敦見何

六六八八 …辰卜曰方其敦見何允其敦

六六八九 貞方其敦見何

六六八九 壬辰卜方其敦見何

六六九〇 壬辰卜方弗敦見…

七〇〇一 見何方

二七七四四 見何

八三二七 …獻

八三三八 …獻于河允無…

一二三四六 貞…見…河侑…

英一一六五 貞呼往見于河有來…

六一六七 貞𢿌人五千呼覘𢀛方

六一九三 貞呼見…戋

六一九三 貞呼見𢀛戋

六一九三 貞呼見𢀛戋

六七四〇正 辛巳卜古貞呼覘方六月

六七四〇正 辛巳卜古貞勿呼覘

六七四一 …寅…勿…覘方 二告

六七四二 丁未卜貞令立覘方一月

六七四三 …覘方于[?]

屯二三二八 翌日王其令右旅暨左旅𢀛見方戋不雉衆

六四三一 …貞呼覘𢦏九月

七三八四正 貞呼登見𢦏

七七四四 …未卜穷貞呼覘𢦏…

七七四五 勿呼覘𢦏

七七四五 呼覘…

七七四五 勿呼覘𢦏

五八〇五 丙午卜𣪊貞勿呼師往獻有師 二告

五八〇六 …𣪊貞勿呼自獻有師

一七〇五五正 丙午卜𣪊貞呼師往見有師王…曰惟老惟人途遘若…卜惟其匄二旬又八日𡆥壬…師夕死𠂤

懷九五九 丙午卜𣪊貞呼師往見有師王…曰惟老惟人途遘若…卜惟其匄二旬又八日象壬…師夕𠂤

其它

八四〇 呼来取往見

三三〇三 貞…豹歸…見乃…

四四一六 貞呼見𦬸

四六〇三正 貞呼見于𣲗二月

六八〇四 貞…方出勿自見下上…

六九〇五 壬寅卜見弗獲征𢦏

七〇三反 見入九以

七三三七 己巳卜𣪊貞𢿌千呼見…

七五二八 …見…

七七四五 呼覘…

八〇九二 貞惟壴令見于[?]

八二七八 貞呼見于𢀛二月

八七〇九 …古…方…見…

八七七七 貞呼獻羊于西土由

八九六八正 …𧡒見

一一〇一四 …比…見…田…

三七一二正 …貞…見…曰…又一日象

一六二九五 …見…

一九〇七五 …貞…令見…

九一四四 丙寅…呼見…暨…

一九一五一 貞勿呼見 1
一九一五二正 貞勿見𡆥九月 1
一九一五三正 貞勿呼見 1
一九一五四 ……比……見……用 1
一九一五五 貞……見…… 1
一九一五六 ……見…… 1
二一四九一 癸巳卜大亦見…… 1
二三七九一 ……見小𣪊 2
三三三八九 ……見𡆥王省…… 4
三六九七〇 丙寅卜……𢆶衣……見史……有……方其……呼
延……兹…… 5
英一八四 見𡆥侯六月 1
英三三一 貞呼見狀 1
英一五一三反 ……見 1
英一五二三反 ……見 1
英一七八四 戊戌卜王貞余𢓊立員宁史暨見
𢆶終夕印 1
英一七八四 甲午……見…… 1
懷三九八b ……見…… 1
懷一三二五 ……貞……子……見…… 2

見

七九九 癸酉卜王貞自今癸酉至于乙酉邑人
其覞方印不其覞方執一月 1
六七九九 ……二百人……之日覞方夆…… 1
二〇四一三 丁巳卜匿其見方弗遘戌 1
二〇四一七 丙辰卜叀其見方二月 1
三一〇〇 ……子美見以歲于丁 1
三一〇一 丙寅卜貞……丁亥子美……見以歲于…… 1
三一〇三 壬子卜貞翌庚子美其見 1
二九八八四 ……卜王今雨……固曰兹見丁……允雨 1
二三六八七 丙午卜旅貞惟友……兹見 2
三五二九一 ……夕卜兹見…… 4
屯八一 丁卯貞王比沚……伐召方受……在祖乙宗
卜五月 兹見 4

一〇二 ……戌卜貞𫹉獻百牛𥂴用自上示 1
九七四正 帝獻三牛 1
一五二〇 甲戌卜貞翌乙亥侑于祖乙三牛𫹉獻 1
𡰥牛十三月 1
三三五七七 丁巳卜其獻牛一 4
一〇二七正 己未卜設貞缶其來見王一月 1
一〇二七正 己未卜設貞缶不其來見王 1
一九四〇三 ……來見 1
一九四〇四 ……來見 1
英一六八一 ……來見……告 1
五八四甲反 王固曰有祟有見……其惟丙…… 1
七一八九正 ……有祟𡧊有見…… 1
一六三一三 ……有獻其惟戌不 1
五三一五二 癸亥貞旬無𡆥見于敦 4
五三一五三 癸丑貞旬王無𡆥見于敦朿 4
三五二一七正 ……有見于…… 4
二七七四一 惟見令…… 3
二七七四一 惟見令 3

其它

三三九 癸丑卜貞令見取啓暨十人于𦭛 1
五六八正 貞𡍮𥎦見 1
六二八反 王固……見…… 1
六六七反 王固曰惟今夕癸見丁 1
八一一反 王固曰吉其惟庚娩見丁 1
八四四 ……往見 1
四二二一 貞呼見師般 1
四五四二 貞𢀛弗其入見五月 1
四六〇八 ……𩕨獻以𢼸 1
五六九八 ……酉……亞……見…… 1
五九〇四 貞勿見 1

編號	釋文	數
五九〇五	貞勿見	1
六六四九版	王固曰惟既惟乙見丁丁亥	1
六七六九臼	甲寅犬見𢀛示七屯	1
六七六八臼	甲寅犬見𢀛示七屯　先	1
九二六七	庭　見入三	1
九四二七	…先獻…乞自𡩜…	1
九五〇四正	丙申卜古貞呼見… 二告	1
九五〇四正	丙申卜古貞呼見…其… 二告	1
九八一〇反	惟良見	1
一二四六六反	…雨惟甲丁見辛己	1
一二五〇〇	己酉卜穷貞今日王步…見雨無災一月	1
一二一六三反	…固曰今夕不其雨其惟丙不吉丙…見癸	1
一二七三八	…卜…勿見…遘雨…克…	1
一二九七七	…其惟辛見七七日甲允雨八日辛丑亦…	1
一三〇四二	…戊…見雨…人吾…	1
一六四一四	貞受…見…	1
一六九四一	癸酉…旬無…曰有祟…見五日…寅月	1
	…卯…	1
一七〇四八反	丁巳在見…	1
一七三三〇	…勿見其有𥝰無匄	1
一七四五〇	貞多鬼夢惟…見	1
一七四五〇	貞多鬼夢惟言見	1
一七四五〇	庚辰卜貞多鬼夢惟見	1
一七四七〇	…酉卜爭…見夢	1
一七六七五	王固曰見辛…女不…	1
一七六六八	丁卯享見…雨虎…	1
一九一五七	貞允見無…其酌…	1
一九一五八	…其見…	1
一九一五九	…其見…	1
一九一六〇	…不見	1
一九一六一	貞…見…不…	1
一九一六二	貞…益…見… 二告	1
一九一六三正	…申卜…貞…見…	1
一九一六四	甲辰…貞…見	1
一九四〇二	…來見王	1
一九七八六	…己卯…不見雲	1
一九八九五	…妣庚…師…貝…見	1
一九九四二	庚戌卜…見…來…黄…	1
一九九四二	…父乙…見…	1
一九九七三	…辛丑見母	1
二〇三九一	乙酉卜王貞㠯不余其見二月	1
二〇四九一	允無…不見…方	1

編號	釋文	數
二〇九八八	戊戌卜其陰印翌啓不見雲	1
二一〇三四	…有疾庚子征見十月	1
二一一七二	庚辰卜王尸見亞禦奻生…十月	1
二一二〇七	見	1
二一二三六	貞興…見…入…	1
二一三〇五	…戊子　王見不允有咎囚	1
二一八七二正	丁亥貞我多臣𣎵見	1
二二〇六五	壬戌卜子夢見邑晷父戊	1
二二〇六五	壬戌卜𠂤侯…余令呼見聿𠂤侯印	1
二二一八四	丁巳卜允見六月	1
二二三八九	壬戌貞見…其疾…無…	1
二二四三六	庚辰卜見𧆨	1
二二四三六	庚申…見𢦏	1
二二四四八	…不見…	1
二三五八一	癸未卜吴貞在匕見	2
二三五八一	癸未…貞…見…	2
二三六七七	惟見	2
二三六七八	惟見	2
二三六七九	…卜出…見其…	2
二三六八一	…卜貞…見…	2
二三七〇九	…午卜出貞…𦾔小𦣞有敽示呼見…大	2
	…左…	2
二四四三二正	…大貞見新𥡴翌…	2
二四六五七	…貞于…自今至…見癸…惟…寅允…	2
二四九八〇	…王卜曰兹下…若兹惟王帝…見	2
二五一八〇	…卜出…見歲…不興用	2
二六〇九七	…卜中…有祟…于見	2
二六二〇五	己卯卜…貞惟…囚見	2
三〇九八九	勿見多食受…	3
三三一〇五	己丑貞王比沚戠在兹不見	4
屯四八三五	作見冀惟稃	3
英二一五反	…見麋…	1
英五三九正	…丑卜爭…有奉…見…	1
英五三九反	…固曰…見…	1
英一六七四	…不…見	1
懷九五七b	癸…見…	1
懷七五四	…貞…見…	1

三四六五　罗

罗　蜀

五四五〇　貞惟多子族令比面古載王事　二告　1
五四五〇　貞惟…聿令比面古載王事　1
五四五一　丁巳卜允貞令王…古…　1
五四五一　…令多子…比…面古…王…　1
五四五二　乙丑卜允貞令羽暨鳳以束聿比面古載事七月　1
五五六三　…古御事　1
六八一三　貞令多子族比犬暨面古載王事　1
六八五八　…寅卜殻…奴人…蜀　1
六八五九　…寅卜殻…王奴人…蜀　1
六八六〇　丁卯卜殻貞王敦缶于蜀　1
六八六一　丁卯卜殻貞王敦缶于蜀　1
六八六二　丁卯卜殻貞王敦缶于蜀　二告　1
六八六三　丁卯卜殻貞王敦缶于蜀二月　1
六八六四反　…蜀二月　1
六八六五　…蜀二月　1
六八六六　…于蜀　1
七九八一　…酉卜…貞子…遣…𦉼　1
九七七四正　貞𦉼受年　1
九七七四正　貞𦉼不其受年　1
九七七五正　貞𦉼不其受年二月　二告　1
一四一六三　…𦉼…　1
一四九一二　…令𢓊以王族比古載王事六月　1
一五四九八　…王…𦉼…匚…　1
一六九九八反　…永…𦉼…　1
一八〇八〇　…允…壱…　1
一八三三二　貞王…午余…　1
二〇五八四　…無囚在𦉼　1
二〇五八四　…在𦉼　1
二〇五八四　癸巳…在𦉼　1
二一七二三　癸酉卜我貞至𦉼無囚　1
二一七二四　癸酉卜貞至𦉼無囚余次　1
二一七二四　癸未卜貞至𦉼無囚　1
二一七二五　癸酉卜𢓊貞至𦉼無…　1
二一七二六　辛酉卜𢇍貞至𦉼無囚　1
二一七二七　𦉼　1
二一七二七　癸酉卜𢓊貞至𦉼無囚　1
二一七二七　癸酉卜𢓊貞至𦉼無囚　1
二一七二八　癸巳卜𢇍貞至𦉼無…　1
二一七二九　癸卯卜貞至𦉼無囚　1
二一七三〇　…卯卜𢇍貞至𦉼我有事　1
二一七三一　癸丑貞至𦉼無囚　1

二一七三一　癸丑貞至𦉼無囚　1
二一七三二　…卯卜𢓊…至𦉼無囚　1
二一七三三　…巳卜𢓊…至𦉼…囚　1
二一九一〇　癸酉卜貞至𦉼無囚　1
二一九一〇　…卜…𦉼…囚　1
二一九一〇　癸未貞至𦉼…囚　1
二一九一一　…未…至𦉼…　1
二一九八二　辛丑𦉼五…　1
二二三七四　甲寅卜臣子來𦉼　1
三三〇八三　…伐…𦉼…口…　4
三三一四一　癸巳卜貞旬在𦉼　4
三三一四二　癸巳卜貞旬在𦉼　4
英六六正　…呼…𦉼…庙　1
英四一二　貞…尹…比人…今古…王　1
懷七一　…巳卜爭貞令王族比面古載王事六…　1

罟　罟

二〇一七〇　…無囚…罟二月　1
二〇一七〇　貞雀凡囚在罟二月　1
二〇一七一　戊午卜呼戈比…在罟二月　1
二〇一七一　丁巳卜令雀即雀在罟二月　1
二〇三八五正　在罟　1
二〇五九八　…無囚在罟　1
二〇五九八　…罟　1
三三一七五　…弜从于呺　4
屯八六六　…巳貞卓以婁于罟乃奠　4
英二四二三　辛巳貞卓以婁于罟乃奠　4
懷一六四〇　庚寅貞敦缶于罟𢦔右旅在…一月　4

冟

一八〇七五　…冟大…　1
一八〇七六　冟日…不…　1
一八〇七六　冟日　1
二三六七〇　…惟冟…至十月　2

𡝤　要

九七一七正　己卯卜殻貞要　1
一〇一四四　丙申卜爭貞…見𡝤…不雨…受年　1
一四〇三五甲正　…子要娩不其嘉　1

一四〇三五乙正　…穷貞子嬰…　1
一四〇三五丙正　…嬰娩嘉　1
一四〇三五丙正　貞子嬰娩不其嘉　二告　1
一八〇七七　…蒐…　1
三三二八三　辛卯貞𢎪禾于河弜𡚦惟丙　4
三三二八四　辛…貞𢎪…于河弜𡚦惟…　4
英二四二八　丙…貞有蒐丁妣于河其…　4

蒐

六〇六二　…自西…舌方征我…蒐亦𢦏𡆥…　1
八三三六　癸卯…王固曰：四日丙午…友唐告…　1
入于蒐　1
一〇五六八　…卜貞…茲…蒐…田　1
一〇七七七　貞蒐擒　1
二〇八七〇　…丑卜弜蒐　1
三三一四八　丙辰貞王步于蒐　4

一八〇七八　辛…今…𡚦…五月　1

四四九一　貞惟𡚦令伐　1
四四九二　惟𡚦…𠂤　1
五六三五　貞𡚦攴　1
三三〇九一　…貞…令𡚦…取鼓告…白執三月　4
三三一四七　丁巳貞王步自𡚦于𡚦若　4

要

六九〇九　辛未卜㱿貞我獲𡚦十月　1
六九一〇　癸酉卜穷貞我奔𡚦　1

嬰

二二〇九九　辛酉卜嬰𢎪有生　1
二二〇九九　辛酉卜其𢎪嬰　1
二二〇九九　辛酉卜𢎪于有亘嬰　1

六五五五甲正　三十妾嬰　1
六五五五甲正　貞有伐妾嬰　1
六五五五甲正　貞有伐妾嬰　1
一〇七反　惟嬰　1
一〇七反　允惟嬰　1
八一一正　貞父乙卯嬰　1
八一一正　貞父乙弗卯嬰　1
一一九一正　貞惟嬰盡　二告　1
一一九一正　不惟嬰盡　二告　1
二〇〇二反　惟嬰　1
三五五五　…侑嬰…　1
二八〇九　…翌己酉…婦嬰侑…　1
五五九二　貞媚…王于小臣…　1
六五九二　丁未卜貞媚侑于丁?　1
一〇四〇五正　己卯嬰子賓入囲羌十　1
一〇七九七正　…貞…𠂤…嬰…　1
一〇八四五正　…嬰允…　1
一四七九一　…穷…午…嬰　1
一四七九二　嬰不陟丘　1
一四七九三　…惟嬰　1
一四七九四正　…囚…不惟嬰　1
一四七九五正　貞𢦏…戌嬰　1
一四七九五反　…亥卜𢀛貝𢦏午戌嬰…　1
一四七九五反　…嬰　1
一四七九六　壬辰卜…嬰…　1
一四七九七　…嬰…　1
一四七九八　…嬰…　1
一四七九九　己…嬰…　1
一四八〇〇　…率…嬰　1
一八〇七九　…其惟嬰…　1

覭

二五九四二　甲辰卜矣貞乞彡有彔覭　2

二七九八七　…及羌…戌𦣻弗𢦏　3
二七九八八　弜將𦣻B　3
二七九八八　其將𦣻…又夕…　3
二七九八八　其將𦣻于?襄　3
二七九八八　…將𦣻…　3

- 二七九八九 ……□□其…… 3
- 三三〇四五 ……寅卜方其至于□師…… 4

監

- 二七七四〇 惟□□令監凡 3
- 二七七四〇 癸丑卜惟□□監凡 3
- 二七七四二 惟□戊令監凡 3
- 二七七四二 惟□□令監凡 3
- 三〇七九二 于監□ 大吉 3
- 屯七七九 ……王其呼監 大吉 3
- 屯二五八一 ……呼監若……
- 英七四一 貞……監…… 1

老

- 一七一七九 貞……老……囗…… 1

□

- 二六五六正 ……午……貞婦好允見有□ 1
- 一三一七〇 ……戊□暘日 1
- 二七七四〇 癸丑卜惟□□監凡 3
- 二七七四二 惟□□令監凡 3
- 二七七四二 惟□戊令監凡 3
- 二七七四二 丁卯卜惟□□…… 3
- 二七七四二 惟□□令監凡 3
- 二七九三八 ……卜亞般□□□…… 3
- 三一一三九 □□……□于□……彭 3

罝

- 五六六四 己卯卜貞□辛……多犬罝…… 1
- 六八二七正 ……罝…… 1
- 一〇二〇七正 貞呼罝……□虎…… 1
- 一〇二二六 ……罝豕罝率……麑王固曰有…… 1
- 一〇二二七 ……豕罝率麑王固曰有…… 1
- 一〇二二九 ……往罝…… 1
- 一〇七二九 ……萈罝…… 1
- 一〇七三〇 ……卜亘貞王往罝……有豕…… 1
- 一〇七三一 ……罝 1
- 一〇七三二 ……罝 1
- 一〇七三三 ……罝 1
- 一〇七三四 貞罝 1
- 一〇七三五 ……寅卜……罝 1
- 一〇七五六 貞不惟我有罝 1
- 一〇七五七 貞不惟我有罝 1
- 一〇七五八 貞不……我有罝 1
- 二七九六八 惟戊罝擒 3
- 二七九六八 惟王以戊罝擒 3
- 二八三三二 以罝擒有鹿□旦允擒 3
- 二八三四二 其罝□鹿擒 3
- 二八三八八 ……罝……麑 3
- 二八八二一 ……王□……罝擒…… 3
- 二八八二二 貞弜自罝其悔 3
- 二八八二三 惟……罝…… 3
- 二八八二四 ……罝擒……□…… 3
- 屯七七八 ……王□罝擒……吉 3
- 屯七七八 先王□罝擒 3
- 屯八一五 于罝□□無災泳王擒 3
- 屯八一五 惟罝曾于之□ 吉 3
- 屯二一七〇 其罝于東方□擒 3
- 英二四六一 其以罝用□ 4

[罒/矢]

- 三三六八 ……侯其……[罒/矢]…… 1
- 三四〇二 ……[罒/矢] 1
- 三四〇三 ……[罒/矢]…… 1
- 三四〇三 ……[罒/矢]…… 1
- 三四〇四 ……[罒/矢] 1
- 五三七九 癸未……王……其……眹不…… 1
- 六八三九 壬寅卜雈侯弗𢦏眹 1
- 六八四〇 癸亥卜……侯其𢦏眹 1
- 六八四一 貞侯弗敦眹 1
- 二三三一七 癸卯卜貞雈宊[罒/矢]無囚 1
- 二四二四九 壬辰卜在師[罒/矢] 2
- 二四二五〇 ……在師[罒/矢] 2
- 二四二五二 癸巳卜行貞王賓𢼄無尤在師[罒/矢] 2
- 二八〇一二 王其呼衛于[罒/矢]方出于之有𢦏 3
- 三三二〇九 癸亥貞于[罒/矢]𢦏…… 4
- 屯二一〇〇 丙申貞王步丁酉自[罒/矢] 4
- 屯二一〇〇 戊戌貞王于己亥步……[罒/矢] 4
- 英六一七 ……𢦏[罒/矢] 1

㬎

一九一六　…㬎…　1

一三三九九正　己亥卜永貞翌庚子酌…王固曰茲惟庚雨卜之…雨庚子酌三嗇雲㬎其旣祝啓　1

⿰⿱林㬎攵

二八三二〇　惟行南麓擒有狐　吉　3

二八三四五　惟⿰阝心麓獲有大鹿無災　3

二八八二八　…⿰⿱林㬎攵…東　3

二八八二八　惟…⿰⿱林㬎攵擒　3

二八九〇四　其以人⿰⿱林㬎攵　3

二九〇九八　弜⿰⿱林㬎攵⿰阝心　3

二九四〇七　弜⿰⿱林㬎攵白惟鼎正王擒　3

屯一一四八　…亥卜其…⿰⿱林㬎攵盂東擒…　3

屯一四四一　王其田⿰⿱林㬎攵湊麓擒無災　3

屯三〇九六　…王呼⿰⿱林㬎攵…　3-4

屯四一九五　惟⿰阝心⿰⿱林㬎攵擒

杲

六〇六三正　…允有來嬉自西𡿪告曰…夾方杲　二邑十三月　1

八六二八　…杲方…　1

相

一八四一〇　…相…無囚　二告　1

二三七九六　…卜出…步……無…　2

三七四五八　…在品貞…卯往來…茲獲…麋四十八…　狐一　5

𠂤

英二五六六　丙午卜在品貞王其射𢎨衣逐無災擒　5

英二五六六　壬寅卜在品貞王其射𢎨雨　5

臣

一二　貞惟小臣令衆黍一月　1

一三　…小臣令…黍…　1

六二九　貞令庚辰夕用𠧴小臣三十小妾三十𡚱九月　1

六三〇　癸酉卜貞多妣𠧴小臣三十小母三十𡚱　1

五八五正　戊午卜小臣不其嘉癸酉𡆥甲戌女…　1

五八五正　戊午卜小臣嘉十月　1

五八五正　戊午卜小臣嘉　1

一八二三反　小臣入二　1

五五七一反　…小臣芈…　1

五五七二反　小臣芈…　1

五五七三　…臣芈…　1

五五七四　…乞自二十屯小臣中示…[illegible]　1

五五七五　丙子小臣中…　1

五五七六正　…小臣[illegible]?…來嬉自…　1

五五七七　…逐自…小臣鬼…于…　1

五五七八　小臣妥　1

五五七九反　…允十屯小臣从示　1

五五八〇　…二十屯小臣…　1

五五八一　貞惟在茲小臣令甶?　1

五五八二　貞小臣允有　二告　1

五五八二　貞小臣無　1

五五八三　王疾夕告…小臣若　1

五五八四　貞小臣成?郭王…　1

五五八五正　…貞…舟…呼小臣…　1

五五八六　…卜殻…小臣…　1

五五八七　…其…小臣…　1

五五八八　…小臣…豕…　1

五五八九　貞小臣…　1

五五九〇反　…寅小臣…　1

五五九一　甲寅…小臣…　1

五五九二　貞媚…王于小臣…　1

五五九三　…小臣…　1

五五九四　…小臣…　1

五五九五　己巳…無小臣其取又　1

五五九六　小臣其有邑　1

五六〇〇　貞小臣牆得　1

編號	釋文	期
五六〇二	…小丘臣	1
五六〇三	己亥卜貞令吴小耤臣	1
五六〇四	己亥卜…令吴…耤臣	1
五七一七正	丁亥卜穷貞惟翊呼小多馬羌臣十月	1
一〇四〇五正	癸巳卜殻貞旬無𡆥 王固曰乃兹亦有祟 若偁甲午王往逐兕 小臣𠚤車馬 硪馭王車子央亦墜	1
一四〇三七	辛丑卜爭貞小臣娩嘉	1
一四〇三八	…小臣…娩嘉	1
一六五五九反	…大…小臣中…	1
二〇三五四	庚申卜𠂤令小臣取丁羊鳥	1
二一三八六	…唐…少凤臣…十冉…	1
二四一三八	…卜王曰貞…小臣令…	2
二四一三九	壬子卜王…貞惟小臣于…至	2
二七八七五	癸亥卜彭貞其侑于丁妣己在十月又二小臣𡆥 立	3
二七八七六	…壱小臣𡆥立	3
二七八七七	…饕…翌日小臣…	3
二七八七八	乙巳卜惟小臣沓克有戋沓…	3
二七八七九	翌日…𤰔小臣…	3
二七八七九	惟小臣沓克有戋沓王	3
二七八八〇	…其小臣…	3
二七八八一	丙寅卜惟馬小臣…	3
二七八八三	癸巳卜貞其令小臣陷	3
二七八八四	丁巳卜惟小臣口以付于中室 兹用	3
二七八八四	丁巳卜惟小臣剌以付于中室	3
二七八八五正	庚午卜王貞其呼小臣𠍙比在曾?	3
二七八八六	在?小臣蓄有來告	3
二七八八七	…小臣𩲃	3
二七八八八	惟小臣𤅊令呼比王受祐	3
二七八八九	惟小臣口	3
二七八八九	惟小臣𠑹	3
二七八九〇	惟小臣妥𠭯不作自魚 兹用	3
二八〇〇八	丁酉卜其呼以多方𡚸小臣	3
二八〇一一	乙酉小臣𠭯莫	3
三二六六三	…河暨上甲在十月有二小臣	4
三二九七八	…小臣…速	4
三二九九四	呼小臣	4
三三二四九	…卯貞兕…小臣…从又…它旬受禾	4
三六四一六	…貞翌日乙酉小臣…其…有老𢀛侯 王其…以商庚卯王弗悔	5
三六四一七	戊戌卜王其巡𠭯馬…小臣𩠐𢦏克 …	5
三六四一八	弜改其唯小臣臨令王弗悔	5
三六四一九	辛卯王…小臣𠭯…其無𡆥…于東對王 𡆥曰吉	5
三六四二〇	癸…卜…小臣其人有正…不…其…辛…	5
三六四二一	癸巳卜貞王其…小臣…惟無…商…王弗悔	5
三六四二二	甲申卜貞…日丁巳…𢀛小臣…博辟…	5
三六四八一正	…小臣𤅊比伐擒危美人二十人四…人五百 七十𡆥百…車二丙盾百八十三函五十矢…白麐 于大…用𩨢伯印…于祖乙用美于祖丁俘曰京 暘…	5
屯二七四四	…呼小臣 大吉	3
屯二七五九	…小臣…令弗悔	3
屯附二	貞小臣娩嘉	1
英二〇三二反	…二十屯小臣…	2
英二五二二	小臣	5
英二五二三	小臣	5
懷九六一	癸亥卜穷貞令何叓呼𩏂小臣弋衣	1
懷九六二	貞令何叓呼𩏂小臣弋衣	1
一一七	王臣其有刃	1
一一七	…臣弗有刃	1
五五六六	…𡚸于…𡚸王臣四月	1
五五六七	貞𡚸弗其以王臣	1
五五六八正	…惟王臣…茉…	1
五五六九正	…殻…王以…臣正…	1
二五〇六反	王臣𡆥…途首若	1
二一七	惟帝臣令	1
一四二二三	惟帝臣令出	1
三〇二九八	于帝臣有雨	3
三〇三九一	…奉侑于帝五臣有大雨	3
三〇三九一	辛亥卜…五臣… 王有歲于帝五臣正惟無雨	3
三四一四八	庚午貞秋大𩁹…于帝五玉臣血…在 祖乙宗卜 兹用	4
三四一四九	癸酉貞帝五玉臣其三百四十宰	4
屯九三〇	貞其寧秋于帝五丰臣于日告	4
懷八九七	惟帝臣令	1

六一三 乙巳卜爭貞呼多臣伐舌方受有…
六一四 呼多臣伐舌方
六一五 貞呼多臣伐舌方
六一六 呼多臣伐舌方
六一八 貞勿呼多臣伐舌方弗…
六一九 貞惟多臣呼比沚畝
六二〇 勿惟多臣呼
六二一 勿惟多臣
六二二 乙亥卜般取多臣…
六二三 …多臣…从…
六二四 …多臣…用
六二五 …多臣…
六二六 貞多臣…往羌…其得
六二七 壬午卜㝎貞𡚩不𩰲執多臣往羌
六二八正 壬午卜殻貞𡚩追多臣…羌弗執
五四四四 貞晶不我多朊臣永…
五七一八 …多馬羌臣…
六八三四正 癸亥卜殻貞翌乙丑多臣𢦏缶
六八三四正 翌乙丑多臣弗其𢦏缶
二一五三二 癸亥子卜多臣人呼田羌
二一八七二正 丁亥貞我多臣不見
二二三五八 丙午貞多臣無疾
英五二一 貞惟多臣呼比畝

八四九正 乙酉卜㝎貞州臣有往自㝠得
八五〇 貞州臣得
八五〇 貞州臣得
八五〇 貞州臣不…得
八五一 貞州臣得

二七六〇四 惟辟臣𢍏 3
二七八九六 …亥卜多辟臣其… 3

二七九三七 惟亞臣其辟 3

屯二六七二 丙子卜貞朕臣商

其它

五八五六 …以傭元臣
一九五乙 丙寅卜子效臣田獲羌
一九五甲 丙寅卜子效臣田不其獲羌
六一七 呼…臣伐舌…
六二八正 壬午卜殻…臣往羌執
六二八反 …臣
六三一 …臣…七十…妾…
六三二 …雍臣…
六三三 …雍往臣…
六三四正 丁亥卜殻貞呼卬比韋取𡧧臣
六三四正 …卬比韋取𡧧臣
六三五反 …奴…惟奴萛臣
六三六 丙申卜爭貞令出以商臣于盖
六三七 丁丑卜爭貞令翌以子商臣于盖
六三八 …以子商臣于盖
六三九 …子商臣…
六四〇 貞…子商臣…
六四一正 癸酉卜亘貞臣得王固曰其得惟甲乙
甲戌臣涉舟延𤰔弗告旬又五日丁亥
執十二月
六四二反 …臣…
六四三甲正 貞臣不其執
六四三乙正 …臣執
六四三丙正 癸巳卜㝎貞臣執王固曰吉其執惟乙
丁七日丁亥既執
六四三丙正 貞臣不其執
七〇七正 呼比臣沚有𠂤三十邑
九三八正 貞呼取𡧧臣二
一一一五正 臣…呼兴有𠬝 小告
二八八六 …
三二〇一正 貞子目亦毓惟臣
三三〇一正 貞子目亦毓不其惟臣
三五二二正 貞我家舊𢀛臣無𡆥我
五五七〇 …令…小王…臣…
五五九七 貞惟𡆥呼衆人臣
一四〇〇二反 …㚔臣
一四五五三 …貞…臣…
一七四一〇正 壬…呼臣…

二一八

一九〇九二　貞惟臣舌戈令𡧊
一九四九三　…臣彔…
一九八八一　…卩…妣…祟…臣…
二〇三五五　…臣貞…
二〇三五六　臣無尤
二〇五九二　丙午卜王令告臣于兒六月
二一〇三六　辛丑卜𠂤貞子辟霰…臣不其骨凡目印
　　骨凡目三月
二二〇四二　乙…貞侑臣不
二二三〇一　己酉卜亞賓其惟臣
二二三〇一　…酉卜亞俳其惟臣
二二三三二　…貞…臣…
二二三七四　甲寅卜臣子來鬥
二二三九四　貞臣子
二二四四一　…卜…歲臣來二剚
二四四四六　…京…王田至…臣獲豕五雉二在四月
二九六九四　其眚用舊臣貝　吉
三三三八九　…比臣衛…無囚
屯二八二八　桒年于…臣惟豚…有大雨
屯附一　禦臣父乙豚子豚母壬豚
英四六一　…呼…臣伐
英五三二　…臣
英五三三正　…穷…不…臣六月
英一八〇六　…貞余…祟寘臣于…
英一九〇〇　卯子卜東臣𢦏歸
懷一三　…臣伐…其
懷二四　庚…爭…呼…臣…圂
懷六三b　…臣…

𦣞

七〇七反　𦣞
七六二　…惟…谷反…𦣞…
一〇三四　…王𦣞…以人…允以…网三百
一一六七反　…𦣞…
三三五五臼　自𦣞乞
三二八六臼　自𦣞
三五二一反　𦣞入一
四三〇〇正　壬寅卜古貞方𦣞…
四三〇〇　貞方𦣞其有…
四四九五　…令𦣞暨戈…
四四九六　…𦣞…
四四九七　𦣞…
四四九八反　貞𦣞其用
四四九八反　𦣞不…
六三三〇反　…𦣞乞
六四三一　自𦣞
七二九五反　辛丑卜…自𦣞乞…
八一九二　在𦣞
八一九三　…自𦣞
八一九四　…自𦣞
九二五〇　𦣞入十
九二五一正　𦣞
九二五一反　𦣞入…
九三八二　…𣪘乞自𦣞…
九三九六　…自𦣞五十屯
九三九七　…自𦣞五十屯
九三九八　…自𦣞五十屯
九三九九　丁丑帚乞于𦣞示十屯
九四〇〇　乙…邑乞自𦣞五屯十二月
九四〇一　…乞自𦣞在…
九四〇二　…乞自𦣞…
九四〇三反　…𦣞乞…
九四〇四　…自𦣞…
九四〇五　…自𦣞…
九四〇六反　…自𦣞乞…
九七九〇臼　癸卯…井示四屯自𦣞
一〇一三二正　自𦣞
一二三九六反　𦣞入百
一七〇八三正　…穷貞𦣞不冓
一七〇八三反　…穷貞𦣞…
一七五四二臼　…婦帚示…屯自𦣞…
一七五四三臼　…婦帚示一屯爭自𦣞
一七六二九　乙酉帚二屯　古自𦣞三
一八〇八六反　…自𦣞乞…
一九〇九五正　丁丑卜爭貞令門𦣞曾…
一九八五二　辛丑卜勿呼雀山雀取侯𦣞
英七八六　壬于𣪘乞自𦣞

望

參106頁

五四六　…令雨執多…望𢀛方…　1
五四七　貞勿執多□呼望𢀛方其𧸘　1
五四八　貞勿執多□呼望𢀛方其𧸘　1
五四九　貞勿執□呼望𢀛　1
六一八二　貞勿𢼸人呼望𢀛方　1
六一八五　庚寅卜殻貞勿𠨘人三千呼望𢀛…　1
六一八六　貞呼望𢀛方　1
六一八六　貞…望…　1
六一八八　…取虎𢦏呼望𢀛…　1
六一八九　貞勿呼望𢀛方　1
六一九〇　貞勿呼望𢀛方　1
六一九一正　貞勿呼望𢀛方　1
六一九二　貞勿呼吕望𢀛方　1
七九七九　望缶　1

六九八三　癸巳卜殻貞呼雀伐望戉　1
二八〇八九正　王其比望爯册光及伐望王弗悔　有𢦏　大吉　3
二八〇八九正　得取美御事于之及伐望王受有祐　惟用　大吉　3
二八〇八九正　王于得使人于美于之及伐望王　受有祐　3
二八〇九〇　…取美御事于之及伐望王受有祐惟　用　吉　3
二八〇九一　…危伯美于之及…望…　3

六九五三正　貞望漭若启雀　1
六九五二正　望漭弗其若启雀　二告　1
一三五〇六正　貞令望華歸　小告　1
一三五〇六正　貞勿令望華歸　二告　1

三五六六一　癸酉卜在望貞王旬無畎　5
三六九〇六　…卜在望…旬無畎…月　5
三六九〇七　…卜在望…旬無畎…月　5

七二一八　貞𢼸人惟王自望捍　1
七二一八　貞勿…王自望捍　1

屯七五一　乙未卜令𠂤以望人𡚸于槊　4

其它

二五　丁卯卜貞望𠂤多方示𢁉作大…七月　1
二九八五　丁卯卜𠿟貞望…　1
三七〇九　…卜爭貞…望…　1
四一七三　…王勿曰…惟望…雀…　1
四四五一　…蕽望人并　1
四五八九反　䖵呼望　1
四八九一　呼遘𢆶望𢀛　1
四八九一　…遘𢆶望𢀛　二告　1
五五三五　…使人于望　1
五九〇七　貞執望　1
六一〇一　…𢀛方出…望…　1
六九八四　己亥…其𢦏望…十月　1
七二一七　貞勿惟王自望…　1
七二一九　…呼望…　1
七二二〇　辛卯…貞王…望…　1
七二二一　…望…　1
七二二二　…望…　1
七四八九　辛卯卜爭貞勿令望…　1
七五一五　…勿…望…　1
八二七九　…于𠂤望　1
一二四六五反　…望…　1
一四四七七　貞望…岳　1
一七九一九　貞雩㱿無其望　1
一八九七四　…循…望…　1
二六九九三　甲子卜其往望惟伯令　3
三三九六八　丁丑貞王弜商望其戠　4
三六七五六　癸酉…望…畎…　5
英二四一四　庚辰貞令望…　4
懷四三九　…寅卜…貞令…望…　1

𦣞

九六　庚午卜穷貞𢦏以𦣞芻　1
九六　貞𢦏弗其以𦣞芻　二告　1
九六　貞𢦏以𦣞芻　1
九六　𢦏弗其以𦣞芻　1
九九三二　…王…□…　1
二二一三四　甲辰貞羌𦣞不𢦚　1
二二一三五　甲辰貞羌𦣞不𢦚　1

九〇二正　貞令𠂤弗其比呂　1
三七四四　……爭……𢆶……　1
五三五〇　庚午……王取𠂤……　1
五三五一　……王𢆶曰……　1
五三五二　……𠂤固曰……　1
五三五三　……丑卜……貞王𢆶……　1
五四二二　……王……卯……𠂤……　1
七七〇七　丙午卜㱿貞王𢆶曰戌其有……　1
七七〇八　……㱿貞王𢆶曰戌其有……　1
一一四三七反　……惟……𠂤　1
英三五九正　王𠂤……　1

戠　臧

三二九七反　王固曰其獲其惟……其惟乙臧　1
三九六三反　……其惟甲余臧　1
六四〇四反　余臧　1
一二八三六正　……有㞢其惟辛戠……　1

柜

五五四五臼　甲辰婦柜示二屯　岳　1
九八一六反　壬寅卜王貞翌甲辰日柜啓允……十一月　1
一八四一一正　……柜……不……小告　1
一八四一二　……柜……不……　1
一八四一三　……柜……　1
三八一五八　……相日今……允雨　5
三八一五八　……相……　5
懷二五七　……柜……允……啓　1
懷六〇五b　王固……柜……　1

一八〇八四　……兜……　1
一八〇八五　……兜……　1
二〇二八一　己巳卜王……𢀛　1
二〇二八一　……于……燎𢀛　1

三七三八三　……田于𩚉往……御獲兕一……　5

七六二九正　癸亥卜亘貞王有……𡆥……　1

嚚

一八六五〇　……嚚……　1

臣黃

一八〇八三　……臣黃……月　1

七〇二〇　己卯卜王咸𢦔𡴀余曰雀𢀛人伐亘……　1
九三七一　□入　1
九三七二　□入　1
九三七三　□入　1
九三七四　□入　1

𠈼

一八一五七　庚……貞其𠈼秉惟今夕……　1

臤

一八一四三　……臤……　1

司

一八二六六　……征……司……無……伐……　1

懷一八五八　……卯卜在去……王田𦊙往來……笑　5

一八〇八二　……王……𦥑……　1

著錄	釋文	數
乇四五八三	庚午王有𡆥	4
一七〇三一	…有壱…自𡆥	1
乇三二〇	甲午貞王…𠬝桒于…	4
三九三三二	丁亥王…貞其…其𡆥…大吉	5
一八九三一	庚子…勿…𡆥…	1
乇八五七	辛未貞其𡆥多安	4
七〇六三	𡆥來	1
一八一四二	庚子卜貞其𡆥…東于…	1
三三八三二	…惟出	4
乇四五一四	癸亥貞王在𡆥無囚	1
乇四五二四	在𡆥	1

耳

著錄	釋文	數
一三六三〇	貞疾耳惟有壱	1
一三六三一	…疋…疾耳惟有… 二告	1
一三六三二正	貞疾耳禦于…	1
二一三八四	…巳…既夢…作𠈁耳鳴終…大…	1
二二〇九九	庚戌卜朕耳鳴有禦于祖庚羊百有用五十八𠈁母…祈今日	1
二八〇二一	甲子卜亞戈耳龍毋啓其啓弗悔有雨	3

其它

著錄	釋文	數
一四七五五正	貞田允其耳女 不吉	1
一七五六三臼	丁丑邑示四屯 耳	1
二〇三三八	…耳…以…冊…	1
二一〇九九	…丑卜𢀛…耳…龍	1
二一三七七	己未卜惟父庚壱耳	1
二一六四八	…子卜貞…耳人歸	1
二二一九〇	…卜耳𢆶于祖…	1
英六〇八臼	丁亥乞自雩十屯𡧊示	1
英八三一	…有…央耳…年	1
英二三五一	…辰卜…耳…囷黄…	2
懷五四六b	…井示十 耳	1
懷七〇八b	…耳	1
懷九五五c	…示五屯 耳	1

取

先王

著錄	釋文	數
二六七正	祖乙𣪊王其取	1
二九六	貞勿取祖乙𣪊	1
一二九三	乙亥卜貞取唐…	1
一二九三	…我取唐𣪊…	1
一二九三	…我取唐𣪊…	1
一二九四	乙亥卜王貞我取唐𣪊	1
一二九五	乙巳卜殻貞王其取唐𣪊	1
一二九六	癸未卜穷…王取唐𣪊七月	1
一二九七	王其取唐𣪊…循其…	1

著錄號	釋文	期
一二九七	貞王其取唐𣪘…循其…	1
一二九八	貞王取唐	1
一二九九	丙寅卜王取…𣪘	1
一二九九	貞勿取唐𣪘九月	1
一五九〇	辛酉卜貞惟祖乙取…𣪘	1
一五九二	貞王勿取祖乙𣪘	1
二六三六正	惟唐取…好	1
二六三六正	貞惟祖乙取婦	1
二六三六正	貞婦好有取不	1
二六三六正	貞惟大甲取婦	1
二六三六正	貞婦好有取	1
二六三六正	貞惟唐取婦好	1
五七三九	取唐𣪘	1
五八〇八	貞王取唐槃	1
六五五六	勿取唐𣪘	1
一九八九〇	辛酉卜王祝于妣己迺取祖丁	1
二三七二一	…王曰…取祖乙…羌…田?…	2
二三七二一	乙酉卜王曰貞惟…左自取祖乙𣪘于之若	2
屯一六九	乙酉卜其取庚𣪘…	4
屯二三四二	…丑貞王令伊尹…取祖乙魚伐告于父丁小乙祖丁羌甲祖辛	4
五五二二正 六七五五	己卯卜宊貞取岳	1
一三六二四正	…弗取方	1
一三八八七	貞取岳	1
一四三八〇	…卜…貞取岳	1
一四四五七	癸酉卜貞取岳迺燎	1
一四四五九	貞…癸丑取岳	1
一四四六〇	取岳	1
一四四六〇	取岳	1
一四四六一反	取岳	1
一四四六二	取岳雨	1
一四四六三	貞惟岳取	1
一四四六四	…取岳	1
一四四六五	…戌卜取岳	1
一四四六六	…午卜爭…取岳石…	1
一四四六七	勿取岳	1
一四四六八正	貞取岳有雨	1
一四四六八正	取無其雨	1
一四四六八正	貞取岳有雨	1
一四四六八正	取無其雨	1
一四五七五	庚申卜殻貞取河有从雨	1
一四五七六乙正	貞取河	1
一四五七六甲正	貞勿取河	1
三二八三三	己卯卜取岳雨	4
三三二九一	辛酉卜取岳雨	4
三四二〇三	取岳雨	4
三四二一四	癸酉卜其取岳雨	4
三四二一五	癸酉卜其取岳雨	4
三四二一六	己亥貞取岳雨	4
三四二一七	辛酉卜取岳雨	4
三四二一八	丙辰貞其取岳	4
三四二一九	取岳于三門徲	4
三四二三五	乙酉貞取河其囷于上甲雨	4
屯二三八二	丁卯卜取岳雨	4
屯二二八二	乙亥卜取岳受禾　茲用	4
屯二八五〇	庚申卜取岳雨	4
屯二九〇六	乙亥貞其取岳舞有…	4
屯三〇八五	壬寅貞其取岳雨	4
屯四五一六	辛巳卜取岳从不从	1
英一一五〇	…丙取岳	1
五七五六	…呼取射…	1
五七五七	…取射于…	1
五七五八	…令取射子㚔	1
五七五八	…取射…	1
五七五八	…惟亀令取射	1
五七五八	甲午卜殻…取射	1
五七五九	貞[illegible]取射	1
五七八八	…取阶射…	1
二一五八六	丙寅卜我貞呼印取射麇	1
三一九九六正	甲午卜取射[illegible]呼[illegible]	4
三四八一	貞𢦏以有取	1
三四八一	貞𢦏弗其以有取	1
六四七七正	貞王有取不若	1
六四七七正	貞王有取若	1
八二三五	貞羽暨鄭弗其以有取	1
八七二〇正	弗其以有取	1

著錄號	釋文	期
九〇五〇正	貞彵暨眛以有取	1
九〇六九	□弗其以有取	1
九〇七〇	□以有取	1
九〇七五	…卜㱿貞妥以有取　不吉	1
九〇七五	貞妥弗其以有取	1
九一〇五反	貞並弗其以有取	1
九一二六	…史以有取	1
九一二七	…以有取	1
一三五一四甲正	其以有取	1
一三五一四甲正	…取	1
一三五一四甲正	有取	1
一四九五六	…有取…	1
一六三五五正	…有取…不若	1
二〇三三四	…卜自…弗其載…事弗…侑取	1
二〇五三五	癸卯卜載…其有取…固曰…	1
懷三四三	…何以有取	1
九三反	丙午卜㝅貞呼取牛百以王固…吉以其至…	1
二二三三	貞…取牛	1
八七九九	…貞…取牛…	1
八八〇〇	…人取…牛	1
八八〇一	取牛	1
八八〇二	取牛	1
八八〇三	戊寅卜亘貞取牛不齒	1
八八〇四	貞…取牛…以	1
八八〇五	貞勿…取牛弗其以　二告	1
八八〇八正	貞呼取牛　二告	1
八八一〇正	戊寅卜㝅貞呼取牛	1
八八一一正	貞呼宪取羊不于□	1
八八一二反	呼取羊弗徝	1
八八一三反	貞呼取羊	1
八八一四	貞呼取豕	1
八八七八	…卜取羊	1
一〇九七六正	壬戌卜㱿貞取豕呼网鹿于蕽	1
一一〇〇三	癸酉卜古貞呼彵取虎于敹啚	1
一四四五八	…取岳	1
二八一九七	…□羽取豕…	3
一〇八	…取竹芻于□	1
一〇九	勿取芻于□	1
一一〇正	庚辰卜㝅貞呼取□芻于…	1
一一一正	貞呼取羞芻	1
一一二	甲戌卜犾凹角取逆芻	1
一一三甲正	丁巳卜爭貞呼取何芻	1
一一三乙正	勿呼取何芻	1
一一四	…貞取克芻	1
一一五	…取有芻…	1
一一六正	呼取生芻鳥	1
一一六正	勿取生芻鳥　小告	1
一一七	庚申卜呼取豼芻	1
一一七	勿呼取豼芻	1
一一九	貞勿令雚取雍芻	1
英七五七	庚子卜亘貞呼取工芻以	1
二二	癸卯卜貞…田令阜取黃丁人七月	1
五三六	辛卯卜爭勿呼取奠女子　二告	1
五三六	辛卯卜爭呼取奠女子	1
五三六	…呼取奠女子	1
三〇九七	丙戌卜爭貞取效丁人嬉	1
九七四一正	呼取女	1
九七四一正	呼取女于林　二告	1
三二八〇三正	…卜貞今日其取伊丁人…	4
二八〇八九正	□取美御事于之及伐望王受有祐 惟用　大吉	3
二八〇八九正	□貯其呼取美御　吉	3
二八〇九〇	…取美御事于之及伐望王受有祐惟 用　吉	3
九四五正	貞□呼取白馬以	1
八七九六正	貞勿呼取方囚馬	1
八七九七正	…辰卜古貞呼取馬于□以三月　二告	1
八七九八	貞取馬…	1
八九八四	己巳卜雀取以馬	1
二〇六三〇	壬戌卜王貞令陕取馬子涉	1
二〇六三一	…弗其取□馬…以在昜	1
二六九〇一	惟馬呼取王弗悔	3

取陵

二八五　貞呼師…取陵…
七〇六七正　貞…取…陵若
七〇六八　…取…陵…不…
八八四九　癸酉卜惟陵取
八八五〇　惟陵呼取
一四七六四　貞勿呼取陵
一九六六二　辛…殼貞呼取陵于…方畀

美取

八四〇　呼美取
八四〇　呼美取往見
二六五八　貞呼美取
六一四四　呼美取
七八五四正　己酉卜殼貞勿呼美取因任伐弗其以
八八四二　呼美取
八八四三　呼美取
八八四四　…卜穷貞呼美取陜
八八四五　…勿呼美取
九八二七　貞呼美取弓
九八二七　貞呼美取弓
九八二七　貞呼美取弓
一二六四二　呼美取
一三五八六　美取家

般取

八二六　辛酉卜穷貞呼師般取冊不…乇
六五八七　…呼師般取龍
六五八八　…古貞…般取…龍
六五九〇　己酉卜殼…令般取龍
八七二四　呼師般取
八八三九　貞勿呼師般取…
八八四〇　呼師般取
八八四一　貞…呼師般取
一四四一〇　貞惟般呼取
英一六四　貞勿呼般取
英五四七正　呼師般取

其它

六　丁酉卜穷貞令甫取另伯𠬝及
六　甲午卜穷貞取剛于𠂤
三三九　乙卯卜古貞令枕取啓暨十人于䜌
三三九　癸丑卜貞令見取啓暨十人于䜌
三七二正　貞令般取于尻王用若
四五六正　貞呼取圭伐
四五八反　取㗊于𠃊
五三六　辛丑卜爭貞取子卬
五三六　辛丑卜爭貞勿取子卬
五五七　乙未卜貞呼先取𡨦于…
六二二　乙亥卜般取多臣…
六三四正　丁亥卜殼貞呼卬比韋取㚇臣
六三四正　…卬比韋取㚇臣
六五五甲正　貞勿令美𠂤𥁕由取舟不若
六五七　…爭貞取㚇妾
八九一正　虎呼取羌以
九三八正　貞呼取㚇臣‖
一五九〇　貞勿取彡𢼸九月
一五九一　辛酉卜爭貞取彡𢼸
一五九一　貞勿取彡𢼸九月
一五九一　辛酉卜貞惟祖乙取𢼸
四五五五　貞呼比微告取事
四七二〇　庚子卜爭貞令𦣞取羊于龠
四八八九　貞令遘以文取大任亞
四九五四　貞令良取何
五三五〇　庚午…王取𢦏…
五五〇九正　丙申卜殼貞立事呼取…不舌黽
五五九五　己巳…無小臣其取又
五六四七正　壬辰卜亘貞有冊巫呼取以
五八五四　戊戌卜穷貞受一?𢦔取…𡨦于𠈌卒
五九二四　貞…取羲
六五六七　丁亥卜亘貞呼取呂
六五六六　貞勿呼取呂王固曰吉其取
六五八九正　貞呼取龍
六五九五　…貞呼行取龔友于𠃊庶以
六七五三　…取𠯑以有示…𨒫征方
六七五四　辛亥卜貞毋其取方八月
六九八七正　貞呼取微白
六九八七正　貞勿取微白　二告
七〇五八　貞勿呼商取逆
七〇六三　壬子卜取雍
七〇六三　壬子卜勿取雍
七〇六四　辛丑卜亘貞呼取彭
七〇六五乙　…未卜穷貞呼取𦉪…

七〇六六 辛亥卜穷…取奐…

七〇六六 貞勿取奐暨…

七〇七四 貞呼比龔取炋奠啚三邑

屯一〇〇八 …其取在演…衛凡于髸…王弗悔

屯一〇六六 丁亥貞…令遘取…方

屯一〇八三 …令遘取…

屯三三二 癸酉貞弜得岳其取即于上甲

屯三七六四 丁卯卜王令取㠯羌𡆥暨在祖丁宗…

英三五八 癸…取羅…弗其以…來…

英一七八一 乙卯卜王貞勿惟西取晒呼西出目

英一七八一 乙卯卜王貞令廼取晒一月

懷四四八 壬午卜爭貞令畝取剌泰

聯

四〇七〇臼 癸酉卒示十屯

三二一七六 甲子卜不聯雨

三二一七六 其聯雨

三二七二一 丁卯貞王其爯珏聯燎三宰卯三大牢

于…

聝

一三〇二七反 …國曰聝其雨惟…

屯四三三〇 丁亥貞令秋王令衆聝作

斧

二一〇七三 庚午卜惟斧爯呼帝屖食受祐

肆

六 癸巳卜穷貞令衆人肆入絴方…墾田

聶

五三八二 …貞王其有聶正

聵

一八二二一正 貞聵惟其有出自之

一八二二一正 聵無其出…之

夒 驟

一三七正 癸卯卜爭貞旬無囚甲辰…大驟風之夕㞢

一三七正 乙巳…幸…五人五月在敦

三六七正 癸卯卜殻貞…王固曰有祟…驟風之夕

…羌五

一一六六甲 …驟風

一三三五九 壬寅卜癸雨大驟風

一三三六〇 …丁酉大驟風十月

一三三六一 …亥卜…旬壬…驟風

一三三六二正 …大驟風…㞢乙巳疾執…人五月在

敦

一三三六三 …丑貞夕庚寅大驟風

一三三六四 …戌暘…驟風

一三三六五 …旬己亥驟風

一三三六六 乙巳卜王…燎三牛…于…不用四日…

一七九四七 驟風

…振…[illegible]…

英一〇九六 …暘日…夕驟風

英一〇九七 …驟…

𦔮 聽

八〇八反 王聽惟囚

八〇八反 王聽不惟囚

一六三二正 戊子卜穷貞王聽惟祖乙孽我

三六八二 …卜穷…聽…

四五二五 …聽…𢀛延

五六三四 貞勿…伐…無…在聽

七七六八 王聽孽

七七六八 王聽勿孽

八六六九 …方無聽…

九三七六 聽㞢入

一〇〇四八 戊子卜貞翌庚寅延聽企束

一四二九一 …辰卜其…來奐…聽…

一八〇九〇 …爭…𦔮…𢀛…

一八〇九九 辛卯…婦無𦔮十一月

一九一七五 癸亥卜…歸其有聽

一九六四九 丁亥…呼…𦔮享…

二〇二二九 …卜…聽竹取…固惟…

二〇六二四 …辰卜王綅有聽

三三四六六 辛卯…婦無聽十一月

懷五〇〇 ：聽：惟：

懷七八三 ：聽：

耶 聽

一一〇正 貞王聽惟孽 二告

九七四反 ：戌：王聽惟：

一〇五一正 貞王聽惟毋告 二告

一七七三正 乙未卜王聽不惟祖乙

一六三三 王聽惟有壱

一三七三正 聽囚

五二九八正 貞王聽不惟囚

五二九八正 貞王聽惟囚

五二九九正 己未卜亘貞王聽不惟囚

五三〇〇正 ：王聽：惟囚

五三〇一 聽：囚 二告

五三〇二 ：聽：囚

五三〇三 ：聽其：囚

五三〇四 癸亥：殻貞聽惟壱

五三〇五 ：聽：

五三〇六 丁卯卜王聽惟有壱

五三〇七 ：卜王聽：惟壱

五三〇八 ：王聽：由

五三〇九 乙丑卜殻貞王聽惟：不：子：

五三一〇 貞王聽：

五三一一 貞王聽：

五三一二 ：王聽：㞢：

五三一三 ：貞王聽不：

五三一四 ：貞王聽：

五五三一甲正 貞：聽不：

五五三一乙 貞王：聽惟：

五八四四反 ：王聽惟壱

六〇三三正 王聽惟囚

六〇三三正 王聽不惟囚

九六七一正 貞王聽惟孽

九六七一正 貞王聽不惟孽

一〇五六〇 己未卜貞王聽來：

一一〇一八正 貞王聽惟囚

一一〇一八正 貞聽不惟囚

一一三九五 貞王聽不惟有祟

一一三九五 ：聽惟有祟

一二四九八正 ：聽不惟囚

一三九八〇 貞王聽惟祖丁：

一四九七三正 貞今：聽：㞢：

一五三〇六 ：聽：冊：

一八一〇九 ：耶

一八一〇九 ：耶：魯：

一九一七六 ：聽

一九一七六 貞弗其聽

一九一七七 ：聽

一九一七七 貞弗其聽

一九一七八正 ：午卜：貞茲聽：囚

二〇〇一七 丁卯卜𡧊王聽父戊

二〇〇一七 丁卯卜王聽兄戊

二一二九六 ：卜王：朕聽：余惟其：囚：月

二三二六五 貞于聽丁令九月

懷四八九 ：王聽惟：

懷五〇三 ：聽惟：

耳林

二九二三七 惟耳林田湄日無災

聞

九一〇〇 ：傳以血：訇聞曰䕪：子

一〇九三六正 貞孽弗聞獲

耶

二二二八二 ：耶

二二二八三 乙卯卜貞耶

二二二八四 乙卯貞耶

聽

一四二九五 戋有聽

一四二九五 戋無其聽

一八〇九四 ：聖：㝵：凡：

二一七一二 ：令：聽：

英一八〇二 庚：卜王：聽

取

七二三八 ：王勿奏循取：循于：

一〇二二三 辛丑卜于

聑

八二五六　…衛…十月在𦖞

八二五七　…惟…其…十月在聑

八二五八　…弗其…十月在聑

一〇九九五　貞弗其擒十月在聑

一八〇九一　…弗其…十月…𦖞…

一八〇九二　…𦖞…

一八〇九三　…𦖞…

一八二三八　…𦖞…

二四六五一　癸卯…貞旬…𦖞…

英一五九四　聑

聞

一〇七〇五正　庚子卜王貞王固曰其有來聞其惟甲不…

一三二一八反　…唐無聞

六〇七六　…爭貞有聞曰舌…

六〇七七　其有聞

六〇七七　貞舌方無聞

六一六七　貞舌方無聞

六七四四　…丑卜…貞方惟聞

七二二四　乙亥卜㱿貞有聞允其…

七二二五　…貞有聞曰…

七二二六反　…有聞其惟丙不…

一三六五一　己丑卜爭貞有疾齒父乙惟有聞在沘

一七〇七八正　癸巳卜爭貞旬…甲午有聞曰戉…史春

一七一四五　复七月在…鼓𢦏　…卜㱿貞…有聞曰…𢦏

二〇一五三　戊子卜𠀠…亦有聞…𠀠固曰聞

其它

一一三六　貞㚔聞有从雨

一一三六　貞勿㚔聞

一一三七　貞㚔聞有从雨

一一三七　…勿…聞

二四二二　庚子卜永貞妣己聞

二四二二　貞妣己弗聞

四三八八　…聞…

四四九三　貞惟聞呼

五〇〇四　…余…聞舌…

七二二二　…聞…

七二一三　…昔聞…

七三三六反　…允惟我…聞

二一四八五　癸未卜爭貞旬無𡆥三日乙酉夕月有食聞八月

二一四八六　…𡆥三日…酉夕…食聞

一八〇八九　…聞…

一九一七三　…聞…

一九一七四　…酉…貞…聞有舌

二〇〇八二　戊子…婦伯…聞扔…𡆥

二〇一一九　…聞

三二一〇五　…𥁡石…聞…

三三九〇二　…以聞…牛

英六三三　…聞微來…

英九〇五　…貞㱿…今十二月師…聞…

洱

九七七四正　㱿豕于洱

九七七四正　勿…于洱

六九六〇　壬子卜王令雀𡧊伐𠭰十月

六九六一　…𡧊伐𠭰

二〇三三〇　庚午卜王余…示𡆥于甫…𡆥終

自

先王先妣

二二六正　癸酉卜㱿貞父乙之㝡自羌甲至于父…

二二六正　癸酉卜㱿貞自羌甲…于…

二七九　貞卯以羌…自高妣己妣庚于𦎫…

著錄號	釋文	期
四三八正	戊辰卜爭貞𢾅羌自妣庚	1
四三八正	貞𢾅羌自高妣己	1
四三八反	王固曰其自高妣己	1
二二六五	…先大庚侑自仲丁…	1
二二七四七	…貞告自唐降	2
二三一三四	…自小乙…兄庚無…月	2
二三四二九	…寅卜…貞盤有彡歲自母辛衣…	2
二五三六九	貞其自羌甲有逆…	2
二五九○五	乙酉卜…貞其用…自唐…	2
二七二四五	…貞王既…自中宗…王受… 大吉	3
二七三一七	…卜其告火自毓祖丁 吉	3
二七三四九	其蒸鬯自小乙	3
二七三七四	其桒自祖王受…	3
二七三九六	自父庚酌王受有祐	3
二七四三七	貞其自帝甲有延	3
二八一四三	癸亥卜彭貞自高	3
三八二四四	其自祖丁	5
英二二六一	自毓祖丁王受有祐	3
英二二六九	…自毓妣酌有正	3
英二五○二	…卯卜貞王賓…自匚丙至于多…衣無尤 在…月	5
英二五一八	乙未卜貞自武乙彡日衣必禋其即𠬝冊五 宰正王受有祐	5
懷一三六九	自示壬至毓有大雨	3
懷一三六九	自大乙至毓有大雨	3
七八七	壬戌卜爭貞惟王自往陷	1
五二一四	…貞…王自…步	1
五二三九	王自饗	1
五二三九	王自饗	1
五二四○	…其來王自饗	1
五二四四	貞勿惟王自…	1
五二四四	貞勿惟王自饗	1
五二四五	貞勿惟王自饗	1
五二四六	貞勿惟王自饗	1
六二三四反	…王自饗	1
六三九四	勿自饗	1
六三九四	王自饗	1
六三九四	王自饗	1
六六六四正	戊午卜爭貞惟王自往陷十二月 二告	1
七二一七	貞勿惟王自望…	1

著錄號	釋文	期
七二一八	貞𢾅人惟王自望捍	1
七二一八	貞勿…王自望捍	1
七三一二	貞𢾅人五千惟王自…	1
七五二八	己未卜爭貞勿惟王自比望乘…往…	1
七五二八	丁巳卜爭貞勿惟王自比望乘呼…	1
七五二九	…勿惟王自比望乘…	1
七五二九	…王自比望乘呼…	1
七五三○	…勿惟王自…乘呼往	1
二四九五一	…河珏惟王自正十月	2
三三○三五	庚戌惟王自征刀方	4
英一九一	癸丑卜惟…王自延比…北…伐侯…	1
英七九八	惟王自饗	1
六○五七反	…東鄙𢦏二邑王步自𢀛于𩃟司…夕 㞢壬寅王亦終夕𡆥	1
二三八○二	…子卜行…王其步自…𢀛無災	2
二四二二八	辛酉卜尹貞王步自商無災	2
二四二三八	辛巳卜…貞王步自舟…災…	2
二四二三八	乙酉卜行貞王步自遘于大無災在十二月	2
二四二三八	庚寅卜行貞王其步自…于𢀛無災	2
二四二四八	癸丑卜行貞王其步自良于𢀛無災	2
二四三四六	乙卯卜王曰貞翌丙辰王其步自獲	2
二四三四七	辛丑卜行貞王步自𢀛于雇無災	2
二四三四七	癸卯卜行貞王步自雇于勳無災在八月在	
二四三四七	己酉卜行貞王其步自勳于來…無災	2
二四三九八	甲寅卜王曰貞王其步自丙有去自雨在三 月在…	2
二四三九九	癸未卜…貞王其步自尋無災	2
二四四一一	癸亥卜行貞王其步自其于𢀛無災在…	2
二四四七三	庚辰卜行貞王其步自杞于…無災	2
二五五七二	戊午卜旅貞王其步自八…無…十二月	2
二七七九八	…卜…步自臬…叫…無災	3
二八一二八	…步自槀睢余屮…	3
六六六八正	貞無來艱自方	1
六六六八正	貞無來艱自方	1
六六六八正	貞旬無來艱自方	1
六六七一	乙亥卜允貞自方…	1
二四一四八	貞其自方有…	2
二四一四九	壬午卜出貞今日無來艱自方	2
二四一五○	貞其有來艱自方	2

二四一五一　…來艱自方　2
二四一五二　貞其自方有…　2

一三八　…𡆥己未…龜𢦏往自文圉　1
一三九正　…秋𢦏奉自文奉六人八月　1
五二一反　…奉自…固曰其有來…圝羌捍　1
八三九　呼師般取往自敦　1
八四八甲　…其執往自…　1
八四八乙　…執往自…　二告　1
八四九正　乙酉卜㱿貞州臣有往自寶得　1
八五六　貞往自圝不其…　1
八五七　…往自圝…　1
八五八正　…亘貞王須允…往自敦啚　1
二七三〇二　戊辰卜鼓貞有來執自㱿今日其延于祖丁　3
英五四〇　甲戌…貞奉自林圝得　1

三六三四四　丁丑王卜貞今囚巫九备…典春𡧊侯　5
彈…尤暨二娃余其比…𢦏無左自上下…受
有祐不𠱭𢦏無…商無𡆥在…　5
三六五一一　丁卯王卜貞今囚巫九备余其比多田…多
伯征盂方伯炎惟衣翌日步…左自上下
于㱿示余受有祐不𠱭𢦏…于兹大邑商
無𡆥在畎…弘吉在十月遘大丁翌　5
三六七四七　…月在𩰫𢀛自上下㲋余…𩰫無尤　5
三六九六六　乙亥王卜…暨𣪘方敦…妥余一人…
自上下示㱿…告于…　5

二三三七七　…即貞妣庚王入自…其延𣪘　2
二三四〇三　乙未…貞其侑于妣庚今入自禱告一月　2
二七二八一　于入自𦎫用王受祐　3
二七五二二　惟入自𦎫酉彡　3
二七五二二　其侑妣庚惟入自己夕酉彡　3
二七七六四　惟入自…　3

七二七六　貞自兹…𤔲…循…　1
一三五二五　甲戌卜爭貞我勿將自兹邑𢧵穷祀作若　1
一三五二六　甲戌卜殻貞我勿將自兹邑𢧵穷祀作　1
一三五三〇　貞我將自兹邑若　1
一三五三〇　勿將自兹邑　1
一三五三一　貞我將自兹邑若　二告　1

一二五〇六正　貞有疾自惟有𡆥　1
一二五〇六正　貞有疾自不惟有𡆥　1

三

五三〇反　丁未乞自…　1
五六四臼　癸卯乞自雩二十屯　允　1
二七九〇反　…子乞自…　1
五五七四　…乞自…二十屯小臣中示…兹　1
五六二八臼　甲辰乞自…十屯…　1
五七一七臼　丁亥乞自雩十屯作示　㞢　1
七〇四〇反　…屯乞自…　1
七四一五臼　…乞自…十屯　1
七七三二反　丁巳乞自…　1
一三五二三臼　乙未𠣞乞自雩十屯　小𣪘　1
英六〇八臼　丁亥乞自雩十屯𠣞示　1
英七八六　壬子殻乞自𡆥　1
英二〇〇〇　辛丑乞自嵒…　2
懷五五五b　…乞自…　1

一三六〇二　貞自丁門二月　1
二一三八七　丁巳卜𠂤自丁至于辛酉虎不其𢀛允…　1
二二七四七　戊戌卜壴貞告自丁𦁎　2

四七六九正　丙辰卜殻貞今㞢我其自來　1
四七六九正　丙辰卜殻貞今㞢我不其自來　1
二一七一三　乙亥子卜我有直自來惟若
二一七三一　癸丑丁自來　1
二一七五八　癸未子卜自來　1

其它

一二　貞王心無來自一月　1
九四正　甲辰卜亘貞今三月光呼來王固曰其呼來
迄至惟乙旬又二日乙卯允有來自光以
羌𢦏五十　小告　1
一〇二　…戊卜貞𢦏獻百牛盤用自上示　1
一三五甲正　貞…𢦏自穷…其…　1
一三五乙正　貞…𢦏自穷呼…得　1

片號	釋文	期
一三六正	己卯卜古貞…執往芻自穿王固曰其惟	1
	丙戌執有尾其惟辛家	1
一三七正	…卯卜古貞…芻自穿…弗其執	1
二三九	癸丑卜爭貞旬無囚王固曰有祟有夢甲寅	1
	允有來嬄左告曰有往芻自益十人又二	1
五五七	丁丑卜爭貞來乙酉脅用永來羌自元…五月	1
五五七	癸酉卜貞其自卑有來嬄	1
六三五反	貞不自卑有來嬄十一月	1
八五五	貞啟自㞢邑	1
一八二一正	貞往自寶得	1
三二五五臼	貞驢惟其有出自之	1
四六三四反	自𠤳乞	1
四七四〇	…自安…	1
五二三八	…自𠙶	1
五二四三	…惟…自饗	1
五四七三反	勿自饗	1
五五三二正	王自癸巳囚有由…	1
五五三二正	貞無來嬄自沚	1
五五七七	貞其有來嬄自沚	1
五八八一反	…逆自…小臣鬼…于…	1
六〇五七正	…自安	1
	癸卯卜殻貞旬無囚王固曰有祟其有來嬄	1
	五日丁未允有來嬄飲禦自𠂤圉六月	1
六〇九八	己卯卜殻貞吾方出王自正下上若受我…	1
六四三一	自𠤳	1
六八〇四	貞…方出勿自見下上…	1
六九三〇	…自征㛸	1
七〇八五	…子卜殻貞其…自商王固…嬄迄至…	1
	有來…壬申	1
七〇八六	…亥卜殻貞…鼓自商…其…	1
七〇八七	…有來嬄自𠂤	1
七一二五	…午卜有…嬄自…	1
七二九五反	辛丑卜…自𠤳乞…	1
七三七二反	…自安…𡆥…辰…來五…立中	1
七四二七正	貞無來自西　二告	1
七四六四	…自饗	1
七六一八	…惟王…自正	1
一二八一三反	自𡨄出	1
一四〇九〇	…巳卜…貞嘉…自八月	1
一五四八六	丁丑卜宾貞勿自魚歲卜有祟𨗨…	1
一五四八七	癸丑卜貞勿自魚羊惟牛	1
一五九七三	癸卯卜帝自入十月	1
一八〇八六正	…自亶	1
一八〇八六反	…自𠤳乞…	1
一九四三二	…卯卜…自工…	1
一九六四八反	…自𠬝　殻	1
二〇六四三	…午卜王貞取…尸自…來…日…	1
二一六四二	…未子…戌自…來若	1
二一六七七	丁卯卜𢀛貞我𠬝𠂤丁自庚	1
二一六九七	…丁自…	1
二一六九七	己丑…自…事…我…	1
二一七三一	癸丑丁自口…	1
二一七三四	乙巳𢕸卜丁來自正川子	1
二一七三五	…巳𢕸卜…來自正…子	1
二一七三六	己酉子卜自正…我	1
二一七三七	癸酉卜𢀛貞丁丑來自丁	1
二一七五二	甲戌…我自…	1
二一八九一	自步𠙵	1
二一九〇一	己丑王不行自雈	1
二二〇四四	庚戌卜貞多羌自瀾	1
二二〇九九	庚戌卜余自禦	1
二二二九八	丙子卜…子自子…	1
二二三〇〇	乙亥卜𢆶…自白弘…十一月	1
二二三一二	午亞侑兄己自豕	1
二二三四一	𥄎…自…	1
二二三九六	…自𩞦…	1
二二四二五	癸未貞自惟𡛷	1
二三六八三	丙寅卜大貞惟𠫑有保自右尹十二月	2
二三七〇三正	貞于入…自𥛱…	2
二四二二七	乙酉…貞王…自商…無災	2
二四三一七	…來…自𣎳師…	2
二四七一八	辛丑卜出貞自五日雨	2
二四八六九	…自𧈢…𠁳廼雨…多雨	2
二六〇〇四	癸丑卜旅貞翌甲寅…彡祭自…衣至…	2
二七〇八七	其自𥁕有𡿧至	3
二七五八三	侑自犬辛王受祐	3
二七五八三	…自犬辛…受有祐	3
二七五九七	…自日彡…祐	3
二七八九〇	惟小臣妥𢦏不作自魚　茲用	3
二七九九一	自可至于𥨊𠈉禦	3
二八一八八	自瀼至于大無災　吉	3
二八一八八	自瀼至于膏無災　大吉	3
二八二三七	…卯卜何…自魚…受禾	3

臭

二九一一六 其自五…喪… 3
二九一八七 自𡧊往…吉 3
二九三九五 貞王…自麥…亡無災 3

四六四九 貞禦臭于母庚 1
四六五〇 貞臭弗其… 1
四六五一 乙亥卜殻貞臭…其… 1
七〇六六 辛亥卜穷…取臭… 1
七〇六六 貞勿取臭暨… 1
八九七七正 …臭取宕牛以 1
一〇〇九三 甲申卜亘貞臭以… 1
三四三五三 甲午貞…臭 4

臬

六三三三 乙酉卜爭貞往復从臬幸舌方二月 1

⿰氵臬

七三二〇 貞涉⿰氵臬 二告 1
三三五三一 …其匕从⿰氵臬 4
三三六八五 …未卜在⿰氵臬…無猒在三月…𩵦大甲惟… 5
三三六八六 癸未卜在⿰氵臬貞王旬無猒 5
三六七八六 …卜在⿰氵臬…王囚曰吉 5
三六七八七 …王卜在⿰氵臬…無猒王囚曰吉 5

⿱自廾

八一八九 壬申卜貞呼禦在⿱自廾…在□ 1

⿰氵⿱自廾

八三五七 戊申卜貞…于⿰氵⿱自廾…方 1

⿰自刂

四三八九 丁…⿰自刂…並… 1
五九九四 …侑…⿰自刂… 1
五九九五正 貞呼⿰自刂 二告 1
六二二六 丁巳卜亘貞⿰自刂牛爵 1
八九八六反 ⿰自刂 1

溫

英二五六二正 乙巳王卜在溫貞今日步于攸無災 5

⿱自田

一三六五六正 貞⿱自田其有囚 1
一八〇八七 …貞⿱自田獲… 1

⿰自凡

一九五八 貞禮告王⿰自凡于丁三月 1

⿱自内

二八〇五八 戊循往于來取迺⿱自内循衛有戋 3
二八〇五八 惟往⿱自内… 3

⿱自重

一一四〇八正 …奠弜芻于⿱自重… 1

⿰自攵

三〇三三八 …卜穷…⿰自攵以… 1

⿱自巾

六四六〇反 呼雀往于⿱自巾 1
六四六〇反 勿呼雀往于⿱自巾 1
六五六八正 …卜殻貞呼比…⿱自巾… 1
七六九三 …呼…弘…⿱自巾 1
七六九三 勿呼比弘⿱自巾 1
一九六三九 …其呼…⿱自巾… 1
屯三四一 壬申卜王令鑊以子尹立于⿱自巾 4
屯三四一 …未卜王令以子尹立⿱自巾 4
屯二九〇九 …族奴人于⿱自巾… 4

二三五四臼 戊申婦□示二屯永 1
三四四九 …子…何…□…白… 1

號	釋文	次
二〇〇八六	乙亥卜𡧊貞伯弘十一月	1
一三六三三	貞婦好𡧊惟出疾	1
二六〇八九	…呂南…𡧊若	2

口

號	釋文	次
一四六〇甲正	貞疾口禦于妣甲	1
一三六四二	貞疾口	1
一八六一七	貞口…其安…	1
一八九九二	癸卯卜古貞無羌口	1
二〇五七五	宇口	1
二〇六二七	…卜𠂤…口紳南土	1
二一六一五	乙酉卜𠂤貞我無作口	1
二一七三七	口𦀚	1
二一七二七	丙戌子卜貞我無作口	1
二一七三一	癸丑丁自口…	1
二一七四〇	丙子子卜惟丁作茲口	1
二一八七八	辛亥己妣惟口𠂤	1
二一八七八	辛亥庚妣惟口𠂤	1
二一八七八	辛亥丁子惟口𠂤	1
二一九一三	不口田日	1
二二〇〇七	貞…口	1
二二一七四	…卜生口…月	1
二二一九一	…卜…禦祖辛祖戊口祖羊…牢	1
二二二二六	妣口宰妣庚束	1
二二二四八	癸巳卜貞婦𦣞無至口	1
二二二四九	癸巳卜貞婦𦣞無至口	1
二二二五一	癸巳卜貞婦𦣞無至口	1
二二二五八	辛丑卜無口	1
二二二六五	甲戌卜無口	1
二二二六五	甲戌卜無口	1
二二二六九	…辰卜…婦…口中母	1
二二三二二	有豎豚無口	1
二二三七六	…口…七月	1
二二三九二	壬寅卜無口	1
二二四〇五	貞勿薰多口無囚	1
二二四八一	有作𡧊口十	1
二二四九八	…口夕𦀓…	1
二七七五一	癸丑卜…口…	1
二七八八四	…𦣞犬口比屯日… 茲用	3
二七八八九	丁巳卜惟小臣口以𠂤于中室 茲用	3
二八三一六	惟小臣口	3
三〇〇一〇	其从犬口擒有狐允擒 茲用	3
三一八九五	…疾口𡆥…有大雨	3
三二九〇六	…口从茲祐	3
三三〇八三	乙巳卜惟口令	4
英一八九七	…伐…𦊓…口…	4
	辛巳卜𠂤貞無作口	1

甘

號	釋文	次
五一七正	…丑卜…貞甘	1
五一七反	王固曰…𥂝甘	1
八〇〇一正	貞王往于甘	1
八〇〇二	…王往出于甘	1
八〇〇三	…往出于甘	1
八〇〇四	…羊于甘	1
八〇〇五正	…于甘	1
八〇〇五正	…每于甘	1
八八八八正	…貞甘得 二告	1
一〇九三六正	𢼸于甘	1
一五七八二	庚戌卜丙酚十宰于曰	1
二三四二七正	…禦…一月甘…	1
二七一四七	…亥卜…祖丁其…甘饗	3

曰

號	釋文	次
五八六	…巳卜㞢貞王曰行𡆥𡆥𣎳	1
三二九六正	貞王曰侯…	1
三二九七正	乙亥卜殻貞王曰侯豹余其…	1
三二九七正	戊戌卜殻貞王曰侯豹毋歸	1
三二九七正	戊戌卜殻貞王曰侯豹往余不束其合以乃使歸	1
三三七四	乙未卜殻貞王曰侯…	1
三八二〇	…酉卜古…王曰侯…	1
六〇八〇	貞王曰𡆥吾方其出不𣎵	1

曰

六五六八正　…貞王曰無其疾　1
七六九九反　癸亥卜王曰惟祖…　1
一九九四六正　癸卯卜王曰𢀛其𡆥　1
二〇〇七〇　辛亥卜…貞王曰…　1
二〇二五五　丙辰卜王曰辰　1
二〇三一五　二〇八九八　丁巳卜王曰庚…其雨…其雨不雨啓　1
二二六四五　戊辰…王曰…酚　2
二二九六四　辛巳卜王曰貞毋侑　2
二二九九〇　庚戌卜王曰貞弜延　2
二三一一二　乙丑卜王曰貞十牢　2
二三一二二　乙丑卜王曰貞五牢　2
二三三三二　己巳卜王曰貞其侑于祖乙爽…　2
二三三四七二　甲寅卜王曰貞其圉…兄己　2
二三八〇五　丙寅卜𡧊貞卜竹曰其侑于丁牢王曰弜 𠭴翌丁卯𡧊若八月　2
二三八五九　癸酉…王曰貞…　2
二四一一〇　乙丑卜王曰貞𢾅毋上甲在…　2
二四一一一　壬午卜王曰貞弜先　2
二四一一二　己丑…王曰茲卜…禦　2
二四一一三　壬午卜王曰貞有𡆥五月　2
二四一一四　…卜王曰貞于戊子上甲祖…　2
二四一二六　戊寅卜王曰貞于庚辰…　2
二四一二八　辛未卜王曰來…亥…　2
二四三四六　乙卯卜王曰貞翌丙辰王其步自獲　2
二四三四六　乙卯卜王曰貞于丁巳步　2
二四三五六　戊辰卜王曰貞其告其陟在𠂤阜卜　2
二四三九一　癸未卜王曰貞有兕在行其左射𢎿　2
二四三九八　甲寅卜王曰貞王其步自丙有去自雨在三　2
二四四〇二　乙未卜王曰貞其田茲用　2
二四四三四　…卜王曰…歲受年　2
二四四四八　癸卯卜王曰貞獲　2
二四四四九　癸未卜王曰貞弗其獲茲用　2
二四四七一　甲寅卜王曰貞翌乙卯其田無災于谷　2
二四五〇一　丁丑卜王曰貞翌戊寅…其田無災…往不　2
二四五〇二　庚午卜王曰貞毋田　2
二四五〇二　庚午卜王曰貞翌辛未其田往來無災不遘　2
二四五〇六　庚戌卜王曰貞其𥝤用　2
二四五〇六　庚戌卜王曰貞其𥝤右馬　2
二四五〇六　庚戌卜王曰貞其𥝤左馬　2
二四五四六　辛卯卜王曰貞勿用　2
二四五五七　己丑卜王曰貞于甲辰　2

二四五五七　己丑卜王曰貞勿牡　2
二四六八六　…卜王曰貞其雨　2
二四九六一　壬戌王曰夒亡牛一月　2
二五九六一　庚子卜王曰貞有𡆥　2
二四八八二　甲戌卜王曰貞勿告于帝丁不茲　2
二六一九七　癸亥卜王曰貞其…𡆥在…　2
二九三七五　…酉卜王曰貞其𦱐田　3
三六五五七　貞王曰遂延于夫延至孟…來無災在七月　5
三六七四一　…貞王曰…于夫延…來無災　5
英四〇八　貞王曰弘來　1
英一九三四　…貞王曰…其合以乃…　1
英二三六　癸巳…王曰貞…甲午…于大甲…𡆥在…　2
英一九三四　乙酉…王曰…　2
英一九四九　癸卯卜王曰貞在多祖　2
懷九九一　…王曰鬯惟…　2
懷一〇一六　丁未卜王曰貞父丁𢀛歲其弘三牢茲用　2

㞢曰

二二八一正　貞王其侑曰父乙　1
二四八三　辛酉卜古貞王其有曰妣庚…　1
三九八七　丁未卜亘貞其有曰戠　1
五六二一正　貞王其有曰多尹若　1
五六二二正　貞王其有曰多…二告　1
一五六六三正　癸巳卜爭貞燎王其有曰若　二告　1
二〇四八五　戊寅卜方至不之曰㞢曰方在崔啚　1
二〇四三八　自卜三日癸己卯有來…二日庚辛有曰方在田　1
英一三八八　…有曰千𤉲王𢦔于之八豕八豕… 四羊㱿四卯于東方析三牛三羊　1
㱿三
英一六二〇　…寅卜王…夢婦…有曰　1
英一七七五　…卜自…若…有曰　1
懷六四七　…辰卜王…有曰　1

告曰

一三七正　癸丑卜爭貞旬無𡆥王固曰有祟有夢甲寅 允有來𡉚左告曰有往芻自益十人又二　1
一三七反　…四日庚申亦有來𡉚自北子𡆥告曰昔 甲辰方征于𡆥俘人十又五人五日戊申方 亦征俘人十又六人六月在…　1

- 五四甲正　癸未卜殻貞旬無…祟其有來嬉迄至七日…允有來嬉自西…戈　吉　曰吾方征于我奠…　1
- 一〇七五正　甲午卜亘貞翌乙未暘日王固曰有祟丙其有來嬉三日丙申允有來嬉自東　妻告曰兒…　不舌黽　1
- 一三四二九反　…告曰既…　1
- 二四一一九　…王…告曰…　2
- 二五七二四　…卜大…告曰…其…　2
- 二七九〇〇　…狽犬告曰有大…　3
- 二八三八〇　…告曰有麋王其呼…　3

- 二〇五五一　辛丑卜王貞余曰大戠不　1
- 二〇四九一　…余曰無𢦏…三月　1
- 二〇四一〇　…卜…至…余曰…五日…方…　1
- 二〇三三八　…朕余曰咋…　1
- 四九九三　…貞余曰…無其…　1

- 二一〇七〇　癸巳卜𠂤惟…今日嘉　1
- 二一〇七一　…亥卜𠂤貞王曰有孕嘉𠂤曰嘉　1
- 二一〇七二　…王曰嘉　1

- 二二七六五　丙子卜王貞曰雨　2
- 二四六二九　甲子卜王貞曰雨　2
- 二四六六〇　庚午卜王貞曰雨　2
- 二四六六一　甲戌卜王貞曰雨　2
- 二四六六三　丙申卜王貞曰雨　2
- 二四六六四　己巳卜王貞曰雨在九月　2
- 懷一三六五　丙申卜王貞曰雨　2

- 一九八四六　…子卜甾…祖乙…甾曰…　1
- 二〇〇七〇　貞余勿呼延尊甾曰吉其呼尊　1
- 二〇四二三　壬午卜王貞甾曰方于甲午其正七…　1
- 二〇六六五　甲子卜甾…甾曰不我…　1
- 二〇七八〇　…卜甾曰五作其獲…月　1

- 二四一三四　丁酉卜兵貞多君曰來弔以𢀛王曰余其　2
- 二四一三五　辛未王卜曰…余告多君曰般卜有祟　2

- 一三六一九　貞王䟽循曰之　1
- 一三六一九　貞勿曰之　1
- 一八八六〇正　辛巳卜穷貞其曰之　二告　1
- 一八八六〇正　貞不曰之　1
- 一八八六〇正　貞其曰之　1
- 一八八六〇正　貞不曰之　1
- 一八八六〇正　其曰之　1
- 一八八六〇正　不曰之　1
- 一八八六一　貞王曰之　1
- 一八八六二正　貞王曰之　1
- 一八八六三　貞曰之　1
- 一八八六四　貞…曰之　1
- 一八八六五　貞勿曰之　1
- 英五四八　貞勿曰之　1
- 英五四八　貞曰之若　1

其它

- 一　…大令衆人曰劦田其受年十一月　1
- 二　…曰劦田其受年…　1
- 三　…人曰劦田…　1
- 四　…曰劦…　1
- 五　…殻貞王大令衆人曰…受…　1
- 九　辛未卜爭貞曰衆人…尊田…　1
- 九四反　王尋固光卜曰不吉有祟茲…呼來　1
- 一五一反　王固曰惟既　1
- 一六三　…殻貞射𣥂…曰惟既己卯…獲羌十…　1
- 五五九正　癸巳卜亘貞曰…　1
- 一四〇九　…曰其有來…　1
- 三〇三二反　癸卯卜殻貞曰以ㄓ…　1
- 四〇七七　于曰牛　1
- 四一七四甲正　貞王勿曰𣥂疋化來…　1
- 四五八〇　貞曰戠　1
- 五四四五反　王固曰吉其曰舌來　1
- 五六一一正　貞勿曰多尹　1
- 五七六〇正　甲戌卜穷貞攸侯令其𠱠舌曰𦎫若之　五月　1
- 五八〇八　貞曰師無在茲延　1
- 五九四九　…我王…祀…執白㚸…乙亥山…曰㚸…　1
- 六三五四正　辛丑卜爭貞曰舌方凡…于土…其敦𢀛　允其敦四月　1
- 六三五六　…貞曰舌方…𢀛允其…　1

六五七一正 甲辰卜殻貞翌乙巳曰子商敦至于丁
六五七一正 未𢦏
六五七一正 曰子商于乙敦
六五七一正 曰甲
六五七一正 貞曰子商至于屮丁作山𢦏
六五七一正 勿曰子商至于屮丁作山𢦏
六七六七 丙寅卜殻貞勿曰崇方我
六七六七 貞勿曰崇方我
六七八八 ：辰卜曰方其敦見何允其敦
六九三九 ：爭貞曰雀翌乙酉至于𫹟
七〇六六正 甲寅卜爭貞曰雀來复
七二一五 ：貞有聞曰：
七六一〇 貞余：曰伐：
一一九七一反 ：曰：
一四八三二 貞卜歲曰彡十三月
一四八六三 貞曰彡
一四九二五 ：子曰：
一四九二六 ：耳曰𢦏：
一四九五一反 王固曰吉其曰：
一四九八一 貞曰：無：
一五一〇五 ：首曰：禦
一五四九六 癸酉卜勿曰比：
一七三〇六正 貞曰戈以齒王
一七三〇八 乙亥卜殻貞曰戈以齒王
一七三〇八 曰戈以齒王
一七三四二 貞曰其𩁹
一八七四七 ：𠀠曰：元曰：
一八七五八 ：曰𡨦：曰𢦏：十屮來：𫝀
一九一三一 ：訊曰：
一九三二七正 庚子：貞曰出自：
一九三四八正 乙未卜殻貞曰祉
一九三四八反 貞勿曰祉
一九八四三 ：曰自今：乙禦
一九八五八 ：寅：曰禦示祖辛
一九八六四 庚：王：曰禦
二〇〇五一 ：不：子𡆥：曰弜：列
二〇〇五二 ：卜𠙵巫：至：曰巫：
二〇一六七 丁丑卜𩁹曰惟𠙵
二〇一七七 戊戌卜：貞曰𠂤：其比：𠃬：
二〇一九七 丙辰卜：曰辰三月
二〇二二四 辛丑卜曰缶無以：

二〇二二五 庚子卜曰缶𢦏：
二〇二五六 丙辰卜𠂤貞王曰：我侑我：束延：𠃬：
二〇三三八 ：𢦏：茲曰：
二〇三三八 ：曰：茲：
二〇三六八 貞曰犬：來
二〇三七一 丙申貞來：曰亞其：爵：
二〇四一二 壬申卜曰今五：方其征不
二〇四一八 ：王貞：𠂤令匕：丙午至于戊戌曰方
二〇四七八 其征：朕禦
二〇五五五 丁亥卜𠂤余令曰方其至
二〇六〇九 ：目燎曰庚其𢦏
二〇六四九 ：卜曰：商左：㚔
二〇六七三 ：𠂤左：崇：比：而：曰不：
二〇八九八 庚戌卜：貞勿：曰：
二〇九五三 ：卜𠂤曰乙丑其雨允其雨
二一〇四三 庚午：𠂤曰：𠂤雨多
二一一二三 ：辰卜曰：旬方：不：五月
二一二三九 乙亥卜有曰于兄𢀛
二一三〇六乙 辛亥卜王朕𢦏𫹟：于曰：之：
二一四四六 ：甫：余：曰：
二一五〇〇 曰楙：自：
二一六二七 戊戌曰：示于
二一七二七 壬辰子卜貞婦𡚤子曰戠
二一七九三 婦妥子曰言
二一八四一 辛亥子卜貞婦妥子曰𢦏若
二二一四八 ：卜曰惟其𡚤祐
二二一六二 ：戍曰：卯
二二一九五 ：曰今日：大丁崇：
二二一九五 貞曰出
二二一九五 曰入
二二二四六 曰出
二二二四六 弜曰亞
二二二四六 先曰𢀛𪉖
二二三六九 先曰何
二二四二四 丁卯曰其：
二二五三八 ：余貞曰我禦其：
二三〇〇二 ：子卜𢍰貞無來羌曰用學：
二三〇五九 庚子卜行曰貞翌辛丑其有𠂤歲于祖辛
二三三四〇 乙亥卜中貞曰其侑于丁惟三宰九月
二三六八〇正 ：子卜：貞曰不：
二四六六六 辛丑卜𢍰貞𢀛止曰王：
二四九八〇 丙申卜王貞曰不雨
丁丑王卜曰惟余其無延

二六八一三 己亥…貞我…其曰… 2

二六八四六 …勿熹友曰若 2

二六九九二 其曰毋㑒以 3

二六九九二 其曰倬人以 3

二八〇七九 …今曰惟發… 3

三六四八一正 …小臣牆比伐擒危美人二十人四…人五百
七十俘百…車二丙盾百八十三函五十矢…白麇
于大…用𢀛伯印…于祖乙用美于祖丁僥曰京
暘… 5

三六五一八 乙巳王貞啓呼祝曰盂方以人…其出伐
↓師高其令東會于…高弗悔不𢀛戋 5

三八四五四 王囗曰… 5

屯一一二〇 癸亥卜貞王旬無畎在六月王…曰𢀛 4

英一 癸酉…乎曰惟…乙其…

英八三五 曰戊識在之
…令郭曰犬延田 1

英一三四五 …己卜…屯…曰… 1

英一三六六 貞曰… 1

英一八〇九 己巳卜…征…曰勿… 1

英一九二三 癸丑卜王曰貞翌甲寅乞酚𢀛自上甲
衣至于毓余一人無囚茲一品祀在九
月遘示癸觀彘 2

英一九二四 壬午卜中貞曰其叙九月 2

英一九二四 丁亥卜大貞卜曰其有盤𢀛歲自上甲
王乞… 2

英一九九四 庚午卜出貞王來曰以𢀛宁齊以 2

懷四〇一 貞勿曰來一月 1

懷四二〇 癸…㑒…執…曰其… 1

告

參 836頁

告祖先

一八三 告于大甲祖乙 1

四二八 甲辰卜貞惟翌乙巳告上甲 1

六六七正 辛未卜殻貞㑒告于祖乙 二告 小告 1

六六七正 辛未卜殻貞勿㑒告于祖乙 二告 1

八一二正 貞王其…有告父正 二告 1

八六九 貞有疾告羌甲 1

九三八正 貞告于祖乙 二告 1

九三八正 弜告于祖 1

九四七正 貞勿𦎫告于祖辛 1

九四七正 貞勿告于祖辛 二告 1

九七四正 勿告于父乙 1

一一六六甲 告于上甲豕一殻一燎三…燎于…丁… 1

一一六七正 貞勿告于上甲 1

一一六八反 貞勿告于上甲 1

一一六九 壬戌卜殻貞勿𦎫告于上甲三月 1

一二四八正 癸未卜殻貞告于妣己暨妣庚 1

一二四八正 貞勿告于妣己暨妣庚 小告 1

一二九一 癸丑卜史貞其𢀛鼓告于唐一牛 1

一三九九 …王咸…告祖乙宰 1

一四三四 …王省从西告于大甲 1

一四七二 貞于大甲告 1

一五八一正 庚申卜亘貞告于祖乙 1

一五八二正 貞勿告于祖乙 1

一五八三 丁未卜爭貞王告于祖乙 1

一五八四乙 貞王告于祖乙 1

一五八五 丁未卜穷貞告于祖乙 1

一五八六 告于祖乙 1

一七二二 貞告于祖辛 1

一七二三正 壬申卜亘貞于祖辛告 1

一七二四正 王其去告于祖辛 1

一七二六 貞告于祖辛 1

一七二七正 貞勿告于祖辛 二告 1

一七二八 貞勿告于祖辛 1

一七九九 貞于羌甲告 1

一八〇〇 貞于羌甲告 1

一八〇〇 貞告于祖丁𠬝…册… 1

一八六〇 …貞告于祖丁 1

一八六〇 勿𦎫告于祖丁 1

一九五三 …告于丁 1

一九五四 …告于丁 1

一九五五 …告于丁 1

一九五六 癸卯卜穷貞告王𦎫于丁 1

二〇九三 …亥卜…告祖… 1

二二〇六 庚午卜亘貞告于父乙 1

二二〇七 告于父乙 1

二二〇九正 貞告父乙 1

二二三〇 庚午卜𢀛貞告于三父 1

二三六四反 告于高妣己 1

二三八三 …告于多高妣 1

著錄號	釋文	期
二四六三	貞于妣庚告	1
二四六四正	貞告于妣庚	1
二四六五	告于庚妣	1
二四六六	貞于妣庚告	1
二四六七	…勿告于妣庚	1
二五〇〇正	…申卜亘貞告于妣癸孽王	1
二五一三	丁丑…貞告妣	1
二五三五反	貞其有告于母丙禦	1
二五四三	甲辰卜…貞告于丁牛五月	1
二五六二	勿于母庚告	1
二五六八正	于母庚告	1
二五九二	于母告	1
三〇一〇	貞告于祖辛	1
三四五九正	貞勿告于亦尹八月	1
五一一三反	貞王其往出省从西告于祖丁	1
五九九五正	…無舌告于妣庚惟羊用	1
六〇四〇正	丙辰卜穷貞告于祖乙	1
六一二〇正	告于祖乙	1
六一三三	告于上甲	1
六一三四	貞沚戠再册告于大甲	1
六一三五	貞于唐告	1
六一四四	貞于大甲告舌…	1
六一四七	貞勿于黄尹告	1
六一四八	貞于唐告	1
六二五〇	勿告于大甲	1
六二五〇	告于大甲	1
六三四五	乙酉卜殼貞舌方衛率伐不王其征勿告 于祖乙…	1
六三四七	…殼貞舌方衛率伐不王告于祖乙其征 旬祐七月	1
六三四九	貞舌方衛勿告于祖乙	1
六三四九	貞告舌方于祖乙	1
六五八三	告于上甲暨成	1
六五八三	勿告	1
六五八三	自成告至于丁	1
六五八三	勿自成告	1
六六一〇正	貞侑于祖乙告	1
六六六七	…衛其途虎方告于大甲十一月	1
六六六七	衛其途虎方告于丁十一月	1
六六六七	…衛其途虎方告于祖乙十一月	1
七〇八四	貞令卓伐東土告于祖乙于丁八月	1
七四七一	于大甲告	1
一三六二六	…未卜爭貞告王目于祖丁	1
一三六四六正	勿告于仲丁	1
一三六四六正	勿于大甲告	1
一三六四六正	勿于大戊告	1
一五五二一	貞勿告河	1
一九八二三	乙丑卜王于唐告	1
一九九二三	…卯卜王告父辛大甲盟彡三十…	1
二一九五一	癸丑貞告河	1
二二九一二	辛酉卜出貞其帝新龠陟告于祖乙	2
二二六七六	癸酉卜即貞上甲𠂤歲其告丁一牛	2
二二六八〇	己巳…貞嬴不既弜其亦奏自上甲其告于丁十一月	2
二二七四九	辛亥卜出貞其鼓彡告于唐九牛一月	2
二二七五五	…𠫑于唐其告于丁一牛	2
二二九一一	己丑卜大貞于五示告丁祖乙祖丁羌甲祖辛	2
二三〇六五	甲子卜即貞告于丁彡無巷	2
二三一六一	…翌乙未…告于䪢祖乙…蔑彡	2
二三二五九	甲子卜大貞告于父丁惟今夕彡	2
二三四一九	己酉卜即貞告于母辛惟蔑十月	2
二三四二〇	己酉卜…貞告于母辛惟蔑	2
二七二四二	…中宗祖乙告　吉	3
二七四三二	于父庚告	3
二七四七一	…卜其告于父甲…　吉	3
二七四七三	告于父甲	3
二七五五七	其告妣辛惟彘	3
二七五五八	王其田其告妣辛王受祐	3
三〇四四七	其告于高祖王亥三牛	3
三一九九五	己丑卜其𠦪衆告于父丁一牛	4
三二〇三一	丙申卜告于父丁牛一	4
三二三一三	庚寅貞其告高祖燎于上甲三牛	4
三二三一四	丙申貞其告高祖𠦪以祖辛	4
三二三三二	…告于上甲三牛	4
三二三三三	…告于上甲三牛甲午彡…三羊…	4
三二三三四	…告上甲三牛歲于父丁即宗	4
三二三三五	…至其告于上甲一牛	4
三二三三六	丁巳貞其告自上甲	4
三二三三七	丁卯貞來乙亥告自上甲	4
三二三三八	…貞來…亥告自上甲	4
三二四〇九	癸丑貞其告大乙𠦪…	4
三二四一四	癸巳貞至于大乙告	4
三二四一五	于大乙告	4
三二四一六	辛未貞于大甲告…	4
三二四一六	辛未貞于大乙告…	4

出處	釋文	分期
三二五七八	惟夕…酌告于祖乙父丁	4
三二六四八	癸未貞其告于丁牛	4
三二六四九	癸酉卜其告于丁牛一	4
三二六五〇	己巳卜告于丁一牛	4
三二六八〇	丁卯貞其告于父丁其狩一牛	4
三二六八一	己丑卜告于父丁其饗宗	4
三二七一〇	…于父丁告	4
三二七二四	癸酉其告于父乙一牛	4
三二七三三	其告于父一牛	4
三二七四四	于妣己祖乙爽告	4
三二八〇七	庚申貞王于父丁告	4
三二八〇七	庚申貞王其告于大示	4
三二八五九	癸酉貞其告于父…	4
三二八七五	于祖乙告	4
三二八九六	…貞王其令望乘婦其告于祖乙一牛	4
三二八九六	丁未貞王其令望乘婦其告于祖乙一	4
三二八九七	丁未貞王其令望乘婦其告于祖乙	4
三三〇一五	己酉卜召方來告于父丁	4
三三〇一六	己酉卜召方來告于父丁	4
三三〇一七	己亥告于父丁三牛	4
三三〇三三	丙午卜百燎衩告于父丁三牛	4
三三〇四三	其夕告上甲	4
三三五二六	癸丑貞王令利出田告于父丁牛茲用	4
三三六九七	辛丑貞日有戠其告于上甲…	4
三三六九八	庚辰貞日戠其告于河	4
三三六九八	庚辰貞日有戠其告于父丁用牛九在㚔	4
三三六九九	戊子貞日有戠告于河	4
三三六九九	戊子貞日有戠告于河	4
三三七一〇	辛巳貞日戠其告于父丁	4
三四二八五	…乙告高祖亥…	4
三四三六四	貞告祖乙…	4
屯一三五	于大甲告望乘	4
屯一七八	辛亥卜告于父丁一牛	4
屯四四一	己卯…鼓告于祖乙	4
屯四九九	甲戌貞其告于父丁	4
屯六〇一	弜㷭其告于十示又四	4
屯六五六	弜祀告祖辛	3
屯六五六	弜祀告小乙	3
屯七八三	于示壬告 不	4
屯七八三	丙午卜于大乙告三牛往㬰 不	4
屯七八三	于大乙告三牛 不	4
屯七八三	于示壬告三牛	4
屯九一九	…寅…告于祖乙	4
屯九六五	辛巳卜今日告父丁一牛乃令	4
屯一〇二四	辛未貞于大甲告牧	4
屯一〇八九	甲戌貞其告于父丁餗一牛 茲用	4
屯一一〇四	乙亥貞其酌王䊮于父丁告	4
屯一一〇四	乙…王䊮于大乙告	4
屯一一六六	…告于父丁…	4
屯二〇三二	壬辰貞其告于上甲二牛	4
屯二三六六	告于大乙	4
屯二三六六	庚午貞王其𡆥告自祖乙毓祖乙父丁	4
屯二七〇七	…大禦自上甲其告于祖乙在父丁宗卜	4
屯二七〇七	丙辰貞其酌大禦自上甲其告于父丁	4
屯二七〇七	…酌大禦自上甲其告于大乙在父丁宗卜	4
屯二八四二	于大乙告	4
屯二八四二	于示壬告	4
屯二八四二	丙午卜于示壬告	4
屯二八四二	于祖乙告	4
屯三一二〇	…有戠其告于祖…	4
屯三六六六	…于父甲告衛有𡆥以王擒	3
屯四〇一五	自祖乙告祖丁小乙父丁	4
屯四〇四八	庚申卜貞其告祖乙牛于…丁牛	4
屯四〇五六	…寅貞其告于上甲三牛	4
英三〇正	貞王其去束𠦪告于祖乙 其有囚	1
英六九	貞勿告于祖…	1
英八六反	…告于咸	1
英五四六正	貞于唐告	1
英五四六正	貞于河告	1
英五九四正	貞侑于祖乙告戌	1
英一一二二正	貞疾齒告于丁	1
英一一二九正	勿告于丁	1
英一九五七	貞告于父丁	2
英二四〇三	自祖乙告	4

告秋

出處	釋文	分期
九六二七	甲申卜穷貞告秋于河	1
九六二八	丙辰卜穷貞其告秋于上甲不惟…惟…	1
九六二九	乙未卜穷貞于上甲告秋再	1
九六二九	乙未卜…于…告秋再	1
九六三〇	貞于王亥告秋再	1
九六三一	丁巳…告秋…西…七月	1

著錄號	釋文	期
九六三二	乙未卜穷貞于…告秋…一月	1
二八二〇五	…其尋告秋…	3
二八二〇六	其告秋上甲二牛　大吉	3
二八二〇七	其告秋上甲	3
三二〇三三	貞來告秋其用自上甲	4
三三二二六	壬戌貞其告秋糞于高…	4
三三二二七	…戌貞其告秋糞于高祖夒六…	4
三三二二九	庚午…岳…告秋	4
三三二二九	庚…告秋于河	4
三三二三〇	弜告秋于上甲	4
三三二三〇	壬…其尋告秋	4
三三二三二	…酉卜于…告秋糞	4
屯 八六七	其告秋于上甲一牛	4
屯 一〇九五	…貞其告秋于上甲	4
屯 二三二七	乙亥卜貞弜告秋	4
屯 二九〇六	貞其告秋于上甲不	4
懷 二三	丙辰卜貞告秋于丁四月	1
一〇六三五	己亥卜王…其逐…告鹿…	1
二〇七一四	…告鹿…獲…	1
二七九〇二	戊辰卜在淒犬中告麋王其射無災擒	3
二七九二一	盂犬…告鹿…其比擒	3
二八三八〇	…告曰有麋王其呼…	3
三三三六一	…丑卜犬來告有麑	4
屯 九九七	乙酉卜犬來告有鹿王往逐…	4
八〇五	丙戌卜爭貞其告執于河	1
八〇六	貞告執于南室三宰	1
二二五九三	…貞龔往告執于…	2
二二五九四	丙戌卜大貞告執于河燎沉三牛	2
懷 一二六二	貞告執于南室三宰	2
六五一	乙巳卜爭貞告方出于祖乙于大…	1
五五二一	…告舌方于上甲	1
六〇七五正	…其惟壬有祟…呼告舌方戦…	1
六〇七八	乙巳卜穷貞𡿧呼告舌方其出允…	1
六〇七九	乙巳卜穷貞𡿧呼告舌方出允其…	1
六一三一正	壬午卜亘貞告舌方于上甲	1

著錄號	釋文	期
六一三二	貞于匚乙告舌方	1
六一三三	貞于河告舌方	1
六一三四	貞告舌方于上甲	1
六一三五	貞告舌方于上甲	1
六一三六正	…告舌方…上甲	1
六一四一	貞于大甲告舌方	1
六一四二	告舌…于黄尹	1
六一四二	貞于大甲告舌方出	1
六一四三正	貞…甲告舌方…	1
六一四五	告舌方于祖乙	1
六一四六	貞于黄尹告舌方	1
六一四七	貞告舌…于	1
六一四九	貞告舌方…	1
六二五〇	勿告于唐	1
六二五〇	貞告于唐	1
六三〇一	壬申卜殻貞于唐告舌方	1
六三八四	貞告土方于上甲	1
六三八四	貞告土方于上甲	1
六三八五正	癸巳卜爭貞告土方于上甲四月	1
六三八六	貞告土方于上甲	1
六三八七	貞告土方于唐	1
六三八八	貞告土方于唐	1
六六七二	己酉卜穷貞有來告方征于尋禱夕告于丁	1
六六七三	庚寅卜今生一月方其亦有告	1
六六七四	方其亦有告	1
八六八三	大告方	1
二七八八二	…來告大方出伐我師惟馬小臣…	3
三二六七八	己亥卜告方…于父丁	4
三三〇五二	甲申于河告方來	4
三三〇五三	于大示告方	4
三三〇五五	丙子卜其告方來于丁一牛	4
三三〇五六正	…告方于丁	4
三三〇六〇	…丑貞𠦪令…告方	4
屯 六三	壬辰于大示告方	4
屯 三三一	庚戌卜惟今夕告方	4
屯 二四三	甲申卜于大示告方來	4
屯二五六四	己丑貞…王尋告土方于五示在衣十月卜	4
屯 二六七八	戊申卜告方于河	4
英 五四六正	貞告舌方于上甲	1
英 五四七正	告舌方于示士	1
懷 一五八二	庚子卜告方禪	4

著錄號	釋文	分期
六一二〇正	貞小疾勿告于祖乙	1
一三六七〇	貞勿于父乙告疾〼　小告	1
一三七四〇	丙辰卜貞禘告妥疾于丁…	1
一三八四八	…辛告疾	1
一三八四九	貞告疾于祖乙	1
一三八五二	貞作告疾于祖辛正	1
一三八五三	貞告疾于祖丁	1
九六二〇	庚子卜穷翌辛丑有告麥	1
九六二〇	…亥卜穷翌庚子有告麥允有告麥	1
九六二一	己酉卜穷翌庚有告麥	1
九六二一	翌己酉無其告麥	1
九六二二	翌乙未無其告麥	1
九六二三	翌丁無其告麥允無…	1
九六二四	…其告麥	1
九六二四	…午有告麥	1
九六二五	…翌辛…無告麥	1
屯三七六八	…告麥	4
二〇五七六正	…貞雀無囚骨告事	1
二〇五七六正	…在南土…告事	1
二〇五七六正	庚申卜貞雀…囚骨告事	1
二〇五七六正	辛酉卜貞雀無囚南土囚告事	1
二〇五七六正	辛酉卜貞雀無囚南土囚告事	1
二〇五七六正	庚申卜貞雀無囚南土囚告事	1
二〇五七六正	庚申…貞雀無囚南土囚告事	1
二四九三八	…酉卜祝貞惟今夕告于南室	2
二四九三九	乙酉卜祝貞惟今夕告于南室	2
二四九四〇	乙酉卜祝…丁亥使其酢告南室	2
二四九四二	己巳卜祝貞𠭯告盟室其㞢	2
二四九四四	貞…使其酢告于盟室十月	2
二五九五〇	…卜出貞大史其酢告于盟室十月	2
懷六四五	…來告…	1
九七四正	告王囚于…	1
一〇六一三正	丁巳卜㱿貞告𡆥于祖勿有歲禘	1
一〇六一三正	丁巳卜穷貞禘于祖乙告王囚	1
一〇六一三正	貞勿𠭯禘于祖乙告囚	1
一〇六一三正	侑祖乙告王囚	1
四〇六二	…𢀛告于丁	1
一四八二九	甲子卜爭貞來乙亥告𢀛其西于六元示	1
一六一八五	己酉卜…告𢀛…令…三宰𦉫一牛	1
一九五六三	…酉卜穷貞告𢀛受令于丁二宰𦉫一牛	1
屯五八〇	庚寅卜其告亞𢀛往于丁今庚	4
二七九〇〇	…狽犬告曰有大…	3
二七九〇一	…在凄犬告狐王…　弘吉	3
二七九一八	辛丑卜犬告…鳴在…	3
二七九一九反	乙未卜在盂犬告有鹿	3
二七九二〇	㝵犬告王其比無災擒	3
三三三五九	…卜犬來告有祟	4
三六四二四	…卜貞㝵犬雍告…𠂤惟戊申利無…	5
屯九四一	丙寅卜犬告王其田	4
懷一三五〇	宰木告鹿	3
懷一三五〇	宰木告鹿	3
一五八三九	貞𢀛…其往禘告	1
一五八四〇	貞禘告	1
一五八四一	貞禘告	1
一五八四一	…禘告…室其…	1
二三四〇三	乙未…貞其侑于妣庚令、自禘告一月	2
二五六二八	丁未卜出貞禘告…于…十二月	2
二五六二九	…禘告…室其…	2
二五六三〇	…禘告…	2
三二九七九	癸巳卜禘告師般	4
三三一九三	王令木其酉告	4
三四六〇五	…卜…弜告	4
三四六〇五	…丑貞㚔其禘告	4
英一九六九	貞禘告微于母辛	2
英二〇八二	己丑卜禾貞其禘告于大室	2
懷一一三	…禘告…	1
四四八八	癸酉卜王命骨告	1

著錄	釋文	期
一三五〇五正	旃暨殸無囚𠨍告	1
一六四四〇	…貞大囚告二月	1
二〇〇七二	丁…貞…𢀛囚告	1
二〇五七六正	…南土骨告	1
二〇五七七	丁未卜貞何骨告…	1
三六三四八	…𢍰侯…彈𠨍戔無…囚告于…	5
三六四八二	甲午王卜貞作余酌朕𠦪酌余步比侯喜 征人方二𣪺示受有祐不𠂤𢦏囚告于大邑 商無…在畋王囚曰吉在九月遘上甲𦏲惟 十祀	5
二八九五	貞邑其來告五月	1
二八九五	貞邑不其來告	1
三六六八正	貞…無其來告…	1
四四六七	貞邑來告	1
一〇九八九正	貞在𢦏田武其來告	1
一〇九八九正	貞祟𠂤其來告	1
二八〇二四	丁有來告	3
二八〇二四	戊有來告　吉	3
二八〇二五	庚有來告	3
二七八八六	在?小臣𤔲有來告	3
三三六一六	辛未貞在丂牧來告辰衛其比史受	
	…	4
三三二二五	庚辰貞在囧冎來告芳	4
三三二二五	己卯貞在囧冎來告芳王	4
英二四三四	…實貞有來告羊暨…	4
四〇一	貞翌丁巳用侯告歲羌三卯牢	1
五一七正	侯告羌得	1
八九一正	…王…侯告比	1
六四五七正	…勿比侯告…	1
六四五七正	…侯告征尸	1
六四五七反	王固曰…比侯告	1
六四六〇正	貞王惟侯告比征尸　六月	1
六四六〇正	貞王勿惟侯告比	1
七四〇八	己巳卜爭貞侯告稱冊王勿衣歲	1
七四一〇	己巳卜爭貞侯告稱冊王勿衣…	1
七四一一	己巳卜爭…侯告稱…王勿衣…	1
七四一二	己巳卜爭貞侯告稱冊…衣…	1
二〇〇五八	…卜…般…侯告	1
二〇〇五九	…令雀…侯告	1
二〇〇六〇	令貯比侯告	1
三二八一一	丙寅貞王其奠𠙵侯告祖乙	4
三二八一一	丙寅貞王其奠𠙵侯告祖乙	4
三二八一一	…貞王其奠𠙵侯告祖乙	4
三二八一二甲	壬午卜令般比侯告	4
三二八一二甲	癸未卜令般比侯告	4
三三〇三九	侯告伐尸方	4

其它

著錄	釋文	期
三九	貞燎告衆步于丁	1
一三七正	癸丑卜爭貞旬無囚王固曰有祟有夢甲寅 允有來嬉左告曰有往芻自益十人又二	1
一三七反	…四日庚申亦有來嬉自北子𢀛告曰昔 甲辰方征于蚁俘人十又五人五日戊申方 亦征俘人十又六人六月在…	1
二八〇	乙亥卜旁貞告以羌𦏲…自…	1
五五九正	甲子卜殸貞告若	1
五八四甲正	癸未卜殸貞旬無…祟其有來嬉迄 至七日…允有來嬉自西𢀛戈…告 曰𢀛方征于我奠…	1
六四一正	癸酉卜亘貞臣得王固曰其得惟甲乙 甲戌臣涉舟延𡆥弗告旬又五日丁亥 執十二月	1
六四九	有…告…奚…其	1
七七二正	貞侑妣庚羊告其禦	1
一〇五一正	貞翌庚寅王告	1
一〇五一正	貞王于甲午告	1
一〇五一正	貞王𦖞惟毋告　二告	1
一〇七五正	甲午卜亘貞翌乙未暘日王固曰有祟 丙其有來嬉三日丙申允有來嬉自東 𡜃告曰兒…不舌黽	1
一一九一正	貞惟要蠱　二告	1
二一九一正	不惟要蠱　二告	1
一四八七	甲戌卜旁貞其競父乙日于大庚告于… 牢	1
一九四九	…歸告于丁一牛	1
一九五八	貞禱告王𣍝于丁三月	1
三三九七	東𡜃告曰兒伯…	1
三四五八正	貞亦尹祟王	1
三四五八正	貞亦尹弗祟王	1
三六七三	…旁貞…告子…	1
三九五七	貞王告𣥠𢦏若	1

四三八八 甲戌卜宂貞翌乙亥並告王其出于… 1
四五九六 …宂貞虆告曰方由今春凡受有祐 1
四五九七 乙酉卜爭貞虆告曰方由今春凡受有祐 1
四五九九 …虆告曰方… 1
四七三五正 貞告子其有囚 1
四七三五正 貞告子無囚 1
五一三四 乙未卜殸貞王其去束告… 1
五五八三 王疾夕告…小臣若 1
五五九八反 告于高…妣庚… 1
五六八五正 己未卜貞翌庚申告亞其入于…丁一牛 1
五六八七 貞翌庚申亞先告 1
五七三三 壬辰卜貞勿告一月 1
五八一八 師告 1
五八一八 師告 1
六〇五七正 癸巳卜殸貞旬無囚王固曰有祟其有來艱迄至五日丁酉允有來艱自西沚戠告曰土方征于我東鄙𢦏二邑吾方亦侵我西鄙田 1
六〇五七正 王固曰有祟其有來艱迄至七日己巳允有來艱自西□友角告曰吾方出侵我示𣏟田七十人五 1
六〇五七反 王固曰有祟其有來艱迄至九日辛卯允有來艱自北奴妻妾告曰土方侵我田十人 1
六〇五九 …戠告曰土方…侵我西鄙… 1
六〇六〇正 癸巳卜…來艱迄至…戠告曰土…吾方亦… 1
六〇六三正 …允有來艱自西□告曰…□夾方臬二邑十三月 1
六〇六三反 …自□友唐吾方征…𢦏□示易戊申亦有來…自西告牛家… 1
六〇六四正 癸巳卜爭…無囚四日丙…有來艱…□告曰…方𢦏…夾… 1
六〇六六反 …五日丁未允有來…告曰吾方征于我…三邑 1
六〇六八正 癸未卜永貞旬無囚七日己丑□友化呼告曰吾方征于我奠豐七月 二告 1
六〇七二正 …告曰…吾方亦…征以我…牛五十 1
六三四四 乙酉卜殸貞吾方衛王其勿告于…乙 1
六四八〇 貞王令婦好比侯告伐尸… 1
六五二七正 丁巳卜宂貞燎于王亥十□卯十牛三𣪊告其比望乘征下危 1
六六二五 貞北羌有告曰捍 1

六六六四正 貞一宰于上甲告我𢆶衛 1
六六六四正 貞侑于上甲三宰告我𢆶衛 1
六六六五正 三日乙酉有來自東妻呼𠂤告旁捍 1
七一三九 …爭貞旬無囚王固曰有祟…有來艱沚戠呼告曰… 1
七五三七 貞燎于王亥告其比望乘 1
一一〇三一 貞告在馬 1
一三〇〇四 庚辰卜貞王告 1
一三三二九 丙戌卜宂貞告日有蝕于上甲三牛 1
一三五三五 …其告步丁宗 1
一五一三八 貞勿…蔑告…父乙 1
一六〇七三 丙辰卜宂貞𢓊告權于…一月 1
一九四四四 …告俐… 1
二〇〇七二 …來告馬… 1
二〇〇七二 …南日告先…來告…允先 1
二〇〇七九 有伯告八月 1
二〇二四〇 丙子卜貞丁囚呼告日 1
二〇五三四 丙寅卜𢦏王告取兒𤔲固曰若往 1
二〇五五一 …侑大…告叀…至幺… 1
二〇五七七 丁未卜貞□骨告王 1
二一六四一 乙巳卜宁告妣呼㠯… 1
二一九五九 甲子貞□無告 1
二一九六六 丁丑貞告□ 1
二一九六七 丁丑…告 1
二二〇六七 貞竹乇告不 1
二二〇六七 甲寅卜侑食告 1
二二〇九二 乙巳卜貞告人于亞雀 1
二二〇九二 乙巳卜貞于翌丙告人于亞雀 1
二二〇九九 丁巳卜若翌告子 1
二二二四六 告亞 1
二二六三六 貞从告十月 2
二二六五三 …旅…戌乞彰𢆶自上甲…告十月 2
二二七四六 丁酉卜大貞告其壴于唐衣無囚九月 2
二二七四七 戊戌卜壴貞告自丁陟 2
二二七四七 …貞告自唐降 2
二三五五九 …貞惟告羸令… 2
二三六八八 …丑卜尹…析告曰…不… 2
二三六九三 乙…大貞…夕告…侯往…丁 2
二四一三五 辛未王卜曰…余告多君曰般卜有祟 2
二四一三七 …未王卜…余告…君曰受…吉 2
二四一四四 丁未貞告其…于河五宰 4

編號	釋文	期
二四三五六	戊辰卜王曰貞其告其陟在𠂤阜卜	2
二四七七三	丁未卜王貞今夕雨吉告之夕允雨之于	
	戊申雨在二月	2
二四八八五	壬寅卜…貞告歲不遘雨	2
二四九四七	…出…告…丁于…室八月	2
二四九六二	丙午卜旅貞翌丁未𩆜燎告有豊…	2
二四九八二	甲戌卜王曰貞勿告于帝丁不兹	2
二五八八四	癸巳卜旅貞告于枇…惟今耏	2
二五八八五	乙未卜…貞告豊	2
二五八八六	貞勿告十月	2
二五八八七	庚寅卜喜貞告其…	2
二五八九〇	貞勿告八月	2
二五九六三	…大…告于…乙巳耏	2
二六〇〇五	…辰…貞翌…祭于…其告…	2
二六四八二	癸酉卜王貞旬無𡆥吉告在三月	2
二七一三五	其告…𢓊…大乙告…	3
二七一六八	惟今日耏大庚大戊仲丁其告祭	3
二七三一七	…卜其告火自毓祖丁　吉	3
二七三二〇	乙丑卜其告在毓祖丁王受祐	3
二七九一八	辛丑卜王告…	3
二七九八六	今秋惟告伐[牜羊]	3
二八一〇二	…商…告于…不…	3
三〇五九四	其告祭…大…中…翌日…	3
三〇五九五	告言舌	3
三〇五九六	癸未卜彭貞告宰	3
三〇六〇二	其告衛	3
三〇七五七	丙辰卜狄貞夒告	3
三〇七六〇	弜祀告呼往有災	3
三一一六五	乙巳卜弜告	4
三二一七三	己巳卜于大示亞阜𡴀告	4
三二三三五	癸亥貞耏彡于小乙其告舌于父丁一牛	4
三二四一八	庚子貞其告鼓于大乙六牛惟龜祝	4
三二四一八	戊戌貞告其鼓彡于…六…	4
三二四八二	…卜告其耏…大甲牛	4
三二六七七	辛未貞今日告其步于父丁一牛在祭卜	4
三二六七九	辛亥…告嬴于父丁一牛	4
三二七二六	…有告啓其剛于父乙	4
三二八〇七	己未貞王其告其比𡆥侯	4
三二八五六正	甲午貞告夒其…于…	4
三二九一六	乙酉貞其令羽告于…	4
三三〇五四	乙巳貞于父丁告牛	4
三三三四七	辛巳卜其告水入于上甲祝大乙牛	4
三四一八四	貞王告土	4
三四二五六	庚寅卜告…紷尹𠂇冊于河廼…	4
三四三五九	于翌日告用牡	4
三四四九八	于乙亥耏告	4
三四四九九	惟乙丑耏告	4
三六三四五	…丑卜貞今𡆥巫九备𢓊令𨼦廼曰告	
	𢦏侯…	5
三六五二八反	乙丑王卜貞今𡆥巫九备余無𨼦𢀛告	
	侯田冊𠭯方羌方羞方庚方余其比侯田	
	甾𢦏四封方	5
三六八四四	己卯…即告…𣂔…其…	5
三六九六六	乙亥王卜…暨𣪊方敦…安余一人…	
	自上下示𣂔…告于…	5
三七三九二	丁卯卜在去貞𣂔告曰兕來羞王惟	
	今日𨝹無災擒	5
三七四三九	戊戌卜貞在𦏧𤜣告𪉔鹿王其比射往來	
	無災王…洛	5
屯一三五	辛巳貞其告令望乘	4
屯一三五	于祖乙告望乘	4
屯一四九	…于貞牧告𣪘…	4
屯二九〇	己丑…告…于…示…衣…月	4
屯五七九	…史人𠂇告啓…𩆜在廳卜	3
屯六五六	其告惟己耏王受祐	3
屯六五六	其告祭訢祖辛王受祐　吉	3
屯七一五	癸酉貞旬無𡆥茲三告	4
屯八六六	甲午貞告夒其步祖乙	4
屯八六六	弜告夒其步	4
屯九一九	丙寅貞惟丁卯告…	4
屯一〇二四	辛未貞…三教告	4
屯一〇五〇	己巳貞其𡴀冗告于…	4
屯一四八八	于甲申告	4
屯二〇六七	…告有豕王其匕从…	34
屯二一九八	…暨毓祖乙告人	4
屯二三七八	己巳卜告亞阜往于丁一牛	4
屯三一二〇	…貞日有戠其告于…	4
屯四〇四九	辛未貞其告商于祖乙	4
屯四〇四九	辛未貞夕告商于祖乙	4
屯四四五六	…巳卜貞王告其…	4
屯四五四四	丁丑卜其告祭訢至…	3
屯四五四五	…卯貞其告嬴…	3
英一三四	…巳告…乙酉…𡆥…	1
英七五六正	…貞…𠨘至告曰𡴀來以羌	1

英七五六反　之日𢓊至告：𡆥來以羌：
英一三五二正　乙：貞：甲告：　二告
英二三四七　告二牛
英二四六〇　弜奉告
懷一五〇　癸酉卜古：祭其酌：𤔲告于：
懷一六四　辛：貞：小𤔲：宗告：宰
懷一七一　：告：有犬：

舌

九六　貞王有舌羊：
一七三〇正　勿舌祖辛
二二〇一　貞勿酉舌父乙
二二〇二　貞王舌父乙
二二六一　庚辰卜古貞舌母庚
五〇〇四　：余：聞舌：
五五三二正　貞允舌王
五七六〇正　甲戌卜𡧊貞攸侯令其昌舌曰昔若之
五月
五九九五正　貞：舌于咸𠓛復循　二告
五九九五正　：無舌告于妣庚惟羊用
六二四八　：貞王舌來：
七七一二　貞：往舌？
九四七二反　王固曰惟勾舌惟𠂤不𠂤
一三六三四正　甲辰卜古貞疾舌惟有𡆥
一三六三五　貞疾舌祟于妣庚
一四三九八　貞王舌岳
一四五二三　貞王勿舌河弗其：
一四九四八　貞王有舌𠂤
一四九四九　不其有舌　告
一四九五〇　：卜：丑有舌
一四九五一正　貞王曰之舌
一五一五三　丁亥卜亘貞王舌
一五一五三　丁亥卜亘貞王舌
一五一五四正　貞其：𡖊舌
一五一五四正　貞其：𡖊舌
一五一五五　：庚：舌
一五一五六　：舌
一五一五七正　：王勿：舌
一五九三〇反　舌：
一七四一〇正　辛亥卜古貞王夢有舌惟之
一七四五五　丁：舌于丁四月
一七六九六正　：無舌

一七六九六反　：固曰吉：舌
一八一〇七正　：舌：
一八四九二　：真舌？
一九〇九二　貞惟臣舌戈令𠬝
一九一二五正　：訊其有舌　二告
一九一七四　：酉：貞：聞有舌
二一一一八　：其：季舌：
二二四〇五　多舌無𡆥
三三五二七　：卜旅：舌其率：
二七九二三　惟宰犬舌比弗悔
英一八八　貞舌攸侯
英二一八　：卜殸：有舌
英五一六　：王：庚：舌
英一六九七　：舌
英一七〇〇　：有舌

言

四四〇正　貞有疾言惟𡆥
一九九三正　：其酌：言亡于丁
三六八五　：亥：𡧊：言：遘：
三八四七　辛酉：韋貞：有言：
四五一九　言無遘
四五一九　辛巳卜内言其有遘
四五二一　：言：𠂤　三月
四五二一　貞言暨：
四五二三　：言其：
一三六三六　：疾言
一三六三七正　貞言其有疾
一三六三八　：巳卜有疾言禦：
一三六三九　：疾言：于祖：
一三六四〇　疾言
一四五八五正　丙子卜殸貞呼言酌河燎三豕三羊卯五
牛：
一四五八六正　丙子卜殸：呼言：河燎三：
一四五八七正　丙子卜殸貞呼言酌河燎：豕三羊：五牛
一五二八六　：皿：言：
一七四五〇　貞多鬼夢惟言見
一九五五二　：貞言無遘
二二二四六　：言于盟：
二二五八〇　：酉子卜貞丁言我
二二六三一　甲：卜子不言多亞

編號	釋文	期
二一九二八	言	1
二一九二八	：亥：有：令：言：生：	1
二三六三六	：卜㞢：言允：十月	2
二四一三二	辛巳卜矣貞多君弗言余其侑于庚𠣘祝	2
二六七二五	丁卯卜旅貞今夕西言王	2
二六七二六	乙亥卜旅貞今夕王西言	2
二六七二七	乙亥卜旅貞今夕：言：	2
二六七二八	戊申卜旅貞今夕王西言	2
二六七二九	乙未卜旅貞今夕西言王	2
二六七三〇	丙申卜旅貞今夕王西言	2
二六七三一	乙巳卜旅貞今夕王西言	2
二六七三二	：未卜旅：今夕王：言在八月	2
二六七三四	：卜旅：夕王：言在十月	2
二六七三五	：卜旅：今夕：言王	2
二六七三六	：卜旅：今夕：言王	2
二六七三七	：卜旅：今夕：言王	2
二六七三八	：卜旅：夕西言王	2
二六七三九	：卜旅：今夕：言王	2
二六七四〇	：卜旅：今夕：言王四月	2
二六七四一	：旅：今夕：言王	2
二六七四二	：申卜矣貞今夕王西言	2
二六七四三	丙午卜矣貞今夕王西言	2
二六七四四	甲午卜矣貞今夕西言王	2
二六七四六	：卜矣：夕：言	2
二六七四七	戊戌卜㞢貞今夕西言王	2
二六七四八	：卜㞢：夕西言王	2
二六七五一	戊辰：貞今：西言	2
二六七五二	壬申卜貞今夕西言王𢦏	2
二六七五三	辛巳：貞今：西言	2
二六七五四	辛巳：貞今夕：言王	2
二六七五五	己亥：貞今：言	2
二六七五六	壬寅卜：貞今夕：西言	2
二六七五七	壬寅：貞今：西言	2
二六七五九	丁未卜：貞今夕：西言	2
二六七六〇	戊申卜貞今夕西言	2
二六七六一	戊申：貞今：西言	2
二六七六二	：卜：夕：言	2
二六八三六	：出貞：言之：	2
二六八七八	貞于卜丁日言	2
二七九二二	：犬言無災	3
二八三八一	：言从：麋	3
二八四〇八	王其比言壹兕	3
三〇五九五	言言舌	3
三〇五九五	惟巫言舌	3
三〇六一九	貞祝惟羞示王言王受祐	3
三〇六三九	：言：比：	3
三〇六九七	惟今夕其用言	3
屯一三七	：言其：	
英九二一	：爭言：遘：無：	1
懷一二二九	辛亥卜：貞今夕：言王	2
懷一二三〇	己未：貞今：西言：	2
懷一二六三	：若：其言之：十二月	2

⿰酉言

編號	釋文	期
九〇六八	甲子：殻黽其以𠱓	1
九〇六八	甲子卜殻黽以𠱓：以：	1
六〇五七反	：東鄙𢦏二邑王步自𩰫于⿰酉言司：夕 㞢壬寅王亦終夕𡆥	1

⿰言尋

編號	釋文	期
四五五二	癸巳卜王貞⿰言尋往來無：	1

⿰火言

編號	釋文	期
三〇三七三	貞弜⿰火言葡	3
三〇三七三	貞勿⿰火言𠃢	3
二七六三九	貞侑于㑨	3
二二二〇二	壬辰卜同父乙訃	1

甾 載

編號	釋文	期
二二	乙酉卜爭貞収衆人呼比受載王事五月	1
一五〇正	弗其載王事 二告	1

一七七 己丑卜爭貞□載王事
一七七 貞□載王事
五〇五正 其載王事 告
六六七正 壬寅卜爭貞呂載王事 二告 小告
六六七正 壬寅卜爭貞呂弗其載王事 二告
九四六正 丁未卜殻貞鑊比次戠…文載王事以
九四六正 貞鑊弗其載王…
九七五正 惟弗其載王事?
四七二〇 載王事
五四三九正 癸亥卜爭貞𢓊疋化無囚載王事
五四三九正 貞𢓊疋化無囚載王事十月
五四三九正 貞𢓊疋化無囚載王事
五四四〇正 乙巳卜殻貞𢓊疋化弗其載王事七月
五四四〇正 乙巳卜殻貞𢓊疋化載王事
五四四一 …巳卜殻貞𢓊疋化…其載王事
五四四四 …辰卜令雀?往載王事 一告
五四四五正 丁酉卜亘貞舌載王事
五四四六正 丁亥卜殻貞旃無囚載王事
五四四七乙 貞旃暨殻弗…載王事 二告
五四四七丁 …申卜殻貞旃…載王事
五四四八 戊辰卜爭貞□無囚載王事 二告
五四四八 貞□其有…其載王事
五四四九正 …亶載王事
五四五〇 貞惟…聿令比面□載王事
五四五〇 貞惟多子族令比面□載王事 二告
五四五三 …貞…族比…載王事
五四五四 貞行弗其載王事 二告
五四五四 貞行載王事
五四五五 貞行載王事
五四五五 行載
五四五六 貞行載王事
五四五六 行載
五四五七 貞行其載王事
五四五八 甲戌卜宂貞益□啟載王事
五四五九 庚申卜殻貞□載王事
五四六〇正 …貞□…載王事
五四六一 貞□載王事王固曰吉惟茲曰□
五四六三 貞□載王事
五四六四 貞□載王事
五四六六 …師…載王事
五四六七 …師般弗載王事
五四六八正 癸酉卜古貞師般載王事

五四七〇 …酉卜犬…其載王事嬴
五四七一甲 貞卯弗其載王事
五四七三正 庚申卜殻貞陕弗其載王事
五四七四 貞陵…載王…
五四七五 …刃弗其載王事
五四七五 辛亥卜宂貞刃載王事
五四七五 刃載王事 二告
五四七六 丙戌卜爭貞□不作□載王事二月
五四七七正 令呂比□載王事
五四七八正 丙午卜宂貞旨弗其載王事
五四七八正 貞旨載王事
五四七九 貞旨載王事
五四七九 丙午卜宂貞旨弗其載王事
五四八〇正 貞□弗其載王事
五四八〇正 貞□載王事 二告
五四八〇正 貞我弗其載王事
五四八〇正 甲寅卜宂貞我載王事 二告
五四八一 貞我弗其載…
五四八二 …載王事
五四八三正 …比克田弗其載王事 二告
五四八四正 …載王事
五四八五 貞…載王事
五四八六 …載王…
五四八七 …爭…載王…
五四八九 …其載王事
五四九〇 …載…事
五四九一正 貞…其載王事在𦎫京
五四九二 貞弗其載王事
五四九三 貞弗其載王事
五六二二 …貞翌…令□…子方…友載王事
六八一二正 己卯卜允貞令多子族比犬侯□周
載王事五月
六八一三 貞令多子族比犬?暨亩□載王事
六八一三 貞令多子族暨犬侯□周載王事
六八一四 癸未卜爭貞令旃以多子族□周載
王事
六八一五 癸未卜…令旃…族□周載王事
六八一七 …以多…□侯…□周載王…
六八三四正 貞弜弗其載王事 二告
一〇一二五 貞雀載王事 二告
一四九一二 …令徫以王族比□載王事六月
二〇五三四 丙寅卜載王告取兒□固曰若往
二四一一六 乙未卜出貞□載王事不□十二月
三三九六六 …辰貞令犬侯…載王事

著錄號	釋文
三二九六七	己酉貞火載王事
英三四一	貞行載王事
英三五二	：貞：載王事：受年十一月
懷七一	：巳卜爭貞令王族比𠭯□載王事
	六：
四三一四	：弗：朕事：□：
四九八七	壬申卜王余勿載朕：
五四九五	甲戌卜王余令角婦載朕事
五四九七	壬戌：王𦎫載朕事三月
五四九八	：伐：載朕事
五四九九	：寅卜王：弜弗其載朕事其㴱余
五五〇〇	：載朕事于：
五五〇一	：旨：載朕：
二〇〇七五	己卯卜王貞鼓其取宋伯歪鼓囚載朕 事宋伯歪比鼓二月
二〇三三三	丁丑卜王貞令竹崇亢于□載朕事
二〇三三四	：卜𠂤：弗其載：事弗：侑取
二〇三三四	壬子：載朕：
二〇三三七	：卜貞朕留
二一九〇五	：侑父册不：蚰載我事

其它

著錄號	釋文
一八	□啓不其載
一八	貞□啓載
一八	□啓不其載
一八	貞：啓：
二三	己酉卜爭貞収衆人呼比受載：
一五〇正	□疋化載：
一七七	貞□弗其載
六〇一	甲子卜殻貞得□留
九四〇七正	戊午卜内貞留若
九四〇七正	貞留不若
九七五五正	壬辰卜貞惟載王□?
二七七二	婦姘留
三三一三	：㝑：留不：于丁二月
三五三六	庚辰卜殻貞留：
四〇二五	乙卯卜貞惟□令比殺受留
四一六二	：雀：留雨：中：
四五三〇	：留不：辛□
四五三〇正	貞□留
四五三〇反	：固曰留：
四六九六	：辰卜：貯：留
四八六三	甲子：留郭
五四四二	：㝑貞：疋載：
五四四三	：不載王：
五四五二	乙丑卜允貞令洱暨鳳以朿聿比𠭯□ 載事七月
五四五四	貞行載
五四六二	貞□弗其載：
五四六九	：般載：事
五四七一乙	：卯：載王：
五四八八	辛：貞乞令：殺：由：載：事
五五〇二	貞弗：載：
五五〇三	貞勿令載
五六三七正	庚子卜爭貞西使旨無囚載
五六三七正	貞西使旨無囚載
六三八二	：來：土：出：載：
六六一二	戊辰：貞翌庚：留子：禦羌于：十三月
六八一八	：比𠭯：周載：
六八二〇正	貞令：族暨：侯：周載：
七四四三	貞□啓不其載
八〇八五	貞□羞我人留
八二四〇反	：取留友于□：
八二三九	：留友惟于鳥
八七二八	：未卜：方其：于東：留□
九〇〇五	丙：□：用：王：
九五〇四正	貞有留自示
九五〇四正	貞無留自示
一〇四〇五正	癸巳卜殻貞旬無囚王固曰乃兹亦有崇 若偁甲午王往逐兕小臣留車馬 硪□王車子央亦墜
一〇八〇二	：留
一〇九三六	惟：不留：囚
一〇九七六正	己未卜内貞周留卒
一〇九七六正	己未卜内貞：留：
一一二四三	：留曰：乙：𤉲：禦
一一二四七	：賓：留：
一四〇八〇	戊：卜：留曰：乙：𤉲：嘉
一四八三五	不其載：
一四九七七正	：弗載： 二告 二告 告 小告

一五三九四　…寅卜…禦…截用　1
一六〇一六　…截既…用于…老…疾…　1
一九〇二六　…予易暨眉以截…惟…山…　1
一九〇八〇　貞…無…截…　1
一九七七四　乙丑卜甾祖丁甾…用二及卯一…　1
一九八四六　…子卜甾…祖乙…甾曰…　1
二〇〇七〇　貞余勿呼延尊甾曰吉其呼尊　1
二〇一五三　戊子卜甾…亦有聞…甾固曰聞　1
二〇一九六　…不其截　1
二〇一九六　甲戌卜…其截卜卩　1
二〇四二三　壬午卜王貞甾曰方于甲午其正七…　1
二〇六六五　甲子卜甾…甾曰不我…　1
二〇六七六　丁未卜王貞用不惟喪羊甾若　1
二一二〇六　…大燎…甾固曰…　1
二一四一〇　…甾貞…甾固…　1
二一四一一　…囗甾固曰吉…　1
二一四一二　…甾固曰…　1
二一五九二　子…甾…　1
二一八九九　壬子雀不甾…　1
二二〇五五　…于甾…𤘅牛　1
二二〇八六　壬申卜貞子…甾內乙無囚　1
二二〇八六　壬申卜貞亞…雀甾內乙囚　1
二二〇八六　弜甾內乙無囚　1
二三六八三　丙寅卜大貞惟甾有保自右尹十二月　2
二三七一五　丁酉卜大貞小𩰫老惟丁甾　2
二三七一六　丁酉卜大貞小𩰫老惟丁甾八月　2
二七六二七　于山日延𢼸兄辛歲　3
二七九〇七　…戊王其比盂犬甾田𢦏無…　3
二七九〇八　…王惟…犬甾比無災　3
三二九八二　戊戌貞侑𢼸于片攸侯截啚　4
三二九八二　中𢼸于義攸侯截啚　4
三二九九二　戊寅貞截無囚　4
三六一八一　甲戌王卜貞…盂方…典西田…妥余一人…田甾正…自上下于𢼸…　5
三六三四七　…卜貞興春皀侯…于其比彈甾戔無左　…嚣𢦏王囚曰吉在…　5
三六三四八　…片侯…彈甾戔無…囚告于…　5
三六五一二　…盂…冊盂方…田甾征…　5
三六五一四　…余一人…田甾征盂…自上下于𢼸示…　5
三六五一五　…貞今囚巫九备…𢼸示余其甾征…余受有祐不啚…　5
三六五三五　辛卯王…方于…余其甾戔…余有不啚𢦏…天邑商無…　5
三六九〇九　丁亥卜在…師貞韋師寮妹…有宧王其令宧不悔克甾王令　5
屯一四五　丁丑…甾雨　4
屯一四五　不甾雨　4
屯二四二　…卯貞右牧…甾啚…　4
屯三八五　…甾…
屯一四五二　己有甾雨　4
屯一四五二　不甾雨　4
屯二三六二　甲寅貞乙歲甾　4
屯四三一〇　甲午卜徣甾𦎫卯　十月　1
英三四一　行截　1
英三五七　貞甾…弗其…　1
英三七二　…冥甾…正　1
英五七三　…甾方于西　1
英一五七二　…其甾　1
英一七七六　…甾…門　1
英一九七七　貞令…甾伯于…敦　2
懷四〇五　…敦…甾…　1

缶

六五七一正　辛丑卜㱿貞今日子商其𢦏基方缶𢦏　五月　1
六五七一正　辛丑卜㱿貞今日子商其𢦏基方缶弗其𢦏　1
六五七二　癸未卜內貞子商𢦏基方缶　二告　1
六五七二　癸未卜內貞子商弗其𢦏基方缶　1
一三五一四甲正　辛卯卜㱿貞勿𦞅基方缶作郭子商…　1
一三五一四甲正　辛…卜㱿貞勿𦞅基方缶作郭子商　𢦏四月　1
一三五一四甲正　辛卯卜㱿貞基方缶作郭不𢧵弗𢦔…　1
六八三四正　癸亥卜㱿貞翌乙丑多臣𢦏缶　1
六八三四正　癸亥卜㱿貞我使毋其𢦏缶　二告　1
六八三四正　癸亥卜㱿貞我使𢦏缶　二告　1
六八三四正　翌乙丑多臣弗其𢦏缶　1
六八七〇　…呼…我…𢦏缶　1

缶

六八七五 雀弗其卒缶

二〇五二八 …執缶

二〇五二九 弗執缶

六八六〇 丁卯卜㱿貞王敦缶于蜀

六八六一 丁卯卜㱿貞王敦缶于蜀

六八六二 丁卯卜㱿貞王敦缶于蜀 二告

六八六三 丁卯卜㱿貞王敦缶于蜀二月

六八六四正 庚辰卜㱿貞王敦缶于…

六八六八 …敦缶…

六八六九 辛巳…敦缶…

二〇五二四 乙酉…王敦…缶受祐

二〇五二六 辛巳卜令…敦缶

二〇五二七 乙酉…王敦缶受祐

懷一六四〇 庚寅貞敦缶于蜀𢦏右旅在…一月

三〇六一正 甲寅卜㱿呼子𣎆彰缶于娩 二告

三〇六一正 甲寅卜㱿勿呼子𣎆彰缶于娩

三〇六一正 于商彰缶

六八三四正 庚申卜王貞雀弗…獲缶

六八三四正 …申卜貞獲缶 二告

六八三四正 雀弗其獲缶

一五九四八 辛丑卜㱿貞勿惟王匿缶

一五九四九 …惟匿缶

一四一八八 帝弗缶于王

懷 八一 …帝缶…

其它

七五六 …午…貞我…缶

一〇二七正 己未卜㱿貞缶其𢀛我旅

一〇二七正 己未卜㱿貞缶不我𢀛旅一月

一〇二七正 己未卜㱿貞缶其來見王一月

一〇二七正 己未卜㱿貞缶不其來見王

三〇六一正 癸丑卜爭𢦏缶于大子

三〇六一正 癸丑卜爭勿𢦏缶于大子

三〇六一反 缶惟用

四四九〇 …缶

四五一四 …卜缶不…豕

五〇二八 …其…缶

六八七一 …伐缶…

六八七二 …捍缶

六八七三 …𢀛追…缶𢦏

六八七四 …追…缶…

六八七六 雀?…缶

六九八九 …卜㱿貞缶其𢦏雀 二告

七〇一〇 庚午卜缶弗𢦏蚰…

七九七七 望缶

七九八〇 缶

八〇九一反 …缶…

九四〇八 己丑乞自缶五屯㱿示三屯 岳

一〇二四〇 …缶獲豕

一〇二四一 缶不其獲豕十月

一七〇一九反 …缶乞…

一七〇三〇反 …缶

一七一〇〇 甲辰卜爭貞缶其𡆥

一九〇九三 …丑卜王…缶令…尹邑…臣

二〇二二二 庚申卜令缶豕遣…

二〇二二三 辛卯卜令缶豕

二〇二二四 辛丑卜曰缶無以…

二〇二二五 庚子卜曰缶弗…

二〇二三〇 己巳余缶往…

二〇三五六 庚子卜朕𡆥缶…王…

二〇三八五反 己未卜𢦏缶二月允𢦏

二〇三八五反 己未卜𢦏缶

二〇四四九 壬寅卜𡆥缶比方執四日丙午不獲方允

遘不獲

二〇六〇六 丁丑卜在尤缶一月

二〇七三二 …缶獲兕

二〇八三七 壬寅卜𡆥缶…四日丙午遘…

二一〇四三 癸亥…曰…缶…

二一一七六 …缶…

二一三〇〇 …缶二月

二一三六四 …丑𡚁…缶𡚁

二一四二五 …惟缶

二一四八四　乙巳刀缶…缶　1
二一六一八　乙巳𢓊…肏缶　1
二一八六一　…申子…缶我…　1
二一八九七　…卜戊缶…終十月三　1
二一八九七　缶十四月　1
二二〇八三甲　…貞三缶…㝵用無…尹　1
二二〇八三乙　…卯卜貞三缶又乙㝵用無𡆥尹　1
二二三四三　其甫缶…　1
二三〇七一　丙寅卜即貞有一牛其用由于丁　2
三六五二五　癸未卜在師貞今𡆥巫九畬王于眞侯缶
師王其在眞𡆥正　5
三六五五三　己酉卜在缶貞王今夕…𡆥　5
英七三三　…率…𦎫…自缶…　1
英七八一反　…缶乞…　1
英一八二八　…缶豕…獲…　1
英二五三二　癸巳卜在缶貞王旬無𡆥　5
懷三五四　…殻…缶…　1
懷三五四　…執…缶…　1
懷七七五b　…卜…缶…　1
懷一五〇四　戊戌卜𠂇缶中行征方九日丙午遘…　4
懷一五〇四　戊戌…缶自…　4
懷一五一一　…賓卜甾…方其…缶有…　4

吉

選録

六四三丙正　癸巳卜穷貞臣執王固曰吉其執惟乙
丁七日丁亥既執　1
七〇七反　王固曰吉其庚冊　1
七〇九反　王固曰吉骨凡　1
七七七反　王固曰吉　1
八〇九正　王固曰吉龜勿余壱　二告　1
九七四反　王固曰吉其卿　1
六〇一六反　王固曰吉其伐惟丁　1
六四六一反　王固曰吉祉戠…　1
六七七一反　王固曰吉惟其無工舌惟其循　1
七四二六反　王固曰吉其呼　1
三八三〇七　癸卯王卜貞旬無𡆥王𡆥曰吉在九月甲辰
王…　5
英八二三反　王固曰吉　1
英二五一〇　癸酉王卜貞旬無𡆥在正月王𡆥曰大吉甲
戊祭羌甲𩰫𢦔甲　5

英二五一〇　癸未王卜貞旬無𡆥在正月王𡆥曰大吉甲
申祭魯甲𩰫羌甲魯𢦔甲　5
英二五一三　癸酉王卜貞旬無𡆥在三月王𡆥曰大吉　5
英二五一三　癸未王卜貞旬無𡆥在三月王𡆥曰大吉
甲申彡上甲　5
英二五一三　癸丑王卜貞旬無𡆥在二月王𡆥曰大吉甲寅
𩰫祖甲　5

二〇〇二反　不惟吉　1
一五四二二　貞弜𩛥惟吉用　1
二四八七一　貞惟吉雨五月　2
二七三八二　壬戌卜𣪊貞王賓辛壬丁𩱛惟吉　3
二七五八二　辛酉卜𣪊貞王賓𩛥𩱛惟吉　3

五二五〇　貞王𩱛惟吉不遘雨　1
五二五一　戊寅卜史貞王𩱛惟吉　1
五二五二　辛巳卜貞王𩱛惟吉　1
五二五三　貞王𩱛惟吉　1
五二五四　甲寅卜史貞王𩱛惟吉　1
五二五五　乙酉卜史貞王𩱛惟吉　1
五二五六　丙戌卜史貞王𩱛惟吉　1
五二五七　庚戌卜…貞王𩱛惟吉燕　1
五二五八　貞王𩱛惟吉　1
五二五九　貞王𩱛惟吉　1
五二六二　…卯卜史貞王𩱛惟吉十月　1
三〇五二八　乙丑卜何貞王賓𩛥不遘雨𩱛惟吉　3
一四九八九　貞惟吉一月　2
二六〇七四　貞惟吉在三月　2
二七八三九　貞王𩱛惟吉　3
二七八四〇　貞王𩱛惟吉不遘雨　3
二七八四六　辛亥卜何貞惟吉𩱛用　3
二七八五〇　甲子卜何貞王𩱛惟吉𩱛　3
二七八五四　…卜何貞…惟吉…遘雨　3
二七八六一　丙寅卜𢀛貞王往于夕𥛱不遘雨𩱛
惟吉　3
二七八六二　貞王往于夕𥛱不遘雨𩱛惟吉　3
二七八六三　己巳卜何貞王往于日不遘雨𩱛惟吉　3
二七八六七　戊午卜何貞王往于日不遘雨𩱛惟吉
允雨不遘四月　3
三〇五二八　乙丑卜何貞王賓𩛥𩱛惟吉不遘…　3
三〇五二八　乙丑卜何貞王𩱛惟吉不遘雨　3

三〇七三二　丁卯卜何貞歲惟吉　3

三〇七三二　甲戌卜何貞□惟吉七月　3

五三八〇　壬子卜史貞王□惟吉燕八月　1

五三八一　…卜史貞王□惟吉燕之日…　1

五三八一　…吉燕八月　1

五三八三　…貞惟吉燕　1

五三八五　…貞惟吉燕　1

五三八六　…貞惟吉燕　1

懷三九　己巳卜史貞王□惟吉燕　1

五三四七反　丙子大…鼙吉旬…不…　1

六四八四反　王…曰其惟戊有鼙不吉　1

一五八六二反　…其惟丙…鼙不吉　1

英五四五反　…有鼙吉受祐其惟壬不吉　1

二八二〇三　孟田禾穫其禦吉耪　3

二八二〇三　弜禦吉耪　3

二八二〇四　…耪…年…吉耪　3

屯二三九一　不吉耪　3

屯二三九一　不吉耪　3

其它

一六　辛丑卜爭貞我卜多不吉彡…　1

一一三贖　王固曰…其害其惟乙出吉其惟癸出有祟　1

五〇〇反　王固曰惟丁執吉　1

八〇九反　王固曰其雨惟庚其惟辛雨弘吉　1

五三六八　…貞…□惟吉□用　1

五三六九　…□惟吉□用　1

五三七〇　…吉□用五月　1

七六六九　…其惟丙數不吉　1

一〇一三四反　…吉魯　1

一二七九九　王固曰庚吉不雨　1

一四〇〇一正　壬寅卜殼貞婦…娩嘉王固曰其惟…申娩吉嘉其惟甲寅娩不吉亞惟女　1

二一八六〇　癸未子卜貞我不吉出　2

二五七四七　貞戠吉辰　3

二八一九五　乙未卜暊貞師貯入赤馬其□不□吉　2

三六〇七三　貞其于來日吉　2

三六九七五　南土受年吉　5

三六五二〇　惟左獲吉　5

三七五三〇　擒吉　5

英一二五一反　…王固曰有祟壬其雨不吉　1

英一九四八　癸巳卜祝貞丁辛吉永于並　2

英二〇三三　甲申…貞…奚女有得吉　2

英二五三六　丙戌伐人方于覓吉　5

英二五三六　酋吉　5

由

五五七　丁未卜貞王夕□惟有由　1

五五七　貞不惟有由二月　1

三二七四正　乙夕有疾惟有由　二告　1

三二七四正　乙夕有疾不惟有由　1

二九五三正　貞子商壱有由　二告　1

二九五三正　貞子商壱無由　1

五四七三反　王自癸巳因有由…　1

八九四〇反　…曰其出疾…吉惟有由𠂤往…　1

一三六四一　貞王□疾惟有由　1

一三六五六正　貞有疾齒惟有由　1

一三六五六正　貞有疾齒不惟有由　1

一三六五七正　貞疾齒不惟有由　小告　1

一七二四六　…囚惟有由　1

一七三三二　貞有由　1

一七三三三　…有由　1

一七三三四　不惟有由　1

一七三三五反　…無由　1

二六一八六　己丑矣貞王呼…惟有由　2

其它

四八八反　王固曰用勿由　1

五九五正　壬申卜亘貞祟囚不于鼓由八人甫五人　1

六五五甲正　貞勿令□由取舟不若　1

六五五甲正十六五五乙正　戊…殼貞令□由取舟不若　1

九〇六正　乙亥卜爭貞戠由…月　1

二一三八　…執由　1

二二二四　貞父乙由舅　1

二三四〇　貞𢼸弗其以由　1

二三四一　貞𢼸以舊伯由　三月　1

二六〇六正　丙午卜𡧊貞𡆥…犬由
三四一六正　貞𠭰以𨊠伯由
三四一七　壬寅卜…貞由…郭往…㞢…
四〇七八　癸卯卜𡧊貞𡆥由來歸丁若十三月
四三一五反　貞𡆥虐由…
四四二〇　丁酉卜𡆥由
四五九六　…𡧊貞麋告曰方由今春凡受有祐
四五九七　乙酉卜爭貞麋告曰方由今春凡受有祐
五三〇八　…王𦖞…由
五四八八　辛…貞乞今…𣪘…由…𢦏…事
五九九八　貞執由
六〇七三　癸丑卜𡧊貞今春商𣪘舟由
六一〇二反　…由卜…
六九四三　癸酉卜𣪘貞𠂤由
八七七七　貞呼𩞪羊于西土由
八九五六正　乙酉卜𡧊貞呼𡆥奴于𦎫由
一〇〇四九正　貞牛由　二告
一〇一二四反　王固曰不惟帝𡆥惟由
一〇九三八反　父乙由𡆥王
一〇九三九正　…王…由㞢…
一二四〇一　…豕由
一六一〇七正　貞王勿往出由協
一六一〇八　戊子卜𣪘貞王勿由協往出
一七三一九反　王固曰其由
一七三二〇　貞惟由
一七三二一　…惟由
一七三二六反　庚戌…貞由
一七三二七　庚子…由
一七三二八　…由
一七三二九　貞…由
一八三六四　貞𪓐由…
一八三九九　…由…𣪘…
一八五九六　貞勿商𣪘由𢦏
一八八七四　…由今日春凡…
一九二一八　己未卜…由在…
一九二一九　壬戌卜…由
二〇一四九正　並由
二〇三六四　乙巳卜巫由𧇍…
二〇四一二　丙午卜巫由…
二〇五八九　由邑
二〇八二五　…十二月由

二二二五八　己亥卜𣎆由今丁卯
屯二六九一　丁未卜𣪊由…由豎古
屯二六九一　辛亥卜由由在𣎆
英三五五　癸未…𣪘貞…由及…
英五四七正　貞𠭰以由
英七五九　貞不其以由
英一四八二　…不…由　二告
英一五七一　…自我…由

卣

八二〇〇　…卜…余…𢀛…由
一六九四〇　…來𢀛由…
三六四九二　丙午卜在攸貞王其呼…延執胄人方𢀛焚…弗悔在正月惟來征…

𦥑 劦

一　…大令衆人曰𦥑田其受年十一月
二　…曰𦥑田其受年…
三　…人曰𦥑田…
四　…曰𦥑…
一二一〇　貞王于𦥑彭于上甲入
一六五四　庚子卜爭貞𦥑其彭于祖辛𧻚有𡆥　歲上甲
二七八四　貞翌甲𦥑自上甲衣無𡆥七月
三三九八　…曰侯豹𦥑毋事𦥑受…
三三九九　…豹毋事𦥑…
三三〇〇　…得…事𦥑受…
三三九七正　貞王曰侯豹𦥑女事𦥑
四二八三　賓𦥑
五二〇二　王賓𦥑
五二〇三　王賓𦥑
五二〇四　王賓𦥑
八八六八　貞協勿取
九四九九　貞惟辛亥𦥑田十二月
一四二九四　東方曰析鳳曰𦥑
一四二九五　貞帝于東方曰析鳳曰𦥑𡆥年
一五五八八正　…劦…

一五七〇七　乙卯卜爭貞翌甲辰…酌協…　1
一五七〇八　貞…酌協于多…　1
一六一〇七正　貞王勿往出由協　1
一六一〇九　…王其宗協　1
一六一〇八　戊子卜殼貞王勿由協往出　1
一六一一〇正　貞協其…　1
一六一一一　王入協酌　1
一六一一二　…殼貞王于協　1
一六一一三　王勿于協酌入　1
一七四四八　…劦日父甲有夕歲王受祐　3
二〇二八三　…王取暨役…劦[illegible]王…　1
二〇四三九　…取劦以有示　1
二二五五四　…丑卜即貞翌乙…劦于祖乙其遘侑…羌十卯五宰　2
二二五五六　…卜旅…翌乙劦祖乙其遘彳歲一宰羌十人　2
二二六五〇　癸酉卜漳貞翌甲戌乞酌劦自上甲衣…于多毓…七月　2
二二六五一　癸未卜…貞翌甲申乞酌劦自上甲衣至于毓無…　2
二二六五二　…卜貞…子乞酌劦自上甲衣至于毓…　2
二二六五三　…旅…戌乞酌劦自上甲…告十月　2
二二六五四　…亥卜…翌…劦于…至…毓…　2
二二六七五　癸…貞旬無…在三月乙…劦小乙…父丁…　2
二二六八二　甲申…貞王…上甲劦…在…　2
二二六八二　…卜行貞王賓匚乙劦無尤在…　2
二二六九三　乙亥卜㳄貞王賓匚乙劦無尤　2
二二六九四　…卯卜旅…王賓匚乙劦無尤　2
二二七一七　…旬無囚…示癸劦甲寅…小甲[illegible]大甲…[illegible]劦…　2
二二七三四　甲申…貞翌乙…劦于大乙無…在…　2
二二七五五　…劦于唐其告于丁一牛　2
二二七六三　庚辰卜尹貞王賓大庚劦無尤…　2
二二七六三　丁卯卜尹貞王賓大丁劦無尤在九月　2
二二七六六　丙辰卜…貞翌丁…劦于大丁無壱　2
二二七八二　甲午卜王貞無囚在八月大甲劦　2
二二七九八　己亥卜旅貞翌庚子劦于大庚無壱…八月　2
二二八一二　甲戌卜尹貞王賓小甲劦無尤　2
二二八三六　戊午卜尹貞王賓大戊劦無…　2
二二八六四　丙寅卜旅貞翌丁卯劦于仲丁無…　2
二二八六五　丙辰卜旅貞翌丁巳劦于仲丁衣無壱在八月　2
二二八六六　…卜…貞王…仲丁劦…雨　2
二二九三五　…未…貞王賓…劦…尤　2
二二九三七　甲申…貞翌…酉劦…祖乙…在…　2
二二九三八　…旅貞…劦于祖乙無壱在九月　2
二三〇〇一　庚子…貞翌辛…劦于祖辛　2

二三〇〇四　庚寅卜…貞翌辛卯劦于祖辛無壱在九…　2
二三〇〇四　丙申卜行貞翌丁酉劦于祖丁無壱　2
二三〇二四　癸丑…貞王…羌甲劦…　2
二三〇二五　…貞…爽妣甲劦…羌甲劦無尤　2
二三〇三九　丙子卜尹貞翌丁丑劦于祖丁無壱在十月　2
二三一一〇　庚辰…貞翌…巳其…小辛劦…　2
二三一二〇　乙亥卜行貞王賓小乙劦無尤在十一月　2
二三一二〇　己卯卜行貞王賓兄己劦…　2
二三一二〇　丁丑卜行貞王賓父丁劦無尤　2
二三一二二　甲午卜…貞翌乙…劦于小乙…無…　2
二三一二三　…貞…劦于小乙無壱在九月　2
二三二五八　…劦…父丁…　2
二三三〇六　…貞王…示壬爽…劦無…　2
二三三〇七　…王賓…劦…示壬爽…無尤　2
二三三〇八　…卜即…王賓示癸爽妣甲劦無尤　2
二三三一四　壬寅卜行貞王賓大庚爽妣壬劦無尤　2
二三三一四　壬子卜行貞王賓大戊爽妣壬劦無尤　2
二三三一四　己巳卜行貞王賓祖乙爽妣己劦…　2
二三三一四　丙…貞王賓大乙…妣丙劦無尤…在八月　2
二三三一四　辛未卜行貞王賓大甲爽妣辛劦無尤在八月　2
二三三一六　壬子卜㳄貞王賓大戊爽妣壬劦無尤　2
二三三一八　…卜行…王賓仲丁爽妣癸劦無尤　2
二三三二五　庚辰卜…貞王賓羌甲爽妣庚劦無尤　2
二三三二八　…卯卜尹貞王賓祖丁爽妣己劦無尤　2
二三四七八　己卯卜行貞王賓兄己劦…尤　2
二五二四八　乙…貞…劦…　2
二五三〇六　丁丑卜行貞王賓…劦無尤　2
二五三三九　…貞王賓…劦無尤　2
二五六五六　庚子…貞王…劦…　2
二五六五六　…卜[illegible]…賓…劦…尤　2
二五六五七　…卜旅…賓…劦…　2
二五六五九　…卜旅…賓…劦…尤　2
二五九四〇　癸酉卜…貞翌甲…乞酌劦于上甲其遘有彳歲三宰　2
二六〇三六　丙辰卜…貞翌丁…劦于…　2
二六〇三七　庚子卜…貞劦于…　2
二六〇三八　甲戌卜…貞王…劦…　2
二六九九二　惟侑彡日遘有从王受祐　3
二七〇四二正　甲子卜宁貞王賓上甲劦無尤　3
二七〇四二正　甲子卜宁貞王賓上甲劦無尤　3
二七〇四二正　…子卜…貞王賓上甲劦無尤　3
二七〇四二正　甲子卜宁貞王賓上甲劦無尤　3
二七〇四二正　甲子卜…貞…上甲劦…　3

二七〇四二正　甲子卜宁貞王賓上甲㞢無尤　3
二七〇四二反　甲：貞王賓上甲㞢無尤　3
二七〇四二反　甲子卜宁貞王賓上甲㞢無尤上甲遘　3
二七〇四二反　甲子卜：貞王賓上甲㞢　3
二七〇四二反　：卜彡日彭于上甲王其遘有夂　3
二七〇四四　：宁：賓：爽：㞢：　3
二七一七七　㞢日于祖丁　3
二七二七七　：卜劦日祖甲祐羌：　3
二七三三八　：劦日父甲有夕歲王受祐　3
二七四四八　己丑卜彭貞其爲祖丁㞢衣卯　3
三〇二八二　：有劦日遘王受祐　3
三〇八五二　：于劦日：在九月　3
三一〇〇九　：劦彡日王弗悔　3
三一〇九二　（見上）　3
三二七一四　于即彭父丁翌日劦日彡日王廼賓：　4
三五四四四　乙未卜貞王賓：匚乙㞢日無尤　5
三五四四四　丙申卜貞王賓：㞢日無尤　5
三五四五四　丙寅卜貞王賓匚丙㞢無：　5
三五四七二　壬申卜貞王賓示壬㞢日無尤　5
三五四八三　：㞢：甲　5
三五四八三　：卜貞王：示癸㞢日：尤　5
三五五二七　癸巳王卜貞旬無𡆥王𡆥曰大吉在九月甲午祭大甲㞢上甲　5
三五五二八　：無𡆥王𡆥曰：在十月甲寅祭大甲㞢上甲　5
三五五二九　癸卯王卜貞旬無𡆥王𡆥曰吉在十二月甲辰祭大甲㞢上甲　5
三五五三〇　癸丑王卜貞旬無𡆥王𡆥曰吉在正月甲寅㞢大甲𩰫小甲　5
三五五三〇　癸巳王卜貞旬無𡆥王𡆥曰吉在十月又二甲午㞢日上甲祭大甲　5
三五五三一　：王卜貞：𡆥王𡆥：在正月甲：𢦏甲㞢：　5
三五五四九　丙辰卜貞王賓卜丙㞢日無尤　5
三五五五〇　丙辰卜貞王賓卜丙㞢日無尤　5
三五五七六　癸卯王卜貞旬無𡆥在四月甲辰𩰫小甲㞢大甲　5
三五五八一反　㞢小甲　5
三五五八一反　㞢大甲　5
三五五八二　癸卯王卜貞旬無𡆥王𡆥曰吉在三月甲辰：小甲㞢大乙　5
三五五八五　：𡆥曰大：㞢小甲　5
三五五八七　甲午卜貞王賓小甲彡日無：　5
三五五九一　甲戌卜貞王賓小甲彡日無尤　5

三五六四八　癸亥王卜貞旬無𡆥王𡆥曰大吉在十月甲子祭：𩰫大甲㞢𢦏甲　5
三五六五二　：𡆥王𡆥曰大吉：𢦏甲㞢小甲　5
三五六五四　甲子卜貞王賓𢦏甲㞢無尤　5
三五六四八　癸卯王卜貞旬無𡆥王𡆥曰大吉在：月甲：祭𢦏甲㞢：　5
三五七〇〇　癸未王卜貞旬無𡆥王𡆥曰大吉在十月甲申祭𥎦甲𩰫羌甲㞢𢦏甲　5
三五七一三　丁巳卜貞王賓四祖丁㞢日無尤　5
三五七二五　庚午卜貞王賓南庚㞢日無尤　5
三五七二六　乙卯卜貞王賓小乙㞢日無：　5
三五七二六　甲辰卜貞王賓𥎦㞢日無尤　5
三五七二六　庚寅卜貞王賓般庚㞢日無尤　5
三五七二六　庚辰卜貞王賓南庚㞢：尤　5
三五七二七　庚申卜貞王賓南庚㞢日無尤　5
三五七四八　癸未王卜：旬無𡆥王：曰大在正：甲申祭𥎦：𩰫：㞢：　5
三五七四八　癸巳王卜貞旬無𡆥在正月王𡆥曰大吉甲午𩰫𥎦甲㞢羌甲　5
三五七四九　癸丑卜㴬貞王旬無𡆥在三月甲寅祭𥎦甲𩰫羌甲㞢𢦏甲　5
三五七四九　癸酉卜貞王旬無𡆥：甲戌㞢祭𥎦甲　5
三五七五一　癸酉卜泳貞王旬無𡆥在正月甲戌𩰫𥎦甲㞢羌甲　5
三五七五二　癸酉王：旬無：大吉在：甲戌𩰫：甲㞢羌甲　5
三五七七五　庚：貞王：般庚㞢日無尤　5
三五七九七　：卜：賓小乙㞢日無：　5
三五八六九　：卜貞王：祖丁㞢日：　5
三五八七六　庚寅卜貞王賓祖庚㞢：　5
三五八七六　甲午卜貞王賓祖甲㞢無尤　5
三五八八四　癸未卜泳貞王旬無𡆥在正月甲申祭祖甲㞢𥎦甲　5
三五八八五　癸卯王卜貞旬無𡆥在二月王𡆥曰大吉甲辰祭祖甲㞢𥎦甲　5
三五八八五　癸亥王卜貞旬無𡆥在二月王𡆥曰大吉甲子㞢祖甲　5
三五八八六　癸未王卜在𦎫師貞旬無𡆥王𡆥曰吉在五月甲申祭祖甲㞢日𥎦甲　5
三五八八七　癸未卜在霍貞王旬無𡆥在六月甲申：祖甲㞢𥎦甲　5
三五八八八　：卯王：𡆥曰吉：祖甲㞢𥎦甲　5

著錄號	釋文	分期
三五八九一	癸卯卜𢓊貞王旬無𡆥在二月甲辰劦彡日祖甲	5
三五八九二	癸酉卜貞王旬無𡆥在三月甲戌劦日祖甲	5
三五八九三	……卜……無𡆥……王𠧢……吉甲子劦祖甲	5
三五八九四	甲辰卜貞王賓祖甲劦日無尤	5
三五八九五	……卜貞王……祖甲劦……尤	5
三五九五六	丁卯卜貞王賓康……劦日……	5
三五九五七	己亥卜……賓四祖丁……劦……無尤	5
三五九五七	丁卯卜貞王賓康祖丁劦無……	5
三六一二九	丁亥卜貞王賓父丁劦無尤	5
三六一九〇	……辰卜貞王賓示癸奭妣甲劦日無尤	5
三六二二六甲	辛亥卜貞王賓……甲奭妣辛劦日無尤	5
三六二二六甲	……丑卜貞王賓祖乙奭……劦日無……	5
三六二二六甲	庚申卜貞王賓……奭……劦日……	5
三六二二六乙	癸未卜貞王賓仲丁奭妣癸劦日無……	5
三六二二六乙	壬申卜貞……賓大戊奭妣壬劦日無尤	5
三六二三九	己卯卜貞王賓祖乙奭妣己劦日無尤	5
三六二五五	庚寅卜貞王賓祖乙奭妣庚劦日……	5
三六二五八	己丑卜……賓四……妣己劦日……	5
三六二六四	庚午卜貞王賓小乙奭妣庚劦日無尤	5
三六二七二	癸卯卜貞王賓武丁奭妣癸劦日無……	5
三六二七四	癸酉卜貞王賓祖丁奭妣癸劦無尤	5
三六二七五	……未卜貞王賓祖丁……妣癸劦日無……	5
三六二七八	……卜貞王……武丁奭……劦日……	5
三六三〇二	辛亥……王賓……妣辛劦……	5
三六五一六	……卜貞旬無𡆥王𠧢曰弘……甲辰劦祖甲王來征盂方	5
三八二六七	……王旬……在一月劦……	5
三八二六八	乙未……王賓……劦日……	5
三八二六九	己……卜貞王賓劦無尤	5
三八二七〇	……辰卜貞王賓劦日……	5
三八二七一	……卜貞王賓……劦日無尤	5
三八二七一	……午卜……王賓……劦日……尤	5
乇四二三	癸亥……彡劦自上甲	4
乇二八四四	癸巳卜劦日祝……吉 茲用	3
英三五三	劦彡王入	1
英三五三	……卜殼貞王勿于劦	1
英一一一三反	……劦……	1
英一九三五	癸巳……貞翌甲……劦于……無壱在……	2
英一九六五	……卜……王……劦……	2
英一九六五	壬申卜旅貞王賓……劦無尤在八月	2
英二五〇三	癸未王卜貞旬無𡆥王𠧢曰吉在三月甲申觀小甲劦大甲	5
英二五〇三	癸巳王卜貞旬無𡆥王𠧢曰吉在三月甲午祭戔甲劦小甲	5
英二五〇三	癸丑王卜貞旬無𡆥王𠧢曰吉在三月甲寅祭魯甲觀羌甲劦戔甲	5
英二五〇三	癸亥王卜貞旬無𡆥王𠧢曰吉在三月甲子觀魯甲劦羌甲	5
英二五一〇	癸亥王卜貞旬無𡆥在十月又二甲子祭戔甲劦小甲	5
英二五一一	……巳卜貞……賓雍己劦日無尤	5
英二五一三	癸亥王卜貞旬無𡆥在三月王𠧢曰大吉甲子劦祖甲	5
英一九二三	癸丑卜王曰貞翌甲寅乞彡劦自上甲衣至于毓余一人無𡆥茲一品祀在九月遘示癸觀龠	2
英二五一二正	……王卜貞旬無𡆥在二月……𠧢曰大吉甲辰祭祖甲劦魯甲	5
懷一〇五七	……劦……毓……衣……	2
懷一一一五	庚……賓……劦	5
懷一九一五	辛酉王田于雞麓獲大𧰼虎在十月惟王三祀劦日	5

舌 祜

著錄號	釋文	分期
五五二二正	貞不其舌……	1
一六一一四正	丁未……勿……舌……	1
一九二〇六	……弜舌……	1
二〇一一五	丁亥卜夾夕舌二月	1
二二五六八	丙戌卜……貞翌……出于丁……羌三……	2
二二六一一	丙子卜旅貞翌丁丑父丁舌其有伐二月	2
二二八六七	……仲丁祜……	2
二二九三九	……旅……丑其舌于祖乙其以毓祖乙	2
二二九四〇	……旅……丑其舌于祖乙其以毓祖乙	2
二二九四二	……卜大……舌于父丁……今晝……	2
二三一二一	乙丑……其舌于……	2
二三一六三	……貞毓祖乙舌勿牛四月	2
二三一六三	丁酉卜即貞毓祖乙舌牡四月	2
二三三五七	……辰卜……貞翌乙……父丁舌一宰	2
二三三六〇	丙戌……貞翌……父丁舌……	2
二三三六一	癸酉……貞翌……彡于……其舌……父丁	2
二三三六二	貞毋舌	2
二三三七九	己卯卜……貞翌庚……舌于妣庚	2

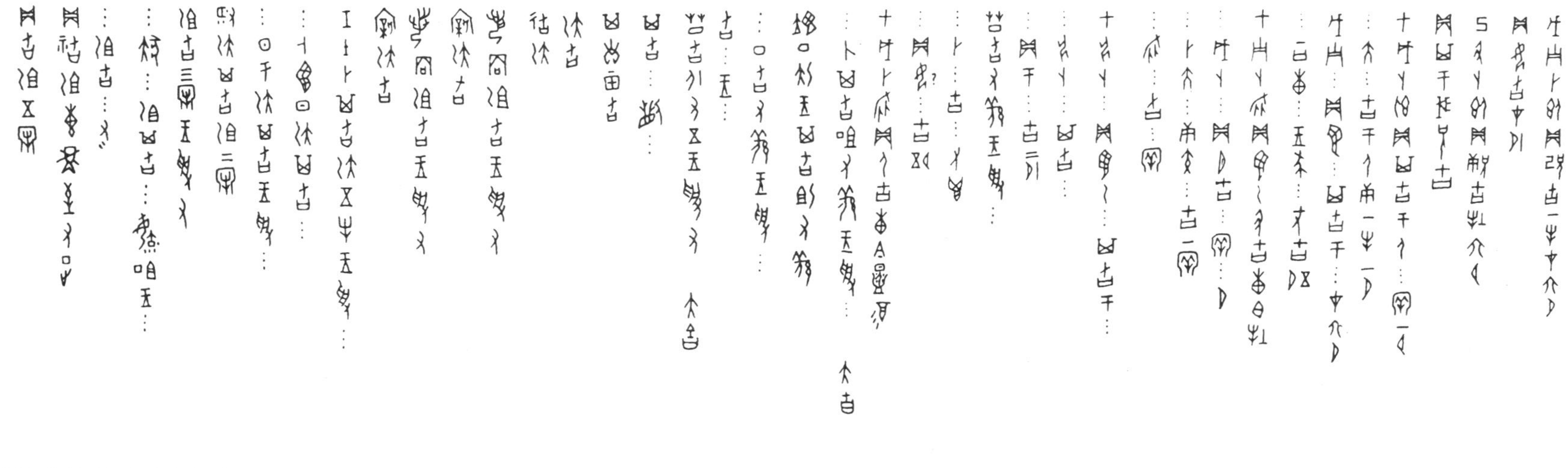

二三四七三	戊子卜即貞兄己古一牛在六月	2
二三四七四	貞毋古在十月	2
二三四九八	己丑卜即貞兄庚古牡六月	2
二六〇二二	貞其于我兄古	2
二六〇二三	甲戌卜即貞其古于妣…宰一月	2
二六〇二四	…大…古于妣庚一牛一月	2
二六〇二五	戊子…貞翌…其古于…在六月	2
二六〇二六	…曰惟…王祟…尤古五月	2
二六〇二七	甲子卜旅貞翌乙丑古惟白牡	2
二六〇二八	…戌卜…貞夕古…宰…月	2
二六〇二九	…卜大…庚寅…古一宰	2
二六〇三〇	…旅…舌…宰	2
二六〇三一	甲申卜…貞翌乙…其舌于◯	2
二六〇三二	…申卜…其舌…	2
二六〇三三	…貞于…古十二月	2
二六九三四	莫舌有羌王受…	3
二六〇三四	…卜…古…有𢀛	2
二六〇三五	…貞母…古五月	2
二六八二二	甲戌卜旅貞妣古惟今䀠酚	2
二六九三〇	…卜其舌祖丁有羌王受… 大吉	3
二六九三五	翌日大乙王其舌祖乙有羌	3
二六九三九	…日舌有羌王受…	3
二六九四八	舌…王…	3
二七〇二〇	莫舌十人又五王受祐 大吉	3
二七〇七七	其舌…䀠…	3
二七〇七七	其自上甲舌	3
二七〇七七	大乙舌	3
二七一〇九	祰大乙	3
二七一一〇	若酉祖乙舌王受祐	3
二七一一〇	新大乙舌	3
二七一一〇	若酉祖乙舌王受祐	3
二七一一一	新大乙舌	3
二七一一三	壬午卜其舌大乙五牛王受…	3
二七一一六	…卜翌日大乙其舌…	3
二七一一七	…日于大乙其舌王受…	3
二七一二九	祭大乙其舌祖乙二宰	3
二七一九〇	祖乙舌三宰王受祐	3
二七一九二	…狄…祖乙其舌…毓祖丁王…	3
二七一九三	…祖乙舌…有祐	3
二七一九四	貞祰祖乙惟□至有正	3
二七一九四	貞舌祖乙五宰	3

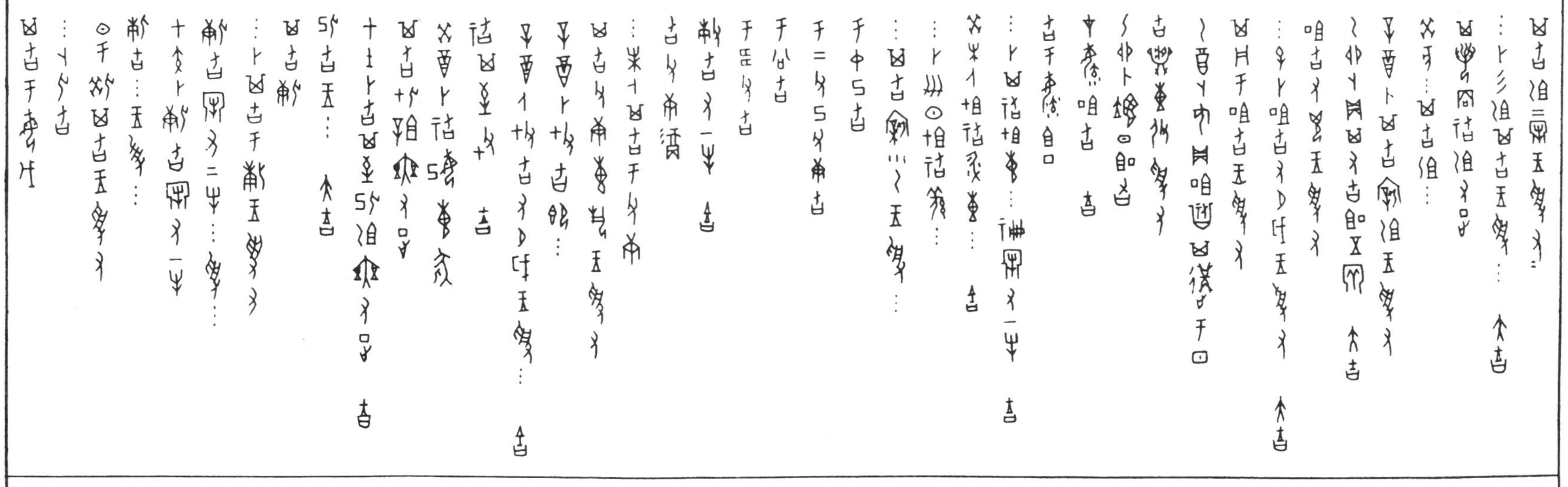

二七一九五	其舌祖乙二宰王受有祐	3
二七一九六	…卜彡祖乙其舌王受… 大吉	3
二七二〇〇	其若酉祰祖乙有正	3
二七二〇一	癸亥…其舌祖乙…	3
二七二一七	辛酉卜其舌新祖乙王受祐	3
二七二六九	乙卯卜貞其有舌祖丁五宰 大吉	3
二七二七九	祖丁舌有光王受祐	3
二七二八〇	…巳卜祖丁舌有夕歲王受祐 大吉	3
二七二八一	其凡于祖丁舌王受祐	3
二七二八二	乙酉卜何貞祖丁祰其遘于日	3
二七二八八	舌□惟伊受祐	3
二七二九七	乙卯卜翌日祖丁舌	3
二七三二二	在毓祖丁舌 吉	3
二七三二三	舌于毓祖丁	3
二七三三四	…卜其祰祖甲惟…栅宰又一牛 吉	3
二七三三五	癸未卜祖甲祰升惟… 吉	3
二七三三八	…卜劦日祖甲祰羌…	3
二七三四五	…其舌新小乙王受…	3
二七三九〇	于仲己舌	3
二七四一七	于二父父己父庚舌	3
二七四一七	于台舌	3
二七四一七	于多父舌	3
二七四二二	父庚舌又一牛 吉	3
二七四二六	舌父庚酒	3
二七四二七	…未卜其舌于父庚	3
二七四三六	其舌父庚惟䖵王受祐	3
二七四四九	辛酉卜父甲舌即…	3
二七四五二	辛酉卜父甲舌有夕歲王受… 吉	3
二七四五四	祰其至父甲 吉	3
二七四五四	癸酉卜祰母己惟𣪊	3
二七五〇三	其舌妣甲祖辛爽有正	3
二七五〇三	甲午卜舌其至妣己祖乙爽有正 吉	3
二七五一七	妣己舌王… 大吉	3
二七五二三	其舌妣庚	3
二七五二四	…卜其舌于妣庚王受祐	3
二七五二五	妣庚舌宰又二牛…受…	3
二七五二六	甲寅卜妣庚舌宰又一牛	3
二七五三六	妣庚舌…王受…	3
二七五七五	日于妣癸其舌王受祐	3
二七五七八	…卜妣舌	3
二七五八六	其舌于母戊	3

著錄號	釋文	期
二七五八七	…秸母戊惟…	3
二七六三〇	舌兄辛有正	3
二七六四二	…仲子舌…受有祐	3
二七六六一	乙巳卜舌至伊尹	3
二八一〇六	癸丑卜其侑亳土惟秸	3
二九六九八	其秸惟…辛彭	3
三〇一一一	王其[illegible]不遘雨名不	3
三〇三二三	…卜祖丁舌新宗王…	3
三〇三二五	祖丁舌在弜王受祐	3
三〇三二五	…去舌于之新宗若王受祐	3
三〇三二六	弜去舌于之新宗王若受祐	3
三〇三二九	弜秦宗于妣庚舌	3
三〇三三九	甲寅卜其舌…	3
三〇三四〇	甲寅…祖乙舌秦宗	3
三〇三五〇	…于小乙舌于祖丁舌于…必…	3
三〇三五一	…卜其舌于祖丁必	3
三〇三六三	弜于必舌	3
三〇三七四	丁巳卜于南宫舌　大吉	3
三〇三八〇	有舌五冊…其妻	3
三〇三九八	舌祖乙祝惟祖丁用王受祐	3
三〇四八九	…舌有夕歲王受祐	3
三〇五九五	惟巫言舌	3
三〇五九五	告言舌	3
三〇五九五	弜舌	3
三〇八四三	…申卜…舌…今夕彭	3
三一〇六八	庚辰卜其舌惟今乙酉彭	3
三一〇六八	其舌	3
三一〇六八	弜舌	3
三一〇六九	庚子卜其舌　吉	3
三一〇七〇	辛酉卜舌祖乙…	3
三一〇七一	其舌王受有祐	3
三一〇七二	…邑其偁…舌王受…	3
三一〇七三	…卜其舌王受…	3
三一〇七五	惟舌至…弜賓	3
三一〇七六	…舌祐	3
三一〇七八	…戌卜有戠其舌于…王受有祐	3
三一〇七九	弜去舌于之若	3
三一〇八〇	舌于之若	3
三一〇八一	舌于…若	3
三一〇八二	…舌二牢…王受祐	3
三一〇八三	其舌…牢王…	3
三一〇八四	…卜貞羸…其舌王受…	3
三一〇八六	惟秸王受祐	3
三一〇八八	其秸于母…	3
三一〇九〇	祭父…秸二牢王受祐	3
三一一八八	于弗舌王廼此	3
三二〇四七	舌三十羌	4
三二三三五	癸亥貞彭彡于小乙其告舌于父丁一牛	4
三二三三五	癸亥貞彭彡于小乙其舌	4
三二四四一	甲子貞舌祖乙遘大乙	4
三二四四一	弜舌	4
三二四四一	惟小乙舌	4
三二五五三	…卜舌祖乙牢又一牛	4
三二六一九	甲子貞于高舌	4
三二六一九	于宗舌	4
三二六二一	甲子貞其舌小乙牢乙丑	4
三二六二二	…午貞舌小乙	4
三三七〇〇	甲子貞我舌有左	4
三四六四五	…其舌母…	4
三四六四四	…其舌于…	4
三四六四五	甲戌貞其舌	4
三四六四六	弜舌小乙	4
三四六四六	甲子…舌…牢	4
三四六四七	弜舌	4
三四六四八	…舌…	4
三四六四九	弜舌	4
三四六五〇	弜舌	4
三四六五一	弜舌	4
三六三五六	…貞王有…秸于…王受…	5
三六三五七	…卜貞…王其秸…亥必…王一…	5
三七三八七	…戠…秸…受…翌日…	5
三八二二八	…貞康祖丁宗秸…王受有祐	5
三八七二八	庚寅卜貞其秸唯正受…	5
三八七二九	戊…秸…	5
三八七二九	其唯裥秸正	5
屯六七	甲子卜毓祖乙告	4
屯二八七	弜舌	3
屯二八七	其舌小乙新宗	3
屯二八七	惟妣庚舌	3
屯五一八	…舌…	
屯五九四	…午卜翌日父甲秸競祖丁冊王受祐　大吉　茲用	3

著錄	釋文	期
甲五九五	…未貞其舌我祖	4
甲六一〇	父庚舌宰	3
甲六一〇	弜異彭惟鍊惟舌	3
甲六二八	萛舌有羌王受有祐	3
甲六九四	庚申卜妣辛舌宰王受祐 吉	3
甲七五四	于上甲祐	3
甲七五四	于匚丁祐	3
甲八三二	其舌薪小乙王受祐	3
甲八二二	舌妣庚若鬯于必王受祐	3
甲八七四	舌于小乙	4
甲一〇〇五	丙子卜祖丁萛祐羌五人 吉	3
甲一一二三	甲戌卜其舌于毓祖乙二…	3-4
甲二一四〇	其舌父己惟入自…	3
甲二三一五	妣辛舌	3
甲二三二五	庚申卜妣辛舌歲宰	3
甲二三四三	癸丑…舌祖甲必惟…宰又一牛用	3
甲二三七四	戊午卜其舌父己有羌 吉	3
甲二三七五	于匚丁祐正	3
甲二三七五	于示壬祐正	3
甲二四一二	于多妣舌	3
甲二四一二	于多兄舌	3
甲二四七八	辛酉卜父甲舌其… 大吉	3
甲二五一〇	…巳卜其刖四封舌盧…惟邑子示	4
甲二五二〇	父甲必舌伐五人王受有祐	3
甲二七〇四	…午貞其舌小乙…	4
甲二七一六	庚申貞彭翌乇翌辛酉	4
甲二九九四	辛亥卜其舌于…	3
甲三〇〇二	丁卯卜其舌父庚惟…宰王受祐	3
甲三〇〇九	其祐大甲三牛	3
甲三〇一九	惟祐	3
甲三〇五八	其舌妣己有冊	3
甲三一二九	甲申卜于祖乙其舌	
甲三二五九	…惟明祐…史	3-4
甲三五六四	翌日于祖乙其祐于武乙宗王受有祐 弘吉	5
甲三九六〇	其舌于台	3
甲四〇二六	庚寅卜多子族于舌	4
甲四〇二二	…舌于台…羊	3
甲四三五一	祖…舌其鼓	3
甲四三五一	祖丁舌惟鼓	3
甲四三七一	…祖丁舌…其二宰	3
甲四四二〇	…舌…若	3
甲四四五五	祐大乙上甲其五牛王受祐	3
甲四四五五	祐其至上甲王受…	3
英一二八一	…于舌	1
英一九五九	丙午…旅貞…舌于父丁	2
英一九六三	…巳…貞翌…妣庚舌…	2
英二〇四三反	舌	2
英二三六九	其尋…舌王…此受…	3
英二三七一	…惟祐	3
英二五一九	…五其祐于文…正王受有祐	5
懷四二四	…巳…族追…于舌…	1
懷一三六七	于祖丁舌	3
懷一三六八	其舌若鬯毓祖丁王…	3
懷一三六八	…舌…受祐	3
懷一五五五	…貞其舌小…用乙巳五…	4
懷一六三五	庚寅卜多子族于舌	4
懷一六四二	…多子族立于舌	4

夳

著錄	釋文	期
二七〇四二反	乙卯卜宁貞王賓匚丙觀夳多無尤	3
二七〇四二反	丙辰卜宁貞王賓匚丙觀夳多無尤	3
二七〇四二反	丙辰卜宁貞王賓匚丙觀夳多…	3
二七六四三	…卜貞…賓…夳多…	3
二七六四五	丙子卜宁貞王賓卜丙觀夳多…	3

舌

著錄	釋文	期
二六	丁未卜爭貞勿令卑以衆伐舌	1
二七	丁未卜爭貞勿令卑以衆伐舌	1
二八	貞王勿令卑以衆伐舌方	1
二九	貞王乞以衆伐舌	1
五三七	貞呼□伐舌	1
五三八甲	貞勿呼□伐舌	1
五三九	貞勿呼□伐舌	1
五四〇	癸酉卜殼貞呼多□伐舌方受有…	1
五四〇	…辰卜殼貞翌辛未令伐舌方受有祐 一月	1
五四〇	…卜殼貞呼多□伐舌方受有祐	1
五四一	…多□伐舌	1
五四二	癸酉卜爭貞呼多□伐舌…	1
五四二	甲子卜殼貞呼伐舌方受…	1

五四三 ：貞呼伐𢀛：
五四五 貞勿呼伐𢀛：弗其：
五四六 ：伐𢀛方受：
五四七 貞呼伐𢀛 不舌黽
五四七 辛酉卜爭貞勿呼以多□伐𢀛方弗
其受有祐
五四八 辛酉卜爭勿呼以□伐𢀛方弗
其受有祐
六一三 乙巳卜爭貞呼多臣伐𢀛方受有：
六一四 貞勿惟王往伐𢀛方
六一四 呼多臣伐𢀛方
六一四 貞惟王往伐𢀛方
六一四 貞惟王往伐𢀛
六一五 貞惟王往伐𢀛方
六一五 貞惟王往伐𢀛
六一五 貞呼多臣伐𢀛方
六一六 貞勿惟王往伐𢀛
六一六 呼多臣伐𢀛方
六一七 ：惟王往伐𢀛
六一七 呼：臣伐𢀛：
六一八 貞勿呼多臣伐𢀛方弗：
六一六三正 ：𢦏爯冊王比伐𢀛：
六一六四 ：貞沚：爯冊：比伐𢀛方：
六一六八 貞𢦔人三千呼伐𢀛方受有祐
六一六八 貞勿呼伐𢀛方
六一七一 戊寅卜殻貞𢦔人三千呼伐𢀛方弗：
六一七二 癸巳卜殻貞奴人：𢀛方受有祐
六一七三 ：三千呼伐𢀛方受：
六一七三 癸巳卜殻貞奴人呼伐𢀛：受：
六一七三 ：殻貞翌辛未令伐𢀛：
六一七四 ：卜殻貞翌辛未令伐𢀛方受：
六一七四 ：人三千呼伐𢀛方受有：
六一七六 ：三千：伐𢀛：
六一七七正 戊辰卜穷貞𢦔人呼往伐𢀛方
六一七八 貞𢀛方弗𢦔人敦沚呼伐： 二告
六一七八 貞勿𢦔人呼伐𢀛方弗其受有祐 二告
六二〇一 癸酉卜爭貞王勿逆伐𢀛方下上弗若不我其
受：
六二〇二 癸酉卜爭貞王勿逆伐𢀛方下上弗若不我：
六二〇三 辛未卜殻貞王勿逆伐𢀛方下上弗：
六二〇四正 辛未卜殻貞王勿逆伐𢀛方下上弗若不我
其受祐六月
六二〇五 ：戊卜亘貞𢀛方：逆伐受有祐

六二〇六正 ：王往伐𢀛方
六二〇八 ：往伐𢀛方：
六二〇八 ：伐𢀛方不受我：
六二〇九 貞惟弖呼伐𢀛
六二〇九 貞惟王往伐𢀛
六二一〇 貞：王往伐𢀛方
六二一一 貞惟王往伐𢀛
六二一一 貞惟阜呼伐𢀛
六二一三 貞惟王往伐𢀛受有祐
六二一四 乙巳卜爭貞惟王往伐𢀛方受有：
六二一五 乙巳卜爭貞惟王往伐𢀛方受：
六二一七 ：王往伐𢀛：
六二一八 貞勿惟王往伐𢀛方弗其：
六二一九 辛亥卜爭貞勿惟王往伐𢀛方弗其：有：
六二二〇 辛亥卜殻貞勿惟王往伐𢀛方
六二二〇 貞勿惟王往伐𢀛方下上弗若不我其受
祐
六二二一 ：勿惟王往伐𢀛方下上弗若不我其受：
六二二二正 ：殻貞王：𢀛方下上若：
六二二三 甲午卜古貞王伐𢀛方我受祐
六二二四 貞王伐𢀛方受有祐
六二二四 貞王伐𢀛方受有祐
六二二五 ：王伐𢀛方受有：
六二二六 庚申卜爭貞呼伐𢀛方受有祐
六二二七正 庚申卜爭貞呼伐𢀛方受有：
六二二八 庚申卜：貞呼伐𢀛方受有：
六二二九 辛酉卜爭貞呼伐𢀛方受有：
六二三〇 辛酉卜爭貞呼伐𢀛方受有：
六二三一 ：未卜：呼伐𢀛：受：
六二三二 辛未卜穷貞呼伐𢀛方受有祐
六二三三正 貞呼伐𢀛方受有祐五月
六二三四正 ：卜爭：呼伐𢀛方受有祐 二告
六二三五 貞呼伐𢀛方受有祐
六二三五 貞惟王往伐𢀛：
六二三六 貞呼伐𢀛方受有祐
六二三六 貞勿呼伐𢀛：
六二三七 貞呼伐𢀛方：有祐
六二三八 貞呼伐𢀛方
六二三八 貞呼伐𢀛：受有祐
六二三九 ：呼伐𢀛方受：
六二四〇 庚午卜亘貞呼伐𢀛方受：祐
六二四一 貞：呼伐𢀛：
六二四一 貞呼伐𢀛弗其受有祐
六二四二正 貞勿：𢀛：

六二四二正　貞呼伐𢀛方
六二四三　貞呼伐𢀛方
六二四四　貞呼伐𢀛方
六二四五　貞呼伐𢀛方
六二四六　戊辰卜亘貞呼伐𢀛方…
六二四七　…于卜永貞呼伐𢀛方…
六二四八　…爭貞呼伐𢀛…
六二四九　…丑卜㱿貞翌丁…呼伐𢀛方…
六二五〇　…呼…𢀛…
六二五〇　呼伐𢀛方
六二五〇　貞呼伐𢀛方
六二五一　呼伐𢀛
六二五二　貞呼伐𢀛人在…
六二五三　貞呼伐𢀛
六二五四　貞呼伐𢀛
六二五五　貞呼伐𢀛
六二五六　貞呼伐𢀛
六二五六　勿呼伐𢀛
六二五七　貞勿呼伐𢀛方弗其受有祐　二告
六二五八　己丑卜㱿貞勿呼伐𢀛…
六二五九　甲辰卜宕貞勿呼伐𢀛弗其受有祐
六二六〇　貞勿呼伐𢀛方
六二六一　貞勿呼伐𢀛
六二六二　貞勿呼伐𢀛方
六二六三　貞勿呼伐𢀛…
六二六四　貞勿呼伐𢀛…
六二六五　貞勿呼伐𢀛方
六二六六　…爭貞勿呼伐𢀛…
六二六七　…勿呼伐𢀛方
六二六八　勿呼伐𢀛
六二六九　…伐𢀛
六二六九　勿呼伐𢀛
六二七〇正　辛亥卜㱿貞伐𢀛方帝受…
六二七一　辛亥卜㱿貞伐𢀛方帝受…
六二七二　貞勿伐𢀛帝不我其受祐
六二七二　…呼師般伐𢀛
六二七二　…𢀛…
六二七三　…伐𢀛方帝受我祐
六二七四　…伐𢀛…
六二七五　…伐𢀛方受有祐一月
六二七六　貞今𡆥伐𢀛方受有祐
六二七七　貞伐𢀛方受有祐
六二七八　貞伐𢀛方受有祐
六二八〇　貞多…不其循伐𢀛方

六二八一　…循…𢀛方
六二八二　貞伐𢀛方𢦔
六二八二　貞…𢀛方弗其受有祐
六二八三　貞伐𢀛方𢦔
六二八五　貞…其伐𢀛方
六二八五　…𢀛…
六二八六　…伐𢀛方
六二八七正　貞勿…伐𢀛…弗其…
六二八八　…伐𢀛…
六二八九　…卑…伐𢀛…無囚
六二九〇　…伐𢀛方
六二九一正　戊寅卜爭貞乞令…伐𢀛受有…
六二九二　戊子卜宕貞卑迄步伐𢀛方受有祐十二月
六二九四　丁未卜㱿貞勿令卑伐𢀛弗其…
六二九五　貞勿令卑伐𢀛弗其…
六二九六　丁未卜宕貞勿令卑…𢀛方
六二九七　丁未卜宕貞勿令卑伐𢀛方弗其受有祐
六二九八　貞惟卑伐𢀛方
六二九九　…惟卑呼伐𢀛…
六三〇〇　貞勿呼…𢀛…　不𠰷黽
六三七九正　…丑卜㱿貞令戉來…戉[illegible]伐𢀛方…七月
六三八〇　…戉弗…伐𢀛方
七八一五　…步伐𢀛…受有…
八五六一　…𢀛方…𡆥…
九五四〇　貞呼伐𢀛方
九六〇三　今𡆥呼伐𢀛方
一七九九五正　…王…伐𢀛…
三五二三二　…酉貞卜…伐𢀛其…
英五五八　貞勿呼伐𢀛方
英五五九　丙午卜㱿貞勿登人三千呼伐𢀛
方弗其受有…
英五六〇　貞呼伐𢀛受有祐
英五六〇　貞勿呼伐𢀛方
英五六〇　勿呼伐𢀛
英五六一　貞勿…伐𢀛…弗其…
英五六三　…勿呼伐𢀛…
英五六四正　辛丑卜宕貞惟羽令以戈人伐
𢀛方𢦔十三月
英五七五　…貞…𢀛方
英二一七九正　己丑卜㱿貞令戉來曰戉[illegible]伐𢀛方在十月
懷九五二　癸酉卜宕貞王伐𢀛方受有祐六月
懷九五三　癸酉卜宕貞王伐𢀛方受有祐六月

懷九五五　貞勿呼伐舌方弗其受有祐
六三〇〇　……卜爭……呼䤈舌方
六三〇一　貞呼䤈舌方
六三〇二　……呼䤈舌……
六三〇三　丙子卜古貞呼䤈舌……　不舌黽
六三〇三　貞勿呼䤈舌方　不舌黽
六三〇四　……䤈舌方

六三〇七　貞呼征舌方
六三〇八　貞呼征舌方
六三〇九　貞呼征舌方
六三一〇　貞勿呼征舌方
六三一〇　貞呼征舌方
六三一三　貞惟王征舌方
六三一四　貞勿惟王征舌方下上弗若不我其受祐
六三一五　……丑卜殻貞勿惟王征舌方下上弗若不我其受……
六三一六　癸丑卜殻貞勿惟王征舌方下上弗若不我其……
六三一六　癸丑卜殻貞勿惟王征舌方下上弗若不我其受祐
六三一七　癸丑卜殻貞勿惟王征舌方下上弗若不我其受祐
六三一七　貞勿惟王征舌方下上弗若不我其受祐
六三一八　……申卜殻……王勿……舌方……弗若不我……
六三一九　庚申卜殻貞王勿征舌方下上弗若不……受祐
六三二〇　庚申卜殻貞王勿征舌方下上弗若不我其受祐　二告
六三二一　庚申卜殻貞王勿征舌方下上弗若不我其受祐　二告
六三二二　己酉卜貞王征舌方下上若受我祐一月
六三二二　貞勿征舌方下上弗若不我其受祐
六三二四　……卜㝉貞……征舌……
六三二五正　貞惟王征舌……
六三二六　……𤰈惟王征舌……
六三二七反　……𤰈征舌方

六三〇五　貞呼征舌方受……
六三〇六　貞呼征舌方

六三二三　……弗……征舌方
六三二八　貞弗其獲征舌……
六三二九正　貞我弗其獲征舌……

六二九三　癸酉卜貞六月卓𢦏舌方
六二九三　癸酉卜貞六月卓𢦏舌方
六三六八　𢦏舌
英七八正　己酉卜永貞我𢦏舌方九月
英五六五　貞我……𢦏舌……

六〇八二　……呼甾舌方……夕無囚
懷九六五　戊戌卜殻貞呼甾舌方

六一六〇　……沚戠爯冊𠕋舌方……王比下上若受我……
六一六一　……沚戠爯冊𠕋舌……其敦𩫖王比下上若受……
六一六二　……沚戠爯冊𠕋舌……敦𩫖王比受有祐
六一六五　……冊𠕋舌……受……
六一六六　……冊𠕋舌……王比我受……

六三三一　壬子……貞……龔舌……
六三三二　貞戠啓王其𠦪舌方
六三三三　乙酉卜爭貞往復从臬𠦪舌方二月
六三三四正　貞我弗其𠦪舌方　二告

六一五二　貞舌方于河匄
六一五三　庚子卜殻貞匄舌方于好[illegible]
六一五四　戊子卜殻貞匄舌方于……
六一五五　匄舌方于受令
六一五六正　己卯卜爭貞于令匄舌方……八月
六一五六正　貞匄舌方
六一五六正　貞匄舌方
六一五七　……王亥匄舌……
六一五九正　于王曰匄舌方畀
六二〇三　壬申卜殻貞于河匄舌方
六二〇四正　壬申卜殻貞于河……舌方
英五五〇　……匄舌方

英五五八　貞勹𢀛方于上甲
六一九四　貞呼目𢀛方
六一九五　貞呼目𢀛方
六一九五　貞呼目𢀛方
英五五六　貞勿呼目𢀛方
英五五六　…呼…𢀛方

六一六七　貞嫩人五千呼𥅢𢀛方
六一七五　…貞𠬝人呼𥅢𢀛…
六一九三　貞呼見𢀛𢦔
六一九三　貞呼見𢀛𢦔

五四六　…令雨執多…望𢀛方…
五四七　貞勿執多𠚤呼望𢀛方其櫜
五四八　貞勿執多𠚤呼望𢀛方其櫜
五四九　貞勿執𠚤呼望𢀛
五五〇正　甲寅…㱿貞…𦚏執多𠚤呼…𢀛
六一八二　貞勿嫩人呼望𢀛方
六一八三　…嫩…呼…𢀛…
六一八五　庚寅卜㱿貞勿冒人三千呼望𢀛…
六一八六　貞呼望𢀛方
六一八八　…取𢊁戠呼望𢀛…
六一八九　貞勿呼望𢀛方
六一九〇　貞勿呼望𢀛方
六一九一正　貞勿呼望𢀛方

六三三五　貞…及𢀛…
六三三九　貞我及𢀛方
六三四〇正　己酉卜古貞我及𢀛方
六三四一　癸丑卜爭貞𢦏及𢀛方
六三四二　癸丑卜㱿貞𢦏及𢀛
英五六六　癸丑卜㱿貞𢦏及𢀛方四月

五五二一　…告𢀛方于上甲
六〇七五正　…其惟壬有祟…呼告𢀛方𢦔…
六〇七九　乙巳卜宕貞沚呼告𢀛方出允其…

六一三一正　壬午卜亘貞告𢀛方于上甲
六一三二　貞于匚乙告𢀛方
六一三三　貞于河告𢀛方
六一三四　貞告𢀛方于上甲
六一三五　貞告𢀛方于上甲
六一三六正　…告𢀛方…上甲
六一三八　貞告𢀛方于唐
六一三九　貞于大丁告𢀛
六一三九　貞于唐告𢀛方
六一四〇　貞勿𦚏告𢀛…于唐
六一四一　貞于大甲告𢀛方
六一四二　告𢀛…于黃尹
六一四二　貞于大甲告𢀛方出
六一四三正　貞…甲告𢀛方…
六一四四　貞于大甲告𢀛…
六一四五　告𢀛方于祖乙
六一四六　貞于黃尹告𢀛方
六一四七　貞告𢀛…于
六一四八　…𢀛…于…
六一四九　貞告𢀛方…
六三〇一　壬申卜㱿貞于唐告𢀛方
六三四九　貞告𢀛方于祖乙
八五五九反　告𢀛方…
英五四六正　貞告𢀛方于上甲
英五四七正　告𢀛方于示壬

五五二〇　貞𢀛方不亦出
六〇五七正　王固曰有祟其有來艱迄至七日己巳允有來艱自西沚友角告曰𢀛方出侵我示𣪠田七十人五
六〇七二正　…告曰…𢀛方亦…征以我…牛五十
六〇七八　乙巳卜宕貞沚呼告𢀛方其出允…
六〇八〇　貞王曰沚𢀛方其出不𠕋
六〇八一　貞…沚𢀛方其出不…
六〇八三　貞𢀛方出惟黃尹𡆥
六〇八五　…𢀛…出不…我囚
六〇八六　貞𢀛方出惟我有作囚
六〇八七正　壬子卜㱿貞𢀛方出惟我有作囚
六〇八七正　壬子卜㱿貞𢀛方出不惟我有作囚五月
六〇八八　貞𢀛方出不惟囚我在囚
六〇九一　丁未卜亘貞𢀛方出惟我囚…月　小告　小告
六〇九二　癸卯卜宕貞𢀛方出惟有作囚
六〇九三正　…貞𢀛方出帝不惟…

六〇九三正　…□貞𢀛方出帝…
六〇九四正　…𢀛方出不…
六〇九四正　…𢀛方出惟…
六〇九五　貞𢀛…出王勿饗十一月
六〇九六正　壬子卜㝉貞𢀛方出王觀五月
六〇九八　己卯卜㱿貞𢀛方出王自正下上若受我…
六〇九九　…沚馘…𢀛方出…王自…
六一〇〇　貞𢀛方…□…出…
六一〇一　…𢀛方出…望…
六一〇二正　…𢀛方出…
六一〇三正　…𢀛方出
六一〇四　…貞𢀛方…
六一〇四　…𢀛方其出惟…
六一〇五　…𢀛方其出不…
六一〇六　貞𢀛方其出
六一〇七　貞𢀛…其出
六一〇八正　貞𢀛方其出　二告
六一〇九　貞𢀛方其出
六一一〇正　𢀛方其出
六一一一　…𠂤貞𢀛方其出
六一一二　甲申卜…貞𢀛方其出
六一一二　貞𢀛方不亦出
六一一三　…𢀛…允出
六一一四　貞𢀛方不…出
六一一五　貞𢀛方不允出
六一一六　𢀛…其亦出
六一一六　貞𢀛方不出
六一一七　…午…貞𢀛…亦出十月
六一一八　貞𢀛方其亦出
六一一九　貞𢀛方其亦出
六一二〇正　貞𢀛方不亦出
六一二二　貞𢀛方不亦出
六一二三　貞𢀛方不亦出
六一二四　貞𢀛方不…出
六一二五　貞𢀛方不亦…
六一二六　貞𢀛方不亦…
六一二七　…𢀛…不亦出
六一三四　貞𢀛方出惟王…
英五四三　…貞𢀛方出王自饗受有祐五月
英五四四　貞𢀛方不允出
英五四五正　壬子卜㱿貞𢀛方出惟我…
英五四五正　…㱿貞𢀛方出不惟我…

五八四〇甲正　癸未卜㱿貞旬無…崇其有來嬉迄至七日…允有來嬉自西□戈…告曰𢀛方征于我奠…
六〇五七正　癸巳卜㱿貞旬無囚王固曰有崇其有來嬉迄至五日丁酉允有來嬉自西沚馘告曰土方征于我東鄙𢦏二邑𢀛方亦侵我西鄙田
六〇六二　…自西…𢀛方征我…𠂤亦𢦏□…
六〇六三反　…自□友唐𢀛方征…𢦏□示易戌申亦有來…自西告牛家…
六〇六五　…旬無囚…有崇賠□其有…允有來嬉…唐?𢀛方征?…
六〇六七　…嬉□…𢀛征于我…辰亦有來…曰𢀛…四…
六〇六八正　癸未卜永貞旬無囚七日己丑□友化呼告曰𢀛方征于我奠豐七月　二告
六〇六九　…辰允有…𢀛方征…邑以…
六〇七〇正　…己…𢀛方征…八百
六〇七一　貞𢀛…亦征…
六〇七三　己未卜㝉貞𢀛方其亦征十一月
六〇七四　貞𢀛方不亦征
六三五二　戊寅卜㝉貞今秋𢀛方其征于□

六三四一　癸丑卜爭貞𢀛方弗𢦏
六三四二　癸丑卜㱿貞𢀛方其𢦏
六三六〇　…申卜古貞𢀛…其𢦏?
六三六一　𢀛方
六三六一　𢀛方…𢦏
六三六二　貞𢀛…弗𢦏
六三六三正　貞𢀛方其𢦏不
六三六六　𢀛方其𢦏□
六三六七　𢀛弗𢦏
六三六九　𢀛允𢦏戌
六三六九　…𢀛…𢦏…
六三七一　己巳卜㱿貞𢀛方弗允𢦏戌十月　不苦黽
六三七三　…卜㱿貞𢀛方允𢦏戌
六三七四　貞𢦏…𢀛其…戌有…
六二八三　貞伐𢀛方𢦏

六三四四　乙酉卜㱿貞𢀛方衛王其勿告于…乙
六三四五　乙酉卜㱿貞𢀛方衛率伐不王其征勿告于祖乙…

六三四七　…殻貞𢀛方衛率伐不王其征告于祖乙匄
祐
六三四七　…殻貞𢀛方衛率伐不王告于祖乙其征
匄祐七月
六三四九　貞𢀛方衛勿告于祖乙
六三五〇　…𢀛方衛…
六三五一　…貞𢀛方衛…
六三五一　…貞𢀛…

六一八〇　貞𢀛方弗敦祉
六三三八　丁卯卜爭貞翌辛未其敦𢀛方受有祐
六三五四正　辛丑卜爭貞曰𢀛方凡于土…其敦
允其敦四月
六三五八　貞今𢀛方其敦　小告
六三五九　…𢀛…其敦
英五四三　…爭貞曰𢀛方其凡于土…敦
允其敦　四月
英五六八　貞𢀛方…敦
英五六九　貞𢀛方弗敦
英五七　丁巳卜韋貞𢀛方其敦戠十月

五四四五正　貞王曰𢀛來　二告
五四四五反　王固曰吉其曰𢀛來
六〇九〇正　庚午卜殻貞𢀛方來隹鴭隹我囚
六一九八　辛丑卜殻貞𢀛方其來逆伐
六一九九　辛丑卜殻貞𢀛方其來王勿逆伐
八五三三　…𢀛方其來王…
八五八三　隹𢀛方來
英五五五　貞𢀛方其來王逆伐
英五五五　𢀛方其來王逆伐

六一二八　乙丑卜殻貞曰𢀛方其至于土其有…
六一二九　…丑卜殻貞…曰𢀛…其至于…有…
六一三〇正　乙丑卜殻貞曰𢀛方其至于…
六一三一正　…卜殻貞𢀛方其至于
六一三二　…𢀛方其至于
一七三六〇正　己卯卜殻貞𢀛方不至于…

六四三一　…貞我受𢀛方祐

八四九四　…我受𢀛方祐
八五〇一正　…殻貞我受𢀛方祐
八五〇一正　…我受𢀛方祐
八五〇二　貞我受𢀛方祐
八五〇三　貞我弗其受𢀛方祐
八五〇五　我受𢀛方祐
八五〇六　…穷貞我弗…𢀛方祐
八五〇七　貞我弗其受𢀛方…
八五〇八正　貞弗其受𢀛方祐　二告
八五一一　乙巳卜殻貞弗其受𢀛方祐
八五一三　乙巳卜殻貞弗其受𢀛方祐
八五一四　貞我弗其受𢀛方…
八五一五　貞…其受𢀛方…
八五一七　貞…𢀛祐
八五二三　…𢀛方祐
英五五一　我受𢀛方祐
英五五一　貞弗其受𢀛方祐
英五五二　貞弗其受𢀛方…

其它

五三八甲　貞呼…𢀛
六一一六　貞隹…往…𢀛
八二九正　丁…殻…𢀛…
八二九正　丁…殻…𢀛…
五〇五三　…𢀛…戦…
五四四五正　丁酉卜亘貞𢀛戠王事
六〇六〇正　癸巳卜…來艱迄至…戠告曰土…𢀛方
亦…
六〇六六反　…五日丁未允有來…告曰𢀛方征于我
…三邑
六〇七六　…爭貞有聞曰𢀛…
六〇七七　貞𢀛方無聞
六〇八四　𢀛方不隹囚
六〇九七　甲午卜凸貞𢀛出…隹…
六一三一正　…𢀛方于示壬
六一五〇　貞𢀛方不隹有
六一五一反　貞𢀛方有…
六一五八　貞隹𢀛方呼
六一六七　貞𢀛方無聞
六一六九　庚子卜穷貞勿人三千呼𢀛方弗受有祐
六一七〇正　壬辰卜殻貞勿龠人…𢀛方…

六一七九正　…𡆥人…舌弗…
六一八一正　…貞𡆥人呼…舌方…舌…
六一八四　壬申卜殻貞奴人呼…舌…
六一九五　…呼…舌…
六一九六　貞甫弗其遘舌方
六二〇〇　辛丑卜殻貞舌…
六二〇七　貞…王往…舌方我不其…祐
六二三〇正　乙丑卜殻貞于保舌方𢦏
六二三五　貞呼戉舌方
六三三七正　丁卯卜爭貞望辛未其敦舌方受有祐
六三四三　貞惟舌方敦伐戕
六三五三　己巳…貞𣏟…爭舌…其征…
六三五五　…曰舌…凡𠦪…其敦𠬝…
六三五六　…貞曰舌方…𠬝允其…
六三五七　貞舌方弗𣏟西土
六三五七　…舌…其𣏟西土
六三六五　…𢀛貞舌方其…𠬝
六四〇四正　…舌王比伐受…
六八一三　丙寅卜爭貞舌凡肱暨余…
七一四三正　…囚王固…來嬄六日…有來嬄𨑥或呼
…舌…
七三一九　貞𡆥人三千呼…來今…舌…
七五七七　貞舌方其…
七五九五　…舌…
八五一九　…舌方受有祐五月
八三三二正　乙未卜古貞舌畀𢽾　二告
八五二二　…舌方弗其…
八五二五　丙戌卜貞今春舌方受有祐
八五二六　乙巳…殻貞舌方𢦏
八五二七　己未卜殻貞舌方弗允…
八五二八　己巳卜殻貞舌方弗允…
八五二九　甲戌卜𠱾貞舌方其…𠙵𠕋
八五三二　…貞舌方其…
八五三四　…舌方…
八五三五　…舌方
八五三七　…卜殻貞舌方允
八五三八　貞舌方…
八五三九　貞舌方不…
八五四〇　…王勿…舌方
八五四二　…舌方…
八五四三正　勿呼…舌方
八五四四　…呼…舌方五月

八五四五　…卜爭貞…舌方…允…
八五四六　…望甲午…舌方于…
八五四七　…貞勿…舌方
八五四八　…貞舌方其…
八五四九　貞舌方…疾于祖…
八五五二　…寅卜殻貞舌方…
八五五三　貞呼殻舌方
八五五五正　甲午卜殻貞…舌方…
八五五六　…殻貞舌方…
八五五七　貞舌暨…
八五六〇反　舌方…
八五六三　…衣今…暨土…舌…出…
八五六四　貞…登…𢽾…舌
八五六六正　…上甲…舌方
八五六七　…丑…𡧊王…舌方…出…六月
八五六九正　…舌方…
八五七二　…舌方得
八五七三正　…舌方…
八五七四　戊午卜…貞舌方…
八五七九　…舌方…雉…
八五七九　…舌方…囚
八五八二正　貞今春舌方…
八五八四　貞舌方𨑥自…
八五八六　…我其𣪍舌
八五八七　舌…
八五八七　舌無囚
八五八七　舌…
八五八七　舌無…
八五八八　…午卜爭…舌方…馬…于唐
八六一〇正　丙辰卜殻貞曰舌方以𦣞方敦…允…
九〇五四正　丙…爭貞舌方其…　小告
九四六五　…舌方…史步
一二七一九　…九日…舌…
一三〇四二　…戊…見雨…人舌…
一四〇〇六正　…殻…舌…
一四四二九　…𡴆舌…岳
一八八一一　貞弗其𤉲𢦏舌方
一八八二一　壬寅…貞…乙…𤉲…舌…
一八九二七反　…舌方弗其…
二四一四五　…寅卜…𠦪…舌…

克

- 八九五二　⋯殻貞⋯克以百⋯
- 一〇三六八正　⋯犬克⋯麋
- 二〇二三一　貞史妣直于唐邑𢀛克𦥑王⋯十月
- 二〇五〇八　癸卯卜弗其克𢦏周四月
- 二〇五七二　丙子卜其克允不
- 二〇五七三　丙子卜其克今以不
- 二〇五七四　⋯克十一月
- 二〇五七四　乙亥卜今日克以
- 二〇五七六正　乙未卜惟⋯方其克⋯弜⋯南
- 二一二五四　丙午卜克𢀛
- 二一四七一正　⋯龍⋯克⋯
- 二一四九三　⋯亥于大𥎦克
- 二一五二六　戊子卜貞東克𢓊𦥑
- 三一二一九　⋯𢀛⋯𢀛⋯克王其受⋯
- 三一八二一　弗克𠱾⋯
- 一五　貞呼衆人出麋克
- 一一〇四　⋯貞取克𦥑
- 六〇一正　貞于羌甲禦克往疾
- 六〇三丙正　弗其克⋯
- 六〇三丙正　貞⋯王⋯于羌⋯克贏
- 八五九　壬子卜古貞妣己克往⋯
- 九一五正　⋯克⋯
- 二三五六乙　貞妣庚無其克
- 三二六九　貞二子克延
- 四三四九甲正　貞疾㐭弗其克
- 四四六四正　貞呼𣪊疾克
- 四四六四正　呼𣪊疾克
- 四四六四正　丁酉卜爭貞呼𣪊疾克
- 四五二七正　貞其克呼
- 四五二八　⋯卜自今戊至⋯克不其至
- 四五二九　癸未卜内貞克無囚
- 四九八九　⋯王⋯克⋯
- 五四七三反　貞妣⋯無其克
- 五四七三反　貞妣⋯有克
- 五四八三正　⋯比克田弗其𢦏王事　二告
- 五六八〇　⋯卜貞⋯亞克⋯
- 五七六九反　雀⋯克⋯
- 六五四六正　貞克⋯
- 六五六八反　⋯囗曰茲𩛥不推既惟其不⋯無惟克⋯
- 六五六九　己未卜殻貞𠫤克𢀛

- 六五七三　甲戌卜殻貞雀及子商𢓊基方克
- 七〇二四　癸丑卜𤉲其克𢦏
- 七〇七六正　雀弗其克入
- 七〇七六正　雀克入邑
- 一二五七三　⋯遘雨克衣五月
- 一二七三八　⋯卜⋯勿見⋯遘雨⋯克⋯
- 一三五五五正　貞克　二告
- 一三七〇九正　庚⋯克贏王疾
- 一三七〇九正　⋯其克贏王疾
- 一三七五四　壬子卜貞亞克興有疾
- 一三七五四　弗其克
- 一四九一一　⋯卜㝉貞𢓊克般工示𡆥取循⋯
- 一五一九〇　貞弗⋯克𢀛
- 一六二四七　貞其克呼
- 一九一八八反　⋯其克⋯
- 一九一八九　⋯其克
- 一九一九〇　翌戊⋯弗其克𨊠入
- 一九一九一　壬申卜貞惟弗其克
- 一九一九二　⋯惟其弗克
- 一九一九三　壬申⋯惟克⋯
- 一九一九四　⋯申卜⋯殻⋯克⋯
- 一九六七三　貞其呼⋯于克
- 一九七七九　⋯貞⋯牛在⋯弗克以印其克以執三月
- 一九八七九　癸卯卜𠂤貞克妾一𦍩⋯羊⋯日⋯
- 一九八七五　⋯申卜⋯旋⋯克
- 一九九八五　丙申卜余克𣎆不
- 二〇五七六正　⋯弜克貞雀南封方
- 二一七八六　庚辰卜𣓀貞克女嘉⋯𡢲⋯嘉
- 二二三二九　庚子⋯余克⋯
- 二二四〇五　克𠬝
- 二二四五三　甲子卜克女十一月
- 二二四八二　⋯丑卜弗克
- 二四八七八　⋯卜⋯貞人見其遘雨克⋯五月
- 二六九二七　𨶹羌方克𨶹擒
- 二七九九六　弜執呼歸克𩛥王事　弘吉
- 二七八七八　乙巳卜惟小臣𠯫克有𢦏𠯫
- 二七八七九　惟小臣𠯫克有𢦏𠯫王
- 三五三六二　⋯克𡚬二人⋯又司毋我王永⋯比
　用⋯毋其⋯
- 三六四一七　戊戌卜王其遶𩵋馬⋯小臣𧶠𩂣𡝩克
- 三六九〇九　丁亥卜在𣎆師貞𠄎師𡆥妹⋯有宕
　王其令宕不悔克𢀛王令

英一九九正　癸亥卜永貞旱克以多伯二月　1
英三二六　…弗…克壆…弜…　1
英一八一八　丁卯卜克奠　1
懷一三九六　…克𦎫　3

合

一〇七六甲正　乙亥卜㱿貞合𠂤大禦于祖乙　1
三三九七正　戊戌卜㱿貞王曰侯豹往余不朿其合以乃使歸　1
一九〇七八　…合令…枚…　1
二一九三五　甲午卜生…不合　1
二一九六三　辛未合　1
乇二三五〇　…王其以衆合右旅…旅𣃔于𨸏　3
英一二五六　…貞王曰…其合以乃…　1

合

一四三六五　…合令…𦎫…示　1
一八〇三〇　…辰…貞𦎫…其酉卯…吅…　1
一八一〇〇　…其…吅…　1
二二〇六六　合　1
二七四三五　王…歸吅　3
乇二四八　貞有𠂇伐合彡　4
懷四七三　…合令…𦎫…示…　1

會

一八五五三　…廼…會用…　1
三〇九五六　其會彰　3
三一八二四　惟丁亥會　3

一八一二八　貞𠷎…無囚　1
二七四三五　戊申貞王己步于𠷎　3
乇二五一〇　己亥貞有𠂇伐其𠷎　4

九六四五　…永…倉用…　1
一八六六四　…永…倉用…　1
乇三七三一　于西𠷎…　4

二四三六六　壬午卜王在合卜　2

八一一正　子𠷎骨凡有疾　1
八一一正　子𠷎弗其凡　二告　1

二八〇一一　乙酉小臣𠷎𦵏　3

三〇五四四臼　癸亥乞自雩吅　1
四五六一　…微…吅…　1
五七六〇　…吅…　1
五七六〇正　甲戌卜㱿貞攸侯令其吅舌曰𦣞若之五月　1
六四四五臼　奠示十屯一屯　吅　1
六六一四臼　…婦𠬝示十…　吅　1
七四二六反　貞門吅　1
一〇一六三　…淄其來水…有吅舌五月　1
一七三六〇臼　…戊婦𡧊示三屯　吅　1
一七五四四　…婦龍示…　吅　1
一七五五八臼　壬午邑示八屯　吅　1
英五七五　…寅貞…丙…吅…　1
英六二六反　丙戌卜吅　1

四五二四　貞惟吅暨…　1
四五二五　貞惟吅令取…宁三…　1
四八五三　庚辰卜㱿貞令去門暨𠱠暨商采…　1
四八五四　貞…去門…𠱠　1

𠱠

一五八八四　貞𠱠…　1

龠

三二四一正　戊戌卜尹貞王賓父丁彡龠無囚　2
二二七三〇　……卜旅……賓大乙……龠叙……　2
二二七四八　……丑卜……貞王……龠……無……　2
二二七六三　戊辰卜旅貞王賓大丁彡龠叙無尤在十一月　2
二二八一七　……行貞……龠……無……　2
二二八八五　……戊卜王貞王其賓仲丁彡龠無壱　2
二二八八二　乙巳卜旅貞王賓戔甲彡龠叙……　2
二三〇七九　……卜尹……賓南庚……龠叙……尤　2
二三一一二　……尹……賓小乙彡龠叙無尤　2
二四四八七　……于……遘……彡龠……　2
二四八八三　乙卯卜出貞王賓龠不遘雨　2
二五七四九　壬申卜大貞王賓龠叙無尤　2
二五七五〇　己丑卜大貞王賓龠叙……尤　2
二五七五二　乙酉卜即貞王賓龠無囚　2
二五七五三　乙酉卜出貞王賓龠無尤　2
二五七五四　戊辰卜……貞王賓……龠無囚　2
二五七五五　……子卜旅貞王賓龠無囚　2
二五七五六　戊戌卜……貞王……龠無囚　2
二五七五六　……旅……賓龠……無尤　2
二五七五七　……卜尹……賓龠……　2
二五七五八　……囚……賓……龠……囚　2
二五七五九　乙丑卜貞王賓龠無囚　2
二五七六〇　戊午……貞王賓龠……　2
二五七六一　……賓……龠……　2
二五七六二　……貞王……龠無囚　2
二五七六三　……貞王……龠叙……　2
二五七六四　丙……貞……鍼……龠叙……　2
二六二〇七　……龠……　2
二七一七八　戊戌卜口貞王賓仲丁彡龠無囚十月　3
懷一〇五一　……卜旅……賓……彡龠……無……　2

一八三八九　……㞢……　1
一八三九〇正　……其𠬝……二告　1

龠　龠

四七二〇　庚子卜爭貞令𠷎取𦍌于龠　1
六四五三　……余其征土方……以……龠……　1
一八六九〇　貞龠……　1

叕

八三一〇正　丁亥卜古貞庿叕于滴　1
八三一〇正　庿不叕于滴　1
八三一〇反　王固曰勿叕　1
二八一三六　叕　3
三〇一七三　叕呼爵野弜于甫　3
屯四五三九　于南陽西叕　3
懷一六四八　丙辰……王其令璺叕于𥚬東　4
懷一六四八　在牲東洮奠叕　4

三二八八五　……卯貞……木𣡕……于……　4

嵒

五五七四　……乞自嵒二十屯小臣中示……茲　1
六二三三臼　己丑婦姘示二屯自嵒……　1
九四三二　……乞自嵒二十　1
九四三三　……允乞自嵒二十　1
九四三四　……嵒乞二十……　1
九四三五　……嵒二十……　1
二四四三二反　己酉史嵒……　2
英二〇〇〇　辛丑乞自嵒……　2

一五五一五反　己酉𠱠示十屯允　1
一七五九九反　……二十屯𠱠示　犬　1

品

三〇二八六　乙卯卜酌品𫹉自祖乙至毓　3
三四五二四　甲申卜惟辛卯酌品　4
三四五二四　甲申卜惟辛丑酌品　4
三四五二五　乙卯卜弜蒸丁卯酌品　4
三四五二六　乙卯卜來丁卯酌品不雨　4
三四五二七　……酌品　4
屯二三九二　辛未卜其酌品豊其奉于多妣　3

屯三〇三三 壬戌…來丁卯酚品 4

屯三七三一 惟壬酚品 4

屯三七三一 惟癸酚品 4

屯三八五二 乙…弜蒸丁卯酚品 4

懷一五七九 …戌貞…丁卯…酚品 4

二〇二七六 庚寅卜衛王品司癸巳不二月 1

二三七一二 丁酉卜祝貞其品司在茲八月 2

二三七一二 貞其品司于王出 2

二三七一三 丁酉卜祝貞其品司在茲 2

二三七一三 貞其品司于王出 2

二三七一四 丁酉卜祝貞其品司在茲 2

二三七一四 貞其品司于王出 2

三四六七四 戊子…品其九𢀛 4

三四六七五 戊子卜品其九𢀛 4

三四六七五 …丑卜品其五𢀛 4

三四六七七 …品其五𢀛 4

二八七一五 辛酉卜貞王賓品無尤 5

三八七一六 己未卜貞王賓品無尤 5

其它

二八一一 …品婦光 1

八〇八六 …品其… 1

一六二三四 …于…品矣… 1

二一九三三 …品三十 1

二一九三四 …巳其品三十 1

二四四〇〇 丁酉卜出貞于伢京品 2

三〇四九七 惟有糠品 3

三二三八四 乙未酚茲品上甲十匚乙三匚丙三匚丁三示壬三示癸三大乙十大丁十大甲十大庚七小甲三…三祖乙… 4

三四五二四 …品 4

三八五八六 …貞…品夕丁…尤 5

三八七一七 貞王…品…尤 5

屯九一七 于即品 4

英一九二三 癸丑卜王曰貞翌甲寅乞酚咎自上甲衣至于毓余一人無囚茲一品祀在九月遘示癸觀彘 2

懷一三七七 乙卯卜其品…丁… 3

懷一四九四 …自…冊…品… 4

區

六八五正 貞王其狩區 1

一八一〇二 …丑卜…其…區… 1

三二〇二〇 …卜其區穀 4

三四六七六 …壺區其延在寂卜 4

三四六七八 弜區 4

三四六七九 弜區穀 4

屯三〇〇 丁丑貞其區擒 4

屯三〇〇 弜區擒 4

屯六二九 庚寅卜其區穀 4

屯六二九 弜區穀 4

啣

三六九四〇 癸未王卜貞旬無畎王占曰弘吉在啣 5

三五三五六 …子卜貞王其有夂于文武帝必其[illegible]月 有省于來丁丑[illegible]酚王弗悔 5

三一一八五 貞王[illegible]雨 吉 3

二一九三六 癸丑卂伯率 1

香

一三九〇六 …[illegible]…香… 1

二一〇五四 …卯卜[illegible]貞[illegible]安 1

懷一五一八 辛卯…[illegible]其[illegible]印十二月 4

著錄號	釋文	次數
八六九六	貞惟𠱠有若	1
八七八八	…北𠱠…用	1
四三〇七反	…固曰有祟𡣋…無終𠱠	1
英一九七八	…𠱠	2
二二一五	…𠱠	1
二二〇五〇	甲午卜燎于𠱠…若	1
英二一七九	戊子卜出貞羞𠱠十人八月	2
屯二一八	品 惟庚品四	1
三六五五三	己丑卜在㽙貞王今夕無畎	5
三二九三四	丙寅貞行惟春𠱠用若	4
二九六八二	貞叙…𠱠歲…	3
二〇七八八	…丑卜𠱠…獲…不…	1
屯三五九	于大乙日出…廼射𠱠兕無…吉	3
一九九八二	…𠱠取𠱠母	1
二〇〇六四	…未卜王…𠱠取…侯	1
二一〇三八	貞毋𠱠疾	1
四五八反	取𠱠于𠱠	1
四五九反	取𠱠于𠱠	1
二一八五四	…惟…𠱠	1
一九二一六	…㞢…𠱠…女…	1
一九二一七	…婦…𠱠…	1

二一八六四 ……酉邑析……[illegible]……

二〇二五〇 戊寅……皿令……百……

一八八〇一 ……[illegible]……

咩

一〇四七八 丙戌……王余……[illegible]

二一〇九〇 ……于中土燎……

會

一〇三〇正 ……會我四……以西人……[illegible]……

六〇五六 戊寅卜宕貞令[illegible]途啓于井八月

一八二一九 丙午卜古貞令[illegible]望[illegible]王

英一九二六 ……卜不……不冏……王弗[illegible]

九四一〇白 癸亥旬乞自雩十屯　吕

九四五三 ……乞自……吕

英一七四六 ……㕣……

[口受]

二八〇五二 戊……戊[illegible]……[口受]暨

一三八八五正 貞冎骨凡有疾　小告

一三五四三 丁酉卜[illegible]貞延吕宗無妣西甫

一三五四四 貞勿延吕宗無戠二月

六〇一四正 戊午卜㱿貞勿呼御羌于九[illegible]弗其……

六六一五 戊午卜㱿貞勿呼禦羌于九[illegible]弗其獲

二二一八反 不㕣……

止

七五三七 貞疾止嬴

一三六八二正 ……午卜㱿貞有疾趾惟黄尹𡿧

一三六八三 貞疾趾惟有𡿧

一三六八四 貞疾趾惟有𡿧

一三六八五正 貞疾趾

一三六八六 ……疾趾

一三六八七 辛[illegible]卜亘貞疾趾

一三六八八正 禦疾趾于父乙[illegible]

一三六八九 貞疾趾于妣庚禦

一三六九一 ……惟[illegible]趾

一三六九二 貞不疾趾十二月

一三七一三正 疾趾

英一一二四 貞疾趾禦于妣己

三〇二二一 ……令甫复止

著錄號	釋文	期
二〇二三三	⋯令夏复止宋⋯	1
二〇三四六反	⋯夙复止	1

其它

著錄號	釋文	期
二六二七	甲戌卜殻貞勿𢦏禦婦好趾于父乙	1
二六二八	甲戌卜殻貞勿𢦏禦婦好趾于⋯	1
五六一八	辛卯卜貞令周比永止八月	1
一三〇一七	貞止人于子	1
一三六九〇	⋯貞以⋯趾于⋯	1
一六三七七	⋯貞⋯其止⋯令若	1
一九八一二正	辛巳卜王上甲燎十豕侑丁禦兄丁令⋯	1
	惟止用	
二〇二九三	乙巳卜王貞口⋯囚止老無⋯	1
二〇二八五正	⋯貞⋯止⋯雈	1
二〇四八二	⋯𨑒⋯止⋯	1
二〇八九〇	⋯甲⋯止	1
二一〇〇三	⋯趾⋯	1
二一四〇八	⋯䣄止七月卜	1
二一四三二	⋯𠙵止	1
二二〇一三	惟止	1
二二三八四	戊申有其新⋯乙惟止	1
二二四二六	辛酉卜又豕𠬝遘六月	1
二四六八四	⋯夕不⋯之夕允不雨	2
二四八〇一	貞今夕雨之⋯	2
二七三〇二	⋯𣪕止惟莫	3
二七三二一	貞先止饗	3
二八二四五	止無雨	3
三三一九三	壬午貞癸未王令木方止	4
三四二三七	其弜⋯止在⋯延⋯于⋯	4
三五二四二	⋯𦬊止⋯	4
英二二〇反	⋯止無⋯	1

步

著錄號	釋文	期
六七正	翌癸亥王步	1
六八	翌癸亥王步	1
一八〇	癸酉卜殻貞今日王步	1
一八〇	辛丑卜殻貞翌乙巳王勿步	1
五二〇一	⋯癸酉王步	1
五二〇三	翌癸亥王步	1
五二〇四	翌癸亥王步	1
五二〇五	⋯日丁未王勿步	1
五二〇六正	貞翌丁亥王步	1
五二〇七	⋯申卜翌己酉王步	1
五二〇八	翌甲戌王步	1
五二〇九	己酉卜王其步⋯	1
五二一〇正	⋯貞翌⋯王步⋯　小告	1
五二一二	翌癸亥王步	1
五二一三正	丁丑卜殻貞王延步　小告	1
五二一四	⋯貞⋯王自⋯步	1
五二一五	⋯王⋯步⋯不⋯	1
五二一六	⋯日乙⋯王步⋯	1
五二一七正	丁巳卜古貞王勿步	1
五二一八	乙卯卜今乙王勿步	1
五二一九正	翌壬午王勿步　不𠀠黽	1
五二二〇	貞翌乙巳王勿步八月	1
五二二一	貞翌辛巳王勿步	1
五二二二	翌丁丑王勿步	1
五二二三	⋯王勿于辛亥步	1
五二二四	⋯王勿步	1
六四六一正	庚寅卜穷貞今𠱠王其步伐尸	1
六四六一正	庚寅卜穷貞今𠱠王勿步伐尸	1
六九四八正	貞翌丁未王步　二告	1
六九四九正	貞王𢦏翌乙巳步	1
六九五二正	丙午卜殻貞翌丁未王步	1
六九五二正	貞翌丁未王勿步	1
七七七二正	今辛未王夕步　二告	1
七七七二正	今未勿夕步	1
一〇九六三正	⋯有雨王步	1
一一七四四正	貞翌戊辰王步翌日　二告	1
一一七四四正	丙寅卜內翌丁卯王步暘日	1
一一七四四正	翌丁卯王步不其暘日	1
一二〇四三	貞今壬寅王步不雨	1
一二五〇〇	己酉卜穷貞今日王步⋯見雨無災一月	1
一三二六〇乙	貞翌乙丑王步暘⋯	1
一三五六八	辛丑卜貞王往步來鹿不⋯	1
一四一四九正	王惟今辛未步　不𠀠黽	1
一四三八〇	己亥卜穷貞王至于今水燎于河三小宰	1
	沈三牛有雨王步	
一四五七二反	貞王步	1
一四五七二反	⋯勿步	1
一四七三二	丙子卜內貞翌丁丑王勿步	1
二〇二六三	⋯巳卜⋯申王步暘日	1
二〇二七一	辛未⋯癸酉王不步	1

二〇三九三　辛未：王步：　1
二一〇七九　丙寅卜王己巳步往：暘日　1
二三八〇三　：卜出：王步：有羽　2
二四二六三　：王其步：于析：在正月　2
二七四三五　戊申貞王己步于[?]　3
二七四三五　：丑貞：王步：[?]　3
三二七二五　于乙王步若　4
三二七二七　癸丑貞王步乙卯　4
三二七二七　丙辰貞王步丁巳于春　4
三二九四一　甲辰卜王步戊申暘日　4
三二九四一　甲辰卜王步丁未暘日　4
三二九四一　乙卯卜王步丁巳暘日　4
三二九四二　戊申卜王步庚戌暘日　4
三二九四二　庚戌卜王步辛亥暘日　4
三二九四六　戊寅卜庚辰王步　4
三二九四七　己丑貞王于庚寅步自：　4
三二九四七　壬辰貞王于癸巳步　4
三二九四八　癸亥貞王：王夕步自：羌：　4
三二九四九　：卜王步癸卯：　4
三二九五〇　癸卯：貞王：步無：　4
三四〇一〇　辛巳卜王步壬午暘日　4
三四〇一〇　辛巳卜王步乙酉暘日　4
三四〇一〇　壬午卜王步癸未暘日　4
三四〇一一　丙申卜王步丁酉暘日二月　4
三四〇一二　甲辰卜王步己酉暘日　4
三四〇一二　甲辰卜王步戊申暘日　4
三四〇一四　癸未：王步暘日　4
三四一一四　癸卯卜王步甲辰暘日　4
三四一五八　己巳卜王弜步告官　4
三六三七六　乙卯卜貞王步無災　5
三六三七六　辛酉卜貞王步無災　5
三六三七六　乙丑卜貞王步無災　5
三六七六八　：卜在卯：王步：攸無災　5
三六三七七　戊辰卜貞王步無災　5
三六三七七　丙申卜貞王步無災　5
三六三七七　庚子卜貞王步無災　5
三六三七八　乙卯卜貞王步無災　5
三六三七九　辛巳卜貞王步無災　5
三六三七九　辛卯卜貞王步無災　5
三六三八〇　丁亥卜貞王步無災　5
三六三八〇　：卯卜貞王步無災　5
三六三八一　乙亥卜貞王步無災　5
三六三八二　己酉卜貞王步無災　5

三七四八七　丁亥卜在勯貞王步無災　5
三七五〇四　：在𢦏：王步于：無災王：獲狐：　5
三六七七二　丙辰卜在蒖貞：王步[?]無災　5
三六七七三　：在元：王步：關：　5
三六七七七　：卜在丂：王步于：無災　5
三六八二七　：卜在：貞王步[?]無災　5
三六八二八　甲辰卜在：貞王步：無災　5
三六九〇一　：在：貞：王步：杜：災　5
三六九六八　甲午卜在[?]師貞今日王步：章無災　5
三六九八四　辛卯卜在貞：王其步惟鎬?　5
屯二三〇　壬寅卜王步卯暘日　4
屯七三四　壬午貞王步　4
屯七三四　丁亥貞王步　4
屯七三四　癸未貞王步　4
屯二一〇〇　戊戌：王步　4
屯二一一三　丙午卜ㄐ貞翌丁未步暘丁未王步允 暘 二告　1
屯二一七七　王于乙步　4
屯二三二四　：申貞王步甲王不步　4
屯二七六五　癸酉卜王步甲戌暘日　1
屯二八四五　丙戌貞翌：王步暘日：　4
英二〇四二　：卜尹：王其步：無：　2
英二四三五　乙未貞王于丁酉步　4
懷三三六　貞王勿步　1
懷三三七　貞：步　1

九七三正　戊申卜穷貞奏步于[?]：二告　1
九七三正　貞勿奏步于[?]：其：二告　1
一八五〇正　貞王步于：　1
六四七七正　貞王勿步于[?]京　1
七八七六　貞今日勿步于蒖　1
八一二七　庚辰：殻貞今日步于[?]　1
八一三五　翌癸：不步于非　1
八二九一　貞翌：卯王步于鼓十二月　1
一〇九一八　庚辰步于毋庚　1
一一二七四正　貞于庚午步于衣　1
一一二七四正　貞翌己巳步于衣　1
一三三一九　辛：步于：癸亥允步暘日　1
一三五一四甲正　雀步于[?]　1
一四七三二　丙子卜內貞翌丁丑王步于豐　1
一九二五七　貞翌庚子步于洮?　1

二三七九九　丙申卜…貞翌丁酉其步于…　2
二四四七二　丙辰卜…貞王其步于良無災　2
三二四八七　丁步于𠱸　4
三二六七七　辛未貞今日告其步于父丁一牛在祭卜　4
三二八三九　辛酉貞王步于鳴　4
三三一四八　…貞王步于𤕫　4
三三一四八　丙辰貞王步于𢦏　4
三七四三四　丙辰王卜在…今日步于…　5
三七四三四　己未王卜在羌貞今日步于㲃無災　5
三七四三四　庚申王卜在㲃貞今日步于勸無災　5
三七四七五　庚子王卜在瀤師貞今日步于瀤無災在正
月獲狐十又一　5
三七四七五　辛丑王卜在瀤師貞今日步于㯥無災　5
三六五〇一　丙午卜在商貞今日步于樂無災　5
三六五〇一　己酉卜在樂貞今日王步于喪無災　5
三六五〇一　…戌卜在…貞今日王步于𦤇無災　5
三六五八七　甲午卜在洮貞王步于条無災　5
三六六三〇　…未卜在𦸗貞王步于…不遘…　5
三六六九五　壬申卜貞王步于召往來無災　5
三六七五一　丙戌卜…亘貞今…王步于…無災　5
三六七五一　壬辰卜在杞貞今日王步于𦤇無災　5
三六七五一　庚寅卜在梏貞王步于杞無災　5
三六七五一　甲午卜在𦤇貞王步于剢無災　5
三六七五二　辛亥卜在𦤇貞今日王步于𦤇無災　5
三六七五二　甲寅卜在𦤇貞今…王步于𦤇無災　5
三六七五三　…未卜在高貞王步于…無災　5
三六七六八　…在宮…步于…無災　5
三六七七五　癸巳卜在埤貞王步于𦤇…災　5
三六八二五　己巳王卜在𡪞貞今日步于攸無災在十月
又二　5
三六八二八　壬寅卜在曹貞王步于𦤇無災　5
三六九四六　戊寅卜在𣲙貞王步于𦤇無災　5
三六九五五　…在濩…步于…用　5
三六九五六　庚寅卜在㠯貞王步于𦤇無災　5
三六九五六　…辰卜在㳄…步于…無災　5
三六九五八　…卜在𠕒…步于…無災　5
三六九六一　辛酉王卜在𦤇貞今日步于…無災　5
三六九六二　庚辰卜在甬…王步于埤…災　5
三七七八一　…亥王…往…步于…無災　5
英七三六　…步于𦤇　1
英二五六二正　庚辰王卜在危貞今日步于叉無災　5
英二五六二正　辛巳王卜在叉貞今日步于沚無災　5

英二五六二正　壬寅王卜在𠂤師貞今日步于永無災　5
英二五六二正　癸卯王卜在永師貞今日步于…　5
英二五六二正　乙巳王卜在溫貞今日步于攸無災　5
英二五六三　己亥王卜在春師貞今日步于淒無災　5
英二五六三　甲午王卜在𦤇師貞今日步于𦤇無…十月
二隹十祀彡　5
英二五六四　癸未卜在舊貞王步于減無災　5
英二五六四　乙酉卜在減立貞王步于淮無災　5
英二五六四　…卜在…貞王步…無災　5
英二五六五正　庚戌王卜在𦤇貞今日步于𦤇無災　5
英二五六五正　辛亥王卜在𦤇貞今日步于𦤇無災　5
英二五六五正　…王卜…𦤇貞…步于…災　5
六〇五七反　…東鄙𢦏二邑王步自𨛜于醽司…夕
𡆥壬寅王亦終夕囚　1
二三八〇二　…子卜行…王其步自…𦤇無災　2
二四二二八　辛酉卜尹貞王步自商無災　2
二四二三八　乙酉卜行貞王步自遘于大無災在十二月　2
二四二三八　庚寅卜行貞王其步自…于𦤇無災　2
二四二三八　辛巳卜…貞王步自丹…災…　2
二四二四八　癸丑卜行貞王其步自良于𦤇無災　2
二四三四六　乙卯卜王曰貞翌丙辰王其步自獲　2
二四三四七　己酉卜行貞王其步自動于來…無災　2
二四三九八　甲寅卜王曰貞王其步自丙有去自雨在三
月在…
二四三九九　癸未卜…貞王其步自𦤇無災　2
二四三九九　…巳卜…貞王…步自…無…在…　2
二四四一一　癸亥卜行貞王其步自其于𦤇無災在…　2
二四四一一　乙丑卜行貞王其步…𦤇于𦤇無災在正月　2
二四四七三　庚辰卜行貞王其步自杞于…無災　2
二五五七二　戊午卜旅貞王其步自八…無…十二月　2
二七七九八　…卜…步自泉…𠱸…無災　3
二八一二八　…步自果雎余𠂤…　3
三二八六四　…貞今日𦤇步自京　4
三二九七一　丁亥貞步自于…　4
三三一四七　壬戌貞乙丑王步自𦤇　4
三三一四七　丁巳貞王步自𦤇于𦤇若　4
三三一四七　乙丑貞今日王步自𦤇于𦤇　4
三三一四九　癸亥貞王惟今日伐…王夕步自果三雎
…乙丑王𦤇師𦤇…　4
三三一五〇　辛巳貞王惟癸未步自果雎　4
三三一五六　…步…自羌于…　4

三三一五七 ……步自尋于……

三五一四八 ……申貞今日……步自……

屯 八二 ……午貞王步自裴于轡

屯 一〇五〇 甲戌貞乙……步自木

屯 二一七八 ……阜步自……

屯 二一〇〇 丙申貞王步丁酉自奡

屯 二一〇〇 戊戌貞王于己亥步……奡

屯 二一〇〇 壬寅貞王步自斅于䨣

屯 二一〇〇 庚子貞王步自斅

三五 丁未卜貞惟亞以衆人步二月

三七 ……今五月呼衆人步

三八正 ……令衆……步

三九 貞㸑告衆步于丁

英 六〇七 貞勿呼衆人步于䢅

其它

二五 己卯卜貞令𢓊㦰步七月

二五 ……翌……令㦰步

二五 癸未卜貞今日令㦰步

六七正 貞于甲子步

七〇 ……寅卜……貞步……不𢿨……衆

一三二 貞其步……

四一八正 貞今日步

四五八正 貞今日勿步

四五八正 貞翌丁未勿步

四九五 壬戌卜宾貞惟甲子步

九〇八 乙卯卜王惟丁巳步

一〇二四 以人步

一二九一 貞步雨

三三四六 ……卜貞……今二月多子步……𡆥

三三二四正 貞……步……

三九七四 癸未……貞今日……㦰步

四〇〇一反 循步……㞢……

四二〇一 庚午卜內屯呼步八月

四二四五 辛丑卜今日步

四二四五 ……暨……師步

四二八四 貞翌甲申步　小告

四二八四 貞勿惟甲申步

四三一二 ……呼𡆥步叉……

四七〇五 貞𦎫步若

四七七六 ……𨸏步

五二〇二 于翌甲子步

五二〇三 于翌甲子步

五二〇四 于翌甲子步

五二〇五 丙午卜㱿貞翌丁未步

五二一一 乙……王……步

五二一一 ……翌……巳……步

五二一二 貞于甲子步

六〇八三 貞曰𢀛侯出步

六二二六 貞勿令我使步

六二三六 翌丁卯令步

六二四一 貞于庚午令步

六二九二 戊子卜宾貞𠂤迄步伐𢀛方受有祐十二月

六五六三 乙亥卜惟四月令豖步……𡆥

六九四九正 貞今十二月我步

六九八七正 貞于生一月步

六九八七正 ……卜宾貞步

七〇七八 辛……步……

九二六八正 ……人𢓊步七月

一〇五三六正 貞勿往田延步

一〇九九三 戊子卜㱿貞勿步狩九月在𩵋

一二一七四正 翌戊辰勿步　二告

一二四四三 ……翌庚戌步……㞢……星……

一二八〇五正 乙酉卜㱿貞……日步不雨

一二九六九 乙未……翌丙……步……不暘日丙……允雨

一三三一九 辛……步于……癸亥允步暘日

一三三三二 ……戊卜宾貞……風不步

一三四六三 甲子卜……㸑……步……大……𩁹

一三五三五 ……其告步丁宗

一三五三五反 貞𢀛……步勿……

一六〇六五 戊戌……貞……辛巳……步……囚

一六二三〇正 己卯卜宾貞勿步㦰十一月

一六二三二 ……𢦏不步

一七一五四 今日勿步

一七一五四 ……勿步……今日……𡆥

一七二一四 ……貞于翌……戊步……災在……

一七四七三 ……夢步……

一八四六六 貞勿芺步

一八四六六 芺步……

一九〇八一 貞今丁……令多……步

一九二四六 ……勿步

一九二四七 貞惟乙亥步

一九二四九 貞于庚子步

一九二四九 ……子卜……貞……步

一九二五〇 貞今己酉夕步

著錄號	釋文	期
一九二五一	貞于庚戌步	1
一九二五二	乙未卜㱿貞今日步	1
一九二五三正	丁未卜亘貞今日呼步	1
一九二五四	貞于翌乙亥步	1
一九二五五	貞翌丁未步	1
一九二五八	：今甲申勿步	1
一九二六〇	貞今日勿步	1
一九二六一	貞翌甲寅勿步	1
一九二六三	己酉卜亘貞翌辛亥勿步	1
一九二六四正	貞翌：辰勿步	1
一九二六五	貞翌：勿步	1
一九二六七	：貞：步無災	1
一九二六八	貞乞：步無災十一月	1
一九六八九	：勿步	1
一九八三五	癸未卜：□：仲丁：廼步：□七：在攸	1
二〇一一八	：午卜亦更步	1
二〇一五一	：卜甾：丙步	1
二〇一七九	壬申：貞□：步：	1
二〇二六三	：午卜：未：步暘日	1
二〇二六三	丙戌：步：	1
二〇二六四	：己酉步暘日	1
二〇二六五	丙戌：丁亥步暘日十月	1
二〇二六六	：卜：步暘日	1
二〇二六七	丙辰：步：王𣅀：暘日	1
二〇二六八	庚子卜亦惟癸步	1
二〇二六九	于丙步	1
二〇二六九	于丁步	1
二〇三七五	：執：步：	1
二〇三九五	：步：暘：	1
二〇四〇〇	辛丑卜步象伐𢦏五月	1
二〇四六〇	戊戌卜亦步今日追方：	1
二〇四九四	丁巳卜步今日比：三月	1
二〇六六〇	丙午卜：貞步：𨑢：	1
二〇七三一	庚戌卜𢓊惟翌步射兕于□	1
二〇七五七	庚子卜不：步鬼	1
二〇七五七	庚子卜丁于：步	1
二〇七六〇	庚子卜狩辛丑步不雨允不：九：	1
二〇七六一	：步辛狩：取	1
二〇七七九	乙酉：丙戌：步：	1
二〇九九五	：啓明陰廼步	1
二〇九九八	：□啓：步：	1
二一一二五	：于卜今日步若	1
二一一二五	辛亥卜步今日若	1
二一一五三	壬申祐步弜：今丁未冊：	1
二一二四二	戠勿步	1
二一二四二	戊申貞東步	1
二一七八二	：東步	1
二一七八〇	戊申貞東步	1
二一七八二	辛巳余卜今秋我步兹	1
二一七九六	乙卯卜翌丁巳令庚步	1
二一八六三	戊戌禦□子步	1
二一八九一	：戌呼步	1
二一八九一	自步□	1
二一八九一	戊寅：步：	1
二二〇四三	：步：	1
二二〇四三	壬午卜貞惟亞涉子□	1
二二〇八六	壬申卜步	1
二二〇八八	癸酉卜步：	1
二二〇八八	甲戌步	1
二二〇八八	步	1
二二〇八八	丁丑卜步黄□	1
二二一一三	：步：	1
二二一一九乙	丁酉卜步追：	1
二二一八六	辛卯卜翌步無囚	1
二三七九四	：卜旅：其步：析無災	2
二三七九五	：卜旅：其步：𥁕：之甲：	2
二三七九六	：卜出：步：□：無：	2
二三七九七	：卜旅：其步：無災	2
二三七九八	：旅：申其延步無災	2
二三八〇〇	丙申卜：貞翌丁酉其步	2
二三八〇一	癸亥卜：貞今日：步	2
二四二六九	：卜旅：其步：途：	2
二四二六九	：巳卜旅貞王其步：	2
二四三四六	乙卯卜王曰貞于丁巳步	2
二四三七五	甲申：貞翌：羊在唐：步：	2
二四四一一	：卜行：其步：其：在：	2
二四四七二	：卜行：其步：良于□	2
二七七九七	：卜何：步：無災	3
二七八〇〇	得步弗悔	3
二七九八二	惟商方步立于大乙戦羌方	3
二七九九八	惟其步擒羞	3
三〇四〇八	：土惟步祝	3
三一九九五	于癸步	4
三二五〇九	：午貞令步以𠬝祟交得	4
三三五〇九	甲戌貞令步祟交得	4
三三六七〇	□步	4

三二六七〇　癸…貞…步　4
三二七八二　…效先步　4
三二七八二　癸巳貞于效先步在尤一月　4
三二八五六　弜告妻其步　4
三二九三九　戊寅貞王令𢀛翌己卯步　4
三二九四一　庚申卜乙卯步…卯暘日　4
三二九八七　丁卯卜奉于享京亞𡆥其步十牛　4
三三〇三八　己丑卜步庚午暘日　4
三三〇五五　丙子…今日步𡆥　4
三三〇五五　于翌日丁丑步𡆥　4
三三〇六九　壬子卜貞步師無囚　4
三三〇八二　…步…在尤　4
三三一五九　惟丁卯步　4
三三二〇一　…于甲…步…　4
三三七〇六　…亥卜…弜戠奉辛步　4
三三七〇七　戠奉于乙步　4
三三七〇七　己丑貞弜戠辛步　4
三四〇一三　于辛卯步暘日　4
三四〇一三　于…步…　4
三四一五八　惟丁卯步　4
三四四一四　…伊步　4
三四六八三　…甲戌…步　4
三四六八三　壬申卜今日步　4
三五三一五　乙巳貞其步　4
三五三一六　乙卯…丙步　4
三五三一七　…延步　4
三五三一八　…今步…惟囚　4
三五三一九　翌壬辰步　4
三六三五九　乙酉王…丁酉余步…受余有不…無𡆥在畎　5
三六四八二　甲午王卜貞作余酌朕奉酌余步比侯喜征人方二𢼄示受有祐不𠷎戋囚告于大邑商無…在畎王囚曰吉在九月遘上甲𣪘惟十祀　5
三六四八三　甲午王卜貞作余酌…余步比侯喜征人方　5
三六五一一　丁卯王卜貞今囚巫九备余其比多田…多伯征盂方伯炎惟衣翌日步…左自上下于𢼄示余受有祐不𠷎戋…于茲大邑商無𡆥在畎…弘吉在十月遘大丁翌　5
三六六三九　丁卯…步…無…　5
三六七四四　戊寅卜在…貞…步…無災　5
三六七四四　戊寅卜在…貞…步…無災　5
三六七五五　…在𠪚…步…望無災　5

三六七七七　癸丑…微…步…　5
三六八四五　庚…步…無…　5
三六九一八　癸丑…𡨦…步…無…　5
三六九五七　…酉卜在洮貞今日步…　5
屯二九　甲申卜令以示先步　4
屯四一二　戊辰卜己巳步省
屯四二二　丁酉卜王奉其步　4
屯五〇八　戊寅貞王令吳…翌己卯步　4
屯五六五　…貞辛未…茲延步在…　4
屯五九九　辛亥貞生月令𡆥步　4
屯六〇一　令小尹步　4
屯八六六　甲午貞于…告…其步　4
屯八六六　甲午貞于父丁告妻其步　4
屯八六六　弜告妻其步　4
屯八六六　甲午貞告妻其步祖乙　4
屯九〇二　惟壬戌步　4
屯九〇二　…辰步　4
屯一〇九九　于癸亥步　4
屯一一九七　弜步
屯三三七〇　…𢦏步…不遘雨　3
屯四五一六　壬子卜貞步師無囚　1
英一三〇　貞于辛未令子妻步　1
英一三〇　丙…貞翌丁卯令子妻步　1
英七〇〇　戊寅…㱿貞翌己卯步…𡆥　1
英七〇一　貞翌己亥步　1
英七〇二　…寅卜…貞翌…卯…步　1
英七〇三　…惟翌…步　1
英七〇四正　…爭貞…乞步…　1
英七〇五　…步雨…十月　1
英五六四正　己亥卜㱿貞翌庚子步戈人不𦤎十三月　1
英二五六二正　丁丑王…貞今日步…𢦏無災…　5
懷一五二　…卜爭…其步…宗　1
懷三三七　貞王于…未步　1
懷三三八　…王…丁酉…步　1
懷三三八　…酉…步　1
懷一六二五　…未卜…步…二月　4
懷一六二五　…酉貞…王…步　4

涉

五二二七　…午王涉歸　1
五二二七　…王涉歸　1
五二二八　…王…涉于…　1
五二二九正　…寅卜…王…王…涉…　1
五二三〇正　…丑…穷貞…王涉…　1
五二三一　己亥卜殻貞翌庚子王涉歸　1
五二三二正　貞翌辛卯王涉歸　二告　1
五二三三　辛卯卜爭貞翌甲午王涉歸　二告　1
五二三四　…卯卜爭…翌甲午…涉歸　1
五二三五　癸未…貞翌丁亥王涉…　小告　1
一〇六〇二　丁亥卜穷貞王往涉狩　1
一〇六〇三　甲申卜殻貞王涉狩　1
二七八〇二　乙未卜王涉滴　3
二七八〇三　王其涉…吉　3
二八三三八　王其涉滴射…鹿無災　3
二八三三九　王涉滴射有鹿擒　3
二八三四〇　王涉滴射麑鹿弗擒　3
三二九五一　于庚子王涉若　4
三二九五二　乙未貞于丁酉王涉　4
屯二五六　王其涉滴射麑鹿無…　3
屯二一二六　王其涉東洮田三麓麑…　3

涉于東

八〇一　貞牧涉于東畀…　1
五五六六　癸巳卜古貞令師般涉于河東　1
八三四五　貞我勿涉于東洮　1
八三四六　庚子…穷貞…涉于東洮　1

其它

三五　貞翌…亥…涉…鼓…　1
四八〇　貞…涉…無…　1
五三六　庚子卜殻貞令子商先涉羌于河　1
五三六　庚子卜殻貞勿令子商先涉羌于河　1
六四一正　癸酉卜亘貞臣得王固曰其得惟甲乙甲戌臣涉舟延𢆶弗告旬又五日丁亥執十二月　1
五二二五　壬辰其涉河…暘日　1
五二二六　…涉河王…生七…　1
五四〇九　己巳卜爭貞王夏涉…　1
五六八四　貞勿呼涉河　1
五八一一　…午卜穷貞呼涉朱師　1
五八一二　戊辰卜貞翌己巳涉師五月　1
六四七七反　呼子夷涉　1
六四七七反　勿呼子夷涉　1
六四七七反　令子衛涉涉　1
六四七七反　勿令子衛涉其…　1
七三二〇　貞涉濼　二告　1
八〇八四　貞不允涉一月在熹　1
八四〇九　…虔…方其涉河東洮其…　1
一〇六〇四　…涉狩　1
一〇六〇五　…涉狩　1
一〇六〇六　貞勿涉狩若　1
一〇六〇六　貞…涉狩若　1
一〇九四九　…涉狩于虎　1
一三三二五　…涉…暘…　1
一四〇二二正　貞涉心…狩　1
一四五六二　貞並涉　1
一四七七三　…古…馬…涉　1
一五九五〇　貞涉帝于東　1
一九二七九　貞惟…涉…　1
一九二八〇　己酉卜爭貞令涉歸　1
一九二八一　貞涉　1
一九二八二　乙亥卜殻貞于辛丑涉　1
一九二八三　辛…殻貞…乙未…涉…　1
一九二八四　…涉…　1
一九二八五　…卜貞勿涉　1
一九二八六　貞于丁延涉　1
一九四四〇　…日庚…曰惟…工王…涉其…　1
一九七五五　…有行…得夏…其…涉…　1
一九七五五　…印既獲涉三羌　1
一九七五六　丙寅卜有涉三羌其畱至師印　1
一九七五六　丙寅卜有涉三羌其得…印　1
一九七五七　…寅卜…羌其畱涉…印…不畱　1
二〇四六四　壬辰卜夨執令勿入不涉　1
二〇五五六　…卜谄…涉自東四月　1
二〇九五五　戊午…使涉雨　1
二一一二四　…蒸…自涉…　1
二一二五六　…涉東　1
二一八九三　癸卯子涉　1
二一九九七　丙子涉凷　1
二二五三七　甲子…貞㞢涉以衆不喪衆　2
二八〇九九反　戊辰卜貞于辛未涉　3
二八三三八　弜涉…悔　3
二八三三九　弜涉　3
二八八八三　王其田涉滴至于麑無災　3
二八八九八　…其田涉…麑湄…災　3

著錄	釋文	分期
三〇四三九	貞其涉兕□洮	3
三〇四三九	貞不涉	3
三〇四三九	貞不同涉　吉	3
三〇四三九	貞惟馬亞涉兕	3
三〇四三九	貞惟衆涉兕　大吉	3
三〇四三九	丁丑卜狄貞其用茲卜異其涉兕同　吉	3
三一九八三	丁酉卜亞卓以衆涉于□若	4
三二七二七	丙辰貞王延有丁巳涉	4
三二九〇三	辛卯貞从狩盧涉	4
三二九〇三	辛卯貞从斲涉	4
三三〇〇五	弜涉示其師	4
三三三九一	…涉惟…狩…	4
三四八七〇	…旬…涉…在…	4
三五三二〇	示其从上涉	4
三五三二〇	庚…涉	4
屯三七四	…涉滴其…	3
屯一〇〇九	辛卯貞从斲涉	4
屯一〇〇九	辛卯貞从狩盧涉	4
屯一一一一	甲子貞其涉師于西洮	4
屯一一一一	弜涉師	4
屯一九三四	丁巳卜…延涉…囚	4
屯二二一六	弜涉	3
屯二五三九	丁未卜象來涉其呼𩰫射…　吉	3
英一八八一	壬戌…涉余…教…	1
英二四一五正	…令東人先涉	4
懷一六五四	戊戌貞令衆涉龍□北無囚	4

之

著錄	釋文	分期
八二一正	貞有亞左…循于之若	1
五三六五	…貞王勿…于之…羽	1
五八六〇	戊申…千盟…戋東廼…自西从…于之㚔	1
六九四四	…申卜殻貞亘捍不惟我□其終于之	1
七二四二	戊寅卜貞令甫比二侯及暨元王循于之若	1
七二六七反	…吉于之若	1
七二六八	…循于之…	1
一三四二一	有羽土于之	1
一三五〇五正	己亥卜内貞王有石在麓北東作邑于之	1
一三五〇五正	王有石在麓北東作邑于之	1
一四九三二	貞□入王有匚于之亦鼓	1
一六一五二正	戊寅卜爭貞改王循于之若　二告	1
一六三九七	…于之若五月	1
一七六七九反	勿燎于之	1
一八八六六	…卜亘貞于之	1
一八八六七正	貞勿于之	1
一九二八九	…戌卜畐貞…往于之	1
二〇五四六	…丑卜王貞余作…循于之矢	1
二一五八二	庚午子卜貞弜酌于之若	1
二三七二一	己酉卜王曰貞惟…左自取祖乙𩰫于之若	2
二六八九六	貞弜用兟惟袦行用𢦏羌人于之不雉人	3
二七〇八三	三匚二示卯王祭于之若有正	3
二七一二四	弜饗于之若	3
二七一四四	癸…貞王…牛于大乙…于之若	3
二七二〇二	貞弜祖乙𠕋用于之若	3
二七三七〇	弜祀叀于之若	3
二七六六九	其奠入于之若亥不雨	3
二七七七〇	…于之廼遘	3
二七九七二	于滳帝呼禦羌方于之𢦏	3
二七九八七	叙于之若王弗悔	3
二七九八七	叙于之若王弗悔	3
二七九九六	惟徹用朋以于之若𢦏𢧀方不雉衆	3
二八〇一二	弜益涂人方不出于之	3
二八〇一二	弜益襄人方不出于之	3
二八〇八七	貞王其尋𢦏方伯𥁕于之若	3
二八〇八九正	𢓨取美御事于之及伐望王受有祐惟用　大吉	3
二八〇八九正	王于𢓨使人于美于之及伐望王受有祐	3
二八〇九〇	…取美御事于之及伐望王受有祐惟用　吉	3
二八一五七	至于二䜌于之若王受有祐	3
二八二六〇	…于之若	3
二八三九九	南于之擒兕	3
二八三九九	北于之擒兕	3
二八九九一	惟𢦔田省延至于之無災　大吉　茲用	3
二九六九三	王…商于之有正	3
三〇六八一	其侑于之惟𥎦𠕋用三十	3
三一一八一	…𢦏于之有正	3

著錄號	釋文	期
三四六一二	⋯鼓膚于之⋯	4
屯二一〇	弜延于之若	3
屯二三〇五	于之	4
屯二三四五	弜𢼊于之若	3
屯二四二九	⋯多父于之若	3
屯二四二九	⋯于小乙子谷于之若	3
屯二六二三	惟白羊用于之有大雨	3
英一二八八	⋯有曰千森王𢦏于之八豕八豕⋯ 四羊𣪘四卯于東方析三牛三羊 𣪘三	1
英二三六五	⋯其于之⋯歲鼎⋯吉	3
七二六七正	⋯循从之若　二告	1
一四一二九正	⋯卜韋貞王往比之	1
一九三三二	貞有𢀛其从之出	1
一九三四九	乙酉卜爭貞从之赢	1
一九三五〇	癸丑⋯爭貞从之赢	1
一九三五一正	貞从之	1
一九三五二	⋯从之⋯	1
七三六一	貞亦⋯師般在戠呼次在之奠	1
二七九六九	乙丑⋯王其⋯戍从⋯乃⋯在之⋯弗⋯	3
一三七正	癸卯卜爭貞旬無𡆥甲辰⋯大驟風之夕𡆥 乙巳⋯𡆥⋯五人五月在敦	1
六八三四正	癸丑卜爭貞自今至于丁巳我𢦏𠂤王固 曰丁巳我毋其𢦏于來甲子𢦏旬又一日 癸亥車弗𢦏之夕𡆥甲子允𢦏	1
七七〇九反	甲午卜⋯之夕允雨	1
一二三二〇	貞今⋯不雨之夕⋯	1
一二四七八	貞今夕⋯之夕雨	1
一二四七九	⋯其⋯之夕雨	1
一二五六二	⋯雨之夕允不雨四月	1
一二五七八正	⋯之夕雨五月	1
一二八三一反	之夕⋯雨	1
一二九〇七	壬戌卜癸亥雨之夕雨	1
一二九〇八	⋯酉雨之夕𡆥丁酉允雨	1
一二九四三	庚辰⋯吏貞今夕雨之夕⋯雨	1
一二九四四	貞今夕雨之夕允雨	1
一二九四五	⋯之夕允雨多	1
一二九四六	⋯雨之夕允雨	1
一二九四八反	丁王亦固曰其亦雨之夕允雨	1
一二九四九	王固曰⋯之夕允雨	1
一二九五一	⋯今日不雨于丁之夕允雨	1
一二九五四反	⋯之夕允雨	1
一二九五六	辛⋯其雨之夕允⋯	1
一二九五八	⋯之夕允不雨	1
一二九六〇	貞今丙申不雨之⋯允⋯	1
一二九六一	貞今夕不雨之夕允不⋯	1
一三一三五	⋯今夕⋯之夕⋯亦𣅈	1
一三二八三正	庚子𣅈之夕雨	1
一三三五一	貞今夕雨之夕𣅈風	1
一六一五八	癸亥卜古貞旬無𡆥之夕𡆥甲子受敀王	1
一六五六八	戊戌卜𣪘貞今夕無𡆥之月	1
一七二一二	⋯之夕𡆥⋯無災	1
一七七三四	⋯固曰其⋯之夕⋯	1
一九三五三	甲⋯不⋯之夕⋯不⋯	1
二一三九九	戊午⋯亦𡆥⋯之夕𡆥	1
二二一〇四	甲辰卜貞⋯𢀛⋯之夕雨	1
二四七七一	⋯貞今夕雨之夕允不雨	2
二四七七三	丁未卜王貞今夕雨吉告之夕允雨之于 戊申雨在二月	2
二四七九六	丁丑⋯出貞⋯夕雨之夕⋯	2
二四八一一	貞今夕雨之夕允雨	2
二四八一三	貞今夕不雨之夕⋯不⋯	2
二四八一三	貞今夕不雨之夕允不⋯	2
二四八五四	⋯雨之夕允不雨四月	2
二八〇九一	⋯危伯美于之及⋯望⋯	3
英一〇三六	之夕雨五月	1
四五六正	甲午卜爭貞翌乙未用羌用之日霧	1
一〇七五反	⋯固曰有⋯之日有來嬉乃⋯ 事⋯𣪊亦𢻱人⋯	1
三七二五反	⋯之日⋯	1
五〇三三	⋯大⋯小王⋯之日⋯	1
五〇八七	⋯㝬貞⋯往从⋯之日王⋯	1
五三四九	庚子卜爭貞王凡其遘之日凡遘雨五月	1
六六四七正	之日用戊寅竹侑	1
六六四九甲正	王固曰吉𢦏之日允𢦏𢦏方十三月　二告	1
六七七八正	癸丑卜㝬⋯嬉之日正⋯延𦏧⋯亦𡆥⋯	1

六七九七　：二百人：之日晛方夲：　1
一三四七一　貞：雨：之日：雨　1
一二七四一　辛亥：貞王其衣不：雨之日學允不遘雨　1
一三四七二反　之日雨　1
一三四七三　之日雨　1
一三四七四反　之日雨　1
一三四七五　之日雨　1
一二七七六　：延：之日：延雨　1
一二八一三正　乙卯卜殻貞今日王往：之日大采雨王不　1
：　1
一二八一四正　乙卯卜殻貞今日王往于敦：之日大采　1
一二八一四正　雨王不：　1
一二九三五　乙亥卜殻貞：之日允雨　1
一二九三六　貞惟雨之日允雨　1
一二九三七　：之日允雨：明其酌于祖：　1
一二九三九正　貞今日壬申其雨之日允雨　1
一二九四〇　：雨之日允明：　1
一二九四一正　：之日允：　1
一二九四二　：之日允雨　1
一二九七三　辛酉卜殻翌壬戌不雨之日夕雨不延　1
一二九九一　之日　1
一三三五〇　庚子：之日風　1
一三三五八　：日無風之日團雨　1
一七三六六反　：之日夕有鳴鳥　1
一八八〇一　己巳卜貞翌庚午魚益薺之日：　1
一八八〇三　貞：丁卯不其魚之日允不：　1
一八八二四　：魚益醫之日允魚　1
一九三四五　戊戌卜穷：災之日王：　1
一九五九七正　：之日：大倢：延若　1
一九六八三　：之日：于出：呼眉：　1
二〇四八五　戊寅卜方至不之日出曰方在痽啚　1
二〇七三三　：卜王：獲兕之日獲　1
二三四三二　：保于母辛宗宕酌：之日不魚六月　2
二四一四七　：卯卜出：今日魚：之日：　2
二四三五八　旬有祟之日觳祉夕有兕在𣎴八月　2
二四四四四　：未卜出貞王狩木于之日王狩木：冢　2
十：鹿　2
二四六五二　戊：出：不：之日：　2
二四六五三　貞之日：　2
二四七〇八　：其雨：之日：雨　2
二四七三五　己丑卜出貞今日雨之日允雨　2
二五九五五　癸未卜出貞酌：上甲有从雨之日：　2
二六七六五　貞翌丁卯不其魚之日允不魚　2

一六七六七　丙寅：出貞翌丁卯魚益醫之日：　2
二八一四八反　庚辰卜：貞之日：　3
英九二一　：之日：　1
英九二二　：异之日：三月　1
英一一三六　丙午卜爭貞其雨之日鼎雨　1

九七四正　父乙咎惟之　1
九七四正　父乙咎不惟之　1
一一一四正　貞不惟之咎　二告　1
二四九八正　不惟之其凡　1
二四九八正　惟之其凡　1
二四九八正　貞不惟之其凡　1
五七七五正　癸卯卜爭貞王令三百射弗告示王囚惟之　1
五七七五正　貞王囚不惟之弗告三百射　1
六〇八三　己亥卜穷貞惟之　1
六四六一正　辛卯卜穷貞祉戠啓⿱王勿惟之比　1
六六五三正　貞王有⿱于蔑惟之有⿱　1
七八五一　惟之人　1
二〇五二正　乙酉卜穷貞穷貞夢不惟之　1
一三六四七正　貞惟之　1
一三六四七正　貞不惟之　1
一七四一〇正　辛亥卜古貞王夢有舌惟之　1
一七四一一　壬戌卜吕貞王夢惟之　二告　1
一七四一一　貞王夢不惟之　1
一七四一二正　貞王夢惟之孽　小告　1
一七四一二反　：圓曰不：之孽　1
一七四一三　丁亥卜爭貞王夢惟之　1
一七四一五　：申卜殻：王夢惟之蠱　1
一八八七三　：不惟之　1
二二〇九九　庚戌卜有：禦于妣辛暨父丁惟之有㠯　1
英七七五　不惟之　1

六四八二正　貞枳以之疾齒鼎贏　1
六四八三正　枳以之疾齒鼎贏　小告　1
六四八四正　枳以之疾齒鼎贏　1
六四八五正　枳以之疾齒鼎贏　1
六四八六正　枳以之疾齒鼎贏　1
七四二六反　貞王以之　1

一二四六一　貞曰之　1

一四六一　貞勿曰之　二告　1
一三六一九　貞王毀循曰之　1
一三六一九　貞勿曰之　1
一四九五一正　貞王曰之舌　1
一八八六〇正　其曰之　1
一八八六〇正　不曰之　1
一八八六〇正　辛巳卜穷貞其曰之　二告　1
一八八六〇正　貞不曰之　1
一八八六〇正　貞其曰之　1
一八八六〇正　貞不曰之　1
一八八六一　貞王曰之　1
一八八六二正　貞王曰之　1
一八八六三　貞曰之　1
一八八六四　貞…曰之　1
一八八六五　貞勿曰之　1
英五四八　貞曰之若　1
英五四八　貞勿曰之　1

其它

四六正　己亥卜古貞有褺之十二月　1
三六正　癸酉卜㱿貞父乙之窺自羌甲至于父…　1
二四九八正　壬戌卜内貞之其凡　1
五〇三九　辛酉卜王令…之…　1
五六〇正　甲戌卜穷貞攸侯令其昌舌曰𦎫若之　五月　1
五八五九　…固曰…既之…㚔…　1
五九〇反　…惟不之…　1
六四六一正　辛卯卜穷貞祉戠𠂤王惟之比五月　1
六九四七反　…自之　1
七二六八正　貞…循之…省从名　1
一四九五一正　勿𦎫之舌若　1
一四九五二反　…其亦有𢦏不之　1
一六三九六　戊申…之若　1
一七三一一正　貞王有𣄰不之　1
一七三二一正　貞王有𣄰允之　1
一八八〇二　…大…午𩁹益…之日允…六月　1
一八八〇七正　貞不其𩁹…之…允…　1
一九一二五反　…之𡿧　1
一九五八〇正　…之啓來　1
一九六一二　癸亥卜貞旬之月…　1
二一二三九　辛亥卜王朕戠𢦏…于曰…之…　1
二一四〇九　之…卜　1
二三六八〇正　辛丑卜吳貞哲止曰王…　2

二四一三三　壬午卜吳貞于丁禧…之若　2
二四四二八　己亥…貞今…其㞢…雨之…　2
二四八八一　貞其遘雨之…　2
二四八八七　乙…貞王…不遘…之一允…　2
二六八九五　…戊辟立于中之𢦏羌方不雉人　3
二六八九五　…惟入戊辟立于…之𢦏羌方不…　3
二七〇八〇　…口貞…祖祝…上甲大乙祖乙…丁之乙酉　
二七三二七　𡏳…乙十示又二　3
二七四五六正　…小丁豐之…　3
二七四五六正　壬子卜何…其祝之　3
二八〇三四　丁未卜何貞…其之…　3
二八〇三四　戊辟遘之𢦏　3
二八二四八　…之𢦏　3
三〇九九二　…之𠬝禾…吉　3
三一七〇五　叡夔之若　3
三四〇四一　弜之　茲用　3
三五三一一　己亥貞𢀛以伐于滳之…　4
屯七三三　丁丑貞不之其…　4
屯一〇九三　…王其有小尹之　4
屯二三五四　弜之　茲用　3
英七三三　…今往王呼𡩡衛惟之有用有雨　3
英二三三　貞…豐之　1
英二三三　貞允豐之　1
英三四〇一　乙酉卜旅貞王其田于…往來無災在
一月之乙酉彡于祖乙又…　2
英二三六二　…之用…　3

祉

六四二〇　…比祉…伐土方受祐四月　1
六四七六　…勿惟祉比　二告　1
六九三七　乙酉卜…貞呼𢀛比祉伐𢦏　1
七四七九　貞王勿比祉…　1
七四九九　…卜王貞余比祉…　1
七五一二　貞王比祉　1
七五一三　貞王比祉…　1
七五一四　貞王勿比祉…　1
七五一五　王勿比祉　1
七五四一　呼比祉…　1
一〇〇八〇　貞惟祉戠比　1

一〇〇八〇　貞勿惟沚戠比　1

屯八一　丁卯貞王比沚：伐召方受：在祖乙宗　卜五月　茲見　4

屯四一八三　：貞王比沚戠在：茲不：

英一九一　癸丑卜惟：王自沚比：北：伐侯：　1

英五四六正　貞王比沚戠　1

英五八一　丁丑卜設貞今畫王比沚戠伐土方受　有祐　1

五五三〇甲　王勿使人于沚：　1

五五三〇乙　王使人于沚若　1

六三五七　貞使人于沚　1

六三五七　貞使人于沚　1

六七二八　方其來于沚　1

六七二八　貞方其來于沚　二告　1

七七〇二　貞于沚事　1

七九九八　乙酉：貞：于沚：子：　1

七九九九　：于沚　1

八〇〇〇　：酉卜王：人于沚　1

九五七二　戊子卜宕貞王逐兔于沚無災之日王往　1

一〇五〇三　：于沚：王往：兔允：獲：　1

英二五六二正　辛巳王卜在叉貞今日步于沚無災　5

六　癸未卜宕貞馬方其征在沚　1

六　貞不：在沚　1

四二八四　貞我在沚無其刹　1

六〇四二正　貞我：在沚事：不以媞　1

一六九五七　：酉卜在沚貞今日步：　5

二四三四九　貞無尤在十二月在沚卜　2

二四三五一　丁卯卜王在沚卜　2

四八五五　貞𡿧骨元沚　1

四八五五　貞𡿧骨元沚　1

四八五五　𡿧弗其骨元沚　1

四八五五　貞𡿧骨元沚　1

四八五五　貞𡿧弗骨元沚　二告　1

六九四七正　己未卜設令𠂤往沚　二告　1

六九四七正　己未卜設勿令𠂤往沚　1

七九九六甲　：壴往沚無囚　1

六一七八　貞舌方弗敫人敫沚呼伐：　二告　1

六一八〇　貞舌方弗敦沚　1

屯一〇四七　辛未貞鼓以沚　4

屯一〇四七　庚午貞鼓以沚　4

六一六四　：貞沚：爯冊：比伐舌方：　1

七三九一正　：貞沚：稱：王比　1

七三九五　：貞沚：稱：多：　1

英五四五正　：爭貞沚戠爯冊王比伐土方：　1

屯四〇九〇　：未：沚方　4

七〇七正　呼比臣沚有曾三十邑　1

其它

一七四　戊午卜設貞令戌弋沚其遘：　1

一七五　令戌弋沚　1

四一八正　貞其沚于娟　1

七〇七正　：沚：曹：邑　1

一九六一正　己丑卜宕貞盟庚令：沚：　1

三五二七　己巳卜設貞沚戠：　1

三五九七　乙未卜設貞曰沚　1

三九五五　貞沚戠：豐：其：　1

三九六六　：卜爭：甶沚：　1

三九六七正　勿呼沚　1

三九七一正　貞沚弗其：　1

三九七三　貞沚：　1

四二八三　呼戌往弋沚　1

四二八四　辛亥卜設貞呼戌往弋沚　1

五一三四　：戌卜爭貞沚呼來四：　1

五五四〇　王：沚：　1

五八五七　乙酉卜甫允桒沚　1

六〇三四正　貞勿呼逘沚　1

六九九二　癸卯卜貞執其捍沚　1

六九九三　辛酉：其征𨑒六月
六九九四　：𦎫其捍：璧𨑒
六九九五　𨑒其捍𦎫
六九九六　𨑒弗捍𦎫
六九九八　癸丑卜𨑒其𢀛捍𦎫
六九九九　：𨑒其：𦎫
七〇〇〇　：𨑒不捍目𦎫
七〇〇一　：𨑒不捍目𦎫　二告
七一四五　：嬉迄至：有來嬉卑：子妃：有
𨑒曰：
七四五六　：𨑒：
七四六一　：王：𨑒：
七四六三　王：𨑒：
七五四六　貞王：𨑒：
八五八四　貞舌方𨑒自：
五五三二正　貞無來嬉自𨑒
五五三二正　貞其有來嬉自𨑒
六六二三　癸卯卜穷貞惟圓呼令𨑒㞢羌方七月
一一七一正　貞凡多𨑒
一三一四三　：寅卜：璧𨑒
一三四一〇　貞雷𨑒于㞢
一三八九一　：𨑒：骨：有疾
一四二六一　𨑒𢦏：下上若
一五三二八　貞：勿：𨑒：
一六四七三　王：𨑒：
一八八〇五　乙卯：𨑒不受年
一九三四七　惟其不𨑒
一九三四八正　乙未卜殼貞曰𨑒
二〇三四六正　辛丑卜𠂤𢦏弜使人𨑒
二一〇三五　：令伐𨑒
二四三五八　旬有祟之日𨑒夕有兕在𠂤八月
三二九九七　辛未貞鼓：𨑒
屯四一六四　：酉令𨑒戈：
英一二六　辛卯卜永貞令三月𨑒𢦏至：十石
英一九二　：𦎫璧𨑒
英三二一　：令𠬝𨑒𢦏
英六一八　丁巳卜𦎫：捍璧𨑒
懷三五七　：戌卜：𨑒：

出

三二正　王惟出循
三二正　王勿惟出循
二一七　貞王出
四一九正　貞翌庚辰王出
八九一反　王延出
八九一反　王勿延出
九七四正　丙寅卜殼貞翌戊辰王出
九七四正　翌戊辰王勿出
一四六五　王勿出
一五八三　貞王勿出田
一六六五　貞王勿往出
三七八一　：卜亘貞：王出
四三八八　甲戌卜穷貞翌乙亥並告王其出于…
五〇五一　貞王出
五〇五二　：卜亘貞：王出
五〇五三　：貞：出：
五〇五四　貞王出
五〇五四　：王出
五〇五五　貞王往出
五〇五六正　癸酉卜穷貞王：出从：
五〇五七甲　：殼貞示若王其出五月
五〇五七乙　弗若王：出　二告
五〇五八　：殼貞今𡧊王出
五〇五九　貞今𡧊王勿出
五〇六〇　貞今：王出
五〇六一　：子卜王：出自：比：
五〇六二　：卜王：出今日：六月
五〇六三　己巳卜亘貞翌庚午王出王固曰不…
五〇六四　壬戌卜韋貞翌乙丑王勿出王固曰乙余…
五〇六五　：王勿：日夕出
五〇六六　：貞王勿出
五〇六七　：王勿出𢦏
五〇六八　：卜殼：王勿出𢦏二月
五〇六八　：卜殼：王于：出：
五〇九六正　貞王勿出
五〇九六正　貞王往出示若　二告
五〇九七正　甲午卜穷貞王往出
五〇九八　貞王往出：
五〇九九　：王往出
五〇九九　出
五一〇〇　：申卜亘貞：往出
五一〇一　：王：往出
五一〇二　王往出
五一〇六正　：王往出

五一〇八　…貞王往出　1
五一〇九反　…王往出…　1
五一一〇正　貞王惟丁亥出　1
五一一〇正　貞王勿往出　1
五一一〇反　…貞王往出　1
五一二一　王往出省…　1
五一二一　貞王勿出…　1
五一二二　貞王往出省…　1
五一三四　甲午卜穷貞王往出去…　1
五二三九　王…出…　1
五七六一　甲午卜亘貞王往出　1
五七六二　王往出　1
五七六二　貞王勿往出　1
六〇七九　乙巳卜穷貞㞢呼告吾方出允其…　1
六四七五正　王勿往出　小告　1
六六四七正　貞王夕出　二告　1
六六四七正　貞王勿…出　1
六六四七反　貞王勿出　1
六八一〇　…王出…征…方　1
七三八五正　…尹貞王往出?　1
七九四〇　出于敦　1
七九四〇　貞王勿出于敦　1
七九四一正　壬辰卜亘貞王往出于敦　1
七九四二　勿于庚申出　1
七九四二　貞王今丁巳出　1
七九四二　貞勿惟今丁巳出　1
七九四二　丁巳卜穷貞王出于敦　1
七九四二　…貞王勿出于敦　二告　1
七九四三　貞王往出于敦　1
七九四三　貞王勿往出于敦　1
七九四四　…王…出…敦　1
八〇〇二　…王往出于甘　1
八〇〇三　…往出于甘　1
九四八九　貞王往出　1
九五〇四　丙午卜穷貞王往出田若　1
一〇五三七　貞王勿出田惟示…　1
一〇五三八　貞王勿出田惟示…　1
一〇五三九　貞王勿往出于田　二告　1
一〇五三九　…戌貞王往出于田不潛　二告　1
一一〇一八反　貞今日王出　1
一一一八一　王往出省　1
一四二二三　貞王勿出　1
一五六二〇　貞王出　1
一五六二〇　貞王往出　1
一六〇六四　王于出尋　1

一六一〇七正　貞王勿往出由協　1
一七八四五反　…王出于…　1
二〇二六〇　丁亥卜王出今五…　1
二三七一二　貞其品司于王出　2
二三七二六　戊辰卜行貞王出無囚　2
二三七二六　…辰卜行…王出…囚　2
二三七二八　壬申卜行貞王出無囚　2
二三七二九　壬申卜行貞王出無囚　2
二三七三〇　丙子卜行貞王出無囚　2
二三七三一　甲申卜行貞王出無囚　2
二三七三二　丙戌卜行貞王出　2
二三七三三　丙戌卜行貞王出無囚　2
二三七三四　辛丑卜行貞王出無囚　2
二三七三五　丙申卜行貞王出無囚　2
二三七三六　丁未卜行貞王出無囚　2
二三七三七　…卯卜行貞王出無囚　2
二三七三八　…子卜行貞王出無囚　2
二三七三九　…寅卜行…王出…囚　2
二三七四〇　…卜行…王出…囚　2
二三七四一　戊寅卜旅貞王出無囚　2
二三七四二　癸巳卜旅貞王出無囚　2
二三七四三　…申卜旅…王出無囚　2
二三七四四　…卯卜旅…王出無…　2
二三七四五　…卜旅…王出…囚　2
二三七四六　…寅卜旅…出無囚　2
二三七四七　…卜旅…出…囚　2
二三七四八　戊寅卜尹貞王出無囚　2
二三七四九　戊辰卜尹貞王出無囚　2
二三七五〇　戊辰卜尹貞王出無囚　2
二三七五二　庚辰卜尹貞王出…　2
二三七五四　戊申卜尹貞王出無囚　2
二三七五五　壬戌卜尹貞王出無囚　2
二三七五六　乙丑卜尹貞王出無囚　2
二三七五七　…卜尹…王出…囚　2
二三七五八　…午卜尹貞王出…囚　2
二三七五九　…辰卜尹…王出…囚　2
二三七六〇　壬申卜即貞王出無囚　2
二三七六一　…卜即…王出…囚　2
二三七六二　…酉卜即貞王出無囚在二月　2
二三七六三　壬申卜喜貞王出無囚　2
二三七六四　…卜喜…王出…囚　2
二三七六五　…巳卜喜貞王出…　2
二三七六六　辛未…貞王出無囚　2

編號	釋文	分期
二三七六七	丙子卜…貞王出無囚	2
二三七六八	戊寅卜…貞王出無囚	2
二三七六九	戊戌卜…貞王出無…	2
二三七七〇	戊戌卜貞王出無囚	2
二三七七一	丙…卜貞王出無囚	2
二三七七二	戊申卜…貞王出…囚二月	2
二三七七三正	戊申卜貞王出…囚	2
二三七七三正	戊申卜貞王出無囚	2
二三七七四	壬子卜貞王出無囚	2
二三七七五	辛卯卜貞王出無囚	2
二三七七六	丁巳…貞王出無囚	2
二三七七七	…貞王出無囚	2
二三七七八	…辰卜…王出…囚	2
二三七七九	庚…出…無…	2
二三七八二	甲辰卜…貞王出…十二月	2
二三七八三	…有…其𣪊…子王…出…	2
二五二七三	戊戌卜尹貞王出無囚	2
二五七〇六	辛丑卜行貞王出無囚	2
二六一一九	戊午…尹貞王出無…	2
三三三八一	庚戌卜辛亥王出狩	4
三三六九四	…王…出	4
英四五三	壬…亘貞…王出	1
英四五四	戊子卜殻貞王往出…	1
英二〇二五	乙巳卜尹貞王出無…	2
英二〇二六	壬午卜大…王出	2
英二〇二七	…卜行…王出…囚	2
英二三三九	丙寅卜即貞王出無囚	2
懷八九七	貞王勿出	1
懷八九七	貞王出	1
三〇	…方…出	1
六五一	乙巳卜爭貞告方出于祖乙于大…	1
六〇五七正	王固曰有祟其有來嬉迄至七日己巳允有來嬉自西𢓊友角告曰舌方出侵我示𥠅田七十人五	1
六〇七八	乙巳卜穷貞𢦏呼告舌方其出允…	1
六〇八〇	貞王曰𢦏舌方其出不冊	1
六〇八一	貞…𢦏舌方其出不…	1
六〇八三	貞舌方出惟黃尹壱	1
六〇八五	…舌…出不…我囚	1
六〇八六	貞舌方出惟我有作囚	1
六〇八七正	壬子卜殻貞舌方出不惟我有作囚五月	1

編號	釋文	分期
六〇八七正	壬子卜殻貞舌方出惟我有作囚	1
六〇八八	貞舌方出不惟囚我在囚	1
六〇八九	…方出不惟囚我在囚	1
六〇九一	丁未卜亘貞舌方出惟我囚…月　小告　小告	1
六〇九二	癸卯卜穷貞舌方出惟有作囚	1
六〇九四正	…舌方出不…	1
六〇九四正	…舌方出惟…	1
六〇九五	貞舌…出王勿饗十一月	1
六〇九六正	壬子卜穷貞舌方出王觀五月	1
六〇九七	甲午卜㕣貞舌出…惟…	1
六〇九八	己卯卜殻貞舌方出王自正下上若受我…	1
六一〇一	…舌方出…望…	1
六一〇二正	…舌方出…	1
六一〇三正	…舌方出	1
六一〇四	…舌方其出惟…	1
六一〇五	…舌方其出不…	1
六一〇六	貞舌方其出	1
六一〇七	貞舌…其出	1
六一〇八正	貞舌方其出　二告	1
六一〇九	貞…方不…出	1
六一〇九	貞舌方其出	1
六一一〇正	舌方其出	1
六一一一	…𥛚貞舌方其出	1
六一一二	甲申卜…貞舌方其出	1
六一一四	貞舌方不…出	1
六一一四	…其亦出	1
六一一五	貞舌方不允出	1
六一一六	舌…其亦出	1
六一一六	貞舌方不出	1
六一一七	…午…貞舌…亦出十月	1
六一一九	貞舌方其亦出	1
六一二〇正	貞舌方不亦出	1
六一二一	貞舌方不亦出	1
六一二三	貞舌方不亦出	1
六一二四	貞舌方不…出	1
六一二六	其出	1
六一二七	…舌…不亦出	1
六一三四	貞舌方出惟王…	1
六三八一	…土方出	1
六三八二	…來…土…出…𢦏…	1
六四五六	…尸方不出	1
六七〇六	…方其亦出	1
六七〇八	丁亥卜今𣎳方其出	1
六六八七	貞方不允出…	1

著錄號	釋文	分期
六六八八	貞方不允出从…	1
六七〇六	…方其亦出	1
六七〇九	戊寅卜今𡿧方其出	1
六七一〇	壬寅卜今𡿧方其出	1
六七一一	癸丑卜貞方其出一?月	1
六七一三	…巳卜貞方其出	1
六七一四	辛酉卜方不出	1
六七一四	辛酉卜…其出	1
六七一五	辛卯卜…方其出…唐	1
六七一七	壬午卜殻貞曰方出于𫹉允其出十一月	1
六七一八	…方出尋…	1
六七一九	戊午卜方出其受𠈇祐　二告	1
六七二〇	…方出…	1
六七二一	丁卯卜㝐貞方不出	1
六七二二	丙寅…貞方…出	1
六七二三正	…方不出	1
六七二四	…貞…方…出	1
六八〇四	貞…方出勿自見下上…	1
六八〇五	…爭…方出…	1
一〇二二三	甲午貞大方允出十二月	1
二七八八二	…來告大方出伐我師惟馬小臣…	3
二八〇一一	壬戌卜狄貞有出方其以來奠	3
二八〇一二	王其呼衛于㕣方出于之有𢦏	3
二八〇一二	弜益襄人方不出于之	3
二八〇一二	王其呼衛于㕣方出于之有𢦏	3
二八〇一二	弜益涂人方不出于之	3
三二〇三〇	辛亥卜北方其出	4
三三〇三二	癸卯卜刀方其出	4
三三〇三三	癸卯卜刀方其出	4
三三〇四六	方其出	4
三三〇四八	…方不來出	4
三三〇五四	乙…方出…于大甲祖…羊	4
三三二四一	方其出	4
三三二四一	庚辰卜方不出	4
三六五一八	乙巳王貞啓呼祝曰盂方奴人…其出伐	
	↓師高其令東會于…高弗悔不𠭰𢦔	
	王囚曰…	5
屯一三四一	方不其出于新…戊	3
屯四〇二五	方出至于茲…	3
英五四三	…貞吾方出王自饗受有祐五月	1
英五四四	貞吾方不允出	1
英五四五正	…殻貞吾方出不惟我…	1
英五四五正	壬子卜殻貞吾方出惟我…	1

大出

著錄號	釋文	分期
六六九〇	…今𡿧方其大出	1
六六九〇	…今𡿧方不大出	1
六六九一	乙亥卜今𡿧方其大出	1
六六九二	丙戌卜今𡿧方其大出五月	1
六六九三	…𡿧方其大出　二告	1
六六九四	辛巳卜方其大出	1
六六九五	壬申卜方其大出	1
六六九六	戊午卜方其大出九月	1
六六九七	庚申卜方其大出	1
六六九八	癸…㝐…方其大出	1
六六九九	…其大出	1
六七〇二	丙子卜㝐貞方其大出七月	1
六七〇二	貞方不大出	1
六七〇三	…方大出	1
六七〇四正	貞方不大出十三月	1
六七〇五	丁巳卜方不大出	1
六七六八正	貞方不大出	1
六七六八正	丙子卜㝐貞其大出七月	1
六九八五	…徹…大出…	1
七二〇七	…未?…大出	1
七二〇八	貞不大出	1
七六六八	…大出敦	1
八一四二	…大出十二月	1
二七九七二	…其大出	3
三二八八八	其大出	4
三二八九〇	其大出	4
三三〇四九	癸酉貞方大出立中?于北土	4
三四九九一	大出七月	4
三七八五二	…亥王…貞自今春至…翌人方不大出王囚曰吉在二月遘祖乙彡惟九祀	5
屯三〇七	不大出	4
英六三三	…方不大出　二告	1
懷九四三	…方…大出	1

出日

著錄號	釋文	分期
六五七二	戊戌卜內呼雀𩰫于出日于入日宰	1
一八五五八	…出日尊…	1
三二一一九	…出入日歲三牛	4
三三〇〇六	辛未侑于出日茲不用	4
三三〇〇六	辛未卜侑于出日	4

屯八九〇　癸未貞甲申彡出入日歲三牛　兹用
屯八九〇　癸未貞其卯出入日歲三牛　兹用
屯八九〇　出入日歲卯⋯　不用
屯六二五　出入日歲卯四牛　不用
懷一五六九　乙酉卜侑出日入日

六六〇二　乙丑卜貞今出羌無囚　二告
六六〇四　乙丑卜貞⋯出羌無囚
六六〇五　己丑卜今出羌有獲征七月
六六〇六　己丑卜今出羌有獲征七月
六六〇七　⋯卜今出羌有⋯
英一八〇八　⋯今出羌有獲征⋯

七二〇四　甲子卜⋯貞出兵若
七二〇五　甲⋯貞勿出兵⋯

其它

一五　貞呼衆人出麇克
一一三反　王固曰：其乘其惟乙出吉其惟癸出有祟
一六九　貞于翌庚申出
三五九　⋯庚⋯出
四七九　⋯庚申出
六三六　丙申卜爭貞令出以商臣于蓋
七〇九反　貞今月出
九七四反　貞勿⋯出
一七九九　貞不允出
一八二一正　貞騹惟其有出自之
一八二一正　騹無其出⋯之
二〇〇四　辛亥⋯出比⋯
二七二八　呼婦姘出
三二二三　⋯□乙酉子雍有出二月
三九四五反　王固曰戠其出惟庚先戠至
三九四五反　王固曰鳳其出其惟丁丁不出其有疾
三九四六反　王固曰戠其出惟庚其先戠至
三九四六反　王固曰鳳其出惟丁丁不出其有疾弗其
　凡
三九四七正　王固曰戠其出惟庚先戠至
三九四七反　王固曰鳳其出其惟丁丁不出其有疾
四一四三　庚戌卜雀于春出
四三九六　壬戌卜爭貞既出祈燎于土宰
四九九二　⋯余⋯亥出入⋯千暘⋯尤

五〇九六正　貞勿衍出
五〇九六正　貞衍出　二告
五一〇四　⋯貞⋯往出
五一〇五　⋯往出去
五一〇七　貞王⋯往出⋯
五一八〇正　⋯貞王入知⋯出若三月
五五二〇　其亦出
六〇八三　貞曰冐侯出步
六〇八六　貞不允出
六〇八六　允出
六一一三　⋯舌⋯允出
六一二一　往出狩
六一二二　其出
六四五八　⋯寅卜王今來⋯辰出征尸⋯月
六六八六正　貞方允其出从⋯
七二〇六　⋯允出⋯
七二〇九　其亦出
七二四一　貞庚申⋯王循出
七二四一　貞庚申勿循出
七四四五正　勿出
七八四九　龍⋯出⋯
七九二九正　⋯至令于八⋯出燎
七九四二　貞于庚申出于敦　二告
八一七八　⋯亘貞王循出于𢆶五月
八三〇一　⋯貞王勿循出⋯
八五九四反　⋯曰其出疾⋯吉惟有由⋯往⋯
八六五六正　庚子卜貞曰侯□出自方　小告
八六五六正　庚子卜貞呼侯徒出自方
八九四七正　⋯亥卜殻貞王其呼奴尋伯出牛有正
八九四七正　貞勿呼奴尋伯出牛不其正
九六三八　己酉卜⋯旃⋯出
九九九〇　癸亥卜殻貞于出彡
一〇五四七　貞⋯多□出田
一〇八一二甲　王于出尋
一〇九三六正　呼出目
一〇九七一　壬寅卜貞翌癸卯王亦東麓出有兕
一一〇一八反　王固曰勿出下上嬴有祟
一三一四八　⋯□貞于辛酉出暘日辛⋯允⋯
一三六三三　貞婦好𡧊惟出疾
一三九九五　翌辛卯出
一四二二三　其出
一四二七四　⋯其⋯出不⋯鬼⋯　小告
一四八九〇　勿蕭出　不告

編號	釋文	期
一五五〇〇	…貞王…祀…遖出	1
一五六二〇	…王往出	1
一五八七三	…呼…出日[illegible]	1
一六一〇八	戊子卜𣪊貞王勿由協往出	1
一六七五一	癸丑…古貞…無𡆥雍出	1
一七四九九正	貞翌日出有…	1
一七五八二反	戊寅出示…	1
一七六七六正	丁巳亘貞王固曰惟出	1
一七八一九反	…出燎	1
一八九五九	…惟出…从…	1
一九三一四	…辰卜…允出	1
一九三一五	貞翌…日出㞢…	1
一九三一七反	…于辛酉出	1
一九三一八	癸巳卜惟今六月出	1
一九三一九	…今六月出　二告	1
一九三二三	貞其出	1
一九三二六	…日…有出…歆于…	1
一九三二七正	庚子…貞曰出自…	1
一九三二八正	…有出…無…	1
一九三二九正	…出从…	1
一九三三〇	…往出于…	1
一九三三一	辛…往出	1
一九三三二	貞有弗其从之出	1
一九三三三	戊…貞不出	1
一九三三四	貞不出	1
一九三三五	貞不出	1
一九三三六	貞勿…出…	1
一九三三七正	…衣彡…勿出	1
一九三三八	貞延羽出	1
一九三三九	貞勿出	1
一九六五四	貞勿呼出	1
二〇〇四五	子权出	1
二〇一九五	…丑卜呼…匿于…出三月	1
二〇二四三	…出…示	1
二〇二五七	辛巳卜乙酉…出	1
二〇二五八	…卜…出	1
二〇二五九	己丑卜…王从出	1
二〇二六〇	…亥…出	1
二〇二六一	子己卯出王…	1
二〇二六一	…亥若出	1
二〇三四五	己未卜王使出	1
二〇三九八	乙未卜于丁出舞	1
二〇五八九	出	1
二〇七三八	乙卯卜内豢出魚不沁九月	1
二〇九八五	…雲…出亘…雨暈	1
二一三〇六乙	戊…出四月	1
二一六一六	辛未𢓊卜我出	1
二一七〇三正	[illegible]出京	1
二一八六〇	癸未子卜貞我不吉出	1
二一九九二	…出…若	1
二二〇四八	壬寅卜令巳复出	1
二二一七五	…巳卜…出	1
二二一九五	曰出	1
二二一九五	貞曰出	1
二二二七〇	癸巳卜母𡆥出	1
二二三二二	癸巳卜妒𡆥出	1
二二三二二	辛酉卜妒𡆥出	1
二二三二三	辛酉卜妒𡆥出	1
二二三二四	癸巳卜妒𡆥出	1
二二三二四	辛酉卜妒𡆥出	1
二二四二七正	…[illegible]來出	1
二二四七八	戊寅卜朕出今夕	1
二二七七四	…大…歲…出…酌…	2
二二八六〇	…卜即貞惟父丁…出無…	2
二三二二〇	…酉卜旅貞妣庚歲惟出[illegible]	2
二三六〇二	丙辰卜即貞惟[illegible]出于夕禦馬	2
二三七一三	貞其品司于王出	2
二四三七六	…巳…其㞢…今日…出…	2
二五六六三	…出[illegible]…	2
二七一九九正	…王…比祖乙…出比…	3
二七七六〇	于辛出	3
二七七六一	于辛出	3
二七七六二	…寧…不出	3
二八〇〇三	出于卜燎	3
二八〇一二	…衛…出于…[illegible]	3
二八〇二三	…龍惟今日丁出	3
二八〇二九	丁卯卜戍允出弗伐微	3
二八一四五	…出于?…[illegible]不雨	3
二八四二五	[illegible]其出于田	3
二八七九九	王其藝兕遖麓王于東立虎出擒	
	大吉	3
二九〇七六	其出于喪	3
二九四四五	其出	3
三〇〇三四	惟庚出有大…吉	3
三〇〇三四	惟辛出有大雨　吉	3

著錄	釋文	期
三〇〇三七	惟戊出有大雨	3
三〇二九二	……出門王惟……	3
三〇五〇一	辛卯卜……貞其侑……毋出……受……	3
三二〇三〇	弜爯衆不出	4
三二七〇〇	二穀于出𡆥	4
三三〇三三	不出	4
三三一六四	癸未貞旬……囚……出	4
三三三八一	不出	4
三三五二六	癸丑貞王令利出田告于父丁牛兹用	4
三四一四三	癸酉貞有出	4
三五一五二	丙戌卜……出于……	4
三五三一二	其出	4
三五三一二	不出	4
三五三一四	其出	4
三五三一四	不出	4
三七五一七	肙出擒	5
屯三四五	莫出𢦏受年 吉	3
屯三四五	惟丁卯出𢦏受年	3
屯三四五	及兹月出𢦏受年 大吉	3
屯三四五	于生月出𢦏受年 吉	3
屯五八八	……宮田出于盂無災	3
屯九八一	其出	
屯一三九三	……不出……	
屯二五七九	于大乙日出……迺射沓兕無……吉	3
屯四四四六	乙未卜丙出舞	1
屯四四四六	乙未卜于丁出舞	1
屯四五四七	惟壬出舟	4
屯四五四七	惟癸出舟	3
屯四五四七	……出舟	3
英一九一	丙辰卜丁巳勿出	1
英四五五	……往出	1
英四五六	……不其出	1
英八二三	……卜古貞……往出……	1
英一二四一	𦉠出示弗其若	1
英一二四一	勿𦉠出示若	1
英一四五三正	……出…… 小告	1
英一六一七	乙卯卜𣪘貞勿出……子……	1
英一六五四	……弗其出	1
英一七八一	乙卯卜王貞勿惟西取𣈆呼西出目	1
英一八七四	……至己亥出立	1
英一九二七	……大……翌……出	2
英一九九一	……出……不……出惟……	2
英一九九二	……卜即……出……二月	2
英二一四四	……卜喜……出……	2
英二三二二	其出舟惟今日癸無災 吉	3
懷三二九	……其出……	1
懷三三〇	……其出……	1
懷三三一	丙……出……	1
懷三三二	……出……王……	1
懷三三三	……卜……有……出……	1
懷三四五	……方其……出	1
懷三八八	……酉卜爭貞……允其出	1

出

著錄	釋文	期
三六七九	戊辰卜穷貞……其有出	1
三八二九	甲戌卜古貞其有出	1
三八三〇	甲戌卜古貞其有出	1
五一一〇正	……申卜𠱿貞……勿出	1
六〇九三正	……貞舌方出帝不惟……	1
六〇九三正	……𠱿貞舌方出帝……	1
六六四七反	貞王出	1
六六八九	丁巳卜今𣎴方其大出四月	1
七三〇八	……方不大出	1
一三二二〇正	貞𠂢有萬出	1
一九三三二	壬戌卜𠱿貞其有出	1
三三〇五〇	……方出从北土弗𢦔北土	4
屯二三二一	……出弗悔	3
屯二三二二	王其觀日出其截于日剛	3

汦

著錄	釋文	期
三六八九八	己……汦貞……無……	5
三六八九九	戊……汦……今……	5

各

著錄	釋文	期
二一〇一一	……采各雲自……延大風……自西……刜……女……	1
二一〇二一	……大采日各雲自北雷惟[illegible]雨不延惟毋……	1
二一〇二一	癸亥卜貞旬一月昃雨自東九日辛未大采各雲自北雷延大風自西刜雲率雨毋	
	𦉠日……	1
二一〇二二	各雲不其雨允不啓	1
二一五七七	丙子子卜貞……于入各……	1
屯六一八	先祭二必蒸迺各……祖乙蒸𪗉王受祐	3
英一八五二	戊……各亘自……風……夕……	1

各

四七九九
五一一一
一〇四〇五反
一〇四〇六反
一三一七一
一三四〇五正
一六三五九
二〇九七四
二二〇〇一
二七〇〇〇
二七一六五
二七二八一
二七三〇四
二七三一〇
二七六二五
二七七五五正
二七七五五反
二七八一八
二八一八三
二八九〇三
二九八〇二
三〇〇三二
三〇九二三
三〇九二五
三一一一六
三一一二二
三一一三〇
三三三四八
三三三四八
三六一七七
三六三八八
三八七二七
屯六一八
屯二四八三
英二三六三
懷八三三

貞…令…𢍰…工…各…惟… 1
丁卯卜殼貞王勿往出 1
王固曰有祟八日庚戌有各雲自東冒母昃
亦有出虹自北飲于河 1
王固曰有祟八日庚戌有各雲自東冒母
昃亦有出虹自北飲于… 1
…寅卜…己卯其各暘日 1
…王…賓…雲各自…自北唐… 1
有各五月 1
乙酉…雨…雨…各…雨 1
己未無各若 1
王其各于大乙彡伐不遘雨 吉 茲用不
雨 3
王入𢓊各于祭 3
執惟𢀛各于酉用王受祐 3
…各祖丁…受祐 3
王其尋各𢓊以… 3
兄辛歲惟𢀛各于日啟 3
…𦎫各… 3
…惟𦎫各… 3
王各…从小… 3
…東洹弗…王各夕… 3
…𢍰各用無災 3
…𢀛各日王受祐 3
惟各奏有正有大雨 大吉 3
…各夕酉 3
惟各于𦖧𧶜王受祐 3
雍其啟鼎𢓊各日有正 3
惟各于㴞啟 大吉 3
丁卯卜…各王受… 3
其各 4
大水不各 4
王固…各于…帝… 5
壬子…各…弗悔 5
…貞王其各…惟辛王弗悔 5
王其蒸𥜽二必惟𢀛各𦖧𥜽酌 3
王其侑…己惟…各日酌王受祐 3
丙午卜祖丁盟歲王各祼于父甲 3
…𡡛…各… 1

洛

三六九五九
三六九六〇

癸丑…洛貞王…無… 5
癸丑…在洛…師貞…畎王…吉 5

⿱宀正

六七二正
六七二正
六七三正
五一八九
六六四九正
六六五一
六六五六
一三六九五正
一三六九五乙正
一三六九五乙正
一八二四八
二一五七八
三二〇三九
屯一五一三
英二四五〇

其它 參371頁

乙未卜殼貞酌⿱宀正 1
貞酌⿱宀正 1
勿酌⿱宀正 1
壬寅卜…乙巳酌…王⿱宀正… 1
…⿱宀正化戋㲋暨雔 二告 1
…⿱宀正化戋㲋暨… 1
庚戌卜殼貞…⿱宀正化戋㲋…王固曰惟
乙其…惟甲申… 1
貞𢑚⿱宀正化弗其戋叙 1
…⿱宀正化弗其戋叙 1
貞𢑚⿱宀正化…叙 1
丁亥卜⿱宀正… 1
乙未子卜無⿱宀正 1
癸亥卜弜定 4
弜⿱宀正 3-4
丙申貞方其有…定 4

⿵冂正

三三六五二
二四七五六
二四七五七
二六七五〇
二六八三四
三〇六一五
三〇六一五

…卜中…日午…王固…⿵冂正允…十三月 2
辛巳…即貞今日有⿵冂正雨 2
癸酉卜…貞王𠦪無⿵冂正雨 2
庚寅卜黃貞今日西⿵冂正… 2
乙…貞…⿵冂正… 2
…未卜何貞祝惟舊⿱宀正用 3
…卜貞王其舊⿱宀正 3
…卜…貞昃有⿵冂正雨 4

⿱宀止

三三九一八

著録號	釋文	期
五一九〇	王⿱宀止	1
一六一八一反	：⿱宀止：	1
三三二八八	貞王其⿱宀止禾奉于河	4
三三二八八	貞王弜⿱宀止禾奉于河	4
三四二六〇	：河王⿱宀止	4

⿱丙止

著録號	釋文	期
一九〇正	貞王其逐兕獲弗⿱丙止兕獲豕二	1
一九〇正	貞其逐兕獲弗⿱丙止兕：	1
五一七反	王固曰：⿱丙止甘	1
八一一反	弗其⿱丙止	1
三七七一	王固曰其：⿱丙止惟示：	1
四三六九正	貞徙：其退	1
五二四七正	己：貞：剢：饗不：⿱丙止：	1
七六八四	貞戊弗其⿱丙止	1
七七五七反	：王：其⿱丙止：允： 岳	1
一〇一〇六	貞勿⿱丙止豕	1
一〇一六五反	：王固曰⿱丙止不冀	1
一〇三〇三	壬子卜史貞惟其⿱丙止鹿	1
一〇三二一	：⿱丙止鹿：允⿱丙止三：獲鹿一：	1
一〇三二三	：子卜㝐貞：子：鹿：王固曰獲：弗⿱丙止：	1
一〇四二六反	：⿱丙止麋：	1
一〇四四二	：⿱丙止兕	1
一〇九一七	丁巳卜史貞呼任目虎⿱丙止十月	1
一二六八二反	：丁：⿱丙止：雨	1
一二九九七反	王固曰今夕⿱丙止雨	1
一四〇〇一正	壬寅卜殻貞婦：娩嘉王固曰其惟：申娩吉嘉其惟甲寅娩不吉⿱丙止惟女	1
一四〇七六正	：午卜爭貞：嘉：⿱丙止惟丁不吉	1
一四〇七六反	王固曰⿱丙止：吉其惟：	1
一四一〇三	：惟：中脉：⿱丙止：嘉二月	1
一四七三四正	：其⿱丙止 二告	1
一六三八八	：⿱丙止其用若八月	1
一七七二七	王固：𠷎旬：	1
一八二四七	戊：⿱丙止：	1
一八二四九	貞弗其⿱丙止十二月	1
一八二五〇	貞：肉：⿱丙止：	1
一八二五一	不其⿱丙止	1
一八二五二	貞：⿱丙止：	1
二一〇九九	今夕⿱丙止戋	1
二一〇九九	辛丑卜⿱丙止𢦏方人	1
二一六四五	戊辰子卜貞我⿱丙止	1
二三六四六	：貞：⿱丙止：	2
二八〇一三	王其令⿱丙止歸弗悔	3
二八三六九	惟宮麋祟⿱丙止擒	3
三二九三六	己酉卜⿱丙止圍：	4
三三一七〇反	：王其：于⿱丙止	4
三三三八〇	辛：貞有：白木⿱丙止	4
三三四二三	：⿱丙止兕	4
三四三七九	自⿱丙止人奉	4
三四六七六	：⿱丙止匯其延在寂卜	4
屯二九五	弜弘若⿱丙止𠀠一牢	3
屯二四〇九	惟在濘田⿱丙止示王弗悔濘 吉	3
英一七三六正	：⿱丙止	1
懷八五四	辛酉：今夕：⿱丙止：	1
懷一三七九	：于⿱丙止：	3

⿱宀⿱丙止

著録號	釋文	期
一二一七二	：⿱宀⿱丙止：	1
二八四〇八	王其比言⿱宀⿱丙止兕	3
二九三六八	戊子卜：王其田：⿱宀⿱丙止	3

⿰⿱丙止攵

著録號	釋文	期
五六五八正	大⿰⿱丙止攵敎次	1
五六五八正	勿衣⿰⿱丙止攵敎次 二告	1

⿱止丙

著録號	釋文	期
四〇〇三正	丁巳卜：令⿱⿱止丙：朕示：出邑：⿱止丙：	1
一一五七六	：⿱止丙母五月	1
一四一五七	丙寅貞⿱止丙享	1
一八二四六	：呼：⿱止丙：	1
三一一八一	：⿱止丙于之有正	3

敲

著録號	釋文	期
二三九二	于祖丁母妣甲禦有敲	1
二三九二	于妣庚禦有敲	1
一五六八四正	貞勿敲	1
一八二二四	貞：敲：	1
英一二五〇反	貞翌辛亥勿呼往于有敲于比	1

望

三三六〇三 …寅卜即…望鼓… 2

二七五八九 惟…望…正 大吉 3

二二二四九 癸巳卜貞子𠭘無囚 1

三六八五〇 癸丑卜在𠂤貞王旬無䋫 5

三六八五一 癸…𠂤… 5

三六九一七 癸丑卜在𠂤貞旬無䋫 5

三六九一八 癸丑…𠂤…步…無… 5

正 征

六四〇四 壬子卜…貞惟我奚不正十月 1

六四〇五 壬子卜穷貞惟我奚不正…月 1

六四〇六 …惟我奚不正 1

六三〇七 貞呼征舌方 1

六三〇八 貞呼征舌方 1

六三〇九 貞勿呼征舌方 1

六三一〇 貞勿呼征舌方 1

六三一〇 貞呼征舌方 1

六三一一 貞勿呼征…方 1

六三一二 貞勿呼征…方 不舌黽 1

六三一三 貞惟王征舌方 1

六三一四 貞勿惟王征舌方下上弗若不我其受祐 1

六三一五 …丑卜殼貞勿惟王征舌方下上弗若不我其受… 1

六三一七 癸丑卜殼貞勿惟王征舌方下上弗若不我其受祐 1

六三一九 庚申卜殼貞王勿征舌方下上弗若不… 1

六三二〇 庚申卜殼貞王勿征舌方下上弗若不我其受祐 二告 1

六三二一 庚申卜殼貞王勿征舌方下上弗若不我其受祐 二告 1

六三二二 己酉卜貞王征舌方下上若受我祐一月 1

六三二二 貞勿征舌方下上弗若不我其受祐 1

六三二三 …弗…征舌方 1

六三三四 …卜穷貞…征舌… 1

六三三五正 貞惟王征舌… 1

六四〇九 丁酉卜殼貞今𡆥王奴人五千征土方受有祐三月 1

六四一〇 丁酉卜殼貞今𡆥…人五…征… 1

六四四二 乙卯卜殼貞王惟土方征 1

六四四三 乙卯卜殼貞王惟土方征 1

六四四四 貞王勿惟土方征 1

六四四五正 貞王勿惟土方征 1

六四四六正 貞勿惟土方征 1

六四四七 貞勿征土方 1

六四四八 貞勿征土方 1

六四五七正 …侯告征尸 1

六四五八 …寅卜王今來…辰出征尸…月 1

六四五九 壬午卜卜穷貞王惟婦好令征尸 1

六四六〇正 貞王惟侯告比征尸 六月 1

六四七六 貞王惟尸𢦔征 1

六四七六 貞王勿惟尸征 二告 1

六五二七正 丁巳卜穷貞燎于王亥十𡆥卯十牛三㲋告其比望乘征下危 1

六五二八 …王征下危受有祐 1

六五八三 王惟尸征 1

六五八三 勿惟尸征 1

六六五七正 丙辰卜穷貞王惟周方征 1

六六五七正 貞王勿惟周方征 二告 1

六七四七 …今𡆥…奴…征…方 1

六八〇八 …今…王征…方 1

六九二八正 甲申卜王貞余征𢀛六月 1

六九三〇 …自征𢀛 1

六九九三 辛酉…其征𣶃六月 1

三三〇二一 王弜征召方 4

三三〇二一 弜征 4

三三〇二二 貞王征召方受祐 4

三三〇二五反 丁未貞王征召方在𤰔卜九月 4

三三〇三四 丙午貞惟王征刀方 4

三三〇三五 辛亥貞王征刀方 4

三三〇三五 庚戌惟王自征刀方 4

三三〇九三 …酉貞王惟西方正 4

三三一一二 癸亥卜王惟尸征 4

三六四八二 甲午王卜貞作余彰朕𠦪彰余步比侯喜征人方上下示受有祐不𠳿𢦏囚告于大邑商無…在𠂤王囚曰吉在九月遘上甲𠫑惟十祀 5

編號	釋文	期
三六四八三	甲午王卜貞作余酌…余步比侯喜征 人方	5
三六四八四	癸巳卜黃貞王旬無畎在十月又二惟征人 方在	5
三六四八五	癸亥王卜貞…畎在九月王征人方在雇	5
三六四八六	…未王卜貞旬…畎在十又二…征人方 在舊	5
三六四八七	癸亥卜黃貞王旬無畎在九月征人方在 雍	5
三六四八八	…王卜貞旬無畎王…師惟王來征人方	5
三六四九一	癸巳王卜貞旬無畎在十月又二惟征人方在	5
三六四九四	癸酉卜在攸泳貞王旬無畎王來征人方	5
三六四九五	癸卯卜貞王旬無畎在五月在𩫖…惟王 來征人方	5
三六四九六	癸未卜黃貞王旬無畎王來征人方	5
三六四九六	癸巳卜黃貞王旬無畎王來征人方	5
三六四九七	癸未王貞旬無畎王來征人方	5
三六四九八	丁巳王卜…征人方余受祐不…畎曰…	5
三六四九九	癸丑王卜貞旬無畎王來征人方	5
三六五〇〇	癸未王卜貞旬無畎王來征人…	5
三六五〇一	乙巳卜…王田…無…兕二十又…來征人	5
	……	5
三六五〇二	…未王卜貞旬無畎…征人方	5
三六五〇四	癸酉王卜貞…無畎在十…征人方…	5
三六五〇五	癸卯卜黃貞王旬無畎…來征人方	5
三六五〇六	…丑…于商無…征人方	5
三六五〇九	…在…貞旬無畎…弘吉在三月甲申祭小 甲…惟王來征盂方伯炎…	5 5
三六五一〇	…丑王卜貞今囚…多伯征盂方…	5
三六五一一	丁卯王卜貞今囚巫九咎余其比多田…多 伯征盂方伯炎惟衣翌日步…左自上下 于𡆥示余受有祐不𢦔𢦏…于茲大邑商 無𡆥在畎…弘吉在十月遘大丁翌	5
三六五一六	…卜貞旬無畎王囚曰弘…甲辰𠭯祖甲王 來征盂方	5
三六五一七	…囚曰吉在十月王…受祐不𢦔𢦏…其 征盂方惟…	5
三六五三〇	己酉王卜貞余征三封方惟𡙇令邑弗 悔不無…在大邑商王囚曰大吉在九 月遘上甲…五牛	5 5
三六五三一	…于卜在…于𣲧往來…王來征三封…	5
屯一〇六六	庚寅貞王其正北方	4
屯二三七〇	乙卯卜貞王其正人方無災	3-4
屯四一〇三	辛亥貞王燎…正召…	4
屯四一〇三	癸丑貞王正召方受祐	4
屯四一〇三	乙卯貞王正召…	4
屯四一〇三	丙辰貞王正召方受祐	4
英二五二四	癸卯王卜貞旬無畎在十月又一王征人方 在商	
英二五二四	癸丑王卜貞旬無畎在十月又一王征人方 在亳	5
英二五二四	癸亥王卜貞旬無畎在十月又一王征人方 在	5
英二五二四	癸酉王卜在…貞旬無畎在十月又二王征 人方	5
英二五二五	癸巳卜在𡉚貞𢀛商𡉚泳貞王旬無畎 惟來征人方	5
英二五二五	癸酉卜在巳奠河邑泳貞王旬無畎惟來 征人方	5
懷一八〇七	…田…征盂…上下于𡆥…余又…𢦏囚… 邑商…	5 5
懷一九〇八	…貞其征盂方惟…受祐不𢦔𢦏無 …囚曰吉在十月王九…	5 5
八九四七正	…亥卜殻貞王其呼奴尋伯出牛有正	1
二六九七七	乙亥卜其𠬝執其卯有正	3
二六九九〇	…執…有正	3
二六九九〇	惟癸酌今有正	3
二七〇四一	惟父甲彡日遘有正	3
二七〇八三	三匚二示卯王祭于之若有正	3
二七〇八三	弜祭于之若有正	3
二七〇八七	其有𠬝示壬示癸惟牛有正	3
二七〇八七	其牢有正	3
二七一〇五	…暨大乙酌有正	3
二七一〇六	先酌大乙史有正	3
二七一〇八	貞…大乙弜…酌于之有正	3
二七一一三	于祖丁用有正王受祐	3
二七一六二	辛酉卜狄貞王其侑辛奭惟歲有正	3
二七一九四	貞𥎦祖乙惟𡆥至有正	3
二七二〇〇	其若𠭯𥎦祖乙有正	3
二八二〇九	惟祖丁秝𩰪用有正	3
二七二三一	…祖乙有正	3
二七二四七	中宗有𠬝有正	3
二七三三二	…𢓊𢻻小丁有正	3
二七三三三	𢻻小丁有正	3

編號	釋文	期
二七四二九	：今日己：有正	3
二七五〇三	甲午卜吾其至妣己祖乙奭有正　吉	3
二七五〇三	其吾妣甲祖辛奭有正	3
二七五三四	弜于妣庚有正	3
二九五三四	貞惟羊有正	3
二九五三四	：有正	3
二七五五三	其祝在妣辛有正	3
二七五六一	：王賓妣辛日有正	3
二七五八九	王賓母戊歲有正　吉	3
二七五九一	王賓母戊：有正　吉	3
二七五九五	丁酉卜來母己有正　吉	3
二七六〇五	其至司嫡有正	3
二七六二八	其蘭兄辛惟有車用有正	3
二七六三〇	吾兄辛有正	3
二七八二四	：用遘雚：有正	3
二八〇八〇	惟戌射有正	3
二九五〇四	白牛惟二有正	3
二九五〇四	白牛惟三有正　大吉	3
二九五〇四	貞白牛?有正　大吉	3
二九六九三	其呼箘車有正	3
二九六九三	王：商于之有正	3
二九六九三	其肇馬有正	3
二九七〇四	即日酚有正	3
二九七七三	于旦有正：受祐	3
三〇〇三二	惟各奏有正有大雨　大吉	3
三〇〇三二	惟商奏有正有大雨	3
三〇〇三二	惟庚申奏有正有大雨	3
三〇二六九	貞其：勿由有正	3
三〇二九三	从川万門有正	3
三〇六四六	：朱日有正	3
三〇六五二	册至有正	3
三〇六五四	册至有正	3
三〇六七四	惟茲册用有正　吉	3
三〇六七四	惟茲栅用有正　大吉	3
三〇七〇六	：三牢用有正王受有祐	3
三〇七一〇	惟牢有正	3
三〇七一三	惟宰有正	3
三〇七一三	惟牛有正	3
三〇七六四	：習大示有正	3
三〇八〇三	：于孟新：有正	3
三〇八一二	乙亥其酚有正	3
三〇八一二	惟乙未酚有正　吉	3

編號	釋文	期
三〇八一二	惟乙未酚有正　吉	3
三〇八一三	貞惟乙酉有正	3
三〇八一四	貞惟乙未酚有正	3
三〇八一五	惟辛丑酚有正	3
三〇八一五	皂五卣有正	3
三〇八一五	十卣有正	3
三〇八一六	惟乙巳酚有正	3
三〇八一七	辛亥酚有正	3
三〇八一八	惟乙卯酚有正	3
三〇八一九	：宗酚有正	3
三〇九六一	惟𠂇公作豐庸于：有正王受：	3
三〇九九六	其鼎有正	3
三一〇一三	惟小乙：庸奏用有正	3
三一〇一四	惟庸奏有正	3
三一〇一五	：裘其庸有正	3
三一〇二一	弜庸其豐：爵有正	3
三一〇二二	：庸奏有正　吉	3
三一〇三三	其奏庸鬩美有正	3
三一〇三三	惟林舞有正　吉	3
三一〇六二	于九月延尋有正　大吉	3
三一〇八五	己酉卜貞祐：妣有正	3
三一二四一	其射有正	3
三一二四二	弜射有正	3
三一二四四	彈有正	3
三一二六四	其𠰻有正	3
三二六四二	丁丑卜：小丁史有正	4
三二七九八	：賓伊賓：𠂇有正	4
三二九六九	其呼盧衆史需射有正	4
三六三五一	其五卣有正王受祐	5
屯二六一	惟今入自夕酉酚有正	3
屯六一三	于祖丁歲有正王受祐	3
屯二二七六	弜饗于廳鬻觶必有正	3
屯二二七六	其作豐有正	3
屯二三三四	其用在父甲必門有正　吉	3
屯二三四五	惟鼏用祝有正王受祐	3
屯二六五二	：𠂇：豐：有正	3
屯三〇〇四	弜屯其䎽新東有正　吉	3
屯三〇〇四	惟新東屯用上田有正　吉	3
屯三八九六	其敹祖丁必有正王受祐	3
屯三三四五	于宗有正王受祐	3
屯二四四三	其弘有正	4
英二三六九	：自毓妣酚有正	3

英二三七　于鹿𣎆有正
英二三七　于𦎫東伊田有正
懷三三四　：戠：有正

四四九九乙正　丁亥卜殻貞卯以有正　二告
九四八〇　：卜：貞翌夕有正乃坚田
九五七七　：丁夕有正二月
一〇一三一　貞役惟有不正
一〇一三六正　乙亥卜爭貞在𠂤田有正雨
一〇一三七　貞黍年有正雨
一四九六二　王其有正
英八一八　：卜𥝢年有正雨
英八二〇　𥝢：有正雨

其它

三七一正　庚午卜殻貞
八〇八正　貞勿𢦏耏妣癸𢆶正
八二一正　貞王其：有告父正　二告
九〇〇正　侑于祖乙宰正
九〇三正　今日夕用正
九四二正　翌乙未呼子宜祝父宜小宰冊及三𢆶
五宰𢆶羸正
一一四〇正　壬子卜寳侑于示壬正
一一六五　匚：上甲正
一一九一正　甲午卜寳貞侑于𣏟甲一牛正
一四三八　：卜王貞：麥大甲：四羊一：牛麥：正
一五八七　：王其：正
一六〇六　丁亥卜𣪊：甲虎于祖乙正
一八六一　貞王有言祖丁正
一九六〇　戊子卜勿𢦏正：
二〇七八正　乙未：作：祖：正
二二七一　：不正
二二七三正　己未卜爭貞來甲子耏正
二七四七　：姘：正
二七七九甲　貞𡇼正王
二七七九乙　𡇼弗正王
三六二八　庚辰：貞正：
四七五〇　：申卜：王：竹：正：
四八〇五正　呼斫鼓正
四八〇五反　呼斫：正

五〇一五　壬：正：朕：匚：
五三五四　貞王無不正
五三五四　辛未卜寳貞王有不正
五三五五正　：戌卜：貞王：正
五三五五反　：吉正
五三六九正　：殻：王以：臣正：
五八二八　甲戌卜内翌正有直執陟：
六〇六六反　：五日丁未允有來：吾曰吾方征于我
：三邑
六一七〇反　王固曰有祟四祟丩正：
六三一五　：惟王征：方下上弗若：我其：祐
六三一六　癸丑卜殻貞勿惟王征吾方下上弗若不我
其：
六三二六　：𢦏惟王征吾：
六三四五　乙酉卜殻貞吾方衛率伐不王其征勿告
于祖乙：
六三四七　：殻貞吾方衛率伐不王告于祖乙其征
旬祐七月
六四四一　戊午卜殻貞今𢀛王征土方
六五二九　：十𡆥卯十牛：望乘征下危
六五五六　丙戌卜𠚤貞其用正
六六四七正　貞正
六七二八　貞呼往征　不舌黽
六七七八正　癸丑卜寳：𡘋之日正：延𦐇：亦𢦏：
六八一〇　：王出：征：方
六八二八正　庚寅卜爭貞旨征婁
六八二八正　貞旨征不其婁
六九一五　貞戠：無其：㠯征：我：
七〇五三正　壬寅：殻貞：征玉
七〇五三正　壬寅：殻貞：征玉
七二八〇正　貞今𢀛王勿収人征：
七五〇五　正
七五〇五　正
七五〇五　貞正
七六一六　貞：正
七六一六　貞惟王正
七六一六　貞勿惟王正
七六一七　：王貞余正
七六一八　：惟王：自正
七六二〇　：勿入正
七六二一正　貞王：正：
七六二四　：王不正
七六二五　：勿正
七六五二　：正五月

八八五二反　貞用正　1
八九四七正　貞勿呼取專伯出牛不其正　1
九一六六正　…正以　1
一〇三〇七　丁卯…狩正…擒獲鹿百六十二…百十　1
四豕…十旨一…　1
一一四八四正　弗其正唐　1
一一四八四正　貞正唐　1
一三六五八正　甲子卜穷貞作俑于妣甲正　1
一三八五二　貞作告疾于祖辛正　1
一三九二四　貞正　1
一三九二四　貞正　1
一四〇三二甲正　貞…其正　1
一四〇三二乙正　貞其有正　1
一四一四一　…帝令雨正…　1
一四三一五正　貞正祖乙　1
一四五三六正　辛卯卜殻貞乞呼酢河不潛正　1
一四五八八　戊寅卜古貞寤正　1
一四七八一　…侑于娥正　1
一四八一一　己卯卜余乘于蔑三牛允正　1
一四八一一　戊寅…余乘…允正　1
一六〇〇三　癸…舞…亥…其正…　1
一六一五四　弗其…正　二告　小告　1
一六二四六　…無其酌正我　1
一六二四九　甲申卜穷貞正　1
一六二五五　…其正　1
一六二五六　…其正　1
一六二五七　癸酉…令…正…立…　1
一六二五七　…王…正　1
一六二五八　弗正　1
一六二五八　弗正　1
一六二五九　貞左弗正　1
一六二六〇　貞弗其正　不吉黽　1
一六二六一正　貞弗其正　1
一六二六二　貞弗其正八月　1
一九三四三　…卜…貞正…日…　1
一九三四四　弗正　1
一九三四四　弗正　1
一九八三四　丙午卜酢大…卯三牛正　1
二〇二七四　…卜王惟…正商…允魯　1
二〇四二三　壬午卜王貞當曰方于甲午其正七…　1
二一七三四　乙巳猷卜丁來自正川子　1
二一七三五　…巳猷卜…來自正…子　1

二一七三六　己酉子卜自正…我　1
二二〇四二　…酉卜正　1
二二〇四二　丁未卜…正　1
二二〇八六　壬申卜內乙閑正示　1
二二二四六　正受禾　1
二二二四七　正受禾　1
二二三二二　甲申卜令宅豚正　1
二二三二二　惟延宅正　1
二二三二三　甲申卜令豚宅正　1
二二三二三　惟延宅正　1
二二三二四　甲申卜令豚宅正　1
二二三三六　惟正延　1
二三〇一一　貞…祖辛…正…　2
二四一三二　庚辰…貞王…正　2
二四二一六　…卜出貞…王正…龠…　2
二四六三九　貞弜正日八月　2
二四九三三　庚辰卜大貞雨不正辰不惟年　2
二四九三三　貞雨不正辰無匄　2
二五八八一　…辰…出…今夕…匚正…　2
二六〇七二　貞弜正日　2
二六〇七八　貞…惟…正…　2
二七三〇五　于宗…正　3
二七四五三　兄惟今其三牢𠂤酢正王受祐
大吉　3
二七五八九　惟…望…正　大吉　3
二九四〇七　弜觳白惟鼎正王擒　3
二九五〇六　…牛…正　3
三〇三九一　王有歲于帝五臣正惟無雨　3
三〇八二五　惟牛用正　3
三〇八二五　惟牢用正　3
三一〇三三　惟辛奏有正　3
三二〇四一　甲午卜貞酢甲辰正　用　4
三二九八三　弜正其母　4
三三〇〇八　…酢有正　4
三三〇二一　弜征　4
三三〇三三　王弜征令　4
三三一二〇　丁巳…王正　4
三三一二〇　其正　4
三三六九四　于正京北　4
三四〇三九　…辰卜…正雨　4
三五三五六　乙丑卜貞王其爯𠂤于文武帝必其以
羌五人正王受有祐　5

三五九八二　癸亥卜在師貞王在𦎫林其餗往正王　5
三六一二三　癸酉卜貞翌日乙亥王其有彳于武乙必正王受有祐　5
三六一二七　…有彳于…乙必其…正王受祐　5
三六一二三　壬辰…衣…朕師…師…文武…武乙惟…正　5
三六一七一　…貞翌日…有彳…帝…正…有祐　5
三六一七三　庚…彳于文…帝必正　5
三六一七三　乙丑卜…其有彳…武帝…三宰正…有祐　5
三六一八一　甲戌王卜貞…令孟方…典西田…妥余一人…田畓正…自上下于𠭰　5
三六三一五　…貞翌日癸卯王其…𠂤𢀛正王受有祐　5
三六三一六　…王其…于枇癸…正　5
三六三五四　其二十人正王受祐　5
三六三五八　…自…升…正…有祐　5
三六四八四　癸卯卜黃貞旬無𡆥在正月王來征人方在攸侯喜鄙永　5
三六四九〇　癸未…貞王…𡆥征…卜在…鄙…師…旬無…來征…　5
三六四九二　丙午卜在攸貞王其呼…延執胄人方𢦏焚…弗悔在正月惟來征　5
三六四九六　癸酉…貞王旬…𡆥王…征　5
三六四九七　癸巳王卜貞旬無𡆥…征　5
三六五一二　弜正　5
三六五一二　↓孟…冊孟方…田畓征　5
三六五一五　…貞今囚巫九备↓…𢀛示余其畓征…余受有祐不曾　5
三六五一六　…卜貞旬無𡆥王囚曰弘…甲辰翌祖甲王　5
三六五二五　來征孟方　5
三六五二五　癸未卜在師貞今囚巫九备王于𠭰侯缶　5
三六五三五　師王其在𠭰𢀛正　5
三六五三五　…師…正　5
三六五三四　戊戌王蒿…文武丁祄…王來征　5
三六五三九　丁卯王卜…今日…于…在四月惟來征…　5
三七三八七　…二必…正王…有祐　5
三八二三〇　…帝宗正王受有祐　5
三八七二八　庚寅卜貞其祏唯正受…　5
三八七二九　其唯祠祏正　3
乇一九九　王其田于…其剛于大甲跡有正　3
乇六八六　…有正　3
乇一〇五五　惟父庚庸用惟父甲正王受祐　3
乇一〇六一　…惟父甲正王受祐　3

乇一〇六一　…庸…父甲正王受祐　吉　3
乇二六七一　癸亥卜貞酌桒石甲至般庚正　3
乇三三六五　于示壬祏正　3
乇二八一八　…各…旦…正　3
乇三〇〇八　甲辰卜王其田惟盛正…　3
英三七二　…𡆥畓…正　1
英五五四　貞弗其正　1
英六一六　辛未卜㱿…貯呼正…人　1
英六二八　…今𢀛王…方…正…　1
英六八三　…巳卜…正王…　1
英一二六一反　…正…　1
英二〇四二　戊辰卜尹貞王其田無災在正月在庐卜　2
英二一八六　丙申貞卜…惟正　2
英二三六一　…宰…正　3
英二三六七　…宰有正　3
英二五一八　乙未卜貞自武乙彡日衣必禘其即𢀛五　5
英二五一九　宰正王受有祐…五其祏于文…正王受有祐　5
懷一三三四　…𢦏…有…正…𩁹　1
懷六四四　…王…贏…余…不…正　1
懷七一九　…弗…征…降…　1
懷七二三　貞弗其正　1
懷一五〇六　…申卜…生二月…正…　4
懷一六六九　…自征…　4

徙

三二五一正　𢓊侑枇壬𢀛…　1
三二五一正　𢓊侑枇壬𢀛暨唐若　1
三三〇五　辛丑卜王…沚伯弗…徙　1
三四一三　…亥卜王余令…出𢓊朕惟…　1
六五七三　甲戌卜㱿貞雀及子商徙基方克　1
六六五三正　令𢦏徙卯　1
六八五〇　…𢦏其…暨徙…　1
七〇五六　己未卜徙𣪊暨名一月　1
七六五七　…其徙　1

𢓊　征

六 癸未卜宾貞馬方其征在沚
六 癸未卜宾貞馬方其征在…
一三七反 王固曰有祟有夢其有來媗七日己丑允有
來媗自…戈化呼…方征于我…
一三七反 …四日庚申亦有來媗自北子𢦏告曰昔
甲辰方征于蚁俘人十又五人五日戊申方
亦征俘人十又六人六月在…
五八四甲正 癸未卜殻貞旬無…祟其有來媗迄
至七日…允有來媗自西𢀛戈…告
曰𢀛方征于我奠…
一〇二一 …曰方征…𡚬獲五人
六〇五七正 癸巳卜殻貞旬無囚王固曰有祟其有來媗
迄至五日丁酉允有來媗自西沚𢦔告曰土
方征于我東鄙𢦏二邑𢀛方亦侵我西鄙
田
六〇六七 …媗𢀛…𢀛征于我…辰亦有來…曰𢀛
…四…
六〇六八正 癸未卜永貞旬無囚七日己丑𢀛友化呼
告曰𢀛方征于我奠豐七月 二告
六〇六九 …辰允有…𢀛方征…邑以…
六〇七〇正 …己…𢀛方征…八百
六〇七二正 …告曰…𢀛方亦…征以我…牛五十
六〇七四 貞𢀛方不亦征
六三五二 戊寅卜宾貞今秋𢀛方其征于𢀛
六三五三 己巳…貞𢀛…爭𢀛…其征…
六六七二 己酉卜宾貞有來告方征于𡆥穡夕告于丁
六六七七 …丑卜王方其征于商十月
六六七九 …方征我…
六六八〇 貞方不我征
六六八一 貞乙未方其征
六六八二 貞丁酉方其征
六六八三 貞方不亦征
六六八四 …方…征
六六八五 …卜方…征
六七四六 貞方𢦏征𢀛人
六七七八正 癸卯卜宾貞旬無…方征于𢀛𣪘…
六八〇九 …卜貞…方…亦…征
六八八二 壬…内貞…衛其來征我于𣪘𥲤
二〇四〇八 壬申…𠂤貞方其征今日…
二〇四〇八 癸酉卜𠂤貞方其征今日夕
二〇四一〇 丙午卜方其征今日
二〇四一一 癸酉卜貞方其征今夕印不執余曰方其
征允不…
二〇四一二 丁未…今日方征不

二〇四一二 丙申卜自今五日方衣不征衣
二〇四一二 壬申卜自今三日方不征不
二〇四一二 壬申卜曰今五…方其征不征
二〇四一三 庚申卜方其征今日不征
二〇四一四 辛酉卜方其征今日不
二〇四一四 方于癸征
二〇四一五 戊申卜方其自南其征印
二〇四一五 戊申卜方自南不其征印
二〇四一六 …卜方其征今乇雨
二〇四一八 …王貞…𢦏令𠂤…丙午至于戊戌日方
其征…朕𣎆
二〇四一九 戊午卜𠂤貞方其征今日不二月
二〇四一九 辛酉卜𠂤貞方其征今日…風…
二〇四二〇 丁卯卜𠂤貞方其征今日不
二〇四二一 壬申卜今日方征不昃雨自北
二〇四二一 乙巳卜今日方征不六月
二〇四二二 辛亥卜方征不
二〇四二四 丁巳卜方其亦征
二〇四二五 戊子卜王…方其征
二〇四二六 庚子卜𠂤貞辛丑方不其征十二月
二〇四二九 …貞…𡚬…方其征…北…
二〇四三〇 …五日…方征…
二〇四三四 方…征…
二〇四三五 …卜王貞…日方…征
二〇四三六 戊寅卜𣎆方于己征
二〇四三八 …方…征
二〇四四〇 …亥卜𣎆方征商…
二〇四四一 …今丁方征…
二〇四七三 丁丑卜…小方其征今八月不…
二〇四七四 …卜小方…征…八月…
二〇四七五 丙子卜小方不其征
二〇四七六 …小方不…征今…印…
二〇四七六 辛酉卜七月大方不其來征
二〇六二四 己巳卜王方征
二〇九一八 壬寅卜方其征𥁕癸…
二一〇二一 今日方其征不征延雨自西北少
英六二五 貞方不征

六三〇五 貞呼征𢀛方受…
六三〇六 貞呼征𢀛方
六七五二 癸亥卜惟𢀛其征方
六七五三 …取𢀛以有示…𢀛征方

著錄號	釋文	期
二〇三九八	丁未卜令征征□□	1
二〇四一二	…征方…	1
二〇四二七	…□印弗征方…	1
二〇四三九	…廼征方	1
二〇四四四	壬寅卜匿于無征方戋二月	1
二〇四五一	丁巳卜王貞四卜呼比征方允獲	1
二〇五一八	…其征𠈌…	1
二七九九二	…戋征□方	3
三三〇二三	于辛巳王征召方	4
三三〇二四	于辛巳王征召方	4
屯四三三六	丁未卜令征征□□	1
屯二六五一	戊辰卜戌執征□方不往	3
英五九五	…征羌 七月	1
英五九六	…征羌	1
懷一五〇四	戊戌卜□缶中行征方九日丙午邁…	4

征于

著錄號	釋文	期
七〇五〇	…征于…嬉十二月	1
二〇五〇六	乙亥卜今日不征于鼓	1
二〇五〇七	乙亥卜…日其征于鼓	1
二〇五三六	丙辰…行其鼓…征于南	1
三三〇五一	…方其征于□	4
屯五九一	方不征于門	3
屯五九一	…其征于獻	3
屯五九一	方其征于門	3

獲征

著錄號	釋文	期
一八七	乙丑卜𠂤獲征羌…月	1
一九一	…辰卜疋獲征羌 二告	1
六三二八	貞弗其獲征吾…	1
六三二九正	貞我弗其獲征吾…	1
六四五一正	貞獲征土…	1
六四五一正	貞弗其獲征土方	1
六四五二	甲寅卜…貞戌其獲征土方	1
六六〇五	己丑卜今出羌有獲征七月	1
六六〇六	己丑卜今出羌有獲征七月	1
六六〇八	…曰其獲征羌…	1
六七四八	己…殻貞…獲征…方	1
六七四九	…酉卜…貞弜侑□獲征方	1
六七五〇	…獲征方	1
六七五一	…獲征方	1
六九〇五	壬寅卜見弗獲征𢦏	1
六九〇六	庚戌卜王貞𠂤其獲征𢦏在東一月	1
六九八六	貞雀弗其獲征微	1
七六三五	乙亥卜弜獲征	1
七六三六	丁卯卜內…征獲不其百	1
七六三七	…征獲不其百	1
七六三八	…無…獲征	1
七六三九	…獲征	1
七六四〇正	弗其獲征	1
七六四一正	…獲征	1
七六四一正	弗其獲征	1
七六四一反	…獲征其惟丙…	1
二〇四五八	…卜王…追…𢦏弗其…獲征…弗及方	1
英一八〇八	…今出羌有獲征…	1

既征

著錄號	釋文	期
七六三三	…卜王勿…既征…	1
七六三四正	乙亥…殻貞…□既征	1
七六三四反	王固…□惟既征	1
二一〇七四	…即征…廼…戋	3

其它

著錄號	釋文	期
六	癸亥卜宕貞令罶侯□征鼓	1
一六四	…征…	1
五八三正	癸酉卜爭…𡆥旬壬午允有來…亥	1
	征□甲子奉	
五八四甲反	…壬辰亦有來自西□呼…征我奠	1
	戋四…	
六四六四	…卯卜惟…寅征…尸戋	1
六六七八	…其征兹邑	1
六六八六反	…征…	1
六九四六正	貞呼雀征目	1
六九七九	乙酉卜貞雀往征犬弗其擒□十月	1
七〇四九	丁卯卜曰□任有征歸允征	1
七〇四九	…歸人征□任	1
七〇五一	…亥卜王…征罷	1
七〇五二	丙子卜征…	1
七四二六反	惟之呼犬…固…禦于…征	1
七六二六	…屯□…征	1
七六二七	…卜宕…翌乙亥□…征受㞢祐	1
七六二八	…征受㞢祐	1
七六二九正	壬戌卜亘貞𡆥其亦有征	1
七六三〇	戊午卜…豕弗其…邑征…	1

編號	釋文	期
七六三二	…呼雀征…	1
七六五二	…王…征	1
七六五三	…豕于…征一月	1
七六五四	丙寅…征	1
七六五五	…卜…日不征	1
七六五六	戊…征	1
一〇三一一	甲戌卜王征獲鹿不	1
一〇三七八	我弗其征麋	1
一〇五一四	甲戌卜𢦏征擒獲六十八	1
一〇五一四	甲戌卜𢦏征不其擒十一月	1
一一八三七	允其征	1
一三三六二反	…𡆥…亦征俘…六月	1
一三八四四	…未卜…貞征…疾	1
一九三六一	…征…	1
一九九五七正	壬寅卜王令征伐…于衛…	1
一九九五七正	壬寅…征伐…衛捍…	1
二〇〇九三	…卯卜王…𢀛來征十月	1
二〇二九七	癸酉…王𢀛…𢦏征…毌二月	1
二〇二九三	癸亥卜亘其征雀…月	1
二〇三九四	…今夕不…征亘	1
二〇三九四	…其征亘	1
二〇三九四	…征亘	1
二〇三九六	…無征亘	1
二〇四〇五	…羌…至商…征二月	1
二〇四一二	甲子卜今旬不征	1
二〇四一三	丁巳卜翌其征不	1
二〇四一四	…乙征	1
二〇四一七	乙…方…其…征…南…	1
二〇四二八	乙…卜𠂤…其征…一月	1
二〇四二八	己…貞…征	1
二〇四三一	…卜𠬝…征今…	1
二〇四三二	…征不	1
二〇四三三	…征今日不…月	1
二〇四三七	方于…征	1
二〇四四九	癸卯卜王缶…蔑征𢦏執弗其羌卯三日丙…	1
二〇四五二	戊子卜王翌辛少𢦏其征…	1
二〇四七六	癸亥卜七月六日…其征	1
二〇五〇二	庚子卜呼征歸人于衛𢦏	1
二〇五〇三	…征歸人于衛𢦏弗…	1
二〇五三一	癸酉卜王貞…其征𢓊	1
二〇五三七	…少子…征…南	1
二〇五五六	…卜𢓊…其比…征四月	1
二〇五五七	辛未卜𠬝勿呼彈征二月	1
二〇五五八	…先征	1
二〇五五九	乙亥卜…貞征…	1
二〇五六一	辛卯…貞征…余…	1
二〇五六二	…貞…征…𢀛…	1
二〇五六三	…生…征	1
二〇五六四	…示…征	1
二〇七七五	甲戌卜翌乙亥征罠不往罠	1
二〇九七一	庚午卜貞呼征舞从雨	1
二一〇三四	…有疾庚子征見十月	1
二一〇八五	己巳卜王于征辟門𤎼	1
二一〇九九	癸卯卜令田征𢦏	1
二一一六八	甲…翌日…允…征	1
二一四八二	辛酉卜王貞余丙示旋于征	1
二二〇四三	丁未…不征𢀛翌庚戌	1
二二〇四三	丁未卜其征𢀛翌庚戌	1
三〇四三九	貞其祝惟擒乙王其𧊒兄 吉	3
三三〇八八	…征甴	4
三三〇八八	今夕征甴	4
三三〇八八	…征甴	4
三三〇八八	今夕不征甴	4
屯五九一	征…	3
屯九六六	…征…欒伐…災	3
屯一〇九八	丙寅卜王其田𣳵惟丁往戍征…大吉	3
屯一〇九八	惟壬往曾征無災永王 吉	3
屯一〇九八	惟戍往己征無災𥝈王 大吉	3
英四三八	戍寅𧊒示三屯	1
英五六〇	貞呼征	1
英六八二	…征…	1
英一二八三	…𤉣…舞征…㞢…	1
英一八〇九	己巳卜…征…曰勿…	1
英一八一〇	…今夕…征…	1
英一八二七	壬…征…獲…毚三…	1
懷一五一〇	庚寅…征…	4

征

編號	釋文	期
三三三九八	于翌日壬征擒	4
三三三九八	惟今日辛征擒	4
三三三九九	于㫃征擒	4

征

編號	釋文	期
六〇六二	…自西…𢀛方征我…𠨘亦𢦏𢀛…	1

六〇六三反 …自[glyph]友唐舌方征…戔[glyph]示易戊
申亦有來…自西告牛家…
六〇六五 …旬無囚…有祟[glyph][glyph]其有…允有來媓…
唐舌方征…
七一〇二 …媓…媓自西…征我…

韋

三四六 貞勿令韋[glyph]八月
六三四正 丁亥卜殻貞呼[glyph]比韋取[glyph]臣
六三四正 …[glyph]比韋取[glyph]臣
一七七七 呼[glyph]韋
三七五五 癸巳卜爭貞旬無囚甲午[glyph]乙未[glyph]
四五三七 韋[glyph]在瀧十月
…[glyph]韋[glyph]往…
一〇〇四四 …子卜[glyph]貞呼[glyph]韋 不吉[glyph]
一九七九一 …王貞韋…[glyph]…凡…
一九七九二 …王貞韋…乇
二一九〇二 …貞韋不…
二八〇六四 戊寅卜在韋師[glyph]人無戋異其[glyph]
三六九〇九 丁亥卜在[glyph]師貞韋師[glyph]妹…有宦
王其令宦不悔克[glyph]王令
三六九〇九 韋師[glyph]弜改無宦王其呼宦于京師
有[glyph]若
英三三四 …卜殻貞…惟呼以…先韋…
英三七九 …王…毋惟…韋示…
英一二九〇 …于韋一羌卯宰

韓 韓

四二四〇 惟韓呼王
四二四一 惟韓呼…
五四七八正 貞惟韓呼往于[glyph]
五四七九 貞惟韓令往于[glyph]
六八五五正 貞惟韓令旋畏黴
六八五六 貞惟韓令旋畏黴
三〇三九二 其寧惟[glyph]韓用
懷九六一 癸亥卜[glyph]貞令何[glyph]呼韓小臣弋衣
懷九六二 貞令何[glyph]呼韓小臣弋衣

韓

三〇三九三 韓凨惟豚有大雨

足

一九〇正 丁丑卜[glyph]貞足獲羌九月
一九〇正 貞足不其獲羌 二告
一九一 …辰卜足獲征羌 二告
一九二 …辰卜足獲羌
一九二 …戊卜[glyph]貞足獲羌
一九三 …足獲羌
二三一 貞惟足來羌用
二三二正 貞足來羌用自成大丁…甲大庚下乙
五七六 癸丑卜王呼足[glyph]執五月
七七五反 疾足勿[glyph]禦于父辛
四五八二 丁巳卜爭疾足禦于妣庚
四五八三 貞足…
四五八四 …足不…
四五八五 庚辰卜令[glyph]于戌
四五八六 …卜王惟…乙[glyph]…
五八二九 [glyph]
六九七四 丁酉卜呼雀足束[glyph]
六九七五 …毋其戋[glyph]
六九七六甲 …毋其…[glyph]
六九七六乙 …毋…[glyph]
六九七七 …其戋[glyph]一月
六九七八 …[glyph]…途[glyph]
九四七二反 …令…[glyph]…途[glyph]
一〇八六一 王固曰惟匄吉惟[glyph]不[glyph]
一三六三一 丁酉卜呼[glyph]足獲
一三六九三 …足…疾耳惟有… 二告
一三六九四 貞疾足龍
一七一〇七 貞足允囚
一七一四六 …足…[glyph] 二告
二〇七六正 …王貞勿足在[glyph]虎獲
二一〇一九 …亥卜[glyph]以…足其喪
二一〇二〇 …亥卜[glyph]以…足不喪…月
二一五九六 …王足…其[glyph]
二二三五六 …亥卜有…足妣戊…
二二三八八 …足…[glyph]…[glyph]…
二三六二三 乙巳卜出貞王足惟[glyph]
二四九八五 乙巳卜出貞王足不[glyph]

二七四六五 乙酉卜其劉父甲㲋在茲足成 3
英六七六 羊未卜惟㞢呼比 1
英一七八〇 丁巳卜王呼足虎 1

㞢

二四九正 貞㞢𢀛于茲庙 1
二四九正 㞢𢀛于中 二告 1
六七四 行弗其以㞢女 1
一八二五八 …勿㞢…𢀛… 1
一八二六二 貞㞢…用… 1
三二九一〇 惟㞢令囚 4
三二九一一 乙酉貞王令㞢途亞侯侑 4

四四九 …㞢…Ⅱ 1
一三〇三反 …㞢來 1
三三六二臼 㞢示三屯 穷 1
五五四九反 …㞢… 1
五八五四 戊戌卜穷貞受一㞢取…于𠂤夲 1
六〇四四 壬申卜爭貞惟㞢令途…肇… 1
八二八二 甲午卜貞呼㞢比王… 1
九五六〇 丁巳卜穷貞令高 暘㞢食乃令西史三月 1
一二五一一反 王固曰…㞢來… 1
一三四七九 戊…于…㞢… 1
一五七一二 …卜穷…甲…㞢… 1
一五九二九 貞牛畀侑㞢 二告 1
一八二六三 壬申卜貞勿㞢 1

𡴀 [illegible]

二三八〇五 丙寅卜矢貞卜竹曰其侑于丁宰王曰弜𤉲翌丁卯𡴀若八月 2
二四九四二 己巳卜祝貞𡴀告盟室其𡴀 2
…貞其[illegible]盟… 2
二五九五一 貞其𡴀三月 2
三〇六九五 惟𡴀用 大吉 3

夋 後

一八五九五 …夋… 1
二五九四八 貞後酚 2
屯三三五八 後王射兕㲋 3
屯四三九七 岳燎後酚 4
英一〇一三 …夋𠬝喜…李于宮無災 1

先

二二二八二 先夋朿 1
二二二八三 甲子卜先夋朿 1
二二二八四 甲子卜先夋朿 1
二二二八七 夋朿祟 1
二二二八八 夋朿祟 1
二二三二二 乙丑卜無夋 1
二二三三三 乙丑卜婦無獲 1
二二三三四 乙丑卜婦無夋 1

先王 先妣

二二一六五 …先大庚侑自仲丁… 1
二二六七三 …卜旅…先上甲酚 2
二三九九二 …貞先祖辛歲放 2
二三三五九正 貞先妣庚歲 2
二七二九八 先祖丁惟翌日 3
三二三〇七 先高祖燎酚 4
三二三〇八 先高祖燎酚 4
三三三三二 先祖乙歲酚 4
屯二三五五 …先上甲酚 吉 3
屯二三六五 先祖丁酚于…有正 大吉 3

先于

四〇 貞勿呼衆人先于[illegible] 1
四一 己巳卜爭貞呼衆先于[illegible] 1
四一 貞勿呼衆人先于[illegible] 1
六三四四 甲申卜㱿貞勿呼婦姘以𠂤先于[illegible] 二告 1
六三四五 甲申卜㱿貞勿呼婦姘以𠂤先于… 1

著録號	釋文	期
六三四七	：殼貞呼婦姘以𠭰先于戉	1
六九四五	呼我人先于𢀛	1
六九四五	勿呼我人先于𢀛	1
七二八三	甲申卜殼貞呼婦好先収人于龐	1
七二八四	乙酉卜殼貞勿呼婦好先于龐収人	1
七二八五	乙酉卜殼貞勿呼婦先于龐収人	1
七二八六	乙酉：貞勿呼婦先于龐収人	1
七二八八	乙酉卜爭貞呼婦好先収人于龐	1
七二八九	乙酉卜爭貞勿呼婦好先：人于龐	1
七二九〇	：好先于龐収：　二告	1
七二九一	：呼婦好先収人于：	1
七九三〇	乙酉卜殼貞勿呼婦先于龐	1
八〇二三	：婦姘先于𦎫	1
八〇二八	呼先于𦎫	1
八九九一正	貞勿呼婦姘以𠭰先于𦎫	1
二二三一五	：未卜令：先于：	1
二八七一五	：其先于田弗悔	3
二九一一七	先于盂歸迺从向　吉	3
三二四八五	癸卯貞惟𣪘先于大甲父丁	4
三五三一〇	：其先于：	4
屯　六〇〇	：先于戠十若	4
屯一一一五	癸卯貞惟餗先于大甲父丁	4
屯二三九五	庚戌貞其先于六大示告𣎆	4
屯二三九五	：先于：告	4
英　一五一	乙酉卜爭貞勿呼婦好先収人于龐	1
英二四〇一	丁丑貞來甲申先于大甲彡歲：	4

先馬

著録號	釋文	期
五七二六	貞勿先馬	1
五七二七	：先馬：	1
二七九四五	戊申卜馬其先王兌比：　大吉	3
二七九四六	丁酉卜馬其先弗悔	3
二七九四八	庚午卜貞翌日辛王其田馬其先擒不雨	3
二七九四九	今日辛亥馬其先不邁大：	3
二七九五〇	貞馬弜先其邁雨	3
二七九五一	先馬其悔雨	3
二七九五二	貞馬：先：𩡧	3
二七九五三	其先馬不：雨	3
二七九五四	：其呼馬先弗悔不：　大吉	3
二七九五五	比先馬其雨	3
二七九五七	弜先馬其悔	3
二七九六五	其呼馬：先：	3
屯　八	馬弜先王其悔雨	3
屯　八	馬：先王：悔雨	3
屯一一二七	馬其先王兌比不邁大雨	3

先酚

著録號	釋文	期
三一	丁亥卜先酚大：自：	4
七二三	貞勿䠶先酚于父乙及卯三宰	1
一一六二	貞有匚于上甲先酚	1
一一九一正	貞呼先酚燎：上甲：王：	1
一三五一甲正	戊戌卜殼貞惟成先酚	1
一三五一乙正	勿惟成先酚	1
三二一六正	乙丑卜殼貞先酚子凡父乙三宰	1
三二一六正	貞先酚子凡父乙三宰	1
一四九二八	：卜穷貞有匚：高先酚	1
一五二九一	貞先酚凰	1
一五二九一	：惟彳先酚	1
一五二九二正	先酚	1
二三〇六四	乙丑卜出貞大史弋酚先酚其有匚于丁三十牛七月	2
二五二〇四	戊寅卜即貞惟父戊歲先酚	2
二五九三七	乙丑卜出貞大史必酚先酚其有匚于丁三十牛七月	2
二七〇五五	大乙先酚王受祐	3
二七一〇六	先酚大乙史有正	3
二七一〇六	其侑大丁大甲先酚迺：	3
二七二〇四	弜先酚暨祖乙	3
二七四一三	：父己先酚：　吉	3
二七四一九	：父庚先酚	3
二七四八九	惟母先酚	3
二七四八九	惟父先酚	3
二七四八九	惟兄先酚	3
二八一五五	庚辰卜狄貞：王𥜽先酚	3
二八二六七	：河先酚有雨　吉	3
二八二七二	惟示壬先酚	3
二八二七二	惟上甲先酚	3
二八二七五	其𠬝年祖丁先酚有雨　吉	3
三〇六四一	惟父先酚	3
三二〇二九	丙寅貞其先酚九牛	4
三四二二一	惟岳先酚雨	4
三四二二二	惟岳先酚雨	4
三五一八八	：申先酚	4

著錄	釋文	期
屯六五一	惟岳先酌迺酌五云有雨　大吉	3
屯二三五九	其奉年…祖丁先酌…雨　吉	3
屯二三五九	惟大乙先酌有雨	3
屯四三三四	惟燮燎先酌雨	4
英一九七二	…龔騂先酌翌…	2
三二八二	先叒束	1
三二八三	甲子卜先叒束	1
三二八四	甲子卜先叒束	1
三二八五	戊子卜先叒束	1
二八四〇七	弜𪚔兕先射其若	3
二八四〇七	王惟𪚔兕先射無災	3
二八四〇七	兕先射其若	3
二九三五五	王惟…先射…于襄…	3
二七一六四	乙亥卜王先效卜丙歲迺申　茲用	3
二七四一二	…侑于小丁…先效	3
二七四一二	戊辰卜其示于妣己先效	3
二七四一二	惟父己示先效	3
五三六	庚子卜殻貞令子商先涉羌于河	1
五三六	庚子卜殻貞勿令子商先涉羌于河	1
三三〇三	辛亥𠬝令束人先涉…	4
英二四一五正	…令束人先涉	4
二八七三一	癸卯王卜貞其祀多先祖…余受有祐王𡆥	5
	曰弘吉惟…	5
英二六六四正	兄先祖曰吹	

其它

著錄	釋文	期
一七七	呼𠬝先	1
一七七	貞勿呼𠬝先禦燎	1
二〇七	貞先…獲羌	1
四一九反	貞至于午先來	1
五五七	乙未卜貞呼先取𡩜于…	1
九七四正	呼先	1
二五九六	惟母歲先	1
二七三二	貞勿呼婦姘先	1
二七三三	貞翌…呼…姘先	1
二七四一	…婦姘先…	1
二九五二	…丑卜…商弗…先	1
三九四七正	王固曰惑其出惟庚先惑至	1
四〇五五正	甲午卜殻貞呼𠬝先禦燎于河	1
四〇五六	…卜殻貞呼𠬝先禦燎…	1
四〇五七	…𠬝先禦燎…	1
四〇六六	貞𠬝往先	1
四〇六七	丁卯卜貞𠬝往先	1
四〇六八	丁卯卜貞𠬝往先	1
四〇六八	貞勿先九月	1
四二七六	其先行至自戉	1
四三〇五	…午卜勿…暨雀先來	1
四五七四	壬午卜方…令先…聞王十三月	1
四五七五正	貞在…令先十一月	1
四二七六	其先戉至自行	1
四五七六	辛未卜亘貞呼先官	1
四五七七反	…午卜爭貞呼先	1
四五七八	貞呼先	1
四五七九	貞先其𡆥…	1
四八四八	…先鼓來	1
五六八七	貞翌庚申亞先告	1
五七三八	乙酉卜爭貞今夕令𠂤以多射先陟…	1
五七六七	…𠂤以射先…月	1
五九七七	貞勿呼婦姘先	1
六三四九	呼婦先	1
六六四七正	甲戌卜方貞今日先牛翌乙亥用祖乙	1
六八三四正	乙丑卜殻貞子商弗其獲先　二告	1
六九四八正	貞…先	1
七〇七六正	其先雀𢦏	1
七二九三	…好先奴人…	1
七四三九	…先…	1
七四八八	辛卯卜爭貞勿令望乘先歸九月	1
七四九三	辛卯卜殻貞勿…望乘先…	1
八九一四	貞今十一月先不其得	1
八九九三	婦姘以來先…	1
八九九三	壬申卜殻貞…婦姘以來先…	1
九四二七	…先獻…乞自𡆥…	1
九六四一	貞先省在南亩…月	1

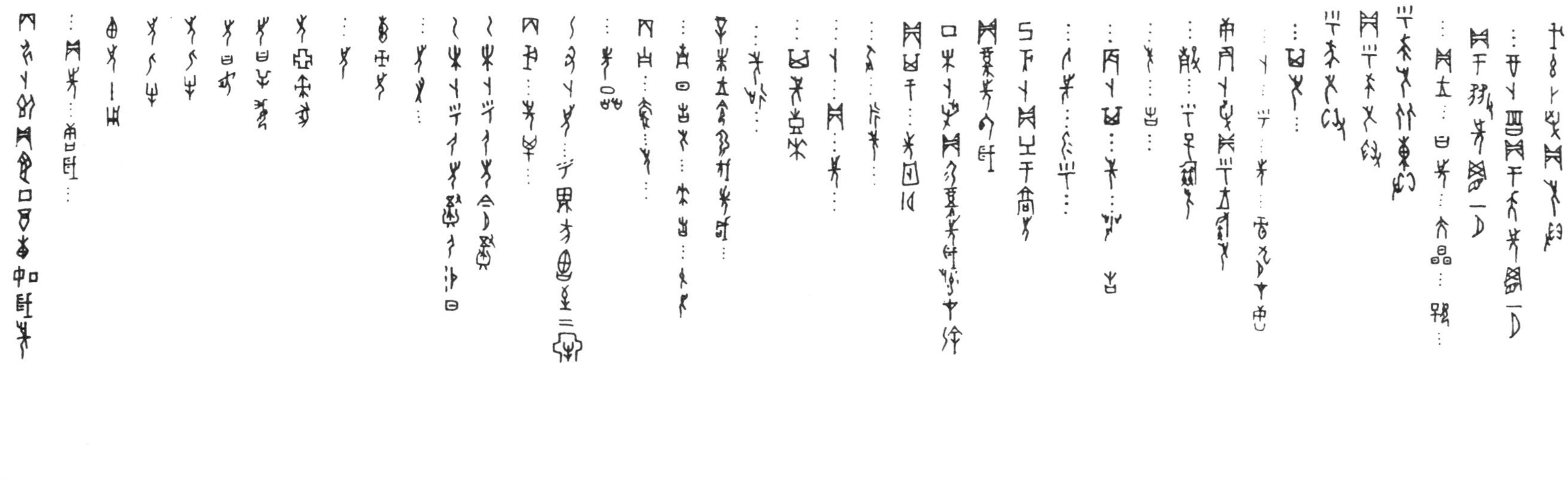

編號	釋文	期
一一〇〇六正	戊午卜爭貞先得	1
一一〇一六	…酉卜𦉢貞于矢先罝一月	1
一一〇一六	貞于𢼸先罝一月	1
一一五〇五	…貞王…曰先…大星…好…	1
一二〇五一正	呼崇先从東得	1
一二〇五一正	貞呼崇先得	1
一二〇五一正	呼崇先得	1
一三二七〇反	…其先…	1
一四三七〇丁	…卜…呼…先…彔九月在唐	1
一四九一九	庚辰卜爭貞呼王族先	1
一四九二二	…殻…呼子族先	1
一五三三四	…先…告…	1
一五二九四	…辰卜其…先…𤼷 告	1
一五二九七	…人先…勿呼…	1
一五四五六	己亥卜貞侑于高先…	1
一五四八三正	貞复先以歲	1
一五四八四	丁未卜爭貞勿复先歲攺在涂	1
一六四八八	貞其于…先囚十月	1
一八九七七	…及…永先…	1
一八九八〇	…卜…貞…先…	1
一九四〇七	…其先鼓來	1
一九五九三	…先延…	1
一九九五七正	辛未王令弜伐先戚…	1
二〇〇七二	…南日告先…來告…允先	1
二〇二一三	丙子…𢀛…先…	1
二〇五五八	…先征	1
二〇七〇〇	乙丑卜先…呼盧犬𠭯至二牢	1
二〇七七八	丙戌…先擒…	1
二一〇九九	乙未卜呼人先今夕𡬶	1
二一〇九九	乙未卜呼人先𡬶人暘日	1
二一八七〇	…先婦…	1
二一八八〇	惟巫先	1
二一八八〇	…先	1
二二一三七	先亞東緻	1
二二二四六	先曰𢀛娥	1
二二二四六	先曰何	1
二二二八三	先妣牛	1
二二二八四	先妣牛	1
二二二九四	甶先午用	1
二二七五二	…貞先…唐歲…	2
二二八六〇	丙申卜即貞翌丁酉惟仲丁歲先	2

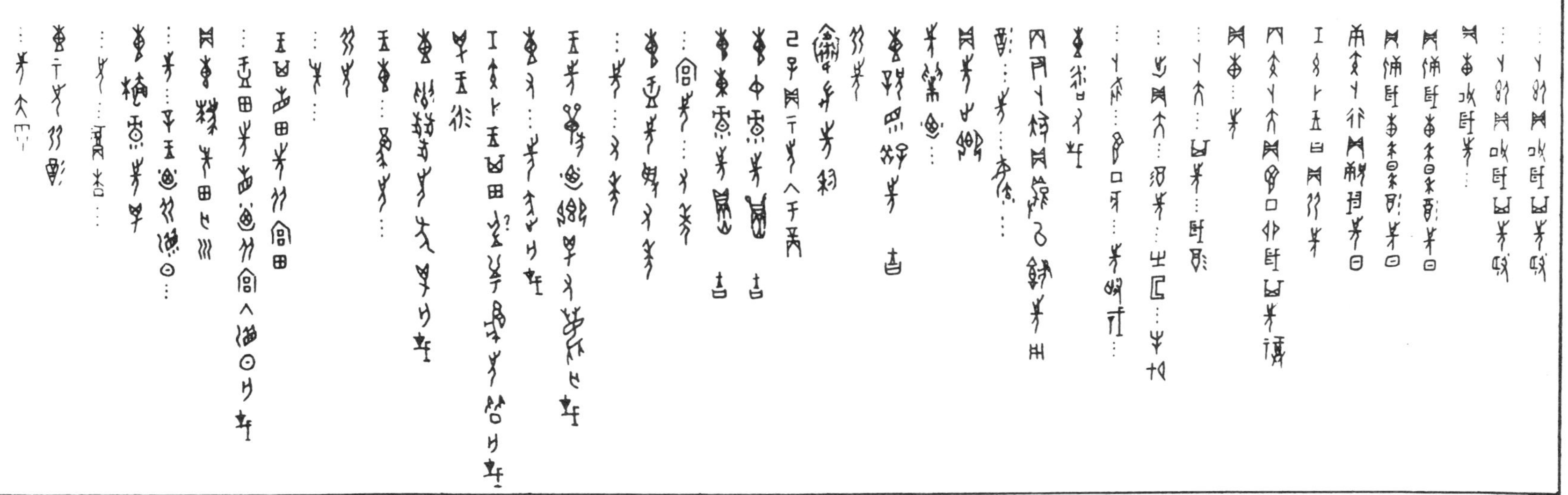

編號	釋文	期
二三二二九	…卜即貞父丁歲其先祭	2
二三二二九	…卜即貞父丁歲其先祭	2
二三二三〇	貞惟父丁歲先…	2
二三三二六	貞妣庚歲惟莫酌先日	2
二三三六〇	貞妣庚歲惟莫酌先日	2
二三四八七	庚寅卜行貞兄庚歲先日	2
二四一二一	壬午卜王曰貞弜先	2
二五二〇三	丙寅卜大貞翌丁卯歲其先禧	2
二五八九四	貞惟…先	2
二五八九五	…卜大…其先…歲酌	2
二五九三七	…出貞大…酌先…有匚…牛七月	2
二六〇〇三	…卜旅…翌丁亥…先祭戠…	2
二六八八八	惟杏有災	3
二六九八三	丙辰卜狄貞𦎫以執先用	3
二七一四五	酌…先…𦎫…	3
二七三二一	貞先止饗	3
二七五九〇	先𢀛遘…	3
二七六三三	惟兄辛暨子癸先 吉	3
二七九四六	弜先	3
二八〇六三	𩟄微先利	3
二八〇九九正	己巳貞示先入于商	3
二八一二四	惟中麓先𢀛 吉	3
二八一二四	惟東麓先𢀛 吉	3
二八二一六	…宮先…有年	3
二八二一六	惟盂先受有年	3
二八二二四	…先…有年	3
二八三三三	王先狩遘饗擒有鹿無災	3
二八三七〇	惟有…先逐無災	3
二八三九八	壬寅卜王其田𡧊寧兕先𢀛無災	3
	擒王永	3
二八五九八	惟𢀛𦉢先犬擒無災	3
二八四〇七	王惟…兕先…	3
二八四〇七	弜先	3
二八四五九	…先…	3
二八九三五	王其省田先从宮田	3
二八九七五	…盂田先省遘从宮入湄日無災	3
二九三六〇	貞惟𩁹先田無災	3
二九三七一	…先…辛王遘比湄日…	3
二九四〇八	惟𣏟麓先擒	3
三〇三〇四	…先…酉木丁…	3
三〇三八二	惟示先弜酌	3
三〇四〇〇	…先大雨	3

先

- 三〇五〇〇 ：王先：王：有祐 3
- 三〇六四三 貞王惟犬先 3
- 三二〇三六 癸亥示先羌入 4
- 三二〇三九 示：先羌入 4
- 三二〇四〇 ：先羌入 4
- 三二一四八 ：辰卜翌丁巳先用三牢羌于酉用 4
- 三二三九八 惟于壬歲先 4
- 三二五三二 先庚歲酌 4
- 三二五九七 壬申貞王有禦于祖丁惟先 4
- 三二六五一 惟其尊先 4
- 三二七八二 ：效先步 4
- 三二七八二 癸巳貞于效先步在尤一月 4
- 三二七八二 己丑貞于效先戈在尤一月 4
- 三二八一二乙 乙亥卜先䞣廼侑祖辛 4
- 三二八八二 丙午先：作祉戈：己 4
- 三二九三三 惟竹先用 4
- 三三〇八二 ：亩：先以：侯步：十三月 4
- 三三二八六 乙巳貞惟⿰先伐 4
- 三三三〇四 ：先侑 4
- 三三三〇四 己巳：惟夒先侑 4
- 三四一二八 ：示先： 4
- 三四一二九 示：先𩰫： 4
- 三四二九一 惟王亥先侑 4
- 三四二九一 壬戌卜惟岳先： 4
- 三四四一五 癸巳貞于彡衩惟餗先 4
- 三五三〇六 ：其先： 4
- 三五四三〇 ：未王：先：上甲至毓： 5
- 屯八 馬惟翌日丁先戍王兑比不雨 3
- 屯二九 甲申卜令以示先步 4
- 屯二九 弜先⿰王步 4
- 屯三四二 壬戌卜惟岳先侑 4
- 屯三四二 惟河先侑 4
- 屯三四二 惟王亥先侑 4
- 屯六五八 其先燎廼省鼓 3
- 屯七五一 己：先：祖：十： 4
- 屯七五一 乙亥卜先侑大乙二十牢 4
- 屯七五一 乙亥卜先侑大甲十牢 4
- 屯七七八 先王𩰫冒擒 3
- 屯一〇四二 辛巳卜上甲燎大乙大丁大甲先： 3
- 屯一一〇六 ：貞先酉歲三牛 4
- 屯二五五七 弜：先： 3
- 屯四五八三 壬申貞王又禦于祖乙惟先 4
- 屯四五八三 壬申貞王又禦祖丁惟先 4
- 英三二四 ：卜殻貞：惟呼以：先韋： 1
- 英三三五 ：卜勿令：先：人 1
- 英五九三 貞在⿰王其先遘捍五月 1
- 英五九三 辛卯卜貞旛其先遘捍五月 1
- 英五九三 辛卯卜貞在寶其先遘捍 1
- 英六六五 令望乘先歸田 1
- 英七一五 ：乘：先：歸： 1
- 英一九八〇 ：卜大卜：先王 2
- 英二〇八九 貞于岳先牵 2
- 英三三四七 貞其先帝甲其弘 3
- 懷一六三二 丙午先⿰ 4
- 懷一六四四 癸亥示先羌入 4
- 懷一六四四 于弜先𩰫羌 4

牵往

- 一三〇正 甲午卜爭貞往芻得 二告 1
- 一三一 貞往芻不其得 1
- 一三二 貞往芻不： 1
- 一三三正 貞往芻得 1
- 一三四 ：卜穷：往芻：得 1
- 一三六正 己卯卜古貞：執往芻自穿王固曰其惟 / 丙戌執有尾其惟辛家 1
- 一三七正 癸丑卜爭貞旬無囚王固曰有祟有夢甲寅 / 允有來艱左告曰有往芻自益十人又二 1
- 一三八 ：㞢己未⿰䲨芻往自文圞 1
- 八三九 呼師般取往自敎 1
- 八四八甲 ：其執往自： 1
- 八四八乙 ：執往自： 二告 1
- 八四九正 乙酉卜穷貞州臣有往自寶得 1
- 八五五 貞往自寶得 1
- 八五六 貞往自圞不其： 1
- 八五七 ：往自圞： 1
- 八五八正 ：亘貞王須允：往自敦亯 1

其它

- 六 辛卯卜穷貞以子徲往不其六月 1
- 一五〇反 王固曰惟其：惟其：往：𡈼 1
- 六三三 ：雍往臣： 1

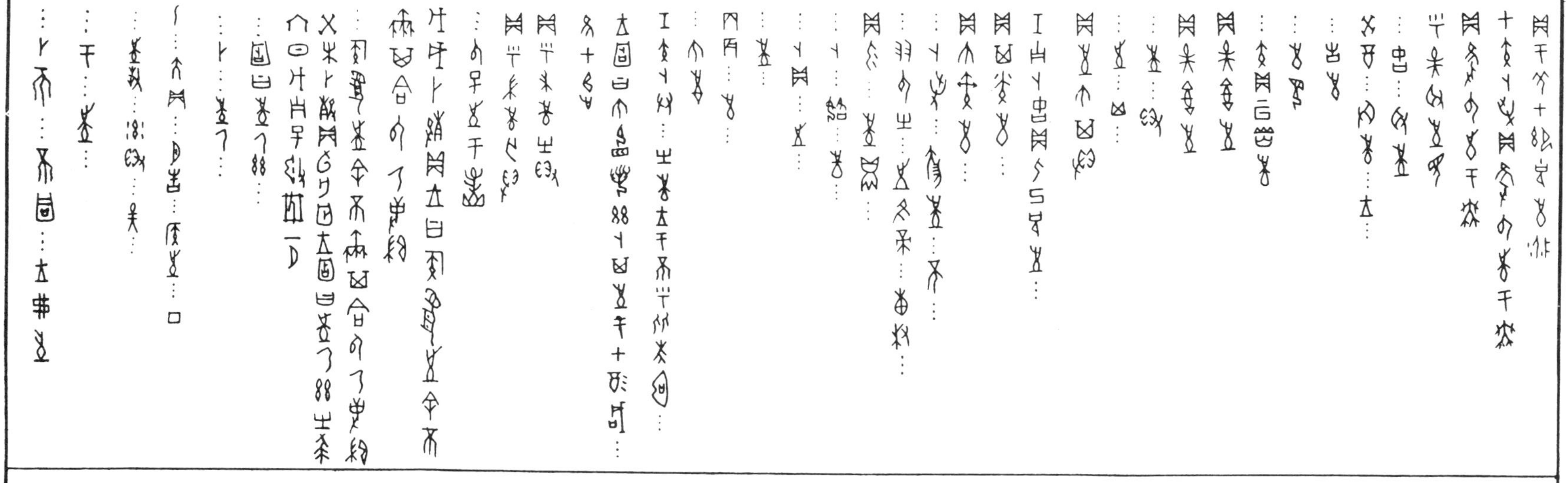

著錄號	釋文	期
六四一正	貞于羌甲禦克往疾	1
八三八正	甲寅卜爭貞啟以往于𡧊	1
八三八正	貞啟以往于𡧊	1
八四〇	呼𡧊取往見	1
八四一	……古……取往	1
八四二正	癸酉……取往……王……	1
八四三正	……告往	1
八四四	……往見	1
八四五	……寅貞亘𢀛往	1
八四六	貞𡧊執往	1
八四七	貞𡧊執往	1
八五二正	……往……得	1
八五三	……往……其……	1
八五四	貞往不其得	1
八五九	壬子卜古貞妣己克往……	1
八六〇甲正	貞其束往……	1
八六〇乙正	貞不束往……	1
八六一	……卜爭……刖往……不……	1
八六二	……羽以㞢……往惟帝……惟杈……	1
八六三	貞勿……往虞……	1
八六四	……卜……婚……往……	1
八六五	……卜貞……往……	1
八六六	……往……	1
八六七	丙辰……往……	1
八六八	……不奉	1
八九一反	壬寅卜奴……侑往王于不呼比𥁕弘……	1
九七五反	王固曰不宿若茲卜其往于甲彡咸……	1
二六五二正	惟甲追	1
二六五三正	貞呼婦往有得	1
三二一八	貞呼婦往無得	1
三三九七正	……以子往于𠂤	1
三三九八	戊戌卜㱿貞王曰侯豹往余不束其合以乃使歸	1
一〇四〇五正	……侯豹往余不束合以乃使歸	1
一九三〇九反	癸未卜㱿貞旬無囚王固曰往乃茲有祟六日戊子子彈𡆥一月	1
一九三一〇	……固曰往乃茲……	1
二三五五九	……卜……往乃……	1
英七七六正	乙……大貞……夕告……侯往……丁	2
英一六九六	往𡆥……幸得……𡧊……	1
英一九二六	……于……往……	1
	……卜不……不亘……王弗往	2

往

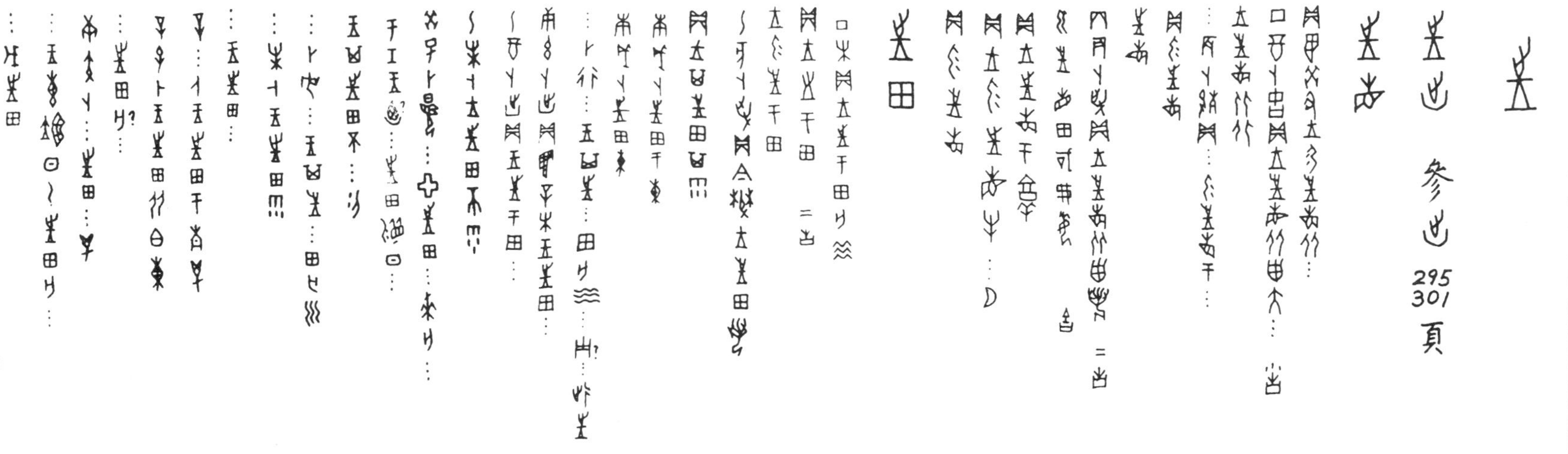

參 295 301 頁

著錄號	釋文	期
五一一二正	貞翌癸丑王勿往省从……	1
五一一六	丁酉卜古貞王往省从西大…… 小告	1
五一一七	王往省从北	1
五一二五	……辰卜㱿貞……勿往省于……	1
六二一五	貞勿往省	1
六一一五	往省	1
七四四〇正	丙辰卜爭貞王往省从西若 二告	3
屯一一〇八	弜往省田𢦏弗悔 吉	1
英四五九	貞王往省于敦	1
英四五九	貞王勿往省牛……月	1
英五四四	貞勿往省	1

往田

著錄號	釋文	期
五五七	丁未貞王往于田無災	1
六三五正	貞王往于田 二告	1
六三五正	王勿往于田	1
六四九	乙亥卜爭貞今春王往田若	1
一三七五八反	貞王其往田其雨	1
二〇〇四三	庚戌卜往田于東	1
二〇〇四三	庚戌卜往田東	1
二四四二六	……卜行……王其往……田無災……子……延往	2
二四四九六	庚午卜出貞翌辛未王往田……	2
二四四九七	乙酉卜出貞王往于田……	2
二七九一九反	乙未卜王往田不雨	3
二七九二九	癸巳卜暊……亞往田……來無……	3
二七九四四	于壬王迺……往田湄日……	3
二八五九一	王其往田不……勿	3
二八五九二	……卜何……王其往……田無災	3
二八五九三反	……未卜王往田雨	3
二八五九五	……王往田……	3
二八五九五	辛……卜王往田于南擒	3
二八五九六	辛巳卜王往田从白東	3
二八五九七	……往田無……	3
二八五九八	庚寅卜……往田……擒	3
二八五九九	……王惟翌日乙往田無……	3
二八六〇〇	……戊往田	3

二八六〇一　弜往田其悔　3

二八六〇二　乙丑卜王弜延往田其雨　3

二八六〇三　王不往田雨　3

二八六〇四　王：不往田　大吉　3

二八六〇五　乙王弜往于田其悔　3

二八六〇五　王惟乙往于田丙延卧　無災　3

二八六〇五　辛暨壬王弜往于田其悔　3

二八九〇四　王其往田于沁　3

二九二七三　王弜往于田其悔　3

二九三六三　辛未卜何貞王其往田：桑：災　3

二九三八二　弜往田不擒　3

二九四〇〇　：寅卜：往田：公擒　3

三六七六〇　：午卜貞王：往于田　5

屯四二〇　辛丑卜王往田無災　4

屯六二九　：王往田从南擒　4

屯二二九八　乙卯卜王往田擒　3-4

屯二二九八　戊午卜王往田从東擒　3-4

屯二二九八　戊午卜王往田擒　3-4

屯二三四一　：異其往田不雨　3

英八三二　：寅：㱿貞翌乙巳王勿往田　1

英二〇四三正　辛酉卜出貞王其往于田無災　2

英二四三四　戊申貞王往田?無災　4

懷三〇一　貞王勿往于田　1

懷三〇二　庚申卜㱿貞翌辛酉王往于田　1

懷一一三五　癸酉卜何貞王其往于田無災　2

二二六正　貞呼往于河?不若　1

三六八　貞呼㲋往于𣏟　1

三六八　勿呼㲋往于𣏟　1

六六七正　癸卯卜㱿貞呼弜往于□比□　1

六六七反　勿往于：　1

六八〇正　丁巳卜爭貞有女往于南庚來庚辰：　1

六八二正　丁巳卜爭貞有女往于南庚來庚辰：　1

二六四三　甲戌卜貞婦好不往于妣庚　1

二八三七　貞婦往于妣庚不惟媗　1

三七二七　翌癸丑勿：婦往于：　1

四〇七二　丙子卜貞：𢀛其往于：　1

四五八七　令祝往于□　1

四六三二正　乙卯卜㱿貞今日王勿往于享　1

四六三五　貞：犬延：往于：呼：　1

四八八三　勿令周往于□　1

五三五九　：亥卜：貞王往于：　1

五四七八正　貞惟韓呼往于□　1

五四七九　貞惟𩇨令往于□　1

五五四四　貞使人往于唐　1

六〇三三正　丙戌卜𢀛貞令役往于□　二告　1

六四六〇反　呼雀往于□　1

六四六〇反　勿呼雀往于□　1

六四七七正　貞王往于□京　1

六四七七正　貞王勿往于□京　1

六四七七正　貞王往于□京　1

六六四七正　乙亥卜爭貞王往于敦　二告　1

六九四六正　戊午穷貞呼雀往于鬱　1

六九四六正　戊午：穷貞勿呼雀往于鬱　不告　1

一〇〇五〇　貞我呼往于西　1

一二八一四正　乙卯卜㱿貞今日王往于敦：之日大采　1

一二八一四正　雨王不：　1

一三五九八　今日往于敦　1

一七〇七五正　乙卯卜爭貞今日王往于敦　1

一九二八九　：戌卜𠳋貞：往于之　1

一九二九〇　甲辰：貞今：往于：　1

一九六五〇　貞呼：往于：　1

二四二六二　庚申卜行貞王其往于田無災　2

二四四九一　：卜尹：其往于：無災在八月王田于□　2

二四四九二　戊寅卜行貞王其往于田無災在十二月　2

二七七七五　辛巳卜何貞王往于日：遘：　3

二七八六一　丙寅卜𠨘貞王往于夕禘不遘雨□惟吉　3

二七八六二　丁卯卜何貞王往于夕禘不遘雨允衣不遘：　3

二七八六二　貞王往于夕禘不遘雨□惟吉　3

二七八六三　己巳卜何貞王往于日不遘雨□惟吉允雨不遘四月　3

二七八六四　：不遘雨往于夕禘允不遘雨四月　3

二七八六五　戊寅卜何貞王往于夕禘不遘雨在五月　3

二七八六六　丁卯卜𠨘貞王往于卜不遘雨　3

二七八六七　戊午卜何貞王往于日不遘雨□惟吉　3

二七八六八　：卜何：往于：□惟：　3

二八〇五八　戊循往于來取廼禺徝衛有戦　3

三三一五九　王往于廼　4

三四二五四　：貞往于河　4

三六五六七　乙卯王卜在鴻貞今日往于徹無災　5

屯七八四　丙午貞往于：無囚允　4

著錄	釋文	期
乇二二三	乙巳貞其往于夒無囚　茲用	4
乇二三六八	己巳卜吿亞卑往于丁一牛	4
英一五三正	…申…勿呼婦好往于龏	1
英七二三正	…未卜㱿貞王往于敦　二告	1
英七二五正	貞王勿往于敦	1
英七二五正	貞王往于敦	1
英七二五正	王往于敦	1
英八二四	貞勿往于敦	1
英八二四	貞往于敦	1
英八二四	貞往于敦	1
英一二五〇反	貞翌辛亥勿呼往于有敳于比	1
懷九五六	丁巳卜㱿貞呼師般往于𢼄	1
五一〇五	…往出去	1
五一〇五	…貞王往去	1
五一二七	丁未卜爭貞王往去朿于敦	1
五一三〇正	甲午卜爭貞王往去朿若	1
五一三一正	貞王往去朿…	1
五一三二	…往去朿	1
五一三三	…貞王往去朿不…	1
六一四	貞惟王往伐𢀛方	1
六一四	貞惟王往伐𢀛	1
六一五	貞勿惟王往伐𢀛方	1
六一五	貞惟王往伐𢀛	1
六一六	貞勿惟王往伐𢀛	1
六一七	惟王往伐𢀛	1
六二〇八	…往伐𢀛方…	1
六二三五	貞惟王往伐𢀛…	1
七五八〇正	…貞惟王往伐	1
七五八二	貞惟王往伐	1
七五八三	…惟王往伐	1
七八七	壬戌卜爭貞惟王自往陷	1
六六六四正	戊午卜爭貞惟王自往陷十二月　二告	1
七〇七五正	貞惟王往陷	1
懷九三一	丙午卜𡆥貞王往陷其逐	1
四九二	…今日卑…往追羌	1
四九三正	癸未卜㱿貞惟卑往追羌	1
六五九三	癸丑卜貞𡆥往追龍从𣎵西及	1
六五九四	癸丑卜貞𡆥往追龍从𣎵西及	1
一五二正	辛巳卜丙貞般往來無囚	1
一五二正	貞𠂤往來無囚	1
九一四正	癸丑卜爭貞𢦏往來無囚王固曰無囚　二告	1
九一四正	貞𢦏往來其有囚	1
一六五二五	庚申卜王貞往來無囚	1
二一五六六	癸亥卜中子有往來惟若	1
二一五八七	丙午子卜呼往來	1
二四四五三	王其田于𨸏往來無災	2
二四四六三	…尹…宮往來無災在六月	2
二四四七〇	…卜尹…其田于…往來無…	2
二四五〇〇	乙卯卜…貞王田往來…	2
二四五〇二	庚午卜王曰貞翌辛未其田往來無災不遘　囚茲用	2
二七四五九	戊午卜貞王其田往來無災	3
二七九三〇	庚戌卜䀠貞亞其往宮往來無災	3
二八四六六	戊午卜…貞王其田往來無災	3
二八四六六	壬午卜狄貞王其田往來無災	3
二八四六六	戊辰卜狄貞王其田往來無災	3
二八四六七	戊戌卜狄貞王其田往來無災	3
二八四七一	辛巳卜狄貞王其田往來無災	3
二八四七二	辛巳卜貞王其田往來無災	3
二八四七四	戊子卜何貞王其田往來無災	3
二八四七五	乙丑卜卬貞王其田往來無災	3
二八四七六	乙亥卜貞王其田往來無災	3
二八四七八	辛巳卜貞王其田往來無災	3
二九〇八八	乙丑卜貞王其田往來無災	3
三六三六一	己亥卜貞王省往來無災	5
三六三六一	辛丑卜貞王省往來無災	5
三六三九五	丁亥卜貞王逘往來無災	5
三六三九五	壬辰卜貞王逘往來無災	5
三六三九五	辛丑卜貞王逘往來無災	5
三六四〇二	…貞王逘…往來無災	5
三六五六九	…卜貞王逘于宮往來無災	5
三六五七一	…丑卜貞王逘…宮往來無災	5
三六六五九	…卜貞…于…往來…災	5

著錄號	釋文	期
三六六九五	壬申卜貞王步于召往來無災	5
三七四〇八	戊戌王卜貞田羌往來無災王占曰吉兹御獲鹿四	5
三七四四八	丁丑王卜貞田宮往來無災王占曰吉	5
三七四六〇	壬寅卜貞王送于召往來無災	5
三七四六二正	戊午王卜貞田盛往來無災王占曰大吉獲狐五	5
三七七〇七	……亥王卜貞……𨛜往來……王占曰……	5
三七七〇九	戊……王卜貞田𨛜往來無災王占曰吉	5
三七七〇九	壬辰王卜貞田喪往來無災王占曰吉	5
三七七四六	戊午王卜貞田𡧊往來無災王占曰吉	5
三七七四六	辛酉王卜貞田𨛜往來無災王占曰吉	5
三七七四六	壬戌王卜貞田敦往來無災王占曰吉	5
三七七四六	丁亥王卜貞田盂往來無災王占曰吉	5
三七七四六	戊子王卜貞田喪往來無災王占曰吉	5
三七七四六	辛卯王卜貞田𨛜往來無災王占曰吉	5
三七八二八	……王卜貞……往來……王占曰……	5
英二〇四一	乙酉卜旅貞王其田于……往來無災在一月之乙酉彡于祖乙又……	2
懷一八五三	辛巳……貞田……往來……王占……	5
懷一八五八	……卯卜在去……王田䍙往來……災	5
懷一八六四	……寅卜……王田……往來……	5
懷一八六五	辛丑卜貞……往來無……欒獲……	5
懷一九〇〇	……王田享京往來	5
懷一九〇四	戊午卜貞王送于𨛜往來無災	5
懷一九〇五	乙未王……宮往來無災……占曰吉在十月	5
懷一九〇六	……送于雍往來無災	5
懷一九〇九	戊申卜貞王送于召往來無災	5
懷一九〇九	……貞王送……召往……無災	5
五一五八乙	貞王其往觀河不若	1
二四四二五	壬寅卜旅貞王其往觀于𣎵無災	2
九〇五正	貞王往狩	1
六一二一	往出狩	1
英八五九	戊申卜亘貞勿狩往	1
五五七	癸未卜貞翌戊子王往逐𣎵	1
一四二九五	王其往逐兔于𡕬不其獲	1

著錄號	釋文	期
一四二九五	王其往逐兔……𡕬……	1
一七〇六	呼往若	1
七四二七正	貞王勿往不若	1
七四二七正	己巳卜爭貞王往若 二告	1
九六九三	貞呼婦好往若	1
九六九三	貞呼婦好往若	1
九六九三	貞呼婦好往若	1
一六三五三	貞毋……往不若	1
一六三八九	……呼往……若	1
一七五二三正	貞呼往若	1
二一五六六	甲子卜丁呼犬彘五往若	1

其它

著錄號	釋文	期
一〇	戊寅卜穷貞王往以衆黍于冏	1
一七	辛亥卜貞衆……往𠧢有擒	1
三四正	貞勿惟王往以衆人	1
六七正	貞王勿往途衆人	1
一五一正	呼往	1
三三九	辛未卜穷貞王往尋不……無災	1
五五七	貞勿往	1
六一六	貞惟……往……吉	1
六三五反	貞往	1
六六七正	癸卯卜殼貞呼弜往比𢦏于𠂤	1
六六七反	王往……	1
六七九正	丙寅卜殼貞妣庚有女往二牛翌庚……用	1
七八七	貞惟多子呼往	1
八八〇正	貞往西多敎其以王……	1
八八〇正	貞往西多敎不其以伐	1
八八〇正	貞往西多敎不其以伐	1
八八〇正	辛酉卜内貞往西……敎其以王伐 二告	1
九六七	丁酉卜耳貞侑于父乙伐……往……	1
二八三五	貞婦……不往……	1
二八三六	貞勿呼婦往其有……	1
三〇三八	……正……妻……	1
三七二七	翌癸丑勿……婦往……	1
三八八八	戊子卜永貞王往……	1
四〇一四	……令……往……師	1
四〇五七	……𠦪往欒燎	1
四〇六六	貞𠦪往先	1
四〇六七	丁卯卜貞𠦪往先	1

四〇六八 丁卯卜貞卓往先
四〇六九 貞令卓往
四〇七〇正 丁丑卜穷貞卓往六月
四〇七一 ……丑卜爭貞卓往六月
四〇七四 惟卓往延
四〇七五 貞卓勿往
四〇七六正 ……翌……戌卓勿往歸
四二八三 呼戌往弋祉
四二八四 辛亥卜殼貞呼戌往弋祉
四三九六 貞惟並往
四三九七 ……卜貞……惟並自……往
四五二六 乙……卜……呼畓往
五〇六九 貞惟王往 二告
五〇七〇 貞惟王往
五〇七一 貞惟王往
五〇七二 貞惟王往
五〇七三 貞惟王往
五〇七五 王惟往 二告
五〇七六 辛酉卜……貞王往……
五〇七七反 ……貞王往……
五〇七八 ……貞王……往
五〇七九 ……王往……旃
五〇八〇 ……王往……
五〇八一正 ……貞翌乙……王往……
五〇八二 貞王……往以……
五〇八三 ……卜𠱫……王往……翌……雨……
五〇八四 ……卜……王往……
五〇八五 戊子卜貞王往从……
五〇八六 壬午卜貞王往从……
五〇八七 ……穷貞……往从……之日王……
五〇八八 乙卯卜殼貞惟王往[酉彡]……
五〇八九 己未卜古貞王往……
五〇九〇 ……殼貞王勿往
五〇九一 ……今日……王勿往于……
五〇九一 ……勿往
五〇九二 ……貞王勿往……
五〇九三 ……申卜……貞勿……王往
五〇九四正 ……勿惟王往
五〇九五 壬辰……貞王……勿往
五一一五 ……王往省从南……
五二九五 ……戌卜……王往……燕無……
五二九六 ……往……朿……
五四二六 ……午……令往鬱

五四四四 ……辰卜令雀往戠王事 一告
五七二八 惟旅馬令往
五七六九正 貞王往旃
五七七六正 王往入
五七七六正 王勿往入
五八〇五 丙午卜殼貞勿呼師往獻有師 二告
六〇三三反 貞翌庚辰王往途首
六一三一正 ……殼貞王往次于淲
六一五〇 勿往
六二九四 戊申卜殼貞勿惟王往
六三三三 乙酉卜爭貞往復从臬幸吾方二月
六四七七反 翌乙酉王往途無……
六四七七反 貞翌乙酉往途若
六四七七反 勿往不……
六六一七甲 王往……𤞷羌……
六六一七乙 ……往南……𤞷……
六六三二 ……卒往……
六七二八 貞呼往征 不舌黽
六七七一正 往西多[糸尹]……王伐
六九二八正 貞惟王自往西
六九四七正 己未卜殼令命往祉 二告
六九四七正 己未卜殼勿令命往祉
六九七九 己酉卜貞雀往征犬弗其擒□十月
六九八九 ……往……廼……
七〇二七 己巳……戠往……無囚
七〇八一正 甲寅卜穷貞王往征西……
七一八三反 丁巳卜……戍往……有[土喜]
七三五一 貞王不惟今日往
七三五一 己未卜殼貞王惟……日往
七三五二正 勿惟王往
七三五二正 ……王往
七三五二正 惟王往
七三五七正 貞王往次□
七三八七 呼往比
七五〇七 貞呼往……比祉戠……
七五二八 己未卜爭貞勿惟王自比望乘……往……
七五三〇 ……勿惟王自……乘呼往
七五三〇 ……比望乘呼往八月
七六六七反 ……方其往其昌
七七一二 貞……往舌
七八八八 癸丑卜殼貞師往衛無囚

往

一二五三七　庚寅卜穷貞今秋王往…　1
一二七五九　貞呼往　1
一二八〇八　…往…不雨　1
一二九八二　貞勿往二月　1
一二八一三正　乙卯卜殼貞今日王往…之日大采雨王不　1
…　1
一二九二一正　辛卯卜殼貞王往延魚若　1
一三〇一六　丁亥卜穷貞衣…往　1
一三〇一八　…貞…往…于…雨　1
一三三二七　其惟王往　1
一三五六八　辛丑卜貞王往步來鹿不…　1
一三五七五　…未卜穷貞…令…寢往…㞢　1
一三六九五乙反　惟往呼…　1
一三八八七　乙卯卜爭貞呼陵往…　1
一四一二九正　…卜韋貞王往比之　1
一四二九三正　貞…往不桑畀日　1
一四三三九正　戊戌卜殼貞王往…　1
一四三七五　貞往于夔有从雨　1
一四四四八　庚子…貞往燎…岳　1
一四六四七正　…未卜韋貞呼…河以啓王固…其來之…　1
往見于…無來　1
一四七三五正　王往馬　1
一五八三九　貞韋…其往禍告　1
一六一九七　庚辰卜爭貞翌辛巳王往　1
一六四八九　貞…往…　1
一七〇五五正　丙午卜殼貞呼師往見有師王…曰惟老　1
惟人途遘若…卜惟其匄二旬又八日㷧　1
壬…師夕死黽　1
一七四〇四　…王往…　1
一七四六四　癸巳…貞…往…剢…　1
一七五九〇正　貞惟王往　1
一七六四四　…我二十往…　1
一八七〇七　丙寅卜…令往…咋…　1
一九〇八二　…酉卜爭貞…令多…往…　1
一九二八八　貞勿于翌丁亥往　1
一九二九一　…子卜…于…祝往…　1
一九三〇一　貞勿往　1
一九三〇一　貞往　1
一九三〇二　貞勿往　1
一九三〇三　貞勿往　1
一九三〇四正　貞勿往　1
一九三〇五　貞勿往　1

一九三〇六　乙酉卜勿往　1
一九三〇七　貞翌乙…勿往　1
一九六五一　貞呼往　1
一九六五二　貞惟往呼…　1
一九八五二　癸亥卜往衛祝于祖辛　1
二〇〇五七　丙寅卜王貞侯光若…往𠕋嘉…侯光…　1
二〇二四〇　令𠂤往宋　1
二〇三一〇　己巳余缶往…　1
二〇五三四　丙寅卜戴王告取兒𠂤固曰若往　1
二〇六三二　…呼…往…光…　1
二〇六四九　庚辰卜王惟往循受年一月　1
二〇七〇七　甲申卜曰貞…往…來　1
二〇七一五　辛巳卜自貞甫往兔虎鹿不其…　1
二〇七一六　丙子…甫往…鹿…　1
二〇七六七　…往…𩁹…　1
二〇七七〇　…燎…自入至𠬝門不往陰十一月　1
二〇七七五　甲戌卜翌乙亥征𦊐不往𦊐　1
二〇七九〇　癸巳卜往馬三十　1
二〇九六八　…雨…雨之夕…北往一月　1
二一〇七九　丙寅卜王己巳步往…暘日　1
二一二三五　乙…往…𧧒…　1
二一三〇六乙　㛸往其有囚　1
二一四三三　己卯卜大往𢀛乃　1
二一五〇五　…往用　1
二一五七〇　癸卯子卜…𡆥往豕…　1
二一七六四　…卯卜緐…不…往…　1
二二〇四三　往㞢　1
二二〇四四　往軌祖壬　1
二二〇八〇　丁巳…惟…往　1
二二〇九九　庚戌卜惟舊𩁹往　1
二二一一五　癸丑卜往啓商東小宰　1
二二二四六　𢀛以往于…月　1
二二二四七　𢀛以往子　1
二二二九四　己未卜往酉子商妣庚三宰　1
二二三三〇　…不往…　1
二二五九三　…貞矣往告執于…　2
二三三七二　庚申卜旅貞往妣庚宗歲改在十二月　2
二三七八五　壬子卜旅貞王其往…　2
二三七八六　己卯卜出貞今日王其往河　2
二三七八七　丁亥卜貞王其往無…　2
二三七八八　戊午…出貞…往…災　2
二三七九〇　辛酉卜出貞翌壬戌王往…　2

著錄號	釋文	期
二三七九一	壬辰卜大貞翌癸巳王往…	2
二三七九二	甲戌卜出貞王勿往	2
二三七九三	…貞勿往一月	2
二四二六二	…行…其往…無災…五月	2
二四二六二	貞毋往在正月在師粉	2
二四四九〇	庚午…王其田…往…災	2
二四四九一	辛酉卜尹貞王其往	2
二四四九三	…未卜行…王其往…無災在十月	2
二四五〇一	丁丑卜王曰貞翌戊寅…其田無災…往不遘雨	2
二四八八八	…貞…于…不…往…樽…	2
二六九九三	甲子卜其往望惟伯令	3
二七四一五	桒父己父庚惟卯往□	3
二七七五六	…來廼令□往于…	3
二七七五九	癸亥卜𦎫往	3
二七七七六	…寅卜王惟翌日乙往	3
二七七八〇	㪤往不雨	3
二七八九五	…尹往弗悔	3
二六九〇七正	辛亥卜貞其呼往	3
二七九六六	惟戍馬呼暨往	3
二七九七五	惟戍耆往有戋	3
二七九七五	惟戍毋往有戋	3
二七九七五	…戍往…羌方不…人有戋	3
二八〇五八	惟往𡕩…	3
二八〇七七	…往…戋…暨…	3
二八二五七	…惟庚…往有雨	3
二八三一五	乙未卜王往希狐从…遘	3
二八四一八	惟丁往	3
二八五六九	中日往不雨 吉	3
二八五八九	丙子卜口貞王其往乇田無災在十二月	3
二八五八九	丁丑卜…貞王其往乇田無災	3
二八五八九	貞毋往	3
二八五九〇	…丑卜何…王其往…田無災	3
二九〇八四	丁丑卜狄貞王其田遷往	3
二九〇八四	丁丑卜狄貞王往𤤱禦	3
二九三五六	王惟襄…往射延…𪊨…	3
二九四一四	弜往弗悔	3
三〇〇九四	…往遘雨	3
三〇一一四	…巳卜王往…不遘雨	3
三〇七六〇	弜祀告呼往有災	3
三一九八一	呼多尹往𦎫	4
三五一四〇	弜往	4
三五二二三	弜往	4
三六五四六	戊子…貞王…□往…無𢦔	5
三七八二八	辛…貞…往…災王…	5
屯六九一	…妣辛卯往	3
屯七五三	弜往	
屯七八三	丙午卜告于祖乙三牛其往𩁹 不	4
屯一〇九八	丙寅卜王其田□惟丁往戊征… 大吉	3
屯二三〇一	方不往自羊山 大吉	3
屯三三〇一	其往	3
屯三三八三	王其省盂田𦵏往𥁕入不雨	3
屯二三八三	𦵏往夕入不遘雨	3
屯二九七五	…𢦔我往𢦔…	
英三五二	庚辰卜貞惟𡆥往無左十二月	1
英三七四	庚寅卜殻貞惟般呼往	1
英三九二正	戊辰卜殻貞忌有往家呼…	1
英四五七	…卜爭貞翌…王往…	1
英四五八	…翌…王往…	1
英四六〇	…子王往…	1
英四六一	貞勿惟王往	1
英四六二	壬申卜穷貞…勿往比…	1
英六〇二	…王往□伐𡚸…	1
英七二五正	貞往有禦	1
英一一六五	貞呼往見于河有來…	1
英二三〇七	辛丑…王往…用無災	3
英二四二二	…貞…禦…其往	4
英二三八五	…暊貞…其往…東	3
懷二四六	甲申卜貞…乙酉魚彡桒之日彡桒… 往祝…小入…雨	1
懷三三三	…午卜…王往…	1
懷三二五	…卜…貞王…自日…往…	1
懷三二六	貞…往…有…	1
懷三二七	乙酉卜…貞王往…比…	1
懷三二八	辛酉…貞…往…不…	1
懷九五九	丙午卜殻貞呼師往見有師王…曰惟老惟人途遘若…卜惟其匄二旬又八日𩁹壬…師夕𩁹	1
懷一〇一六	…王…翌戊…田往…災	2
懷一二四二	…出…往…□…	2
懷一八五三	…卜貞…往…災王…吉	5
懷一八五六	辛…卜…田…往…無…	5
懷一八五七	壬午…貞田…往…無…	5

咎 咎

七九五正 七九五正 九〇二反 九〇二反 二〇六〇 二三五二 二三五二 二三五三 四四二一 四四二一 四五七六 四五七七正 五四七七正 六〇三二正 六〇三二正 六〇三二反 六〇九五 一〇〇四九正 一〇〇四九正 一七〇四三 一七九四四 一九七八五 一九八六〇 二〇〇一〇 二一一一九 二一三六二 二一三六三 二一三六四 二一三六五 二一三六六 二一五四二 二一五四二 二一五五五 二一五五五 二一五五五 二一六〇七 二一六三五 二一六六六 二一六六六 二一七四九 二一七四九 二一八一一 二一八三五

贏甲咎婦
贏甲弗咎婦
貞不惟帝咎王
王…惟…咎…
不…祖…咎…
貞惟妣己咎王𡆥 二告
貞不惟妣己咎王
貞父乙咎王
惟㞢妣咎𡵂
貞惟㞢祖咎𡵂
貞…咎…
貞惟娥咎王
貞不惟娥咎王
貞惟父乙咎婦好 二告 小告
貞不父乙咎婦好 二告
王固曰惟父乙咎
貞不惟咎
貞冂惟咎
貞凵不惟咎
貞于丁未咎
…卜貞…咎…
…惟…咎…執不印九月
乙丑卜祖辛咎…
…惟兄丁咎
…惟季咎
貞余有咎二月
…父咎示
…丑妣…缶咎
…司…咎
…咎
己巳卜祖乙咎
父辛咎
…司…咎
丁卯卜司妣咎
丙申卜貞𢀛咎
乙巳卜𢀛有咎
不咎
乙未卜夢妣丁咎
…無咎馬
…父惟咎
…子…咎
…卯子卜貞我無咎

二一八三六 二一八三七 二一八三八 二一八三八 二一八三九 二一八七六 二一八七六 二一八七八 二一八七八 二一八七八 二一八七八 二一八七八 二一八七九 二一八七九 二一九五一 二一九五二 二一九八五 二一九八七 二一九八七 二二二六四 二二二六四 二二二八五 二二二八九 二二二八九 二二二九一 二二二九〇 二二二九〇 二二三九四 二二三九四 二九八三三 三三五二四 八三八一 英一八八四 英一八八四 懷 四二 懷一四九五 懷一五三一 五五二四 一八九八一 二三三三〇 二七〇三五 二七〇四〇

庚子卜𡧊貞無咎
辛卯亩咎有示
…子丁咎
庚…咎
戊申有咎
…酉己妣咎
…酉丁妣咎
辛亥丁子惟口咎
辛亥丁妣惟咎
辛亥己妣惟口咎
辛亥庚妣惟口咎
己酉丁妣咎
丁卯妣丁咎
丁卯中母己咎
辛亥無咎
戊申貞無咎
惟…于…咎
戊午不祀示咎
戊午𩫖惟咎
妣丁咎
妣丁咎
丁示咎
丁巳兄咎
示丁咎不
丁示咎
丁巳兄咎
丁示咎不
…惟咎
…咎
不惟咎
惟祖戊咎
…丘𡵂…
咎
不咎
…戊卜…祖乙…咎…
…寅卜…有咎在茲邑
…咎…

此

貞使人于𣥂
…多…𠂤…
…子…兮企…
…此…有祐
惟牛王此受祐

二七〇四〇　王其侑母戊一䵼…此受祐　3
二七四九九　…仲己…王比受…　3
二七五六二　惟牛此有大雨　3
二八二四四　于枕辛升…王比…　3
二八二五八　惟大牢此有雨　3
二八二五八　于壑𠦪年此雨　3
二八二八二　其𠦪年于河此有雨　3
三〇三一八　…𠦪年此有大…　3
三〇七八九　…牛…此有大雨　3
三〇八三一　…其𥁕此有雨　3
三一一八八　…勿彭此王受…　3
三一一八八　茲夕王此受祐　3
三一一九〇　于弗舌王廼此　3
三一一九〇　二宰王此受祐　3
三一一九〇　三宰王此受祐　3
三一一九〇　五宰王此受祐　3
三一一九一　惟犬此雨　3
三一一九一　二犬此雨　3
三一一九一　三犬此雨　3
三三二〇〇　其𥁕此有雨　4
三三五一一　貞王其田乙眉此　4
三三四〇二　癸未卜貞王旬無畎在十月甲申翌日小甲　5
屯三三五九　丁亥卜其𠦪年于大示即日此有雨　吉　3
英二三六九　其尋…舌王…此受…　3

條

二一〇一八正　令條取大以　二告　1

⿱癶卩

一六五五六正　父乙⿱癶卩南庚　二告　1
一六五五六正　父乙弗⿱癶卩南庚　二告　1
一六五五六正　父乙⿱癶卩祖乙　1
一六五五六正　壬申卜爭貞父乙⿱癶卩羌甲　二告　1
一六五五六正　壬申卜爭貞父乙弗⿱癶卩羌甲　1
一八九九正　⿱癶卩祖丁　二告　1
四三〇一　呼㐺⿱癶卩　1
八九八四　…⿱癶卩以馬自薛十二月　1
九〇八四　己未卜⿱癶卩以　1
九三八〇　⿱癶卩入　1
二一〇三三　…⿱癶卩…馬…　1
懷一四八一　丁亥卜王大庚㞢⿱癶卩大乙宰牝朿終月　4

朮

二七二〇二　貞于乙日朮酉王受祐　3
二七六四一　于劦日市…廼有𠂇王受…　3
二八七五一　乙卯卜今日市王其戋無…　大吉　3
二八七五四　今日丁市日王其戋無災　3
二九〇一五　辛巳卜市乇王其戋于喪無災　吉　3
三〇六四四　朮㪷來…　吉　3
三〇六四五　…寅卜今朮日…　3
三〇六四六　…朮日有正　3
三〇八八四　于朮史彭王受有祐　3
三一一二〇　…以朮…㪅王受…　3
懷一四〇一　…寅卜王其…朮…王受…　3

朱

六　丁酉卜㝮貞惟戌朱令比𠬝王　1
四五八〇　貞勿呼朱　1
四五八一正　貞呼朱　1
六五九三　癸丑卜貞𡿧往追龍从朱西及　1
六五九四　癸丑卜貞𡿧往追龍从朱西及　1
八三八六　…雨朱…　1
八九三四　貞奴牛于朱　1
八九三五正　貞奴牛于朱　1
一三三九〇正　貞茲朱雲其雨　1
一三三九〇正　貞茲朱雲不其雨　1
一八二四四　…朱…　1
屯二三九五　丁未貞惟乙卯告朱　4
屯二三九五　于乙亥告朱　4
屯二三九五　于乙酉告朱　4
屯二三九五　于乙未告朱　4
屯二三九五　于乙巳告朱　4
屯二三九五　庚戌貞其先于六大示告朱　4
屯二三九五　于乙巳告朱　4
屯二三九五　庚戌貞其先于六大示告朱　4
屯二三九五　丁未貞惟乙卯告朱　4
屯二三九五　于乙亥告朱　4
屯二三九五　于乙酉告朱　4
屯二三九五　于乙未告朱　4
屯二四八四　…貞其朱豆…　茲用　4

祟

六八四三
六八四四
八三六六
八三六七
二〇〇七〇

：戋其大敦祟
貞伐祟
貞祟受
：祟
癸卯卜王曰祟其𡆥

逐

三九〇反
一〇二二七
一〇二二八反
一〇二二九正
一〇二三〇
一〇二三二
一〇二三三正
一〇二三四
一〇二三六正
一〇二三七
一〇二三九
一〇二四四正
一〇六三四
二八三六八

逐豕獲
乙丑卜亘貞往逐豕獲：往逐䴥豕
：日王往逐在𤰔豕允：九
辛未卜亘貞往逐豕獲
癸丑卜王其逐豕獲允獲豕
：逐豕：獲
：逐：豕：
往逐豕：
貞呼逐豕獲
貞呼逐豕獲
貞有告𢼸豕呼逐
貞惟圅豕逐獲
：往逐豕?獲允獲
貞惟：豕逐無災弗悔

一九〇正
一九〇正
一〇三九七
一〇三九八
一〇三九九正
一〇四〇〇
一〇四〇一
一〇四〇二
一〇四〇三
一〇四〇五正
一〇四〇六正

貞王其逐兕獲弗𢀛兕獲豕二
貞其逐兕獲弗𢀛兕：
：卜爭：其逐兕：隹兕：惟：
：卜亘貞逐兕獲：固曰其獲己酉王
逐允獲二
貞其逐兕獲
：亥卜殻貞其逐兕獲
貞翌辛巳王勿往逐兕弗其獲
：子卜翌辛丑王逐兕
貞呼𢓊逐兕獲
癸巳卜殻貞旬無囚王固曰乃玆亦有祟
若偁甲午王往逐兕小臣𠛱車馬
硪𩠜王車子央亦墜
甲午王往逐兕：馬硪𩠜王車子：祟若偁

：央亦：

一〇四一〇正
一一〇〇九
英八四七
二四四四五
二八四一四
三三三七二
三三三七四反
三三三七五
屯六六四
屯六六四
屯二〇九五

：逐兕
：往：𩡧兕無災之日王往逐𩡧兕
貞翌丁酉其逐兕獲
乙巳卜出貞逐六冢擒
：逐兕
己卯卜王逐兕：弗：
辛巳卜在小箕今日王逐兕擒允擒七兕
甲午卜今日王逐兕
丙戌卜在其今日王令逐兕擒允
乙酉卜在其今日王逐兕擒允擒
戊戌卜王其逐兕擒弗擒

一〇三四三正
一〇三四五正
一〇三四六正
一〇三四七正
一〇三四八
一〇三五七
二七一四六
二七四五九
二八三五五
二八三五六
二八三五七
二八三五八
二八三五九
二八三七〇
二八三七〇
二八三七二
二八三七四
二八三七六
二八七八九
二八七八九
二八七九〇
二八七九〇
三三三六六
屯三五九九

貞勿往逐麋于：
丙申卜爭貞王其逐麋遘
丙申卜殻貞我其逐麋獲
貞王往逐麋獲
戊戌卜貞王往逐麋：
：逐麋獲王固曰其：
甲申卜貞王田逐麋
庚申卜貞王惟麥麋逐
：其田：麋逐擒
其西逐有麋：災擒
弜逐有麋其悔
貞惟麋逐無災
：卜令甫逐麋擒十月
王其逐斿麋湄日無災
弜逐斿麋其悔
惟圅麋逐
：惟目麋逐
：逐𡧊麋無災擒
自東西北逐沓麋無災
其逐沓麋自西東北無災
王其東逐𠈇麋擒
弜逐𠈇麋其悔
：逐兕麋
于來自宇迺逐辰鹿無災

三二四三
五七七五正
五七七五正

：多子逐鹿
呼多馬逐鹿獲
呼多馬逐鹿獲

七〇七五反 癸酉貞子𠬝…逐鹿
一〇二六一 …貞呼徙逐鹿
一〇二六二 貞徙不其獲鹿
一〇二六三 貞徙不其獲鹿
一〇二六四正 …徙…鹿…獲
一〇二六五 …逐鹿獲
一〇二六六正 戊戌卜貞王往逐鹿
一〇二六七正 貞…逐鹿
一〇二九二 王其往逐鹿獲
一〇二九三 王其逐喪鹿…
一〇二九九正 貞王其逐鹿魯
一〇三〇〇 …寅…逐鹿獲
一〇三〇二甲正 丙辰卜㱿王其逐鹿獲 二告
一〇三〇二甲正 貞多子逐鹿
一〇三〇六正 勿呼逐鹿
一〇三〇六正 勿呼多子逐鹿
一〇三一二 …戊卜王不其獲鹿
一〇三一三 …我獲鹿允獲
一〇三一四 呼子汰逐鹿獲
一〇九二七正 …呼遘逐鹿于喪獲
一〇九三五正 貞呼逐在𦵔鹿獲
一〇九三七正 王其逐鹿于𦵔魯
一〇九三七正 勿逐鹿魯
一〇九四六 …午卜㱿貞…逐鹿于萬執
一〇九五〇 丁亥卜王我惟三十鹿逐允逐獲十六一月
一〇九五〇 …丑卜…其逐鹿獲
一〇九五〇 我惟七鹿逐七鹿不屬 不告
一〇九五一 壬午卜王弗其獲在萬鹿
一〇九五一 壬午卜王其逐在萬鹿獲允獲五
二告
一〇九五一 丁未卜王其逐在蚰鹿獲允獲七一月
二八三四九 辛卯卜王惟虞鹿逐無災
屯九九七 乙酉卜犬來告有鹿王往逐…

一五四 辛卯卜曾貞呼多羌逐兔獲
一七七二正 庚申卜㱿貞呼逐兔
一四二九五 王其往逐兔…壹
一四二九五 王其往逐兔于壹不其獲

五五七 癸未卜貞翌戊子王往逐兕
九五七二 戊子卜宁貞王逐㝬于沚無災之日王往
一〇五〇二 …無災…往逐…九…㝬
一〇五〇六 癸未卜貞翌戊子王往逐兕

三一〇九四 乙丑…貞王其…衣逐
三七五三二 戊午卜在㚔貞王田衣逐無災
三七五三二 辛酉卜在敦貞王田衣逐無災
三七五三三 戊寅卜在𣲡貞王田衣逐無災
三七五三六 壬寅卜在𣲡貞王田衣逐無災
三七五三六 戊申卜在𣲡貞王田衣逐無…
三七五五四 …十…𤕌貞…衣逐…
三七五五五 …卜在𤕌貞…衣逐…
三七五五六 …卜在麋…田衣逐…災
三七五五七 壬申卜…貞王…衣逐…
三七五五九 …在…衣逐…在五月
三七五六〇 辛亥…王田…衣逐…
三七五六〇 …巳…田于衣逐…獲…
三七五六一 …卜在𦎫貞王田衣逐無災
英二五六六 丙午卜在𠂤貞王其射𢦔衣逐無災擒

其它

一三六正 貞逐
一八二二正 貞多子逐…魯
五三九四反 …逐…
六〇五二 …于…樂…𡆥逐
六四七七正 貞呼逐比萬獲王固曰其呼逐獲
一〇二〇二 庚…王獲…逐弗…
一〇二二一 己卯卜王逐兕
一〇六三六 翌丙子王其逐…
一〇六三九 甲寅…貞王…逐…
一〇六四〇 …卜…貞…逐…無災
一〇六四一 …巳卜…往逐…無災
一〇六四二 …酉卜…其逐…
一〇九八七 …往从…歸逐…在宫
一一六一七 …逐𠂤十一月
一六五二三 …逐…獲六十月
一八三四五 …卯王…逐𡧊不…子己…
一九三七八 …允其來五月
二一一五三 丁亥卜余不…逐…喪
二一一六〇 …卜…丁樂…商逐…
二一九二八 自丁其逐冥
二二三六四反 …惟逐…
二三〇六一 甲戌王卜逐延
二四四四五 乙巳卜出…王行逐…
二六八七九 戊逐弗雉王眾

二六八八一　癸丑卜狄貞戌逐其雉王衆　3
二七六八一　…卜狄…惟杏…逐…無災　3
二七七三七　…逐…其悔　3
二八〇六二　…衛逐人　3
二八三五七　…逐…災　3
二八三七〇　惟有…先逐無災　3
二八三七二　…逐…悔　3
二八三七二　弜逐　3
二八四〇八　弜…逐…其…　3
二八七九〇　其北逐擒　3
二八七九一　其西逐擒　3
二八七九二　北逐擒　3
二八七九三　…弜…逐…左…　3
二八七九五　惟有逐無災　3
二八七九六　…逐…先日…　3
二八八八八　翌日壬王其田戲擒有大逐?　3
三一九一七　…先逐無災　3
三三二一四　弜逐土田　4
三三二一六　…寅卜…令逐…享…　4
三三四〇三　…逐擒　4
三七四六八　丁丑卜貞宰逐辟祝侯麓犬翌日戊　5
　　　　寅王其㳄…召王弗悔擒
三七四六八　癸酉卜貞宰逐辟祝侯麓犬翌日戊　5
　　　　寅…其…召…　5
三七五〇七　…在夅…衣逐…御…狐…　5
三七五三一　…師貞王…逐無災　5
三七五三六　…在…貞…逐…　5
三七五三七　…卜在…貞王…逐…災　5
三七五三八　…卜…敦…王田…逐…　5
三七五三九　壬子卜…貞王田…逐…　5
三七五四二　…在…王…逐…災　5
三七六四四　戊午…貞王…逐…　5
屯六六三　甲子卜…日王逐　4
屯九九九　在臭逐…　4
屯一一五二　…弜逐…其悔　3
屯二九七一　惟辛逐無災　3
屯四二〇〇　…戌逐其雉王衆　3
英八四〇正　勿呼逐其…　1
英二三九五　王其射麑惟逐無…　3
懷一五三四　…貞…逐…　4
懷一八五五　…辰…喪貞…田逐…　5
懷一八六三　…卜貞…率…逐…災　5

一〇二九四　癸巳卜王逐鹿　1
一〇二九四　弗弗逐　1
一〇二九六　…獲…不逐鹿四月　1
一〇六一二　己巳卜狩逐　1
一〇六一二　己巳卜狩弗其逐　1
一〇六五三　癸巳…逐…允逐…弗…　1
懷一五二二　…卜王…甲…　4

⿱止夨

七〇五七　…砍?捍…⿱止夨…　1
一〇一九六　…日…狩㚔允獲虎二倗有⿱止夨戕友若　1
一五八五六　…⿱止夨巫祖…十牛十二月在…　1
一八四六六　⿱止夨步…　1
一八四六六　貞勿⿱止夨步…　1
一八四六七　不惟⿱止夨　1

⿱止⿰夨夨

三三八〇　辛巳卜殼貞王比昜伯⿱止⿰夨夨　1
三三八一　辛巳卜殼貞惟昜伯⿱止⿰夨夨比　1
三三八六　貞王…伯⿱止⿰夨夨脊　1
三三八七　…勿衣…惟昜…⿱止⿰夨夨脊　1
六四六〇正　辛亥卜殼貞王惟昜白⿱止⿰夨夨比　1
六四六〇正　辛亥卜殼貞王勿惟昜白⿱止⿰夨夨比　1
七四一一　庚午卜爭貞王惟昜白⿱止⿰夨夨歲　1
七四一二　庚午卜爭貞王惟昜白⿱止⿰夨夨歲　1
七四一三　…昜白⿱止⿰夨夨歲　1
英一九七　己巳卜殼貞王惟昜伯⿱止⿰夨夨脊　1
英一九八　庚…卜爭貞王惟昜伯⿱止⿰夨夨…　1

二九三五　壬寅卜兄　1

条　條

三六八　貞帝于条　1
三六八　勿帝于条　1
七七五正　貞王条戈人　二告　1
七七五正　貞王弗条戈人　1
二四八四正　貞不有条　1

四一九四　貞其□有囚　1

四九八四　……卜爭……一人……□……　1

五四七七正　□無其□來自南允無□　1

七九〇二　……王往□　1

七九〇三　……貞夫……于□　不吿黽　1

八七九一　癸……貞……徐……土　1

一一四一八　……□……芻……　1

一一四八四正　……丑卜㱿貞翌乙……黍蒸于祖乙……王固曰有祟……不其雨六日……午夕月有食乙未酌　1

一四二九三正　多工率□遣　1

一八〇〇六　貞……往不□𢌿日　1

三二二九三　貞野……□……　1

三五三三九　丙寅貞子弗□囚　1

貞其徐　4

条

三六五八七　甲午卜在洙貞王步于条無災　5

一五四八五　丁丑卜㱿貞勿自魚戠卜有祟𢌿用弗□㞢　1

一六五一七　……弗□有囚用十三月　1

二二一四四　己巳卜及□　1

三二一七九　己巳□及　4

一九〇八六　……令……用?备　1

三六三四四　丁丑王卜貞今囚巫九备……典舂免侯彈……允暨二娃余其比……戋無左自上下……受有祐不𢀛𢦏無?……商無𡆥在……　5

三六五〇七　……貞今囚巫九备惟余酌……來……戋人方上下于𣪊示受余祐……于大邑商無𡆥在畎　5

三六五一一　丁卯王卜貞今囚巫九备余其比多田……多伯征盂方伯炎惟衣翌日步……左自上下于𣪊示余受有祐不𢀛𢦏……于兹大邑商無𡆥在畎……弘吉在十月遘大丁翌　5

三六五一五　……貞今囚巫九备□……𣪊示余其畐征……余　5

三六五三五　受有祐不𢀛……　5

三六五二五　癸未卜在師貞今囚巫九备王于□侯缶師王其在□𢦏正　5

三六五二八反　乙丑王卜貞今囚巫九备余無𡆥𢦏告侯田册𢦔方羌方羞方庚方余其比侯田畐戋四封方　5

三七八三五　……王卜貞今囚巫九备其酌彡日……至于多毓衣無𡆥在畎在……又二王囚曰大吉　惟王二祀　5

一二三　……貞□雍芻　1

六六七反　……令□□……　1

一一一五正　臣……呼□有芻　小告　1

一一一五正　□牛臣芻　二告　1

一三八〇　……呼□光芻　1

一七一六　……貞呼□……　1

一七七七　呼□韋　1

二二〇一　貞不惟我□　1

二二〇一　貞不惟我□　1

四七七一　勿呼□□……　1

四八一九　丁巳卜㱿貞呼□若　1

四八二〇　丁巳……貞□若　1

四八二二　貞勿呼□□……　1

四八二三正　貞勿……□　1

四八二四　……前丘□……　1

四八二四　……前㞢……　1

四八九九　……爭貞……呼行比……戠前肘　1

五五五九　……□□　1

五七六〇正　甲戌卜㱿貞攸侯令其𠮛舌曰□若之五月　1

五七六九正　貞勿□　二告　1

六五六六正　壬辰卜㱿貞戊𢦏□方　1

六五六七　……貞戊其伐□方𢦏……　1

六五六七　貞戊弗其𢦏□……　1

六五六八正　……卜㱿貞呼比……□□……　1

六五六八正　貞戊弗其𢦏□方　1

六五六八正　壬戌卜㱿貞戊𢦏□方　1

六五六九　己未卜㱿貞昊克□　1

七六九三　勿呼比弘□□　1

八〇五三　……□　1

八六一三　……受□方……　1
八六一三　……受□方祐　1
八六一五　貞戊弗其……□方……　1
八六一五　貞……弗其……□方　1
八六一六　貞戊弗其受□方祐　1
八六一七　貞戊受□方祐　1
八六一八　……貞戊受□方……　1
八六二〇　貞□其有𡆥　1
八六二二　……□方……　1
九五〇四正　丙申卜古貞呼見□……　二告　1
九五〇四正　丙申卜古貞呼見□……弗其……　二告　1
一〇九九一　貞于乙酉陷……在……　1
一八二四五　……□……六月　1
乇九一七　辛巳卜于即□……乇　4
乇九一七　其□有祟　4
英七五〇　……卜勿……入□……　1
懷 四三　貞其有𡆥　1
懷 三六四　……卜……貞戊戋□方……三月　1

八四〇一　貞呼戈人□　1
一六三一　貞侑于□　1
一四七七五　貞侑于□　1
一四七七六　……侑……□　1
一四七七七　貞□……　1
一〇九三六正　呼司□　二告　1

登　𤼷

六九九八　癸丑卜沚其□捍□　1
二〇五　……登獲羌　1
四六四六　王固曰……辛……登允……　1
四六四七正　……殻貞……登弗……　1
七三八四正　貞呼登見戎　1
八五六四　貞……登……𣪠……吾　1
八六七二　丙……貞……犬登……羃……方……　1

九五七五　庚寅卜爭貞令登暨□斫吾衛有卒　1
一五八六四　壬寅……貞勿……登……　1
二八一八〇　登燎惟豚　3
三二八一四　庚辰貞己亥又登从今戌無𡆥　4
乇三六一九　……其登于祖乙……　4
懷 四五二　甲寅卜亘……呼犬登執豕執　1

二四三五二　庚午卜王在□卜　2
二四三五三　在□……　2
二四三五四　□　2
二四三五五　……卜王在十二月……□卜　2
二四三五七　……辰卜……在十一月……□卜　2

六八三五　㪟人三千伐□戋　1
六八三六　……余戋□　1
六八三七　……弗其戋□　1
六八三八　勿伐□　1
六八三六　……惟呼□　1
八六三六　……卜惟呼□　1
八六三七　庚……□　1
二四三五六　戊辰卜王曰貞其告其陟在□阜卜　2
二四三五六　……卜……曰貞……□……　2

發　發

八〇〇六　戊子卜令發往雀師　1
九〇八五　……發以　1
一五二九四　……辰卜其……先……發　告　1
一八二三九　……王呼發……　1

𢓊

三四〇九五　𢓊　4
三五三三一　……𢓊……　4
三〇六三〇　壬戌卜王貞令朕取馬子□　1

三三五一七 …𠂤… 1
四三七三 …徃𠂤友 1
八〇三九 …卜𠂤京 1
一八二六〇 …𠂤…用 1
一八九五四 …𠂤…从十三月 2
二二七五八 甲子卜…曰貞翌…咸毓祖乙…㞢方其… 2
二二七五八 甲子卜王曰貞叡母㞢茲不用禦于雨 2
二三六八四 丁酉卜出貞令眔㞢爲友… 2
二四一三〇 …酉卜尹…王其㞢…災在… 2
二四一三一 …寅卜即…王其㞢… 2
二四九〇四 …卯卜矣貞王其㞢…巷十三月 2
英一七七六 戊戌…𠂤…于… 1

途

六六六七 …𢀛其途虎方告于大甲十一月 1
六六六七 …𢀛其途虎方告于丁十一月 1
六六六七 𢀛其途虎方告于祖乙十一月 1
六六六七 …貞令望乘暨𢀛途虎方十一月 1
六六五六 壬子卜…令…途…方 1
三三二九 丁未貞王令卯途危方 4
三三八九七 丁未貞王令卯途危方 4
三三八九九 庚辰貞令乘望途危方 4
屯一〇六六 …寅貞王…北方惟…伐令途…方 4

六〇三一 貞王途首勿 1
六〇三二正 甲戌卜㱿貞翌乙亥王途首無囚 1
六〇三三正 …王…途首 1
六〇三三反 貞翌庚辰王往途首 1
六〇三三反 翌庚辰王往途首 1
六〇三七正 貞翌庚申我伐昜日庚申明霧王來途首雨 1
二五〇六反 王𡆥固…途首若 1

六七正 貞王勿往途衆人 1
六八 貞王途衆人 1

三二七〇 惟令途子𡜏 4
三二七三 庚子貞王䢅途子𡜏 4
三三九〇〇 …師般途子𡜏 4
屯一三四 令途子𡜏 4
屯一一一五 庚子貞王令䢅途子𡜏 4

六〇二八 …爭貞…令途 1
六〇二九 …卜宾…令…途…又 1
六〇四〇 壬申卜爭貞惟乜令途…肇… 1
六〇四五 貞勿令遘途伇 1
六〇四六 貞令𤕌…途…𦍌 1
六〇四七 貞惟陕令途𢀛八月 1
六〇四八 …卜宾…令貯…途𢀛五月 1
六〇四九 …戌卜宾貞令旛途… 1
六〇五〇 …卜宾貞令𡨦途𢀛 1
六〇五〇 貞惟陕令途𢀛 二告 1
六〇五〇 癸酉卜宾貞令旛途𢀛八月 1
六〇五一 乙未卜宾貞令永途子央于南 1
六〇五一 癸巳卜宾貞令伐途𢀛師 1
六〇五五 貞惟𢀛令途啓于并 1
六〇五六 戊寅卜宾貞令䧹途啓于并八月 1
六九七八 …令…途𠂤 1
三二九一一 乙酉貞王令乜途亞侯侑 4
英二四二四 弜令生…途…衩 4

六〇三四正 貞勿呼途沚 1
六〇四三正 貞…勿呼…途… 1
一〇五七九 貞呼𢀛途于𡊨 1
一〇五七九 貞勿呼𢀛途于𡊨來 1

其它

六八 …王…途…人 1
六四七 …告…途…奚… 1
九一六正 己丑卜古貞王途𠬝無巷 1
六〇三〇 …貞…途… 1
六〇三五 …射…沘…途… 1
六〇三六 …途… 1
六〇三八正 …日丁卯…曰途若…無囚 1

[glyph]

著錄號	釋文	期
六〇三九反	：途：	1
六〇四〇正	貞：途：無：	1
六〇四〇正	貞途其有災	1
六〇四一	：卜：貞：黃：途：	1
六〇四二正	：勿：途：	1
六〇五四	貞：途：侯	1
六四七七反	翌乙酉王往途無：	1
六四七七反	貞翌乙酉往途若	1
六九七七	：巛：途乞	1
七一五三正	：固曰途若茲鬼陰在廳	1
一七〇五五正	丙午卜殼貞呼師往見有師王：曰惟老惟人途遘若：卜惟其匃二旬又八日𢆶	1
	壬：師夕死罷	
一七〇五五反	王固曰惟老惟人途遘：茲卜惟其匃	1
二〇九五六	：途：	1
三五九〇二	：卜大貞王其途豕牛其：用于我	2
二七三二七	己酉：貞：𢾊丁衆途于律	3
三三九〇一	：王令師般途于：	4
英一八〇正	貞惟：途不：余奏：	1

[glyph]

著錄號	釋文	期
二四四六九	：貞辛：田余：有：禽：	2
三一七九〇	：途王其：大吉	3
三三五六二	：巳卜王其田余：災	4
三三五六二	：余王其：	4

疐

著錄號	釋文	期
三七三六二	丁未卜貞王田疐往來無災王占曰吉	5
三七三六五	壬：田疐：無災：茲：象：	5
三七四六二正	壬子王卜貞田疐往來無災	5
三七四七二	辛巳王卜貞田疐往來無災王占曰吉	5
三七四九四	：王田疐往來無災王占曰：	5
三七四九七	壬辰王卜貞田疐往來無災王占曰吉	5
三七五〇〇	乙未王卜貞田疐往來無災王占曰吉	5
三七五〇〇	：王卜：田疐：往來無災王占曰吉	5
三七五六二	乙丑卜貞王田疐往來無災王占曰吉	5

著錄號	釋文	期
三七六〇七	辛卯卜貞王田疐往來無災	5
三七六一八	丁卯卜貞王田疐往來無災	5
三七六一八	辛未卜貞王田疐往來無災	5
三七六二一	辛巳王卜貞田疐往來無災王占曰吉	5
三七六四八	乙亥：田疐：	5
三七六四九	乙丑王卜貞田疐往來無災王占曰吉	5
三七六五二	辛：貞王田疐往：無災	5
三七六六一	戊申王卜貞田疐往來無災王占曰吉	5
	御	
三七六六七	：王卜貞田疐往來無災王占曰吉	5
三七七二二	壬戌卜貞王田疐往來無災王占曰吉	5
三七七四五	戊戌卜貞王田疐往來無災王占曰吉	5
三七七四三	辛丑王卜貞田疐：來：災王占：吉	5
三七七四五	壬寅王卜貞田疐往來無災王占曰吉	5
三七七四五	丁酉王卜貞田疐往來無災王占曰吉	5
三七七四六	戊午王卜貞田疐往來無災王占曰吉	5
三七七四七	丁卯王卜貞田疐往來無災王占曰吉茲御	5
	御	
三七七四八	：王卜貞田疐：來無災王占：吉	5
三七七四八	：卜貞田疐：無災王占曰吉	5
三七七五〇	壬子卜貞王田疐往來無災	5
三七七五一	辛亥王卜貞田疐往來無災王占曰吉	5
三七七五二	戊戌王卜貞田疐往來無災	5
三七七五三	戊申卜貞王田疐往來無災弘吉	5
三七七五七	戊子王：田疐往：無災	5
三七七五八	丁卯王卜貞田疐：無災王占曰吉	5
三七七五九	：子卜貞：田疐	5
三七七六〇	壬子王：田疐：來無：	5
三七七六三	乙卯王卜貞田疐往來無災	5
三七七六五	戊午王卜：田疐往來無災王占	5
三七七六八	：丑卜：田疐：來無：王占：	5
三七七六九	戊寅：田疐：無：	5
三七七七二	乙巳卜貞王田疐往來無災	5
三七七七三	丁未：田疐：無災	5
三七七七四	乙：田疐：無災王占：	5
英二五三九	乙巳王卜貞田疐往來無災王占曰吉	5
英二五四四	壬辰王卜貞田疐往來無災	5
懷一八五七	：酉王卜：田疐：來無：占曰吉	5
懷一八五九	壬辰卜貞：田疐：來無：	5
懷一八六〇	辛亥：田疐：無：	5

[glyph]

著錄號	釋文	期
三六五六一	己巳卜貞王逘于疐往來無災	5
三六六三九	丁未卜貞王逘于疐往來無災	5

三六六五四　辛巳卜貞王送叀往來無災　5
三六六五五　辛酉卜貞王送于叀往來無災　5
三六六五九　己未卜貞王送叀往來無災　5
三六六六〇　辛亥卜…王送叀往來無災　5
三六六六二　丁未卜王送叀往來無…　5
三六六六九　戊辰卜貞王送叀往來無災　5
二八六六七　…其送…工在叀　3
二九〇一一　今日其送在叀無災　3
二九〇一二　王其田在叀無災　大吉　3
二九一六七　在叀　大吉　3
三一〇三四　其舞在叀乇　3
三六六六三　壬申卜在叀貞王今夕無𡆥　5

其它

二八一二一　…卜今日…从叀…用　3
三〇〇三一　其霾于叀有大雨　3
三一一三六　于叀冞𣪊　3
三三一五五　叀無…　4
三六六三九　…卜貞…于叀…災　5
三六六六六　…卜貞王…于叀往來無災　5
三六七六一　…卜貞…叀往…無災　5
三六七六二　…卜貞…叀往…來無…　5
三七三六七　…卜貞…叀往…無災　5
三七三六二　癸…卜貞…叀往…災王…吉茲…　5
三七四四九　…王卜貞…叀往…無災…囚曰…　5
三七五五六　…酉王卜貞…叀往…無災…囚…　5
三七六二三　…卜貞王…叀…無災　5
三七六四四　…卜貞…叀…來…災　5
三七六六六　…卜貞…叀…無災　5
三七六六七　…未卜貞王…叀往來…災王囚曰…　5
三七七七一　…王卜…叀…無災…曰吉　5
三七七七五　…貞王…叀…無災　5
懷一八五四　…卜貞…叀…無災　5
懷一九〇四　…貞…叀…來無災　5

复

四三　丁亥卜貞…复…廾祟…執…　1
四〇三七　…出復有行十月　1
四一七四正　貞𢓊…來復　二告　1
四一七四乙正　…來復　1

五四〇八　貞王勿复…　1
五四〇九　己巳卜爭貞王复涉…　1
五九九五正　貞…舌于𤰔迺复循　二告　1
六三三三　乙酉卜爭貞往复从臬𢦏舌方二月　1
六九〇四　壬子卜𡧊貞王呼雀复若　1
七〇七六正　貞勿曰雀來复　1
七〇七六正　甲寅卜爭貞曰雀來复　1
七二七一　…复循　1
七七七二正　貞王复　1
七七七二正　貞王勿复　1
一〇六七九　…丑…焚…复　1
一五四八三正　貞复先以歲　1
一五四八四　丁未卜爭貞勿复先歲𢦏在涂　1
一五七五五　曰余…复…酢　1
一七〇七八正　癸巳卜爭貞旬…甲午有聞曰戌…史春　复七月在…鼓弄　1
一九三五四　…复…無囚　1
一九三五五　貞…复…往…　1
一九三五六　貞勿…入复…若二月　1
一九三五七　…勿复　1
一九三五八　貞戌勿复　1
一九五一三　貞…歸勿…复…　1
一九七五五　…有行…得复…其…涉…　1
二〇二二一　…令朕复止　1
二〇二三三　…令㚝复止宋…　1
二〇三一五　乙卯卜余呼复　1
二〇三四六反　…凤复止　1
二〇六三三　…午卜…呼…复…取　1
二一三〇六乙　己…复…死四月　1
二二〇四八　壬寅卜令巳复出　1
英一八九　貞侯循不其复　1
英四六八　…有其…复…循…　1
英七一九　…复母…于商…　1
英八三四　貞勿呼延复有行从迺　1
英八三五　乙酉卜貞延复有…　1

腹

五三七三　癸酉卜爭貞王腹不安無延　1
三一七五九　弜腹　3

㚝

三三二六〇　丙申卜㚝伐不用　4

三二二六一　：子卜：將其夏：庚伐：宰　4
三三二一五　癸巳：夏：舟　4
三三六九〇　癸巳卜夏枚舟　4
三四一一五　弜酌河燎其夏　4
三四一一九　：丑卜其夏日：　4
三四四四五　弜夏戠　4
三四四四五　其其夏彡丁弗作　4
三四六〇一　弜夏旦其延　4
三四六〇一　丁卯卜戊辰夏旦　茲用　4
三五二三六　乙巳：夏酉　4
屯二五四一　癸亥卜：□：　4

五五七　甲午卜貞昱翌于甲寅酌　1
五五七　貞勿昱酌一月　1
一〇九三〇　：貞：昱　1

二〇一三四　己巳：食：□：　1
二〇一九二　丁卯卜王呼逐□　1

武

四五六正　貞弗其：武：　1
四五六正　乙未卜穷貞以武芻　1
四五六正　以武芻　二告　1
一〇九八九正　貞在𣲙田武其來告　1
二二〇七五　有歲于□　1
二六七七〇　：卜出：今日魚：武唐：允魚　2
二七一五一　惟武唐用王受有祐　3
二七七四一　：武　3
二八〇四七　：戍武：戋　3
三六三一七　：貞昔乙卯武必：癸亥其至于妣癸必丁
：：　5
懷一六九二　：卜貞：賓武：　5
懷一六九五　甲寅：武：丁：　5
懷一六九六　甲申：武：丁其：　5
懷一六九六　：貞：武：其：　5
懷一六九九　甲子：武：丁其：　5
懷一七〇〇　甲：武祖：其牢　5
懷一七一一　：卜貞：武：宗：牢　5
懷一七一二　：卜貞：武：宗：在九：　5

⿱子止

四五六正　貞呼取⿱子止伐　1
七二四四　貞不其⿱子止循　1
七二四五　己亥卜永貞⿱子止循　1
二二三九四　有⿱子止：　1

⿱秝止　歷

一〇四二五　戊：⿱秝止狩：三日庚辰：橐既雀：獲兕　1
：一豕：　4
三四五九九　弜歷蒸　4
三四五九九　其歷蒸　4
屯一八九　弜：日歷：酌：　4
屯九七四　己亥貞餗弜歷酌即　4
屯二八一　：歷：　4
屯二二二四　：歷：　4
屯一五三三　：未：歷：囚　4

⿱林止

一〇六八二　貞⿱林止：焚　1

一三九〇六　：□：杏：　1

⿱不止

五〇一　：亥：余其：⿱不止：今日：　1
八六八七　貞⿱不止：　1
一八二五九　貞：⿱不止：　1
二〇〇七五　己卯卜王貞鼓其取宋伯⿱不止鼓囚戴朕　1
事宋伯⿱不止比鼓二月　1
二〇〇七六　戊戌：伯⿱不止：其𣎵：鼓：　1
二〇〇七七　：王余⿱不止：　1
二一二二九　癸酉卜𠂤惟魔即鼓令取宋：⿱不止二旬：　1
又：卯　1
英一七七七　辛巳卜弜𠂤𣎵⿱不止𣎵循果若　1

夆

一一〇三七正　戊申卜貞馬夆：　1

条

三三九八　…吉方其至于条土方無昌　1

五四一〇　癸未卜殻貞王条…若　1

八二四四　貞于条　1

三九四四九　戊…貞…条…　5

屯一〇四九　其条　4

足

四〇二〇　…来…足…自東　1

一九九五六　癸酉卜足于果隹…入囲彡比　1

一九九五六　足弜…　1

盧

五八五八　…盧…允奉　1

五九四四　乙巳卜王貞中其執盧妣壬六月允執　1

英二三五一　…辰卜…耳…圉黃…　2

二三八六正　貞其有盧不若　1

一八二五八　…勿乚…吉…　1

一八四二六　…吉…三月　1

一〇八六二　乙巳貞新犅獲　1

懷一三九六　…克犅　3

東　逋

一五一〇九　…卜槷…東…　1

一五一一〇　…商東?…　1

三二九七八　…小臣…逋　4

迴

三六三四五　…丑卜貞今囚巫九备乍余障迴曰吉　戣侯…　5

經

三六九六三　…在…送于…經…無災　5

㘿

三一〇八九　…㘿　3

二二一一五　…杏…宰　1

三五二三五　弗宿　4

笹

六〇四六　貞令賁…途…笹　1

二八三九八　壬寅卜王其田小宰兕先笞無災　擒王永　3

二〇七〇二　丁丑卜今日令医霓不苦晦允不兑十一…　1

蓺

三三七〇四　貞惟蓺　2

二一八九一 戊戌禦□子步 1

三五二三八 其敕□ 4

二七〇〇九 …卜…辟即伐…方□…祐 3

夆

三七五〇七 …在夆…衣逐…御…狐… 5

𤴓

英二〇八八 …卜𤴓…㜸 2

選録

又有右祐侑

五五九六 ?小臣其有邑 1

二〇三五〇 于九月有事 1

二一五八六 乙未余卜于九月有事 1

二一五八六 丙申余有召 1

二一五八六 …子卜我貞有事 1

二一五八六 丁酉余卜今八月有事 1

二一五八六 丁酉余卜壬有事 1

二一五八六 于癸有事 1

二一五八六 有召 1

二一五八六 惟辛有召 1

二一五八六 乙未余卜今八有事 1

二一五八六 惟八月有事 1

二一六三五 乙巳卜𣲵貞今五月我有事 1

二一六三五 乙巳卜𣲵貞六月我有事 1

二一六三七 壬寅卜貞五月我有事 1

二一六五四 丁有來… 1

二一六六三 辛巳卜我貞我有事十月 1

二一六六四 壬午余卜于一月有事 1

二一六六五 …子卜貞…有事今一月 1

二一六六六 辛卯卜貞今四月我有事 1

二一六六七 癸巳卜𦊓貞…我有事 1

二一六六八 甲午卜貞今六月我有事 1

二一六七〇 甲申…貞今…我有事 1

二一六七一 戊辰子卜貞今我有事 1

二一六七二 丁未卜…𣏟有事 1

二一六七三 庚申卜我今□有事 1

二一六七六 …未…貞…有事 1

二一六七七 丁卯卜𦊓貞庚我有事 1

二一六八〇 庚寅卜𦊓貞辛我有事 1

二一六八七 …于來辛丑有事 1

二一六九〇 …不我有事 1

二一六九一 …丁未有事惟司父… 1

二一六九二 …卯余…人餕有事 1

二一六九三 貞𣲵有事 1

二一六九四 己卯卜我貞𣪠夕有事 1

二一七一六 壬戌卜我…弗入商我有事 1

二一七二七 乙丑子卜貞自今四丁有來 1

二一七二七 乙丑子卜貞自今四丁有來 1

二一七二七 乙丑子卜貞翌丁有來 1

二一七二七 乙丑子卜貞今丁有來 1

二一七二七 乙丑子卜貞庚有來 1

二一七二七 丙寅子卜貞庚有事 1

二一七二八 于七月有事 1

二一七三〇 …卯卜𦊓貞至𠱿我有事 1

二一七三一 乙卯卜我貞□來乙有來無來 1

二一七四五 …有取 1

二一七四五 壬戌貞有取 1

二一七四五 壬戌貞有取 1

二二三八四 戊申有其新𠂇乚惟止 1

二二五六七 …王…未其有𠂇伐于祖辛羌三人卯…十一月 2

二二五七一 …亥卜…翌甲子其有𠂇歲上甲其有羌…二月 2

二二五七一 …亥卜…翌甲子其有𠂇歲上甲其有羌…二月 2

二二五七二 甲申卜…貞翌乙…祖乙歲其有羌… 2

二二五七三 …未卜旅貞祖乙歲其有羌在六月 2

二二五七四 …𠂇歲𩰫祖乙有羌 2

二二五七五 丁卯…貞般…有羌…白牡… 2

二二五七六 …戌…𠂇歲于…有羌… 2

二二五九二 壬午卜㚇貞卜有祟在茲入有不若 2

二二五九二 貞惟有執 2

二二六〇五 己巳卜行貞翌庚午其有𠂇伐于妣庚羌三十其 卯三宰 2

二二六一〇 丙午卜即貞翌丁未丁蔑歲其有伐 2

著錄號	釋文	期
二二六一一	丙子卜旅貞翌丁丑父丁告其有伐二月	2
二二八八四	乙未侑歲于祖乙牡三十宰惟舊歲	2
二三〇〇二	庚子卜行曰貞翌辛丑其有歲于祖辛	2
二三〇七一	丙寅卜即貞有一牛其用凶于丁	2
二三二〇九	…旅貞…卯其有莫歲于父丁…二月	2
二三二二七	丙申卜即貞父丁歲有鬯…	2
二三四八〇	庚戌卜大貞其有歲兄庚	2
二三五〇一	己亥卜即貞翌庚子其有伐…	2
二三六八三	丙寅卜大貞惟甾有保自右尹十二月	2
二三七〇六	貞惟有小獲…呼入禦事	2
二四一二三	…午卜王…貞有囚	2
二四一二三	壬午卜王曰貞有囚五月	2
二四一三五	辛未王卜曰…余告多君曰殼卜有祟	2
二四一五〇	貞其有來艱自方	2
二四一五〇	…其在茲有艱二月	2
二四三九一	癸未卜王曰貞有兕在行其左射	2
二四九六二	丙午卜旅貞翌丁未𩰫燎告有豐…	2
二六〇三四	…卜…古…有鬯	2
二六一八六	己丑吳貞王呼…惟有由	2
二七三七六	庚子卜大貞王其有□祖惟今辛彰侑	3
二七九九五	戌及校于有襄	3
二九二四二	惟有西㲋無災擒	3
三〇三九一	…舞侑于帝五臣有大雨	3
三三〇六三	于己丑有來無來	4
三三二七三	癸酉卜有燎于六雲六豕卯羊六	4
三三二七三	癸酉卜有燎于六雲五豕卯五羊	4
三三三六七	…其田目擒有鹿	4
三三三七〇	己丑卜其有歲于翌日叔有歲于大乙	4
三三六九四	癸酉貞日月有食裴若	4
三三六九四	癸酉貞日月有食惟若	4
三三六九七	辛丑貞日有戠其告于上甲…	4
三三六九七	乙丑貞日有戠其…于上甲三牛　不用	4
三三六九八	庚辰貞日有戠裴囚惟若	4
三三六九八	庚辰貞日有戠其告于父丁用牛九在[illegible]	4
三三六九九	戊子貞日有戠告于河	4
三三七〇〇	乙丑貞日有戠允惟戠	4
三三七〇一	…日有戠惟…	4
三三七〇一	…日有戠…	4
三三七五六	…寅貞有林　…用	4
三三八三八	戌有雨允	4
三三八四〇	癸亥卜庚…有雨在…	4
三三八四〇	癸亥卜庚…有雨今…	4
三三九二一	有从雨	4
三三九六七	…午卜乙未有歲啓	4
三四〇三一	甲申卜有土	4
三四〇四五	丁亥卜在小宗有𠂇歲自大乙	4
三四〇八二	弜有歲	4
三四〇八八	乙未貞惟元示有斗歲	4
三四二四八	丙午卜丁未有歲不雨	4
三四二六五	于弜𡆥有雨	4
三四二六七	弜有歲	4
三四二六八	弜有歲	4
三四三一九	…未卜雀…有歲三宰	4
三四三二二	…宰有奭歲…	4
三四三三八	弜有酉	4
三四三三九	弜有燎	4
三四五七二	…未貞其有亡于父丁	4
三四六七七	…旋有疾王	4
三五三二八	于己丑有來無來　不…	4
三五七五八	壬戌王卜在□貞今日其…弗有鼓無災	5
三六四二九	甲戌卜在火貞有邑今夕弗震在十月又一	5
三六九八一	…年示壬惟…牛用有大雨	5
三八一六七	弘茲夕有大雨…	5
屯三四	…祭戠有歲于祖辛　茲用	4
屯三四	…祭戠有歲于祖乙　茲用	4
屯一八二	…亥貞其有亡伊尹惟今丁卯彰三…	4
屯四四一	弜有歲	4
屯四八八	乙亥貞其有羌	4
屯七五一	乙酉乙酉卜有伐乙巳	4
屯一一〇三	惟有雉擒　吉	4
屯一四五二	己有甾雨	4
屯三三二〇	左戌有災　吉	3
英三三六七	…宰有正	3
懷一四九六	庚寅…有陰	4
懷一五五八	辛未貞乙亥有歲于大乙三宰	4
懷一六二一	有囚	4
懷一六三三	貞余有夢佳𣪘侑𦎫	4
懷一六五四	有囚衆	4
懷一六七一	…申卜有囚	4
懷一九〇一	辛亥卜在攸貞大左族有擒	5

＝祐

著錄號	釋文	期
三七六正	乙丑卜殻貞甲子𡆥乙丑王夢牧石麋不惟𡆥惟祐 二告	1
三七六正	貞甲子𡆥乙丑王夢牧石麋不惟𡆥惟祐 三月	1
八二一正	貞祖辛祐	1
三五七六	：殻：其：祐三月	1
六三四七	：殻貞𢀛方衛率伐不王告于祖乙其征 旬祐七月	1
六三四七	：殻貞𢀛方衛率伐不王其征告于祖乙匄	1
	祐	1
六五五五	惟祐	1
六五五六	惟祐	1
六五五六	惟祐	1
六七三六	：今𢀛王循方帝：我祐	1
六九四八正	辛丑卜殻貞王夢𣃘惟祐	1
七四〇三	：我祐王固曰其：丙不吉旬：六月	1
七四〇三	：我祐王固曰其：丙不吉旬：六月	1
七五三九	：𢀛：比：乘：弗：其祐	1
七五九八	丁酉卜亘貞呼伐其祐	1
一三六四六反	母己不祐	1
一四一九九正	己未：貞旨：千若于帝祐	1
一四一九九正	貞旨：千不：若于帝祐	1
一四七二三	：具祐：季	1
一五〇九四	庚戌卜：貞其祐：庚宓	1
一六四三四	貞不其惟祐：	1
二〇三二二	：王貞余：[illegible]于示：我祐	1
二〇六一三	乙酉卜王貞余𢦏朕老工延：[illegible]貞允 惟余𢦔馬方祐：其：弗執方祐二月	1
二一一九四	：夕歲：祐	1
二一八四二	：未子：不我祐	1
二三二七九	：即貞于父丁：祐十月	2
三三九三三	弜祐	4
三四一〇六	弜祐	4
屯七四六	：大乙于中宗祖乙祐	3

＝右

著錄號	釋文	期
三九〇正	癸卯囿于義京羌三人卯十牛右	1
三九一	：寅囿：義京羌三：卯十牛右	1
三九四	癸酉囿于義京羌三人卯十牛右	1
五五九五	己巳：無小臣其取右	1
二四三五一	丁卯卜行貞惟右用在十一月	2
二四五〇六	庚戌卜王曰貞其剢右馬	2
二五〇一九	己酉卜大貞惟右卜用	2
二五〇四五	庚子卜行貞惟右用在八月	2
二七一六九	庚寅：貞于之?即右	3
二七八八四	辛酉卜左𠈇弜將在右立	3
二八〇〇八	亞立其于右利	3
二八七六九	迻于右[illegible]	3
三三〇〇六	丁酉貞王作三師右中左	4
三三七〇〇	甲子貞我[illegible]右左	4
三七五二〇	惟右獲罝	5
屯二四二	：卯貞右牧：畓：	4
屯一〇一五	：貞：令：以衆：于右	4
屯二〇六四	：右旅：雉：衆	3
屯二三二〇	右戍不雉衆	3
屯二三二八	翌日王其令右旅暨左旅[illegible]見方 戋不雉衆	3
屯二三五〇	：王其以衆合右旅：旅[illegible]于𪚔	3
英一八一七	弗：在右	1
二八二五二	貞即于右宗有雨	3
三〇三一九	貞王其彡𩰫于右宗有大雨	3
三〇三二〇	其即于右宗有大雨	3
三〇三二一	貞既右宗：	3
三〇三二二	歸于右宗其有雨	3
三〇四一五	弜𢾅即右宗有大雨	3

＝侑

著錄號	釋文	期
一九八一八	乙巳侑：牢大乙：	1
一九八一九	：侑大乙	1
一九八三一	辛未卜侑大庚三牢庚辰	1
一九八三七	：于乙亥侑祖乙	1
一九八六三	丙辰卜侑祖丁豕用牢	1
一九八六三	癸卯卜今日侑司羌用七月	1
一九八六三	癸丑卜侑祖丁豕用牢	1
一九八六五	丙寅王彡祖丁𢍉侑四：	1
一九八七五	乙巳侑祖戊十月	1
一九八七六	乙巳：侑祖戊	1
一九八九〇	戊子卜𠂤侑母呼	1
一九九四〇	：侑于乙父	1

著錄號	釋文	期
一九九四六正	丙子卜𠦪侑大丁	1
一九九六七	……辰卜御侑母庚	1
二〇六二八	丙辰卜王貞余……酉土侑十一月	1
二〇七三七	辛巳卜侑于岳三彘有擒	1
二〇七六九	甲辰卜乙其燎侑羌在風印小風延陰	1
二〇七九〇	……巳卜侑大乙	1
二〇八〇五	壬申卜㞢弜侑其㞢印十月	1
二〇八一二	于九月侑	1
二一〇九六	甲申卜御侑黽甲	1
二一一五五	壬寅示……侑父歲……羊于壬……用	1
二一二二二	貞㞢侑龜	1
二一二六二	乙酉卜侑三牢	1
二一五四一	甲子卜我侑祖若	1
二二〇四二	乙……貞侑臣不	1
二二一八八	侑示于三祖庚	1
二二六一六	癸卯卜大……侑于京祖……	2
二二六一八	丁巳卜行貞其侑于小丁一牛	2
二二七六〇	癸丑卜旅貞翌甲寅其侑于丁一牛	2
二二七六〇	丁巳……貞其侑……大丁在……在師……	2
二二八二六	丁丑卜喜貞翌戊寅其侑于大戊五月	2
二二八六一	丙申卜……貞翌丁酉其侑于仲丁……	2
二二八八六	甲寅卜旅貞翌乙卯其侑于祖乙牢	2
二二八八七	癸卯卜即貞翌乙巳其侑于祖乙	2
二二八八八	壬戌卜王貞其侑于祖乙在十一月	2
二二八八九	……卜旅貞翌辛亥其侑于祖乙一牢四月	2
二二九二五	丙寅卜㞢貞其侑	2
二二九六一	……其侑于祖辛一牛	2
二二九六三	庚申卜王貞其侑于祖辛	2
二二九六四	辛巳卜王曰貞毋侑	2
二二九六四	辛巳……貞……祀……侑于祖辛在十一月	2
二二九六五	……未卜大貞侑于祖辛牢	2
二二九六六	辛亥卜王貞其侑于祖辛二牢	2
二二九六七	庚寅卜大貞翌辛卯其侑……祖辛……	2
二二九六八	庚戌卜王貞翌辛亥其侑……祖辛……	2
二二九六九	辛巳卜王貞其侑于祖辛	2
二二九七一	庚申卜王貞其侑于母辛十月	2
二二九七一	庚申卜王貞毋侑于祖辛于母辛	2
二三〇〇二	貞毋侑在正月	2
二三〇〇二	貞翌辛丑其侑祖辛牢	2
二三〇一八	甲寅卜……貞其侑于羌甲牡	2
二三〇二八	丙申……貞翌丁酉其侑于祖丁……	2
二三〇二八	……申卜……貞翌……酉其侑于祖丁牢	2
二三〇二九	丙午卜旅貞翌丁未其侑于祖丁	2
二三〇四八	丁亥卜即貞其侑于小丁	2
二三〇六一	……卜喜……其侑于丁	2
二三〇八五	癸亥卜大貞翌甲子其从侑于𦎧甲牢	2
二三一〇九	庚午卜大貞其从侑于祖庚十二月	2
二三一三二	甲戌卜王貞翌乙亥侑于小乙無……在九月	2
二三一三七	乙亥卜……貞其侑……毓祖乙……六月	2
二三一三八	甲午……貞翌乙……其侑于毓祖乙……	2
二三一四〇	……辛……侑于毓祖乙……	2
二三一七一	癸巳卜即貞翌乙未其侑于小祖乙	2
二三一七二	癸亥卜旅貞其侑……父丁	2
二三一七三	癸未卜即貞翌甲申其侑于父丁	2
二三一七五	辛未卜……貞其侑……父丁	2
二三一七六	癸亥卜旅貞其侑……父丁牛	2
二三一七七	丁卯卜大貞其侑于……父丁……	2
二三一九七	……卜……其侑……父丙……	2
二三二二二	己巳卜王曰貞其侑于祖乙奭……	2
二三三二四	庚申卜即貞翌辛酉……侑于祖辛……又奭……	2
二三三四五	己巳卜尹貞翌庚午其侑于妣庚牢	2
二三三四六	庚子卜大貞其侑于妣庚……	2
二三三四七	庚子卜行貞其侑于妣庚牡	2
二三三四八	庚申卜行貞其侑于妣庚在十一月	2
二三三九七	貞其侑妣辛牢	2
二三四〇三	乙未……貞其侑于妣庚今入自禱告一月	2
二三四〇三	乙未卜旅貞侑以牛其用于妣惟今日	2
二三四一一	己亥卜行貞其侑于母辛母己牡	2
二三四一四	辛未卜……貞其侑于母辛……無……	2
二三四一八	丁卯卜即貞其侑于母辛	2
二三四六二	……午卜……貞其侑豕于三母今其夕……不羊	2
	……三月	2
二三四八一	癸亥卜吳貞翌甲子其侑于兄庚惟王賓禱	
	𢦏……	2
二三五〇一	貞毋侑六月	2
二三五二〇	甲申卜即貞其侑于兄壬于母辛宗	2
二四九六九	壬申卜旅貞其侑于季惟羊	2
二五〇五六	庚申卜行貞其侑于妣庚升一牛	2
二五〇六〇	己未卜即貞翌庚申其侑于妣庚	2
二五〇六五	貞毋侑在七月	2
二七一四八	貞其衣侑	3
二七一四九	王其侑大乙大丁大甲惟彡歲公	3
二九七〇〇	惟己侑日　茲用	3
三〇三二四	王其侑妣庚𣂼宗王……大吉	3
三〇四〇一	癸丑卜何貞其侑于夒	3
三〇四一七	其侑岳惟……大吉	3
三〇四三二	庚申卜其侑于河	3

三〇四五一　其侑𦰩暨伊尹　3
三〇五〇三　其侑三牢　3
三〇五〇九　其侑于丁惟犬…　3
三〇六八一　其侑于之惟萑冊用三十　3
三二三七八　貞辛亥其侑匚于祖…　4
三二四七一　侑大甲四牢　4
三二四七一　侑大甲三牢　4
三二六六五　辛酉貞癸亥侑父丁歲五牢　不用　4
三二六六六　辛酉貞癸亥侑父丁歲五牢　不用　4
三二六六七　辛酉貞癸亥侑父丁歲五牢　不用　4
三二六七三　丁未卜其侑木丁于父丁禘一牢　4
三二七一六　…卜其侑父丁必惟今日戊酚　吉　4
三二八〇二　丁酉貞侑于伊丁　4
三二九八二　癸亥貞丁卯侑帚亐歲十宰　4
三二九九四　己亥卜侑羌卪　4
三三〇〇六　辛未侑于出日兹不用　4
三三〇〇八　…酚侑正　4
三三二九一　庚戌卜侑于岳桒禾　4
三三二八五　…侑于大乙　4
三三二九一　丁未卜侑于岳桒禾　4
三三三〇四　己巳…惟夒先侑　4
三三三一八　甲申卜侑伊尹五示　4
三三三二七　辛卯卜侑妣壬妣癸小宰　4
三三六九二　弜侑于大歲叙　4
三三六九三　辛亥貞壬子侑多公歲　4
三三六九二　辛亥貞壬子侑多公歲　4
三三六九四　乙亥貞其侑伊尹二牛　4
三四一二三　壬戌卜侑歲于伊二十示又三　兹用　4
三四一二七　于𪓐示侑　4
三四一五七　辛亥卜帝小工芑戊侑三十小宰　4
三四一六三　丁巳卜侑入日　4
三四一六三　丁巳卜侑出日　4
三四一六三　丁巳卜侑出日　4
三四一九一　于岳侑　4
三四一九三　于岳侑　4
三四二四〇　癸巳卜侑于河　不用　4
三四二四〇　癸巳卜侑于王亥　4
三四二四〇　癸巳卜侑于𡆥　兹用　4
三四二六六　戊申卜弜侑𡆥豕　4
三四二九一　惟王亥先侑　4
三四四五〇　乙未貞侑用十牛　4
乇三一　乙未卜侑于公　4

乇七三　其侑父己于來日王受…　3
乇二一〇　癸巳卜侑羌一牛　兹用　4
乇三四二　壬戌卜惟岳先侑　4
乇三四二　惟河先侑　4
乇三四二　惟王亥先侑　4
乇四四八　其侑于壬　3-4
乇七五一　乙亥卜先侑大乙二十牢　4
乇七五九　庚午侑卯于𡆥伐一　4
乇八〇四　癸巳侑于𡆥　4
乇八八二　侑羌　3
乇九二三　丙午卜貞丁未侑父丁伐　4
乇九七八　丁酉貞侑于伊丁　4
乇一〇〇三　其侑羌五　3
乇一〇五七　其侑亞𦉢惟豚…祐　3
乇一〇六二　丙寅貞侑于𡆥燎小宰卯牛一兹用不雨　4
乇一一一六　弜祀侑　4
乇一一一六　甲午卜貞侑出入日　4
乇一一一六　弜侑出入日　4
乇一一一九　庚戌貞侑于河來辛酉　4
乇一一四七　丁卯卜其侑于帝…　3
乇一一七五　…自大庚侑…　3
乇二一〇四　辛未卜侑十五羌十牢　4
乇二一七三　侑仲丁二牢
乇二三〇五　丙辰卜今辛酉侑于岳　用　4
乇二六六五　其侑小乙牢　3
乇二八一一　…侑羌　4
乇二八一一　弜侑羌　4
乇二八一五　庚辰…其侑祖辛　4
乇二八三九　癸巳卜…侑祖甲用　3-4
乇三三九一　庚辰卜侑于上甲　4
乇四三三三　…侑于𡆥十…　4
懷一三七四　其侑在父庚　3
懷一三七四　其侑于父庚羌　3
懷一三八〇　其卯侑羌　3
懷一三八〇　弜侑羌　3
懷一三九九　丁酉卜王其侑…邑若阁在…　3
懷一五六九　乙酉卜侑出日入日　4
懷一五八六　弜侑豐　4

㞢

五一四六　…䧹…有祐　1
五三八六　…不惟…王…有祐　1
五八四八　…亥卜殻貞…惟有祐𢆶　1

六〇八七正　乙卯卜爭貞沚戓爯冊王比伐土方受有祐　1

六一六二　…沚戓爯冊冊𢀛…敦龠王比受有祐　1

六二三四正　…卜爭…呼伐𢀛方受有祐　二告　1

六四〇九　丁酉卜㱿貞今𡧊王収人五千征土方受有祐　三月　1

六四一二　辛巳卜爭貞今𡧊王収人呼婦好伐土方受有祐　五月　1

六四七八正　…令比沚戓伐𢀛方受有祐　二告　1

六四七九正　壬申卜爭貞令婦好比沚戓伐𢀛方受有祐　1

六四八一　…𠭘惟婦…伐𢀛方…祐　1

六四八二正　辛酉卜㱿貞今𡧊王比望乘伐下危受有祐　1

六四八二正　辛酉卜㱿貞今𡧊王勿比望乘伐下危弗其受有祐　1

六四八三正　辛酉卜㱿貞今𡧊王比望乘伐下危受有祐　1

六四八三正　辛酉卜㱿貞今𡧊王勿比望乘伐下危弗其受有祐　1

六四八四正　辛酉卜㱿貞今𡧊王比望乘伐下危受有祐　1

六四八四正　辛酉卜㱿貞今𡧊…勿比望乘…下危弗受有祐　1

六四八五正　辛酉卜㱿貞今𡧊王比望乘伐下危受有祐　1

六四八五正　辛酉卜㱿貞今𡧊…勿比望乘伐下危弗其受有祐　1

六四八六正　辛酉卜㱿貞今𡧊王比望乘伐下危受有祐　1

六四八六正　辛酉卜㱿貞今𡧊王勿比望乘伐下危弗其受有祐　1

六四八七　…巳卜爭貞今𡧊王比望乘伐下危受有祐十一月　1

六四八七　辛巳卜爭貞今𡧊王勿比望乘伐下危弗其受有祐　1

六四八九　庚申卜爭貞今𡧊王比望乘伐下危受有祐　1

六四九〇　庚申卜爭貞今𡧊王比望乘伐下危受有祐　二告不𠙵黽　1

六四九六　丙戌卜爭貞今𡧊王比望乘伐下危我受有祐　二告　1

六五一三　丙申卜㱿貞今𡧊王勿伐下危其受有祐　1

六五一八　辛丑卜㱿貞今𡧊勿呼比望乘伐下危弗其受有祐　1

六五一九　辛丑卜㱿貞今𡧊呼比望乘伐下危受有祐　1

六五二四正　辛丑卜宾貞令多紷比望乘伐下危受有祐　1

六五二五正　辛丑卜宾貞令多紷比望乘伐下危受有祐二月　1

六五二八　…王征下危受有祐　1

六五四三　壬寅卜爭貞今𡧊王伐中方受有祐十三月　1

六五八二　癸卯…貞有啓龍王从受有祐　1

六六五〇正　…卜古貞卝化正受有祐三旬又…日戊　1

子卒戔戈方　1

七三一一　貞令…𢧀下危…呼壹伐…受有祐　1

七三九七　…貞沚戓稱…有祐　1

七四四七　貞弗其受有祐　1

六四七一正　甲午卜宾貞沚戓啓…王比伐𢀛方受有祐　1

七五五四　…㱿貞今𡧊王勿比…弗其受有祐七？月　1

七五五六　…爭貞今𡧊王勿比…弗其受有祐　1

七五五八正　貞弗其受有祐　1

七六二三　…正受有祐　1

二〇六五〇　…卜王…不既…于侯侯…有祐　1

英五五四　…㱿…呼…𢀛方…受有祐　1

英五六〇　貞呼伐𢀛受有祐　1

英五八二　…爯冊今𡧊…土方受有祐　1

英五八六　伐…危受有祐　1

懷八八八　…弗其…有祐　1

二〇二四八　…𠂤惟令匕有祐十月　1

二二六一九　…上甲…有祐　2

二七四二三　貞其侑父庚王受有祐在‖卜　3

三〇五〇六　其侑惟…侑小宰王受有祐　3

三五三五六　乙丑卜貞王其有夂于文武帝必其以

羌五人正王受有祐　5

三五三五六　…子卜貞王其有夂于文武帝必其[illegible]月

有省于？來丁丑亩？衣彡王弗悔　5

三六一一三　癸酉卜貞翌日乙亥王其有夂于武乙必

正王受有祐　5

三六一二三　…有夂于…乙必其…正王受祐　5

三六一二四　貞…王其有夂…武丁…王受有祐　5

三六一二五　…貞翌日乙卯王其有夂…必正王受有祐

在正月　5

三六一二六　…貞乙未王其有夂于…王受有祐在九月茲

三六一六八　用　丙戌卜貞翌日丁亥王其有ㄨ于文武帝正　王受有祐　5
三六一七一　：貞翌日：有ㄨ：帝正：有祐　5
三六三五三　：其有ㄨ于：王受有祐　5
三八二二八　：貞康祖丁宗祐：王受有祐　5
三八二三〇　：帝宗正王受有祐　5
屯二六一七　癸酉卜翌日王其侑于上甲三牛王受有祐　弘吉
英二三五九　自大乙王受有祐　3
英二三六一　自毓祖丁王受有祐　3
英二二六一　中宗王受有祐　3
英二三四八　：卯卜河史：王受有祐　吉　3
英二三六四　牢王受有祐　3
英二三五九　：五其祏于文：正王受有祐　5
懷一三二一　：三?牢王：有祐　3
懷一三五四　：二十人：受有祐　吉　3
六四二〇　：比沚：伐土方受祐四月　1
六四三一　：貞我受𢀛方祐　1
六四三二　貞弗其受：方祐　1
六四七三正　貞王惟沚戠比伐𢀛方帝受我祐　1
六四七三正　王勿惟沚戠比伐𢀛方帝不我其受祐　二告　1
六四七四　貞王比戠伐𢀛帝受祐　1
六四九八　：卜殸貞王比望乘伐下危受祐　1
六四九八　：貞王勿比望乘伐下危不受祐　1
六四九九　：𢀛惟：王比望乘伐下：受有祐　1
六五〇〇　：貞今𢀛王勿比望乘伐下危弗其受祐　1
六五〇五正　：作比望乘伐下危下上弗若不我其受祐　1
六五〇五正　：作比望乘伐下危下上弗若不我其受祐　1
六五〇六　貞今𢀛王勿作比望乘伐下危下上弗若不我其受祐　二告　1
六五二〇正　辛巳卜宾貞今：伐下危受祐　1
六五四三　：午卜殸貞王伐𢀛帝受我祐一月　1
六六五〇正　：辰卜古貞𤉲定：弗其受祐　1
六六六四正　甲辰卜爭貞我伐馬方帝受我祐一月　1
六七一九　戊午卜方出其受侯祐　二告　1
六七七一正　丁未卜爭貞𤉲定化受祐　1
六七七一正　丁未卜爭貞𤉲定化弗其受祐　1
六八八三　辛未卜殸貞王捍衛受祐　1

六八八六　辛未卜殸貞王捍衛受祐　二告　1
七四二八　：稱冊王比下上若受我祐　1
七四四〇正　貞沚戠啓王勿比帝弗若不我其受祐　1
七六二七　：卜宾：翌乙亥皐：征受雚祐　1
七六二八　：征受雚祐　1
一二五七九　：卯卜：其受祐　1
一四一九〇　貞帝不我其受祐　1
一四一九一　貞帝不我其受祐　1
一四二五九　貞上子不我其受祐　1
一四六七一　帝受我祐　1
一九九四六正　：卜千受王祐　1
一九九四六正　乙丑卜受王祐　1
二〇一九一　辛未卜王貞惟匿其受祐今來捍　1
二〇三八四　辛亥貞雀執亘受祐　1
二〇五一〇　辛巳卜王一月敦倗受祐　1
二〇五一〇　丙子卜王二月敦倗受祐　1
二〇五一〇　乙亥卜一月王敦倗受祐　1
二〇五一三　己亥：敦倗受祐　1
二〇五一五　：敦倗受祐　1
二〇五一六　乙未卜貞王敦倗受祐十二月　1
二〇五二四　乙酉：王敦：缶受祐　1
二〇五二七　乙酉：王敦缶受祐　1
二〇六〇八　己丑卜王貞惟方其受𠂤祐　1
二〇六一二　惟尸方受祐　1
二〇六一六　：卜受方祐　1
二〇五三〇　辛卯卜王敦𠂤受祐　1
二一〇七三　庚午卜惟斧爯呼帝庠食受祐　1
二七〇九九　𢀛大乙有ㄨ王受祐　3
三〇五〇五　其侑惟小宰王受祐　3
三〇五〇九　其侑羊王受祐　3
三三〇七一　甲辰卜雀受侯祐　4
三六一六九　：卜貞大：王其有：文武帝：王受祐　5
三六三五四　其二十人正王受祐　5
屯九五　王其侑于父甲兄壬惟𣪊王受祐　3
屯五六三　王其侑父庚王受祐　3
屯二六九九　甲戌卜王其侑河惟牛王受祐　吉　3
屯四三三三　王其侑于上甲惟五牢用王受祐　3
英二三五〇　惟入：日彡王受祐　吉　3
英二三五〇　乙亥卜王其侑大子王受祐　吉　3
英三八七　貞雀：雀受毋祐　1
英五四五反　：有鑿吉受祐其惟壬不吉　1

三四四

英五五一　我受𠂤方祐　1
英五五二　我受祐　1
英五五三正　…𠂤方下上若受我祐五月　1
英五五三正　…𠂤方下上若受我祐　1
英二三五一　其有先王受祐　3
懷一四六四　惟𠂤古𢦏王受祐　3
懷一六二八　…王惟乙敝侑受祐　4
懷一六二八b　…卯卜生十月…侑受祐　4

又

六八三四正　癸丑卜爭貞自今至于丁巳我戉宙王固曰丁巳我毋其戉于來甲子戉旬又一日癸亥車弗戉之夕𡆥甲子允戉　1
二一七五七　…巳卜貞…牢又歲　1
二三一三九　…毓祖乙…又一牛　2
二三四〇〇　貞其牢又一牛　2
二四二七五　…卜行…賓…人又三無…在師𡨄卜　2
二四五九三　貞其牢又一牛　2
三五三五〇　…牓羌…人𠂤一卣卯牢又一牛　5
三六三五一　其牢又二牛　5
三六三五一　其牢又一牛　5
三六三五四　其牢又一牛　5
屯二一八　乙未貞侑祖辛牢又一牛　4
屯一〇五九　壬辰卜其寧疾于四方三羌又九犬　4
英二四〇六　甲午卜毓祖乙伐十羌又五　茲用　4
英二四七八　十牛又五　4

五八二五　丙申卜貞肇馬左右中人三百六月　1
五八二五　丙申卜貞肇馬左右中人三百六月　1
一六一三一正　王…若乙丑允伐右卯暨左卯惟牝牛　1
屯二〇六四　王族其敦尸方邑舊右左其𣪘　3

三二七七五　甲午卜侑子子　4
八九九六正　貞呼凡左子　二告　1
二〇〇三二　丙子…侑子宋六…　1
二〇五六七　乙卯卜右子戉　1
二一二八七　己卯卜徣右子族系用　1
二一二八八　戊寅卜右子族示不　1
二一七九四　貞婦廩有子今六月　1
二一七九五　貞婦祉有子　1

二一七九六　癸酉余卜貞雷婦有子　1
二一七九七　癸酉余卜貞雷婦有子　1
二一七九八　甲寅…貞婦…有子今…　1
二一七九九　辛卯子卜…婦鼓?…子…　1
二一八〇〇　乙巳卜貞婦…有子惟…　1
二七六三九　貞侑子㑚　3

五七八五　貞師般以疾又　1
二一八五一　…巳卜…執又　1
二二九四五　…卜即…翌乙亥…人于…祖乙又卯牝…　2
二三六九〇　乙卯卜旅貞又凸虎其用　2
二七一七四　貞其延禦于又河饗　3
二七三〇六　甲戌卜其執伊有歲　3
二七三〇六　有歲　茲用　3
二八一八〇　王其侑于滴在有石燎有雨　3
三四五四五　貞乙未有歲牢　4

左　佐

一三七正　癸丑卜爭貞旬無旧王固曰有祟有夢甲寅允有來媗左告曰有往芻自益十人又二　1
一六一三一正　王…若乙丑允伐右卯暨左卯惟牝牛　1
二四三九一　癸未卜王曰貞有兕在行其左射?　2
二四五〇六　庚戌卜王曰貞其刹左馬　2
二七八八四　辛酉卜左[illegible]弜將在右立　3
二八〇〇八　其于左刹　3
二八七〇一　于左　3
二八七六九　于左釣　3
二八七六九　于左釣　3
二八八八二　…滴至…戲射左犬擒　3
三五〇〇六　丁酉貞王作三師右中左　4
屯二三三八　翌日王其令右旅暨左旅𢀛見方戉不雉眾　3

二四八正　貞咸允佐王　1
二四八正　貞咸弗佐王　1
一六二四　…未卜殻貞祖乙弗佐王　1
二〇〇二反　王固曰勿佐王　1
五四四七乙　貞王有遣祖乙弗佐王　二告　1

左

一三五八四甲正　…貞侑…家祖乙弗佐王　1

一三五八四甲正　我家祖辛弗佐王　1

一三五八四乙正　…家祖辛佐王　1

一三五八四乙正　貞…家祖乙佐王　1

一四八八八　貞示弗佐王　1

一四八八八　丙申卜穷貞示佐王　1

英一一三六　壬寅卜㱿貞帝弗佐王　1

三七六正　貞王佐三羌于囗不左若　1

三七六正　貞王佐三羌于囗不左若　1

七九四五　丁卯卜爭貞王往于敦不左　1

八〇九正　貞王戠…乇不若左于下上　1

八〇九正　貞王戠多乇不左若于下上　1

九二三正　貞不左　1

一五四〇　…穷貞王勿賓夕不左　1

三三五二　…多子…至…無左　1

一四四二一　無左　1

一五一七八　貞王…賓無左　1

一九五五五　貞無左　1

二一九六二　庚午卜辛…大…無左　1

二七一〇七　癸亥卜彭貞其彡王下上無左　3

三六三四四　丨五王卜貞今囚巫九备…典春龟侯　5
彈…尤暨二娃余其比…戋無左自上下…受　5
有祐不𢀛戠無…商無壱在…

三六三四七　…卜貞典春龟侯…于其比彈㽙戋無左　5
…𢀛戠王囚曰吉在…　1

英三五二　庚辰卜貞惟阜往無左十二月　2

英一九九六　貞衣𢦏若無左　2

英二一一九　庚午卜祝貞其𠬝伊史無左九月

弗左

七一六反　貞王…茲大…弗左　1

一五七二　…弗左　1

一五七二　…祖乙…弗左　1

三七八六　乙亥卜亘…弗…左　1

五一三九　…王去束…弗左…　1

六六五三正　甲午卜㱿貞王奏茲玉成弗佐　1

一三六九七乙正　貞示弗佐　1

一四二〇六正　壬子卜爭貞我其作邑帝弗佐若三月　1

一四二〇七正　癸丑卜…貞我作邑帝弗佐若　二告　1

一六四三二　…弗佐我…　1

一六四三三　乙亥…弗左…　1

二一八六八　弗左　1

懷五四五　…弗…左　1

其它

三七一反　呼般比𡈼左　1

三七一反　勿呼般比𡈼左　1

三七六反　王夢不惟左　1

三八六　己未圍…義京羌…人卯十牛左　1

八一一正　貞有𧴪左…循于之𡕒若　1

八一六反　王在茲大示左　1

一〇〇三　甲…貞…左…惟…伐…　1

三九五二正　貞令比沚戓示左七月　1

四〇七三　貞其有左十二月　1

四三九二　庚寅卜…貞並左惟辛卯用　1

五四四七乙　貞王有遣祖乙左…　二告　1

五五〇四　乙未…貞立事…南又…中从…𡨦左…从
曾　1

五五一二　乙未卜…寧立事…有从我从𡨦左从…　1

六三六三正　貞呼…伐不…左　1

六六五三正　甲午卜㱿貞王奏茲玉成左　1

一一六一〇正　…左十…十一月在…　1

一三五八四甲反　王固曰吉祖勿在左…　1

一三六九七乙正　貞示左　1

一四八五九正　貞不…左…　1

一五四〇三正　…左…八…　1

一五八三六　…王𤕟…非左…十又…　1

一五八八三　…𡨦…左𪊨　1

一六二五九　貞左弗正　1

一六九七八　…父不…祟左…　1

二〇三七八　乙巳…貞惟…效…左…執無囚　1

二〇六〇九　…卜曰…商左…交　1

二〇六四九　…𢆶左…祟…比…而…曰不…　1

二〇八〇七　…左七月　1

二一二一九　…酘左…兄…　1

二一七七二　…卜余…左工…戊午…　1

二二〇四〇　貞…左　1

二二八九一　…王…惟左…祖乙…　1

二三四三一　…𠦪亘…亘㪅示不左十二月　2

二三七〇九　…午卜出貞…𡘋小𠬝有㪅示呼見…大…　2

著錄號	釋文	數
	…左…	2
二三七二一	己酉卜王曰貞惟…左自取祖乙叡于之若	2
二五〇四五	…行…左…	2
二五〇五〇	…辰卜中…惟茲左…	2
二七一四〇	貞左祖…	3
二七一四八	貞其左小丁	3
二七一四八	貞其左…異	3
二八一九五	乙未卜暊貞舊一乙左駛其𨂎不𢒉	3
二八一九六	乙未卜…貞左…其𨂎不𢒉	3
二九四一八	癸丑卜暊貞左赤馬其𨂎不𢒉	3
二九四二三	癸丑…貞左…馬…	3
三〇三四七	癸亥卜彭貞𡆥其佐于实	3
三三七〇〇	甲子貞我勿有左	4
三四三三七	…卜…左…	4
三四九九五	…𢍈…左…	4
三六四二五	丁亥卜…貞叉旅…左其𢦏…	5
三六五二六	己巳王卜…左其敦…柳邑…	5
三七五一四	惟左馬暨𠂤無災	5
三七五一八	辛亥卜在攸貞大左族…擒	5
三七五二〇	惟左獲吉	5
屯 九三〇	…入商左卜固曰弜入商	4
屯一〇二四	辛未貞其…𢦏惟𠂤惟左	4
屯二三二〇	左戌不雉衆　吉	3
懷 八二一	…左于…有二…	1
懷一四六四	惟𠂤比上行左旟王受祐	3
懷一九〇一	辛亥卜在攸貞大左族有擒	5

肘

著錄號	釋文	數
一一〇一八正	王肘惟有𡆥	1
一一〇一八正	呼𠂤肘	1
一三六七六正	貞疾肘	1
一三六七七正	貞疾肘𢀛	1

肱

著錄號	釋文	數
一七七二正	…禦肱于祖…	1
一七七二正	勿禦肱	1
五五三二正	貞王肱不…𢀛	1
五五三二正	貞王肱𢀛　二告	1
一〇四一九	辛亥卜爭貞王不其獲肱射兕	1
一〇四二〇	貞王不其獲肱…	1
一〇四二一	…獲肱射兕	1
一三六七八	…疾肱	1
一三六七九	貞有疾肱以小𦍌禦于…	1
一三六八〇	甲子卜㱿貞王惟肱	1
一三六八一	…𤰈…肱	1
一三六八一	貞…酌…肱	1
二一五六五	…貞中子肱疾呼田于凡	1

叉

著錄號	釋文	數
六四五〇	貞叉目卑𦎫	1
三六九〇二	…王卜在叉貞…樂無災…在二月	5
英二五六二正	庚辰王卜在危貞今日步于叉無災	5
英二五六一正	辛巳王卜在叉貞今日步于𣲙無災	5

著錄號	釋文	數
一三九三七	…𢀛至于…允汉惟…妾𡘋…有子	1
一八三四六	…汉…駿…	1
一八七八一反	…貞作汉…	1
二三〇五二	丙子…貞翌…小丁歲𢓊酌	2
三五二四六	乙…有汉有…	4

著錄號	釋文	數
五五五七	丁未卜貞王夕𠈈惟有由	1
五三六二	…貞王…𠈈多…𡆥	1

著錄號	釋文	數
四一八五	甲申卜㝐貞呼𣪠宊	1
六三五七	貞𢀛方弗宊西土	1
六三五七	…𢀛…其宊西土	1
六三七九正	…𠀠卜㱿貞令戉來…戉宊伐𢀛方…七月	1
六四二五	貞令…王宊伐土方受…	1
七〇八二	…宊伐西土	1
一三七四七	貞宊其有疾	1
一六六二〇	…卜貞…宊…于…	1
英二一七九正	己丑卜㱿貞令戉來曰戉宊伐𢀛方在十月	1

著錄號	釋文	數
四八五六	貞令比𡆥	1

六七四三　…覘方于𡆥
八二七八　貞呼見于𡆥二月

芻

九七四正　父乙芻惟之
九七四正　父乙芻不惟之
三三二〇　父乙大芻于王
三三二一　貞父乙芻于王
三三二一　…父…不芻…王
三三二二　父乙芻王
三三二三　貞父乙芻
三三二四　貞父乙由芻

一五一正　貞弓芻于蘷
一五一正　貞弓芻勿于蘷
二四八正　弓芻于蘷
六八五正　弓芻…
六八五正　弓芻于蘷
九四〇正　乙巳卜古貞弓芻于蘷
九四〇正　…貞弓芻勿于蘷

一二二　貞執雍芻
一二二　貞勿執雍芻
一二二　貞執雍芻
一二二　執雍芻
一二三　…貞𡴆雍芻
一二四　…雍芻
一二五　貞勿…雍芻
一二六　貞…執…芻…
一二七　貞弗其執雍芻四月　小告
一五〇正　貞雍芻于蒙
一五〇正　雍芻
一五〇正　雍芻于蒙
一五〇正　雍芻勿于蒙
一五〇正　貞雍芻于秋
一五〇正　雍芻勿于秋
六〇一六正　貞雍芻勿于秋
六〇一六正　貞雍芻于秋

九三正　己丑卜殻貞𠂤以芻其五百惟六
九三正　貞𠂤以芻不其五百惟六
九四正　甲辰卜亘貞今三月光呼來王固曰其呼來迄至惟乙旬又二日乙卯允有來自光以羌芻五十　小告
九五　貞𡚸率以𦊱芻
九六　庚午卜㝊貞𢦏以𤔲芻
九六　貞𢦏弗其以𤔲芻　二告
九六　貞𢦏以𤔲芻
九六　𢦏弗其以𤔲芻
九七正　…允出率以骨芻
九八正　貞候以骨芻　允以
一〇一　貞…奠𡿧…以芻…于丂
一〇二　…來芻陟于西示
一〇三　…以多…芻…大…
一〇四　𢦏以芻于敎
一〇五　勿𢦏以芻于敎
四〇九　…爭貞羽以牧…芻
四五六正　乙未卜㝊貞以武芻
四五六正　以武芻　二告

一〇八　…取竹芻于𠙶
一〇九　勿取芻于𡧊
一一〇正　庚辰卜㝊貞呼取犬芻于…
一一一正　貞呼取羞芻
一一二　甲戌卜𡧊角取逆芻
一一三甲正　丁巳卜爭貞呼取何芻
一一三乙正　勿呼取何芻
一一四　…貞取克芻
一一五　…取有芻…
一一六正　呼取生芻鳥
一一六正　勿取生芻鳥　小告
一一七　庚申卜呼取𢦏芻
一一七　勿呼取𢦏芻
一一九　貞令雈…雍芻
一一九　貞勿令雈取雍芻
英七五七　庚子卜亘貞呼取工芻以

一三〇正　甲午卜爭貞往芻𥁕得　二告
一三一　貞往芻不其得
一三二　貞往芻不…
一三三正　貞往芻得

一三四 ……卜穷……往𡆥……得

一三六正 己卯卜古貞……執往𡆥自穿王固曰其惟

一三六正 丙戌執有尾其惟辛家

一三七正 ……卯卜古貞……𡆥自穿……弗其執

一三八 癸丑卜爭貞旬無𡆣王固曰有祟有夢甲寅允有來嬉左告曰有往𡆥自𡈼十人又二……𡈼己未⿱龜𡆥往自文圉

英七七六正 ……往𡆥……幸得……𡆥……

一四八 呼牧于朕𡆥

一五二正 庚辰卜穷貞朕𡆥于鬥

一五二正 貞朕𡆥于凶彭

一五二正 貞朕𡆥于鬥

一五二正 貞朕𡆥于𣸈

二九四 乙……貞……大……比……受……萑𡆥……七月

二一五二八 ……寅子……萑𡆥

其它

九九 ……骨𡆥

一〇〇 ……寅……侯……𡆥

一〇六正 戊子卜王貞來競𡆥十一月　二告

一〇六反 戊子……來競𡆥十一月

一〇七 ……來𡆥……弗其……

一一八 戊申卜穷令𡆥……析𡆥　二告

一二〇 己未卜……貞呼……𡆥紓……𡆥十三月

一二一 ……鉞……𡆥

一二八 ……卜古貞工𡆥

一二九 ……工𡆥

一三五甲正 貞……𡆥自穿……其……

一三五乙正 貞……𡆥自穿呼……得

一三九正 ……秋𡆥奉自文羍六人八月

一四〇正 貞𡆥……𢏚于丘　二告

一四一正 貞呼𡆥……　二告

一四二 甲午卜古貞在……戓𡆥呼……

一四三 庚午卜穷貞八𣪊𡆥𦳃……

一四四 ……八𣪊𡆥……

一四五 ……唐𡆥……

一四六 ……午卜……𦳃𡆥……

一四七 貞我𡆥

一四九 ……𦋍𡆥于……

二四九正 貞乞𡆥于兹庙

二四九正 乞𡆥于中　二告

一一一五正 臣……呼𠬝有𡆥　小告

一一一五正 𡆥牛臣𡆥　二告

一三八〇 ……呼𡆥光𡆥

三六九〇反 ……𡆥

九五〇四正 丙申卜古貞呼見𡆥𩁹𡆥𦔻　二告

九五〇四正 丙申卜古貞呼見𡆥𩁹𡆥弗其𦔻　二告

一〇二七九 貞先……𡆥

一一四〇四 ……寅卜𣪊貞戌于戌……𡆥

一一四〇六 貞于敎大𡆥

一一四〇七 貞𡆥于雲　不……

一一四〇八正 ……𦳃弜𡆥于……

一一四〇九 ……告𡆥……

一一四〇九 ……𡆥十一月

一一四一〇正 貞惟令𡆥

一一四一二正 ……𡆥

一一四一三反 ……勿𡆥

一一四一四 ……亘貞禘曰母𡆥……

一一四一五 ……𡆥

一一四一五 ……呼……𡆥

一一四一六 貞𡆥……

一一四一七正 貞𡆥……

一一四一八 ……𡆥……𡆥……

一一四一九 甲申貞𡆥

一一四二〇 ……申卜……𡆥……

一一四二一正 ……𡆥……

一一四二二正 不𡆥

一二七六四正 貞……庚……𡆥……

一三七九三反 貞作𡆥雨不其……

二〇四九三 ……𢆶方𡆥

二〇五〇〇 戊戌卜雀𡆥于敎

二一五二六 ……戌子卜貞東克𡆥𡆥

二一五二七 ……亥卜丁來人惟𡆥我

二一五二九 ……丑子卜……不𡆥

二一五三〇 ……卜……丁……𡆥

二一五三一 𡆥

二一七一三 乙亥子卜……𡆥囚入

二一七二七 口𡆥

二一七二七 丙戌子卜貞丁不𡆥我

二二〇四三 丁未卜貞令戉光有獲羌𡆥五十

二二〇六二反 乙酉卜有𡆥

二二一〇四 甲辰卜貞……𡆥……之夕雨

三二〇〇八 庚午卜𡆥𡆥示千

三二〇〇九 庚午卜𡆥𡆥示千

著錄號	釋文	期
三二〇一〇	…貞于京其奠勳□	4
三二〇一一	母□	4
三二一八三	辛巳貞其奠□□	4
三三八七三	…王令邑□于□	4
屯一一一	己巳貞□□在□奠	4
屯一一一	己巳貞□□其奠于京	4
英七七二反	貞令來□…	1
懷 三三一	…貞…□…	1

祭

著錄號	釋文	期
一〇五一正	壬辰卜㱿貞雀𢦔祭	1
一〇五一正	壬辰卜㱿貞雀弗其𢦔祭三月 二告	1
一〇五一正	壬辰卜㱿雀弗其𢦔祭三月	1
六九六四	貞雀𢦔祭方	1
六九六五	…雀𢦔祭…	1

祭祀

著錄號	釋文	期
一六五二	…貞…豆…來祭…祖乙至…多…	1
四〇六四	…午卜㱿貞翌丁未𤉲𠦪來祭于曾…用	1
五六八四	丁未卜貞亞勿往庚在茲祭	1
七八二一	…王賓祭	1
七九〇五	…壬祭	1
一五〇二三	…其…侑于…祭其酌	1
一五八八六	…癸祭…無…在…	1
一五八八七	…祭𢼄…	1
二二〇四五	庚子卜弜𠨘祀祖庚	1
二二六三〇	乙亥卜卜貞王賓大乙祭無𡆥	2
二二六四四	甲午𤕌上甲遘示癸祭無𡆥	2
二二六七二	癸亥…貞翌…乞酌祭…上甲…三…	2
二二六九二	乙卯卜即貞王賓匚乙祭無𡆥	2
二二七六六	…卜尹…酉祭…	2
二二七六七	丙子卜行貞翌丁丑祭于大丁無壱	2
二二七八八	…乙巳…祭于祖乙	2
二二八一一	甲申卜…貞王賓小甲祭…無尤	2
二二八三八	戊申卜尹貞王賓大戊祭𠬝無尤	2
二二八六二	丁丑卜尹貞王賓仲丁祭無𡆥	2
二二八六三	丙午卜行貞翌丁未祭于仲丁無壱	2
二二九三一	甲戌卜行貞翌乙亥祭于祖乙無壱在八月	2
二二九三一	丙戌卜行貞翌丁亥祭于祖丁無壱在九月	2
二二九三二	乙巳…貞祭…祖乙其…毓祖乙	2
二二九三三	…貞…祖乙祭…無𡆥	2
二二九三四	乙卯…貞王…祖乙祭…無…	2
二二九七八	己酉卜行貞王賓…祭無𡆥	2
二三〇〇〇	…祖辛祭戠牛無尤	2
二三〇三四	丁卯卜…貞王賓祖丁祭無𡆥	2
二三〇三五	…王…祭于祖丁…無壱在𡆥	2
二三〇七六	庚申卜即貞王賓南庚祭無𡆥	2
二三一二八	…貞翌乙巳祭于小乙無壱在九月	2
二三一二九	乙亥…貞王…小乙祭…無…	2
二三二五六	壬子卜即貞祭𠬝酌奏其在父丁七月	2
二三二九五	…旅…父丁…祭…	2
二三七五五	…貞…祭…	2
二四二八〇	癸酉卜尹貞旬無𡆥甲戌酌祭于上甲在…	2
二五六四四	…卜尹…賓…祭𬶍…	2
二五六四五	…卜旅…王賓…祭𠬝…在九月	2
二五六四六	…惟…賓…祭𠬝…	2
二五六四七	…行…王賓…祭𠬝…在十一月	2
二五六四八	…卜…貞王賓…祭𠬝…尤	2
二五六四九	…卜…貞王賓…己祭𠬝無尤	2
二五六五〇	乙卯…旅貞王賓祭無𡆥	2
二五六五一	…卜旅…王賓…祭…尤	2
二五六五二	己酉卜行貞王賓…祭無尤	2
二五六五三	…卜…貞王賓祭…𡆥	2
二五六五四	…卜旅…賓…祭…	2
二五六五五	己丑卜…貞王賓祭無𡆥	2
二五七一二	…卜行貞王賓戠祭無𡆥	2
二五九五六	庚午卜吴貞翌辛未其酌祭于…其以有…	2
二六〇〇三	…卜旅…翌丁亥…先祭戠…	2
二六〇〇四	癸丑卜旅貞翌甲寅…酌祭自…衣至…	2
二六〇〇五	…辰…貞翌…祭于…其告…	2
二六〇〇六	…祭無𡆥	2
二七〇八一	乙丑卜何貞王賓匚乙祭不遘…	3
二七一二八	…未卜祭大乙其用舊…吉	3
二七一二九	祭大乙其𠳋祖乙二牢	3
二七一六八	惟今日酌大庚大戊仲丁其告祭	3
二七二二三	癸酉卜鼓貞其侑小乙𣪊祭于祖乙	3
二七二二六	甲子卜祭祖乙有𩰫王受祐 吉	3
二七三一六	…祭毓祖丁…大吉	3
三〇五九四	其告祭…大…中…翌日…	3
三一〇九〇	祭父…𥃝二牢王受祐	3

三二四二八 甲子貞大乙祭無壱 4
三二五四四 …戊貞小乙祭無壱 4
三二六二五 甲申貞小乙祭無壱 茲用 4
三二三三三 丙午…祭 4
三五四〇九 …午卜貞…無𡆥…辰…祭上甲 5
三五四一〇 癸亥王卜貞旬無𡆥在二…甲子劦祭上甲 5
三五四一一 癸未卜王貞旬無𡆥在十月又一甲申劦彡祭上甲 5
三五四一三 …卜貞王…𡆥在十月二…彡劦祭上甲 5
三五四一四 癸酉王卜貞旬無𡆥在十月又…戊祭上甲 王𠧧…吉 5
三五四一五 …貞…上甲祭…無尤…月… 5
三五四一八 …王卜貞…無𡆥王…曰吉在…祭上甲 5
三五四四一 乙卯卜貞王賓匚乙祭無尤 5
三五四四二 …卜貞王…匚乙祭…尤 5
三五四七〇 壬子卜貞王賓示壬祭無尤 5
三五四七一 …卜貞…示壬祭… 5
三五四九一 乙丑卜貞王賓大乙祭無尤 5
三五五〇七 丁未卜貞王賓大丁祭無尤 5
三五五〇八 丁亥卜王…大丁祭… 5
三五五二八 …無𡆥王𠧧曰…在十月甲寅祭大甲 魯上甲 5
三五五二九 癸卯王卜貞旬無𡆥王𠧧曰吉在十二月甲辰祭 大甲魯上甲 5
三五五三〇 癸卯王卜貞旬無𡆥王𠧧曰吉在十月又二甲 辰翌大甲祭小甲 5
三五五三〇 癸巳王卜貞旬無𡆥王𠧧曰吉在十月又二甲 午魯日上甲祭大甲 5
三五五三一 …午卜貞王賓大甲祭無尤 5
三五五四五 丙子卜貞王賓卜丙祭無尤 5
三五五四六 丙辰卜貞王賓卜丙祭無尤 5
三五五四七 庚子卜貞王賓大庚祭無尤 5
三五五六〇 …貞…大庚祭…尤 5
三五五六四 癸…旬…曰大吉…甲辰祭小甲 5
三五五七六 癸丑王卜貞旬無𡆥王𠧧曰弘吉甲寅祭戔甲 5
三五五七八 甲辰卜貞…賓小甲祭… 5
三五五七九 癸巳王卜貞旬無𡆥王𠧧曰吉在四月甲午祭 戔甲 5
三五五八一正 癸卯王卜貞旬無𡆥王𠧧曰吉在四月甲辰 祭羌甲翌戔甲 5
三五五八一正 癸丑王卜貞旬無𡆥王𠧧曰弘吉在…甲…祭 5
三五五八二 … 5

三五五九九 戊辰卜貞王賓大戊祭無尤 5
三五六一二 己巳卜貞王賓雍己祭無尤 5
三五六一四 …貞王…雍己祭…尤 5
三五六四八 癸卯王卜貞旬無𡆥王𠧧曰大吉在…月甲 …祭戔甲魯… 5
三五六四八 癸亥王卜貞旬無𡆥王𠧧曰大吉在十月甲 子祭…翌大甲魯戔甲 5
三五六五〇 癸酉卜貞王旬無𡆥在正月甲戌祭戔甲… 5
三五六五一 …祭戔甲魯日小甲 5
三五六五三 癸丑王卜貞旬無𡆥王𠧧大吉在十月又二 甲寅祭…甲翌大甲 5
三五六五六 癸丑王卜貞旬無𡆥在四月甲寅彡戔甲王 𠧧曰大吉 5
三五六九七 …貞王…在二月… 5
三五六九八 癸卯…𩫖旬無𡆥…甲辰祭…魯… 5
三五六九八 …王卜…師貞旬無𡆥王𠧧曰吉在四月甲 …祭魯甲 5
三五六九八 癸丑王卜在𩫖師貞旬無𡆥在七月甲寅 祭羌甲翌… 5
三五七〇〇 癸未王卜貞旬無𡆥王𠧧曰大吉在十月甲 申祭魯甲翌羌甲劦戔甲 5
三五七二四 庚申卜貞王賓南庚祭無尤 5
三五七三六 貞王賓祭無尤 5
三五七四五 癸亥卜貞王旬無𡆥在二月甲子祭大甲 5
三五七四八 癸未王卜…旬無𡆥王…曰大在正…甲 5
三五七四九 申祭魯…翌…劦… 5
三五七五〇 癸酉卜貞王旬無𡆥…甲戌劦祭魯甲 5
三五七八四 癸未卜…𩫖貞…無𡆥在…甲申祭魯甲… 戔甲 5
三五七八五 辛丑卜貞王賓小辛祭無尤 5
三五七九六 …卜貞…小辛祭… 5
三五八六五 …貞…小乙祭… 5
三五八七四 …貞王…祖己祭… 5
三五八八四 貞王…祖庚祭…無尤 5
三五八八五 癸未卜泳貞王旬無𡆥在正月甲申祭祖甲 劦魯甲 5
三五八八六 癸卯王卜貞旬無𡆥在二月王𠧧曰大吉甲 辰祭祖甲劦魯甲 5
三五八八九 癸未王卜在𩫖師貞旬無𡆥王𠧧曰吉在 五月甲申祭祖甲劦日魯甲 5
三五八八九 …卜貞王賓康祖丁祭無尤 5
甲申卜貞王賓祖甲祭無尤 5

著錄	釋文	期
三五八八九	甲申卜貞王賓祖甲祭無尤	5
三五八八九	…卜貞王賓康祖丁祭無尤	5
三五九五四	…卜貞…康…祭…尤	5
三六二五九	己亥卜貞王賓四祖丁奭妣己祭彡…	5
三六五〇九	…在…貞旬無畎…弘吉在三月甲申祭小甲惟王来征孟方伯炎…	5
三六五二〇	…旬無畎…祭羌甲…孟方	5
三七八四〇	癸未王卜貞旬無畎王占曰吉在月又一甲申芒酒祭上甲	5
三八二五五	丁酉卜貞王賓…丁祭無尤	5
三八二五六	…卜貞王…祭無尤	5
三八二五七	丙子卜…丁祭王其…乂其牢…又正王	5
屯三四	…祭截有歲于祖辛　茲用	4
屯三四	…祭截有歲于祖乙　茲用	4
屯一七四	…申卜祖辛祭有截…牛茲用祭截	3 4
屯四四一	己未貞其…祭自祖乙歲至父丁	4
屯六五六	其告祭新祖辛王受祐　吉	3
屯一一三一	甲辰貞祭于祖乙有ㄓ歲茲用二牢	4
屯四五四四	丁丑卜其告祭新至…	3
英一九三二	乙丑卜…貞王賓大乙祭無囚	2
英二五〇三	癸巳王卜貞旬無畎王占曰吉在三月甲午祭戔甲魯小甲	5
英二五〇三	癸卯王卜貞旬無畎王占曰吉在三月甲辰祭羌甲觀戔甲	5
英二五〇三	癸丑王卜貞旬無畎王占曰吉在三月甲寅祭魯甲觀羌甲魯戔甲	5
英二五〇三	癸酉王卜貞旬無畎王占曰弘吉在三月甲戌祭小甲觀大甲惟…	5
英二五〇四	癸巳王卜貞旬無畎在九月王占曰大吉甲午祭上甲	5
英二五〇七	…王旬無畎…戊祭小甲觀大甲	5
英二五〇九	戊辰卜貞王賓大戊祭無尤	5
英二五一〇	癸亥王卜貞旬無畎在十月又二甲子祭戔甲魯小甲	5
英二五一〇	癸酉王卜貞旬無畎在正月王占曰大吉戊祭羌甲觀戔甲	5
英二五一〇	癸未王卜貞旬無畎在正月王占曰大吉甲申祭魯甲觀羌甲魯戔甲	5
英二五一二正	…王卜貞旬無畎在二月…占曰大吉甲辰祭祖甲魯魯甲	5
懷一五〇	癸酉卜古…祭其彡…告于…	1
懷一〇二七	…亥卜旅…王賓…祭截…尤在九…	2
懷一〇四七	…卜旅…賓祭…	2
懷一三七五	癸未卜祭于父甲市…	3

其它

著錄	釋文	期
六九六六	…申卜…貞雀…祭	1
七九〇四	貞翌庚子勿…二月在祭	1
三〇五六六	…何…賓…之祭…遣…	3
三三六七七	辛未貞今日告其步于父丁一牛在祭卜	4
三四六一三	丁未貞ㄓ歲惟祭遣	4
三四六一四	…歲…祭…	4
三四六一四	丁未貞ㄓ歲于祭遣	4
三四六一五	丁未貞ㄓ歲于祭遣	4
三四六一六	丁未貞ㄓ歲惟祭遣	4
懷一六一八	癸巳貞旬無囚在祭卜	4

祄祭

著錄	釋文	期
一二八六九乙正	貞呼祄雨	1
一五〇九七	…勿…祭…南…	1
二一一五三	庚午卜祭…弜惟…	1
二二二一五	于己妣祄	1
二二二一五	于妣己祄	1
二二二二〇	…祄…己妣	1
二二二七八	于妣己酉…祄	1
二五〇三〇	甲申卜中貞惟祄祄雨九月	2
二七〇八三	三匚二示卯王祭于之若有正	3
二七〇八三	弜祭于之若有正	3
二七一六五	王入廼各于祭	3
二七二〇九	…祖乙…祭…祭廼彡王受祐	3
二七二三六	…宁…賓…𡆥…祭…	3
二七二七三	…祖丁莫歲于既祭…　吉	3
二七三八七正	壬寅卜王賓妣壬歲祭	3
二七四〇〇	貞王賓父己歲祭	3
二七四一六	于父己父庚既祭廼彡	3
二七四九一	…有祭…歲王	3
二七五八三	于癸歲王賓祭	3
二七五八三	弜賓祭	3
二七五八四	…賓祭	3
二七六三五	𠂤祭兄癸惟有遘王受祐	3
三〇四八一	…有祭…王…	3
三〇五三三	王賓祭	3
三〇五三四	王賓祭	3

三〇五五五 王賓祭 3

三〇五三六 王賓有祭 3

三〇五三八 貞賓祭 3

三〇五三九 王賓祭王…有… 3

三〇五四〇 弜賓祭 3

三〇五四一 弜賓祭 3

三〇五四三 癸巳…貞惟…弗祭 3

三〇七八六 惟今夕祭… 3

三〇七八八 …宁貞祭無尤 3

三〇九五八 王賓有祭 3

三一七七九 惟祭 3

三二一一三 戊午卜貞祭多宁以鬯自上甲 4

三二一一四 戊午貞祭多宁以鬯自上甲 4

三二一一五 戊午貞祭多宁以鬯自上甲 4

三三〇八五 …祭酉歲… 4

三三四四〇 …亥貞咸既祭 4

三三七五九 乙丑貞…祭… 4

三三九八六 乙未卜衣祭不雨 4

三三九八六 乙未…歲祖…三十牢…茲用叙毋歲祭雨

不延雨 4

三四二五三 甲申貞祭 4

三四三四八 …賓祭 4

三四六〇三 …貞其祭于… 4

三四六〇八 …祭禧歲 4

三四六一七 貞甲…歲…祭 4

三四六一八 …祭禧歲 4

屯九五 己卯卜王賓父己歲祭王受祐 3

屯六一八 先祭二必蒸迺各…祖乙蒸禱王受祐 3

屯九四八 弜賓祭 44

屯九五九 弜賓侑祭 3

屯二一〇六 甲辰貞曰鍊祭 4

屯二六四六 惟既祭父…小乘延…王受… 3

屯三一四〇 弜賓祭 3-4

屯四二〇三 弜祭 3

屯四四六〇 戊…貞祭多宁…鬯…上甲 4

屯四五三九 賓祭 3

三六一八一 甲戌王卜貞…余孟方…典西田…妥余

一人…田畓正…自上下于叙… 5

三六五二一 …巫九…無彭朕…十月…彭多田于…孟

方伯…叙于… 5

弁

二七六〇四 惟多毋…弁 3

二七六〇四 惟辟臣弁 3

二七六〇四 弜弁 3

三一七七〇 …崇肉其弁… 3

尹

參 977 頁

參 980 頁

五四五二 乙丑卜允貞令羽暨鳳以束尹比畫

戠事七月 1

五六一七 呼多束尹次于教 1

五六一八 甲午卜貞呼束尹有禽 1

五六一九 …辰束尹…有禽 1

五六二〇 乙卯卜貞束尹 1

一〇三五八 …束尹 1

三二〇五四 貞…今日令束尹 4

屯五九九 壬子卜束尹㞢受祐 4

屯三七九七 辛巳卜貞王惟羽令以束尹 4

五六一一正 貞王其有曰多尹若 1

五六一一正 貞勿曰多尹 1

五六一二 庚辰貞不于多尹囚 1

五六一三 …令多尹敏 1

一九八三八 甲申…多尹若田 1

二〇三五七 …多尹…于商 1

二三五六〇 戊子卜吳貞王曰余其曰多尹其令二侯上

絲暨冒侯其…周 2

二四一三六 …巳卜吳貞…多尹于…毋癸燎… 2

二七八九四 弜不饗惟多尹饗 3

三一九八一 呼多尹往㞢 4

三二九七九 多尹在廳 4

三二九八〇 甲午貞其令多尹作王寢 4

三三二〇九 癸亥貞多尹弜作受禾 4

三三二〇九 癸亥貞王令多尹㞢田于西受禾 4

懷三四八 …寅卜貞…于多尹…舟… 1

屯四五一七 甲申…多尹…若上甲 1

其它

九五　…還…尹　1
九〇二正　…尹一月　1
九一六反　侑于…尹五伐…牛　1
九三九反　丁…尹虎…　1
一九二七　…卜…尹…卒　1
二六五一　惟婦好呼…尹余受…　1
三四八三反　王固…尹𢀛…　1
五四五〇　貞惟…尹令比亩𠂤載王事　1
五五五一　壬午卜𠀠貞尹其有囚　1
五六一四　…暨侑…尹斲…　1
五六一五　己卯…穷…尹…來…　1
五六一六　…呼尹…　1
五六二二　丁未卜爭貞令郭以有族尹𠂤有友五月　1
五六二三　丁亥卜穷貞令𪚔高有尹工于舞…　1
五六二四　龔尸有尹工　1
五六二五　丁卯卜貞令追高有尹工　1
五六二六　…尹工　1
五六二七　…貞惟…令…尹工…二月　1
五八四〇正　壬午卜殻貞尹卒冕王固曰其卒七日戊　1
…尹允卒　1
九四七二正　令尹作大田　1
九四七二正　勿令尹作大田　1
九七九〇正　貞尹弗其𠬝子　二告　不𦧟黽　1
九七九〇正　甲申卜殻貞尹以𠬝子　1
一六三二〇　…尹𢦏冊十宰　1
一九〇九三　…丑卜王…缶令…尹𠭯…臣　1
一九三二六　…尹三十…多…　1
二〇三六〇　…申呼尹…　1
二〇七四六　丁亥卜犬畋…尹…　1
二一三〇六乙　妥比…尹…子　1
二一六五九　己未…貞申尹歸　1
二二〇六五　壬戌卜猋侯…余令呼見尹猋侯印　1
二二〇八三乙　己卯卜陰用尹司于父乙無囚尹　1
二二〇八三乙　…卯卜貞三缶父乙陰用無囚尹　1
二二〇八三甲　己卯卜陰用尹司于父乙無囚尹　1
二二〇八三甲　…貞三缶…陰用無…尹　1
二二〇八四　庚寅卜…尹　1
二二〇八五　…朕…尹　1
二三六八三　丙寅卜大貞惟𠚤有保自右尹十二月　2
二七〇一一　惟…尹伐…　3
二八〇七四　冉其以…尹𠚤…于…𢦏　3
二八一九一　辛…束…尹…　3
三二八九五　癸亥貞三尹即于西　4
三四二五六　庚寅卜告…紉尹卩冊于河廼…　4
三四五六四　…亥卜…尹…鼓　4
屯一〇二　…尹𠬝田于…　4
屯六〇一　令小尹步　4
屯七二三　…王其有小尹之　4
屯一三三三　…旅尹…
英四一一　貞…尹…比人…今𡆥…王　1
英一一八九　…于卜…貞𠦪…尹…牛𦉢…　1
英二三八五　…王其呼甲尹伐衛于…　3

君

二四一三二　辛巳卜兵貞多君弗言余其侑于庚勺祝
二四一三三　…大貞多君…𦉢冊惟…月　2
二四一三四　丁酉卜兵貞多君曰來弔以𩰫王曰余其
二四一三五　辛未王卜曰…余告多君曰般卜有祟　2
二四一三七　…未王卜…余告…君曰受…吉　2

敽 徹

一〇二三　戊辰卜王乞以人狩若于敽示…　1
八〇七二　勿往徹京五月　1
八〇七三　…徹京…受…　1
八〇七四　…巳惟…十二月在徹　1
八〇七五　…七月…徹　1
八〇七六　…王往…徹　1
八〇七七　辛亥…王往…徹一月　1
八三〇二　…婦窜在徹　1
一〇九二一　…之日王往于田从敽京允獲麑二雉十
七十月　1
一四二六九　貞下上敽示弗其若十三月　二告　1
一四二七〇　貞敽示畀…　1
二三四三一　…𠦪亘…敽示不左十二月　2
二三六二七　…見…敽不…十月　2
二三七〇九　…午卜出貞…孽小𢀛有敽示呼見…大
二九三五七　王其田徹延…大吉　3
三六五六七　乙卯王卜在鴻貞今日往于徹無災　5
三九四六四　乙卯卜…徹…今…畎　5

一三七反 …四日庚申亦有來艱自北子𡚾告曰昔甲辰方征于𢿱俘人十又五人五日戊申方亦征俘人十又六人六月在…

四五四七 …卜殼貞𢿱妻…

六〇五七反 王固曰有祟其有來艱迄至九日辛卯允有來艱自北𢿱妻𡚸告曰土方侵我田十人

一三三六二反 …𢿱…亦征俘…六月

三六三四六 己亥卜在𢿱貞王…亞其比𢿱伯伐…方不𢿱戈在十月又…

三六五三六 壬寅卜在𢿱貞王田衣逐無災

三七五三六 戊申卜在𢿱貞王田衣逐無…

四三〇七正 …殼貞曰𢿱歸𢿱來我…

五一八一 …王入衣𢿱𢿱…

六一〇〇 貞舌方…𢿱…出…

八八五二正 甲子卜㱿貞呼𢿱取

一〇四〇九 …獲兕五𢿱于東十二月

一八一六七 …惟𢿱…祝…

一八一六八 …𢿱…

一八一六九 …呼來…𢿱…

二二二一五 乙丑中母𢿱五子𢿱貞

二二二一五 壬寅卜貞四子𢿱貞

二二二一六 …四子𢿱貞

二二二一七 …四子𢿱貞

二八四一二 庚子卜…网兕…𢿱于…

懷六六八 …𢿱…十月在…

懷八七〇 …木丁…𢿱…

一九〇四五 …允𢿱…

二二四五七 …每𢿱…

二八二〇反 貞𢿱婦女有囚

六六七五 癸未卜貞方允其𢿱二月

七〇七六正 貞不其𢿱妹

七〇七六正 貞允其𢿱妹

一二七四正 丁卯卜殼貞我師無𢿱摧

一八一七一 貞衣無𢿱摧

二〇四七 戊寅…有𢿱

二〇五四 …𢿱…疾印無…

二一四九二 …凡疒四月…未夕𢿱老

二一六九三 乙卯…自𢿱

二二三四一 …卜𢿱貞𢿱魚人

英二六七四正 …𢿱…自…

懷三三九 𢿱第曰𢿱

懷八五五 …有𢿱…𩂣…

…寅卜…其…𢿱…

一六三一三 辛酉…貞于𢿱𢿱…

一八六六一 …𢿱…

二二二一五 癸丑卜往𢿱商東小宰

二八六〇五 王惟乙往于田丙𢿱𢿱無災

六五九八 乙丑…羌其…𢿱…

六六七六 壬申卜王方其𢿱…征八月

七六四六 …不𢿱征八月

二〇四一五 戊申卜方𢿱自南其征印

二〇四一五 戊申卜方𢿱自南不其征印

英一六一六正 …殼貞王夢妾有𢿱有冊惟囚

二〇七五七 辛丑卜…狩𢽾其遷…

二〇七五七 辛丑卜狩𢽾其…

二〇七五七 庚子卜狩𢽾不遷日

二〇七五七 庚子卜…不…于狩𢽾

二〇七五七 己亥卜不雨狩𢽾印

二〇七五七 …于辛…狩𢽾…取

二〇七五八 …狩𢽾…在…

二〇七五九 丙子…𢽾不…

對

一八七五五 …阝卜對… 1
三〇六〇〇 …對 3
三〇六〇〇 于夫西對 大吉 3
三六四一九 辛卯王…小臣□…其無囵…于東對王 5
囚曰吉
屯四五二九 于售北對 3

术

二九四〇 丙戌卜爭貞父乙术多子 1
二九四〇 丙戌卜爭貞父乙术多子 1
三三三八正 貞父乙弗弗术多子 二告 1
三三三八正 丁丑卜㝢貞父乙允术多子 1
一六二六七 …寅卜…王其…术… 1
一八四〇六 …术… 二告 1

九五〇四正 丙申卜古貞呼見□□□□ 二告 1
九五〇四正 丙申卜古貞呼見□□□弗其□ 二告 1

七〇六四 貞呼取冒□ 1
一三四八正 貞呼取□任于冕 二告 1
一八二三一 …行史…□ 二告 1

九〇六九 壬辰卜爭□弗… 1
九〇六九 □弗其以有取 1
九〇七〇 □以有取 1
九〇七一 …辰卜…□… 1
九〇七二 □…其…有… 1
九〇七二 □弗其以… 二告 1
九〇七三 □…有… 1

八七二〇正 貞□ 1

三〇〇八六 乙亥卜□□伯弘十一月 1
二二三〇〇 乙亥卜□…自白弘…十一月 1
一七一〇一 貞□其丼 1
三六五三七 癸巳卜在反貞王旬無畎在五月王迻于□ 5
三三二六九 己丑貞王□…受… 4
二四四〇三 …卜即貞□…于□四月 2
三四一四六 庚辰卜其□鬼 4
二七三六八 丁卯卜其□惟丁亥于父甲 兹用 3
三七四〇八 壬辰王卜貞田□往來無災王囚曰吉在十月兹御獲鹿六 5
六六六四正 乙酉卜爭貞惟父乙降囚 1
六六六四正 貞不惟父乙降囚 1
一八七三〇正 兹□ 1

八九五六正　乙酉卜穷貞呼𢍰奴于𠂤由
八二二正　貞乇牽𢍰王若
一三九一六　…疒…骨…疾
九五四四正　壬戌卜古貞呼𢍰𠂤秦　二告

鑿

一三五五九　壬辰卜貞鑿司室
一三五六〇　壬辰卜貞鑿司室
一三五六一　貞鑿司室
二二五九九　壬午卜大貞鑿六人
二二六〇〇　…卜…貞鑿六人
二二六〇二　…午卜…貞鑿…人
一七二七〇　丁巳卜穷貞鑿惟囚
一七二七一正　鑿惟囚　二告
一七二七一正　…寅卜古貞鑿不惟囚　二告
一七二九二　貞鑿不惟…
五二二反　…卯有…𢦏庚申亦有鑿有鳴鳥…
疾圛羌捍
三四七三　…固曰其有鑿其惟庚吉其惟…
六〇六三反　辛未有鑿新星
六〇八七反　…庚其有鑿吉受祐其惟壬不吉
六二二二反　…有鑿其惟丁…
六三五四反　王固曰其有鑿其惟丙不…其惟壬亦不…
六四四一　王固曰甲申其有鑿吉其惟甲戌有鑿于東
…甲戌有鑿…
六四八四反　…其有鑿
六四八四反　王…曰其惟戊有鑿不吉

六四八五反　王固曰丁丑其有鑿亦不吉
其惟辛有鑿不吉其惟甲有鑿吉
六五三〇反　王固曰其有鑿其惟…
七一五〇反　…乃茲有祟其…允有來嬉…有鑿…
七三三三反　…貞其有鑿不…
七五五八反　王固曰其有鑿其…
一〇三〇二甲正　五日甲子允酚有鑿于東
一一四九七正　丙申卜殻貞來乙巳酚下乙王固曰酚惟有
祟其有鑿乙巳酚明雨伐既雨咸伐亦雨㱃
卯鳥星
一一四九七反　乙巳夕有鑿于西
一一四九八反　乙…夕有鑿于西
一一四九八正　丙申卜殻貞來乙巳酚下乙王固曰酚惟有
祟其有鑿乙巳明雨伐既雨咸伐亦雨㱃鳥
星
一一五〇七　…五…戊申…有鑿…星
一三三二九　丙戌卜穷貞告日有鑿于上甲三牛
一三四四二正　允有鑿明有…雲…昃亦有鑿有出虹自
北…于河在十二月
一三四四四　…庚吉其…有鑿虹于西…
一四二〇七反　王固…其有鑿辛…
一七二六九　…子亦…有鑿…
一七二七二　癸丑卜殻貞旬無囚庚申有鑿千啓㐅…三
月
一七二八三反　…有鑿其…
一七二八四　…其侑…有鑿…
一七二八五　有鑿
一七二八六　有鑿
英四八四正　…卜争貞…王固…遘若茲…申
有鑿…

其它

二〇一正　貞王鑿父乙
一九二六　…惟…犬用…𩁹
四八八八　辛亥卜古貞令遘以…禦方于陟…鑿
五二四七反　丙子大…鑿吉旬…不…
五八一一　…卯卜貞…旬鑿…三丁
七三三三正　…鑿其…
七三五九　…巳卜争…鑿告于上甲
七五五九反　…今辛子鑿…
八一二一　…鑿…
一三〇一二　…鑿…雨

鼜

著錄號	釋文	期
一三〇一三正	鼜雨	1
一三三七六正	：之：鼜：	1
一三六〇五	：鼜門：七月	1
一四五三三	庚辰卜穷貞告鼜于河	1
一五八六三反	：其惟丙：鼜不吉	1
一六八七九反	：固曰：鼜	1
一七二八七	：鼜：出：	1
一七二八八	：鼜吉：	1
一七二八九	：日甲：鼜	1
一七二九〇	己卯：鼜	1
一七二九一	：鼜：	1
一七二九三	：鼜	1
一七二九四	：鼜	1
二六八二四	：鼜：	2
二七一七六	丁未卜𠬝貞王其賓大戊鼜宗惟：（摹文據《甲圖》〇六三補）	3
三二七三七	：無鼜 用	4
三九四六六	辛未卜：其鼜：	5
懷一九	鼜	1
懷一五〇三	貞曰：𠂤其：亢：	4
懷一五六一	庚申卜惟父鼜用	4

發

著錄號	釋文	期
二〇四九八	：茲：𠂤宊：發小父用	3
二七九〇五	惟宊犬𡆥比田發無災擒	3
二九二八五	王其田發至于目北無災	3
二九二九三	戊申卜王其田發無災	3
二九二九四	弜田發	3
二九二九五	王惟：發：	3
三三五三七	戊辰：貞王：發無：	4
三六四三八	：卜在發貞：震在十：	5
三七六三七	：卜貞：于發：無災：又二	5
三七六三八	戊子：貞王：發：來無：	5
三七六六一	壬子王卜貞田發往來無災王占曰吉	5
屯二六三一	戊辰卜戍執征發方不往	3

般

著錄號	釋文	期
二四二六五	：酉卜王：在師般	2
二四二六六	辛酉卜尹貞王賓歲無尤在師般卜	2
二四七七九	：師般卜	2

著錄號	釋文	期
九二九三反	入一	1
九三六七	入	1
九三六八	入	1
一八八五五	己卯：貞：：	1
二一二二一	入	1
二一八六四	：酉邑析：：：	1
二三七〇八	丁酉卜祝貞惟老：以小𢦏𢍏八月	2
英一八二二	入	1

肘

著錄號	釋文	期
四八九九	：爭貞：呼行比：截前肘	1
懷七八六	壬辰卜貞肘𥟎：	1

著錄號	釋文	期
三三四〇七	丙午貞丁未其守	4

著錄號	釋文	期
一八九九反	：甲在𡉉	1
六三五四正	辛丑卜爭貞曰吾方凡于土：其敦	1
	允其敦四月	1
六三五五	：曰吾：凡：其敦：	1
六三五六	：貞曰吾方：允其：	1
六七八四	貞方敦	1
英五四三	：爭貞曰吾方其凡于土：敦	1
	允其敦 四月	1

爪

著錄號	釋文	期
一八六四〇	：用：爪：	1

著錄號	釋文	期
一九八一三正	丙申卜𠬝猶馬大丁用	1

著錄號	釋文	期
屯一三一六	：于：：	
屯四四〇〇	乙卯其目雨	4

著錄	釋文	數
六八五五反	丁卯婦[illegible]示一屯 永	1
二九六七三	貞[illegible]惟莫	3
八四六一	…周臤…	1
四七三四	丘[illegible]臤…	1
二一五九六	癸酉我卜貞…臤	1
英三七八	…傲[illegible]…	1
六五五正	…[illegible]于[illegible]	1
二〇八四二	癸酉卜七日己卯爵…[illegible]	1
二三五五九	癸未卜吳貞王正不若[illegible]	2
二一二八九反	…興弗[illegible]…	1
一八五三五	…不其…[illegible]…	1
一八一七〇正	…勿[illegible]	1

著錄	釋文	數
二〇六一〇	…[illegible]行東至河	1
二〇一二三	丁酉卜余[illegible]八月	1
四二	…[illegible]立…衆	1
一八五五二	甲…[illegible]…[illegible]…[illegible]…	1
二一四二九	…弜[illegible]	1
一八一七九正	…辰卜殼貞[illegible]…	1
屯三五六六	[illegible]若	3
二二三五二	己未卜[illegible]牛…	1
八二五一正	…固曰吉奴…曰往[illegible]…毓…子入	1
一九八七五	乙巳卜…[illegible]祖戊弘[illegible]	1
二二三六九	丁卯六豕[illegible]小宰	1

奴

敹

三九四三三　毋…攺敹…毋災…受祐　5

二一九六九　…寅有敹　1

懷 八四〇　笅入…　1

三六四三二　甲申卜貞…日丁巳…小臣…搏辥…　5

二七四七二　貞…父甲　3

二七六三八　其兄辛惟有車用有正　3

英一四〇一　貞…祖…　1

三一八一　弜　3

二六九八三　丙辰卜狄貞以執先用　3

二二〇五〇　乙…余…朕…于…　1

攴

二二五三六　丙辰禾　1

英一三三〇　…辰卜…攴…　1

及

二一八六八　丁酉卜宕貞令甫取伯及及　1

二二一九六　有…入　1

六　…及…　1

二一六二三　辛巳卜貞夢亞雀余刀若　1

一〇九八九正　貞在田武其來告　1

一八三九九　…凸…敉…　1

毲

一八四四五　貞…毲遘…　1

二九九五七　貞惟用　3

七 二三六三　3

七 三六四一　丁卯卜有…　3

二一九八二　…以告…　1

乇二三五九 惟敽… 3
三四二八 …在敽 4

敽

三一八〇〇 …柏㮣…擒 3

敉

乇二一〇〇 于敉 4

戳

乇二一〇〇 壬寅貞王步自戳于𩁹 4
二七七五二 …貞呼比𢿙 3
三〇〇一四 不𢿙… 3
懷一八八六 癸卯王卜貞旬無畎在十月在𢿙師 5
二七七四〇 癸丑卜惟𢿙監凡 3
二七七四二 丁卯卜惟𢿙… 3

數

乇四四二 …𢿙…𢿙…

敵

二二四四一 惟敵 1

敀

乇二三四一 乙王其田于㲋無災 茲用 大吉 3
三三〇七五 其𢻱獸 4
一七九四一 貞…𢻱 1
二一五〇三 …𢻱…示… 1
二一六二二 …𢻱… 1
二一五二二 …𢻱祝戌 1
一四四九九 貞于…未𢻱…于岳 1
二〇六四一正 …貞…𢻱…以𢻱 1
一五一九三臼 𢻱 1

収 共

二四八正 貞収人呼伐𢀛 二告 1
七九五正 辛未卜殻貞我収人乞在黍不冊受… 1
五七四二 …多射収人于皿 1
六一七二 癸巳卜殻貞収人…𢀛方受有祐 1
六一七三 癸巳卜殻貞収人呼伐𢀛…受… 1
六一七四 癸巳卜殻貞収人呼伐𢀛…受有… 1

六一七五　…貞奴人呼䖍舌…
六一八四　壬申卜殻貞奴人呼…吉…
六四〇九　丁酉卜殻貞今𢀛王奴人五千征土方受有祐三月
六四一二　辛巳卜爭貞今𢀛王奴人呼婦好伐土方受有祐五月
六四一四　貞勿奴人伐土…
六四六七　貞我奴人伐𢀛方
七二七七　丙子卜韋貞王奴人
七二七八　貞王奴人十一月
七二七九　王奴人十一月
七二七九　貞王勿奴人
七二八〇正　貞今𢀛王勿奴人征…
七二八二　貞王勿奴人
七二八三　甲申卜殻貞呼婦好先奴人于龐
七二八四　乙酉卜殻貞勿呼婦好先于龐奴人
七二八五　乙酉…貞勿呼婦先于龐奴人
七二八六　丙戌卜殻貞勿呼婦好先奴人于龐
七二八七　乙酉卜爭貞呼婦好先奴人于龐
七二八八　…呼婦好先奴人于…
七二九一　…好先奴人…
七二九三　貞令在北工奴人
七二九四正　貞勿令在北工奴人
七二九五正　盟癸巳…令奴人
七二九六反　貞盟癸巳令奴人
七二九七反　貞奴人
七二九八　貞奴人
七二九九　貞勿奴人
七三〇〇　貞奴人
七三〇〇　辛亥卜爭貞奴人
七三〇二　…奴人…
七三〇三　貞勿奴人
七三〇六　貞勿奴人
七三〇七　…令奴東土人
七三〇八　…今𢀛勿奴人
七三七四　貞呼奴在𢀛人
八〇七〇　貞奴雀人呼宅雀
八七二〇正　甲辰卜𢀛貞我奴人　二告
九八一一正　貞我勿奴人　二告
九八一一正　乙巳王貞啓呼祝曰盂方奴人…其出伐
三六五一八

↓師高其令東會于…高弗悔不𢀛戠
王固曰…
乇二九〇九　…旋奴人于帛…
英一五一　乙酉卜爭貞勿呼婦好先奴人于龐
英一八八　貞王勿奴人

一九　…戊卜…奴衆…宗工
二一正　癸巳卜…貞令…奴衆人…
二二　己酉卜爭貞奴衆人呼比𢀛戠王事五月
二三　己酉卜爭貞奴衆人呼比𢀛戠…
二四　辛亥卜爭貞奴衆人立大事于西奠𢀛…月
乇二二六〇　丁卯卜貞王其令𢀛奴衆于北
乇四四八九　丁未貞王令𢀛奴衆伐在何西𢀛

九七正　貞呼奴牛
三八六四　庚申卜𢀛貞奴牛…
八九三二　…卜古貞呼奴牛
八九三三正　貞奴牛
八九三四　貞奴牛于宋
八九三五正　貞奴牛于宋
八九三六　貞奴牛于奠
八九三七　貞呼𢀛奴牛
八九三八乙　戊申…亘貞…呼奴牛多奠
八九三八甲　貞勿呼奴卜〻貞
八九三九　癸酉卜王呼𢀛奴牛
八九四〇　…呼𢀛𢀛奴牛
八九四一　貞疾奴牛
八九四三　貞令𢀛又奴左牛
八九四四　貞令𢀛又奴左牛
八九四五　貞奴雀𢀛牛
八九四六　…有唯…大甲奴牛在…　二告
八九四七正　…亥卜殻貞王其呼奴𢀛伯出牛有正
八九四七正　貞勿呼奴𢀛伯出牛不其正

八九四七反　庚辰…永貞…奴羊
八九四九　勿呼奴羊
八九五〇　貞勿呼奴羊

其它

二〇 庚…貞奴…宗工

二九六 貞勿奴出示饗𦎫駟來歸

六三五反 …奴…惟奴冀臣

六四七 王…奴…

六八五正 貞奴…友冊

七七七正 貞呼奴貯次　二告

八七九 戊寅卜殼貞奴伐翌庚辰用

八九一反 壬寅卜奴…侑往王于不呼比𠂤弘…

九四三正 貞呼奴出…

二一三〇 貞奴有

四五九三 貞惟虎从微奴侑示三

五四八四反 …其…奴

五五六六 …𢀛于…奴王臣四月

五八〇二 …貞勿奴多𦎫…

五八〇三 …奴多𦎫

六四一三 …穷貞令𢀛奴征土方

六七四七 …今…𢀛…奴…征…方

七二八一 貞今…王奴…呼…

七二九二 …奴…于龐

七三〇四 貞勿奴

七三〇五 …呼…奴…

七三〇九 貞勿奴旨…

七三三〇正 甲午卜亘貞奴馬呼䝿…

七三六二 …卜亘貞呼奴𠬝次

七五八九 …申卜韋貞…奴多…

八〇七〇 貞呼奴在𡨦

八九四二 …奴貯…牛…父…

八九五二 …殼貞…克奴百…

八九五五 丙子卜弜羊令奴𡆥

八九五六正 乙酉卜穷貞呼𡆥奴于𢀛由

一〇〇四八 己卯卜穷貞今日𢀛來令𡇒我于有師乃

一〇五三八 奴有…

一三〇五三 勿呼奴

一三六五八正 …殼貞奴…

一五五八反 奴…侑于…

一七二四八 …白…奴…

一七二四八 貞勿奴

一七二四八 貞奴

一八九一七 貞呼奴次

一九九三三 戊申卜王禦奴父乙庚戌𠂤奴八月

二〇六三七 貞呼𠂤奴生于東

二〇六八〇 …奴豖…妣丁

二二〇〇八 戊…王…奴…令…今…

二二二一四 癸巳卜令夕奴賁祀

屯一六〇 …母奴…

懷九四八 貞勿奴

英六六一 乙巳卜呼奴

英一一八三 貞侑…奴壬…

英二六七四正 𢾂子曰奴

英二六七四正 奴子曰御

友

六八五正 貞奴…友冊

三七八五 …亘貞勿…友

四三七三 …𢀛由友

四七八〇反 …友𨸏…

五六三二 丁未卜爭貞令郭以有族尹𠂤有友五月

六〇五七正 王固曰有祟其有來艱迄至七日己巳允有來艱自西𢀛友角告曰𢀛方出侵我示𡩜田七十人五

六〇六三反 …自𢀛友唐𢀛方征…戔…示易戊申亦有來自西告牛家…

六〇六八正 癸未卜永貞旬無囚七日己丑𢀛友化呼告曰𢀛方征于我奠豐七月　二告

六五九五 …貞呼行取𦎫友于𢀛庶以

八二〇二 …𢀛其呼取…𦎫友𡆥

八二三九 …𢀛友惟于鳥

八九六四 戊戌卜貞令𦎫以有友馬衛

一〇九一四正 癸亥卜爭貞戊友獲在西呼不…月

一二二二五 …毓有友…惟白𧢲

一八一四四 …友…

一八一四五 …友…

一八二六一 …今𡆥…友十三月

一九二四三 貞于…友帝…

二〇六八九 …毓有友…惟白𧢲

二〇九六七 …友　二告

二一〇五〇 癸未…𢀛令𦎫妣石祟有祊友

二一三六一 …辰卜王令…舊友…祟…我…

𦍩

二二二一四　二二二五八　二二四八六　二三六八四　二六八四六　二三六八七　二九四六五　三八七六二　英 三六九正　五六二二　一〇九六〇

友

戊辰卜其燎妣庚侑友𤘘　1
癸丑卜酉巷中母…有友　1
…巷…友…自…豕　1
丁酉卜出貞令𡕥𧊒鳴友…　2
…匁𥁕友曰若　2
丙午卜旅貞惟友…玆見　2
巷友…惟牛　3
…丑用于…義友…　5
貞…不戊…友…月　1
…貞翌…令𡕥…子方…友載王事　1
…卯卜…令田…𦍩十二月　1

愛

二二　二二　二三　四九三正　五八三反　五八四乙反　一〇三一　一三〇九　三三三一　四五〇六　四五〇七　四五〇八　四五三一　五四七六　六三五三　八一一三　八一一四　九四八六　一〇〇四七　一〇九二三　一〇九二四

己酉卜爭貞収衆人呼比愛載王事五月　1
甲子卜𠭴貞令愛量田于…　1
己酉卜爭貞収衆人呼比愛載…　1
戊戌卜㱿貞牧匄人令遘以愛　1
王固曰有祟㪔光其有來媳迄至六
日戊戌允有…有㷭在愛𢀛在…　1
鬷亦焚亩三十一月　1
…固曰有祟其有來媳迄至六…在愛
𢀛…　1
貞勿呼以愛人　1
…愛𢆶三牧…于唐　1
…午卜王…愛無…十一月　1
戊…貞…愛…田　1
貞…愛…田　1
…愛…　1
乙未爭貞呼…暨愛八月　1
丙戌卜爭貞爯不作𡕥載王事二月　1
己巳…貞…爯吾…其征…　1
…愛…媳　1
乙…貞…愛…　1
癸…貞…令愛…于…侯十二月　1
辛亥卜爭貞令𦿀丁于愛一月　1
壬戌卜爭貞乞令愛田于…侯十月　1
…于愛…北獲　1

一二八五九　一四四三六　一四四三六　一七三九〇正　二三六八五　二七七五四　二七七五五反　二七七五五正　三二二八九　三二七六五　三三九二一　三三一〇二　三五三〇九　屯七四〇　屯二〇一五　屯二〇二六　懷三六〇　懷九六一　懷九六二　懷一六〇七

丁丑卜𡕥于愛雨　1
癸亥卜貞今日勿䑐令愛　1
愛　1
貞王夢惟愛　二告　1
庚午卜大貞愛來惟今日呼延　2
惟□…無𡕥　3
…惟□各…　3
…□各…　3
戊辰卜效愛…　4
己亥卜戠婦井于愛　4
…貞其令愛告…　4
乙丑卜王于愛告　4
…卯貞愛…　4
乙巳卜惟愛令　4
…愛…　4
…愛于…　4
…愛…侯…十月　1
癸亥卜旁貞令何愛呼𩊚小臣弋衣　1
貞令何愛呼𩊚小臣弋衣　1
癸卯…子愛…　4

□

三〇九四九　三五五〇二　三五五一七　三五五五四　三五五九四　三五六〇五　三五六〇六　三五六二四　三五六六五　三五六八九　三五六八九　三五六九〇　三五七三四　三五八七二　三五八八〇　三五九〇五　三五九〇六　三八一〇一　三八四三六

酉□王𢶎賓…　3
…卜貞王…大乙□…尤在四月　5
…丑卜貞王賓大丁□無尤　5
丙辰卜貞王賓卜丙□無尤　5
甲午卜貞王賓小甲□無尤　5
…卜貞王…大戊□…尤　5
…大戊□…尤　5
己未卜貞王賓雍己□無尤　5
甲戌卜貞王賓戔…□無…　5
辛巳卜貞…祖辛□…　5
己亥卜貞王賓祖丁□無尤　5
…祖辛□…尤　5
庚戌卜貞王賓南庚□…尤　5
己丑卜貞王賓祖己□無尤　5
庚申卜貞王賓祖庚□…　5
甲戌卜貞王賓祖甲□無尤　5
甲寅卜貞王賓祖甲□無尤　5
乙酉卜貞王賓□…　5
乙丑…賓□…　5

三八四三七　乙亥…王賓□…

三八四三八　甲申卜…王賓□…

三八四三九　丁酉卜貞王賓□無尤

三八四四〇　…未卜貞王賓…

三八四四二　…卜貞…賓□…夂…無尤

三八四四四　庚…王賓□…

三八四四五　…卜貞王…□…尤

三八四四六　…卜貞王…□無尤

三八四四七　貞王…□…尤

三八四四八　…貞王…□…

三八四四九　貞王…□…

三八四五〇　貞王…□…尤

三八四五一　貞…□…尤

三八四五二　…王…□…

懷一六九〇　…卜貞王…祖…□…

七三〇一　□人

二七九五正　…貞婦共…固曰有祟…其惟庚

二七九六　…貞婦共…

一三九六二　貞婦共娩不…

二四四九　…㒸丁…□…

嶶

六〇九三正　癸巳卜殻貞嶶人…

六一六七　貞嶶人五千呼視𢀛方

六一六七　貞勿嶶人五千

六一六八　貞嶶人三千呼伐𢀛方受有祐

六一六九　庚子卜宕貞勿嶶人三千呼𢀛方弗受有祐

六一七〇正　壬辰卜殻貞勿𣪊嶶人…𢀛方…

六一七〇正　…卯卜殻貞嶶人三千呼…

六一七一　戊寅卜殻貞嶶人三千呼伐𢀛方弗…

六一七二　丙午卜殻貞嶶人三千呼…

六一七七正　戊辰卜宕貞嶶人呼往伐𢀛方

六一七八　貞𢀛方弗嶶人數征呼伐…　二告

六一七八　貞勿嶶人呼伐𢀛方弗其受有祐　二告

六一七九正　…嶶人…𢀛弗…

六一八〇　嶶人呼伐

六一八一正　…貞嶶人呼…𢀛方…

六一八二　貞勿嶶人呼望𢀛方

六四〇七　…嶶人三千呼伐土方…

六五四一　貞勿嶶人五千

六六一九　…勿嶶人呼伐羌

六六四〇　己未卜殻貞王嶶三千人呼伐𦎫方𢦏

六六三九　己未卜殻貞王嶶三千人呼伐𦎫方𢦏

六六四一　己未…貞王嶶三千人呼伐𦎫方𢦏

六六四二　己未…貞王嶶三千人呼伐𦎫方𢦏

六六四三　己未卜殻…王嶶三千人呼伐…𢦏

六七四六　貞方𢦏征嶶人

六八三五　嶶人三千伐翌𢦏

六九九〇正　丙子卜永貞王嶶人三千呼…𢦏戠

七二一八　貞嶶人惟王自望稈

七三一二　貞嶶人五千惟王自…

七三一八　貞嶶人三千…

七三一九　貞嶶人三千呼…來今…𢀛…

七三二三　丁酉卜殻貞勿嶶人三千

七三二四　貞勿嶶人三千

七三二六正　…殻貞今…嶶人三千呼…

七三二九正　庚寅卜韋貞嶶人三千…　二告

七三三〇　嶶人

七三三一　…嶶人…

七三三三正　…貞嶶人…

七三三四　…酉卜殻貞嶶人

七三三五　貞嶶人

七三三五　貞勿嶶人

七三三七　己巳卜殻貞嶶千呼見…

七三三九　…小先…其嶶人…數…

七三四〇　…嶶人呼…

七三四二　辛酉卜貞今𢀛嶶人呼伐…

七三四三　…卜宕貞牧稱冊…嶶人數…

九八二四　貞勿嶶人

九八二四　嶶人

一〇〇九四正　…宕貞嶶人伐下危受有祐…月

英五五八　貞勿登人三千

英五五八　貞登人三千

英五五九 丙午卜殻貞勿登人三千呼伐𢀛方弗其受有…
英六五七 …貞王徵三千人
英六五八 戊戌卜亘貞勿䧅徵…三千
英六五九 貞勿徵人

八九五七 貞徵牛…
一三三九〇正 貞其徵牛徵于唐
懷九〇四 徵大甲牛三百
八九五九 …徵羊三百
八九六〇 …徵羊

六九八正 徵射三百
六九八正 勿徵射三百
五七六〇正 丙午卜永貞徵射百令𡧊…

三五八 貞徵王亥羌
四〇五 貞徵王亥羌

其它

六一八三 …徵…呼…𢀛…
六四〇八 …貞…徵…征土…受…
六四〇七反 貞徵伐㸒
六六五九 …春徵馬…以𦤎方
七三一〇 貞徵…𦤎…
七三一一 貞令…徵下危…呼盡伐…受有祐
七三一六 …午卜爭貞徵…五千五月
七三二二正 己巳卜…貞徵…三千…
七三三〇 …穷貞徵…
七三三〇 …寅卜穷貞徵千
七三三二 甲寅卜穷貞勿徵…
七三三三 己巳卜…貞徵…
七三三八 …方徵…
七三四一反 …五…勿…徵…
七三五〇正 癸巳卜殻貞徵…
七六一三 …徵伐
一三三八三反 …徵…
一三四二〇 …貞徵…

一五八五九 貞…徵用…
一五八六一 …徵…
一五八六二正 …徵生… 二告
一八五八二 …㲋…
二七七〇九 …卜曰…徵…貯…
三〇九八四 …卜徵禱…
三三〇一八 …王徵
屯一四九 …永王徵衆受…
英四七七 丁酉卜爭貞王徵…
英一四〇一 …徵…
懷四四八 壬午卜爭貞令徵取㞢黍

𣪘

八七一三 …卜…貞翌庚…𣪘方…
一五八六〇 貞…徵…
屯二三四五 弜徵于之若

蒸

二一二二一 辛丑卜衛酌禱蒸辛亥十二月
二一二二一 辛丑卜于一月辛酉酌禱蒸十二月
三〇三〇五 …宗蒸禱茲用歲五牢
三〇三〇六 丙子卜其蒸禱于宗
三〇三四五 …卜彭貞其延蒸禱…饗父庚父甲家
止
三〇九八一 丙辰卜其蒸禱于酉
三〇九八二 己酉卜其蒸禱于…
三〇九八三 …其蒸禱茲…
三〇三〇四 于宗蒸禱…
二七六三二 …申卜𩛥禱其蒸兄辛
二七四五五 癸丑卜王丁禱入其蒸于父甲
三三〇一四 惟白禱蒸
三二四五九 甲午卜蒸禱…高祖乙
三四五八五 丁丑卜蒸禱至…
三二五九二 癸未卜其延蒸禱于先甲
三二五九二 弜延蒸
三二五九三 …卜其延蒸禱于先甲
三二六〇六 惟蒸禱延于南庚 茲用

三四五八四	：蒸禱：歲牢：	4
三四五八六	其蒸禱暨	4
三四五八六	弜蒸	4
三四五八七	甲辰貞其蒸禱	4
三四五八八	：其蒸禱于：	4
三四五八九	：蒸禱于：	4
三四五九〇	：子卜其蒸禱于禘	4
屯六一八	先祭二必蒸迺各：祖乙蒸禱王受祐	3
屯六一八	王其蒸禱二必惟卯各藝禘彡	3
屯六一八	其蒸禱祖乙惟翌日乙酉彡王受祐	3
屯六一八	惟癸蒸禱王受祐	3
屯六九六	：王其呼蒸禱兄：	3
屯一八五一	：蒸禱：	
屯二七一五	其蒸禱惟翌日乙　吉	3
屯二九四三	：蒸禱並：	3-4
屯四一〇七	：蒸禱：木丁	4
屯四三五九	：蒸禱：	

二七一八九	甲寅貞弜：蒸來于祖乙歲	3
二七二一九	甲辰卜彡來蒸祖乙乙巳	3
二七八二六反	癸未卜蒸來乙酉	3
三三五七二正	癸卯卜蒸來乙祖	4
三三五七二反	丁未蒸來祖辛	4
三三五七二反	：卯卜蒸來：	4
三四一〇七	癸未卜蒸來于二示	4
三四五一五	甲辰卜彡來蒸　：用	4
二三五正	貞蒸黍	1
二三五正	勿蒸黍	1
一五九九	：爭貞乙亥蒸囧黍祖乙	1
一四八四正	：丑卜穷貞翌乙：黍蒸于祖乙：王固曰 有祟：不其雨六日：午夕月有食乙未彡 多工率遣	1
三二〇二四	己巳貞王其蒸南囧米惟乙亥	4
三三五四二	：貞：其蒸米于祖乙	4
三四一六五	己巳貞王其蒸南囧米惟乙亥	4
三四一六五	己巳貞王米囧其蒸于祖乙	4

三四五九一	癸巳貞王其蒸米：	4
三四五九二	：蒸米	4
屯一八九	辛亥貞其蒸米于祖乙	4
二二九二五	貞其蒸鬯其在祖乙	2
二二九二五	癸亥卜出貞其蒸鬯	2
二七一八〇	乙亥卜蒸鬯三祖丁牢王受祐　吉	3
二七二二〇	癸亥卜何貞其蒸鬯于祖乙惟翌乙丑	3
二七三四九	其蒸鬯自小乙	3
二七四〇六	：蒸鬯父己惟今日己亥彡　大吉	3
三〇九七三	其蒸新鬯二必一卣于：	3
三〇九七四	辛酉卜王其蒸新鬯：	3
三〇九七五	于翌日癸蒸新鬯王受：	3
三〇九七六	其蒸新鬯惟：	3
三〇九七七	其蒸新鬯惟二牛用	3
三〇九七九	：新鬯其蒸：王：	3
三〇九八〇	其蒸鬯	3
三〇九八〇	其蒸鬯：惟：	3
三四五九三	：蒸鬯	4
屯二一〇	蒸鬯延父己父庚王受祐	3
屯三一〇	：蒸鬯	4
屯六五七	甲寅卜其蒸鬯于祖乙小乙暨　大吉	3
屯七六六	蒸新鬯若冓龜至王受祐	3
屯七六六	蒸鬯二卣王受祐	3
屯一〇八八	甲辰卜新鬯王其公蒸王受祐　吉	3
屯二三六〇	：蒸鬯至于南庚王受有祐　吉	3
屯二五六七	壬申貞多宁以鬯蒸于丁卯惟：	4
屯二五六七	壬申貞蒸多宁以鬯于大乙	4
屯四三六六	：卯延多宁：蒸鬯：在父丁宗啓允啓	4

九五二〇	貞王咸彡蒸王宁翌日	1
九五二二	貞王咸彡蒸勿宜翌日田	1
二三四六七	己未卜尹貞王賓兄己蒸：	2
二三四八五	庚辰卜即貞王賓兄庚蒸暨歲無尤	2
二五七六五	：卯卜旅貞王賓蒸無尤	2
二五七六六	：辛：蒸無尤在五月	2
二七二一一	乙酉卜宁貞王其賓祖乙蒸暨：蒸：	3
三五九〇二	甲申卜貞王賓蒸：祖甲無尤	5
三八六八六	庚寅卜貞王賓蒸禾無尤	5
三八六八八	甲辰卜貞王賓蒸禾	5

著錄號	釋文	期
三八六八九	己未卜貞王賓蒸禾無尤	5
三八六九〇	辛酉卜貞王賓蒸禾無尤	5
三八六九四	…卜貞王賓蒸禾…己	
三八六九六	辛卯卜貞王賓二升蒸禾無尤	

其它

著錄號	釋文	期
三七六六正	貞呼蒸饗入人	1
一三三三	…貞…蒸…唐…祖…	1
一五九七	甲申貞丁蒸于祖乙	1
一五九八正	…勿蒸祖乙	1
二二七八	…蒸父乙	1
四〇六四	…午卜穷貞翌丁未蒸卓來祭于曾…刖	1
五八二二	…三千蒸旅…受…	1
九八六九	勿蒸	1
九九〇五	…至…亞…祖乙蒸	1
一一四八四正	己巳貞勿酚蒸	1
一四八三一	貞惟子漁蒸于大示	1
一四八四九	癸亥…貞蒸…大示…牛…惟…	1
一五四五七	…子卜貞…蒸豚…章…	1
一五八五八	來乙酉…蒸…	1
一五八六三	…蒸…	1
一七五〇五正	…蒸…	1
一八五八一	…未卜今…于…蒸…	1
一九六三三	…有蒸…師州…	1
一九九一九	…亥…蒸…翌日…庚	1
二一一二四	…蒸…自涉…	1
二一二二五	…勿翌…蒸惟…	1
二五七六七	庚子…貞王…蒸無尤	2
二二八二〇	…貞王…兄己蒸…雍己…無尤	2
二二九〇六	辛丑卜…貞𠬝…毋蒸…	2
二二九二六	甲午卜大貞翌乙未其蒸其在祖乙	2
二二九二七	…卜王…翌乙酉…蒸于祖乙于𩰤祖乙	2
二二九二八	…卜𠂤…其蒸…祖乙	2
二二九二九	…卜𠂤貞…祖乙蒸	2
二二九三〇	…乂蒸于祖乙	2
二二九九九	…喜貞…其蒸…祖辛于…卯一牛	2
二三一〇四	…兄庚蒸…	2
二三一〇四	…貞…蒸暨般庚乂…尤在十月	2
二三三六九	…蒸暨妣庚歲宰無尤	2
二三三九七	庚辰卜𠂤貞其蒸于妣辛	2
二三三九七	…蒸…	2
二三四〇一	壬午卜𠂤貞…其蒸于妣癸	2
二三五〇七	庚午…貞王…兄庚蒸…	2
二五九八一	…來乙未蒸四月	2
二五九八二	…貞于來乙未蒸	2
二六九六三	…蒸羌…王…	3
二七二一六	蒸新…祖乙二…王受…	3
二七二二一	甲申卜何貞翌乙酉其蒸祖乙饗	3
二七一二二	…蒸𦎫牛大乙白牛惟元…	3
二七二二一	甲申卜何貞翌乙酉小乙蒸其暨	3
二七四五五	癸丑卜其蒸王丁于妣辛卯宰	3
二七四五五	于妣辛蒸王丁	3
二七四五六正	癸酉卜何貞翌甲午蒸于父甲饗	3
二七四五六正	癸巳卜何貞翌甲午蒸于父甲饗	3
二七四五七	…貞…父甲蒸…尤	3
三〇五二四	其八蒸王受祐	3
三〇五二四	其八蒸王受祐	3
三〇九六二	…乂蒸新…	3
三〇九八五	丙申卜其蒸	3
三〇九八六	其蒸二必	3
三〇九八七	貞于日蒸王受佐	3
三〇九八八	丁丑卜其蒸…	3
三二八九六	癸亥貞危方以牛其蒸于來甲申	4
三二四五四	弜延蒸	4
三三一九一	癸亥貞危方以牛其蒸于來甲申	4
三三一九二	…酉…牛…蒸…	4
三四一〇五	…未卜蒸于二示	4
三四二二五	乙卯卜弜蒸丁卯彰品	4
三四五四七	弜蒸	4
三四五八三	己巳貞王…𠂤其蒸于…	4
三四五九四	其蒸新二牛用卯	4
三四五九五	弜蒸	4
三四五九六	丙午蒸圉	4
三四五九六	貞弜蒸彰翌丁未	4
三四五九七	弜蒸	4
三四五九八	弜延蒸	4
三四五九九	弜歷蒸	4
三四五九九	其歷蒸	4
三四六〇〇	…貞…蒸獲	4
三四六〇一	丁卯…蒸…于…	4
三五七七八	…貞…般庚…𩰤禘…	5

三六三一八	……卜貞王……毋發蒸禾……尤	5
三八六九一	……卜貞王……蒸禾無尤	5
三八六九二	貞王賓蒸禾無尤	5
三八六九五	……卜貞王……禾蒸……尤	5
屯 五一	丁卯貞己巳蒸𡆥于祖辛暨父丁　茲用	4
屯 六一八	丙申卜蒸並酌祖丁暨父丁	4
屯 一三五	……未貞……亥以……蒸……	4
屯 六〇六	弜蒸	3
屯 六〇六	其蒸在鱙	3
屯 六〇六	庚辰卜其蒸方以羌在必王受有祐	3
屯 六三九	弜蒸	4
屯 一〇七五	丙寅卜其蒸……	4
屯 一三五九	……其蒸……	4
屯 三八五二	乙……弜蒸丁卯酌品	4
屯 四四三五	……蒸……惟……	3
英 一九四五	……蒸其……暨小乙	2
英 二四六八	癸酉卜……乙酉蒸……	4
英 二四六九	弜蒸	4
懷 一五〇	癸酉卜古……祭其酌……蒸告于……	1

爰

六四七三正	庚辰卜爭貞爰南單	1
八九三〇	……卜勿令……爰……	1
一〇〇七五正	貞呼爰龍　二告	1
一三五五五正	戊戌卜㝊貞其爰惟室　小告	1
一三五五五正	貞弗其爰惟室　二告	1
一九二三八	呼爰	1
一九二三八	呼爰	1
一九二三八	勿呼爰	1
一九二三八	勿呼爰	1
一九二三八	勿呼爰	1
一九二三九	貞惟爰……八月　二告	1
一九二四〇	貞呼爰	1
二〇一六五	戊戌卜㣇延令夫巛爰	1
二〇一六六	……卯卜王……令夫……爰……	1
二二二一九	戊子卜呼爰	1
二二二四六	辛丑卜呼爰㚤乳	1
二二二四七	辛……卜呼爰婦㚤乳	1
二二三六八	……宰般爰……	1
二二三四七	弜爰	1
二九七一〇	爰日	3

三〇七五七	丙辰卜狄貞勿爰　吉	3
三〇七五七	丙辰卜狄貞勿爰　吉	3
三〇七五七	丙辰卜狄貞爰告	3
三二八七九	庚寅卜父乙歲暨宄爰	4
三四一三三	丁酉卜王族爰多子族立于告	4
懷 七六二	……爰我……	1
懷 一六五七	弜爰	4

[𠬝目]

八四一	貞[𠬝目]……	1
六四六一正	呼比[𠬝目]㚔　二告	1
七〇七四	翌丙戌[𠬝目]	1
七〇七六正	貞[𠬝目]	1
八九四七正	……亥卜殼貞王其呼奴[𠬝目]伯出牛有正	1
八九四七正	貞勿呼奴[𠬝目]伯出牛不其正	1
一八一〇三	……今丙……[𠬝目]……州……惟……	1
一八五八九	……[𠬝目]鼓……	1
三一三七四	貞[𠬝目]不因辛囧壬午王……	1

[𠬝口]

七三二九反	……今丙……[𠬝口]州	1
英 七六九正	……有[𠬝口]……	1

尋

二四六〇九	乙亥卜行貞王其尋舟于河無災	2
二六九八三	貞其尋惟翌日丁　吉	3
二七〇四一	甲戌卜翌日乙王其尋盧伯……不雨　大吉	3
二七三一〇	王其尋各僼以……	3
二七五八七正	王其尋	3
二七八〇四	其尋方有雨	3
二七八〇五	丁卯王其尋宰僼其宿	3
二七八〇六	……辰卜翌日辛王其尋……　吉	3
二七八〇七	翌日乙王其尋盂	3
二八〇八六	王其尋二方伯于𠂤辟	3
二八〇八六	壬戌卜王其尋二方伯　大吉	3
二八〇八七	貞王其尋𣪘方伯習于之若	3

二八二〇五　⋯其尋告秋⋯　3
三〇二七五　其尋宰僼⋯　3
三一〇五八　庚寅卜其尋　3
三一〇五九　壬辰卜乙王其尋　3
三二一八六　⋯以執王其尋于⋯　4
三三二三〇　壬⋯其尋告秋　4
三三三〇七　⋯申⋯其尋⋯禾于高祖　4
屯二三九六　庚申卜王其𠂤舟⋯二牢　茲用　4
英二三六九　其尋⋯舌王⋯此受⋯　3

二七八〇四　弜尋方有雨　3
二八〇八六　弜尋　3
二八七四九　⋯王弜尋其悔　3
二八七四四　乙王弜尋其悔　3
三一〇六四　貞弜尋其遘大雨　3
三一〇六五　弜尋　3
屯六〇　弜尋　3

二四三九九　癸未卜⋯貞王其步自尋無災　2
三三一五七　⋯步自尋于⋯　4

二八二四四　于方雨兮尋桒年　3
二八二五〇　其尋桒年示在喪田有⋯　3
二八二八六　⋯卜卯尋桒年⋯　3
二八二八七　其尋桒年于⋯　3
三〇〇四七　己巳卜其尋桒有大雨　3
三一〇六一　其尋桒⋯有⋯雨　吉　3
三二四三九　己巳貞其尋桒𢀛　4
三三二三九　弜尋桒　4
三三二八六　⋯丑貞尋⋯禾⋯祖　4
三三二八六　癸丑貞尋桒禾于河　4
三三二八七　庚午貞尋桒禾于河　4
屯七〇五　貞庚申尋桒禾于𡆥　4
屯三〇八三　⋯貞其尋桒⋯　4
屯三五四九　庚午卜其尋桒⋯　4
屯四五〇五　⋯尋桒⋯于⋯惟牛　3

其它

六七一八　⋯方出尋⋯　1
八一七四　⋯尋方至　1
一六〇七九　尋屰　1
二八〇六〇　⋯巳卜在尋衛⋯　吉　3
二八〇八六　于南門尋　3
二八一八四　尋史　3
二八七五〇　弜丁卯尋其悔無災　3
二九三八七　于翌⋯戊尋⋯　3
三〇二九七　甲午卜王馬尋駛其禦于父甲亞　吉　3
三一〇六二　于九月迺尋有正　大吉　3
三一〇六三　惟癸夕尋　3
三三二二一　壬寅卜尋侑祖辛伐一卯一牢　4
三三二五六　庚申于南門尋　4
三二四八四　尋卜在大甲　4
三二四八四　尋羽　4
三四二〇〇　辛丑貞尋燎于岳雨　4
三四七一一　辛巳卜尋壬于𡆥　4
三五二八五　⋯卜尋有⋯　4
三五三四二　己亥貞⋯尋有⋯　4
屯六〇　入惟癸尋　3
屯六〇　于十尋　3
屯六〇　于祖丁旦尋　3
屯六〇　于廳旦尋　3
屯六〇　于大學尋　3
屯七八　辛巳卜尋壬于𡆥　4
屯二〇四四　于南户尋王羌　4
屯二三八五　王惟翌日戊尋　3
屯二三八五　于丁卯尋　3
屯二五六四　己丑貞⋯王尋告土方于五示在衣十月卜　4
屯三一八五　于宗户尋王羌　4
屯四五三一　癸巳⋯王尋⋯自上甲
懷一三九一　于廳新尋　3
懷一三九一　于自辟尋　3
懷一五七六　戊申于南門尋　4
懷一五七一　辛酉貞王尋𡆥以羌南門　4

將

一三五二五　甲戌卜爭貞我勿將自茲邑𢀛宕祀作若　1
一三五二六　甲戌卜㱿貞我勿將自茲邑𢀛宕祀作　1

著錄號	釋文	分期
一三五二七	甲戌卜殻貞我勿將…茲邑鼏…祀作	1
一三五二八	…卜殻…將…茲邑…	1
一三五二九	…爭…勿將…邑鼏…作若	1
一三五三〇	貞我將自茲邑若	1
一三五三〇	勿將自茲邑	1
一三五三一	貞我將自茲邑若　二告	1
三二七三〇	癸巳卜將兄丁凡父乙	4
三二七三一	丙子貞將兄丁于父乙　用	4
三二七三二	丙子卜將兄丁于父乙…	4
三二七六五	辛酉卜將兄丁于父宗	4
三二七六七	丁巳貞于來丁丑將兄丁若	4
三二七六八	丁巳貞弜羞將兄丁若	4
屯五〇五	丁巳貞于來丁丑將兄丁	4
懷一五六四	癸巳…將兄丁凡父乙	4

其它

著錄號	釋文	分期
八〇九正	貞將卯	1
八〇九正	貞勿將卯	1
二七九九	乙酉卜穷貞翌丁亥將婦妊	1
五六一八	癸巳卜貞將𢦏壴	1
八四〇二	貞將戈入	1
八七六三	…酉…將河	1
一〇〇八四	丁未卜爭貞將東于𠂤母酘二月	1
一〇〇八四	…于聿田母…將東二月	1
一三五二一正	丁酉卜亘貞將𢀛于𡆥	1
一三五二三正	癸卯卜穷貞將𢍰郭于京	1
一三五三二	貞于南方將河宗十月	1
一九五五八	…令…將…萛…賓…	1
一九五五九	貞令…將…萛于…	1
一九五六〇	…其將𢦏…	1
一九五六一	甲午卜貞將𢦏鼓	1
一九五六二	貞其有將若	1
一九五六三	貞將𢦏鼓	1
一九五六四	貞…將…	1
一九五六五	癸…貞…將…	1
一九五六八	…晉將…	1
一九五六九	…晉將…	1

著錄號	釋文	分期
一九五七〇	…翌…子…將…無…	1
一九五七一正	…將多…	1
一九五七二	…將…六月	1
一九五七三	戊子…貞將…追…	1
一九五七四	貞勿將	1
一九五七六	貞勿將十月	1
一九五七七	貞勿將	1
一九五七八	貞勿將	1
一九五七九	…勿將	1
二七五九〇	…將母戊	3
二七五九二	…未卜其將母戊	3
二七八八四	辛酉卜左𠂤弜將在右立	3
二七九八八	…將𢀛…	3
二七九八八	其將𢀛于?襄	3
二七九八八	其將𢀛…叉夕…	3
二七九八八	弜將𢀛B	3
二七九八九	…將𢀛其…	3
三〇七六一	弜祀將…	3
三〇七六三	其將祀鼓其…祐	3
三一〇五六	庚午卜何貞其將…	3
三一〇五七	貞其將…升于…升…	3
三二三三七	弜將	4
三二三六一	…子卜…將其𡚸…庚伐…宰	4
三二七三〇	癸巳卜弜將…	4
三二七七五	甲午…將…丁于…乙…	4
三二八七〇	…卯卜其將于…其令卯曰…	4
三四一三〇	辛巳貞將示于南	4
三四三二〇	…[illegible]…	4
屯四四一	弜將王鼓…	4
屯四四一	己卯卜其將王鼓于…	4
屯二四三四	…辛入其將	1
英一二九八反	貞將	1
英一二一三正	…將雚郭于京	1
懷九一三	貞勿將	1
懷九一三	…將	1
懷一五六四	癸巳卜弜將六𣪊	4
懷一五六六	庚戌卜將母辛宗	4
懷一五六六	弜將	4

一五〇正 □正化戋…
一五一正 貞□正化戋方
一五一正 □正化弗其戋
一五一正 貞□正化其有囚
一一〇〇正 辛亥卜宕貞□正化以王係
一一〇〇正 辛亥卜宕貞□正化弗其以王係 二告
四一七四甲正 貞王勿曰□正化來…
四一七五 □正化…
四一七六 □正…
四一七七 □正化其…
四一七八正 …未卜宕貞曰□正…
四一七八正 …勿曰□正化…
四一七九 丁未卜爭貞□正化無囚
四一七九 貞□正化無…
五四三九正 □正化其有囚
五四三九正 貞□正化無囚𢦏王事十月
五四三九正 □正化其有囚
五四三九正 貞□正化無囚𢦏王事
五四三九正 癸亥卜爭貞□正化無囚𢦏王事
五四四〇正 乙巳卜殻貞□正化弗其𢦏王事七月
五四四〇正 乙巳卜殻貞□正化𢦏王事
五四四一 …巳卜殻貞□正化…其𢦏王事
五七七五正 □正化戋 二告
五七七五正 □正化弗其戋 二告
六六四八正 庚寅卜殻貞□化正戋戋□惟 二告
六六四八正 貞□化正弗其戋
六六四九甲正 貞□正化弗其戋
六六四九乙正 …□正化戋□…
六六四九甲正 貞□正化弗戋 二告
六六五〇正 …辰卜古貞□正…弗其受祐
六六五〇正 貞□正化其有囚
六六五〇正 …卜古貞□化正受有祐三旬又…日戊
子□戋戋方
六六五二 …丑卜爭…□正化…戋□…
六六五三正 辛酉卜殻貞□正化戋敏
六六五三正 貞□正化弗其戋敏
六六五四正 辛酉卜宕貞□正化戋□
六六五四正 貞□正化弗其戋□ 二告
六六五五正 …卜宕貞□戋□正化
六六五五正 …□正化弗戋□
六六五五正 貞□正化來
六七七一正 丁未卜爭貞□正化受祐
六七七一正 丁未卜爭貞□正化弗其受祐
九四七二正 貞□正化無囚

九四七二正 丁未卜殻貞□正化受祐
九四七二正 丁未卜殻貞□正化弗其受祐
一〇九六四正 辛亥卜內貞今一月□正化其有至
一〇九六四正 貞□正化其于生一月有至
一三六九五甲正 貞□正化弗其戋敏
一三六九五乙正 貞□正化…敏
一三七一三正 □正化弗其戋□
一四五四九正 …□正…不其□

九七九一正 貞□不其受年 二告
九七九一反 貞□受年
一〇〇二二甲 貞□受年二月

一七 辛亥卜貞衆…往□有擒
六五九三 癸丑卜貞□往追龍从□西及
六五九四 癸丑卜貞□往追龍从□西及
八二三一 …惟王往□在□
三一九八一 呼多尹往□
三三〇〇〇 戊寅貞多射往□無囚

七三三七 己…宕貞使人于□
四六〇三正 貞呼見于□二月
五五三六 貞使人于□
五五三七 癸巳卜殻貞使人于□其有曰三…
五五三八 …巳卜殻…使人…□其有曰…
五五三九 貞…使…于□
五五四〇 貞勿使人于□
五五四一 貞勿使人于□
六〇七八 貞使于□
六一三一正 …卜殻貞□方其至于□
六一三二 …□方其至于□

四二〇九 惟子□令比□
四二四〇 惟師令比□
一三四九〇 丙辰卜爭貞惟□令比□
一三四九〇 令□比□
一三四九〇 勿令□比□
一三四九〇 貞勿惟□令比□
二九二九七 惟□比湄日無…

編號	釋文	期
三三〇六〇	…令卒比…沚方	4
乇一九〇	庚辰卜令王族比沚	4
乇六〇一	…秦令比沚	4
乇六〇一	弜秦令比沚	4
乇二八六六	…貞令沚比雀	4
六〇六三正	…允有來媗自西沚告曰…□夾方杲	
	二邑十三月	1
六〇六四正	癸巳卜爭…無囚四日丙…有來媗…沚告	
	曰…方戔…夾…	1
六〇七八	乙巳卜穷貞沚呼告舌方其出允…	1
六〇七九	乙巳卜穷貞沚呼告舌方出允其…	1
七九九〇反	…自西沚呼告	1
三三一七三	己巳卜于大示亞卒沚告	4
三三三九二	丁卯卜在去貞沚告曰兕來羞王惟	
	今日壘無災擒	5
乇一〇五〇	己巳貞其沚冗告于…	4
一八	沚啓不其戠	1
一八	貞沚啓戠	1
七四三七	貞勿呼見啓于沚	1
七四三八	…沚啓…之…一月	1
三三〇九八	辛卯卜惟沚啓用若	4
三三〇九九	辛卯惟沚啓若	4
乇六三	庚寅卜惟沚啓我	4
乇七一七	辛卯卜惟沚啓用若	4
四一七四甲正	貞沚…來復　二告	1
六六五五正	貞沚正…來　二告	1
三三〇一七	癸卯卜沚來羌其…	4
英七五六正	…貞…祀至告曰沚來以羌	1
英七五六反	之日祀至告…沚來以羌…	1
四三	戊辰…貞翌辛…亞乞以眾人沚丁彔呼保我	1
乇一八八	…沚以羌父丁	4
二七八	…沚以羌	1
八七九七正	…辰卜古貞呼取馬于沚以三月　二告	1
九〇三二反	…沚不其以	1
二八〇七四	偁其以…尹沚…于…戔	3
三一九七二	己卯貞令沚以眾伐龍災	4
三一九七三	丁丑貞王令卒以眾沚伐召受祐	4
三一九七四	丁亥貞王令卒眾沚伐召方受祐	4
三一九七五	丁亥貞王令卒以眾沚…	4
三一九七六	甲辰貞卒以眾沚伐召方受祐	4
三一九七七	辛卯貞卒以眾沚伐召方受祐	4
三一九七九	庚寅貞王令卒以眾沚受祐	4
三一九八一	乙亥貞卒令郭以眾沚受祐	4
三二〇二八	丁卯貞沚以羌于父丁	4
三二〇二八	丁卯貞沚以羌其用自上甲盘至于父丁	4
三二二七三	丙寅其沚以丁	4
三三〇五四	丙午貞令𠦪沚以惟啓	4
三四二四〇	卒惟束人以沚	4
三四二四〇	辛丑貞卒惟疾以沚	4
三四二四〇	卒…多射以沚	4
乇三四〇	丙寅…惟亞卒以人沚	4
乇五七〇	…未卜卒以眾沚…召	4
乇九三五	辛未卜卒以眾沚	4
乇一四七五	…以沚…	4
二三四一	戊戌卜穷貞沚不丼	1
一七一〇二	…沚其丼	1
一三七四二	西沚其有疾	1
一三七四三	貞沚無疾	1
一三七四四	貞沚無疾	1
英一二三六	…沚無疾	1
一六三	…殺貞射沚…曰惟既己卯…獲羌十…	1
一六五	乙酉卜吕貞射沚獲羌	1
二七七	己卯卜穷貞盟甲申用射沚以羌自上甲二月	1
三三九七正	丙午卜永貞射沚獲…	1
五七四九	勿令射沚歸	1
五七四九	貞令射沚歸	1
五七五〇正	貞射沚其有來…	1
五七五一	射沚無其刹	1
五七五三	貞射沚獲…	1
五七五四	丙戌卜穷貞射沚…	1
五七五五	貞惟乙亥用射沚…	1

□

三一九九六正　甲午卜取射□呼究□　4

三二〇二三　于乙亥用射□以羌　4

三二〇二三　癸酉貞射□以羌用自上甲　4

三二八八六　癸酉貞其令射□即並　4

三二八八六　辛未貞其令射□即並　4

屯七　…多射□馬…于斲　4

屯九　癸卯貞射□以羌其用惟乙　4

屯五〇三　令多射□　4

屯六三六　…貞射□以羌其用自上甲𥁕至于父丁
惟甲辰用　4

□方

六〇八〇　貞王曰□舌方其出不冊　1

六〇八一　貞…□舌方其出不…　1

六〇八二　…呼□舌方…夕無囚　1

六六五八　貞勿…遘…□方…　1

二六八九五　…戌辟立于中□之□羌方不雉人　3

二六八九五　…惟入戌辟立于…之□羌方不…　3

二七九九六　戌从□𢧈方戌　3

二七九七七　…丑卜戌□羌方…　3

三三〇三七　乙巳貞令□□刀方　4

三三〇四二　己巳貞並□伐□方受祐　4

三三〇五九　癸未貞王令…□□方　4

三三〇六一　弜□方　4

屯二四三　癸未貞王令𠦪□方　茲用　4

屯二四三　弜□方　4

屯七七六　…于貞王令𠦪…人□旋方　4

屯一〇九九　壬戌貞𠦪以衆□伐召方受祐　4

英六二四反　…□得方我獲羌　1

英二四二七　…于貞王令…□方…　4

英二五六三　庚寅王卜在□師貞□林方無災　5

□□

三一九八二　…令以衆□…　4

屯三九一三　…衆□伐…　4

懷一六五三　乙亥貞王令…以衆□受…　4

□□

四二〇九　戊申卜殸貞王勿□□□　1

四二〇九　戊申卜殸貞王𡒚□□　1

四二〇九　惟子□令比□□　1

懷九八八　…殸貞王□□□…　1

□丁

六〇六三反　…自□友唐舌方征…𢦔□示昜戌
申亦有來…自西告牛家…　1

一七五八七　…□示…　1

三二四八五　癸卯貞…未延□示其惟𢿫　4

屯一一五　癸卯貞丁未延□示其凤　4

□□

四一八三　甲午卜貞惟翌令□…　1

四一八四　辛…令□　1

六〇四九　…卜穷貞令□途𢦏　1

二八〇五四　癸巳卜王其令五族戍□…伐𢦔　3

三二八七三　…王令𢀛□于□　4

三三〇三五　庚戌惟疾令□　4

三三一二九　…未卜…令…□…　4

三四一二四　辛未卜王令𠪚示□…　4

三四七一八　…貞…令…□　4

屯二四三　癸未貞王令子𡜤□　4

屯四八七　癸巳貞𠦪令…□無囚　4

屯二二二八　翌日王其令右旅暨左旅□見方
𢦔不雉衆

呼□

三七六正　呼並□　1

三七六正　勿呼並□　1

五八四甲　…壬辰亦有來自西□呼…征我奠
𢦔四…　1

一一〇六正　乙卯卜古貞呼𡧊□在東條　1

三八五七　…卜韋…呼□…　1

四一八五　甲申卜穷貞呼□□　1

四一八八反　貞呼□…　1

四一八九　戊子卜爭貞呼□…　1

四一九〇正　…卜韋…呼□…𡜤　1

四一九一　貞呼□…　1

四一九二　…穷貞□其呼…　1

四一九三　貞呼□…　1

四一九四　貞勿呼□歸　1

四二〇一　呼□□　1

四二八三　呼□□𡜤　1

四三七二　…𤔲…呼…□　1

六八五七正　貞惟師呼暨□　1

著錄號	釋文	期
二二二四六	呼陕□延	1
二三六八六	：巳卜：貞其：呼□：若	2
懷 九五七	貞呼飲□卓叀	1
懷 九六三	戊戌卜殻貞呼□吾方	1

史□

著錄號	釋文	期
四二〇三	：使□：	1
五五四二	貞勿使人：□	1
五五四三	戊辰卜宂貞使：□	1
五六三九正	卓使□吠	1

其它

著錄號	釋文	期
二五	丁卯卜貞望□多方示𣎆作大：七月	1
七六	：奏肇□	1
一六六	己酉卜殻貞□獲羌	1
一六七	□獲羌	1
一六八	：□：羌	1
一六九	：□：其：羌	1
一七〇	：□：獲：	1
二九五	：卯卜翌丁未□：	1
四三八	貞令入□師般十二月	1
九三九反	□壱王	1
一〇一二	：□曾伐：	1
一〇七五反	：固曰有：之日有來嬄乃□□ 事：□亦攺人：	1
二一二六	：□：	1
三三〇三	□來：丁用	1
三三九三	戠□：易：	1
四一八六	：戊：□皁：王固：	1
四一九七乙	庚辰卜永：□其：	1
四一九八正	孽喪□	1
四一九九	□受祐	1
四二〇〇	：穷貞：用□	1
四二〇二	貞：□：其：	1
四二〇四	庚午卜：貞□：	1
四二〇五	貞：□：	1
四二〇六	□：	1
四二〇七	：卜殻：□：	1
四二〇八	：□：	1
四三〇七正	：殻貞曰□歸叹來我：	1
四七五六	：酉卜：祟：□	1
五七二九	丙辰卜：貞□：馬：白	1
五八一四	己卯卜：貞□：師次：𡊮自：凡：□：	1

著錄號	釋文	期
六〇六二	：自西：吾方征我：𠣫亦戠□：	1
六〇八一	貞王勿曰□	1
六八二一	：□令：侯□周五月	1
六八五五正	壬子卜爭貞惟戉：暨□	1
七三一〇	貞□：□：	1
七五六四	貞戠勿：衛：□：	1
七六〇九	：勿：□：伐	1
七六三九正	壬戌卜亘貞□其亦有征	1
八四〇一	乙卯卜貞□有擒	1
八五六一	：吾方：□：	1
八九七七正	：臭取□宕牛以	1
九二七七	□八三	1
一〇八四七	：貞□不其獲	1
二一〇一九	：□不我其：馬：二告	1
二一三一三	：卜貞□：	1
一六九七一	辛：□：	1
一七八三五反	貞：人：□：	1
一九六九九	：□：	1
二〇六〇二	：□：	1
二一九〇四	癸卯□：	1
二二三九七	：□多子：其馭	1
二七九〇九	癸卯卜戍王其比犬□：	3
二七九六〇	：王其：馬：□：	3
二八〇二六	王其□戍□：	3
二八〇二七	：戍其□在：大吉	3
二八〇二八	丁卯卜戍其□：	3
二八〇四〇	：狄：□	3
二八〇七一	貞伐：□：	3
二八〇七三	：自：□□戠：	3
二九七一五	迻□羚	3
三二四八五	丙午卜□惟餞：子彫莫	4
三三〇四〇	丙申卜□□人：在□若	4
三三〇四一	己亥卜：□：	4
三三〇四一	己：□□于□遘：	4
三三〇四三	丁巳貞並□伐□受祐	4
三三〇五六正	庚寅卜惟□：我用若	4
三三三九七	惟□匕擒	4
三四一二三	辛：王令厚示□：又：	4
三五一二一	：戊寅：□	4
三六四二五	丁亥卜：貞又旅：左其□：	5
三六八四四	己卯：即告：□：其：	5
屯 六三六	：□：	4

- 屯五九九　壬子卜剛□受祐　4
- 屯五九九　壬子卜束尹□受祐　4
- 屯一三三五　…□無災
- 屯一五三四　…庚□…
- 屯二一一九　自新□戈　吉　3
- 屯二一一九　自盂□戈　3
- 屯二一一九　弜□其悔　3
- 屯二三五〇　…王其以衆合右旅…旅□于□　3
- 屯四〇七五　丙寅貞令…卑…□伐…　茲用　4
- 英三〇反　…□…王…　1
- 英三六二反　貞今三月□至　1
- 英三六二正　貞生四月□不其至　1
- 英三六三　…卜…貞□…　1
- 英三六四正　…□…　1
- 懷四一二　…田□…　1
- 懷四六二　…□呼…比望…　1

- 六九二九　癸酉卜爭□貞旬無囚　1
- 一八二〇五　…卜王…乙□…　1
- 二〇八〇六　癸亥卜王貞□旬五月　1
- 二一三〇八　…卜王□…無囚　1
- 一〇二　…戌卜貞翌乙亥敝侑于祖宰又一…　1
- 二三七　辛亥卜貞…來甲翌甲寅敝用于夫甲十三月　1
- 一四三九　甲申卜亘貞敝泰于大甲　1
- 一七八五　丙申卜殼貞敝侑于羌甲　1
- 一四九三五　癸…爭貞□有匚于…　1
- 一七八九〇　…申卜穷…敝…丁百…　1
- 一八二〇四　癸卯卜貞敝…于…　1
- 二二八二三　甲戌卜出貞王敝侑于大戊二月　2

敝

- 三八七反　貞奴雀敝牛　1
- 一七六三　惟敝呼□　1
- 六一五〇　貞舌方不惟有敝　1
- 八九四五　貞奴雀敝牛　1
- 一五五一六　…敝…　1

秦

- 二九九　壬戌卜穷貞呼取…八秦　1

- 二七三一五　…其酌日于祖丁秦侑宗　茲用　3
- 三〇三二九　弜秦宗于妣庚舌　3
- 三〇三四〇　弜秦于…　3
- 三〇三四〇　甲寅…祖乙舌秦宗　3
- 三〇三四四反　…秦宗　3
- 三〇四一六　…于岳秦即…　3
- 三二七四二　弜秦宗于妣庚　4
- 三四〇六四　弜秦宗　4
- 屯三二一〇　弜秦宗　3-4

- 九三三六　昝入…　1
- 二六八九八　弜祀衆戌昝受人無災　3
- 二六八九八　王其衆戌昝受人惟啚土人有災　3
- 二六八九八　王其呼衆戌昝受人惟啚土人暨秅人有災　3
- 三二九三四　丙寅貞行惟□□用若　4

獸

- 二八三七七　…獸雀射有麋　3
- 二八八〇六　翌日戊王其射獸…　吉　3
- 二八八〇七　…卜王其射獸…　3
- 二九三三〇　…日壬王其田獸…　吉　3
- 二九三三一　…卜今日王其田獸…　3
- 二九三三二　貞王其…獸…　3
- 二九三三三　壬王惟獸田湄日無災擒　3
- 二九三三四　惟獸田無災擒　3
- 二九三三五　弜田獸其悔　3
- 二九三三五　王其田獸擒　3
- 二九三三六　弜田獸其悔　3
- 二九三三七　…田獸…　3
- 二九三三八　貞…獸…　3
- 二九三四〇　弜獸…無災　3
- 二九三四〇　…獸…　3
- 二九三四一　弜麋…獸…于雍弗其…　3
- 三一七七八　壬王…□…　3
- 三九四二一　…壬王…□…　5
- 屯二三三一　惟獸田無災　大吉　3
- 屯二五四二　惟獸田弗悔永王　3

乇二七〇二 惟𢿋田無災 大吉 3
懷一三〇七 …惟𢿋…無災 3

彝

二八六一 婦姪…彝 1
一四二九四 西方曰𣠦風曰彝 1
一四二九五 貞帝于西方曰彝風曰丰𠦪年 1
一五九二四 …卜貞…彝… 1
一五九二二 …彝… 1
一六九六二 …卜…貞王…彝…吉 1
一九八五五 …彝…我用 1
二一七六七 …卜己亥…余夢亦…彝…占… 1
二六〇〇八 庚午卜大貞王其彝無尤九月 2
二六〇〇九 丁亥卜…貞王其彝若 2
二六〇一三 丁亥…貞王…彝 2
三〇二八六 癸丑卜彝在廳在𢾅門死 3
三一〇一〇 …卜王其彝 3
三三二六〇 甲戌卜乙亥王其𢆶于祖乙宗 茲用 4
三三三六〇 王于祖乙宗𢆶 不用 4
三四〇四四正 …戊貞辛亥彡…自上甲在大宗彝 4
三六三九〇 王彝… 5
三六四八七 癸亥卜黃貞王旬無畎在九月征人方在 5
雍彝 5
三六五一二 王彝… 5
三六六四七 …月在𩰫彝自上下𣪘余…𢀛無尤 5
三八二二三 …彝在中丁宗在三月 5
三八二二五 …彝在祖辛… 5
乇四三三 …亥貞…以子方奠于并在父丁宗彝 4
乇四三六 辛亥貞王令𢀛以子方奠并在父丁宗彝 4

爭

一一六反 婦井示三十 爭 1
二七三反 爭 1
六八一臼 𠂤示…乇又… 爭 1
七〇九反 爭 1
一一一四反 爭 1
一八五三臼 婦利示十乇 爭 1
二七七四臼 婦利示十乇 爭 1
三七五九正 …四十 爭 1
六四七八反 般入十 爭 1

六五五二臼 乙未婦妹示乇 爭 1
七二八七臼 婦好示十乇 爭 1
一〇九八九反 丁未卜爭 1
一七五〇六臼 婦井…乇 爭 1
二一四三三 己卯卜𠂤往爭乃 1
英六三七反 …百 爭 1

二〇五八六 …巳卜𠕋… 1
二〇五八七 庚辰卜𠕋中商 1

二九一八五 惟宮𠥨省弗悔無災吝王 大吉 3
三〇九一一 …史𠥨…𢀛用…受有祐 3
乇二〇六四 王族其敦尸方邑舊右左其𢀛 3
乇二九八六 𢀛𠥨 3

二六四正 壬子卜貞𢀛以羌𠥨于丁用六月 1

六九〇八 甲午卜𣪘貞我獲𢀛 1

乇二一一八 惟庚㗊𠕋 1

四五五三 辛亥卜𣪘貞惟𢀛呼 1

二一八九三 壬…貞𢀛 1
二一八九四 壬申貞不𢀛 1

一〇五七一 …白…□…田弗… 1

□

一〇二一 …曰方征…□獲五人 1

一〇七〇一正 貞□獲 1

二一五八六 …卜…□獲…王固… 1

二一五八六 庚午卜我貞呼□獲 1

二一五八六 □獲不獲 1

二一五五九 甲子卜我貞呼□獲□ 1

二一七六一 壬申子卜延□獲 1

二一七六一 甲子卜我貞□獲 1

二一七六二 乙巳卜我貞□獲 1

其它

二二四 …卜亘貞□…羌 二告 1

二三五 …爭貞□… 1

二三五 …貞□… 1

五八七正 …安比□ 1

六五三六 …卜殻貞王次于曾迺呼□中… 1

六五三七 …殻貞王次…□中… 1

六五三八 …王次…□… 1

六五七一正 壬寅卜殻貞尊雀惟□□基方 1

六五七一正 辛丑卜殻貞今日子商其□基方缶𢦏 五月 1

六五七一正 辛丑卜殻貞今日子商其□基方缶弗其𢦏 1

六五七七 乙亥卜内貞今乙亥子商□基方弗其𢦏 二告 1

六五七七 今乙亥子商□基弗…𢦏 1

六九四〇 …□…□ 1

六九四一 貞…□…□…𢦏 1

六九五九 乙未卜殻貞□戈 1

六九六六 乙…其□…雀… 1

七四一八 貞勿令□比我稱冊 十月 1

七四一九 …勿令□比我稱冊 1

七四二〇 貞勿…□…我…冊 1

八二一六 貞勿…往于□ 1

八二一七 丁卯貞于□若 1

八二一八正 …爭貞在□奠 1

一〇七〇三 貞勿令□ 1

一〇七〇四 …□貞□… 1

一〇七〇五正 …□… 1

一〇七〇六 …惟…□… 1

一〇七〇七 甲午卜亘貞□不其… 1

一〇七〇八反 □ 1

一〇七〇九 貞…□… 1

一〇七一〇 …□… 1

一〇七一一 勿□ 1

一〇七一二 勿□ 1

一〇七一三 …寅卜王勿呼戈□ 1

一〇七一四 …□戈… 1

一〇七一五 …□戈… 1

一〇七一六 壬戌…殻貞…□ 1

一〇七一七正 …□…其受… 1

一〇七一八 …□…□?… 1

一〇七一九 …子卜貞今…王勿□歸 九月 1

一〇七二〇 甲子卜…□… 1

一〇七二二 …□…比□… 1

一〇七二三 …□… 1

一〇七二五 …□… 1

一〇八九五 …固…其獲…曰戊…□… 1

二一七六三 戊申卜我貞□… 1

二七九一四 惟戍犬□比湄日無災永王 3

二九三九四 惟戍犬□比湄日無災永王 3

三一一三一 …卜其□□… 3

三一一三三 其剛□放惟… 3

三六七五二 甲寅卜在□貞今…王步于□無災 5

三六八三〇 庚申…卜在…貞…□…無災延… 从… 5

三六七五二 辛亥卜在□貞今日王步于□無災 5

英二五二五 癸丑卜在□泳貞王旬無畎 5

英二五六五正 辛亥王卜在□貞今日步于□無災 5

英二五六五正 …王卜…□貞…步于…災 5

一四七九五正 貞□…戊要 1

一四七九五反 …亥卜韋貝□午戊要… 1

一三八四五 貞□□惟疾 1

六四四六臼 □示…□ 1

英二二七四 庚子卜多母弟暨酉□ 3

一七九八八　…疋任…于…𡧊…　1

二七九三九　庚申𥁕…其𢿢…　3

二四二六一　辛卯卜王在師𢿢卜　2

一四三九〇　…辛…其…河…𢿢　1

一八七六四　…𠬝𥁕…𢿢…　1

一八九五五　…攴…从…　1

英一九七八　辛亥卜出貞令莫伯于𢿢　2

二二〇七二　于𣎆教巫示　1

一九七九九　丁未卜𠂤王令𢦏呼𣪊甫曰來二月　1

懷　四六八　貞令𢿢　1

三一七八五　𢿢　3

二〇五七八　卜貞王在𢿢無囚　1

二〇五七八　在𢿢雨　1

懷一三一二　戠　癸丑卜𡆥貞戌其使𢦏用之戠　3

屯五七九　𡴗　…史人4吉𠬝…𡴗在𦉼卜　3

屯二二二　其𦍒𦉼湡王其焚　3

三六九二九　畀　庚戌卜…畀貞…今夕無𡆥　5

屯二六二一　惟雈𣪊用五十　3

三六四八二　甲午王卜貞其于西宗𦍒王𡆥曰弘吉　5

三六四八三　甲午王卜貞作余彰…余步比侯喜征人方　5

二〇九〇八　乙卯…丙辰…余…人雨…𦍒…　1

三六六　…卜穷貞…人𢿢…二月　1

屯　三三二　𢍰其入王家　4

屯　三三二　丁巳卜𢍰弗入王家　4

二〇三六六　…巫𢿢　1

二一四一八　乙亥卜𢿢叩今…𠂔　1

二一二三一　……災……　1

二〇七一〇　甲……燎于𢦚田羉虎　1

一四二一八　河𢦚……　1

二一二五二　庚辰卜㞢圉不我　1

二一五六八　……巫𢦚　1

一九九八二　……取…母　1

三六一七五　……卜貞……文武……　5

首

一三六一四　貞子疾首……　1

一三六一五　……㱿貞有疾首……不……　1

一三六一六　……卜㱿……有疾首……　1

一三六一七　……疾首不惟丁　1

一三六一八　……疾首　1

一三六一九　丁亥卜㱿貞𢦚享首…于……　1

一三八二四　……酉卜㱿貞疾……惟首　1

二四九五六　甲辰卜出貞王疾首無延　2

二四九五七　甲辰卜出貞王疾首無延　2

英一一二三　貞子……疾首　1

六〇三一　貞王途首勿……　1

六〇三二正　甲戌卜㱿貞翌乙亥王途首無囚　1

六〇三三反　翌庚辰王往途首　1

六〇三三反　貞翌庚辰王往途首　1

六〇三七正　貞翌庚申我伐暘日庚申明霧王來途首雨　1

一五〇六反　王臣固……途首若　1

一五一〇五　……首曰……禦　1

二二一三〇　甲子卜𠂤乙瘢　1

二二一三三　……卜𠂤乙瘢　1

二九二五五　惟𣏟首田無災　吉　3

二九二七九　王惟𣏟首田無災　3

英二三五六　首吉　5

四六二正　……七月在……　1

八二三一　……惟王往……在……　1

𩠐

二〇六四二　丁巳……貞……以……鳴　1

二七九三〇　……亥卜……今日亞其……　3

一九七一正　……　1

頁

一五六八四反　丁丑……𡨦頁……　1

二二二一五　壬寅卜貞四子𡥈頁　1

二二二一五　乙丑中母𩜁五子𡥈頁　1

二二二一六　……四子𡥈頁　1

二二二一七　……四子𡥈頁　1

三三八六正　丙戌卜亘貞□禦…　1
一八〇七二　貞…□于…□…　1
一八〇七三　…□…四月　1
一八九一八　…□…　1
三五三一　丙申…□…以宗…　4

猱

八九八四　己巳卜雀不其以猱　1
八九八四　己巳卜雀以猱十二月　1
一〇四六八　…其獲猱　1
一〇四六九　…猱　1
二一一〇二　癸卯卜貞猱　1
二二四五六　…卜…□…　1
二九二四七　惟犬□从田□湄日無災　3

白　伯

一二五二三　貞不雨在白二月　1
二七五二九　…其教妣庚在白　3
三六七九四　癸未卜在白貞王旬無畎　5
三六七九五　…卜在白…旬無畎　5
三六七九六　癸未卜在白貞王…無畎　5
三六七九七　庚申…在白貞王…無…　5

三四〇七正　貞□于□伯　1
二八三一五　于白西□　3
二八八四三　于白西□　3
三三四二五　庚子卜王往田于白　4
三五五〇一　王曰則大乙□于白麓□宰丰　5

六三五正　貞呼去伯于冥　1
六三五正　貞呼去伯于冥　1
二八〇九一　…危伯美于之及…望…　3
三三三八七　甲申貞其執三□伯于父丁　4
英一九七七　貞令…□伯于…敦　2
英一九七八　辛亥卜出貞令□伯于□　2

方

二八〇八六　壬戌卜王其尋二方伯　大吉　3
二八〇八六　王其尋二方伯于□辟　3
二八〇八七　貞王其尋□方伯□于之若　3
二八〇九七　…方伯其龠于…　吉　3
三六五〇九　…在…貞旬無畎…弘吉在三月甲申祭小
三六五〇九　甲…惟王來征盂方伯炎…　5
三六五一一　丁卯王卜貞今囚巫九备余其比多田…多
伯征盂方伯炎惟衣翌日步…左自上下
于敉示余受有祐不曾戋…于兹大邑商
無苋在畎…弘吉在十月遘大丁翌　5
三六五二一　…巫九…無彭朕…十月…彭多田于…盂
方伯…敉于…　5
三八七五八　…方伯…祖乙戌…　5
三八七五九　方伯用…　5
三八七五九　方伯用…　5
屯六六七　…三十盧方伯□…王□　大吉　3

三三八〇　辛巳卜殻貞王比易伯𦰡　1
三三八一　辛巳卜殻貞惟易伯𦰡比　1
三三八二　貞王比易伯𦰡　1
三三八三　貞王惟易伯𦰡□　1
三三八四　壬午…殻貞王惟易伯𦰡比　1
三三八五　貞王惟易伯𦰡□　1
六四六〇正　辛亥卜殻貞王惟易白𦰡比　1
六四六〇正　辛亥卜殻貞王勿惟易白𦰡比　1
七四一〇　庚午卜爭貞王惟易白歲　1
七四一一　庚午卜爭貞王惟易白𦰡歲　1
七四一二　庚午卜爭貞王惟易白𦰡歲　1
七四一三　…易白𦰡歲　1
英一九八　庚…卜爭貞王惟易伯𦰡…　1

三六五一〇　…丑王卜貞今囚…多伯征盂方…　5
三六五一一　丁卯王卜貞今囚巫九备余其比多田…多
伯征盂方伯炎惟衣翌日步…左自上下
于敉示余受有祐不曾戋…于兹大邑商
無苋在畎…弘吉在十月遘大丁翌　5
三六五一三　…戌王卜貞今囚巫九…比多田于多伯征盂
…𢦏囚告于兹大…　5
英一九九正　癸亥卜永貞□克以多伯二月　1

三四四四　王…令㞢伯　1
一五〇一四正　貞𠬝弗其㞢伯　1
二〇〇七八　…王令有伯　1
二〇〇七九　有伯告八月　1
二〇〇八〇　壬寅卜𢦏令婦有乍　1

二〇〇八一　…婦伯…扔…無…　1
二〇〇八二　戊子…婦伯…聞扔…囚　1
二〇〇八三　…午卜王貞惟丁巳…婦伯于大丁…　1
二〇四六三反　己…卜史人婦伯䋣　1

三四一八　壬子卜伯𢀛其啓七月　二告　1
三四一九　庚子卜土伯𢀛　1
三四二〇　丁酉卜曰伯𢀛凡乙…眉　1
三四二一　丁酉卜曰伯𢀛凡乙其眉　1
三四二二　…伯𢀛入八月　1
三四二三　…伯𢀛其…　1
三四二四　貞惟伯𢀛　1
三四二五　…匄伯𢀛…　1
四一四三　…伯𢀛其…　1
六八四五　辛卯卜白…宎　1
六八四五　…伯𢀛弗𢦏宎　1
二〇五三三　庚戌卜王貞伯𢀛允其及角　1
英一九六　丁酉…伯𢀛…人…　1

四五二　…竹𡚶羌豎…白人歸于…　1
一〇三九　己丑卜…貞燎白人　1
一〇三九　…燎白人　1

三四三九　…伯弘…　1
三四四〇　…伯弘…　1
二〇〇八六　乙亥卜𣶒貞伯弘十一月　1
二二三〇〇　乙亥卜𪼣…自白弘…十一月　1

二三四一　貞㪅以酋伯由　三月　1
三四一六正　貞㪅以酋伯由　1

二〇〇七五　己卯卜王貞鼓其取宋伯歪鼓囚載朕　1
　事宋伯歪比鼓二月　1
二〇〇七六　戊戌…伯歪…其宋…鼓…　1

三二〇一四　惟白𧱏蒸　4
三四六〇一　惟白𧱏　4
英二四三一　惟白𧱏　4

二九三　壬子卜𡧊貞惟今夕用三白羌于丁用…　1
二九六　三白羌于…　1

九四五正　貞𢦏呼取白馬以　1
九一七六正　貞𢦏不我其來白馬　1
九一七七正　甲辰卜𣪊貞奚不其來白馬五　1
九一七七正　甲辰卜𣪊貞奚來白馬…王固曰吉其來　1
一一〇四八　…白馬…　1

二〇三反　五白牛又𣪘　1
三三九三　…𢆶易伯牛…勿…　1
七三九九反　…大甲白牝　1
一一一六八　…一白牛…　1
一一一六九　…白牛…宰…　1
一四七二四　貞侑于王亥惟三白牛　1
一五四五二　…用白牛…　1
一七三九三正　庚子卜𡧊貞王夢白牛惟𡆥　1
二二五七五　丁卯…貞𣪊…有羌…白牡…　2
二二九〇四　…王…乙丑其有𠬪歲于祖乙白牡三王在11
　卜　2
二三一六五　…百牛其用于𣁋祖乙𢦏　2
二六〇二七　甲子卜旅貞翌乙丑𢀛惟白牡　2
二七一二二　…蒸𥝢牛大乙白牛惟元…　3

著錄號	釋文	分期
二九五〇四	白牛惟二有正	3
二九五〇四	白牛惟三有正　大吉	3
二九五〇四	貞白牛[?]有正　大吉	3
二九五〇五	貞白牛	3
二九五〇六	貞…白牛…	3
三六九九一	…貞…白牛	5
屯 二三一	惟白牛燎	4
三〇五五二	惟白羊用于之有大雨	3
三〇七一九	惟白羊用	3
屯二六二三	惟白羊用于之有大雨	3
屯二六七〇	丙子卜燎白羊豕父丁妣癸卯[?]…	1
九九五	…巳酘伐六宰惟白豕	1
一〇五四四	…丑卜…王其田…白豕…	1
一一二二〇	…白豕…	1
一九八四九	…惟…祝用成…歲祖乙二宰勿牛白豕…示	1
	鼎三小宰卯于祝歲	1
二一二〇一	乙巳…燎于…白豕…	1
二一五三八甲	…父甲三白豕至…	1
二一九五五	惟白豕	1
二二〇四六	戊子卜至子禦父丁白豕	1
二九五四五	乙丑卜燎白豕	3
二九五四六	惟白豕	3
三四〇八一	辛巳貞其桒生于妣庚妣丙牡羊白豕	4
三四四六三	乙丑卜燎白豕	4
屯 三四六三	…白豕王…	3
英一九一二	戊寅卜燎白豕卯牛于妣…	1
一一二二五	…毓有友…惟白彘	1
一五九四三	…卜貞…白彘…子出…	1
二〇六六二	一白彘	1
二〇六八九	…毓有友…惟白彘	1
二六〇三〇	貞惟白彘	2
一一二〇九	甲申…有子…魯白犬	1
三四〇八二	辛巳貞其桒生于妣庚妣丙牡羊白犬	4

著錄號	釋文	分期
英一八九一	戊寅卜燎白犬卯牛于妣庚	1
一九九九九	…午卜王侑…白豕	1
二二〇七三	乙酉卜禦新于父戊白豕	1
三二三三〇	甲辰貞其大禦王父丁…盟用白猳九…	4
三二三三〇	丁未貞其大禦王自上甲盟用白猳九下示	
	⿱幾皿牛在父丁宗卜	4
三四一〇三	甲辰貞其大禦王自上甲盟用白猳九下示	
	⿱幾皿十…	4
屯二七〇七	…貞…其大禦王自上甲盟用白猳九下示	
	⿱幾皿牛在大乙宗卜	4
屯二七〇七	…卯貞其大禦王自上甲盟用白猳九下示	
	⿱幾皿牛在祖乙宗卜	4
屯二七〇七	…自上甲盟用白猳九…在大甲宗卜	4
三〇五一六	侑十白豚	3
三四四六二	燎惟白豚	4
三三三六四	…白狐惟…	4
三七四九九	…王卜貞…䡇往…無災獲鹿…麑二白	
	狐一王囚…	5
屯八六	…寅卜王其射智白狐湄日無災	3
三七三九八	在九月惟王…祀彡日王田盂于[?]	
	…獲白兕	5
三七四四八	壬申王…田麥往…無災王…吉茲御…白	
	鹿…	5
三七四四九	壬申卜貞王田䡇往來無災獲白鹿一	
	狐二	5
五四三一	…亥卜王貞…王山來…伯⿰糸尹…	1
五九四九	…我王…祀…執伯⿰糸尹…乙亥山…曰⿰糸尹…	1
二〇〇八八	庚申卜王惟余令伯⿰糸尹史旅	1
二〇〇九〇	癸未卜王…伯⿰糸尹…七月	1

號	釋文	期
六九八七正	貞呼取徵白	1
六九八七正	貞勿取徵白　二告	1
二〇〇八四	壬子卜貞光伯卸無疾	1
三四〇九正	…亥卜亘貞𡆥…爵…子伯	1
三四一〇	丁亥卜…子伯癸…毓不伯	1
三四一一	…小𩢸…子伯…不白…	1
乇二六五〇	…卜…崩子白…	
二八五九六	辛巳卜王往田从白東	3
二八八四三	于白東擒	3
乇一〇九四	从白東擒	3-4
乇二七四五	…伯東擒	3-4
乇四五八五	…白東擒	3-4
七一六正	呼比丹伯	1
七一六正	勿呼比丹伯	1
三四四二	貞呼伯…	1
八九四七正	…亥卜殸貞王其呼奴𦣻伯出牛有正	1
八九四七正	貞勿呼奴𦣻伯出牛不其正	1
一三九二五正	貞呼取雇伯	1
二六九九三	甲子卜其往望惟伯令	3
二八〇九四	…令从…伯有戋　吉	3
乇三〇九一	…貞…令…取鼓告…白執三月	4
英一三〇	庚辰卜貞令𡆥囙白囙	1
其它		
六	丁酉卜穷貞令甫取另伯及及	1
一一一八	丁卯卜…貞𡧊…𦍌伯盄用于丁	1
三三九五	乙丑卜爭貞𣉻伯…	1
三四〇一	壬子卜穷貞𡧊伯…	1
三四一三	貞伯𡨦…囙	1
三四一四	伯𩰬其有祝	1
三四一五	…亥卜王伯𡨦曰…𦍌循其受有祐	1
三四三九	…伯𠦪…	1
三四四三	貞…伯…月	1
三四四五	…比…伯	1
三四四六	庚申…貞伯…無…	1
三四四八	癸亥卜…貞伯…	1
三四四九	…子…何…𡆥…白…	1
二四五〇	…𡧊伯	1
五七二九	丙辰卜…貞𡆥…馬…白	1
五九四五正	…卜貞白䧹…典執四月　不𢓊	1
六四八〇	貞王惟而白𡆥比伐…方…	1
六四八〇	貞王勿惟而白𡆥伐…	1
六八二七正	貞旨弗其…白…	1
六八二七正	貞旨弗其伐𡚸白…	1
七〇二三反	貞不…白五	1
七八五〇	不其白	1
九〇七九	…白…百以	1
一〇五七一	…白…𡆥…田弗…	1
一一三〇二	…壬白…十宰…	1
一四三三一	…東囲…西圉犬燎白…	1
一四五八一	…貞…比…取…白…	1
一四七五一正	不其白	1
一五二五八反	…白…奴…	1
一五八六六	…乙…白…	1
一六三〇四	…白受…	1
一六四七五	戊申卜白降囚	1
一六四七五	戊申卜白降囚	1
一七九〇七	貞…三百…	1
一七九〇九	…千…七…白…	1
一九三三七反	…白…	1
二〇〇一七	…卜𠂤令華…卒𢾅白𦍌…	1
二〇〇八五	甲申卜惟伯子	1
二〇〇八七	壬子卜貞…伯商無…	1
二〇〇九五正	白𣏟	1
二〇五三三	庚戌卜王貞伯允其及角	1
二一四〇三	…旦…白…	1
二一九三六	癸丑卩伯率	1
二一九七九	戊申…白	1
二二〇七三	乙酉卜𥂕新于妣辛白男豕	1
二四四一八	…旅…游…白延…	2
二六九二五	…亥卜…羌三人白…其用于…祖丁父甲…	3
二七〇四一	甲戌卜翌日乙王其尋盧伯…不雨　大吉	3
二八〇九五	…盧伯漅其延呼饗　吉	3
二九四〇七	弜𢽍白惟鼎正王擒	3

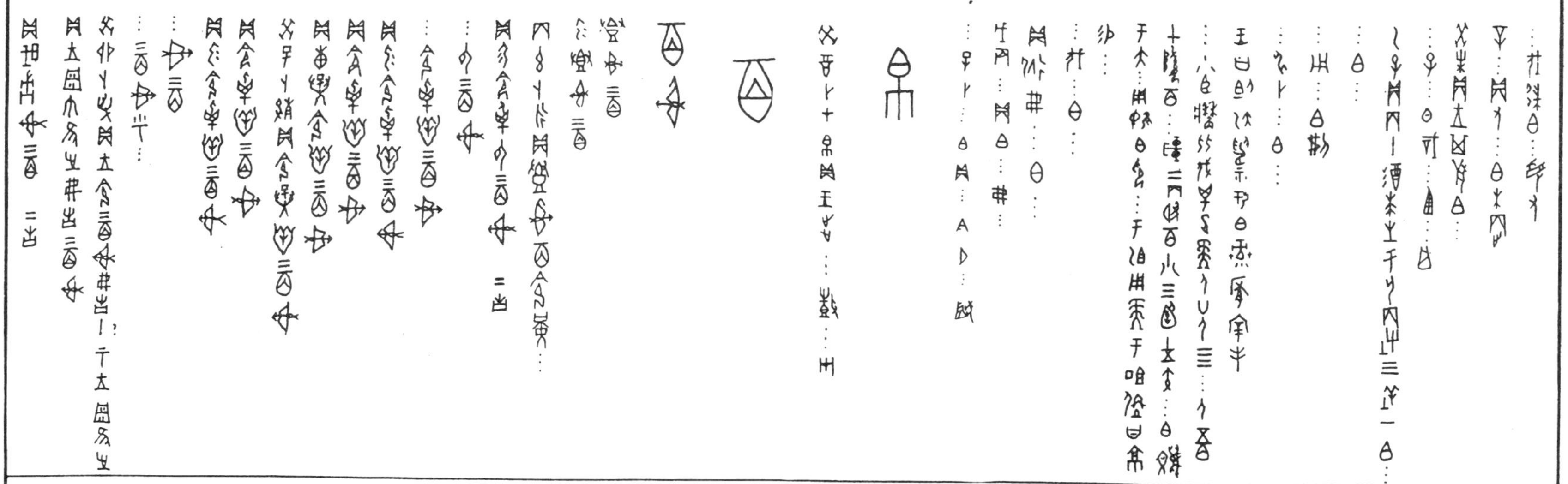

三三〇七〇　……伐歸白……受祐　4
三三三八〇　辛……貞有……白木亞　4
三三三八三　癸未貞王其狩白……　4
三三七〇四　……巳……白戠……酉……囚　4
三四〇八〇　乙巳貞丙十彫奉生于妣丙牡三羊一白……　4
三四一二六　……白……　4
三四四〇九　……用……白剿　4
三四四九四　……申卜……白……　4
三五〇一　王曰則大乙𢦏于白麓肩宰丰　5
三六四八一正　……小臣牆比伐擒危美人二十人四……人五百七十𩵦百……車二丙盾百八十三函五十矢……伯麐于大……用麐伯印……于祖乙用美于祖丁僼曰京易　5
屯二六七〇　……伐……白……　1
英三三六正　貞氾弗……白……　1
懷二九一　戊辰……貞白……弗……　1
懷一八二五　……巳卜……白貞……今夕……𤞷　5

帛

三六八四二　癸酉卜在帛貞王步……𢦏……災　5

百

六九八正　𢞁射三百　1
六九八正　勿𢞁射三百　1
五七六〇正　丙午卜永貞𢞁射百令𦰩……　1
五七六九正　貞勿令𠂤以三百射　二告　1
五七六九正　……以三百射　1
五七七〇丙　……令𠂤盖三百射　1
五七七〇戊　貞勿令𠂤盖三百射　1
五七七一甲　貞令𠂤盖三百射　1
五七七一甲　貞惟𢍈令盖三百射　1
五七七一乙　癸巳卜㱿貞令𢍈盖三百射　1
五七七二　貞令𠂤盖三百射　1
五七七二　貞勿令𠂤盖三百射　1
五七七三　……射三百　1
五七七四　……三百射呼……　1
五七七五正　癸卯卜爭貞王令三百射弗告十示王囚惟之　1
五七七五正　貞王囚不惟之弗告三百射　1
五七七六正　貞肇𠂤射三百　二告　1 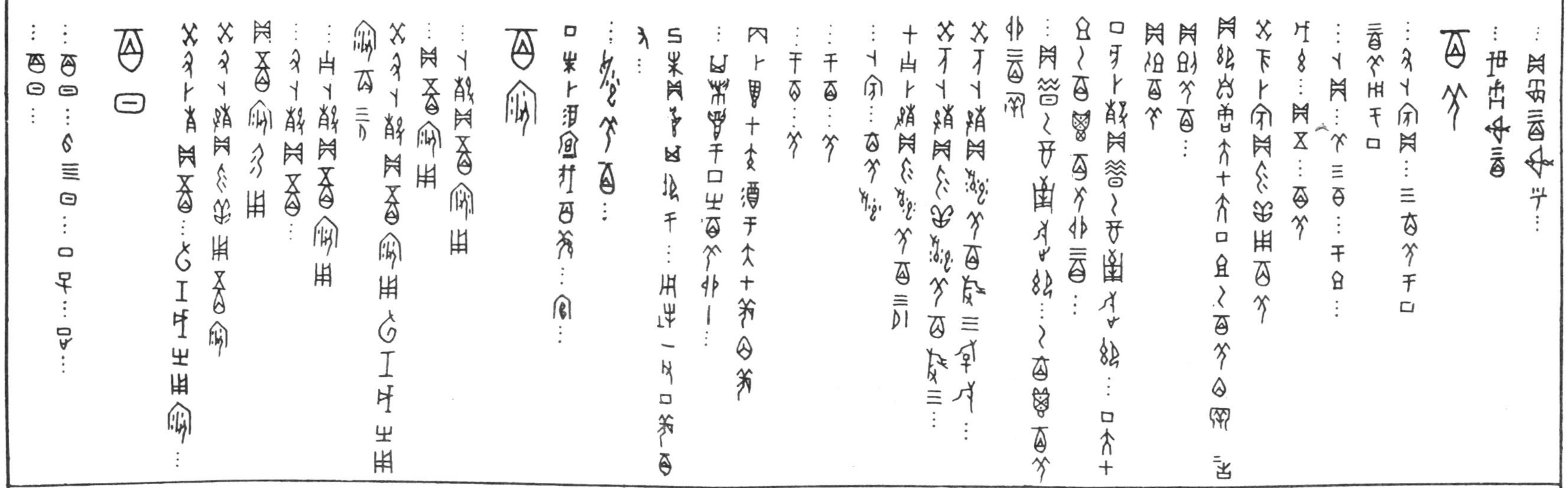
五七七七　……貞留三百射呼……　1
五七七六正　……肇𠂤射三百　1

百

二九四　……丑卜穷貞……三百羌于丁　1
二九五　三百羌用于丁　1
二九七　……卜貞……羌三百……于祖……　1
二九八　戊午……貞五……百羌　1
二九九　癸亥卜穷貞勿𦎫用百羌　1
三〇〇　貞禦自唐大甲大丁祖乙百羌百宰　二告　1
三〇七　貞則羌百……　1
三〇八　貞則百羌　1
三〇一　丁亥卜㱿貞昔乙酉葡旋禦……丁大甲祖乙百鬯百羌卯三百……　1
三〇二　……貞昔乙酉葡旋禦……乙百鬯百羌卯三百宰　1
三〇三十三〇四　癸亥卜㱿貞𢼄羌百旋三旍𣃦……　1
三〇三十三〇四　癸亥卜㱿貞勿𦎫𢼄羌百旋三……　1
三〇五　甲子卜㱿貞勿𢼄羌百十三月　1
三〇六　……卜穷……百羌𢼄　1
一八九九五　……于百……羌……　1
一八九九五　……于百……羌　1
三二〇四二　丙卜翌甲寅彫于大甲羌百羌　4
二二五四三　……其幣𠬝于丁侑百羌卯十……　2
屯一一一　己未貞𠂤其𣪕于……用牡一父丁羌百又……　4
英一二九六　……𢼄羌百……　1
英二四六六　丁未卜彫圍伐百羌……官……　4

百

五五八　……卜㱿貞五百𤉲用　1
五五八　……貞五百𤉲用　1
五五九正　癸丑卜㱿貞五百𤉲用旬壬戌又用𤉲百三月　1
五五九正　……子卜㱿貞五百𤉲用　1
五五九正　……丑卜㱿貞五百……　1
五五九正　貞五百𤉲勿用　1
五六〇　癸丑卜㱿貞勿𦎫用五百𤉲　1
五六二正　癸丑卜㱿貞五百……旬壬戌又用𤉲……　1

百

一一七二一　……百日……卣四日……丁巳……正……　1
一一七二三　……百日……　1

一四〇四七　…固曰…娩嘉…百日有八…　1
二〇八四三　…望五百四旬七日至丁亥比在六月　1
懷五九七　…百日…　1

一〇四〇　貞戠伐百人　1
一〇四一　…貞…𠂤…羌…百人…用　1
一〇四二　…其㞢…百人…　1
一〇四三　…卜…貞其…百人𢦏　1
五五一五　丙辰卜…乘延…立人三百…　1
五八二五　丙申卜貞肇馬左右中人三百六月　1
五八二六　…㝉…勿肇多人三百…　1
五八二七　…肇惟…人…百…　1
六七九七　…二百人…之日晛方夅…　1
二七〇一二　…多方…二百人王…　吉　3
三六四八一正　…小臣牆比伐擒危美人二十人四…人五百七十𩰫百…車二丙盾百八十三函五十矢…白麐于大…用𠷎伯印…于祖乙用美于祖丁僼曰京暘…　5

七六三六　丁卯卜內…征獲不其百
七六三七　…征獲不其百　1
七六四三　…征獲…百四十…　1
一〇一九七　乙未卜今日王狩光擒允獲𧇜二兕一鹿二十一豕二麑百二十七虎二兔二十三雉二十七十一月　1
一〇一九八正　戊午卜㱿貞我狩𣪊𢀛之日狩允擒獲虎一鹿四十狐百六十四麑百五十九𩢱交又友三𦤶…　1
一〇三〇七　丁卯…狩正…擒獲鹿百六十二…百十四豕…十旨一…　1
一〇三四四反　允獲麋四百五十　1
一〇四〇七正　…其…𢀛壬申允狩擒獲兕六豕十又六兔百又九十又九　1
一〇八二九　丙戌卜勿…十月獲二百六十…　1
一〇八三〇正　…獲百…十又四十二月　1
一〇九九〇　…獲麋二百…在𤆂　1
三七五一三　壬午卜貞王田棆往來無災獲隹百四十八象二　5
英二五四二　…王卜貞田棆往…災王固曰吉茲御…獲隹二百五十象一雉二　5
英二五四二　…王卜貞田…往來無災…曰吉茲御…隹百二十二…六　5

七三四六正　…冒…百…　1
九〇四一正　貞冒牛百　不告黽　1
二二七六　貞冒牛百　1

一〇三八正　…示九百羌　1
九〇一二反　…示百　㱿　1
九〇一三反　婦丙示百　㱿　1

二六七反　…入百二十　1
七六八反　雀入二百五十　1
九五三反　叀入二百五十　1
一一〇〇反　雀入二百五十　1
一五三一反　雀入二百五十　1
一八六八反　雀入二百五十　1
二二七四反　雀…百五十　1
二三一七反　…入二百　1
二三九九反　雀入二百　1
三二〇一反　雀入二百五十　1
五二九八反　雀入二百五十　1
五九九五反　雀入二百五十　1
七〇五三反　王固…來三百…　1
八三一六反　…入百…賓　1
八九九六正　貞…來王…惟來五…允至以龜霝八𧑹五百十四月　1
九二〇八反　…來百　1
九二〇九反　…來百　1
九二二七反　叀入百　1
九二三三反　雀入二百五十　1
九二三四反　雀入二百五十　1
九二三五反　雀入二百五十　1
九二三六反　雀入二百…　1
九二三七　雀入二百五十　1
九二三八　雀入二百…　1
九二三九反　…入二百…　1
九二四一　雀入百　1
九二四五　鳳入百　1
九二六一反　忌入百　1
九二六二　忌入百　1
九二六三反　忌入百　1
九二六四　忌入百　1

九二六五　忌入百
九二七〇　：入百
九二七一　：入百五十
九二七二　：入百
九二七三反　虎入百
九二八六反　：入百
九三三四　弜入二百二十五
九七七四反　雀入□五百
九七九一反　雀入二百五十
九九九一反　：入百　亘
一〇六〇一反　：入百二十
一〇九三七　雀入百五十
一一〇二反　妻入百
一一二六三反　雀入二百五十
一二三九六反　畐入百
一二四八七反　雀入二百五十
一三三三三反　雀入二百五十
一三六七五反　雀入二百五十
一四一三〇反　雀入百
一四二〇九反　雀入百五十
一四二一〇反　雀入百五十
一四二一七反　：入百
一四三六四反　雀入百：
一四三九五反　雀入百五十
一四三九六反　雀入二百五十
一四九五一反　雀入二百五十
一五〇〇八反　：入百
一七八九二　：百：
一七八九三　：入百：
懷 八五六b　：入二百：

九三反　丙午卜方貞呼取牛百以王固：吉以其至：
九三正　己丑卜殻貞𢀛以芻其五百惟六
九三正　貞𢀛以芻不其五百惟六
八八一　：以伐百
一〇三四　：王臺：以人：允以：㓝三百
二二六〇反　：以三百
八九六五　：以牛四百
八九六六　：以百牛
八九七九　：兹以二百犬：易
八九八〇　：以百犬

九〇一八　：卜永貞我以：其八百
九〇四九反　僮以百
九〇七九　：白：百以
懷 三五b　殳以三百　小𣪊

百·祭祀

一〇二　：戌卜貞𠦪獻百牛盡用自上示
二九七　貞禦：百：
三〇〇　貞禦惟牛三百
五六〇　貞勿𠦪用五百：
八三三正　：伐百于大：
八八四　：羊百伐百：
一一一五正　丙子卜亘貞王有𠂤于庚百𢀛　二告
一一一五正　貞王有𠂤于庚百𢀛勿用
一三九八　：百：咸：
一四四二　：王燎于大甲：百又五十
一六七六正　：酌下乙百：子：賜：
五二一七反　：燎三百：
五六四九　丙戌卜：巫曰禦：百：于師：六月
六六六四正　辛亥卜王貞𠕋父乙百宰十一月
七三三八　：祖：百：
八九五九　：㣇羊三百
九四一〇正　癸亥卜方貞翌丁卯酌彈牛百于：
一〇〇五二　：百：牛十二月
一〇〇五三　：牛百：
一二二九四　：百宰：
一一八四二　貞：帝：百：
一一三七〇　：百小宰
一三五三三正　癸卯卜貞彈鬯百牛百：
一五一四五　貞禦惟牛三百
一五三四五　：𠕋：百牛
一五三四七　辛未：宰惟翌：𠕋百：
一五四二七　辛亥卜：𠦪用百：宰用
一五四二八　辛亥卜𠦪用百：
一五四二九　：則用百：
一六二四一　貞令兹三百犬：
一九九一四　辛亥卜王貞：父甲禦：𠕋二百：
一九九一七　：卜侑般庚百宰
二〇〇九五反　：百宰
二二一四七　：酌禦百宰盟三宰
二二〇九九　庚戌卜朕耳鳴有禦于祖庚羊百有用五十八侑母：𢊁今日

百

著錄	釋文	分期
二二一八五	：祖庚：羊百：	1
二二二七四	兄丁延三百牢雨尘宗𠂤?	1
二五〇三六	：有皂：百盟：	2
三〇六七一	惟册羊百	3
三二〇四四	：亥貞王侑百皂百牛	4
三二一九四	：寅十人伐百：	4
三二六七四	丁巳卜有燎于父丁百犬百豕卯百牛	4
三二六七五	：貞禦于父丁其百小窜	4
三二六九八	惟犬百卯七牢	4
三二六九八	甲午卜侑于父丁犬百羊百卯十牛	4
三二八四四	：卜𠦪禦于父丁：百牛受我祐	4
三三〇三三	丙午卜百燎祓告于父丁三牛	4
三四一四九	癸酉貞帝五玉臣其三百四十窜	4
三七三九九	：卜：田：災茲御：百五十：二	5
屯五〇三	癸巳卜乇于父丁犬百羊百卯十牛	4
屯五〇三	甲午卜乇于父丁犬百羊百卯：	4
屯五〇三	惟犬百卯：牛	4
屯九一七	辛巳卜乇羊百犬百：百	4
屯一一三〇	餗百：	4
屯一二五七	：父丁：百羊：	4
屯一六一九	：亥貞：其百羊：	4
屯四四〇四	甲午貞其禦：父丁百小窜	4
屯四四〇四	甲午貞其禦雍于父丁百小窜	4
英八七三	：百窜大：	
英一二四〇	乙亥：丙册大：五百牛：伐百：	1
英一二五六	：卜爭貞燎册百羊百牛百豕瑴五十	1
英一二九七	：百伐：十月	1
懷九〇四	𢽈大甲牛三百	1
懷一五九〇	辛丑：圍三百：	4
一〇三四九	壬申卜㱿貞甫擒麋丙子陷允擒二百又九一月?	1
一〇七六一	：貞勿狩：擒二百六十九	1
一〇七六二	：庚：擒：百：	1
一〇七六三	己卯：擒：百：	1
一三三七一	丙戌卜丁亥王陷擒允擒三百又四十八	4
三七三六七	丁亥卜貞王田𦎫往來無災擒隹百三十八象二雉五	5
三七三七二	：王卜貞田梌往：王囗曰吉茲御：百四十八象二	5
屯六六三	乙酉卜在𡿨丁亥王陷允擒三百又四十八	4
屯六六三	丙戌卜在𡿨丁亥王陷允擒三百又四十又八	4
屯二六二六	：貞乙亥陷擒七百麋用皀：	4

其它

著錄	釋文	分期
五〇反	：百：	1
三四〇	丁酉卜穷貞大：大：百：	1
五六二正	貞五百：	1
七三二反	：二百五十	1
八八一	貞疢不：百	1
一〇四四正	貞刖：百	1
三八五二	丁酉卜𠰃貞伐?：百子：	1
四一七一反	：二百	1
五五四四	：卜貞：百：	1
六〇七〇正	：己：吾方征：八百	1
六四七七反	惟百：	1
七〇九一反	：百?：自：	1
八一八六反	：百在橐盧	1
九一八一正	：牛百：小告	1
九二一四	貞百牛至	1
九二一四	貞百牛女其至十月	1
九二九九反	：百二十在敦	1
一〇二五九	：鹿七：百：	1
一〇八七二反	：五百	1
一〇九七〇反	三百	1
一二三八七反	：百爭	1
一三五六三	：令甫：于：肇：百：	1
一五四九四反	：百束：	1
一六三六〇反	：百𢽈	1
一七八八九	癸：肇：百：百：	1
一七八九〇	：申卜穷：𢽈：丁百：	1
一七八九五	貞勿：百：戠：	1
一七八九六	丙辰：貞：百：于：	1
一七八九七	：其：百：	1
一七八九八	：百：自：	1
一七八九九正	：百：	1
一七九〇〇	：其：百：	1
一七九〇一反	：百：	1
一七九〇二	：𠂤：三百：	1
一七九〇三	：土三百：	1
一七九〇四	貞丁未三百	1
一七九〇五	：三百：	1
一七九〇六	：三百：	1

一七九〇八 ……九百…… 1
一七九九五反 ……九百……十…… 1
一八七三三 ……百十月 1
一八七七〇 ……百洪…… 1
二〇一二八 ……各史……百十二月 1
二〇二五〇 戊寅……显令……百…… 1
二〇二五一 ……寅……令貞比百…… 1
二〇六九九 ……五百牢 1
二二〇一八 ……妣丁……犬百…… 1
二三八八版 ……百三十二 1
二六九〇六 ……受惟衆百王弗悔 3
三三三七四正 ……擒……百又六在小箕 4
三四一三六 乙酉卜……惟三百……令 4
三四六七四 ……其……百又五𢦏 4
三五二一九 甲辰……王……百…… 4
三七三九九 ……卜……田……𡿧茲御……百五十……二 5
屯 二〇四 惟犬百……十牢 4
屯 一六一七 ……百小……
屯 二三五五 癸未卜有囚百工 4
屯 二五九二 二百
屯 四一七八 辛……三百…… 4
英 六三七反 ……百……爭 1
英 一六四二 ……五百…… 1
英 一六四三 ……九百…… 1
懷 一六六 弗……惟……百…… 1
懷 六七四 ……百…… 1
懷 一八六九 ……卜……貞王……百泉…… 5

昔

三三五八 壬……卜……內……令……昔…… 1
一八六七九 壬午卜……惟……昔…… 1

西

六三五七 貞舌方弗𢦏西土 1
六三五七 ……舌……其𢦏西土 1
七〇八二 ……宊伐西土 1
七〇八三 癸丑卜王敦西今日戈 1

八七七四 ……惟西土 1
八七七五 庚申……西土……其受…… 1
八七七七 貞呼獻羊于西土由 1
九七四一正 貞西土受年 1
九七四一正 貞西土不其受年 二告 1
九七四二正 甲午卜方貞西土受年 1
九七四二正 貞西土不其受年 二告 1
九七四三正 甲午卜显貞西土受年 1
九七四四 乙巳卜殼貞西土受年三月 1
一七三七七正 貞……惟西土 二告 1
一七三九七正 貞毄不惟西土 二告 1
二〇六二八 丙辰卜王貞余……西土侑十一月 1
三六九七五 西土受年吉 5
屯 一〇四九 己未貞王令……于西土無災 4

五五七〇 貞西方 1
一四二九四 西方曰𤰈風曰𢀛 1
一四二九五 貞帝于西方曰彝風曰丰𣎵年 1
二八一九〇 戊其啟遘于西方東饗 3
三〇三九三 ……西貞王惟西方正 4
三三〇九四 ……惟西方㞢我 4
三三二四四 西方受禾 4
屯 一一二六 西方 4
屯 二三七七 西方受年

五五三六 貞我西使無囚 1
五六三七正 貞西使旨無囚𢦏 1
五六三七正 西使旨其有囚 1
五六三七正 庚子卜爭貞西使旨無囚𢦏 1
五六三七正 庚子卜爭貞西使旨其有囚 二告 1
九五六〇 丁巳卜方貞令𫊸 暘乞食乃令西史三月 1

六一五六正 貞燎于西邑 1
七八六三 貞于西邑 1
七八六四正 西邑㞢 1
七八六五 貞侑于西邑 1

九五七二 庚辰貞𥄳癸未厈西單田受有年十三月 1
一一五〇一 ……采格雲自北西單雷……𨸏星三月 1

六〇五七正　癸巳卜殻貞旬無囚王固曰有祟其有來嬉迄至五日丁酉允有來嬉自西沚馘告曰土方征于我東鄙𢦏二邑𢀛方亦侵我西鄙田　1

六〇五九　…馘告曰土方…侵我西鄙…　1

二二二九四　己未卜西子凡彭　1

二二二九四　己未卜往西子高妣庚三宰　1

三五一六九　庚戌卜旅貞西子歲惟…王…　2

一五八一正　貞燎于西　1

二五三八　弗燎西　1

一四三一五正　貞燎東西南卯黃牛　1

一四三一五正　燎于東西有伐卯南黃牛　小告　1

一四三二九正　燎于西牛　1

一四三三〇　貞燎于西　1

英三三九　貞燎于西弗保　1

英一二五〇正　庚戌卜爭貞燎于西囚一犬一㲋燎四豕四羊㲋二卯十牛㲋一　1

七二一正　𢦔于西南帝介卯　1

七二一正　勿𢦔西南　1

一六二一四　癸丑卜𢦔于西　1

一四三九五正　勿𢦔于西北　1

一〇九七六正　勿呼雀帝于西　1

四二二四　…惟帝…昌西　1

一四二四九　…㞢帝…西宅　1

一四三一二　…帝…東西　1

一四三二五　…禘于…西　1

一四三二六　…禘…西…宰　1

一四三二七　…禘…西…　1

一四三二八正　貞勿禘于西　1

一四三二八正　己巳卜穷貞禘于西　1

二一〇八九　戊寅卜九犬帝于西二月　1

三四一五四　癸亥卜帝西　4

英八六反　…帝于西十牛　1

懷一五七四　癸亥卜帝西　4

八八〇正　貞往西多𣪘其以王…　1

八八〇正　貞往西多𣪘不其以伐　1

八八〇正　貞往西多𣪘不其以伐　1

八八〇正　辛酉卜內貞往西…𣪘其以王伐　二告　1

六七七一正　往西多𦅫…王伐　1

六九二八正　貞惟王自往西　1

七〇八一正　甲寅卜穷貞王往征西…　1

八一九〇正　癸卯貞呼呼往西至于衣　1

九四七二正　往西多𦅫其以伐　1

一四三四　…王省从西告于大甲　1

五一一三反　貞王其往出省从西告于祖丁　1

五一一四　貞王往…从西…　1

五一一六　丁酉卜古貞王往省从西大…　小告　1

六五九三　癸丑卜貞𤉲往追龍从𣐲西及　1

六五九四　癸丑卜貞𤉲往追龍从𣐲西及　1

七四四〇正　丙辰卜爭貞王往省从西若　二告　1

八二九五　允从西　1

八七六〇　貞从西…　1

一〇九〇二　田从北西　1

一一一八一　王往省从西　1

一四二〇六反　王…比西　1

二〇六五二　…卜王…比西暨南比…年北暨東不受年　1

二一〇四三　庚戌卜貞比羌西于田囚　1

二八一一六　…从西　3

三三二〇八　丙寅卜王从西戈㞢侯𠂤　4

三六四七五　辛巳王卜在敏貞今日其从師西無災　5

三六七四三　丁卯王卜在朱貞其迖从師西往來無災　5

五八四甲正　癸未卜殻貞旬無…祟其有來嬉迄至七日…允有來嬉自西𢦏戈…吉

五八四甲正　曰𢀛方征于我奠…　1

五八四甲反　…壬辰亦有來自西𡆥呼…征我奠

五八四甲反　𢦏四…　1

九七五正　貞有來自西　1

九七五正　無其來自西　1

四〇二二反　貞其有來…自西　1

五一三七　貞無其來自西　1

五八六〇 戊申…于盟…遘叀東過…自西从…于之

卒

五九五五 癸酉卜貞來自西曰既執…亦…

六〇五七正 王固曰有祟其有來嬉迄至七日己巳允有
來嬉自西𢦏友角告曰舌方出侵我示
𣎆田七十人五

六〇六二 …自西…舌方征我…𠂤亦𢦏𡿧…

六〇六三正 …允有來嬉自西𡿧告曰…𢀛夾方㚔
二邑十三月

六〇六三反 …自…友唐舌方征…𢦏𡿧示易戊
申亦有來…自西告牛家…

六一一〇正 其有來自西

六一一〇正 貞無其來自西

六五九六 貞有來羌自西

六五九七正 貞其有來羌自西

七〇九四 貞其有來嬉自西

七〇九五 …有來嬉…西

七〇九七正 …來嬉自西七月

七〇九八 王固曰…嬉茲至…嬉自西…

七〇九九正 貞無來嬉自西 二告

七一〇四 …其有來…西

七一〇五 其有來自西

七一〇六 其有來自西

七一〇七 …有來自西

七一〇八 …有來自西

七一〇九 貞有來自西

七一〇〇 …嬉自西戌…

七一〇二 …嬉…嬉自西…征我…

七一〇三正 貞有來自西 二告 小告

七一〇三正 …無其來自西 二告

七一一一 貞無其來自西

七一一二 丙申卜古貞有來自西

七一一二 貞無其來自西

七一一三 貞無其來自西

七一一四 …來自西

七一一五 …來自西

七一一五 …有來自西

七一一六 …自西

七一一七 …自西

七四二七正 …來嬉自西

七四二七正 貞無來自西 二告

七九九〇反 …自西𡿧呼告

八七五一正 貞今七月…生自西

八七六一正 …𡿧…自西告牛…

八七六七 甲…唐…方自西來

一〇二四六 有來自西

一二八七〇甲 其自西來雨

一二八七二 …來雨自西

一二八七三正 …自西不雨

一二八七五 …丑卜王…呼追…雨自北西…

二〇九六四 癸丑卜貞旬五月庚申㾓人雨自西夕既

二〇九六五 丁酉卜今日雨余曰戊雨昃允雨自西

二一〇一一 …采各雲自…延大風…自西…𠜱…女…

二一〇二一 今日方其征不征延雨自西北少

二一〇二一 癸亥卜貞旬一月昃雨自東九日辛未大采
各雲自北雷延大風自西𠜱雲率雨毋
龠日…

二四一四六 癸丑卜出貞旬有祟其自西有來嬉

二八七八九 其逐沓麋自西東北無災

二八七八九 自東西北逐沓麋無災

二九七一三 于入自日西𢼄

英六四八 …嬉自西

英九九三 …自西…

懷九四五 來自西不惟嬉

懷九四五 有來自西

中西

八七五〇 …曰…有禍…在西

八八三二 乙巳卜爭貞呼取在西 十月

一〇九一四正 癸亥卜爭貞戌友獲在西呼不…月

一五一九八 甲子卜𣪘貞在西匚盟…

二四三九四 壬申今夕在西大…

三三二〇七 …在北㳄西

于西

二四 辛亥卜爭貞収衆人立大事于西奠𢻬…月

一〇二 …來𦉍陟于西示

九三九正 于西

一四九七反 乙巳夕有鑿于西

一六七二 貞其…大事于西于下乙匄

一六七二 貞其大事于西于下乙匄

四三二四 壬戌…于西…禦…

六〇二五 辛酉卜爭貞𠤚…于鼓西惟…雨

八五九五 …羌于西

八七二三 貞…于東…于西

八七二四　貞方告于東西　1
八七二五　于西南　1
八七二六　于西南　1
八七七〇　…于王…告其…大…于西　1
八七七一　貞勿于西　1
一二四九八反　乙…夕有鑿于西　1
一三三一二　…爭貞翌乙卯其圍暘日乙卯圍允暘日
昃寤于西六月　1
一四三三五　壬申卜貞侑于東母西母若　1
一四三四四　貞侑于西母圍犬燎三羊三豕卯三牛　1
一四三四五　貞于西母酌帝　1
一四三九五正　貞𢦏于西北　1
一四七三五正　翌戊宁焚于西　1
一四九一二　…王亘于西六月　1
二二〇四三　丁未卜田于西　1
二八三一五　于白西擒　3
二八八四三　于白西擒　3
三〇二八四　于阜西畬王弗…　3
三〇六〇〇　于夫西對　大吉　3
三二八九五　癸亥貞三尹即于西　4
三三二〇九　癸亥貞王令多尹𢦏田于西受禾　4
三四〇六七　辛丑卜于西寧　4
三四三四〇　庚戌禦于西　4
三六四八二　甲午王卜貞其于西宗奏王王占曰弘吉　5
三六七九〇　…其于西對　5
三六七九一　…卜在…貞王…于師西…來無災　5
屯一〇四九　癸丑貞召…立惟捍于西　4
屯一一二一　甲子貞其涉師于西洮　4
屯三七三一　于西冒…　4
屯四五三九　于南陽西叟　3
英五七三　…畓方于西　1
英八六反　…侑于西十牛　1
懷五五〇　…于西…　1
懷九五四　…于田西以　1

其它

一〇三〇正　…會我四…以西人…𠦪…　1
一五七四正　辛丑卜貞王西七月　1
一七二〇　…九日…西…　1
三五六四　…𣪊貞…由呼…　1
五三四三　辛丑卜貞王西七月　1
五三四三　辛丑卜王勿西　1

五六五八反　作册西　1
六〇一七反　…西…　1
六七九八　…西…　1
六九二八正　惟子效令西　1
八一五七　…西其有…　1
八七五三　戊寅貞呼西　1
八七五四正　辛卯卜古貞呼西　1
八七五八　惟𣎵令西　1
八七六八反　…亥…西來…　1
八七六九　…至…西王…　1
一二八七四　…卜…匀雨…西　1
一四三三一　…東圍…西圍犬燎白…　1
一四五四八　…來…西　1
一四六八〇　…𢀛西…　1
一五一九九　貞…西匸…翌酌…　1
一五三七五　貞…陟…西…　1
一六三三三　…宁…𠀠若
一九二七〇　…戊…西衍　1
一九二七二　…西衍　1
一九七六九　…風…化惟…北西…大雍己…　1
二一〇〇二　丁亥卜用　1
二一〇二五　…九日辛亥旦大雨自東少…虹西…　1
二一九七八　丙午卜東…西…月　1
二二二九四　酌西　1
二三三四〇　庚辰卜大貞來丁亥其𣪊丁于大室𠂤丁西既　2
二五一九二　…申卜…貞西…歲其牡　2
二七二〇二　貞于乙日𢀛西王受祐　3
二七五五五　己巳卜其𠭯宜西户祝于妣辛　吉　3
二七七七四　…卜口…王其往…惟西…　3
二八一九〇　…東方西饗　3
二八三五六　其西逐有麋…災擒　3
二八七九一　其西逐擒　3
二九〇三一　惟東西麋从　3
二九二四二　惟有西藝無災擒　3
三〇二九四　己巳卜其𠭯廳西户祝于…　3
三〇三二二　于既…𣪊…西𣪊…大吉　3
三〇三七二　…丁西室　3
三二九〇六　乙巳卜惟西惟妣　4
三三七〇四　…巳…白𢦏…西…囚　4
三四〇九七　…𢦏…西…延　4
三六一八一　甲戌王卜貞…𢀛孟方…典西田…妥余
一人…田畓正…自上下于𣪊…　5

三六三八七　惟西暨南不悔　5
三六五三三　乙丑王…伐西戎…余其比…示余受…　5
乇六四一　…卜翌日壬王其田䊤呼西有麋興王　3
于之擒　大吉　3
乇七二二　今日壬王其田淵西其藝無災　吉　3
乇四四一四　丙寅卜西酌不　4
乇四四一四　西不酌不　4
英七五三　…邑…西…　1
英九九四　…西…　1
英一七八一　乙卯卜王貞勿惟西取晒呼西出目　1
懷一二一九　…來西…　2
懷一五九五　…西…王寢　4

甶　西

三九六六　…卜爭…甶祉…　1
七〇二三反　女甶五…　1
二三二四六　甶㱃三宰周妣庚　1
二三二九四　乙卯卜甶午用　1
二三二九四　甶先午用　1
二四五五四　…甶追…　2
二八〇九二　…用危方甶于妣庚王賓　3
二八〇九三　羌方甶其用王受有祐　3
三二一六一　己未卜其剛羊十于西南　4
乇二五三八　其用茲…祖丁柵羌甶其暨　3
乇二五三八　其用甶在妣辛必至母戊　3

西

二六七三一　乙巳卜旅貞今夕王西言　2
二六七三三　…卜旅…夕西…王　2
二六七三八　…卜旅…夕西言王　2
二六七四二　…申卜吳…貞今夕王西言　2
二六七四三　丙午卜吳貞今夕王西言　2
二六七四四　甲午卜吳貞今夕西言王　2
二六七四五　…卜吳…夕西…王　2
二六七四七　戊戌卜出貞今夕西言王　2
二六七四八　…卜出…夕西言王　2
二六七四九　…卜出…夕西…　2
二六七五〇　庚寅卜黃貞今日西㞢…　2
二六七五一　戊辰…貞今…西言　2
二六七五二　壬申卜貞今夕西言王□　2
二六七五三　辛巳…貞今…西言…　2

三六七五六　壬寅卜…貞今夕…西言　2
三六七五七　壬寅…貞今…西言　2
三六七五八　乙巳…貞今…王西…　2
三六七五九　丁未卜…貞今夕…西言　2
三六七六〇　戊申卜貞今夕西言　2
三六七六一　戊申…貞今…西言　2
三六七六二　戊…中…西…　2
三六八五〇　…其…西…　2
英一七八一　乙卯卜王貞勿惟西取晒呼西出目　1
英二三五三　辛酉…貞今…西言　2
英二三五四　戊戌…貞今…西…　2
懷一一三〇　己未…貞今…西言…　2

栖

一九七五六　丙寅卜有涉三羌其𠂤至師印　1
一九七五七　…寅卜…羌其𠂤涉…印…不𠂤　1

一四四一　己未卜…貞燎酌□㞢大甲　1
二七五三　…未…貞…□若…耕…丬…　1
五五九六　□小臣其有邑　1
七〇二二　壬戌…令□…取□二月　1
七〇二三正　己酉卜㱿貞肇□二告　1
一八五五一　…□出…勿…小七月　1
一九四九七　…以□　1
二〇一七七　戊戌卜…貞曰□…其比…□…　1
二一一七一　乙…禦…王□…　1
二一四二八　…□冊…　1
二一六〇六　…卜我□　1
二二二九四　惟午□以　1
三〇七〇四　…□…舌…　3
三一九九六正　其从□爯衆　4
三六七五六　癸未王卜在□師貞旬無畎王占曰吉在十月…王这□雨　5

迺

二七九五三　于乙…迺田湄…無災　3
二八三三七正　…辛迺田…遘有鹿　3

號	釋文	期
二八五六六	于旦王迺田無災	3
二八六〇五	王惟乙往于田丙迺臥無災	3
二八六〇六	于戊王迺田無災	3
二八六〇七	于壬王迺田湄日無災 吉	3
二八六〇八	于壬王迺田湄日無災不雨	3
二八六〇九	于壬王迺田無災	3
二八六一〇	于壬王迺田無災 吉	3
二八六一一	于翌日壬王迺田無災	3
二八六一二	于壬迺田無災	3
二八六一三	辛未卜貞于乙王迺田湄日無災	3
二八六一四	王于壬迺田湄日無災	3
二八六一五	王于壬迺田湄日不雨	3
二八六一六	：迺田湄日不雨	3
二八六一七	壬王迺田不雨	3
二八六一八	于壬王迺田不雨	3
二八六一九	于壬王迺田弗：	3
二八六二〇	：狄：辛王迺田：眘	3
二八六二一	于壬：迺田：	3
二八六二二	：迺田：無災	3
二八六三五	于壬王迺省田	3
二八七七二	于壬王迺田無災	3
二八九九四	于壬王迺田	3
二九〇三三	：迺田鷄：弘吉	3
二九一九一	于：迺田無：	3
二九三〇一	于來辛：王迺田虞無災 吉	3
二九三〇二	于壬辰王迺田虞無災	3
二九三〇三	：王迺田虞：無災	3
屯二七一	于壬王迺田無災	3
屯二七三九	于壬迺田税無災	3
屯三一八三	于壬王迺田羌無災 吉	3
懷一三二〇	貞于：迺田：無：大：	3
懷一四三二	于壬王迺田湄日無災泳	3

于迺

號	釋文	期
三七五〇	：于：迺：	1
一五五八三	庚戌卜：燎于迺：月	1
二八〇五八	戍循往于來取迺鬲𢓊衛有戦	3
二八一三九	于：迺：	3
二八八三一	丁酉卜狄貞王田于迺立擒 吉	3
三二九四六	于帝迺	4
三三一五九	王往于迺	4

迺彡

號	釋文	期
五四一七	：酌：迺：入	1
一四四七〇正	貞方帝迺酌岳	1
一九九二一	庚辰卜王祝父辛羊豕迺酌父：	1
二七一〇六	其侑大丁大甲先酌迺：	3
二七二〇九	：祖乙桒：祭迺酌王受祐	3
二七四一六	于父己父庚既祭迺酌	3
三四五六五	己卯卜奏酌迺皷	4
三八二八九	其即𧥝于：彡日丁迺酌有：王受有祐 王囚曰吉	5
屯一〇六二	迺酌于夒	4

攺迺

號	釋文	期
五七七五正	貞至于庚寅攺迺既若	1
二七一六四	乙亥卜王先攺卜丙歲迺中 茲用	3
二七三三二	：迺攺小丁有正	3
二七六二七	于山日迺攺兄辛歲	3

其它

號	釋文	期
五一八一	：王入衣迺臥：	1
五八六〇	戊申：千翌：𡜲戋東迺：自西从：于之 李	1
五九九五正	貞：舌于𣥓迺復循 二告	1
六五三六	：卜殸貞王次于曾迺呼𠂤𢦔中：	1
六九八九	：往：迺：	1
七〇五五	戊申：千迺：捍李一月	1
一〇一三二反	丙寅卜古貞凡多𠂤	1
一〇一三二反	：凡：𠂤	1
一四〇〇一正	壬寅卜殸貞婦好娩不其嘉王固曰凡 不嘉其嘉不吉于𠂤凡茲迺𢦔	1
一五五〇〇	：貞王：祀：迺出	1
一五八〇七	：未：迺雨：尊俎：磬	1
一六三三七	：戠于：入自：迺：遘：	1
一七二六三	乙巳：貞：贏迺：父：	1
一八一二四	：貞翌庚午：未迺侑于：	1
一八一二六	：𠂤：	1
一八五五三	：迺：會用：	1
一九四四九	：九日迺至	1
一九六六七	癸巳：迺呼：	1
一九六六八	：迺呼：	1

一九八三五　癸未卜……𢦏……仲丁……迺步……[illegible]七……在攸　1

一九八九〇　辛酉卜王祝于妣己迺取祖丁　1

二〇四三九　……迺征方　1

二〇七〇〇　乙丑卜先……呼盧犬𠭰至二牢　1

二〇八八二　……迺……止……　1

二〇九九五　……咨明陰迺步　1

二一一八九　……酉卜𠂤……凤……迺……宋……　1

二一八八五　癸卯……迺燎　1

二二三三一　……卯貞火盧……于妣己迺册……　1

二二九一八　……迺于……祖乙　2

二四九〇四　辛卯……貞無……于翌壬迺雨　2

二四八六九　……自藝……小迺雨……多雨　2

二六〇六三　……既迺……妣王盤……其……　2

二六八九七　癸巳旦迺伐戈不雉人　3

二七〇〇五　……升……歲迺𢦔……大丁卜伐王受有祐　3

二七〇九二　于翌日律迺𢍉侑大乙王受祐　3

二七〇九四　……迺……侑大乙　3

二七一六五　王入迺各于祭　3

二七三三三　于既……迺延……史又……　大吉　3

二七四〇四　父己迺　3

二七五八五　庚午卜貞于母戊歲迺……　3

二七五九〇　先𦏧迺……　3

二七六四一　于劦日市……迺有彡王受……　3

二七七五六　……來迺令……往于……　3

二七七七〇　……于之迺遘　3

二七七九一　于庚申迺歸無災　3

二七八九三　以多田伐有封迺……　3

二七九四一　……迺呼歸衛射亞　3

二七九四二　于乙迺射?　3

二八〇〇〇　……于方既食戊迺伐戈　3

二八〇三九　戊……𠈌有……迺……用……　3

二八〇六九　……伐丁迺从……　3

二八〇七四　……即征……迺……戈　3

二八一六七　……迺𣲵在涂　3

二八三三三　王先狩迺饗擒有鹿無災　3

二八四〇六　王迺射麑兕無災　3

二八六一七　……迺……　3

二八六九〇　……迺……日……災　3

二八七三〇　……其田……丁宊……迺……　3

二八七九九　王其藝𣲵迺麓王于東立虎出擒　大吉　3

二八九七五　……孟田先省迺从宮入湄日無災　3

二九一一七　先于孟歸迺从向　吉　3

二九三七一　……先……辛王迺比湄日……　3

二九七八〇　于旦王迺悔不雨　3

三〇一五四　壬王迺𤓽湄日不雨　3

三〇一五六　……卯迺延不雨于壬不雨　3

三四二五六　庚寅卜告……紉尹卯册于河迺……　4

三七八五七　……曰吉……不𠭰戈……迺丁……十祀　5

屯六五八　……即迺燎　吉　茲用　3

屯二〇二七　壬迺無災　3

屯二五九九　于來自宊迺逐辰鹿無災　3

屯三七三四　乙亥卜……𩛥迺侑祖……　4

屯四四一一　……其……迺奏有……　4

英三六〇　……多迺……　1

英七二六反　……迺……　1

英八三四　貞勿呼延復有行从迺　1

英一三〇〇　貞其于十歲迺有正　1

英一三〇〇　貞其于十歲迺有正　1

英一七五四　……迺……　1

英一七八一　乙卯卜王貞令迺取晦一月　1

懷五二一　甲子……爭……迺……　1

懷一四三〇　壬王其田……于既賓……延迺……不……　3

懷一四三三　于翌日壬王迺無災　3

懷一五五九　壬寅弜𢀛于來戊迺𢀛　4

三六六一二　癸……卜在𠂤貞……𡆥　5

三六七八九　癸酉王卜在淄貞旬無𡆥王占曰……　5

三六八〇九　貞酉王卜在淄貞旬無𡆥……　5

三六八七五　癸未卜……𩵦貞……無𡆥　5

三六九三五　癸未卜在𩵦貞王旬無𡆥在……　5

一〇二七正　戊午卜㱿貞我其呼𩰫𠀠戈　1

一〇二七正　戊午卜㱿我𩰫𠀠戈　1

六八二九 …伐𠂤 (1)

六八三○ 壬子卜殻貞…弗其𢦏𠂤 (1)
壬子卜殻…𢦏𠂤王固曰吉𢦏旬又三日 (1)
甲子允𢦏十二月 (1)

六八三一 …𠂤 (1)

六八三二 癸丑卜内我弗其𢦏𠂤 (1)

六八三三 …𠂤…于𢦏 (1)

六八三四正 癸丑卜爭貞自今至于丁巳我弗其𢦏𠂤 (1)
壬子卜爭貞自今日我𢦏𠂤 (1)

六八三四正 貞自五日我弗其𢦏𠂤 (1)

六八三四正 癸丑卜爭貞自今至于丁巳我𢦏𠂤王固 (1)
曰丁巳我毋其𢦏于來甲子𢦏旬又一日 (1)
癸亥車弗𢦏之夕亞甲子允𢦏 (1)

二○五三○ 辛卯卜王敦𠂤受祐 (1)

獣

三三○七四 己丑卜貞曹以征或伐獣受祐 (4)

三三○七五 庚申卜不𢓊獣 (4)

三三○七五 其𢓊獣 (4)

三三○七六 …卜…射獣 (4)

三三○七六 戊辰卜弗𢓊獣 (4)

三三○七七 癸亥卜今夕敦獣𢦏 (4)

三三○七八 癸酉卜…敦獣甲戌𢦏 (4)

三三○七九 …䍃獣 (4)

三三○七九 …䍃獣 (4)

柚

三三○八二 辛酉卜王翌壬戌𢦏柚十二月 (4)

三三○八三 癸丑卜王…敦柚𢦏十二月 (4)

三三○八四 …王𢦏𣕺十月 (4)

甹

一八八四二 …于乙卯…甹… (1)

一八八四一 乙亥卜甹… (1)

二三○四五 乙亥卜…日[?]雨 (1)

一八六五四正 己酉卜穷貞有疾[?]出 (1)

一五一五○ 禦[?] (1)

二○○九四 其[?][?] (1)

上

(二)

(二) 呆 参呆 196頁

(二) 田 参 1361頁

(二) [?] 参[?] 1244頁

(二)(三)·二 参(三) 397頁

(二) 呆

一○一六 …卜爭…上帝…降…𦰩 (1)

二四九七九 …祝…上帝…出… (2)

三○三八八 惟五鼓…上帝若王…有祐 (3)

其它

一○二 …戊卜貞𢀛獻百牛盤用自上示 (1)

三三三七 …爭…上絲…侯…若 (1)

六八○一 …卜貞…上絲方五月 (1)

六八一九 …酉…令…上紳…侯二…[?]周 (1)

一四二五九 …上…受…祐 (1)

一九六九七 …其上… (1)

二二一六○ …上乙三… (1)

二三五六○ 戊子卜矣貞王曰余其曰多尹其令二侯上
絲暨[?]侯其…周 (2)

二七八一五 王立于上 (3)

三二六一五 奉其上 (4)

三二六一六 奉其上 (4)

三二六一六 奉其上自祖乙 (4)

(一)　下

二〇〇二四　戊午卜王上祟子辟我　1
三五三一〇　示其从上涉　4
屯五〇五　丁卯貞于上　4
屯三〇〇四　惟新柬屯用上田有正　吉　3
屯七一五　惟上田𥁕延受年　3
懷一四六四　惟𠂤比上行左旟王受祐　3

(一)𠂤　參1264頁

(一)~　參1404頁

(二)·(三)·二　參(三)397頁

(二)丅

一一六六甲　貞下示…受余三…㞢…酉來…由　1
三三三三〇　丁未貞其大禦王自上甲盟用白豭九下示𥃝牛在父丁宗卜　4
三四一〇三　甲辰貞其大禦王自上甲盟用白豭九下示𥃝十…　4
三四一〇三　癸卯貞其…豭九下示𥃝…　4
屯二七〇七　…卯貞其大禦王自上甲盟用白豭九下示𥃝牛在祖乙宗卜　4
屯二七〇七　…貞…其大禦王自上甲盟用白豭九下示𥃝牛在大乙宗卜　4
屯一一一五　庚子貞伐卯于大示五牢下示三牢　4
屯一一一五　己亥貞卯于大其十牢下示五牢小示三牢　4

其它

六四七七反　勿比奚伐下…
七五五二　…王比…下…　1
一五二六三反　貞來…𥃝…下…　1
二七四九四　…巳卜三台父下歲惟羊　3
二七九七三　其禦羌方其下盟人羌方…　大吉　3
二八三三一　在下𢀛南田受禾　3
三二六一五　求其下自小乙　4
三二六一六　求其下　4
三二六一六　求其下　4
三二六一六　求其下自小乙　4
屯一七三　其豊在下丫北鄉　兹用　3
屯二九四　甲子卜其豊…下丫北饗　3

(二)二　二　下上　上下

八〇八正　丙寅卜亘貞王𢦏多屯若于下上　1
八〇九正　貞王𢦏…屯不若佐于下上　1
八〇九正　貞王𢦏多屯不佐若于下上　1
三九五八　…下上若受…　1
六一六〇　…𣲡𢦔爯冊𠕋𢀛方…王比下上若受我…　1
六一六一　…𣲡𢦔爯冊𠕋𢀛…其𢾅𠂤王比下上若受…　1
六〇九八　己卯卜殻貞𢀛方出王自正下上若受我…　1
六二〇四正　辛未卜殻貞王勿逆伐𢀛方下上弗若不我其受祐　六月　1
六二〇一　癸酉卜爭貞王勿逆伐𢀛方下上弗若不我其受…　1
六二〇二　癸酉卜爭貞王勿逆伐𢀛方下上弗若不我…　1
六二〇三　辛未卜殻貞王勿逆伐𢀛方下上弗…　1
六二二〇　貞勿惟王往伐𢀛方下上弗若不我其受祐　1
六二二一　…勿惟王往伐𢀛方下上弗若不我其受…　1
六二二二正　…殻貞王…𢀛方下上若…　1
六三一五　…丑卜殻貞勿惟王征𢀛方下上弗若不我其受…　1
六三一五　…惟王征…方下上弗若…我其…祐　1
六三一六　癸丑卜殻貞勿惟王征𢀛方下上弗若不我其…　1
六三一六　癸丑卜殻貞勿惟王征𢀛方下上弗若不我其受祐　1
六三一七　癸丑卜殻貞勿惟王征𢀛方下上弗若不我其受祐　1
六三一七　貞勿惟王征𢀛方下上弗若不我其受祐　1
六三一九　庚申卜殻貞王勿征𢀛方下上弗若不…　1
六三二〇　庚申卜殻貞王勿征𢀛方下上弗若不我其受祐　二告　1
六三二一　庚申卜殻貞王勿征𢀛方下上弗若不我其受祐　二告　1
六三三三　己酉卜貞王征𢀛方下上若受我祐　一月　1
六三三三　貞勿征𢀛方下上弗若不我其受祐　1
六四一八　辛巳卜殻貞今𢀛王惟𢦔比伐土方下上若受…　1
六四二八　…𢀛王…伐土…下上若…我…　1
六四五七反　王固…上下…　1
六五〇五正　…作比望乘伐下危下上弗若不我其受祐　1
六五〇六　貞今𢀛王勿作比望乘伐下危下上弗若　1

亍

六八〇四　不我其受祐　二告　1
七二三九正　貞：方出勿自見下上…　1
七二三九正　己卯卜殻貞有奏循下上若　1
七四二八　己卯卜：貞有奏循下上弗若　二告　1
七五〇二　：稱冊王比下上若受我祐　1
　　　　　己巳卜殻貞勿：好呼比沚戓：下上若受
　　　　　我：　1
七五三二　貞王惟望：下上若受我：　1
八四九八　：危下上若　1
一一〇一八反　王固曰勿出下上贏有祟　1
一四二二二甲正　貞不惟下上肇王疾　二告　1
一四二六一　：沚戓：下上若　1
一四二六二　：午卜殻貞：比下上若　1
一四二六三　：下上若　1
一四二六四　貞：丁：下上若　1
一四二六五　：下上弗：　1
一四二六六正　：下上弗若不我其受祐　1
一四二六七　：下上：　1
一四二六八　：下上：在：月　1
一四二六九　貞下上叡示弗其若十三月　二告　1
二四九八〇　：王卜曰茲下：若茲惟王帝：見　2
二七一〇七　癸亥卜彭貞其酌彡王下上無左　3
三六五〇七　：貞今囚巫九备惟余酌：奉：戔人方
　　　　　上下于馭示受余祐：于大邑商無巷在
　　　　　猷　5
三六一八一　甲戌王卜貞：卜盂方：典西田：安余
　　　　　一人：田甾正：自上下于馭：　5
三六三四四　丁丑王卜貞今囚巫九备：典春兔遽　5
　　　　　彈：尤暨二𡠤余其比：戔無左自上下：受
　　　　　有祐不𠂤戋無：商無巷在：　5
三六五一一　丁卯王卜貞今囚巫九备余其比多田：多
　　　　　伯征盂方伯炎惟衣翌日步：左自上下
　　　　　于馭示余受有祐不𠂤戋：于茲大邑商
　　　　　無巷在猷：弘吉在十月遘大丁翌　5
三六七四七　：月在𤕦彝自上下叡余：𡧊無尤　5
三六九六六　乙亥王卜：暨蔽方敦：安余一人：
　　　　　自上下于馭：告于：　5
英五五三正　：吾方下上若受我祐五月　1
英五五三正　：吾方下上若受我祐　1
英五八八正　下上弗：　1
懷一八七一　：田：征盂：上下于馭：余又：戋田：
　　　　　邑商：　5

示

参(二) 396頁
参(二) 397頁
参 1372 1373頁

二四二　甲申卜穷貞王習大示　1
五六七一　丁巳卜：貞犬：曽用自大示　1
八一六反　王在茲大示佐　1
一〇一一一　丁酉卜古貞大示五牛九月　1
一〇一一一　：貞大示牛九月　1
一〇一一一　：古貞大示三宰九月　1
二四九九正　癸卯卜爭貞下乙其有鼎王固曰有鼎惟大
　　　　　示王亥亦：𡆥　1
一三六九七甲正　：疾不惟大示　1
一三六九七乙正　不惟大示　1
一三六九七乙正　惟大示　1
一三六九七乙正　貞王疾惟大示　1
一四八三一　貞惟子漁蒸于大示　1
一四八三二正　丁巳卜穷貞盧侑大示　1
一四八三三正　貞不惟大示巷王　1
一四八三四　甲午卜穷貞大示三宰二月　1
一四八三五　大示卯一牛　1
一四八三六　甲戌卜：王固曰大示：　1
一四八三七　貞酌大示于丁　1
一四八三八　：大示：羊延：牛　1
一四八三九　：大示六月　1
一四八四〇　：大示：　1
一四八四一　：大示：　1
一四八四二　：大示：　1
一四八四三　：伐：大示　1
一四八四四　：卜貞：大示：　1
一四八四五　：光：四大示　1
一四八四六　貞勿侑于四大示　1
一四八四七　貞禦王自上甲習大示十二月　1
一四八四八　貞禦王自上甲習大示　1
一四八四九　癸亥：貞蒸：大示：牛：惟：　1
一四八五〇　：大示：　1
一四八五一　庚子卜爭貞其祀于河以大示至于多毓　1
一四八九八　大示三宰：示二宰小：宰　1

二二四二〇　…犬…矢…羌大示…　1
二五〇二六　貞…有大示五…九月　2
二五〇二七　…卜旅…大示…牛　2
三〇三七九　…用習大示…來　3
三〇七六四　…習大示有正　3
三二〇九〇　丁丑貞有𠂤伐自上甲大示五羌三牢　4
三二一六〇　…大示　4
三二二一五　于大示盬有伐　4
三二二七三　己巳卜于大示亞𢀛𡆥告　4
三二八〇七　庚申貞王其告于大示　4
三二八四七　庚辰貞𢀛以大示　4
三二八四九　弜爯大示　4
三三〇五三　于大示告方　4
三三三二〇　庚午貞于大示𢍰禾雨　4
三四〇九〇　乙未卜𢍰于大示　4
三四〇九一　辛未卜𢍰于大示　4
三四〇九二　…酉…𢍰于大示　4
三四〇九二　壬申卜𢍰于大示　4
三四〇九三　…亥其𢍰于大示受…　4
三四〇九四　習大示　4
三四〇九五　習大示　4
三四〇九六　…戌…大示…勿牛　4
三四〇九七　己巳貞大示三十　4
三四〇九八　弜…大示　4
三四〇九九　于大示𠂤　4
三四一〇〇　…卯貞王大禦…大示𢦏…三十牛惟茲　4
五用　4
三四一〇二　庚辰貞𢀛以大示　4
三四四〇一　于大示用　4
屯二　…其𠂤自上甲盬大示其…　4
屯九　丁未貞𢀛以牛其用自上甲盬大示　4
屯九　己酉貞𢀛以牛其用自上甲盬大示惟牛　4
屯六三　壬辰于大示告方　4
屯二四三　甲申卜于大示告方來　4
屯五九九　癸酉𢍰于大示　4
屯六〇一　壬申卜𢍰于大示　4
屯六〇一　辛未卜𢍰于大示　4
屯六三六　…貞𢀛以牛…用自上甲五牢盬大示五牢　4
屯八二四　甲戌卜𢀛以牛于大示用　4
屯九三五　辛未卜𢦏二大示　4
屯一〇一五　甲辰…伐于七大示　不…　4

屯一一〇四　庚午貞今來…禦自上甲至于大示惟父丁　4
五用　4
屯一一一三　…伐自上甲大示…五十羌小示二十…　4
屯一一三八　甲午貞大禦自上甲六大示燎六小牢卯九牛　4
屯二〇一四　…上甲六大示…　4
屯二三九五　庚戌貞其先于六大示告𣎴　4
屯二三五九　丁亥卜其𢍰年于大示即日此有雨　吉　3
屯二三六一　甲午貞大禦六大示燎六小牢卯三十牛　4
屯二四一四　習大示𢍰贏　4
屯二七八五　壬申貞大示惟作我𡆥　4
屯三七四八　弜以大示　4
屯四三三三　習大示𢍰贏　4
英一二三九　惟大示　1
懷三一　貞其有𠂤伐自上甲…羌大示十牢…五牢　1
懷九五六　貞告于大示　1
五五七　癸丑卜貞小示有羌　1
一四八三五　小示卯惟羊　1
二一九九六反　…小示…　4
三三二九六　丁未貞𢍰禾自上甲六示牛小示盬羊　4
三三三一三　乙卯卜貞𢍰禾自上甲六示牛小示盬羊　4
三四一〇四　…未貞有𠂤歲自上甲…示三牢小示二牢　4
又…　4
三四一一五　甲申卜貞酚𢍰自上甲十示又二牛小示盬　4
羊　茲用　4
三四一一六　甲申卜貞酚𢍰自上甲十示又二牛小示盬　4
羊　4
三四一一七　乙未貞其𢍰自上甲十示又三牛小示羊　4
三三五四三　其盬以小示　4
屯九四　…小示…　4
屯一一一三　…伐自上甲大示…五十羌小示二十…　4
屯一一一六　庚寅卜貞辛卯有歲自大乙十示又…牛　4
小示盬羊　4
屯五四八七　…小示　4
屯五八二三　…至小示其利延…　4
屯三八二二　…小示𢍰惟羊　4
屯四三三三　𢍰小示𢍰贏　4
懷一五五五　…三牢小示…　4

丅

著錄號	釋文	期
一四八二三	貞勿肇…元示豐…	1
一四八二四	辛巳卜…元示…十一月	1
一四八二五	辛巳…元示三…	1
一四八二六	…元示三…	1
一四八二七	乙卯貞桒元示五月	1
一四八三〇	…于六元示五…	1
一四三五四	貞元示五牛它示三牛	1
三四〇八八	己未貞惟元示有升歲	4

二丅

著錄號	釋文	期
一一五九	…貞侑自上甲…牛二示二牛十三月	1
一四八二二	貞元示三牛二示三牛	1
一四八六三	…貞示…示…二示	1
一四八六四	翌…酌…二示	1
一四八六五	…貞二示	1
一四八六六	…惟酌于二示	1
一四八六七	…亥卜貞二示禦大乙大甲祖乙五宰	1
二〇二六〇	…牛二示羊六示…	1
二一二八五正	己卯貞禦兄于二示	1
二二〇九八	丁亥卜有歲于二示父丙父戊	1
二四四一二	…祝貞二示祟王遣並十月	2
二五〇二五	辛巳卜大貞侑自上甲元示三牛二示二牛十三月	2
二七〇八三	三匚二示卯王祭于之若有正	3
三二三九二	丙申卜侑三匚二示	4
三二三四九	辛亥卜乇上甲牛三匚羊二示牛	4
三二三四九	辛亥貞乇自上甲三匚羊二示牛	4
三四〇九八	核…二示…歲	4
三四一〇五	…未卜蒸于二示	4
三四一〇六	辛亥貞有升于二示	4
三四一〇七	癸未卜蒸來于二示	4
三四一二〇	癸卯卜貞酌桒乙巳自上甲二十示一牛二示羊土燎四戈彘牢四戈豕	4
三四一二一	壬寅卜桒其伐歸惟北𢀛用二十示一牛二示羊以四戈彘	4
三四一二二	壬寅卜桒其伐歸惟北𢀛用二十示一牛二示羊以四戈彘	4
屯二三六五	三匚二示暨上甲酌王受祐　吉	3
英一九四八	癸巳卜祝貞二示祟王遣並　二告	2
英二四七四	…自二…二示…有伐…	4
懷五六〇	…惟二示…兕二…三…十月	1

三丅

著錄號	釋文	期
二一〇八二	庚戌…三示桒雨	1
二一二八二	…卜王貞于三示…十月	1
二一二八三	…卜𠂤…三示祖…祖…	1
二一二九七	…侑三示不惟囚	1
三二一〇〇	…𢆶三示三羌	4
三〇三八〇	…宗三示…茲卜	3
三〇三八一	癸酉卜其束三示	3

亖丅

著錄號	釋文	期
二〇六二反	乙酉卜桒于四示	1
二〇六二正	丙戌卜桒于四示	1
三四一〇八	庚午卜…四示牛…五示羊…	4
屯二七五	甲寅卜其桒于四示	4

五丅

著錄號	釋文	期
二四八正	翌乙酉有伐于五示上甲成大丁大甲祖乙	1
一四八七〇	…貞…于五示	1
二二九一一	乙丑卜大貞于五示告丁祖乙祖丁羌甲祖辛	2
三〇三八三	…五示…盤…	3
三二〇六三	丁酉卜五示十羌又五	4
三三三一八	甲申卜侑伊尹五示	4
三四一〇八	庚午卜…四示牛…五示羊…	4
三四一〇九	己丑卜其…五示牛	4
三四一一〇	…叙…于五示	4
三四一一九	…六示三五示二十示又…	4
屯二五〇	己卯卜于五示禦王	4
屯三八二六	…五示五…	4
屯二五三四	壬…于五示…	4
屯二五六四	己丑貞…王尋告土方于五示在衣十月卜	4
屯三一七八	…五示	4
屯三九四七	…亥卜…伐五示…二宰…羌雨	4

六丅

著錄號	釋文	期
一四八七一	…酌六示	1
三二〇三一	壬辰卜桒自上甲六示	4
三二〇九九	庚寅貞酌𠬝伐自上甲六示三羌三牛六示二羌二牛小示一羌一牛	4
三三二九六	丁未貞桒禾自上甲六示牛小示盤羊	4
三三三一三	乙卯卜貞桒禾自上甲六示牛小示盤羊	4
三三六〇四	甲戌貞六示勿牛	4
三四一〇一	其作老六示	4
三四一一一	乙卯貞桒自上甲六示	4
三四一一九	…六示三五示二十示又…	4

屯二一二九　己卯貞奉自上甲六示　4

屯三二六八　：奉自上甲六示　4

屯三五九四　庚申貞有吿自上甲盤六示：小示羊　4

屯二三三四　壬戌卜于七示自：　4

一九八五　庚：惟：九示：　1

六三二九　貞勿奉于九示　1

六三三〇　貞勿奉于九示　1

六二五七　辛酉卜穷貞勿于九示奉　1

一四八七三　丁巳卜奉于九示　1

一四八七四　貞奉于九示　1

一四八七五　貞奉于九示　1

一四八七五　貞奉于九示　1

一四八七六　貞奉于九示　1

一四八七六　貞于九示　1

一四八七七　奉于九示　1

一四八七八　：卯卜王：九示　1

一四八七九　：于大甲自九示　1

一四八八〇　己巳卜奉于九示　1

一四八八一　乙丑：奉自大乙至丁祖九示　1

一四八八二　：勿告于九示　1

一四八八三　丙戌卜殼貞于九示牛　1

一四八八三　勿侑于九示牛　1

一四八八四　戊辰卜殼勿于九示　1

一四八八五　庚：九示　1

一九八〇四　甲午卜王上甲𥝌九示：　1

二〇〇六五　：酉：九示自大乙至丁祖　1

二二一五九　庚申卜酢自上甲一牛至示癸一牛自大乙
九示一牢𢊁示一牛　1

三四一一二　辛卯卜：奉雨：九示　4

五七七五正　癸卯卜爭貞王令三百射弗告十示王囚惟之　1

一四八八六　十示侑酢　1

二一二八〇　：十示又：酢　1

二二四二一反　己卯卜酉三匚至丩甲十示　1

三二三八五　：未卜奉自上甲大乙大丁大甲大庚大戊仲丁祖乙祖辛祖丁十示率
牡　4

三三一〇四　己亥卜奉：十示二牛十示：于來乙巳　4

三四一一三　：戊卜用侯：上甲十示：　4

三四一一四　于十示奉一牛　4

二七〇八〇　：口貞：祖祝：上甲大乙祖乙：丁之乙酉
奉：乙十示又二　3

三二三四〇　于十示又二奉　4

三四〇九二　弜奉其告于十示又四　4

三四一一五　甲申卜貞酢奉自上甲十示又二牛小示盤
羊　茲用　4

三四一一六　甲申卜貞酢奉自上甲十示又二牛小示盤
羊　4

三四一一七　乙未貞其奉自上甲十示又三牛小示羊　4

三四一一八　：至于：十示又：　4

三四一一九　：六示三五示二十示又：　4

屯六〇一　弜奉其告于十示又四　4

屯八二七　甲辰貞今日奉禾自上甲十示又三　4

屯九九四　癸亥貞王其伐盧羊告自大乙甲子自上甲告
十示又一牛茲用在果四雔　4

屯一〇一五　于十示又二有伐　茲用　4

屯一〇五九　丁亥貞今日王其夕令阜以方十示又
：　4

屯二一一六　庚寅卜貞辛卯有歲自大乙十示又：牛
小示盤羊　4

屯三五六二　甲午貞阜來：其用自上甲十示又：羌
十又八乙未：　4

屯四三三一　乙未貞其奉自上甲十示又三牛小示羊　4

三四一二〇　癸卯卜貞酢奉乙巳自上甲二十示一牛二示
羊土燎四戈彘牢四戈豕　4

三四一二一　壬寅卜奉其伐歸惟北𢆉用二十示一牛二
示羊以四戈彘　4

三四一二二　壬寅卜奉其伐歸惟北𢆉用二十示一牛二
示羊以四戈彘　4

三四一二三　壬戌卜侑歲于伊二十示又三　茲用　4

三四一二四　：卜：歲：伊：示又三　茲用　4

三五〇五反　：固曰其有：黃示　1

六三五四反　：固曰其𢓊于黃示　1

一四九一八正　…貞亞以王族暨黄…王族出…于亞庚…　1
東北在…　1

伊示

三二七二二　癸酉卜侑伊五示　4
三二八四七　辛巳貞以伊示　4
三二八四七　弜以伊示　4
三二八四八　弜以伊示　4
三二八四八　辛巳貞以伊示　4
三三三二九　乙酉貞有歲于伊𦎫示　4
三四一二三　壬戌卜侑歲于伊二十示又三　茲用　4
三四一二四　…卜…歲…伊…示又三　茲用　4

𣪊示・𣪊示

三六四八二　甲午王卜貞作余酢朕𠦪酢余步比侯喜征人方二𣪊示受有祐不曽戋𡆥告于大邑商無…在畎王𡆥曰吉在九月遘上甲𧢟惟十祀　5
三六五〇七　…貞今𡆥巫九𠭰惟余酢…𠦪…戔人方上下于𣪊示受余祐…于大邑商無𢦔在畎　5
三六五一一　丁卯王卜貞今𡆥巫九𠭰余其比多田…多伯征盂方伯炎惟衣翌日步…左自上下于𣪊示余受有祐不曽戋…于茲大邑商無𢦔在畎…弘吉在十月遘大丁翌　5
三六五一五　…貞今𡆥巫九𠭰…𣪊示余其𠭰征…余受有祐不曽…　5

丁示

一四九〇三　…惟丁示　1
一四九〇四　貞惟丁示　1
一四九〇五　…丁示　1
一四九〇六正　貞不惟丁示𢦔阜十月　1
一四九〇七　…不惟丁示𢦔　1
一四九〇八　貞勿以丁示　1
二〇一四一　癸巳卜𡧊丁示…　1
二二二八三　丁示　1
二二二八五　丁示夅　1
二二二八九　示丁夅不　1
二二二九〇　丁示夅不　1
二二二九一　丁示夅　1
三四一二五　庚辰貞其奏丁示于…　4

□示

一四三四八　乙卯卜殻貞于□示𠦪…　1
一四三四九　貞于□示𠦪…　1

𦎫示

三二〇三三　丙寅貞惟示以羌暨𠤕于𦎫示用　4
三二〇八六　乙卯貞以伐𦎫示五羌三牢　4
三四一二七　于𦎫示侑　4
屯二五六七　丁亥貞多宁以鬯侑伊尹𦎫示　茲用　4

屮示

一四三五八　辛巳卜貞一牛示惟羊𢦔惟彘　1
一四三五九　乙…牛…示…　1
一四五四二正　…河…以一牛示　1

𡆥示

五八〇反　□示六　1
一四三五三　…宰□五宰它示三宰八月　1
一四三五四　貞元示五牛它示三牛　1
懷八九八　貞元示五牛它示三牛　1

敽示

一〇二三　戊辰卜王乞以人狩若于敽示…　1
一四二六九　貞下上敽示弗其若十三月　二告　1
一四二七〇　貞敽示畀…　1
三三四三一　…𠦪亘一亘敽示不左十二月　2

示若

一五〇正　貞其入侑匚示若　二告　1
五〇五七甲　…殻貞示若王其出五月　1
五〇九六正　貞王往出示若　二告　1
六四六一正　貞戠在茲示若　1
六四六一反　甲子卜方戠在茲示若　1
一二六二六　…示若十二月　1
一三二六〇甲　…殻貞示若王　1
一四八八九正　貞示弗若　二告　1
一六四一七　…弗往…示…若　1
一八九〇五正　示若　1
三四一二六　…門示若…　4

一四八九〇 示若 1
英一二四一 𥃅出示弗其若 1
英一二四一 勿𥃅出示若 1
英一二八六 貞帝示若今我奏祀四月 1

三九五二正 貞令比沚戠示左七月 1
一〇六一三正 貞王不禰示左 二告 1
一〇六一三正 貞示弗佐王不禰 1
一〇六一三正 示佐王 1
一〇六一三正 示弗佐 1
一三六九七乙正 貞示弗佐 1
一三六九七乙正 貞示佐 1
一四八八八 貞示弗佐王 1
一四八八八 丙申卜穷貞示佐王 1
二七四七六 示侑于父甲 吉 3

二九六 貞勿奴㞢示饗國馹來歸 1
四五九三 貞惟虎从微奴侑示三 1
一四六五九 侑示 1
一四八九一 ：午侑于示 1
一四八九二 惟侑示 1
一七四一九 丙戌：殻貞王有夢示不：呼：1
二〇四三九 ：取劦以有示 1
二一二八四 戊寅卜𠂤貞陕弗其以有示𣪠二月 1
二一二八四 戊寅卜𠂤貞陕其以有示𣪠 1
二一八三七 辛卯㐭灸有示 1
二二一八八 侑示于三祖庚 1
二三四三九 ：永示並：惟有示十月 2
二四四一二 ：有示十月 2
二五〇二九 貞不惟有示 2
二六〇一五 己未：翌丁：其：曾有：示 2
屯二四〇九 惟在禱田有示王弗悔灢 吉 3
英一九四八 癸巳卜祝貞並來歸惟侑示 2
英一九七六 貞不惟侑示 2

二八〇九九正 己巳貞示先入于商 3
三〇三八二 惟示先弜彭 3
三二〇三六 癸亥示先羌入 4
三四一二八 ：示先：4

屯二九 甲申卜令以示先步 4
懷一六四四 于弜先𩠐羌 4
懷一六四四 癸亥示先羌入 4

三七一 王固曰其：㞢惟示：1
一〇五三七 貞王勿出田惟示：1
一〇五三八 貞王勿出田惟示：1
一五二二〇 貞不惟示 1
二一三八〇 癸酉卜王疾豕惟示祟 1
二一九五一 辛亥惟示惟：1
二五〇三二 辛酉卜：貞惟示其𠕋𩁹 十二月 2
二七一四六 戊午卜狄貞惟兕大丁惟示 吉 3
二七一四六 戊午卜狄貞惟兕于大甲惟示 3
二七一四六 戊午卜狄貞惟兕于大乙惟示 大吉 3
三三〇三三 丙寅貞惟示以羌暨𠂤于𪔍示用 4
懷九四〇 貞不惟示 1

二一反 ：示三十 1
一一六反 婦井示三十 爭 1
一三〇臼 癸巳婦井示一屯 亘 1
一八八反 ：示二 1
二六八臼 丙申㪔示二屯 岳 1
三九〇臼 戊戌婦喜示一屯 岳 1
四九三臼 癸酉䍙示十屯 㱿 1
五二七臼 ：丑婦喜示四屯 㱿 1
六五六反 婦冎示十 殻 1
六七九臼 婦示一屯 穷 1
六八〇臼 𠂤示四屯 穷 1
六八一臼 𠂤示：屯又：爭 1
七三三臼 ：示：殻 1
八三八反 婦井示三十 穷 1
九三八反 ：好示五 穷 1
一二二一臼 婦良示七相 1
一二四八反 婦姘示十 殻 1
一三三六臼 ：戊婦妸示：屯 韋 1
一四六三骨反 ：㛍示：1
一五三四臼 丙寅邑示十屯 㱿 1
一五八一臼 庚申𠂤示四屯 穷 1
一六六〇反 ：姘示：1
一六六一臼 丙寅邑示七屯 小㱿 1

丅

一八五三臼　婦利示十屯　爭
二〇一三臼　[illegible]示十屯　宂
二二二五臼　丙寅邑示十屯　㱿
二二五四臼　戊申婦[illegible]示二屯　永
二三六二臼　[illegible]示三屯　宂
二三八七臼　癸卯邑示二屯　小㱿
二四八八臼　𡚤示十屯　宂
二五三〇反　婦姘示百　殸
二六三一臼　婦好示十屯　宂
二六六六反　井示
二六八一反　婦姘示……
二七二五臼　壬子婦豐示屯　㱿
二七二六反　嬉示……
二七三七臼　……子……[illegible]示　爭
二七四四臼　婦利示十屯　爭
二九五五臼　癸巳婦示屯
三一八六臼　癸卯婦井示四屯　殸
三四六七臼　……寅婦……示三屯　岳
三六五一臼　利示十屯
三七三二反　……示二十屯
三七八三反　[illegible]示……
三八八六反　示四十……
三九四四反　婦井示……
四〇七〇臼　癸酉𠂤示十屯　[illegible]
四三四〇臼　壬午邑示八屯　小㱿
四六二〇臼　甲子……示二屯　宂
四六三二臼　壬午邑示八屯　岳
五〇五六臼　癸酉亩示……　永
五一三〇臼　……示一屯　岳
五一七七臼　戊寅先目示三屯　㱿
五二一三反　……示三屯
五四六〇反　丁巳帚[illegible]示四……
五四七八臼　婦辛示……　宂
五五四五臼　甲辰婦㞢示二屯　岳
五五五一臼　辛未帚汝示……　㱿
五五七九反　……允十屯小臣从示
五七〇八臼　癸亥示十屯
五七一七臼　丁亥乞自雩十屯作示　先
六〇三八反　……寅婦……示……
六〇四〇臼　戊申婦喜示四屯　亘
六〇四二反　……示十屯

六一〇三反　庚寅邑示……
六一〇八臼　……示十屯……　永
六一五六臼　戊寅婦汝示二屯　㱿
六一七七臼　丙寅婦妟示五屯　㱿
六二三三臼　己丑婦姘示二屯自[illegible]……
六二七〇臼　庚戌婦女示……
六三八五臼　己丑先立示四屯　岳
六四〇二臼　壬子邑示一屯　小㱿
六四一七臼　丁酉子……示六屯……
六四四五臼　奠示十屯一屯　[illegible]
六四四六臼　奠示……[illegible]
六四五一臼　庚午婦寶示三屯　岳
六四七九臼　……婦羊示……　古
六五二七臼　奠示十屯又一　永
六五三二臼　乙丑示五屯
六五五二臼　乙未婦妹示屯　爭
六六一四臼　……婦[illegible]示十……　[illegible]
六六一六臼　……井示……　殸
六六三六反　……示十……
六六四〇臼　戊戌雩示九屯　㱿
六六六八臼　甲寅犬見皁示七屯　先
六六六九臼　甲寅犬見皁示七屯
六六八五反　丁卯婦[illegible]示一屯　永
七〇八一臼　丁亥婦柯示三屯　亘
七一〇三反　婦丙示四
七一四七臼　壬……邑示八屯　小㱿
七一六一臼　己巳[illegible]示一屯　殸
七二八七臼　婦好示十屯　爭
七三三二臼　壬辰邑示一屯　岳
七三七九反　……示二十……
七三八〇臼　癸巳先宮示二屯　㱿
七三八二臼　丁亥[illegible]示……屯　小㱿
七三八四臼　癸巳婦娑示五屯　小㱿
七五五五臼　……先[illegible]示三屯
七六二九臼　婦井示十屯　宂
七九四一臼　庚寅婦婀示三屯　小㱿
八六七九臼　……己王示殸二屯　㱿
八八一〇臼　丁丑婦……示一屯　岳　㱿
八九九五臼　婦杞示有七屯　宂
九〇一二反　……示百　殸
九〇一三反　婦丙示百　殸
九〇六五臼　示二屯

四〇四

九二七四反
九三九九
九四〇九
九四一六臼
九五四四臼
九六六九臼
九六七一反
九七九〇臼
九九三八臼
九九七六臼
一〇〇〇六反
一〇〇四五臼
一〇〇八五臼
一〇〇九一臼
一〇一九九臼
一〇二二八臼
一〇六四三臼
一〇九三五反
一一一七〇臼
一一一七一臼
一一四二三反
一一四五二臼
一二三三六反
一二三八三反
一二五二二反
一二五三〇臼
一二七六四臼
一三五四四臼
一三八五四臼
一四〇〇八臼
一四三一三反
一四三三七臼
一四四三一臼
一四四三三臼
一四四四七臼
一四五二六臼
一四五二八反
一四七九四反
一四八〇七臼
一四九八〇反
一五一五二

豕入三婦示十　殼
丁丑㞢乞于𠬝示十屯
丁亥乞自雩十屯㞢示　㱿
庚申婦示八十屯　古
：辰婦妸示屯一乙　葡
婦冎示
癸卯：井示四屯自𠬝
：𧷙示二屯：
壬申婦喜示一乙小㱿　內
：井示：
利示六屯　爭
丁亥邑示六屯　岳
：巳邑示四屯小㱿
癸酉卜婦𦣞示一屯　永
己未婦㞢示一屯　岳
戊戌羌𢀛示十屯　小㱿
婦妌示四十
壬戌子央示二屯小㱿
壬戌子央示二屯岳
婦娘示三
：巳冊示二屯　岳
婦妌示　殼
：示入　殼
：並示五十
婦井示四屯　殼
丙子𡆥示一屯　穷
婦井示七屯　殼
丁卯婦：示二屯　岳
丙午：龐示十屯
婦井示：
辛未卜雩示一屯　岳
：午婦㬰示一屯　小㱿
丙申𢓊示二屯　小㱿
丁巳邑示五屯　古㱿
：婦井示：
：示十：小㱿
井示
丙寅羌𢓊示一屯　岳
：鼓示：
：示十：

一五二一八
一五二四一反
一五三一四臼
一五三一五反
一五五八五臼
一五六〇七反
一五六一四臼
一五九九九
一六九一〇臼
一六七七六臼
一七三六〇臼
一七三九三臼
一七五四五
一七五三七反
一七五八三
一七五九四
一七六〇六
一七六四七反
一七六四八
一七六五〇反
一七六五五
一七六五九
二〇〇六反
二一〇二七
屯九一〇
英三〇反
英一五四四臼
英二一一臼
英四〇四臼
英四二五
英四二六
英四二七
英四二八
英四二九
英四三〇
英五六四臼
英六〇八臼
英六六八反
英八四三反

貞其示：七月
：示五
婦羊示十屯
己酉𢀛示十屯　先
：穷入：示：岳
：龐示：
：示三屯小㱿
：子婦：示一屯
：田𡇍𡆥示十：
癸巳邑示三屯　㱿
丁未邑示四屯　㱿
：戊婦㞢示三屯　𠱥
己亥婦龐示二屯　穷
：龐示四：
：𦣞示二十：
㚤示十又：
：漁示五：
雩示三：　㱿
：示十：
：示五：
：示四　亘
：示三：　㱿丁
：示二：
庚寅：示五
：作示十在家：
壬子殼示：
：𣳄示八
婦𡆥示十屯
婦𡇍示三屯　爭
癸巳邑示三屯　㱿
：示四屯　穷
壬申邑示三屯　小㱿
戊申邑示一屯　葡
戊寅𣪘示三屯
己酉𢀛示四屯　小㱿
丁卯婦寶示二屯　小㱿
壬戌婦井示二屯　先
丁亥乞自雩十屯𢀛示　𠬝
：婦井示：
：示三：

懷 五三b　丁酉婦井示二十
懷 一〇二b　⋯亘示四十
懷 五四六b　⋯井示十　耳
懷 八六〇b　⋯良示⋯
懷 八八四b　⋯井示十⋯
懷 九五五c　⋯示五屯　耳
懷 九六六c　婦娘示十屯　亘

其它

二五　丁卯卜貞望畓多方示⋯作大⋯七月
一〇二　⋯來芻陟于西示
三〇九正　貞示兔畐
三〇九乙正　勿示兔畐
三七六反　貞王夢示並立十示
六八八　⋯示⋯又七
七六四　貞令⋯暨⋯示⋯徉
八九三反　勿示
一〇三八正　⋯示九百羌
一〇六一　貞勿示來四人
一一九一反　貞示⋯
一一九一反　貞示弗⋯
一二〇三正　⋯禦⋯示
一三三四正　侑于⋯示牛
三三二七　⋯率示𠦪其比畓侯七月
四〇〇三正　丁巳卜⋯令來⋯朕示示⋯有祝⋯嵩
四〇一四　⋯來⋯歸⋯乃⋯示
四三九三反　丙子並示⋯
四四一五正　貞勿曰示𢦏
四四一九　⋯示娘⋯
四七一四　⋯穷貞⋯宁⋯示⋯呼⋯
四九三一　⋯中示逌⋯
五一四〇　⋯王去束示弗⋯
五五七四　⋯乞自𠙶二十屯小臣中示⋯𢆶
五七四六　⋯令郭以多射衛示呼𠂤六月
五九〇四　貞執示受㞢
五九〇五　貞執示受㞢
六〇五七正　王固曰有祟其有來嬄迄至七日己巳允有來嬄自西𢀛友角告曰𢀛方出侵我示㷭田七十人五

六〇六三反　⋯自𢀛友唐𢀛方征⋯戋𢀛示易戊
申亦有來⋯自西告牛家⋯
六五七四　⋯示子⋯戋基方
六五八九正　貞爵示
六五八九正　貞勿爵示
六七〇二　貞勿示　二告
六七五三　⋯取𠣞以有示⋯廼征方
六八九四　乙未卜殻⋯翌庚子𠦪于⋯示四牛
七五六九反　⋯中示⋯
七七六六　庚午⋯穷貞⋯于⋯示⋯
九〇三九　貞翌⋯卯牛⋯示⋯
九四九六　貞惟得示農⋯
九五〇四正　貞有𡿧自示
九五〇四正　貞無𡿧自示
九八一六正　己亥卜示受年
一〇四七四　甲寅卜王惟農示𠂤五月
一一〇三八　⋯一牛⋯凡⋯示五月
一一八五八　貞夕示至
一三一三三反　⋯𠙶示⋯
一三六五三　癸丑卜亘貞疾齒禦于示⋯
一四〇一九反　貞⋯示
一四〇一九反　⋯示子𡢁父庚⋯
一四二七一　⋯未卜王⋯𡏳今日⋯示⋯鬼⋯
一四三五二　乙丑⋯貞令𢆶⋯𡆥示十二月
一四三五五　⋯大⋯示
一四三五六　己亥卜穷貞不牛示齊黃
一四三五七　庚午卜穷貞今⋯牧示澅⋯
一四三六五　⋯𠆤令⋯𦎫⋯示
一四八六三　⋯貞示⋯示⋯二示
一四八九四　貞王勿尋告于示
一四八九五　⋯卜爭⋯辛丑⋯告于示
一四八九六　貞⋯𦎫示⋯
一四八九九　⋯示宰
一四九〇〇　⋯示二牛
一四九〇一　⋯示一牛
一四九〇二　⋯示一牛
一四九〇九　⋯雍示
一四九一一　⋯卜穷貞咼克般工示來取侑⋯
一五二一九　丙寅⋯王貞⋯示元⋯于及
一五三二一　貞勿示

片號	釋文	期
一五三二二	貞：勿示　一告	1
一五二八一	：示祝	1
一五五六二臼	戊寅：㞢示一：	1
一五六八五	：其取嘗于示	1
一五七六〇	丙寅：貞：示：于：酌	1
一七三七五	辛亥㞢壬子王亦夢父勿有若：于父乙 示余見𡆥在之：	1
一七五九二反	：龜示：	1
一七五九三反	：央示：	1
一八五九七	癸丑：貞翌：隮新：直示	1
一九七九九	：未卜王：延二人：示𢎨：	1
一九七九九	丁未卜王：延二人：示：二月	1
一九八四九	：惟：祝用成：歲祖乙二宰勿牛白豕：示 鼎三小宰卯于祝歲	1
一九八五八	：寅：曰禦示祖辛	1
二〇〇〇六	：卜：示：奻：	1
二〇二四三	：出：示	1
二〇三二二	：王貞余：[illegible]于示：我祐	1
二〇三三〇	庚午卜王余：示[illegible]于甫：囚終	1
二〇三六五	辛：巫示：庚允：	1
二〇四六三反	己巳卜示無囚	1
二〇五六四	：示：征	1
二〇七四一	丙午卜𣥂令龍以隹示屯冎八月	1
二〇九五一	己巳卜甾示其衛雨	1
二一一五五	壬寅示：侑父歲：羊于壬：用	1
二一二〇七	不示	1
二一二八六	：示不用	1
二一二八八	戊寅卜侑子族示不	1
二一三六三	：父[illegible]示	1
二一四〇五	癸未卜示卜用	1
二一四四二	：示：𡇒	1
二一四八二	辛酉卜王貞余丙示旋于征	1
二一五〇〇	戊戌曰：示于：	1
二一五〇二	：示囚	1
二一五〇三	：㫃：示：	1
二一五一四	：示刀：及	1
二一五二〇	丙子：𢀛于：示于：	1
二一七一九	：𣎆示商	1
二一八〇一	乙丑子：川示：	1
二一九七四	丁酉示：不：	1
二一九七四	：示：	1
二一九八七	戊午不祀示𡆥	1
二二〇二五	：不示：	1
二二〇七二	于𣥂敎巫示	1
二二〇八六	壬申卜內乙𡆥正示	1
二二一二四	惟新言凡	1
二二一八七	丁丑示卯𤸫𡨦祖庚至于父戊	1
二二二八四	：示	1
二二三一六	：卜子丁辛在示	1
二二三四九	壬寅卜暘牛五㞢十牛示十千：𠬝令：	1
二二五二一	丁亥卜示：	1
二三五七九	貞：惟：示	2
二四六〇五	貞：令：示：三：	2
二五〇二八	：卜王：𠦪示：	2
二五〇三一	丙辰：貞示：循：	2
二七二三七	己酉：貞：𣪊丁彔逘于𠈇	3
二七四五六正	貞其示：	3
二七四五六正	貞其示：魚	3
二七六五八	弜于示𠦪無	3
二七六五八	于示𠦪：	3
二八二五〇	其尋𠦪年示在喪田有：	3
二八二六六	：卜其𠦪年于示祟有大雨　大吉	3
二八二七〇	：𠦪年于示：	3
二九八一九	：何貞：示十五：雨	3
三〇三八四	：卜宁：賓：示無尤	3
三〇三八五	：于：示	3
三〇四八四	有歲壬夷示：	3
三〇六一九	貞祝惟華示王言王受祐	3
三一九五八	貞弜示　吉	3
三二〇〇八	庚午卜[illegible]示千	4
三二〇〇九	庚午卜[illegible]示千	4
三二〇一四	丙辰卜𢼊示鼓莫于丁	4
三二〇一四	丙辰卜丁巳𢼊示鼓	4
三二〇三八	示：𡇒羌	4
三二〇三九	示其𡇒羌	4
三二三八五	：申卜：从辛酉：大乙大丁大甲大戊：庚：丁： 丁祖辛祖丁𠦪示	4
三二四八五	癸卯貞：未延𡆥示其惟埶	4
三二六二五	惟示	4
三二八四八	惟父示以	4
三二八八二	：惟魯：以示：作己	4
三二九一二	：令骨暨兔示卜：	4
三三〇〇五	弜涉示其師	4

著錄	釋文	期
三三〇五四	：貞其卯于示	4
三三三一七	桒禾于示：	4
三三九四三	乙卯卜我以示延乙丑不	4
三四〇五七	：令囚暨龟示卜：	4
三四一〇四	：未貞有彳歲自上甲：示三牢小示二牢 又：	4
三四一二三	辛：王令厚示㞢：又：	4
三四一二四	辛未卜王令厚示㞢：	4
三四一三〇	辛巳貞將示于南	4
三四一四四	：丑卜：乙卯：示	4
三五三二〇	示其从上涉	4
三五三三四	：示郭：	4
三六三五二	：貞示至：王受有祐	5
三六五二二	庚寅王卜在𡩁貞余其次在茲上𩰫今 秋其敦其呼𢓜示于商正余受有祐王囚 曰吉	5
三六五三二	乙丑王：伐西戌：余其比：示余受：	5
乇二九〇	己丑：告：于：示：衣：月	4
乇四二七	：示于父丁桒	4
乇六四三	貞天𠄎牧鬲 不用	1
乇六四三	貞𠄎有𩨨	1
乇六四三	壬子貞𠄎：𩨨	1
乇七五一	乙酉卜有伐自上甲次示	4
乇七五一	乙酉卜有伐自上甲次示惟乙巳	4
乇一〇四二	弜取示 茲用	3
乇一一一五	癸卯貞丁未延㞢示其風	4
乇一二九九	惟：示：	
乇一五一一	：犬以彡于示：	4
乇一九〇二	：示：	
乇二四〇九	惟在濘田亞示王弗悔濘 吉	3
乇二四〇九	惟在龐田封示王弗悔：大吉	3
乇二五一〇	：巳卜其剛四封舌盧：惟邑子示	4
乇二七九二	己亥：示五十：二十羌：	4
乇三〇八三	戊戌貞其桒禾于示：羊：	4
乇三六一二	壬寅卜我示延乙巳	4
英二三正	：卜：貞呼禦羌：示𠭯	1
英三七九	：王：毌惟：韋示	1
英四〇八	戊辰有伐于陟卯宰：庚示妾	1
英四三二	：邑示四：王固曰：	1
英一二四一	弗：示：	1
英一二四二	：示：于：入：	1
英二〇九〇	：示九月	2
懷一五七	：𢀛示：延：	1
懷四七三	：合令：𦍌：示：	1
懷八一九	戊戌卜：須示：	1
懷一二〇三	：卜出：翌戊：不示	2
懷一五二一	：巳卜：貞余：示：黃：	4
懷一五四〇	：卜：貞一月：示：山：	4
懷一六三一	：方及于示：	4

示

著錄	釋文	期
二七三〇六	甲申卜其示于祖丁惟王執	3
二七四一二	惟父己示先𢼸	3
二七四一二	弜勿妣己示	3
二七四一二	戊辰卜其示于妣己先𢼸	3
二七五一八	戊戌卜其延示于妣己	3
二七五一八	戊戌卜其示于妣己王賓	3
二七五二〇	戊戌卜其延示于妣己	3
二七五二〇	：王賓妣己示	3
乇三六〇一	庚寅卜王賓妣辛示	3
乇三六〇一	：其示妣辛惟𣪊	3
乇三八六三	惟父：示	3
英二三六〇	癸亥卜其示于大乙彡	3
英二三六〇	牢示 茲用	3

祐

著錄	釋文	期
一四一二〇	庚申卜王余祐母庚：庚弗以婦鼠子用 八月	1
一五四〇一	丙申卜戠弜用𠭯大祐	1
一九九四一	甲辰卜祐妣：豕	1
一九九四一	于父乙祐豕	1
一九九六四	戊午卜王于母庚祐子辟	1
二〇〇二四	于仲子祐子辟	1
二〇〇三五	：祐子宋	1
二〇〇三五	：祐子：	1
二一一五二	戊寅：祐：	1
二一一五三	壬申祐步弜：今丁未冊：	1
二一一五三	丁：不：史眉于：祐：	1
二一一五三	丙戌卜祐及𠷎追比：	1
二一一五四	：卯卜祐：于子：母鼎	1
二二二五九	祐侑母豕	1

二二一八四　祐中母彘　1
二二一八四　祐妣庚豕　1
二二一八五　祐三妣　1

叡

三六五四八　……邑商……于𣪊……妥余……暨……　5
三六七四七　……月在𣪘𦎫自上下叡余……𠭯無尤　5
三六九六六　乙亥王卜……暨薮方敦……妥余一人……自上下于叡……告于……　5
懷一八七一　……田……征盂……上下于叡……余又……𢦏田……邑商……　5

叡　㲋　㮚　寀　叡

叡·先王先妣

一五九三　貞勿𠦪祖乙十月　1
二二六二四　壬申卜尹貞王賓父己奏暨兄庚奏叡無尤　2
二二六二七　……寅……王賓上甲叡無尤……月　2
二二六九七　……旅……王賓匚丙叡無尤　2
二二七三〇　……卜旅……賓大乙……𠊿叡……　2
二二七三三　……王……大乙……叡……　2
二二七四四　乙丑卜即貞王……唐叡無尤三月　2
二二七四四　乙丑卜即……王賓唐……叡無尤　2
二二七四五　乙丑……貞王賓唐翌叡無尤　2
二二七六二　戊辰卜旅貞王賓大丁彡𠊿叡無尤在十一月　2
二二七八九　……大甲彡𠊿叡無尤在十二月　2
二二八六四　己巳卜旅貞王賓父己……叡無尤　2
二二八八二　乙巳卜旅貞王賓戔甲彡𠊿叡……　2
二二九七七　……卜貞……賓祖辛……叡無……在四　2
二二九七八　……貞……祖辛叡……　2
二三〇二三　乙丑……貞王……羌甲彡……叡　2
二三〇七九　……卜尹……賓南庚……𠊿叡……尤　2
二三〇八　……子卜即……王賓𦎫甲……叡無尤　2
二三一一二　……尹……賓小乙彡𠊿叡無尤　2
二三一一五　丁丑……貞……父丁……叡……　2
二三一八七　乙亥卜行貞王賓妣庚……二宰叡……尤　2
二三一八八　戊午卜行貞王賓父丁歲二牛叡無……　2
二三一八九　丙戌卜行貞王賓父丁夕歲叡無……　2
二三一九七　丁亥卜貞王賓父丁歲五宰叡無尤　2
二三一九八　丙……卜……貞王賓父丁歲三宰叡無尤　2
二三二〇五　癸卯卜……貞王賓父丁歲叡無尤　2
二三二二三　乙酉卜行貞父丁夕歲叡……　2
二三二四七　……卜𢀛……賓父丁……夕叡……尤　2
二三三〇二　庚戌卜行貞王賓妣庚歲二宰叡無尤　2
二三三一一　……卜……大庚……有歲……叡……尤　2
二三三一三　壬子卜……貞王賓大庚奭妣壬叡無囚　2
二三三二七　庚申卜行貞王賓羌甲奭妣庚歲小宰叡無尤　2
二三三三六　丙申卜即貞王賓妣丙歲叡無尤二月　2
二三三四〇　己丑……貞……庚……叡侑于妣庚五宰　2
二三三五〇　己巳卜尹貞王賓妣庚歲叡無尤　2
二三三五一　庚辰卜貞王賓妣庚日叡無尤　2
二三三五四　己丑卜行貞王賓兄己歲叡無尤二牛　2
二三三五七　庚戌卜旅貞妣庚歲王其叡在一月　2
二三三六一　……子卜行貞妣庚歲王其叡在……　2
二三四〇六　己巳卜行貞王賓母己歲一牛叡　2
二三四二二　辛亥卜喜貞母辛歲其叡　2
二三四三一　……母辛賓叡　2
二三四五五　……母壬歲……叡無尤　2
二五〇八五　……寅卜……貞王……小乙彡……叡……　2
二五二四七　丙子卜……貞王賓匚丙叡無尤　2
二五二四七　丙子卜即貞王賓上甲叡無尤　2
二五三六六　……喜……小乙……叡……　2
二五六五二　……貞……祖辛叡……　2
二五七六四　丙……貞……毓……𠊿叡……　2
懷一〇一二　戊辰……貞王……仲丁……叡……尤　2

𣪘叡

二二七二二　……卯卜行……王賓……歲宰叡無尤　2
二二七三五　庚申卜尹貞王賓歲叡無尤　2
二三八二六　丙寅卜行貞歲惟叡……　2
二五〇九二　癸亥卜尹貞王賓歲叡無尤　2
二五〇九二　甲子卜尹貞王賓歲叡無尤　2
二五〇九三　乙丑卜尹貞王賓歲叡無……　2
二五〇九四　……卜旅……王賓……歲叡無尤　2
二五一一三　癸未卜……貞王賓歲叡無尤　2
二五一四〇　戊辰卜尹貞歲其賓叡……　2
二五一六二　甲申卜即貞妣歲王其叡十一月　2
二五一六五　乙巳卜即貞妣歲王其叡……　2
二五一六六　……子卜大……妣歲……其叡……　2
二五一七〇　……子卜……歲王其……叡在五月　2
二五一七一　……丑卜行貞歲叡　2

二五八七二　庚…貞歲…叙九月　2
二五八七三　戊戌卜尹貞惟歲王其叙　2
二五三〇〇　戊寅卜行貞王賓歲叙無尤　2
二五三六七　…貞…庚歲…宰叙無尤在三月　2

二三〇七六　…申卜即貞王賓…祭叙…　2
二五六四五　…卜旅…王賓…祭叙…在九月　2
二五六四六　…惟…賓…祭叙…　2
二五六四七　…行…王賓…祭叙…在十一月　2
二五六四八　…卜…貞王賓…祭叙…尤　2
二五六四九　…卜…貞王賓…己祭叙無尤　2

二五七四九　壬申卜大貞王賓龠叙無尤　2
二五七五〇　己丑卜大貞王賓龠叙…尤　2
二五七六三　…貞王…龠叙…　2
英二一二三　…卯卜旅…王賓…龠叙…　2

二五二三六　甲子卜尹貞王賓觀叙無尤　2
二五二四〇　甲子卜…貞王賓觀叙…　2

二四二四七　己未卜行貞王賓叙無尤在亦卜　2
二四二四七　庚申卜行貞王賓叙無尤在衣　2
二四二五二　癸巳卜行貞王賓叙無尤在師[罒女]　2
二四二七二　丁未卜行貞王賓叙無尤在師寮卜　2
二四二七五　丙午卜行貞王賓叙無尤在師寮卜　2
二四三〇五　丁卯卜行貞王賓叙無尤在師[米衣]…　2

二三二一七　…卜行貞庚必歲王其叙　2
二三三四〇　庚辰卜大貞來丁亥其叙丁于大室⺈丁西既　2
二三五四〇　丙子卜大貞其叙四子　2
二三五四一　丙子卜大貞其叙四子惟今日四月　2
二五〇九六　壬申卜行貞王賓歲二牛叙無尤七月　2
二五三七〇　…出貞來[屮口]王其叙丁…　2
二五三七一　丁亥卜出貞來[屮口]王其叙丁盤弜新　2
二五三七二　…子卜大…其叙…乙惟羊　2
二七六四〇　壬申卜其叙子癸惟犬　3

英二一一九　己巳卜祝貞其叙于盟室惟小宰　2

二三三六七　惟叙　2
二五三五七　貞惟叙五月　2
二五三五八　貞惟叙六月　2
二五三五九　貞惟叙…　2
二五三六〇　…惟叙　2
懷一〇二六　貞惟…叙祝…三月　2

二二八一五　甲申卜方貞王賓叙無尤　2
二二八三〇　戊戌卜旅貞王賓叙無尤　2
二二八九九　乙酉卜行貞王賓叙無尤在八月　2
二三〇三二　丁卯卜㳄貞王賓叙無尤　2
二三〇三三　丁亥卜漢貞王賓叙無尤　2
二三一〇六　庚辰卜行貞王賓叙無尤在六月　2
二三一八七　癸酉卜行貞王賓叙無尤在十月　2
二三一九三　丁卯卜㳄貞王賓叙無尤　2
二三一九三　己巳卜方貞王賓叙無尤　2
二三三二七　丁酉卜行貞王賓叙無尤　2
二三三五一　庚辰卜貞王賓叙無尤　2
二三四八三　…即…王賓叙無尤在二月　2
二三四八八　庚午卜即貞王賓叙無尤　2
二五二四四　乙丑卜大貞王賓叙無尤　2
二五二四四　乙丑卜大貞王賓叙無尤　2
二五二四五　丁卯卜大貞王賓叙無尤…月　2
二五二四六　丙子卜…貞王賓叙無尤一月　2
二五二四六　甲午卜大貞王賓叙無尤　2
二五二四八　乙未卜即貞王賓叙無尤　2
二五二五七　癸巳卜喜貞王賓叙無尤　2
二五二五八　…戌卜喜貞王賓叙無尤　2
二五二五九　甲子卜尹貞王賓叙無尤　2
二五二六五　甲申卜尹貞王賓叙無尤在五月　2
二五二六九　丁巳卜尹貞王賓叙無尤在四月　2
二五二八〇　…卜𠙵…賓…叙…　2
二五二八一　甲寅卜華貞王賓叙無尤七月　2
二五二八三　…子卜漢貞王賓叙無囚　2
二五二八四　甲戌卜旅貞王賓叙…　2
二五三一一　乙卯卜行貞王賓叙無尤在九月　2
二五三二五　乙卯卜㳄貞王賓叙無尤　2
三〇五四九　丁巳卜宁貞王賓叙無尤　3
三〇五四九　癸亥卜宁貞王賓叙無尤　3

借

三八三六一　貞王賓叙無尤　5
三八五三五　貞王賓叙無尤　5
三八五六七　貞王賓叙無尤　5
三八五七八　貞王賓叙無尤　5
三八五九九　貞王賓叙無尤　5

其它

一一三三五　甲午卜…三宰叙…　1
一四八九三　…自叙…于…子…　1
一五六六二　貞叙于…四宰　1
一五六六三　甲午卜叙…辛　1
一五六六四　…卜爭…叙…新…三宰　1
一五七〇一　庚辰…貞翌…日彡叙三十…卯四宰　1
二一六六一　癸巳卜于叙夕有咎　1
二一六九四　己卯卜我貞叙夕　有事　1
二一八三二　叙　1
二一八三三　叙　1
二五一七二　貞弜率叙　2
二五三三一　…卜行…賓…宰叙…尤　2
二五三三四　…賓…夕叙…尤　2
二五三六一　貞弜叙　2
二五三六二　貞弜叙　2
二五三六二　…卜…貞王賓東子叙無尤　2
二五三六四　貞勿叙　2
二五三六五　…二牛叙…　2
二六一七九　…叙無災　2
三〇五三七　…卜何…王其賓祓　3
懷　一四〇　貞…叙…辛　1
懷一〇二五　…弜叙　2

禱　禱　酉　尊　禱

借告

一九五八　貞禱告王眖于丁三月　1
一三六一九　癸巳卜殻貞子漁疾目禱告于父乙　1
一四九三六　貞酉…告　1
一五八三九　貞㞢…其往禱告　1
一五八四〇　貞禱告　1
一五八四一　貞禱告　1
一五八四二　…禱告…室其…　1
三三四〇三　乙未…貞其侑于妣庚令入自禱告一月　2
二四九四二　己巳卜祝貞尊告盟室其㞢　2

二五六二八　丁未卜出貞禱告令于…十二月　2
二五六二九　…禱告…室其…　2
二五六三〇　…禱告…　2
三二九一五　其酉告　4
三二九七九　癸巳卜禱告師般　4
三三一九三　王令木其酉告　4
三四五〇五　甲寅貞彡翌日其禱告　4
三四六〇五　…五貞奠其禱告　4
英一九六九　貞禱告徹于母辛　2
英二〇八二　己丑卜禾貞其禱告于大室　2
懷　一三三　…禱告…　1

太借

四一八正　貞王禱鼎有伐　告　1
四一八正　王禱勿有伐　1
九〇五正　貞王夢禱惟囚　1
九〇五正　王夢禱不惟囚　1
二四七二　庚申卜殻貞王禱于妣庚惟冊升　1
一〇六一三正　貞王不禱示左　二告　1
一〇六一三正　貞示弗佐王不禱　1
一五八三六　…王禱…非左…十又…　1
一五八三七正　…王禱…于人…　1
一九八九一　丙午卜王余禱爲妣己食勿餡爲食　1
二〇二八四　…王酉…　1
二〇二八五　…王酉…　1
二〇二八六　…王酉…由…父…　1
二三八〇四　王入…禱…　2
二五六二二　戊午卜大貞翌丁卯王禱　2
二五六三九　…卜王…尊…　2
二六二〇四　壬寅…翌…王…禱…　2
三四六〇四　…寅貞王其禱　4

借工・于借

七一八正　貞禱于妣己冊及卯宰𢦏　1
七一九正　貞禱于妣己冊及卯宰　1
一二四八正　貞禱于父甲　1
一七九三正　貞于羌甲禦禱冊…十　1
一九〇一正　乙巳卜穷貞勿衣有禱于父乙　1
一九〇一正　乙巳卜穷貞酉于父乙　1
二二一八正　貞亦禱于父乙　1
二二一九正　貞禱于父乙新…又牛　1

偦

著錄	釋文	期
二四二〇	禧于妣己	1
二五〇一	貞禧于妣癸冊三小宰	1
二八八五	貞禧于兄丁來…牛惟…	1
三一七七正	貞呼子賓禧于㞢妣鼎㞢贏	1
三一八七	于妣己禧子狀	1
三一八七	貞禧于母庚贏	1
五三三四	癸卯卜王于甲辰酉?	1
五七六九正	…禧于母庚　二告	1
五七六九反	…禧于…一牛	1
八二九七	貞勿于廳	1
一〇六一三正	丁巳卜㝐貞禧于祖乙告王囚	1
一〇六一三正	貞勿𣎆禧于祖乙告囚	1
一〇九三八正	禧于祖辛	1
一二七四二	丙戌卜…貞禧日于南…告…	1
一三六四二	…禧于贏甲	1
一五一〇六	…酉于…禦	1
一五八四四	貞今禧于嫛?闢…	1
一五八四七	壬午卜㴱貞酉于…	1
一五八五一	…𣎆…禧于…五…	1
一五八五四反	…禧于茲…余…	1
二〇九一八	癸巳卜于甲午酉…	1
二三四七七	貞于廳	2
二四一三二	壬午卜吳貞于丁禧…之若	2
二五一七六	…大…歲惟…于禧	2
二五九〇九	壱其用于廳	2
二五九七七	…壱其用于廳	2
二六八九九	癸亥卜口貞其祝于妣惟禧用	3
二七二八一	于入自𢍏用王受祐	3
二七二八一	執惟𠨘各于酉用王受祐	3
二七六九五	丁丑卜彭貞于禧	3
三三二八九	戊辰卜烄㸒于𢍏	4
三三六七三	丁未卜其侑木丁于父丁禧一宰	4
屯三一八六	甲申卜其…于毓祖妣庚禧二宰	3-4
屯二一四〇	于入自禧　吉	3
英三一三	…于…𢍏…並	1
英二三六八	壬子卜父甲木丁于禧	3

彡偦

著錄	釋文	期
一五四五三	…彡彰禧	1
二二八一七	戊午…貞王…彡酉無尤	2
二二八八三	甲子卜行貞王賓戔甲彡酉無囚	2
二二八九四	乙巳卜旅貞王賓祖乙彡酉無囚	2
二三一一一	乙亥卜尹貞王賓小乙彡酉無囚	2

夕偦

著錄	釋文	期
六三四正	戌…夕…禧	1
六三四正	…惟夕𩰫禧　二告	1
六三四反	勿夕𩰫禧	1
六六七二	己酉卜㝐貞有來告方征于尋禧夕告于丁	1
一五八三三	丙子卜…貞王往…夕禧…遘雨	1
一五八三四正	貞夕禧無囚	1
一五八三五	甲午卜貞今日夕禧𣪊…	1
二二六三〇	甲戌卜𠁁貞王賓夕禧無囚在六月	2
二三一九七	癸未卜行貞王賓夕禧無囚	
二三六七一	戊申卜旅貞王賓夕禧無囚	2
二四三〇七	癸丑卜行貞王賓夕禧無囚在二月	2
二四三四一	乙…卜尹貞王賓夕禧無囚在五月	2
二四三四五	甲寅卜尹貞王賓夕禧無囚在四月	2
二四三五三	戊…貞…夕禧…	2
二四三六二	庚午卜行貞王賓夕禧無囚在𠂤卜	2
二五三七七	癸卯卜即貞王賓夕禧無囚	2
二五三八五	甲辰卜尹貞王賓夕禧無囚	2
二五三九四	丙子卜行貞王賓夕禧無囚	2
二五四五五	己巳卜…貞王…夕禧…囚	2
二五四五八	庚申卜大貞王賓夕禧無囚九月	2
二五四五九	…卜大…王其…夕禧…	2
二五四六〇	甲辰卜吳貞王賓夕禧至于翌𦔻禧不	
二五四六二	己巳卜即貞王賓夕禧無囚	2
二五四六三	己丑卜即貞王賓夕禧無囚	2
二五四六四	甲午卜即貞王賓夕禧無囚	2
二五四六五	甲寅卜即貞王賓夕禧…囚	2
二五四六六	甲寅卜即貞王賓夕禧無囚	2
二五四六七	庚申卜即貞王賓夕禧無囚	2
二五四七五	庚申…喜貞…夕禧…囚	2
二五四七六	甲子卜尹貞王賓夕禧無囚	2
二五四七七	己巳卜尹貞王賓夕禧無囚	2
二五四七八	癸酉卜…貞王賓夕禧…	2
二五四七九	癸未卜尹貞王賓夕禧無囚	2
二五四八〇	癸未卜尹貞王賓夕禧無囚	2

僖

編號	釋文	期
二五四八一正	癸未卜尹貞王賓夕禣無𡆥	2
二五四八一反	：王賓夕禣無𡆥	2
二五四八二	戊子卜尹貞王賓夕禣：𡆥	2
二五四八三	丙戌卜尹貞王賓夕禣無𡆥	2
二五四八四	甲辰卜尹貞王賓夕禣無：	2
二五四八五	庚子卜尹貞王賓夕禣無𡆥	2
二五四八六	癸卯卜尹貞王賓夕禣無𡆥在四月	2
二五四八七	庚戌卜尹貞王賓夕禣：	2
二五四八八	甲寅卜尹貞王賓夕禣無𡆥在九月	2
二五四八九	：尹：賓夕禣無𡆥	2
二五四九三	庚寅卜旅貞王賓夕禣：	2
二五四九四	丙申卜旅貞王賓夕禣無𡆥	2
二五四九五	戊戌卜：貞王賓夕禣無𡆥	2
二五四九六	己酉卜旅貞王賓：禣：𡆥	2
二五四九七	：寅卜旅貞王賓夕禣無𡆥	2
二五五〇三	丙寅卜行貞王賓夕禣無𡆥	2
二五五〇四	己卯卜行貞王賓夕禣無𡆥	2
二五五〇五	己巳卜行貞王賓夕禣無𡆥	2
二五五〇八	癸未：貞王賓夕禣無：	2
二五五一〇	庚子卜行貞王賓夕禣無𡆥	2
二五五一一	甲辰卜行貞王賓夕禣無𡆥	2
二五五一二	丙午卜行貞王賓夕禣無𡆥	2
二五五一三	己酉卜行貞王賓夕禣無：	2
二五五一四	庚戌卜行貞王賓夕禣無𡆥	2
二五五一五	丙辰卜行貞王賓夕禣無𡆥	2
二五五一六	庚申卜行貞王賓夕禣無𡆥	2
二五五一七	壬戌卜出貞王賓夕禣：	2
二五五一八	庚：卜逐貞王賓夕禣無𡆥	2
二五五一八	：辰卜逐貞王賓夕禣無𡆥	2
二五五一九	甲辰卜逐?貞王賓夕禣無𡆥	2
二五五二〇	庚午：貞王賓夕禣：𡆥	2
二五五二一	甲申卜貞王賓夕禣無𡆥	2
二五五二二	己丑：貞王：夕禣：	2
二五五二三	丙申：貞王：夕禣：	2
二五五二四	癸卯卜：貞王：夕禣：	2
二五五二六	癸：貞王：夕禣：	2
二五五二七	庚申卜貞王賓夕禣無𡆥	2
二五五二八	癸亥卜貞王賓夕禣無𡆥	2
二五五二九	癸亥：貞王：夕禣：	2
二五五三〇	己巳：貞王：夕禣：	2
二五五三一	丙：貞王賓夕禣無𡆥	2
二五五三二	：夕禣：𡆥	2
二五五三三	：貞王賓夕禣無：	2
二五五三六	：卜：王：夕禣：𡆥三月	2
二五五三八	：午卜出貞王賓夕禣無𡆥	2
二五五六二	：卜即貞王賓夕禣無：	2
二五五七二	戊辰卜旅貞王賓夕禣無𡆥	2
二五六二三	癸亥：王其夕?禣無𡆥	2
二六一〇七	庚午卜行?貞王賓夕禣無𡆥	2
二七〇四二正	辛酉卜宁貞王賓夕禣無尤	3
二七〇四二正	辛酉卜宁貞王賓夕禣無尤	3
二七五二二	其侑妣庚惟入自己夕酉酒	3
二七八六一	：□惟吉：往于夕禣允不遘雨四月	3
二七八六二	丁卯卜何貞王往于夕禣不遘雨允	3
	衣不遘：	3
二七八六二	貞王往于夕禣不遘雨□惟吉	3
二七八六四	：不遘雨往于夕禣允不遘雨四月	3
二七八六五	戊寅卜何貞王往于夕禣不遘雨在五月	3
三〇五四四	：酉卜宁貞王賓夕禣無尤	3
三〇五四五	：卣賓夕𢍏：	3
三〇九二〇	乙酉卜：貞王夕禣惟：	3
三〇九二一	丙午卜何貞夕禣□：	3
三〇九二三	：各夕酉	3
三〇九二四	：夕禉王受祐	3
三二一七八	庚子貞夕禉：及卯牛一贏：	4
三二一八二	庚子貞夕禉冊羌卯牛一贏	4
屯二六一	惟今入自夕酒有正	3
屯二四八三	于入自夕禣酒王受祐	3
屯四二四〇	惟入自夕酒	3
英二一二二	甲戌卜尹貞王賓夕禣無：	2
英二一二四	癸丑卜行貞王賓夕禣無𡆥	2
英二一二四	：行：賓：禣：在十月	2
英二一二五	：卜行：王賓：禣無：	2
英二一二六	丙辰卜行貞王賓夕禣無𡆥	2
英二一二七	：出貞王賓夕禣：	2
英二一三八	：貞王：夕禣：	2
英二一三九	戊?：貞王賓夕禣無：	2
懷一〇三二	庚子卜行貞王：夕禣：𡆥	2
懷一〇三三	癸酉卜旅貞夕禣無𡆥	2
懷一〇五四	：賓夕禣無尤二月	2
懷一三五八	癸酉卜行貞王賓夕禣無𡆥	2
懷一三五九	癸巳卜行貞王賓夕禣無𡆥	2

片號	釋文	期
二二七二一	甲戌卜尹貞王賓蓺禕無𡆥	2
二二七六一	：巳卜行貞王賓大丁蓺禕無𡆥	2
二三二四一正	庚戌卜旅貞王賓蓺禕無𡆥	2
二三二四一正	庚戌卜：貞王賓蓺禕：	2
二三二四一正	庚戌卜旅貞王賓蓺禕無𡆥	2
二三二四一反	甲子卜旅貞王賓蓺禕無𡆥	2
二三二四一反	乙丑卜：貞王賓蓺禕無𡆥	2
二三二四一反	乙丑卜旅貞王賓蓺禕無𡆥	2
二三二四一正	庚戌卜旅貞王賓蓺禕無𡆥	2
二三二四一正	庚戌卜旅貞王賓蓺禕無𡆥	2
二五三七三	甲子卜即貞王賓蓺禕無𡆥	2
二五三七四	乙丑卜即貞王賓蓺禕無𡆥	2
二五三七五	戊寅卜即貞王賓蓺禕無𡆥五月	2
二五三七六	辛丑卜即貞王賓蓺禕無𡆥	2
二五三七七	甲辰卜即貞王賓蓺禕無𡆥	2
二五三七八	乙卯：貞王賓蓺禕無𡆥	2
二五三七九	丁卯卜尹貞王賓蓺禕無𡆥	2
二五三八〇	乙亥卜尹貞王賓蓺禕無：	2
二五三八一	辛巳卜尹貞王賓蓺禕無𡆥	2
二五三八二	甲申卜尹貞王賓蓺禕無𡆥	2
二三七三二	乙酉卜行貞王賓蓺禕無𡆥	2
二五三八三	乙酉卜尹貞王賓蓺禕無𡆥	2
二五三八四	丁酉卜尹貞王賓蓺禕無𡆥	2
二五三八五	乙巳卜尹貞王賓蓺禕無𡆥在九月	2
二五三八六	庚戌卜尹貞王賓蓺禕無𡆥	2
二五三八七	庚戌卜尹貞王賓蓺禕：	2
二五三八八	辛巳卜尹貞王賓蓺禕無𡆥	2
二五三八九	：卜尹：王賓蓺禕無𡆥	2
二五三九二	甲子卜行貞王賓蓺禕無𡆥	2
二五三九三	辛未卜貞王賓蓺禕無𡆥	2
二五三九四	丁丑卜行貞王賓蓺禕無𡆥	2
二五三九五	甲戌卜行貞王賓蓺禕無𡆥	2
二五三九六	乙亥卜行貞王賓蓺禕無𡆥	2
二五三九七	辛巳卜行貞王賓蓺禕無𡆥	2
二五三九八	甲申卜行貞王賓蓺禕無𡆥	2
二五三九九	甲辰卜行貞王賓蓺禕無𡆥	2
二五四〇〇	乙巳卜行貞王賓蓺禕無：	2
二五四〇一	辛亥卜行貞王賓蓺禕：	2
二五四〇二	辛亥：貞王賓蓺禕無：	2
二五四〇三	辛酉卜行貞王賓蓺禕無𡆥	2

片號	釋文	期
二五四〇四	甲戌卜行貞王賓蓺禕無𡆥	2
二五四〇五	丁：卜行貞王賓蓺禕無𡆥	2
二五四〇六	：申卜行貞王賓蓺禕無𡆥	2
二五四〇八	庚寅卜旅貞王賓蓺禕：	2
二五四〇九	庚子卜旅貞王賓蓺禕無：	2
二五四一〇	：丑卜旅：賓蓺禕：𡆥	2
二五四一一	：旅：王賓蓺禕：無：	2
二五四一三	：出貞：蓺禕無𡆥	2
二五四一四	庚寅卜喜貞王賓蓺禕無𡆥	2
二五四一五	：喜：王賓蓺禕無𡆥	2
二五四一六	丁卯卜兄貞王賓蓺禕無𡆥	2
二五四一八	丁丑卜涿貞王賓蓺禕無𡆥	2
二五四二二	辛未：貞王：蓺禕：	2
二五四二八	乙酉：貞王賓蓺禕無𡆥	2
二五四二九	乙酉卜：貞王賓蓺禕無：	2
二五四三〇	乙酉：貞王：蓺禕：𡆥	2
二五四三一	乙酉卜：王賓蓺禕：	2
二五四三二	丁酉卜：貞王賓蓺禕：尤	2
二五四三三	乙巳：貞王賓蓺禕無𡆥	2
二五四三五	庚戌卜：貞王：蓺禕：𡆥	2
二五四三七	乙卯卜：貞王賓蓺禕：	2
二五四三八	庚申卜：貞王賓蓺禕無𡆥	2
二五四三九	：卜：貞王賓蓺禕無𡆥	2
二五四四〇	：巳：王賓蓺禕無𡆥	2
二五四四九	：蓺禕：𡆥五月	2
二五四五〇	：貞王賓蓺禕無𡆥	2
二五四五一	：蓺禕無𡆥	2
二五四五二	貞蓺禕無尤	2
二五四五三	貞蓺禕無：	2
二五四八八	甲寅：貞王賓蓺禕無𡆥在九月	2
二五五〇六	庚辰：貞王：蓺禕：	2
二五五一六	庚申：貞王賓蓺禕無𡆥	2
二五五二一	甲申：貞王：蓺禕無𡆥	2
二五五三九	甲寅卜即貞王賓蓺禕無𡆥	2
二五六八〇	丙午卜尹：王賓蓺禕無𡆥	2
二五六八〇	丁未卜尹貞王賓蓺禕：𡆥	2
二六一一六	：蓺禕無尤四月	2
二七〇四二反	辛亥卜宁貞王賓蓺禕無尤	3
二七〇四二正	庚申卜宁貞王賓蓺禕無尤	3
二七〇六四	癸巳卜何貞王：上甲蓺禕：遘雨	3
二七五二二	惟入自蓺酉彡	3

著錄號	釋文	分期
二七五四三	甲子卜彭貞王𢦔禣其賓于祖	3
三〇五二九	癸巳卜何貞王賓𢦔禣不遘雨	3
三〇九二五	惟各于𢦔禣叙王受祐	3
三〇九三三	癸未卜禣歲𢦔	3
英二〇九三	庚午卜尹貞王賓𢦔禣…	2
懷一〇二九	丙申卜…貞王賓𢦔禣…尤	2

偤

著錄號	釋文	分期
二七七	丁…穷…作…禣…八月	1
一五一六五	丁亥卜貞王賓酉無𡿧	1
一五一六七	戊子卜貞翌己丑王賓禣無𡿧	1
一五八四三	…穷…禣…	1
二二六〇六	丁酉卜行貞王賓禣無𡆥在師…	2
二二七二一	乙亥卜尹貞王賓大乙酉無𡆥	2
二二七九二	庚戌卜旅貞王賓大庚…酉…𡆥	2
二二八八三	甲子卜行貞王賓戔甲彡酉無𡆥	2
二二九九二	…卜行…王賓…禣	2
二三一八六	辛巳卜行貞王賓…禣無𡆥	2
二三三一七	…卜大…賓…禣…月	2
二三三五〇	…卜賓…禣…𡆥在…	2
二三四八一	癸亥卜吳貞翌甲子其侑于兄庚惟王賓禣敓…	2 2
二三六七一	…戊卜行…王賓…禣無𡆥	2
二四二三三	丁巳…貞王…禣…	2
二四二三三	戊戌卜行貞王賓禣無𡆥在𢀛	2
二四二三六	…申卜行…賓禣無𡆥在十月在𢀛…	2
二四三一〇	甲子卜行貞王賓…禣祭在…䘿…	2
二四三一二	戊午卜行貞王賓禣無𡆥	2
二四三一八	庚午卜行貞王賓…禣…𡆥…	2
二四三二〇	…卜行…王賓…禣無…	2
二四三四一	丙子卜尹貞王賓禣無𡆥	2
二四三四一	丁丑卜尹貞王賓禣無𡆥	2
二四三四一	乙亥卜尹貞王賓禣無𡆥在五月	2
二四三四五	乙卯卜尹貞王賓禣無𡆥	2
二四三四五	甲寅卜尹貞王賓禣無𡆥	2
二四三六〇	辛未卜行貞王賓禣無𡆥	2
二四三六二	己巳卜…貞王賓禣無…	2
二四三六二	庚午卜行貞王賓禣無𡆥	2
二五三九一	…卜尹…王賓…禣…𡆥	2
二五四五七	己酉卜大貞王賓禣…	2
一五四六八	…申卜即…王賓…禣無…在八月	2
二五四七〇	…卜…王賓…禣無…在八月	2
二五四七二	…酉卜即…王賓…禣無…	2
二五四七四	…卜喜…王賓…禣無𡆥	2
二五四八一正	癸未卜尹…王賓…禣無𡆥	2
二五四八三	…賓…禣…𡆥	2
二五四九〇	…卜尹…賓…禣…𡆥	2
二五四九二	…卜𠂤貞王…禣無𡆥	2
二五四九九	…卜旅…賓…禣…𡆥	2
二五五〇〇	…旅…賓…禣…	2
二五五〇一	…戊卜旅…王賓…禣…𡆥	2
二五五〇二	…卜旅…賓…禣無𡆥	2
二五五三七	…卜大…王賓…禣無…	2
二五五四〇	…卜即…王賓…尊無…	2
二五五四一	…卜即…賓…禣無…	2
二五五四二	癸丑…貞王…禣無…	2
二五五四三	…巳卜漥…王賓…禣…𡆥	2
二五五四四	…卜行…王賓…禣…𡆥	2
二五五四五	…戊卜行…王賓…禣…𡆥	2
二五五四六	…卜行…賓…禣…	2
二五五四七	…卯卜行…王賓…禣…𡆥	2
二五五四八	…卜行…賓…禣…𡆥	2
二五五四九	…卜尹…王賓…禣…𡆥	2
二五五五〇	…尹…賓…禣…𡆥	2
二五五五一	…卜尹…賓…禣…	2
二五五五二	…卜尹…王賓…禣…	2
二五五五三	…卜𠂤…賓…禣…𡆥	2
二五五五四	…卜𠂤…賓…禣…𡆥	2
二五五五五	…卜𠂤…王賓…禣…	2
二五五五六	…卜旅…王賓…禣無𡆥八月	2
二五五五七	…卜旅…賓…禣…𡆥	2
二五五五八	…卜旅…賓…禣…	2
二五五五九	…王賓…禣…𡆥	2
二五五六〇	…大貞王賓…禣無𡆥	2
二五五六一	…寅卜即貞王賓…禣無𡆥	2
二五五六三	…卯卜喜貞王賓禣無𡆥	2
二五五六四	甲寅…出貞王賓禣無𡆥	2
二五五六六	乙亥卜尹貞王賓禣無𡆥在五月	2
二五五六七	丙辰卜尹貞王賓禣無𡆥	2
二五五六八	辛巳卜尹貞王賓禣無𡆥	2
二五五六九	辛丑卜尹貞王賓禣無𡆥	2
二五五七一	丁酉卜旅貞王…禣…	2

禕

二五五七二 戊午卜旅貞王賓禕無囚 2
二五五七二 戊辰卜旅貞王賓禕無囚 2
二五五七四 戊寅卜旅貞王賓禕無囚 2
二五五七五 戊申卜旅貞王賓禕無囚在十二月 2
二五五七六 乙丑卜行貞王賓禕無囚 2
二五五七七 丁未…貞王…禕… 2
二五五七七 戊申卜行貞王賓禕無囚 2
二五五七八 壬午卜行貞王賓禕無囚 2
二五五七九 庚辰卜行貞王賓禕無囚 2
二五五八〇 庚辰卜行貞王賓禕無囚 2
二五五八一 乙酉卜行貞王賓禕無囚在… 2
二五五八二 己丑卜行貞王賓禕無… 2
二五五八三 庚寅卜行貞王賓禕無囚 2
二五五八四 乙未卜行貞王賓禕無囚 2
二五五八五 甲辰卜行貞王賓禕無囚在正月 2
二五五八五 乙巳…貞王賓禕無囚 2
一五五八五 乙巳卜行貞王賓禕無囚 2
二五五八六 丁未卜行貞王賓禕無囚在十一月 2
二五五八七 甲寅卜行貞王賓禕無… 2
二五五八八 己未…貞王…禕… 2
二五五八九 庚申…貞王賓禕無囚 2
二五五九一 …卯卜逐…賓禕無… 2
二五五九二 …子王卜余賓禕無囚 2
二五五九三 辛巳…貞王…禕無… 2
二五五九四 辛未卜…貞王賓…禕… 2
二五五九五 丙寅卜…貞王…禕… 2
二五五九七 辛巳…貞…賓…禕…囚 2
二五五九八 辛未…貞王…禕…囚 2
二五五九九 庚辰…貞王…福無… 2
二五六〇〇 己卯…貞王賓禕無囚 2
二五六〇〇 庚辰…貞王賓禕無囚 2
二五六〇一 乙酉卜…貞王賓禕無囚 2
二五六〇二 庚寅…貞王賓禕無囚五月 2
二五六〇三 …卜…王…禕…囚 2
二五六〇三 壬辰…貞王…禕…囚 2
二五六〇四 甲午卜…貞王賓禕無囚 2
二五六〇五 甲辰…貞王賓禕無囚 2
二五六〇六 庚申卜貞王賓禕…尤 2
二五六〇七 壬戌卜…貞王賓禕無囚 2
二五六〇八 庚…貞王…禕無… 2
二五六〇九 …酉卜…貞王賓禕無囚 2
二五六一〇 …酉卜…賓…禕…囚 2

二五六一一 …王賓禕無尤八月 2
二五六一二 …王賓禕無囚 2
二五六一三 …王賓禕無囚 2
二五六一四 …王賓禕無囚 2
二五六一六 庚午卜大貞王賓酉無囚十一月 2
一五六一八 丁未…貞王…禕…囚 2
二五六一七 甲申卜即貞王賓酉無囚 2
二五六一九 …貞…禕無囚 2
二五六二〇 …王賓禕無囚 2
二五六二一 …賓…禕…囚 2
二五六六三 …卜大…王賓戠禕…囚 2
二五六九九 癸丑卜行貞王賓戠禕… 2
二五七〇七 癸卯卜行…王賓…禕無囚 2
二五七六九 庚戌卜大貞王賓禕無尤 2
二五七八二 辛未…即貞…賓…禕… 2
二五七九〇 癸…出…賓…禕… 2
二五八〇三 …卜尹…賓禕無… 2
二六一〇七 …賓禕無囚 2
二六一一五 …即…賓…禕… 2
六五九一 辛未卜尹貞王賓…禕…囚 2
英二一三〇 乙丑卜即貞王賓禕無囚 2
英二一三一 …卜旅…賓…禕… 2
英二一三二 …尹…賓…禕…囚 2
英二一三三 …卜即…王賓…禕… 2
英二一三四 …貞王賓…禕無囚 2
英二一三五 …子卜…王賓…禕無… 2
英二一三六 …卜行…王賓…禕…囚 2
懷一〇三七 …卜旅…王賓…禕…囚 2
懷一〇五九 …丑卜𠂤…王賓…禕無… 2
懷一二五一 …卜行…王賓…禕… 2

其它

二三〇一 貞勿酉舌父乙 1
三一六五正 勿呼子…賓福… 1
三一七四 貞子…福…母… 1
三二〇二 …未卜王惟…宋酉…衛 1
四一一六 …日酉 1
五二九一 庚午卜史貞禕𠂤惟… 1
八四二五 壬辰卜酉𢦏方大甲 1
八七五〇 …曰…有福…在西 1
一〇五六六 …翌乙…入…禕…往…田 1

一〇六一三正　勿侑禘祖　1
一五八〇六　…寅尋彡…　1
一五八一〇　…禘…　1
一五八一四　庚辰卜王…尋…酚　1
一五八二八　…酉…　1
一五八二九　庚午卜史貞禘𠂤橐　1
一五八三一　…寅卜…貞禘…橐　1
一五八三一　貞…辛…禘…　1
一五八三二　辛巳貞禘…二月　1
一五八三八　貞…其…禘…　1
一五八四五　戊辰卜貞翌己巳禘…　1
一五八四六　…禘…　1
一五八四八　貞…豕…禘…　1
一五八四九反　…亦禘…亦…　1
一五八五〇　…禘來丁丑有一牛　1
一五八五〇　…禘來丁丑有一牛　1
一五八五五　丙辰…禘…[illegible]…于…　1
一八二〇六　丁酉卜王…人尋…月　1
一八二〇七　癸亥卜…尋…　1
一八二〇七　…出日尋…　1
一八五五七　貞…酉…　1
一八九三四　…庚…其…禘…　1
一九四八七　貞惟子…禘　1
一九八〇五　…酉上甲　1
二〇四四七　…午比酉行來…方不獲…　1
二〇四六二　…酉兄丁…追…　1
二〇四六二　…申卜王酉兄戊…　1
二〇五三〇　癸未卜延酉父甲至父乙酚一牛　1
二〇六二三　…酉[illegible]方大丁　1
二〇九二六　己丑卜…酉奉啓　1
二一二二四　…酉亞家　1
二二二二六　酉妣庚　1
二二二五八　癸丑卜酉邑中母…有友　1
二二二六八　酉至婦力中母豕　1
二二二六九　酉至中母力　1
二二二九二　庚子卜子狩…禘不中…　1
二二四一七　貞今夕無酉穷…王…　1
二二四一七　…其…酉…壱　1
二二四二一反　己卯卜酉三匚至𠃊甲十示　1
二二四二二　己卯卜酉三匚至𠃊…　1
二二四八二　辛…酉…　1

二三二四一反　禘…　2
二三七〇三正　貞于入…自禘…　2
二四三二〇　…禘　2
二四三四九　…貞…禘…　2
二四八八八　…貞…于?…不…往…禘…　2
二五二〇三　丙寅卜大貞翌丁卯歲其先禘　2
二五六二四　…禘無尤　2
二五六二七　庚…貞…[illegible]　2
二五六三一　丁未…貞…禘…　2
二五六三二　…出永貞惟禘𠂤用　2
二五六三三　…卜…貞並…禘…于…　2
二五六三四　…禘…王入　2
二五六三五　…亥卜…作…禘…　2
二五六三六正　…貞王…庚戌…禘…　2
二五六三七　貞…禘…于…　2
二五六三七　勿禘　2
二五六三八　…禘　2
二五七四八　…貞翌…禘戠…　2
二五七八三　…尋無尤　2
二五九〇九　…不?…有…邑用…[illegible]　2
二五九七六　…卜大…惟有…邑用…[illegible]　2
二五九七八　辛亥卜喜貞邑其禘　2
二六〇四五　…禘…衣…惟…　2
二六七六五　甲子卜大貞㞢家盧子…[illegible]暨…己酉　2
二七〇四二正　…禘無尤　3
二七一一五　禘大乙酚萑王悔　3
二七一四八　貞其妣甲禘　3
二七一四八　妣禘　3
三〇四四九　弜入[illegible]　3
三〇七五七　癸卯卜貞惟禘　3
三〇九二六　丁巳卜何貞禘惟…吉　3
三〇九二七　…𤕌貞…禘不…雨王往…允不遘…　四月　3
三〇九三一　貞惟禘用　3
三一〇五〇　酉[illegible]王帝賓…　3
三二五七一　…卯卜惟王既酉…廼有悔　3
三二五七一　自父乙禘若　4
三三〇九〇　自祖乙禘若　4
三四三八一　戊寅卜其…酉　4
三八四五四　丙戌貞延奉禘歲弘二牢　4
屯九五八　癸亥卜貞王旬無猷在六月王…曰禘　5
　　　…盟惟禘吉　3

乇一〇二八 :吾酉王: 3
乇一〇五五 庚子卜其𩛥新:𦱊:酉 3
乇一四二 :𧇲:酌: 3
乇二四〇 惟𣃔:禣 3
英一二七三 丁巳:貞十?:禣:鳥: 1
英一二七三 :禣: 1
英一二七四 :其禣: 1
英一三三七 :禣: 2
英一三三七 :禣: 2
英一三三八 :禣: 2
英一三六八 禣: 3
懷一〇三〇 :旅:禣:囚 2
懷一二六八 甲子卜大貞作𡧊子母禣暨多母若 2

祓

三五五一四 貞王賓祓無尤 5
三五五六八 :卜貞王:祓:尤 5
三五五六九 :賓:祓:尤 5
三五六〇四 :卜貞王:大戊祓: 5
三五六六四 :貞王賓:祓無: 5
三五七〇八 貞王賓羌甲祓無尤 5
三五七〇九 貞王賓羌甲祓: 5
三五七一五 貞王賓四祖丁祓: 5
三五七一六 貞王:四祖丁祓: 5
三五七八八 :王賓小辛祓無尤 5
三五八〇〇 貞王賓祓無: 5
三五八〇一 :卜貞:小乙祓:尤 5
三六一一四 祓 5
三八二九七 :貞王賓:祓: 5
三八四五五 貞王賓祓無尤 5
三八四五六 貞王賓祓無尤 5
三八四五七 貞王賓祓無尤 5
三八四六〇 貞王賓祓無: 5
三八四六一 貞王:祓無尤 5
三八四六三 貞王:祓: 5

三八四六六 丙:祓: 5

礻

五三九正 貞礻:大:三:三牛 1

祕

二六八九六 貞弜用𡕢惟祕行用戠羌人于之不雉人 3

禵

一〇一四八 己巳卜方貞惟年禵用 1

𥙕

乇三八九七 :畀:𥙕:𠂤帚王: 3

新

一九八四七 甲子卜𣎵新馬至祖乙 1

屮

一八〇二一 :卜㠯:屮六:月: 1

䕌

乇七五一 乙未卜令𠂤以望人𡉉于䕌 4

采

二采 參二 396頁

帝 禘

九〇〇正 自今庚子:于甲辰帝令雨 1
九〇〇正 至甲辰帝不其令雨 1
五六五八正 丙寅卜爭貞今十一月帝令雨 二告 1
五六五八正 貞今十一月帝不其令雨 二告 1
一〇九七六正 貞生八月帝不其令多雨 1
一〇九七六正 辛未卜爭貞生八月帝令多雨 1
一二八五二 :子卜爭:自今至:丙辰帝:雨 1

一四二九正　壬申卜古貞帝令雨
一四三二正　貞今一月帝令雨
一四三三　…今一月帝其…
一四三四　…今二月帝不…令雨　二告
一四三五正　貞今三月帝不其令雨　二告
一四三六　…𠭘貞今三月帝令多雨
一四三七　…三月帝…雨
一四三八　貞帝弗其及今四月令雨
一四三八　戊子卜㱿貞帝及四月令雨
一四四〇正　…帝令多雨
一四四一　…帝令雨正…
一四四二　己巳…古…帝令雨
一四四三　…辰卜…帝令…
一四四四　…帝…雨
一四四五反　…帝令雨
一四四六　…庚寅帝不令雨
一四四七正　來乙未帝其令雨　二告
一四四七正　來乙未帝不令雨
一四四八　…自今至于庚寅帝不其令雨
一四四八　…戌卜爭貞自今至于庚寅帝令…
一四四九正　癸…㱿貞翌甲寅帝其令雨
一四四九正　癸丑卜㱿貞翌甲寅帝…令雨
一四五〇　貞翌丁亥帝其令雨
一四五一　…自今至…庚寅帝不其令雨
一四五二　…帝不其令…
一四五三甲正　丙寅卜卯帝其令雨
一四五三甲正　丙寅卜卯帝不…雨允…
一四五三甲正　翌…帝其…
一四五三乙正　丙子卜㱿翌丁丑帝其令雨
一四五三乙正　丁卯卜㱿翌戊辰帝其令…
一四五三乙正　戊辰卜㱿翌己巳帝不令雨　二告
一四五三乙正　丁卯卜㱿翌戊辰帝不令雨戊辰允霧
一四五三乙正　辛未卜翌壬帝其雨
一四五三乙正　…未卜翌壬帝…雨壬暈
一四五三乙正　壬申卜翌癸帝其令雨　二告
一四五三乙正　壬申卜㱿翌癸帝不令雨
一四五三乙正　甲戌卜㱿翌乙亥帝其令雨
一四五三乙正　甲戌卜㱿翌乙亥帝不令雨
一四五三乙正　乙亥卜㱿翌丙子帝其令雨
一四五三乙正　乙亥卜㱿翌丙子帝不令雨
一四五三乙正　戊…卜㱿…己巳帝…令雨
一四五三乙反　己巳帝允令雨至于庚
一四五四　…帝惟癸其雨
一四六〇　庚子卜貞帝令…
一四二九五　辛亥內貞今一月帝令雨四日甲寅夕…

二一〇八一　戊子…王貞生十二月帝…雨二旬又六日…
英一二五反　…帝令雨
英一一三九　…㱿翌乙卯帝其令雨

帝令雷

一四一二七正　貞帝其及今十三月令雷
一四一二七正　…帝其于生一月令雷　二告
一四一二八正　癸未卜爭貞生一月帝其弘令雷
一四一二八正　貞生一月帝不其弘令雷
一四一三〇正　…帝其令雷

帝·風

六七二正　翌癸卯帝不令風夕霧
一四二二五　…于帝史風二犬…
一四二二六　燎帝史風一牛
一四二九五　貞帝于西方曰彝風曰丰奉年
一四二九五　辛亥卜內貞帝于北方曰伏風曰𠭘奉…
一四二九五　辛亥卜內貞帝于南方曰微風夷奉年一月
一四二九五　貞帝于東方曰析風曰劦奉年
二一〇八〇　帝風九犬
三四一五〇　辛未卜帝風不用雨
屯二一六一　辛未卜帝風不用雨

帝·𦰩

一四一五六　丁丑卜爭貞不𩆜帝惟其…
一四一五六　丁丑卜爭貞不𩆜帝不惟…
一〇一六七　貞帝不降大𦰩九月
一〇一六八　庚戌卜貞帝其降𦰩
一〇一六九　…曰帝…𦰩我
一〇一七一正　戊申卜爭貞帝其降我𦰩一月　二告
一〇一七一正　戊申卜爭貞帝不我降𦰩
一〇一七二　辛卯卜㱿貞帝其𦰩我三月
一〇一七三正　貞帝不我𦰩
一〇一七四正　己酉卜亘貞帝不我𦰩
一〇一七四正　貞帝其𦰩我　小告　不舌黽
一〇一七五正　…帝不我𦰩

帝異

一一九二一正　庚戌…爭貞不其雨帝異…
二四九〇〇　庚申…貞曰…□…雨帝…循不…

帝·摧

九七三三正　癸巳卜方帝…其既入邑摧　二告

一四三七〇丙　：申卜貞方禘寧摧九月
一四一七一　貞帝不惟降摧
一四一七一　貞：帝惟降摧
一四一七二　貞帝不降摧
一四一七三正　：帝其降摧
一四一七四　壬申：貞帝：摧
一四一七五　貞帝其：我摧

六七四六　貞不惟帝令作我𡆥
一三一三二乙正　：穷：帝：作王𡆥
一四一七六　：卯丁帝其降𡆥其㓞
一四一七六　貞卯帝弗其降𡆥十月
一四一七八　：申：己帝其降𡆥
一四一七九　：卜貞乙帝惟十月降：
一四一八〇　：帝降：
一四一八二　：帝其作王𡆥

一四二〇八正　貞帝狭唐邑
一四二〇八正　貞帝弗狭唐邑
一四二一一正　戊戌卜爭貞帝狭茲邑　二告
一四二一二　辛卯卜殻：帝狭茲邑
一四二一六　戊寅卜穷貞帝：
一四二一六　貞帝弗狭茲：
一四二一七正　：其：帝弗狭
一四二一八　：帝：狭

一四二〇九正　貞帝惟其終茲邑
一四二〇九正　貞帝弗終茲邑
一四二〇九正　丙辰卜殻貞帝惟其終茲邑
一四二〇九正　貞帝弗終茲邑
一四二一〇正　貞帝惟其終茲邑
一四二一〇正　貞帝弗終茲邑
一四二一〇正　丙辰卜殻貞帝惟其終茲邑
一四二一〇正　貞帝弗終茲邑

九四正　壬寅卜穷貞若茲不雨帝惟茲邑寵不若
二月
九四反　王固曰帝惟茲邑寵不若
七〇七五正　帝若　二告

七〇七五反　王固曰吉帝若
七四〇七甲正　貞王孽戠帝若　二告
七四〇七乙正　貞王勿比戠帝若
六四九七　：我其巳穷作帝降若
六四九七　：我勿巳穷作帝降不若
六四九八　：卜殻貞我其巳穷作帝降若
六四九八　：殻貞我勿巳穷作帝降不若
一四一九九反　：旨循：咒若：帝：
一四二〇〇正　丁卯卜爭貞王作邑帝若我从之唐
一四二〇〇正　：邑帝弗若
一四二〇一　貞王作邑帝若八月
一四二〇一　貞勿作邑帝若
一四二〇一　庚午卜内貞王作邑帝若八月　二告
一四二〇二　庚午卜内貞王勿作邑舌茲帝若
一四二〇三　：戊卜殻貞我作邑帝：
一四二〇四　貞王作邑帝若
一四二〇六正　：王作邑帝若
一四二〇六正　壬子卜爭貞我其作邑帝弗佐若三月
一四二〇六正　癸丑卜爭貞我宅茲邑大賓帝若三月
一四二〇六正　癸丑卜爭貞勿作邑帝若
一四二〇七正　癸丑卜：貞我作邑帝弗佐若　二告
一四一九三正　丁未：帝若：
一四一九四　丙子卜爭貞帝弗：
一四一九五　：帝弗若七月
一四一九六　：帝弗若
一四一九七正　：帝弗若
一四一九八正　辛丑卜殻貞帝若王　二告
一四一九八正　貞帝弗若王　二告
一四一九九正　己未：貞旨：千若于帝祐
一四一九九正　貞旨：千不：若于帝佐
一四二〇六正　癸丑卜爭貞帝弗若
二四九七八　貞惟王帝㞢祟不若
二六〇九〇　：惟王帝人不若
英一一四一　：雨帝若
英一二八六　貞帝示若今我奏祀四月

六二七〇正　辛亥卜殻貞伐舌方帝受：
六二七一　辛亥卜殻貞伐舌方帝受：
六二七二　貞勿伐舌帝不我其受祐
六二七三　：伐舌方帝受我祐
六四七三正　貞王惟沚戠比伐巴方帝受我祐

著錄	釋文	
六四七三正	王勿惟沚戠比伐𢀛方帝不我其受祐 二告	1
六四七四	貞王比戠伐𢀛帝受祐	1
六五四二	…伐𢀛方帝受我…	1
六五四三	…午卜殼貞王伐𢀛帝受我祐一月	1
六六六四正	甲辰卜爭貞我伐馬方帝受我祐一月	1
六七三六	…今𡆥王循方帝…我祐	1
六七三七	…午卜殼貞今𡆥王循方帝受我…	1
七四四〇正	貞沚戠啓王勿比帝弗若不我其受祐	1
七四四〇正	丙辰卜爭貞沚戠啓王比帝若受我祐 二告	1
一四一九〇	貞帝不我其受祐	1
一四一九一	貞帝不我其受祐	1
一四六七一	帝受我祐	1
二一〇七三	庚午卜惟斧爯呼帝降食受祐	1
一〇一二四正	貞惟帝壱我年二月	1
一〇一二四正	貞不惟帝壱我年 二告	1
一〇一二四反	王固曰不惟帝壱惟由	1
三四一五七	辛亥卜帝小工壱戊侑三十小牢	4
三四四八二	辛亥卜帝小工壱	4
懷 八五	…寅…帝弗壱年	1
二一七	惟帝臣令	1
一四二二三	惟帝臣令出	1
三〇二九八	于帝臣有雨	3
三〇三九一	…𠦪侑于帝五臣有大雨	3
三〇三九一	王有歲于帝五臣正惟無雨	3
三四一四八	庚午貞秋大集…于帝五玉臣血…在 祖乙宗卜 茲用	4
三四一四九	癸酉貞帝五玉臣其三百四十牢	4
屯 九三〇	貞其寧秋于帝五丰臣于日告	4
懷 八九七	惟帝臣令	1
二六四正	貞勿方帝	1
四一八正	貞方帝一羌二犬卯一牛	1
四一八正	貞勿方帝 二告	1
四五六反	方帝	1
四五六反	勿方帝	1
四七八正	方帝羌卯牛	1
四七八正	勿方帝	1

著錄	釋文	
五〇五正	勿方帝	1
五〇五正	…帝 二告	1
一一四〇正	戊申卜殼貞方帝燎…于…[illegible]…卯…上甲	1
二三三四	勿方帝	1
二三三四	方帝	1
二三三四	貞帝	1
六七三四	王循方帝𠂤王	1
一一〇一八正	燎于土牢方帝 二告	1
一二八五五	…午卜方帝三豕又犬卯于土牢𠦪雨	1
一四二九六	貞…帝…方…	1
一四二九七	…申…帝…方…	1
一四二九八	…卜爭…翌乙亥方帝十犬	1
一四二九九	…今丁酉夕…犬方帝	1
一四三〇〇	貞方帝卯一牛有穀	1
一四三〇一	乙亥卜貞方帝一豕一犬二羊…二月	1
一四三〇二	貞方帝	1
一四三〇三	貞方帝	1
一四三〇三	方帝	1
一四三〇四	壬午卜…方帝…	1
一四三〇五	貞燎土方帝	1
一四三〇六	…燎于土方帝	1
一四三〇七	勿方帝	1
一四三〇七	方帝	1
一四三〇八	勿方帝	1
一四三〇八	方帝	1
一四三〇九	勿…帝	1
一四三一〇	貞方帝	1
一四三七〇甲	貞勿方帝	1
一四四七〇正	勿方帝	1
三二一一二	甲寅卜其帝方一羌一牛九犬	4
三四六一五	…方帝	4
三四九九一	方帝	4
英一二二五	貞方帝七月	1
英一二二六	貞方帝	1
五六六二	…帝東巫	1
二一〇七四	…巫帝一犬	1
二一〇七五	壬午卜燎土延巫帝	1
二一〇七六	庚…巫帝二犬	1
二一〇七八	巫帝一犬一豕	1
二一〇七八	壬午卜巫帝	1
三二〇一二	癸巳卜其帝于巫	4
三四一五九	…巫帝…	4

帝

三三二九一　庚戌卜巫帝一羊一豕　4
三四〇六四　丁酉卜巫帝　4
三四一五五　癸亥貞今日小帝于巫豖一犬　4
三四一五六　辛亥卜小帝北巫　4
三四一五八　甲子卜巫帝　4

帝秋

一四一五七　庚戌卜貞有𤉲秋惟帝令㐱　1
一四七七三　貞帝秋于𠀠于土　1
三三二三〇　弜𢀛米帝秋　4
三三二三〇　壬子貞𢀛米帝秋　4
三三二三一　弜𢀛米帝秋沘　4

帝令

一四一二九反　王固曰帝惟今二月令其惟丙不吉其惟　1
七〇六一正　帝令至于……　1
六七四六　……帝令　1
　庚……　1
三四一四六　庚……貞……降翌允惟帝令　4
一四一四七反　王固曰帝其令……　1
一四一六一正　貞帝弗令惟𪓰　二告　1
一四一六一正　丙子卜古貞帝令惟𪓰　1
一四一六二　……翌辛……帝其令……　1
一四一六三　庚子卜貞帝令……　1
一四一六四　貞帝令……　1
一四一六五　貞翌……令……王……帝……　1
一四一六六　翌……帝……令……　1
一四一七七　貞……帝令降……　1
一四一六九　……至于庚……帝令……　1
一四三二〇　貞帝于令　1
英一一四〇　……帝令……　1
英一一三九　貞帝于令　1
英一一三九　貞帝于令　1
英二〇八六　……帝令……　2

帝于

三六八　貞帝于[illegible]　1
三六八　勿帝于[illegible]　1
三七一反　帝于……　1
一一四〇正　丁未卜王帝于[illegible]　1
一〇九七六正　勿呼雀帝于西　1
一四三一三正　貞帝于東埋囦豕燎三宰卯黄牛　1
一四三二三　帝于南犬　1
一四三二五　……禘于……西　1
一四三二八正　貞勿禘于西　1
一四三二八正　己巳卜㝎貞禘于西　1
一四三三三　帝于北二犬卯……　1
一四三六三　庚戌卜豹勿禘于𨘋　1
一四五三一　……帝于河　1
一四六八六反　勿燎帝于有昌　1
一四七四八　貞帝于王亥　1
一五九五〇　貞涉帝于東　1
一五九七〇　……禘于……又一……　1
一五九七二正　……禘于……　1
一五九八〇　勿禘于……　1
二一〇八四　甲辰卜帝于東九月　1
二一〇八九　戊寅卜九犬帝于西二月　1
三〇三六二　貞帝于必　3
三三八七四正　……其帝于……　4
屯三六六四　庚辰……帝于……九……　4
英八六反　……帝于西十牛　1
英一二三七　庚子卜……惟我……帝于……　1
英一二三七　帝于東　1

于帝

一四〇二正　貞大甲不賓于帝　1
一四〇二正　貞下乙不賓于帝　1
一四〇二正　貞大……賓于帝　1
一四〇二正　貞下乙……于帝　1
一四〇二正　貞咸賓于帝　1
一一五五二　……惟……于二月帝……　1
一四二二七　貞燎于帝雲　1
一四二五一反　……于帝……　1
一五九七一　……戌卜我……于帝　1
二二〇七三　己丑卜禦于帝三十小宰己丑余至豖羊　1
二二〇七五　辛亥卜有歲于帝牢　1
二四九八二　甲戌卜王曰貞勿告于帝丁不𢆶　2
二七九七二　于濘帝呼禦羌方于之𢦔　3
三〇二九六　丁丑卜其祝王入……于帝……　3
三二四四三　庚子卜咸……于帝五……　4
三二九四六　于帝𨒪　4
三四一四七　……于帝……　4
三四一五六　貞于北帝　4
屯一一四七　丁卯卜其侑于帝……　3
英二三八六　戊戌卜貞來乙于帝……　3

懷一五六五　丙申卜于北帝

其它

八　……卜貞肇丁帝十牢
四〇五　……帝三羌
七二一正　執于西南帝介卯
八六三　……羽以出……往惟帝……惟杈……
九〇二反　貞不惟帝先王
九〇五正　癸亥卜殻貞于心上甲二牛又帝伐十……十豭
……月
九〇五正　……心……帝……
九四〇正　貞我帝
九七四正　帝獻三牛
一二七三正　貞帝……
二五八〇　……帝[illegible]
三五〇四　戊戌卜褅于黄……
三五〇六　褅黄奭三犬
三六三七　己卯卜宾貞惟帝取婦好
三六七一　……貞帝……
三六七二　……卜宾貞帝弗……
六〇九三正　……貞舌方出帝不惟……
六〇九三正　……舌貞舌方出帝……
六二七〇正　貞帝不其……
六五四九　……王伐党帝……
六七三四　貞帝弗其……
七四四〇反　王固曰吉帝其……余……
八三三〇正　惟褅岳扶
八六四九反　……帝
九七三一正　……殻……上甲……勿𥸤……不雨帝……受我年二月
九九一九正　貞帝不我……
一〇〇〇一正　勿帝十二月
一〇九三九　貞帝
一〇九三九　貞帝
一一五五三　……今二月帝……
一一八四二　貞……帝……百……
一二五一一正　己丑卜古貞翌庚寅帝其……
一三五七二　……寢于𤕌乃帝……受年
一四一三九正　……子卜宾……帝其及……
一四一五五　癸丑卜古貞今日帝不其……
一四一八一　……帝……囚　二告
一四一八三　貞帝弗作王……　二告
一四一八四　貞帝其作我孽

一四一八五　己丑卜殻貞帝作伐……
一四一八六　……卯卜帝其作……
一四一八七　貞帝弗其[illegible]王
一四一八八　帝弗缶于王
一四一八九　……帝弗保……
一四一九二　……帝……有祐
一四二〇五　……卜爭貞王作邑帝……
一四二〇七反　……爭貞我……立……帝……
一四二〇七反　……立……帝……
一四二一九正　……固曰帝……茲邑
一四二二〇　丁丑……王其……比帝畀我……
一四二二一正　帝畀……
一四二二二乙正　……帝肇王疾
一四二二二丙正　貞惟帝肇王疾　二告
一四二二四　……惟帝……昌西
一四二二九正　……辰卜宾貞帝昔……
一四二三〇正　貞帝其……
一四二三一　……帝其……
一四二三二　……帝其……
一四二三三　……帝無……
一四二三四　貞帝不……
一四二三五　丙辰帝不……
一四二三六　貞帝不……
一四二三七　貞帝弗……
一四二三八　癸卯……爭貞帝弗[illegible]
一四二三九　貞帝弗……
一四二四〇　……丑卜爭貞……來歲帝……
一四二四一　丁亥……殻貞惟帝……
一四二四二　……不惟帝曰
一四二四三　帝呼戕
一四二四四　貞來乙卯帝……
一四二四五　……爭……帝……
一四二四六　貞……壬……帝……
一四二四七　……帝……
一四二四八　貞……自……帝……
一四二四九　……𠭯帝……西宅
一四二五〇　甲午卜殻貞帝……
一四二五二　……帝……
一四二五三　……帝……余……
一四二五四　……立……帝……
一四二五五　……帝……宰
一四二五六　貞帝……
一四三一二　……帝……東西
一四三二六　勿褅

一四三二六 ……禘……西……宰 1
一四三二七 ……禘……西…… 1
一四三四五 貞于西母酌帝 1
一四三六○ 丁巳卜貞帝鳥 1
一四三六○ 貞帝鳥三羊三豕三犬 1
一四四三二 甲……帝 1
一四四七○正 貞方帝迺酌岳 1
一五七○三 貞翌丁酉勿酌帝 1
一五九三七正 ……帝有畀…… 1
一五九五一 ……帝…… 1
一五九五二 ……設……帝…… 1
一五九五九正 壬辰卜王余禘茲無杞六月 1
一五九六○反 貞勿禘 1
一五九六○反 丙寅卜㞢貞禘 1
一五九六三 ……帝…… 1
一五九六六 ……有疾禘…… 1
一五九六七 ……酉卜帝戠于……豕三羊 1
一五九六八 ……帝……茲…… 1
一五九六九 貞禘匕…… 1
一五九七三 癸卯卜帝自入十月 1
一五九七四 其禘 1
一五九七五 勿禘 1
一五九七六 貞勿禘 1
一五九七七 勿禘 1
一五九七八 勿禘 1
一五九七九 貞勿禘 1
一五九八一 貞禘惟羊 1
一五九八二 丙辰貞惟豕禘 1
一五九八三 丙戌卜貞惟犬又豕禘 1
一五九八四 甲戌……勿禘犬 1
一五九八五 ……王禘…… 1
一七○七三 貞帝……二告 1
一七二五二 壬……卜穷貞帝 1
一七九九一 ……帝……爽…… 1
一九二四三 貞于……友帝…… 1
一九七一○ 貞勿禘…… 1
二一○七七 ……帝三犬 1
二一○七九 于乙丑帝 1
二一○八七 ……王帝……東羊一……豚一犬……三月 1
二一○八八 ……帝…… 1
二一一七四 ……午……帝翌……其…… 1

二一一七四 ……午貞不帝翌 1
二一一七五 ……巳卜帝…… 1
二一三八七 丁丑卜王惟豕羊用帝虎十月 1
二一三八七 丁丑卜王勿帝虎十月 1
二二○八八 癸未卜帝下乙 1
二二二四六 帝乇燎門 1
二二二四六 帝乇燎門 1
二二二四七 帝…… 1
二二四五○ ……呼帝妣…… 1
二四九八○ ……王卜曰茲下……若茲惟王帝 見 2
二四九八一 甲辰帝……于乙巳…… 2
三○五八六 癸亥卜翌日辛帝降其入于𢖍大实在寂 3
三○五八七 ……卯卜帝其降…… 3
三○三八九 ……𢦏王帝今日…… 3
三○五九○ 弜呼𤉲帝子衆史王其悔 3
三○五九○ ……帝有田 3
三○五九一 癸酉……晒貞……帝 3
三○五九二 癸酉……貞帝……王其…… 3
三二○一二 壬……其……小帝 4
三二○六三 乙酉卜帝伐自上甲 4
三三○八六 ……隸𠬝伐盧帝…… 4
三三五○九 丙辰卜𠂤帝 4
三四○五○ ……亥卜帝伐自上甲用 4
三四○七四 丁酉卜𢦏帝南 4
三四一四五 癸丑卜帝東 4
三四一四五 癸丑卜帝南 4
三四一五三 癸亥帝北 4
三四一五三 癸……帝南 4
三四一五三 庚辰卜帝 4
三四一五四 癸……帝 4
三四一五四 癸亥卜帝北 4
三四一五四 癸亥……帝南 4
三四一五四 癸亥卜帝西 4
三四一五六 貞其帝 4
三四一六○ 乙酉卜帝…… 4
三五二二一 ……帝五……五牛 4
三五七二○ ……帝…… 5
三五九三一 乙巳卜貞王賓帝史無尤 5
三六一七一 ……貞翌日……有夂……帝正……有祐 5
三六一七二 庚……夂于文……帝必正…… 5
三六一七三 乙丑卜……其有夂……武帝……三牢正……有祐 5
三六一七五 丁卯……帝……司母…… 5

著錄	釋文	期
三六四二一	…久…帝…有祐	5
三八二三〇	…帝宗正王受有祐	5
屯七二三	…來歲帝其降永在祖乙宗十月卜	4
屯七二三	…帝不降永	4
屯八〇四	癸…帝	4
屯八〇四	弜小帝	4
屯一一四七	…木丁…帝勿…茲用	3
屯四五三四	…戊卜…帝	4
英一二正	王固曰吉其帝	1
英一四九反	帝三豕三犬卯一羊	1
英三五四反	戊辰…帝勿…	1
英三七四	貞惟帝…茲…	1
英一一〇八	貞我…作邑…帝…	1
英一一三六	壬寅卜殸貞帝弗佐王	1
英一一三七	…貞…帝…我…	1
英一一三八	乙卯卜…帝惟其…雨	1
英一二四二	…帝不…降惟…	1
英一二四三	…帝…邑…土…	1
英一二三三	…帝…	1
英一二三四	…卯…帝…豕…	1
英一二三五	…貞帝…惟一羊…一犬	1
英一七五一	…帝…	1
懷八〇	甲子卜內…帝…	1
懷八一	…帝缶…	1
懷八二	庚…爭…帝…	1
懷八三	…帝…茲邑…	1
懷八四	貞…帝…四…	1
懷一〇四	貞…帝…	1
懷一五六五	丙申卜其帝	4
懷一五六五	弜帝	4
懷一五七四	癸亥…帝南	4
懷一五七四	癸亥卜帝北	4
懷一五七四	癸…帝…	4
懷一五七四	癸亥卜帝西	4
懷一七〇八	…王其祝…帝至…今日壬… 王聖…	5

媂

著錄	釋文	期
一八四七六	…媂侑于…	1

𡨍

著錄	釋文	期
三〇五九三	丁巳其𡨍于…	3
屯二一八	辛…卜惟興𡨍	3

日

選錄

參 700頁

參 215頁

參 263頁

參 1285頁

著錄	釋文	期
六五七一正	辛丑卜殸貞今日子商其𢦏基方缶𢦏 五月	1
六五七一正	辛丑卜殸貞今日子商其𢦏基方缶弗其𢦏	1
六六四七正	甲戌卜穷貞今日先牛盟乙亥用祖乙	1
六九四七正	辛酉卜爭貞今日侑于下乙一牛冊十勿牢	1
二〇三九七	…壬…有雨今日小采…允大雨延伐…	1
二〇八九八	𠂤日惟啓 戊午卜曰今日啓允啓	1
二〇九〇七	己未卜今日不雨在來	1
二〇九二四	壬午卜自今日至甲申日其雨一月	1
二〇九六五	丁酉卜今日雨余曰戊雨昃允雨自西	1
二二五七七	庚寅…矢貞今日無來艱一月	2
二三四〇三	乙未卜旅貞侑以牛其用于妣惟今日	3
二三五三二	辛亥卜出貞今日王其水寢五…	2
二三五八〇	辛酉卜大貞今日延	2
二三五八二	…大貞今日延	2
二三七八六	己卯卜出貞今日王其往河	2
二四一四六	丙戌卜貞今日不雨	2
二四一四九	壬午卜出貞今日無來艱自方	2
二四一六一	…貞今日延啓四月	2
二四一七二	壬寅卜尹貞今日無來艱	2
二四一七三	癸卯卜旅貞今日無來艱	2
二四二五四	…惟今日甲戌在𠳋	2
二四三七六	辛未卜貞今日𩵋庸十二月在甫魚	2
二四三七六	…寅卜…今日雨	2

著錄號	釋文	期
二四七三〇	己亥卜出貞今日雨	2
二四七三二	乙巳卜出貞今日雨二月	2
二四七五〇	貞今日不雨	2
二四七五六	辛巳：即貞今日有足雨	2
二四七五九	丙辰卜尹貞今日至于翌丁巳雨	2
二四九三四	丁卯卜大貞今日風	2
二四九三五	癸酉卜：貞今日風	2
二五八九三	：申卜行：其乘惟今日：	2
二五九三六	甲辰：貞今日不雨	2
二六〇九二	丁亥卜矢貞今日惟循有不若	2
二六一五六	壬申卜出貞今日益無尤	2
二六七五〇	庚寅卜黃貞今日 西罡：	2
二六七六八	戊寅卜出貞今日酓益瞽	2
二六七七六	：午卜：貞今日酓	2
二六七七七	：辰卜出：今日酓櫟	2
二六七七八	巳卜出：今日酓櫟	2
二六八〇〇	：祝：今日王：瞽	2
二六八〇一	丁巳卜出：今日益櫟：之日允：衣	2
三六四七五	庚辰王卜在㭉貞今日其逆旅以：于東 單無災	5
三六四七五	辛巳王卜在𣪊貞今日其从師西無災	5
三八一二七	丁亥卜貞今日不雨	5
英二一七七	丁卯卜出貞其侑于盟室：今日夕酌	2
英二二七六	：今日丁王其：	3
英二三三二	其出舟惟今日癸無災 吉	3
英二五八八	己卯卜貞今日多雨	5
英二五八九	辛酉卜貞其雨今日不雨茲御	5
英二五九一	戊子卜貞今日𩃬	5
英二五九二	乙丑卜貞今日𩃬	5
懷八七	：貞今日：呼雀燎：	1
懷二一九	：今日：从雨	1
懷一四七四	惟今日丁	3
懷一四八九	乙酉卜自貞用牛今日毋	4
懷一六〇九	乙卯卜今日不啓	4
懷一六五一	癸巳貞今日王令師般	4

來日

著錄號	釋文	期
二〇九一一	來日雨豕	1
二六〇七三	貞其于來日吉	2
三三七二一	于來日甲午	4
三三七二四	于來日	4
懷一三六六	于來日丁丑雨	3

中日

著錄號	釋文	期
二一〇二六	：中日羽	1
二一三〇二	庚寅雨中日既	1
二八五四八	中日雨	3
二八五六九	中日往不雨 吉	3
二九七八八	莫于日中迺往不雨	3
屯四二	中日至昃不雨	3

至日

著錄號	釋文	期
二七四五四	其至日戊酌	3
二八二六一	至日酌	3
二九七〇一	至日	3
二九七〇二	弜至日	3
三〇八七一	其至日戊酌	3
屯三三七一	至日甲	3
屯三三七一	弜至日	3
屯四五八二	燮燎弜至日酌 吉 茲用	3
屯四五八二	其至日	3

之日

著錄號	釋文	期
四五六正	甲午卜爭貞翌乙未用羌用之日霧	1
一〇七五反	：固曰有：之日有來嬉乃𢦏櫟 事：甾亦𢦏人：	1
五〇八七	：㝉貞：往从：之日王：	1
五二八一	：卜史貞王𡧊惟吉燕之日：	1
五八五五	：夲之日王允往：	1
一一八五八	：㝉：勿：田之日：不	1
二〇四八五	戊寅卜方至不之日出曰方在雚啚	1
二〇七三三	：卜王：獲兕之日獲	1
二〇九二三	癸卯卜自自今至于乙巳日雨乙霧不雨	1
二一〇二一	癸巳卜貞旬二月之日子：延雨少	1
二三四三二	：保于母辛宩宕酌：之日不酓六月	2
二四一四七	：卯卜出：今日酓：之日：	2
二四六五二	戊：出：不：之日：	2
二四六五三	貞之日：	2
二四七〇八	：其雨：之日：雨	2
二六七六五	貞翌丁卯不其酓之日允不酓	2
二六七六七	丙寅：出貞翌丁卯酓益瞽之日：	2
二六七七二	：卜出：酓益：之日：酓	2
二六七七三	：出：唐：酓益：之日允：酓六月	2
二六七七四	：酓益酓：之日：酓	2
二六七七五	：卜出貞：酓櫟之日允酓	2

二六七八六　……日魚……之日……皿……　2

二六七九〇　……卯卜出……魚益秦之日允魚　2

二八一四八反　庚辰卜……貞之日……　3

英七三五反　乙巳卜……之日允雨　1

懷二四六　甲申卜貞……乙酉魚彰桒之日彰桒……
往祝……小入……雨　1

懷五〇五　……卜何貞……之日……邁……　1

懷七一〇　……貞……其……之日……　1

懷一二六八　貞翌丁卯不其魚之日允不魚　2

五二二五　壬辰……其涉河……暘日　1

一九八二三　[illegible]　1

一九八二四　甲戌……暘日丁亥　1

二四九三一　丙寅卜出貞翌丁卯暘日八月　2

三五九三四　貞不其暘日　2

二三三二六　貞妣庚歲惟莫彰先日　2

二三三六〇　貞妣庚歲惟莫彰先日　2

二三四八七　庚寅卜行貞兄庚歲先日　2

二八七九六　……逐……先日……　3

二七四五六正　貞其即日　3

二七四五六正　貞其即日　3

二八二六九　……即日　3

三四一六一　……即日　4

三四一六二　……即日　4

屯七五　即日　3

屯七五　即日　3

屯二三五九　弜即日　3

屯二三五九　丁亥卜其桒年于大示即日此有雨　吉　3

英二二六　……即日……用　3

懷一五七六　丁未其即日　4

三二八五九　貞于既日二月　2

六五七二　戊戌卜內呼雀𢦏于出日于入日宰　1

一三三二八　……其入日侑……　1

三〇九五九　……卜……子風……采雨……六日戊……　1

三一〇一〇　……風……自北……入日　1

三三一一九　……出入日歲三牛　4

屯八九〇　癸未貞甲申彰出入日歲三牛　茲用　4

屯八九〇　癸未貞其卯出入日歲三牛　茲用　4

屯八九〇　出入日歲卯……不用　4

屯一一一六　甲午卜貞侑出入日　4

屯一一一六　弜侑出入日　4

屯一五七八　……日入日……　4

屯二六一五　出入日歲卯四牛　不用　4

屯二六一五　癸……其卯入日歲……上甲二牛　4

屯四五三四　惟入日彰　吉　3

懷一五六九　乙酉卜侑出日入日　4

二七六四一　于𣅀日市……廼有夕王受……　3

二八七五四　今日丁市日王其迍無災　3

三〇六四五　……寅卜今𣅀日……　3

三〇六四六　……𣅀日有正　3

二〇九四二　……丁亥取辛卯雨終日　1

英一一〇二　……至……終日霧……雨　1

數字㊀

九四正　甲辰卜亘貞今三月光呼來王固曰其呼來迄至惟乙旬又二日乙卯允有來自光以羌芻五十　小告　1

一三七反　……四日庚申亦有來艱自北子𢀛告曰昔甲辰方征于𢀛俘人十又五人五日戊申方亦征俘人十又六人六月在……　1

一三九反　癸亥卜爭貞旬無𡆥王固曰有祟五日丁未在敦𢀛羌　1

五八三反　王固曰有祟𣪊光其有來艱迄至六日戊戌允有……有𢀛在𦎫𢀛在……蘘亦焚廩三十一月　1

五八四甲正　癸未卜㱿貞旬無……祟其有來艱迄至七日……允有來艱自西𢀛戈……告曰𢀛方征于我奠……　1

五八四甲反　王固曰有祟八日庚子戈奉羌……人㱿有𢀛二人　1

六四一正　癸酉卜亘貞臣得王固曰其得惟甲乙甲戌臣涉舟延𢀛弗告旬又五日丁亥　1

六四三正　執十二月
癸巳卜方貞臣執王固曰吉其執惟乙
丁七日丁亥既執

八九六正　丁未卜方…甲寅酌大甲十伐又五卯
十牢八日甲寅不酌雨

九〇三正　乙卯卜殻貞來乙亥酌下乙十伐又五
卯十牢二旬又一日乙亥不酌雨五月

一〇八六反　王固曰惟甲茲鬼惟介四日甲子允雨
雷

四八九　壬子卜貞自今六日有至自東

五八四〇正　壬午卜殻貞尹卒罷王固曰其卒七日戊
…尹允卒

五九五四　子今執三日乙丑旬無囚

六〇五七正　王固曰有崇其有來艱迄至七日己巳允有
來艱自西𢦏友角告曰吾方出侵我示
㭬田七十人五

六〇五七正　癸巳卜殻貞旬無囚王固曰有崇其有來艱
迄至五日丁酉允有來艱自西沚馘告曰土
方征于我東鄙𢦏二邑吾方亦侵我西鄙
田

六〇五七反　王固曰有崇其有來艱迄至九日辛卯允
有來艱自北𡦃妻妾告曰土方侵我田
十人

六〇五七正　癸卯卜殻貞旬無囚王固曰有崇其有來艱
五日丁未允有來艱飲㮚自𢀛圉六月

六〇六八正　癸未卜永貞旬無囚七日己丑𠬝友化呼
告曰吾方征于我奠豐七月　二告
王固曰惟既三日戊子允既𢦏戎方

六六四八正
六八三四正　癸丑卜爭貞自今至于丁巳我𢦏畓王固
曰丁巳我毋其𢦏于來甲子𢦏旬又一日
癸亥車弗𢦏之夕皿甲子允𢦏

七一五三正　王固曰有崇其有來艱八日庚…雉有冊
曰㫚

七七七一　…八日辛亥允戈伐二千六百五十人在𢀛…

一〇四五　癸未卜爭貞旬無囚三日乙酉夕月有食聞
八月

一〇七〇八正　…酌…明五日…宜…

一一九一八　丙午…王固曰其雨二日戊申…

一三三一四　癸巳卜亘貞自今五日雨

一二九四八正　…子卜…貞王令…河沈三牛燎三牛卯五
牛王固曰丁其雨九日丁酉允雨　二告

一二九六三正　貞自今五日雨五乙巳允雨　二告

一三三七七　…七日…大采…風

一三四一七　七日壬申雷

一三四八四　六日己亥𡆥庚子…

一三七五二正　貞𢆶其有疾王固曰𢆶其有疾惟丙不庚
二旬又七日庚申𦜷𩆮

一三七五三　…申卜貞𦣞囚有疾旬又二日…未𦣞允
囚…日有七旬皿…寅𦣞…有疾…夕皿丙…

一四〇〇二正　甲申卜殻貞婦好娩不其嘉三旬又一日甲
寅娩允不嘉惟女

一四〇〇二正　甲申卜殻貞婦好娩嘉王固曰其惟丁
娩嘉其惟庚娩弘吉三旬又一日甲寅娩
不嘉惟女

一四〇一七正　…旬有二日辛未婦妹允娩嘉在㝬

一四二九五　辛亥內貞今一月帝令雨四日甲寅夕…

一四七五五反　侑…于五日惟啓

一八七九三　癸亥卜史貞旬無囚一日𡆥甲子夕㝵大
爯至于相…

二〇四一二　丙申卜自今五日方衣不征衣

二〇四一二　壬申卜自今三日方不征不

二〇四七六　癸亥卜七月六日…其征

二〇九一九　辛酉卜貞自今五日至乙丑雨

二〇九二五　于八日雨

二〇九六一　丙戌卜三日雨丁亥隹大食雨

二〇九六六　癸酉卜王…四日丙子夕雨自北丁…雨…日陰
庚辰…

二〇九六六　癸亥卜王貞旬八日庚午有祝方曰在…

二一〇二一　癸亥卜貞旬一月昃雨自東九日辛未大采
各雲自北雷延大風自西刜雲率雨毋
𩂣日…

二一〇二五　…九日辛亥旦大雨自東少…虹西…

英四一四正　丁丑卜方貞來得王固曰其得惟庚
其惟丙其𢀛四日庚辰來允得十三月

英八八六正　癸未卜爭貞旬無囚王固曰有崇三日乙
酉夕皿丙戌允有來入𢀛十三月

英一〇五八　庚寅今啓南二日

懷九五九　丙午卜殻貞呼師往見有師王…曰惟
老惟人途遘若…卜惟其𠭯二旬又
八日象壬…師夕㲋

懷一五〇四　戊戌卜㸚缶中行征方九日丙午遘…

二一七二一　…百日…𠧪四日…丁巳…正…

二一七二二正　…貞…好不…侑母…固曰有崇百日…

二一七二四　…百日…

二〇八四三　…望五百四旬七日至丁亥比在六月

著錄	釋文	期
懷 五九七	⋯百日⋯	1
屯 四二	自旦至食日不雨	3
屯 四二	食日至中日不雨	3
一一四八〇	貞日有食	1
三三六九四	癸酉貞日月有食裴若	4
三三六九四	癸酉貞日月有食惟若	4
屯 三七九	⋯酉⋯日月⋯食⋯	4
三〇四六七	癸酉卜其有入惟王賓日戠⋯	3
三三六九八	庚辰貞日戠其告于河	4
三三七〇二	⋯貞日戠⋯有⋯	4
三三七〇三	甲子卜貞日戠于甲寅⋯	4
三三七一〇	辛巳貞日戠其告于父丁	4
三三六九七	辛丑貞日有戠其告于上甲⋯	4
三三六九八	庚辰貞日有戠裴囚惟若	4
三三六九八	庚辰貞日有戠其告于父丁用牛九在䙴	4
三三六九九	戊子貞日有戠告于河	4
三三七〇〇	乙丑貞日有戠允惟戠	4
三三七〇一	⋯日有戠惟⋯	4
三三七〇一	⋯日有戠⋯	4
屯 三一二〇	⋯貞日有戠其告于⋯	4
二七三八七反	弜戠日其有歲于仲己 茲用	3
二七三八八	弜戠日其有歲于仲己	3
二七三八八	⋯仲己其戠日	3
三八一一五	其戠日	5
三八一一五	戠日	5
懷 一三七一	弜戠日其有歲于仲己 茲用	3
懷 一三七一	辛未卜仲己歲其戠日	3
	先王先妣日	
三四二一九	⋯丑卜其㚔日⋯	4
一一八二	貞惟上甲日㫃	1

著錄	釋文	期
一二四八正	貞翌甲申王勿賓上甲日	1
一二四八正	癸未卜殻貞翌甲申王賓上甲日王固曰吉	
一二四八正	賓允賓	1
一三五四	甲午卜爭貞王賓戠日	1
一三五四	貞戠日二牛	1
一四八七	貞戠日三牛	1
	甲戌卜㝑貞其競父乙日于大庚告于⋯	
	宰	1
一〇〇四九正	貞王賓羌甲日 二告	1
一〇〇四九正	貞勿賓羌甲日	1
二〇七〇六反	庚寅卜王貞用豕母庚今日	1
二二七一六	癸亥卜大貞王賓示癸日無尤	2
二三三〇五	庚辰卜⋯貞王⋯示壬奭妣庚日⋯	2
二三三五一	庚辰卜貞王賓妣庚日叙無尤	2
二三三五三	⋯午卜旅⋯賓妣庚日⋯尤四月	2
二三五一九	⋯兄辛⋯日⋯	2
二六九九五正	辛巳卜毋癸其日	3
二七〇九四	惟小乙日遘王受⋯	3
二七一七一	癸亥⋯小甲日惟侖⋯	3
二七三五八	⋯于宎惟今羌甲日鼎	3
二七五六一	⋯王賓妣辛日有正	3
二七八七五	[illegible]啓晝大甲日	3
三二四二九	甲戌貞大乙日無巷	4
三二四八八	己丑貞大庚日	4
三二五〇〇	⋯中丁日無巷	4
三二五〇一	乙卯祖乙日 茲用	4
三二六九六	丙戌貞父丁日無⋯	4
三三八六七	甲辰貞大甲日不雨	4
三三九九〇	丁卯貞父丁日啓	4
三三九九一	丁未卜父丁日啓	4
屯 六四〇	乇祖丁日	3
屯 一一一〇	甲寅貞伊歲遘匚丁日	4
屯 一一一〇	甲寅貞伊歲遘大丁日	4
屯 三一一八	⋯父丁日啓	4
屯 二三五四	癸酉貞上甲日無巷	4
屯 二三七九	于大乙日出⋯迺射㕚兕無⋯ 吉	3
懷 一六〇一	癸酉貞大甲日不雨	4
	日于先王先妣	
二七三一五	⋯其酌日于祖丁奉侑宗 茲用	3
二七三三八	⋯卜勿日祖甲祰羌⋯	3

著錄號	釋文	分期
二七四五〇	：日于父甲有：	3
二七四六三	貞日于父甲兹王受祐	3
二七五七五	日于𣏦癸其舌王受祐	3
懷一八〇五	：卜：王旬：𡆥：月甲午：日大甲	5
二二五三九	壬子卜旅貞王賓日不雨	2
二三四〇八	：賓日：	2
二三五〇七	旅：賓：日：尤	2
二七〇八四	：其弗賓三匚日其蠱無：	3
二七一六六	庚申卜鼓貞王賓大庚日	3
二七五八八	：卜王賓母戊日	3
三三一八一	乙巳卜王賓日	4
三三一八一	弗賓日	4
三五四二五	甲辰卜貞王賓上甲日彡無𡆥在正月	5
三五四六五	丁卯：賓匚丁：日無：	5
三五六四二	：貞：賓卜壬日：尤	5
三五九五八	丁未卜貞王賓康祖丁：日無尤	5
三六〇二五	乙丑卜貞王賓武乙翌日無尤	5
三六〇二六	：未卜貞王賓武乙：日無尤	5
三六〇二七	：卜貞王賓武乙日無尤	5
懷一六八一	壬寅：賓示壬：日無：	5
懷一七一六	庚子：王賓：日無：	5
九五六〇	壬午卜穷貞𠦪年于日	1
一七二八反	：其：于昃日	1
一三五九八七	：夭貞𡆥歲：于日七月	2
二七二〇二	貞于乙日𢆶酉王受祐	3
二七四八二	乙酉卜何貞祖丁𥘅其遘于日	3
二七六二五	兄辛歲惟𠬝各于日𢼄	3
二七六二七	于凶日𢓊𢼄兄辛歲	3
二七六四〇	于父：日	3
二七六六二	于日：伊	3
二七七七五	辛巳卜何貞王往于日：遘：	3
二七八六三	己巳卜何貞王往于日不遘雨𡧊惟吉 允雨不遘四月	3
二七八六七	：往于日：	3
二七八六七	戊午卜何貞王往于日不遘雨𡧊惟吉	3
三〇八五七	于米日酌	3
三〇九八七	貞于日蒸王受佐	3
屯二三六六	于日祝酌	4
屯三六七六	：于大祝日酌	3
二九〇八	乙亥：侑兄戊正日	1
一九三四〇	：其正日八月	1
三四六三九	貞弜正日	2
三六〇七二	貞弜正日	2
三四四〇六	貞于入自日	2
二七三九七	：自日酌：祐	3
二九七一三	于入自日西𢼄	3
二九七一八	：何貞自日遘雨三月	3
屯二四八三	于入自日酌王受祐	3
屯二八五四	于王入自日：𢼄王受祐	3-4
懷一三四三	：入自日：田盂：	3
二九八〇二	：𠬝各日王受祐	3
三一一一六	雍其𢼄鬲𢓊各日有正	3
屯二四八三	王其侑：己惟：各日酌王受祐	3
懷一三八六	惟𠬝：各日酌：	3
二〇八六	：貞：祖：不：采日	1
一七二二六	：采日：	1
一七二二七	：貞：于祖：丑不：采日：	1
二〇八二八	：自：征今：采日：	1
二一〇二一	：大采日各雲自北雷惟𩁹雨不延惟毋：	1
一一九九〇	丁：𣪕貞：日雨	1
一二〇二〇	：酌：燎岳：日雨	1
一二〇四一	貞：日不雨	1
一二〇八九	：日其雨	1
一三三一七反	王固曰其雨惟日	1
一二九二七反	：日允雨小	1
二〇四一六	丁酉：來己：日雨	1
二一〇一六	癸亥卜貞旬乙丑夕雨丁卯夕雨戊小采 日雨風己明啓	1
二一〇二一	癸丑卜貞旬甲寅大食雨：北乙卯小食大 啓丙辰：日大雨自南	1
二一三八七	：丑卜王貞：日雨	1
二四六六八	丁丑卜旅貞日不雨	2

三三九〇六 ⋯貞日雨十二月 4

英二四二 己未今日雨 4

其它

六六四七反 ⋯貞日用好 1

七六五五 ⋯卜⋯日不征 1

二八〇五正 乙酉卜殻貞⋯日步不雨 1

一二七四二 丙戌卜⋯貞禱日于南⋯告⋯ 1

一四二九三正 貞⋯往不衆要日 1

一八八〇七正 丙寅⋯先⋯日延⋯之⋯延⋯龠⋯ 1

二〇〇七二 ⋯南日告先⋯來告⋯允先 1

二〇一九〇 甲申卜自王令医人日明𡆥于高 1

二〇二四〇 丙子貞丁囗呼告日 1

二〇五〇七 乙亥卜⋯日其征于鼓 1

二〇五七五 日材 1

二〇九〇一 庚午卜㞢日雨 1

二〇九六八 丙戌卜⋯日酌𠦪⋯牛⋯𫹉用 1

二〇九七五 壬午卜㞢𠦪山日南雨 1

二一〇一三 御日延雨⋯采⋯日陰⋯庚雨 1

二一〇二一 癸亥卜貞旬一月昃雨自東九日辛未大采各雲自北雷延大風自西刜雲率雨毋𠂤日⋯ 1

二一四七六 甲子卜及日𠃊允 1

二一五八一 ⋯凡⋯山日 1

二一九一三 不口𡆥日 1

二三六一四 己丑卜出貞昆日其𠂤丁牢 2

二三七一二 丙申卜出貞作小𠂤日惟癸八月 2

二三七一四 癸卯卜行貞風日惟𡆥在正月 2

二四三六九 ⋯王其田⋯屯日⋯ 2

二四四六九 ⋯未卜大⋯衣日⋯不⋯雨 2

二四七二九 ⋯歲告日⋯𡆥于⋯室八月 2

二四九四六 甲子卜王𣪊卜茲用日𣪊 2

二五〇一五 ⋯未卜大⋯三司日⋯ 2

二六〇七〇 ⋯午卜出⋯日延益⋯ 2

二六八〇二 癸未卜祝貞⋯無𡆥⋯日虎⋯其 2

二六八〇四 貞从日⋯ 2

二六八一四 貞于卜丁日吉 2

二六八七八 其𠦪妣辛其言日酌 2

二七五四八 ⋯翌犬口比屯日⋯茲用 3

二七七五一 惟可日𡆥呼𡆥𦎫方𢾭方𦥑方 3

二七九九〇 3

二九七四八 乙卯卜日惟己 3

二九七四八 惟日羊有大雨 3

三〇〇二二 其𢦔有日⋯𣪊大⋯ 3

三〇五〇四 ⋯小𠦪⋯鳴日𠦪⋯ 3

三一二二八 庚辰卜惟辛日 3

三三七一五 庚辰貞惟丁日 4

三三七一六 庚辰卜貞王賓示壬爽妣庚翌日無⋯ 4

三六一八三 戊辰卜貞今日王田𣪊湄日不遘雨 5

三七七一四 ⋯相日今⋯允雨 5

三八一五八 ⋯日啓⋯御 5

三八二二一 𡆥㞢日丙豕有𤯍丁妣豕侑妣戊豕侑 5

屯附二 父乙豚 3-4

屯一八九 弜⋯日歷⋯酌 4

屯一四一九 ⋯𠂤⋯遘⋯日有正 3

屯二三三 王其觀日出其𢦏于日𠛱 3

屯三三六 乞日酌 4

屯四四二 其遘𩇨日 3

英一八三七 日日戊申至⋯ 1

英一八四五 ⋯其⋯日霧不雨 1

英二三六四 庚子⋯貞其⋯𠃊日⋯ 3

英二三五〇 惟入⋯日酌王受祐 吉 3

懷一〇七八 ⋯𤕤⋯日允⋯益⋯ 2

暈

九七四正 丁卯暈 1

七九三 ⋯折暈⋯ 1

一〇六一七反 ⋯婦⋯暈⋯ 1

一三〇四六 ⋯暈終⋯惟甲子⋯暈延啓 1

一三〇四七 王固⋯其暈⋯正⋯ 1

一三〇四九 ⋯酉暈延雨 1

一三〇五〇正 ⋯巳⋯暈 1

一三〇五一 ⋯未⋯暈⋯ 1

一三四〇四 ⋯暈既改牛⋯卯大𢀛⋯二冂鼎刹⋯ 1

一四一五三乙正 雲大𢀛⋯啓 1

一九〇〇四 ⋯未卜翌壬帝⋯雨壬暈 1

二〇九八四 ⋯其亘⋯羌⋯ 1

二〇九八五 辛未⋯𠂤今⋯暈凡⋯鬼 1

二〇九八六 ⋯雲⋯出亘⋯雨暈 1

二〇九八六 ⋯不暈 1

二〇九八七 ⋯巳弜⋯暈⋯ 1

⋯亦⋯暈⋯ 1

三三七一三 弜省不暈 4

崈

三三八七一	乙亥卜今日其至不崈雨	4
三三八七一	丙寅卜丁卯其至崈雨	4

易

三三八七	…勿衣…惟易…蔑脊	1
三三八八	貞王比易…脊	1
三三八九	貞𢀛弗其以易𠂤	1
三三九〇	…酉卜…貞…以易𠂤	1
三三九三	…戦𠂤…易…	1
三三九三	…茲易伯牛…勿…	1
六〇六三反	…自𢀛友唐吾方征…戦𠂤示易戊	1
六四六〇正	申亦有來…自西告牛家…	1
六四六〇正	辛亥卜㱿貞王惟易白蔑比	1
七四一一	庚午卜爭貞王勿惟易白蔑比	1
七四一二	庚午卜爭貞王惟易白蔑歲	1
七四一三	…易白蔑歲	1
八五九一	己酉卜㝬貞鬼方易無𡆥五月　二告	1
八五九二	己酉卜内…鬼方易…𡆥五月　二告	1
八五九三	…卜㱿貞鬼方易…	1
八九七九	…茲以二百犬…易	1
一二四九九正	…酘明雨伐…雨咸伐亦…㱿卯鳥大啓易…	1
二〇六三一	…弗其取𢀛馬…以在易	1
乇四五二九	于南陽西𢀛	3
英一九七	己巳卜㱿貞王惟易白蔑脊	1
英一九八	庚…卜爭貞王惟易白蔑…	1

旦

一〇七四正	貞㱿人于𩫖旦	1
二一〇二五	…九日辛亥旦大雨自東少…虹西…	1
二一四〇三	…旦…白…	1
二二二〇四	父旦惟卩	1
二六八九七	癸巳旦𢓊伐戦不雉人	3
二七三〇八	于毓祖丁旦	3
二七三〇九	于祖丁旦	3
二七四四六	己酉卜𥄉貞翌日父甲旦其十牛	3
二七四五三	兄惟今其三宰旦酘正王受祐　大吉	3
二八五一四	于旦無災	3
二八五二二	于旦…	3
二八三三二	以𠱁擒有鹿翌旦允擒	3
二八五六六	于旦王𢓊田無災	3
二八五六八	于旦…吉	3
二九二〇二	…旦至于昏不雨　大吉	3
二九三〇二	于旦無災	3
二九三〇三	于旦無災	3
二九五八五	…旦	3
二九七七三	于旦有正…受祐	3
二九七七四	于旦…	3
二九七七五	于旦…王受祐	3
二九七七六	旦不雨	3
二九七七七	于旦	3
二九七七八	于旦…受祐	3
二九七七九	旦不雨	3
二九七八〇	于旦王𢓊悔不雨	3
二九七八一	旦至于昏不雨　大吉	3
二九七八二	乙旦雨	3
三二七一八	于旦	4
三四〇七一	于南門旦	4
三四六〇一	弜𡢊旦其延	4
三四六〇一	丁卯卜戊辰𡢊旦　茲用	4
乇四二	自旦至食日不雨	3
乇六〇	于祖丁旦𢀛	3
乇六〇	于𢀛旦𢀛	3
乇三八四	于旦無災	3
乇六二四	辛亥卜翌日壬旦至食日不…　大吉	3
乇六二四	壬旦至食日其雨　吉	3
乇二八三八	…各…旦…正	3
乇四〇七八	…巳卜父戊歲惟旦㱿王受有祐　吉	3
英一一八二	貞𤎩于旦…	1
英二三三六	于翌日旦…大雨	3

昔

一三七反	…四日庚申亦有來𡆥自北子𢀛告曰昔甲辰方征于𢀛俘人十又五人五日戊申方亦征俘人十又六人六月在…	1
三〇一	丁亥卜㱿貞昔乙酉𦉥旋禦…丁大甲祖乙百𢀛百羌卯三百…	1
三〇二	…貞昔乙酉𦉥旋禦…乙百𢀛百羌卯三百宰	1
三六七反	…𡆥曰有祟其有來…迄至五日戊…昔…	1

一一一反　……昔卄卜

一七七二正　庚申卜殻貞昔祖丁……黍惟南庚豈

七二二三　……昔闌……

一四二二九正　……辰卜方貞帝昔……

一六九三〇　……卜爭……昔……囚

三六三一七　……貞昔乙卯武必……癸亥其至于比癸必丁

懷一〇〇四　……于卜貞……昔王有……

晶　星

九八正　己未卜爭貞乞星無囚

五四四四　貞晶不我多朊臣永……

六〇六三反　辛未有鑿新星

九六一五　……今秋星穡九……

一〇三四四正　侑惟犬侑羊又一人晶

一〇三四四反　牛晶

一一五〇三反　七日己巳夕豈有新大星並火

一一五〇四　……大星出……南

一一五〇五　……貞王……曰先……大星……好……

一一五〇七　……五……戊申……有鑿……星

一一五九九反　丁丑卜王茲……晶于……六月

一六三二四反　……吉……晶率……

一八六四八　……勿……晶……

一八六四九　……晶……

一八六九三　貞……晶……

三一四一九　……宀……貞無……晶六

二九六九六　庚午卜……大星……

三二八二　其……晶……

英一九九四　庚午卜出貞王䖒曰以冘宁星以

督

三〇三六五　惟督彫三十在宗父甲……

三〇五九九　貞奉惟督彫

三〇七六七　……督

三〇八九三　惟督彫

三〇八九四　惟督彫

三一一一五　……督王受祐

晝

三九四二　……卜大……舌于父丁……今晝……

乜二三九二　……晝……

[illegible]

四五〇九　貞勿令[illegible]比……弗其受……

四五一〇　乙酉……貞令[illegible]不……

三四四四五　其其夏明丁弗作

三五二四七　……卜其……明

昌

一九九二四　……戊王貞……無昌父辛

三三八一五　己亥歷貞三族王其令追召方及于[illegible]

二〇九八〇正　丁酉卜犮燎山羊亏豕雨

一〇九六四反　王固曰今夕其有至獲女其于生一月昱

二一〇二〇　……于……[illegible]

月

選録

二一〇　己未卜……貞呼……循豸……翌十三月

三七　辛亥卜貞……來甲翌甲寅酒用于夫甲十三月

三〇五　甲子卜殻貞勿𢦔羌百十三月

八四六　循十三月

九〇二正　其……十三月

一五八　辛巳卜爭貞翌甲申其有刂歲自上甲……十三月

一五九　……貞侑自上甲……牛二示二牛十三月

一六五〇　乙卯卜惟祖乙用至于丁十三月

一六五一　……王……自祖乙至于父乙九月

著錄號	釋文	期
二六五三	癸酉卜亘貞生十三月婦好來	1
三九七九正	丙戌卜㱿貞戠允其來十三月	1
四〇七八	癸卯卜穷貞華由來歸丁若十三月	1
四三五八	…十三月	1
四六八七正	…卜貞…來…于十三月	1
四七二一	貞惟令鳴　十三月	1
四八五七	貞乞令郭暨…十三月	1
四八五七	十三月	1
五九一八	…無…執十三月	1
六〇六三正	…允有來艱自西…告曰…[?]夾方臬 二邑十三月	1
六六一二	戊辰…貞翌庚…甾子…禦羌于…十三月	1
六六一三	…羌…十三月	1
六六三一	貞[?]戕羌龍十三月	1
八五一六	…其…舌…祐十三月	1
九五七二	庚辰貞翌癸未𢀛西單田受有年十三月	1
九五七二	貞不䔲十三月	1
九五七二	…十三月	1
九八一四	方受有祐…受年十三月	1
九九二八	…其受…十三月	1
九九三四正	癸卯卜古貞王于黍侯受黍年十三月　小告	1
一〇〇七六	乙卯卜穷貞𩂣龜翌日十三月	1
一一〇〇〇	貞今十三月𡜊呼來	1
一一〇〇〇	貞今十三月不𡜊…	1
一一一一三	…又一牛十三月	1
一一一五五	庚子卜古貞勿牛于[?]十三月	1
一一四二一正	…𦓤…率…十三月	1
一一六三一	…卜…貞…令十三月	1
一一六三二	…夕…十三月	1
一一六三三	…[?]…伐十三月	1
一一六三六	貞勿惟十三月	1
一一六三七	貞…其…我十三月	1
一一六三八	…貞惟…令十三月	1
一一六三九	…十三月	1
一一六四〇	…今旬十三月	1
一二一七〇正	貞王勿往省牛十三月	1
一二一七一正	貞王勿往省牛十三月	1
一二六四三	…未卜穷…祟雨…十三月	1
一二六四四正	乙亥卜…十三月雨	1
一二六四五	貞雨十三月	1
一二六四六	…不其雨十三月	1
一二六四七	今十三月雨	1
一二六四七	…十月	1
一二六四八	今十三月雨	1
一二六四八	今十三月不其雨	1
一二六四八	貞今十三月不其雨	1
一二六四八	貞今十三月…	1
一二六四八	貞今十三月不其雨　二告	1
一二六四八	乙未卜㱿貞今十三月雨	1
一二六四八	貞十三月不其雨	1
一二六四八	貞今十三月雨	1
一二六四八	乙未卜㱿貞今十三月不其雨	1
一二八六三	丁未卜爭貞祟雨匄于河十三月	1
一三五四〇	…勿…丁宗十三月	1
一三九四八	戊…㱿貞…及…十三月娩	1
一四一二七正	貞帝其及今十三月令雷	1
一四三五四	貞[?]…歲酒…十三月	1
一四八二二	貞[?]歲曰酒十三月	1
一四八五三	自上甲至于多毓十三月	1
一五二六七	貞鼎惟奉酒十三月	1
一五三五九	…辰卜穷…丁[?]…十三月	1
一五九一四	貞于…[?]…十三月	1
一六五五四	貞今夕無𡆥十三月	1
一六七二三	…卜史…旬無…十三月	1
一六七七〇	癸亥卜史貞旬無𡆥十三月	1
一六七七三	…卜…貞…無…十三月	1
一六七七六	癸酉卜古貞旬無𡆥十三月	1
一六七七七	…酉卜史…旬…𡆥十三月	1
一六七七八	癸酉卜…貞旬無…十三月	1
一六七七九	癸卯卜史貞旬無𡆥十三月	1
一六七八〇	癸丑卜貞旬無𡆥十三月	1
一六七八〇	癸亥卜貞旬無𡆥十三月	1
一六七八一	…貞旬無𡆥十三月	1
一六七八一	…貞旬無𡆥十三月	1
一八二六一	…令[?]…友十三月	1
一九五七四	貞惟辛卯酒十三月	1
二一八九六	…辰卜貞[?]…宁無若十三月	1
二一八九七	辛巳卜貞雀受祐十三月	1
二一八九八	癸酉卜十三月	1
二一八九八	辛巳卜弗受祐十三月	1
二二〇九九	戊午卜貞婦石力十三月	1
二二七一二	…王?…壬…示壬…癸…十三月?	2
二三六五二	…卜中…日午…王𡆥…𠂤允…十三月	2
二四九〇四	…卯卜吳貞王其虫…壱十三月	2
二五〇二五	辛巳卜大貞侑自上甲元示三牛二示二牛十三月	2

二五一五八　貞妣歲牝十三月　2

二六四三八　戊子卜…今夕無…十三月　2

二六五四七　癸未卜大貞旬無囚十三月　2

二六五八一　癸亥卜貞旬無囚十三月　2

二六五八二　癸亥卜貞旬無囚十三月　2

二六五八二　癸酉卜貞旬無囚十三月　2

二六六八一　癸巳卜祝…旬無囚十三月　2

二六六八五　癸酉卜祝貞…無囚十三月　2

二六六八五　癸亥卜祝貞旬無囚十三月　2

二六六八七　癸亥卜祝貞旬無囚十三月　2

二六六八七　癸酉卜祝貞旬無囚十三月　2

二九七三〇　癸未卜何貞今夕無囚十三月　3

三三〇八二　…亩…先以…侯步…十三月　4

英五六四正　辛丑卜穷貞惟羽令以戈人伐舌方𢦏十三月　1

英八八六正　癸未卜爭貞旬無囚王固曰有祟三日乙酉夕㞢丙戌允有來入齒十三月　1

英一五四八　…有祐十三月　1

英二〇五五　…卜貞…其𠂤…十三月　2

英二一〇九　貞…歲彡十三月　2

懷三三一　…其雨十三月　1

懷八九八　貞卜…歲彡…十三月　1

二八九九七　缶十三月　1

二二八四七　戊午卜𡆥貞王賓大戊戠無囚在十四月　2

氣象

一三七正　癸卯卜爭貞旬無囚甲辰…大驟風之夕皇　乙巳…奉…五人五月在敦　1

九〇三正　乙卯卜殼貞來乙亥彡下乙十伐又五卯十窜二旬又一日乙亥不彡雨五月　1

七九四六　丙辰卜亘貞肇無災二月　不吉黽　1

一〇一五六　乙卯卜貞今𣎴泉來水次五月　1

一〇九七六正　丁酉雨至于甲寅旬又八日九月　1

一一四八三正　…爭貞翌甲申暘日之夕月有食甲霧不雨　1

一一五〇〇正　…霎庚子藝鳥星七月　1

一一五〇一　…采格雲自北西單雷…𡆥星三月　1

一二四九五正　今一月雨　1

一二四九五正　今一月雨　1

一二五〇一　貞生一月不其多雨　1

一二五〇九　辛酉卜今二月雨七日戊辰雨　1

一二五一〇　貞弗其及今二月雨　1

一二五一一正　丙申卜亘貞今二月多雨王固曰其惟丙…　1

一三三一二　…爭貞翌乙卯其宜暘日乙卯宜允暘日　昃霍于西六月　1

一三三三四　癸未卜殼貞今日不風十二月　1

一三三六二正　…大驟風…㞢乙巳疾執…人五月在敦　1

一三四二六　己酉卜貞亞從有羽三月　1

一三四二七　…卜貞…茲三月…羽　1

一三四四二正　允有鑿明有…雲…昃亦有鑿有出虹自北…于河在十二月　1

一三四五二　癸巳…翌甲啓甲霧六月　1

一四一二七正　…帝其于生一月令雷　二告　1

一四一二八正　癸未卜爭貞生一月帝其弘令雷　1

一四一二八正　貞生一月帝不其弘令雷　1

一四一二九正　貞及今二月雷　1

一四一三二正　貞今一月帝令雨　1

一四一三六　…㞢貞今三月帝令多雨　1

一四一三八　戊子卜殼貞帝及四月令雨　1

一四二九五　辛亥卜内貞帝于南方曰微風夷𠦪年一月　1

二〇九二四　壬午卜自今日至甲申日其雨一月　1

二〇九六六　…王旬二月三日丙申昃雨自東小采既　丁酉至東…夕…　1

二〇九六六　癸丑卜王貞旬八庚申寎人雨自西少夕既五月　1

二一〇一七　丙申卜令多伐雨…不風允不六月　1

二一〇二一　癸亥卜貞旬一月昃雨自東九日辛未大采各雲自北雷延大風自西劇雲率雨毋𩏃日…　1

二二九一五　甲申卜旅貞今日至于丁亥暘日不雨在五月　2

二四三六九　癸卯卜行貞風日惟𢀛在正月　2

二四七六九　丁酉卜王貞今夕雨至于戊戌雨戊戌允夕雨四月　2

二四八七二　辛丑卜即貞茲旬惟雨十月　2

三三六九四　癸酉貞日月有食裘若　4

三三六九四　癸酉貞日月有食惟若　4

屯七二六　壬寅貞月有戠其有土燎大牢　茲用　4

屯四三四六　辛丑卜奏哲从甲辰卩小雨四月　1

英一一〇〇　…風…霧二月　二告　1

英一一〇一　丙申卜翌丁酉彡伐啓日明霧大食日啓一月　1

英二〇八三　丁卯卜出貞今日夕有雨于盟室牛不用九月　2

懷二四八　…風…霧一月　1

懷一二六七　辛卯卜貞來丁巳暘日十月

月·又事

五四九四　癸亥卜有王事四月
三〇三四八　乙亥卜生四月妹有事
二〇三四九　弗及今三月有事
二〇三五〇　乙丑事令八月刀
二一五八六　于九月有事
二一五八六　丁酉余卜今八月有事
二一五八六　乙未余卜于九月有事
二一六三五　惟八月有事
二一六三五　乙巳卜𡆥貞今五月我有事
二一六三三　乙巳卜𡆥貞六月我有事
二一六六三　辛巳卜我貞我有事十月
二一六六四　壬午余卜于一月有事
二一六六八　甲午卜貞今六月我有事
二一六七四　庚申…今來月…事
二一六七五　…子…今來月…事
二一七二八　于七月有事

月·受年

一　…大令衆人曰㞢田其受年十一月
七四五七　受年十一月
九五二五正　貞王立黍受年一月
九五三三　乙未卜貞黍在龍囿㞢受有年二月
九五二二　壬子…貞今屯受年九月　二告
九六五四　貞今來歲我不其受年九月
九七四四　乙巳卜𡧊貞西土受年三月
九八六四　…其受年十二月
九九七六正　癸酉卜𡧊貞婦姘不其受黍年二月
一〇〇二〇　…卜我…其受黍年十二月
一〇〇四七　貞弗其受𦎫年二月
一〇一三三正　丁巳卜𡧊貞黍田年魯四月
二四四三一　癸卯卜大貞今歲受黍年十月
英八二二　我受𦎫年三月

其它

一二　貞王心無來自一月
二二　貞惟小臣令衆黍一月
一八　戊寅卜争貞今春衆有工十月
五一　貞並其喪衆人三月
九四正　甲辰卜亘貞今三月光呼來王固曰其呼來迄至惟乙旬又二日乙卯允有來自光以羌芻五十　小告
一〇二　…貞翌丁酉獲丁明歲一月
一〇六正　戊子卜王貞來𪚰芻十一月　二告
一〇六反　戊子…來𪚰芻十一月
一二六正　貞今五月娩　小告
一三七反　…四日庚申亦有來艱自北子䇂告曰昔甲辰方征于𡕂俘人十又五人五日戊申方亦征俘人十又六人六月在…
三二〇　丙午卜貞羊尊歲羌三十卯三宰箙一牛于宗用八月
三七六正　貞甲子㞢乙丑王夢牧石麋不惟囚惟祐三月
五二八　貞羌無其𢦏十一月
五五九正　癸丑卜𡧊貞五百僕用旬壬戌又用僕百三月
五八三反　王固曰有祟㱿光其有來艱迄至六日戊戌允有…有僕在曼僕在…蘗亦焚廩三十一月
六四一正　癸酉卜亘貞臣得王固曰其得惟甲乙甲戌臣涉舟延𡆥弗告旬又五日丁亥執十二月
二八九〇　貞我一月酌二月㞢
五八二五　丙申卜貞肇馬左右中人三百六月
五八〇七　…亥卜争貞旬無囚王固曰有祟旬壬申中𠂤娓四月
六〇五七正　癸卯卜𡧊貞旬無囚王固曰有祟其有來艱五日丁未允有來艱飲御自𢀛圉六月
六〇六八正　癸未卜永貞旬無囚七日己丑𢀛友化呼告曰𢀛方征于我奠豐七月　二告
九四〇〇　乙…邑乞自𡆥五屯十二月
九四九九　貞惟辛亥㞢田十二月
九五四七　庚辰卜穷貞惟王𢦏南囧黍十月
九六五二　丁巳…告秋…西…七月
九六二三　乙未卜穷貞于…告秋…一月
一〇〇四七　辛亥卜争貞今𦎫丁于㽙一月
一〇一一七　貞𣎆年于丁㞢三𫹉牛𠕋三十𫹉牛九月
一〇一二四正　貞惟帝𤯔我年二月
一〇一七一正　戊申卜争貞帝其降我𦎫一月　二告
一〇一八一　貞其𦎫三月
一三五六九　貞今二月宅東寢
一三五七〇　癸巳卜穷…惟今二月宅東寢
一三五七一　…新寢一月
一六七七一　癸卯卜貞旬無囚十二月

著錄	釋文	期
一五八二七正	貞益豕百九月	1
一六七七一	癸酉卜貞旬無囚十一月	1
一七一九五	癸巳卜貞旬無囚十月	1
一七二〇三	庚戌…貞王其有災九月	1
二〇〇〇一	貞其有災一月	1
二一〇三七	…貞…母癸𡆥囚今八月既九月	1
二一二二一	戊戌卜貞丁目不喪明…六月	1
二一二二一	辛丑卜于一月辛酉酌穡蒸十二月	1
二二五四八	庚辰卜大貞來丁亥寢寢侑𧙕歲羌三十卯	2
二三七一七	十牛十二月	2
二三七一七	辛卯卜大貞洹弘弗敦邑七月	2
二三七一七	丁酉卜…小𢀛老八月	2
二三七一七	己酉卜祝貞𠦪年于高祖四月	2
二四四四〇	壬辰 癸巳 二月父𩓒 甲午 己未	
二四六七九	己亥卜王貞其有囚不𢀛在四月	2
二六四八二	癸酉卜王貞旬無囚吉告在三月	2
二六九〇七正	己巳卜彭貞禦于河羌三十人在十月又 二卜	3
三六四三九	甲戌卜在𡿧貞有邑今夕弗震在十月又 一	5
三六四八二	甲午王卜貞作余酌朕𠦪酌余步比侯喜 征人方上下示受有祐不𨚔𢦏囚告于大邑 商無…在𣪉王囚曰吉在九月遘上甲𩠐惟 十祀	5
三六五一一	丁卯王卜貞今囚巫九𠧟余其比多田…多 伯征盂方伯炎惟衣翌日步…左自上下 于𣪘示余受有祐不𨚔𢦏…于茲大邑商 無𡆥在𣪉…弘吉在十月遘大丁翌	5
三七八四〇	癸酉王卜貞旬無𣪉王囚曰吉在十月又一甲 戌妹工典其𢦔惟王三祀	5
三七八五二	…亥王…貞自今春至…翌人方不大 出王囚曰吉在二月遘祖乙彡惟九祀	5
三七八五五	不嘉在正月遘小甲彡夕惟九祀	5
英四一四正	丁丑卜𡧊貞束得王固曰其得惟庚 其惟丙其𠧟四日庚辰束允得十三月	1
英二五〇三	癸酉王卜貞旬無𣪉王囚曰弘吉在三月甲戌 祭小甲𩠐大甲惟…	5
英二五〇三	癸未王卜貞旬無𣪉王囚曰吉在三月甲申 𩠐小甲𠬝大甲	5
英二五〇三	癸巳王卜貞旬無𣪉王囚曰吉在三月甲午 祭戔甲𠬝小甲	5
英二五〇三	癸卯王卜貞旬無𣪉王囚曰吉在三月甲辰 祭羌甲𩠐戔甲	5

著錄	釋文	期
英二五六六	其于七月射兕無災擒	5

夕

選録

參 1067 頁

參 1285 頁

著錄	釋文	期
二九三	壬子卜𡧊貞惟今夕用三白羌于丁用…	1
四六〇	己亥卜貞今日夕奏母庚六月	1
九〇三正	今日夕用正	1
二八七四	丁卯卜㱿貞今日夕侑于兄丁小宰	1
三九四〇	丁巳卜𡨦貞今夕無囚五月	1
五四一	…貞今日夕酌…	1
一一六五一	貞今日夕企	1
一一九一七	己卯卜爭貞今夕…王固曰其雨之夕…	1
一二一六〇	貞弗其及今夕雨	1
一二一六三反	…固曰今夕不其雨其惟丙不吉丙…見癸	1
一二六〇七	庚辰卜㱿貞今夕無囚	1
一三三三八正	…卜永貞今日其夕風	1
一三三三八正	貞今日不夕風	1
一三三五一	貞今夕雨之夕皆風	1
一九二五〇	貞今己酉夕步	1
二〇〇三八	乙未卜王入今夕	1
二〇三五〇	今夕無事	1
二〇四〇八	癸酉卜自貞方其征今日夕	1
二〇四一一	癸酉卜貞方其征今夕印不執余曰方其 征允不…	1
二一〇九九	今夕亞戋	1
二一〇九九	乙未卜呼人先今夕𩁹	1
二一三八六	癸亥卜令師虎今夕允𡆥二旬壬午𠙵	1
二一三八八	…午卜自虎其𠙵今夕不…	1
二四二七六	壬寅卜行貞今夕無囚在二月在師褰…	2
二四二七六	癸卯卜行貞今夕無囚在師褰卜	2
二四二七六	甲辰卜行貞今夕無囚在二月在師褰卜	2
二四二七六	乙巳卜行貞今夕無囚在師褰卜	2
二四二七六	丙午卜行貞今夕無囚在二月在師褰卜	2
二四七七〇	丁卯卜貞今夕雨之夕允雨	2
二四九二五	貞今夕不其延啓	2
二四九九一	貞今夕王寧	2
二六一七六正	貞今夕寧王	2

二六三〇八　二六三三二　二六七四三　二六七四三　二六七四四　二六七四四　二六七五二　三三八七一　三三五七三　三三七三三　三六四三七　英七一六　英一七七九　英二〇八三　英二一七七　英三五三七　英三五三七　英三五三七　英三五三七　懷三五八　懷一一一一

丙申卜旅貞今夕無囚在十月 2
戊戌卜旅貞今夕無囚在十二月 2
…申卜吳貞今夕王亩言 2
丙午卜吳貞今夕王亩言 2
…今夕…皿…八月 2
甲午卜吳貞今夕亩言王 2
壬申卜貞今夕亩言王ㄓ 2
…卜吳…夕亩…王 2
丁卯卜今日雨夕雨 2
壬子卜貞王今夕無戾 4
乙未卜在剛今夕師不震 5
辛卯卜𣪊貞今夕王入商 5
丙寅…今夕虎不其…執… 1
丁卯卜出貞今日夕有雨于盟室牛不用九月 1
丁卯卜出貞其侑于盟室…今日夕酌 2
丁巳卜貞今夕師無戾寧 2
戊午卜貞今夕師無戾寧 5
己未卜貞今夕師無戾寧 5
庚申卜貞今夕師無戾寧 5
貞今夕無震 5
乙酉卜貞今夕無囚五月 1 2

一三七正　三六七正　三九七反　六八三四正　一〇二二二　一四八三正　一六五四　二四三三　二四七七　二五六二　二九七三　三三六三　一七三六六反　二一〇五五

癸卯卜爭貞旬無囚甲辰…大驟風之夕豈 1
乙巳…奉…五人五月在敦
癸卯卜𣪊貞…王固曰有祟…驟風之夕 1
…羌五
王固曰今夕其雨翌辛…之夕允雨辛丑啓 1
癸丑卜爭貞自今至于丁巳我戈宙王固曰丁巳我毋其戈于來甲子戈旬又一日癸亥車弗戈之夕豈甲子允戈 1
…其雨之夕允不雨 1
…爭貞翌甲申暘日之夕月有食甲霧不雨 1
…勿…之夕…曰于… 1
貞今夕不雨之夕不雨 1
癸卯卜貞夕無囚之夕雨 1
…雨之夕允不雨四月 1
辛酉卜𣪊翌壬戌不雨之日夕雨不延 1
丁卯卜貞夕之夕雨 1
…之日夕有鳴鳥 1
…作…之夕衣…骨凡 1

二一三九九　二四八五四　英一〇三六　九二六正　六〇一七反　六〇六〇反　一五〇三反　一六九〇六　一六九三九反　一七〇七八反　一七二一二　一七二九九　英八八五反　英八八六正　一一六五六正　一二九九八正　二〇二七九　二〇二七九　英一七八四　英一七八四　懷一五二四　六三四正　六三四反　一五一七五正　二二七二一　二二七七六　二二八一七　二五五一八　二五五一八　二五六六〇　三四〇五四　三五五六七

戊午…亦𡆥…之夕𡆥 1
…雨之夕允不雨四月 2
之夕雨五月 1
己巳卜㝅貞龜得毋壬王固曰得庚午夕𡿪辛未允得 1
…日庚申夕豈… 1
…東鄙…日辛丑夕豈… 1
七日己巳夕豈有新大星並火 1
癸亥不…夕豈… 1
王固曰有祟六日戊午夕豈己未… 1
壬申夕豈癸酉… 1
…之夕豈…無災 1
夕豈丙戌允有來入齒 1
己未夕豈庚申夕有… 1
癸未卜爭貞旬無囚王固曰有祟三日乙酉夕豈丙戌允有來入齒十三月 1

貞不…終夕… 1
貞不其終夕雨 1
乙巳卜王貞取終夕 1
丙…卜王貞…巫終夕 1
甲午卜王𡧊毋終夕 1
戊戌卜王貞余㚔立員宁史暨見 1
奠終夕印 1
戊戌卜王貞乙其雨終夕 1
庚子卜…茲不…㯥終夕 4
…惟夕𠭯禧　二告 1
勿夕𠭯禧 1
貞王勿賓夕 1
甲戌卜尹貞王賓大乙彡夕無囚 2
乙酉卜尹貞王賓卜丙彡夕無囚十二月 2
戊午卜行貞王賓雍己彡夕無囚 2
庚…卜逐貞王賓夕禱無囚 2
…辰卜逐貞王賓夕禱無囚 2
…丑卜即貞王賓夕…𥂴… 2
庚寅卜在宗夕雨 4
丁卯卜貞王賓大庚夕無尤 5

三五六七七　甲戌卜貞王賓祖乙彡夕無尤　5
三五六八六　庚戌卜貞王賓祖辛彡夕無尤　5
三八七一四　甲辰卜貞王賓夕無尤　5

二二〇六五　甲子卜夕有歲父戊　1
二三二三三　乙酉卜行貞父丁夕歲敹　2
二七二七一　……卜祖丁夕歲……吉　3
二七二八〇　……巳卜祖丁舌有夕歲王受祐　大吉　3
二七四四八　……劦日父甲有夕歲王受祐　3
二七四五二　辛酉卜父甲舌有夕歲王受……吉　3
三〇三五九　癸亥卜其有夕歲于父甲必王受有祐　3
三〇四九〇　其有夕歲二牢王受祐　吉　3
三〇四九三　弜有夕歲　3
三四三五五　其夕歲羊　4
三四四三三　其夕歲羊　4
英二三六四　王其侑夕歲惟牛王受祐　3

二七四一六　夕彡王受祐　3
三三七〇九　弜戠夕其彡人牛　4
三四五四四　己丑貞于林夕彡　4

六六七二　己酉卜穷貞有來告方征于𡚤禕夕告于丁　1
二三五五九　乙……大貞……夕告……侯往……丁　2
二四九三八　……酉卜祝貞惟今夕告于南室　2
二四九三九　乙酉卜祝貞惟今夕告于南室　2
三三六九六　乙巳貞彡其舌小乙茲用日有戠夕告于
上甲九牛　4
三四三六一　惟……夕告　4

一五八三四正　貞夕禕無囚　1
二七五二二　其侑杋庚惟入自己夕酉彡　3
二七六六一　丙寅卜彘貞王往于夕禕不遘雨寓
惟吉　3
二七八六一　……寓惟吉……往于夕禕允不遘雨四月　3
二七八六二　丁卯卜何貞王往于夕禕不遘雨允
衣不遘……　3
二七八六二　貞王往于夕禕不遘雨寓惟吉　3
二七八六四　……不遘雨往于夕禕允不遘雨四月　3

二七八六五　戊寅卜何貞王往于夕禕不遘雨在五月　3
三三一八二　庚子貞夕禕冊羌卯牛一𧸘　4

二七七六五　夕入不雨　吉　3
二七七六六　夕入不雨　3
二八五七二　夕入不雨　3
二八六六七　王田夕入不雨　3
三〇一一三　王夕入于之不雨　3

二八〇八五　弗及茲夕有大雨　3
三八一六五　癸未卜……茲月有大雨茲御夕雨　3
屯四三三四　及茲夕有大……吉　3
弗及茲夕有大雨　吉
英二三九五　癸亥卜貞及茲夕有雨　5

其它

五五七　丁未卜貞王夕𠬝惟有由　1
六二九　貞今庚辰夕用甗小臣三十小妾三十于婦九月　1
六六一二正　翌癸卯帝不令風夕霧　1
六七二正　彡夕二羊二豕圍　1
六七二正　彡夕一羊一豕　1
一九一二二正　夕侑于丁二牛　1
三〇六一正　勿呼雀夕敦　1
七七七二正　今辛未王夕步　二告　1
七七七二正　今未勿夕步　1
二四八二反　旬壬申夕月有食　1
二四九七反　乙巳夕有𩁹于西　1
二四九八反　乙……夕有𩁹于西　1
二八一四　……酉卜……戌雨……夕霧　1
二八一八　貞夕示至　1
一三九八四　……夕娩　1
一五五七八　……夕燎　1
一五五七五　勿夕燎　1
一七〇五六　……曰惟……惟其旬二旬……師夕死黽　1
一七〇五七　……六日壬……夕死黽　1
一八七九三　癸亥卜史貞旬無囚一日𢦏甲子夕雙大
再至于相……　1
一九七九二　……貞卯……大夕乇　1

明

一九七九八　庚戌卜我夕侑般庚伐卯牛
二〇二一五　丁亥卜我夕吾二月
二〇九六四　癸丑卜貞旬五月庚申疛人雨自西夕既
二〇九六六　癸丑卜王貞旬八庚申寅人雨自西少夕既五月
二一〇一六　癸亥卜貞旬乙丑夕雨丁卯夕雨戊小采日雨風己明啓
二一三三六　辛未卜夕
二一三四五　丙子卜夕
二一六六一　癸巳卜于叙夕有咎
二一六九四　己卯卜我貞叙夕　有事
二二二四六　夕刜禦史受
二二二四七　夕刜禦史受
二三六〇二　丙辰卜即貞惟𠂤出于夕禦馬
二四〇二八　…戌卜…貞夕古…宰…月
二六六三一　癸亥卜兄貞旬無…夕變大再…
二六八一〇　庚戌…卜貞…夕卜
三一〇二三　惟癸夕尋
三一一一七　于夕改王受祐
三三一四九　癸亥貞王惟今日伐　王夕步自果三雎　…乙丑王…師…
三三二八一　辛卯貞于夕令
三三六〇七　…夕羊二宰
三五二九一　…夕卜茲見…
三六二〇三　…王卜貞田壴…無災王占曰吉…夕遘　大丁奭妣戊翌日…
屯四四　不啓允不啓夕雨
屯四四四　癸卯卜甲啓不啓竹夕雨
屯九三〇　甲申秋夕至寧用三大宰
英一二五反　…母…夕娩
英一三三反　…鼠夕子…
英八八六反　…日己未…庚申夕有今…
英一〇六六　壬子…夕…雹
懷九五九　丙午卜殻貞呼師往見有師王…曰惟老惟人途遘若…卜惟其匄二旬又八日象壬…師夕孰

明

一四正　貞呼雷耤于明
七二一正　乙卯允酌明霧
二二二三　貞惟明伐
六〇三七正　貞翌庚申我伐易日庚申明霧王來途首雨
六〇三七反　翌其明雨
六〇三七反　不其明雨
六〇三七反　…明…
六〇三七反　…固曰易日其明雨不其夕…
七〇七五正　貞立明事　二告
八一〇四　貞不若五月在明
九五〇二甲　…明
一四九七正　丙申卜殻貞來乙巳酌下乙王固曰酌惟有祟其有鑿乙巳酌明雨伐既雨咸伐亦雨攺卯鳥星
一四九八正　丙申卜殻貞來乙巳酌下乙王固曰酌惟有祟其有鑿乙巳明雨伐既雨咸伐亦雨攺鳥星
一二五〇六反　王固曰之…勿雨…卯…明霧三㠯食日大星
一二七〇八正　…酌…明五日…宜…
一二八〇七　王固…明雨…
一二九四〇　…雨之日允明…
一三四四二正　允有鑿明有…雲…昃亦有鑿有出虹自北…于河在十二月
一三四五〇　乙未卜王翌丁酉酌伐易日丁明霧…大食…
一五四七五　貞勿獲丁明歲
一六〇五七　…明霧既…
一六一三一反　王固曰其夕雨丮明…允雨
一八七二五　…古貞…明…
一八七二六正　壬申卜貞明…
一九四二一　…明…來…
一九六〇六　…明…
一九六〇七　…永…明
一九六〇八　…乃作…明…弗…
二〇一九〇　甲申卜自王令臣人日明虫于高
二〇七一七　…其不明陰卯
二〇九九五　…啓明陰遘步
二一〇一六　癸亥卜貞旬乙丑夕雨丁卯夕雨戊小采日雨風己明啓
二一〇三七　戊戌卜貞丁目不喪明…六月
二一〇三七　…喪明
屯三三五九　…惟明䀠…史
英一一〇一　丙申卜翌丁酉酌伐啓日明霧大食日啓一月

名

- 五二一八 ：王：省从名 1
- 七二六九正 貞：循之：省从□ 1
- 九五〇三正 ：置耤在□受有年 1
- 一九六一六 ：翌：名：次： 1
- 九五〇五 己卯卜殸貞雷耤于名享不潛 1
- 一九六一七 ：□： 1
- 二二〇五六 丙子卜于丁丑燎其：父丁□： 1
- 屯六六八 ：奠名任 4

名

- 一二〇二五 ：□ 1
- 二一九〇正 貞來乙亥有名于父乙用 1

□

- 二〇七三三 ：亦□：□ 1
- 二一三八五 丁丑卜王貞虎□ 1
- 二一三八六 癸亥卜令師虎今夕允□二旬壬午□ 1
- 二一三八七 丁酉卜𠂤自丁酉至于辛丑虎不其□允不 1
- 二一三八七 辛卯卜𠂤自今辛卯至于乙未虎□不十月 1
- 二一三八七 丁巳卜𠂤自丁至于辛酉虎□不十一月 1
- 二一三八七 ：乙未虎不其□允不 1
- 二一三八七 丁巳卜𠂤自丁至于辛酉虎不其□允： 1
- 二一三八八 丙寅卜𠂤虎不其□今夕： 1
- 二一三八八 ：午卜𠂤虎其□今夕不： 1
- 二一三八八 辛午卜𠂤虎□今夕： 1
- 二一三八八 丁卯卜𠂤虎□今夕： 1
- 二一三八九 ：卜：虎：□：允： 1
- 二一三八九 ：虎不其□ 1
- 二一三九〇 ：虎：不：六日壬午□ 1
- 二一三九一 戊寅卜：虎不□今夕：二告 1
- 二一三九二 ：虎：□： 1
- 二一三九三 ：□今夕允□于勿：十月 1
- 二一三九四 丙寅：今：不其□執 1
- 二一三九五 乙酉卜□□今夕允□ 1
- 二一三九六 ：王足：其□ 1
- 二一三九七 丁：□ 1
- 二一三九八 ：有亦其□ 1
- 二一三九九 戊午：亦□：之夕□ 1
- 二一四〇〇 丙寅卜貞：䧹□： 1
- 英一七七九 丙寅：今夕虎不其□：□執： 1
- 英一七八〇 ：未卜王：亦□：□ 1
- 懷一五四七 虎□： 4
- 懷一五四七 虎□： 4

□

- 二二〇八六 壬申卜貞亞□雀𠚑内乙𠀠 1

□

- 二〇九〇 丙辰：□祖： 1
- 二一一三〇 癸亥卜𠂤□：甲：不 1

□

- 二〇九五七 己亥卜庚有雨其□允雨： 1
- 二〇九五七 ：于辛雨庚□：雨辛啓 1

霸

- 屯八七三 于：：田霸伐：方擒戋不雉衆 3

□

- 屯九一七 辛巳卜于即□□乇 4

□

- 二一九二七 ：□ 1

辰

- 二五七四七 貞戠吉辰 2
- 二八一九六 乙未卜暊貞辰入駛其犅 3
- 屯二四二二 ：卜王其田辰無災擒 3
- 屯三五九九 于來自㝋廼逐辰鹿無災 3
- 屯四一七八 圉卯三牢又辰 4

著錄號	釋文	期
屯四六八	其五牢又辰	4

辰 震

著錄號	釋文	期
四二一〇正	貞其…其震…	1
五七六六	辛未卜貞令震以射以𢀛…方戎	1
一四二二一反	王…有來𡆥…震	1
一七三六〇正	乙丑卜㱿貞茲邑無震	1
一七三六一	貞茲邑其有震	1
一七三六二	貞茲邑其有震	1
一七三六三	…寅卜爭貞茲邑…震…月	1
一七三六四正	…㱿…惟震	1
一七三六五	…夕…無震	1
一八二五七	庚午…震日不…	1
一九〇九七	…惟震…十二月	1
二八八七四	…震擒	3
三一二八〇	…其震	3
三一二八一	其震	3
三一二八一	…卜在…其不震	3
三一二八二	…㞢不震	3
三四七一五	庚午貞今夕師無震	4
三四七一五	辛未貞今夕師無震	4
三四七一五	甲戌貞今夕師無震	4
三四七一六正	戊寅貞今夕師無震	4
三四七一七	甲戌貞今夕師無震	4
三四七一七	…亥貞今夕師無震	4
三四七一八	丁亥貞今夕無震師	4
三四七一九	癸巳…今夕…震…	4
三四七二〇	庚辰貞今夕師無震	4
三四七二〇	…午貞…夕師無震	4
三四七二一	乙巳貞今夕師無震	4
三六四二七	乙丑卜在𠂤貞今夕師不震在十月	5
三六四二八	其震	5
三六四二八	其震	5
三六四二八	辛未卜在㴲貞今夕師不震吉 茲御	5
三六四二九	甲戌卜在火貞有邑今夕弗震在十月又	
	一	5
三六四二九	…亥卜在火…今夕師…震	5
三六四二九	…亥卜在火…今夕師…震	5
三六四二九	其震	5
三六四三〇	丁丑卜在…貞今夕師不震 茲御	5
三六四三〇	戊寅卜在㴲貞今夕師不震	5
三六四三〇	其震	5
三六四三〇	…㴲…不震	5
三六四三一	癸未卜在㴲貞今夕師不震 茲御	5
三六四三一	其震	5
三六四三四	丙子卜在火貞今夕師不震	5
三六四三四	其震	5
三六四三四	其震	5
三六四三五	甲寅卜在剛貞今夕師不震	5
三六四三六	甲子卜在剛貞今夕師不震	5
三六四三七	己未卜在剛今夕師不震	5
三六四三九	…卜在…貞今…師不震	5
三六四三九	其震	5
三六四四〇	今夕師不震	5
三六四四一	今夕師不震	5
三六四四二	其震	5
三六四四二	壬午卜舊立貞王今夕不震	5
三六四四三	甲…來方來…邑今夕弗震王師	5
三六四四六	今夕不震	5
屯五六	甲戌貞今夕無至震	4
屯五六	…寅…今夕…至震	4
屯二三六	癸巳卜其震鼓	3
屯二三六	弜震	3
屯二三六	癸巳卜鼓弜震其尊	3
屯二六七二	家無震	1
屯二六七二	有其震	1
英二五二八	壬辰卜貞今夕師不震	5
英二五二八	癸巳卜貞今夕師不震	5
英二五二八	…卜貞…不震	5
懷三五八	貞今夕無震	1

還 振

著錄號	釋文	期
三六四二六	丁丑王卜貞其振旅延迖于盂往來無災王占曰吉在…	5

蓐 晨

著錄號	釋文	期
九四九五	…卜爭…令得…蓐…十二月	1
九四九六	貞惟得示蓐	1
一四四五一	…蓐…乞燎于岳十月	1
二二六一〇	丙午卜即貞翌丁未丁蓐歲其有伐	2
二二六三六	…即…丁巳…蓐…	2

⿱林辱

二二七一八 …卯卜大…示癸歲惟…莀酌… 2

二二八五九 貞仲丁歲惟莀 2

二二九八八 丙…貞翌丁卯…祖辛歲惟莀… 2

二三一五三 庚申…貞毓…歲惟莀酌 2

二三一六一 …翌乙未…告于毓祖乙…莀酌 2

二三一七四 丙寅…貞翌…父丁莀…其侑…在四月 2

二三二九三 …貞…父丁莀… 2

二三四一九 己酉卜即貞告于母辛惟莀十月 2

二三四二〇 己酉卜…貞告于母辛惟莀 2

二三四七五 …兄己惟莀 2

二三五二〇 壬申卜即貞兄壬歲惟莀 2

二三五五六 戊申…貞其…仲子惟莀 2

二五一五七 癸亥卜…貞妣歲惟今莀酌 2

二五一七七 …卜…貞歲…今莀… 2

二五一七八 …卜…貞…歲…莀… 2

英二一一〇 …旅…翌丁卯…莀歲…在七月 2

蓐

五八三反 王固曰有祟殸光其有來艱迄至六日戊戌允有…有𠕒在𡆥…在…
蓐亦焚亩三十一月 1

九四九七 …蓐 1

九四九八反 …蓐…皇 1

一〇四七四 丁未…蓐呼… 1

屯二〇六一 于蓐擒 3

⿲木辰木

一〇九七六正 壬戌卜殸貞呼多犬网鹿于莀八月 1

一〇九七六正 壬戌卜殸貞取豕呼网鹿于莀 1

莀

九四九二 其弗莀 1

九四九三 …王…莀…三十 1

九四九四 貞…莀 1

一〇四七四 甲寅卜王惟莀示𠱼五月 1

二〇六二四 乙丑王方莀犇 1

晨

二六八五五 …晨… 2

⿱辰高

九四七七 …卜旁…令多晨…戈…戈 1

八六一〇正 丙辰卜殸貞曰𢀛方以⿱辰高方敦…允… 1

八六一二 ⿱辰高方… 1

一八八四九 …屮…⿱辰高… 1

励

二一四七九 丁酉卜呼多方励丙 1

云

一三三八四 …酉卜古貞茲雲… 1

一三三八五 貞茲雲其雨 1

一三三八六 庚寅貞茲雲其雨 1

一三三八七 貞茲雲其雨 1

一三三八八正 貞茲雲… 1

一三三八九 貞茲雲其伐 1

一三三八九 貞茲雲…伐 1

一三三九〇正 貞茲朱雲其雨 1

一三三九〇正 貞茲朱雲不其雨 1

一三三九一甲正 …茲雲其… 1

一三三九一乙正 貞茲雲其…降其雨 1

一三三九二 …貞茲雲延雨 1

一三三九三 …茲雲雨 1

一三三九四 …圍今茲雲 1

一三三九五正 …茲雲 1

一三六四九 癸…古貞茲雲其雨 1

一七〇七二 貞今茲雲雨 1

一〇四〇五反 王固曰有祟八日庚戌有各雲自東𠕒母昃亦有出虹自北飲于河 1

一〇四〇六反 王固曰有祟八日庚戌有各雲自東𠕒母昃亦有出虹自北飲于… 1

一一五〇一 …采格雲自北西單雷…𫹨星三月 1

一三四〇五正 …王…賓…雲各自…自北唐… 1

二〇九八五 …雲…出亘…雨𩂣 1

二一〇一一　…采各雲自…延大風…自西…刜…女…　1

二一〇二一　癸亥卜貞旬一月昃雨自東九日辛未大采各雲自北雷延大風自西刜雲率雨毋𩂣日…　1

二一〇二二　各雲不其雨允不啓　1

一〇五一正　己丑卜爭貞亦呼雀燎于云犬　1

一〇五一正　貞勿呼雀燎于云犬　二告　1

一三四〇〇　乙卯卜殻…燎于雲…　1

一三四〇一　貞燎于四雲　1

一三四〇二　…燎…雲一羊…　1

二一〇八三　…燎雲不雨　1

三三二七三　癸酉卜有燎于六雲六豕卯羊六　4

三三二七三　癸酉卜有燎于六雲五豕卯五羊　4

屯一〇六二　癸酉卜有燎于六云五豕卯五羊　4

一三四〇三　貞惟…𢦏雲　1

一三四〇三　貞惟…𢦏雲　1

屯二一〇五　庚午貞河𢦏云　4

屯二一〇五　惟高祖亥𢦏云　4

三三二七五　甲…擒兕允在雲　4

屯一四九三　癸卯貞旬無囚在云　4

其它

一一四〇七　貞芻于雲　不…　1

一三四八四　己亥卜今雲雨　1

一三四八四　戊戌…雲豕又豚　1

一三八八六　…雲…雨…惟囚　1

一三三九六　…雲…雨　1

一三三九八　乙酉卜貞…雲夕…　1

一三四〇四　…彙既敚牛…卯大雋…二𠂤鼎刿…　1

雲大𢀛…啓　1

一三四〇四　…若茲…六雲…其雨　1

一三四一八　…雲雷…　1

一九七八六　…己卯…不見雲　1

二〇九八八　戊戌卜其陰印翌啓不見雲　1

二一〇〇〇　乙丑貞雨日歲…雲…其不…十二月　1

二一〇二二　雲其雨不雨　1

二一一九七　…雲…　1

二一三二四　…貞雲　1

二七四三五　𢦔云　3

屯六五一　…五云…酢　3

吾

一三五一四甲正　辛卯卜殻貞基方…作郭不㱿弗吾四月　1

一三五一四乙正　辛卯卜殻貞基方缶作郭不㱿弗吾…　1

爰

一三四〇四　…彙既敚牛…卯大雋…二𠂤鼎刿…雲大𢀛…啓　1

旬

選録

三六七正　癸未卜殻貞旬無囚三月　1

二一一八　癸亥卜古貞旬無囚二月　1

一六六七五　癸巳卜𡧊貞旬無囚五月　1

一六六七五　癸卯卜𡧊貞旬無囚五月　1

一六六七六　癸巳卜古貞旬無囚五月　1

一六六七六　癸丑卜古貞旬無囚六月　1

一六六七七　癸未卜𠱓貞旬無囚五月　1

一六六七八　癸未卜…貞旬無囚五月　1

一六六七九　癸卯卜𡧊貞旬無囚八月　1

一六六七九　癸丑卜𡧊貞旬無囚八月　1

一六六七九　癸亥卜𡧊貞旬無囚八月　1

一六六七九　癸巳卜𡧊貞旬無囚五月　1

一六六七九　癸卯卜𡧊貞旬無囚六月　1

一六六七九　癸丑卜𡧊貞旬無囚六月　1

一六六七九　癸亥卜𡧊貞旬無囚六月　1

一六六八二　癸卯卜…貞旬無囚五月　1

一六六八三　癸巳卜貞旬無囚四月　1

一六六八三　癸丑卜貞旬無囚五月　1

一六六八四　癸亥卜𡧊貞旬無囚五月　1

一六六八五　癸亥卜𡧊貞旬無囚五月　1

一六六八六　癸亥…古貞旬無囚五月　1

一六六八九　癸未卜𡧊貞旬無囚六月在敦　1

一六七四〇　癸亥卜𡧊貞旬無囚九月　1

一六七四一　癸亥卜𡧊貞旬無囚九月　1

一六七四二　癸酉卜古貞旬無囚十月　1

一六七四三　癸酉卜𡧊貞旬無囚十月　1

一六七四四　癸未卜𡧊貞旬無囚十月　告　1

一六七四五　癸未卜貞旬無囚十月　1

一六七四六　癸巳卜貞旬無囚十月　1

一六七四七 癸卯卜古貞旬無𡆥十月在𠬪 1
一六七四七 癸丑卜貞旬無𡆥十一月 1
一六七四七 …卜古…旬無𡆥七月 1
一六七四八 癸丑卜古貞旬無𡆥十月 1
一六七四八 癸亥卜古貞旬無𡆥十一月 1
一六七四八 癸酉卜古貞旬無𡆥十一月 1
一六七四八 癸未卜貞旬無𡆥十一月 1
一六七四八 癸卯卜古貞旬無𡆥十二月 1
一六七四八 癸丑卜古貞旬無𡆥十月 1
一六七四九 癸亥卜史貞旬無𡆥十一月 1
一六七四九 癸亥卜史貞旬無𡆥十一月 1
一六七五〇正 癸酉卜古貞旬無𡆥十一月 1
一六七五一 癸亥卜古貞旬無𡆥十一月 1
一六七五一 癸酉卜古貞旬無𡆥十一月 1
一六七五一 癸未卜古貞旬無𡆥十二月 1
一六七五一 …巳卜古貞旬無𡆥十二月 1
一六七五二 癸卯卜古貞旬無𡆥十月 1
一六七五二 癸丑卜古貞旬無𡆥十月 1
一六七五二 癸酉卜古貞旬無𡆥十一月 1
一八九三三 癸未卜古貞旬無𡆥三月 1
一八九三三 癸子卜古貞旬無𡆥三月 1
一八九三三 …亥卜…貞旬…𡆥四月 1
二六四七五 癸未卜王貞旬無𡆥十一月 2
二六四七六 癸酉卜王貞旬無𡆥十一月 2
二六四八〇 癸未卜王貞旬無𡆥在五月 2
二六四八二 癸酉卜王貞旬無𡆥吉告在三月 2
二六四八七 癸卯卜王貞旬無𡆥在五月 2
二六四八八 癸卯卜王貞旬無𡆥在十月 2
二六四九〇 癸卯卜王貞旬無𡆥在五月 2
二六四九四 癸亥卜王貞旬無𡆥在十一月 2
二六五〇一 癸未卜王貞旬無𡆥在十二月 2
二六五〇一 癸巳卜王貞旬無𡆥在十二月 2
二六五〇二 癸亥卜王貞旬無𡆥在十月不𢆶 2
二六五〇二 癸酉卜王貞旬無𡆥在十一月 2
二六五〇七 癸酉卜行貞旬無𡆥在八月 2
二六五一〇 癸酉卜行貞旬無𡆥在二月 2
二六五一二 癸巳卜行貞旬無𡆥在三月 2
二六五一五 癸丑卜行貞旬無𡆥在十一月 2
二六五一七 癸酉卜行貞旬無𡆥在十二月 2
二六五一八 癸…卜旅貞旬無𡆥在十一月 2
二六五三〇 癸未卜尹貞旬無𡆥在四月 2

二六五三七 癸卯卜大貞旬無𡆥在二月 2
二六五三五 癸丑卜尹貞旬無𡆥在正月 2
二六五四二 癸酉卜大貞旬無𡆥九月 2
二六五四三 癸酉卜大貞旬無𡆥一月 2
二六五四七 癸未卜大貞旬無𡆥十三月 2
二六五五一 癸亥卜出貞旬無𡆥四月 2
二六五八一 癸巳卜出貞旬無𡆥三月 2
二六五八二 癸卯卜貞旬無𡆥一月 2
二六六一五 癸亥卜即貞旬無𡆥六月 2
二六六一八 癸酉卜即貞旬無𡆥一月 2
二六六二〇 癸酉卜喜貞旬無𡆥一月 2
二六六二一正 癸巳…喜貞旬無𡆥四月 2
二六六二八 癸丑卜兄貞旬無𡆥十月 2
二六六三〇 癸亥卜兄貞旬無𡆥十一月 二告 2
二六六三三 癸酉卜祝貞旬無𡆥七月 2
二六六三五 癸酉卜祝貞旬無𡆥四月 2
二六六三六 癸酉卜祝貞旬無𡆥七月 2
二六六四三 癸未卜祝貞旬無𡆥六月 2
二六六四五 癸未卜祝貞旬無𡆥四月 2
二六六四九 癸亥卜兄貞旬無𡆥九月 2
二六六五一 癸酉卜出貞旬無𡆥四月 2
二六六五八 癸巳卜祝貞旬無𡆥十一月 2
二六六六四 癸酉卜旲…旬無𡆥在七月 2
二六六六五 癸卯卜旲貞旬無𡆥在四月 2
二六六七〇 癸丑卜旲貞旬無𡆥在八月 2
二六六七一 癸巳卜旲貞旬無𡆥在一月 2
二六六七二 癸卯卜旲貞旬無𡆥在四月 2
二六六七三 癸亥卜旲貞旬無𡆥在九月 2
二六六七五 癸卯卜旲貞旬無𡆥十二月 2
二六六七七 癸丑卜祝貞旬無𡆥九月 2
二六六七八 癸丑卜祝貞旬無𡆥五月 2
二六六八〇 癸未卜兄貞旬無𡆥八月 2
二六六八一 癸巳卜祝貞旬無𡆥十二月 2
二六六八二 癸丑卜逐貞旬無𡆥九月 2
二六七〇一 癸巳卜疋貞旬無𡆥六月 2
三五四一一 癸卯卜貞王旬無畎在十月 5
三五五三四 …亥王卜貞…旬無畎在五…王𡆥曰大吉 5
三六八四六 癸巳卜在上𩁹貞王旬無畎在九月 5
三六八四六 癸卯卜在上𩁹貞王旬無畎在十月 5
三六八四六 癸丑卜在上𩁹貞王旬無畎在十月 5
三六八四六 癸亥卜在上𩁹貞王旬無畎在十月 5

著錄號	釋文	期
三六八四六	癸酉卜在上𩰫貞王旬無畎在十月一	5
三六八四六	癸未卜在上𩰫貞王旬無畎在十月又一	5
三六八一五四	癸丑卜在上𩰫貞王旬無畎在二月	5
三六八八一	癸亥王卜貞王旬無畎在正月	5
三七八八四	癸酉王卜貞旬無畎王𡆥曰吉在正月	5
三七八八六	癸巳王卜貞旬無畎在二月	5
三九三六〇	癸未王卜貞旬無畎王𡆥曰吉在十月	5
英一八八八	癸亥卜爭貞旬無𡆥二月	1
英一五九一	癸巳卜古貞旬無𡆥二月	1
英一五九四	癸卯卜史貞旬無𡆥六月	1
英一五九五	癸丑卜史貞旬無𡆥七月	1
英二三三三	癸未王卜貞旬無𡆥二月	2
英二三三三	癸巳王卜貞旬無𡆥二月	2

旬亡𡆥·祭祀

著錄號	釋文	期
二二六六九	癸丑卜王貞旬無𡆥在四月甲寅彡翌自上甲	2
二二六六九	癸亥卜王貞旬無𡆥乙丑翌于大乙在五月	2
二二六七五	癸…貞旬無…在三月乙…魯小乙…父丁	2
二二六七五	…貞旬無𡆥在四月甲戌工典其彡…	2
二二七一五	癸巳卜王貞旬無𡆥在四月遘示癸彡乙	2
二二七一五	癸卯卜王貞旬無𡆥在五月甲辰…彡妣甲…	2
二二七一五	癸丑卜王貞旬無𡆥在五月甲寅…彡𢦏甲…	2
二三二四四	癸亥卜尹貞旬無𡆥在十二月𢍰翌乙丁卯翌父丁	2
二四二八〇	癸酉卜尹貞旬無𡆥甲戌彡祭于上甲在…	2
二六四八六	癸巳卜王貞旬無𡆥在四月遘示癸彡乙未彡大乙	2
二六四八六	癸丑卜王貞旬無𡆥在五月甲寅彡小甲	2
三五四一一	癸未卜王貞旬無畎在十月又一甲申𢓊彡祭上甲	5
三五四二二	…亥王卜貞旬無畎王𡆥曰吉在六月甲子彡夕大乙	5
三五四二二	癸丑王卜貞旬無畎王𡆥曰吉在六月甲寅彡日上甲	5
三五四二三	癸巳王卜貞旬無畎王𡆥曰吉在四月甲午彡上甲	5
三五四二四	癸未王卜貞旬無畎王𡆥曰大吉在三月甲申彡上甲	5
三五五二九	癸丑王卜貞旬無畎王𡆥曰吉在正月甲寅祭小甲觀大甲	5
三五五八一正	癸未王卜貞旬無畎王𡆥曰吉在二月甲申觀小甲𢦏	5
三五五八二	癸卯王卜貞旬無畎王𡆥曰吉在三月甲辰…小甲魯大乙	5
三五六四一	癸酉王卜貞旬無畎王𡆥曰大吉在九月甲戌翌𢦏甲	5
三五六四四	癸酉王卜貞旬無畎王𡆥曰大吉在九月甲戌翌𢦏甲	5
三五六四六正	癸卯王卜貞旬無畎王𡆥曰吉在十一月又二甲辰翌日𢦏甲	5
三五六六〇	…卜貞…旬無畎翌甲申…典其…	5
三五六九五	癸亥王卜貞旬無畎王𡆥曰吉在十月二甲子翌魯甲	5
三五六九八	癸丑王卜在𦎫師貞旬無畎在七月甲寅祭羌甲觀…	5
三五七〇〇	癸酉王卜貞旬無畎王𡆥曰大吉在十月甲戌祭羌甲觀𢦏甲	5
三五七〇一	癸巳卜…旬無畎在…甲午祭羌…	5
三五七〇四	…丑王卜貞旬…王𡆥曰大…月甲子彡羌甲	5
三五七四五	癸卯卜貞王旬無畎	5
三五七四五	癸亥卜貞王旬無畎在二月甲子祭大甲	5
三五七四八	癸未王卜…旬無畎王…曰大在正…甲 中祭魯…觀…魯…	5
三七八四〇	癸未王卜貞旬無畎王𡆥曰吉在月又一甲申𢓊酒祭上甲	5

旬·有崇

著錄號	釋文	期
一三七正	癸丑卜爭貞旬無𡆥王𡆥曰有崇有夢甲寅允有來嬉左告曰有往芻自益十人又二	1
一三九反	癸亥卜爭貞旬無𡆥王𡆥曰有崇五日丁未在敦圉羌	1
四九七九	癸酉卜貞旬有崇不于一人…	1
四九八〇	癸未卜…旬有崇…一人𡆥八月	1
五八〇七	…亥卜爭貞旬無𡆥王𡆥曰有崇旬壬申中師媸四月	1
六〇六三正	…旬無𡆥王𡆥曰有崇其有來嬉…	1
七一三九	…爭貞旬無𡆥王𡆥曰有崇…有來嬉𢓴𢦔呼告曰…	1
一三六一三	旬有崇王疾首中日羽	1
一六八四六	癸巳卜永貞旬無𡆥王𡆥曰有崇	1
一六九三五正	癸未卜𣪘貞旬無𡆥王𡆥曰有崇三日乙酉𦰩有𢼂	1

編號	釋文	期
一六九三七	癸…爭貞旬無𡆥王固曰有祟…旬壬申 𡧊…	1
一六九五〇	癸亥卜古貞旬有祟其有來…自…	1
一六九五一	癸酉卜𡧊貞旬有祟	1
一七〇七七正	癸丑卜㱿貞旬無𡆥王固曰有…日丁巳 子𩁹𢀛	1
一九四四一	癸巳卜爭貞旬有祟不于…工𡆥	1
二四一四六	癸丑卜出貞旬有祟其自西有來𡆥	2
二四三五八	旬有祟之日𩁹沚夕有兕在𣎆八月	2
三六七六五	癸酉卜貞旬有祟不于家盧子四月	2
三四〇八六	癸未貞六旬有祟不于妣𡆥	4
五一二正	癸亥卜永貞旬無𡆥	1
五二二正	癸卯卜永貞旬無𡆥	1
五二三正	癸酉卜永貞旬無𡆥	1
三七五五	癸未卜爭[illegible]貞旬無𡆥	1
五九五四	子今執三日乙丑旬無𡆥	1
六六七八正	癸巳卜𡧊貞旬無𡆥	1
六九二九	癸酉卜爭[illegible]貞旬無𡆥	1
一六七九四	癸未卜爭貞旬無𡆥王固曰不吉	1
一六八六二	癸卯卜爭[illegible]貞旬無𡆥	1
一六八六三	癸卯卜史貞旬無𡆥	1
二四三五八	癸酉卜出貞旬無𡆥	2
二五七七六	壬寅卜即貞王賓旬無𡆥	2
二六五一九	癸巳卜旅貞旬無𡆥	2
二六六二四	癸巳卜冎貞旬無𡆥	2
二六六二五	癸卯卜冎貞旬無𡆥	2
二六六六一	癸巳卜黃貞旬無𡆥	2
二六六六三	癸巳卜黃貞旬無𡆥	2
二六六九八	癸巳卜疋貞旬無𡆥	2
二六六九九	癸丑卜逐貞旬無𡆥	2
二六七〇〇	癸…中貞旬無𡆥	2
三四四七四	癸卯貞旬無𡆥	4
三四八七四	癸巳貞旬無𡆥	4
三五八八七	癸酉卜在𩁹貞王旬無畎	5
三六五〇五	癸卯卜黃貞王旬無畎…來征人方	5
三六九一六	癸未卜在徉貞王旬無畎	5
三六九一六	癸巳卜在八桑貞王旬無畎	5
英一五九六	癸酉卜永貞旬無𡆥	1
英二四八四	癸未𣪘貞旬無𡆥	4
英二六四三	癸酉卜猶貞王旬無畎	5
懷一三三三	癸未卜徉貞旬無𡆥	3
懷一四二一	癸卯卜何貞旬無𡆥	3
懷一四二三	癸巳卜彭貞旬無𡆥	3
懷一四二四	癸未卜何貞旬無𡆥	3
一九七七九	…未卜犬…旬十二月	1
一九八六三	癸酉貞旬八月	1
二〇八〇六	癸亥卜王貞[illegible]旬五月	1
二〇九四五	…卯卜王…旬五月…大雨	1
二〇九六四	癸丑卜貞旬五月庚申疴人雨自西夕既	1
二〇九六四	癸卯卜貞旬四月乙巳雨	1
二〇九六六	癸亥卜王貞旬八日庚午有祝方曰在…	1
二一〇二一	癸巳卜貞旬二月之日子…延雨少	1
二一〇二一	癸亥卜貞旬一月昃雨自東九日辛未大采 各雲自北雷延大風自西刜雲率雨毋 [illegible]日…	1
二一〇二一	癸酉卜貞旬二月	1
二一三〇九	癸酉卜貞旬	1
二一三一〇	癸未卜貞旬	1
二一三一一	癸酉卜貞旬	1
二一三一一	癸未卜貞旬…月	1
二一三一二	癸丑貞旬	1
二一三一二	…亥貞旬	1
二一三一六	癸巳卜貞旬十二月	1
二一三一八	…巳卜…旬六月	1
二一三一九	壬寅卜旬	1
二一三二〇	癸卯…貞旬十月	1
二一三二一	癸卯…貞旬	1
二一三二三	癸亥卜貞旬九月	1
二一九四三	癸酉貞旬告	1
二二五〇一	癸巳貞旬	1
一一〇六正	…自今旬雨	1
一二四八〇	…㱿貞自今旬雨	1
一二四八一	…今旬雨	1
一二四八三	…今旬雨	1
一二四八五	…今旬其雨	1
一二四八六	癸酉卜自今旬不其雨	1
一二五三六	己酉自今旬雨三月	1

一三〇三三 自今旬…

懷二〇四 己酉卜貞自今旬雨

五六〇〇 貞茲旬雨 二告

三四八七二 辛丑卜即貞茲旬惟雨十月

英一〇三八 貞茲旬其雨

旬有…日

九四一正 甲辰卜亘貞今三月光呼來王固曰其呼來迄至惟乙旬又二日乙卯允有來自光以羌芻五十 小告

六〇一正 癸酉卜亘貞臣得王固曰其得惟甲乙甲戌臣涉舟延𢓊弗告旬又五日丁亥執十二月

九〇三正 乙卯卜殻貞來乙亥酒下乙十伐又五卯十宰二旬又一日乙亥不酒雨五月

三五二四 …昔我舊…王齒今…齒三旬又六日 …栗方允…

六六五〇正 …卜古貞𢓊化正受有祐三旬又…日戊子卒戦𢦔方

六八三〇 壬子卜殻…戦缶王固曰吉戦旬又三日甲子允戦十二月

六八三四正 癸丑卜爭貞自今至于丁巳我戦缶王固曰丁巳我毋其戦于來甲子戦旬又一日癸亥車弗戦之夕皿甲子允戦

七三二七 …日庚戌…九旬又…惟丙不…三千呼…

七三六三正 癸丑卜永貞旬…五日丁巳子[illegible]

一〇九七六正 丁酉雨至于甲寅旬又八日九月

一一六四一 …旬又一日…

一一六四三 …旬又二日辛…

一一六四四 …旬又六…

一一六四八 …否方…丙不吉其…九旬又一日丁…

一一六九七乙正 壬辰…殻…來甲寅酌…二旬又…

一三七五一正 戊貞五旬又一日庚申腹[illegible]

一三七五二正 貞𢓊其有疾王固曰𢓊其有疾惟丙不庚二旬又七日庚申腹[illegible]

一三七七三 …申卜貞罷因有疾旬又二日…未罷允因…日有七旬皿…寅罷…有疾…夕告丙…

一三九八五 …旬有二…庚娩

一三九九八 …殻貞…好娩…其嘉…五旬有…

一四〇〇二正 甲申卜殻貞婦好娩不其嘉三旬又一日甲寅娩允不嘉惟女

一四〇〇二正 甲申卜殻貞婦好娩嘉王固曰其惟丁娩嘉其惟庚娩弘吉三旬又一日甲寅娩不嘉惟女

一四〇一七正 …旬有二日辛未婦妹允娩嘉在[illegible]

一四〇九二 …旬有八…甲午允嘉

一七〇五五正 丙午卜殻貞呼師往見有師王…曰惟老惟人途遘若…卜惟其匄二旬又八日[illegible]壬…師月死罷

一七一五二 …旬有六日…[illegible]

二〇八四三 …望五百四旬七日至丁亥比在六月

二一〇八一 戊子…王貞生十二月帝…雨二旬又六日…

三三〇七八 乙亥…王敦 翼…旬一日乙…

英一七八九 丙子卜貞雀…旬又五日[illegible]…喜…

英一八三六 …四旬八日…子兄…

懷九五九 丙午卜殻貞呼師往見有師王…曰惟老惟人途遘若…卜惟其匄二旬又八日[illegible]壬…師夕[illegible]

懷九九三 …庚午…三旬又一…

干支

五五九正 癸丑卜殻貞五百僕用旬壬戌又用僕百三月

五六二正 癸丑卜殻貞五百…旬壬戌又用僕…

五八三正 癸酉卜爭…因旬壬午允有來…亥 征[illegible]甲子[illegible]

九〇三反 三旬來甲申…

六九二八正 乙酉…亘旬癸巳皿甲午雨

一三三六一 癸丑卜貞旬甲寅雨四月

二〇一五七 …卜[illegible]…旬七…

二〇九二二 癸卯貞旬甲辰雨乙巳…丙…啓

二〇九六六 …旬甲子祝…方…月

二一〇一六 癸亥卜貞旬乙丑夕雨丁卯夕雨戊小采日雨風己明啓

二一〇二一 癸丑卜貞旬甲寅大食雨…北乙卯小食大啓丙辰…日大雨自南

二一〇二一 癸未卜貞旬甲申卜人雨…雨…十二月

二一三一二 癸亥…旬庚午…卜方…十月

二一三一三 癸未貞旬己卯師…

二一三八六 癸亥卜令師虎今夕允[illegible]二旬壬午[illegible]

其它

著錄號	釋文	期
一三七正	癸丑卜爭貞旬無囚三日乙卯…有嬄單丁人豐𠂉于彔…丁巳㲋子豐𠂉…鬼亦得疾	1
一三七正	癸卯卜爭貞旬無囚甲辰…大驟風之夕㞢乙巳…奉…五人五月在𦎫	1
三四二七	…𢀛六旬…	1
五三四七反	丙子大…鑿吉旬…不…	1
五八一二	…卯卜貞…旬鑿…三丁	1
五八八四正	丙午卜古貞旬寧囚	1
五八八四正	貞勿旬　二告	1
六〇五七正	癸巳卜㱿貞旬無囚王固曰有祟其有來嬄迄至五日丁酉允有來嬄自西沚馘告曰土方征于我東鄙𢦏二邑舌方亦侵我西鄙田	1
六〇五七正	癸卯卜㱿貞旬無囚王固曰有祟其有來嬄五日丁未允有來嬄飲禦自𠂤圉六月	1
六〇五八正	癸巳卜永貞旬無囚…惟丁五日丁酉允有…于我東鄙…	1
六〇六八正	癸未卜永貞旬無囚七日己丑𢀛友化呼告曰舌方征于我奠豐七月　二告	1
六七七八正	癸卯卜㝵貞旬無…方征于雍𢼸…	1
七一三九	癸亥卜爭貞旬無囚…有祟嬄九日辛…	1
七一三九	癸丑卜爭貞旬無囚…嬄五日丁卯王狩亦𡜵在…	1
七一四七正	癸丑…貞旬無疋王固曰有…其有來嬄迄至三日乙卯允…來嬄…	1
七一四九正	…永貞旬…囚…固曰其有來嬄…丙戌允有來嬄…徲…己…	1
一一六四〇	…今旬十三月	1
一一六四五正	…以四旬…	1
一一六四六	又五旬…	1
一一六四七	…六旬…	1
一一六二六	己巳…旬一日入…雨	1
一二七一五	癸巳卜㱿貞旬無囚丁酉雨丁雨庚亦雨	1
一二七一五	癸未卜㱿貞旬無囚丁亥雨	1
一三三六一	…亥卜…旬壬…驟風	1
一三七五三	…申卜貞𦣞囚有疾旬又二日…未𦣞允囚…日有七旬皿…寅𦣞…有疾…夕㞢丙…	1
一七〇五六	…曰惟…惟其旬二旬…師夕死黽	1
一七〇六六	…貞旬無囚旬𢀛壬申…奉火婦娃子𢦔七…	1
一九四一五	貞旬來	1
一九六一一	乙亥…㝵…今旬…㞢…	1
一九六一二	癸亥卜貞旬之月…	1
二〇〇五五	…辰卜王貞旬于多子	1
二〇六〇九	癸酉卜…貞旬在…三月	1
二〇七九一	…延…旬…食…	1
二一〇四三	…辰卜曰…旬方…不…五月	1
二一一二四	癸未…貞旬…𠂤	1
二一三一四	癸巳卜旬	1
二一八九二	旬無告	1
二三六一二	…卜出貞蠶旬不𡧊…不…	2
二四八八六	…卜喜…翌辛亥…旬衣…遘雨	2
二六〇四二	…卜喜…翌辛亥…旬衣…遘雨	2
二七八二六正	…旬有祟王曰衛	3
三三一四五	癸卯貞旬無囚在𩰫旬	4
三三一四五	…酉…旬無囚…食旬	4
三三一四五	癸亥貞旬無囚在𩰫旬	4
三三二四九	…卯貞兕…小臣…从又…它旬受禾	4
三三六〇〇	…旬牛子…	4
三三八二四	貞旬囚不雨翌日雨	4
三五五八二	癸酉王卜貞旬無畎王囚曰弘吉在五月甲戌…	5
三六四九一	癸巳王卜貞旬無畎在十月又二惟征人方在𢆶	5
三六四九六	癸未卜黃貞王旬無畎王來征人方	5
三六四九六	癸巳卜黃貞王旬無畎王來征人方	5
三六四九七	癸酉王卜貞旬無畎王來征人方	5
三六四九九	癸丑王卜貞旬無畎王來征人方	5
三六八一九	癸巳王卜貞旬無畎在父	5
三六八一九	癸卯王卜貞旬無畎在𢉩	5
三六八一九	癸丑王卜貞旬無畎	5
三六八二一	癸卯王卜貞旬無畎在㷅師	5
三六八二一	癸丑王卜貞旬無畎在齊師	5
三六八七二	癸卯王卜貞旬無畎王囚曰吉在𦎫	5
三六八七二	癸丑王卜貞旬無畎王囚曰吉在𦎫	5
三六八七二	癸亥王卜貞旬無畎貞王囚曰吉在𦎫	5
三八三〇七	癸卯王卜貞旬無畎王囚曰吉在九月甲辰王…	5
三九三四六	癸酉王卜貞旬無畎王囚曰吉	5
屯七七〇	燎于旬雨	4
英九六	貞旬多父	1
英六三四	癸未卜㝵貞旬無囚三日乙酉有來…𡚸呼…㝵桿…	1

英一六〇七　貞旬來　1
英一八〇三　…辰卜王旬…丁兮…辛…子　1
懷四一七　…卜枼…好…二旬…　1
懷六〇六b　…五旬…辰…　1

一八一三二反　癸…㞢萑…　1

雨

選録

一二七〇四　貞其有大雨　1
二〇三九七　…壬…有雨今日小采…允大雨延伐…　1
翦日惟啓　1
二一〇二五　…九日辛亥旦大雨自東少…虹西…　1
二一〇二一　癸丑卜貞旬甲寅大食雨…北乙卯小食大啓丙辰…日大雨自南　1
二四八六八　乙酉卜大貞及茲二月有大雨　2
二四八七九　…酉卜逆貞王賓歲不遘大雨　2
二六九六一　卯惟羌有大雨　3
二七二一九　己丑卜今夕大雨　3
二七四九九　惟牛此有大雨　3
二七四九九　高妣燎惟羊有大雨　3
二七六五七　…伊尹…有大雨　3
二八〇二一　于翌日壬歸有大雨　3
二八〇八五　弜及茲夕有大雨　3
二八二五二　其桒年馭惟…酚有大雨　3
二八二五五　其桒年于岳茲有大雨　吉　3
二八二六六　…卜其桒年于示崇有大雨　大吉　3
二八二九六　其祝桒年有大雨　3
二八三四七　王其田夼不遘大雨　3
二八四二二　惟麀龍乃有大雨　3
二八四九一　乙丑卜狄貞今日乙王其田湄日無災不遘大雨　大吉　3
二八五一四　戊王其田湄日不遘大雨　3
二八五四五　…今日壬王其田不遘大雨　大吉　3
二八六二五　王其省田不遘大雨　吉　3
二八六二八　惟辛酚有大雨　吉　3
二八六二八　方燎惟庚酚有大雨　大吉　3
二八六八〇　壬王弜田其悔其遘大雨　3
二八九三九　其雨　茲雨　大雨　3
二八九七三　翌日壬王其省喪茲不大雨　3
二八九七五　…冀不遘大雨　3
二九一七三　惟宮田省不遘大雨　3
二九二一四　…田霾…大雨　3
三四二二六　…于岳崇有大雨　4
三四二二九　…燎大雨　4
三六九八一　…桒年于示壬惟翌日壬子酚有大雨　5
三六九八一　…年示壬惟…牛用有大雨　5
三七六四六　戊辰卜在敦貞王田光不遘大雨茲御在九月　5
三八一六五　于生月有大雨　5
三八一六五　癸未卜…茲月有大雨茲御夕雨　5
三八一六六　于生月有大雨　5
三八一六七　弜茲夕有大雨…　5
三八一七一　其遘大雨　5
三八一七二　貞翌日戊王不遘大雨　5
三八一七三　其遘大雨　5
屯四二　弜田其遘大雨　3
英一八五〇　乙丑…庚寅…暘日…大雨　1
英二三三六　于翌日旦…大雨　3
英二三三六　…伐有大雨　3
英二三三七　惟癸有大雨　3
英二三三八　惟牛有大雨　3
英二三六六　弜燎于閃無雨　3
英二三六六　其燎于雪有大雨　3
英二五六六　壬寅卜在㠯貞王其射㓝雨　5
英二五六六　不遘大雨　5
英二五六六　其遘大雨　5
英二五六七　…寅卜貞…日戊王…變不遘大雨　5
懷一三二二　…爽…風…大雨　3
懷一五六九　自示壬至毓有大雨　3
懷一三六九　自大乙至毓有大雨　3

一二七〇〇　…雨多　1
一二七〇一　…多雨　1
一二七〇二　…未卜貞今夕雨多　1
一二九四五　…之夕允亦多　1
一六〇一三　王固曰其有雨甲辰…丙午亦雨多…　1
英二五八八　乙卯卜貞今日多雨　5

著錄號	釋文	數
一二九七三	癸亥卜殻貞甲子不雨甲子雨小	1
一九七七二	戊辰卜雨自今三日庚雨小	1
二〇三九八	辛丑卜奏𦎫比甲辰𢆶雨少四月	1
二〇九一二	庚…卜尸惟辛巳其雨…雨少	1
二〇九四二	至壬雨少三月	1
二八五四六	丁至庚其遘小雨　吉　茲用　小雨	3
二八五四六	丁至庚不遘小雨　大吉	3
二八五四七	不遘小雨	3
二八六〇四	…用小雨	3
二八六二五	不遘小雨	3
三三七一九	…亥…雨…小雨	4
三四二七九	丙子卜…小雨	4
三八一七〇	其遘小雨	5
一二六六八	貞今…雨疾	1
一二六六九	…夕…雨疾	1
一二六七〇	貞今夕其雨疾	1
一二六七一正	貞今夕其雨疾	1
一二六七二甲正	貞田雨疾	1
一二六七二乙正	…田雨疾無…	1
一二六七三	…田雨疾	1
一二六七四	今…不…雨疾	1
一二九〇〇	…疾雨無匄	1
六五八九正	貞其亦烈雨	1
六五八九正	貞不亦烈雨	1
一三〇〇一	…其正雨	1
二四九三三	貞雨不正辰無匄	2
二四九三三	庚辰卜大貞雨不正辰不惟年	2
英 八一八	…卜穧年有正雨	1
英 八二〇	穧…有正雨	1
一三三三〇	貞不其盧雨	1
一三三三〇	盧雨	1
一二六五七正	貞亦盧雨	1
一二六五八	貞亦盧雨	1
一二六五八	貞不亦盧雨	1
一二六五八	貞亦盧雨	1
一二六五九正	今夕不亦盧雨	1
一二六五九正	貞今夕其亦盧雨	1
一二六六〇	…盧雨	1
一二六六四	貞不…盧雨	1
一二六六五	貞不其盧雨	1
一二六五五	…亦盧雨	1
一二六五六	…亦盧雨	1
一二六六六	貞不其盧雨　二告	1
一二六六七	…不…盧雨	1
一四四六八正	貞…盧雨　二告	1
一四四六八反	王固曰其惟盧雨	1
懷 三四一	…盧雨	1
一二六七五	…有从雨	1
一二八三〇反	乙未卜…舞今夕有从雨不	1
一二八三一正	辛巳卜㱿貞呼舞有从雨	1
一二八三一正	貞呼舞有从雨	1
一二八三三	茲舞有从雨	1
二〇九七五	己丑卜舞庚从雨允雨	1
一二七七六	…延…之日…延雨	1
一二七七七	壬寅卜…貞今夕延雨	1
一二七八六	貞今己亥不延雨	1
一二七八七	貞今夕不延雨	1
一二七八八正	貞今夕不延雨	1
一二七八九	貞今夕不其雨延	1
一二七九八	貞不其延雨	1
一二七九八	貞不其延雨	1
一二九七三	辛酉卜殻貞壬戌不雨之日夕雨不延	1
二一〇二一	癸巳卜貞旬二月之日子…延雨少	1
二四三三三	貞其延雨	2
二四三三三	乙丑延雨至于丙寅雨䨘	2
二四七五六	辛巳…即貞今日有豆雨	2

二四七五七　癸酉卜…貞王賓無豆雨　2
六〇三七反　翌其明雨　1
六〇三七反　不其明雨　1
六〇三七反　…固曰暘日其明雨不其夕…　1
一一四九七正　丙申卜殻貞來乙巳酚下乙王固曰酚惟有祟其有鑿乙巳酚明雨伐既雨咸伐亦雨攺卯鳥星　1
一一四九八正　丙申卜殻貞來乙巳酚下乙王固曰酚惟有祟其有鑿乙巳明雨伐既雨咸伐亦雨攺鳥星　1
一一四九九正　…酚明雨伐…雨咸伐亦…攺卯鳥大啓易…　1 1
一二八〇七　王固…明雨…　1
一二八七〇甲　其自西來雨　1
一二八七〇甲　其自東來雨　1
一二八七〇甲　其自北來雨　1
一二八七〇乙　其自南來雨　1
一二八七一　…自南…雨　1
一二八七三　…來雨自西　1
二四八六六　戊子卜旅貞有來雨八月　2
屯七四四　寧雨于岳　4
屯二七七三　其寧風雨　4
懷一六〇八　…寧雨　4
一二八一一　…采雨　1
一二八一〇　…大采雨王…　1
一二八一三正　乙卯卜殻貞今日王往…之日大采雨王不　1
…　1
二〇九五九　…卜…于風…采雨…六日戊…　1
二一〇一三　丁…卜翌日雨小采雨東…　1
二一〇一六　癸亥卜貞旬乙丑夕雨丁卯夕雨戊小采日雨風己明啓　1

一三三九〇正　貞茲朱雲其雨　1
一三三九〇正　貞茲朱雲不其雨　1
一三三九二　…貞茲雲延雨　1
一三三九三　…茲雲雨　1
一三六四九　癸…古貞茲雲其雨　1
一七〇七二　貞今茲雲雨　1
二一〇八三　…燎雲不雨　1
一二八〇八　…酉晨雨　1
二〇四二一　壬申卜今日方征不晨雨自北　1
二〇四七〇　…畨…其…晨…雨…雨　1
二〇九五七　…日大啓晨亦雨自北…晨…　1
二〇九六六　…王旬二月三日丙申晨雨自東小采既　1
丁酉至東…夕…　1
二〇九六七　甲子卜乙丑雨晨雨自北少　1
二〇九六七　甲子卜翌丙雨乙丑晨雨自北少丙寅…　1
二一〇二一　癸亥卜貞旬一月晨雨自東九日辛未大采各雲自北雷延大風自西刜雲率雨毋𣿅日…　1
二九四四　翌己酉芒雨　1
一二六四八　惟上甲芒雨　1
一二八四四　貞芒雨　1
一二八九五　己未卜穷貞蔑雨惟有芒　1
一五七四二反　…𢻫雨…　1
三四八九九　…𢻫雨　2
英二四四四　丙午卜惟岳芒雨　4
四一六二　…雀…畨雨…中…　1
屯一四五　丁丑…畨雨　4
屯一四五　不畨雨　4
六七二正　奉雨于上甲宰　1
一二八五三　壬午卜于河奉雨燎　1
一二八五六　…卜…奉雨…岳　1
一二八五七　…三宰…奉雨…月　1
一二八五八正　壬寅卜貞…奉雨　1
二一〇八二　庚戌…三示奉雨　1

三三

乇 九三二　戊午貞𠦪雨
乇 九三二　戊午貞𠦪雨

五五七　甲子卜穷貞𦔸祟雨娥于河
一二八六二正　庚辰卜穷貞祟雨我…
一二八六二正　…祟雨我弗其得
一二八六三　丁未卜爭貞祟雨匄于河十三月
一二八六五　…祟雨
一二八六六　…申卜穷貞祟雨匄…
一二八六七　甲子卜穷貞祟雨…于…
一二八六八　癸巳卜穷貞祟雨

一七八四　丁亥卜貞既雨
一八〇一二　既雨
乇 二一〇五　辛巳貞雨不既其燎于𡵨　不用

一四四六二　取岳雨
乇 一四八　庚寅卜旁岳雨

五四六　…令雨執多…望𢀛方…
九〇〇正　自今庚子…于甲辰帝令雨
九〇〇正　至甲辰帝不其令雨
五六五八正　丙寅卜爭貞今十一月帝令雨　二告
五六五八正　貞今十一月帝不其令雨　二告
一五六一　…其令雨
一二五二〇　…令雨二月
一二五三七正　…三月…令雨
一四一二九正　壬申卜古貞帝令雨
一四一三二正　貞今一月帝令雨
英 一二五反　…帝令雨

五四五五　貞舞有雨
一二八一九　庚寅卜甲午奏舞雨
一二八一九　庚寅卜癸巳奏舞雨
一二八一九　庚寅卜辛卯奏舞雨
一二八三四　…舞…雨
一二八三五　其舞有雨

九〇二正　己卯卜㱿貞雨王固其雨惟壬午允雨　二告
一〇八六反　王固曰惟甲茲鬼惟介四日甲子允雨
雷
六九四七正　辛亥卜爭貞翌乙卯雨乙卯允雨
一二五四七　癸酉卜雨甲雨允雨四月
一二九四八正　…子卜…貞王令…河沈三牛燎三牛卯五牛王固曰丁其雨九日丁酉允雨　二告
一二九六三正　貞自今五日雨五乙巳允雨　二告
一二九六四　甲辰卜王自今至己酉雨允雨
一二九六九　乙未…翌丙…步…不暘日丙…允雨
一二九七〇　翌甲辰雨允雨
一二九七一　壬辰卜內翌癸巳雨癸巳𩁹允雨
一二九七六　…固曰…雨四日甲午允雨
一二九七七　…其惟辛見七七日甲允雨八日辛丑亦…
二〇九一二　庚辰卜𠂤今夕其雨允雨少
二〇九五七　己亥卜庚有雨其𠄞允雨…
二〇九六五　丁酉卜今日雨余曰戊雨昃允雨自西
二〇九六九　…于三日…雨…己…允雨自北
二〇九七五　己丑卜舞羊于庚雨今夕允雨
三四七六九　丁酉卜王貞今夕雨至于戊戌雨戊戌允夕雨四月
三四七七三　丁未卜王貞今夕雨吉告之夕允雨之于戊申雨在二月

一二八七九　其雨茲雨
一二八八〇　貞茲雨…
一二八八一　…茲雨惟囚
一二八八二　…多…雨惟囚
一二八八三　甲申卜爭貞茲雨惟囚
一二八八三　貞茲雨不惟囚
一二八八四　…茲雨惟囚
一二八八五反　貞茲雨惟…
一二八八六　…雲…雨…惟囚
一二八八八　貞…雨不惟囚
一二八八九　貞茲雨不惟囚我
一二八九〇　…茲雨不惟囚
一二八九二　貞茲雨惟孽
一二八九三　…雨不惟孽
一二八九四　貞茲雨不惟…

一二八九六　……茲雨以摧
一二八九七　……茲雨惟
一二八九八正　癸亥卜永貞茲雨惟若
一二八九八正　貞茲雨不惟若
一二八九九正　戊申卜古貞茲雨惟若
二四一五六正　甲子卜出貞茲雨非囚
二四九〇二　……卜……茲雨……水二月
二七九三一　茲雨漏日

一三〇一五　今日雨庚弘
一三〇三一　貞今日不雨
三三二七三　今日雨
屯一〇八　丁卯卜惟今日方有雨
屯一五四　辛丑卜今日雨至壬雨

一〇八六正　辛酉卜貞自今五日雨　二告
一〇八六正　自今辛五日雨
一三三一四　癸巳卜亘貞自今五日雨
一三三一六　自今五日雨
一三三一六　自今五日不其雨
一三三二一　甲午卜自今五日雨
一三八二〇　辛未卜貞自今至乙亥雨一月
二四七一八　辛丑卜出貞自五日雨
二〇九二〇　辛亥卜自自今五日雨
二〇九二〇　辛亥卜自自今三日雨
懷二〇四　己酉卜自今五日雨

三三九七反　王固曰今夕其雨翌辛……之夕允雨辛丑啓
一二一五四　今夕雨
一二四三三　貞今夕不雨之夕不雨
一二四九九　……丑……今夕不雨一月
一二六一六　貞今夕不雨九月
一二九九七反　王固曰今夕亟雨
二四七七二　癸巳卜行貞今夕雨在四月

一二九九八正　貞不其終夕雨

英一七八四　戊戌卜王貞乙其雨終夕

一二四三九反　癸巳卜爭貞今一月雨王固曰……丙雨
一二四三九反　旬壬寅雨甲辰亦雨
一二四九五正　今一月雨
一二五〇九　辛酉卜今二月雨七日戊辰雨
一二五一〇　貞弗其及今二月雨
一二五一一正　丙申卜亘貞今二月多雨王固曰其惟丙……
一二五三一　貞弗其及今三月雨
一二六一七正　庚戌卜弗其及今九月雨
一二六二七　貞弗其及今十月雨
一二六四八　貞今十三月不其雨　二告
一二六四八　己未卜㱿貞今十三月雨

一一〇六正　……自今旬雨
五六〇〇　貞茲旬雨　二告
一二四八三　……今旬雨
一二四八四　己亥卜今雲雨
一二四八五　……今旬其雨
一二五三六　己酉自今旬雨三月
一三三六一　癸丑卜貞旬甲寅雨四月
懷二〇四　己酉卜貞自今旬雨

八〇九反　王固曰其雨惟庚其惟辛雨弘吉
六九四三　辛酉卜㱿貞乙丑其雨不惟我囚
二八六五　貞其雨
一二四二〇　貞歲其雨
一二五三〇　乙……卜宁貞及今三月雨王固曰其雨惟……
一二八四三反　己亥卜我燎無其雨
一三〇〇二　乙未卜龍無其雨
一四四六九反　王固曰其雨惟今日
二〇八九八　丁巳卜王曰庚……其雨……其雨不雨啓
二〇九二四　壬午卜自今日至甲申日其雨一月
二〇九四六　于四月其雨
二一〇一四　庚午……其雨……庚午……風……夕……
二四六九七　歲其雨
懷一四九六　舉陰……卜……曰翌庚寅其雨……余曰己其雨……不雨庚……大啓……

不雨

著錄號	釋文	期
九四正	壬寅卜穷貞若茲不雨帝惟茲邑寵不若 二月	1
七七六正	壬寅卜殻貞不雨惟茲商有作囚	1
七七六正	貞不雨不惟茲商有作囚	1
一〇八六反	壬戌雷不雨	1
五一一一	貞自今至于庚戌不其雨	1
六九四三	辛酉卜殻貞自今至于乙丑其雨壬戌雨 乙丑不霧不雨 二告	1
一二七九九	王固曰庚吉不雨	1
一二一六三反	…固曰今夕不其雨其惟丙不吉丙…見癸	1
一三三一四	貞自今五日不雨	1
一三四二四	貞翌庚辰不雨庚辰霧大采…	1
一三四三六	庚寅卜枼翌辛卯不雨	1
一二五〇七	貞今二月不其雨	1
一二五二九正	大今三月不其雨	1
一二六四八	己未卜殻貞今十三月不其雨	1
一二六四八	貞今十三月不其雨	1
一二八八七	貞不雨不惟囚	1
一二九二一反	壬辰允不雨風	1
一二九七四	丁丑卜翌戊寅不雨允不雨	1
一三四四六	…不其雨戊霧不雨	1
二〇九二三	癸卯卜𠂤自今至于乙巳日雨乙霧不雨	1
二〇九九〇	戊申卜己其雨不雨啓少	1
二一〇二二	各雲不其雨允不啓	1
二二二七四	偁兄丁二牢不雨用延	1
二二九一五	甲申卜旅貞今日至于丁亥暘日不雨在五月	2
二四六六五	癸未卜行貞今日至于翌甲申不雨	2
二四八九八	歲不雨	2
二四九三〇	…卜出…丁酉暘日不雨八月	2
二五一四八	辛卯卜即貞王賓歲不雨	2
二七七六五	夕入不雨 吉	3
二七七六九	其奠入于之若亥不雨	3
二七七七二	埶入不雨	3
二七七八三	…狄…王其省涉滴無災不雨	3
二九〇九三	今日辛王其田湄日無災不雨	3
屯 八七	甲戌卜今日雨不雨	3
屯二三五八	丁酉卜王其埶田不遘雨大吉茲允不雨	3
英一八四五	…其…日霧不雨	1
懷一〇六九	…歲不雨	2

亦雨

著錄號	釋文	期
一二七一六	貞今夕其亦雨	1
一二七一七	庚辰亦雨	1
一二七一八	…其亦雨	1
一二七一九正	…其亦雨	1
一四四六八正	不其亦雨 二告	1

其它

著錄號	釋文	期
六三正	貞翌辛卯奠桒雨夒畀雨	1
二五〇	戊寅卜爭貞雨其蔑	1
九〇三正	乙卯卜殻貞來乙亥酻下乙十伐又五卯十宰二旬又一日乙亥不酻雨五月	1
一三九一	貞步雨	1
六〇三七正	貞翌庚申我伐暘日庚申明霧王來途首雨	1
六〇三七反	喪雨	1
六七一九	丙寅卜生十月雨	1
六七九八	…大方伐…啚二十邑庚寅雨自南二…	1
六九二八正	乙酉…亘旬癸巳㞢甲午雨	1
一二五〇六反	王固曰之…勿雨…卯…明霧三𠧟食日大星	1
一二七六三	…韋雨	1
一二八一四	…酉卜…戌雨…夕霧	1
一二八三九	…勿丁卯…雀戊…弗雨	1
一二八七四	貞今雨	1
一三三五九	庚寅卜翌辛丑雨霧	1
一三三六七	翌雨	1
一三四一二	…雨有戠	1
一三四五六	…内…戌…雨…霧…	1
一三五〇〇	己酉卜穷貞今日王步…見雨無災一月	1
一三五二三	貞不雨在白二月	1
一三六二八	丙午卜韋貞生十月不其惟雹雨	1
一三六二九	癸亥卜殻貞旬無囚己巳雨十月	1
一三八一七正	貞雨其霿	1
一三八一七正	貞雨不霿	1
一三八二四	貞惟奏雨	1
一三八四二正	貞烄有雨	1
一三八四二正	勿烄無其雨	1
一三八四五	…雩雨	1

著錄	釋文	期
一二八四六正	⋯昌雨	1
一二八五二	⋯烄無其雨	1
一二八六九乙正	貞呼𤎩雨	1
一二八七四	⋯卜⋯旬雨⋯酉	1
一二九七三	壬戌卜殼翌癸亥不雨癸亥雨	1
一三三九九正	己亥卜永貞翌庚子酌⋯王固曰茲惟庚雨卜之⋯雨庚子酌三嗇雲𩃬其旣𩃬啓	1
一三七一三正	丁未卜穷貞雨呼　二告	1
一五八〇七	⋯未⋯延雨⋯蕈凰⋯啓⋯	1
一八〇二三	⋯𩆚雨	1
一九八八五	壬辰酉雨	1
二〇四一六	⋯卜方其征今屯雨	1
二〇五〇〇	丁雨𡿧	1
二〇五四六	⋯巳卜王壬⋯不𩁹雨二月	1
二〇五七八	在𩆚雨	1
二〇六五八	壬寅卜王貞年有惟雨	1
二〇七四〇	甲寅卜翌⋯田⋯啓雨	1
二〇九一一	來日雨豕	1
二〇九五一	己巳卜畄示其衝雨	1
二〇九五五	戊午⋯使涉雨	1
二〇九五六	壬午食允雨	1
二〇九六一	丙戌卜三日雨丁亥隹大食雨	1
二〇九六三	乙⋯雨自東	1
二〇九六四	癸丑卜貞旬五月庚申寎人雨自西夕既	1
二〇九六六	癸酉卜王⋯四日丙子夕雨自北丁⋯雨⋯日陰	1
	庚辰⋯	1
二〇九六六	癸丑卜王貞旬八庚申寎人雨自西少夕既五月	1
二〇九七五	壬午卜𣎆奏山日南雨	1
二〇九八〇正	丁酉卜𣎆燎山羊豕雨	1
二〇九八五	⋯雲⋯出亘⋯雨𩂣	1
二一〇〇〇	丑貞庚翌雨	1
二一〇一〇	⋯壬申⋯雨大⋯䨘⋯寅大啓⋯卯大風	1
	⋯自北以⋯	1
二一〇一三	⋯丙⋯惟大⋯雨自北以風⋯雨戌寅不雨	1
二一〇一七	丙申卜令多伐雨⋯不風允不六月	1
二一〇二一	⋯大采日各雲自北雷惟𤘾雨不延惟毋⋯	1
二一〇七八	乙丑卜丙寅奏岳司燎雨	1
二一〇八一	戊子⋯王貞生十二月帝⋯雨二旬又六日⋯	1
二一三〇二	庚寅雨中日既	1
二一七七七	⋯宁延馬二丙辛巳雨以雹	1
二二三八四	己酉雨	1
二二七五八	甲子卜王曰貞叡母虫茲不用𥎦于雨	2
	甲寅卜王曰貞王其步自丙有去自雨在三月在⋯	2
二四三九八	乙巳卜中貞于方非人皿雨	2
二四八九二	辛卯⋯貞無⋯于翌壬廼雨	2
二四九〇四	甲申卜中貞惟奴祝雨九月	2
二五〇三〇	渭日雨	3
二七七九九	先馬其悔雨	3
二七九五一	王其侑于滴在有石燎有雨	3
二八一八〇	于方雨穷辱𣏟年	3
二八二四四	于壂𣏟年此雨	3
二八二五八	中日雨	3
二八五四八	丙寅卜狄貞盂田其遷𣏟𨚲有雨	3
二九〇九二	燎于岳無从在雨	4
三三二三三	庚午燎于岳有从在雨	4
三三八七一	乙亥卜今日其至不𡆥雨	4
三六七五六	癸未王卜在𤎩師貞旬無畎王占曰吉在十月⋯王迻𩁹雨	5
屯一四八	弜烄雨	4
屯一四八	辛卯卜⋯日壬辰烄𤎩雨	4
屯一四八	辛卯卜烄𤎩雨	4
屯五五〇	甲寅貞在卜有𡆥雨	4
屯六七九	甲申卜去雨于河　吉	3
屯七四四	癸卯卜甲啓不啓竹夕雨	4
屯七四四	不啓允不啓夕雨	4
屯二一〇八	弜戠雨往田弗悔	3
屯二三八七	丙戌卜丁雨不至丁雨	4
屯三一五三	丁雨風	4
屯三六五四	一羊雨	4
屯三六五四	二羊雨	4
英二〇八三	丁卯卜出貞今日夕有雨于盟室牛不用九月	2
英二五九三	癸亥卜貞及茲夕有雨	5
懷一四九六	戊子卜余雨不庚大啓	4
懷一五六三	乙巳貞⋯于父丁⋯又五若茲卜雨	4

雹

著錄	釋文	期
七三七〇	⋯亘貞翌丁亥易日丙戌雹⋯亥凰于 啓⋯	1

雹

著錄	釋文	
一四二三正	癸未卜穷貞茲雹不惟降囚十一月 二告	1
一四二三正	癸未卜穷貞茲雹惟降囚 小告	1
一二六二八	丙午卜韋貞生十月雨其惟雹	1
一二六二八	丙午卜韋貞生十月不其惟雹雨	1
一四一五六	丁丑卜爭貞不雹帝惟其…	1
一四一五六	丁丑卜爭貞不雹帝不惟…	1
英一〇七六	壬子…夕…雹…	1

霝

著錄	釋文	
五九二	貞…霝…于…	1
二八六四	貞于妣癸禦霝妃	1
二八六五	貞禦霝妃于羸…	1
二八六六	己丑卜穷貞禦霝妃于…	1
二八六九正	庚寅卜穷貞霝妃無不若 小告	1
六一九七	辛丑卜殸貞霝妃不𡆥	1
六一九八	辛丑卜殸貞霝妃不𡆥	1
六一九九	辛丑卜殸貞霝妃不𡆥	1
六二〇〇	辛丑卜殸貞霝妃不𡆥	1
一六九七三	庚子卜貞祟霝娥	1
三二五〇九	甲戌貞令霝以在𢀛祟交得	4
三二五〇九	庚午貞令霝以在𢀛祟交得	4
三二九六九	其呼盧禦史霝射有正	4
英四一七	…丑卜亘貞…禦霝…不𡆥	1
懷三三八	…霝…	1

雷

著錄	釋文	
二〇九四三	…亥卜…雷	1

霎

著錄	釋文	
三九四二三	霎	5

霉

著錄	釋文	
五三	癸…霉…叀…	1
四六七三	乙卯…霉其來	1
四六七五	…霉…其	1
四六七五	丁亥卜貞霉…	1
四六七六	丁巳卜霉不…	1
五三四〇	…辰卜王…霉…	1
五三四一	…卜…王…中…霉有若	1
五八一〇	丁亥…霉…	1
五八四一	庚午…貞霉…𠦪	1
七〇二四	乙卯卜作𢀛𠦪霉	1
七〇二四	貞霉不亦來	1
七〇二四	癸丑卜霉其克𢦏𢀛	1
七〇二五	貞霉其𢦏𢀛	1
七〇二六	戊…卜霉…其𢦏𢀛	1
七〇二八	…酉卜霉其亦敦𢀛	1
英一八一三	辛酉卜霉弗敦𢀛侑南庚	1
英一八一三	霉…	1
懷四〇八	…霉…若…	1
懷四三一	辛酉…霉…	1

霸 雪

著錄	釋文	
二〇九一四	乙酉卜雪今夕雨不…四月	1
二一〇二三	甲辰卜雪	1
二一〇二四	雪	1
二一〇二四	霸	3
二九二一四	庚子卜雪	4
三四〇三九	雪暨闌彡有雨	3
英二三六六	其燎于雪有大雨	3

霾

著錄	釋文	
一三〇一〇	…壬申…雨大…霾…寅大啓…卯大風	
	…自北以…	1
二九九六七	癸霾	3
三一八一二	妹霾	5
三一八一二	戊午卜貞今日霾	5
三一八一三	戊辰卜貞今日霾	5
三一八一四	戊申卜貞今日霾	5
三一八一四	妹霾	5
三一八一五	乙丑卜貞今日乙霾茲御	5
三一八一六	…巳卜貞…日霾	5
三一八一七	妹霾	5
三一八一八	辛丑卜貞今日霾	5
三一八一八	戊戌卜貞今日霾	5
三一八一九	…卜…日霾茲御	5
三八二〇〇	…霾	5
三八二〇一	…其霾	5

三八二〇一　……未卜貞……霎
三八二〇二　……妹霎
三八二〇二　……妹其霎
三八二〇三　……妹其霎
三八二〇四　妹霎
三八二〇五　……妹其霎
三八二〇六　妹霎
三八二〇七　……卜貞……霎
三八二〇八　……卜貞……霎
三八二〇九　……霎
三八二一〇　……霎
三八二一一　……霎
英二五九一　戊子卜貞今日霎
英二五九一　……霎
英二五九二　乙丑卜貞今日霎
英二五九二　妹霎

雩

五六四臼　癸卯乞自雩二十屯　允
八三八反　……雩十……
一九六一臼　甲申乞自雩十屯
三〇五四臼　癸亥乞自雩㗊
五五一三臼　庚辰乞自雩十屯
五七一七臼　丁亥乞自雩十屯作示　允
六七四〇臼　戊戌雩示九屯
八三九八臼　甲申乞自雩十屯……㱿
九四〇九　丁亥乞自雩十屯旬示　㱿
九四一〇臼　癸亥旬乞自雩十屯　㠯
九四一一　庚……乞自雩十屯　㱿
九四一二臼　癸亥旬自乞雩十屯
九四一三　……乞自雩……屯　㱿
九四一六臼　丁亥乞自雩先十屯旬示
九四一七　……乞自雩……屯旬……
九四一八　……雩十……
一一四二三正　甲申卜穷貞雩丁無𢀛　小告
一一四二三正　貞雩丁其有𢀛　小告
一三五二三臼　乙未旬乞自雩十屯　小㱿
一四三三七臼　辛未卜雩示一屯　岳
一四四七一臼　乙亥乞自雩五屯　㱿
一六二三〇臼　……亥乞自雩……　㱿
一六九六六反　戊辰雩……
一七六〇二　丁丑雩示二十屯　岳
一七〇〇三　戊戌雩示九屯
一七六〇四　丁丑雩示四屯　小㱿
一七六〇五　己卯雩示三屯　岳
一七六〇六　……雩示三……　㱿
一七六〇七　……未雩示三屯　小㱿
一七六〇八反　……雩示……　㱿
一七六〇九　……雩示……　小㱿
一七九一九　貞雩㬰無其望
英四三一　己卯雩……三屯
英六〇八臼　丁亥乞自雩十屯旬示

雩

三三一八　貞其夂𣏦侯以雩……卯二牛

霾

四七二六　……卜……霾辛巳……夕饗
八八五九反　……霾……
一三四六五　己酉卜爭貞𣪘惟有霾
一三四六六　癸卯卜……王固曰其……霾甲辰……
一三四六七　貞茲雨不惟霾
一三四六七　貞……雨惟霾
一三四六八　貞翌丁卯酌丁霾
一三四六九　……惟霾……有作……
一三四七〇　貞霾
一九七三八正　……㞢……作霾

⿱雨龜

八九九六正　貞……來王……惟來五……允至以龜⿱雨龜八　⿱雨龜五百十四月
九三九五　……入五……婦井乞⿱雨龜自……七月十五
一三〇〇八　……寅……⿱雨龜允……
一六〇一二反　……受𡿧⿱雨龜……
一六一一七甲正　貞今夕囚其⿱雨龜
一六一一七乙正　乙巳卜穷貞今夕囚不⿱雨龜
三一六六九　……卜習⿱雨龜一卜五……
三一六七〇　……卜習⿱雨龜一卜五……

二八二九四 于[glyph]桒年有雨 3
三〇〇七五 惟犬…小[glyph] 3

雩

三〇〇六五 其[glyph]年…雨在盂雩無大雨 3
三〇〇七三 其作雩于… 3
三〇〇七四 弜作雩 3
三〇四四四 惟[glyph]雩彭雨 3

⿱雨各

二四二五七 在師⿱雨各卜 2

霖

一三〇一〇 貞霖豕… 1

⿱雨臾

一三〇一一 貞不[glyph] 1
英一七九五 癸…不…令…[glyph]… 1

七〇七五正 庚戌卜亘貞王呼取我夾在𠂤啚若于[glyph] 1
王固曰…若
七〇七五正 庚戌卜亘貞王呼取我夾…𠂤啚不若 1
…[glyph]…

⿱雨示

一一五〇〇正 …⿱雨示庚子蓺鳥星七月 1
屯二三五八 其雨王不[glyph] 吉 3
屯二三五八 其[glyph] 吉 3

三四四九〇 …[glyph]…校… 4
三七八四八 辛酉王田雞麓獲大[glyph]虎在十月 5
惟王三祀劦日
屯一〇二四 辛未貞其…敕惟[glyph]惟左 4
四八一八 庚申卜穷貞今[glyph]多宁… 1
三〇三五四 惟[glyph]万用祖丁必 吉 3
三〇七七〇 …燎…自入至[glyph]門不往陰十一月 1

申

二七一六四 乙亥卜王先改卜丙歲延申 茲用 3

雷

一四正 貞呼雷耤于明 1
一〇八六反 王固曰惟甲茲鬼惟介四日甲子允雨 1
雷
一〇八六反 壬戌雷不雨 1
三九四五正 戊寅卜殻貞雷鳳其來 1
三九四六正 貞雷不其來 1
三九四六正 戊寅卜殻貞雷其來 1
三九四七正 戊寅卜殻貞雷鳳其來 1
九五〇五 己卯卜殻貞雷耤于名享不潛 1
一一五〇一 …采咯雲自北西單雷…[glyph]星三月 1
一三四〇六 癸巳卜古貞…雨雷十月 1
一三四〇七反 乙巳…穷貞茲雷其… 1
一三四〇八正 庚子卜貞茲雷其雨 1
一三四〇九 …雷其… 1
一三四一〇 貞雷祉于[glyph] 1

一三四一 …酉卜…雷…
一三四一二正 …雷…
一三四一三 …卜貞…雷于河
一三四一五 …貞雷不惟囚
一三四一七 七日壬申雷
一三四一八 …雲雷…
一三四一九 …卜貞今己亥雷不惟…
一四一二七正 …帝其于生一月令雷 二告
一四一二七正 貞帝其及今十三月令雷
一四一二八正 癸未卜爭貞生一月帝其弜令雷
一四一二八正 貞生一月帝不其弜令雷
一四一二九正 貞及今二月雷
一四一三〇正 …帝其令雷
一四一三一 …令雷
一四九二 …壁雷…
一九五二一 …雷…
一九六三八 貞茲…雷不…若
一九六五七 …日…呼㩁…雷…
三〇二一 癸亥卜貞旬一月昃雨自東九日辛未大采各雲自北雷延大風自西刜雲率雨毋蝺日…
二四三六四 …在雷…
二四三六四 …卜行…今夕無…在正月在雷…
二四三六七 壬午卜行貞今夕無囚在正…在丘雷卜
二四三六七 癸未卜行貞今夕無囚在正月在丘雷卜
三四四八二 于雷烄

⿷匚己 疇

三三九 甲子卜…⿷匚己翌日…于祖乙
三三九 貞勿⿷匚己翌日侑祖乙
二八三 戊午…貞來甲…⿷匚己彡…上甲侑…
一六二六 …卜㱿貞…乙酉…桒⿷匚己…酚
一六五四 庚子卜爭貞𩁹其酚于祖辛⿷匚己有歲上甲
九四七四 …貞…可⿷匚己…
九五〇三正 …⿷匚己耤在名受有年
九五〇三正 …⿷匚己弗其受有年
一三四一四 ⿷匚己
一三四一四 ⿷匚己
一三四一四 ⿷匚己

一三四一六 …亥…殼…⿷匚己
一三六九六正 貞𡆥⿷匚己不其⿷匚己
一三六九六正 …乙⿷匚己有歲七月
一四九一二 丁卯…⿷匚己匕…
一五二八七 …⿷匚己…
一五二八八 …侑于…⿷匚己…翌…
一五二九〇 …午…帝⿷匚己…其…
二一七〇四 …午貞不帝⿷匚己
二一七〇四 己亥卜王貞⿷匚己不次…
二一八一 己丑卜出貞⿷匚己日其⿷匚己丁牢
二三六一四 丙寅卜矢貞卜竹曰其侑于丁宰王曰弜⿷匚己翌丁卯𡧊若八月
二三八〇五 癸酉卜𢿌貞其侑小乙⿷匚己祭于祖乙
二七二三三 貞⿷匚己大甲日
二七六九九 …⿷匚己…其𡆥
二八八九五 癸巳卜在⿷匚己商泳貞王旬無𡆥
英二五二五 惟來征人方

乙

二二〇九八 …亥卜有歲于妣戊盧豕乙妻
二二一三〇 甲子卜⿷匚己乙𣪊
二二一三〇 乙𣪊
二二一三三 …卜⿷匚己乙𣪊
二八一九五 乙未卜暊貞今日子入馭土一乙𥠻
二八一九五 乙未卜暊貞舊一乙左馭其𥠻不𦍧
三三五一 貞王其田乙眉此
英七二四 …于乙門令
英一一二六 貞勿于乙門

土

五五九正 戊辰卜殼貞王循土方
六〇五七正 癸巳卜殼貞旬無囚王固曰有祟其有來艱迄至五日丁酉允有來艱自西沚𢦏告曰土方征于我東鄙𢦏二邑𢀛方亦侵我西鄙田
六〇五七反 王固曰有祟其有來艱迄至九日辛卯允有來艱自北𡚨妻妾告曰土方侵我田十人

六〇五九 …戠告曰土方…侵我西鄙…

六〇六〇正 癸巳卜…來艱迄至…戠告曰土…舌方
亦…

六〇六一 …告曰土…亦…

六〇八七正 乙卯卜爭貞沚戠爯冊王比伐土方受有祐

六三五四正 辛丑卜爭貞曰舌方凡㞢于土…其𦎫𠂤
允其數四月

六三五四正 壬辰卜㱿貞今𢀛王循土方受有…

六三五四正 癸巳卜㱿貞今𢀛王循土方受有…

六三八一 …土方出

六三八二 …來…土…出…𢦏…

六三八三正 …匠卜㱿…土方…

六三八四 貞告土方于上甲

六三八四 貞告土方于上甲

六三八五正 癸巳卜爭貞告土方于上甲四月

六三八六 貞告土方于上甲

六三八七 貞告土方于唐

六三八八 貞告土方于唐

六三八九 貞王循土…

六三八九 貞王勿循土方

六三九〇 庚申卜爭貞王循土方

六三九一 貞王循土方

六三九二 …循土方

六三九二 …勿循土方

六三九三 …王…土…

六三九四 貞王勿循土方

六三九五 貞王勿循土方

六三九六 貞循土方

六三九七 …循土…

六三九七 …土…

六三九八 庚申卜㱿貞伐土方受…

六三九八 庚申卜㱿貞今𢀛王循土方…有…

六三九九 庚申卜㱿貞今𢀛王循伐土方

六四〇〇 …王循伐土方受…

六四〇一 乙卯卜…貞沚戠爯冊王比伐土方…有…

六四〇二正 乙卯卜…貞沚戠爯冊王比伐土方受有祐

六四〇三 …辰卜…沚戠…冊王…伐土方受…

六四〇四正 沚戠…冊土方

六四〇六 …貞沚戠爯爯…土方我受有…

六四〇七 …登人三千呼伐土方…

六四〇八 …貞…𢀛…征土…受…

六四〇九 丁酉卜㱿貞今𢀛王収人五千征土方受有

六四一一 祐三月

六四一二 …人…征土…有…
辛巳卜爭貞今𢀛王収人呼婦好伐土方
受有祐五月

六四一三 …穷貞今𢀛収征土方

六四一四 貞勿収人伐土…

六四一五 丁巳卜㱿貞王惟沚戠比伐土…

六四一六 丁巳卜㱿貞王惟沚戠比伐土方

六四一七正 戊午卜穷貞王比沚戠伐土方受有…

六四一八 辛巳卜㱿貞今𢀛王惟戠比伐土方下上若
受…

六四一九 貞王比沚戠伐土方…

六四二〇 …比沚…伐土方受祐四月

六四二一 辛酉卜㱿貞王比沚戠伐土…

六四二二 …比伐土…受有祐

六四二三 貞勿比戠伐土方

六四二四 乙酉卜貞今𢀛勿比戠伐土方… 二告
不舌黽

六四二五 …貞今…王𡧊伐土方受…

六四二六 …㱿貞今𢀛王伐土方…

六四二七 …㱿貞今𢀛王伐土方受有…

六四二八 …𢀛王…伐土…下上若…我…

六四二九 …卜…𢀛王…伐土…

六四三〇 …㱿…𢀛王…土方受有祐十二月 二告

六四三一 …王伐土方受有祐

六四三二 貞弗其受…方祐

六四三三 …伐土方受有祐

六四三四 己巳卜爭…伐土方…

六四三五 …㱿貞沚戠…伐土…

六四三六 辛巳卜爭貞…伐土方受…

六四三七 …伐土方…有…

六四三八 …戊卜爭貞今三族…沚戠…土…受…

六四三九 …土方…戋

六四四一 戊午卜㱿貞今𢀛王征土方

六四四二 乙卯卜…貞王惟土方征

六四四三 乙卯卜㱿貞王惟土方征

六四四四 貞王勿惟土方征

六四四五正 貞王勿惟土方征

六四四六正 貞勿惟土方征

六四四七 貞勿征土方

六四四八 貞勿征土方

六四四九 貞勿征土方

六四五〇 貞弗其擒土方

六四五一正　貞弗其獲征土方
六四五一正　貞獲征土…
六四五二　甲寅卜：貞戉其獲征土方
六四五三　…余其征土方…以…龠…
六四五四　…殸貞土方衛…伐受…
八四七四　…土方弗其受有祐
八四七五　貞…土方…受有…
八四七六　…土方其受有…
八四七八　貞我受土方祐
八四七九　貞我受土方祐
八四八〇　丁亥卜爭貞我受土方…
八四八一　貞弗其受土方祐
八四八二　…弗其受土方祐
八四八三　…弗其受土方祐
八四八四正　貞我弗其受土方…十一月
八四八五　貞三勿土方其受…
八四八六正　貞曰土方…允…
八四八七　…土方…
八四八八　貞土方…
八四八九　…土方
八四九〇正　貞土方…貝　二告
八四九一　…丑卜…土方…
一八九二六　乙巳卜爭貞比伐土方
一四三〇六　…燎于土方帝
二〇三九二　甲子卜王貞土方其敦呼
屯九九四　己酉貞王無𦓐擒土方
屯一〇一五　弜狩彡其令伐土方
屯三五六四　乙丑貞：王尋告土方于五示在衣十月卜
英一五一二　貞…王勿…㭬杅伐土方　二告
英五四三　…爭貞曰舌方其凡…土…敦…允其敦　四月
英五四五正　…爭貞祉戠爯冊王比伐土方…
英五七八　…申卜爭貞王循土…
英五七九　…卜爭貞王循土方
英五八〇　貞王循土方
英五八〇　…王循…方
英五八一　丁丑卜殸貞今𡆥王比祉戠伐土方受有祐
英五八二　…爯冊今𡆥…土方受有祐

七〇八四　貞令𢦚伐東土告于祖乙于丁八月
七三〇八　…令奴東土人

八九六　…南土不其…
二〇五七六正　辛酉卜貞雀無囚南土囚告事
二〇五七六正　辛酉卜貞雀無囚南土囚告事
二〇五七六正　庚申卜貞雀無囚南土囚告事
二〇五七六正　庚申…貞雀無囚南土囚告事
二〇五七六正　…無囚在南土
二〇五七六正　己未卜貞…在南土
二〇五七六正　…在南土…告事
二〇五七六正　…南土骨告
二〇五七六正　…南土
二〇六二七　…卜𡧊…口㚸南土
二四四二九　癸卯卜大貞南土受年
三六九七五　南土受年吉

六三五七　貞舌方弗𡧊西土
六三五七　…舌…其𡧊西土
七〇八二　…宎伐西土
九七四一正　貞西土不其受年　二告
一七三九七正　貞…惟西土　二告
一七三九七正　貞鼜不惟西土　二告
二〇六二八　丙辰卜王貞余…西土侑十一月
三六九七五　西土受年吉
屯一〇四九　己未貞王令𠭯…于西土無災

八七八三　貞呼牛于北土
三三〇四九　癸酉貞方大出立中于北土
三三〇五〇　…貞有來告…从北土其燎告…乙父丁…
三三〇五〇　…方出从北土弗𢦏北土
三三二〇五　…郑于北土歸…
三六九七五　北土受年吉

三三九八　…舌方其至于𩠐土方無𡆥
六一二八　乙丑卜殸貞曰舌方其至于𩠐土其有…

英一一〇五正　貞作大邑于唐土　1
二六八九八　王其眔戍嬖受人惟啬土人有災　3
二六八九八　王其呼眔戍嬖受人惟啬土人暨秝人有災
屯八八〇　有災　3
…眔舂…受人…啬土人有災　3
屯八八〇　王其呼眔舂戍受人…啬土人暨秝人
有災　大吉

二一〇九〇　…于中土燎…　1

八四六　貞勿求年于甫土　1

二八一〇六　癸丑卜其侑亳土惟袑　3
二八一〇七　…亳土賔　3
二八一〇八　其有燎亳土有雨　3
二八一〇九　戊子卜其有歲于亳土三小窐　3
二八一一〇　其侑亳土　吉　3
二八一一一　其方𤅊亳土燎惟牛　3
二八一一三　…亳土惟小窐　3
三三六七五　于亳土禦　4
屯　六六五　辛巳貞雨不既其燎于亳土　4
屯一一〇五　辛巳貞雨不既其燎于亳土　4

二〇九一　壬申卜奏四土于𡆥…　1
三三二七二　…申卜…四土…宗　4

四五六正　貞燎于土　1
七七九正　貞燎于土三小窐卯一牛沈十牛　1
七八〇　貞燎于土三小窐卯一牛沈十牛　1
七三五九　燎于土窐　1
七八六一　燎于土　1
八四八五　…燎土…　1

一〇三四四正　甲寅卜㱿貞燎于有土　1
一一〇一八正　燎于土窐方帝　二告　1
一四三〇五　貞燎土方帝　1
一四三九三反　…于…燎土不其介　1
一四三九四　甲辰卜…貞燎土…牛　1
一四三九五正　甲辰卜爭翌乙巳燎于土牛　1
一四三九六　貞燎于土一牛俎窐　1
一四三九六　壬戌卜爭貞既出祈燎于土窐　1
一四三九七　貞燎于土　1
一四三九八　勿燎于土　1
一四三九八　貞燎于土　1
一四三九九正　癸未卜貞燎于土求于岳　1
一四四〇〇　今日勿燎于土　1
一四四〇一　貞勿燎于土　1
一四四〇二　勿燎于土　1
一四四〇三　…土祀　1
二一〇七五　壬午卜燎土延巫帝　1
二一〇七八　燎土　1
二一〇七八　壬午卜燎土　1
二一〇九〇　…于中土燎…　1
二一一〇三　甲戌…土燎窐　1
二一一〇三　…辰卜…燎土一窐　1
二一一〇三　甲戌…土燎窐　1
二一一〇四　…土燎…豕　1
二一一〇五　…燎…土…窐　1
三〇四〇六　癸卯卜旬…其燎于土窐　3
三二一一八　乙丑卜有燎于土羌圛小窐　4
三二一二〇　癸亥卜有土燎羌一小窐圛　4
三二五三八　于土燎　茲用　4
三四一二〇　癸卯卜貞酢求乙巳自上甲二十示一牛二示
羊土燎四戈彘窐四戈豕　4
三四一八三　庚寅貞侑土燎大…　4
三四一八五　己亥卜田率燎土豕𡆥豕河豕岳豕　4
三四一八六　…燎于土…　4
三四一八七　其燎于土　4
三四一八八　燎酢于土　4
屯　七二六　癸卯貞甲辰燎于土大窐　4
屯　九六一　庚申卜有土燎羌圛小窐　4
屯　二三四七　戊申卜有燎于土　4
屯　三三八七　甲子卜…乙丑焚燎土　4

著錄	釋文	期
屯三六六四	其燎于土	4
屯四四〇〇	癸丑卜甲寅有宅土燎牢雨	4
英一一六八反	勿燎于土	1
英一一七〇正	燎于土	1
一五〇六正	貞于土桒	1
一四三九二	貞于土桒	1
三三九五九	辛未卜桒于土雨	4
屯五九	：其桒于亳土	3
三三三〇一	王祟雨于土	4
三四四九三	乙卯卜王祟雨于土	4
三三三〇一	丙辰卜于土寧風	4
三三三〇一	：土寧風	4
三四〇八八	己未卜寧雨于土	4
三〇五二五	今辛未土禦：吉	3
三三〇一二	癸巳卜禦于土	4
三三〇一二	壬辰卜禦于土	4
屯一四四八	：其禦于土大牢	4
一〇九四二	：王往狩𢦏土：	1
一〇九四四	：卜㱿：狩：𢦏土	1
一九九六	：于土	1
二七三三	：有𠬝于土	1
一二〇八五反	：于土：婦用	1
一二八五五	：午卜方帝三豕又犬卯于土宰桒雨	1
一四七七三	貞帝秋于𠙵于土	1
三三二一九	：申貞有伐于土羌一：	4
三二一八三	辛巳茲用于土	4
三二一八三	茲用于土	4
三四一九〇	戊申其乇于土牛	4
三四二一九	甲申卜于土宰	4
三四七一一	庚辰：于土：圍大牢	4
屯二五六五	：貞：其告：于土	4

其它

著錄	釋文	期
五五八	：循土：	1
二〇八〇	：寅：土：祖：侑	1
三四一九	庚子卜土伯禼	1
五一五八乙	：貞：土受年	1
六三九六	：王：土：	1
六四〇五正	：戌：殻貞：𢦏再冊册土：王比：	1
六四〇七	：土：	1
六四四〇正	：土：戠	1
八五六三	：衣今：暨土：吾：出：	1
八七九五	貞我至于：土延無囚	1
一一三八七	：酉卜：小宰土	1
一二八四八	：雨土	1
一二八四九正	：爭：土：雨	1
一三三二〇反	貞：巳土：	1
一三三二六	：土于：暘：	1
一三四二〇	己亥卜爭貞有羽土：	1
一三四二一	有羽土于之	1
一四四〇四	：殻貞：惟土：	1
一四四〇五	庚辰卜爭貞：土	1
一四四〇六	：貞我：不𩛥：土：	1
一四四〇七	辛酉：禦：于：土宰	1
一四四〇八	辛酉：土：	1
一六三五〇	：賓：土骨：不若	1
一七九〇三	：土三百：	1
一九五五七	貞：土酉：	1
一九六一八反	：叀：土示：戌弔：若：	1
二〇七四二	𡆥母田于田	1
二一〇五九	丙申卜作土丁	1
二一一〇六	：卜𠂤：土：祖：一宰	1
二一一〇七	：戌卜：生月：其土三十：	1
二一一〇八	戊戌今：其土三十：	1
二一一一五	癸巳：巫寧：土河岳：	1
二二四八九	△：	1
二三五一六	：巳：丄：	1
二八一九五	乙未卜暊貞今日于入駛土一乙𩡧	3
二八一九五	乙未卜暊貞有事入駛土其𩡧不𣥂	3

三三二一四 弜逐土田 4
三三二一五 弜大延土田 4
三四〇三一 甲申卜有土 4
三四一八四 貞王告土 4
三四一八九 庚辰卜于…乃土 4
三四一八九 庚辰卜于卜乃土 4
三四六三四 土圉一牢 4
三六四〇四 乙卯…貞王…土 5
英五八三 己酉卜殻貞令𢀛王惟土… 1
英八〇七 …土受… 1
英八三四 庚寅卜貞其土… 1
英一二四三 …帝…邑…土… 1

圣 量 墾

五八一四 己卯卜…貞𡆥…師次…圾自…凡… 1
六七七三 乙酉卜方弗戕望十二月 1
六七七三 …方…望… 1
六七七四 乙酉…戕望 1
九四七三 癸卯…穷貞…卑坓田于京 1
九四七四 …令卑坓…無囚三日八… 1
九四七五 貞勿令卑坓田 1
九四七六 戊辰卜穷貞令泳坓田于盖 11
九四七七 …泳坓田于盖 1
九四七八 貞𥝓…坓…衛 1
九四七九 戊子卜穷貞令犬延族坓田于虎 1
九四八〇 …卜…貞𡆥𡆥有正乃坓田 1
九四八一 …穷…令…坓… 1
九四八二 乙丑…穷…令…坓 1
九四八三 …坓… 1
九四八四 …匚坓… 1
九四八五 …子卜…令…坓… 1
一二四七三 戊申…王𡆥…于𡆥…行于…于坓行… 1
…𣏟 1
一八一九三 庚辰…𢦏… 1
一八一九四 …𢦏… 1
二〇二九一 癸亥…王貞…令…望… 1
二〇八四三 …望五百四旬七日至丁亥比在六月 1
三三二〇九 乙丑貞王令𢦏田于京 4
三三二〇九 癸亥貞于𡆥𢦏… 4
三三二〇九 于𡆥𢦏田 4

三三二〇九 癸亥貞王令多尹𢦏田于西受禾 4
三三二一〇 己巳王…剛𢦏田 4
三三二一一 …于貞于…方𢦏田 4
三三二一一 甲子貞于下人刖𢦏田 4
三三二一一 …𢦏… 4
三三二一二 …王令…𢦏田…䵼 4
三三二一三 貞王令多羌𢦏田 4
三三二一五 …䵼田在… 4
三四二三九 辛…王…圾田…𤉲… 4
三三二七八 辛…貞…令…𢦏田… 4
屯六五 戊戌…王令𢦏田… 4
屯一〇二 …尹𢦏田于… 4
屯四九九 甲戌貞王令剛𢦏田于𡆥 4
屯二六〇 丁卯卜貞王…坓田于… 4
屯四三五一 …𢦏田于京 4

三六一八九 …巳卜矢…弜羊啓…𡆥有囚 2

垷

一五三九六反 …于垷 1

甫

二三九六 丁卯…貞呼…甫伯… 1

一四五三五 貞其𡆥河…王賓…惟王禱…八月 1

一八七三一 …𡆥… 1

山

九六 勿于九山燎 1
一〇五〇反 …山 1
一三六三 …作山成…其鼎… 1
五一五七 …亥卜…王東…崇…山… 1

著錄	釋文	期
五四三一	……亥卜王貞……王山來……白紖……	1
五五六一	貞勿……山入御事	1
五五六二	……山入御……十一月	1
五八三一	……卜永……山甯……燎	1
五九四九	……我王……祀……執白紖……乙亥山……曰紖……	1
六五七一正	貞曰子商至于㞢丁作山戕	1
六五七一正	勿曰子商至于㞢丁作山戕	1
六八二二	貞惟山五月	1
七八五九正	貞惟阜山令	1
七八五九正	貞允惟阜山令	1
七八六〇	貞惟阜山令	1
七八六〇	貞允惟阜山令	1
一九〇二六	……子易豐眉以戠……惟……山……	1
一九二九三	癸卯……往三山	1
一九六二五	辛……貞……山……从……	1
二〇二七一	壬申卜王陟山𣪊癸酉暘日	1
二〇九七五	壬午卜炆奏山日南雨	1
二〇九八〇正	丁酉卜炆燎山羊𡆥豕雨	1
二一一一〇	丙燎岳矢山	1
二一五八一	……凡……山日	1
二七七五三	丁巳卜其比惟山呼	3
三〇一七三	庚……卜其𡆥雨于山	3
三二九六七	己酉貞火戠王事	4
三三二三三正	癸巳貞其燎十山雨	4
三三三七四反	……五山	4
三三七四七正	甲申卜炆山	4
三四一六六	辛……貞……燎于十山	4
三四一六七	……卜侑于五山在果……月卜	4
三四一六八正	丁丑卜侑于五山在……雉二月卜	4
三四一九九	……山雨	4
三四二〇五	十山	4
三四七一一	不降山	4
乇二九一五	庚子貞王其令伐𡆥山	4
英四一八	山有……	1
英八三六	……呼田……龔……山	1
懷四四九	貞勿令山十月	1

火

著錄	釋文	期
二八七四	丙寅卜㱿貞其有火	1
七九六六正	貞于敦去火六月	1
一二五〇三反	七日己巳夕㞢有新大星並火	1
一二五五〇	……于……火……一月	1
一二四八八甲	火今一……不其雨	1
一二四八八乙	火今一月其雨	1
一二四八八乙	己巳卜爭……火今一月其雨	1
一七〇六六	……貞旬無囚旬壬申……𡆥火婦娃子斯	1
	七……	
一九九四六正	辛未酉大乙執火其……	1
二〇一一二	癸酉卜炆有火	1
二〇二四五	丙申卜王令火戈亏	1
二〇二九六	乙丑卜火龐	1
二一〇九五	丁未卜今夕火來毋	1
二一〇九五	丁未……今炆火來毋	1
二七三一七	……卜其告火自籍祖丁　吉	3
三〇一五八	其𧰼火	3
三〇三一九	其𡆥火門有大雨	3
三〇七七四	……卯卜火不延	3
三四二〇五	𤼽未熹好火雨	4
三四七九七	癸酉貞旬無火	4

丘

著錄	釋文	期
一〇八	……取竹芻于丘	1
一四〇正	貞芻……龠于丘　二告	1
一五二正	貞朕芻于丘剢	1
七七六正	己丑卜㱿貞龠芻于丘商四月	1
七七六正	貞勿龠芻于丘商	1
七八〇	貞𦎫于丘𠥓	1
八七五正	戊戌……在丘	1
四二四八	貞𦎫于丘剢	1
四七三三	貞呼丘𢀛	1
四七三四	丘𢀛啟	1
四八二四	……前丘𪓐……	1
五五一〇正	貞呼取丘𡆥……　不𠱚鼄	1
五六〇二	……小丘臣	1
七〇五九	貞呼……取丘……	1
七八三八	甲午卜燎于丘商	1
七八三九	……方……人其丘商	1
八一一九反	……盟其……𣂔丘	1
八一一九正	貞呼宅𤕌丘	1
八三八一	……丘𡆥……	1

八三八二　…丘不…史…　1
八三八三　…丘…傳…　1
八三八四　…丘…合…　1
八三八五　丘其易…　1
八三八七　…宅丘王…　1
八三八八　乙巳卜古貞丘出…　1
八三八九　…貞…我保…丘　1
八三九〇　丙戌卜…貞令…衣丘　1
八四八七　…宅丘王…　1
八五九一　己酉卜宮貞勿衣呼比丘俑…　1
九三三一　丘入…　1
九五二九　…貞婦姘呼黍于丘商受…　1
九五三〇　辛丑卜殼貞婦姘呼黍丘商受…　1
九七七四正　壬子卜殼栽于丘商　1
九七七四正　勿栽于丘商　1
九九三四正　…舌往…丘以　1
九九三四反　…丘以…　1
一〇一一八　…亘…丘…　1
一四七九二　婁不陟丘　1
一五四七六　…丘歲彭　1
二四三六七　壬午卜行貞今夕無囚在正…在丘雷卜　2
二四三六七　癸未卜行貞今夕無囚在正月在丘雷卜　2
三〇二七二　…燈于茲丘…　3
三三七三八　…丘…　4
屯二二四九　丁亥卜庚卯雨在京丘　4

岳

一四四八八　庚…爭貞岳壱我　1
一四四八八　庚戌卜爭貞岳不我壱　1
二四九六〇　貞惟岳壱　2
三〇四二五　丙申…岳…壱　3
三三三三八　惟岳壱禾　4
三四二一八　丙辰貞惟岳壱　4
三四二二九　己卯貞岳壱　4
三四二二九　丙戌卜岳不壱　4
三四二二九　丙戌卜岳其壱　4
三四二二九　辛亥卜岳其壱侑岳　4
三四二二九　辛亥卜岳弗壱禾弜侑岳　4
三四二二九　己卯卜惟岳壱　4
三四二二九　甲申卜岳弗壱禾　4
三四二二九　…酉卜岳壱禾　4
三四二三一　…貞…岳壱　4
三四二三五　丙申卜岳惟有壱　4
屯六四四　丙寅貞岳壱雨　4
屯二一〇五　惟岳壱云　4
屯二一〇六　甲子卜惟岳壱禾　4
屯二四三八　丙午卜惟岳壱雨　4
英二四四四　丙午卜惟岳壱雨　4

一二八六四　甲子卜宮貞于岳祟雨…　1
一四五二一　貞祟雨我于岳　1
三〇四一九　于岳祟有大雨　3
三四二二六　…于岳祟有大雨　4
英一一四八　貞勿…于岳…祟…　1

一四四八二　癸酉卜…寧雨…岳恋　1
二一一一五　癸巳…巫寧…土河岳…　1
三四二二九　丁亥卜弜寧岳　4
三四二二九　丁亥卜寧岳燎牢　4

三八五　貞桒年于岳燎三小宰卯三牛　1
一〇〇七〇　戊午卜韋貞桒年于岳　1
一〇〇七一　貞岳桒年　1
一〇〇七二　貞桒年…岳　1
一〇〇七五正　癸卯卜亘貞桒年于岳　1
一〇〇七六　戊午卜宮貞彭桒年于岳河夒　1
一〇〇七七正　貞桒年于岳　1
一〇〇七八正　貞…年于岳　1
一〇〇七九　貞桒年于岳一月　1
一〇〇七九　勿于岳桒　1
一〇〇八四　辛…卜古貞桒年于岳燎三小宰卯三牛二　1
月　1
一二八五六　…卜…桒雨…岳　1
一四三九九正　癸未卜貞燎于土桒于岳　1
一四四二四　戊…貞桒…岳　1
一四四二五　丁巳卜桒于岳　1
一四四二六　…午卜宮…桒…岳　1

一四四二七 …𠦪…岳 1
一四四二九 …𠦪吾…岳 1
一四四三〇 丙子…貞𠦪…方于岳 1
一四四三一正 癸丑卜㝊貞𠦪于岳 1
一四四三二 勿于岳𠦪 1
二七四六五 丁酉卜其𠦪年于岳 3
二八二五五 其𠦪年于岳茲有大雨 吉 3
二八二五六 其𠦪年于岳 3
二八二五七 …𠦪年于岳惟… 3
二八二五八 于岳𠦪年此雨 3
三〇四一五 于岳𠦪年有…大吉 3
三〇四一八 其𠦪年…岳惟…用祝 3
三二〇二八 辛未貞𠦪禾于岳 4
三二三〇一 庚戌卜惟王自𠦪于岳 4
三三二七四 癸未貞𠦪禾于岳 4
三三二八一 甲辰卜…于岳…𠦪禾 4
三三二八二 壬子貞其𠦪禾…岳 4
三三二八九 …酉貞𠦪禾于岳 4
三三二九〇 丁未…于岳𠦪禾 4
三三二九〇 …侑于岳𠦪禾 4
三三二九一 丁未卜侑于岳𠦪禾 4
三三二九二 …卯貞𠦪禾…岳燎三小宰…圍宰 4
三三二九二 乙卯貞𠦪禾于岳燎三小宰圍三牛 4
三三二九三 壬寅貞其𠦪禾于岳燎… 4
三三二九三 壬寅貞其𠦪禾于岳燎三… 4
三三二九四 乙亥貞…禾于岳…卯三牛 4
三三二九六 丁未貞𠦪禾于岳燎小宰卯三牛 4
三三二九五 于岳𠦪禾 4
三三二九七 …貞𠦪禾于岳… 4
三三二九八 乙巳貞𠦪禾于岳 4
三三二九九 丁卯貞𠦪禾…岳燎三宰?卯三牛 4
三三三〇〇 …其𠦪禾于岳 4
三四一九四 甲申貞𠦪于岳燎 4
三四一九五 癸丑貞其𠦪于岳 4
三四一九六 辛未卜于岳𠦪雨 4
屯六八九 丁酉卜其𠦪年于岳惟羊 3
屯七五〇 丁酉貞𠦪禾于岳燎五牢卯五牛 4
屯一五〇九 丁酉貞𠦪禾于岳…五宰 4
屯二一〇五 于岳𠦪禾 4
屯二一二四 丙申貞其𠦪禾于岳燎…小宰 4
屯二三二二 癸酉貞其𠦪禾于岳得 4
屯二三一六 乙亥…其𠦪…于岳…宰…三牛 4
屯二六二六 戊午貞酉𠦪禾于岳燎三豕卯… 4
屯三〇八三 壬寅貞其𠦪禾于岳燎三小宰卯… 4
屯三五六七 丙寅貞其𠦪禾于岳燎三宰卯三… 4
屯三五七一 乙卯貞𠦪禾于岳受… 4
英二〇八九 貞于岳先𠦪 2

九一七七正 舞岳侑 1
一二八四二正 勿舞岳 1
一二八四二正 勿舞岳 1
一二八五二 …舞岳 1
一四二〇七正 貞舞岳有雨 1
一四四七二 甲辰卜爭貞我舞岳 1
一四四七三 勿舞岳 1
三四二二四 …舞岳雨 4
三四二九五 …卜今日…舞河暨岳…从雨 4
懷三 …舞岳… 1

五五二二正 己卯卜㝊貞取岳 1
一三六二四正 貞取岳 1
一三八八七 貞取岳 1
一四三八〇 …卜…貞取岳 1
一四四五七 癸酉卜貞取岳廼燎 1
一四四五八 …取岳 1
一四四五九 貞…癸丑取岳 1
一四四六〇 取岳 1
一四四六〇 取岳 1
一四四六一反 取岳 1
一四四六二 取岳雨 1
一四四六三 貞惟岳取 1
一四四六四 …取岳 1
一四四六五 …戊卜取岳 1
一四四六六 …午卜爭…取岳石… 1
一四四六七 貞我岳… 1
一四四六七 勿取岳 1
一四四六八正 貞取岳有雨 1
三二八三三 己卯卜取岳雨 4
三三二九一 辛酉卜取岳雨 4

著錄	釋文	期
三四二〇三	取岳雨	4
三四二一四	癸酉卜其取岳雨	4
三四二一五	癸酉卜其取岳雨	4
三四二一六	己亥貞取岳雨	4
三四二一七	辛酉卜取岳雨	4
三四二一八	丙辰貞其取岳	4
三四二一九	取岳于三門徣	4
屯二三八二	丁卯卜取岳雨	4
屯二三八二	乙亥卜取岳受禾 茲用	4
屯二八三〇	庚申卜取岳雨	4
屯二九〇六	乙亥貞其取岳舞有…	4
屯三〇八五	壬寅貞其取岳雨	4
屯四五五六	辛巳卜取岳从不从	1
英一一四九	…岳取𠂤…	1
英一一五〇	…丙取岳	1
一四四七五	貞奏岳	1
二〇三九八	辛巳卜奏岳比不比	1
二〇三九八	乙酉卜丙奏岳比用不雨	1
二一〇七八	乙丑卜丙寅奏岳司燎雨	1
屯四五五六	乙酉卜于丙奏岳从用不雨	1
英一一五三正	貞勿奏岳	1
一四四二三	癸卯卜貞告…岳	1
三三二二九	庚午…岳…告秋	4
屯一二四八	…岳告…	
五五一八	使人于岳	1
五五一九	貞使人于岳	1
五五二〇	貞勿使人于岳	1
五五二〇	使人于岳	1
五五二〇	貞使人于岳	1
五五二一	貞使人于岳	1
五五二一	貞勿使人于岳	1
一四四二〇	貞…于岳有賓	1
一四四二一	貞岳賓	1
一四四二二	貞岳賓我燎	1
英一一五二	貞岳賓	1
九五五二	丁亥卜…岳石有从雨	1
九六五八正	辛巳卜亘貞祀岳𡴃來歲受年 二告	1
二二一五三	…卜祀…岳	1
一四四七八	貞祝岳	1
一四四七八	…祝岳	1
七三九四反	…在…癸宗…岳	1
三〇二九八	于岳宗酌有雨	3
三〇三二九	𢾕𡵂即宗𨕣岳于之	3
八三三〇正	惟禘岳狭	1
一四四七〇正	貞方帝𨕣酌岳	1
三七七	庚辰卜貞侑于岳三羌三小宰卯三牛	1
六〇九七	甲午卜𦥑貞侑于岳	1
一〇九四〇	貞于岳㞢	1
一三三四六正	…侑…岳	1
一四四〇九	辛卯卜古貞侑于岳	1
一四四一〇	貞侑于岳	1
一四四一一	侑于岳	1
一四四一一	侑于岳	1
一四四一二	侑于岳	1
一四四一二	貞…于岳	1
一四四一二	侑于岳	1
一四四一三	貞…岳	1
一四四一三	貞侑于岳	1
一四四一四	貞侑于岳	1
一四四一五	貞侑于岳	1
一四四一六	…侑…岳	1

一四四一七　乙亥…侑于岳　1
一四四一八　貞侑于岳　1
一四四一九　勿侑于岳　1
一四四九二　…有…岳…我　1
一四六五八　貞侑于岳　1
三〇四一七　其侑岳惟…　大吉　3
三〇四二〇　…于岳其有…　3
三四一九一　于岳侑　4
三四一九二　壬子卜侑于岳　4
三四一九三　于岳侑　4
屯二三四二　壬戌卜惟岳先侑　4
屯二三〇五　丙辰卜今辛酉侑于岳　用　4

八八四三　貞…辛未酒岳　1
一四四三六　丙子卜貞酒岳三小宰卯三宰　1
一四四七一正　癸亥卜貞翌辛未酒岳三小宰卯三…　1
三〇四一二　岳暨河酒王受有祐　3
三三二九一　庚戌卜侑于岳桒禾　4
三四二二一　惟岳先酒雨　4
三四二二二　惟岳先酒雨　4
三四二二三　惟岳酒　4
三四二二七　…酒于岳　4
屯六二二　…燮岳辛丑其龠酒有大雨　3
屯六五一　惟岳先酒廼酒五云有雨　大吉　3
屯一一一八　丁亥貞辛卯酒岳燎三宰圂牢　4
屯四〇三二　…岳于來辛酉酒　3

三〇四一〇　…即…岳有大雨　3
三〇六七五　即于岳…　3
三四二二五　癸巳貞既燎于河…于岳…　4
屯二三二二　即岳于上甲　4
屯四四二二　即于岳有大雨　3

一八二四正　丁巳卜穷貞燎于岳　1
二三七三正　戊寅卜古貞…于岳　二告　1
二三七三正　貞燎于岳　1
二三七三正　戊寅卜古貞燎…岳　1
四一一二　辛未卜爭貞翌癸酉呼雀燎于岳　1
九五六〇　貞燎于岳三小宰卯三宰　1
九五六〇　甲午卜穷貞燎于岳二小宰卯二宰　1
九九三七　…戌卜㱿貞燎于岳小宰　1
一〇三〇八　…古貞燎于岳　1
一〇五九四　丙戌卜古貞燎于岳　1
一〇九六五　丙戌卜古貞燎于岳　1
一四四一一　貞燎于岳　1
一四四三三正　丁酉卜葡貞燎于岳　1
一四四三四　庚辰卜燎于岳　1
一四四三五　癸卯卜貞燎于岳三宰　1
一四四三六　癸酉卜貞燎于岳三小宰卯三宰　1
一四四三七　己丑卜㱿貞燎于岳　1
一四四三八正　辛酉卜㱿貞燎于岳　1
一四四三九　…酉卜㱿…燎于岳三豕…九…　1
一四四四〇　甲午卜韋貞燎于岳　1
一四四四一　…燎于岳　1
一四四四二　貞燎于岳　1
一四四四三正　貞燎于岳　1
一四四四四　辛卯卜燎于岳　1
一四四四五　丙辰…貞燎…岳　1
一四四四七　貞…燎…岳宰呼歸　1
一四四四八　庚子…貞往燎…岳　1
一四四四九　癸卯…貞燎…岳　1
一四四五〇正　貞于岳燎三月　1
一四四五一　…蔑…乞燎于岳十月　1
一四四五二正　今日燎于岳犬　1
一四四五三　呼雀燎于岳　二告　1
一四四五四　貞勿燎于岳　1
一四四五六正　貞勿燎于岳　1
一四四七四正　壬戌卜穷貞尋燎于岳　1
二一一〇九　乙卯卜燎岳今…舞…　1
二一一一〇　丙燎岳矢山　1
二八二八一　岳燎三宰　3
三〇四一一　…酉卜王其冊岳燎惟犬暨豚十有
大雨　大吉　3
三〇四一三　燎岳　3
三〇四一四　岳燎惟舊冊用三宰王受祐　3
三三二七三　燎于岳無从在雨　4
三三二七三　庚午燎于岳有从在雨　4
三三二九二　…卯貞桒禾…岳燎三小宰…圂牢　4
三三三三一　甲辰卜乙巳其燎于岳大牢小雨　4

著錄號	釋文	期
三三三三二	…岳燎…三牢	4
三四一八五	己亥卜田率燎土豕𢀛豕河豕岳豕	4
三四一九七	己酉貞辛亥其燎于岳	4
三四一九八	…其燎于岳三牢	4
三四一九八	己酉貞辛亥其燎于岳雨	4
三四一九八	己酉貞辛亥其燎于岳一宰卯一牛雨	4
三四一九九	丙寅卜其燎于岳雨	4
三四二〇〇	辛丑貞尋燎于岳雨	4
三四二〇一	燎于岳	4
三四二〇二	…巳卜其燎于岳	4
三四二〇三	…燎…岳…雨	4
三四二〇四	惟己燎豕于岳雨	4
三四二〇六	岳燎五牛	4
三四二〇七	岳燎卯二牛	4
三四二〇七	岳燎…二牛	4
三四二〇八	岳燎三牢	4
三四二〇九	岳燎牢卯牛一	4
三四二〇九	岳燎小宰卯牛一	4
三四二一〇	暨岳燎	4
三四二一一	岳燎二…	4
三四二一三	岳燎不遘雨	4
三四二二五	岳燎五宰囿五牛	4
三四二二九	丁亥卜寧岳燎牢	
三四二六七	辛亥卜有燎于岳	4
三四二六八	辛亥卜有燎于岳	4
屯九一四	岳燎小宰卯牛一	4
屯一〇三八	…未卜燎于岳二…	4
屯一四四四	…岳燎五小宰卯五牛	4
屯四三九七	…于貞岳燎暨河…	4
屯四三九七	岳燎後酌	4
英一一四四	…巳卜方貞燎于岳…	1
英一一四五	壬寅卜…燎岳…	1
英一一四六正	…燎于岳…二羊卯九牛	1
英一一四七	…燎于岳夕羊翌辛亥酌宰	1
英一一五一	癸卯卜方貞燎于岳	1
三四六〇正	貞…于岳	1
六〇六四反	…戠…入于岳…告…唐…	1
六一五六正	貞于岳	1

著錄號	釋文	期
六五九一	…于岳	1
八五七一	貞…吉…于岳…	1
九六〇七反	…于…岳	1
一〇五六九	…岳于茲田	1
一四四五五	…于岳	1
一四四九〇反	于岳	1
一四四九一正	…于岳	1
一四四九九	貞于…未𢦏…于岳	1
二四四一七	乙丑卜…貞于岳即	2
三〇四一六	…于岳秦即…	3
三〇四二一	于岳…大雨	3
三一九八四	…于河于岳…用	4
三二八〇二	癸巳…于岳…	4
三二八三三	壬午卜岳來于㝬叡	4
三二八三三	岳于三户	4
三四二二〇	岳于㞢	4
三四二二〇	岳于三門	4
三四二二〇	岳于南單	4
屯九七八	癸巳貞于岳…	4
屯二二二四	丙申…于岳…	4
屯三三七三	五宰于岳	3-4
英一一五四	…亥卜㱿貞…于岳	1
英一一五五	貞勿…于岳	
懷一三一五	貞于岳…受有年	3
一二六五三	…岳…有雨	1
一二六八三	…卜貞…岳…从雨	1
一二六八七	…岳…雨我…	1
一四二〇七正	貞岳無其雨	1
一四四八〇	丁酉…貞…岳…雨	1
一四四八一	…貞…岳…雨	1
一四四八三	庚午卜貞…辛未㚒…岳有…雨	1
一四四八四	…卜貞…岳…雨	1
一四四八五	…岳無其雨	1
一四四八六正	…岳有雨	1
一四四八七	…卜㱿貞岳肇我雨	1
一四四九三	…岳…雨	1
三〇一八五	…岳雨	3
三〇三二九	岳于之有大雨	3
三〇四一五	其𣪠岳有雨…	3

三三二九三　…于岳雨
三三三二〇　…貞…岳…雨
屯一四八　庚寅卜旁岳雨
屯八二七　…岳…烄…敦…雨
屯二二八二　庚辰卜…岳雨
屯二三八二　己卯卜于盟立岳雨
屯二五八四　…岳雨
屯四三六二　己卯卜于南單立岳雨
英一一五二　…岳其…雨
英二四四五　…岳…从雨

三九〇臼　戊戌婦喜示一屯　岳
四六三臼　壬午邑示八屯　岳
五一三〇臼　…示一屯　岳
五五四五臼　甲辰婦祖示二屯　岳
六三八五臼　己丑羌立示四屯　岳
六四五一臼　庚午婦寶示三屯　岳
七三二二臼　壬辰邑示一屯　岳
七三九一臼　岳
八八一〇臼　丁丑婦…示一屯　岳　㱿
八八五二臼　岳
九三〇四　…百　岳
九四〇八　己丑乞自缶五屯後示三屯　岳
一〇〇八五臼　丁亥邑示六屯　岳
一〇二二八臼　己未婦𡠆示一屯　岳
一二一七一臼　壬戌子央示二屯岳
一一四五二臼　…巳冊示二屯　岳
一三八五四臼　丁卯婦…示二屯　岳
一四八〇七臼　丙寅羌後示一屯　岳
一五五八五臼　…穷入…示…岳
一五六九七反　…東盧…岳
一七五一一臼　壬寅婦寶示三屯　岳
一七五一三　壬寅婦豐示二屯　岳
一七五一五　…申婦豐示…屯　岳
一七五一九　…婦喜…　岳
一七五三五臼　戊子婦𠷎示四屯　岳
一七五六一　己未邑示四屯　岳内
一七五六二　己未邑示四屯　岳内
一七五六七　壬申邑示三屯　岳
一七五八六臼　乙巳陜示屯二　岳
一七五九一　壬申龜示四屯　岳
一七五五九　壬午邑…八屯　岳
一七六〇二　丁丑雩示二十屯　岳
一七六〇五　己卯雩示三屯　岳
一七六一六　壬戌屠示三屯　岳
一七六二四　丁丑𦥑示一屯　岳
一七六二六　…羌𦥑…屯　岳
一七六三五臼　丁巳…示一屯　岳
一七六三八　庚午示三屯　岳
一七六六一　…屯　岳

其它

一一九八　丙子岳
四九六五正　丁亥…貞岳…
四九六五反　岳…
四九六六反　岳
四九六七　岳
四九六八　…乞岳
四九六九　…岳
四九七〇　…岳
四九七一　岳
四九七二　岳
四九七三　…之岳…
五八一七反　…貞…岳
五九三〇　…勿…人…岳
七〇三正　癸酉卜岳八月
九二九八正　貞岳…
九五三四反　岳
九七三〇　貞…岳…
一〇〇七三　…岳…年
一〇〇七四　丙申…貞…五…年…岳
一二八五二　壬申卜貞來…岳
一二八六三　貞于岳旬
一四二五〇　戊午卜𣪊貞惟岳…
一四三九八　貞王舌岳
一四四七六　…田岳
一四四七七　貞望…岳
一四四七九　貞𥁕岳
一四四八九　貞岳不我…
一四四九四　…岳…

一四四九五　貞…惟岳　1
一四四九六　乙未卜㝐…岳…秋…　1
一四四九七　…岳　1
一四四九八　貞岳…　1
一四五〇〇　乙…卜…岳…自…　1
一四五〇一　…岳…　1
一四五〇二　貞岳　1
一四五〇三　…岳一豕　1
一四五〇四　惟岳　1
一四五〇五　…岳…茲…三月　1
一四五〇六　…岳…其…　1
一四五〇七　…岳…　1
一四五〇八正　…㱿…岳…　1
一四五八七臼　岳　1
一五五〇六反　…卜岳…　1
一九五〇〇　貞岳…我鼎…　1
二〇三九八　丙申卜比岳　1
二二四一九　…𢆶河岳岳罗…　1
二六九四九　…岳其奠…羊　3
二九六五五　其盟岳　3
三〇四〇一　…何…岳　3
三〇四二二　…卜其往于岳惟三大牢　3
三〇四二三　乙酉卜…甲子…岳…小牢　3
三〇四二四　…岳…吉　3
三〇四二七　…岳…河…　3
三三二八九　…岳…　4
三三三二〇　庚午…岳…二牢…三牛　4
三四一八五　…祖…岳…　4
三四二〇五　丁卯卜桒岳　4
三四二〇八　岳圉四牛　4
三四二一二　岳…　4
三四二三〇　辛…岳…　4
三四二三二　…午貞岳…三小牢　4
三四二三四　…酉貞…岳河…我　4
三四二六三　丁酉卜…河以岳　4
三四二九一　壬戌卜惟岳先…　4
屯三二四　岳其酉禦　3
屯三三二　…岳…　4
屯二一〇七　丁巳卜岳至王其…吉　3
屯三三八二　乙卯卜…門…岳　茲用　4
屯二二八二　…立岳　不　4
屯二三二二　癸酉貞弜得岳其取即于上甲　4
屯二九〇六　乙亥貞惟岳伐…　4
屯三〇九一　戊戌卜…有伐岳…　4
屯三一〇七　…王其呼戍岳…　3
屯四四〇〇　乙卯卜…岳…　4
屯四五五六　丙申卜入岳　1
英一五〇反　岳　1
英一三四九　岳祝惟河用　3
懷二　…貞…岳…牢…　1
懷四　…岳羌　1
懷五　…岳五羊　二告　1

焚

五八三反　王固曰有祟㱿光其有來嬉迄至六日戊戌允有…有𠌶在𢀛𠌶在…　1
五八四甲反　襲亦焚亩三十一月 …亦焚亩三　1
一〇一九八正　翌戊午焚擒　二告　1
一〇四〇八正　翌癸卯勿焚　1
一〇四〇八正　于甲辰焚　1
一〇四〇八正　…焚　1
一〇四〇八正　翌癸卯其焚…擒癸卯允焚獲…兕十一豕十五虎…兔二十　1
一〇六七七　…余…焚　1
一〇六七七　…余…焚　1
一〇六七八　壬辰…宋焚…取?　1
一〇六七九　…丑…焚…复　1
一〇六八〇　…焚…魯…　1
一〇六八一　…巳…勿…焚　1
一〇六八二　貞焚…焚　1
一〇六八三　辛?…焚　1
一〇六八四　貞允焚　1
一〇六八五　戊申卜焚　1
一〇六八六　辛…焚…　1
一〇六八七　…焚…　1
一〇六八八　…焚有…　1
一〇六八九　…焚　1
一〇六九〇　…焚…　1
一〇六九一　…焚逐…𢀛師…月　1
一一〇〇七正　翌丁亥勿焚寧　1
一一〇〇七正　翌丁亥勿焚寧　1
一一〇〇八　…焚寧　1

一四七三五正　翌戊宁焚于西　1

三六四九二　丙午卜在攸貞王其呼…延執胄人方䜌
焚…弗悔在正月惟來征…　5

屯二三三二　其𦍓溍王其焚　3

屯四四六二　于己…焚𦎫擒有兕　3

三三一八　…以子往于　1

六四七七正　貞王往于京　1

六四七七正　貞王往于京　1

六四七七正　貞王勿步于京　1

六四七七正　…于京　二告　1

八〇七〇　貞呼奴在　1

八〇七〇　貞呼奴在人　1

⿱罒山

一八七三六　…卜…⿱罒山…　1

二一〇九八　壬午…燎⿱罒山…　1

二一一〇〇　癸巳卜燎⿱罒山　1

二二四一九　…河岳岳⿱罒山…　1

三〇四四五　于⿱罒山凡王弗悔　3

三〇四五七　壬午卜𠦪雨燎⿱罒山　3

三四四七〇　癸巳卜⿱罒山…　4

⿱兮山

五二九　貞在⿱兮山羌其凡　1

五三〇正　…在⿱兮山羌　1

五三一　貞在⿱兮山羌　1

赤

三三一三　…宂貞…赤…　1

一〇一九八正　戊午卜㱿貞我狩歠卒之日狩允擒獲
虎一鹿四十狐百六十四麑百五十九𦎫赤又
友三赤…　1

一五六七九　貞…赤…　1

一九八〇一　赤𢆶…　1

二七七二〇　…卜暊…赤…其稽…冎　3

二七七二二　…暊…赤…其…不…　3

二八一九五　乙未卜暊貞師貯入赤馬其稽不冎吉　3

二八一九六　乙未卜暊貞在寧田…有赤馬其稽…　3

二九四一八　癸丑卜暊貞左赤馬其稽不冎　3

三三〇〇三　…寅貞…射比赤…　4

⿱土火

二八一八九　辛亥卜⿱土火王受祐　3

烄

一一二一正　貞烄㜂有雨　1

一一二一正　勿烄姄無其雨　1

一一三〇乙　惟姄烄有雨　1

一一三〇甲　勿烄姄無其雨　1

一一三一正　貞…姄烄有从雨　1

一一三三　丙…烄…雨　1

一一三六　貞烄閵有从雨　1

一一三七　貞烄閵有从雨　1

一一三八　甲子卜…烄…京…从雨　1

九一七七正　貞今丙戌烄㚬有从雨　1

一二八四二正　貞烄有雨　1

一二八四二正　勿烄無其雨　1

一二八五一　勿惟烄無其雨　1

一二八五二　…烄無其雨　1

一五六七四　貞烄有从雨　1

二九九九三　今日烄有雨　3

三〇一六七　于夫烄雨　3

三〇一六七　于𡍨烄雨　3

三〇一六七　于…烄雨　3

三〇一六八　烄夫有大雨　3

三〇一六九　弜烄無雨　吉　3

三〇一七〇　有烄無大雨　3

三〇一七二　…卜其烄杏毋有大雨　大吉　3

三〇一七四　惟戊烄有雨　3

三〇七八九　…其烄此有雨　3

三〇七九〇　于何烄雨　3

三〇七九一　其烄高有雨　3

三二二八九　戊辰卜烄𡡖雨　4

編號	釋文	期
三三二八九	弜烄雨	4
三三二八九	弜烄雨	4
三三二八九	弜烄雨	4
三三二八九	戊辰烄于[illegible]雨	4
三三二九〇	壬辰卜烄小母雨	4
三三二九〇	壬辰卜烄[illegible]雨	4
三三二九四	乙未…于…烄[illegible]雨	4
三三二九五	…烄凡于兕雨	4
三三二九七	戊申卜其烄永母雨	4
三三二九九	甲申貞烄[illegible]雨	4
三三三〇〇	其烄此有雨	4
三五三一七	壬辰其烄雨	4
三四四八三	戊戌卜烄雨	4
三四四八三	于凡烄雨	4
三四四八三	于舟烄雨	4
三四四八四	弜烄雨	4
三四四八五	乙卯卜今日烄从雨	4
三四四八七	乙亥卜烄雨	4
三四四八八	烄雨	4
三四四九二	烄雨	4
屯八七	甲戌卜烄雨	3
屯一四八	辛卯卜烄[illegible]雨	4
屯一四八	弜烄雨	4
屯一四八	辛卯卜…日壬辰烄[illegible]雨	4
屯八二七	…岳…烄…敦…雨	4
屯二六一六	于[illegible]烄雨	4
屯二六一六	于[illegible]烄雨	4
屯三三四四	癸…烄牢雨	4
屯三五八六	丁未卜烄…毋庚有从雨三月	1

其它

編號	釋文	期
一二三三正	甲申卜㱿貞烄婞…	1
一二三三正	貞勿烄婞無…	1
一二二五	…申卜爭貞烄⿰女才…	1
一二二五	…惟婞烄	1
一二三二	惟⿰女才烄有…	1
一二三四	貞烄…[illegible]…	1
一二三六	貞勿烄閵	1
一二三九	己酉卜㱿貞翌庚戌烄[illegible]…	1
九七四一正	貞勿烄	1

編號	釋文	期
〇四〇二	辛卯卜貞其狩烄擒	1
一五六七四	…烄…	1
一五六七五	甲子卜貞烄	1
一五六七六	…王…烄	1
一五六七七	…烄…	1
一五六七八	…烄…[illegible]…	1
一五六八〇	…烄…	1
一五六八一	…烄…	1
一九八〇二	甲辰卜…烄[illegible]…	1
二八二三五	癸巳卜今日烄	3
二九八一五反	庚…烄	3
二九九九〇	惟庚烄有…	3
三〇七九〇	癸丑卜其烄	3
三〇七九二	于監烄 大吉	3
三〇七九三	其烄于周	3
三〇七九四	于[illegible]烄	3
三〇七九七	惟…烄…有…	3
三〇七九八	…卜…貞…[illegible]…烄…	3
三三二一七	庚申卜烄	4
三三二一七	庚申卜弜烄	4
三三二八八	…卜其烄[illegible]	4
三三二八九	癸酉卜烄[illegible]…	4
三三二八九	辛未卜烄天于凡享壬申	4
三三二八九	戊辰卜烄[illegible]于[illegible]	4
三三二八九	弜烄	4
三三二八九	弜烄	4
三三二八九	弜烄	4
三三二八九	弜烄	4
三三二九一	乙亥貞烄于[illegible]	4
三三二九二	弜烄[illegible]	4
三三二九三	弜烄[illegible]	4
三三二九六	弜烄凡	4
三三二九六	于癸烄凡	4
三三二九六	于甲烄凡	4
三三二九七	…烄永母	4
三三二九八	戊申卜其烄永母	4
三三二九九	于甲烄凡	4
三三二九九	在[illegible]烄[illegible]	4
三三三〇一	丙戌卜烄[illegible]	4
三三三〇一	丙戌卜烄母	4
三四四七九	非惟烄	4
三四四七九	允惟烄	4

- 三四七九 于翌日炆 4
- 三四八〇 于喪炆 4
- 三四八一 …于兮炆 4
- 三四八二 …子卜炆 4
- 三四八二 于兮炆 4
- 三四八二 于乜炆 4
- 三四八二 于雷炆 4
- 三四八四 戊辰…炆于… 4
- 三四八六 壬寅…今日炆 4
- 三四八七 乙亥卜其炆 4
- 三四八八 壬辰…炆… 4
- 三四八九 …炆 4
- 三四八九 庚戌卜炆 4
- 三四九〇 …癸…炆… 4
- 三四九一 …子…炆… 4
- 三四九一 …炆… 4
- 三四九三 丙戌炆 4
- 三四九三 丙戌炆 4
- 三四九三 …卜…丁羊…炆 4
- 三四九四 炆… 4
- 三四九五 辛亥卜炆 4
- 三四九五 庚戌卜炆 4
- 三四九六 炆日… 4
- 乇一〇〇 于𠂇炆 4
- 乇一〇〇 于乜炆 4
- 乇一〇〇 于𦥑炆 4
- 乇一〇〇 甲申卜炆于㞢敀 4
- 乇四九一 …戊卜…好戊炆 4
- 英一〇一四 …炆 1
- 懷一八八 己丑卜貞…炆有… 1
- 懷一八七b …炆… 1
- 英一二六三 勿炆無其… 1

二山合文

- 一六四〇八 戊子…𡆥…若 1
- 二四六二 …𡆥… 1
- 三〇三九三 其奉年𠂤𡆥于小 山 盤豚 3
- 三〇三九三 𠂤暨𡆥惟小宰有大雨 3

小山合文

- 三四五三 其膚取二山有大雨 吉 3
- 三四五四 …其𢼄二山有大雨 3
- 三〇三二九 𢼄𡶜即宗𨓆岳于之 3
- 三〇三九三 其奉年𠂤𡆥于小 山 盤豚 3
- 三四五六 …其𦥑…于小山有大雨 3
- 三〇三九三 𠂤暨𡆥惟小宰有大雨 3
- 三〇三九三 其奉年𠂤𡆥于小 山 盤豚 3
- 三〇四五五 其𢼄𡆥 3

保

- 一四三〇〇 辛酉卜亘貞保 1
- 一八七三四 …保… 1
- 一八七三五 …保… 1

⿱𢆶山

- 二二四八三 ⿱𢆶山 1

⿱才山

- 三五九一三 …在𡶒師貞祖甲升…戊升若我受… 5

⿱巠山

- 七八六二 勿于⿱巠山 1
- 七八六三 貞于⿱巠山 1

炘

- 二八六〇 戊寅卜王…𠂤奉雨 1
- 三〇四一三 燎炘 3

宀山

八九五五　丙子卜弜羊令奴宀山　1

一八七四一　…宀山…　1

木山

三四九五　…壬子木山　4

⿰火句

七三一八七　甲子卜…乙丑㞢燎土　4

五〇八九　…⿰火句　1

一八七三七　…⿰火句…　1

一八七四四　戊戌…⿰火句…　1

⿱山火

八四五　寅貞亘㞢往　1

⿱冉山

一八七四七　…⿱冉山曰…元曰…　1

三三五五　癸巳卜爭貞旬無囚甲午…乙未葡　1

韋…在瀧十月　1

七九六六乙　乙未…貞…　1

七九九六甲　貞…不惟孽　1

一八七四〇　庚…　1

焱

二六八九五　…戍辟立于中…之…羌方不雉人　3

三二一三〇　妣庚用焱羌　1

三二一三一　妣庚惟焱用羌　1

三二一三二　妣庚惟焱用羌　1

三二一三三　妣庚…焱羌用　1

三二九〇三　…于出雨　4

七八〇六　…戋以衆亾…　4

斲

五七六六　辛未卜貞令𠫑以射以斲…方我　1

三〇四六三　于…奉　3

三〇四六二　于…奉　3

一一二〇　…寅卜……　1

七九七八　…壬…無災　1

燮

一八一七八　…寅卜方…燮…秋…　1

一八七九三　癸亥卜史貞旬無囚一日㞢甲子夕燮大　1

二六六三一　再至于相…　1

癸亥卜兄貞旬無…夕燮大再…　2

炈

一三九七　貞…不冓　1

一七一〇三　貞炈其冓　1

燮

二八〇一九　…卜方同燮　3

□

著錄號	釋文	期
乇二三〇一	甲子卜𡆥以王族宄方在𡆥無災	3
乇二三〇一	方不往自𡆥 大吉	3
二九三八四	…其田宿于□	3
二四三七八	…卜行…在□	2
三三四八六	…酉貞王步…□于□	4
三三四八七	丁步于□	4

虞

著錄號	釋文	期
二八一二四	惟東麓先虞 吉	3
二八一二四	惟中麓先虞 吉	3
八五二九	甲戌卜□貞古方其…□	1
一八七三八	…呼…□…	1

才火

著錄號	釋文	期
一九六三三	…□夾…	1
三一一三九	□□…剛于杜…彭	3
一七九一二	…災…三千…	1

□

著錄號	釋文	期
英八三四	庚寅卜貞于□ 十月	1
乇二三八二	己卯卜于□立岳雨	1
一八八五六	…□…	1

炎

著錄號	釋文	期
二二一八七	乙亥…用□妣乙 不	1
三六五〇九	…在…貞旬無畎…弘吉在三月甲申祭小	5
三六五一一	甲…惟王來征盂方伯炎… 丁卯王卜貞今囚巫九畬余其比多田…多伯征盂方伯炎惟衣翌日步…左自上下于叡示余受有祐不曹戩…于兹大邑商無卷在畎…弘吉在十月遘大丁翌	5

呈

著錄號	釋文	期
二八三一四	丁亥卜翌日戊王惟呈田…王擒狐三十又七 弘吉 兹用	3
二八七九九	翌日乙王惟呈田無災 大吉	3
二九三四九	惟呈田無災擒	3
二九三五〇	惟呈田不…	3
二九三五一	乙亥…呈宿無災	3
二九三五一	于呈宿無災 大吉	3
三六七七一	…在呈…犬…	5
三七四一九	…貞田呈…王囚曰吉…獲狐三鹿二?	5
三七四四七	…王卜…呈往…無災…曰吉兹…獲…鹿一	5
三七四八六	…卜貞田呈往來無災…弘吉兹御獲狐二十五…	5
三七五〇一	戊申王卜貞田呈往來無災王囚曰吉兹御獲狐九	5

編號	釋文	期
三七五三二	戊午卜在呈貞王田衣逐無災	5
三七五五三	…卜在呈…田衣…無災	5
三七五五三	…亥卜…呈貞…衣逐…災	5
三七六四一	戊申卜貞王…呈往…無…	5
三七六四二	辛巳…貞王…呈…來…無…	5
屯二一五六	辛未卜翌日壬王其田虞無災在呈卜擒 大吉 茲用	3
英二五六二正	壬寅王卜在曷師貞今日步于永無災	5

阜

編號	釋文	期
七八五九正	貞惟阜山令	1
七八五九正	貞允惟阜山令	1
七八六〇	貞允惟阜山令	1
七八六〇	貞惟阜山令	1
〇四〇五正	癸酉卜㱿貞旬無囚王二曰句王固曰稌有祟有夢五日丁丑王賓仲丁己隂在廳阜十月	1
二〇六〇〇	…令阜…	1
一九二一五	…曰阜…惟…惟…固	1
二〇二五三	…丑卜卩貞王呼萬戒阜九月	1
二二五二二	阜…	1
二二三九一	貞阜二月	1
二二三九一	貞阜無疾其延	1
二四三五六	戊辰卜王曰貞其告其陟在㠯阜卜	2
三〇二八四	于阜西畬王弗…	3
三一八三一	戊于卜其阜之人…	3
懷一四一一	庚…貞…阜…	1

陟 陡

編號	釋文	期
一〇二	…來㝵陟于西示	1
一二九二	貞勿陟歲…月	1
一三九二	癸酉卜㱿貞陟歲于唐	1
一六六七	…勿㽙陟用于下乙丁未允用一月	1
四八八八	辛亥卜古貞令遣以…槃方于陟…鑿	1
五七三八	乙酉卜爭貞令夕令戕以多射先陟…	1
五八二八	甲戌卜內翌正有直𢦔陟…	1
六九八一	庚…雀弗其戕陟	1
六九八一	庚…雀…戕陟	1
六九八二	貞雀…戕陟	1
一一四二八	…陟㠯…	1
一三二一六反	…陟…盡…	1
一四六二八	…其…河新…陟	1
一四七九二	嬰不陟丘	1
一五三六三正	…以…陟…于…妣	1
一五三六四	…午…我…陟…	1
一五三六五	…子…東…陟…二告	1
一五三六六	…人…陟…	1
一五三六七	丙午卜…陟…大…五月	1
一五三六八	…陟…	1
一五三六九	丁丑卜…陟…今夕…	1
一五三七〇	…陟…	1
一五三七一	…陟…	1
一五三七二	…有陟…	1
一五三七三	己巳…貞今…陟…	1
一五三七四	…其陟用二…	1
一五三七六	…茲陟…	1
一五三七七	貞降陟十月	1
一五三七八	貞勿陟	1
一五三七九反	…陟于…于…	1
一五三八〇	辛…丁…陟…	1
一五三八一	…其告…陟…	1
一五四六五	癸未卜…惟甫…陟…	1
一九二二〇	乙卯多宁其延陟…翌丁巳多宁其延… 㞢…	1
二〇二七一	壬申卜王陟山㐭癸酉易日	1
二一九五八	…壬…陟	1
二二〇九二	丁未卜陟令…惟犬	1
二二七四七	戊戌卜壴貞告自丁陟	2
二二九一二	辛酉卜出貞其帝新鬳陟告于祖乙	2
二四三五六	戊辰卜王曰貞其告其陟在㠯阜卜	2
二五九六六	…旅…其陟…	2
二六三九三	己卯卜陡貞今夕無囚	2
二六三九四	癸未卜陡貞今夕無囚	2
二七三三九	乙未卜其㪅虎陟于祖甲	3
二七七八三	…狄…王其省涉滴無災不雨	3
二七八九〇	王其陟 茲用	3
二八〇一一	壬戌卜狄貞亞𢦏其陟遣入	3
三〇七五六	弜陟	3
三二〇二〇	…酉卜…羌其陟用	4

三二〇二九　其陟于大乙　4

一九二二二　癸丑卜貞翌乙卯多宁其延陟鬯自…　1

三二四二〇　其陟于大乙祖乙　4

三二九一六　乙巳貞大禦其陟于高祖王亥　4

三四二八六　…貞陟大禦于高祖王…牢　4

三四二八七　…亥貞陟大禦于高…以牢　4

三四四〇〇　…亥貞陟…以牢　4

屯 一四二　…眉呼其陟用　4

屯 二二一九　丙子卜…陟𩂣不歹　3

屯 二三一九　其勿用陟弗悔　吉　3

屯 二三八四　庚辰貞其陟…高祖上甲茲用王固茲…

屯 四三三六　弜陟　4

英 四〇八　戊辰有伐于陟卯宰…庚示妾　1

英 七七一正　貞勿…陟見我…𢦏三月　1

英 一九六九　貞陟于丁用　2

降

八〇八正　貞…其降囚　1

八〇八正　…其育降囚　1

七八五二正　貞茲邑其有降囚　二告　1

七八五二正　戊戌卜穷貞茲邑無降囚　二告　1

一一四二三反　王固曰吉…降囚　1

一一四二三正　癸未卜穷貞茲雹不惟降囚十一月　二告　1

一一四二三正　癸未卜穷貞茲雹惟降囚　小告　1

一四一七六　…卯丁帝其降囚其刼　1

一四一七六　貞卯帝弗其降囚十月　1

一四一七八　…申…己帝其降囚　1

一六四七五　戊申卜白降囚　1

一六四七五　戊申卜白降囚　1

一六四七六　…降囚　1

一六四七七　癸亥卜王…無降囚　1

一六四七八　…雨無其降囚　1

二一三〇〇　辛亥卜王貞有其降囚　1

二五六二六　…降囚　2

六六六四正　乙酉卜爭貞惟父乙降囚　1

六六六四正　貞不惟父乙降囚　1

一三七三七　今秋其有降權　1

一四一七一　貞帝不惟降權　1

一四一七一　貞…帝惟降權　1

一四一七二　貞帝不降權　1

一四一七三正　…帝其降權　1

一七三三六　貞其有降權　1

一七三三七反　…固曰其有降大權　1

一三八五五　貞無降疾　1

一三八五六　貞無降疾　1

一八七五六　…無降疾　1

六四九八　…卜殸貞我其巳穷作帝降若　1

六四九八　殸貞我勿巳穷作帝降不若　1

三二一一二　乙卯卜不降𢦏　4

三三二六三　辛未貞不降𢦏　4

一四一七〇　貞帝　降邑…　1

一四一七七　貞…帝令降…　1

一四一七九　…卜貞乙帝惟十月降…　1

一四一八〇　…帝降…　1

三〇三八六　癸亥卜翌日辛帝降其入于𫑘大宎在寂　3

三〇三八七　…卯卜帝其降…　3

三四一四六　庚…貞　降翌允惟帝令　4

屯 七二三　…來歲帝其降永在祖乙宗十月卜　4

屯 七二三　…帝不降永　4

英 一一四二　帝不　降惟…　1

六六九〇　丙寅…有降

一七二九七　…禾婦…有降齒…

一七七一〇　…無囚四日𩂣有降

一六四八三	⋯酉卜㝊⋯其降	1
一六四八四	貞不其降	1
一六四八五	貞⋯其降	1
一七三一二	辛⋯㐮⋯其降𡆥	1
二〇五四八	己巳卜⋯其循降六月	1
三四七一二	癸丑貞今秋其降⿰彳永	4
屯三五九四	其降永	4

三七一正	降	1
三七一正	不其降	1
一〇二七正	不⋯降⋯	1
二三八八甲正	戊辰卜㝊貞不其降	1
一六四七九	壬辰卜㝊貞無降	1
一六四八〇正	貞勿降九月	1
一六四八一	戊辰卜王不其降	1
一六四八二正	貞不其降	1
一七三九〇甲正	姘不其降	1
一七七九七反	不其降	1
一九六二九	⋯不降	1
一九六三〇	⋯不降	1
三四五〇七	⋯有祟不降⋯	4
三四七一一	不降	4
三四七一一	不降山	4
三四七一二	庚辰卜不降⿰彳永	4
屯二三〇一	方來降 吉	3
屯二三〇一	不降 吉	3
屯三五九四	己未⋯不降永	4

其它

三七一反	癸酉貞降	1
一〇二七正	丁巳卜爭貞降曹千牛 二告	1
一〇二七正	不其降曹千牛千人	1
二三八八甲正	戊辰卜㝊貞⋯降	1
六四七五正	貞降	1
一五〇四三反	⋯降侑于⋯	1
一五三七七	貞降陟十月	1
一七一六三	⋯降⋯𦍌	1
一七三九〇乙正	姘降	1
一八八一二	癸丑卜㝊貞郭魚降比陟	1
一九六二六	貞⋯降⋯	1
一九六二七	⋯有其⋯降⋯	1

一九六二八	⋯降⋯	1
一九八二九	⋯申卜王𠦪允大甲降	1
二〇四四〇	允𦁎祝降	1
二一九六〇	丙寅不千降	1
二一九六〇	丙寅降千	1
二二四八七	乙丑呼降有㐭	1
二二七四七	⋯貞告自唐降	2
三四七一二	降⿰彳永	4
屯二〇九九	⋯降永⋯	4
英一一四一	⋯降茲邑⋯𡆥	1
英一六九五	⋯降其⋯	1
懷七六九	⋯弗⋯征⋯降⋯	1

⿰阝企

七一五三正	⋯固曰途若茲鬼⿰阝企在廳	1
一〇四〇五正	癸酉卜㱿貞旬無𡆥王二曰匄王固曰𩖴有祟有𤘽五日丁丑王賓仲丁己⿰阝企在廳阜十月	1
一〇四〇六正	癸酉卜㱿貞旬無𡆥王二⋯王固曰𩖴有祟有𤘽五日⋯王賓仲丁己⿰阝企在廳⋯二告	1
一七九八四	貞不[illegible]十二月	1
二二〇九九	戊午卜石⿰阝企疾卟不匄	1

隧

一〇四〇五正	癸巳卜㱿貞旬無𡆥王固曰乃茲亦有祟若偁甲午王往逐兕小臣甾車馬硪𩢍王車子央亦墜	1
一八七五二	⋯曰墜⋯	1
英一六九四	⋯墜	1

阪

一九七九九	己未卜王阪延二人今夕亦途	1
一九七九九	己未卜王阪延二人今⋯亦不⋯	1
屯一四四五	⋯比阪⋯	4

阦

五七八八	⋯取阦射⋯	1

著錄	釋文	數
八八四四	…卜穷貞呼𠭥取阫	1
乇二五四	…五十阫…	3
乇二三九	惟阫母	3

阝卩

著錄	釋文	數
二七六五一	弜阝卩侑其奉于䖵壬王受祐	3
二七六五一	其侑于䖵壬阝卩侑于㕣王受…	3

陼

著錄	釋文	數
四四九四	丁未卜…貞陼冎…	1
四四九四	貞陼…冎…	1
乇一四三九	弜在大乙陼五…	3

墜

著錄	釋文	數
六〇六五	…旬無囚…有祟墜𡆥其有…允有来𡠓… 唐?舌方征?…	1
英一九三三	…祀…弜…墜	2

陸

著錄	釋文	數
三六八三五	甲寅…在䰜…𢦔…陸…無災…十…	5

[illegible]

著錄	釋文	數
一三四一〇	貞雷祉于[illegible]	1

陰

著錄	釋文	數
二〇八三甲	…貞三缶…陰用無…尹	1
二〇八三甲	己卯卜陰用尹司于父乙無囚尹	1
二〇八三乙	己卯卜陰用尹司于父乙無囚尹	1
二〇八三乙	…卯卜貞三缶父乙陰用無囚尹	1

隫

著錄	釋文	數
一二九一	癸丑卜史貞其隫鼓告于唐一牛	1
一三五六六	隫室	1
三三三二八	…子卜大…父丁歲…隫…	2
三五二二二	…大…歲…隫	2
二五三五六	…隫…	2
二七九三一	丙戌卜戊亞其隫其豊	3
三〇三七三	辛亥卜貞其衣翌日其延隫于室	3
三〇七二八	必歲𩰫隫王受祐	3
三〇九一九	…酉卜其隫…	3
三一〇一七	庸鼓其暨熹鼓隫	3
三一〇四五	弜饗廳𩰫隫心	3
三六三四五	…丑卜貞今旧巫九备乇令隫迴曰告 𣪘侯…	5
三六五二八反	乙丑王卜貞今旧巫九备余無隫𣪘告 侯田冊獻方羌方羞方庚方余其比侯田 甾戔四封方	5
乇一七三	惟隫用	3

陵 陕

著錄	釋文	數
三七六六正	庚申卜古貞王使人于陵若王固曰吉若	1
三七六六正	貞勿使人于陵不若 二告	1
五五六正	貞陕其𦣞	1
五五六正	貞陕…𦣞	1
九二六正	貞王有𠬝子陕其以	1
一二八五	貞呼師…取陵…	1
三二九一	貞陵比𦉢侯歸不	1
三九三五	…佣貞…陵…	1
四七七四	貞惟陵令	1
四七七五	庚寅卜爭貞惟陵卓来八月	1
四七七六	…陵步	1
四七七七	貞陵…得…	1
四七七八	貞陵不其	1
四七七九	…亥卜…陵…	1
四七八〇反	…友陵…	1
四七八一	…陵…其…	1
四七八三	…王…陵…奠…	1
四七八四	…陵…亦…	1
四七八五	陵弗其…	1
五四七三正	庚申卜㱿貞陕弗其𢦏王事	1
五四七三正	庚…貞陕…王事	1
五四七四	貞陵…𢦏王…	1
五七〇八正	乙亥卜貞令多馬亞𢓊遘䙴省陵亩	1
五七〇九正	乙亥卜…多馬亞…䙴省陵…至于𡧊…	1
六〇四七	貞惟陵令途𢦔八月	1
六〇五〇	貞惟陵令途𢦔 二告	1

七〇六七正 貞：取：陝若 1
七〇六八 ：取：陝：不： 1
八八四九 癸酉卜惟陝取 1
八八五〇 惟陵呼取 1
八八九一 貞陝：得 1
八九六一乙正 ：陝从：闌羽： 1
九二八〇反 陝入十 1
一〇六一三正 貞生五月陝至介𦉢 二告 1
一〇六一三反 王固曰吉曰陝至 1
一〇九三七正 呼陝𠂤沘 二告 1
一〇九三七正 勿呼陝𠂤不沘 1
一三七四八 乙未卜貞陝無疾 1
一三八八七 乙卯卜爭貞呼陵往： 1
一四五二〇正 ：陵不橐 1
一四七六四 呼：陵 1
一四七六四 貞勿呼取陵 1
一七五八六臼 乙巳陝示屯二 岳 1
一八七五三 ：陝： 1
一八四二一 ：木：陵： 1
一九六六二 辛：殻貞呼取陵于：方畀 1
二〇四〇七 ：王貞馬方：不陝口喪印：五月 1
二〇六〇七 ：卝：叀陝： 1
二〇六三〇 壬戌卜王貞令陝取馬子涉 1
二二〇四三 庚戌卜貞余令陝比：田無囚 1
二一二八四 戊寅卜𠂤貞陝弗其以有示數二月 1
二一二八四 戊寅卜𠂤貞陝其以有示數 1
二一三六一 壬辰卜：令：莫祟：我：毋陝： 1
二二二四六 呼陝延 1
二二二四六 呼陝𠭯延 1
二七八九八 惟𢓊犬陵从無： 3
三二九二六 甲戌貞令陵 4
屯一〇六六 丁亥貞王令陵彭因侯商 4
屯一〇八二 ：令陵彭因： 4
英一一三六 ：陵二人 1
懷三九六 ：岸：陝： 1

陮

四八三七 ：今來：莫于：陮 1
八七四四 ：𠂢陮來自南： 1

九五〇四正 丙辰卜爭貞呼耤于陮受有年 1
九七八三正 乙卯卜方貞陮受年 1
二八一二八 ：步自果陮余屮： 3
三三一四九 癸亥貞王惟今日伐：王夕步自果三陮
：乙丑王𡆥歸： 4
三三一五〇 辛巳貞王惟癸未步自果陮 4
三三一五一 ：惟：酉王：果陮 4
三三一五二 ：果陮 4
三四一六八正 丁丑卜侑于五山在：陮二月卜 4
屯九九四 癸亥貞王其伐盧羊告自大乙甲子自上甲告
十示又一牛茲用在果四陮 4

隮

二八〇八七 辛未：貞今日：隮田： 3
二八三五一 惟隮鹿其南牧擒 吉 3
二八三五二 惟隮鹿其擒 3
二八九〇〇 弜田隮其雨 3

阝心

八〇三九 乙卯卜方貞王往于阝心若六月 1
八〇四〇 ：阝心京 1
二四四五七 戊寅卜：貞王其：阝心無災在四月 2
二四四五七 戊辰卜旅貞王其田于阝心無災 2
二四四五七 戊午卜旅貞王其于阝心無災 2
二七九一六 王惟阝心犬： 3
二八一三〇 ：于阝心冊： 3
二八一七八 阝心惟今夕于湎 3
二八二四五 其𡧊：阝心𡧊 3
二八二四七 其𡧊禾于阝心惟： 3
二八三四五 惟阝心麓獲有大鹿無災 3
二八三四六 王惟今日壬射阝心鹿擒 吉 3
二八八九四 惟阝心田無：大吉 3
二八九〇四 王其往田于阝心 3
二九〇九八 弜數阝心 3
二九八三九 ：阝心 3
二九八八九 惟阝心： 3
二九九九一 ：𡧊阝心 3
三七七八五 丁酉：田阝心：無災：曰吉 5
屯七五八 ：阝心：𦎫湄日無災 3

著錄	釋文	期
屯二一九一	…阢…戍…	3
屯四一九五	惟阢黻擒	
英二二八九	戊寅卜王其麓阢…	3
英二二九〇	…王其黻阢無災	3
隣		
三六九三七	乙未卜…隣貞王旬無畎	5
三六九三八	丙申卜在隣貞…于…	5
⿰阝睪		
二四四四六	…自…延田于…⿰阝睪京獲豕…鹿二	2
二四四五三	…⿰阝睪…無…八月	2
二四四五三	…王其田于⿰阝睪往來無災	2
二四四五四	戊戌…貞王…⿰阝睪…	2
二四四五四	…丑卜行貞王其田…⿰阝睪無災	2
二四四五五	辛丑…尹貞…其田于⿰阝睪…	2
二四四五六	戊寅卜旅貞王其田于⿰阝睪…在…	2
隮		
二二五九八	庚申卜王貞翌辛酉其隮饗	2
二二五九八	庚申卜王貞翌辛酉十人其隮	2
二二五九八	庚申卜王貞卯其隮	2
陪		
三一二七四	…陪弗悔　吉	3
阦		
四七八二	…卜…阦…	1
[illegible]		
三六四八一正	…小臣牆比伐擒危美人二十人四…人五百七十[illegible]百…車二丙盾百八十三函五十矢…白麐于大…用[illegible]伯印…于祖乙用美于祖丁僼曰京賜…	5
⿰阝卩		
二一二三三	戊…⿰阝卩	1

著錄	釋文	期
陽		
九四八	…衛…陽	1
隞		
三六五五一	貞…無隞其…	5
隌		
二八〇〇九	丁亥卜在隌衛彭邑[illegible]典冊有奏方豚今秋王其使?…	3
𨸏		
二七九八八	弜將[illegible]𨸏	3
二八〇八六	王其尋二方伯于𨸏辟	3
二八〇八九正	𨸏貯其呼取美御　吉	3
英一七七七	辛巳卜弜[illegible]循果若	1
一二七六	阿彭	1
二八四二〇	其[illegible]鷹龍?…	3
水		
一〇一五〇	貞其有大水	1
二四四三九	…貞…有大?水	2
三三三四八	大水不各	4
三三三四九	…戊無大水	4
三三三五〇	…商水大…	4
三三三五一	貞今秋禾不遘大水	4
英二五九三	癸丑卜貞今歲無大水	5
英二五九三	其有大水	5

一〇一五六　乙卯卜貞今𡆥衆來水次五月　1
一〇一五九　貞不來水　1
一〇一六三　…淄其來水…有凿舌五月　1

一〇一五一正　燎于有水惟𢀛　1
一〇一五五正　貞呼目于…有水　1
一四三八〇　乙亥卜穷貞王至于今水燎于河三小宰
沈三牛有雨王步　1
三四四三八　丁丑…貞…其有…水…月　2

一〇一五四　…寅卜爭…翌己卯其水　1
三三五三二　辛亥卜出貞今日王其水寢五…　2
三三三五三　其水　4
三三三五四　其水　4
三三九七四　甲戌…其水…受…　4
三四六七四　戊子貞王其水　4

五八一〇　丙戌卜貞弜師在𠂤不水　1
二〇六六一　戊申卜不水　1
三三三五四　不水　4
屯三二二二　…茲不水…　4

其它

一〇一五二　辛酉卜禦水于…　1
一〇一五三　丙辰…自戌…水…　1
一〇一五七　…貞…水呼…　1
一〇一五八　乙丑…貞洹水弗丁　1
二〇二九七　癸酉…王[illegible]…屮征…毌二月　1
二〇六六〇　…甾貞…水　1
二一二四四　…戠水　1
二四四四二　…卜即…其中…水　2
二四四四三　庚…貞…水…　2
二四九〇二　…卜…茲雨…水二月　2
二六九〇七正　戊辰卜彭貞水…惟[illegible]　3
二七四一一　…水…至父己　3
二八二九九　非水　3

三三三四七　辛巳卜其告水入于上甲祝大乙牛　4
三四六七四　弜水　4
三四六七五　弜水　4
屯一一九五　…寅卜…水允…　4
英二四三〇　…戌卜…水弗受禾　4
懷三四七　…翌…豢…熏[illegible]…水…　1

水

五八三七　甲申卜…亦卒…水…　1
二〇六一五　丁巳[illegible]方[illegible]　1
二二二八八　貞水　1
二二二九〇　貞水　1
三三三五六　壬子…水…至　4
三三三五六　壬子卜無水　4

林

三三一三六　…川…伐　4
英五四〇　甲戌…貞㚔自林圉得　1

川

三七四八　…卜爭…川…　1
屯二一六一　壬申卜川邑羊　4
屯二一六一　壬申卜川弗邑羊　4

川

四三六六　貞令…徙遘…亩…冒侯比𢀛川…　1
五七〇八正　乙亥卜貞令多馬亞𢓊遘視省陵亩
至于冒侯从𢀛川比㷋侯九月　1
九〇八三　貞川以　1
一〇一六一　…丑卜川[illegible]　1
二一六五七　…亥子卜貞…在川人歸　1
二一六六一　戊寅子卜丁歸在川人　1
二一八〇一　乙丑子…川示…　1
二二〇九八　丁亥卜貞𢀛有疾其川　1
二二〇九八　丁亥卜𢀛有疾于今三月弗川　1
三三三五七　丁未卜無川　4
三三三五七　有川　4

英一九二二　戊戌：我牛于：川豕？：　1

川

一八九一五　壬申卜川邑羊　1

二〇三一九　：余不冊川　1

二一七四四　乙巳衍卜丁來自正川子　1

二八一八〇　既川燎有雨　3

州

六五九　貞訊州妾循　1

八四九正　乙酉卜穷貞州臣有往自寅得　1

七九七二　乙酉：以州：　1

七九七三　：州：敦　1

八一〇三　：今丙：尋：州：惟：　1

八五〇　貞州臣得　1

八五〇　貞州臣得　1

八五〇　貞州臣不：得　1

八五一　貞州臣得　1

八五一　：州：　1

八五一　：州：　1

一七五七七正　：州：　1

二七九九六　惟微用刖𡿧于之若？戋獻方不雉衆　3

一〇一六三　：淄其來水：有𠳋舌五月　1

一五六七八　：姣：𣴎　1

沖

三二九〇六　令沖宗　4

災

二八三六〇　其田遘麋王其射無災　3

選録

二八七八一　其狩無災　3

二九〇〇四　弜：災惟爇田夕受祐　3

二九一九八　于宮無災　吉　3

三六三七八　乙卯卜貞王步無災　5

三六四七五　辛巳王卜在敏貞今日其从師西無災　5

三六五五七　貞王曰迖延于夫延至盂：來無災在七月　5

三六五六九　丁酉卜：迖于：往：災　5

三六五六九　：卜貞王迖于宮往來無災　5

三六五六九　：災　5

三六五七一　：丑卜貞王迖：宮往來無災　5

三六六五〇　辛酉卜貞王迖于召往來無災　5

三六六五〇　壬戌卜貞王迖于召往來無災　5

三六六五〇　：未卜：王迖：召：來：災　5

三六六五〇　：卜貞：迖：召：無災　5

三七五一三　壬午卜貞王田梌往來無災獲隹百四十八象　5

二　5

三七五一五　惟騽用無災擒　5

英二五四二　：王卜貞田：往來無災：曰吉茲御：隹　5

英　百二十二：六　5

英二五四三　辛未卜貞王田：來無災王囧曰：　5

英二五四三　壬申卜貞王田盉往來無災王囧曰吉茲御

英　獲狐十一　5

英二五四三　乙亥卜貞王田向往來無災王囧曰吉　5

英二五五五　辛亥卜貞王田宮往來無災弘吉　5

英二五五五　壬子卜貞王田雍往來無災弘吉　5

英二五六三　庚寅王卜在𣿕師貞…林方無災　5

英二五六三　壬辰王卜在…貞其至于…觀…師往來無災　5

英二五六六　丙午卜在品貞王其射豕衣逐無災擒　5

懷一九〇四　戊午卜貞王迖于臺往來無災　5

懷一九〇四　：貞：臺：來無災　5

懷一九〇五　乙未王：宮往來無災：囧曰吉在十月　5

酒

九五六〇　戊子卜穷貞𠬝酒在疾不从王古　1

酒

二八二三一　在酒盂田受禾　3

㕞

洹

一八七七一　丁卯…㳄…其…　1
二〇五六九　…戕…在X　1
英七五五　貞㳄不其…X　1
七八五三　癸亥卜爭貞洹弗…　1
七八五四正　…殻貞洹其作茲邑囚　1
七八五四正　…貞洹弗作茲邑…　1
七九三四　…洹喪…　1
八三三〇　…不惟…洹　1
八三一五　丙寅卜洹勿不…　1
八三一五　丙寅卜洹其盜　1
八三一六正　…午卜穷貞洹不…　1
八三一七　洹不盜　1
八三一八　貞洹　1
八三一九　…洹其…　1
八三二一　…洹…　1
九六四八　…洹…燎…　1
一〇一一九　…貞洹…　1
一三〇一四　丁亥貞衣洹　1
一四三九〇　貞呼剛目…X河以…戠洹　1
二三七一七　辛卯卜大貞洹弘弗敦邑七月　2
二四四一三　…卜出貞…侑于洹九犬九豕　2
二六〇四八　丁亥…貞…衣…洹　2
二八一八二　庚午卜其侑于洹有雨　3
二八一八二　弜…洹…　3
二八一八三　…東洹弗…王各夕…　3
三一九二三　…洹　3
三四一六五　戊子貞其燎于洹泉…三宰圉宰　4
三四一六五　戊子貞其燎于洹泉犬三宰圉宰　4
懷四四〇　…以…洹…　1

潢

三六五八九　己亥卜在潢貞王今夕無咎　5
三七五一四　戊午卜在潢貞王其𦎫大兕惟騋暨騽無災擒　5

⿰氵冎

三六四二八　庚午…⿰氵冎貞今…師不…　5
三六四二八　辛未卜在⿰氵冎貞今夕師不震吉　茲御　5
三六四三一　癸未卜在⿰氵冎貞今夕師不震　茲御　5
三六四三二　…巳卜在⿰氵冎東貞今夕師不震　5
三六四三三　…在⿰氵冎貞…不震…御　5
三六七八〇　癸巳卜在⿰氵冎貞王旬無咎　5
三六八九三　…酉卜…貞…⿰氵冎…于…　5
三六八九四　…在⿰氵冎貞…咎在八月　5
三六八九五　…在⿰氵冎…無咎　5
三六八九六　癸卯卜在⿰氵冎東…貞王旬無咎　5
三六八九七　癸卯卜在⿰氵冎貞王…無…　5
三六九二二　…戊卜在非貞其…⿰氵冎惟牛在…又一　5
懷一八〇〇　…丑卜…⿰氵冎…　5

⿰氵黽

三六四八四　癸巳卜黃貞王旬無咎在十月又二惟征人方在⿰氵黽　5
三六九〇三　…卜在⿰氵黽…王今夕無咎　5
三六九六八　甲午卜在⿰氵黽師貞今日王步…𦎫無災　5
三六九六八　庚寅卜在⿰氵黽師貞王X林方無災　5
三六九六八　壬辰卜在⿰氵黽貞王其…無災　5
英二五六三　壬辰王卜在⿰氵黽貞其至于X觀旧師往來無災　5
英二五六三　甲午王卜在⿰氵黽師貞今日步于𦎫無…十月二惟十祀彡　5
英二五六三　庚寅王卜在⿰氵黽師貞X林方無災　5

潦

二四四二二　…丑卜…在潦　2
二四四二三　丙戌卜王在潦　2

漅

二八〇九五　…盧伯漅其延呼饗　吉　3
二八〇九六　…X…旅…漅…以…　3
二八二九八　…田其呼…漅X…　3
二八七三七　戊…X…王…夙　3
三一七七一　…以…漅…X…　3

出處	釋文	
屯 六六七	…三十盧方伯漅…王徝 大吉	3
屯 七六五	丁亥卜漅其延𦔮王惟弜	3

出處	釋文	
三六九五六	…辰卜在涂…步于…無災	5

洸

出處	釋文	
三七五三三	壬…卜在…貞王田洸衣無災	5

河

出處	釋文	
七七六正	壬寅卜㱿貞河壱王	1
七七六正	壬寅卜㱿貞河弗壱王	1
一四六二〇	貞河弗壱雨	1
一四六二〇	庚申卜永貞河壱雨	1
三四九六八	貞惟河壱	2
三三三三七	庚寅卜惟河壱禾	4
屯 二一〇五	庚午貞河壱云	4
屯 四三八	惟河壱雨	4
英 七八〇正	…河壱年	1
英 二四四	惟河壱	4

出處	釋文	
五五七	甲子卜穷貞𦎫祟雨娀于河	1
二三二八	壬午卜穷貞河祟	1
二四一五正	河祟我	1
一四六一五	…午卜穷貞河祟我	1
一四六一七	貞河祟惟龠帚	1
一四六一八	貞河祟…	1
一四六一九	丁卯卜惟河祟	1
三四五八五	河祟	4
英 一二六六	…于河八月	1
英 一二六七	壬午卜穷貞河祟我	1

出處	釋文	
六一五二	貞舌方于河匄	1
六二〇三	壬申卜㱿貞于河匄舌方	1
六二〇四正	壬申卜㱿貞于河…舌方	1
一三八六三	丁未卜爭貞祟雨匄于河十三月	1
一四七五七正	于河匄	1

出處	釋文	
一二九四八正	…子卜…貞王令…河沈三牛燎三牛卯五牛王固曰丁其雨九日丁酉允雨 二告	1
一二九四八正	…卜㱿…勿令…河二月	1
一四六二六	…貞令…逆河	1
一四六三八正	貞翌甲戌河其令…	1
一四六三八正	貞翌…河不…令雨	1

出處	釋文	
五一五八甲	…觀河…	1
五一五八乙	貞王其往觀河不若	1
五一五九	貞王觀河若 二告 不吾黽 小告	1
一四五三二	…告…河…若	1
一四六一四	丙午卜穷…河弗若	1
三〇六一一	庚午卜自弜衣𠂤河無若十月	1

出處	釋文	
一五〇六正	貞于河桒	1
一〇〇八〇	桒年于河	1
一〇〇八二	貞桒年于河	1
一〇〇八三	貞桒年于河	1
一〇〇八四	戊寅卜爭貞桒年于河燎三小宰沈三牛	1
一〇〇八五正	辛酉卜穷貞桒年于河	1
一〇〇八七	貞桒年于河	1
一〇〇九一	乙巳卜㱿貞于河桒年	1
一〇〇九二	乙巳卜㱿貞于河桒年	1
一〇〇九三	貞于河桒年	1
一〇〇九四正	…桒年于河燎三宰沈…卯三牛圍宰	1
一〇〇九五	丙申卜穷貞于河桒年	1
一〇一〇六	勿于河桒	1
一二八五二	…彭桒于河不遘雨	1
一二八五三	壬午卜于河桒雨燎	1
一二八五四	…卜桒雨…河	1
一四五三六正	辛…貞桒河燎五小宰沈五牛卯五牛圍宰	1
一四五三七	辛亥卜桒河燎六牛…六牛圍八牛	1
一四五三八	貞桒于河	1
一四五三九	…桒…河燎…宰…	1
一四五四〇	…桒于河三宰寧…	1

一四五四一　桒河　1
一四五四二正　貞桒于河…　1
一四五四二正　…河…以一牛示　1
一四五四三　貞于河桒　1
一四五四四　…河桒　1
一四五四五　…桒于河　1
一四五四五　貞勿桒于河　1
一四五四六　貞勿桒于河　1
一四五四七　勿桒于河　1
一四五四八　勿于河桒　1
二一九四七　…桒河若　1
二二三四六　…于其桒年于河雨　1
三〇六八五　其桒年于河惟雈冊用　3
三二〇〇一正　丁丑卜惟矢往桒禾于河受禾　4
三二〇二八　辛未貞桒禾高祖河于辛巳　4
三二〇二八　辛未貞桒禾于河燎三宰沈三牛圛宰　4
三二〇二八　辛未貞于河桒禾　4
三三二七〇　甲子桒于河受禾　4
三三二七一　己亥貞桒禾于河受禾　4
三三二七三　壬申貞桒禾于河　4
三三二七四　癸未貞桒禾于河　4
三三二七五　癸未貞桒禾于河　4
三三二七六　…桒禾…河燎…小宰沈三牛圛宰　4
三三二七七　壬申貞桒禾于河燎三牛沈三牛　4
三三二七八　壬申貞桒禾于河燎三牛沈三牛　4
三三二七九　…申貞其…桒禾…于河　4
三三二八〇　癸巳貞…桒禾…河燎二…沈牛　4
三三二八一　甲辰卜其桒禾于河　4
三三二八二　壬子貞其桒禾于河燎三宰沈五　4
三三二八二　壬子貞其桒禾于河燎三宰沈三圛宰　4
三三二八三　辛卯貞桒禾于河弜𢆶惟丙　4
三三二八三　辛卯貞其桒禾于河燎二宰沈牛二　4
三三二八四　癸巳貞桒禾于河燎三宰沈三　4
三三二八四　辛…貞桒…于河弜𢆶惟…　4
三三二八五　…巳酌禾桒于河燎…圛宰　4
三三二八六　癸丑貞尋桒禾于河　4
三三二八七　庚午貞尋桒禾于河　4
三三二八八　貞王其定禾桒于河　4
三三二八八　貞王弜定禾桒于河　4
三四二三八　辛丑貞桒于河彡祓　4
三四二三九　貞桒于河燎…三牛　4
三四二四一　…丑卜…桒于河王其賓　4
三四二六九　丁巳卜桒…𢀛河…　4
屯九三　壬子貞其桒禾于河燎三小宰沈三　4
屯九三　…于貞…桒禾…河燎…宰…圛…宰　4
屯五七八　…其桒禾于河其…雨　4
屯五七八　…桒禾于河…　4
屯九一六　辛未貞桒禾于高暨河　4
屯九四三　辛卯貞其桒禾于河燎二宰沈牛二　4
屯九四三　河燎三宰…牛二　4
屯二六六七　庚戌卜其桒禾于河沈三宰　3-4
屯三〇四一　己亥貞桒禾于河受禾　4
屯三〇七七　…貞其桒…河　4
屯三七七九　桒年于河惟今辛酉酌　吉　3
屯三九四〇　…貞其桒于河　4
英七八九　貞桒年于河　1
英七九〇　桒年于河　1
英七九一正　桒年于河　1
英二四四七　…河桒…惟…亥…茲用　4

八〇五　丙戌卜爭貞其告執于河　1
六一三三　貞于河告𢀛方　1
九六二七　甲申卜㱿貞告秋于河　1
一四五三三　庚辰卜㱿貞告鼜于河　1
一四五三四　辛巳卜貞告既燎于河　1
一五五二一　貞勿告河　1
二一九五一　癸丑貞告河　1
三三〇五二　甲申于河告方來　4
三三六九八　庚辰貞日戠其告于河　4
三三六九九　戊子貞日有戠告于河　4
屯二六七八　戊申卜告方于河　4
英五四六正　貞于河告　1

四一八正　庚戌卜㱿貞于河有匚　1
四一八正　庚戌卜㱿貞勿于河有匚三月　1
八九二反　有匚于河　1
八九二反　勿有匚于河　1
一〇七六甲　貞于河有匚　1
六三三一　甲申卜㱿貞其酌匚于河…來辛丑…　1
二三八一　貞侑匚于河　1
一四五二二　…丑卜㱿貞侑匚于河　1

著錄號	釋文	
一四五二八正	貞呼…酌我…匚于河	1
一四五二九	勿生匚于河	1
一四五三〇	…匚于河…酌…	1
一四七五五反	侑比于河	1
三四二三七	癸亥貞河匚惟辛未酌	4
一七七	甲午卜㱿貞呼𠦪先禦燎于河	1
六八六	禦方于河妻	1
四〇五五正	甲午卜㱿貞呼𠦪先禦燎于河	1
四〇五七	…禦燎于河…羌	1
四〇五五正	甲午卜㱿貞呼𠦪先禦燎于河	1
六六一六正	丙辰卜㱿貞禦羌于河	1
一〇〇九七	勿于河禦年	1
一四五二四	…卩禦于河	1
一四五二五	戊戌卜禦于河	1
一四五二六正	甲午卜㱿貞呼𠦪先禦…于河	1
一四五二七反	…禦燎于河	1
英七九四	勿禦年…河	1
英七九四	貞勿禦年…河	1
一四一九七正	貞勿舞河無其雨	1
一四六〇三	乙巳卜宾貞舞河	1
一四六〇四	貞勿舞河	1
三四二九五	…卜今日…舞河暨岳…从雨	4
英一二四九	…舞…河…癸雨	1
一四五七五	庚申卜㱿貞取河有从雨	1
一四五七六甲正	貞勿取河	1
一四五七六乙正	貞取河	1
三四二三五	乙酉貞取河其囚于上甲雨	4
一四六〇五	癸亥卜勿奏河	1
一四六〇六正	奏河	1
乇三八九八	…咸奏河	4
一四五二三	貞王勿舌河弗其…	1

著錄號	釋文	
一四五八六正	丙子卜㱿…呼言…河燎三…	1
一四五八七正	丙子卜㱿貞呼言酌河燎…豕三羊…五牛	1
四三五六	甲戌卜亘貞呼往見于河儺至	1
八三二九	貞往于河有雨	1
八三三〇正	呼𠦪往于河	1
八三三一	貞往于河	1
八三三二反	貞翌丁卯呼往于河有來	1
八三三三	往…河	1
八三三三	往于河無…从雨	1
三四二五四	…貞往于河	4
英一一六五	貞呼往見于河有來…	1
五三六	庚子卜㱿貞令子商先涉羌于河	1
五三六	庚子卜㱿貞勿令子商先涉羌于河	1
五二二五	壬辰其涉河…暘日	1
五二二六	…涉河王…生七…	1
五五六六	癸巳卜古貞令師般涉于河東	1
五六八四	貞勿呼涉河	1
八三二二	…卜㱿貞…涉河…我以…	1
八三二三	…涉河…其…	1
八四〇九	…虎…方其涉河東兆其…	1
一四五四九正	庚寅卜爭貞我其祀于河	1
一四五五〇	…祀河	1
一四五五一	丁丑卜爭貞呼雀祀于河	1
二一一一三	戊戌卜亞于河祀	1
三〇四三七	…卜河祀惟…	3
一四五三一	…帝于河	1
九四五正	貞侑于河　二告	1
九四五正	勿侑于河　二告	1
一〇二七正	癸卯卜㱿侑于河三羌卯三牛燎三?牛	1

著錄號	釋文
一〇四六	…巳卜爭貞ㄓ…衣有ㄓ伐…河二十人…
一七一三	侑于河
三六五九反	勿侑于河
五六五八正	侑河
六一九一正	…勿侑…河
八七二四	貞侑于河
九九六六	侑于河
九九六六	貞侑于河
一四五〇九	丁亥卜侑于河二牛二宰
一四五一〇	丁亥卜貞侑于河
一四五一一	貞侑于河
一四五一二	丁巳卜㱿貞侑于河
一四五一三	甲辰卜亘貞侑于河
一四五一四	…内我…亦侑…河
一四五一五	…侑于河
一四五一六	于河侑
一四五一六	貞勿侑于河
一四五一七	貞于河侑
一四五一八	勿侑于河
一四五二〇正	貞勿盧侑于河
二四六四四	貞弜侑河九月
二四九六七	貞其侑河…惟丁牛…
三〇四三二	庚申卜其侑于河
三二二三〇	庚戌貞侑河伐宰盟大宰 茲用
三四二四〇	癸巳卜侑于河 不用
屯一〇七四	己巳貞侑于河
屯一一一九	庚戌貞侑于河來辛酉
英一一五六	…侑于河三十牛以…
英一一五六	貞侑于河
英一一五七	貞侑于河
懷八	貞侑于河…
一四五五九	燎于河一宰埋二宰
一四五五九	燎于河一宰埋二宰
一四六〇九	…埋于河二宰四月
一四六一〇	…埋于河二宰四月
一四六一一	…埋于河四宰
一四六一二	…埋于河
一四六一三	…燎于河…宰埋…
英一一六二	…河二宰埋三…

著錄號	釋文
英二四四八	…埋…河三牛
六六〇	…酌河…牛…我…
六七二正	酌河三十牛以我女
六七二正	酌河五十牛
六七二正	貞酌于河匚
六七二正	貞呼雀酌于河五十
一〇五二正	貞酌于河十牛
一四〇三	酌五十牛于河
一六〇一	勿燎酌河
一六七七正	貞辛酉酌河沈宰燎
四一四一	己亥卜内翌辛丑呼雀酌河…
四一四一	翌辛丑呼雀酌河三十…
一二五四六正	貞尋酌河燎三牛沈三牛卯…
一四二〇七正	…庚酌河
一四二〇七正	勿…庚酌河
一四三七〇丁	…酌河燎…旬在門
一四五三六正	辛卯卜㱿貞乞呼酌河不潛正
一四五七七正	己丑卜爭貞翌…卯酌河…三牛燎三牛… 三牛
一四五八〇	…貞…王乞令…酌河燎…
一四五八一	丙子卜穷貞翌辛酉酌河宰
一四五八二	貞于來辛未酌河…七月
一四五八三	…巳卜爭貞…丁未酌河…在門
一四五八四	乙巳卜貞惟辛亥酌河十月在門
一四五八五正	丙子卜㱿貞勿龠酌河
一四五八五正	丙子卜㱿貞呼言酌河燎三豕三羊卯五 牛…
一四五八六正	丙子卜㱿貞勿龠酌河二月
一四五八八	丙子卜穷貞似珏酌河
一四五八九	…來辛亥酌河
一四五九〇	戊午卜爭貞今…辛酉呼酌河
一四五九一	癸亥卜爭貞翌辛未王其酌河不雨
一四五九二	戊戌卜貞翌甲辰酌河
一四五九三	…惟辛…酌河
一四五九四	…酌河
一四五九四	…河
一四五九五	…酌河一月
一四五九六	…酉…酌河
一四五九七	…酌河
一四五九八反	貞…酌河

一四五九九	貞翌：卯勿酌河	1
一四六〇〇	：辛卯勿酌河	1
一四六〇一	：酌河	1
一四六〇二	：作穷：酌河	1
一九八〇六	辛丑卜王：上甲示壬：酌河	1
三三六七五	庚申卜出貞令戻並酌河	2
三〇四一二	岳暨河酌王受有祐	3
三四一一五	弜酌河燎其㝵	4
三四一二五	甲申：貞羊酌河燎：	4
屯二一六	辛巳卜貞來辛卯酌河十牛卯十宰 王亥燎十牛卯十宰上甲燎十牛卯十宰	4
屯一一二八	丁亥貞辛卯酌河燎三宰沈三牛圍宰	4
屯四三九七	丁丑貞惟辛巳酌河	4
英七九四	呼阜酌河	1
英二一八一	癸卯卜貞酌河五：十月	2
三三六	：貞燎于河五宰沈十牛圍宰又羌十：	1
一〇二七正	癸卯卜設燎河一牛又三羌卯三牛	1
一一八二	燎于河王亥上甲十牛卯十宰五月	1
一一八六	貞燎于上甲于河十牛	1
一二七三	燎于河	1
三四五八正	貞燎于河	1
八九五〇	貞勿燎于河	1
一〇〇〇七反	：酌河：用	1
一三四四三正	燎于河	1
一四三八〇	己亥卜穷貞王至于分水燎于河三小宰 沈三牛有雨王步	1
一四五五二	：卯卜内燎于河十牛圍十牛	1
一四五五三	乙巳卜争貞燎于河五牛沈十牛十月在門	1
一四五五四	乙巳：貞燎于河五牛沈十牛十月在門	1
一四五五五正	戊辰卜争貞燎于河：豖三羊沈五牛圍：	1
一四五五六	丙申卜貞燎于河三宰沈三宰圍一宰	1
一四五五六	：戊卜：王：河：狱	1
一四五五七	丙午：貞燎：河三宰：	1
一四五五八正	貞燎于河：宰沈小宰卯三牛	1
一四五六〇	壬戌：貞燎：河一宰	1
一四五六一	甲辰卜内燎于河一羊一豖卯一牛	1
一四五六二	：燎于河：五：十月：門	1
一四五六三	：貞燎：河五：	1
一四五六四	壬申卜穷貞燎于河	1
一四五六四	貞勿燎于河	1
一四五六五	燎于河	1
一四五六六	燎于河	1
一四五六六	：河燎	1
一四五六七	：燎于河	1
一四五六八	：燎：河	1
一四五六九	：亥卜争：燎于河	1
一四五七〇	癸亥卜争貞燎于河	1
一四五七一	勿呼燎于河	1
一四五七二正	貞其燎于河	1
一四五七二正	貞勿衣燎于河	1
一四五七三反	戊午卜亘貞燎于河	1
一四五七四	：争貞呼阜燎于河	1
一四五七九	甲子：河燎：三：卯：	1
二一一一二	：燎河九：二豖其：	1
二一一一四	庚午卜王燎河谷于屾	1
二二五九四	丙戌卜大貞告執于河燎沉三牛	2
二九五三二	河燎夕惟羊	3
三〇四三三	河燎茲用	3
三〇四三四	己丑卜河燎夕惟豚	3
三〇四三四	弜夕河燎：	3
三〇四三五	：燎于河：商	3
三二一六一	丁巳卜其燎于河宰沈郰	4
三二三〇八	己卯貞燎于河三牛沈三牛	4
三二四三二	癸未貞于大乙：河燎：	4
三三二七二	辛未卜燎于河受禾	4
三三二八〇	：河燎：五宰：沈五：	4
三四一八五	己亥卜田率燎土豖𢀛豖河豖岳豖	4
三四二〇〇	辛：貞：燎：河	4
三四二〇七	河燎卯三牛	4
三四二〇七	河燎卯三牛	4
三四二〇七	河：沈二牛	4
三四二二五	癸巳貞既燎于河：于岳：	4
三四二四二	癸未卜燎于河受祐	4
三四二四四	：河燎五小宰	4
三四二四五	：卜河燎二宰	4
三四二四八	河燎三宰沈牛三	4
三四二四九	河燎二：	4
三四二五〇	：卜河燎其：	4
三四二五一	：辰貞河燎：	4
三四二五一	：辰貞河燎：	4
三四二五二	：酌河奉：	4

著錄號	釋文	分期
三四二四六	河燎五牛	4
三四二四六	河燎惟羊三	4
三四二四六	河燎惟羊二	4
三四二四六	河燎三牛	4
三四二四六	河燎二牛	4
三四二四七	…于河燎三…圂牢	4
三四二六七	辛亥卜有燎于河	4
三四二四八	河燎三牢沈牛三	4
三四二六八	辛亥卜有燎于河	4
三四二七三	…燎𢆶河	4
屯七三二	壬戌卜燎于河三牢沈三牛圂…	4
屯八九〇	癸未于河燎三…沈三牛	4
屯九一四	河燎牢沈	4
屯一〇三五	…酉貞其秋𩁹…河燎五牢沈五牛	4
屯一〇三八	…卜燎于河三…	4
屯一一一六	辛巳卜貞王賓河燎	4
屯一一一九	癸丑卜燎于河…牛圂五牛	4
屯一一二〇	甲戌卜燎于河窜沈三牢	4
屯一一五三	甲寅卜燎于河五小窜	4
屯三五六七	丁卯貞惟…于河燎雨	4
屯三六八〇	癸未卜…燎于河…	4
屯三八四一	燎河	
屯四三九七	河燎五	4
屯四三九七	河燎十	4
屯四三九七	河燎十又五	4
屯四三九七	…于貞岳燎暨河…	4
屯四五七〇	乙酉卜其燎于河三牛	3
英七九三	燎于河	1
英八一六	…河燎…	1
英一一五八	甲辰卜內…燎于河…豕	1
英一一五八	甲辰卜內…燎于河…豕	1
英一一五九	貞于河燎	1
英一一六〇正	丙子卜爭貞燎于河…沈五牛…	1
英一一八〇	貞燎于河	1
懷一五七三	河…一…	4
懷一五七三	河燎二牛	4
懷一五七三	河燎…牛	4
六五八	辛丑卜于河妾	1
六七二正	勿五十牛于河	1

著錄號	釋文	分期
六八三	丁酉卜貞于河女 二告	1
七七六正	甲午卜爭于河	1
七七六正	甲午卜爭勿于河	1
一〇五二正	…貞…于河五十牛	1
一二五一	癸卯卜史貞來辛…壽于河…母王十月	1
五五二二正	乙酉卜穷貞使人于河沈三羊冊三牛三月	1
五五二三	乙酉卜…丁亥…人于河	1
八二一二	貞自鼓…人于河	1
八三二四	貞勿于河	1
八三二七	獻于河	1
八三三八	…獻于河允無…	1
八三三六	呼目于河有來	1
八五六八	貞于河	1
九六四四	…卜爭…乙未…于河…窜	1
一〇〇九六	貞勿于河…年	1
一〇四〇五反	王固曰有祟八日庚戌有各雲自東面母昃 亦有出虹自北飲于河	1
一三四一三	…卜貞…雷于河	1
一三四四二正	允有鑿明有…雲…昃亦有鑿有出虹自 北…于河在十二月	1
一四三七〇乙	…爭…于河…沈…十月	1
一四六〇七	…辰卜穷…于河…窜沈五…圃…月	1
一四六〇八	…河三…沈五…圃…	1
一四六三〇	…目于河	1
一四六三一	…卜…于河…	1
一四六三二	…卜貞…于河	1
一四六三三	…于河…侑五牛	1
一四六三四	…于河	1
一四六三五正	勿于…河	1
一四六三六	勿…于河	1
一四六三七	貞勿…于河	1
一四六四〇	壬午…貞呼…于河…雨	1
一四六四一	貞呼…河	1
一四六八二	…勿…大…于…河	1
一四七五五反	其比…于河	1
一四七八七正	呼目于河有來	1
一八八二一	…貞…于河…以…	1
二四六〇九	乙亥卜行貞王其尋舟于河無災	2
三〇四三一	王其田𢀛剛于河	3
三一九八四	…于河于岳…用	4
三二一二二	丙子…有夢丁人于河其用	4
三三三〇〇	…于河	4

編號	釋文	期
三四一四四	丁未貞告其…于河五牢	4
三四二三六	癸卯…有勺…于河沈…卯三…	4
三四二五五	弜于河東…𢦏奠即祐…	4
三四二五六	庚寅卜告…絴尹卯冊于河廼…	4
三四二五七	五牢于河	4
三四二五八	…于河牢 兹用	4
三四二九四	辛巳卜貞王亥上甲即于河	4
屯六七九	甲申卜去雨于河 吉	3
屯一〇五六	…申貞其史…于河雨	4
屯一一一六	辛巳卜貞王亥上甲即宗于河	4
屯一一五三	癸丑卜…于河三…圛五牛	4
屯二三七二	九牢于河	3-4
屯二二七二	辛未貞惟上甲即宗于河	3-4
屯二八七九	…于河	
英一一六四	…牛…于河	1
英一一六九	乙酉卜…于河	1
英一二四二八	丙…貞有兔丁妣于河其…	4
英一二四四六	庚…貞…于河…三牢沈…	4
英一二四七五	沈九牛于河	4
懷一四六一	丙申卜惟茲𢦏用于河	3
懷一六三六	壬午卜貞以𢦏立于河	4

其它

編號	釋文	期
九四七反	…𢦏…河	1
一二八二	丁丑卜宾貞惟河曰𢦏	1
一二〇二	戊辰卜既…暨河我…衛	1
一二〇四	貞…河于上甲	1
一三一五	丙寅卜貞王自唐牛河	1
三〇四二	…河…	1
五〇四九	己未卜貞王呼从河	1
八三三五	…𡆥…河東	1
八九三五正	貞…見…河有來… 不告鼃	1
九五七五	…卜爭…河婦暨…囚…衛有卒	1
一〇六八二	…惟今…丑…河	1
一一〇〇七反	…河	1
一二二四六	貞…見…河侑…	1
一二六五〇	…河有雨	1
一三三六八	…河	1
一三五三二	貞于南方將河宗十月	1
一三六〇六正	…子…河	1

編號	釋文	期
一四二一八	河𢦏…	1
一四三九〇	貞呼剛目…□河以…𢦏洹	1
一四三九〇	…辛…其…河…□	1
一四四〇五	…貞…河…三宰	1
一四四六〇	河	1
一四四七八	貞祝河	1
一四五三五	貞其暨河…王賓…惟王祼…八月	1
一四五八七正	丙子卜設貞勿□…河	1
一四六〇八	…河三…沈五…圛…	1
一四六一六	…河…我…	1
一四六一六	…河…我…	1
一四六一九	惟河…	1
一四六二一	丙申卜亘貞河□□ 二告	1
一四六二一	貞河□不其□ 二告	1
一四五二一	乙未卜爭貞…有冊河三牛往…	1
一四六二四	丙寅卜貞河其…	1
一四六二五	…卜爭貞…河豐其…惟…	1
一四六二七	…□…河	1
一四六二八	…其…河新…陟	1
一四六二九	…卜允…王其…河新…不遘…	1
一四六四二	…翌…丑…河	1
一四六四四	…辛…河	1
一四六四五	…辛亥…河	1
一四六四六正	貞…河	1
一四六四七正	…未卜韋貞呼…河以啓王固…其來之… 往見于…無來	1
一四六四八正	…河	1
一四六四九	…河五十…	1
一四七六八	貞…河…	1
一五七七〇	癸…貞…□…河	1
一六一五二正	…河…二告	1
一六二四二	…卯卜爭貞王气正河新□允正十一月	1
一六二四三	庚戌卜爭貞王气正河新□允正十月	1
八七六三	…西…將河	1
一八七七四	…河…	1
一八七七五	…亥卜河…□□…允…	1
一八八一一	癸…翌…王…河…	1
一八九〇五正	貞河…	1
一九九七七	…侑母…河…	1
二〇〇七四	…河暨…	1

著錄	釋文	期
二〇六一〇	…㞢行東至河	1
二一一一五	癸巳…巫寧…土河岳…	1
二一八五六	弗河	1
二二二一九	…㞢河岳岳𠬝…	1
二二八二五	…𡆥…河…	2
二四九五一	…河珏惟王自正十月	2
二八一八四	…河	3
二八二〇七	河…宗	3
三〇四三一	河剛牛	3
三一〇〇五	…河三宰沈二牛圉宰	3
三三二八三	辛卯…河…牛二	4
三三三三九	…卯…河…高祖…壱禾	4
三三八八〇	乙亥卜…河…雨	4
三四一八六	…河	4
三四二三三	…侑河	
三四二三四	酉貞…岳河…我	4
三四二五七	…貞…禾…河	4
三四二六〇	…河王㝉	4
三四二六一	…㦰…𤅷…河	4
三四二六二	乙亥貞河…	4
三四二六三	丁酉卜…河以岳	4
三四二六四	河剛惟	4
三四二九四	…巳卜…王…河	4
屯一八一	己丑卜河卯三牛	4
屯三四二	惟河先侑	4
屯九四三	…卯貞…禾…河弜…惟…	4
屯一〇〇九	庚辰貞至河𠂤其捍饗方	4
屯一二七六	…河宗…	4
屯一三八四	…河卯…	4
屯一四二五	…河…	
屯一五〇四	庚午惟河…	
屯二〇五四	乙亥貞河其𡧊	4
屯二六六七	庚戌卜河卯三宰	3-4
屯二九二九	…河…	
屯三一九八	…于河自大乙大…	4
屯四四八九	丁未貞王令𠂤奴衆伐在河西兆	4
屯四五八七	…鼓伐河…	
英六七七	戊午…㝉貞呼以…比…河	1
英七九二	貞…年…河	1
英一一六〇正	…河…	1
英二三四八	…卯卜河史…王受有祐 吉	3
英二四四九	辛…河今…	4
英二五三五	癸酉卜在巳奠河邑泳貞王旬無畎惟來征人方	5
懷六	…貞…河…伐…之…	1
懷七	…勿…于…河二…	1
懷七b	…河…	1
懷九	…戊卜…河…十…	1
懷九五七	貞河𠂤	1
懷一四六一	惟雚…河	3
懷一五八三	…河…圉…牛…	4
懷一六三六	…河爽以丙衣丿…	4
懷一六四七	…不…河…	4

河

著錄	釋文	期
三〇四二九	其桒河惟舊眢用于㵒酚	3
三〇四三〇	于河尋桒	3
三〇四三九	丁丑卜狄貞其桒禾于河惟祖丁祝用 吉	3
三〇六八八	其桒年于河惟今辛亥酚受年	3
屯二四四	桒其至河王受祐	3
屯六七三	其桒年河沈王受祐大雨 吉	3
英二三八八	…其桒年于河	3
懷一四二〇	其桒雨河受…	3
三〇四三九	貞王其田于𠂤劉于河 吉	3
三〇四三九	癸酉卜貞其劉于河王賓 吉	3
三〇四〇一	癸丑卜何貞于河	3
三〇四三八	癸亥卜其酚…于河	3
三〇四三六	…卜口其沈于河惟羊	3
三〇四四〇	…𠂇于河三宰王受祐	3
屯五〇	…𩱦禾于河 吉	3
屯六二六	…翌日戊王其田虞剛于河王受祐	3
屯四四三二	其剛于河	3

其它

著錄	釋文	期
二四四二〇	壬戌卜行貞今夕無囚在河	2
三〇三九六	其侑方暨河	3

三〇四二七　…岳…河…　3
三〇四三八　…河惟牛用　吉　3
三二六六三　…河暨上甲在十月有二小𠂤　4
屯五六九　…河　3
屯二六九九　甲戌卜王其侑河惟牛王受祐　吉　3
屯四〇六五　…申卜河劉王賓王受祐　吉　3
英一一四九　岳祝惟河用　3

災

四八　貞衆有災九月…骰　1
五二　…古貞並無災不喪衆　1
五五七　丁未貞王往于田無災　1
一三一五　…戊寅…無災　1
一七七二正　庚申卜殸貞昔祖丁不…不惟南庚壱　1
三九八二　貞惟災　1
五九三三　…徫災…虎執　1
六四〇〇正　貞途其有災　1
六六五六　…災　1
七八五四反　…作洹惟有…勿惟洹惟有乍災　1
一二八三六正　…有災其惟辛既…　1
一三四七七　…無災…之夕𡆥　1
一三六五九　…疾齒…災　1
一三七六二　惟其…災　1
一三九八六　…有災　1
一四五九一　貞其有災　1
一七一八三　貞有災不惟蠱　1
一七一九五　庚戌…貞王其有災九月　1
一七一九五　庚…貞王其無災　1
一七一九六　戊子卜貞王無災　1
一七一九七　…貞王無災　1
一七一九八　…王允無災　1
一七一九九　丙子卜…貞王…災　1
一七二〇〇　…午卜…王…災　1
一七二〇一　…毋三十以…婦災　1
一七二〇二　貞往其有災　1
一七二〇三　貞其有災一月　1
一七二〇四　貞其有災　1
一七二〇五　貞其有災　1
一七二〇六　貞其有災　1
一七二〇七　貞其有災　1
一七二〇八　貞其有災　1

一七二〇九　…其有災　1
一七二一〇　…有災　1
一七二一一　…有災　1
一七二一二　…之夕𡆥…無災　1
一七二一三　無災遘　1
一七二一三　無災徙　1
一七二一五　貞其…丁災　1
一七二一六　貞…其…災　1
一七二一七　…卜方貞…災六月　1
一七二一八　貞…災　1
一七二一九　…卜…災　1
一七四二〇反　婦好不…其以…災　1
一八二四九　…丑卜…王…災　1
一八六二三　…暨𡧊…災　1
一九二六七　…貞…步無災　1
一九二六八　貞乞…步無災十一月　1
二一一六一　無災　1
二三〇〇六　其延田無災　2
二三六九四　辛巳…貞贏…　2
二三六九五　己巳…貞贏…　2
二三七八八　戊午…出貞…往…災　2
二三七九四　…卜旅…其步…析無災　2
二三七九七　…卜旅…其步…無災　2
二三七九八　…旅…甫其延步無災　2
二三八〇二　…子卜行…王其步自…熱無災　2
二四一三〇　…酉卜尹…王其𨍏…災在…　2
二四二二七　乙酉…貞王…自商…無災　2
二四二二八　辛未卜尹貞王其…于田無災八月　2
二四二二八　辛酉卜尹貞王步自商無災　2
二四二二九　辛…貞…步…宋…商…災　2
二四二三八　庚寅卜行貞王其步自…于𢀛無災　2
二四二三八　乙酉卜行貞王步自遵于大無災在十二月　2
二四二三八　癸丑卜行貞王其步自良于𢀛無災…　2
二四二四八　辛巳卜…貞王步自舟…災…　2
二四二四八　甲寅卜行貞王其田無災在二月在𢀛　2
二四二四八　乙卯卜行貞王其田無災在…　2
二四二六〇　戊…貞王…無災　2
二四二六二　庚申卜行貞王其往于田無災　2
二四二六三　戊午…貞王其…自今于…無災　2
二四三四七　辛丑卜行貞王步自𠭯于雇無災　2
二四三九九　癸未卜…貞王其步自𢀛無災　2

著錄號	釋文	期
二四四一〇	乙亥卜𡆥貞王其田…無災	2
二四四一一	癸亥卜行貞王其步自𣥺于…無災在…	2
二四四一一	乙丑卜行貞王其步…于…無災在正月	2
二四四二五	壬寅卜旅貞王其往觀于…無災	2
二四四二六	己酉卜行貞王其觀于…泉無災在洹	2
二四四五二	戊戌卜行貞王其田于囚無災	2
二四四五三	…王其田于𨸏往來無災	2
二四四五四	…丑卜行貞王其田…𨸏無災	2
二四四五七	戊辰卜旅貞王其田于𨸏無災	2
二四四五七	戊寅卜…貞王其…𨸏無災在四月	2
二四四五七	戊午卜旅貞王其田于𨸏無災	2
二四四五八	庚寅卜尹貞…其田于…無災在一月	2
二四四五九	戊辰卜…貞王其田于𠟭無災	2
二四四六〇	壬辰卜出貞王其田…𠟭無災	2
二四四六二	乙酉卜…貞王其田宮無災在五月	2
二四四六三	…尹…宮往來無災在六月	2
二四四七一	甲寅卜王曰貞翌乙卯其田無災于谷	2
二四四七二	丙辰卜…貞王其步于良無災	2
二四四七二	丁巳卜行貞王其田無災在正月	2
二四四七三	己卯卜行貞王其田無災在杞…	2
二四四七三	庚辰卜行貞王其步自杞于…無災	2
二四四七四	乙未卜行貞王其田無災在二月在慶卜	2
二四四七四	丙申卜行貞王其田無災在慶	2
二四四七四	甲午…貞…災…	2
二四四七五	戊戌卜出貞王其田無災	2
二四四七五	戊申…出貞…其田無災	2
二四四七五	戊午卜出貞王其田無災	2
二四四七六	乙亥卜尹貞王其田無災	2
二四四七八	壬子卜行貞王其田無災在二月	2
二四四七九	戊申卜旅貞王其田無災	2
二四四八八	壬寅卜貞王其田無災	2
二四四九一	…卜尹…其往于…無災在八月王田于…	2
二四四九二	戊寅卜行貞王其往于田無災在十二月	2
二四五〇三	丁亥卜出…王無災	2
二四六〇八	…丑卜行貞王其尋舟于滴無災在八月	2
二四六〇九	乙亥卜行貞王其尋舟于河無災	2
二六一八〇	辛未卜出貞王無災	2
二六一八一	丁亥卜出…王無災	2
二七一四六	乙丑卜狄貞王其田衣入無災	3
二七一四六	己巳卜貞王其田無災	3
二七一四六	己巳卜狄貞王其田惟乙無災	3
二七一四六	己巳卜狄貞王其田惟辛無災	3
二七一四六	己巳卜貞王其田惟壬無災	3
二七七八三	…狄…王其省涉滴無災不雨	3
二八三二五	庚戌卜彭貞無災擒…擒三鹿	3
二八四七九	貞王其田來無災　吉	3
二八五八九	丙子卜口貞王其往乇田無災在十二月	3
二八五八九	丁丑卜…貞王其往乇田無災	3
二八六五二	惟田省無災	3
二八七三二	…其田無災	3
二八七七三	貞王其田狩無災	3
二八八〇九	王其田斿麸無災	3
二八九七九	王惟喪田省無災不雨	3
英一八九六	乙巳…丁來…災	1
懷一八六	…古…無災	1
懷二九八	…田無災	1
懷九二〇	其有災	1
懷一〇一六	…王…翌戊…田往…災	2
懷一一三四	…其田至…災	2
懷一一三八	…叙…災	2
懷一一四〇	…卜出…其田…災	2
懷一三〇七	…惟…無災	3
懷一三四三	…其田…災	3
懷一三四七	貞…無災	3
懷一三四九	…惟…日無災　吉	3

著錄號	釋文	期
八七二五	…	1
八七二五	其有左…	1

泥

著錄號	釋文	期
六一三一正	…𣪘貞王往次于泥	1
三三三三三	…丑貞…于泥	4

瀕

著錄號	釋文	期
屯二一一六	王其涉東狄田三麓…	3

一五八六九 ……其㞢……𣲫…… 1

三六七五三 ……酉卜……貞王这于𣲫往來無災 5

洫

三一九九〇 ……巳貞𦍌惟……食衆人于洫 4

溠

乇二一六九 其在盲熊溠 3

瀘

乇二三二〇 甲辰卜在𠃬牧延啓有……邑……在瀘
弘吉

滄

三〇四二九 其奉河惟舊啓用于滄酌 3

泊

七〇四七 貞……泊…… 1

洦

三六九一九 癸酉……在洦貞王旬無…… 5

二八二五四 壬午卜其奉年𣿅 大吉 3

潾

二七二八六 惟毋潾用祖丁升 3

沎

二三六二三 乙巳卜出貞王疋惟沎 2

二四九八三 乙巳卜出貞王疋不沎 2

二四九八三 貞其沎十二月 2

洱

一四一二二 貞于洱……婦㛸子 1

六四八二反 夂冂入二在𣲬 1

六四八六反 ……冂入二在𣲬 1

湡

三六五三一 ……于卜在……于𣲫往來……王來征三封…… 5

乇二二二 ……觀湡無…… 4

乇三三二 其𦍌湡王其焚 3

淵 𣶒

乇七三三 今日壬王其田淵西其𡚺無災 吉 3

乇七三三 ……卜今日壬王其田在淵北湄日無災 吉 3

乇二六五〇 ……卜……𣶒子白……

濕

二九四〇一 王其田在濕北湄…… 3

汒

二七八八四 辛酉卜左汒弜將在右立 3

二七八八四 丁巳卜惟小臣剌以汒于中室 3

二七八八四 丁巳卜惟小臣口以汒于中室 兹用 3

二七八八四 庚申卜其奉宗汒有燎惟……小宰 3

滈

二八三七五 ……王惟滈麋取…… 3

二九三二一 惟滈田湄日無災 3

㵪

八三六五 ……酉……㵪…… 1

- 二〇四 津 …酉…貞津獲羌 1
- 一一一五六 涑 祟涑牛 1
- 三七七一四 滘 戊辰卜貞今日王田𠦪滘日不遘雨 5
- 懷四四八 洋 壬午卜𠂤貞令𢦏取𠬝泰 1
- 英一八九一 洨 丙子卜洋槷于二枕己于枕丁于丁 1
- 三〇六一四 泊 …其祝洨惟王今日侑 3
- 三六八一二 瀆 …在剛師貞…于泊無災 5
- 四一六四 淮 …雀瀆… 1
- 三六七七五 澅 乙未王卜在淮師貞翌其…其敏來伐受祐其敏來伐受祐王…既伐… 5
- 一四三五七 庚午卜㝉貞今…牧示澅… 1

- 屯四三六六 …𣴎…
- 三二一〇三 汩 其𢦏𠂤…汩方 4
- 二一一一四 庚午卜王燎河谷于汕 1
- 一五一二三反 洛 …井洛 1
- 二〇四四 涧 庚戌卜貞多羌自涧 1
- 一八七六五 …未卜貞…夕𠛱…有由 1
- 一〇九八四 …田于泂 1
- 三六七七九 癸卯…𣲦…王… 5
- 屯三六三七 惟有…𣸎𢦏𢦏方…戌 3
- 屯一一〇二 …宗不𤁓 4
- 屯二〇五四 乙亥貞河其𤁓 4
- 三六九四六 戊寅卜在𡿨貞王步于𠷎無災 5

乇二六三　庚辰貞王卜在𣲵　5
八三五八　…于𣲵㝵　1
三六七八八　癸丑王卜在𣲵貞旬無畎　5
八三五一　…無災在𣲵　1
懷一〇五　…𣲵…　1
二一四五九　…𣲵　1

屮

一五三九六反　‖光無屮　1
一五三九六反　‖光屮　1
一八六六一　甲申…屮勿…六月在…　1
一八九三八　辛…𠂤…其屮…　1
二七二一八　新𠂤屮祖乙　3
乇五九一　十人屮　3

生

二四九正　貞生三月雨　1
二四九正　生三月雨　1
八一反　貞于生七月勿有𢒉伐　1
一六六六　戊寅卜爭貞王于生七月入于商　1
二六五三　癸酉卜亘貞生十三月婦好來　1

四〇七〇正　丙辰卜㝴貞于生八月酌　1
四三二五　生二月户?不其戠　1
四六七八正　辛酉卜亘貞生十月旬不其至　1
五一六一　貞王于生七月入　1
五一六一　貞王于生七月入　1
五一六二　貞王于生七月入　1
五一六三　貞王于生七月入　1
五一六四　貞生七月王入　1
五一六五　乙亥卜爭貞生七月王勿衣入戠　1
五三二六　…涉河王…生七…　1
五八四五　…卜𠂤…今生三月　1
六六七三　庚寅卜今生一月方其亦有告　1
六七一九　丙寅卜生十月雨　1
六七三二　…生九月方不至　1
六九四九正　貞于生一月步　1
七七七六　辛未卜爭貞王于生七月入于商　1
七七七七　辛未卜爭貞王于生七月入于商　1
七七七八　辛未卜爭貞王于生七月入于商　1
七七七九　…卜殼貞生七月王入于…　1
乇七七九　…子卜殼貞生七月王入…　1
七七八〇正　…殼貞生七月王入于…　1
七七八〇　辛巳卜殼貞王于生七月入…　1
七七八〇　戊寅卜殼貞生七月王入于商　1
七七八一　…殼貞王于生七月入　1
七七八一　…殼貞生七月王勿衣入　1
七七八一　…卜殼貞王于生七月[illegible]　1
七七八一　乙亥卜殼貞生七月[illegible]　二告　1
七七八一　己卯卜殼貞生七月…　1
七七八二　己卯卜殼貞生七月…　1
七七八二　乙亥卜殼貞生七月[illegible]　1
七七八二　…卜殼貞生七月王勿衣入　1
七七八二　…殼貞生七月王入于…　1
七七八二　…貞王于生七月入　1
七七八二　甲戌卜殼貞王于生七月入于…　1
七七八三　貞王…生七月…于商　1
七七八四　…王于生七月入于商　1
七七九〇　貞王小生七月于商　1
七七九一　貞王小生七月入于商　1
七七九三　貞王于生八月入于商　1
八六四八正　癸酉卜亘貞生月多雨　二告　1
一〇六一三正　貞生五月陝至介𪓐　二告　1

著錄號	釋文	期
一〇九六四反	王固曰今夕其有至獲女其于生一月	1
一〇九七六正	貞生八月帝不其令多雨	1
一〇九七六正	辛未卜爭貞生八月帝令多雨	1
一一五六〇	癸未卜王…生二月	1
一一五六一反	貞生二月…	1
一一五六二正	貞來生二月…今…	1
一一五九二	貞王…生七月…于…	1
一一五九六正	貞生八月不其…	1
一一六三〇	…子…生十二月…	1
一二五〇一	貞生一月不其多雨	1
一二六二八	丙午卜韋貞生十月雨其惟雹	1
一二六二八	丙午卜韋貞生十月不其惟雹雨	1
一三四一七	乙丑…生一月…其雨	1
一三七四〇	貞今生夕至…禦于丁	1
一三九四七正	…婦好不…生四月娩　二告	1
一四一二七正	…帝其于生一月令雷　二告	1
一四一二八正	癸未卜爭貞生一月帝其弜令雷	1
一四一二八正	貞生一月帝不其弜令雷	1
一五二四〇	癸卯…貞允…生月…大匚	1
二〇二七〇	于生月	1
二〇三四八	乙亥卜生四月妹有事	1
二〇四七〇	丙午卜丘生月雨癸丑允雨	1
二〇五一二	丁酉卜生十月王敦佣	1
二一〇八一	戊子…王貞生十二月帝…雨二旬又六日…	1
二一八八五	生月犬用	1
二九七三一	于生月比　吉	3
二九七三二	戊子卜…于生月…	3
二九九九五	茲月至生月有大雨	3
三二八五六正	癸巳貞王令婁生月…	4
三三〇三八	辛巳卜惟生月伐尸方八月	4
三三〇六九	丁酉卜今生十月王敦佣受祐	4
三三八二五	癸未卜貞生月有雨	4
三三九一六	…生月雨	4
三四一二〇	壬戌卜貞王生月敦𦎧戋不…	4
三四三七六	辛卯貞于生月桒	4
三四四八九	癸巳卜生月雨	4
三四五三四	癸卯貞于生月彭…	4
三八一六五	于生月有大雨	5
三八一六六	于生月有大雨	5

著錄號	釋文	期
屯三四五	于生月出[illegible]受年　吉	3
屯五九九	辛亥貞生月令阜步	4
屯五九九	…卜生月桒	4
屯八六六	癸巳貞王令婁生月	4
屯一〇七二	于生月餗	4
屯一〇八九	于生月彭	4
屯一三一四	…生月有…	3
屯二七七三	生月雨	4
屯二九一四	辛卯貞王于生月…	4
屯四五一六	丁酉卜今生十月王敦佣受祐	4
英三六三正	貞生四月[illegible]不其至	1
英六二九	…卜生八月方…　小告	1
英八三四	貞于生十一月令阜	1
英一〇一一正	貞生十二月不其雨	1
英二四五〇	丙申貞方其有事于生月	4
懷九〇二	戊寅卜爭貞王…生七月…商…	1
懷一五〇六	…申卜…生二月…正…	4
三一〇六〇	…辰卜…桒生妣己…婦…	1
三二〇九九	辛酉卜要桒有生	1
三三一〇〇	戊申卜桒生五妣于妣[illegible]…其…	1
三四〇七七	…桒生冎于…	4
三四〇七八	…貞其桒生于高…	4
三四〇七八	癸未貞其桒生于高妣丙	4
三四〇八〇	乙巳貞丙十彭桒生于妣丙牡三羊一白…	4
三四〇八一	…貞…桒生于…庚妣丙…[illegible]	4
三四〇八一	辛巳貞其桒生于妣庚妣丙牡羊白豕	4
三四〇八一	庚…貞…桒…庚…在…	4
三四〇八二	辛巳貞其桒生于妣庚妣丙牡羊白犬	4
三四〇八二	戊辰貞其桒生于妣庚妣丙在祖乙宗卜	4
三四〇八三	…辰貞其桒生于祖丁母妣己	4
三四〇八四	辛巳貞其桒生…妣庚…牝…	4
三四〇八五	癸未貞…桒生于…[illegible]妣庚	4
三四〇八六	于來庚子彭桒生	4
屯七五〇	辛卯貞其桒生于妣庚妣丙一牢	4
屯一〇八九	乙亥貞其桒生妣庚	4
屯一〇八九	丁丑貞其桒生于高妣丙大乙	4
屯一〇八九	丁丑貞其桒生于高妣其庚彭	4
屯二七七七	桒生	4
懷七一	…卜爭貞桒王生于妣庚于妣丙二月	1

一三九二五正　丁酉卜穷貞婦好有受生　1
一三九二五反　王固曰吉其有受生受…　1

二四一四〇　辛卯卜即…貞惟多生射　2
二四一四一　…子卜即…祖辛歲惟多生射　2
二四一四二　…大庚…惟多生射　2
二四一四三　…寅卜…翌辛…歲惟多生射　2
二七六五〇　惟多生饗　3

一三三二　癸卯卜貞生𣪊自唐　1
一九七七　丙午卜穷貞生𣪊于丁一月　1
三二五四五　甲戌卜祖乙其生𣪊　4

其它

一一六正　呼取生芻鳥　1
一二六正　勿取生芻鳥　小告　1
八一一反　生…酌…　1
九〇四正　甲申卜穷貞呼耤生　二告　1
九〇四正　貞不其生　1
二六四六　乙卯卜㱿貞壬父乙婦好生保　1
二八九一正　不其生　1
五九〇八　勿其生　1
六四五〇　貞于生…酌…丁…　1
八七五一正　貞今七月…生自西　1
九五五五　…𡆥不其生　1
一〇二七〇　其惟生麑　1
一二九七五　…生…不其雨　1
一三九二四　貞執兕生　1
一四五二九　勿生匚于河　1
一五〇六八　癸酉卜有生豕　1
一五一四七　…禦…生彘　1
一五八六二正　…𢽽生…　二告　1
一七六九七反　…其㞢…生其…吉　1
一九四二四　貞其有生　1
一九四二五正　貞不其生　1
二〇二四二　…侑生…　1

二〇五六三　…生…征　1
二〇六三七　貞呼𠂤奴生于東　1
二一一七二　庚辰卜王尸見亞禦奾生…十月　1
二一六二二　甲辰卜車…允畋…貞今生…　1
二一七二九　…𦎫貞…今生…　1
二一九二八　庚…大…告來…𡚱生…　1
二一九二八　…亥…有…令…言…生…　1
二一九三五　甲午卜生…不合　1
二二〇〇五　…生…　1
二二〇五〇　于𡚱…生　1
二二〇九九　辛酉卜娶乖有生　1
二二一七四　…卜生口…月　1
二二三四四　于生…　1
三六八五一　辛亥卜…貞…生其…　2
三〇六七七　王其生𧍨　3
三一一二七　王其生𧍨　3
三三一八〇　…夕生亘方　4
三四〇七九　…午貞…生于高妣…牡牝　4
英一六五九　…生…不其…　1
英一七四〇　…生于…　1
英二四二四　弜令生…途…叙　4
懷一四b　…寅…生于…　1
懷七七〇　…夕生…其多…　1
懷一三九二　惟生用　3

星

一一四八八　…貞…其…星　1
一一四八九　乙未…星…　1
一一四九〇　…星…　1
一一四九一　…星…　1
一一四九二　…星…　1
一一四九三　…翌庚戌步…田𡆥…星…　1
一一四九四　…星…七月　1
一一四九五正　貞翌壬辰…不其星　1
一一四九六正　貞翌戊申毋其星　1
一一四九七正　丙申卜㱿貞來乙巳酌下乙王固曰酌惟有祟其有設乙巳明雨伐既雨咸伐亦雨𢼸卯鳥星　1
一一四九八正　丙申卜㱿貞來乙巳酌下乙王固曰酌惟有祟其有設乙巳明雨伐既雨咸伐亦雨𢼸鳥

星

- 一一五〇〇正　…雲庚子鑿鳥星七月　1
- 一一五〇一　…采格雲自北西單雷…𩆊星三月　1
- 一一五〇二　…終夕…贏亦大星　1
- 一一五〇六反　王固曰之…勿雨…卯…明霧三𠃊食日大星　1
- 一五六三五反　庚辰星…　1
- 英八八七　…其…星　1
- 英七二九正　…星在享　1

㯻

- 七六九六　…申卜爭…戌有…㯻…戈　1
- 七六九四　丙申卜爭貞戌有石一㯻其戈　1
- 七六九七　貞戌有石一㯻…　1
- 英四〇五正　丙申卜殻貞戌有…㯻　1
- 英四〇四　…貞戌…一㯻…伐　1

丰　封

- 三三二八七　甲申貞其執三封伯于父丁　4
- 三六二四三　…于二封…　5
- 三六五二八反　乙丑王卜貞今𡆥巫九备余無𨺅𢍰告侯田冊𠭯方羌方羞方庚方余其比侯田甾戔四封方　5
- 三六五二九　…戌王卜…戔三封…不𢀛戈…無𢦔在畎　5
- 三六五三〇　己酉王卜貞余征三封方惟𩣹令邑弗悔不無…在大邑商王𡆥曰大吉在九月遘上甲…五牛　5
- 三六五三一　…于卜在…于洀往來…王來征三封…　5
- 屯二五一〇　…巳卜其剛四封舌盧…惟邑子示　4
- 屯三九六四　…惟射…封人…　3
- 屯三九八八　畜封人　3
- 屯三三九八　畜封人　3
- 五八一四　己卯卜…貞𡿧…師次…圾自…凡…　1
- 二〇五七六正　…弜克𠂤雀南封方　1
- 二七八九三　以多田伐有封𨖃…　3
- 三二一六一　其呼𢆶[glyph]惟…　3
- 三五〇六八　丁巳卜貞王令𠂤伐于東邦　4
- 三三三七四正　…巳卜…大甲丰　4
- 三五五〇一　王曰則大乙𣪊于白麓𦙶宰丰　5
- 屯二二七九　癸亥卜王其敦封方惟戌午王受有祐戈在凡　吉　3
- 屯二四〇九　惟在麓田封示王弗悔…　大吉　3
- 屯二一二一　…畜封…　3
- 懷四四五　…卜戈…令[glyph]…卜…封…　1

—

- 五五二　貞勿呼[glyph]以[glyph]　1
- 四二一〇反　…[glyph]友延　1
- 四二一一反　…[glyph]友延…　1
- 四二一二　庚寅[glyph]…　1
- 九二七九反　[glyph]入四十　1
- 一〇〇六一　…貞令[glyph]…‖…[glyph]…　1
- 一三四九〇　令[glyph]比[glyph][glyph]　1
- 一三四九〇　勿令[glyph]比[glyph][glyph]　1
- 一三四九〇　丙辰卜爭貞惟[glyph]令比[glyph][glyph]　1
- 一三四九〇　貞勿惟[glyph]令比[glyph][glyph]　1
- 三二二九一　乙亥貞烄于[glyph]　4
- 三二二九二　弜烄[glyph]　4
- 三二二九五　弜烄[glyph]　4
- 三三〇五四　丙午貞令[glyph][glyph]以惟啓　4
- 三三〇五七　乙巳貞令[glyph][glyph]刀方　4
- 英八三五　…[glyph]…　1
- 懷九八八　…殻貞王[glyph][glyph][glyph]…　1

—

- 九〇六正　…[glyph]…　1
- 六六四七正　戊戌卜爭貞[glyph]方匄射惟我𡆥五月　1
- 六六四七正　貞[glyph]方匄射不惟我𡆥　1
- 屯七六五　丁亥卜[glyph]其延[glyph]王惟弜　3

數字

其它

八〇一五　…卜古貞𦚍在㝩麓　二告　1

𦺈

二七七九一　戊…𦺈…未…　3

二九三七一　…田𦺈惟今日…　3

三七四三九　丁巳卜貞王麓…𦺈往來無災王占　5

屯四四六二　于己…焚𦺈擒有兕　3

艿

三三二二五　己卯貞在囧𢓜來告艿王　4

三三二二五　庚辰貞在囧𢓜來告艿　4

三七五一七　丁酉卜在…鉥艿弗悔　5

三三九六三　在𠭰𢓜雞王米　4

屯九三六　甲申貞雞　4

一八二〇九　…亥惟…　1

𥅈

三四〇九四　𥅈大示　4

三四〇九五　𥅈大示　4

莫　蓦　暮

二三三二六　貞妣庚歲惟莫酌先日　2

二三一四八　貞莫酌　2

二三三六〇　貞妣庚歲惟莫酌先日　2

二七三九六　其侑父己惟莫酌王受有祐　3

二七三九七　其侑父己惟莫酌王受…　3

二七四〇一　父己歲惟莫酌　3

三〇八三六　貞惟莫酌　3

三〇八三七　惟莫酌　3

三〇八四五　乖惟莫酌　吉　3

三〇九八〇　惟莫酌　3

三三四八五　丙午卜出惟餕…于酌莫　4

屯一四四三　父己歲惟莫酌王受祐　3

屯二六六六　乖年惟莫酌王受祐　3

二三二〇六　丙辰卜尹貞翌丁巳父丁莫歲宰　2

二三二〇七　丙午卜行貞翌丁未父丁莫歲牛　2

二三二〇八　丙戌卜…貞翌丁…父丁莫歲宰　2

二三二〇九　…旅貞…卯其有莫歲于父丁…二月　2

二三二一〇　…旅…父丁莫歲宰　2

二三二一二　…卜…貞翌…巳…父丁莫歲牡…　2

二三四四八　丙寅卜行貞翌丁卯父丁莫歲宰在三月在　2

二三五二五　…貞…莫歲…其圍　3

二六七七四　…卜祖丁莫歲二宰王受…　3

二六七七五　…卯卜祖丁莫歲二宰　3

二六七七三　…祖丁莫歲于既祭…　吉　3

二六七五〇　…莫歲妣庚王受…　3

三〇四八八　其有莫歲　3

三〇七二九　莫歲三宰王受祐　3

三〇七三〇　貞莫歲王受…　3

屯二〇　丙申卜祖丁莫歲二…　3

英一九五二　…午卜旅貞翌丁未父丁莫歲其
勿牛　2

英一九五三　…卜旅…丁未父丁莫歲其牡在
八月　2

英二三六四　莫歲　3

懷一〇一六　丁未卜王曰貞父丁莫歲其弘三宰茲
用　2

二六九三四　莫舌有羌王受…　3

屯六二八　莫舌有羌王受有祐　3

屯一〇〇五　丙子卜祖丁莫𢓊羌五人　吉　3

英一九六八　辛亥卜出貞令莫伯于𡘋　2

英一九七六　癸卯卜…令莫…　2

三三五四五　乙酉卜貞王其田莫無災　4
二八六三〇　…莫省田𪊨入無災　3
二八八二二　貞其莫無災　3
二九三三〇　莫田無災　3
二九八〇五　其莫無災　3
二九八〇六　莫無災　3

二八九七三　…莫不遘大雨　3
二七七六九　其莫入于之若亥不雨　3
二九七七八　莫于日中廼往不雨　3
二九八〇四　其莫于之廼不遘雨無…　3
二九八〇七　其莫不遘雨　3
三〇一八一　其莫…雨…　3
乇二二八三　莫往夕入不遘雨　3
乇二三八三　王其省盂田莫往𪊨入不雨　3?

二七三〇二　…叀止惟莫　3
二九三五七　惟莫…　3
二九六七三　貞𨑅惟莫　3
三〇九七三　卯卜惟莫祈　3
乇二〇二六　惟莫惟…
乇四〇六〇　…王其…舟…惟莫　3

其它

八一八五正　貞王勿往于莫　1
一〇二二七　乙丑卜亘貞往逐豕獲…往逐莫豕　1
一〇七二九　…莫冒…　1
一五五八八正　翌辛巳燎于而莫　1
一八四二二　…莫…　1
二二三六一　壬辰卜…令…莫祟…我…毋疾　1
二三三二一　…卜尹…父丁莫…宰　2
二四二五五　亥…出貞…莫…七…　2
二四三一一　…申卜…貞翌…父丁莫…王賓　2
二五二二六　丙午卜…貞翌丁未莫…　2
二六九四九　…㞢其莫…羊　3
二六九九六　…莫伐五人王受有祐　3
二七〇三二　…莫…五人…受有祐　3

二七二七六　貞于祖丁莫…唐　3
二七四五六正　丁未卜何貞莫其宰　3
二八一二六　…北莫　3
二九八〇八　弜…莫其悔　3
三〇六一七　祝自莫…　3
三〇七五一　貞𢦏莫　3
三〇七八六　于翌日莫　吉　3
三二〇一四　丙辰卜㞢示鼓莫于丁　4
三三七四三　其莫　4
三三七四四　其莫燎　4
乇三四五　莫出𢦏受年　吉　3
乇二二九六　惟丙興用莫　3-4
乇二八二五　作見莫惟穆　3

朝

二三一四八　癸丑卜行貞翌甲寅毓祖乙歲朝酌茲用　2
三三一三〇　貞旬無囚在朝　4

一八七四八　己酉卜亘貞…　1

二一七二二　丁丑卜呼㕚于𠂤休　1

三一六六七　習茲卜王其…　3
三一六六六　戊申祝王其…　3

㭉

懷一五二〇　…貞…其骨凡…　4

𢆉

一二五一　癸卯卜史貞來辛…𢆉于河…毋王十月　1

𡷫

一八四二九　…𦦴…　1

𢻂

屯四四五七　…戊王其田鷀其𢻂𢻂擒　3

木

五七四九　…午卜古貞…𦔻木　1
七五六九正　貞惟木令衛一月　1
二一〇七四　癸巳卜木于東延　1
二四二七〇　…在師木　2
二四二七一　丁亥卜王在師木　2
二四四四四　…未卜出貞王狩木于𠃍之日王…狩木…麋　2
十…鹿　3
二七八一七　癸亥卜貞王其木…　2
三二二一六　丁巳卜于木月彭凰　4
三二二四三　癸未貞于木月延方　4
三三三四九　辛亥卜于木月有　4
三二八〇六　于木月至　4
三三一九三　壬午貞癸未王令木方止　4
三三一九五　王令木其酉告　4
三三二九八　…酉貞…木…　4
三三三八〇　辛…貞有…白木壴　4
三六七五〇　…午卜貞…木往來…災　茲御　5
屯一〇五〇　甲戌貞乙…步自木　4
屯二一四九　戊子卜木雨…　4
英五三〇　…呼木射　1
英一九三五　乙酉卜貞翌丁亥木來人其丮自
上甲又其人其…　2
懷一六二九　乙亥卜以來木　4

木丁 合文

二七三六〇　丁亥卜濆木丁弘　茲用　三牢　3
三〇三〇四　…先…酉木丁…　3
三〇九三七　癸巳卜酉木丁牢　3
三〇九八一　丙辰卜于宗弘酉木丁　茲用　3
三二四五三　丙寅卜濆木丁一牢　4
三二四五三　丙申卜酉木丁埶　4
三二四五三　丙寅卜酉木丁一牢　4
三二四五三　丙寅卜祖丁酉木丁侑𠂤　4
三四六二四　丙寅卜禉木丁弘三牢　4
三二六七三　丁未卜其侑木丁于父丁禉一牢　4
三二七四二　丙子卜酉木丁一牢　4
三四六二二　丙午卜禉木丁一牢　4
屯一一三　丙子卜酉木丁一牢　3-4
屯二〇四一　…卜禉木丁牢　3-4
屯四五七六　丙子卜禉木丁三牢　3
二七五八七正　…未卜父甲木丁…牛　茲用　3
二七四四四　丁丑卜其侑木丁于父甲　3
二七四四四　丁丑卜父甲木丁牢　3
二七四六九　癸卯卜父甲木丁惟牡　3
二七四七〇　癸巳卜父甲木丁勿牛　3
屯三七七八　己亥卜父甲木丁二牢　3
屯三七七八　己亥卜父甲木丁勿…　3
懷一三七一　癸未卜父甲木丁勿牛　茲用　3
懷一三七六　己卯卜父甲木丁一牢　3

其它

二七三〇一　祖丁木丁𠂤三卣　3
二七四六〇　…父木丁歲即祖…　3
二七四八五　…木丁…牛　3
二七七九六　其作僼于凵木丁　3
三〇三一一　…卜…木丁　3
三〇三三三　于來丁丑…宗木丁　3
三〇六九二　癸酉卜木丁惟羊　3
三〇九四〇　癸卯卜…甲木丁…牡　3
三一一五五　己亥卜木丁　3
三二〇七七正　…木丁弘　4
三二六四五　丙戌卜父丁木丁…牢　茲用　4
三二六四五　丙戌卜父丁木丁以小丁　4
三三六九一　丙午卜貞木丁…牢　茲用　4
三四六二五　惟木丁　4
屯一二三　木丁一牢　4
屯一二四七　…木丁…帝勿…　茲用　3
屯二五〇六　…丑卜父木丁牢　3

屯四〇七 ……蒸稽……木丁

懷八七〇 木丁……叹

敨

一〇五五九 戊寅卜呼侯敨田

二〇〇六六 乙巳卜𠂤贏侯敨

二四七六二 ……卜……敨……

𡆥

一九九 己卯卜爭貞今𡆥令𢍰田从𢦏至于㲋獲羌

三二一五 ……卜殻貞今𡆥王……

三七一三 丙戌卜爭貞今𡆥……

三七二〇 ……戊卜爭貞今𡆥……

三九九五 辛巳卜宾貞今𡆥勿望乘

四七六九正 丙辰卜殻貞今𡆥我其自來

四七六九正 丙辰卜殻貞今𡆥我不其自來

五〇五八 ……殻貞今𡆥王出

五〇五九 貞今𡆥王勿出

六二七六 貞今𡆥伐舌方受有祐

六三五四正 壬辰卜殻貞今𡆥王循土方受有……

六三五四正 癸巳卜殻貞今𡆥王循土方受有……

六三五八 貞今𡆥舌方其敦 小告

六三九八 庚申卜殻貞今𡆥王循土方……有……

六三九九 庚申卜……貞今𡆥……循……

六三九九 庚申卜殻貞今𡆥王循伐土方

六四〇九 丁酉卜殻貞今𡆥王𠬝人五千征土方受有祐 三月

六四一〇 丁酉卜殻貞今𡆥……人五……征……

六四一二 辛巳卜爭貞今𡆥王𠬝人呼婦好伐土方受有祐 五月

六四一三 辛巳卜宾貞今𡆥王比……乘伐下危受有祐 十一月

六四一三 ……宾貞今𡆥𠬝征土方

六四一八 辛巳卜殻貞今𡆥王惟戠比伐土方下上若受……

六四二四 乙酉卜貞今𡆥勿比戠伐土方…… 二告 不舌黽

六四二六 ……殻貞今𡆥王伐土方……

六四二六 貞今𡆥王惟下危……

六四二七 ……殻貞今𡆥王伐土方受有……

六四二七 ……貞今𡆥王惟下危伐受……

六四三〇 殻𡆥王……土方受有祐 十二月 二告

六四五三 ……貞……旨……余今𡆥……

六四六一正 庚寅卜宾貞今𡆥王其步伐尸

六四六一正 庚寅卜宾貞今𡆥王勿步伐尸

六四六五 今𡆥王勿旋尸

六四七〇正 ……子卜爭……今𡆥王……伐……

六四八二正 辛酉卜殻貞今𡆥王比望乘伐下危受有祐

六四八二正 辛酉卜殻貞今𡆥王勿比望乘伐下危 弗其受有祐

六四八三正 辛酉卜殻貞今𡆥王比望乘伐下危受有祐

六四八三正 辛酉卜殻貞今𡆥王勿比望乘伐下危 弗其受有祐

六四八四正 辛酉卜殻貞今𡆥王比望乘伐下危受有祐

六四八四正 辛酉卜殻貞今𡆥……勿比望乘……下危弗受有祐

六四八五正 辛酉卜殻貞今𡆥王比望乘伐下危受有祐

六四八五正 辛酉卜殻貞今𡆥……勿比望乘伐下危 弗其受有祐

六四八六正 辛酉卜殻貞今𡆥王比望乘伐下危受有祐

六四八六正 辛酉卜殻貞今𡆥王勿比望乘伐下危 弗其受有祐

六四八七 ……巳卜爭貞今𡆥王比望乘伐下危受有祐 十一月

六四八七 辛巳卜爭貞今𡆥王勿比望乘伐下危 弗其受有祐

六四八八 辛巳卜殻貞今𡆥王比望乘伐下危受有……

六四八九 庚申卜爭貞今𡆥王比望乘伐下危受有祐

六四九〇 庚申卜爭貞今𡆥王比望乘伐下危受有祐 二告不舌黽

六四九一 庚申卜宾貞今𡆥王比望乘伐下危受……

六四九二 庚申卜宾貞今𡆥王……望……伐下……受……

六四九三 庚申卜……今𡆥王……望……下危受有……

六四九四 ……申卜殻貞今𡆥王比望乘伐下危……若……我……

六四九五 ⋯𢀛王比望乘伐下危⋯若不我⋯

六四九六 丙戌卜爭貞今𢀛王比望乘伐下危我受有祐 二告

六四九九 ⋯𢀛惟⋯王比望乘伐下⋯受有祐

六五〇〇 ⋯貞今𢀛王勿比望乘伐下危弗其受祐

六五〇二 貞今𢀛王勿比望乘伐下危

六五〇三 ⋯㝉貞今𢀛王勿⋯伐下危

六五〇四 ⋯𢀛王⋯望乘伐下危

六五五〇 乙丑卜㱿貞今𢀛王伐党方受有祐十三月

六五五〇 乙丑卜㱿貞今𢀛王惟征受有祐

六五〇六 貞今𢀛王勿作比望乘伐下危下上弗若不我其受祐 二告

六五一三 丙申卜㱿貞今𢀛王勿伐下危其受有祐

六五一四 貞今𢀛王勿伐下危弗其⋯

六五一五正 ⋯今𢀛王惟⋯危伐⋯有⋯

六五一八 辛丑卜㱿貞今𢀛勿呼比望乘伐下危弗其受有祐

六五一九 辛丑卜㱿貞今𢀛呼比望乘伐下危受有祐

六五三四 ⋯卜㱿貞今𢀛王循中方受有⋯

六五四〇 ⋯貞今𢀛王伐中方

六五四二 ⋯爭貞今𢀛王伐中方受⋯

六五四三 壬寅卜爭貞今𢀛王伐中方受有祐十三月

六六八九 丁巳卜今𣎵方其大出四月

六六九〇 ⋯今𣎵方其大出

六六九〇 ⋯今𣎵方不大出

六六九一 乙亥卜今𣎵方其大出

六六九二 丙戌卜今𣎵方其大出五月

六七〇八 丁亥卜今𣎵方其出

六七〇九 戊寅卜今𣎵方其出

六七一〇 壬寅卜今𣎵方其出

六七一二 ⋯今𣎵方其⋯

六七二五 今𣎵方不⋯

六七三六 ⋯今𢀛王循方帝⋯我祐

六七三七 ⋯午卜㱿貞今𢀛王循方帝受我⋯

六七四七 ⋯今𢀛⋯奴⋯征⋯方

六九一四 貞今𢀛勿伐⋯我⋯

七二三〇 ⋯貞今𢀛王循伐

七二八〇正 貞今𢀛王勿奴人征⋯

七三一四 丁酉卜爭貞今𢀛王⋯人五千⋯方

七三四二 辛酉卜貞今𢀛徽人呼伐⋯

七三七四 ⋯今𢀛勿奴人

七四九七正 乙酉卜㱿貞今𢀛王勿比沚戓伐⋯

七五二六 今𢀛王比望乘伐⋯

七五二七 貞今𢀛王比望乘⋯

七五三六正 貞今𢀛王勿比望乘

七五三八 貞今𢀛呼比望乘伐⋯弗⋯

七五三九 ⋯𢀛⋯比⋯乘⋯弗⋯其祐

七五五一 ⋯今𢀛王比⋯

七五五四 ⋯㱿貞今𢀛王勿比⋯弗其受有祐七?月

七五五六 ⋯爭貞今𢀛王勿比⋯弗其受有祐

七五七〇正 癸巳卜㱿貞今𢀛⋯

七五八五 貞今𢀛王伐

九一七八甲 貞今𢀛妥來牛五月

九一七八乙 貞今𢀛妥不其來牛

九二三四正 壬子卜㱿貞今𢀛王惟⋯

九二三四正 壬子⋯㱿貞今𢀛⋯

九二三四反 貞今𢀛王勿比沚戓

九二三四反 貞今𢀛⋯

九五六〇 貞今𢀛不秜

九五六〇 乙丑卜㝉貞今𢀛商秜

九六〇三 今𢀛呼伐舌方

一一一九九 辛丑㱿貞今𢀛勿望?⋯

一一五一三 辛未卜貞惟今𣎵⋯

一一五一四 ⋯卜爭⋯今𢀛王⋯

一一五一五 ⋯卜㱿貞今𢀛⋯

一一五一六 丙寅卜今𢀛⋯

一一五一七 戊午卜㱿貞今𢀛⋯勿⋯

一一五一八 ⋯貞今𢀛令⋯

一一五一九正 丙戌卜爭貞今𢀛王⋯

一一五二〇 壬戌卜今𢀛⋯望⋯

一一五二一 ⋯貞今𢀛𢆶⋯

一一五二二 ⋯今𢀛⋯

一一五二三 ⋯今𢀛⋯

一一五二五 ⋯今𢀛⋯作⋯

一四四〇九 甲午卜⋯貞今𢀛卒⋯

一六二三五 ⋯𢀛⋯𢆶

一六二三五 ⋯今𢀛⋯𢆶

一六二四〇 貞今𢀛𢆶

一六二七七 今𢀛王受有⋯

二一〇九五 丁未⋯今𣎵火來母

二三四三〇 ⋯酉卜大貞今𢀛⋯

英六二八　：今□王：方：正：　1
英六七二　貞今□王比望乘　二告　1
英六七二　貞今□王勿比望乘　二告　1
英五八一　丁丑卜殼貞今□王比沚戠伐土方受有祐　1
英五八二　：爯冊今□：土方受有祐　1
英五八三　己酉卜殼貞今□王惟土：　1
英五八三　己酉卜殼貞今□王比：　1
英五八四　貞今□勿正土方　1
英五八八正　貞今□王勿作比望乘伐下危　1
英六八五　：丑卜殼貞今□王：伐三人：　1
英八八八　戊寅：今□：　1
英八八九　貞今□：　1
懷一六三〇　己亥卜母尋來今□七月　4

七五四八　：來□：比望：　1
一二五二六　戊午：來□：　1
三五三七〇　：出貞來□王其叙丁：　2
三五三七一　丁亥卜出貞來□王其叙丁盡弜新　2

于□

一二七六　于□酌　1
一二七七　于□酌　1
一六五三　：己卜爭貞侑于祖辛于□酌十宰　1
一五七六九　：丑卜于□酌蛾　1
一七五四〇正　己卯卜殼貞于□有匚于：　1

其它

六　辛未卜：□王奏：之若　1
六四二八　：□王：伐土：下上若：我　1
六四二九　：卜：□王：伐土：　1
六四七四　歸□女?來余其比　1
六六九三　□方其大出　二告　1
六六九四　：□：　1
六八〇七　：貞：□：受：方　1
七五三五　：□王：望：　1
八〇一六　：□于唐　1
一一二四八　□在：　1
一一四二三正　：□王勿望乘比　二告　1

一一四二三正　：□：望乘：　二告　1
一一五二四　：□：作：　1
一一五二七　：卜爭貞：□：茲：　1
一一五二九正　：□王：　1
一二六三三　：□：伐十三月　1
一五〇三六　：□侑于大：　1
二四四一一　乙丑卜行貞王其步：□于□無災在正月　2
英一一四九　：取□：　1
英一四〇四　：□：　1

八〇六一　：□　1
八〇六二　：□　1
八〇六三　貞惟今日往于□　1
八〇六四　：申卜：貞王往于□　1
八〇六五　貞：□：　1
八〇六五　：□：燎　1
八〇六六　：步：□　1
九五五六　乙卯貞呼田于□受年一月　1
一〇九一二　：卜旁：陷在□　1
一〇九五〇　己巳卜王弗其獲在□兕一月　1
一〇九五二　己巳卜王獲在□兕允獲　1
一〇九五三　：逐□鹿　1
一〇九五四　庚辰卜王往：□鹿　1
一〇九五四　庚辰卜王往□鹿：　1
一〇九五五　：□鹿　1
一三五一四甲正　雀步于□　1
一五五八六　貞：□：　1
一五五八六　：□：燎：　1
二〇七〇九　庚辰卜褻比□咒虎　1
二四四一一　癸亥卜行貞王其步自其于□無災在：　2
二四四五八　庚寅卜尹貞：其田于□無災在一?月　2
二四四七二　：卜行：其步：良于□　2
三三一三三　癸丑貞旬王無囚見于敦□　4

六〇三二正　貞禦子□于父乙　二告　1
一七〇七九正　貞子□不冓　1
一七〇七九正　子□其冓　1

著錄	釋文	期
一八四一七	……乙……□……	1
二八一六四	……在□……	3
二八一六六	……□	3
二八九一七	于□無災	3
二八九二二	于□無災	3
二八九四一	于□無災	3
二八九四二	于□無災	3
二八九四四	于□無災　吉	3
三〇〇三一	于□有大雨	3
三〇五二六	衛于□無災	3
三三五三二	乙卯卜貞王其田□無災	4
三六五七三	……酉卜……□……王今……猷	5
三六五七三	戊申卜……□貞今夕無……	5
三六五七四	癸……王……在……在□……	5
三六五七五	……□貞旬無猷	5
三六五七六	辛未……□……今夕……	5
三六五七七	戊……貞二……于□……	5
三六五七八	……卜在□……今夕無……十月又二	5
三六五七九	……卜貞……于□……來……災	5
三六五八〇	甲戌……□……	5
三六五八一	己……□……今夕……	5
三六六三九	丁未卜在□貞王……無……	5
三六六七三	……貞王……□……災	5
三六六七五	乙亥卜貞王送于□往來無災	5
三六七四七	……月在□□自上下殼余……□無尤	5
屯六六〇	甲子卜貞王其送□無災	3
屯七四五	王其送于□無災	3 4
屯二一三六	乙酉卜貞王其田□無災	3
屯二一八一	于□無災　吉	
屯二三〇六	戊辰卜貞王其田□無災	
屯二三〇六	辛未卜貞王其田□無災	
屯二三〇六	壬申卜貞王其田□無災	
屯二三〇六	辛酉卜貞王其田□無災	
屯二三三三	辛亥卜貞王其田□無災	
屯二三三三	壬……貞王其田□無災	
屯二六四〇	戊辰卜貞王田□	
屯二六四〇	戊辰卜貞王其田□無災	
屯二六四〇	辛未卜貞王其田□無災	
屯二六四〇	壬申卜貞王其田□無災	
屯二六四〇	辛……其田□無災	
屯四五五〇	……貞王其田□……	3-4
懷一四四八	壬戌卜貞王其田□無災	3
懷一八四五	庚寅……在□……王今……無……	5
二八一六五	……在□	3

采

著錄	釋文	期
一一七二六	……大采……	1
一三四二四	貞翌庚辰不雨庚辰霧大采……	1
一二八一〇	……大采雨王……	1
一二八一一	……采雨	1
一二八一二	……□……我丁……大采……	1
一二八一三正	乙卯卜殻貞今日王往……之日大采雨王不……	1
一二八一四正	乙卯卜殻貞今日王往于數……之日大采	1
一二八一四正	雨王不……	1
一三三七七	……七日……大采……風	1
二〇九六〇	丙午……今日其雨大采雨自北延□少雨	1
二〇九九三	……允丁啓大采……	1
二一〇二一	……大采日各雲自北雷惟□雨不延惟毋……	1
二一〇二一	癸亥卜貞旬一月昃雨自東九日辛未大采各雲自北雷延大風自西刜雲率雨毋𠂤日……	1 1
二一四九三	……亥于大采克	
二〇三九七	……壬……有雨今日小采……允大雨延伐……𠂤日惟啓	1 1
二〇八〇〇	……留貞……小采……毋……二月	1
二〇九六六	……王旬二月三日丙申昃雨自東小采既丁酉至東……夕……	1
二一〇一三	丁……卜翌日雨小采雨東……	1
二一〇一六	癸亥卜貞旬乙丑夕雨丁卯夕雨戊小采日雨風己明啓	1

其它

著錄	釋文	期
二〇八六	……貞……祖……不……采日	1

著錄號	釋文	期
三二三	…采雨王…	1
一二五〇一	…采格雲自北西單雷…𩀈星三月	1
一二七二六	…采日…	1
一二七二七	…貞：于祖…丑不…采日…	1
二〇八二八	…𠂤…征令…采日…	1
二〇九五九	…卜…于風…采雨…六日戊…	1
二一〇一一	…采各雲自…延大風…自西…剌…女…	1
二一〇一三	御日延雨…采𢀛…日陰…庚雨	1
屯四四三三	甲子卜弜至采用	1

杈

著錄號	釋文	期
八六二	…羽以㞢…往惟帝…惟杈…	1
一八一五九	…王…杈…	1
二七七八一	甲午卜王其省杈于𣚬亡…往來無災	3

枚

著錄號	釋文	期
一九〇七八	…合令…枚…	1
三六八五二	貞于…㭉枚…	2
三二五五五	弜比𣏟舟	4
三三二一五	…枚…	4
三三六九〇	…枚…內	4
三三六九〇	癸巳卜㚔枚舟	4
三七六六三	…子王卜…田枚往…無災	5
屯二二〇	惟收…	4

析

著錄號	釋文	期
二四二六二	貞毋往在正月在師𣏟	2
二四三五八	旬有祟之日𠭯汦夕有兇在𣏟八月	2
二四三五九	庚申卜王在𣏟	2
二四三五九	…賓…無尤…月在𣏟	2
二四三五九	庚申卜王在𣏟卜	2
一一八	戊申卜㞢令𡆥…析𣈯 二告	1
四七四二	…比析	1
一四二九四	東方曰析風曰劦	1
一四二九五	貞帝于東方曰析風曰劦𡆥年	1
一八四一四	…析其…	1
一八四一五	…析…	1
二一八六四	…酉邑析…𦝏召…	1
二三〇二三	…于…析…	1
二三二一五	戊戌析循牢	1
三三七九四	…卜旅…其步…析無災	2
三四二六三	…王其步…于析…在正月	2
三四四七四	癸丑卜弜燎析 茲用	4
英一二八八	…有曰于森王戠于之八豕八豕…四羊𣪘四卯于東方析三牛三羊𣪘三	1

相

著錄號	釋文	期
二〇一四三	癸丑一卜貞相	1
二五〇一五	…于…于相…告	4

𢻎 埶 邇

著錄號	釋文	期
二八八二一	…王𢻎…罝擒…	3
屯二一七〇	其罝于東方埶擒	3
屯二一七〇	于北方埶擒	3

𠭯

著錄號	釋文	期
屯七七八	…王𠭯罝擒 吉	3
屯七七八	先王𠭯罝擒	3

困

著錄號	釋文	期
三四二三五	乙酉貞取河其困于上甲雨	4
屯八八五	弜困大庚	4

杕

著錄號	釋文	期
三二九五八	癸未…王杕𤰈于田	4
三二九五九	…王杕𤰈于田	4
三二九六〇	…于卜…杕𤰈于田	4

杞

著錄號	釋文	期
一三八九〇	丁酉卜𣪘貞杞侯炽弗其骨凡有疾	1

著錄號	釋文	期
二二一四	癸巳卜今夕奴賁杞	1
二四四七三	己卯卜行貞王其田無災在杞…	2
二四四七三	庚辰卜行貞王其步自杞于…無災	2
三六七五一	壬辰卜在杞貞今日王步于曹無災	5

柳

著錄號	釋文	期
三六五二六	己巳王卜…佐其敦…柳邑…	5
乇八八	惟柳王受有祐	3
英二五六六	壬寅卜在𠂤貞王其射𢍏雨	5
英二五六六	其于七月射𢍏兕無災擒	5
英二五六六	丙午卜在𠂤貞王其射𢍏衣逐無災擒	5
五八五正	丁巳卜𢦏多𠂤于杞	1
五八五正	丁巳卜勿𢦏多𠂤于杞	1
一八六六七	…杞…	1

杞

著錄號	釋文	期
二七九四	辛卯…婦𣏟…	1
一〇一七一反	婦杏	1
一三四四三臼	婦杞示十屯又一(穷	1
一七五二五	婦杞示七屯又一(穷	1
一七五二六	婦杞示…	1
一一〇〇一	壬午卜穷貞勿呼田于楒	1
一五八八九	辛巳卜穷貞…于梌?…	1

梌

著錄號	釋文	期
二八九三四	辛亥卜貞王其田梌無災	3
二八九三五	王惟梌田省	3
二八九三六	惟梌田省無災	3
二八九三七	惟梌田省無災	3
二八九三八	…梌田…	3

著錄號	釋文	期
三三五二九	乙酉卜貞王其田梌無災	4
三三五三一	乙丑卜貞王其田梌無災	4
三三五三一	壬戌卜貞王其田梌無災	4
三三五三五	壬申…貞王其田梌無…	4
三七三六四	乙巳王卜貞田梌往來無災王占曰吉	5
三七三七二	…王卜貞田梌往…王占曰吉茲御…百四十八象二	5
三七四六二正	辛亥王卜貞田梌往來無災王占曰吉	5
三七四九四	乙巳卜貞王田梌往來無災王占曰弘吉在三月	5
三七五一一	壬子王卜貞田梌…災王…曰吉	5
三七五一一	壬戌王卜貞田梌往來無災王占曰吉茲御	
三七五一三	壬午卜貞王田梌往來無災獲隹百四十八象二	5
三七五七四	辛丑王卜貞田梌往來無災王占曰吉	5
三七六一九	壬子王卜貞田梌往來無災王占曰吉	5
三七六一九	戊申王卜貞田梌往來無災王占曰吉	5
三七六一九	壬寅王卜貞田梌往來無災	5
三七六二〇	辛卯卜貞王田梌往來無災	5
三七六二一	乙亥王卜貞田梌往來無災王占曰吉	5
三七六二一	壬午王卜貞田梌往來無災王占曰吉	5
三七六二二	辛丑卜貞王田梌往來無災	5
三七六二三	辛卯王卜貞田梌往來無災王占曰吉	5
三七六二三	…辰王卜貞田梌往來無災王占曰吉	5
三七六二四	戊戌卜貞王田梌往來無災	5
三七六二四	辛丑卜貞王田梌往來無災…占…	5
三七六二五	壬子王卜貞田梌往來無災王占曰吉	5
三七六二六	辛丑卜貞王田梌往來無災	5
三七六二七	…卜貞田梌…無災王…吉在三月	5
三七六二八	…王卜…田梌…來無…王占…吉	5
三七六三〇	壬寅王…貞田梌…來無…王占曰…	5
三七六三一	…田梌…無災	5
三七六三二	辛酉…田梌…	5
三七六七八	壬申王卜貞田梌往來無災王占曰吉	5
三七七四五	乙未王卜貞田梌往來無災王占曰…	5
三七七四八	…貞田梌…占曰吉	5
三七七五二	辛丑卜貞田梌往來無災王占曰吉	5
三七七五七	乙未王卜…田梌往…災	5
乇六〇七	…卜貞王…田梌無災	
乇六〇七	…巳卜貞王其田梌無災	
乇二七二一	戊申卜貞王其田梌無災	3-4
乇四四一六	辛丑卜貞王其田梌無災	3-4

桳林⿱林口

英二五四二 …王卜貞田桳往…災王𠁧曰吉茲御…獲
英 隹二百五十象一雉二 5
英二五四四 辛卯卜貞王田桳往無災 5
英二五四七 辛巳卜貞王田于桳往來無災 5
英二五四八 戊午王卜貞田桳往來無災王𠁧曰吉 5
英二五五一 丁未王卜貞田桳往來無災王𠁧曰吉 5
懷一四四五 …惟桳田省無災 3

于桳

二八九〇五 于桳無災 3
二八九〇八 于桳無災 3
二八九〇九 于桳無災 3
二八九一三 于桳無災 3
二八九一四 于桳 3
二八九一五 于桳無災 3
二八九一七 于桳無災 3
二八九一九 于桳無災 3
二八九二二 于桳無災 3
二八九二三 于桳無災 3
二八九二四 …逘于桳無災 3
二八九二五 于桳無災 3
二八九二六 于桳無災 吉 3
二八九二七 于桳無災 3
二八九二八 于桳無災 3
二八九二九 于桳無災 3
二八九三〇 于桳無災 3
二八九三一 于桳無災 3
二八九三二 于桳無… 3
二八九三三 于桳 3
二八九三九 翌日辛王其逘于桳無災 3
二八九四〇 翌日壬王其逘于桳無災 3
二八九四一 于桳無災 3
二八九四三 于桳無災 3
二八九四七 …逘于桳至于向無災 3
三〇二六九 其于桳僼 3
三七六三三 …于桳往…無災 5
屯四三五 …于桳無災 3
屯二一六八 辛巳卜翌日壬王其逘于桳無災 弘吉 3
屯二一八一 于桳無災 弘吉 3
屯四五三六 于桳無災 3
英二三三六 甲申卜翌日乙王其逘于桳無災 3

从桳

二八九四五 从桳無災 3
二八九四六 从桳 3
二九一五六 从桳 3

其它

七九三六 貞其…桳 1
二三七一一 …大貞作蕈小豺無桳 2
三〇二六六 …卜王其作僼桳于寓… 吉 3
三三五三四 壬戌…貞…桳… 4
三三五三六 戊寅…貞王…桳無災 4
三七六二九 …貞…桳往…無災 5
三七六三五 …酉…桳… 5
三七六六六 …卜貞…桳往無災 5
三七六七〇 …卜貞…桳…來…災 5
懷一三〇四 …卜出…作蕈…無…桳… 2

林

九七四一正 呼取女于林 二告 1
一八四一八 …林 1
一八九六二 …余林…弜… 1
一九四二三 …今夕…林甲…取… 1
二〇〇一七 …卜𡧊令蕈…卒敷白林… 1
三一〇三三 惟林舞有正 吉 3
三三七五六 …寅貞有林 …用 4
三四五四四 己丑貞于林夕酌 4
三六五四七 …甲寅林師…商公宮衣… 5
三六九六八 庚寅卜在□師貞王□林方無災 5
三六九六八 庚寅卜在□師貞王□林方無災 5
屯三〇〇四 乙未卜今日乙其…用林于□田有… 3
英二五六三 庚寅王卜在□師貞□林方無災 5

⿱林口

四三一八 癸未卜王⿱林口允來即[illegible] 1
一八一一九 己巳…⿱林口…凹… 1

二三六八〇正 辛丑卜吳貞埜止曰王… 2

⿱庚林

三六八一九 癸卯王卜貞旬無畎在⿱庚林 5

三六八二〇 癸卯卜在⿱庚林貞王旬無畎 5

英二五二三 乙卯王卜在⿱庚林師貞余其敦㦰惟十月

戊申戋王囚曰吉在八月 5

楚 ⿰木足 ⿱艸足

一〇九〇六 壬寅卜穷貞亦[glyph]東擒有𢦏之日王往… 1

二九九八四 于楚有雨 3

三一一三九 㞢…剛于柾…彰 3

三二九八六 甲申卜𣏟楚享 4

三四二二〇 岳于[glyph] 4

⿰木林

二七八八一 甲午卜王其省𡨦于⿰木林亡…往來無災 3

二九二四六 惟⿰木林…田湄日… 3

二九二五五 惟⿰木林首田無災 吉 3

二九二七九 王惟⿰木林首田無災 3

三一八〇〇 …柏𢉩…擒 3

⿰林攴

八一八三 …穷貞王往⿰林攴 1

一〇九〇八 …⿰林攴…東𢦏…獲 1

二九〇〇二 丙寅卜狄貞盂田其遷⿰林攴[glyph]有雨 3

二九二八九 …其北⿰林攴擒 3

二九三七〇 惟⿰林攴擒有… 3

三一七八六 惟…⿰林攴… 3

屯一四九 …于貞牧告⿰林攴… 4

懷八三一 …⿰林攴… 1

⿰木⿰木木

六九四六正 戊午穷貞呼雀往于𤔲 1

六九四六正 戊午…穷貞勿呼雀往于𤔲 不吉 1

三六八 貞呼皂往于[glyph] 1

三六八 勿呼皂往于[glyph] 1

埜 野

一七一七三 …卯卜爭…𡆥…無野… 1

一八〇〇六 貞野…[glyph]… 1

一八四一九 …野… 1

二二〇二七 埜… 1

三〇一七三 叀呼爵野弜于甫 3

三〇一七三 庚午卜貞野丁至于[glyph]𡆥入甫 茲用 3

⿱林隹

八一八四 …午卜王…在⿱林隹 1

八七八五 …王从⿰木林北 1

一〇九九九 …申卜貞从⿱林隹… 1

⿱林巳

七九〇七 不惟⿱林巳囚 1

七九〇六 …⿱林巳惟⿱林巳… 1

芑

屯一〇八 其𩅦于芑京有雨 3-4

春

一八 戊寅卜爭貞今春眾有工十月 1

六四九 乙亥卜爭貞今春王往田若 1

二三五八正 …貞今春…不其至 1

四五九六 …穷貞虆告曰方由今春凡受有祐 1

四五九七 乙酉卜爭貞虆告曰方由今春凡受有祐 1

六〇七三 癸丑卜穷貞今春商㱿舟由 1

八五二五 丙戌卜貞今春舌方受有祐 1

八五八二正　貞今春舌方……　1
九五一八　丁酉卜爭貞今春王勿黍　1
九五一八　今春王黍于毀…于南沘　1
九五一九　丁酉卜爭貞今春王勿黍　1
一二五三〇　…循今春…方　1
一二五三一　…今春…　1
一二五三二　…寅…今春…其至　1
一七三一四　甲辰卜殻貞今春貞不昌　1
一八八七四　…由今日春凡…　1
三七八五二　…亥王…貞自今春至…翌人方不大
出王囚曰吉在二月遘祖乙彡惟九祀　5
英七一八　甲辰…今春商…昌　1
六五五九　己卯卜王于來春伐𢀛　1
六五六〇　己卯卜王于來春伐𢀛　1
九六六〇　貞來春不其受年　1
一二五三四　…午卜于來春呼…入　1
八一八一　甲申卜殻貞在𦮙圍…萬　1
九七八四　…殻…在春…田萬受年　1
英二五六三　己亥王卜在春師貞今日步于滲無災　5
二一七四〇　貞于春…　1
二九七一五　于春　3
三〇八五一　丁沓彡王受有祐　3
三三七二七　丙辰貞王步丁巳于春　4

其它

四八五二正　…春…　1
六七五九　…春𩇨馬…以禦方　1
八六二七　…卜…春…央方　1
一二五三三　…春舌…　1
一五六七三　…未卜貞…春𢀛…　1
一八七一八　…春…弗其…　1
三六三四四　丁丑王卜貞今囚巫九备…典春𪚺侯
彈…尤暨二姓余其比…㦰無左自上下…受　5
有祐不㽙㦰無…商無𡆥在…　5

三六三四七　…卜貞典春𪚺侯…于其比彈㽙㦰無佐
…㽙㦰王囚曰吉在…　5
毛一〇八七　惟春令𦬔田　4
懷七五二　…春不…　1

⿱林力

一三五三六正　貞成⿱林力丁宗　1
一三五三七正　貞勿成⿱林力丁宗其有來姮　1
英一三九九　貞…⿱林力…　1

鬱

八三一三　…鬱…滴　1
八六三八　…卜王…曰…方…鬱　1
八六四〇　…方…𠃬鬱　1
一二五二二　…方…刹…鬱方…　1
一二五二三　…戊卜…弜鬱…有刹…　1
一二五二四　癸亥…刹…鬱…　1
二一四七三　戊申…王𡆥…千翌…行于…千坠行…
…⿱林力　1
二〇六二四　乙丑王𢀛⿱林力方　1
二〇六二四　乙丑王方農⿱林力　1
二〇六二五　…方⿱林力　1
二〇六二六　…⿱林力方…一月　1
三三二〇一　丁亥卜…汏人…珏呼鬱召夲在四月卜　4

鬱

五四二六　…午…令往鬱　1
八一八二　貞令往鬱　1

一八四二〇　…王余…𣝣…　1

果

一三六二五正　丙寅卜古貞呼為凡果…　1
一七〇六八反　…果…　1
一九九五六　癸酉卜疋于果𨑩…入圍𢀡比　1
二八一二八　…步自果隹余屮…　3
三一九四二　辛丑卜王…𡆥果弜…　3

三三一四九	癸亥貞王惟今日伐…王夕步自果三雖 …乙丑王夕師嗇…	4
三三一五〇	辛巳貞王惟癸未步自果雖	4
三三一五一	…惟…酉王…果雖	4
三三一五二	…果雖	4
三四一六七	…卜侑于五山在果…月卜	4
屯九九四	癸亥貞王其伐盧羊告自大乙甲子自上甲告十示又一牛茲用在果四雖	4
屯二六九一	辛亥卜𠂤由在果	1
英一七七七	辛巳卜弜𠂤…循果若	1
懷四三三	…婦果…	1
懷五九五b	…夕癸于果東…	1

畧

一四六四一	…酉卜爭…勿畧…	1
一八一二二	…畧…	1

黟

三三一〇一	于黟師	4

桑

六九五九	辛巳卜殼貞呼雀敦桑	1
一〇〇五八	丙寅卜…桑雨…	1
二九三六二	乙…貞…桑…災	3
二九三八六	惟桑…用吹…吉	3
三五五八四	癸巳王…桑貞…無畎…甲午…小甲…	5
三七四九四	壬子卜貞…田桑往來無災王占曰吉	5
三七五六二	…在桑貞…湪衣…無災	5

五四七七正	令𠂤比𣏟戴王事	1
五四七七正	貞惟邑令比𣏟	1
一〇九三四	貞呼取般狩𣏟	1

七三〇正	貞禦子嗇于…及…	1
三一一〇	…勿禦…嗇…	1
三一一一	貞來乙丑勿呼子嗇侑于父乙	1
三一一二正	…貞今乙丑勿呼子嗇侑于父乙	1
三一一三	貞今乙丑呼子嗇…于父…牛	1
三一一四	…呼子嗇侑于㞢…	1
三一一五	…子嗇…	1
三一一六正	貞…嗇…	1
三一一七	…嗇贏	1
三一一八	貞呼子嗇…以于…	1
三一一九正	…嗇…不其贏	1
一七〇七一	貞子嗇不冓	1
一七〇七二	貞子嗇不冓	1
一七〇七三	…卜方貞子嗇不冓 二告	1
英一二二	貞子嗇…	1
英一二三	貞往子嗇于…	1

地名

喪

七九三二	…王往…弓于…喪之日王…弓于	1
一〇二九三	王其逐喪鹿…	1
一〇二九七正	…呼遘逐鹿于喪獲	1
一〇九二八	貞呼…鹿于喪獲	1
一〇九二九	…逐…喪…	1
一〇九三〇	戊申卜貞王往于盧从喪从…	1
一〇九三一	乙酉卜方貞王往从喪	1
一〇九三二	…三龟…往从…喪…	1
二七七八二	…卜翌日戊王其省喪…遘雨	3
二七八〇九	王至喪…吉	3
二七九二〇	于喪無災	3
二八二五〇	其尋桼年示在喪田有…	3
二八三二六	乙王其逸于喪無災	3
二八三四一	惟喪田省無災	3
二八九〇五	于喪無災	3
二八九〇八	于喪無災	3
二八九一三	于喪無災	3
二八九一四	于喪 吉	3
二八九一五	于喪無災	3

編號	釋文	期
二八九一九	于喪無災	3
二八九二三	于喪無災	3
二八九二七	于喪無災	3
二八九二九	于喪無災	3
二八九三一	于喪無災 吉	3
二八九三二	于喪無災 吉	3
二八九三三	于喪	3
二八九三九	于喪無災	3
二八九四六	从喪	3
二八九四七	于喪無災	3
二八九五一	…喪無災 弘吉	3
二八九五二	于喪無災 吉	3
二八九五六	于喪無災 吉	3
二八九五五	于喪無災	3
二八九五七	于喪無災 吉	3
二八九五九	于喪	3
二八九六〇	于喪	3
二八九六一	于喪無災 弘吉 用	3
二八九六三	于喪無災	3
二八九六五	于喪無災 吉 用	3
二八九七一	王其省喪田湄日無災	3
二八九七一	弜…喪田其雨	3
二八九七二	今日…其省喪田	3
二八九七三	翌日壬王其省喪兟不大雨	3
二八九七四正	辛王其省喪…	3
二八九七五	戊午卜今日戊王惟喪田…	3
二八九七六	王惟喪田省無災	3
二八九七七	惟喪田省無災	3
二八九七八	…卜王惟喪田省無災 大吉	3
二八九七九	王惟喪田省無災不雨	3
二八九八〇	王…喪…省無…	3
二八九八一	惟喪田省無災 大吉	3
二八九八二	于喪無災	3
二八九八二	惟喪田省無災 吉	3
二八九八三	…喪田省無災	3
二八九八四	惟喪田省無災 吉	3
二八九八五	惟喪田省無災	3
二八九八六	惟喪田省無災	3
二八九八七	…喪田省無災	3
二八九八八	惟喪…省無災	3
二八九八九	惟喪…無災 吉	3
二八九九〇	惟喪田省不…大雨 大吉	3
二八九九一	惟喪田省延至于之無災 大吉 茲	3
	用	
二八九九二	惟喪田省遘雨 吉	3
二八九九三	惟喪田省不雨	3
二八九九三	弜省喪田其雨	3
二八九九四	惟喪田省	3
二八九九五	惟喪田省 大吉	3
二八九九六	惟喪田省湄日無…	3
二八九九七	惟喪田無災	3
二八九九八	惟喪田…	3
二八九九九	惟喪田…無災	3
二九〇〇〇	惟喪田… 大吉	3
二九〇〇一	…省喪田	3
二九〇〇二	弜省喪田其雨 吉	3
二九〇〇三	弜省喪田其雨	3
二九〇〇四	弜…喪舊田不受祐	3
二九〇〇五	王惟喪省無災不遘雨	3
二九〇〇六	从喪無災	3
二九〇〇七	从喪無災	3
二九〇〇八	从喪無災	3
二九〇〇九	从喪	3
二九〇一〇	从喪	3
二九〇一一	其至喪無災	3
二九〇一二	至喪無災	3
二九〇一三	至喪無災 吉	3
二九〇一四	壬子卜王其迖于喪 吉 用	3
二九〇一五	辛巳卜市乇王其迖于喪無災 吉	3
二九〇一六	…王其迖于喪	3
二九〇一七	…其迖于喪無…	3
二九〇一八	…王其迖于喪無…	3
二九〇一九	…王…迖于喪	3
二九〇二〇	…迖…喪…	3
二九〇二一	于喪無災	3
二九〇二二	于喪無災	3
二九〇二三	于喪無災	3
二九〇二四	于喪無災	3
二九〇二五	于喪無災	3
二九〇二六	弜至喪其雨 吉	3
二九〇二七	王其迖于喪…狩	3

二九〇二七　甲申卜翌日乙王其迖于喪　3
二九〇二八　翌日乙王其迖喪無災　3
二九〇二九　翌日乙王其迖于喪無災　3
二九〇三〇　翌日辛王其迖于喪無災　3
二九〇三一　翌日辛王其迖于喪　3
二九〇三四　辛巳卜王其迖于喪無災　3
二九〇三五　今日王其迖于喪無災擒　3
二九〇三六　乙王其迖于喪無災　3
二九〇三八　于喪無災　3
二九〇三九　于喪無災　3
二九〇四〇　于喪無災　3
二九〇四一　于喪無災　3
二九〇四二　于喪無災　3
二九〇四三　于喪無災　3
二九〇四四　于喪無災　3
二九〇四五　于喪無災　3
二九〇四六　于喪無災　3
二九〇四七　于喪無災　3
二九〇四八　于喪無災　3
二九〇四九　于喪無災　3
二九〇五〇　于喪無災　3
二九〇五一　于喪無災　3
二九〇五二　于喪無災　3
二九〇五三　于喪無災　3
二九〇五四　于喪無災　3
二九〇五五　于喪無災　弘吉　3
二九〇五六　于喪無災　3
二九〇五七　于喪無災　吉　3
二九〇五八　于喪無災　3
二九〇五九　于喪無災　3
二九〇六〇　于喪無災　3
二九〇六一　于喪無災　3
二九〇六二　于喪無災　3
二九〇六三　于喪無災　3
二九〇六四　于喪無災　3
二九〇六五　于喪無災　3
二九〇六六　…喪無災　3
二九〇六七　…喪無災　3
二九〇六八　于喪…　3
二九〇六九　于喪…　3

二九〇七〇　于喪…　3
二九〇七一　…喪無災　3
二九〇七二　…喪無災　3
二九〇七四　…喪無災　吉　3
二九〇七三　…喪無災　3
二九〇七五　于喪弗悔　3
二九〇七五　弜喪田悔　3
二九〇七六　其出于喪　3
二九〇七七　于喪　3
二九〇七八　于喪…　3
二九一五五　惟喪田湄日無災　3
二九一五六　从喪　3
二九三六三　辛未卜何貞王其往田…桑…災　3
三一〇一五　…喪其膚有正　3
三〇〇四四　膚霖二田喪盂有大雨　3
三〇一六一　弜至…宰在喪其延雨　3
三〇〇七四　于喪王弗悔　3
三〇六九一　于喪　3
三〇七八一　其燎于喪惟大牢　3
三三一七二　…于喪　4
三三五三〇　乙卯卜貞王其田喪無災　4
三三五四〇　壬寅卜貞王其田喪無災　4
三三五四一　壬戌卜貞王其田喪　4
三三五四二　辛卯卜貞王其田喪無災　4
三三五四二　乙未卜貞王其田喪無災　4
三三五四二　壬午卜貞王其田喪無災　4
三三五四三　乙酉卜貞王其田喪無災　4
三三五四六　乙未…貞王…田喪無…　4
三三五四七　丁…貞王…田喪無災　4
三三五四八　辛丑卜貞王其田喪無災　4
三三五四八　…其田喪…　4
三三五四九　丁丑卜貞王其田喪無災　4
三三五四九　乙亥卜貞王其田喪無災　4
三三五五一　辛卯…貞王其田喪無災　4
三三五五二　丁酉卜貞王其田喪無災　4
三三五五二　壬午卜貞王其田喪無災　4
三三五五三　壬子卜貞王其田喪無災　4
三三五五四　壬辰卜貞王其田喪無災　4
三三五三六　辛巳卜貞王其田喪無災　4
三三五四七　辛卯卜貞王其田喪無災　4

三三五五〇	辛酉卜貞王其田喪無災	4
三三五六〇	戊子卜貞王其田喪無災	4
三四四八〇	于喪校	4
三六五〇一	己酉卜在樂貞今日王步于喪無災	5
三六六四〇	辛丑卜貞王送于喪往來無災	5
三六七三八	癸巳卜在：桑貞王旬無畎：四月	5
三六七三九	丁巳卜貞今：王其送于喪不遘雨	5
三六九一六	癸巳卜在八桑貞王旬無畎	5
三七四四八	：寅王卜貞：喪往來：災王囚曰：	5
三七四四八	乙亥王卜貞送喪往來無災王囚曰吉	5
三七四六八	：未卜貞王送于喪往來無災	5
三七四八九	戊午王卜貞田喪往來無災王囚曰吉茲御獲狐四	5
三七四九七	戊子王卜貞田喪往來無災王囚曰弘吉茲御獲狐一	5
三七四九八	戊戌王卜貞田喪往來無災王囚曰吉獲狐一	5
三七五一〇	：卜貞田喪無災王：吉茲御：鹿三十三	5
三七五五一	戊辰：在喪：王田：衣：	5
三七五七二	壬戌卜貞王田喪往來無災王囚曰吉	5
三七五七三	辛酉：貞王其：喪無災	5
三七五七四	丁酉王：貞田喪：來無災王：曰吉	5
三七五七四	壬寅王卜貞田喪往來無災王囚曰吉	5
三七五七五	辛酉卜貞王田喪往來無災王囚曰吉	5
三七五七六	乙酉：王田喪：來無	5
三七五七七	：王卜：田喪往：災王：曰吉茲御	5
三七五七八	壬戌卜貞王田喪往來無災王囚曰吉	5
三七五七九	戊寅卜貞王田喪往來無災	5
三七五八〇	：丑卜貞：于喪：無災	5
三七五八一	：丑王卜貞田喪往來無災王囚曰吉	5
三七五八二	：卜貞：喪：無災	5
三七五八三	：王卜：田喪：來無：王囚：	5
三七五八四	戊申王：田喪：無災：曰：	5
三七五八五	王：喪：無災：曰吉	5
三七五八六	：王卜貞：喪往：無災	5
三七五八七	：卜貞王：喪往來：災王囚：	5
三七五八九	戊辰：田喪：	5
三七五九五	丁：王卜貞其田于喪往來無災	5
三七六〇九	：貞：喪：無災	5
三七六二〇	辛丑卜貞王田于喪往來無災弘吉	5
三七六四二	：卯卜貞：喪往：無災	5

三七六六〇	辛卯卜貞王田喪往來無災	5
三七六六一	辛亥王卜貞王田喪往來無災王囚曰吉	5
三七六六三	丁酉王卜貞王田喪往來無災王囚曰吉	5
三七六六五	丁酉卜貞王田喪往：	5
三七六六六	：辰王卜：喪：	5
三七六九二	壬午王卜貞田喪往來無災王囚曰吉	5
三七七〇九	壬辰王卜貞田喪往來無災王囚曰吉	5
三七七一〇	壬午王卜貞田喪往來無災王囚曰吉	5
三七七三四	：卜：田喪：來無：	5
三七七四六	戊子王卜貞田喪往來無災王囚曰吉	5
屯二一二	于喪無災	3
屯二四九	惟喪田省無災	3
屯二五八	翌日壬王其送于喪無災	3
屯二七一	从喪無災	3
屯三二三	于喪無災 弘吉	3
屯三三四	于喪無災	3
屯三三五	惟庚午秉于喪田不遘大雨	3
屯三五七	惟喪田省	3
屯五一五	于喪無災 吉	3
屯五四九	于喪無災	3
屯六一九	惟喪田省無災	3
屯六二一	王惟喪田省無災 吉	3
屯六二五	送：喪	3
屯六六〇	乙亥卜貞王其田喪無災	3
屯六七八	于喪無災 吉	3
屯六九八	于喪無災	3
屯九六二	于喪：吉	3
屯一四六九	惟喪田湄日：	3
屯一五二〇	壬辰卜今日：送：喪：	3
屯二一六三	翌日戊王其送于喪 大吉 茲用	3
屯二一六八	于喪無災	3
屯二三三四	乙巳卜貞王其田喪無災	3
屯三一六九	：午卜翌日乙王其送于喪無災	3
屯四四五二	于喪無災	3
屯四四五七	：喪田省不遘：	3
英二三一二	于喪無災	3
英二五四〇	丁亥王卜貞田喪往來無災王囚曰吉獲	5
英二五四六	丁丑王卜貞田喪往來無災王囚曰吉	5
英二五四六	辛未王卜貞田喪往來無災王囚曰吉	5
英二五五〇	辛未：貞田喪往來：災	5
英二五五〇	：王卜：喪：無災：曰吉	5

著錄	釋文	期
英二五六四	…卜在…貞王步…無災	5
英二五六五正	己酉…藥…于喪…	5
懷一四三四	惟喪省無災	3
懷一四四一	于喪無災	3
懷一八五五	…辰…喪貞…田逐…	5

著錄	釋文	期
八	…卜貞眔作耤不喪…	1
五〇正	貞我其喪眔人	1
五一	貞並其喪眔人三月	1
五二	…古貞並無災不喪眔	1
五三	…未卜…𠂤…眔其喪　二告	1
五四	乙酉卜王貞𠂤不喪眔	1
五六	…卓其喪眔	1
五七	貞卓不喪眔人	1
五八	貞卓其喪眔	1
五九	己卯卜宕…不喪眔	1
六一	己亥卜貞𢀛不喪眔	1
六一	…亥卜貞𢀛不喪眔	1
六二	其喪眔	1
六三正	貞其喪眔	1
六四	辛巳…𦎫貞…喪眔…受方祐	1
六五	…不其喪眔人	1
一〇八〇正	貞我有喪人在…	1
一〇八一	丙…不喪人	1
一〇八二	…于滴喪人三月	1
一〇八三	貞戉其喪人	1
一〇八四	…告…其喪人	1
一〇八五	…其喪人	1
二二五三七	甲子…貞涉以眔不喪眔	2
二七九七二	其呼戍禦羌方于義則𢦏羌方不喪眔	3
二九〇〇九	从喪	3
三一九九八	…卓惟其喪眔	4
三二〇〇一反	…不喪眔	4
三二〇〇二	…喪眔	4
三二〇〇四	壬戌卜不喪眔	4
三二三八六	壬戌卜不喪眔	4
屯三一八〇	其喪人	4
懷一六三九	己卯貞…喪眔	
	…卓惟其喪眔	4

其它

著錄	釋文	期
五五	…卜…𠂤不喪…	1
九七正	其喪工　二告	1
九七正	喪工　二告	1
二一〇七	庚戌卜貞翌壬子喪婦鼠…㞢	1
二一〇八	庚戌卜宕貞于亘喪婦鼠…	1
三九三三 (?)	…𡨦…丁巳…𣪊	1
四一五三	…雀…桑	1
四一九八正	…孽喪…	1
四五六五	貞微不喪	1
四八一三	丁巳卜宕貞呼弘宅…夸弗桑	1
六〇三七反	喪雨	1
六六七一	…卜…凸…喪…	1
七二三七	…捍不喪循	1
七二四〇	貞戉喪有…有循	1
七八一五	貞在商喪	1
一〇二五〇	…其…喪…豕	1
一〇三三〇	…申卜…喪有…鹿二…	1
一三五四七	丙午卜爭…翌丁未喪…	1
一八二〇	…𣓔于…	1
一八九七八正	…午卜…喪…及…	1
一九〇七九	…酉卜…貞…喪…	1
一九一九七	…喪…	1
一九一九八	…日…亦喪…	1
一九一九九	…申卜…喪㞢…	1
二〇二四一	…吼…羊…喪…	1
二〇二七九	癸…王貞…喪…	1
二〇四〇七	…王貞馬方…𢦏陕口喪印…五月	1
二〇六七六	丁未卜王貞用不惟喪羊甾若	1
二一〇一九	…亥卜自以…足其喪	1
二一〇二〇	…亥卜自以…足不喪…月	1
二一〇三七 (?)	戊戌卜貞丁目不喪明…六月	1
二一〇三七 (?)	…喪明	1
二一一五三 (?)	丁亥卜余不…逐…喪	1
二一一五三 (?)	…卜…五月其…弜喪…	1
二一一五三 (?)	…亥卜丙寅其喪…丙寅㚔	1
二二〇二九 (?)	…翌喪…	
二三七〇一 (?)	…大貞作喪小𢦏…	2
二六八五三 (?)	…王…曰有…喪…	2
二八〇五〇	翌日辛…喪…戊不…雨?	3

二八九〇七　…喪…災　3
二八九五〇　…喪…災　3
二九〇七九　惟喪…　大吉　用　3
二九〇八〇　…喪…災　3
二九〇八一　弜…喪…其雨　3
二九〇八二　弜…喪…其…　3
二九〇八三　…喪…　3
二九一一五　…喪　3
二九一六七　王惟喪…　3
三三九一四　…貞…允喪以　4
屯三九二　惟喪　3
屯四五六七　其雨喪　3
英二六七四正　□子曰喪　5
英二六七四正　喪子曰斅　5
懷三八五　…喪…　1

二七九一一　惟□犬豕比無災　3
二八一四六　…卜狄…𣪊…無災　3
二八三七六　…逐□麋無災擒　3
二八三七六　辛亥卜王其射□麋…　3
二九二〇七　惟□犬戠从無災擒　3
二九三六七　于□擒　3
二九三九五　辛丑卜彭貞翌日壬王異其田□湄日無災　3
二九三九六　辛丑…貞王…□…　3
屯二一七　王其田𢦏在□　3
屯四四九〇　惟□麓無災擒　3
英二三九五　王其射□麋惟逐無…　3

朱

三六七四三　丁卯王卜在朱貞其迖从師西往來無災　5
三七三六三　戊午卜貞王田朱往來無災王占曰吉茲御獲兕十虎一狐一　5

櫕

二八三八七　…从木…夕馬今…　3

杲

二〇五九二　…杲…侯…六月　1
屯二七〇一　癸酉卜旅从□方于…　大吉　3
二〇〇〇一　…貞…毋癸□囚今八月既九月　1

桒

八九二正　桒子出不　1
三〇七五七　甲子卜狄貞王其桒　3
二四三六一　甲子卜行貞今夕無囚在正月在東卜　2
二〇〇五七　丙寅卜王貞侯光若…往□嘉…侯光…　1
二〇五〇〇　辛丑卜王惟□敦戠　1

杳

一七五二四　…婦杳…三屯　1

李

英一〇一三　…叀□喜…李于宫無災　1

□

一〇一九六　…日…狩□允獲虎二侗有□戠友若　1

乙二一五二 于杋宿無災 3

八〇二七 …杉 1

八〇二七 …杉…蔑 1

八一七二 …王貞呼…于𣏂 1

槁

懷 八二四 …槁… 1

栢

三六八四四 戊子…己栢…允… 5

二〇一四五 …申卜…… 1

一九七二一反 …𣎴… 1

校

二九一四九 其桼 吉 3

權

一八四一六正 …𣏌… 1

椎

一三一五九反 …勿旨其…𠂤椎…椎… 1

三六八〇九 貞来王卜在𣏂師貞旬無𡆥 5

二七〇六六 壬寅…貞栗…惟翌… 3

三七三六三 戊申卜貞田𣝝往來無災王占曰吉茲御獲兕六狐… 5

腠

一三七五一正 戊貞五旬又一日庚申腠𡆥 1

一五二三二 貞𣏟…其吉 1

三四三四〇 己酉卜…𣏟 4

二〇三四七 今夕弜𣏟 1

蘘

乙二七三三 辛巳卜翌日壬王其蘘叀永 3

𣚵

乙二一七〇 于蔑杙擒 3

乙二一七〇 于蔑杙擒 3

三二九八六 甲申卜㭘楚亨 4

森

一三二二三 …森 1

英一二八八 …有曰于森王戠于之八豕八豕…四羊𣪊四卯于東方析三牛三羊𣪊三 1

三五三〇八 乙巳卜不𣚵先 4